U0757939

文明互鑒
中國文化與世界

主編
張西平

上智編譯館館刊

上册

BULLETIN
OF THE
INSTITVTVM S. THOMAE
1946 Vol. I ~ 1947 Vol. II No. III

CARDINAL'S RESIDENCE
PEITANG, PEIPING
CHINA

Cum approb. ecclesiastica

本書爲北京外國語大學中華文化國際傳播研究院所主持的北京外國語大學「雙一流」建設重大標志性項目「文明互鑒：中國文化與世界」(2021SYLZD020)研究成果

學苑出版社

編委會

本册目録

一九四七年第二卷第二期……二一三

一九四七年第二卷第三期……二九九

*原文誤爲13。

總序

文明在不同的歷史境遇中形成和發展，每一種文明都有自己的特質，多種多樣的文明構成了我們這個豐富多彩的世界。但人類歷史上不同文明的相處有著慘痛的經歷，比如在地理大發現後，西方殖民者對非洲文明、印度文明、印第安文明、印加文明的掠奪和摧殘。一四一五年，葡萄牙出兵占領了摩洛哥北部瀕臨直布羅陀海峽的休達，拉開了西方人殖民史的序幕。葡萄牙人進入安哥拉後，白人和黑人的首次相遇，葡萄牙人由此開啓了販賣黑奴的歷史。C.R.博克塞在《葡萄牙人的海外帝國》一書中統計，在一四五〇至一五〇〇年的五十年間，葡萄牙人在非洲捕獲和收購的奴隸總數有十五萬之多。西班牙人到達南北美洲後，對阿兹特克王國和印加王國進行了滅絶式的占領，當印第安人抵制他們不合理的政治、宗教和經濟要求時，西班牙人就訴諸戰爭，殘殺數千人，把更多的人變成奴隸。而那些從歐洲傳入的疾病，更是給拉美人民帶來了毁滅性的影響。

地理大發現既是人類對世界的偉大發現，也是西方文明對其他文明的一次摧毁。馬克思説：『美洲金銀礦産地的發現，土著居民被剿滅、被奴隸化、被埋于礦坑，正在開始的東印度公司的征服與劫掠，非洲被轉化爲商業性的黑人獵奪場所，都顯示了資本主義産生時代的曙光。這些牧歌式的過程，是原始積累的主要要素。」[一] 西方的資本在這個歷史過程中雖然成爲『歷史的不自覺的工具』[二]，但對人類文明的多樣性却是一種歷史性的災難。這就是歷史的二律背反。

如果説在人類的歷史進程中，文明與進步的二律背反使得一些文明被迫消亡，那麽從二十世紀初期的世界民族國家獨立運動開始，殖民主義就完成了它的歷史使命，非西方國家開始登上世界歷史舞臺。西方文明獨占鰲頭的局面逐漸被非西方文明的國家的發展和進步所打破。由此，西方文明與世界其他非西方文明的關係再度成爲一個世界性的問題。這包括西方文明同伊斯蘭文明的關係，同拉美文明的關係，同伊朗文明的關係，同亞洲各國文明的關係，其中同中華文明的關係日益成爲一個核心問題。一九九六年，美國著名政治學家薩繆爾·亨廷頓的代表作《文明衝突與世界秩序的重建》出版，隨即在學界引起了軒然大波。

亨廷頓認爲未來世界的國際衝突的根源將主要不是意識形態的和經濟的，而是文化的，全球政治的主要衝突將在不同文明的國家和集團之間進行，文明的衝突將主宰全球政治，文明間的（在地緣上的）斷裂帶將成爲未來的戰綫；國際政治的核心部分將是西方文明和非西方文明之間的相互作用。同一文明類型中是否有核心國家或主導國家非常重要；在不同文明之間，核心國家間的關係將影響冷戰後國際政治秩序的形成和未來走向。

[一]［德］馬克思、［德］恩格斯著，易廷鎮等譯校：《馬克思恩格斯論殖民主義》，北京：人民出版社，一九六二年，第二九七頁。

[二]［德］馬克思、［德］恩格斯著，易廷鎮等譯校：《馬克思恩格斯論殖民主義》，北京：人民出版社，一九六二年，第三一頁。

他認爲，未來世界，文明衝突是世界和平的最大威脅，建立在文明基礎上的世界秩序纔是避免世界戰爭的最可靠的保證。因此，在不同文明之間，跨越界限非常重要，在不同的文明間，尊重和承認相互的界限同樣非常重要。

面對亞洲的崛起，中國的崛起，亨廷頓不得不承認全球政治格局正在以文化和文明爲界限重新形成，并呈現出多種複雜趨勢：在歷史上第一次出現了多極的和多文明的全球政治；不同文明間的相對力量及其領導或核心國家正在發生重大轉變。

但他給出的答案是西方中心主義的。他認爲不同文明之間的理解和相融是困難的。一般來説，具有不同文化的國家間最可能的關係是相互疏遠和冷淡，也可能是高度敵對的關係，而文明之間更可能是競争性共處，即冷戰和冷和平。那麽，西方文明主要面對的衝擊是哪種文明呢？他認爲西方文化是獨特的而非普遍適用的；文化之間或文明之間的衝突，主要是目前世界七種文明的衝突，而伊斯蘭文明和儒家文明可能共同對西方文明産生威脅或提出挑戰。

這些結論反映出了亨廷頓内心的焦慮，他對待非西方文明的看法是文明對立論，盡管他也提出了一些文明協調的辦法，但結論是極其糟糕的，那就是：文明衝突與戰争。

不可否認，隨著『九一一』事件的發生，亨廷頓的許多預言得以證實。但他所持的『文明衝突論』認爲，當下世界上最危險的是不同文明中的主要國家之間可能會發生的核心國家戰争（Core State Wars），未來不穩定的主要根源和戰争的可能性來自伊斯蘭的復興和東亞社會，尤其是中國的興起，這種判斷是值得商榷的。

如何理解中華文明的重新崛起，中華文明將如何與西方文明以及其他文明和諧相處，正是在這樣的背景下，習近平主席提出了『文明互鑒』的新文明觀。

二〇一四年三月二十七日，習近平主席訪問聯合國教科文組織總部并發表演講。他説：『文明因交流而多彩，文明因互鑒而豐富。文明交流互鑒，是推動人類文明進步和世界和平發展的重要動力。』這一論述，深刻揭示了文明交流互鑒的意義和文明發展的規律，以及文明在世界和平發展中的重要作用。

人類文明的交流的確充斥著暴力、戰争、征服等激烈的碰撞方式，但同時，人類歷史上也存在著文明之間的和平交流。亨廷頓認爲在人類文明之間實現和平交流是極其困難甚至是不可能的，在當下世界，『文明衝突』將主宰全球。習近平主席關于文明互鑒與文明和諧的思想，有力地反駁了以亨廷頓爲代表的『文明衝突論』者的觀點，明確指出『文明衝突』完全可以避免，并提出了解决文明差异的具體辦法，説明了文明差异的必然性與合理性。習近平主席指出：『每一個國家和民族的文明都扎根于本國、本民族的土壤之中，都有自己的本色、長處、優點。』這就指明了，任何文明都具有特殊性，從來没有一種人類普遍存在的文明形態，人類共同認知的文明特點和形態衹存在于不同的特殊文明形態之中。無論哪一種文明，它最根本的價值都不在于它是普遍的，而是在于它是特殊的，在于它發展的歷史和成果是獨特的，在于它對整個人類文明的貢獻是獨一無二的。習主席的『文明互鑒』觀揭示了人類文明發展之道，他説：『文明是多彩的，人類文明因多樣纔有交流互鑒的價值。文明是平等的，人類文明因平等纔有交流互鑒的前提。』『文明是包容的，人類文明因包容纔有交流互鑒的動力。』『文明因交流而多彩，文明因互鑒而豐富。文明交流互鑒，是推動人類文明進步和世界和平發展的重要動力。』

本叢書通過對東學西傳和西學東漸歷史的研究，説明人類文明都是在相互借鑒的基礎上發展而來的。殺戮、戰争是人類文明不成熟狀態的表現。歷史證明，中華文明正是在學習『西洋』的佛教文明後，自己的文學和哲學纔得到了長足發展。同樣，也正是在明清之際學習和接受了來自歐洲的西洋文明，中華文化的天文、曆算纔有了根本性的變革，歐洲人文主義在中國的傳入直接和明清之際的思想文化變化融合在一起。

同樣，在這段時間，以儒家爲代表的中國古代文化傳入歐洲，直接影響了歐洲的啓蒙運動。孔子的哲學成爲伏爾泰、萊布尼茨哲學思想發展的重要推動因素。中華文化的制度性管理經驗引起了歐洲的關注，并産生了影響。芝加哥大學教授顧立雅（Herrlee Glessner Creel）指出：『在法國和英國，人們認爲，在儒學的推動之下，中國早就徹底廢除了世襲貴族政治，所以，他們用這個武器攻擊這兩個國家的世襲貴族。在歐洲，對于以法國大革命爲背景的民主思想的發展，孔子哲學發揮了相當大的作用。通過法國思想運動，孔子哲學又間接影響了美國民主政治的發展。』〔一〕

所以，習主席提出的『文明互鑒』觀是對人類文明發展史的總結，是對文明衝突論的直接回應，是在

〔一〕高辨譯：《孔子與中國之道》，鄭州：大象出版社，二〇〇四年，第二七八頁。

全球化時代各種文明相處的基本原則。這一嶄新的文明觀既是對中國傳統文化『和而不同』的當代運用，又向世界展示了它的復興與崛起完全不同于人類歷史上任何一個大國的崛起，表達了中國作爲一個新型文明國家所包含的東方智慧。『美人其美，美美與共』是一個嶄新的文明觀，它構成了『人類文明共同體』的思想基礎，是指引我們這個時代的燈塔。

張西平

前言

自涉足國内宗教學術界之始，就有諸多學界朋友詢問《上智編譯館館刊》，并希望能查找相關資料。怎奈條件所限，無法一一滿足各位朋友的願望。僅在朋友知道所登載相關文章題目時，纔能爲之查找，并復印幾頁奉上。這實在無法滿足學界研究之需要。

上智編譯館于一九四六年九月十九日在北平成立，由時任復旦大學教授、史地學系主任方豪司鐸任館長。正如《上智編譯館館刊》一九四六年第一卷第八八頁所言，編譯館創立之初衷，以編譯書籍爲主，『以適應社會需要爲宗旨，并不僅限于教内宣傳文字。將來本館出版物能普遍受社會之歡迎，使本館聲譽永垂不朽，使教外人得知天主教對于一切科學，亦努力研究，并有貢獻。關于此點，除有望于本館同人外，更望全國主教司鐸予以協助，使本館將來不獨爲國内文化機構之一，且將成爲國際性之文化組織，始可謂達到本館成立之目的』。

編譯館成立之初，即由方豪司鐸主編并刊行《上智編譯館館刊》。因時勢之變遷，編譯館僅存在兩年多時間就銷聲匿迹了。方豪司鐸主編之《上智編譯館館刊》也僅出版三卷十三期。然而，這三卷十三期的質量及其信息密度却極高，不僅在當時引起了學界的極大關注，即便在今天仍然爲學界所仰止，期冀參考并研究。

《上智編譯館館刊》，恰如一顆還在發光的白矮星。白矮星密度極高，與太陽質量相當，却僅有地球般大小，但它是一顆恒星，衹發出微弱的光亮，所以我們得用天文望遠鏡纔能觀測到它。這或許就是《上智編譯館館刊》的魅力所在！

上智編譯館司鐸館長　趙建敏

二〇二〇年十二月七日

編輯説明

一、本書爲《上智編譯館館刊》影印本。一九四六年北平上智編譯館落成，時任復旦大學教授、史地學系主任方豪司鐸任館長，同年始組織出版《上智編譯館館刊》，至一九四八年館長方豪司鐸辭職，編譯館關閉，該刊共出版三卷十三期（一九四六年第一卷—一九四八年第三卷第六期）。

二、本書分上、下兩册。上册爲《上智編譯館館刊》一九四六年第一卷至一九四七年第二卷第三期；下册爲《上智編譯館館刊》一九四七年第二卷第四、五期合刊至一九四八年第三卷第六期。

三、爲方便讀者檢索使用，我們將每期刊載的文章按照刊載順序編制了完整的總目録及分册目録。爲了保持文獻的原貌，除了按照國家《通用規範漢字表》中規範字形排録外，其餘均按照原樣呈現，包括原文獻用字和標點，不做硬性的規範統一。

總目録

上册

＊原文誤爲13。

一九四七年第二卷第三期……二九九

下　册

一九四七年第二卷第六期…… 五五九

上智編譯館館刊

田耕莘題

第一卷（全）

BULLETIN
OF THE
INSTITVTVM S. THOMAE
Vol. I Nov—Dec. 1946
CARDINAL'S RESIDENCE
PEITANG, PEIPING
CHINA
Cum approb. ecclesiastica

本館鳴謝啓事

本館成立伊始，承天津益世報劉經理益之代表該報捐助貳佰萬元；天津工商學院劉迺仁司鐸撥交日文教會書籍五十二冊；北平若瑟修女會捐助聖堂及辦公室用具多種；輔仁大學陳校長援庵先生贈吳漁山司鐸墓碑拓片；北堂李君武司鐸，周迪墀司鐸，王忠善司鐸，王伯尼司鐸，遣使會狄司鐸，北堂圖書館惠司鐸，于司鐸等襄助甚多，合併誌謝。

本館聘三圖書室徵求書籍啟事

本館爲紀念創辦人 田樞機，特在館內闢室三大間，以爲庋書之所，用備同人參考，取名聘三圖書室。現書架已製就，北平總主教公邸之一部份中文書籍已移入，惟爲數不多，殊感簡陋，用特向全國同道發起勸募運動；誠能一人十冊，十人百冊，則數萬冊書，不難於最短時期內羅致而得也。本館於收到後，當在書內標明捐助人姓氏，藉留永久紀念。種類新舊，在所不計，中西文均所歡迎，郵寄費用，可由本館負担，在百冊以上者，並得永遠享受贈閱本館館刊之權利，聊表微意。

本館謹啓

本刊第二卷發售預約

本館於今年九月十九日成立，本刊第一卷即於十一月出版，時間短促，故第一卷僅出一冊。明年爲第二卷，暫定爲雙月刊，年出六期，照目前紙價及印刷工價計算，每期成本當在一千元以上，玆爲普及起見，特訂預約辦法如左：

一　無論私人團體均得預約。

二　第一卷有一部份係贈送者，第二卷勢難繼續，故希望各方一致預約，亦爲對本刊贊助之表示。

三　預約期在今年陽曆年底截止。

四　預約價全年六冊共五千元，郵費在外，航空掛號另加。

五　預約須用現款或匯款，郵票不收。

論著

我對於教會出版事業的熱望

田耕莘

我想每一個負有傳教職責的人，必定日夜在尋求最有效的方法，以提高福音傳佈的速度。這種焦思苦慮是我們分內事，否則，我們便有虧職守，我們無顏見上主，亦愧對教會，我們將無地自容，疚心萬分！

歷來先聖先賢所遺下的傳教方法，我們都應該採用，可是我們不能把它們等量齊觀，漫無區別。傳教方法必須因時制宜，亦必須因地制宜。我們看耶穌對猶太解經學士們講道時，就引經據典，無異飽學之士，但對羣衆談道時，便樂用通俗的譬喻，務使人人領悟。這是很顯然的，在鄉村講道不同於在大都市；在前清時代的中國，亦不同於民國時代的中國；即從民國成立以來而論，民國初年時，國民知識遠遜於五四時代，北伐時代又遠過於五四運動時代。以我個人經驗而言，我深切地感覺到，就在這八年抗戰時期中，國民的思想或知識，亦有了顯著的改變。時代是巨輪，是洪流，它瞬息不停的在往前推進，我們跟得上它，我們便站得住，也可以稱得起是這時代的人，否則，我們便會被時代隔絕，被時代遺棄，被時代埋沒，我們個人被隔絕，被遺棄，被埋沒，其實不算一回事，但因爲我們是負有使命的，所以如果我們的教會竟因我們的不努力不上進，而同時被社會隔絕，被社會遺棄，被社會埋沒，我們的過失便不能寬恕！

因此，我們必須對每一種傳教方法加以檢討，分別緩急先後，或加以革新，加以改良。

我們教會對於以文字傳佈教義這件事，可以說是歷史最久的了。我們擁有全世界各宗教經典所不能比擬的舊約；耶穌的宗徒更遺下了他們記述的福音，直到如今，我們還保留着不少古代教父們的手蹟，一卷卷一捆捆的羊皮，一塊塊的石碑銅版，都使教外人艷羨萬分，當他們走進我們那些古老的圖書館，博物館或檔案室，他們無不驚奇。一部西洋中古史，儘管有多少人在誣蔑我們，在過份地宣傳我們的缺點，可是一提到畢生在隱修院中抄寫古籍的修士以及他們保存古代文化的功勳，他們也不知不覺肅然起敬異口同聲的讚揚。

自從我國的印刷術傳到歐洲以後，教會很早就採用，在今天歐洲各大圖書館中，我們可以看到不少高至二三尺，裝璜精緻的巨著，其中百分之九十九是我們教會中人的手澤。即以溝通中西文化而論，我們教會也建立了不可磨滅的功績，最近整理就緒，並業已公開的北平北堂圖書館，便可以向你說明四百年前的傳教士，離鄉背井，遠涉重洋，他們可以拋棄一切，却不能丟開書本；明末一般士大夫信教後，官職可以辭謝，家產可以犧牲；但念念不忘的，便是著作，口不停述，筆不停揮，結果，我們才有了一部很豐富的遺產。直到今天，我們還在懷念那個時代，那時代的人，外國教士學習中文的便利，不如今日，中國教友了解西文的程度，更不如今日，至於他們的人數，更遠不如今日，印刷技術的遲鈍，不言自明，而他們那些著作的內容，大部份夠得上第一流的標準，著作的數量，也很可觀，如果拿我們今日中國傳教士的人數及出版品的數量來和他們作一個比較，這比例額相差之鉅，恐怕是相當驚人的。

莘個人自愧學淺，但既謬膺樞機重任，又兼北平總主教職，對歷代教會所最注重的傳教方法，自不能不特別珍視，更不能不盱衡當前中國社會的一般情勢而加以倡導。

文字能垂久遠，人所共知；印刷物影響之大，亦為大衆所承認，無論如何頑固，如何保守的人，對此亦決不致有異議，我個人却另有三點感想：

一是傳佈不純正學說，不純正思想以及有碍道德風化的刊物，充斥市肆，我們應如何急起直追，使我們能比他們更佔優勢？

二是教會中過去的出版品，不僅量少，即在質的方面講，有待改進之處，亦復不少，版式和封面等，似乎是小節，可是往往因這方面的忽略，而減少了多少讀者。至於如何推廣銷路，建立發行網等，我們更期待有志於公教出版事業的教友的合作。

三是我們不能完全注重於對內，我們的口號應該是七分對外，三分對內，因為所謂傳教工作便是向外傳，自耶穌以至近代外國傳敎士他們幹的工作，多半是「打出去」閉關政策，與傳敎工作是處於相反地位的，我們必須推翻它。因此我們的出版事業，其對象也應該以敎外重於敎內。

個人所見如此，故於到任後，即着手成立上智編譯館；我必須致謝于野聲總主敎的合作，他接受我的請求，委方杰人司鐸來平担任館長。此外張金壽周信華二司鐸，承主徒會與寗波戴主敎的許可，惠然肯來參加工作，亦使我非常感激。其他敎友之在館服務的，相信他們必能在方館長指導下，有優異的貢獻。

最後我並期待全國敎會人士，對此新興事業加以扶助，共觀厥成，這是我最大的希望。

本刊的使命

本館同人

我們秉承本館創辦人田樞機主敎的命，共同參加編譯工作，自維庸劣，深懼不能勝任，因此我們必須仰賴於各方的合作和指示，庶免隕越。爲使敎中同道能瞭解我們工作的目標和方針，我們將在本刊報道我們的工作概況，但其主要用意，是懇切希望讀者給予我們寳貴的意見，在可能範圍內，我們願將讀者的意見盡量披露。因此本刊有「論著」和「館訊」兩欄。我們過去，對自己說話太少了，沒有評價，沒有批判，沒有督促，沒有鼓勵，生氣毫無，這種麻木不仁的現象應該讓它快快消失，這是本刊第一件使命。

其次，在本館成立前，田樞機曾召集在平各修會負責人，舉行一次討論會，徵求意見；有一位司鐸曾表示編譯工作，應力避重複。我們對此意見認爲非常重要，因此我們在本刊特闢「作家動態」「出版消息」和「期刊介紹」三欄，將各作家已有的著作，或正在譯撰的書名，向讀者介紹，同時在作家與讀者之間，亦可發生聯繫，作家與作家之間，或需交換意見，或需徵借材料，本刊亦願盡介紹的義務。這是本刊第二件使命。

出版品不盡在量多，而是必須要質量兼顧。我們已見到不少敎內的作品，受到敎外人很難堪的批評，他們的態度，往往是善意的，友好的；他們在教義上的攻擊也許是出於成見，或出於不了解，可是對於編著技術，內容誤謬，校勘印刷等，我們無法否認，我們何必讓教外人來批評？我們何不自己來一個不客氣然而是極公正的論斷？本刊「書評」一欄，便是爲此而設的。我們亦兼載教外人對我們的評語，俾我們的作家自知警惕，這是本刊第三件使命。

中國天主教會的歷史已不算短，即從明末教務復興時算起，亦有三四百年。三四百年來，教中的書籍，已有不少絕板，更有不少散佚的，那些沒有散佚，而還繼續出版的，則因教中對校勘工作，向不注重，以致錯誤百出，貽笑教外。因此我們現在要從事新的著作，却也要整理舊時的文獻；我們要在舊的文獻中去發掘史料，以光揚先賢的精神；我們要對古籍搜覓最早或較早的版本，重加校勘；我們更須搜集各種已散失的文獻，加以保存，或重印流通。「文獻目錄」和「書林偶拾」兩欄，便是爲此而設的。這是本刊第四件使命。

上述四大使命的完成，談何容易？因此我們迫切地，誠懇地希望全國同道時予指教，本館同人幸甚！

八十年來之北平北堂印書館

J. Van den Brandt 原著　景培元 譯

北平北堂籌設印書館之動機，遠在清咸豐十年（公元一八六〇）之際。時英法聯軍之役方熄，北平天主教會主教孟振生氏（Mgr Mouly）始就收職法軍部隊開拔回國之際，以鉛石兩用小印機一架移贈教會；此物現仍存北堂印書館內。

其明年（一八六一）孟牧有法蘭西之行；又明年（一八六二）一月二十七日，以函抵在平教士高嘉理神父（M. Aymeri）謂「義國都林市（Turin）有鄂達多大師（Chanoine Orthaldo）其人者，以全份印刷用具，贈與北平教會；將携以返華」云云。

一八六三年十一月十六日孟牧復致書高鐸云：「前承鄂公以印刷器械見贈，早擬裁答；乃以人事栗六，遷延未遑，祈抽暇代爲函謝。該項機件刻正裝配中，一俟佈置就緒，再當遥函鄂公以詳情奉告也」云云。

又次年（一八六四），西文印件，漸有出版，此爲遣使會經營印刷事業之權輿。作始雖簡，而不乏興會。所惜心力有餘，而技能不足；故除少數零件外，所有傳教書籍，仍須以木板刊印焉。

孟牧殁後，再傳爲田嘉璧主教（Mgr Delaplace）田牧眼光遠大，知印刷事業，對於佈道工作，助益良多，欲從而發展之。乃馳書在歐遣使會總長卜雷神父（M. Boré）以技術人員爲請，卜氏遂指派梅士吉修士（Fr. Maes）畀以籌設北平教區印刷所之任。梅修士奉命後，先赴法京巴黎之沙莫洛（Chamerot）印刷廠見習數月，遂啓程來華，於光緒四年（一八七八）三月十三日，到達北平，並携來新式手搖印機一架，今尚在。翌日即蒞館視事。

草創之際，似易而實難。梅氏先募得工人三名，二人司印刷，一人司裝訂，司印刷者二人，皆門外漢，其印刷西文也，一依中法，一人方檢尋字粒，其他一人已逕以檢得之字，列植於印機平台上，其欲速不達可知；排字工作，訓練既畢，復授以印刷技術。而以材料不足，困難叢生，幸多方設法，始能勉強應付。

是年所印之書，第一種爲拉丁文之北直區教務會議紀事（Synodus Vicariatus Tchely Septentrionalis, habita in civitate Pekinensi anno1872）；繼則爲拉丁文法綱要（Elementa grammaticae latinae）；最後爲拉華語彙（Lexicon manuale Latino-Sinicum）試辦既有成效，遂決定繼續進行。

光緒十一年（一八八五），舊有之手搖印機二架，已不敷用。復添購動力印書機一架，使用至今。是年復乘機擴大廠屋，十三年（一八八七）北堂自禁中遷至今址。其印書館新址，亦相當寬敞，但十餘年後，又感狹隘矣。廿三年（一八九七）復置小型手搖印刷機一架；今改作打樣之用。顧在當時，則正合需要。蓋鄂達多氏原贈之印機，已嫌過時。改造之後，僅存平台與壓板二件，堪充上版之用而已。

庚子拳亂（一九〇〇）北堂被圍。一切設備，瀕於毁滅。鉛字材料，多爲防軍改製子彈。廠屋經避難人佔用，亦多損壞。

是年冬，梅修士赴法，乘便補購材料，計添置動力印書機一架，手搖印機一架，脚踏印機一架，煤油發動機一架，訂書用具，多種鑄字機全副。

次年（一九〇一）改建現在廠址；十年後（一九一一）復加擴展，前後合計佔地一千方公尺。

民七（一九一八）梅修士服務印書館屆四十週。同人舉行盛大慶祝，以資紀念。

民十四（一九二五）又增購動力印書機一架，是爲第三架。同年本館出品參加梵蒂岡博覽會榮譽獎憑 (di Benemerenza) 並贋銅質獎章。

民十六（一九二七）七月廿六日，梅修士蒙法國政府頒給學術勳章。又明年（一九二八）爲其來平五十週年大慶，勞苦功高，至足珍念。

廿一年六月三十日，梅氏以年邁卸職休養。計前後在職五十四年，日理繁劇，孜孜不倦，以一貫之精神，對員工訓練，機械設備，時時加以改進。迨功成身退，其事業則方興未艾。梅氏之名，可與館史同垂後世矣。

翌日，即廿一年七月一日，現館長李蔚那神父 (M. Duvigneau) 奉命主持印書館事務。廿三年七月，改煤油發動機爲電力發動，經濟便利，兼而有之。廿五年二月，購得打字式鑄版機 (linotype) 一架，效率益增。

三十三年六月卅日，會計年度截止，恰爲北平遣使會印書館創立八十週年，過去陳跡，彌足令人低徊也。

統計此八十年來由本館印行之大小書冊，約四百萬本。

所用語文，有中、日、滿、蒙、梵、藏、法、英、德、義、荷、班，以及希臘、拉丁、波蘭、弗拉芒、希伯來、敘利亞、西夏、客家、馬來等廿一種之多。除普通西文鉛字外，另有中文鉛字五套，以及滿文、蒙文、希臘文、希伯來文、敘利亞文各體鉛字若干種。至於其他東方語言，如內蒙文、藏文、梵文、西夏文等，則特鑄音符鉛字，以便應用。

溯當清光緒四年（一八七八）頃，本館工人僅有三名；光緒庚子（一九〇〇）已有十四人；民十九（一九三〇）竟達四十九人之多。但至民國三十三年，留用人數僅廿三名。蓋自民國廿七年以後，因節省經費，陸續遣散員工，達半數以上，實不得已之辦法也。

又自印書館成立伊始，即附設裝訂部一處。初頗簡陋；光緒廿六年（一九〇〇）後，始大加擴充。最近三十年來，每年平均裝訂書籍六千四百冊之譜。

以上爲北堂印書館八十年來之沿革，略誌於此，諒亦留心我國天主教文化史者所樂聞也。

王煥鑣

中秋前夕賞月遵義敎堂呈

杰人司鐸即希　吟正

勉將愁裏眼，來覓客中秋。寺古蠻花醉，鐘鳴邊月幽；已多生死感，更惜歲時遊！赤子今塗炭，天閽許叩不？

辛巳中秋後一日鴐吾弟王煥鑣

近二十年上海公教文化界狀況

徐宗澤

北平上智編譯館館長方豪司鐸，來函囑爲該館館刊撰稿，幷指定文題。竊思近二十年來，上海公教文化事業，無甚進展，不過將前人已創辦者，繼續進行而已。兼之八年抗戰，一切陷於停頓，恢復尙待時日，文化狀況，曷足云哉？無已，惟有將刊物及圖書略作報告。

刊物中有聖教雜誌，及聖心報。聖教雜誌創辦於民國元年，繼續益聞錄及匯報之出版物也。創辦人及主編人係潘谷聲司鐸。雜誌之宗旨爲衛護聖道，研究學術，關於現代思想，歐美學說，尤爲注意，故一經出版，不特風行於教內，讀者且深及於教外學界。又自民國以來，吾國政學界上發生甚多變化，進展之速，一日千里。但一切外來之新學說，新主義，純駁互見，且有與公教思想牴牾者，青年一入歧途，遺害無窮。聖教雜誌有見於此，歷年來刊布不少有關世道人心之言論，讀者得到相當之指導。如民國十六年，革命軍北伐功成，三民主義之宣傳蓬勃一時，而吾教中人對之，莫知適從，是時聖教雜誌有若干篇言論給與教友不少正確之觀念。又是時社會主義，馬克斯主義，在吾國不可一世，本誌亦有多篇評論文字，至於衛道護教之文，本誌亦曾刊譯多篇，教宗通牒，如教宗良十三世勞工通牒，庇護十一世教育通牒，婚姻通牒，等，對於近今之社會問題，勞工問題，教育問題，婦女問題，予以適當之指導與解決之方案。其他關於道理及教務事，論文尤多，不及備述。民國二十六年抗戰軍興，雜誌不久即停刊，現在抗戰勝利，日月重光，復刊之期，當不在遠也。

聖心報乃李問漁司鐸創辦於光緒十三年（一八八七）者。聖心報之宗旨，乃宣揚敬禮耶穌聖心，爲祈禱宗會之機關報；其第一號上論恭敬耶穌聖心曰：

「本報名聖心報，是爲恭敬聖心起見；所以這第一號上，吾不得不講幾句耶穌聖心的道理。該當知道耶穌聖心全身全靈結合天主第二位。聖心眞是天主之心，尊無限量，貴不可名。諸天神衆聖人都該敬拜。這聖心中充滿極大極妙的聖寵，包涵至高至美的德行。祗須聖心發一個善念，已有無限功勞，足以救贖衆人的罪。」

此段文字，淸楚雅麗，婦孺皆能領悟；可見吾天主教報紙，早已提倡白話文。聖心報自始至今，常以白話體編報，實爲我國最早白話報。

除聖心報，聖教雜誌外，上海徐家匯又出版二種小刊物。一聖體軍月刊，一慈音。前者爲聖體軍會友之讀物，後者爲恭敬聖母之月刊。此刊出版至第十年停刊。

此外更有幾種叢書出版。最初爲聖教雜誌叢刊。光啓雜錄，聖體軍叢書，最近有震旦公青叢書，聖心小叢書，慈音叢書。各種叢書資料大抵先在雜誌上刊登，彙集另印單本。抗戰時間，又有教理書編印，其宗旨爲使青年男女學生深明天主教教理，獲得天主教精神。已刊印者，有惠濟良主教之教理問答教授法四卷，王仁生司鐸之教理課程，及拙作高中教理課程答解。

民國十六年，國民政府還都南京後，思想潮流，又一大變，一般人士注重民治民權，而社會主義，共產主義又大事宣傳，且實行試驗。爲應付此潮流，當時出版物中，有公民教科書，三民主義節要，社會學概論，社會經濟學概論，婦女問題，社會問題，共產主義駁論，社會叢談，社會主義鳥瞰，蘇維埃俄羅斯之觀察，社會律等等。

教育爲吾教素所注重。欲有善良之教會子弟，須有善良之教會教育；欲有善良之教會教育，須有善良之教師與教科書。所以吾教會出版界極注意教會教科書。徐家匯出版者計小學，有修身公民歷史國文國語等課本。中學有中學國文讀本，啓明國文讀本，古文拾級，國文選讀，世界史等等。國內公教學校多有採用者。（編者按以上各書大都係二十年前出版者。）

除上述普通書外，吾上海教區，於神哲學之提倡，亦未嘗忽視。聖多瑪斯者，神學界之泰斗也，著有超性學要。此書在清初，利類思神父曾翻譯強半，惟原本現甚罕見。土山灣印書館於民國二十年重印出書，計十八大本。又明末李之藻譯有高杏盤利大學名理探，已印者有五公及十倫十卷。此書海內已爲孤本，土山灣亦重行付梓。嗣後商務印書館商請徐家匯藏書樓印入該館出版之萬有文庫，繼又另印單本。

除重印此二書外，作者曾擬選擇明清間公教先賢所編著之名著。繼李之藻天學初函，影印天學二函，以保存先賢之著述。故二十年來竭力搜購古籍；已獲得者有李之藻之名理探五公十倫十卷（寰有詮已藏有），金尼閣之西儒耳目資三冊，徐光啓之毛詩六帖三冊，考工記解二卷，西洋新法曆書。雖寥寥數種，然已費十餘年之搜覓工夫矣。

至論神哲學近著，先是李問漁司鐸有哲學提綱之刊行，作者師其意，印有神學提綱共六冊，哲學書有心理學概論，哲學史綱等。

與文化界有密切之關係者，出版物外，尚有文化機關，今一言徐家匯藏書樓。耶穌會士自道光二十七年（一八四七）在徐家匯建築總院後，即收藏中西書籍。初時，書室簡陋，咸豐十年（一八六〇）增建西式樓房，而書樓乃擴大。既而書籍大增，原有之書樓又不敷應用，光緒二十三年（一八九七）乃於住院之東隅，另築西式樓房，上層藏西書，下層庋中籍。現藏有書籍近五十萬册。

書樓之宗旨在助教士研究學問，而研究之對象，以中國學問爲重，尤以史地爲要，故書樓所收集者，以是類書爲最富。二十年來，書樓所收各省方志自九百六十餘種，增至二千八百餘種，最近又購得明版或孤本方志卅餘種，譜牒足以補方志之不足，近亦收藏二百餘種。明清之際，教士所著書籍關於中國之史料者，頗爲重要，馮承鈞先生所舉之例云「如湯若望記清世祖致死之原因，安文思記張獻忠禍蜀事，卜彌格記永歷命赴教廷求援，皆大事也。治兩朝史者，頗鮮徵引及之。瞿式耜之入教受洗，在吾人爲創聞，而卜彌格書中竟謂實有其事。吳繼善曾受張獻忠禮部尚書職，安文思言之歷歷，其事應非誣也。觀此，足徵一部份史料之重要。」（入華耶穌會士列傳序）匯樓藏有老耶穌會士之此種西文著作不在少數，而中文之譯著本亦有一百數十種，有印本、抄本、影印本。報章雜誌於歷史亦至有關係，匯報、益聞錄、聖教雜誌、聖心報全部保存；申報亦藏有全份，自第一號至今，皆爲全帙，其他老報與雜誌，雖非全璧，然亦保留不少，即國民黨重要史料，亦有庋藏。凡此皆爲文化之寶藏也。

書樓爲文化之寶藏，亦爲著譯之重要工具：民國十六年八月徐家匯組織一編譯所，即光啓社。上海先哲徐光啓以文化宣揚公教，故該社取以爲名，以資紀念。光啓社之宗旨在編譯關於宗教及學問之書籍，以溝通中外文化，已有多種光啓雜錄及書籍出版。

耶穌會士在吾國傳教者散居各省，國籍不同，所隸教區又異；最近爲聯絡全國耶穌會華文出版事業，於民國二十九年，在徐家匯設立全國耶穌會華文刊物聯絡處，俾能互通音信。

上海公教文化事業，近二十年狀況，略述如上。文化事業足以輔佐傳教工作；明末清初諸先賢來我國奠定傳教基礎，亦以文化爲傳教之工具，當今中國國運一新，吾天主教傳教方法亦當與之俱新，教務之重振，庶可拭目以待。

平津耶穌會士對出版事業之努力

周信華

天主教各修會的創立，都有他們特殊的宗旨他們工作的範圍和目標也都有劃定；這樣，使聖教各種事業在分工合作的原則下，能日益發揚日益昌盛。

耶穌會在中國已奠定了極穩固的根基，這根基的奠定，決不是偶然的，必有它所以成功的因素，他們在針對本會宗旨的各種事業上，尤其在文化學術方面，作了驚人的貢獻，盡了最大的努力，那便是所以成功的因素。

作者在平津一帶已居住了一個相當的時期，在這時期裏，對各修會的動態和他們工作的目標，曾作過較細密的觀察，發覺在平津一帶的耶穌會士他們努力的焦點，特別是在出版事業上。未抗戰之前不必說，那時物價低廉，印刷方便，從事出版，並不足奇，可是抗戰以後，在物力維艱，重重困難之下，他們還是繼續努力，艱苦支持，這才是難能而可貴。

因爲他們認爲書籍是精神的食糧，是維持靈性生命的主要因素，不但不該因困難而缺乏勇氣，以致於停頓，反該作進一步，高一層的努力，因爲人心道德，世風綱紀，都因可怕的戰事而遭受到最可慘的破壞，豈不更該施以精神的急救，雖不能挽回破壞的大局，但至少能救過來一部份的殘傷。

田樞機主教于蒞任伊始，即著手成立編譯館，這對他們，無異下了一個興奮劑，更激起了他們對出版事業的興趣，除已開始在編著或譯述的書籍，使其能提前完成，早日問世外，更作了許多具體的計劃，以實現他們的理想。

他們曾將已出版和計劃着將出版的書籍，編成目錄，呈獻田樞機主教，田樞機主教在接閱之下，表示欣慰和滿意，並希望該會本着過去這種勇毅無畏的精神，作無止境的努力，以完成最理想的公教出版事業。

茲將天津耶穌會崇德堂向田樞機提出已出版及準備出版的書目，附列於後：

一　訓練志願入教者：

一　基本哲學並公教史 { 高中並高中以上適用：人生基本問題
　　　　　　　　　　　{ 初中並初中以上適用　九十三題

二　道理和倫理：　主要道理：　天主教教義提綱　一二冊
　　　　　　　　　宗教大義　　天主教教義提綱　三冊

二　公教課本：

一　初中生適用者在編譯中

二　高中大學修院初學院文學院適用：耶穌眞徒的生活，七冊，一四冊出版；二三冊將出版

三　學生聖經讀本

三　公教名著：師主篇（原稿初譯）

天主實義（文言白話對照）

靈修法

奧斯定懺悔錄　　在準備中

天主聖愛論

其他多種

四　神修書籍：自尊

我們的領袖

神修及神秘生活（在編譯中）

其他多種在計劃中

五　福音講義：耶穌的言語

其他多種在計劃中

六　聖人列傳：聖瑪利亞　聖若瑟　聖保祿

其他多種在計劃中

七　新經：瑪竇傳的福音

瑪爾谷傳的福音

路加傳的福音—

若望傳的福音

宗徒大事錄並監獄中的書信

八　公教小說

談談日本公教出版事業

劉殿林

本刊主編人，要我寫一篇短文，介紹日本公教出版界的大概情形，把只有十五個教區二十萬信徒的日本公教出版界，和我們擁有一百三十個教區三百五十萬信徒的祖國公教出版界作一個簡單的比較，讓我國公教出版界，公教文化人知所警惕，更加努力向前邁進，發展我們的出版事業，藉以發揚基督的教義，推廣歸主的運動。

但是慚愧得很，我對於日本公教出版界的情形，知道的很少。我雖然看過幾冊，但是當時看的目的，只在用做學習日本語文的參考書，並沒有作過詳細的統計和紀錄。同時我對於我國公教出版界的情形，也是茫無所知。既然對於兩方面

的情形,都不清晰,怎麼能作比較,更怎麼能作完備的介紹?因此我寫這篇東西的目的,既不是作精密的比較,也不是作正式的介紹,只是希望給我國的公教出版界,公教文化人,一個新的刺激。所以我不揣謭陋,拉雜地,就我所知道的,寫在下面,因爲手頭沒有參考書,連一本圖書目錄都沒有。要僅憑所知的寫出來,自然不免掛一漏萬,而使讀者不能窺得全豹,獲得一個正確的概念。但是我們希望最近的將來,可以作一次比較詳細的介紹。

A. 聖經　我們的信仰是基於聖經和聖傳,聖經是我們信仰的基礎。日本教友在譯述聖經方面,非常努力。在新約方面已經有臘蓋神父的新約聖書,這部新約聖書已經成爲日本公教的定本版。日本各教區已經一致採用。舊約方面在三年前他們已經出版了創世紀。現在已經進至何種程度,則不得而知。

他們對於聖經,不但努力譯述,並且也傾其全力,使聖經普及於民間。現在日本的公教信徒,可以說差不多人手一篇,家諭戶誦。希望我國從事譯述聖經的諸位,努力繼續工作,早日完成新舊約的全譯工作。希望我國早日能有一種定本版,更希望全面的發動一種普及聖經的運動,以杜絕人家對我們所妄加的,說我們不許閱讀聖經的歪曲的惡評。

B. 參考書　他們已經完成了艱巨的「公教大辭典」。公教大辭典,已出兩巨冊,一千七百餘頁,內容包括公教神學、哲學、倫理、教會組織、典禮、藝術、教會史、聖人傳記、文獻、教會統計、各國宗教事業概況,以及公教宇宙觀,對於各種文化事業之影響,公教世界觀點下之精神,自然科學等等。並附有圖表一千餘幅,原色膠版圖像二十餘幅,可謂洋洋大觀。這部大辭典可以作教內外人士以及專家的參考,並能藉以闡明公教的組織、信仰、人生觀,以及宇宙觀。一掃過去教外人士因不澈底認識公教而起的一切誤會。另外值得我們注意的一點,就是這部大辭典,雖然是由公教設立的上智大學所編纂,却是由普通的書店富山房出版,所以出版後銷路非常之廣,而銷售的也非常之快。

C. 教史　這方面他們也有不可磨滅的成績,他們不但出版了切支丹傳承(切支丹即基督徒之義)日本耶穌會年報等書,以發揚在日本禁教以前的公教史實,並有澁谷治與守屋與雄合譯的史料基督教史。這部書是史學界權威德國馬爾克斯原著,自一九〇三年初版之後,現在已經出至第十版,歐洲各公教大學,先後爭相採用爲教科書或參考書,其價值之大,可想而知。現在已經由澁谷治與守與雄合譯出版,計有上下兩卷,兩千餘頁,影響於教內外學術界甚大。

D. 公教文藝　他們爲推進現代公教文藝,邀請專家從事譯著,計已出版有現代公教文藝叢書十冊。

E. 神哲學　他們已譯出聖多瑪斯的有神論,德國應格拉斯的公教神學概論,並有岩下壯一神父著的信仰的遺產;底毛林神父著的公教神學序論等等。

F. 新聞雜誌　計有公教新聞(週刊),聲(月刊)海星(月刊)公教研究(月刊)等等定期刊物,最可注意的是「公教研究」這個刊物她不但在公教方面擁有多數的讀者,並且在教外的學術界也佔有重要的地位。原先是由岩波書店發行的,現在已改由上智大學發行。

G. 信徒日用書籍　這一方面本來無須詳爲介紹,因爲他們和我們同樣出版有公教祈禱書,公教要理,公教聖歌集。等但值得一提的是他們對於這爲信徒須與不可離的三種書籍,全國早已統一了。他們在全日本各教區各聖堂,都念同一的經言,同一的問答,唱同一的聖歌。然而看看我們現在僅僅做到了要理問答的統一。(也不是完全統一)經言聖歌到現在還沒有統一。往往甲地的信徒到乙地去便感覺到不能參加公念經言的痛苦。

H. 其他如羅馬彌撒禮典,心靈修行,公教聖人傳,信仰生活入門,公教精神詳解等都是值得介紹的書籍。

其他因所見有限,只能從略了。

夏歷八月十四日遵義教堂賞月呈杰人司鐸

繆　鉞

黔徼難逢月,今宵喜照臨。山城哀畫角,聖地潔塵心。龍戰終無已,蟾輝恐又陰。福音拯世意,相與一沈吟。

繆鉞求正稿

輔仁大學歡迎田樞機大會致詞

一三

專載

輔仁大學歡迎田樞機大會致詞

陳垣 講

今天同人歡宴本校董事田大樞機主教，是一空前盛會。主教自榮陞樞機，由中國至羅馬，由羅馬經美國回到中國，不知受過多少次歡迎，所有歡迎的話，大抵都聽過了，本校又印有首任樞機紀念册，我今天除了慶祝以外，還有什麼新鮮的話可說呢？

前天我在北堂修道院歡宴席上，承諸位勉强我說幾句話，我當時就拿中國人口四萬萬五千萬來分配儒、釋、道、回、天主教，說：「天主教最低限度應占有五份一，即一萬萬的信徒。」那時田主教會表示不滿，說「最少應有四份一」，就拿所貼歡迎田主教的標語田字來作証據，我心中很慚愧失言了。由此可見得田主教抱負的偉大，田主教的意思還是客氣的，因爲田字中間能分開四份，其實外邊是一大圈，將四份都包括在內，好像四份是儒、釋、道、回，外圈是天主教一樣。

上文是從田主教的姓來說的，我今想從田主教的名字來說。主教名耕莘，耕莘二字出孟子，孟子說：「伊尹耕於有莘之野，而樂堯舜之道焉。」莘是個地名，伊尹是商朝成湯的宰相，他未做宰相前，就耕於有莘之野，好像田主教未做樞機主教之前，在陽穀教區一樣，我想教廷的樞機主教，應比世俗的宰相更光榮吧！

伊尹的抱負是怎樣呢？伊尹說：「天之生此民也，使先知覺後知，使先覺覺後覺也；予天民之先覺者也，予將以斯道覺斯民也，非予覺之而誰也？」就是說天主生這些人民，都是使先知的教訓後知的，使先覺的喚醒後覺的，我就是天主人民中的先覺！我要拿這些道理來喚醒未覺的人，不是我喚醒他，誰去喚醒他呢？你看，伊尹的抱負是何等偉大！伊尹的責任又是何等重大呢！孟子又推測伊尹的心事，說「思天下之民，匹夫匹婦有不被堯舜之澤者，若己推而內之溝中。」就是說，伊尹心中想天下的人有一個男或一個女，未受到堯舜的恩澤，就好像自己推他到水溝裏一樣。

我們將孟子這幾段話，引用來解釋田主教取名耕莘的緣故，只將堯舜兩個字換作耶穌兩個字，就完全適合田主教的身份了。田主教不滿五份一教徒之說，就是思天下之民，有匹夫匹婦不被耶穌之澤者，若己推而內之溝中一樣。田主教不好意思自己說，我今大胆替他說出罷了。如果眞有五份一或四份一的信徒來做基礎，此外有諒解的，有傾向的，有同情的，作一個外圈，則五份中差不多變了全份了。未得他信仰之先，應先得他諒解，得他認識，得他同情，然後漸漸由傾向而至於爲信徒，這是必經的步驟。我今請大家舉杯恭祝田主教萬歲！聖教會萬歲！

書林偶拾

覆吳經熊先生書

蔣中正

經熊同志七七與卅日手翰同時誦悉春季接讀到桂後第一長函時足見修道之切本擬詳覆總因俗務紛繁稽延至今時用歉仄然向往之念未之或忘詩篇譯完不特爲足下事業慶亦爲中得償素願自幸也惟中不識外國文字不敢爲足下臂助乃爲畢生之遺憾但深信足下之譯文必比從來之任何譯本爲精進乃可斷言甚望新約全書乃能繼此完成以享我國有道之士使全國識者將見斯文之出慕道益切而吾道益廣也馬太福音譯稿此處未存待下月回渝中舊篋檢獲後再行寄奉　杰人先生前請代候順頌

道祉

中正手啓　卅二年八月十五日

按此書係　主席手筆，今已攝影製版，刊於吳譯聖詠譯義初稿卷首，書中所謂詩篇即指聖詠也。

編者識

聖詠譯義初稿導言

于斌

昔者程子有言曰：「獨處而靜思非難，居廣而應天下爲難。』予竊以爲不然，蓋不能獨處而靜思，未有能居廣而應天下者也，十餘年來，主席蔣公以百折不撓之精神，高瞻遠矚之卓識，領導我中華民族，集力禦侮，指揮若定，游刃有餘，而終克致勝；非所謂居廣而應天下者乎？顧探源其本，要亦有賴乎獨處而靜思耳！最近報載蔣夫人語記者云：「在抗戰期中，主席每日必讀新譯之聖經一章。此項新譯聖經，係用文言，而詩句尤稱雋永。」觀此益信主席之成功，實其平素內心修養有以致之也。猶憶數年前主席囑吳子德生重譯新經及聖詠，吳子既銜命，即毅然擯擋一切，從事翻譯；博覽羣書，咀嚼經義，其搜討之勤，用心之苦，亦云至矣。而吳子獨樂之不倦，日居斗室之中，能尙友古人，晤對恩主，深味聖訓，妥譯天書。予觀其所譯聖詠有云：「優游聖道中，涵詠徹朝夕：譬如溪畔樹，及時結嘉實。」又云：「光明播心田，神樂湧如泉，」其吳子之謂歟！夫聖詠者，天下之奇書，而人心之寶鑑也；凡喜怒哀樂之情，悔罪感恩之意，皆有所詠，靡不曲盡其妙，而一歸於正，其原文之美無論焉，即泰西各國之譯文，亦莫不具有文學價值，膾炙人口，溫燠人心，由來久矣。而我國譯本類皆佶屈聱牙，讀之令人生厭；今觀吳子譯稿，清心俊逸，引人入勝，其喜也，則曰：「昔主挈衆俘，安然返聖地：吾儕當是時，驚喜同夢寐。心中饒甘味，舌端宣歡意。」其樂也，則曰：「靈膏沐我首，玉爵盈欲流。」其怒也，則曰：「願其如蝸牛之消形兮，截行載滅，願其如胚胎之流產兮，不見天日。」其哀也，則曰：「夜夜暗流淚，牀褥浥秋霖，目枯因愁多，骨消緣辱頻。」其悔罪也，則曰：「爲我再造純白之心，正氣內蘊，煥然一新。」其感恩也，則曰：「偉哉造物主，待我恩何深。」「備承主之惠，盛德何以償？」其抒愛慕也，則曰：「予心之戀主兮，若麋鹿之戀清泉。」「明發不能寐，耿耿懷所天。」其詠天主之全知也，則曰：「神彌六合，靡所不包，聖顏普照，何所用逃！曰躍於天，主在雲表；曰潛於淵，主伏於沼。」其寫天人之契合也，則曰：「仁慈共妙諦交歡，正義與和平吻合。妙諦自地而萌兮，正義由天而發。」其餘詠史說理，描寫自然之詩，亦皆栩栩有生氣，耐人尋味；既深得聖詠之神韻，且妙句天成，不見斧鑿之痕，非好學深思，身體力行，具天才而得神助者，惡能致此妙果，雖謂爲譯界開一新紀元可也。抑予尤不能已於言者，主席於萬幾之餘，三閱譯稿，予以修正，加以潤色，與吳子推敲字句，辨析疑義，切磋琢磨，不遺餘力；予覯其修正原本，見其字斟句酌，絲毫不苟，其改善原稿之處，不一而足。復爲集思廣益計，乃有初稿之刊行，以徵求國內外經學專家以及文人學士之指正；是其虛懷若谷，從善如流之精神爲何如乎！夫以一國之元首，重之以空前之戰事，竟能深思遠慮，躬親主持譯經之事，有史以來，未之前聞，今乃目覩之矣；此不特聖教之光，亦中華之幸也。予恭讀修正原本，愛之不忍釋手，而於主席所欣賞及親譯之詩句，三致意焉。請臚列數則，以公同好；

雖在重圍，何所用懾。（第三首）

嗟夫吾之能戰兮，非吾之力也；克服衆敵兮，仗主之德也。（第十八首）

列國與兆民，千算亦何益；何如主一算，萬古永不易。奉主之國必發達，承恩之民安且逸。（第三十三首）

厥心堅固，惟主是怙；雖聞凶音，無有恐怖。惟貞無畏，知敵必潰。（第百十二首）

願爾氣無餒，仰主圖自强。（第二十七首）

微主建爾屋，建屋徒自苦；微主守爾城，守城豈能固？（第百二十七首）

以仁爲居，以義爲路；康莊大道，衆庶所步。（第八十五首）

行經悲谷，化爲甘泉；及時之雨，膏澤是宣。愈行愈健，彌勞彌堅。（第八十四首）

笑罵由他人，造次必於是。（第七十一首）

君子固多難，恃主終致祥。（第四十三首）

觀乎此；則主席信道之篤，體道之深，可見一斑矣。嗚呼！聞勝不驕，聞敗不餒；我國抗戰之勝利，良有以也。若秉此信念以建國，其亦安有不成者乎？古人云：「多難興邦，殷憂啓聖。」吾於中華有厚望焉。

上智編譯館館刊　第一卷　一八

道學家傳跋

王重民

按小引末題「圓軒後學謹識，」當是撰者別署，其眞姓氏待攷。是書首載景淨「景教流行中國碑頌，」次爲徐光啓，朱宗元，鄭交贊所造作，又雜採韓霖，張賡「聖教信証」所附「耶穌會士姓氏著述」而成，洪水後譜有「自開闢算至大清嘉慶二十一年丙子，共五千八百一十六年，不差矣」一行，知圓軒撰書在嘉慶二十一年，卷中嘉慶以後年月，皆後來竄入者。徐光啓朱宗元，並爲教中所知名，鄭交贊「道原篇」末題：「大清廣東廣州府順德縣舉人鄭文贊序，住在綸敎鄉。」攷順德縣志選舉表，雍正丙午科舉人有鄭交贊，倫敎人，南海籍，則家傳交誤爲文，倫誤作綸。南海縣志選舉表雍正丙午科正有鄭交贊，順德人；順德圖經倫敎堡凡三村，倫敎其一也，可証。又順德縣志雜志引五山志林云：「今順德東門內有天主堂不知始自何時，舊志不載。向來官府，以客禮待之。後雍正年間，覲風整俗使焦祈年，惡其教亂民，引福建例，凡有天主堂，嚴示驅逐。其屋拆毀，天主堂爲解元陳聲伯所售，居之不利，二年，又易他主。」按清史稿卷二百九十七（列傳第七十八）祈年本傳，祈年充廣東觀風整俗使在雍正八年，則交贊撰「道原」時，當在毀堂之頃，意在有所辨白。道原篇後又載「論拜天主是人之本分，非是奉外國洋人之敎，」「論奉敎人誦經並非男女混雜，」「論奉敎人不設神主木牌非是毀宗滅祖，」「邪正辯論」四文，文詞與道原極相似，當並是交贊所撰，爲對祈年毀教堂事而發者。在雍正間禁教最嚴之季，而交贊侃侃申辯如此，可謂篤於信仰者矣。是書無傳刻本，二十八年春，在倫敦會見之，僅錄出朱宗元文兩篇，未暇詳覽。去歲欲重校宗元文而不獲原書，乃囑表弟劉君範之在北平蹤跡之，範之爲假西什庫天主堂所藏抄本，迻錄一通。今日接到，循覽一過，稍爲考証如此。（民國三十年十月三十日記）

費賴之「入華耶穌會士列傳，」以是書爲南懷仁撰（頁三五三），謂原本於一六八六年刻於北京，近重印於聖教雜誌內（民國十四年二月至十一月）。余未見聖教雜誌，該雜誌用華文，則所印當即此本，而一六八六年所刻，蓋拉丁文本也。費傳頁三五八又稱：懷仁有「康熙時歐洲星象學」一書（Astronomia Europae sub Imperatore Tartaro-Sinica Cam-ky, ex umbra in lucem revocata）末附入華耶穌會士姓氏目錄，始聚方濟各（St. Francois-Xavier）迄當代，爲柏應理所校印。而柏氏亦撰耶穌會士總目（Catalogus Patrum S. J. qui post obitum Sti. Francisci Xaverii ab anno 1581 ad annum 1681, in Imperio Sinarum, Jesu Christi fidem propagarunt）附懷仁所撰於書後，一六八七年印於 Dillingen 地方。其體例並與聖教信証同，備記諸神父姓氏國籍，到華生卒年月與譯述等事。余未檢懷仁拉丁文本原書，不知止於何年；柏氏書則止於一六八一，時爲康熙二十年也。按「道學家傳」內有南懷仁傳，無柏應理，則當從柏氏書出。又考聖教信証有兩刻本，甲本紀事至康熙十七年，乙本至二十三年，其書雖爲明季韓霖張賡所輯，然諸會士遞有增修，意者甲本殆南懷仁成書後所刻，而乙本則柏應理成書後所刻也。蓋二氏並據信証轉爲拉丁文，及用拉丁文撰成書後，又各將所得以改正信証，寫定重梓。今考家傳多從乙本信証，而不據甲本，可知其本於應理者多也。然則與其歸之懷仁，不若歸之應理矣。然此書實爲圃軒所輯，特其會士小傳一篇，爲本於柏氏修正本之聖教信証，非南氏修正本之聖教信証也。

經天該跋

王重民

清吳省蘭輯刻藝海珠塵，載經天該一卷，題「利瑪竇纂」，注云：「西洋歐邏巴人，明萬曆間至中國。」費賴之「入華耶穌會士列傳」原稿不載，費氏卒後，徐家匯漢學研究會校印其書，始爲補入，附載卷末。馮承鈞先生譯本又爲移入本傳之內，譯云：「經天該一卷，李之藻筆述，星經之類也。疑在一六〇一年六月至十二月刻於北京。一八〇〇年有重刻本。藝海珠塵、傳經堂叢書並收入。」（按兩叢書本爲伯希和先生所指出，馮譯謂本於偉烈亞力氏書者，誤。）未加註解，則馮氏固以其言爲可信也。檢邵懿辰四庫簡明目錄標注卷十一頁一下補載：「經天該一卷，薄珏撰，康熙中梅文鼎刻本。」按康熙二十八年梅文鼎撰經星同異考，即爲攷是書與丹元子步天歌之異同者，文鼎謂「其歌相傳爲利瑪竇所撰」，又謂「經天該一作經天訣，薄子珏撰」，是康熙中固有爲利撰之說矣。乃兄文鼐序云：「今所傳經天該之圖與其歌，皆因西象所列，而變從中歷之星座星名，要之皆徐李諸公譯西名而酌爲之，非西傳之舊。」余見崇禎間徐光啓湯若望所製赤道南北兩總星圖，徐序未言有是書，疑是書即成於彼時，爲善讀利徐所譯書者所撰，故余以爲歸之薄珏，較利徐爲尤宜。黃宗羲撰子一魏先生墓誌銘云：「讀書柳洲，與長沙薄子珏務爲佐王之學，兵書戰策，農政天官，治河城守，律呂鹽鐵之類，無不講求，將以見之行事，」即其人也。近修吳縣志有傳，又縣志藝文考載子珏所著渾天儀圖說，格物測地論兩書，不言有經天該，疑經天該原在渾天儀圖說內。而又歸之李之藻者，因之藻有渾蓋通憲圖說，恐因書名相似致誤也。補費氏說者，謂：「一六〇一年六月至十二月間刻於北京，」則已廬及一六〇一年一月利氏始抵京師，與之藻相識當在稍後，則著書刻書不得不在六月以後矣。其言雖辯，其事則非也。且余見雍正以前舊鈔天主教書目數種，不載經天該，是彼教中昔未有以經天該爲利瑪竇所撰者，尤其明証也。薄子珏與魏學濂讀書柳洲，在崇禎初，學濂父大中與諸教士遊，家有其書，是其淵源所自。是書若果爲子珏所撰，亦當成於是時，猶在崇禎曆書進呈以前也。故梅氏經星同異考據曆書及儀象志作補歌二十四句，張潮別爲刻入檀几叢書餘集，題曰南極諸星考。圖書集成乾象典卷五十四據梅書全錄其文，題西步天歌，不著撰人，蓋愼之也。嘉慶間，徐朝俊撰高厚蒙求，猶能據梅書以存疑，嗣後薄錄圖籍者，既不讀書，又未獲見舊本，莫不從吳省蘭題署利氏，余因辨之如此。

歷代名公畫譜跋

王重民

武林顧炳輯刻歷代名公畫譜四卷，朱之蕃序署萬曆癸卯，則成書當在萬曆三十一年。頃近鄭西諦據陳氏帶經堂藏本印入中國版畫史內，因獲觀覽。譜例謂：「每幅題跋，俱荷交遊諸公，樂成雅事；」全書載畫者百六人，爲書題跋者近百。檢畫人孫龍爲徐光啓題，是年光啓父晉秩七十，全天叙以壽之，光啓，天叙所取士也；是譜亦有全序。又是年光啓入天主教，次年成進士。吳偉爲趙士楨題，署名下鈐「常吉，」「校書郎」兩印，常吉爲士楨字，士楨官至中書舍人，校書郎當指此。劉若愚酌中志稱：是年妖書事起，京都中皆曰：妖書是東嘉趙士楨所作。士楨研精製造神器，在利瑪竇進京以前，已奏進所撰神器正續各一卷，蓋自妖書受誣，壯志灰矣，錢選爲王昺題，昺正史無傳，因與重民同里閭，幼聞鄉人道其姓字，不意其書法遒雅若是也。茲就各人所好，拈出三人；有欲覩明季人筆跡而不可得者，試於是書求之。

尚祜卿傳

王重民

尚祜卿字天民，山陽人。崇禎十二年舉人。順治十六年任濰縣知縣，未逾年，以讒拙被放。留寓濟南，與聖方濟各會敎士利安當（Antonio Caballera,）耶穌會敎士汪儒望（Jean Valat）遊，遂入其敎，更名識已。康熙三年，利安當撰天儒印一卷，祜卿爲之說，刻於濟南。其說有云：「不肯從事主敎多年，於天學淵微得聆肯綮。嗣此益訂天儒異同，多所發明，爰有補儒文告暨正學鏐石二書，將以就正同人，剞劂有待。」康熙三十七年，正學鏐石刊於濟南，題：「聖方濟各會利安當著」。余在巴黎國家圖書館見一鈔本（Courant 7156.）題：「泰西利安當命意，天民尚識已載言」，然則鏐石一書，原爲祜卿所撰，故自序不言自著，亦不言安當著。安當已先於二十九年前逝世，而祜卿獨歸美譽於故人，其雅度彌有足欽者。若以中舉之年年二十推之，是時年近八旬，則祜卿亦壽考人矣。補儒文告未見傳本。（以上四文並見圖書季刊新第五卷第一期）

山居詠跋

盧前

王徵山居詠一卷，三原于右任先生得之友人，錄以見示。前案陝西通志有傳，徵字良甫，號葵心，涇陽人，天啓壬戌進士；初授廣平推官，佑善褫奸，明允著聲；熄白蓮亂，生全萬民；開清河閘，利濟百世；起復揚州推官，導三王駕，不苦騷擾，釋鹺使誅，弗拜魏璫之祠，風節凛然，特以邊才薦陞登萊監軍僉事，未閱月，逆弁鼓噪，遂回籍，值流寇發難，倡立忠統，堵賊保民，涇原獲安。當道疏薦王佐才，未展其用；及闖賊陷秦，徵避鄉曲，賊屢迫脅，佩刀自矢，竟不赴省，聞京師失守，設帝位，哭於家，七日不食死。著有兩理略、奇器圖、了心丹、百字解、學庸解、天問辭、士約、兵約、元眞人傳、歷代發蒙、辨道說、山居詠諸集行世，學者私謚端節先生云。往者前著論道佛回敎各有曲籍，獨公敎盛于明季，而無歌讚天主之詞，竊嘗疑之，今讀斯詠，曰那個識天眞主，曰啓我靈函聖蹟圖，曰百樣顚危賴主扶，曰洒聖水消除了白業，曰丹心航海歸朝去，皆天主敎義，徵故當日公敎徒也，迴環虔誦，前爲驚喜數日。即論文藻，視康王韓張，蓋無愧色。丙戌立春日盧前渝州陶園記。

上智編譯館館刊　第一卷　二二

按山居詠暨方豪司鐸撰箋證，及張炳濬山居詠和，合一卷，今歲初夏刻於金陵，列入盧氏飲虹簃叢書。飲虹簃叢書初刻於民國二十二三年間，成三十餘種，皆吾國曲學秘籍，極為文學界珍視。三十二年盧氏在重慶北碚成立元明曲樂社，賡續前業，山居詠則還都後所刻第一部曲籍也。上等紙本每冊二千元，普通紙本每冊一千元，本館尚有十餘冊代售，欲購從速。

天樂正音譜跋

盧前

天樂正音譜一卷，原寫本藏上海徐家匯藏書樓。惟杭縣方氏有傳鈔本。此卷雜吳漁山續口鐸及三巴集中，佚作者姓氏，意亦王徵同時人作。譜為套曲九，名題樂章，而所叙皆天教儀注，猶道詞之自然集。杰人司鐸發願釋文，俾教外人自明詞旨，於時樞機主教田耕莘歸自梵蒂岡教廷，值前以此卷授梓，並為天教盛事，抑異數也！天主降生一千九百四十六年六月盧前

今年五月杪余為歡迎田樞機自京赴滬，得間輒至徐匯藏書樓披閱，則見天樂正音譜寫本一卷，據費賴之撰法文入華耶穌會士列傳，則亦吳漁山司鐸所著，但不敢必。盧主筆冀野，時與余同居中央日報，謀付木刻，為山居詠續，旋余來平，或將由本館印行也。　方豪識

看到呂譯新約初稿後

張金壽

今年六月廿四日北平燕京大學宗教學院出版了一本呂譯新約初稿，全一冊，共四百八十一頁。趙紫宸先生序文裏說：「此冊新約譯本，以蘇德爾希臘文本為根基。今已脫腕，由敝院付梓矣。譯者呂振中先生從事迻譯，朝夕不遑，用時幾有七年。茲所印僅五百本，非敢求售而問世也。」可知目前能獲讀本書的人，還是不多。自天主教傳入中國後，先賢們不斷努

力繙譯聖經。我們不必提唐太宗貞觀九年（六三五）聶斯托略派怎樣繙譯了新舊約因爲除了景敎三威蒙度讚中列舉三十部尊經名目外，並沒發顯其他重要文獻。元世祖至元三十年（一二九三）蒙高維諾 Joannes de Monte Corvino 奉敎宗尼各老第四之命來華，並在北京從事繙譯聖經但這部聖經確知是韃靼文（按指蒙古語）是否另有漢文譯本，尙無明確証據。他在元成宗大德九年（一三〇五年）的信上說「…對於韃靼語和韃靼文字我已經知道得很多，並且我已經將新約全書與詩篇譯成該種文字，我曾仔細錄出」明崇禎九年（一六三六年）陽瑪諾 P. Emmanuel Diaz 出版了一本聖經直解，但非全集。不過是主日瞻禮聖經加以註解。崇禎十五年（一六四二）艾儒略 P. Julius Aleni 在北平出版了天主降生言行紀略。但不是福音譯本不過許多句子與經文相合罷了。

康熙元年（一六六二）潘國光 P. Brancati 印行瞻禮口鐸一書，性質與聖經直解同。乾隆四年（一七三九）東印度公司的和治孫 Hodgson 在香港覓得了一本抄本內含福音合參，使徒行傳，保祿書信，惟希伯來書僅有第一章。這部譯作顯然是第一部漢文聖經。至論譯者爲誰，曾經發生了許多爭辯，有些人却臆想這本書是聶斯托略派的工作。但最近方濟各會司鐸 P. Ber. H. Willake O.F.M. 從李安德司鐸日記中(1746–1763)証明此書確係天主敎傳敎士 P. Joanes Basset 所譯。因不列顛博物院中所存之無名稿本，適與李鐸日記中所載者相胳合。李氏日記云： Joan. Basset 司鐸除出版有益小冊外又譯出小問答，且將聖經自拉丁文譯爲漢語。自瑪竇福音起，終於希伯來書之第一章，未竟全功而死矣。」乾隆十五年（一七五〇）至嘉慶五年（一八〇〇）中，耶穌會士賀清泰 P. Louis de Poirot 將聖經大部分譯成國語，現只有存稿，從未出版。（見附註）十九世紀末有 J. Dejean 之文言四福音。光緒廿五年（一八九九）李問漁司鐸出版文言新經譯義。民國肇建之際，馬相伯先生出版新史合編直講。正文爲文言，附白話對照，故稱直講，實爲傑作，惜篇幅較多，購置攜帶兩俱困難！後獻縣蕭若瑟司鐸亦於民國七年（一九一八）出版白話新經全集。頗爲全國敎友所樂用。然此譯作實並未全滿人意，經學家每每挑剔，認爲有另譯必要。後馬相老以九五高齡，又另譯新經一部，稱爲救世主福音對譯，因抗戰軍興致未出版。吳經熊先生則於抗戰聲中受蔣主席之囑，仿詩書樂府及古今詩體，翻譯聖詠，並直譯新經全集，蔣主席曾閱讀再三。其聖詠譯義初稿，已於今年十月出版。天津崇德堂蕭舜華先生於廿八年出版馬竇及馬爾谷福音，次年繼出路加及若望福音，三十年又出宗徒行傳。都用現今通行的語體文。抗戰之際，雖交通阻塞，而此書竟能風行於淪陷各地，且適合青年口味，不過像呂譯的司徒雷登先生序文裏說：「新約之迻譯，實無止境。經中所含之義，原無盡藏，歷代各國之人對其詞章，時有新趣，用其不斷之努力，隨時沿變之文體，以傳遞經中生氣蓬勃之訓言，亦當然之事耳。」可見任何譯本都難求其盡善，而必須時時加以改進。

現在抗戰勝利了，隨着勝利出了這部呂譯新約，眞等於一個凱旋的雅奏。看了這部書令人興奮，亦令人慚愧。華譯聖經中又添了一頁紀錄，聖經研究者，又多了一個參考。這都是可喜的。我們對譯者的苦心，十分欽佩，因爲他在萬難之中，用「五載時光，日夜辛勤，無間冬夏，坐於斯，行於斯，食於斯，臥於斯，」譯成了這部書，這是多大的毅力，多大的勇氣！不但值得我們欽佩，且值得我們效法。可慚愧的是從聖方濟各起，天主教在中國已歷四百年，教友人數已達三百餘萬，可是對尊重福音的表示，似太冷漠。新教自道光二十二年（一八二二）馬士曼 John Marshman 在印度印行漢文聖經後，便不斷努力繙譯，馬禮遜 R. Morrison 更根據不列顛博物院的抄本，於嘉慶十五年（一八一〇）出版使徒行傳及路加福音，四年後，全部新經告竣。又五年申命記，約書記，士師記，撒母耳記，列王記，歷代志，以斯拉記，尼希米記，以斯帖記，約伯記，又由米憐博士 William Milne 譯出，至道光三年（一八二三）則全部聖經完成。嗣後不斷努力，不斷改善，由文言轉爲國語，由國語轉爲方言，如上海語，福州語，寧波語，廣州語，苗文，建寗語，汕頭語，温州語，等均有聖經全書譯本或節譯本。反觀吾教並聖經全書，無論語體文言，都未出版，更談不到方言了。我們要想查閱舊約中的記載或詞句，不得不借重新教的譯本，至足孜心！翻譯古經，期待已久，但除古史箴，古史略，古經像解等不完備的譯本外，不能窺得舊約全貌！國難期間，北平方濟堂出了最大努力，在雷永明 P. Gabr. Allegra O.F.M. 司鐸指導下，卒於今年九月中將聖詠集出版了，而舊約全部亦已繙譯完成，這是一件快人心意的事！

對於呂譯新約初稿，作者不敢妄加批評，付就教於聖經專家雷永明司鐸，據說：從希臘文譯書，若對希臘文無深厚造詣，仍須參照其他外國文字，則其他外國文字（如英法德）中的缺點，仍能滲透進去，所以路通希臘文是不能勝任的；其次，則選擇原本亦異常重要，因爲原本不妥，譯本如何能妥？雷司鐸對譯者希臘文的研究，不敢妄擬，但對所採用的原本則不甚贊同。這或者是見仁見智之說，且待聖經專家，互相研究。

（附註）賀清泰所譯「古新聖經」—

稿本，上海徐家匯藏書樓，及北平北堂圖書館均有藏本，互有所缺，現已配抄完備，但合兩處所藏，猶缺雅歌及意撒以亞，達尼耶爾，若納斯以外之各先知傳。

（補註）光緒十七年，（一八九一）德如瑟司鐸於香港納匝肋靜院出版一部四史聖經譯註。譯者自云「夫喜報四卷內有多寡淺顯之文。譯者挑揀，著述聖經務協於拉丁原本，使其句句章章相符，不敢自擅，或加抑減，爰不辭心力，又不惜光陰，敬謹考求，細意熟思。先究達聖經內原義，後選相稱文字，全譯無遺」。讀此可知譯者頗費氣力，惜文欠流利，致未通行。

按明嘉靖二七年（一五四八）日人聖信保祿，已將瑪竇福音譯為華語，惜未能付梓。崇禎十五年（一六四二）龐迪我 P. Pantoja 撰耶穌受難始末。雍正八年（一七三〇） 殷弘緒 Fr. X.S. Entrecolles 著訓慰神編。即多俾亞傳。乾隆五年（一七四〇）馮秉正 P. J. de Mailla 撰聖經廣益。又有廣音四史聖經宗徒行實，保祿書信至赫伯來書第一章為止。聖教雜誌第十二年第八期載小峯先生華譯聖經考，謂和治孫 Hodgson 將廣音本送往倫敦，誤也。因已故輔仁大學校務長奧圖爾存有攝影本（現歸北平英氏）係國語而非廣音。又傳信部藏書樓中藏有李安德日記所述及之 Passet 譯本，是否與倫敦本相同，則有待於異日更詳密之考證。

近年日人對於吾國天主教之研究

方豪

余自今夏北上，偶有餘暇，即喜涉足書肆，發現近年日人研究吾國之著述，為數之多，至足驚人，若在京滬一帶，則久已不可多見矣。日人研究之範圍至為廣汎，其有關吾國天主教之書冊，就余二月來搜求所得，已達二十餘種，雜誌論著，非余所最注意者，亦可十篇，為筆記如後，以供讀者稽考。東鄰不乏優秀之學人，乃近年受國家政策之影響，字裏行間，時時透露其不正之思想，此則為可惜矣！

（1）景教之研究 佐伯好郎著，民國二十四年（昭和十年）東方文化學院東京研究所刊行。

作者早歲即從事我國學術之研究，而尤注意於歐亞海陸之交通，光緒三十年（明治三十七年）開始專攻景教傳入我國之歷史，宣統元年（明治四十二年）發表「景教碑文研究」三年後復以英文寫成 The Nestorian Monument in China，原稿送倫敦出版因歐戰爆發無法印刷，至民國五年（大正五年）始在倫敦出版。此後佐伯君仍繼續於我國景教之研究，但爲其他公務所羈，至民國十六年（昭和二年）乃擺脫一切事務悉心作景教之研究，且屢來我國實地訪問，自序謂得我國徐森玉、陳援庵、張亮塵諸先生之指示頗多。本書所收材料極富，正文達一千頁衷然一鉅冊，插圖一八八幅，地圖及表格九件；分上下二篇，上篇爲景教本身之研究，凡十七章，附景教諸經文獻總目錄。下篇則爲我國景教史分四章，第一章傳入我國情形。第二章我國景教之文獻；第三章我國境內及境外景教外國語文獻（此章最有價值）第四章爲我國各地發現之景教遺物，末有附錄二二〇頁，將漢文史料完全錄出，而明末迄今對於研究景教之漢文著述，或全文刊出，或摘要記錄，極便參攷，最後則爲索引，亦有三十二頁，頗爲詳備，誠研究我國景教最完備之作也。至其內容如何，當俟異日再爲評定，不多贅矣。

(2) 景教教士旅行記 英國 Sir E.A. Wallis Budge Kt. 原著 佐伯好郎譯補 民國三十二年（昭和十八年）春秋社刊行。

本書全名爲「元帝忽必烈時代歐洲派來之景教教士旅行記」，前有原作者再版自序，譯補者序，原作者著書目錄，凡例，以下爲概論凡二十節，次爲本文分十九章，附年表，本書引用新舊約文句一覽表，索引，各種附圖二十五幅，附錄三，教士旅行圖一。若與「景教之研究」參讀，則唐宋元時代中國景教情形可瞭然於心矣。

(3) 中國基督教之研究 佐伯好郎著 共五冊。春秋社刊行。本館現僅藏前三冊。

本書共分五卷五冊，第一卷爲唐宋時代之中國基督教；第二卷爲元代之中國基督教；第三卷爲明代之中國基督教；第四卷爲清代之中國基督教；第五卷附錄爲自明末至民初中國新舊二教漢文著述總目。第一卷現已由本館劉殿林先生着手翻譯，預計三個月即可竣事。

第一卷民國三十二年（昭和十八年七月）出版，大部見於氏之「景教之研究」，惟序論中之研究目的及其範圍，基督教之意義及其傳入中國基督教會之本質與組織大要等，均爲研究教史人士所必須先知者。

第二卷卽第二册，爲元代之基督敎，對也里可溫之傳佈及歐洲東遊修士之遊記，介紹頗詳。前北大敎授傅芸子先生擬担任翻譯。

第三卷民國三十三年（昭和十九年）八月三十日出版。正文凡六三〇頁，專述明代之基督敎（天主敎）史實，分十三章，前三章對於初來傳敎士所屬之修會，傳敎遭逢之困厄，敎士活動之狀況作概略之敘述。第四章至第七章則以范禮安、羅明堅、利瑪竇諸人爲主體，特別着重於天主實義之介紹。第八章爲明末中國天主敎會之收穫；第九章徐光啓李之藻等士大夫對敎會之認識；第十章述敎會之內訌及其原因；第十一章爲明末清初中國基督敎概況；第十二章略述俄國正敎會；第十三章則專爲討論禮儀問題。本卷無甚可觀材料極平常而採用燕京開敎略之附圖尤爲以訛傳訛名理探超性學要等封面攝影，均用新刊本實則如不能獲得初刻本則不加封面攝影可也。

（附）佐伯好郎略歷。

佐氏以同治九年（明治四年）八月生於廣島。光緒五年（明治二十三年）七月畢業於東京專門學校司法科，旋卽赴美國及加拿大留學。光緒十二年至二十一年（明治三十年至三十九年）任東京高等師範學校敎授。光緒二十二年至二十三年（四十年至四十一年）再赴歐美留學。民國十一年至十五年（大正十一年至十五年）漫遊中國。十九年（昭和五年）留學中國一年。三十年（昭和十六年）一月二十八日以景敎研究論文得東京帝國大學文學博士學位。次年國民學術協會又以氏對景敎研究貢獻甚大，給以奬金。

（4）魯勃路克東遊記 妹尾韶夫譯，民國三十三年（昭和十九年）文松堂書店出版。

譯者於民國八年畢業早稻田大學英文系，翻譯作品甚多，大多在「新青年」雜誌發表。是書並附有行程圖及旅行日程。

按魯勃路克爲方濟各會修士，於一二五三年五月七日自君士坦丁出發，次年四月五日抵達和林，謁見蒙哥，七月八日回國，爲中外文化關係史及中國天主敎史之重要史料。

（5）康熙帝傳 Joachim Bouvet 白晉著，後藤末雄譯，民國三十年（昭和十六年）生活社出版。

是書乃譯者在東洋文庫研究室授課時所譯，爲研究明淸史及中西文化關係史之重要資料。原書刊印於一六九七年，距今已將二百五十年。後藤翻譯此書時，頗得石田幹之助及奇田勢造二君之協助。書中除本傳外，並有譯者所加之「解說」「白晉神父傳」「譯者對康熙帝傳之批判」「跋」及「歐洲人名略註」等，頗便讀者。南京龔士榮神父去年畢業輔仁大學史學系，其論文即為康熙傳之研究，現仍在整理中，聞對於後藤此書有所訂正。

(6)乾隆帝傳 後藤末雄著 民國三十一年(昭和十七年)生活社出版。

是書為康熙帝傳之姊妹篇，可補我國文獻之不足。作者多取材於「耶穌會士書簡集」Lettres édifiantes et curieuses, ……Paris, 1703—1776 書中除有作者之序及解說外，對於北平之教堂，觀象台與圓明園，三次教難之經過，修士之製造機器人，在如意館供奉之耶穌會士，得勝圖坤輿全圖，皇朝中外一統輿圖之繪製，望遠鏡之說明與測驗，氣候器在御前之實驗，耶穌會之廢止，北堂財產分配之爭論，南堂之失火與乾隆帝之態度，乾隆帝對北平主教委任之干涉，遣使會之繼承耶穌會等，均有詳細敘述，為研究清代中葉天主教史及中西文化接觸史不可不讀之書。本館擬請人翻譯，現正在物色中。

(7)中國天主教文化史 德理賢 Pascal d'Elia 法文原著 三浦萬之助編譯，油印本。

本書已有英文及中文譯本，中譯本名「中國天主教傳教史」民國二十三年上海商務印書館出版。是書卷首有編譯者序，作於昭和十九年(民國三十三年)七月。三浦為天主教教友，前任天津工商學院日文教授，所遺日文書籍頗多，其中一部份已由本館接收。

(8)天主教在青島 興亞院青島出張所刊印，興青調查資料第三十一號，民國二十九年(昭和十五年)十一月出版。

是書封面加紅印「秘」字，蓋日本所作青島調查之一也。對於青島天主教情形調查之詳細，誠足令人驚奇。全書分四章：第一章歷史概觀，有青島市歷史概觀，中國天主教史概觀，青島天主教史概觀等三節，青島教史分草創時代，準備時代，發展時代；第二章為現狀，列述天主教與抗戰及青島各種教會事業；第三章為鄉區地方情形，特別注意即墨膠縣兩處；第四章結論。末附山東天主教教勢圖四幅，分一八九八年以前，一八九八年以後，一九二五年至一九三七年及一九三七年至今。文內尚有表格多種，其中青島教區年表頗為簡明，最便稽考。本書正文多至二〇九頁，對青島一教區，日人竟如此注意，其謀我之心可以知矣。原日人之所以如此注視青島天主教會，亦以青島教會在此次抗戰中確有最良好之愛國表現，日人稱之為「反日通匪」

書中曾坦白承認於民國二十八年，日本海軍封鎖明德小學，並逮捕校長彭玉麟修士等。書內充滿荒謬言論，但我教在抗戰中之愛國工作及教士教友爲愛國而不惜犧牲之精神，苟無日人此書，寧不將湮沒無聞耶？

(9)中國天主公教會之實情　鷲山第三郎著，民國三十年（昭和十六年）十二月福村書店出版。

是書作者爲明治學院教授，但此書實完全爲政治性之一種情報資料。故第一篇即爲日美英戰爭之必然性。注重華北教會情形，而以濟南兗州爲最。其中有「排日地方之教會情形」一節，叙述四川、浙江、江西、湖南之教會狀況，更有一節，題爲「東亞新秩序與天主教教育之關係」。最後更明白討論「英美傳教士根本問題」，提出「日本拯救論」。完全暴露日人獨佔東亞之野心。是書實無絲毫學術價値。

(10)第一次華北宗教年鑑　興亞宗教協會編，民國三十年三月出版，非賣品。

按興亞宗教協會設興亞院華北聯絡部內，原設北平東四北大街鐵獅子胡同十二號。出版宗教調査書籍頗多。年鑑分佛教、喇嘛教、道教、回教、基督教，對於天主教會有略史、大事記、統轄機關、文化學術團體、教徒生活、冀、魯、豫、晉、蘇各省及北平、天津、青島三市教堂調査表、天主教儀注規約、佈教名人錄、信徒統計表、出版品目錄等。末附統計圖表及法規。

(11)華北第三國際基督教團體現況

(12)第三國際基督教實情

(13)華北天主教概觀

(14)天主教實情

以上四書皆興亞宗教協會發行。

以上第11 12兩書皆屬於新教者，13 14兩種但見目錄，未見其書；讀者如有藏本，請賜贈或惠借，均可；如蒙示知購借地點，亦所感謝。

(15)滿洲宗教誌　滿鐵鐵道總局弘報課編。

是書不載出版年月日，但書首有弘報課長芝田研三序，作於民國二十九年（昭和十五年）五月，想即在是年出版也。內容包括佛教、喇嘛教、道教及其他民間信仰、薩瞞教、儒教、回教、天主公教及基督教、希臘正教、猶太教、祕密結社、類似宗教團體，在滿之日本人之宗教等，末附僞滿暫行取締寺廟及佈教者條例、編者意見、資料等。

(16)東西思想交流史 裴化行 Henri Bernard, s.j. 著，松山厚三譯，民國卅二年(昭和十八年)一月慶應書房出版。

是書原名 Sagesse chinoise et philosophie chrétienne……,1935, 譯者附加東西對照年表及索引。

(17)中國基督教史(東亞叢書) 比屋根安定著，民國二十九年(昭和十五年)七月生活社出版。

是書僅一册，分七篇，其篇幅雖不及佐伯中國基督教史研究遠甚，但異常簡潔，作者爲青山學院教授。第一篇爲序說，第一章研究中國基督教史之必要，以中國基督教史爲中國史之重要部份，基督教在中國思想史之地位，基督教對中國自然科學之貢獻，基督教爲東西文化交流之媒介，基督教史爲中國外交史之側面加以說明。第二章日本與中國基督教史直接關係，如耶穌會以澳門爲對日本傳教之根據地，中國基督教書之傳入日本，近日基督教史上中日兩國之接觸；第三章中國猶太教之遺蹟。簡明可誦。第二篇景教之東漸，其中關於日本對東歐之交往，波斯人之到達日本，日本所受景教之影響，日本僧人空海，般若與景教教士景淨之關係等，亦新穎可喜。第三篇天主教之初傳(元明兩代)，第四篇耶穌會之活動及關於儀禮之齟齬；第五篇清代基督教，第六篇基督教之開放，本篇全爲新教傳入我國之史實，第七篇則爲清末及民國以後之基督教，最後之一章爲日本人在中國之傳教事業，特別提及丸山傳太郎來中國傳教及保護留學生，清水安三與崇禎學園，日本基督教聯盟之宗教工作，東亞傳道會之成立及其活動，本章値得吾人注意。

(18)聖方濟各沙勿略在中國 三浦萬之助著，民國三十一年十二月出版，天津東方學藝社刊行。

是書爲一小册，應屬於教史性質，但作者自序則說明研究中國乃在認識中國以求中國問題之解決，共同携手完成大東亞戰爭之理想，則完全侵略者口吻！

(19)日本中國西洋 後藤末雄著，民國三十二年(昭和十八年)九月初版，次年五月再版，生活社刊行。

是書共分五章，其第二三四各章幾完全爲中國及日本之天主教史，蓋爲中日兩國與歐洲文化之關係史。

(附)作者畢業於東京帝國大學法文科，慶應大學教授，文學博士，曾著「東西之文化流通」「康熙帝傳」「乾隆帝傳」等。

(20)十三世紀東西交涉史導言 岩村忍著民國廿八年(昭和十四年)九月初版,卅一年七月再版,三省堂發行。

是書涉及景教及元代東來之修士等,均與教史有關。

(21)基督徒語文學之研究 土非忠生著民國三十一年(昭和十七年)二月初版,次年八月再版,靖文社發行。

是書對日本基督教文學有極詳之考証,其第四章第十節亦述及中國耶穌會之用語問題。

(22)近代中國文化 和田清等編民國三十二年(昭和十八年)三月初版,十月再版,光風館發行。

是書由八人合撰,其中「近代中國與西洋文化」一節,係後藤末雄撰,完全爲我國天主教史。

(23)東洋文化史上之基督教 溝口靖夫著民國三十年(昭和十六年)理想社出版。

本書共分三篇:第一篇波斯對於景教史及景教與回教之衝突,闡述較多,第二篇印度亦述及景教與中古時代托鉢修士之東來,但以後來荷蘭法國英國傳教士之傳教運動所佔篇幅爲多。第三篇中國對唐宋元以迄最近基督教各派之歷史,均有精要之叙述。本篇亦述及台灣安南之傳教略史,可供參攷。附圖十九幅。作者自序謂本書之成,頗得京都帝大教授天野貞祐先生,副教授宮崎市定先生指導,及東方文化學院佐伯好郎之鼓勵,與基督教文化學會之援助云。

(24)蒙疆天主教大觀 平山政十著民國二十八年(昭和十四年)僞蒙古聯合自治政府發行。(非賣品)

是書爲平山政十受僞蒙古聯合自治政府之囑託而編纂者,有東京總主教土非辰雄及西灣子代牧 Leon de Smedte 序。第一部份述中國天主教分教史及現況兩節;第二部份述所謂蒙疆之天主教會及其事業,以下按教區分別記述。第三部份則爲僞滿及中國之天主教,第一節爲僞滿之部,第二節爲中國之部。以下爲僞滿及華北華中教會一覽,最後爲附錄天主教會眞相,分十章,對於教義,教規,組織,教院,家庭生活,皆有簡要叙述。統觀全書,惟附錄尚有可取,其他各部份皆荒謬絕倫。

至於零星論文,散見各刊物者,多不勝收,茲略舉如後:

(A) 北平北堂耶穌會舊圖書館之罕見書, J. Laures 著,載一九三七年歷史地理七十卷第一號及第二號。

(B) 北平北堂圖書館發現日本耶穌會出版公教書七册, J. Laures 著,小林珍雄譯,載一九三七年歷史地理七十卷第四號。

（C）綏遠百靈廟附近景教遺跡之調查，民國二十七年（昭和十三年）五月，善隣協會調查月報第七十二號。

（D）明末清初之基督教，齋藤清太郎著，載史學雜誌十九卷第一號。

（E）關於中國耶穌會研究之片斷，坂口昂著，載史學雜誌第十卷第八號。

（F）天主教在察哈爾東之狀況及其影響，下永憲次編。

按此文已由蟄公譯載民國二十四年十一月新蒙古月刊第四卷第五期。

（G）北平北堂圖書館略史，J. Laures 原著，曾載東京上智大學日本文化誌叢 Monumenta Nipponica 第二卷第一期（一九三九年）出版，北平近代科學圖書館館刊第二號。

（H）論 W. J. Ashley 對聖多瑪斯經濟學說之研究與漢譯「超性學要」之比較，長崎高等商業學校教授武藤長藏著，福田德三博士紀念論文集「經濟學研究」單印本。作者於民國十一年訪上海徐家匯藏書樓，見明治十一年北平刻本超性學要，並鈔錄一過，又由長崎大浦天主堂浦川和三郎處得見民國十九年之上海土山灣印書館出版本，後又獲知倫敦不列顛博物院及巴黎國立圖書館均有藏本。本文對於利氏行實，超性學要內容，利氏之彌撒經典，聖事禮典均有詳細介紹，最後則為本文之研究。按武藤並非教友。

（I）近代天文學之東漸，後藤末雄著，君奮譯，中日文化一卷一期。

明神宗時天主教耶穌會士入華，西洋近代天文學亦介紹入我國。至明崇禎十四年，編崇禎曆書，清兵入關，順治帝亦推行西法，但將曆書改名時憲書，而天文學之東渡日本亦在此時。天保七年，澁川景祐繼父兄之志編成天保曆。是文敘述頗詳。

青龍橋塋地誌校後記

方　豪

民國丙午夏，余隨侍田聘三樞機來故都，讀已故吳德輝司鐸著青龍橋塋地誌，知吾教先賢李祖白墓已於近年發現，為之狂喜；七月十二日偕張致中司鐸前往展謁，並取塋地誌與墓碑相對勘，計為校正記碑號數十五處，補其遺漏者十五字，查出不明者五字，錯誤更正者十九字，所列地位與碑上原式不合，為改正者五處。遣使會勤佐修士方立中先生謀為勘誤，並索一言，遂書此以應之。杭縣方豪謹識。

文獻目錄

近十年來我國天主教出版書籍總目 第一輯

——民國二十六年至三十五年——

王昌祉
楊堤
馮瓚璋

自民國二十六年七七抗戰起，全國教會出版界大受影響，即有少數著作問世，亦因交通梗阻，消息隔絕，未能暢銷。民國三十年香港公教真理學會嘗刊行有中華公教圖書總目，復於三十年五月出中華公教圖書總目副刊第一號，此後亦即停刊。本館為便利各地教內外人採購，及溝通教會出版界消息起見，特於最短期間內，輯成此目。北平德勝院耶穌會院長 Real 司鐸，協助甚多，特此誌謝。惟同人囿於見聞，且倉促草成，遺漏必多，錯誤亦難盡免，尚祈各同道惠予指正，俾得在下期館刊內登出，則不獨本館之幸矣！茲附本目錄簡稱於後：

北＝北平北堂印書館
平文＝天主教文化協進會北平分會
平益＝北平益世報館
平方＝北平方濟堂
聯＝北平教廷代表公署教務聯合會
進＝北平中華公教進行會總監督處
進臨＝北平公教進行會全國臨時指導會
善＝北平宗座善會全國指導會
德＝北平德勝院
輔＝北平輔仁大學
輔女＝輔仁大學女院
輔圖＝輔仁大學圖書館
傳＝北平傳信書局
津＝天津崇德堂

津文＝天主教文化協進會天津望海樓支會
工＝天津工商學院
濟＝山東濟南天主堂
兗＝山東兗州天主堂
獻＝河北獻縣天主堂
保＝河北保定天主堂
安國＝河北安國天主堂
易＝河北易縣天主堂
宣＝察哈爾宣化天主堂
大＝山西大同天主堂
太＝山西太原天主堂
安＝安徽安慶天主堂
蕪＝安徽蕪湖天主堂
蚌＝安徽蚌埠天主堂
土＝上海徐家匯土山灣印書館
海＝江蘇海門天主堂
梅＝廣東梅縣天主堂
杭＝浙江杭州天主堂
桂＝廣西桂林天主堂
澳＝澳門天主堂
港眞＝香港公教眞理學會
港慈＝香港慈幼會
港國＝香港國華圖書印刷公司
東＝東方學藝社
商＝商務印書館
光＝光啓出版社
勝＝勝利出版社
獨＝獨立出版社
武＝湖北武昌益華報

計十年來共出書四百零二種，平均每年僅出四十種，其調查遺漏者，估計約尚有數十種，今年出版者更未能全數計入。茲按每年出版之多寡，爲約計如下：

二十九年	七十一種	二十六年	五十七種	三十二年	二十四種
三十年	七十種	二十七年	四十四種	三十三年	十九種
二十八年	六十六種	三十一年	二十七種	三十四年	十種

三十五年	九種	年代待查者	五種

觀上表，可知抗戰第一年出版種數尚不少，次年已見低落，但二十八年後因淪陷區易得紙張，生活亦較安定，故逐年增加，至二十九年乃達最高峯三十一年數量銳減，僅及上年三分之一，此後每況愈下，至去年則情況最劣，但願今後早日恢復和平，庶全國公教出版事業蒸蒸日上，斯則本館同人所馨香禱祝者也。

民國二十六年出版書目

書名	編著者	譯者	發行者
天主教與學術貢獻	蔡任漁		梅
利用己過的技術		常守義	大
聖教會史綱	于炳南	楊堤	安
于斌主教公進言論集	公進監督處		進
祈禱宗會問答	徐允希		土
公教演講學		馮瓚璋	濟
闢邪崇眞	李若翰		濟
兒童要理教學法			濟
論聖洗聖事			濟
苦耶穌	陳田		土
聖教歷史	李道昌 牟作梁		濟
幸福的家庭		馮瓚璋	進
傳教要規			兗
神愛犧牲	蔡仲鄉		土
主日道理	晉鐸		太
教育方法論	厥司鐸		聯
公教進行要理問答	馮特乃勒		進
中華全國公教進行會統計冊	馮瓚璋		進
私省察	葛司鐸		北
離家之後	華南總修院		土
一個模範的工人		張之臨	土
聖保祿	沈造新		土
向耶穌聖靈誦	吳應楓		土

上智編譯館館刊　第一卷　三六

聖經學概論上冊　袁承斌　聯
亡羊歸棧　獻
齋克（重印）　羅雅谷　北
聖母忠僕　獻
模範修女　獻
師主神操　巴鴻勳　李奉周　獻
守貞宜讀　李純一　獻
幼學袖簡　獻
撮會典要　獻
耶穌聖誕新劇　獻
憶　胡端　士
儘淚傾血　兗
天堂要理圖說明書　牛若望　安國
以善勝惡　李若翰　兗
遊地獄記　獻
宣傳單　進
論無神的共產主義通牒　袁承斌　聯

聖時善情　濟
天主教教義提綱（二冊）　狄守仁　馬司鐸　津
聖奧斯定傳　朱星元　光啓社　土
聖婦戴伊濟傳略　王昌祉　土
聖母小日課聖咏疏解　徐允希　土
庇護第十　龔石　土
弗隆勿洛夫人傳　楊壽康　土
聖時默想初編　吳應楓　土
以善勝惡　李若翰　兗
意大利鮑斯高教育法　張懷　進
李我存研究　方豪　杭
于斌主教抗戰言論集　昆明益世報　宗教與文化社　港貢
正義與和平　武
追悼陣亡將士　武
獻給母親　武
白話宣講　進
信愛　王仁生　土

民國二十七年出版書目

書名	著譯者	出版處
耶穌受難遺蹟考略	徐允希	土
新訂祈禱會袖珍	徐允希	土
教友生活	惠濟良	土
心園	朱志堯	土
耶穌會成立四百週年紀念刊		土
進教小引		獻
神修引領	倘司鐸	北
入德之門	耶穌會士	土
耶穌苦難之瑪利亞修女小傳	克克 孫嚴頊	
寄小天神	張孝松	土
傳信悏助會	韓司鐸	聯
公教社會學小課本		濟
工商學院簡明日課		工
科學家與宗教	江道源	商
玫瑰經		濟
聖母月	明修士	安
天眷隆渥	袁司鐸	易
我將到天主的祭臺前	周連墀	傳
小學要理教學法(二)	李盎博	安國
翼下共鳴錄	胡端	土
天主教教義提綱第三冊	高司鐸 公教叢書委員會	津
耶穌眞徒的生活第一冊	徐司鐸 公教叢書委員會	津
人生基本問題的解答	中自天	津
九十三題	狄守仁	津
救世主	王昌祉	土
天主教傳教史概論	徐宗澤	土
許母徐太夫人廿第大	徐允希	土
追悼教宗比約十一	馮瓚璋	進
慶祝教宗比約十二	馮瓚璋	進
世界傳教事業特刊	馮瓚璋	進

上智編譯館館刊　第一卷　三八

耶穌會士威廉兌爾傳　陳綸緒　港眞
晚間一小時之家庭朝拜
聖心　陳綸緒　港眞
母親偉大的責任　梁曼如　港眞
教宗論無神共產主義之通牒　馮德堯　港眞
我曾加入過共產黨　王昌祉　港眞
天主教大綱　士

善望彌撒　兗
聖教史綱　趙仁　士
共產黨的理論與實踐　蔡任漁　港眞
避難記　吳培祿　獻
善念玫瑰經法　葛司鐸　北
烽火征塵記　趙爾謙　上海
拉丁重音研究　陳熙止　私人

民國三十八年出版書目

倫理答疑　徐宗澤　士
童年聖人　張冬青　士
科學方法論　申自天　工
張雅各伯司鐸小傳　隆德理　士
我們的母親　周濟世　保
孝敬我們的母親　周濟世　保
十九世紀的偉人　胡重生　港慈
眞教理証　劉司鐸　獻
講道須知　惠主教　韓司鐸　獻
宗教研究概論　徐宗澤　士

青年問題叢談　吳應楓　士
科學與宗教　李益博　安國
西灣聖教源流　隆德理　北
耶穌言行　張秀材　吉神
耶穌傳　士
馬相伯先生年譜　張若谷　商
瑪竇傳的福音　蕭舜華　津
瑪爾谷傳的福音　蕭舜華　津
法國短篇小說選　白峯雲　津
教廷錫爵紀念冊　輔

怎樣望彌撒　　土
偉大的保祿　高司鐸　公教叢書委員會　津
自尊　高司鐸　公教叢書委員會　津
我們的領袖（耶穌傳）　高司鐸　公教叢書委員會　津
信愛　王仁生　土
聖女瑪德肋納素非傳　惠主教　土
一位歸正者的自述　楊壽康　土
天主教大綱　王仁生　吳礽茂　土
共產主義檢討　張正明　土
天主教之戰爭觀　徐宗澤　土
青年問題叢談　吳應楓　土
論公教進行會　惠主教　土
簡易默想　韓穆然　獻
愈顯主榮　趙信義　蚌
重發領洗聖願　兗
論聖保祿宗徒——公進師表　牛若望　進

修女避靜道理（第一輯）　張潤波　宣
聖路加福音　蕭　港眞
我們的聖教叢書
第一集　課本　教授法　眞理學會　港眞
第二集　教授法　仝上　港眞
勸領聖體　楊鳳翔　港眞
初領聖體　眞理學會　港眞
聖誕子時彌撒　眞理學會　港眞
傅蘭薩蒂　佘敏生女士　王昌社　港眞
聖味增爵會祖翁若南傳　王昌社　港眞
梅格姑娘　王昌社　港眞
若翰納佘康傳　王昌社　港眞
我能夠做司鐸麼？　陳伯良　港眞
修生袖珍　眞理學會　港眞
如何生活　何繼高　港眞
主之聖言　港眞
廣播演講　港眞
給兒童們　王昌社　港眞
非蜜歐羅　何繼高　港眞

上智編譯館館刊 第一卷 四〇

書名	著者	出版
一個致命者的女兒		港眞
幾個宗教問題	蔡任漁	港眞
參觀聖堂		兗
異教初步		港眞
初中公教道理教科書 一二三	公教道理教科書編輯委員會	兗
天主教與中國	于斌講	兗
教宗正式談話	蔡任漁	港眞
中華聖教歌曲		兗
中華聖教歌經		兗
聖歌彙集風琴譜		兗
領洗前後盛典	萬賓來	兗
應對的彌撒經	葛司鐸	北

民國二十九年出版書目

書名	著者	出版
聖召險阻	Gaspermant	獻
中國類思傳青山修士	方傑人	土
教宗庇約第十	周連墀	聯
神修引進	常守義	大
要理引伸		蕪
青龍橋塋地誌	吳德輝	北
伯多祿弗利道芬	滿恩禮	兗
初領聖體	滿恩禮	兗
論聖物	滿恩禮	兗
耶穌言行	渠志廉等	兗
路加傳的福音	蕭舜華	津
若望傳的福音	蕭舜華	津
師主篇(原稿初譯)	蕭舜華 蕭景僊	津
一線之光	張士泉	土
復新教友生活	惠主教	土
教理問答教授法	惠主教	土
高中要理課程解答	徐宗澤	土
聖心誦句默想	王昌祉	土
公教人生哲學	杜廷美	土
隨思隨筆	徐宗澤	土

書名	著者	出版
愛仇讐		兗
亞福來		兗
中國聖母會考		士
公敎人生哲學		士
領洗要理講話		兗
初領聖體	Konn	兗
兒童要理敎學法	Hafner	濟
傳信與聖伯鐸二善會史略	周連墀	聯
我們的小傳敎士	諸正瑛	士
家學淺論(重印)		濟
山西太原敎區鳳主敎晉鐸金慶紀念		太
挽救	周信華	士
風雲幻變	周信華	士
聖心良友	王昌祉	士
耶穌聖心之通論	顧古香	士
神修訓言	吳司鐸	北
崇修指南	Saramelli 劉司鐸	献
天主敎大綱	嚴毅	安
禮節便覽	鮑司鐸	津
主日聖經		獻
積金碎玉	顧	德
四規道理		獻
我們的聖敎	馬司鐸	桂
宣講綱目	張潤波	宣
孔維鐸傳略	姜神父	
要作一個完善的人麼	袁	兗
我是什麼	馮瓚璋	港眞
公敎眞相		港眞
我們的聖敎叢書第二集課本	眞理學會	港眞
聖洗禮儀	眞理學會	港眞
他在祭台上幹什麼	洪楚賢	港眞
婚配禮儀	眞理學會	港眞
我能夠作修女嗎	左聘君	港眞
聖主日禮儀	眞理學會	港眞
新袖珍簡禱	眞理學會	港眞
敎友袖珍		港眞
給男敎友們	何繼高	港眞
傳敎通則	眞理學會	港眞

上智編譯館館刊 第一卷 四二

書名	著者	譯者	出版處
你在天主堂看見什麼		黃斯望	港眞
轉變		施蟄存	港眞
聖時			濟
公教眞義與各教會	陳燕祥		港眞
眞理的要點			港眞
像解問答直講			港眞
高小公教道理教科書一，二	編輯委員會		兗
聖維亞納講道集			港眞
往訓萬民	蕭傑一		安
共產主義的哲學與應用		蔡任漁	港眞
法表拉		吳培祿	獻
董眞福嘉偉厄爾致命	張輔仁		北
要理問答釋義		韓寯鎬	兗

民國三十年出版書目

書名	著者	譯者	出版處
杰人論存	方豪		港國
聖伯多祿		張冬青	土
聖若望		張冬青	土
耶穌會之后	A. Drivé	嚴蘊梁	土
十二殊恩默想		王洗耳	土
初告講義	姚正風		大
初領講義	姚正風		大
公教家庭與公教公禮			兗
若爾當傳		成秉智	濟
我們的信仰	Tofh	袁意可	兗
小小秘訣		劉緒堂	濟
皈依	張秀亞		兗
幸福的泉源	張秀亞		兗
天主實義（文言對照）	朱星元 田景僊		津
我們昆弟身上的基多		吳應楓	土
沙杜南	H. Grall	姜賢弼	工
避靜神工	李友蘭		獻
省察神工	吳德輝		北
苞麗納雅立格女士小史		張秀材	獻
江北人	周信華		兗

丁香花悲痛小史	李博多		北
宗徒大事錄		蕭舜華	津
社會事業宗徒	馮贊璋		聯
青年聖經讀本		蕭舜華	津
耶穌的言語		姜賢弼	津
救世主		王昌祉	工
聖依納爵		楊堤	土
聖時默想初編	王昌祉		土
天主在我們		吳應楓	土
貞女濬修綱要	惠主教		土
可敬加大利納德加歸達傳		丁宗傑	土
邪正理考節本	王昌祉刪		土
熱心領聖體	連國邦		土
聖體軍綱要	王昌祉		土
青昆手冊	王昌祉		土
戴勉神父傳		耶敎本	港眞
信仰與行爲		王昌祉	港眞
禮節便覽	Hafbaur		濟
預備臨終	楊堤		土
向聖母求善終小日課	顧懷仁		安

以心體心			土
公教教育學簡要	歐司鐸	林鳳棲	聯
司鐸與善會	周連墀		聯
我們的聖教叢書			港
主日聖經摘箴簡言	張敬一		太
中華聖母	惠濟良		土
語體文選集(六)	王昌祉 楊晉雄		土
藍衣人	斯普勒		澳
畢嘉爾貞女小史		馮奎璋	聯
希諾亞人	周信華		土
十九世紀的偉人			港類
公教論	陳香伯		商
給病者的十封信		王昌祉	港眞
要理啓蒙		Gatterrer	
弟兄結合會問答(中法)	孟雷諾		北
公教司祭	歐司鐸		聯
耶穌嬰孩聖女德			
助撒神嬰師表		大同總修院	聯(再)
吾主耶穌言行史略		華南總修院	港眞
公進通則			港眞

上智編譯館館刊　第一卷　四四

聖女貞德傳　王昌祉　港眞
聖體敎宗庇護十世小傳　王昌祉　港眞
譚化溥司鐸遇害記　王昌祉　港眞
墨西哥第一位公進致命　王昌祉　港眞
紅色的百合花　王昌祉　港眞
公敎進行會研究叢刊
第一種基多敎義　眞理學會　港眞
教友傳教意志　陸伯鴻　港眞
共產主義的策略　蔡任漁　港眞
初小公教道理教科書一二三四冊　公教道理教科書編輯委員會　兗
哲學縮型　常守義　北
上海虹口聖若瑟慈善會二十五年紀念冊　該會　該會

民國三十一年出版書目

護士職業倫理學　上海方濟各會醫院
進敎要理　Bakeroot　大
依恃耶穌聖心九日敬禮　朱希聖　海
聖女小德肋撒十日敬禮　朱希聖　海
精修實訣　朱希聖　海
紀念孟昭　張秀亞等　輔女
耶穌的賞賜　王昌祉　士
主敎訓令　趙方濟各　獻
高中敎理講義　王仁生　士
聖母小日課　張懷義　厚
聖歌粹集　大
小耶穌　周修女　兗
十六七世紀西學東漸考略　江道源　兗
十九世紀前中華基督敎對於醫學之貢獻　江道源　大同神學院　兗
熾愛的天使　總修院　北
天主教的檢討　吳德輝　北
自先知傳的福音　蕭舜華　津
在基多耶穌　吳應楓　士
耶穌我們的神師　姚景星　士

雲飄菊流	周信華	兗
聖體軍手冊	王昌祉	土
你的天上母親	沈汝孝	土
小耶穌的賞賜	王昌祉	土
可敬尚巴納神父小傳	魏尚廉	兗

民國三十二年出版書目

漢譯聖人名稱錄	希耀東	平方
試譯天主教會法典	楊恩賚 李啓人	濟
升天徑路(中拉對照)	達司鐸	濟
五洲奇劇	談天道	善
吳楊兩修士傳	山宗泰	
自裁自馭	常守義	
吾主苦難的追憶	李志先	
利瑪竇司鐸和當代中國社會	裴化行 H.Bernard 王昌祉	東
修女裴宜業小傳	朱希聖	土
聖寵中的呼聲	姚景星	土
告解指南	孟	獻
神[illegible]戰術	常守義	大
爲傳教日寫給傳教士和本堂司鐸	談天道	德
輔彌撒禮儀(上)	李君武	北
家庭教育問答	石靜山	北
江南修院百週紀念	徐家匯大修院	該院
論理學大綱	柴熙	輔
民元以來天主教史論叢	葉德祿	輔圖
聖保祿被擄時期書信集	蕭舜華	津
哲學史縮型	常守義	北、濟、厚
一條胡同	周信華	土
歷史講義(四冊)	龔品梅	土
單音詠唱撮要	聖母院	土
聖體軍訓話卅則	王昌祉	土
正義之友	姜賢鴐 陳鐵伯	工
宗教叢談	張輔仁	北
經歌譯要	楊印溪	獻

民國三十三年出版書目

戰壕中的齋廉陶賢收 張冬青 士
天主聖神 孟敬安 獻
淑修性氣 常守義 北
郎世寧修士年譜 劉迺義 工
楊淇園先生年譜 楊振鍔 商
中國天主教史論叢 方豪 商
聖女小德肋撒神嬰小路 趙懷信 宣
社會秩序之重建 戴明我 光
倫理學 申自天 工
徐光啓 方豪 勝
中外文化交通史論叢 方豪 獨
聖依納爵靈修法 津
耶穌真徒的生活第四冊 申自天 津
公教文學討論集 劉迺仁 朱星元 工
祈禱宗會領班講話 王昌祉 士
祈禱宗會紀律講話 王昌祉 士
國語教材十二冊 朱翔新 士
國文選讀六冊 龔品梅 士
用己過術 常守義 北

民國三十四年出版書目

兒童德徑 常守義
依靠聖母 常守義
科學與宗教 貝與仁 張準 工
科學與宗教摘要 津
謨罕默德的女兒 梅安尼 澳
古城巨竊 梅安尼 澳
紅河之畔 梅安尼 澳
公理戰勝紀念特輯 進臨
過年主日聖經 張輔仁 北
聖心與司鐸 朱希聖 士

民國三十五年出版書目

要理譬解　李　蕪
在天我等父者　Kaschmitter 梅博文　北
中國天主教文化協進會　于斌　平益
新日曆　澳
山居詠　王徵　飲虹簃叢書
聖詠集　方濟堂
聖經學會　平方
歡迎中國首任樞機主教紀念冊　中國天主教文協會北平分會　平文

聖詠譯義初稿　吳經熊　商（非賣）
天津一美兵　周信華　津文
以下各本出版年代待查
辯護學　張鑠夫　安
利瑪竇　張哲夫　東
續遊地獄　濟
公教家庭　兗
好青年　蕭傑一　安

向覺明先生所藏有關天主教書目

視學　年希堯作序（原本藏牛津大學圖書館）照片
睡畫二答　西海畢方濟譔，雲間孫元化訂　chinois 3385, 3387.
五十言餘　艾思及先生述　courant 3406.
進呈鷹論　耶穌會士利類思纂譯　courant 5635.
六書實義　温古子述　chinois 906,907.（温古子乃馬若瑟別號。）
交友論　歐邏巴人利瑪竇譔　chinois 3371.
獅子說　耶穌會士利類思述　courant-chinois 5444, chinois 5025.
原本論　劉凝。
開天寶鑰　淸陳薰著　chinois 7043.

睿鑒錄

達道紀言上下二卷 大西高一志手授，晉中韓雲纂述 chinois 3395.

重刊二十五言 大西利瑪竇述 courant-3376-3377.

勵學古言 遠西耶穌會士高一志述 chinois 3393.

樊紹祚奏 N. F. chinois 3187.

遠鏡說 湯若望 courant 5657.

西國記法 泰西利瑪竇詮著晉絳朱鼎澣參定。 courant 5656.

斐錄答彙 上下兩卷。 courant 3394.

鍼言 清嚴謨保錄撰。

易原訂餘附 閩漳嚴謨定猷氏著。

再與顏大老師書。

詩書辨錯解 閩漳嚴謨定猷氏著。

TRAITE Sur QUELQUES POINTS De LA Religion Des Chinois (Par Le R. Père Longobardi) 照片，

原本藏巴黎東方語言學校。龍華民著。

海西叢抄第一篇（答客問，朱宗元拯世略說，朱宗元崇一堂日記隨筆，王徵。）

大西西泰利先生行蹟 西極耶穌會士艾儒略述 chinois 1016.

思及艾先生行蹟 綏奉教人李嗣玄德望著 chinois 1017, 1018.

思及艾先生語錄上下 綏安李嗣玄德望摘述。

閱楊淇園先生事蹟有感 晉江門生張賡（此附楊淇園事蹟內，非另一書。）

楊淇園先生事蹟 晉江丁志麟筆受，三山陳克寬參閱。

張彌格爾遺跡序　浙西鄭圃居士楊廷筠譔。（此爲張彌格爾遺跡序，非另一書。）

張彌格爾遺跡　進賢熊士旂初稿，晋江張焞參補。

彿尼削世紀　瑪竇張氏傳。

通鑑紀事本末補附編卷　錢江張星曜紫臣氏編次，chinois 1023.

許嘉祿傳　何世貞 chinois 1022.

皇清敕封太孺人顯妣徐太宜人行實　清許玉撰 chinois 1025

南先生行述　耶穌會士徐日昇安多同述 chinois 1032.（李儼亦藏有此書。）

安先生行述　遠西同會利類思，南懷仁同述 B. N. chinois 1024.

泰西殷覺斯先生行略　chinois 1096.

杜奧定先生東來渡海苦跡　方德望王清甫譯，王徵良甫氏述 chinois 1021.

南京羅主教神道碑記　郭實六廷裳撰 chinois 4935.

畏天愛人極論　（chinois 6868）明涇陽王徵葵心父著，武進鄭鄤峚父評。

天學傳槩　（chinois 6875）明閩中黄鳴喬撰，附答鄉人書署徐光啓撰。

熙朝崇正集二卷　（不著撰人）

熙朝崇正集　閩中諸公贈詩（不著撰人）

天學辨敬錄　耶穌會孟儒望著，同會梅高傅汎際陽瑪諾同訂，値會艾儒略准。

熙朝定案　courant chinois 1329（李儼亦藏有此書）

上智編譯館館刊 第一卷 五〇

輔仁學誌歷年有關公教論著目

雍乾間奉天主教之宗室	陳垣	三卷二期
吳漁山晉鐸二百五十年紀念	陳垣	五卷一二合期
吳漁山先生年譜	陳垣	六卷一二合期
湯若望與木陳忞	陳垣	七卷一二合期
語錄與順治宮廷	陳垣	八卷一期
彌撒祭考	英千里	八卷一期
崇禎帝之撤像及信仰	牟潤孫	八卷一期
嘉慶丙寅上諭中之賀清泰	馮承鈞	八卷二期
明末殉國者陳于階傳	陳垣	十卷一二合期

輔仁大學歷年有關公教之畢業論文目

中華公教書錄	李道南	二十年國文學系
天主教對於中國之貢獻	郭振漢	二十一年國文學系
湯若望司鐸年譜	渠志廉	二十二年歷史學系
教宗良第十三與比約第十一對於勞工問題主張	劉鴻遜	二十四年社會經濟學系
徐光啓年譜	關善普	二十五年歷史學系
公教小學訓育之研究	劉鴻德	二十六年教育學系
咸同教案紀事本末	霍志清	二十七年歷史學系
墨子的宗教思想與士林哲學之比較觀	李耀祖	二十八年哲學系
中國公教學校史	汝若愚	二十八年教育學系
聖奧斯定的教育學	曾國威	二十八年教育學系

論文	作者	年份學系
徐光啓之社會經濟思想	徐長勝	二十九年社會經濟學系
楊淇園先生年譜	楊振鍔	三十年國文學系
公教小學教育之原理與實施	郭　藩	三十年教育學系
庚子事變原因述略	劉幼峯	三十一年歷史學系
根據近代心理學觀點抽譯司徒修女所著「公教女生之教育」	石顯卿	三十一年哲學系
公教兒童教育	王寶珍	三十一年教育學系
根據公教教義對幾種中學史地教科書之探討	侯進景	三十二年教育學系
北京天主教及四堂述要	張秀貞	三十三年歷史學系
公教的家庭教育	姚執敬	三十三年教育學系
歷代宗教名畫家小傳輯略	曹稀禮	三十四年美術系
康熙帝傳評注	龔士榮	三十四年歷史學系

聖詠譯義初稿

吳經熊

第一首　君子與小人

長樂惟君子。爲善百祥集。莫偕無道行。恥與羣小立。避彼輕慢徒。不屑與同席。優游聖道中。涵詠徹朝夕。譬如溪畔樹。及時結嘉實。歲寒葉不枯。條鬯靡有極。

惡人徒狡黠。飄飄如穢屑。悠悠逐風轉。何處是歸結。惡貫既滿盈。天人共棄絕。我主識善人。無道終滅裂。

第二首　順與逆

何列邦之擾攘兮。何萬民之猖狂。世會蠭起兮。跋扈飛揚。共圖背叛天主兮。反抗受命之王。曰吾儕豈長甘羈絆兮。曷解其縛而脫其纆。
在天者必大笑兮。笑蜉蝣之不知自量。終必勃然而怒兮。以懲當車之螳螂。主曰吾已立君於西溫聖山之上兮。君曰吾將宣聖旨於萬方。主曾告予兮。爾爲予新得之元良。予必應爾所求兮。如聲斯響。普天率土兮。莫非吾兒之宇疆。爾當執鐵杖以粉碎羣逆兮。有如瓦缶與壺觴。
嗚呼世之侯王兮。曷不及早省悟。嗚呼世之法吏兮。曷不自守法度。小心翼翼以事主兮。寓歡樂於敬懼。心悅誠服以順命兮。免天帝之震怒。何苦自取滅亡兮。自絕於康莊之大路。須知惟有委順兮。能邀無窮之福祚。

第六十五首　甘雨

讚主於西溫。還願向帝村。此舉最相宜。稱意慰心魂。
私心感我主。有求莫不應。但願血氣倫。翕然來歸順。
罪多氣消沉。孽重實難任。求主開慈懷。洗我愆尤淨。何幸蒙恩簡。得與主相近。居主廊廡下。怡怡共相慶。會當昇其堂。會當入其室。聖堂洵全美。聖室何純潔。願獲常在斯。酣暢主之德。
行見我恩主。應我以靈異。靈異何爲者。所以彰正義。
我主何堂堂。衆生所仰望。天涯與海角。莫不被其光。大能束其腰。神威鎮山嶽。狂濤靜以恬。萬邦皆穆穆。四海統一尊。東西咸悅服。
聖心眷下土。沛然降甘雨。大地盡沾濡。原壤潤以腴。清川溉田疇。百穀何與與。犂溝悉以盈。欲與犂脊平。時雨信如膏。潤物細無聲。
春沐主之澤。秋食主之祿。芳蹤之所過。步步留肥沃。曠野被綠茵。山丘披青衿。寒谷生豐黍。農圃戲牛羊。天籟宣淑氣。萬類吐芬芳。

書評

評馬相伯先生年譜

實藤惠秀著
劉殿林摘譯

編者按日人實藤惠秀著「明治中日文化交涉」一三年前出版，光風館刋印中有一章名「馬相伯之一生，」主要材料乃取自我國張若谷著馬相伯先生年譜，但訂補年譜之處亦多。對馬相伯先生年譜，國內早有評論，惟外人評論，尚爲僅見乃亟請本館劉殿林先生節譯。

馬相伯先生年譜，中國史學叢書，張若谷編著，民國廿八年十二月初版商務印書館發行本文二九六頁原定價一元五角。

（一）補光緒三十二年中日學生講演會

作者略謂由慶應大學奧野信太郎先生處，借得瑣瑣錄一書。該書係一名蘇公滿（譯音）之留學生日記。蘇君自明治三十八年至三十九年，留學日本約半載。其所書日記，與普通刋行之東遊日記等迥然不同。內容紀述縝密，雋永有趣，實爲研究中日關係之良好資料。

於丙午（光緒三十二年）正月初四日，即明治三十九年一月二十八日。記是日於本鄉區春木町本鄉座舉行中日學生講演會。略稱自去年（明治三十八年）頒布「留學生取締規則」後，即引起中國留學生之不滿，留學生將及萬人，相繼返國。至是年一月十三日，始行復校。此次講演會之舉，蓋爲緩和因取締規則，所引起之惡感，並藉以重復舊好。

中國學生方面之發起人，有曙察、趙保泰、張繼、李祖虞、夏道南、韓汝庚、姚炭曾鯤化、繼念益、吳永珊、承明喆、周宗彥。日本學生方面之發起人（從略），

當日出席講演者日方有嘉納治五郎、大隈伯爵、青木子爵，中國方面爲馬湘白、李宋堂及程家檉。

蘇君對大隈伯爵之演說，似有所感，故記有大要。其他五人講演之內容，則均未提及。

中國方面之李宋棠實乃李宋棠之誤，証之東遊日記，即可大白。馬湘白恐亦係馬相伯之誤（編者按相伯亦作湘伯）其來日之目的似亦爲安撫留日學生辦理善後也。馬相伯之講演，已由梁啓超氏錄出。在其演說詞中有愛國不忘讀書，讀書不忘愛國之對句。當時膾炙人口，張之洞氏曾譽之爲中國第一演說家。

（二）關於赴日辦理學潮年代之訂正

馬相伯先生年譜係由其門生張若谷氏所編。編者多本先生之回憶以致屢有舛誤，編者亦隨時加以訂正。如光緒十二年訪英一節（一七二—三頁）馬相伯先生「答蕭伯訥問」（民國二十二年二月十七日大晚報）中有「余憶一八八四年」訪英之時，編者即指出其爲一八八六年之誤。又同年「九三老人馬相伯語錄」（民國二十一年六月二十九日申報）中有「……一八八〇年」吾到英國，亦改正爲一八八六年。以上年代錯誤之處，俱皆加以訂正。

惟遇編者不甚通曉之國外情事，則往往將錯就錯。即如留日學生反對文部省頒布之留日學生取締規則案件，實爲由光緒三十一年末（明治三十八年）至光緒三十二年即（明治三十九年）而年譜竟訛爲光緒三十二年至光緒三十三年（見二一六頁）。較事實遲一年。其致誤之原因由編者引用之兩註，觀之即可大明，其註爲

徐景賢編「馬相伯先生國難言論集」中有「光緒三十三四年間留日學生發生學潮，余重渡扶桑按撫彼等。」蓋老人之記憶，業已不清，故作三十三四年之語。而編者竟未細察。証之舒新城著近代中國留學史（民國十六年）之附錄六十年留學大事記（二七八—九頁）光緒三十一年（1905）日文部省頒布「中韓留學生取締規則」中國留學，生全體能課，要求取消，湖南陳天華竟因而蹈海，全體學生回國，翌年於上海創設中國公學。

再觀李宋棠之「勸導留學生日記，」以及留日學生黃尊三之「三十年日記」（以上均係刊本）蘇公滿君之瑣瑣錄等書，均足証明學潮起於光緒三十一年末而於三十二年初始行解決者也。

再証以日本之資料，亦可確証其誤，而應推前一年也。故光緒三十二年丙午—「留學日本諸生，以抗議日政府取締令，相率歸國，先生奉命赴東京辦理善後」云云，應移於三十一年項下。

而次年在日本發表演說，撫平學潮，博得中國第一名演說家之稱譽一段，應在三十二年下。

（三）關於三十四歲至三十八歲年代之錯誤

以下之錯誤，極爲顯然，如留意細讀，則錯誤之處，頗剡可見，諒係由於一時之疎忽所致，爰亦加以訂正，

民國前四〇年　同治十一年壬申（一八七二）
　先生三十三歲

民國前三九年　同治十二年癸酉（一八七三）
　先生三十三歲應改爲三十四歲

民國前三八年　同治十三年甲戌（一八七四）
　先生三十四歲應改爲三十五歲

民國前三七年　光緒元年乙亥（一八七五）
　先生三十五歲應改爲三十六歲

民國前三六年　光緒二年丙子（一八七六）
　先生三十六歲應改爲三十七歲

民國前三五年　光緒三年丁丑（一八七七）
　先生三十七歲應改爲三十八歲

民國前三四年　光緒四年戊寅（一八七八）
　先生三十九歲

馬相伯先生年譜

趙豐田

張若谷編，中國史學叢書，民國二十八年十二月商務印書館出版，定價一元四角。

本書編者張若谷君，據自序爲馬相伯先生門下。自云嘗侍筵側，親炙教誨有年。故於民國二十八年相老百齡大壽之期，就見聞所及，並參以時人著述，編爲此譜，爲先生壽。嗣以先生遽歸道山，不及呈正，始付商務出版焉。書前首附相老遺照手蹟及政府褒嘉令六幅，次爲張元濟、于斌、徐宗澤及編者序文四篇，序後並附年譜參考資料要目，書末附編者自跋及附錄五篇。全書格式，大致仍仿年譜通例，先以紀年，次譜主年歲，次事蹟。事蹟下，首書標題，次詳經過。

評者閱全書一過後，覺本書最大優點，在所引一切有關譜主事蹟之史料，十九出自本人口述，故其信實程度較諸他人所記述者爲高，而相老之言談文章，讀來尤覺生動有趣，此點實本書之最大特色。其次，編者頗能顧到譜主之時代與環境，凡本時期之國家大事及重要人物，編者皆能旁參他書，詳爲記述，本書可稱許者，大抵如此而已。反之，若就年譜通例而論，則其可議之處甚多。茲舉數端如下，以供參考：

一、引用譜主自述之言，殊少選擇，致多重複。相老自述

言論，據本書參考資料要目所載，有六種之多，其散見於報章雜誌者不計焉。故於同一事件時有兩種以上相似之口述，而編者兼收並蓄，一字無遺，致多重複之處。既徒勞手民，復耗讀者目力，頗不經濟。此類處甚多，無需舉例。

二、記載國家大事及重要人物失之太詳。年譜中記國家大事及歷史人物，宜以與譜主有直接或間接關係者爲標準。其關係直接者，記述可以稍詳，其關係間接者，當從簡略，其無關者從省。乃編者不然。其記國家大事，詳盡處無異在作中國近代史，如頁十一至十五，將南京條約十三條原文全部收入。其記同時人物，詳盡處無異在爲他人作本傳，如頁五十一至五十四之記張謇，頁七十一至七十四之記康有爲。兩人皆足以記，然似不必如彼其詳也。尤有甚者，其於譜主毫無關係，簡直無須採入本書者，編者亦不輕割愛，詳爲敘述，如頁六十至六十二之記廣東亞羅船事件，頁三十四至三十五之記愛迪生先生。總之，編者竟似忘記其工作乃在爲馬相伯先生作年譜也。

三、記述國家大事與同時人物所引之書，多有問題。記述與譜主關係間接之事與人，引用書籍，亦應加以選擇，否則原著者有誤，編者亦將因之而誤，如是則貽人以笑柄矣。如本書所引中國近代史，中英外交史，外交大辭典諸書，皆編供一般人參考之作，似不宜引用於年譜中。即如光緒三十四年記清德宗與慈禧太后崩逝事，本書引畸隱居士自訂年譜，謂德宗崩於十月十九日，慈禧崩於同月二十一日。吾人試一查光緒朝東華續錄，乃在二十一日與二十二日。則引書漫無選擇之過也。

四、記譜主事蹟，所引用之史料，猶多不足處。譜主事，當以本人所述記者爲最重要，但爲完備計，編者仍須盡量蒐集他人之記載，則不獨可補本人述作之不足，且有時能正本人記憶之誤。即以本書記光緒三十三年相老東渡辦理留日學生風潮事爲例。相老毫未言及此行與梁任公所創政聞社之關係。據政聞社刊行之政論第三號所記，則相老此行乃爲就該社總務員之職而往。其究竟專爲一事而往，抑兼爲兩事而往，雖尚待考，然以政論記載之確鑿，政聞社歡迎之熱烈，及當時革命派之反對妒忌觀之，其東渡與政聞社有關，爲毫無問題。但相老既無一言及此，編者亦未旁參他書，致使此段史事付之缺如也。

以上所舉，特其犖犖大者，且皆僅舉一二事爲例。此外如引書不具著者姓名及出版年月等，皆非現代著書之體。夫年譜之作，其最要之目的在詳述譜主之生平言行思想及其活動。譜主而爲政治家，當特詳其政治方面；譜主而爲教育家，當特詳其教育方面；譜主而爲學者，當特詳其學術方面，餘可類推。如譜主所兼方面甚多，則記述之者，亦應兼顧，但仍須辨別輕重，庶使詳略得宜也。然凡玆所論，僅編作年譜之少數基本問題而已，猶非其全，甚矣著述之不易也。至觀相老之生平，以其人之德之才之學，誠我國近代史上一重要人物。惜爲時代環境所限，始終未獲大用，則國家社會之莫大損失也。

（史學年報第三卷第二期）

中國天主教史論叢　甲集

方豪著。中國公教眞理學會叢書。三十三年十二月重慶商務印書館出版。二加一五一頁。定價二元二角。

基督教之傳入中國，可考者始於唐之景教。元代大都有總主教孟德高維諾，一時稱盛。惟皆繼起無人，旋無嗣響。明季天主教耶穌會士來華者接踵於途，以曆算學藝供奉於禁廷，又頗與士人相往還，而其教遂得展布。雍乾以來，雖迭次禁抑，終能不絕如縷。晚近學者復以明季天主教士之來華，與中西文化之交流有莫大關係，故頗有研究其史事者，不特教會中人或專攻宗教史者然也。司鐸方君究心中西交通史與宗教史有年，其撰著散見各學術刊物。玆集爲方君自輯其短篇文字，凡十三篇，其屬於宗教經籍之版本校勘與宗教史料者六篇，屬於古迹及人物者四篇，屬於專題者三篇。

屬於版本校勘與史料各篇，以「名理探譯刻卷數考」及「家譜中之天主教史料」二文爲最可觀。名理探一書爲三百餘年前西歐人詮譯亞利斯多德之論理學者，葡萄牙教士傅汎際與李之藻共譯爲漢文。近十餘年來有印本三種，卷數或五卷，或十卷。方君考定是書共三十卷，傅李共譯者有十餘卷，首五卷刻於明崇禎十年前，次五卷刻於崇禎十四年前，至傅汎際個人或與其他人所續譯者，卷數不詳，僅知崇禎十四年時已有二十卷待刻也。家譜中之天主教史料，雖甚難得，但學者向罕注意。方君發見浙江衢縣玉山吳徐二氏譜中載其先代奉教事迹，因撮錄其大略，並論家譜中教會史料之可貴，史料之範圍之特徵及其應用，此文可爲治史者作運用史料之示範。

關於古跡與人物各篇，以「明末清初旅華西人與士大夫之晉接」一文最有趣味。本文記西人餽贈士大夫之方物有西洋紙、西洋布、葡萄酒、西洋畫、倭扇、珊瑚筆架、龍尾硯、龍腹竹杖、日晷等事，西人與士大夫書札往來者五事，士大夫以詩詞題贈西人者十事，皆可覘當時一部分士大夫對教士之觀感與教士活動之痕迹。

專題三篇「十七八世紀來華西人對我國經籍之研究」一文，敘述西洋教士引據中國經籍以闡明其教義，及西人翻譯中國經籍以介紹於西方之成績。彼時西洋教士之研究中國經籍，何以如此熱烈？方君論其原因有十，甚爲精闢。「來華天主教士傳習生物學事蹟述概」述元明以來西洋教士之介紹西洋動植物、生理衛生、醫藥諸學於中國，並其介紹中國上數種學藝於西洋之事蹟，爲學術文化史上一篇饒有興趣之文字。「清代禁抑天主教所受日本之影響」一文，謂吾國對各宗教向持寬容態度，其嚴加禁斷者，必有宗教本身以外之原因。方君於清代官廳審訊天主教徒用當堂跨越十字架一方法，考究其傳自日本，日本當時蓋甚排斥西教與西人也。

（圖書季刊新第六卷第一二合期）

說部甄評甲集閱後記

苗崇岐

說部甄評 Romans à lire et romans à proscrire, 共四集，現僅印出甲集一種，比利時人 Joseph Schyns（華名善秉仁）神甫編。正文二九七頁附表二三頁共三二〇頁以法文爲主，間雜以華文名辭。正文分導言及甄評兩部。導言中略述中國小說變遷情形，今古雜陳，各體咸備，對於西人研究中華文藝者頗爲有用。甄評又分近代古代翻譯三類，所收小說戲劇散文等共六百種（此就所標號碼而言，實不足此數，如今古奇觀爲一書，而此則以一篇爲一種。）每種之下附以提要，三分之一爲編者所作，餘則三十餘人所分纂。書名之右，分別加以 "T", "R", "RR", "P" 等記號，以示「可看，」「不可看，」「須擯棄」及「應禁止。」蓋此書之作，乃爲便於天主教士之參考，故其觀點不能盡從文學價値上着想也。（如紅樓夢西廂記列於「須擯棄」類，金瓶梅、結婚的愛列於「應禁止」類，桃花扇長生殿列於「不可看」類，而施公案、二度梅則列於「可看」類。惟間有矛盾，如繪圖兒女英雄傳列於「不可看」類，至不繪圖之兒女英雄傳又列於「可看」類，不知何故？）

統觀全書，用力不可謂不勤。第編製方法，似未盡臻妥善；

而華文訛誤纍纍，校讐亦難稱細心。玆分別言之。

一、取材稍濫　本書以小說為主，間亦採戲曲，散文，名標「說部，」已嫌不合，況復將張鐵笙之某夫人信箱及譯本結婚的愛 (Mrs. M. C. Stopes, Married Love) 收入，尤屬不倫不類。為取其文學技術乎？則筆墨均不見佳。為其內容可取乎？則二書並無干於文學。總之，以此種書籍列於「說部甄評，」可謂一無是處。

二、收羅未廣　本書所收號六百種，實則合格者不過五百左右，而舊目說部缺漏尤多。如龍威秘書，筆記小說大觀之類，皆易搜求，但書中並未列入。又如今古奇觀祇收十四篇，益令人莫解。

三、分類不當　六百號碼一至五一九為近代類，五二○至五七一為古代類，五七二至六○○為翻譯類。四一號鏡花緣，一六○號何典，一六五號浮生六記，二二六號二十年目睹之怪現狀，三六四號綠牡丹，五○五號繪圖兒女英雄傳，雖屬新印或且加新式標點之書，但皆係舊日作品，今皆置之近代類中，似不甚妥。且兒女英雄傳一列近代類，一列古代類，更屬不合。若魯迅所選唐宋傳奇集，亦不應廁於近代類也。

至書中華文訛誤，不知凡幾，今就翻閱所及，臚列如左：

1　頁十二，狹邪小說之「狹」誤作「挾」

2　頁十七，阮大鋮之「鋮」誤作「鉞，」法文拼音亦誤作 Yuan Ta Yue 而不作 Yuan Ta tcheng

3　頁十九，曹禺之「禺」誤作「寓。」

4　頁二十三，綠漪之「綠」誤作「緣。」

5　頁二十五，梁實秋之「實」誤作「賞。」

6　頁二十六，余上沅之「沅」誤作「元。」

7　頁五十，沈櫻之「沈」誤作「沉。」

8　頁五十四，開明書店之「開」誤作「聞。」

9　頁七十五，菩薩蠻之「薩」誤作「藍。」

10　頁七十八，雌鳩之「雌」誤作「睢。」

11　頁一百三十七，穆時英之「穆」誤作「稽；」

12　頁一百五十九，徐枕亞之「枕」誤作「忱；」

13　頁一百六十七，臺靜農之「臺」書作「台；」

14　頁二百八十五，好逑傳之「逑」誤作「迷。」

以上所舉諸誤，有可諉之手民者，有不能諉之手民者。如好逑傳「逑」誤為「迷」在頁二百八十五，如是在附表頁二十一亦如此。兩處犯同一錯誤，顯為編者之過，手民不甘任其咎也。又如「阮大鋮」誤為「阮大鉞」並拚音亦誤，則更屬編者粗疏矣。

（天津益世報讀書週刊第七期）

中國說部甄評（文藝批評叢書之一）　善秉仁編

Romans à lire et romans à proscrire par le P. Joseph Schyns, C. I. C. M., et d'autres missionnaires en collaboration. Peiping, 1946. Scheut éditions, series I: Critical and Literary Studies, Vol. I. 297-23 pages.

本書爲 Scheut 神父合著，此派神父多屬比籍，本次大戰中爲日人拘留，用其閒暇光陰，共著此書。本書爲天主教士而作，但亦可爲任何對於中國文學有興趣者之用。

本書包括六百種現代中國小說之提要（一九一一至一九四五年，）其內由外文譯成者計二十八種，舊小說及戲劇五十餘篇，前有序言，論中國小說之歷史及技術，本編爲六百篇書評，末附簡明之引得。每一書評者姓名，（三分之一係 Scheut 神父所評）並分下列四類：（一）任何人皆能閱讀者，（二）任何人皆不能閱讀者，（三）須加擯斥者，（四）應予禁止者。此種評判係根據天主教之眼光，以爲僧侶欲設立團者之參考，而文學上之批判，成爲次要。但雖如此，此種工作，對於非天主教徒，亦極爲有用，因其觀察極澈底，不得以其包含較低級之小說，而忽視之也。

此書用法文寫成，但計劃譯成中、英文，本叢書第二部係關係自一九一一年至一九四五年之中國文學，（印刷中。）第三部爲現代中國文學辭典，（見於上列小說者。）其第四部亦係現代小說之提要。（羅文達）

（燕京學報第三十期）

新文學運動史　Histoire de la Litterature Chinoise Moderne

本書係以法文撰著，列爲文藝批評叢書之二。作者文寶峯司鐸 P. Henri Van Boven 爲比國聖母聖心會士。自序謂此書成於集中營，僅常風教授按例每星期往訪一次，加以協助。

按我國自經此次八年長期抗戰，新文學作家散居各方，甚或音訊毫無凶吉莫卜，即偶有作品亦因交通阻滯未能暢銷各地；且紙張簡陋印刷惡劣不易久存；況大多數作家或退居後方，或逃避海外，在淪陷區者尤無法獲得，在此種情形下，以一被敵人拘囚之外國教士而欲在勝利降臨不久之後立即出版「新文學運動史」，其勇氣眞非吾人所能想像。但此書若在十年前出版，則對諳法文之外國人言，尙有介紹之功；若在書名上再加「早期」二字——「中國早期新文學運動史」——庶可名符其實矣。

統觀全書，可知除極小部份外，作者所參考者尙爲抗戰前四五年出版之文學史書，故對於各作家戰前一二年之動態及戰前二三年之作品，亦幾全無所知，作書如此，可謂陋矣！舉例言之：

傅斯年先生（三十七頁）久任中央研究院歷史語言研究所所長，作者既敘及其三十四年任北大代理校長，即不應對三十四年以前之履歷，有所忽略，而僅稱其爲中央研究院之研究員也。

顧頡剛（三十八頁）前在北平研究院而非中央研究院；又脫離雲南大學後，顧氏曾歷任齊魯大學國學研究所主任，中央大學復旦大學教授等職，主編文史雜誌，後又任歷史圖表編纂社主任，作者對此皆不提一字。

朱希祖先生（五〇頁）在抗戰後即至南京任職國史館，並已於前年謝世。是書僅敘及朱先生出任中央大學史學系主任而止，蓋已爲多年前陳跡矣！

是書謂孫伏園（五十五頁）僅譯托爾斯泰之作品，亦屬太簡。

謝六逸先生（五十七頁）已於前年逝世貴陽，時任文通書局總編輯，貴州大學教授，本書僅及其執教暨南大學而止。

作者對蔣百里先生（五十八頁）所知尤少，僅止於一九三〇年；蔣氏後此經歷，及其在宜山逝世，俱未述及。

是書對每一作者，絕少能述及其最近情況者，詳言之，恐徒佔篇幅，試簡述如下：

李青崖先生（五十八頁）於前歲即自湖南入蜀，在法國大使館文化研究室從事翻譯。梁宗岱先生（五十九頁）六年前任復旦大學外文系主任，前歲回廣西故鄉，近年著作有蘆笛風，屈原等；郭沫若（六十八頁）近十年著作甚多，並在渝任文化工作運動委員會主任委員，至該會被取消時止；蹇先艾先生（八十二頁）曾在故鄉遵義任師範校長，現在貴州大學任教，年來作品散見各雜誌者頗多；余上沅（八十九頁）戰時曾任江安國立戲劇專科學校校長，梁實秋（九十一頁）任國立編譯館編纂；吳宓（九十三頁）原在昆明西南聯大任教前歲休假乃至成都燕京大學講學一年，去歲復應武漢大學之聘，現仍在武大。徐旭昇（九十八頁）現通作「旭生」，久任北平研究院歷史研究所所長；李霽野（一三四頁）自離輔仁大學後，即任重慶復旦大學及白沙女子師範學院教職；施蟄存先生（一五三頁）戰時曾在香港公教員理學會工作，譯有「轉變」等。戴克崇即杜衡，亦名蘇汶，（一五五頁）曾在香港領洗，聖名多明我，香港淪陷後入川，任南方印書館總編輯，中央日報主筆等職，重譯教宗良第十三及教宗庇護第十二關於社會問題之通諭，光啓出版社出版，書名「社會秩序之重建」。蕭乾（一五六頁）五年前即任大公報駐倫敦特派記者。洪深先生（一六五頁）本書僅述及其在上海明星影片公司工作而止，彼歷任中山大學教授，復旦大學教授，近年著有「女人女人」「鷄鳴早看天」等劇本工作不懈。

以上僅舉若干作家爲例而已，而書內錯誤之處，亦不在少。最著者如國立武漢大學戰後遷於四川嘉定（現名樂山；）國立北京大學、清華大學、私立南開大學則戰後改爲西南聯合大學，遷於昆明，但作者對此二大學往往混而爲一，如一一〇頁謝冰心節內曰一九四四年她和她的丈夫同爲武漢大學教授，該大學暫時遷於嘉定，取名西南聯合大學；又一一二頁關於蘇梅曰最後任嘉定西南聯合大學教授。謝冰心與其夫乃任教於昆明西南聯大，非嘉定之武漢大學，蘇梅任教於嘉定武漢大學，但非西南聯大。

此外，中國字之誤植者，亦不勝枚舉，姑以一二爲例：

一〇頁閔侯應改閩侯　三〇頁科國改科學

三九頁自刋改旬刊　四七頁衝究改衝突

六五頁何瑟改何畏　八八頁小朴改小札

八九頁佘改余　九八頁 Sud-Est改 Sud-Ouest

九九頁鐘改鍾　一〇五頁日改曰

一一二頁貝郎改白朗　一六七頁練方改東方

以上皆爲顯著之誤字，其他不及一一改正，此書再版時，必須從新另作，則誤字之更正，亦惟有希望再版時多加注意耳。

（方豪）

聖詠集

（一）介紹

聖詠集是雷永明神父(Rev. P. Allegra O.F.M.)領導的聖經研究學會所完成的第一部作品。我國信友，多少年來，就舉首期望着渴慕着；祝禱着全部舊約譯本的出現；可是希望儘管希望，事實仍是事實，三百年來，這舊約譯本永遠沒有越出希望的境界，雷公自幼喜攻聖經，當他還在羅馬求學的時候，早已聽到中國信友的這種迫切的希望，從那時起就決意學成來華，並準備犧牲畢生的精力，從事舊約的漢譯，所以他來到中國以後，便致其全力於漢文的研究，並悉心探求中國古籍的精義；不數年內，先後將離騷、九歌、詩經等譯成義文詩歌。即此一端，雖其間尚多瑕疵，但亦可看出雷公在中國國學上的興趣，是如何的濃厚了。有了這種準備和基礎，他便私下開始了翻譯舊約的工作，在各種困難環境中，總是孜孜不倦。十餘年來如一日，直至去年夏天，這才完成了這個偉大的工作，於是全部舊約，就由原文譯成華語了。初稿既成，他便集合了幾位同會的國籍司鐸，組成一個聖經學會，以從事修改的工作，這聖詠集便是這學會的頭胎產兒。現在這寧馨兒已經誕生，因此我願在此給讀者一個極簡單的介紹。

聖詠集是舊約中雜集，(Hagiographa) 的第一部，猶太人稱爲 Thehillim 意即讚美歌集，希臘人譯爲 Psalterion 拉丁文沒有特別的名稱，便承襲了希臘文，稱聖詠集爲，Psalterium 我國基督教徒譯爲聖詩篇，而公教因爲自古以來，就把拉丁的 Psalmus 一語，譯爲聖詠，故此書仍沿舊習，將原文的 Thehillim 譯爲聖詠集。全集泰半都是讚美和祈禱天主的詩歌，充溢着極眞摯的情緒，在思想和表白上，都是非常高超優美，誠如鄭振鐸先生在世界文學大綱上說的「世界上沒有什麼頌神的詩歌，能夠更超越過牠們。」

此書是雷公根據原文的馬索肋經卷（Textus massoreticus）以國語直譯的，同時參考古代的三大譯作，即希臘的七十賢士本（Septuaginta）敘利亞譯本（Versio Syriaca），拉丁通行本（Vulgata Latina）於原文艱深晦澀之處，則參照公教近代有名的聖經學者，如 Vaccari, Helkenne, Forell……等的考證與譯文，而尤以最近羅馬聖經委員會諸教授所出版之校勘本爲準繩，所以此書在方法上，可說是相當現代化和科學化的。

聖詠集共分五卷，都一百五十篇，每篇之首，有「引言」

以考證的方法，說明本篇的作者，著作的時代，以及歷史與心理的背景；次則有「章旨」提綱挈領，敘述每篇的大意，段落的分析。使讀者能了然詩中的旨趣；再後是聖詠的正文，正文的字體較大，俾更顯著。文中概用新式標點，節段分明，條目清晰。正文後則殿以注釋，凡文中有艱深難解之處，或有關希伯來習俗的詞句，或異文 (Lectio Variana) 錯綜紛歧之時，譯者皆能以極簡潔之文筆，令讀者澈明原意。書首有譯者意味深長的序言，但最精細的要算本書前面的總論了；凡聖詠之名稱、篇目、題名、作者、編纂、種類，以及聖詠集在舊約中之位置，神學上之價值，神修上之功能，和禮儀上之應用等，在總論中都有最清楚說明，使讀者能於最短時間內，得到許多關於聖詠最有實用的智識，這些都是本書所具的特色。

本書無論在編輯上，在方法上，在印刷上，都能脫去我國公教已往之陳習，而具有新穎之風格，這是值得大家注意的。至論此書在我國聖經學上之價值，那更不用提了。

本書為三十二開本，共計五七三頁，九月十五日出版。書價暫定上等紙每本國幣一萬元，次等紙一本五千元，郵費在外。發售處，北平李廣橋十八號方濟堂。

（一一）書評

北平方濟堂（實際是雷永明神父 P. Allegra 負責

主持）出版的聖詠集，已與國人見面，這實在是勝利後公教出版界一件可慶幸的事。因為這本書，無論在翻譯的技術上，在聖經本身的研究上，在版式和印刷上，在中國公教出版物中，都算得是上乘。但是為力求完善起見，我們亦願在匆匆翻閱之後，略貢芻蕘，以備譯者採擇。

1 在第七頁序文中，提及聖詠集的「古意大拉譯文」及「馬索肋經卷」，對於這兩個名詞，並無解釋，亦不附原名；牠們的原名要在第五十三頁總論才能發現，可是讀者總應該是先讀序文。況且「古意大拉譯文」在總論裏已變成為「最初的拉丁譯本」，在不懂拉丁文的人，簡直不能了解這兩個名詞原來就是指的一件事。

2 書中有若干名詞，常不統一，一時而古經新經，時而新約舊約，在雜誌中有此現象，或不足奇，在一個人的著述中，似乎不能不一律。

3 Israel 在吾教舊譯為「義臘爾」，略去了 S 音；新教譯作「以色列」，現在已極通行，本書採用不少現今一般人習用的名詞，獨對於「以色列」擯而不用，改作「伊撒爾」，但略去 rae 音，似亦未妥。

4 正文第一頁聖詠第一篇引言：「詩中對善人的德行所描寫的話，與耶穌人性的德行頗覺適宜。不但如此，而且耶穌的德行超越本篇所描寫的。」末二句頗覺生硬。

5正文第十五頁第三行「＼」標號宜去。

6譯本最大缺點，即常喜將聖詠中情節與屈原離騷相比。譯者雷神父喜讀離騷，但不能因一己之喜愛而作不倫不類之比擬。如正文第十六頁第四註解，謂「塞米族多富於情感，與我國大詩人屈原很多類似的地方」拿一個種族全體的人來和我國一個詩人作比較，實在太不合邏輯了！又第十九頁將第七篇聖詠「流離之歌」與屈原離騷作比擬。中國詩人因被放逐而作詩歌的歷史上不知有幾，獨舉屈原，反使人有謭陋之感。何況據譯者所說「二大詩人」有其「迥然不同的地方」，那就更不必牽强附會了。第十九篇第三註釋，爲說明聖詠以「太陽象徵天主的全能和慈愛」却又引進了楚辭九歌東君及九嘆遠遊，實覺異常生硬。

7正文二十三頁第七行「非常很罕見」一句不通。（按此句已在勘誤表中更正。）

8從第十篇起（二十五頁）每篇下加註阿拉伯字，這是標明原文篇目與拉丁希臘二通行本篇目的不同，在總論中（二十三頁）對此雖有說明，但未說明標號方式，對一般未曾詳細研究聖經的讀者，似應再加註明。

9聖詠集註釋中除引離騷作比擬外，間亦採用其他書籍，但大都牽强得很。在翻譯工作上，能比較兩種文字的成語，以見兩種民族思想之異同，本是很有價值的，但必須對雙方文字融會貫通，方能左右逢源，俯拾即是；若勉强爲之，反覺生澀。聖詠集中如三一四頁，第九十篇聖詠第十節謂：「我們生命的年月是七十歲，若强壯，也不過八十。」譯者在註釋中引杜甫詩「人生七十古來稀，」此種巧比，眞可謂天造地設，加以引用，恰到好處。但若三四八頁，第一〇篇第三註釋之引大學；第四〇三頁，第一一三篇第二註釋之引孟子；第四一七頁引言，以三字經神童詩比聖詠第一一九篇；第四四七頁引言以漢高祖大風歌與聖詠第一二七篇相比，實毫無意義。

10正文三二六頁，第九十四篇引言，稱現代批評家將本篇視爲「充軍」前後或瑪加伯時代的作品，對充軍一事，似應有所說明。

11正文第四五一頁，第一二九篇，第七節「收獲」應改爲「收穫」。

以上十一點，皆隨手拈來，其餘如猶太之作猶大，除勘誤表標明者外，尚有多處不及一一更正。筆者於二十六年秋，自浙入湞道經衡陽，即與雷司鐸相識，時雷氏主持小修院，成績斐然，並談及譯經工作，豈意九年後復在故都相值。氏所譯篇約聞已殺青，其用力之勤至足欽佩；然愛之者切，遂不覺其言之重，知君必能諒我也。

茲將雷氏所直譯之聖詠，與吳德生先生（經熊）所譯聖詠，舉第四十二首第一節至第五節為例，摘錄於此，以資對照，俾讀者嘗一臠而知全鼎之味也。

雷　譯

天主呵！我的靈魂思慕你，就像牝鹿渴慕溪水。我的靈魂渴欲天主，生活的天主；我幾時方能得見天主呢？我的淚涕晝夜作我的飲食，當人向我說「你的天主在那裏？」的時候。昔日我率領顯貴者，一同趨詣天主殿宇的時候，歡樂的百姓，發出歡呼讚美的歌聲。我一說起這事，心中就哀傷叢生。

吳　譯

予心之戀主兮，如麋鹿之戀清泉。渴望永生之源兮，何日得重覩天顏。人問爾主安在兮，朝暮涕淚漣漣。以涕淚為飲食兮，吾主盍亦垂憐。憶昔領導羣衆兮，同登聖所。舉國狂歡兮，如享佳節之大酺。撫今思昔兮，予心鬱悒以悲苦。

（方　豪）

交際便覽（法文）饒啓迪著

傳教生活叢著之一

Le Savoir-Vivre en Chine, par R. P. Jos. Nuyts C. I. C. M.

十六開報紙一三八頁一九四六年初版

本書以法文寫成，為傳教生活叢著之一。作者饒啓迪司鐸比利時籍，為察省西灣子教區老傳教士。本書著作目的，在使初到中國以及準備來華之西洋傳教士，能適應其傳教生活之人情環境。取材方面著者以北平教區石靜山神父著司鐸交接便覽為藍本，附以作者之經驗，引申而成。石氏之作，筆者未獲一覽；而本書內容則分六章一附錄，每章另分數段，首論本章所講之風俗禮節，繼則附以作者意見，而示傳教士以所當取舍。茲將本書內容大致介紹如後：

第一章介紹國人一般交際，範圍較廣，佔篇幅四十餘頁，其他各章則視問題之繁簡而各異短長。文中示例則概以中文出之。據作者自序稱彼傳教察北，示例概以察北爲限，未必通行全國。一究內容，確爲事實。如本書二十頁d於遇久未謀面之人曰「稀罕稀罕！」而答曰「不稀罕」。國語向無此種用法，且「不稀罕」有看不起之意，頗能引起聽者誤會，不如「少見少見」，即典雅而又普通也。他如四十七頁3「你們嘮着，我失陪了。」亦爲察北土語，倘易「嘮」爲「談」，則何如？蓋傳教士乃人民領袖，著者比之於縣長有司，吾人雖力效耶保祿之入鄉隨鄉，然對敗風陋俗則負矯正責任，於語言文化又何獨不然？本書此類「地方語」幸不太多，倘能略加刪改，以國語爲根據，俾得適應全國，則本書之爲用豈不益廣爰錄管見以就正著者。

又八十五頁知單有「潔樽候敍」句，下附註釋謂「有用潔樽候教者，但候敍比較習見」。恐係手民筆誤，蓋「候教」實較「候敍」之用爲廣也。本書一三〇頁呈主教函有「玉體康健」句，不如改用「道躬」「德體」之爲愈，蓋「玉體」「玉展」（一三七頁）似以對婦女爲宜也。

一三三頁函箋稱謂，對主教近有稱「牧座」者，對司鐸可稱「道鑒」「道席」。函尾對主教可祝「牧安」，對司鐸可祝「道安」「鐸安」，主教司鐸對信友則有用「敬祝主佑」者。

一三六頁註謂「手諭」僅長輩用於下屬，實則所引「手渤」「手示」等亦非平輩所宜用。

關於禮俗上之錯誤，或爲本書之最大遺憾者有二。一在三十五頁著者以爲有時可問來客「每個月多少薪金」，實則乃大傷禮貌，萬萬不可作如是問，蓋此乃個人之秘密，即至親好友間亦往往有爲此而遭白眼者。其二則爲三十八頁三之「神女」一詞。本詞蓋與「祿長」「神父」相對照；有「神父」必有「神子」，然有「神子」則不必有「神女」。「神女」者妓也，由來久矣，不獨察北云然，信婦縱謙，亦不便自比妓者。教外人方竊笑之，我教識者且久思予以矯正，而本書作者反列舉之，甚望著者予以刪正。

本書由天津直隸印字館承印，版本尚佳，而中文錯字漏字則太多。如三十五頁公幹作公斡，七二頁「您太多理」「西理」爲「禮」之誤；一一五頁禮單第一式「晒存」作「口

上智編譯館館刊　第一卷　六八

存；」一一七頁下註「訃聞」作「計聞」；一三八頁順便「」作「順使」。

關於本書材料，如作者自稱並不限於禮節，所有日常生活應不具備，故所搜集不爲不多。如能於出版前，求教於通人，則誤謬之處，必可減少也。（馮瓚璋）

聖詠譯義初稿

吳經熊

第百有五首　主恩罔極

懷恩主。誦聖名。向衆庶。宣經綸。宣謳歌。獻頌美。念大德。述靈異。以聖名。爲爾飾。仰主者。自怡悅。眷雅璋。慕其德。承色笑。
樂何極。憶偉業。主所作。彼靈異。何卓卓。亞伯漢。主之僕。雅谷伯。蒙拔擢。聖祖裔。可不勉。能敬主。庶無忝。我眞主。惟雅璋。
彼宏謨。塞天地。主不忘。所盟誓。將聖言。詔萬世。受盟者。亞伯漢。聞誓者。曰義繖。向雅谷。申舊命。俾吾族。永保定。吾賜爾。
迦南地。爾子孫。繩繩繼。當彼時。人可數。任迦南。如客旅。游列國。與雜處。矜其寡。賜佑護。誡君民。莫之侮。我聖民。莫虐待。
我先知。愼毋害。降彼土。以饑饉。民惶惶。糈糧盡。有一人。名若瑟。預遣之。到埃及。初作奴。被桎梏。實聖意。試忠慤。鍛鍊畢。
蒙開釋。彼大王。民之辟。命若瑟。任平章。理萬幾。御親王。諸長老。列門牆。時義塞。入斯邦。衆天民。寄於邯。未幾時。我滋繁。
庶且富。强於敵。敵懷妒。弄詭譎。主鑒此。遣每瑟。簡亞倫。相吾國。於邯地。樹標幟。向衆敵。彰靈異。降晦冥。徧地黑。主之命。
孰敢逆。川變血。魚不活。蛙成羣。侵宮室。蠅無數。虱充斥。下冰雹。降烈火。毀葡萄。損衆果。主一言。飛蝗至。又蚱蜢。不可計。
蔬與黍。盡被食。彼國人。喪冢息。主導我。出災域。攜金銀。離埃及。我支派。皆康强。非埃及。所能當。見我出。喜欲狂。主張雲。
庇我行。夜作火。照吾民。應民求。集鵪鶉。降天糧。實其腹。裂磐石。出噴泉。沙磧地。成清川。主永懷。夙所言。亦未忘。鼻祖賢。
主親領。我百姓。使天民。咸相慶。列邦地。我得承。我何功。獨蒙恩。主爲此。豈無因。欲吾族。守聖法。勉之哉。愼毋忒。

出版消息

耶穌眞徒的生活第二三冊

耶穌眞徒的生活第一冊，久由天津崇德堂出版，玆悉第二冊將於十一月九日出版，第三冊十一月三十日出版。

獻縣天主堂印書館圖書簡目

獻縣天主堂原爲華北耶穌會之研究機關，附設神學院及印刷所，現該區爲八路軍所佔，無法工作，惟大部份書籍在天津第一區營口道二十二號崇德堂均有發行最近印有簡目一種，計有書二百餘種。北平德勝院亦皆代售，傳教士一律九折，每種購二十部以上者八折。

我們的喜訊

著者　侯樹信 Dr. Hofinger 司鐸（原著爲拉丁文）

譯者　景縣總修院

出書日期　在印刷中

處在這大時代的修道生，除了在修道院的高垣內隱居潛修外，對於將來如何應付社會，如何向社會傳佈福音，亦應有所準備。

最近景縣總修院，也認清了時代，看準了潮流，更知道學術的重要，並不亞于道德；于是由院方當局發起全體修生，通力合作，將侯樹信司鐸拉丁文原著，我們的喜訊譯成中文，近已付排，不日即可問世，並以此書，作為獻與中國首任田樞機大主教的禮品。

本書每篇講題，都先列本題的「宣傳方法」「要點」「目的」然後方為「本論」最後是「附則」，所以本書亦可作為「演講學」讀。這是本書特長之處。

其次現代傳教士必須兼備口講筆述兩種能力，而出版物對於傳教的貢獻，以其能及於久遠，効力之大，尤在講演之上。本書出於景縣總修院修道生之手，這對於寫作的練習，必有莫大的助益。如各修院都能起而倣效，必可以引起他們寫作的興趣。但我們不要忘記這祗是練習，在練習時，必須遏制一部份人的「發表慾」未成熟的作品，不特對傳教無所裨益，反可引起讀者的鄙視。所以「多讀」重於「多寫」，這又是我們今天讀了本書在萬分興奮之下，不能不有的一點感想。

本書的譯述，其目標雖偏重于傳教士，但也可以說是對教外作溝通的一種嘗試。

作者對該譯本祗約略的閱讀了一遍，但已窺見了這書的優異之點，確信這書實為一般傳教士宣講聖道時取材的小寶庫，也是一般教外同胞研究我教真義的好讀物。本書的譯出雖不能說完全成功，至少是不失敗，那末敬獻為首任樞機之禮物，自有其價值。

作者希望景縣的修道生，繼續努力，在院方賢明的當局領導之下，多多從事于文化學術的工作，以完成自己所肩負的重大的使命。

這次田樞機大主教，涖任伊始，最重視而又積極進行的，便是修院教育的改進，及出版事業的推廣，這是他重視文化學術最顯著的表現。

最後作者希望景縣，及全國所有的修院，對本館作有力的援助，而本館對景縣及各修院，亦必作最大的貢獻，彼此互助合作，使這兩種事業，日益發揚，日益廣大，以副教宗田樞機及全國人士之厚望。（信華）

梵蒂岡鳥瞰

編著者　張天松

出版期　已完成，在審訂中

前震旦大學教授張天松先生，近著梵蒂岡鳥瞰一書，都十萬言。其要旨，乃使讀者明瞭梵蒂岡之眞相，故對該城之風景、建築、沿革等，詳述無遺。尤可貴者：該書論及梵蒂岡與國際之關係，能以第三者立場，作公正之介紹，而使讀者獲得正確之認識。他如教廷內部之組織，傳教經費之來源，均能要言不繁，略具輪廓。現今社會人士，對梵蒂岡之一切，多有神秘之感，一讀此書，當能豁然。一九四五年聖誕節日教宗庇護十二世，特選靑島教區田耕莘主教爲樞機主教，此不獨爲中國公教史上開一記錄，即全東亞史上亦爲創舉。現已由作者將此書交本館出版，現在審訂中，或將託某書店付梓，想爲社會人士所欣許也！茲將該書目錄介紹如下：

（1）自序　（2）聖城外風景　（3）方碑與圓柱廊
（4）大教堂的外觀　（5）大教堂內部　（6）流血的故事
（7）漁夫的陵墓　（8）教宗大禮彌撒　（9）祝聖祭壇大典
（10）莫查德與歌德　（11）教宗宮殿　（12）西克斯廷壁畫
（13）彌額爾安日魯　（14）最後審判　（15）拉法爾
（16）畫苑與禮廳　（17）教廷圖書館　（18）珍貴的抄本
（19）明桂王妃的肅箋　（20）舊書美容院　（21）教廷與蒙古通使
（22）元定宗復書　（23）教廷與中國關係　（24）首任駐華代表
（25）祝聖中國主教　（26）庇護十一世與中國　（27）庇護十二世
（28）和平使者教宗　（29）呼籲和平　（30）中國通使問題
（31）樂寧總主教　（32）羅馬觀察報　（33）天主教刊物

上智編譯館館刊　第一卷　七二

天津一美兵

作　者　周信華
出版期　在印刷中
出版者　中國天主教文化協進會天津望海樓支會

周信華司鐸，在求學時代，即喜好寫作；但因限于院規，無從發表，迨晉鐸後，于短期中，即寫有挽救，風雲幻變，希諾亞人，一條胡同，雲飄菊流，江北人等小說多種，先後在上海及兗州付印出版，深受各界人士之歡迎，其中尤以江北人一書，被譽為劃時代及成功之作。

最近周司鐸又寫成中篇小說一冊，以天津為背景，以一美兵為主角，故其書即題為天津一美兵。

該書之主要內容係敘述一美兵在天津一段纏綿曲折的經過；然作者的着眼點，却在對美兵不合規範的行動，作毫不客氣的指摘，又處處以明顯的事實，去攻破他們以前對中國的誤解和成見，同時，盡量介紹中國的固有的文化，和其他種種優點：如論及飲食，即介紹中國獨具巧訣的烹飪法，如論及戲劇，即介紹中國集合歌詠、舞蹈、武術之大成的特殊藝術。最後更著意于兩國文化的溝通，並兩國邦交的增進，其他如對婚姻、戀愛以及離婚等問題，均有特殊的闡明及見解，此外對本國的風俗人情和年節的習尚等，均作有生動的描寫和詳細的敘述。

該書不僅可以作小說讀，且亦為社會常識的良好讀本；聞近已付排，不久即可出書，故特預為介紹。（昌）

思泉——新體分類大辭典

巴志永　吳炎等編纂　天津工商學院思泉編纂處發行
第十三輯　現已出版　十六開本二十二頁　附說略及釋例各一頁　另樣本一冊，新體分類辭典之性質及其用途一冊

代售處： 天津崇德堂東方學藝社　上海蒲石路 231 號東方學藝社

本書內容共分三輯，其一爲新體分類大辭典，亦即思泉之主要部門，其二爲索引，三爲字典，爲分類大辭典之附屬部分。新體分類大辭典內容分九大類，即(1)哲學(2)宇宙(3)心理(4)情緒(5)社會(6)政治(7)經濟(8)藝術(9)科學。每一大類下又分十小類，如(1)哲學之下有(10)哲學(11)存在(12)價值(13)關係(14)因果(15)動因(16)用因(17)質因(18)範因(19)極因。其他各大類下亦如此劃分，準此遞進，總計得九十類而成全書。第二輯索引與大辭典相對照，蓋分類辭典係以義求辭，索引則以辭求義。又以思泉之編纂不獨專供國人之應用，且欲使西人之研究漢學者用作捷徑，故在中文索引之外，更有法文索引英文索引之作。中文索引依王雲五氏四角號碼排列，英法索引則一如一般字典，惟索引中之每辭下列有號碼，依此號碼求之字典中，即檢得此字所在之分類。字典部門則有法華字典中法字典兩篇。以上係思泉內容大致之介紹，惟目下已出版者僅第一大類「哲學」項下之第十三小類「關係」一小冊，計十六開本二十二頁，附說略釋例各一頁。據編纂人吳炎先生稱此一小冊之出版，蓋「爲請求海內學者多予指教，希於全部完成前得補苴潤飾，俾更臻完備」。然則本冊謂爲新體分類大辭典之一部份初稿，亦未嘗不可。另有思泉樣本及新體分類辭典之性質及其用途各一冊，舉例說明思泉之性質內容及用途，俾吾人得舉一反三，領略全豹。

字典辭書乃研究之鎖鑰，國人於辭典之編纂，不爲不多，如辭源、辭海、辭林、標準語大辭典、王雲五大辭典等；類典書有駢字類編、兩漢儁言、文選錦字、分類辭源等。然或則專司考證，羅列腴詞，不適一般之應用，或則有詞無例，用法不詳，而最大之通病，則在辭句之採列，僅限於本字之居於辭首者，如「國」字下有「國家」而無「家國」。其他如「民國」「建國」「澤國」等辭之以國字居尾者固不在少，則必須分別依首字檢閱之，且亦未必完全列入，致使學者未能觸類旁通，左右逢源。至時賢楊喆之作文類書，曹恂卿之分類字源，壬雀之通俗字環等，則已打破因襲舊法，惜未能如各國辭書分類之精密耳。本書對上列各點，已分別予以改善。

思泉之分類，係採用杜氏 Melvil Dewey 之十進分類法，其分類標準乃將人類學術統分爲十大類，以數字○至九表現之，每大類下之小分類，則以一○至一九，二○至二九等數字劃分之。小類下之「項」則以一○○至一九九，二○○至二九九等數字劃分，「項」下之「辭」則又以一〇〇〇至一九九九等數字遞進劃分，故稱十進分類法。十進分類法之優長，在於分類嚴格，綱羅週密，編排清晰，易檢易記。如（4）爲情緒，在翻閱數次之後，（4）與情緒即生聯想，一索即得。至其不盡善處，則在强劃一切學科知識爲十分，難免有牽强附會處。然較之吾國舊籍與夫英國 Roget 德國 Schelling 法國 Elie Blanc 等氏之分類法，則有過之無不及。然則本書所採分類法，要亦差强人意者也。

依十進分類法之思泉，其內容資料，大致包括以下各學科，即

〇索引

1 哲學（抽象者，如存在，價值，關係，因果等……）

2 宇宙（抽象而較具體者，如宇宙，數量，時間，空間，次序等）

3 心理（心靈作用，心靈活動，知識獲得，知識傳達等……）

4 情緒（情感，道德，宗教及其他）

5 社會（風俗，儀制，家庭，法律……）

6 政治（國家，政體，官制，教育，戰爭，人文地理，歷史……）

7 經濟（財產，財用，農工商業，交通，事務，組織與管理……）

8 藝術（語言，文字，文學，音樂，建築，陳設，飲食，服飾）

9 科學（物理，化學，天文，地理，地質，氣象，生物，人體，醫學）

觀上表，可知新體分類辭典內容之梗概。至本書對辭典學之改善處，據編者吳炎氏之預告，約有以下數種：即一，分類嚴格。凡其他分類辭典之不妥處，務求覓一較妥之分類。二，意義嚴格。如「青」字在一般字典中只解爲顏色之一種，然青天白日之「青」則爲藍，草色青青則爲綠，青衣花衫則爲黑，本書皆區別之。三，實物多附插圖，官制則列圖表，儀制則採用百科全書式之敘述體，因題材而採用適當形式，不拘定例，務期使檢閱者精悉字義，因事得辭，觸類旁通，思如泉湧，故有思泉之名。又爲便利西人之攻漢學者計，每一新字下並附以各種之拚音法，以正音韻。

綜觀各點，則本書編纂諸氏可謂思考週詳，煞費苦心，計自民二十五年以還，諸人在巴志永神父 H. Pattyn, s.j. 領導下，博考窮搜，分類編目，總計搜集資料卡片達三十餘萬張，此種埋頭苦幹之精神，誠足令人欽佩，而其對學術界之貢獻，亦必爲世界所景仰。主編巴志永氏，法籍耶穌會司鐸，工商學院之教授也。

惟是本書範圍廣博，而從事編纂者僅六七人，且又未能專司其事，是本書之未盡善處，亦所難免。筆者不才，敢附管見，以爲求全責備，緣思泉索引有中法英文三種，而辭典中之重要處則僅註法文，果能並加英文，則所費篇幅有限，而效用則當倍之。又字典僅備法華中法兩字典，英文字典亦缺，國內雖不乏英漢辭典之名著，然中英辭典之內容詳盡意義清晰，如本編之中法字典者，尚未之見，則其對語言文字學之需要，可想見矣。

印刷方面，有望於編者之最大努力處，在校正過多之錯字。如思泉第十三輯 1304—06 頁中欄自下數第十行「我不高興」之興字印爲「與」。1307—10 頁中欄第二六行「不管怎麼樣」之麼字印爲「歷」字等。此類錯字爲一般出版物所垢病，在工具書中尤不應有。

又辭典中每段註解後加圈，以示終結，而於法文句後亦加圈，則任何西文無此用法。且小圈部位不定，有置於行中而與法文間隔一空者，如 1304—06 頁第三欄八行 au cas où o 似尚可行，但小圈與字體大小相同，不易分辨，間有不置空間而與本文連成一氣者，如 1311—13 頁三欄第二五行 Correlationo 已不知爲何種語言。至若將小圈置於法文句後之下方，如同頁三欄十八行 Proposition。尤不合西文習慣。總之西文句終用點不用圈，如必用圈以示與中文一律，亦須與文字間隔而用較大或較粗之黑體小圈，俾與字體有別，否則逕可採用西文辭典之慣例，於每一註解完結後加一橫線，或在每段註解冠以號碼，如1作何解，2作何解等，或較爲醒目。

聞思泉編纂處停止工作已一年有半，編纂吳炎亦已離去，最近始由兩位司鐸重加整理，作校訂工作，筆者不才，略陳管見，拉雜寫來，聊供編纂校訂諸公參考之一助耳（馮瓚璋）

舊約智慧書類五卷明年刊行

北平方濟堂雷永明司鐸主持之聖經學會，已將全部舊約翻譯完竣，聖詠集且已於九月間出版，聞耗去印刷費數百萬元，皆各地方濟各會會士所捐助者。現預定自明年開始繼續將智慧書類，即約伯傳、箴言、訓道篇、雅歌、智慧篇等五卷付梓，如此則五六年內全部舊約或有完全出版可能。

神修方法論等在編譯中

九月十五日，即本館正式成立前四日，北平耶穌會德勝院致函本館，謂該院馬駿聲司鐸已在編著神修方法論，全部共八冊，不久即可出版。又稱該院並著手翻譯聖母傳及聖若瑟傳；同時對於該會已出版之福音書，在譯文方面特重加校改，以期益臻妥善云。

楊淇園先生年譜再版

楊淇園先生年譜，楊振鍔著，方豪校，中國公教眞理學會叢書，三十三年四月重慶商務印書館初版，係用土紙印刷，頃上海白報紙本已由該館於今年八月重印出書，各地商務印書館發行。定價國幣壹元陸角，照規定加倍成數發售。

期刊介紹

（1）益世主日報 第二十七卷第十八期

是刊原設天津，今年六月三十日在南京復刊，是爲第二十七卷第一期，現已出至十八期，（十月二十七日出版）乃綜合性刊物；劉宇聲司鐸主編。主要撰稿人有牛若望、李盎博、蘇雪林（鏗芬）劉鴻遜、陳祥春、吳鐵俊等。社址設南京國府路二八一號，報費半年七千元，以半年爲一卷。零售每期三百元。

（2）世光雜誌 第五卷第七八期合刊

是刊爲貴陽教區華籍司鐸在戰時所創辦，在極度艱困下，奮鬪至今，已歷五年。原定爲月刊，但因種種困難，常數月合刊，最近一期爲第五卷第七八期合刊，六月一日出版。因今年爲貴州教區成立百週年紀念，故本期關於教史之文字特多，如汲謙之「貴州傳教士對於科學之貢獻」實爲最有價值之史料，研究我國氣象學史或生物學史者不可不讀。其他如「貴陽殉教先驅張眞福小傳」「貴州開教初期的一位老戰士」「我們的幾個老前輩」「鳥瞰貴陽神職修院」亦爲他日纂修貴州教史者之重要參攷資料，惜紙張太劣，印刷糢糊，誤植之字亦多，此則限於物質條件，一時恐不易改進也。社址設貴陽中正路天主堂。零售每期一百元，定閱全年一千元。

（3）公　教　報 第一九五號

是報創刊於民國十七年八月，戰時曾停刊，本期爲復刊號第二期，現暫定每月出版二期。社長師仁傑司鐸 P. Maestrini

主編程野聲司鐸。社址設香港干諾道中皇帝行公教進行社。本期一張半，定價港幣一毫，十二期一元五毫，十二期外埠郵寄二元，十二期捐助定閱費十元。本期爲歡迎于斌總主教專號。該報內容分社論、語絲、國內公教消息、世界公教消息、葡萄園、公教思想與生活、公教論壇等。

(4)聖心報 第六十卷第九期

是報爲我國公教歷史最悠久之刊物，月出一期，本期零售三百元；登載一般公教教理的淺近文字以及教會消息；爲祈禱會機關報，發行者上海徐家匯聖心報館。

(5)教友生活 第一卷第九期

是刊爲西安土地廟什字天主教總堂發行，每月一期，本期乃七月十五日發行，爲歡迎田樞機專刊。並有關於西北之教務新聞及雜俎。

(6)公青季刊 第一卷第四期

是刊爲甘肅平涼公教青年會編印，主要銷售地爲隴東一帶。

(7)天津益世報一萬號紀念刊

天津益世報至今年十月一日已屆滿三十一年週年，在今年九月十六日爲一萬號紀念，該報遂於雙十節合併出一紀念刊，以誌慶祝。紀念刊共兩大張，有創刊號縮版第一號社論解幼圃撰三十年來的益世報方豪撰三十年來的中國天主教張懷

上智編譯館館刊　第一卷　八〇

撰聖教會教育等。此外並有田樞機暨于總主教之題詞及三十年來大事記。但該刊竟無創辦人雷神父之遺容或墨蹟等，殊爲美中不足！

(8)南京中央日報文史副刊之公教論文

馬相伯先生遺墨未刊稿輯存（方豪，第一期第二期）；徐家匯藏書樓邊疆方志紀要（潤農，第三期）；乾隆朝服務內廷之西士（徐宗澤第三期）杭州刻本西儒耳目資辨僞（方豪第三期）關於「楊淇園先生年譜」的幾件文檔（王重民，第七期）；北平北堂圖書館訪書記（塵第十二期）現存北堂圖書館之故宮典籍（孫楷第第十三期）；嘉慶年間之北平氣象史料（方豪第十二期）。

按南京中央日報文史副刊，發刊於本年五月廿一日，由本館方館長主編，現已辭去。

(9) Le Bulletin Catholique de Pékin　一九四六年七月—九月即第三十三年第三九〇號

法文北平公教月刊，本期主要文字有田樞機行實，抵平盛況各教區消息。又葡萄牙、澳門與遣使會一文係續前期者，本期未完。最後爲陸徵祥榮陞名譽院長消息。

(10) Bulletin de l'Université l'Aurore　第八卷第二號

本誌華名震旦雜誌內容以法文爲主，但每篇有中文提要。全年定價八千元，定閱處上海徐家匯土山灣。本期載有關於科學文字四篇，關於中國文字學者一篇，中國近代史者一篇。

(11)教務叢刊　Collectanea Comm. Synodalis　第十八卷第六至第九期

本期爲十八卷，第六至第九期，但又標爲一九四五年至一九四六年字樣。是刊漢文原稱教育叢刊，蓋教育聯合會所主辦，後該會改稱教務聯合會，叢刊遂亦改名。本期有拉丁文法文著作多篇，末附最近發表全國總主教及新任主教名單。

(12)CATHOLIC REVIEW Vol. XII. No. 8, August, 1946.

上海英文公教月刊

一九四六年八月號 十六開本二十六頁 上海蒲石路二三五號英文公教月刊社

該刊創刊於一九三四年，由上海耶穌會士主辦，爲國內有數之公教英文月刊。其第十二卷第八期現已出版，主要文字計有：惠濟良主教之「謹防旋渦。」著者稱在此兵連禍接之後，和平安寧之恢復猶需相當時日，在此過渡時期生活不定，邪說橫行，倘孜孜於利祿之徒，遂難免流入邪妄旋渦。果能利不忘義，後物質而先精神，其庶幾乎可矣。

該刊第二篇論文介紹國際公法之首創者：西班牙籍多明我會士威多利亞芳濟各。氏生於一四八六年，大學畢業後赴巴黎講學數年，一五二〇年回國，任教撒拉蒙加大學，以神學講座發表對國際公法之意見。一五四六年八月十一日卒。本年適值其逝世四百週年，各方咸有紀念，故該刊亦爲文以介紹之。

此外有「琉球島颶風記」「惠主教入耶穌會五十年金慶」「蘇維埃對宗教之虛僞報道」「東方教會之典禮音樂」等篇，頗饒興味。

(13)公教與人生

上海益世報副刊

是刊創刊於本年九月十五日，由趙爾謙主編，每星期日發刊；最近一期爲第六期，十月二十日刊出，內容有「聖神降臨後第十九主日瑪竇經」徐宗澤「羅瑪教廷與中國通使之回溯」潤農「吳漁山祝聖司鐸」碧溪女士「寫在傳教節」等文。

作家動態

一、本欄本期僅發表一部份，下期續載。

二、本欄次序先後，皆隨意排列，並無軒輊其間。

三、本館同人見聞有限，尚祈各地讀者，對於公教作家消息，隨時函告。

徐宗澤司鐸　字潤農，徐文定公光啓十二世孫，抗戰前任上海徐家匯藏書樓主任，及聖教雜誌主編，聖教雜誌停刊後，仍繼續管理藏書樓，最近並積極進行改建新式圖書館。上海淪陷時期，曾出版中國天主教史概論，又曾重訂徐文定公集，並撰明末清初敎士著述提要，末附梵蒂岡圖書館，巴黎國家圖書館及徐家匯藏書樓三處所藏有關天主敎之書目；兩書均已製成紙版，尚未付印。據本刊本期發表徐司鐸所撰一文，似聖敎雜誌不久即可復刊，謹祝前途無量。

王昌祉司鐸　現任聖心報主筆，及全國耶穌會華文刊物聯詢處主任。抗戰期間，編有語體文讀本六册，頗便敎會中學及小修院之用。

吳應楓司鐸　抗戰前吳司鐸所撰各種書籍及論文，當爲讀者所熟知；抗戰初起，曾一度在蘇北傳敎，後任上海金科中學校長。今夏調任震旦大學附中校長。吳司鐸文筆流利，爲敎中不可多得之著作人才。

牛若望司鐸　字亦未，抗戰期中曾任昆明及重慶益世報社社長，後至西安協助處理敎務；勝利後改至南京。現任于總主敎秘書長，相伯編譯館（館址已在覓購）館長及南京益世報社（在籌備中）社長。牛司鐸曾表示僅允留居南京一年。最近聞又有應南昌周總主敎之邀，赴南昌辦報之說，不知確否。

劉宇聲司鐸　南京益世主日報主筆。劉司鐸自幼奮鬬，富革命精神，爲典型的湖南人風格；但外貌溫文爾雅，與其內心之熱情，頗不相稱。著作甚多。別號陵雲山人。喜創新名詞。論著散見漢口民德週刊、新北辰等雜誌。譯有羅馬大將愷撒所著高盧戰紀。

龔士榮司鐸　畢業輔仁大學史學系，極爲陳援庵先生所賞識；惜回南京敎區後，初則傳敎無錫，主辦中學，現調任南京本堂司鐸，並兼類思小學校長，忙碌可知。但龔司鐸會表示雖在百忙之中，亦將繼續完成其畢業論文「康熙帝傳譯註」云。

楊紹南司鐸　字企棠，主徒會士，精中文，留學羅馬，歸國後，即由北平南下至安徽蚌埠，任崇正中學校長，成績斐然。現在南京天主堂服務。楊司鐸爲杭州我存雜誌發起人之一，第一任編輯，喜攻哲學、教律等，但十年來已久不見其發表文字矣！

王克謙司鐸　現任杭州本堂司鐸。自幼即對數學發生極濃厚之興趣，在杭州小修院執教時，不時偷閒至浙江大學求教於我國數學權威蘇步青先生。所著微積分一書，聞已脫稿，現在整理中，擬交某大書店出版。

周連墀司鐸　周司鐸畢業羅馬傳信大學，歸國後，於管理教務之暇，從事譯述及寫作，已出版者有我將到天主的祭台前，司鐸與善會，傳信與伯鐸二善會史略，教宗比約第十等書。現任北平公教進行會指導司鐸，天主教慈善協會常務理事等職；並譯述十三世紀方濟各會士柏朗嘉賓出使蒙古旅行紀一書，所收資料頗爲豐富，惟據表示以職務繁冗，未審何日始能脫稿。

吳宗文司鐸　字述之，遺使會士，畢業於羅馬額我略大學，得法學博士學位，現任浙江嘉興文聲修院教授。吳司鐸對於「傳教法」有精湛的研究，曾撰長稿，發表於鐸聲月刊，又有「四福音概論」已脫稿，凡五萬餘字，文字樸而不華，恰如其人。已故江道源司鐸「科學家與宗教」一下冊原稿，現存吳公處，將來仍交商務出版。吳司鐸於數年前曾發起「中國司鐸學術研究會」，至今尚未成立，欲知其詳細經過，可見鐸聲月刊三卷八九期合刊及第十二期。

羅光司鐸　羅馬傳信部大學畢業後，即任該校担任中文教授，常爲國內新北辰、磐石雜誌等公教刊物撰稿；抗戰期間從事專門著作，已印成書者計有「中國人之智慧」(La Sapienza dei Cinesi: il Confucianesimo)「外籍教士在華傳教法」(De Jure peregrino missionario in Sinis)「中國之神話故事」(Miti e legende cinesi)「中國文學概論」(Profili e capolavori della letteratura cinese)「道教」(Il Taoismo)等。除傳教法外，餘皆用意文寫成，溝通中意文化，其功甚偉。按羅光司鐸隸屬湖南衡陽教區，現年三十七歲，抗戰期間除教授著作外，並襄助我國駐教廷公使謝壽康博士辦理外交事務，對於增進我國與教廷之關係，頗有貢獻。

李君武司鐸　前北平鐸聲月刊社社長，現任北堂主任，襄助田樞機處理教務，頗多改進；本館成立，得李司鐸贊助甚多。

蕭傑一司鐸　安慶教區司鐸，曾主持安慶教務月刊十餘年，每期登載主日及瞻禮道理，後彙成「往訓萬民」一書分四巨冊，傳教士莫不稱便。除「往訓萬民」外，尚有「聖教禮儀撮要」及「好青年」，尤以「好青年」一書膾炙人口。按好青年原為耶穌會司鐸 G. Hoornaert s.j. 所著，蕭司鐸加以意譯，上海教區吳應楓亦曾譯述，名「青年問題談叢」。蕭司鐸現年六十，精神矍鑠，並無衰老之象，近譯聖師言論精華，並在安慶崇文中學教授國文。

張孝松司鐸　上海教區司鐸，少年英俊，愛好文藝，在修院肄業時，即已糾合同志編輯聖體軍小叢書，前後共出版十九種之多，分傳記，詩歌，小說等類。張司鐸一人參加四種樂國之王，花鳥出感化，寄小天神。散見於聖心報及聖體軍月刊中之詩文故事尤多，又曾耗數年課餘之暇，譯畢 Fabiola 及 Magnificat。按 Fabiola 為樞機主教 Wiseman 名著，可與顯克微支(Henryk Sien Kiewicz)「你往何處去」(Quo Vadis?) 媲美，均為描寫古代教會之傑作，已有兩種譯本；吳培祿司鐸譯「法表拉」，天津崇德堂出版，何繼高先生譯「非寄歐羅」，香港眞理學會出版，但俱不全。至於「我靈讚頌吾主」(Magnificat) 為法國文學家 René Bazin 名著，描寫兩個少年男女之戀愛，男名琪爾達，女名安娜，二人皆曾希望能結白首之盟，但琪爾達後願修道為司鐸，安娜初不諒解，後因父親臨終時告以「勿違反天主」，遂願犧牲一切，助表弟琪爾達進修院。張司鐸現年富力強，傳教海州一帶，頗能吃苦耐勞。

蘇雪林　蘇女士名梅，但近年來已以字行；撰有關教會之文章時，喜用「靈芬」筆名，以往習用之「綠漪」筆名，已不復再見。戰前即任武漢大學教授，以迄於今，在四川嘉定時，因營養不良，加以敵機轟炸，時須奔避，遂屢為病魔所困，時而臂痛，時而頭痛，但著作不輟；曾為昆明益世報宗教與文化撰「清末智識份子之宗教熱」，重慶益世報亦時有其大作發表。近年喜作我國古史研究，發現我國古時典籍，頗有與舊約創世紀暗合者，曾為文多篇，發表於東方雜誌及說文月刊等。最近已隨校東返，聞早已抵達武昌矣。

閻宗臨　亦作宗琳，戰時曾任廣西大學及桂林師範學院教授，攻中西交通史，得瑞士弗利堡大學博士學位，在歐洲時，遍遊各大圖書館，搜集資料頗多；倭寇侵入桂黔時，倉皇出走，損失甚重，一部份稿件會發表於昆明與重慶益世報宗教與文化，及桂林掃蕩報文史地週刊。

袁承斌　前北平傳信書局主人，光啓學會總幹事，新北辰主編；抗戰後被逼南下，自香港、昆明，展轉入蜀，遂經商勝利後復棄商來平，交涉收回傳信書局，最近又擬赴張家口辦報，未知果能成行否？筆硯久荒，友朋無不惜之。

葉德祿　本館特約編譯，現供職北平市社會局，並執教輔仁大學。淪陷時曾被敵人逮捕下獄，備受虐刑，最近長春師範學院聘氏任史地系主任，經與友朋再三磋商，已決定暫時不往，所編「民元以來天主教史論叢」一書，收近三十年公教史學名著，彙為一冊，讀者稱便，對北堂圖書館之整理，協助亦多。

朱星元　前天津工商學院教授，著作甚多，大都在天津崇德堂出版，論文散見於工商學院之「公教學生」「新北辰」等。現任教於北洋工學院。

徐景賢　七七事變前，徐景賢先生長安慶崇文中學，事變後尚維持半年，京蕪相繼失陷後，始與同事及同學多人回江西原籍，會赴武漢一行，除辦理救護工作外，於各地報紙中鼓吹抗戰情緒，撰法國聖女貞德救國故事萬餘言，發表於厦門公教週刊，惜未登完，該刊即被迫停版。八年來徐先生始終以一貫精神辦學與寫作，雙管齊下，曾於江西河口鎮設立崇文分校，教育青年，親率學生赴前綫慰勞浴血抗戰之將士，並為第三戰區政治部「陣中日報」撰稿，現已印成「論文選」單行本一冊，「大教宗比佑第十一與中國」，漢中「公教思想」社出版。又有「馬相伯先生憲政意見」等書，勝利後曾至安慶處理崇中復校事宜，現已回江西主持分校，將重新立案，改組為「聞三中學」，最近在南京中央週刊發表「馬相伯先生百歲生活」（八卷廿三期，六月廿二日）又於南京中央日報方豪司鐸主編之文史週刊發表「馮友蘭論」（第七期，七月二日）。總之，徐先生本公教熱忱，為人類服務，始終不懈，實不愧為馬相伯先生之及門弟子。（待續）

研究中國天主教史蹟之教外學人

陳垣　字援菴，廣東新會人。早歲即與廣州石室天主堂魏司鐸（後升主教）過從甚密。後至上海徐家匯藏書樓，訪張漁珊司鐸，乃益注意於吾教文獻。寓北平時，至香山訪英歛之先生，英先生乃將所著公教舊藏畫予之；時英先生方主辦輔仁社，有社課曰也里可温考，氏出其研究所得，遂一鳴驚人。迄今已有六七種版本。後又晤馬相伯先生，對吾教乃愈接近，則與馬英二公刊行教會絕版書籍，爲序跋以表揚之，先後都十餘種。此後所撰如開封一賜樂業教考，摩尼教傳入中國考，火祆教傳入中國考，元西域人華化考，並與教史有關；而吳漁山先生年譜，尤爲教中所傳誦。其散見各雜誌之論文，則多已收入門人葉德祿所輯「民元以來天主教史論叢」。任輔仁大學校長，已歷二十年。

張星烺　字亮塵，江蘇泗陽人。中西交通史學之老前輩也。所輯中西交通史料匯篇，裒然六鉅冊；又著有歐化東漸史，對吾教入華史實，均有敘述。現任輔大史學系主任。

向　達　字覺明，又號佛陀耶舍，爲我國中西交通史權威，所著「中西交通史」（中華出版）「中外交通史」（商務出版）兩小冊，對公教傳入中國歷史，敘述簡明。民國十八年西湖舉行博覽會，氏在東方雜誌博覽會專號發表「馬哥波羅諸外國人所見之杭州」一文，於元代吾教東遊諸教士之遊記，均曾引用。徐文定公逝世三百週年紀念，氏曾撰文發表於二十二年十一月二十三日大公報圖書副刊，結論曰：「三年前李之藻逝世三百年紀念，爲之唏噓徘徊者只一二篤信天學之士，今年又逢文定逝世三百年紀念，而唏噓徘徊者只仍前此之一二人，豈世運遂窮，非宗教不足以振作人心歟？」可見氏對徐公及吾教之景仰。

近年氏喜究印度史，並在敦煌研究，曾一度赴歐洲考察，搜集教會史料甚多，嘗於昆明益世報宗教與文化副刊發表關於明末教友愛國史實一文。最近抵平，執教於北京大學。下機後次日，在東安市場與本館方館長相値，即稱此來因坐飛機，不能多帶行李，但歷年所得各種不同之利瑪竇行實鈔本，則隨身不離，視同至寶，聞整理後即可交本館刊行。本期本刊發表氏所藏有關公教之書目，可窺見氏對吾教文獻之重視。

王重民　字友三，任華盛頓國會圖書館工作多年，最近聞將返國，氏曾撰「羅馬訪書記」發表於北平圖書館之圖書季刊，對梵蒂岡所藏我國一部份教會典籍介紹頗詳，今年七月一日南京中央日報文史週刊第七期亦載氏著「關於楊淇園先生年譜的幾件文檔」一文。氏在國外收集徐光啓李之藻楊廷筠之文字甚多，擬輯爲文集，或亦可由本館代爲印行。本期本刊有氏所著文四篇，下期將仍有若干篇繼續發表。

陳受頤　北京大學史學系主任，但出國已多年，聞在夏威夷及美國講學。氏研究明清之際天主教史，新北辰第十二期有氏所作「明末天主教徒和他們的信仰」講稿；又曾撰「明末維新運動中之徐光啓」一文，載北大四川同鄉會會刊創刊號。

李　儼　字樂知，工程師，現服務於隴海鐵路，爲著名之中國算學史專家，對於吾教輸入西洋算學之史蹟研究頗深。

張維華　字西山，歷任雲南大學、齊魯大學、白沙女子師範學院執教。氏所著「明史佛郎機呂宋和蘭意大里亞四傳註釋」頗負盛名，近年又撰明清間西洋學術及基督教東漸史（書名或有誤記）聞已脫稿，不知已付印否。

馮承鈞　字子衡，畢生致力於西洋漢學著作之翻譯，尤以法文者爲多，多系蒙古史、沙畹注馬哥波羅行紀、沙畹與伯希和合著摩尼教入中國考、伯希和鄭和下西洋考及古代史地考證多種，有關基督教者爲氏所著景教碑考及所譯費賴之著入華耶穌會士列傳，惜不全。氏所譯各書均能一一加以校補，並皆成於病中，尤爲難能可貴。本年二月逝世，惜哉！

嚴敦傑　中國天算史家中後起之秀也，年來發表文字中有關公教者計有「羅雅谷算學著述考略」「歐幾里得幾何原本元代輸入中國說」「西鏡錄冥求」「跋紅樓夢新考內中國時刻與西洋時刻之比較」「張炳濬山居詠和與算盤史料」等。本館擬請嚴君輯爲專集，梓行問世，以餉讀者。氏現供職上海中國石油公司。

歐陽琛　北京大學文科研究所畢業，畢業論文乃有關明末西洋火器傳入我國之歷史，曾得當時執教貴州遵義浙江大學本館館長方豪司鐸指導，並供給材料，其中「明季購募葡萄兵始末」一部份已有油印本，頗爲詳盡，誠新進史學研究者中不可多得之才也。

陳慶華　北京大學文科研究所研究生，其大學論文爲「蒙古與教廷」譯注原文伯希和著，僅完成一部份，現繼續翻譯，並加考證，深信陳君對此一段史實必能有優異之貢獻也。

唐慶增　著有「徐光啓之經濟思想」，載「學術界」一卷一期，略歷不詳。

館訊

本館籌備經過 自中國首任樞機 田耕莘總主教蒞平後，對此間教務諸多推進，且有種種新計劃；上智編譯館之成立，即 田樞機視事後之第一件事業。緣今日之傳教事業固不能忽視一般民衆，然對知識階級之文字傳教，則尤爲現時代不可稍緩之急務。因是 樞機主教自到任伊始，即積極計劃編譯館之成立，邀請國立復旦大學教授兼史地學系主任，南京中央日報主筆方豪司鐸爲館長，負責籌備一切，但方司鐸因須返京滬辭職，辦理交代，故兩月來對於修繕館址，張德泉司鐸實代任其勞，源著監工，頗令人感奮。九月中旬已大致就緒。在初創時期，組織不求龐大，而機構則極嚴密。自下自館長以下，工作人員僅八人，以語言分類，包括英、法、德、日、義、拉丁等文字，以工作分配，暫分爲辭典組、歷史組、神學組、哲學組、文藝組等各部門。除館方內部人員依照計劃進行外，在上負指導及監督之責者有評議會，田樞機爲該會當然主席，並聘請教內外知名學者任特約撰述。至國內學者如有著作，合乎本館之宗旨者，本館亦歡迎接受代爲出版云。

本館落成禮 九月十九日本館舉行落成禮，除館長以下全體同人參加外，到有前北平教區滿德貽主教，宣化張潤波主教，北堂圖書館館長惠澤霖司鐸，輔仁大學伏開鵬司鐸等二十餘人。下午三時典禮開始，由創辦人 田耕莘樞機主教率領來賓參觀，並祝聖經堂及館址，然後致開館詞，略謂「耶穌派遣宗徒分行天下，唯一目的即在宣傳福音，可見宣傳之重要。惟宣傳之方式，與昔日略有不同：蓋文字之宣傳散佈普遍，傳流久遠，宣傳效力，自較語言宣傳爲高；我國佛教之能傳流久遠，即得力於歷代出版文字之衆多，此余所以亟亟於編譯館之成立也。本館成立伊始，同人惠然肯來，協力贊助，本人欣喜無限。編譯之書籍，以適應社會需要爲宗旨，並不僅限於教內宣傳文字。將來本館出版物能普遍受社會之歡迎，使本館聲譽永垂不朽，使教外人得知天主教對於一切科學，亦努力研究，並有貢獻。關於此點，除有望於本館同人外，更望全國主教司鐸予以協助，使本館將來不獨爲國內文化機構之一，且將成爲國際性之文化組織，始可謂達到本館成立之目的云。」

樞機主教致詞畢，由來賓滿德貽主教致詞，大意謂「本館經短期之籌備，得於今日成立，可喜可賀。各位作文字之傳教，可謂能人之所不能，將來出版物普遍全國，為教內與教外人供獻精神食糧，亦聖教會之光榮也云云。」

滿主教致詞畢，由樞機對館內組織及部門分類垂詢頗詳，由館長方豪司鐸逐項作答，全體進茶點後攝影，禮成。

第一次館務會議 編譯館落成禮舉行後，館長召集全體同人舉行首次館務會議，首由館長報告，略謂「吾人感謝天主，中國首任樞機之第一件事業，已於今日開始。創辦人將此大事業交本人負責，深感責任重大，編譯館為永久性之事業，果能進行良好，則為天主為聖教均有光榮，即樞機主教之名，亦將永垂不朽。在籌備期間，蒙 各位司鐸及同道幫忙，特此致謝。本館工作時間暫定午前八時半至十二時半，下午二時半至六時半。並為加强工作效率起見，務求安定同人之生活，故供給膳宿，以免奔波之勞，且有互相討論之機會，至關起居方面之規則另定之。

工作分配方面，可分為編譯方面與事務方面兩種。除張德泉司鐸兼任總務外，其他事務概由同人分別担任。編譯方面，計分為辭典組、歷史組、神學組、哲學組、文藝組等，並決定自十一月起出版館刊，除報告本館消息外，並有學術論著、書評、作家動態等文字發表。

第二次館務會議 本館第二屆館務會議於九月廿七日下午二時半舉行，出席館長以下全體館員，仍由方館長主席，行禮如儀。主席報告本館開幕一週以來，同人精神甚覺愉快，希望長久如此，對本館前途頗有裨益云云。繼即開始討論議決事項：一、本館館刊為充實內容計，定為兩月刊，年前只出一期，預計卅開本八十頁。內容分論著、書林偶拾、文獻目錄、書評、出版消息、期刊介紹、作家動態、館訊等欄。二、下年度如環境許可，將創辦學術季刊一種，預定每年三、六、九、十二月各出一期。三、規定本館例假除另有規定者外，概與輔仁大學校曆相同。四、現以日晷漸短，本館辦公時間，改為上午八至十二時，下午一時半至五時半。五、依學術機關慣例，星期六下午除召開館務會議外，一律放假，館務會議為無定期，視事實需要召開之。

圖書館充實藏書 本館自籌備伊始，即經館長奔走努力，從事圖書館之充實，俾供參考。第以目下交通不便，對各方出版書籍之採購，諸多困難。十月七日，本館承樞機主教公邸藏書室負責人允准，將歷年本區司鐸所遺教內外中文書籍全數撥歸本館圖書室保存，總計二千餘冊，且不乏手抄善本，由館員景培元、李新六二先生分類編目中，一俟整理就緒後，除供館員應用外，如有本區司鐸欲來館參考者，無不竭誠招待云。

本刊徵稿簡約

（一）本刊下列各欄，一律歡迎外稿：

（甲）論著（有關公教書報之編譯及出版，名詞之審訂，版本之考證及校勘等研究文字）

（乙）書林偶拾（先賢未刊稿，讀書劄記，罕見書之序跋，前人傳記等）

（丙）文獻目錄（私人或團體所藏善本書目或論著目以及近代出版書目）

（丁）書評，出版消息，期刊介紹，作家動態。

（二）來稿請繕寫清楚，蓋章署名，並加新式標點。

（三）甲、乙、丙三項稿件發表後敬送潤筆每千字三千元至五千元。特別有價值者，不在此例。

（四）本館對來稿有刪改權，五千字以上之稿件，不用時，可以退還。

（五）賜稿請寄北平西什庫二號本館館刊編輯部。

本刊在下列各處發售

（一）西什庫北堂

（二）輔仁大學

（三）榮華堂（琉璃廠廠甸十三號）

（四）富晉書社（西琉璃廠一九三號）

（五）五洲書局（東安市場桂銘商場）

（六）同文書店（東安市場丹桂商場）

（七）寶文書局（隆福寺街東口）

（八）文淵閣書社（隆福寺街東口）

（九）新華書社（西單北大街）

（十）天津馬場道工商大學

（十一）天津望海樓天主教文化協進會支會

各埠如有願代本刊銷售者可享八折優待

（本期零售八百元）

中華民國三十六年一月－二月
館址：北平西安門黃城根北段路東

上智編譯館館刊

田耕莘題

第二卷第一期

BULLETIN
OF THE
INSTITVTVM S. THOM
Vol. II No. I

Jan. Feb. 1947

CARDINAL'S RESIDEN
PEITANG, PEIPING
CHINA

Cum approb. ecclesiastic

要目

上智編譯館出版圖書價目及寄費表

書名	著譯者	定價	重量	平掛郵費	航掛郵費
傳教之研究	于斌等譯	200,000元	1[illegible]公分	14,000元	74,000元
梵蒂岡一瞥	張天松著	200,000	14[illegible]	14,000	84,000
宇宙觀與人生觀	張永立等著	160,000	80	13,000	53,000
公教與文化	陳哲敏等著	90,000	70	13,000	35,000
馬相伯先生文集	方豪編	600,000	470	17,000	257,000
馬相伯先生文集續編	方豪編	180,000	115	14,000	74,000
泡影	周信華著	120,000	95	13,000	63,000
合校本大西西泰利先生行蹟	艾儒略著 向達校	80,000	60	13,000	43,000
朝興行冊	葉秋原著	80,000	60	13,000	43,000
辭海辭源天主教名詞正誤	王任光著	80,000	55	13,000	43,000
全國教省教區圖	劉洪愷編繪	80,000	20	13,000	23,000
(英漢對照)愛的科學 THE SCIENCE OF LOVE	吳經熊著 宋超群譯	100,000	70	13,000	53,000
邊疆公教社會事業	王守禮著 傅明淵譯	220,000	115	14,000	74,000
新祥客問	項退結著	120,000	85	13,000	63,000
公教主義	朱者赤著	100,000	75	13,000	53,000
教育文存	張懷著	180,000	105	14,000	74,000
合校本交友論(附二十五言)	利瑪竇著 葉德祿校	80,000	60	13,000	43,000
方豪文錄	方豪著	600,000	470	17,000	257,000
人之由生及進化	沈世安譯	80,000	50	13,000	43,000
趣味拼圖保祿氏神修格言	張潤波譯	80,000	50	13,000	43,000

館刊第一卷第一冊六萬元，第二卷六冊，每冊六萬元，全卷三十六萬元

子萬元。

館址：北平(7)西安門貨城根甲段

馬相伯先生文集及方豪文錄，各有道林紙本，每部售價均爲一百

或北平西四儲匯局。郵票代款，請勿寄五千元以下者。

三十，公分另加一萬元。郵局匯款，務請在匯票上註明北平第七支局，

千元，續重每加一百公分，加一千元；掛號每件另加一萬元，航空每

郵費因常有調整，故無法預計，照最近規定，書籍每重一百公分三

本刊第一卷內容（第一卷僅出一期）

第一卷現尚存少數，每冊售價壹千元，補購從速。

梵蒂岡一瞥

張天松著　吳經熊題眉　方　豪序

本館因今年二月十八日田耕莘總主教在梵蒂岡受爵爲樞機大主教；七月七日教宗特任黎伯里總主教爲駐我國首任公使；九月十日國民政府亦任命吳經熊博士爲駐教廷特命全權公使，三喜迭臨，國人急欲明瞭梵蒂岡內幕，因商請前震旦大學張天松教授撰「梵蒂岡一瞥」一冊，都九萬餘言。舉凡梵蒂岡之歷史、名勝、建築、教會之沿革、教廷之組織、教會國之回顧、梵蒂岡城之成立、各國與教廷之關係，以及教廷博物院、教廷圖書館等均有詳明之素描；而文字清新，雋永可誦，尤爲可貴。書首冠以方豪撰「我國與梵蒂岡教廷之關係」長篇代序，對教廷在國際上之地位，我國歷史上與教廷之往還，我國與教廷換使成功之經過，論列甚詳。

總之：凡欲研究歐洲上古史與中古史、世界政治史、中國外交史、羅馬之美術與古蹟，以及我國天主教情形者，本書實爲最良好之讀物。

本館爲增加讀者興趣起見，除封面彩色精印外，並附極有價值之銅版插圖二十幅，內有田樞機、吳公使暨黎伯里總主教之近影。並由本館馮贊璋先生繪製一八六〇年時之教宗國土及梵蒂岡城全境地圖二幅，鋅版精印。全書共一八三頁，廉售二千元，外埠酌加運費。

上智編譯館識啓

小統計

本書因成本太高，僅印二千冊，於十二月八日出版；北平司鐸書院獨銷百餘冊，天津工商學院亦銷售百冊；一星期內北堂即代售五十餘冊，北平全市各書店亦銷出數百本；截至十五日止已僅存一千二百冊，欲購從速，以免向隅！

上智編譯館館刊第二卷第一期目錄

方豪編

馬相伯先生文集

三月中出書　售價　每部壹萬貳千元

預約特價每部九千元（僅限二百部）

預約期　三十六年一月底截止，外埠以郵戳日期爲憑

（匯欵請寄北平西四郵局或西單交通銀行郵票及教會賬房劃款一律不收。）

丹徒馬相伯先生，道德文章，爲世所宗；畢生精研中西學術，自天文、數理、宗敎、哲學、政治、論理，以及我國經史，無所不窺；而創辦大學，折衝外交，贊襄革命，反對帝制，與東北事變後之力主團結禦侮，呼籲民主，倡議人民自治自救等，足見其一生言行，所關於我國近百年之政治文敎者，實至深且鉅。惜先生歷年所爲文字，從不積存，故散佚者多。編者積二十年之搜求，珍藏先生墨寶多至四五十件，最近又復得北平英斂之先生舊藏先生函札五十餘件，實爲至寶。至於先生爲敎會努力之事蹟，如反對國敎，主張提高敎會文風，倡議以國人任主敎等，其間經過情形，可歌可泣，多有爲外間聞所未聞者。全書共收二百餘篇，就中半數爲手稿，尤爲難得。書內並將附先生眞蹟攝影多幅，以資紀念。

上智編譯館謹啓

本館創辦人田耕莘樞機主教

本館編譯室與聘三圖書室攝影

我國駐梵蒂岡教廷公使吳經熊博士

教廷首任駐華公使黎伯里總主教
圖為公使與美兵交談情形

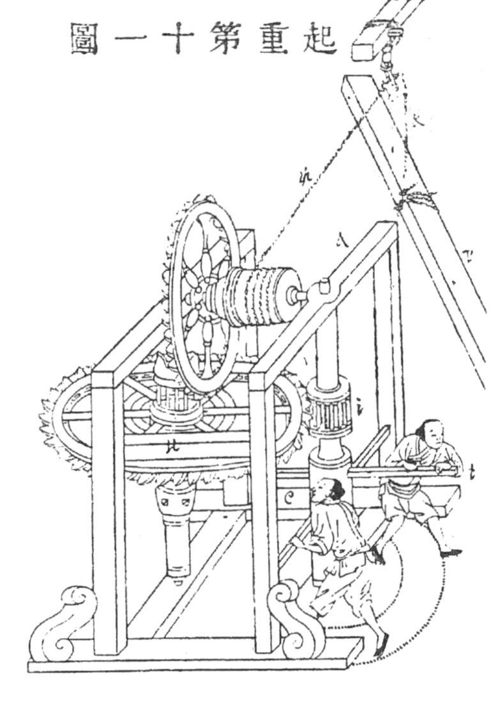

起重第十一圖

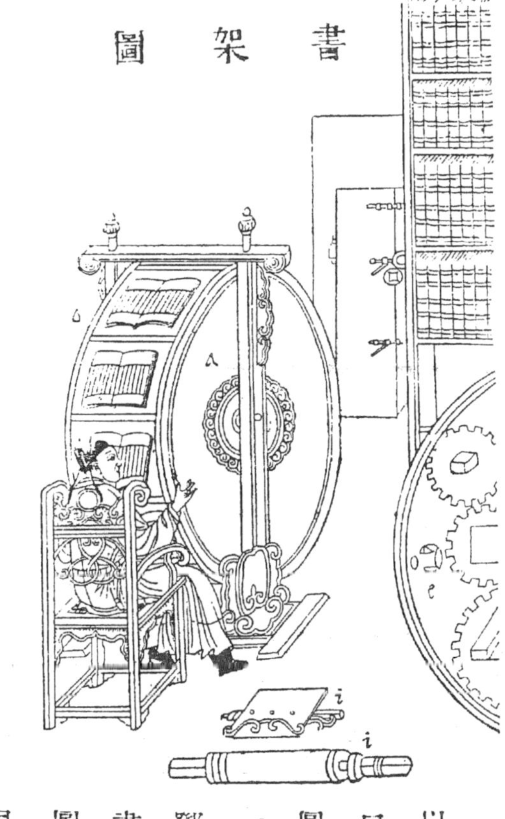

書架圖

以上爲明末鄧玉函口述，王徵筆譯奇器圖說中之起重第十一圖及書架圖，左爲鄧氏所據 Ramelli 書中之原圖。在奇器圖說中已將人物、器具、服飾等改爲中國裝，惟書架圖之門鎖及立架上之書猶爲西式，蓋出於繪圖者之疏忽也。

詳見本刊本期惠澤霖著「王徵與所譯奇器圖說」一文。

論著

論超性學要各版本之同異

張金壽

（一）引言

聖多瑪斯亞奎那斯 S. Thomas Aquinas 爲神哲學大師，炳如日月，光芒萬丈，天下翕然從之。余嘗志譯其名著神學綱要久矣，卒未能如願以償！今歲應田樞機約，籌等上智編譯館館西名曰聖多瑪斯院蓋奉創辦人田樞機之洗名以爲紀念也；余譯書之念不可復遏。徒以館中人員稀少，一時未遑及此，館長方杰人司鐸囑先就國內現存清初節譯本超性學要加以研究，此本文之所由作也。

（二）國內現存各版本記略

國內現存超性學要藏本，就所知者計有下列七種：

甲　西灣子天主堂藏全部。（以下簡稱甲本）

乙　西灣子藏殘本一冊（卷之十一，十二）（以下簡稱乙本）

丙　北平北堂圖書館藏全部。（以下簡稱丙本）

丁　北平北堂惠神父藏殘本五冊（卷之十三十四，十五十六，卷之十七「兩本」，卷之二十三，二十四）（以下簡稱丁本）

戊　上海徐家匯藏全部。（以下簡稱戊本）

己　上海徐家匯重印本。(以下簡稱己本)

庚　北平公教教育聯合會重印本。(以下簡稱庚本)

(附)　以上國內各版本除戊本即徐家匯藏本外，作者均幸能獲見原書，實爲萬幸！聖教雜誌第十六卷第十一期有徐宗澤著「聖多瑪斯之超性學要譯本」，述徐家匯藏本頗詳，且徐家匯已有重印本，亦可稍彌此憾也。杰人司鐸謂南京天主堂尚存有馬相伯先生遺書，其中有超性學要鈔本及馬公親筆校改之字句；上海聖教雜誌第十九卷第十期超性學要發售預約啓事亦稱「以上譯本爲徐家匯藏書樓所藏……經馬公相伯四月之久，補校告成」云云，則原本與重印本必多歧異，馬公當日無他本可資對校，蓋全憑理校，或以本書前後互校也。

(二)　現存英法兩版本記略

國外現存之超性學要，計有下列二處：

1. 英國倫敦不列顛博物院 British Museum 藏本，見 Catalogue of Chinese Printed Books, Manuscripts and Drawings in the Library of the British Museum By R. K. Douglas. London 1877 p. 122。一九二八年六月十二日東亞同文書院教授藤原茂一君曾加調查，計全書二十七冊，二十二卷，目錄四卷，扉頁如下：

表

極西　利類思譯義

超性學要

北京　天主堂梓行

裏

耶穌會後學利類思譯義
柏應理
閔明我訂
直會南懷仁准

以上見福田德三博士追憶論文集「經濟學研究」單印本武藤長藏著論聖多瑪斯原著 Summa Theologica 之漢譯「超性學要」。

2. 法國巴黎國家圖書館 Bibliothèque Nationale 藏本見 Essai d'une Bibliographie des ouvrages publiés en Chine par les Européens au XVIIe et XVIIIe siècle, par Henri Cordier. Paris 1883. p. 9—10

(四) 西灣子藏本記略

西灣子今名崇禮縣，位察哈爾東北，教中習用舊稱，茲姑從之。今年（一九四六）十月十七日，西灣子主教石公Exc. E. P. L. De Smedt 以變亂未已，察省戰禍頻仍，乃將舊藏超性學要一部寄存北平北堂圖書館，其珍惜可知。余從館主任惠澤霖司鐸 P. H. Verhaeren 假閱一過，摩挲不忍釋手。杰人司鐸亦讚賞不置。

全書凡三十二冊，分裝七函，第七函之布套已失，二三六函所有書簽署超性學要四字，與每冊封面同，知各函皆出版時原有物也。

第五函（原第六函）布套內有拉丁字曰 Ex donis R. P. Grimaldi S. J.「耶穌會士閔明我贈，」贈於何人，則不可知。

（五）各版之異同

吾人僅將上述數版之封面及目錄，互相對照，即見其不同之點，爲數頗多。故深疑當年譯者有重刊改正之版，或譯者先刊總目而後照目譯書，譯書時又將多數題目重行改譯。或前後刊行兩種目錄，而後之印刷者任意擇添，故使各版本互有不同也。吾人從甲、乙、丙、丁四版中，窺見當日印刷裝訂之人，非常疏忽。如甲本之總目前，不獨合訂總論之序，且將天神論序，靈魂論序亦雜置於前。而靈魂論利序之上部，與總論利序之下部相合爲一，介讀者如墮丈二金身不見頭腦。丁本卷十七前亦合訂高層署及利氏之總論序，而利之序文又與靈魂論之下段合併，則又使讀者陷入五里霧中矣。且各版本中之分目，或有或無，如丙本總目只有七段，不另立卷，統附於卷首，而天神論前則無分目。甲本另有總目一卷，而與書中分目之題目多不同。甲本又有第一大支之總目一卷，與丙、丁兩版各卷前之分目復相歧異。己本之總目，與甲本之總目，又迥乎不同，而與甲本第一大支之總目略同，然兩相校對，亦互有出入。準此以觀，當日印刷之時，必乏人校對，故手民任意添取，致版本紛然百出。玆將異同之點分述如下：

（1）扉頁之異同

甲本之扉頁與丙本相同，正面右行爲「極西利類思譯義，」中行大字「超性學要，」左行「北京天主堂梓行；」反面第一行爲「耶穌會後學利類思譯義，」其左爲「金彌格、郭納爵、安文思訂，」又其左爲「直會郭納爵准。」乙本與丁本之扉頁同，正面右行「西極利類思譯義，」中行「超性學要。」左行「北京天主堂梓行」而「梓」字之辛下爲三橫爲「椊」。反面第一行「耶穌會後學利類思譯義，」其左爲「柏應理、閔明我訂，」又其左爲「直會南懷仁准。」據郭納爵 P. Ignat. da Cota 值會在先，南懷仁 P. Ferdin. Verbist 值會在後，故乙、丁兩本爲後出，了無疑義。

據此，則乙本（即西灣子殘本）及丁本（即惠神父藏本）實與倫敦不列顛博物院所藏爲同一版本，蓋皆爲柏應理及閔明我所校閱，南懷仁所准印者。但閔明我僅爲乙本（包括丁本及倫敦本）之訂閱者，而未參加甲本之校訂，然甲本布套中有題閔明我贈者，何也？杰人司鐸曾以此疑質余，余以爲郭納爵校閱與准印者在先，閔明我校閱，南懷仁准印者在後；易言之，郭氏爲初校者，閔氏爲重校者；初校人或不能獲見重校本，重校人則必須得見初校本也，則重校人（閔氏）於重校甲本完竣後，自成乙本，以初校本（甲本）轉贈他人，固無足奇者。

（2） 序文之異同

吾人雖不知原本共出幾版，然就不同之點，知其確非一版。如高層雲序，同爲刻版行書，字體曾未稍變，而甲本中所用上帝二字，丁本中則改爲上主。是當時譯者對上主之名稱，鄭重將事，故有删改重刊之舉。己本是否自行删改，不能武斷，然與原本不同之處，則有數點。如胡世安序內「非天之有以抑揚之」，己本則爲「非天主有以抑揚之」；甲本內「爲吾儒昭事上帝」，己本則爲「爲吾儒小心昭事」，是己本乃避用「天」及「上帝」之名也。吾人再細加研究，乃知己本（即上海翻刻本）實多竄改之處。蓋北平所見到之藏本（包括甲乙丙丁本）中，除上帝改上主外，餘皆相同，而己本則每多出入。如復活論姜修仁序中，甲本「須佑之切」語，己本爲「須佐之切」，甲本中「嚮邇」二字，己本爲「嚮往」，爲使讀者明瞭眞相，吾人將序文中異同之點，列表如下。

西灣子藏本（甲本）	北堂藏本（丙本）	上海翻刻本（己本）	北平翻刻本（庚本）	惠司鐸藏本（丁本）
（a） 總論西蜀胡世安序				
共三頁，頁五行，行十字。	同上	共一頁，頁九行，行二十字。	共一頁，頁十行，行三十字。	無
「非天之有以抑揚之」	同上	「非天主有以抑揚之」	「非天之有以抑揚之」	
「爲吾儒昭事上帝」	同上	「爲吾儒小心昭事」	「爲吾儒昭事上帝」	
（b） 總論利類思自序				
僅有最後一頁半，頁七行，行十三字，與靈魂論之上段錯訂。「分爲章，章凡數千章；	無	一頁半，頁九行，行廿二字。「是書有三大支，支分爲論，論凡數百論，分爲章，章	僅有下段，與西灣子版同，錯誤亦同。	僅有前頁，頁七行，行十三字，自「大西之學凡六科……是書有三大支支分爲論，

	西灣子藏本	北堂藏本	上海翻刻本	北平翻刻本	惠司鐸藏本
	分爲辯、爲反、爲解、爲答，而辨、反、解、答中又各有始有終……」末紀年順治甲午孟春		凡數千，章分爲引、爲疏、爲駁、爲正，而引、疏、駁、正中又各有始有終……」末紀順治甲午孟春		論凡數百，論」止，下與靈魂論之下段錯幷合訂於卷十七前。
（c）總序華亭高層雲序	共五頁，頁五行，爲行書體，筆力猷勁，耐人玩味。內上帝二字抬一格，合訂於總目前。	無	共一頁，頁九行，行二十二字，內上主二字空一格，合訂於卷十七靈魂論前。	共一頁，頁十行，行二十九字，內上帝二字抬一格。	共五頁，頁五行，行五字，爲行書體。筆法與西灣子版同，惟上帝二字改爲上主，仍抬一格，合訂於卷十七前。
（d）天神論利類思自序	共三頁，頁八行，行十八字，凡天主二字空一格，末紀康熙十五年丙辰孟春，合訂於卷首。	無	共二頁，頁九行，行二十二字，凡天主二字空一格，末紀康熙十五年孟春，合訂於卷十一前。	與西灣子藏本同。	無
（e）靈魂論利氏自序					

西灣子藏本	北堂藏本	上海翻刻本	北平翻刻本	惠司鐸藏本
僅有前兩頁頁七行，行十三字，序文自「惜乎……負絕一切心」止。下與總論序之下文錯幷，訂於卷首。	無	共一頁半，頁九行，行二十二字，末紀康熙十六年丁巳仲冬。	與西灣子版全同，其錯誤亦相同。	共一頁半，頁七行，行十三字，僅有最後一段與總論序之前段錯幷，末紀康熙十六年丁巳仲冬，合訂於卷十七前。
（f）復活論關中姜修仁序				
共二頁，頁六行，行十六字，內「須佑之切……其天學修士……嚮道……」末紀康熙十六年秋七月既望。	無	共一頁半，頁九行，行二十二字，內「須佐之切……具天學修士……嚮往……」末紀康熙十六年秋七月既望。	與西灣子版同。	無

（g）「復活論安文思自序」各本皆同，毫無出入。

（3）總目之異同

吾人由出版之年月，無從推定譯者開始工作之時日，然由目錄之改竄，確知利氏開始迻譯者爲總目，而最初出版者亦爲總目。蓋總目中之譯文在分目中另行重譯者往往而然。如總目內之「統善論」分目內則改爲「統論善論」；「天主之在物」改爲「天主在物論」；「天主之則」改爲「天主所有萬品之則論」；「天主之義，」改爲「天主之義之慈」；「聖神之名，」改爲「聖神之名即愛者論」；「天主三位平均」改爲「天主三位平均相肖論」。諸如此類，不勝枚舉。是譯者對其初譯之題目，不甚滿意，故加以修改，以求明確。己本謂「第利氏編有總目四卷，」而甲本總目，僅爲一卷。己本總目，與甲本總目，迥不相同，有甲本有而己本無者，亦有己本有而甲本無者。己本總目附帶分目，而甲本總目則只載段目及論目，如云「此三大支者每（著者按此處疑漏一「支」字）分段每段分論每論分章段論記在本目錄章題見各論目中」苟上海翻版本之總目，完全依據其原本，則吾人可斷言甲本（即西滲子藏本）爲原刻，而戊本（即上海徐家匯藏本）爲改正版矣。茲將其異同之處，分列如下，以醒眉目。

西滲子藏本

超性學要目錄
超性學要總分三大支曰
第一大支曰第二大支而
第二大支之中復分爲支
之一支之二曰第三大支
此三大支者每分段每段
分論每論分章段論記在
本目錄章題見各論目中
天主之則（十五）
天主之欲（十七）
天主之義
天主之預錄（二十一）
知識天主
聖神之名

上海翻刻本

超性學要目錄卷之一
○第一大支（凡七段）
第一段論天主（共二十三論）
卷之一
天學論第一
○
○
天主所有萬品之則論第十五
天主之欲德論第十七
天主之義之慈
預錄論第二十一
知識天主諸位論
聖神之名即愛者論

西滲子藏本

諸位就比其視與諸情
諸位比稱號作用
天主三位平均
第三段論造物之始
第四段論天神共二十三論
天神比於所者
天神知識之由
天神知識物質之物
天神知識有質之物
天神知物之如何
天神欲德
天神之愛
天神受造就性之分
天神之受造就聖寵與永

上海翻刻本

諸位就比其互視與諸情
諸位徵號之作用
天主三位平均相肖
第三段論萬物原始
第四段論天神共二十四論
天神之比於所者
天神知物之由
天神知識之物
天神知有質之物
天神知物之勢
天神之欲德
天神之愛德
天神之受造
天神之備全就聖寵與眞

西灣子藏本	上海翻刻本
福	福
天神之相照	天神炤他天神
天神之品	天神等級於三部九品
天神治宰有形之物	天神宰治形物
天神有功於人類	天神之功于人類
天神之奉遣	天神遣降
天神之護守	天神護守
邪神之罪	天神反義
○	邪魔品級
第五段論天主造有形之物	第五段論形物之造
造物之序	造形物之序
第六段論人共二十八論	第六段論人靈魂肉身共二十七論
靈魂與肉身之合	靈魂合肉身
總論靈魂之德能	公論靈魂之德
靈魂各德能	靈魂各德
明悟之德能	明悟之德
七覺欲	覺欲論
明司之所知識於形物	明司所知於形物者

西灣子藏本	上海翻刻本
靈魂自知己與在己之物	靈魂知己與在己之物
人之受造就靈魂	首人受造就靈魂
首人背天主	首一人背天主
首人之分位就明司	首一人之分位就明司
首一人之分位就聖寵	首人之分位就聖寵
首一人未獲罪宜何權	首人未獲罪宜何權
○	人在原正之位就肉身論
○	首一人帶義者
首一人傳類	○
首一人傳類就肉身	○
首一人傳類就義者	○
首一人受造之所	首人受造之所
第七段論總治萬物	第七段論宰治萬物
分論宰治	總論宰治
類所係人作為	論所係于人之作為
人之生人就肉軀	傳人就肉身
人之真福何	人福何在論
人用之情節	人作用情迹論

西灣子藏本

欲德之動於事
選擇
謀在擇之前
論用就終向
欲所舍之作用
論欲德內用之善惡
○
欲德外用之善惡十五
總論靈魂之諸情
諸情之善惡
諸情之序
論各情
愛人之所以然
愛諸效
論惡八
論情欲九
樂之善
懼之界

上海翻刻本

欲德之動於何
選凡引乎得終向
商議在選擇之前
用比引得其終向之物論
欲德所舍之作用
欲德內作之善惡
引得終向之物論第十五
欲德外作用之善惡第十六
總論靈魂之情欲
情欲之善惡
情欲之序
特論各情
愛所以然
愛效
怨恨論
貪欲論
樂之善惡
懼界論

西灣子藏本

怒之作所以然與其效
習熟之
習熟之殊別
論德之底
屬明司識德之殊別
屬修爲別於屬明司之德
修爲德之別於諸情
修爲德之互別
諸德身後存久
第六段論罪共一十九論
罪惡
罪惡之特殊
罪惡之底
總論罪之所以然
論罪之所以然首論無知
罪之所以然出覺欲八
罪之所以然就欲德
罪之所以然

上海翻刻本

怒所以然與其效
習熟之座
習熟殊別
德座論
屬明司識德異別
屬修爲之德別於屬明司之德
修德異別就諸情之相因
修德互別
諸德身後存
第六段論罪凡十八論
罪體
罪惡殊別
罪惡之座
總論罪有所以然
○
罪所以然就出覺欲之情
論罪所以然就欲德
罪外所以然

西灣子藏本	上海翻刻本
原罪之底	原罪座論
罪爲他罪之所以然	罪爲他罪所以然
罪之效就損性之美好	罪效就損性之美好
罪之效就汚靈魂	罪效就汚靈魂
罪之所以然就罰	罪之效就罰
第七段論法律共一十九論	第七段論法律共一十七論
常法	永法
古法之規誡	古法規誡論
禮儀規誡之所以然	古法禮儀規誡之所以然
禮儀規誡存允	禮儀規誡之存久論
總論判理之規誡	○
判理規誡之義	○
聖寵二	聖寵之體第二
論向天主三德信望愛四十六論	論向天主三德信望愛共四十論
論信德之界	信德向界論
凡有信德者	具有信德者
背信	○
論所係於信德知識之誡	○

西灣子藏本	上海翻刻本
望德就其底	望德之座
敬長之恩就望德	懼長之恩係望德論
愛德就其底	愛德之座
愛德之內用其首即樂	愛德之首作用即樂
愛德之次用即和平	愛德之作用即合平
論哀矜	愛係愛德內效
賑施	賑施爲愛德之外效
責有過者	責有過者係愛德之外用
分黨	○
征戰	○
鬥爭	○
激變	○
上智之恩	係愛德上智之恩
良謀之恩	計謀之恩
義分交義及與義	義德之各支論
殺人	對更易義德者首論殺人
判者之不義	對更易義之罪首論判事
論訟	評訟

西滬子藏本	上海翻刻本
被論者	反義德之罪就被訟者
代申理者不義	反義者判斷係代申理者
係於義者之德	係義者之德
祭祀	係献天主之事首論祭祀
進献與薦祈	○
每十献一	○
發誓	誓論
發誓呼天主名	呼天主名立誓
讚美天主	取天主名係讚美天主
左道	對僧奉之罪首論左道
奉神	奉邪神論
論謊	誑論
慳吝	反寬惠之德首論慳吝
○	忻順論
致命爲天主	致命爲眞敎
不畏懼之罪	不畏懼論
大志	大志與其反之惡
反恒	反恒德之惡首論柔懦

西滬子藏本	上海翻刻本
對節德之惡	反節德之惡
恥德	特論節德各支首論恥德
論宜	宜德論
論饕餮	貪饕
飲罪	飲醉論
絕色	貞德論
論邪淫之支	係邪淫之支論
操守	○
寬	寬慈與馴良論
○	肅恭論
統論肅恭	總論肅恭
謙讓	○
第三段論分位共一十九	第三段論分位共一十八四
能吐各國之語	特賜之恩首論通方言之恩
奇迹之恩	行卑異之恩
屬位修道	○
修道	入修道會
第一段論天主……共五十九論	第一段論天主……共五十四

西滿子藏本	上海翻刻本
締結人性之勢態就取者論	論締結人性之勢態就取性者論
締結人性之勢態就被取者	締結勢就被取之人性
締結人性就人性之各分	締結之勢就人性之各分
耶穌之聖寵	○
耶穌之靈魂就見天主	耶穌係眞福之知
耶穌靈魂賦畀之知	耶穌就賦畀之知
天主子所取肉身之闕陷	天主所取人性肉身之缺陷
耶穌伏見天主父	耶穌伏見於天主父
耶穌之義子	耶穌爲義子
耶穌之預簡	○
耶穌爲天主我人之中	耶穌爲天主義人之中
耶穌之降孕係其肉軀之資	耶穌之降孕係其肉軀之資質
耶穌降孕係作所以然	耶穌降孕係作其所以然
聖若望授洗	耶穌受洗
邪魔誘試耶穌	邪魔誘耶穌
耶穌各種之迹	耶穌各種之靈異
耶穌受難作所以然	耶穌受難是其作所以然
耶穌受難之效	耶穌受苦難之效

西滿子藏本	上海翻刻本
耶穌致死	耶穌至死
耶穌坐天主父右	耶穌坐天主父者之右
總論聖事之迹	聖事之迹論
聖事之要	聖事之迹論
受割在洗滌之前	○
聖體之質就依賴	聖體之質
此聖事之模	聖體之模
此聖事之效	聖體之效
耶穌用此聖事之勢	耶穌領聖體之勢
此聖事之主司者	聖體之主司
此聖事之禮儀	聖體之禮儀
第六段論痛解共三十五論	第六段論痛解共二十六論
論痛解就其爲德	痛解就爲德
痛解之效	痛解之效就爲重罪之赦論
痛解已赦之罪復回	已赦之罪復回
由痛解諸德之復	因痛解諸德之復
痛	特論痛悔
其權之用及於何人	○

西灣子藏本	上海翻刻本
逐絕	○
誰能逐絕	○
與絕相通	○
解釋逐絕	○
論大赦	○
誰能大赦	○
大赦與何人得效	○
罪罰明顯禮儀	○
第四段論終傅共五論	第四段論終傅共四論
終傅之復	○
第八段論品共七論	第八段論品級共六論
品級之數	品級之異別
附屬品級	○
第九段論婚配共二十八論	第九段論婚配共一十七論
婚配限解	○
婚配之允加誓與交感	○
立願與品之防阻	立願與品級之防阻
神親防阻	○

西灣子藏本	上海翻刻本
係承繼之親	○
不同教之防阻	○
殺妻之防阻	○
顯立願之防阻	○
醉情	○
多妻	○
二妻與屬二妻之觸害者	○
庶子	○
在天主諸聖之祈禱	在天諸聖爲我等祈禱
復活之時勢	復活之時日論
復活者之情先論復活者爲原體	復活者爲原體
復活者之勢	復活者之情勢
善人復活之勢	復活者第一美好
享眞福者身軀透徹	復活者第二美好
享眞福者身軀輕快	復活者第三美好
享眞福者身軀光明	復活者第四美好
罪人身勢	復活後惡人情勢
復活之人知罪與功	復活之後人知罪與功

西滿子藏本	上海翻刻本
總論審判之時與所	總論審判之時
天主降來之體像	耶穌下降之體像
聖人視罪罰之勢	聖人視被罰者勢論
享眞福者與眞福之恩	享眞福者之恩
罪罰者之罰	罰罪者之罰
罪罰之欲德與明悟	被罰者之欲德與明悟
天主待罪罰者之慈	天主待被罰者之義與慈
超性學要段論章目總數	○
段凡二十有八	○
論凡六百一十有一	○
章凡三千二十有九	○

（4） 分目之異同

己本之總目四卷略與甲、乙、丙、丁各本中之分目相同；然不同處亦頗不鮮。如甲本「天主外尚有他物爲無窮否？」己本作「天主之外尚有他本然爲無窮否？」甲本「天主有貶逐人否？」己本作「天主有棄擲人否？」甲本「凡形物共一模否？」己本「凡形物共一質否」甲本「內司分爲四當否（四章一曰通公二曰形想三曰提測四曰記含）」己本則無註語。諸如此類，舉不勝舉，列表如下。

西滿子藏本	北堂藏本	上海翻刻本
超性學要第一大支第一段論天主目錄	同上	超性學要總目卷之一此卷已譯
○	○	第一大支凡七段
○	○	第一段論天主共二十三論
天主入他物之結合否章七	同上	天主爲至純者否七章
天主爲至純者否章八	同上	天主入他物之結否八章

西灣子藏本	北堂藏本	上海翻刻本
統論善論第五	同上	統論善第五
天主外尚有他物爲無窮否	同上	天主之外尚有他本然爲無窮否
	(脫卷之三二一行)	
天主體	同	
凡於天主見物一並見物否章十	○	凡於天主見物一並見物否十章
人在世能見天主否	○	人在世能見天主否
人在世能以本明認識天主否	○	人在世能以本明認識天主否
天主愛欲論	同上	天主欲德論
天主之欲可變否	同上	天主所欲可變否
天主之愛欲……	同上	天主之欲……
天主有貶逐人否	同上	天主有棄擲人否
凡預錄者爲天主所選取否		凡預錄者爲天主所取否
第二段論天主三位共四十論		第二段論天主三位一體
	(脫卷之七，卷之八，卷之九三行)	

西灣子藏本	北堂藏本	上海翻刻本
屬休之脫名	同上	屬體脫名
屬體之德諸聖師歸加於諸位當否	同上	屬體之德諸聖師所歸加於諸位當否
子與父就其能均否	同上	子與父就能均否
第三段論造物之始	○	第三段論萬物原始
寰宇惟一否	無目	○
第四段論天神共三十四論		第四段論天神共十四論
受眞福之天神能反罪否		受眞福之天神能反義否
天神照他天神論		天神照他天神論
下品天神與上品天神相語否		下品天神與上品天神語否
人有取入天神之諸品否		人有取入天神諸品者否
天神自受造至陷罪有久否		天神自受造至陷罪有許久否
第五段論天主造有形之物		第五段論形物之造

論超性學要各版本之同異

西灣子藏本	北堂藏本	上海翻刻本
凡形物共一模否		凡形物共一質否
眞福之天與無模之質元質		眞福之天與無模之質
第四日之功即文飾論		第四日之功論
第六段論人 共二十八論		第六段論人靈魂肉身共二十七論
生靈分曰育德長德生德即傳類當否		生靈分曰育德長德生德當否
內司分爲四當否		內司分爲四當否
(四章一曰通公二曰形想三曰提測四曰記含)		○
總希欲論 希欲爲靈何德否		總論希欲論 希欲爲靈魂何德否
明司知靈魂之習熟由習熟之本原否	明司知靈魂之習熟由其習熟之本原否	同上
首女之受成宜即出於男否	○	○
首女之受造出於人之一肋宜否	○	○
首人傳類	以下無目	○

西灣子藏本	北堂藏本	上海翻刻本
人居原正之位傳類否		○
首一人傳類就肉身論		人在原正之位就肉身論
嬰兒居原正之位具全德以動百體否		嬰兒居原正之位具全力以動百體否
於原正之位有女子生否		○
人居原正之位嬰兒生而知否		人居正位嬰兒生而知否
地堂爲宜人居之所否		地堂宜居之所否
第七段論總治萬物		第七段論宰治萬物
天主諸位之中子取人性更宜否		天主諸位中子取人性更宜否
聖母得未嘗能得罪否		聖母得未嘗能得罪否
聖母若瑟婚配爲正切否		聖母若瑟之婚配爲正切否
聖母生耶穌必須先領報否		聖母生耶穌必須領報否
耶穌降孕係作所以然否		耶穌之降孕係作所以然否

西灣子藏本	北堂藏本	上海翻刻本
聖母於耶穌之身有何爲係作所以然否 耶穌之身結成在即頃否		聖母於耶穌之肉身有何爲係作所以然否 耶穌之肉身結成在即頃否
耶穌之身降孕之即頃被取于天主子否 耶穌降誕論 視有時之誕聖母稱爲耶穌之母可否		耶穌之肉身降孕之即頃被取於天主子否 耶穌之降誕論 視有時之誕聖母稱耶穌之母可否

（六）結論

由以上種種不同之比較，可以想見當日繙譯是書者，煞費苦心，而聖多瑪斯之神學綱要，爲極艱巨之工作亦可想見。多瑪斯以極淺近之拉丁文，講解超人間悟之奧理，猶能如庖丁之解牛，運轉自若。其自序云「蓋公教眞理之學者，不獨教育成人，且當教育初學。（保祿宗徒致格林多書云：譬之在基督內之嬰兒，吾惟予以乳，而不以食物也。）故余擬定工作之方針，即凡屬於公教教理之事，以合於教育初學之方法而講述之。」其卓越之天資，非吾人所能望其項背。利氏爲耶穌會之翹楚，而其迻譯是書，用力之勤，苦時時透露於字裏行間，然猶爲未定稿也。其總論自序中本中有云「是書有三大支，支分爲論，論凡數百；論分爲章，章凡數千；章分爲辯、爲反、爲解、爲答，而辯、反、解、答中又各有始有終。」已本則改爲「……章分爲引、爲疏、爲駁、爲正，而引、疏、駁、正中，又各有始有終。」是譯者自行修改之明證也。且現存各版本中，僅有引、疏、駁、正，而無辯、反、解、答，故可斷言現存各本爲改正本也。然再將改正本之目錄對校，又見其出入多端，則改正本仍爲未定艸也。嗟乎！先賢已逝，則重訂之責任，端在後進。上海翻印本譽謂「譯詞精當，」殆亦不泯前賢苦心之意耳。

吾人比較諸版本，自當以徐家匯所藏者爲最完備。上海翻印之本則多失其本來面目。然較其他諸本，完善多矣。西灣子之藏本較古，惟總目僅一卷，分目又祇存第一大支，餘付闕如。且總目之前，未將凡例刊入，使讀者不能明晰譯者之指陳，實爲憾事。

北堂之藏本，既無總目，亦無凡例，且闕降生論最後一卷復活論二卷。惠司鐸之藏本，則但爲殘篇而已。北平教育聯合會之翻版完全脫胎於西灣子之藏本，惟經苗司鐸P. Mittler於每冊首加添拉丁原文題目，以便讀者參閱，是亦不可泯滅之功也。

(附記)本文撰寫時，承北平北堂圖書館惠神父借閱該館所藏及西灣子寄存超性學要，與惠神父自藏殘本，並蒙方杰人司鐸時加指示，併此誌謝。　金壽識

吳德生先生翻譯聖經的經過

方豪

吳德生先生(經熊)的「聖詠譯義初稿」在商務印書館出版後，不到一月，即已再版，可見讀者之歡迎。最近我到天津工商大學去教課，益世報劉豁軒、劉鴻遜二先生，因爲看見「聖詠譯義初稿」附有蔣主席手札攝影，提到我的名字，以爲我對於吳先生翻譯聖經的經過，一定知道得很詳細，所以無論如何要我寫一篇文章，向讀者介紹介紹吳先生與主席之間的這段譯經關係。我覺得要寫這樣一篇文章，最好還是請吳先生自己寫，我雖然知道一些，但是我怎能比他知道得多呢？可是由我來寫，也有一點好處，因爲吳先生非常謙虛，如果由他來寫，也許有許多地方他不肯直說，因此，我便大胆答應下來了。

然而說來話長，一般人一定認爲吳先生是受主席之託而譯經的，其實最初並不如此，最初是吳先生自動譯經，受託譯經，是後來的事。說到這一點，我們就必須略提吳先生領洗入教的經過。

吳先生原是新教徒，他在我國法學界的地位，用不到我介紹，可是他雖然作了二十年新教徒，在國內外享着盛名，生活亦頗富裕，然而他終覺得太空虛，他是很富有情感的人，他最後看破了一切，覺得世界上所有的一切，都不値得他鍾情，也都不配接受他的一腔熱情。一天，他讀到了聖女德肋撒的自傳——靈心小史，他恍然大悟，他找到了他的歸宿，他找到了他用情的對象，他發覺了他應該用他的熾烈的熱情，用他整個的心來愛慕天主，以聖女德肋撒爲表率，爲指導。在這時候，袁家潢律師即勸他改入天主教，他經過一番研究後，便决定改信天主教，在上海震旦大學的教堂內由院長才爾孟神父P. Georges Germain授洗，這是十一年前的事。

從此，吳先生的生活便完全轉變過來，以前所追求的，現在已視如敝屣，認為不值一顧了；以前所留戀的，現在再也不放在心上了！

× × × × ×

他有一個很大的家庭；一位賢慧而能幹的太太和十三個小孩；他原想在入教後去修道，但為了家庭，他沒法修道，可是他竭力以修道士自勵。逢人傳道，孜孜不倦。

抗戰後，他即遷家到香港，這時他是立法院立法委員兼法制委員會委員長，同時他和溫原寧、全增嘏、葉秋原諸先生在香港辦英文「天下」月刊。後來葉秋原先生也受他的勸導，加入天主教。

這位葉先生是杭州世家，美國留學歸來後，即在各大學執教，並任申報編輯，和邵洵美、郁達夫一班文人，過從頗密；他所學雖廣，人類學卻是他的專嗜，抗戰前，他以「葉為牝」的名字（譜名）出版了一冊「震旦人與周口店文化」，為翁詠霓（文灝）先生所激賞，推薦為星期標準書；此人能彈琴，善鐫圖章，尤精隸書，英文亦臻上乘，為吳先生知交。

因為有吳葉二先生在主持，所以在「天下」月刊中，常有公教論文發表。裘化行神父 P. Henri Bernard 便是經常投稿員。其時吳先生所譯的老子道德經和唐詩，是我最愛讀的。記得吳先生有一次翻譯杜詩，他竟大膽說：像這樣好的詩，只有天主才做得出，因為杜甫也不過是天主造的。就這一點看來，便可知道他處處以光榮天主為志，處處為教會出力。記得陳援庵先生說過，教士或教友，與其做一個公教報的社長，不如在外教報投稿；吳葉二先生不但是在外教報投稿，並且是控制了一個外教報，其力量之大，可想而知。因為溫原寧、全增嘏二先生的英文，在國內也首屈一指，「天下」月刊一時成了國內英文期刊的權威，銷路甚廣，所以影響也很大。我和溫先生不太熟悉，全增嘏先生是我後來在復旦大學的同事，常常提到在香港時的情形，他對於吳先生總是萬分欽佩，說吳先生是「至性人」、「夠朋友」。可惜全先生醉心於現代哲學，到現在還不能承認天主的存在。

在香港時，吳先生就已開始翻譯聖詠。記得民國二十七年十一月，我到了昆明，一天晚上，于野聲主教給我一封信，說：「你一定高興看」「又是浙江人吓！」我頗為驚奇，因為我是鄉土觀念最淡的人，離鄉十年，今年自重慶到了上海，我仍決意不返家鄉，然而當時于主教却特別以浙江人的信叫我看，我打開一看，是吳先生的一首「四十自述」長詩，還有三首聖詠，那時他還習用新教名詞，稱為「詩篇」。此外是一封信，他在信上希望于主教到香港去，他願在于主教手中領堅振，信寫得非常懇切，字跡秀麗，結果都被我保存下來了。

于主教的覆書是我代寫的，順便我也作了一次自我介紹，從此我們便通起信來。

× × × × ×

大約是二十八年春天，吳先生飛到重慶，那時南京教區的駐渝辦事處設在武庫街米亭子巷口；一天，于主教送一位客人到大門口，其人溫文儒雅，我打從他身旁經過，于主教轉過身來便說：「杰人！我給你介紹，這就是德生先生！德生，這就是方神父。」於是彼此說了一番仰慕的話，因為吳先生別有約會，便匆匆道別。

是年秋，他又從香港來陪都，這時我正在曾家岩益世報館主持社論，他住在孫哲生先生公館，每主日必到曾家岩聖衣會苦修院望彌撒，有時平日也來。每來必望我彌撒，彌撒後必在一謝姓教友家或在小館子內，邊吃邊談道。

十一月，陪都各界預備為雷鳴遠神父舉行一個大規模的追悼會，我是籌備會主任委員，在益世報出一特刊，我也試譯了聖詠第一百三十首。聖誕節，我又把吳先生譯成的幾首刊布在報上。

大約在那時候，他已把譯出的聖詠呈給蔣委員長了。（當時蔣先生還不是主席。）蔣先生一見他的譯作，便大為欣賞，不久，就請他重譯全部新約。

某日，我為一點事到美專街一號去找陳布雷先生，布雷先生適奉委員長急召，到黃山去了，由他的四弟叔諒（訓慈）來接談，叔諒是我在杭州便認識的，那時他是浙江省立圖書館館長，因舉行浙江省文獻展覽會，約我撰稿，並由我送去雍正八年閩浙總督李衛「改武林天主堂為天后宮碑記」而認識的，那天是到內地後初次見面，所以談得很久。叔諒告訴我一件事，他說：「真有天意，委員長愛讀聖經，但對於現有新舊兩教的譯本，都不滿意，很早就要家兄替他介紹一個人重譯聖經；家兄因為譯經是大事，不能馬虎，物色了很久，最初想到燕京大學的吳雷川先生，但雷川先生留在北平，不能南下，現在找到的一位也姓吳，也是浙江人，你說巧不巧？」自那時起，吳先生便可以說奉命譯經了。

為了譯經，他眞化了不少心血。他想覓一個清靜而又有藏書的地方，他也需要助手，他和我不知討論了多少次，也要我做他的助手，我敬謝不敏，但我願盡力幫忙。為了找地方，我們曾想到川北一小縣南充西山本篤會去，那邊也有書院，院長文嘉禮神父表示非常歡迎，並於三十九年三月聖本篤瞻禮日收吳先生為「奉獻弟子」oblatus。可惜南充地方太偏僻，他不能去。這年四月六日我却擺脫了報館生活，上西山去休息了四個月。

×　×　×　×　×

重慶是個山城，吳先生身體不太好，常須坐滑杆；可是為尋求有助於譯經的參攷書，他却肯終日在街頭躑躅，在舊書舖穿進穿出。偶爾發現一本與聖經有關的書，他即欣喜若狂，無論價錢多貴，非買到手不可。那時重慶經過幾次轟炸，書店都殘破得可憐，連找一部詩韻集成也相當困難。有一件事，我認為是値得描寫一番的。

某晚八時左右，他打電話叫我到觀音岩張家花園口一家湖南館子去吃飯，說只有李孤帆（現任上海航政局局長）夫婦在座，可以談道。我去了，李太太活潑大方，有說有笑，告訴我：她雖未領洗，却曾於某年聖誕節在香港堂內領過聖體。說時還雙手合掌，做起教友領聖體時的姿勢。於是，吳先生對我說：好了，李太太的靈魂我交給神父了。（李太太已於今年九月六日在上海領洗，我於八月廿八日返平，未能參加典禮，至今耿耿！）

飯後已將近十點，我忽然告訴他最近政府頒布了一部「中華新韻」，比以前的韻譜，方便得多了；他不聽則已，一聽這話，便問我何處可得。我記得上清寺某書店有一本，對他說：「明天可去一問。」他說：「馬上就去。」立刻叫了兩乘滑杆，走下豎子嵐埡陡峻的山坡，及到書店門首，早已關門，他定要去打門，把老板叫醒，原來是一位留比的教友，我也認識的，於是吳先生便如獲至寶的買回來了。今年四月五日我從重慶飛回南京，我們又再會面，現任首都高等法院趙琛院長和我們二人都相熟，吳先生借了他的汽車，我不知他要往甚麼地方去，後來才知道他要到夫子廟看舊書，結果又被他買到一部有關聖詠的註疏。六月初，我在他上海寓所，他指給我所藏的七八千冊書，說「不知怎的，這些書我如今都瞧不起了，我只愛耶穌的聖訓。」上海徐家匯藏書樓藏京都東教宗北館譯本聖詠經，也是我告訴他去借來的。

他也眞能不恥下問，他肯向任何人求教，連教外人，他也請他們在文字方面批評。他和袁承斌先生談了不少次，後來聽說教會有一位女作家蘇雪林先生，於是又想請她過目。原來香港公教真理學會曾請吳葉二先生計劃編一套「甘露叢書，」專譯教會名著，並與商務印書館訂定契約，蘇女士也被約爲撰稿員之一。吳先生是那時才知有蘇女士的。

因爲重慶太嘈雜，又常遭轟炸，不能安心工作，他想到長江南岸慈母山小修院去，又想到銅罐驛明誠中學去，完成譯經工作；他也常說最好是到梵蒂岡去。然而立法院的事務又怎能讓他遠離？

可是敵機無論怎樣兇暴，重慶的生活無論怎樣混亂，他總是鬧中求靜，一首一首，一章一章的譯下去；每日除公事外，便是祈禱、談道、譯經。他曾帶梁寒操夫人來望彌撒，現任中央大學哲學系教授程石泉先生也是那時候由他介紹給我見面，經過幾個月的講道，然後全家領洗入教的。此外，不能一一列舉。

爲了譯經，希望有文思有靈感，除了一枝香烟外，他的確常常在求天主聖神默啓。每望彌撒必領聖體；每星期必辦一二次告解。

× × × × ×

日本閃擊香港，吳先生正在香港，全家陷入重圍；吳先生被敵人拘於某大旅館，後被釋放，但不許離港，幸賴中央派人營救，全家化裝逃出，走到廣西，暫住桂林。此後他雖屢來重慶，然而譯經的地點是在桂林。他並且開始學習希臘文。這時我已應浙江大學之聘，在貴州遵義住下來了。

三十二年春，有一天，委員長召見他，問起譯經事，有何人可以幫助他，提出了我的名字；後來他回桂林，上書委員長，委員長在八月十五日（聖母升天瞻禮日）的回信中也提起我，（此信現已攝影製版，刊在聖詠譯義初稿卷首）可是當時我實在不在桂林，八月十五日的那一天，我正從遵義坐車回重慶來。

同年十月，吳先生全家遷到貴陽，最初寄住在教友張永立先生家中，後又遷往六冲關修道院附近。離開貴陽後，他常懷念貴陽，尤其是貴陽的神父，他非常敬重，因爲他們在抄寫和搜羅參考書方面實在盡了很大的力。

最後因爲種種不方便，在三十三年秋，又全家遷到重慶北碚，住在中山文化教育館後孫哲生先生的寓所，戰時流亡的生活，到此算是稍稍安定下來；那時我正在復旦大學任史地系主任，我們相去僅僅是一江之隔，他每主日必率領全家大小到黃桷樹鎮小教堂望彌撒；那座小教堂說來眞可憐，那是我租下來的一所市房，二樓二底，附一個廚房，樓上是聖堂，樓下是復旦大學天主教同學會會所。因爲自從三十二年夏我到復旦大學以後，發現有三四十位公教同學，無人領導，也無彌撒，非常散漫；並且也很冷淡，於是我決意組織天主教同學會。我原任相伯女子中學，離復旦約五里，三十三年夏，我接任系主任，便遷住復旦。平時在我書室旁另有一小室，可以作彌撒，但教友望彌撒則實在不能容納，女生尤其不便，我便在復旦大學和相伯女子中學的適中地點——黃桷樹鎮，租下一所房子，雖然簡陋不堪，但每主日也有七八十人望彌撒，吳先生一家便有十餘人，現在回想起來，倒也非常有意思。

我上課之餘，常到吳家去，吳先生也不時到復旦來；他往往動員全家的人來負担譯經工作，幾個中學程度的男孩女孩都替爸爸抄聖經，因爲他需要幾個副本，送給朋友。有時在月白風淸之夜，他雇一艘小艇，渡嘉陵江，到教員宿舍（南軒）來找我聽告解，一羣小孩子圍繞着我，「方神父」「方神父」喚個不停。他每來必談到譯經，他堅決要我替他做註釋，我因爲課務太忙，不敢隨便答應。

在那一時期，常有人帶着驚奇和不信任的口氣問我：「吳先生沒讀過神學、聖經學，也不懂希臘文、拉丁文，憑他一點英文法文，如何能譯聖經？」這些質疑的話，我都轉告吳先生，他對我說：「將聖經譯爲中文，最主要的便是中文；至於聖經原文，自有兩千年來多少專家的研究可供參攷，英法文關於這方面考証註疏的書籍，汗牛充棟，已做了不少工作，我們的任務，只是根據前人的研究所整理出來的聖經文義，譯爲中文而已。」

雖然吳先生之譯經大都是根據英文，有時參攷法文，可是他的文筆，也確能傳神。在中文用字方面，尤其再三斟酌，審愼非常。

現在出版的「聖詠譯義初稿，」因爲用的是中國各種韻文體裁，所以謙稱「譯義，」表示不是直譯，又加上「初稿」二字，更說明其爲未定稿；可是他已譯完的新約，却實在是直譯，至今還不敢付印；他想請一二位教外的文學家如章行嚴先生先行過目一次。

在新約譯稿中，他最不愜意的是使徒行實，他曾表示要重譯。

三十三年初冬，有一件與譯經有關的事，不能不順筆提一下：

十一月三日主日，彌撒後，我告訴吳先生，說要乘輪船進城，去祝賀重慶尙主教 Mgr. Fr. Xav. Jantzen 的洗名聖方濟各沙勿略瞻禮；我把我隨身帶的貴州殉教諸賢的聖骸給他看，意思是說：有他們庇佑，一路可以平安。因爲在重慶北碚之間，覆車和翻船的事是司空見慣的。他表示不能去。可是下午五時，我回到葉秋原先生家中，他也在那兒，原來他也坐汽車進城了。可是他愁眉不展，我也不敢打聽，晚飯後，他才告訴我：今天一到重慶，便到布雷先生處探聽有無主席交下已批閱的聖經譯稿；不料布雷先生說：上次送來的譯稿，因爲抄手不慎，誤字太多，所以還不敢呈上去。說到這兒，他捧出一大疊稿本，約有五六冊，對我說：今晚非麻煩神父不可，我們一同來校閱一次吧。那晚上濃霧密罩山城，有些人已準備逃往西康，個個都爲了戰事失利而憂悶。其時葉先生正在美國，葉太太也焦急萬分，我們却在上清寺天境新村那所小樓上，憑着黯淡的燈光，一字一字讀下去。葉太太幾次催我們去睡覺，我們當作沒有聽見；最初是叫賣聲漸漸少了，後來是連翩歸來的汽車聲也沒有了，我們還在讀，還在改。全部看完，吳先生的香煙也不知抽了多少，掏出時表，已是次日早晨四點了。吳先生便提議說：「貴陽異常吃緊，貴州殉教諸公，理應保境安民；神父既有伊等遺骸，何不祈禱一番？」於是兩人跪下，默禱片刻，然後入眠。

草草睡了一覺，便到苦修院作彌撒，又進城謁見尙主教，其時謠傳貴陽已失守，最後一部美國軍用車已撤出，大家都恐慌異常。吳先生去訪友，我也趕回葉宅，等候向覺明先生來訪。當我跨上人力車時，在身邊一摸，不見珍藏貴州殉教諸公遺骸的玻璃盒，（教中稱爲聖髑）心中即覺不安，果然，人力車剛走過兩浮支路口，迎而來了沈士遠先生夫人坐的小包車，人力車急於避讓，因爲正在修路，亂石橫陳，車便翻身，我就暈過去了；後經警察送入醫院，次日吳先生來看我，說：祈禱貴州安全，是要有代價的，故非有人流血不可；他勸我忍痛；次日，局勢果然好轉，不但貴陽沒有失守，獨山竟已克復了。

吳先生常覺得要妥譯聖經，非有專家協助不可；所以他曾幾次向蔣先生建議：在梵蒂岡有聖經委員會，對原文有疑義時，可請教的人最多，因此他很想到梵蒂岡去；他也保舉我同去。蔣先生非常贊成，並且表示他本人在抗戰完成後，也想到國外走一趟，羅馬是必定要去的。

從三十四年春，到勝利來臨，蔣先生作了新約全部譯稿的第三次點閱。蔣先生的批點本，我都見過，他照例是紅圈（紅鉛筆）有可商榷的地方，他先用藍鉛筆在上面表示意見，措詞非常客氣，往往用橡皮擦了再寫；第二次寫時，便用紅鉛筆，如果再有模糊的地方，便用毛筆；讀完一章或兩三章，必註明年、月、日、時間，然後署名「中正第×次讀畢」或「第×次讀完中正。」遇到滿意的句子，他必加圈。如「聖詠譯義初稿」本所附「主席校閱譯稿手蹟」在「第百五十首」及「大小和鳴」幾個字旁也加上密圈。吳先生原譯「願凡血氣倫」，主席改為「願凡含生屬」，可見主席在國學上亦極有根柢。又第十五首原譯「虧損漠不關」一句，主席批為「造句欠妥」，後經吳先生改為「得失等閒看」，又修正為「得失非所患」。主席的細心固然值得我們欽佩，吳先生的字斟句酌，也實在煞費苦心。

為了希望有一部完善的聖經譯本，蔣主席每次召見吳先生時，必問：「教會方面國學最好的有那幾位？」去年勝利後十日，主席也約我去談了一次，特別提到譯經的事，當時曾說「我想請德生到梵蒂岡去，你能同去便更好了。」

今年九月，吳先生駐教廷公使的任命發表了，教內外都慶得人，因為他此去實負有兩重使命，他將是國家的代表，同時也是教徒的代表，吳先生自己也可以說是如願以償了。但是他期待了我七年之久，而我現在竟遠適北國，不能效勞，然而我當初亦何嘗想到北平來？我只覺得人生真如聖詠第九十首所說：「千秋在主目，不過一朝夕；又如中宵夢，夢醒更已易。」如此而已！

三十五年十一月十三日晚十一時北平

王徵與所譯奇器圖說

惠澤霖 H. Verhaeren 著
景明 譯

王徵字良甫，號葵心，為我國三百年前介紹西洋物理學之第一人，國人已知之甚稔；前歲為公逝世三百年紀念，適豪在渝發刊真理雜誌，乃於第一卷第二期中闢紀念特輯，除轉載陳援庵先生舊作「涇陽王徵傳」外，昆明西南聯大機械系主任劉仙洲先生撰「王徵與我國第一部機械工程學」考奇器圖說版本等甚詳；存寀撰「讀明末涇陽王徵所著額辣濟亞牖造諸器圖說自記手稿餘後」則為記天水縣立圖書館所藏王徵手鈔稿本書乃前陝西省政府主席邵力子先生力學廬原藏，贈與該館者；邵力子撰「紀念王徵逝世三百週年」說明「真理不滅學術無國界」之至理末附拙著「孫元化手書與王徵交誼始末註釋」。今夏來平北堂圖書館主任惠澤霖神父H. Verhaeren為示徵所著奇器圖說所依據之原本，為之狂喜，亟請撰文發表，並由景明先生為之迻譯，固亦可視為徵卒後三百年紀念之遺響也。　方豪謹識

時至今日，歐美科學滲入中土，溝通東西文化之機構，日有增加；同時對於十七世紀初期，利瑪竇及耶穌會其他會士在中國科學上之貢獻，亦紛起加以檢討。嘗考彼時此種貢獻，可謂博及學術的整個領域，諸如哲學、數理、自然科學、醫學、地理等科，殆無不包括在內。竊擬試舉一具體之例，乃有關機械工程者，蓋即「遠西奇器圖說錄最」一書。是姑先對此書著譯者王徵及其口授者鄧玉函二人作一簡單介紹，再對此書內容加以分析，而究尋其取材之所自，儻亦讀者所樂聞歟。

壹　王徵事略（一五七一——一六四四）

本段引用書：

一　天主教史論叢，頁七五—七八（陳垣：涇陽王徵傳。）

二　徐景賢明孫火東先生

三　衛匡國（拉丁文）中華新輿圖，補滿洲史，頁八起

四　夏鳴雷（法文）西安景教碑考，卷二，頁五七—六九，註

王徵，明陝西涇陽人。父以經算教授鄉里。徵性聰穎，年十六，補弟子員，二十四，中萬曆廿二年（一五九四）舉人。後九上公車不遇，芒履蔬食，以著書力田為務。自製諸器代耕行鹽邑人奇而效之，以為諸葛孔明復出。當是時耶穌會士講學京師，徵以屢上公車，故時聞其緒論，且性好格物窮理，尤與西士相契，遂受洗入教，聖名斐理伯。時年五十二矣。天啓二年壬戌（一六二二）成進士，旋補廣平推官，是年在京識進士孫元化（字火東，聖名依納爵）元化後為登萊巡撫，疏調徵贊助焉。

天啓四年（一六二四）以母憂去官，乃請於耶穌會值會，邀西士一人，來三原為其家人付洗，並在陝省開教。金尼閣方傳教絳州，受命應邀往，此天啓五年（一六二五）春間事也。尼閣抵三原，遘疾留邑中六月。迨病痊，徵與鄉人張保祿秀才（前吏部尚書問達子）送之省城，立堂設館。適景教碑出土，尼閣遂為教士中得見碑文之第一人。

尼閣以所著「西儒耳目資」授徵拉丁字母讀法。徵序其書，並丐邑紳張問達序而刻之陝中，時天啓六年（一六二六）五月，徵年五十六矣。是年冬服闋入都。會龍華民鄧玉函湯若望以候旨修曆留京邸，徵時過從請益，見會士所藏圖籍之專屬製器類者，請於鄧，譯為中文。鄧本醫家，精草木之學，製器則非其所擅，然以徵之請，欣然諾之。第諄諄以先習測量、計算、比例為告。徵雖老，習之數日，即能曉其端倪。於是取諸器圖說由鄧口授，徵奮筆錄之，甫匝月而脫稿，名之曰「遠西奇器圖說錄最」，以天啓七年（一六二七）七月刻於京師。

徵晚年事蹟，頗簡述之：奇器圖說問世後，徵補揚州推官，廉勁有守。魏閹勢方張，時人爭阿諛，徵獨不屈。旋丁父憂歸籍。值島賊為亂，登撫孫元化（火東）疏起徵為山東按察司僉事，監遼海軍務。在官數月，崇禎四年（一六三一）遼寇內侵，孫部下遊擊孔有德等叛於吳橋，脅元化從逆。元化率親信抗之，徵與礮手張燾從，燾亦教徒也。登州陷，元化等北渡天津，晉京請罪。孫張駢死，崇禎五年棄市。徵遺戍，尋遇赦歸，不復出。

明之衰也，流寇擾關中。徵與鄉人議戰守，製器資捍禦，閭里獲安。歲祲，結仁社賑之。崇禎十六年（一六四三）李闖入關，羅致薦紳。徵知不免，手題墓石曰「明了一道人之墓」。闖使至，徵引刀自誓，乃繫其子永春去。鄉人爭以身贖，永春得不死。明年（一六四四）京師陷，思宗殉國。徵聞變，絕粒七日卒，年七十四。門人諡曰端節。

徵著述甚多，詳陳垣所為「涇陽王徵傳」尾。此特其大略而已。

貳　鄧玉函事略

本段引用書：

一、費賴之：入華耶穌會士列傳（法文原本）頁一一一－一二〇，金尼閣條；又頁一五三－一五八，鄧玉函條。

二、裴化行：湯若望之曆書（華裔學志，卷三頁五〇）

三、蕭靜山：天主敎傳行中國考，頁一八二

鄧玉函 J. Terrentius 德國人，父業律師，公元一五七六年玉函生於君士坦市。其家本姓「施萊克」Schreck 乃「恐怖」之意，故拉丁姓從義譯作 Terrentius 焉。幼年游羅馬，入日爾曼公學，就克拉維 Clavius（卽利瑪竇幾何原本所譯丁先生也，Clavius 拉丁文釘也，亦爲利之數學師）習科學，又至巴都阿受敎於天文家伽利略。歸國後，入大公爵雷沃波宮廷爲醫算侍從，旋授徒於布拉格。一六一〇年際復至羅馬，值翟西親王 Cesi 掌林奇 Lincei 學會，乃收玉函爲會員。一六一一年十月杪，玉函突以會徵繳還會所，翌日卽退隱耶穌會初學院。越三年，金尼閣奉使會龍華民命回歐，於一六一四年杪抵羅馬，玉函以來華傳敎爲請，尼閣許之，乃同游歐陸，募集同志及經費圖籍。一六一八年四月十六日發於里斯本，同行會士十九人，羅雅谷湯若望與焉。是年十月四日抵臥亞，一六一九年（萬曆己未）五月十五日復航來華，七月達澳門。

尼閣離華之際，沈漼之難作，在華敎士多避禍澳門，或潛跡杭州楊廷筠家。玉函間關至杭，轉道達嘉定。其地有孫元化爲西士所建寓所，新來敎士多集於此，習中國語文。一六二三年龍湯二人入京，揚言於衆，謂能助政府練兵。一六二五年初，玉函追踪至，與若望共修曆書。自撰「人身說概」，爲介紹西洋醫理之始。一六二六年末，復與王徵合譯「奇器圖說。」熹宗崩，魏璫放逐，士大夫之信敎者，方能公然庇護西士。又二年，值一六二六年（崇禎己巳）六月廿一日之蝕，有司計算多誤，帝乃決意以修曆委諸徐光啓李之藻，但任其事者實諸西士也。於是玉函乃釐定應譯天算各書計劃，聚敎中文士十二人，分任譯事，並學習觀測。部署略定，猝於一六三〇年五月十三日遽然長逝，全功未得竟，湯若望羅雅谷繼起成其志。

叁　徵書之內容

「奇器圖說」原刻本不得見，道光廿四年（一八四四）錢熙祚收入「守山閣叢書。」作者分析是書，卽以錢刻爲據焉。

按「奇器圖說」凡三卷。第一卷前有徵自序，凡例九則：一、正用，列舉治機械學必須先修之七科；二、引取，列舉有關斯學之著作十八種，多爲同會利瑪竇、羅雅谷、艾儒略諸人所撰之華文書；三、制器，列工具十九種；四、記號，列西洋字母二十，附音讀華字對音；五、每口用物名目六十六項；六、諸器所用，列舉動力廿九種；七、諸器能力，共十一項；八、諸器利益，八項；九、全器圖說，卽第三卷所繪五十四器之分類表。表尾有「人飛圖說」一目，宜饒興趣，而書中闕如，可惜也！

按徵凡例所列諸目，書中未必皆有解。統觀全編，概可窺見當日成書之倉促。是以脫落刪節，隨處而有，蓋其著意在圖，不得不有所省略也。然錢氏此刻各圖，則又模擬拙劣，不若「古今圖書集成」（經濟彙編考工典卷二四九）所製各圖之精妙。

卷一首表「力藝」之內性外德，繼以詳解四端，分為四卷：第一卷「重解」，第二卷「器解」，第三卷「力解」，第四卷「動解」。究其實際，則與預定者互有歧異。自此處起，凡六十一款，言重，言重心，言重容比例及其他問題。

卷二、凡九十二款，述機械學基本原理，言天平，言等子，言槓杆，言滑車，言輪，言螺絲，其他言斜面者若干款。

卷三為圖說，凡五十四器，圖文對照，分類如下：

起重圖說	十一	引重圖說	四	轉重圖說	二
取水圖說	九	轉磨圖說	十五	解木圖說	四
解石圖說	一	轉碓圖說	一	書架圖說	一
水日晷圖說	一	代耕圖說	一	水銃圖說	四

書末有錢熙祚跋語，書前有凡例，卷端錄「四庫全書提要」一首。

後附「新製諸器圖說」，乃徵個人所發明，凡九器，曰虹吸，曰鶴飲，曰輪激，曰風磑，曰自行磨，曰自行車，曰輪壺，曰代耕，曰連弩。最後一圖，「圖書集成」不載，或已移置他處矣。

肆　徵書藍本

徵書卷端（卷一，葉四）有云：今時巧人最能明萬器所以然之理者，一名「味多」，一名「西門」；又有繪圖刻傳者，一名「耕田」，一名「剌墨里」。恩按「味多」殆為味多維斯 Vitruvius 之縮稱，「西門」殆指司太芬 Stevin，蓋司氏號 Simon de Bruges 較為世所知也。所謂「耕田」殆即拉丁文農夫亞格利各拉 Agricola 之義譯，而「剌墨里」應是意大利人 Ramelli 之對音。

玩徵語氣，趣涉想其所指諸人，殆即玉函口授諸書之作家。及檢視北平北堂圖書館所藏四人著作，而益自信。復按各書原本之成書年月，又皆在玉函離歐來華之前。其中之一，且為著者持贈玉函者。復以各書內容與圖書集成互相比勘，更無可疑矣。

茲先述各書概略如次：

其一、味多維斯者，公元前一世紀之羅馬建築師也，著有「建築術」De Architectura 一書，獻之羅馬帝奧古斯特。書凡十卷，其末卷專論機械。北堂圖書館藏有拉丁文原本二部，又意大利文譯本一部。拉丁文二部之一印刷特精，書名葉題曰：M. Vitruvii Pollionis: De Architectura, Libri Decem 云云。其出版時地則爲 Venetiis, Apud Franciscum Franciscium Senensem, & Joan. Crugher, Germanum, 1567.

其二、西門司太芬者，王函同時人，爲那騷 Nassau 親王毛利斯 Maurice 之業師，嘗官荷蘭堤岸總管。北堂圖書館藏其所著書四種。王徵所採之書原名：Hypomnemata Mathematica......Mauritius, Princeps Auraicus, Comes Nassoviae......A Simone, Stevino Conscripta......至其出版時地則爲 Lugduni Batavorum, Ex Officina Joannis Patii, Academiae Typographi, 1608.

書爲單開本，分上下兩冊：上冊論三角術、宇宙學、天文學；徵所用者僅其下冊耳。

其三「耕田」者，即亞格利各拉氏，名喬治，德國醫師，公元一四九四－一五五五間人也。其主要著作原名 De Re Metallica Libri XII, Quibus Officia, Instrumenta, Machinae 云云。其出版時地爲 Froben. Basileae, 1556. 北堂圖書館所藏之本，上有題字曰 Reverendo in Christo Patri Joanni Terrentio Societatis Jesu Presbytero pro Missione Sinensi, Dono Dedit Georgius Locher V.I.D.In Suprema Ducali Curia Quae Est Monacchij Advocatus. 書中箋注頗多，七八兩章尤甚。

其四、刺墨里者，名奧古斯丁，蓋意大利工師兼機械師也。一五三一年生於米蘭公國。初在查理五世軍中，後游法蘭西，爲亨利三世賓客。此書殺青，遂以獻亨利。原有意法兩國文，名曰 Le Diverse et Artificiose Machine, Del Capitano Agostino Ramelli 云云。其出版時地則爲 A Parigi, in Casa Del' Autore, 1588.

是書亦單開本，圖之整幅者凡一九五幀，銅版精鐫。

上述四書中，耕田氏所作，徵采用特少。恐意徵書凡例之五「每口用物名目」一項所列者，或即采自耕田氏，以原書總述特詳故也。其採礦、驗水、鎔金各器中,間有水晷、轉碓之屬,徵或師其意而自創新圖歟。

徵書一二兩卷之取材,主要者蓋出於司太芬 Hypomnemata 一書之下冊。司氏書之開始,爲幾何論,多言測量、計算、比例諸端,亦即王函以預習勸徵者也。其第四篇曰靜力學,邊注尤繁,其在頁七、十四至十七者,多涉天平之原理;其在頁一七四、一七五者,多涉滑車、複滑輪之屬。其言重、言重心,以及其他某本機械,如天平、等子、滑車、轆轤、槓杆諸節,皆與徵書中一二兩卷所論者吻合。司氏書頁三四以下,及頁九九,亦有論斜面者。

味多維斯所著「建築術」之第十章,在北堂藏本第三三二至三五〇頁。其所敘諸器,相當於徵書卷二,詞簡而賅,徵頗知善爲引用,繪圖尤然。

至於徵書卷三圖說之部,則多採用刺瑪里之書。此處擷取之迹,顯而易見。蓋本卷諸圖,雷同刺氏者,不下二十。茲將兩書同器異次者表列於下以明之:

	王書	刺書
一　起重圖	九	一三九
	一〇	一七〇
	一一	一七四
二　引重圖	一	一七八
	二	一八〇
三　轉重圖	一	八五
	二	八九
四　取水圖	一	四五
	二	四七
	三	六一
	四	七三
	五	一一二
	九	一〇九
五　轉磨圖	一	一二三
	二	一二四
	三	一二八
	四	一三〇
六　解木圖	二	一三六
解石圖	一	一三四
七　書架圖	一	一八八

按語

錢氏守山閣本奇器圖說曾以四庫提要冠其首。顧當日館臣執成見，謂其表性表德二篇「大都荒誕恣肆，不足究詰；」獨於其製器之巧，嘆爲「甲於古今」「具有思致」。以今視之，或得其反。誠以原書諸器多不切實用，尤以剌墨里所繪一九五種中取水之器竟佔一一二種之多。意乃興會所至，以大同窮小異耳。徵書則顧及實用，抉擇較嚴，故刪而存者不過九器，且爲最簡便者。「錄最」之稱，允足當之。然徵書雖精，亦非絕不旁騖，如轉書輪，如水日晷等製，皆可有可無者也。援菴先生爲徵作傳，謂「今日工學諸譯名，無不溯源於是書」，誠所謂一語道着。益徵之功，確在此而不在彼也。

譯者按奇器圖說中之圖，多經改繪，人物均改中國人，惟亦有疏漏者，如書架圖，其轉輪上之書已改爲中國書，惟立架上之書則仍爲西式裝訂者，其一例也。

關於利瑪竇之義文新著

馮瓚璋

攻中西交通史者，每喜談及十六七世紀來華之耶穌會士，蓋以若輩在當時「浮槎開九萬之程」（李之藻寰有詮序）而來，傳教與傳學同時並進，實中西交通史上之黃金時代也。

明嘉靖三十一年（一五五二）耶穌會士聖方濟各沙勿略 S. Franciscus Xaverius 首倡其端，惜至廣東海面上川島而逝世！繼之而來者有巴來篤 P. Melch. Barreto 羅明堅 P. Mich. Ruggieri 范禮安 P. Alex. Valignani 利瑪竇 P. Mat. Ricci 諸人，而尤以利瑪竇學識超群，慧眼獨具，易儒服，習國語，與士大夫結文字交，介紹天文算法諸籍，譯爲華語，一時學者嚮往，相與往還。我國得西學之輸入，實以利氏開其端，而西士撰著之列入吾國文獻者，亦以利氏爲第一人。宜乎三百年後中外學者猶津津樂道也。

利氏之遺著，其已刊行問世者固多，然僅限於論著，至其寄往歐洲之書札，則向藏諸教內外檔案室，爲世人所罕見，此類遺翰大多述及當日中國社會及教務情形，不獨爲教史之珍貴資料，且可補我國明末歷史記載之不足，或互資佐證也。

義大利人德禮賢司鐸 P. Pasquale M. D'Elia S. J. 與利瑪竇同桑梓，且同隸耶穌會。早歲傳教我國，深羨利氏溝通文化之偉績，因苦攻國學，努力著述。其最有功於中國國家者，即其三民主義之譯本 The Triple Demism of Sun yat-sen 有英、法、義三種文字。法文版於民十九年在上海土山灣印書館出版，義文版於同年在羅馬傳教學會出版，英文版則次年應當日教育部長蔣夢麟及立法院長王寵惠二氏之請而譯出，在武昌方濟各會印書館出版者。此譯本之問世，不脛而走，今日世界之能正確瞭解我三民主義之眞諦，德禮賢實與有力焉。民二十三年，德氏以中文發表「中國天主教傳教史」，由商務印書館出版，列為百科小叢書之一種。蓋自彼時起，德氏已開始其中西交通史之研究也。

民二十六年，德氏為完成其史料之參考，認為有一訪耶穌會總院及梵蒂岡檔案庫之必要，因起程赴羅馬，作進一步之研究。次年即發表其翻譯註釋之利瑪竇「世界坤輿全圖」，由梵蒂岡圖書館出版。時歐洲烽火連天，人心岌岌，義大利首當其衝，左右為難，而德氏以俗外之身，不問世事，埋頭苦幹，仍孜孜於考據之學，並在教廷額我略大學及國立羅馬大學漢學系同時任教，授課之餘，著有「中國文學讀本」一部，於一九四二年在羅馬出版。又有「中國文選詩集之起源及其沿革」一書，為作者以不同文字在數種雜誌所發表者，搜集成書，計有英、法、中國、拉丁、義大利等文字之論著一百三十篇，洋洋大觀，對發揚中國文化，厥功非淺。然德氏年來最大之成就，常為「利瑪竇全集」之出版。

利瑪竇全集 Pasquale M. D'Elia, S.J., Matthew Ricci's Works 之出版，乃義國國立研究院所發起，由德禮賢司鐸主編，搜羅中外文獻之已發表及未發表者，蔚為大觀，並加校訂與註釋。書中對中國人名地名，利氏之以羅馬注音出之者，編者概於行中附以中國文字，俾資對照，並於附註中詳加考訂，以便利西方學者，使對中國當日之社會情形、官制、習尚以及所提人名之經歷、地名之所在等，有所認識。

該書於一九四一年七月十一日由義國政府公佈為國定本，即由國立印書館出版，全集定名為 FONTI RICCIANE Documenti Originali Concernenti Matteo Ricci e la Storia Delle Prime Relazioni Tra L'Europa e La Cina (1579—1615) 下有「教廷額我略大學國立羅馬大學漢學系教授耶穌會士德禮賢主編並註釋」等字樣，用朱墨套版精印，極為華貴。全集內容預定約十餘巨冊，計「天主教傳入中國史」 Storia Dell'Introduzione Del Cristianesimo In Cina, Scritta Da

Matteo Ricci, S. J. 五卷二冊為德禮賢司鐸根據已發表及未發表之中外文獻廣加校註之重刊本，上冊已於一九四二年出書，包括一至三卷，為利瑪竇自澳門至南昌之一段歷史，下冊本年即將出版，為卷四卷五，記述利氏自南昌至北京之另一階段。此外為全集所收羅者，尚有「利瑪竇書札」「利瑪竇之中文遺著」「利氏時人書札」之有關利氏行蹟者，利氏時代之「中國教務年鑑」等，外有「利瑪竇行蹟」及「全集總目」一冊而成全集。

考「天主教傳入中國史」一書，乃利瑪竇於明萬曆三十七年（一六〇九）所著，距逝世僅前一年。原書以義文寫成，萬曆四十三年，金尼閣 P. Nic. Trigault 譯是書為拉丁文，取名 De Christiana Expeditione apud Sinas，竄改處甚多，舛誤亦復不鮮，且竟未提原著者姓名，致當時皆認為金氏之作。金氏譯文發表後，轟動全歐，致一版再版至五版，而在十年中，竟有德、法、西班牙等五種語言之譯本，除英文本為節譯外，其義文本竟為自拉丁文譯出者，至利氏原著之義文稿，則僅藏於耶穌會檔案中，直至一九一一年，始由耶穌會士溫都里司鐸 P. P. Tacchi Venturi, S. J. 代為出版，然易名為「中國紀事錄」Commentari della Cina 已非利氏原題，書分二冊，上冊為紀世錄，下冊為書札，是書出版後，頗引起歐西學者之愛好，然以其不加註釋，對東方學者殊少供獻。

此次出版之「利瑪竇全集」，其可貴處，固在將利氏之遺著集為大成，予史家學者以寶貴之資料，然其最大成功，厥為德禮賢氏之註釋與校訂工作。緣夫中文之音同字異者比比皆是，尤以人名地名，倘並以羅馬注音出之，則往往莫知所以，如張炳煜章秉玉西文皆作 Chang Ping-yü 滋陽資陽則皆作 Tze-yang 而一在山東一在四川，相去不知幾千里，且義文之注音尤為奇特，倘不附以中文，吾人絕不知 Hoeiceo 為貴州 Quantone 為廣東，亦絕不知 Scilan 為侍郎 Pucensi 為布政司也。

註釋之外，德氏對利瑪竇遺著之校訂工作，則尤為勞苦功高，如「天主教傳入中國史」中，利氏稱當日士大夫之相與往還者，有「布政司 Teno 者，後擢為南京一部之都督」，據德禮賢註「Teno 當為滕汝楫，字伯輪，萬曆十一年任廣東布政司，累遷戶部侍郎、浙江督學、臬游、都御史等職，滕氏於布政司任，即與利子相友善，所謂「都督」蓋「督學」之誤，而「南京一部」當為「南京省之一部也。」」又有「江西知府 Cianminciuon 者，後遷湖廣布政司」，據德氏註「Cianminciuon 當為蔣之秀，蓋當利氏書成之年，蔣氏適為湖廣布政司也。然蔣氏曾任廣西知府，未作江西知府，想利氏亦有所誤也。」

利氏又云：「廣東省傳有多人居官各地，彼等對吾人極友善，咸認吾等為同鄉。」德氏註云：「同鄉之念極為可貴，於中國人對外人之情感上能化敵為友。」是又對中國習尚之註釋也。

似上例之校訂註釋，「利瑪竇全集」中幾於觸目皆是，其訂註之確切與否，吾人僅見樣本，不敢妄加批評，然其埋頭苦幹之精神，不能不為吾人所欽佩。至其發揚我國文化之功績，亦堪使其名垂不朽也！

按利瑪竇著「天主教傳入中國史」義大利文

第一冊一至三卷第一卷利瑪竇全集總論三十七加百四十五頁；第二卷天主教傳入中國史緒論百六十五加百八十七頁；第三卷正史百八十八頁附圖十八幅。全一冊，一九四二年出版，定價義幣一千二百元傳教士另有折扣。

第二冊四至五卷卷四利氏自南昌至北京卷五附錄四則及目錄全一冊約七百頁附圖二十五幅即將出版。

輕世金書原本攷

郭慕天

輕世金書原文拉丁，為中古時代文學傑作，不特以宗教書見稱也。我國譯本十餘種，或名遵主聖範，或名師主編，（詳見方豪著中國天主教史論叢遵主聖範譯本考）譯名章節各有歧異，要當以輕世金書為最早。茲特考其淵源，以供同好，至其他各譯本則近人所考，亦不無可商榷，容另為文論之。

（一）原鈔本與書名

是書原作者不詳，論者紛紜，未定孰是。其古鈔本頗多，十四世紀有阿羅納 Arona 鈔本，早亡。今存者當以一四〇六年鈔本為最古本中 Calendar 僅有遵主聖範數章，稍加類別，附有週年瞻禮單一，圖像二一為耶穌背十字架，一為耶穌苦難聖容，細察內容，實一祈禱用本。

一四二一年有梅爾克 Melk 鈔本。

一四二六年有愛爾味 Elvic 鈔本。

一四二七年有奧生 Ochsenhauser 鈔本。

一四二八年有聖脫龍 Saint-Trond 鈔本與倪美揑 Nimègne 鈔本。

一四四一年有多瑪根比斯 Thomas a Kempis 鈔本今藏比京帝國圖書館；今本遵主聖範，多以之爲藍本，惟卷數前後，稍有不同，根氏本以卷四作卷三，卷三作卷四。

一四七三年，龔寨氏 Gunther Zainer 將原書出版於奧格斯堡 Augsbourg，是爲第一版；自此各國爭相翻譯刊印，遍傳寰宇，版本之繁，爲世罕匹，一八六四年據裴閣 Backer 所知，已有二千八百餘種，其未統計者，爲數當更可觀云。

至論書名，原書並無遵主聖範 Imitatio Christi 之稱，最初用卷一第一章首節語稱曰 Qui sequitur me「跟隨我者，」猶我國四書之篇名也，嗣用卷一第一章小題 De Imitatione Christi「遵主聖範」作卷一之書名，後漸用爲四本之總名，今本即用此稱。

及十五世紀，版本繁多，名稱不一，章節亦異，或曰 Contemptus Mundi 譯言輕世金書，卷三爲六十四章，他本皆只五十九章；或曰 De Imitatione Christi 遵主聖範，或曰 Internelle Consolation 譯言神慰奇編，此名原爲卷三總稱，法文本即以稱全書，然全書僅有前三卷，缺卷四，並更換三卷之前後，以卷二作卷一，卷三作卷二，卷一作卷三，若干版本書後且另加一章，爲二十六章，題曰 Contre la Vanité du Monde「棄絕世幻，」譯者多以此作三卷之補遺。

（二）輕世金書所據之原本

輕世金書明崇禎十三年（一六四〇）陽瑪諾 Emmanuel Diaz (junior) 譯，王君山輕世金書直解序論其譯本云：「其譯此書時所本之西文與現今通行之本不同。」誌語云：「西文卷三只五十九章，此書則爲六十四章。」按輕世金書當譯自十六世紀西班牙文本，北堂藏有此種古本兩種，卷三皆爲六十四章。第一種西文編目三五一五號，袖珍本，名曰 Libro del Menosprecio del Mundo, y de sequir a Christo, 全書三百二十三葉，一五六五年七月八日審定，一五七一年出版於薩拉曼加 Salamanca。第二種西文編目二六二五號，名曰 Contemptus Mundi 亦袖珍本，約三百葉，爲第一種之增訂本，卷前加有週年瞻禮單，書後附祈禱祝文與熱心神工四十餘葉，增訂者爲多明我會葡萄牙省會長格拉拿大 Luys de Granada 神父，一五七七年出版於塞維爾Seville城 Aloso Escrivano 夫人印刷所。陽氏譯本無週年瞻禮單等增葉，其所譯之西文當爲第一種西班牙文本。

在華聖母聖心會士之學術研究

W. A. Grootaers 賀登崧著
常守義譯

緒論

聖母聖心會是南懷仁神父 Theophilus Verbist 在一八六二年創立的。其漢名與康熙時，在華傳敎的耶穌會士南懷仁 Ferdinandus Verbiest 和乾隆時任江南主敎的南懷仁 Laimbeckhoven 相同，不可混淆。本會亦稱 Scheut 傳敎會，因本會母院建於比國布魯塞爾西郊之 Scheut 地方。會中除三位中國會士外，其餘都是比利時人、和荷蘭人。

聖母聖心會在中國、呂宋、中非洲幷美洲都有傳敎區域。在中國的傳敎區域是熱河、察哈爾、綏遠、寧夏，以及山西大同；民國十一年前且包括甘肅、新疆一帶。

自立會伊始，本會對未來的傳敎工作，即特別注重。最初即規定會友，在本會初學時期（按天主敎各修會之入會實習期，名初學時期）及肄業時期，每星期有兩次中文必修課，前後共七年。外國修會中實未有如此注重中文者。因此會友對於漢學作深刻研究的大有人在，尤其在近三十年內，因會友人數加增，專門從事於這一方面的人也較前增多。現時本會在中國的傳敎士已達二百五六十人左右。

參考書目

一九三九年賀登崧 W. A. Grootaers 和萬廣禮 Dries Van Coillie 二位神父合編聖母聖心會圖書目錄，（荷文：Proeve eener Bibliographie van de Missionarissen van Scheut）全書一一五頁，內列聖母聖心會友自一八六二年至一九三七年所著書目共計三七六〇種，計作者四二〇人，其中二四〇人是在中國傳敎的。

一九四〇年，有聖言會神父葉德禮 Mathias Eder 在華裔學志 Monumenta Serica 上曾將上述圖書目錄，作一摘要，題爲「聖母聖心會的東亞著作」（德文：Ostasien Schriftum der Missionaren von Scheut）。

更須參考曾在熱河建平縣神非傳教的閔宜化神父 J. Mullie 自一九二二年至一九二六年，所刊行的「漢蒙叢刊」（荷文：Sino-Mongolica. Gedenkschriften der Missionarissen van Oost-Mongolië）其中論文都出於熱河教區聖母聖心會士之手。但此叢刊爲非賣品。

茲將在華聖母聖心會士對學術的貢獻，按出版物的種類，略述於下：

1　哲　學

對於哲學，有兩類比較重要的著作，皆出自大同與歸綏兩總修道院的教授。

第一類是奚德榮神父 E. Schiltz 所編作者對「位格」的講解，略有獨創之見，曾於一九三三年和一九三四年在聖多瑪斯 Divus Thomas 發表「無定個體論人之位格的多瑪斯見解」XXXVI-XXXVII, 46－59（法文：Individuum vagum. La notion thomiste de la personnalité humaine）。更於「魯文神學雜誌」Ephaemerides Theologicae Lovanienses）1933, 409－426頁）發表「聖多瑪斯的位格眞」「解法文 La notion de personne d'après Saint Thomas）。

第二類是常守義神父以中文寫的兩卷：其一名「哲學縮型」一九四二年出版，共二二二頁；其二名「哲學史縮型」一九四三年出版，共二六三頁。

2　宗　教

A.　天主公教

梁天惠神父 L. Dieu 未來中國以前，曾任魯文大學圖書館館長，發表多數論文，研究新經（新約）詞句的發源，並古經（舊約）的若干抄本，這些論文都是法文寫的，先後發表於「古典」（Muséon）雜誌（一九一二一九二一年）。及聖教歷史雜誌（Revue d'Histoire Ecclésiatique）（一九一二－一九一三－一九二一－一九二八年。）

為造就品學兼優的華籍教士，本會特請富有經驗的司鐸，組成委員會，在西灣子教區主教石德懋 L. Desmedt 指導之下，共同討論辦理修道院的一切方略，經二年之久，結果集成七五〇頁的巨冊，名「修道院方略」（拉丁：Directorium Seminariorum）行將付梓。

多數傳教士，都瞭解在中國傳教，必須適應中國民情，因此，司禮儀神父 P. Serruys 對於這方面特加研究，已大有成績；會對信友婚姻應行的禮儀創成規則，發表於「公教教育叢刊」Collectanea Commissionis Synodalis（1947）題名「信友婚禮」（法文：Les cérémonies du mariage dans la vie chrétienne）吳守信神父 E. Ouwerx 也按這一趨勢作研究「論守罷工的誡命」按中國的本地情形作適當的定論，發表於「難題解答」（Responsa）一刊物（1942, 334—343, 418—450頁）（拉丁文：Circa 罷工 in die festo）。

此外有方德質神父 L. Van de Plas 為提倡兒童教育，也多方勉力，創辦兩種刊物，一名「問答季刊」（拉丁文 Catecheticum）；一名「超性教育」（中文）二者皆自一九四三年起，暫時停刊。更有常守義神父二十年來翻譯神修類書籍，付印者已有七種。

B. 其他宗教

聖母聖心會士對於中國各宗教教義的研究，詳見下文民俗學一節；茲先述純粹涉及教義的一二工作。

先有盧駿歷神父 J. Van Durme 曾研究景教在西藏喇嘛教的影響，發表「喇嘛教考」載「漢梵叢刊」1932, 263—321頁（法文：Notes sur le Lamaïsme）。

賀登崧神父曾蒐集一貫道出刊的三十種小冊，在「民俗學誌」發表「一貫道書目解題」1946, V, 316—352（法文：Une société secrète moderne, I-koan-tao, Bibliographie annotée）文中對各書內容加以批評，在明年同一學誌內，將對其他二十餘冊書，再發表其內容提要。

3 民俗學與人類學

最重要的是司禮儀神父在大同南部與東南一帶，對民俗研究所得的成績，曾在「民俗雜誌」發表「山西大同縣南之婚俗，附與婚俗有關方言之記錄」1944，III，1. 73—154， III. 2,77—129. （法文 Les Cérémonies du mariage, Usages populaires et textes dialectaux au sud de la Préfecture de Tatung）在陳述禮儀之間不但有被訪問者的對話，並有陰陽先生驅邪祟所用的訣咒，這些話語都以國際音標記出，對方言學不無價值。新近又寫兩篇論文：一名「山西大同城南之謎語與兒歌」（1945，IV. 213—290）（英文 Children's Riddles and Ditties from the South of Tatung）；一名「大同南的民間故事十五則」（1946，V. 191—278.（英文 Fifteen popular Tales from the South of Tatung)；在這兩篇論文內，中文語句皆以國際音標記出，並附英譯，外有文規的剖解，且有與亞洲其它各國民謠的富有趣味的比較，以及韻文音節的構成；此三種研究，不只對中國民俗貢獻不小，且是眞實方言學活語記錄的最初創作。

在同一區域，賀登崧神父爲考察民俗，並各地廟宇的歷史，曾在一百四十個村莊中考察過四百零一所大小廟宇，對鄉民的宗教行動，找出不少有趣的歷史踪跡，題名「山西大同東南鄉之廟宇」發表於「民俗學誌」（1945，IV，161—212）（法文 Les temples villageois de la région au sud de Tatung, leurs inscriptions et leur histoire）又在一九四六年輔仁大學人類學博物館發表「廟宇調查表」以中、英、法三國文字對照寫成，不愧爲民俗考察者的指針。

此外，尙有兩種關於民俗學資料的論文，足以表達熱河省人民的思想，一爲謎語，一爲諺語。見楊峻德、盧歇德、閔宣化。（K. De Jaegher, M. Van Durme, J. Mullie）合編「中國諺語」發表於「漢蒙叢刊」（1920,10—43）（荷文 Chineesche Spreekwoorden）及楊峻德盧歇德合編「中國謎語」發表於「漢蒙叢刊」（1921,12—18）（荷文 Chineesche Raadsels）。

蒙古方面，田清波神父 A. Mostaert 曾有一很著名的發現，論及伊克昭盟、鄂爾多斯、元朝蒙古景教徒的後裔，名也里可溫，曾在英文「輔仁學誌」內（1934,1—96）Ordosica 一文內描述此蒙古族人宗教禮儀內的景教殘跡。田清波神父又寫有「鄂爾多斯禮儀」一篇，見「華裔學誌」 1935,2,315,337. 頁（法文 " L'ouverture du sceau" et les adresses chez les Ordos)。

康國泰神父 L. Schram 對甘肅蒙古爾族,俗名土人的婚姻制度及婚禮,特加研究,並對此著「甘肅土人的婚俗」一書(1932,147頁,上海徐家匯出版)(法文 Le mariage chez lès T'ou-jen du Kansou)

還有其它對中國民俗的著作,然大體皆爲簡單的描寫,及鄉民生活的照片,如司化與神父 A. Segers 的「中國人民的生活與禮儀」(1932,392 頁160 幅插圖)(法文La Chine le peuple, sa vie quotidienne et ses cérémonies)又如董圖清神父 P. Dols 的「甘省的華民生活」(Anthropos) 1915—1918, 155 頁 71 幅插圖,(法文 La vie chinoise dans la province du Kansou) 及其「甘肅年內的節日」發表於拉德郎年報 (Annali Lateranensi) 1937,71 頁(法文: Fêtes et usages pendant le courant d'une année dans la province du Kansou) 再如賀德華神父 J. Kler 的「鄂爾多斯蒙古人的婚俗」「人類學雜誌」(Anthropos)(1935年 165—190 頁 11幅插圖)(法文 Quelques notes sur les coutumes matrimoniales des Mongols Ortos)及「鄂爾多斯蒙古人的初生及幼年時代的習俗」發表於「元人雜誌」(Primitive Man) 1936年)(英文 Birth, Childhood among the Mongols of the Ortos Desert) 和「鄂爾多斯蒙古人的疾病死亡和埋葬的習俗」發表於「元人雜誌」(1936年)(英文 Sickness, Death and Burial among the Mongols of the Ortos Desert)更如費品璋神父 E.De Vleeschouwer「山西祈雨考」一篇論文發表於「民俗學誌」(II. 1943年, 39—50頁)(法文 Le K'i-yu)

4 語言學

聖母聖心會士對於研究語言和歷史特別致力,故對此二者貢獻亦甚大。關於語言一節,我們先說關於中文的論著,然後再舉出蒙文的論著。

在中文語言學上最著名的是閔宣化神父,他從一九三一年在本會母院作中文教授,又從一九三七年在荷蘭攸特累克特 Utrecht 大學任漢文教授,他的語言學的著作分爲兩類:一類是熱河方言,一類是古文。

一九一三年撰「熱河省語音研究」發表於「人類學雜誌」(Anthropos) 1913,436—466 頁(德文: Phonetische

Untersuchungen über die Nord-pekinesischen Sprachlaute ） 其後寫成更完備的著作，名「音學撮要」1922，128頁（法文：Notions élémentaires de phonétique)。厥後又蒐集語言學更豐富的材料，輯成「熱河方言文法」三巨冊 1930—1933，542，607，440頁（荷文：Het Chineesch Taaleigen）；亦有英文本 1932—1937，600，700頁 The Structural principles of the Chinese Language）。

因閔神父洞徹中文口語、寫語的構造，故對古文，亦易於瞭解，近年出版「古文原則」（二冊，1945－1947）（荷文：Grondbeginselen der klassieke taal)，頗有價值。又有「『之』字考」一文，發表於「通報」1942，260頁（法文：Le mot particule 之。）

上面提到的司禮義及賀登崧二位神父，都是閔神父的學生，他們承受老師的作風，在山西北部考察方言學。上文所引司禮儀神父對於民俗貢獻一段中，已經說過他的著述也有語言學的價值；此外他更另闢新徑，即古代方言亦可應用近代方言學的原則：著有「漢學上的音韵學及語言學」發表於「華裔學誌」1943，167－219項（法文：Philologie et linguistique dans les études sinologiques)。再賀登崧神父將方言地理學的方法，首先實用於中國語言學，他最早的研究是在大同縣的一部分，考察其方言和歷史與地理的關係，著有「中國方言地理學」分上下二編，上編「論方言地理學的方法」發表於「華裔學誌」1943，103－166頁（法文 La géographie linguistique en Chine, la méthode）下編「論山西東北一部的方言分界」亦發表於同誌 1943，389－426頁（法文：Une frontière linguistique dans le nordest du Chansi)。証明方言的沿革，所受政治地理變遷、經濟與社會風化的影響；又於同一刋物發表「山西方言的語音差別考」1946，30頁（法文：Différences phonétiques dans un dialecte chinois)，指示一種方言學的新方法，希望能通行於中國。輔仁大學即向作者建議，請作者籌備成立一方言地理學研究所，附設一語言試驗室，藉以造就研究中國方言學的專門人才。

中國在最近二十年內，頗有主張改漢字為拉丁字母的，在各種方式之一，在傳教士中最負盛名的，則為東北一位法國教士與一位加拿大教士發明的「羅馬字母綴法」（法文 Romanisation Interdialectique)，其法乃以隋代所通行的語言作基礎，而為此法宣傳最力的，就是聖母聖心會士呂登岸神父 J. Rutten，呂神父曾對此在「教育叢刊」發表論文多次

（1934,1935,1936,1941。）並以盧譏筆名著一字典，名「中英法綜合辭典」1945年，725頁（英文：Chinese-English-French Dictionary featuring a modern practical Chinese script）。賀登崧神父對於這一方法的科學根基表示反對，著「中國方言與羅馬字運動」發表於「震旦雜誌」1946,13,207－235頁（法文：Dialectes chinois et alphabétisation）。

本會有兩位神父輯成的字典：其一是何崇蔺神父 E. Grossé 編輯的中荷字典，1935,360頁（荷文：Practisch Chineesch Nederlandsch Woordenboek），其特點是將每字的一切不同的意義標出；其二是杜維禮 R. Léva 神父所輯成的「察北辭典」1944－1945二冊，640頁）（法文：Dialecte Chansi-nord. Liste alphabétique d'expressions），內有兩萬連綿字。

蒙文方面，當然要推世界聞名的語言學家田清波神父。田神父研究的是兩種蒙古不同的方言：最初是對伊克昭盟鄂爾多斯蒙族的方言，發表「鄂爾多斯語音」論文一篇刊印於「人類學雜誌」（Anthropos）1926,851－869頁；1927,160－186頁（法文：Le dialecte des Mongols Urdus. Etude phonétique），又此一方言以前幾乎不爲世人所知。繼又著「鄂爾多斯語文集」1937,840頁（法文：Textes oraux Ordos），述該族蒙文的普通說法；現又將此書譯爲法文，正在北平西什庫印書館刊印。最後且將該種方言輯爲詞典，名「鄂爾多斯大詞典」三冊1941－1944年，965頁（法文：Dictionnaire Ordos），所記蒙古遊牧民族的語法，不可勝計。

田神父又特別研究甘肅之蒙古族名蒙古爾 Monguor 的方言，此方言與蒙古南北兩部語言的發音形態及用語迥乎不同；這一部份工作是田神父與德維則神父 A. Desmedt 二人合力完成的，二人合編多數論著，名「甘肅西部的蒙古爾語音」「人類學雜誌」（Anthropos） 1929, 145－165; 801－815; 1930, 657－669; 961－973;（法文：Le dialecte Monguor parlé par les Mongols du Kansou occidental, phonétique）「蒙古爾辭典」1933, 535頁（法文：Dictionnaire Monguor-Français）；「蒙古爾文法」1945, 205頁（法文：Le dialecte Monguor: grammaire）。此外田清波神父尙有兩篇頗有價值的論文：一是甘肅省蒙古民族的語言及歷史調查工作的階段，名「甘肅省蒙古語言」，見英文輔仁學誌1931, 75－90頁（英文：The Mongols of Kansu and their language）；一是「元朝漢蒙孝經考」是與福克司 Walter Fuchs 合撰的，見「華裔學誌」1939, 327－329頁（德文：Ein Ming-Druck einer Chinesisch-Mongolischen Ausgabe der Hsiāo Ching）。

5 自然科學

常競業神父 L. Gochet 在圍塲北馬家子及承德南老虎溝傳教會詳考兩地植物，在「漢蒙叢刋」發表「東北草地植物考」II, 2, 1921, 1—13; III, 1. 1921, 1—3（法文 Plantes de Mongolie）及「老虎溝植物考」III, 1. 1925, 7—10; 2, 16—18,（法文 La flore de la région de Lao-hou-keou）; 內中對每一植物，皆列有拉丁文學名與中法荷三種名稱。

蘇汝安神父 G. Seys 亦在熱河省特別研究禽鳥一門，寫了「我們的鳥類」發表於「漢蒙叢刋」I, 1, 1920, 29—38 頁（法文 Nos oiseaux de Mongolie）因司神父特精於鳥類，曾多次由「北疆博物院」聘請協助列名之工作。此後遂著兩書：一名「天津北疆博物院藏禽目」1933, 149 頁（法文 La collection des oiseaux du Musée Hoang-ho Pai-ho）; 一名「自一九一一年到一九三二年觀察熱河省鳥類的記錄」1933, 73 頁（法文 Notes sur les oiseaux observés au Jeho de 1911 à 1932）。

喬德銘神父 R. Verbrugge 喜作長途旅行，考察地理，對地理學不無貢獻（詳後）同時亦研究礦物學，曾著「巖石指南」一書，1933, 187 頁（法文 Guide Lithognostique ou détermination rapide des roches）。

6 醫學

在華傳敎的聖母聖心會士，大半在華北邊疆，其地斑疹傷寒症（爲地方病之一種）很盛，傳染性最烈，傳敎士若患此病，十之八九，喪失生命，因而自一九〇六年至一九三〇年間，患此病而死的竟達八十八人之多。呂登岸神父於一九三〇年將波蘭醫學敎授魏格 Weigl 發明的注射疫苗推行於中國，二年後張漢民醫士在北平輔仁大學配製，自此傳敎士因患此病而死的死亡率竟減至零度，那麽呂神父的功績，自是不可磨滅的。在「公敎月刋」（Bulletin Catholique de Pékin (1931—1932) 並在「敎育叢刋」(Collectanea Commissionis Synodalis) (1934—1936) 關於斑疹傷寒抵抗法及其注射結果，發表論文多篇。

7 美術

關於中國美術，本會神父的工作可分兩種：

在華聖母聖心會士之學術研究　　四五

研究中國美術史的，先有包克仁神父 G. Van Obbergen 在「人類學雜誌」(Anthropos) 及「漢梵叢刊」(Mélanges chinois et bouddhiques) 內載有他寫的兩篇論文：一爲「承德二廟」1911，594—601頁（法文 Deux illustres pagodes impériales de Jehol)；一爲「承德避暑山莊和廟宇」1931，324—342 頁（法文 Jehol, son palais et ses temples)。又燕鼐思神父 J. Jennes 發現在十七世紀比國銅版刻畫家 A. Wierx 的圖像中有中國名畫家董其昌所摹倣的西洋畫數幀見「通報」1937，129.—133（法文 L'art chrétien en Chine au début du XVII siècle)。

其後有方希聖神父 E. Van Genechten 的實習圖畫那是更重要的；他在「教育叢刊」發表論中國美術史，尤其論及中國公教美術的論文多篇：如「中國美術與敎育」1938，70—98頁（英文 Chinese Art and Christianity)；「中國佛敎彫刻之鳥瞰」1939，793—815頁（英文 A Survey of Chinese Buddhist Sculpture)；「中國圖畫鳥瞰」(1939，968—987 頁)（英文 A Survey of Chinese Pictorial Art)。在上述論文內發揮的也正是他本人工作的動向，他在北平居住多年，他的作品除了木刻畫以外，大半是絹畫，以前曾在塞外幾個敎堂內畫了些壁畫，「敎育叢刊」上有他圖畫的縮影，1939，190—342—654；1941，100。方神父大多取法於唐朝的宗敎畫法，融合個人的筆意，而創成一種天主敎宗敎畫法；就歷年研究所得，成功一種特殊體裁，在中國畫方面，不失中國美術的特性；在西洋畫方面，也多滲入了他自己更超越的理想；此種特徵，尤其在他一九四五年所完成的「世界慘苦」一畫內，可以顯然看出。

至於關於民間歌謠，也有調查工作：

先有彭嵩壽神父 J. Van Oost 研究綏遠漢人的歌謠，並記下它的音譜，寫一論文，名「鄂爾多斯南部的漢人歌謠」見於「人類學雜誌」1912，161—193；372—388；765—782；839—919，（法文 Chansons populaires chinoises de la région sud des Ortos)。後有葛永勉神父 F. Claeys 在同一地方研究蒙古人的歌謠，原稿爲荷文，由彭神父譯爲法文，刊於「人類學雜誌」 1908，219—233 頁（法文 Recueil de Chansons Mongoles)。

8 文學

近年以來，有譯神父 J. Spae 對於日本儒學的古文，作了極深刻的探索，他研究的成績，曾在「日本文化誌叢」(Monumenta Nipponica) 1942年167－182頁）登載一部分，題名「日本二儒家對於佛教之意見」（英文：Buddhism as viewed by two Confucianists）至於他的全部工作是他的哥倫比亞大學博士論文「十七世紀的日本儒家哲學」(英文：Confucian philosophy in Japan in the XVIIth century)。

最近更有人專攻白話文學的演變文寶峯神父 H. Van Boven 編「新文學運動史」1946年187頁（法文：Histoire de la Littérature chinoise moderne）載抗戰前中國近代文學家列傳，和他們較重要的著作；善秉仁神父 J. Schyns 編「說部甄評」1946, 317頁（法文：Romans à lire et à proscrire）其中約有五百餘種小說的內容提要本年將另印一中文版，附以文學的批評，必更有價值。

9　歷史與地理

歷史方面

在中國歷史和地理的著作很多，但其中具有卓識者約有數種，在學術上的值價亦很大。我們先說中國史的著作。

在歷史方面閔宣化神父論熱河省遼代的歷史，有不少重要的發現，最顯著的是對遼代在熱河一帶的城市，和遼之北京所在地的考証。最初發表論文題名（法文：Les anciennes villes de l'empire des Grand Leao au Royaume mongol de Bârin）「通報」1922; 105－231，頁，後專印一小冊；經馮承鈞譯爲中文，名「東蒙古遼代舊城探考記」118頁，一九三〇年初版，一九三三年再版。此外同一作者關於地理歷史著有以下各考証論文「武平縣古代歷史考」1922, 184－194頁（法文：Ou-ping-hien. Note sur l'ancienne géographie de la Mongolie Orientale）；「遼慶陵考」載於「通報」1933, 1－2, 5頁（法文：Les sépultures des K'ing des Leao）；「饒樂河考」載於「通報」1933, 183, －223頁（法文：La rivière Jao-lao）；「乘軺錄研究」載於「赫定 Hedin 先生七十歲紀念論文集」1935, 413－433，頁（法文：Tch'eng-yao-lou, relation de voyage de Lou Tchen）。以上各論文內所有一切考證，皆經作者親自調查，並搜集古今各種史料而成者，其價值之高，自可想見。作者尚有一論文，名（法文：Une planche à assignats de 1＝1214 載於「通報」1937, 150－157頁，經陸翔君譯爲中文，見「金貞祐鈔版考」，載民國三十年說文八七至八九頁。

當道宗慶陵被掘之後，另一熱河傳教士名梅嶺蕤神父 L.-M. Kervijn 首先發見了契丹文字，「公教月刊」曾發表他的發見，1923, 236—243頁。其後最著名的法國語言學家伯希和 P. Pelliot 將該文收入他自己的刊物內，名「遼道宗慶陵內最初發見的契丹文」1923; 292—301 頁（法文：Le tombeau de l'empereur Tao-tsong des Leao et les premières inscriptions connues en écriture K'i-tan)。

此外尚有兩篇對傳敎史有關的短文：一是楊峻德神父 K. De Jaegher 的「滿文法創造者南懷仁」載於「通報」1923, 189—192 頁（法文：Le Père Verbiest, auteur de la première grammaire manchoue)；一是賀登崧神父的「北平南堂順治及康熙碑文譯註」載於「公教月刊」1944, 586—599 頁（法文：Texte et traduction des stèles du Nant'ang)，內容大旨在訂正以往譯文之曲改原文各點，加以糾正，而表出其原義。

對於近代史有喬德銘神父所著清末民初史稿，名「袁世凱及其時代」1936, 242 頁，（法文：Yuan Che-k'ai, sa vie, son temps)。

關於蒙古史方面，我們已提到田清波神父對「也里可溫的發現」，此外作者對元朝衣服髮飾的式樣，參照元朝秘史和元帝御像二者，互爲比較，著一論文，名「元帝遺像考」，載於「大亞西亞季刊」（Asia Major) 1927, 147—156 頁（法文：A propos de quelques portraits d'empereurs mongols)。

司律義神父將明萬曆時蕭大亨所著的「北虜風俗」加以探討，著有論文，敘述「明朝時代蒙古的風俗及政治制度」，見「華裔學志」1945, 117—208 頁（法文：Pei-lou Fong-sou, les coutumes des esclaves septentrionaux)。

又賀登崧神父在大同附近發現一元代官員碑文，譯爲法文，名「山西大同元正德碑文譯註」1945, 91—116 頁（法文：Une stèle chinoise de l'époque mongole au sudest de Tat'ong)。

地　理

論中國地理以喬德銘神父 R. Verbrugge 的功績爲最著。他從一九〇四年至一九一一年在察省一帶傳教，即旅行各地，在地理方面獲得豐富的資料，回國後，仍與察省各傳教士繼續通信，蒐集經濟地理材料，其著作可分爲兩類：

I 關於普通地理的著作

（a） 載於「殖民學會季刊」Bulletin de la Société d'études coloniales有：

「喇嘛廟」1912, 239—248頁（法文：Lamamiao, Mongolie）。

「西灣子」1912, 759—772頁（法文：Siwantze, Mongolie）。

「北平至布魯塞爾長征」1913, 527—569頁（法文：Les grand'routes mondiales de Péking à Bruxelles）。

「西灣子東北地方」1921, 351—384頁（法文：Le pays mongol au nordest de Siwantze）。

「歸綏之北」1922, 99—168; 221—274（法文：Hinterland mongol. Le pays au-delà de Koai-hoa-tch'eng）。

「喇嘛廟至黑土窪的旅行記」1922, 608—657; 1923, 22—67頁（法文：Exploration en Mongolie, Lamamiao, King-p'eng, Ho-t'ou-wa）。

「戈壁沙漠旅行記」1923, 143—206; 241—270頁（法文：Deuxième voyage d'exploration en arrière-Mongolie. Voyage jusqu'au Gobi）。

「內蒙大平原」1923, 553—623頁（法文：Dans les grandes plaines mongoles）。

「逆流河素描」1924, 219—238頁（法文：Un pays ou les rivières coulent à rebours）。

「內蒙沙漠考」1924, 551—574頁（法文：Les déserts spécialement étudiés en Mongolie）。

（b） 載於「比國地理學會季刊」Bulletin de la Société belge de Géographie有：

「從北京至蒙古平原遊記」1913, 83—128頁（法文：Excursion en Mongolie de Péking au plateau mongol）。

「黑土窪到喇嘛廟的旅行記」1913, 153—184頁（法文：Voyage en Mongolie de Ho-t'ou-wa à Lamamiao）。

「蒙古平原的一角黑土窪」1921, 221—241頁（法文：Ho-t'ou-wa, un coin du plateau mongol）。

「日本侵略中國的導火線察哈爾」1934, 137—149頁（法文：Le pays des Tchahars, occasion de conflits sino-japonais）。

（c） 載於「盎凡爾斯地理學會季刊」（Bulletin de la Société de Géographie d'Anvers）有：

「察南之火山石地」1921.—1922, 51—127頁（法文：Un pays de laves en Mongolie du Sud）。

「察南之勝景」1921—1922, 243—296（法文：Les meilleurs coins de la Mongolie du Sud）。

「蒙古平原劃界的考察」1923—1924, 25—47頁（法文：En zigzag: au bord du plâteau mongol）。

「自治外蒙古」1924—1925, 244—285（法文：La Mongolie un instant autonomé）

「由法至華航海路程記」1925—1926, 38—144; 318—399; 1927, 134—157,（法文：La belle route maritime de France en Chine）。

「蒙古地理知識的進步」1934, 1—13. 133—165,（法文：Les progrès de nos connaissances sur la gèographie de Mongolie）

II. 關於經濟地理和漢人遷居內蒙的民情，有下列各著作：

「蒙漢邊界的地理與人民」載於「殖民學社季刊」1913, 1—51; 120—135; 176—216;（法文：Les confins sino-mongols, géographie et ethnographie）。

「內蒙漢民的生活」載於「人類學雜誌」1921, —1922; 588—627: 1923—1924, 189—252; 753—770; 1925, 244—275.（法文：La vie des pionniers chinois en Mongolie aux prises avec un sol ingrat）。

「石柱子梁的移民」載於「殖民學會季刊」1922, 1—21,（法文：Cheu-dzou-ze-leang à ses debuts. Pays de colonisation au nord de Kalgan）。

「三道河之經濟生活」載於「人類學雜誌」1927, 507—529; 865—888頁，（法文：La vie économique au pays de Santao-ho）。

「內蒙漢民生活」載於「人類學雜誌」1931, 783—841; 1932, 95—121; 855—880; 1933, 55—85; 1934, 149—176,（法文：La vie chinoise en Mongolie）。

作者對於地理及經濟所考得的學識，集成一冊，共四五〇頁，書名「察哈爾地方志」（法文：Le pays des Tchahars, étude de géographie régionale）。此書在大戰伊始方將付梓，不知已否出版。

此外尙有兩種可資記述的地理工作，一是呂登岸神父的「察哈爾地圖」（法文：Carte de la Mongolie）於一九〇五年製成，比例爲五十萬分之一。呂神父製圖時，親身遊歷各地，實地測査歷二年之久，始竣厥功；其一是白玉貞神父對於熱河省經緯度的測算，載於「比國地理學會季刊」 1939，28頁（法文 Déterminations astronomiques de positions géographiques dans le Jehol）。

結論

以上所舉聖母聖心會士，對於中國各種論著，作者自以爲皆具有科學價值者，其他著述尙多，奈因篇幅所限，暫從割愛，又以撰著時間倉促，遺漏在所不免，閱者睹其一斑，不難想像其全豹也。

（補白）

湄上始識　杰八兄，恍同舊雨，臨別索詩，賦此奉貽，即希吟定。

等是天涯客，相逢若故知。能無三宿戀，應斷數莖髭。信道追玄扈，含章想紫芝。前途正風雪，珍重歲寒姿。

廉先視文白初稿 三十一年一月

中國典籍中關於聖水最早之記載（補白）

宋周去非嶺外代答著於淳熙戊戌（據自序）即公曆一一七八年，距今已七六八年矣。書中有關於大秦之記述，曰：「大秦國者西天諸國之都會大食蕃商所萃之地也。其王號麻囉弗。……王少出惟誦經禮佛，遇七日即由地道往禮拜堂禮佛。……國有聖水能止風濤，若海揚波，以琉璃瓶盛水灑之即止。」

按此所謂大秦即東羅馬，麻囉弗即自一一四三年至一一八〇年之東羅馬皇帝 Manuel Com nenus。每七日往禮拜堂禮佛即每主日（星期日）入教堂彌撒也。天主教（希臘教同）有所謂聖水，凡教友入堂及新屋落成與婚喪諸禮中皆用之，間亦用於災患之際，而教徒之航海者尤珍視之。嶺外代答謂「能止風濤」者是也。

中國典籍中關於復活節最早之記載（補白）

宋史拂菻國（即東羅馬）傳有關於復活節之史料，而前人以其詞句不明，多未注意。又曰「王服紅黃衣，以金線織絲布纏頭，歲三月，則詣佛寺，坐紅床，使人舁之。」按所謂佛寺即教堂也。三月中教會最大之禮日，必為復活節無疑。惟復活節例在春分後第一次月圓（望日）後之星期日，故或在陽曆三月，或在陽曆四月。此所謂三月者，道聽塗說，不加細考，約略計之耳。

上敎宗求爲中國興學書

馬相伯先生遺稿

至聖父師慈鑒：今八月間，蒙合虔禱宗會同心虔禱，爲我中華失路之羊，同歸一棧，此諭此恩，適吾政體改造，約定信敎自由，一切禮文，對於生者死者，均免跪拜，所有以前阻碍奉敎之條，刪去已爲不少，經言頑石可成亞巴郎子，此其時乎？我華人數居天下四之一，頑石不爲不多，端賴合衆祈求，得邀聖神之噓植；聖神之噓植，固無東無西，頑石之可成，亦無東無西，奈自有元得奉十字敎後，苦無司牧相承，中絕者二三百年；由明末清初至鴉片烟之戰，其中不絕如縷，無他，三十八年之癱病，手足徒具，動輒須人，人固不能常應我求也。以是一癱三十八年，水動而不能自動以赴之，必待有非常聖跡，而後能興，有元之傳佈福音，雖不可考，大都以元主多用客卿，而敎士相偕以來歟？有無聖跡以廣福音，亦不可考，而明末之傳佈福音，則奔走後先，專藉學問，此固無上聖智，對於我華特別之作用，既無大聖如方濟各沙勿略者，以聖跡爲開敎之先聲，則仿利、艾、湯、南，用學問爲誘掖之具，斷不可無。況聖學與科學，俱根於天主物理之有倫有脊，在在証明惟一眞原；固與敎旨不相刺謬也。乃在我華提倡學問，而開大學堂者，英、德、美之耶穌敎人都有，獨我羅馬聖敎尚付闕如，豈不痛哉！即以北京而論，我聖敎不獨無大學也，無中學也，並高等小學而無之，只有一法文小學，學費之鉅，只可招敎外人求學而已，學成之後，只可依法國人謀生而已！前淸亦嘗以京師大學託我傳敎士矣，詎竟辭不受，致使耶穌敎人代之，由是該敎生徒，自舊淸已躋政府，於今更盛，而我敎獨見擯焉；非見擯也，蓋來華傳敎士喜用學問誘掖者有幾？祇觀在會與不在會之修道生，其肯遣往羅瑪攻書者有幾？則其培養敎友之存心，不顧追步利、南等可想。利、南等固竭當時歐學，上自天文，下至水龍溉地，而實行輸入我華者也。無怪明末清初，人才輩出，今也何如？敎中所養成者，椎魯而已！苦力而已！求能略知時務，援筆作數行通順語者，幾寥落如晨星，致令我國雖改爲民主，而敎中能備選國會議員者無人，府縣議事會員者無人，一鄉一市之議員者亦無多人，豈非放棄利權，自居淘汰之數乎？不與聖座諭令競爭國會與地方議事會權之用意，背道而馳乎？側聞聖座令在日本創一東京大學，說者謂時機已遲，而在我華則時機方熟，善迎之，大足以養成教內外通國之子弟，聯絡教內外通國之父兄，其爲益勝於和約之保障十百千倍。伯多祿舍魚以漁人之術，智其在斯乎？其在斯乎？倘我羅瑪聖教不我遐棄，不終漠然置之於異教人之手，則亟望多遣當今博學良善而心謙者，廣爲師傅，其奉遣之人，能不拘何國，不限在會，似更相宜；倘拘定一國，則政治家視爲國教，而啓猜疑；倘限定在會，則不但會與會此疆彼域，猜忌爭權，且因人性喜同惡異，往往視不在會者，如征服之國民，不巷議，則腹誹，防禦之惟恐不嚴不密，此就同會與不同會者之感情，可推而得也。其有碍扶持之義，廣揚之道，尚待言乎？但一國之廣揚，以往例今，端恃本國之有神品者，繼承不絕，譬如一家之內，貴能有自食其力者，萬不能專恃外債以生存也明矣。方今我國政治之不良，科學之不明，實業之不精，土地之荒蕪，工藝之疏窳，學堂之淺陋，隨處皆然，其求助歐西之文化，不啻雲霓，而稍明時局者，亦漸知民德歸厚，舍宗教無由，以故誠得我至聖父師大發慈憫，多遣教中明達熱切諸博士，於通都大邑，如北京者，創一大學，廣收教內外之學生，以樹通國中之模範，庶使教中可因學問輔持社會，教外可因學問迎受眞光，不且天下四分之一同歸一棧，既不負此番普令祈禱之盛心，亦不虛救世主心在普救世人也。至應如何獎勵奉遣之方，聖座自有神用，特先鳴謝。

敬再狀者：至公教聯合會，歐美已風行，況我國教衆數少而散居，雖聯合亦苦力微，本非排外也、侵權也，乃因此見疑，實不可解，故特塵聽求正。

聖歷一千九百十二年　　謹狀

按右稿乃舊輔仁社社友魏君遠先生所錄存者，魏君知余有意纂馬相伯先生文集，遂以見示。輔仁社爲馬先生與英斂之先生共同發起，而由英先生主持者，蓋即今輔仁大學之前身。此函草於民國元年，與後日英先生之勸學罪言，爲吾國天主教學術革新史上兩大重要文獻。罪言已一再刊行，而馬先生此書，則知者不多，爰樂爲刊布於此。

方　豪敬識

與傅碩家先生論道書

李問漁司鐸遺稿

編者按：李司鐸爲清末上海耶穌會士，著作甚富；創辦益聞錄，後更名匯報；又曾任震旦大學校長；與馬相伯先生爲同學，中西學皆極湛深。此簡現歸張若谷君；承遠寄發表，並作跋識數語，聊表謝忱。

碩家先生惠鑒：承問各節，甚喜。前日一晤，尤覺相見如舊，惟鄙人事煩，不能細答，茲將大要陳之。

一、神學有二，一爲教理，西國各教皆有，其中惟天主教之神學純正，而他教則頗有異同，不可一律視。一爲哲學之一篇，即拙著所稱原神學，今泰西大學堂，除比國班國外，罕有讀者，蓋有志者將另讀神學，而無志者心不在斯。况原神學束縛人之心，使之不敢放肆，故不如不讀可以掩沒良心，其居心之險，已不言而知，不可以爲法也。（旁註作此想者，殆有其人，予不敢妄斷。）

二、西教神學以舊新約爲基礎，其理重于信，蓋知舊新約之言，必不誤也。哲理神學不重信仰，而專重思想，凡理可思而明者，以爲實理，而餘皆棄去，故哲理神學爲性中之學，而西教神學超乎人性之上，其義更精，然惟宜于教中人，而教外人未具信心，自不能達其門戶，况入堂奧乎。

三、造物主造物，非出不得已，亦非有求于外。惟以仁慈洋溢，願施其恩于外，故造生萬物，其宗旨有二：一爲顯其榮，一使有靈之神與人知而敬之，行善而報之，本賜其永世享福，所謂作善降之百祥也。人若虛生一世，知有造物主而不爲戒慎，不爲孝敬，則在生未必罰，而身後刑之，所謂作不善降之百殃也。

四、元質之理，詳見天宇學末首，可翻閱之。

五、造物主至靈而無形，至尊而無偶，無形狀可擬；于未造物前，無異于既造物後。中庸謂鬼神之爲德，其盛矣乎，視之而弗見，聽之而無聞，體物而不可遺，其言合理。造物主無在不在，無在不見我心思言行；是以君子有慎獨之修，有十目十手之戒。

六、平權之說，乃近今謬論，不可信。人當分性體與位置，性體固人人皆同，謂之平等可耳，然位置迥不相同，子生于父，父爲子之原，豈父子平等耶？君有國，爲國之主，民則生于國，爲國之一小分，豈一小分而與國主同等耶？此理予於倫理學言之頗詳，可披而閱之。

執事既知有造物主，則平日食息起居，思言行動，無一非造物主之恩，理當朝夕一次默禱曰：「造物主啓迪我心！扶佑我身！」一如是久之閣下之幸福無盡，自必登道岸而止。即候近祺。

李問漁司鐸手札跋注

張若谷

天主教耶穌會士李問漁司鐸遺牘，受書人傅碩家君，乃我國歷史學者傅運森先生之令嗣。時傅君肄讀上海南洋公學，李司鐸在校教授哲學倫理學，傅君好學不倦，曾舉宗教各項疑問，李司鐸逐節爲之析解。此書作于宣統二年五月間，去李公辭世前一年。書尾附有按語「鄙意此函不以告人爲妙，恐其誤會故也」。原函不具名，僅書「名心泐」三字。傅君珍藏此函凡三十餘年，偶見予所叙古文家李問漁傳（刊聖教雜誌第二十七卷第六期）即持以贈予。予曾搜訪李公遺墨，得尺牘凡十數通，皆爲拉丁文，已悉捐贈上海徐家匯天主堂藏書樓，獨留此函連同封械郵票，妥加保存。數經兵燹，而幸無恙。方杰人司鐸主持上智編譯館，索稿及下走，敬抄錄李公遺牘以應。時去李公歸天已三十五年矣。南匯張若谷跋。

（註释）李公是時除在南洋公學授課外，並任匯報及聖心報兩期刊主筆，兼理兩報館務，故遺牘中自稱「事煩」。

遺札所稱原神學，今簡稱神學，或譯形而上學，爲李公遺著之一。

遺札所稱天宇學，今名天文學，亦爲李公遺著之一。

遺札所舉倫理學，亦爲李公遺著之一。李公生前譯著闡道論學之書，凡六十餘種，重要者有理窟、新經譯義、西學關鍵、形性學要、性法學要、靈性學、名理學等。並編有徐文定公集、墨井集、墨井書畫集等，均由上海土山灣印書館出版。

致方杰人司鐸論譯經

吳經熊

第一書

杰人神父道席：聖誕後二日手教，今晨始得展誦，欣慰不可名狀！近日以來，熊因內子患恙，精神上殊覺不寧，加以工作繁重，文思蹇澀，肝火大旺，自恨才薄而擔重任，有不隕越者乎？今一讀來書，忽覺望德沛然而生，鶴亭兄賢伉儷之精神動態，尤足令人蹵然而喜也。昨晚正譯伊弗所書 Ephesians 第三章，其第二十節有云：

天主憑其感化人心之大力，所能成全於吾人者，將有超乎吾人之希望及理想者焉。

聖人之言不我欺也。神父乎！熊覺吾二人之友誼，其意義亦有超乎吾人之希望及理想者焉。

序文之事，熊至今未覩目錄，無從着手，可否將書名及內容大略開示，庶幾所言不致無的放矢。委座之信，擬用照片印出，當奉贈一分耳。

獻聖祭時，望恒為熊禱，庶不致為煞殫所掠；昔者聖伯鐸祿亦幾為煞殫所擄取，幸蒙吾主禱告得免，況本性卑劣如熊者乎？

神子經熊頓首一月五日

第二書

杰人仁鐸道席：久未奉手教，令人渴慕無已，想係為道忙碌之故耳。經熊譯經亦無片刻之暇，夢中有時亦在斟酌字句，熊此番努力實欲為平生罪孽稍作補贖，如一滴之血汗，自附於吾主山園祈禱時所流之無限血汗，倘蒙天主悅納，則幸甚矣！其不納，宜也。其納之，惠也。眞理雜誌此間輿論甚好，此亦神父之血汗也。傳教史由神父寫來，猶如一部小說，引人入勝，所引種種謬說，尤堪發噱，令讀者恍然於荒謬之為荒謬，於是乎眞理明矣。聖葆樂有言：黑暗一經光明燭照，即成光明（燭照即揭破意 Exposé）。此之謂也。所發表拙譯二首，俱屬舊稿，第八首之「伯仲覩天郎」，布雷先生去年來書謂天郎二字似欠斟酌，意者稍帶俗氣耳。後擬改為「天神相頡頏」，亦七陽韻也。因此乞神父不要發表舊稿也。茲寄上新譯數首及愛德論一篇，務請神父與 Crampon 一校。

聖詠祇可稱爲譯義，而愛德論則實字字直譯，譬如不忮不求，法文爲 n'est point inconsidérée 求字原意，即爲苛求，責備求全，亦即 inconsidérée 也，而曾滌笙（此人因洪楊而情批評聖教，當糾正之）不忮不求詩，實誤解求字耳。惟 ne tient pas compté du mal 有二種不同譯法，或譯「不念舊惡」，或譯「不逆詐」，鄙意以爲二重意義，都有照希臘文 *Οὐ λογίζεται τὸ κακόν* 意即「不歸惡。」可見無論已見之惡，或未見之惡，悉皆包含在內，不歸已見之惡，即不念舊惡，不歸未見之惡，即不逆詐也。故熊於二者兼收而並存之。容或有錯，然用心亦苦矣。務請神父盡量斧正爲要。以後如欲發表，敢請神父稍加註釋，使讀者愈得其益，最好說明此爲未是稿，徵求國內高明諟正者。今日爲聖母苦痛日，所以能工一天，得作長書。匆肅，順頌主佑！

神子熊頓首。三月卅一

經熊初學希臘文字，故欲一獻身手耳，亦欲取悅於神父也。有人謂我「老而好學」云，其實非好學也，愛天主也。

耶穌基督人子釋義序

陳　垣

原書一卷天津南開學校教習張純一撰

吾友張子仲如，好以佛說談耶理，以是爲一般拘泥之基督教牧所不悅，仲如不顧也；仲如蓋確有所見，謂中國現有諸教，堪與基督把臂入林者，惟佛庶幾耳。恆人不入人室，而妄在門外評騭人室中鋪陳之美惡，未見其能有當也。佛教始至自外國，其遭中國士夫之詬謗，倍於今日之耶教，觀兩弘明集及兩佛道論衡集，略可見矣。昌黎以後，宋明儒者更例有一二篇闢佛之文，以相標榜，未知其果出自本衷，抑恐被擯於兩廡，而故爲此剖白也。六朝士夫稱尚佛矣，然對於沙門不拜俗等事，聚訟紛如，至欲迫以帝王之力，則與今之譏耶教徒不祀先者何以異？佛教史所謂三武一宗之厄，燬佛像，焚佛經，坑沙門，又與雍乾諸帝之禁基督教，及數十年前之仇教者何以異？皆以其爲外國之教而排斥之也。吾讀史至此，未嘗不掩卷而悲，與有同感，以其可以施諸佛者，即可施諸耶也。然當時佛教，並未因此稍衰，士大夫之潛心內典者，反因此益盛，吾甚不解；今耶教徒猶有引用前人闢佛之文以闢佛，而佛教徒則岸然自大，謾議基督也。吾嘗謂耶教徒非博覽佛典，不可議佛，佛教徒非精研耶理，不得議耶。仲如知其然，始讀耶氏之書，繼纘釋迦之訓，積有年所，豁然貫通，以爲辯生於末學，佛之高妙，實有合於耶。於是所著論，恒援佛入耶，近出耶穌基督人子釋義相示，亦以佛爲注脚者也。屬余爲序，余所見未必與仲如悉合，余於佛所知亦極稀鮮，嘗聞大秦寺僧景淨會與沙門般若有同事繙經之雅，（貞元釋教錄十七）會昌毀佛，大秦穆護同受摧殘，（唐會要四十七）基督教之與佛，可謂患難之交矣。使二教有志之士，能盡如仲如之互易其經，虛心研誦，不爲門外之空辯，則必有最後覺悟及最後決定之一日也。又何必深閉固拒，齗齗然擴歧路之多亡哉！一九一九年四月新會陳垣序。

右序陳援庵先生撰於民國八年，惟原書爲新教人所著，故吾教刊物迄未登載；然陳先生同時爲吾教諸書所撰序跋，若重刊靈言蠡勺序，若萬松野人言善錄跋等，則悉見於青年進步等新教雜誌，何也？陳先生謂：「恒人不入人室，而妄在門外評隱人室中鋪陳之美惡，未見其能有當也。」新教徒蓋欲入人之室也。陳先生又謂：「吾嘗謂耶教徒非博覽佛典，不可議佛，佛教徒非精研耶理，不得議耶。」此勉吾人入人之室之詞也，吾人方求之不得，若深閉固拒，則「最後覺悟，最後決定之一日」豈能得哉！方豪附識。

萬國坤輿圖跋

新井白石

浙西李之藻刻萬國坤輿圖，萬曆年間大西利瑪竇重修攷定，附以南北半球圖，事具二子所叙，而一時薦紳楊景淳、吳中明之徒贊述焉。正德己丑冬美得遇西人，乃按其圖訪以方俗，其人曰：此圖明人所作，稍似縝密，然與地理不合，莫由依據，故辭。美意彼不解漢字，敢爲大言耳。美乃曰：是則歌（原文如此）羅巴入利瑪竇所携入於中州者，世稱其善，子無取焉，獨何歟？曰：某未嘗聞我人而有其姓名者也。曰：西教東漸自利氏始，子不知其人可乎？彼笑而不答，既而索得西圖於官府以示之，披翫久之，曰：是和蘭鏤版，蓋百年之物也，雖我西土亦不易得，某與此圖唯得三見之矣。是於左把右指章步而小算，使人不待窮夫轍迹而周遊乎八極，名山大川舉與而出，殊方絕域隨顯而在，亦矣哉（原文如此）誠得其術也。明年春和蘭入貢，美私其使者以質焉，對曰：與地全圖舊有數本，此版弊（原文如此）邑所刻，去今既及一百一十三年矣。先是西土佛來釋古者，始倡天教於東南諸州，其搭今在印度地，香華之盛一百七十年於茲焉，歐羅巴人未聞有利氏之子者也。美竊怪焉。爾後適得全閩鍾振闢邪論於新增大藏函中，因知竇本生於廣東旁近海島間，北學於中國者，實非西方之人，則前者之說果不誣矣。利氏之徒，徒嘆其學在夷，而不知用夏變於夷也。

右文見日本新井白石著「釆覽異言」，蓋德川幕府時代之書也。文中持闢邪論之說，以爲利瑪竇生於中國，固極可哂，惟李刻萬國坤輿圖流入日本，得此乃彰，亦可喜也。聞東京藏有利瑪竇萬國全圖，不知是否即新井白石所見者。（編者）

跋慎守要錄

王重民

道光二十九年海山仙館叢書刻韓霖愼守要錄九卷，卷一酌古，卷二設險，卷三制器，卷四豫計，卷五協力，卷六至八申令，卷九應變，凡七篇。康熙絳州志載韓霖著述十二種，無是書名，而有守圉全書。攷絳州志載王漢守圉全書協力篇序，陳子龍安雅堂稿有守圉申令篇小序，今協力申令兩篇並在愼守要錄中，然則愼守要錄即守圉全書矣。惜刻本無序跋，不知今名爲霖所自改，抑爲刻書者所改？絳州志韓霖傳云：「嘗學兵法於徐公光啓，學銃法於高則聖，每與人談兵，以火爲上策。」是書屢引徐光啓、王徵、孫元化及所譯西洋新法，其爲韓霖所著無疑。余見坊刻本金湯借箸十三籌十二卷，題：「淮南李盤小有、京口周鑑臺公、古絳韓霖雨公，後學熊應雄運英」同撰。李盤序云：「客冬阻敵廣武，坐困斗大孤城，無兵無將，無餉無援，賊奴巧用蠶食之計，河干已成孤注之形，惴惴乎日與睢陽爲隣！而守土變公，乃能赤手鼓勵士民，以抗方張，敗敵擒寇，奉其七鬯還之朝廷，此其功奚啻精兵千萬已哉！太守程棠菴大略雄才，決機明斂；永年令君宋清六運籌化勝，應變靈通，智慮懷下問，取予所輯金湯十二籌驗之，歷不爽也。是書由韓子雨公有守圉全書，予爲刪其繁，增其缺，周子臺公重加參訂，如聚米設帶，令人了然心目間，有所懲以固吾圉」。李盤明言其書據守圉全書爲藍本，而周鑑復重加參訂，因題三人姓氏，至爲公允（熊應雄爲刻書人，卷端有刻書引。）北平圖書館藏崇禎間刻金湯借箸十二卷，有史可法序，稱：「金湯借箸，迺周子臺公手訂者也，其友李小有攜其草藁九卷入都門，行達廣平，而爲虜所圍」云云，則不但滅韓霖之名，且爲周鑑所獨有矣。攷廣平守程棠菴名世昌，永年令宋清六名祖己；永年縣志官績傳云：「崇禎十一年冬，流賊逼近，祖乙引滏水衛城，又爲守具甚備，賊引去，」則寇勢固不大，李盤有意張大其辭，以神其書也。

然因此得知李周之書成於崇禎十一年或稍前；而韓霖書引及武備志，武備志成於天啓元年，絳州志載崇禎三年霖客淮南間，其遇李盤或李盤間接得其書，疑在是時。霖書文字通暢簡潔有法，金湯借箸棄其精華而雜入明季人所謂兵家者言，遂濁惡不可讀矣。

跋地緯

王重民

明熊人霖撰。按進賢縣志：人霖字伯甘，明遇子。崇禎十年進士，官至太常寺少卿。是書禁書總目、違碍書目並著錄，誠不知其何故！按人霖自序，是書初刻於崇禎十一年，此是翻本，如「紅夷砲」改名「紅彝砲」，則疑為康熙間刷印時所改者矣。凡例後題「天啓甲子歲著於竹里，」李之藻校刻職方外紀之次年也。全書凡八十四篇，十之八鈔撮外紀，十之二採自四夷館攷、東西洋考等書。人霖不諳譯音，所刪所補，未能盡確，其學識在乃父下。如既據外紀撰則意蘭志，又於荒服諸小國載錫蘭山，不知則意蘭即錫蘭也。（荒服諸小國既載忽魯謨斯，又載忽魯母思。）既依外紀在歐洲撰拂郎察志，稱世所傳弗郎機，名從主人」云云，又依明季人著述在亞洲撰佛郎機志，若斯二類，皆由未能豁然貫通。然因其所託者厚，較明人此類著述，猶勝一籌也。

（補白）

吳漁山年譜成，適方司鐸書至，書此答之。　陳垣

教中柱石推朝士，墨井荒涼置道邊。今日譜成聊舉逸，發揮仍賴有豪賢。

（豪賢謂方司鐸徐盧伽。）（編者按徐盧伽先生已於今年十一月二十一日逝世！）

勸君莫笑山中客，名字曾登御製詩。可是葉公編象傳，乾隆時事誤康熙。

（吳修論畫有笑他墨井山中客之句，漁山天池石壁圖，曾經御題，見乾隆御製詩二集。清代學者象傳誤康熙。）

（補白）吳經熊譯新經之一頁

聖葆樂致格林多書　其一

第十三章　論愛德

使我有重舌，能操萬國之音，作天神之語，而無愛德，則猶鳴鑼擊鈸，徒滋喧聒而已矣。使我有先知之特賦，心通一切玄妙，一切知識，甚至有移山撼嶽之篤信，苟無愛德，則亦浮華無實耳。使我傾輸所有以濟貧寒，甚至舍身以投諸火，苟無愛德，亦何益之有？

夫愛之爲德，寬恕涵容，愷悌慈祥，不忮不求，不矜不伐，明廉知恥，不行無禮，不謀私利，見忤不怒，不念惡，不逆詐，不樂人之非，惟樂人之是。無所不容，無所不信，無所不望，無所不忍。惟愛不匱，源泉混混。

若夫預言則有時而熄也；言語有時而廢也；知識有時而窮也；蓋吾人之所知，偏而不全，所預言者，亦偏而不全。全者至則偏者廢矣。方我之尚在稚齡也，凡所言所知所思，無一而非幼稚也；及既成人，則稚氣脫矣。吾人現時之所見，猶如昏鏡中觀物，僅能得其彷彿。彼時則面面相對，更無隔閡矣。現時所知，猶如管中窺豹。彼時當得洞悉眞相，有如我之眞相夙被洞悉者焉。現所有者曰信曰望曰愛，三德之中，惟愛爲大。

文獻目錄

北平北堂圖書館暫編中文善本書目

馮　瓚璋

北平北堂圖書館積三百五十年來故都東南西北四堂之舊藏，蔚爲鉅觀；其西文書目，由荷蘭惠澤霖司鐸 M. Verarhaen 着手編纂法文書目久已出版；拉丁文書目即將印竣；此後僅餘其他各國文書目，包括義、德、荷、俄、西、葡、俄、希臘、希伯來等十餘種，合爲一册，共三册。惟中文部份尚乏人編製，余就前人在卡片上所標出之善本暫編爲目錄，未盡妥善處，敬請方家不吝指正爲幸。

本目計分普通善本書目、公教善本書目及滿文善本書目三編，在本刊陸續發表。

瓚璋謹識

甲編　普通善本書目

經部

易類

周易集義六十四卷　宋魏了翁撰　宋刻本　編號〇〇二一　存五十四卷（卷一、五至十七，十九至二十八，三十一，三十六至六十四）五函三十八册。卷十一至十七係抄補，撰人補。

周易四卷　十册　一函　抄本　編號〇〇〇二

葉數五，九五五，四八五二，五四，六八七一，五八，四五，四一，書名補。

東坡易傳八卷　宋蘇軾撰　朱墨套版本　編號〇〇〇八

附王輔嗣論易　卷端題周易。

古周易訂詁十六卷　明何楷撰　明清間刊本　編號〇〇

二九

附答客問一卷。

易說十二卷　清郝懿行撰　抄本　編號〇〇五三
存五卷（卷二至六）二冊　卷二一冊六十五葉，卷三至六一冊九十一葉。

周易要義　宋魏了翁撰　抄本　編號〇〇二〇
存八卷（卷三下至卷十）五冊　撰人據四庫提要補。

周易詮義　不著撰人名氏　抄本　編號〇〇六八
存十卷（卷二、四至五，七至十一，十三，十四）十冊　葉數七十九，七十七，七十八，七十九，九十五，八十一，八十九，六十一，七十九，七十七。

周易本義補不分卷　不著撰人名氏　抄本　編號〇〇六九　三冊一函　第一冊八十三葉　第二冊八十六葉
第三冊五十一葉。

周易會通　明朱升旁註　姚文蔚會通　明刻本　編號〇〇二四　存八卷（周易一卷，周易旁註前圖二卷，周易旁註會通五卷「卷五至九」卷九第三十一葉殘缺）四冊一函。

學易舉隅存笥　明戴庭槐撰　抄本　編號〇〇三一
存四卷（卷一，四至六）二冊　第一冊三十一葉
第二冊三十二葉。

易經彙解十八卷　于鯨輯　抄本　編號〇〇六三
十八冊二函　上函：一百，四十四，六十八，六十二，六十六，五十四，五十三，五十五葉。　下函：七十三，六十八，六十九，六十三，五十二，四十九，六十三，六十三，五十三，三十五葉。

周易全書今文九卷　明萬曆楊時喬編　明刻本　編號〇〇二六　九卷二十四冊四函。

書類

書傳大全　明胡廣等奉敕撰　高麗刊本　編號〇〇七六　存六卷（卷二，四，五，八至十）六冊。

書集傳　宋蔡沈撰　明刻本　編號〇〇七三
存三卷（卷四至六）七冊（內有書序一）卷四第一至四十葉卷六第三十七葉以後缺。

詩類

詩經二十卷　宋朱熹集傳　明刻本　編號〇〇九一
存八卷（卷一至八）五冊一函　書名增。

詩傳大全二十卷　明胡廣撰　明刊本　編號〇一〇〇

存十二卷（卷一、二、五至十二、十九、二十）八冊。

詩經註疏大全合纂　明張溥纂　明刻本　編號〇一〇一

存十八卷（一至十八）十一冊一函

詩傳闡　明鄒忠胤撰　明清間刊本　編號〇一〇二

存二卷（十六，十七）一冊。

禮類

禮記　抄本　編號〇一一九

存三卷（卷二，七，九）三冊，卷二、二十六葉　卷七、四十七葉，卷九四十六葉。

禮記註疏　漢鄭玄註　唐孔穎達疏　明刻本　編號〇一二一

存十七卷（二，三，五，六，十，二十六，三十，三十一，三十三，三十四，三十九，四十三，四十五，五十二，五十七，六十，六十一）十六冊。

禮記省度四卷　清康熙彭頤纂　朱墨套版　編號〇一二六

四冊一函　卷四第二十二頁殘。

禮記箋　清郝懿行撰　抄本　編號〇一三一

存二冊　共一百二十三葉。

春秋類

春秋胡傳三十卷　宋胡安國撰　明刻本　編號〇一五四

十四冊二函。

春秋四傳　佚編者名　明刻本　編號〇一五八

存二十卷（卷一至二十）十二冊一函　前有春秋提要，春秋年表，春秋綱領，春秋興廢說。

春秋探微十四卷　馬驌撰　抄本　編號〇一六五

一函目錄一葉，春秋世系及總例五葉卷一至卷十四葉數二十一，三十一，十八，十五，四，二十四，二十四，三十三，二十七，二十六，三十五，三十七，十八，十五葉。

四書類

四書　宋朱熹集註　明刻本　編號〇一七七

二十四冊四函　書名補。

論語十卷　石經拓本　編號〇二〇五

五冊葉數：二十四，二十八，三十一，三十七，二十五。

群經總義類

六經圖石刻六卷　不著撰人名氏　拓本　編號〇一七六
殘存五冊（摺裝）（周易圖一冊，詩經圖一冊，尚書圖
一冊，周禮圖一冊，禮記圖一冊）書名增。

樂類

律呂精義二十卷　明朱載堉撰　明刻本　編號〇二一三。

律呂正聲六十卷　明王邦直撰　明刻本　編號〇二一四。

御製律呂正義後編一百二十八卷　清允祿等奉敕修　朱
墨套版本　編號〇二一七
五十二冊八函　卷百二十一至百二十八爲乾隆五十
一年敕撰　上諭奏議及六十二、六十三、六十六、六十七、
四冊爲配抄本。

小學類

六書賦音義二十卷　明張士佩撰　明刻本　編號〇二三
八（字書）

洪武正韻十六卷　明宋濂奉撰　明萬曆刻本　編號〇二
六九
五冊一函　附洪武正韻玉鍵一卷一冊明張士佩撰。

篇韻貫珠集一卷　明釋眞空編　明刻本　編號〇二七〇
二冊一函。

五音集韻十五卷　金韓道昭撰　明崇禎己巳重刋　編號
〇二六七
五冊一函　卷首題：大明萬曆己丑重刋改併五音集韻。

五音類聚四聲篇海十五卷　金韓道昭撰　明崇禎重刋
編號〇二六八
五冊一函　附元劉鑑撰經史正音切韻指南一卷一冊
明眞空編篇韻貫珠集一卷一冊　卷首題萬曆己丑重
刋改併五音類聚四聲篇海。

廣金石韻府五卷　清林尚葵輯李根校正　原刻朱墨套版
本　編號〇二五八
五冊一函　稍殘缺。

千文廣韻註解摘要不分卷　清郭定生輯朱元亮續撰　寫
本　編號〇二五六
十冊二函，葉數七十一，七十三，五十九，五十三，五十三，
五十七，五十五，五十一，五十二，五十四葉。

史部

正史類

北齊書五十卷　唐李百藥撰　宋刻元明遞修本　編號○二八五　三十册六函　本紀二第十二葉列傳十六第十葉列傳三十第五葉抄補。

班馬異同三十五卷　宋倪思撰　明刻本　編號○二八○　存二十四卷（卷一至十七，二十九至三十五）十六册四函。

史記一百三十卷　漢司馬遷撰　唐司馬貞索隱張守節正義　宋裴駰集解　明萬曆刻本　編號○二七六　四十八册六函　缺惠景間侯年表第十頁，晉世家第二十五、二十六葉，春申君列傳第四葉。

史記一百三十卷　漢司馬遷撰　唐司馬貞索隱張守節正義　宋裴駰集解　明陳仁錫評　明崇禎刻本　編號○二七七　二十册四函　卷前有難字直音一卷，世系圖一卷。缺地圖第十五葉後半葉，卷二十九第四葉。殘卷二第十八葉卷十二第七葉卷十四第三十四葉。

史記一百三十卷　漢司馬遷撰　明葛鼎金蟠彙評　抄本　朱筆批點　編號○二七九　二十册四函。

晉書一百三十卷音義三卷　唐房喬等奉敕撰　明刻本　編號○二八二　三十七册四函　附唐何超撰晉書音義三卷一册　缺帝紀六第十一葉，志一第二十九葉，志三第三十二葉，列傳四第二十三葉以後，列傳六十第三、四葉。重復志一第三十葉　錯訂：列傳十五第二十一，二十二葉裝釘顚倒，載記四第七葉釘於載記五第七葉之後。書葉多有補配。

晉宋書故一卷　清郝懿行撰　郝氏遺書本　編號○二八四。

編年類

通鑑釋文辯誤十二卷　元胡三省撰　明陳仁錫訂　明刻本　編號○二九二　四册。

甲子會紀五卷　明薛應旂編纂　明刻本　編號○三○九　四册。

皇明嘉隆兩朝聞見紀十二卷　明沈越編　明萬曆刻本　編號〇三一〇　六冊一函。

史綱要領　明姚舜牧編　明刻本　編號〇三〇八　存七卷（卷十六至二十二）一冊。

東華錄十六卷　清乾隆蔣良騏撰　抄本　編號〇三一四　八冊一函　葉數：三十二，二十九，三十二，三十一，二十八，三十二，三十三，三十一，三十五，三十二，二十八，三十一，三十一，二十五，二十八，二十六葉，附跋一葉。

紀事本末類

通鑑紀事本末二百三十九卷　宋袁樞編　明張溥論正本　編號〇三二〇　存二百十一卷（一至二一一卷）　三十八冊四函，另八冊　缺卷二一二至二三九卷　殘卷一二四第三十六葉以後。

宋史紀事本末百零九卷　明馮琦編陳邦瞻纂輯　張溥論正本　編號〇三二二　存六十九卷（一至六十九卷）八冊一函　缺卷七十至一百零九。

繹史百六十卷　清馬驌撰　清康熙原刻本　編號〇三三五　三十六冊四函。

通鑑紀事本末後編　清張星曜撰　抄本　編號一九四六　存七卷（卷一至七）二冊　葉數百四十九。

別史類

東都事略百三十卷　宋王偁撰　清汪士鋐校　清康熙間抄本　八冊二函　葉數：百四十六，百五十二，百四十九，百五十，百五十，百三十八，百三十七，百四十五葉。

雜史類

貞觀政要十卷　唐吳兢撰　元戈直集論　明刻本　編號〇三五二　十二冊二函　缺序第一至第三葉　卷九第二十六葉　重複卷九第五葉　抄補卷十第十三葉。

建文書法儗五卷　明朱鷺撰　明萬曆刻本　編號〇三五五　四冊一函。

戰國策十卷　宋鮑彪撰　明刻本　編號〇三五〇　十六冊二函。

今言四卷　明鄭曉輯　明刻本　編號〇三五四　三冊。

詔令奏議類

廣漢疏類編十八卷　明張崇功編　明刻本　編號〇三八
三　十冊一函　廣漢疏類編補遺有目無書。（奏議）

陸宣公奏議二十二卷　唐陸贄撰　明製錦堂吳吉徵刊本
編號〇三八〇
六冊一函　卷端題唐陸宣公集。（奏議）

硃批諭旨不分卷　清雍正十年敕編　朱墨套版本　編號
〇三七〇　一百冊十六函。（詔令）

傳記類

古今列女傳三卷　明解縉撰　明永樂元年刻本　編號〇
三九六　三冊一函。

逆臣傳不分卷　清國史館編　抄本　編號〇四一〇
二冊　第一冊七十一葉，第二冊七十二葉。

二臣傳不分卷　清國史館編　抄本　編號〇四〇七
十二冊三函　葉數：目錄三葉，本文四十七，四十九，六十
二，六十三，六十，四六十，四十六，四十四，六十六，五十九，四
十八，六十五葉。

歷代名儒傳　不著撰人名氏　清抄本　編號〇四〇一
存一卷（卷三）一冊　葉數六十二。

歷代循吏傳　清張鵬翀纂　抄本　編號〇四〇二
存一卷（卷二）一冊　葉數四十六。

宗室王公功績表傳五卷　清允祕等奉敕纂修　抄本　編
號〇四一三
六冊一函　葉數：二十一，六十四，四十四，三十八，五十五，
二十四。本書較刊本簡略。

大清名臣言行錄　清乾隆松裔留保輯　抄本　編號〇四
〇四
六冊一函，序二葉目錄三葉本文二十六，四十九，三十
六，四十四，五十八，七十二葉。

廣理學備考　清范鄗鼎彙編　清初刻本　編號〇四〇三
存七冊（第二十五至二十八冊第三十至三十二冊）
開化紙。

禮府家傳不分卷　家刻本　編號〇四一六
一冊一函　一名康府家傳　附南征圖詩一冊。

三遷志十二卷　清王特選增纂　清康熙六十一年刻本
編號〇三九〇　四冊一函。

闕里廣志二十卷　清宋際宋慶長同撰　清康熙刻本　編

號〇三八八　十冊一函。

據書明孔不分卷　清人佚名傳　寫本　編號〇三八九

六冊一函　書內有朱筆修改處

載記類

十六國春秋一百卷　魏崔鴻撰　明萬曆蘭暉堂刻本　編號〇四三七

十六冊二函　序及總目有抄補之葉。

地理類

雍大記三十二卷　明何景明撰　明抄本　編號〇四九四

八冊二函　葉數第一函　序二葉，一至十三卷十，十七，十一，十三，十五，十九，九，十六，二十三，二十二，三十六，十八，十四葉。　第二函十四至三十二卷十五，十三，二十一，二十四，三，二十八，二十四，四十四，九，十九，十二，十六，十一，二十九，二十四，三十七，十一，三十八，二葉。

水經注四十卷　漢桑欽撰　後魏酈道元注　明刻本　編號〇五一六

存七卷（卷二十二，三十一至三十四，三十七，三十八）

四冊。

職方外紀不分卷　泰西艾儒略增譯　明楊廷筠彙記　抄本　編號〇五四七　一冊有圖。

坤輿圖說不分卷　泰西南懷仁撰　清康熙甲寅年刻本　編號〇五四八

二冊　上冊坤輿圖說下第十九葉後半葉缺。

乘槎筆記不分卷　不著撰人名氏　抄本　編號〇五四六

一冊五十五葉。

河工備考二十四卷　不著撰人名氏　抄本　編號〇五二二

十八冊二函附河圖二卷二冊　葉數：目錄七葉，一至二十四卷四十一，四十八，四十二，四十二，四十二，三十六，三十四，四十八，三十三，三十九，十二，二十九，二十，七，九，五十五，四十五，三十二，八，三十五，二十三，六，三十五，七葉。河圖上七十六，河圖下五十四葉。

職官類

館閣類錄二十二卷　明呂本編　明金陵徐智刊本　編號〇五五五

八冊二函。

政書類

大明會典　明刻本　編號〇五八二（通制）

存三十卷（卷三十七至六十一，一四五至一四七，一五二至一五四）缺卷三十七第十五十六二十葉卷一四五第三十五葉。

登極尊崇典禮各事宜冊檔不分卷　清抄本　編號〇六〇〇

二冊一函　第一冊目錄五葉，正文百〇七葉；第二冊目錄六葉，正文百十三葉。

陵廟禮儀不分卷　清抄本　編號〇五九八

三冊一函　目錄共十五葉，正文共三四二葉　書名增。

滿洲祭神祭天典禮　清乾隆敕撰　清抄本　編號〇五九五

存五卷（一至五卷）五冊一函　葉數共二二四葉。

仁宗睿皇帝大事檔十三卷　清抄本　編號〇六〇八

十三冊二函　附昌陵路程圖一張　葉數第一函一至六卷目錄共二十四葉正文四百五十一葉；第二函七至十三卷目錄共三十六葉，正文五百二十六葉。

宣宗成皇帝大事檔不分卷　清抄本　編號〇六〇九

存十冊（第五至十四冊）二函　葉數：百〇一，七十六，八十九，百〇六，百〇七，八十九，九十八，九十四，百十八，百三十六葉。

孝和睿皇后大事檔不分卷　清抄本　編號〇六一〇

十冊二函（第九十兩冊爲滿文抄本）　葉數六十九，八十三，八十六，八十五，一百九十二，八十九，八十九，六十一，三十四葉。

吏部續增處分則例不分卷　清抄本　編號〇六二八

存四冊（第一至四冊）一函　葉數四十二，三十，二十三，三十二葉。

總管內務府現行則例二卷　清抄本　編號〇六二四

存一卷（卷上）五十一葉。

大清律例按語不分卷　清抄本　編號〇六二二

存十六冊（一至十六冊）二函　葉數目錄共十六葉，正文共千五百七十六葉。

目錄類

大明道藏經目錄四卷　不著編者名氏　抄本　編號〇六四四

四冊　四冊　葉數二十四，二十一，二十一，二十九，二葉

附大明續藏經目錄三葉，道藏闕經目錄二葉一冊。

金石類

南嶽七十二峯全圖不分卷　拓本　編號〇六五六
一冊摺裝。

重排石鼓文音訓不分卷　清王杰等釋文　拓本　編號〇
六五三　一冊摺裝。

開國方略書成聯句不分卷　拓本　編號〇六五四
殘存一冊七十葉摺裝。

天寧寺石刻五百大阿羅漢記不分卷　拓本　編號〇六
五五　殘存四冊摺裝　缺第五十七像至第二百像。

乾隆諸臣恭和詩　清張照奉敕書　拓本　編號〇六五七
殘存二冊摺裝　葉數三十，三十二葉　書名增。

時令類

歲時廣記四卷　宋陳元靚撰　明刻本　編號〇四三九
二冊一函。

史評類

治平寶鑑　清張之萬等纂：抄本　編號〇六七一
存十三卷（法字七卷卷三，七至十二；戒字六卷卷三至
八）十三冊。葉數法字卷三三十三，卷七四十七，卷八
四十一，卷九四十七，卷十四十三，卷十一四十五，卷十二
四十五葉。戒字卷三四十八，卷四五十七，卷五四十八，
卷六五十，卷七五十四，卷八六十三葉。

史抄類

漢書鈔九十三卷　明茅坤編　明崇禎刻本　編號〇四
二二　十二冊二函　卷端題：鹿明先生批點漢書鈔。

漢書纂不分卷　明刻本　編號〇四二三
存四冊（第七、八、十、十二冊）

通鑑總類二十卷　宋沈樞輯　明刻本　編號〇四二五
二十冊四函。

十七史詳節二百七十三卷　宋呂祖謙編　明刻本　編號
〇四二六
六十冊十函　目次：史記詳節二十卷，西漢書詳節三十
卷，東漢書詳節三十卷，三國志詳節二十卷，晉書詳節三
十卷，南史詳節二十五卷，北史詳節二十八卷，隋書詳節
二十卷，唐書詳節六十卷，五代史詳節十卷。

宋瑣語不分卷　清郝懿行撰　郝氏遺書本　編號〇四
二四　三冊

（待續）

馬相伯先生著述繫年擬目

方豪

余自民國十年自新教改宗羅馬加特力後，對教中時賢深致敬仰者有二：在華北爲英斂之先生，在華南爲馬相伯先生。讀二公文亦特多。斂之先生卒於民國丙寅，不及一親謦欬；相伯先生則戊寅之秋，幸獲拜謁於桂林風洞山客寓，隨侍旬日。一日，余請先生納爲弟子，將行禮焉，先生阻之，謂明晨當來獻祭，共禱主前，惟主爲眞師，禮之隆重，宜莫逾此。先生並諄諄以校閱所譯聖經爲屬，顧書稿在他人手中，不卜何日能問世也。余二十餘年來所搜先生文字書翰及講稿等凡百五十餘篇，就中爲余私藏之手稿，都四十餘篇，至爲珍貴；而先生致斂之先生函札數十通，猶未計及。世局劇變，深懼散失，會聘三田樞機創上智編譯館，邀余主館事，余惟倡導天教文化，兩先生實居首功，斂之先生所爲文，生前刊布較多，相伯先生則世所稱一身繫我國近百年政治教育之演變者，而生平不喜積稿，乃至下世逾七載，亦無人爲之收輯。今夏晤同門徐盧伽先生景賢，亦喟然久之；徐君集先生稿，亦不在少，詎意相別數月，竟亦以病逝聞也！則編印先生文存，實後死者之責，不容有所推諉矣。然猶恐掛一漏萬，謹先擬目錄，揭諸館刊，倘希　方雅匡遺糾謬，裨成完書，實爲厚幸！

上朝鮮國王條陳（光緒八年一八八二）底稿曾經親筆修改

致朝鮮京畿道金宏集書（同上）底稿曾經親筆修改

改革招商局建議（光緒十一年一八八五）底稿曾經親筆修改（殘）

拉丁文通叙言（光緒二十九年一九〇三）已刊稿

徐文定公墓前十字碑文（同上）原拓片

也是集序（光緒三十三年一九〇七）已刊稿

墨井集序（光緒三十四年一九〇八）已刊稿

古文拾級序（宣統元年一九〇九）已刊稿

朱志堯求新廠出品圖敘（宣統三年一九一一）親筆原稿

上教宗求爲中國興學書（民國元年一九一二）傳鈔稿

覆丁義華君書（民國二年一九一三）傳鈔稿

新史合編直講（同上）印本

函夏攷文苑文件九種（同上）底稿曾經親筆修改

宋李氏碑記（民國三年一九一四）傳鈔稿

一國元首應兼主祭主事否（同上）傳鈔稿

重刊辯學遺牘跋（民國四年一九一五）已刊稿

上智編譯館館刊　第二卷　第一期

重刊主制羣徵序（同上）已刊稿

論黃山谷書法（手卷）（民國五年一九一六）手稿

致英斂之先生書（同上）原函

聖經與人羣之關係（同上）已刊稿

致英斂之先生書（同上）原函

書利先生行蹟後（同上）已刊稿

萬松野人言善錄序（同上）已刊稿

憲法草案大二毛子問答錄（同上）已刊稿

書天壇草案第十九條問答錄後（同上）已刊稿

書請定儒教爲國教等書後（同上）已刊稿

保持約法上人民自由權（同上）已刊稿

代擬反對國教請願書五篇（同上）傳鈔稿

憲法向界（同上）已刊稿

約法上信教自由（同上）已刊稿

致英斂之先生書（同上）原函

元代也里可溫考序（民國六年一九一七）已刊稿

跋文徵明懷歸詩（同上）手稿

致英斂之先生書（同上）原函

重刊眞主靈性理證序（民國七年一九一八）已刊稿

重刊靈魂道體說序（同上）已刊稿

七四

言善錄再版序（同上）已刊稿

致英斂之先生三書（同上）原函

民國民照心鏡（同上）卷上卷下底稿曾經親筆修改卷中已刊稿

致英斂之先生書（民國八年一九一九）原函

明李之藻傳序（同上）已刊稿

答問中國教務殘稿（同上）手稿

致英斂之先生書（同上）原函

重刊靈言蠡勺序（同上）已刊稿

致英斂之先生二札（同上）原函

跋造花園新法序（民國九年一九二〇）底稿親筆修改

教宗通牒（同上）已刊稿

重刊忍字輯略序（民國十年一九二一）已刊稿

覆千里先生二書（同上）底稿

殘稿缺題（同上）親筆稿

致英斂之先生書（同上）原函

康熙林戒弟書書後（民國十一年一九二二）已刊稿

致英斂之先生書（同上）原函

聖若瑟讚（同上）手稿

五十年來之世界宗教（同上）已刊稿曾經親筆修改

致英斂之先生五書（同上）原函
致英斂之先生書（民國十二年一九二三）原函
致知淺說（民國十三年一九二四）已刊書
致知淺說總序殘稿（同上）手稿
二黃司鐸輝烈誠烈祖母劉太夫人百歲記（同上）已刊稿
芝加哥萬國聖體大會事理之說明（民國十五年一九二六）已刊稿
天民報發刊詞（同上）已刊稿
致英斂之先生二書（同上）原函
賀益世報題詞（民國十六年一九二七）已刊稿
司教趙公墓堂碑（同上）已刊稿
胡明復先生遺稿序（民國十七年一九二八）手稿
納氏英文法講義敘（民國十八年一九二九）已刊稿
威縣藥軒張府君墓表（民國十九年一九三〇）底稿曾經親筆修改
題徐季龍先生墨蹟（同上）手稿
題懸非道人畫（同上）手稿
九十一壽辰演說詞（同上）已刊稿
孝經之研究序（同上）影印稿
江蘇省通志局宗教一門囑擬之稿（同上）已刊稿

輔楊救世聖傷修女記（民國廿年一九三一）已刊稿
童鮑斯高聖傳序（同上）已刊稿
為申報題詞勸國人慰勞東北抗日軍隊（同上）影印稿
歷代軍事分類詩選敘（同上）已刊稿
九二老人病中語（同上）已刊稿
勤賽夫人日記與日思錄序（民國二十一年一九三二）影印稿
國難芻議（同上）已刊稿
還我河山題詞（同上）影印稿
國難人民自救建議（同上）已刊稿
實施民治促進憲政以紓國難案（同上）已刊稿
中國民治促成會發起宣言（同上）已刊稿
跋中國民治促成會發起宣言（同上）手稿
宗座代表駐華十週年大慶特刊發刊詞（同上）已刊稿
徐文定公與中國科學（民國廿二年一九三三）已刊稿
贈科學研究會（同上）手稿
為朱慶瀾辨誣敬告國人（同上）已刊稿
羅瑪祝聖國籍主教與提高國人在國際間之地位（同上）已刊稿
南海黃竹岐何氏譜序（同上）已刊稿

國難言論集序（同上）影印稿
十誡序論（同上）已刊稿
致于總監督書（民國二十三年一九三四）原函
學術傳教（民國二十四年一九三五）已刊稿
二十世紀大學人鮑斯高十講序（同上）已刊稿
聯邦議（同上）已刊稿
救世福音對譯序（民國二十五年一九三六）已刊稿
貝沙羅司牧馬帥大裔族費來弟氏安德勒自序（同上）已刊稿
教皇比伍答法文譯者（同上）已刊稿
致馮玉祥書（同上）已刊稿
題馬建忠著東行三錄（同上）影印稿
致馮玉祥書（民國二十六年一九三七）已刊稿

以下各文年代待考

題天主教傳行中國考（手稿）
書分合表後（半爲他人謄寫稿，半係親筆手稿）
民治私議（已刊稿）
題贈丁任君先生（手稿）
無題殘稿二篇（手稿）
民治學會僉名簿題詞（手稿）
國民大會說（手稿）
信教自由（手稿）（殘）
現今財政以組織收支細則爲要務說（殘稿）（手稿）
尤其反基督教理由書後（手稿）
青年會開會演說詞（傳鈔稿）
致陸徵祥修士書（原函）
國貨展覽會演說詞（手稿）
呈設農業改良社附社章（手稿）
農業改良友助社簡章（底稿曾經親筆修改）
擬設務農友助社簡章（手稿）
問謀叛專制與謀叛共和其罪孰大（手稿）
教育培根社募捐小引（手稿）（殘）
致張仲仁函（親筆底稿）
再致仲仁函（親筆底稿）
爲邦之道（手稿）
民國地方自治所需各費可選取地方稅以自供說（手稿）
致英斂之先生書八封（原函）
致英淑貞女士書一封（原函）

書評

日本公教大辭典

劉殿林

本館館刊第一卷所發表拙作「談談日本公教出版事業」一文，於所列參考書項下曾約略言及東京上智大學編纂之「公教大辭典」一書。當時因限於篇幅，未能詳爲介紹，殊屬遺憾。茲以第二卷第一期行將付印，爰不揣謭陋，再就所知，略爲介紹。

殿林附識

一、緒言

該大辭典原名「カトリック大辭典」，カトリック爲Catholic之譯音，故譯爲「公教大辭典」。係由日本公教最高學府東京上智大學編纂，委託日本印刷株式會社代爲印刷，並由東京神田富山房擔任發行。已於昭和十五年十一月二十五日以及昭和十七年六月二十日分別刊出第一、第二兩卷。每卷定價十五圓。

二　裝幀及其體裁

該大辭典係皮背布面精裝，用八開道林紙印成。排印方式，與其他一般大辭典相同。每頁豎分兩欄，每欄橫排五十一行，每行二十四字。外上角印有頁數，正中天邊線上，則印有該頁所載起訖條目名稱。本文中每一條目均用四號字排印，其餘本文則用新五號字排印，頗爲醒目。條目之下除爲其本國人士習見之詞語，諸如國家、行爲、意志等語而外，餘均附以有關之拉丁、英、法、德、意、希伯來、希臘等語，以便閱者對照。其遇有條目涉及之範圍廣汎，內容龐雜者，則於條目之下，先舉列若干小題。如：

「依色列」一條，於條目之下，附有 Israel 之外國文名稱，其下則更依次列舉(1)依色列之意義；(2)依色列名稱之由來；(3)依色列民族及其國家之歷史；(4)依色列之宗教；(5)依色列民族之環境等小題。然後再就各小題分別論述。

其遇有重複之名詞，即乙名詞已見於甲名詞之內容中者，亦分別予以刊出，惟是等條目不用四號字而用五號字。於條目之下則僅註明見某某條而不另予解述。如遇有重要條目除按各小題分別解述而外並附有「文獻」一項,羅列種種有關文獻,以便閱者作進一步之研究時,能覓得適當之資料。

公教大辭典條目之排列方法,採用五十音順序。對於所用漢字之拼音,則採用表音式的拼音法,而不用歷史的拼音法,キヱヲ等字母一概不用,而一律使用イエオ等字母代之,諸如遺物寫作イブツ(如按歷史的拼音法則應寫作キブツ),叡知寫作エイチ(如按歷史的拼音法則應寫作ヱイチ),魚寫作ウオ。(如按歷史的拼音法則應寫作ウヲ)

其クワ亦一律用「カ」字,諸如貨幣則寫作カヘイ。(如按歷史的拼音法或關西語之讀法則應該爲クワヘイ)

外國語一律使用假名(日本字母)表現之。其見於聖書中之人名地名等,則依據臘蓋神父所譯之「新約聖書」。其他外國人名則依據「岩波西洋人名辭典」。外國地名則依據富山房出版之「國民百科大辭典」。故關於一般人名地名與一般社會上通用之人名地名,頗能收一致之效。而由此思及我國若干公教刊物至今尤墨守茹代亞、厄日多等教外人一見茫然之譯名,實不勝感慨!

大辭典第一卷計載有上智大學若翰·庫勞斯之序文三頁,凡例一頁,本文八百四十三頁,末附圖表索引一頁。第二卷計有本文八百六十五頁,末附圖表索引一頁。

三　編者及其編纂之經過

公教大辭典係由耶穌會在日本東京主持之上智大學負責編纂,另由德國赫德爾 Herder 書肆協助者。至該大辭典編纂之動機,乃係前任教宗比約第十一世鑒於當時日本出版事業發達,而經學者介紹進入日本之歐美思想,多偏重於物質文明,甚至有害無益之學說,亦大量傳入,而對於歐美內部偉大的源泉,以及形成今日成功之主因的基督教文化,則尚未介紹於智識階級之前。前任教宗遂立意在日本出版足以包括全般公教文化且具有學術價值之大辭典。嗣後即由上智大學接受編纂之責。前任教宗非特隨時予以精神的鼓勵,即在經濟方面,亦不斷予以接濟,及教宗比約第十一世駕崩,現任教宗比約第十二世嗣位之後,亦一本前任教宗之熱忱繼續予以鼓勵接濟,而始終直接協助者則爲馬來拉(Paul Marella)總主教。

編纂時世界各地具有權威之學者,無不紛紛寄稿予以協助,充分表現我公教之「公」的精神。就中尤以德國學者最爲踴躍,因大辭典之編纂所即附設上智大學之內,並有赫德爾書局之關係故也。

大辭典在尙未着手編纂之初，因鑒於翻譯用語有統一之必要，遂先糾合學者以及負責編譯人員就大辭典所需之範圍選擇語彙，編成「公教用語小辭典」一書，分發負責大辭典之編譯人員，以求大辭典中用語之統一。

四　語彙之選擇以及各條目說明繁簡之方針

該大辭典對於語彙之選擇以及各條目應予說明之繁簡，定有三項方針：

（一）因我公教為一「有機體，」且因限於篇幅，故對於教會史一項以及關於教會史之說明，多偏重對於教會現狀具有重大影響之事項或其他重要之事項。

（二）為喚起日本學者之關心，並為屏除其對我公教所持之偏見起見，故多着重於足以表達我公教眞正態度之事項，或其他有關現代重要問題之事項，並隨時就我公教所持之立場見解予以闡明。實予彷徨於現代混亂黑暗思潮中之閱者投以無限之光明。如「社會主義」一條，除於條目之下附有拉丁文 Socialismus 之外，則列舉（一）社會主義之概念及其思想之特色；（二）社會主義之種別；（三）烏托邦社會主義之主要代表者；（四）國家社會主義；（五）社會化（六）社會民主主義，最後則為闡明我公教對社會主義之立場及態度（七）社會主義與公教會一項，該項根據教宗良十三之勞工通牒，以及教宗比約十一之紀念勞工通牒頒布四十週年之通牒，詳細闡明我公教對於社會主義所持之見解，以及所取之態度，實為教內外人士絕好之指針。

（三）該大辭典對於無關我公教以及無關我公教宇宙觀之事項，則一概不予列入；蓋此類條目自有其領域，自有其特種之辭典足可容納也。該大辭典對於其他宗教以及新教（Protestant）各派，除有時因須表明我公教之態度應予詳細說明而外，其餘亦力避詳細之說明。

五　內容大要

日本公教大辭典之內容，計包括：公教神學、公教哲學、教會組織、教會典禮、教會藝術、教會史、聖人傳記、文獻、教會統計、各國宗教事業概況，以及公教宇宙觀對於各種文化事業之影響，公教世界觀點下之精神、自然科學等等，並附有各種圖表、原色膠版圖像多幅。

六　特色

大辭典除具有普通各國公教大辭典之條件而外，尤能着眼於我東亞之情形，實為其特色，如：

「支那」一條，其下又分1最初之紀錄；2景教；3蒙古使節之派遣；4最初公教之布道；5閉關自守時代；6近代的先驅者利瑪竇；7利瑪竇之收穫；8進步時代；9宮廷內之傳敎士；10內外之困難；11轉機；12漸次普及流傳；13二十世紀之傳敎狀況；14中國公敎出版物；15傳敎現狀；16現在中國敎會之組織及其活動；17統計表；18中國公敎美術等十八項，網羅自聖多默傳敎中國之傳說起，以迄最近中國公敎之現況止，長達三十餘萬字，中間附以有關敎會組織之五彩敎區圖一大幅，有關中國公敎現狀之中國公敎統計表一大幅，並印有關我中國公敎史蹟、美術、建築、彫刻以及有關各種活動之照片多幅。實不啻一部天主敎傳入中國小史，中國天主敎現狀紀要也。（按中國天主敎史係採用商務印書館出版德理賢著之中國天主敎傳敎史。）

六　結論

公敎大辭典之編纂，實可謂近代日本公敎出版事業之一偉大成就。考第一卷出版時，日本已與我國發生戰爭，比及第二卷出版時，日本已與美國宣戰，全國已呈敗戰之象，物力人力均已山窮水盡，而猶能力圖掙扎，完成第二卷，洵非易事！其堅苦卓絕之精神，誠值得吾人之取法，亦值得國人今後警惕也！

最後尚有一言者，即該大辭典具有濃重之德國氣息；至排印方法，亦微有不盡妥善之處，如頁中起訖之條目，列於正中天邊線之上，檢查時實覺不便，何如將頁數移印外下角，於如今印有頁數之處，加印頁中起訖條目；倘能再於每卷之末附以索引，則更覺便利矣。實之編纂諸君，不知以為然否。

聖詠集（舊約全書之三）

畢樹棠

方濟堂聖經學會編譯，民國三十五年九月，北平李廣橋方濟堂出版，全書五七二頁，定價普通本國幣五千元，精印本一萬元。

在西方，自有史以來，影響人心最大的一部書，當推聖經。牠不僅是創始西方一神宗敎的一部傳統經典，而且是創始西方文化的一部現存的最古紀錄，即所謂西方兩大文化源泉之一，希伯來文化是也。我們從今日歐洲混亂的局面回顧牠的文化路線的來歷，也許追踪到雅典時代便可停止，以純粹的希臘文化為古代的理想境界，但是就人類歷史上看去，則不得不追尋到耶路撒冷，即聖經上的舊約時代是也。而且就思想上言之，歐洲中古約有千年之久，其宗敎的因素一直影響着文藝復興到近代和科學相糾纏的人生，不能以「黑暗時期」抹殺一切。試觀美國聖經學會（American Bible Society）發行的聖經（全本與節本）有一千零六十四種語譯本，每年銷行達一千二百萬餘冊之多。這紀錄是任何名著傑作所不能及的。中國的四書五經在舊時的地位，正和新舊約在西方的地位相等，凡讀書者幾乎人手一編，雖然向來沒有統計可查，但是是否能達到這個紀錄，也大是疑問。至如方言譯本，更是寥寥無幾了。

我們都知道聖經的原文是很古的，舊約是用希伯來文寫的，新約是用希臘文寫的。最早的譯本是拉丁文寫的，其中以第四世紀末葉 Jerome 神父的拉丁譯本為最著名。其後基督教流傳各國，譯本日衆，到今日已是普遍全球了。僅以英文譯本而言，最初有十四世紀末 John Wycliffe 氏譯本，至十六世紀亨利八世與伊麗薩伯時代，英國文風極盛，聖經譯事亦達於燦爛光華之境，而至十七世紀之初，詹姆士一世延攬博學善文之士，考訂原經，旁參百家，大舉重修譯文，於一六一一年告成，即所謂「詹姆士王譯本」（King James Version）亦即標準英文譯本，迄今三百餘年來，莫不以此為圭臬也。聞近年美國聖經學者，以古佚的新材料屢有發現，又感覺有重修譯文的必要，於一九二八年推定十五位學者組織籌備委員會，一九三七年着手新約部分，最近先已完成。據說考訂十分周密，譯文一色為現代英語，惟學術界尚無定評，不知是否將為一新的標準譯本耳。

聖經的中文譯本大體都依據英譯，而參以拉丁，主持者是教會，目的在傳教，自無需重新考究原文。文體以易於流傳，所以採用「官話」，開中國白話譯書之新風，而且譯得忠實樸茂，很能運用語言之自然，久為教外學者所讚賞。但是細加考查，似乎有兩個缺點：第一沒注意參酌較古的譯文，甚至原文，所以沒引起中國學者對於經文的研究；第二官話只能通俗，不能表達經文之美。二十餘年來，中國語體文之進步，已非舊時的官話所能包括，而且和歐洲語文有相當的接近，牠的譯文表現能力早已超過通俗的階段，而達於傳美的境界了。就這兩點言之，中文本聖經和最近美國似的，也有重修的必要。至少應有此動機與準備。近來北平方濟堂聖經學會着手重譯舊約，是否特別着重這兩點，不敢斷定，但是看他們最近出版的「聖詠集」在這兩方面確有顯著的進步，這是很可喜的一件事。

聖詠集，希伯來原文為「讚美歌」或「祈禱曲」之意，拉丁文譯為 Psalterium 英譯轉為 Psalms 義為絃樂，中文舊譯為「詩篇」，是舊約全書的一部分，共集詩歌一百五十首，都是讚頌或祈禱天主的些曲子，爲世界最古詩歌集之一，在西方的地位彷彿在中國的詩經。體裁不一，作者多人，曲文因年久傳譯，更有殘缺異疑，其中問題很多，爲歷來考證學者的艱難工作。在這新譯本裏，有一長篇總論，約二萬言，把聖詠研究作一概括之敘述，使我們得一個有系統的認識，茲舉其綱目如次：（一）聖詠的名稱，（二）聖詠的位置與篇數，（三）聖詠的分法與次第，（四）聖詠的題名（標題），（五）聖詠的作者，（六）聖詠的體裁，（七）聖詠的種類，（八）聖詠中的神學，（九）聖教會與聖詠集，末附參考書目，共中西文書二十七種。

在這篇總論裏，除去考證和釋義的文字以外，關於聖詠的批評，有頗可注意者，如：

「聖詠的主要作者有三：一是科拉（Core）的後裔，二是亞撒弗和他的後裔（Asaph）三是達味（David）……科拉後裔的詩在聖詠集中恐爲最清逸雅麗的詩，情感眞誠懇切，對聖殿和熙京表現着非常的敬愛，音律又極其嚴密而不流於艱深，勁健自然，故在文壇上獲得了極大的聲譽。……亞撒弗的十二篇多是歷史的追憶，詩辭高尙雄壯，意義卓絕，比喻與典故用得特別多，但是詩的構造不免有些不自然，太過於矯揉造作。……達味所作

的詩，總數應在七十與八十篇之間，達味的詩有他特殊的精神和熱誠，故與其他作者的詩有許多不同的地方。他注意到自己的罪過，脆弱，憂苦，敵人的妒視，邪惡和乖戾，他的心便傾倒在天主的懷裏。正因爲他得天獨厚，經驗了別人所未經驗的情感，所以在他的詩中特別富有個性的熱誠和自謙……」

其次，關於聖詠的體裁，也有足資參考的解說，如：

「聖經中的古希伯來詩，並不和我們的詩一樣，是用韻和調平仄的，（指中國舊詩而言。）希伯來詩的根本則是詞句並行，或是思想並行，或是二者皆互相並行，這就是我們現在所說的並行體（Parallelismus）在聖經文學的範圍內佔據了重要的位置，主要的並行體不外三種：（一）疊義並行體（Parallelismus Synonymus）（二）反證並行體（Parallelismus Antitheticus）（三）綜合並行體（Parallelismus Syntheticus）論到希伯來古詩的韻律，似乎有兩種固定的方式：（一）希伯來古詩，不像希臘和拉丁詩，是依據音節的長短，而是依據音節的抑揚，（二）按古希臘的詩歌常是帶表演的歌誦的，初由右向左舞，謂之第一樂章（Strophe）；次由左向右舞，謂之第二樂章（Antistrophe）希伯來

詩也借用了這種體裁，每首分做兩章，這種分法也是屬於並行詩體的，不過不是第一行對第二行，而是段對段的。……有的詩很難認出樂章的首尾，因此研究希伯來古詩音律的學者常是意見紛歧。我們不能否認希伯來詩是受了埃及和巴比倫的影響，尤其是受了巴比倫的影響。至於內容，在一切文中，希伯來聖詠是獨一無二的純粹宗教性詩歌。」

最後，關於聖詠中的神學，提出一個思想的問題，

「天主這個名詞，按聖經上的意義，是指他的本性而言……罪惡的報酬是死亡，詩人提到死亡，心中就覺驚怖惶悚。按舊約時代，以為人死之後，要降入深坑（即陰間）陰間沒有義人惡人的區別，幽魂的命運是一樣的。後來天主的默示日漸顯明，詩人也就開始直言惡人在身後不能享受福樂，而義人卻常與天主同在。按聖詠集中最普通的見解，善人在世所享受的幸福，不外財富榮譽子女衆多和延年益壽而已，惡人在世所受的懲罰也不外是自身或子女們所遭的暴死。……同這有密切關係的，就是神學上認為最難解決的災禍問題。在世界上惡人為甚麼享福，而善人為什麼受罪呢？聖詠給我們的答案，同約伯傳給我們的答語是一樣的不圓滿，不徹底，不能使人滿意。」

至如聖詠的譯文，則極力與一九四四年羅馬聖經委員會的新譯本相吻合，而完全採用現代的白話辭彙。譯文之外，每篇冠以「引言」和「章旨」，末附註解，參考各種譯本之異同，引證古今聖經學者之考釋，很見譯者工夫之淵博。所以有很多和通行舊約詩稿不同的地方，和標準英譯本也有不少的差異，為比較研究者供獻了一部豐富的新資料。雖然譯者在序裏說，這部譯作不是為了少數人的研究和欣賞的。

這部聖詠集是由一位天主教司鐸獨力完成的，我們為表示敬意，謹藉此文作一介紹。這位司鐸名雷永明（P. Gabriele Maria Allegra, O.F.M.）為意大利西西里人，十年前派來我國，駐湖南衡陽天主教堂，五年前來北平，現任李廣橋方濟堂。為人聰明仁慈，而尤好學，特長語言，酷嗜哲學文藝，除通歐洲現代各國語言以外，又博通古代語文，如希伯來，敘利亞，希臘，拉丁等。習漢文不過十年，而寫作已斐然成章，昔年曾譯屈原離騷與天問，遍讀各家關於楚辭之註釋與研究，又編譯國音字母與意國語音對照表解，其書皆久已刊行問世。於意大利文學中，最精但丁神曲，博極近代詩人，如雷奧帕第(G. Leopardi)卡杜契(G. Carducci)鄧南遮(G.d' Annunzio.)之流。近兩年來，則以全力重譯舊約全書，計劃每

年完成一卷，聖詠集即初步之成績也。司鐸年僅三十餘，業精於勤，其前途實莫大焉。聞最近吳經熊博士亦有「聖詠譯義初稿」之作，採用韻文體裁，不日由商務印書館出版，且已以兩年工夫，重譯新約全部，不久亦將付梓。如此，聖詠集已有兩種新譯本，同時出現，而新舊約全書之重譯，亦將相繼分工告成，可謂一時盛事。深望此中西兩學者行將攜手相慶也。

三十五年十月十七日清華園。

（經世日報讀書週刊第十二期）

仁愛之王

周信華

原著人　瑪竇神父

翻譯者　關采蘋女士

三十二開　二加六加二一二頁

出版者　香港眞理學會

處此道德人心，世風綱紀極度敗壞的當兒，正需要一種充滿仁愛並能矯正敗俗的良好讀物來作補救，不然若可能的話，連一般被預選者也將墮落了！

香港眞理學會最近出版了一本書，題名爲仁愛之王，這是宣揚耶穌聖心的一本專書，也是使生活聖化的一冊寶訣，更是針對如今惡時代的切要讀物。

原著人是瑪竇神父，他是近代的聖心大宗徒。他于一九○七年蒙受了聖心殊恩之後，立刻負起了傳揚聖心的使命，足跡徧全歐，處處留芬芳；更以最動人的態度，最熱誠的神愛和最美妙的辭令，作了無數次的聖心仁愛講演，這書的產生，便是他講演的結晶。

原書爲法文，後來西班牙的譯本出版時，他又加上了一百餘頁，故材料愈形豐富，自後又被譯成七八國的言語，流傳所及，幾徧全球。

瑪竇神父鑒于各國均有譯本，唯中國尚付闕如，深以爲憾。幸在一九三八年，得到瑞士籍某女士的一筆可觀的捐欵，指定作爲譯本的基金，瑪竇神父始得如願以償；但要從事翻譯，談何容易，對人選自當特別考慮，特別審愼，終於聘請吳經熊博士（最近被任爲我國駐敎廷公使）担任翻譯，曾分期披露於香港公敎報，不幸戰事爆發，港埠尋亦淪陷，工作也就被迫停止。

這次幸獲勝利，國土重光，眞理學會秘書長師傑仁神父

Maestrini 又聘請關采蘋女士對該書重譯，更得瑪竇神父的協助，終於在一九四二年八月出版問世。

作者曾耗去一整天的工夫細閱這部新問世的仁愛之王，覺得確是一本名貴的譯本。

這譯本雖出自一位女士却毫不帶閨閣氣，這是最可嘉稱的，普通一般女作家的創作或譯作往往脂粉直透紙背，一讀，即知爲出自女子之手。至於這譯本的筆法顯得剛强老練、有力，但仍不失文章的美柔使讀者常處在嚴肅而又溫和之中。

「愛」是最不容易寫的一件東西，過火會使人感到肉麻，過淡會失去其中精髓，必求其適中而後可。關女士對聖心之愛的譯述，就作到了這一步。文調措辭用句剛中見柔，柔中見剛；淡中見濃，濃中見淡，使讀者浸沉在絕對聖潔的仁愛之中。

譯述的最大困難，便是受原文牽制，使寫來處處受到拘束。譯述原分爲兩種，便是意譯和直譯，許多人以爲中西文字的性質絕對不同，主張一切該意譯；可是有許多人以爲這樣將失去原文的本來面目，主張直譯。兩說確是各有其理。作者以爲能直譯的地方必須盡力直譯，不能直譯的地方，則不妨意譯；因爲中西文字的性質確是不同，假使膠柱鼓瑟，必要直譯到底，結果會寫成不中不西的怪文章。請問，若中國的名作，有外國人願作介紹而從事翻譯，難道他們也把中文直譯到底？若這樣，那外國文字還像樣子？

關女士的譯筆，一點不顯生硬，一點不覺勉强，寫來流利通順，簡直像她自己的創作。除了幾處多少不免受點西文的影響外，如「封聖品給聖人們」等等，簡直找不出怪形狀怪的外國句法，這是她對譯述能權變的成效。

可是作者有幾點意見，却願在這里提一提：

（一）對於地名，在譯名下，以加註原文爲妙，如書中耶穌聖心的顯聖地「伯里」下，並沒有註出原文，使讀者感到有些迷糊；況「伯里」這譯音，也似乎使人感到生疏。在人名地名以及其他專用名詞未統一之前，一般寫作家或譯述家還是採取已被普徧通用的名詞爲佳。如最近有幾位作家專好創造新名詞，作者曾在X刊物上見有大培院小培院的名稱，起初想是又產生了什麼新修會，結果原來大培院便是大脩院，小培院便是小脩院。這種新創名詞，對實際毫無補益，徒亂視聽而已。

（二）高高慶慶（二十八頁）這句話，也使人感到生疏，這或許是滬地的土話，或許慶和興在滬地音同而不分，因此將興誤寫爲慶，總之作者認爲高高興興比高高慶慶爲對，也更普徧。

（三）書中對聖女小德肋撒，寫成小聖德肋撒，雖是爲着和西班牙的聖女德肋撒作區別，但讀者尤其是教外的讀者，也許會誤認這是聖德大小的區別，他們將誤解小德肋撒倘不夠被稱爲大聖的資格，因而稱之爲小聖，所以依作者的意見，還不如寫聖女小德肋撒，或聖小德肋撒，以免引起誤解。至於小聖花一語，倒不會引起讀者的誤解，因爲這很顯明的是一句文藝性而又富於詩意的美稱。

（四）本分，　這是公教神職班內的一種傳統名詞，既俚俗而又不普徧，希望關女士和一般寫作家，自後遇到用「本分」兩字的時候，可代以責職、責守、天職、職務等，較爲相稱的名詞。

（五）演聖蹟，　這個演字也似乎欠妥當，欠鄭重，不如寫顯聖蹟，或施行靈蹟爲妙。

（六）比喻，　他愛拉匝祿……（見一百四十一頁）這比喻也似乎欠妥，因爲這里不是設虛喻，是舉實例，因此「譬之」或譬如」，覺得更對。

一本付印的書，要求其絕對沒有錯字，那是辦不到的，但當盡力之所能，減少錯字的數量，這就是說在校對方面，該特別審愼仔細，尤其是幾個比較有關係的字，更應注意，如本書中，一百二十五頁，「二千年前」却誤印爲「二十年前」這一字之錯，在歷史的年代方面，就錯了一千九百八十年。

作者再提出當加以改正或斟酌的幾點：

（一）戰事彌漫　戰事瀰漫（三頁）
（二）高上　高尙（七頁）
（三）人愛之王　仁愛之王（八頁）
（四）你把家內最尊崇的角落　角落可改處所（二十一頁）
（五）如何明悟　如何澈悟（二十六頁）
（六）督信　篤信（二十七頁）
（七）又高祝凱旋門　又高築凱旋門（三十頁）
（八）挽救危欄的羔羊　挽救越欄的羔羊（卅三頁）
（九）子細　仔細（三十四頁）
（十）歷力　神力（三十五頁）
（十一）歸究　歸咎（四十四頁）
（十二）渺少　渺小（六十七頁）
（十三）把他致死　將他致死（六十九頁）
（十四）溶爐　熔爐（七十六頁）
（十五）爲口奔跑　爲口腹奔跑（一〇〇頁）
（十六）身架　身價（一一七頁）

(十七)抵受痛苦　接受痛苦　(一二〇頁)
(十七)蹌蹈　踴躍　(一二七頁)
(十九)天主的特寵　所特寵　(一三〇頁)
(二十)抵受　接受　(一三九頁)
(廿一)剎　煞　(一五〇頁)
(廿二)組織有效步驟　採取有效步驟，一七〇頁
(廿三)面份　名份　(一七六頁)
(廿四)亞瑪利　瑪利亞　(一八一頁)

這本書如果沒有上引種種疵病，則實在是值得稱許的良好宗教讀物；它必將喚醒許多人的迷夢，炙熱許多人的冷心；當這反宗教的惡勢力極度膨脹，而一般人的宗教觀點受到有史以來未曾有過的大威脅的驚險時代，這本書是再需要不過的！

耶穌眞徒的生活第二冊　張介眉

按耶穌眞徒的生活共四冊，爲耶穌會徐司鐸著，申自天司鐸譯。各書出版次序，頗爲凌亂。第一冊「宗教卽天主與人之間生命的聯繫」民國二十七年初版。三十年再版；第四冊「公教道德卽效法耶穌」民國三十三年初版；第三冊「耶穌在人心中的生活」現正在印刷中；第二冊「耶穌人性和神性生活的源泉」於本年十一月二十五日出版。

我們讀了新出版的第二冊後，深覺這部書取材新穎，能把古新經（卽新舊約）中的道理，按科學方式整理，用文學手腕寫出，使讀者津津有味，不覺枯燥，把以前宗教書籍中的呆板氣息，一掃而空，不能不說是教會出版界的一大貢獻。全冊分三卷：第一卷「地堂的慘劇」第二卷「救贖的慘劇」第三卷「耶穌基督神性生命的唯一泉源」。把人類的起源，亞當背命原罪遺害，基督救贖，聖母中保等道理，用一個線索，串了下去，叫讀的人如看近代科學書，一點不落窠臼。

對古經記載懷疑的人頗多，尤其對創世紀前三章，以爲不合科學。本書作者偏偏拿這三章爲主幹，而把應用聖經的方法，寫得淸淸楚楚，證明聖經絕不錯誤，聖經亦絕不悖科學，這爲讀者給了莫大的啓示。我想懷疑的人們，只要手此一卷，心中自然冰釋了。

不過書中也有幾點，似有改正的必要。

一、譯者過於馬虎。古新經中聖人的名字，前人都翻譯過了，我們似乎沒有另譯的必要。比如伯多祿一名，在中國已沿用了二三百年，基督教採用彼得也有一百多年，而本書內竟改爲白得祿，未免多此一舉。保祿的格羅森書，）見蕭若瑟新經全集）基督教譯爲歌羅西，日本人譯爲哥羅西，已經夠多的了。而本書又改爲哥羅神。且引用書名，前後又往往不一

致，三頁上用哥羅神，一三三頁上則又用哥羅森，六十五頁一行用熱肋米亞，九行改為若肋米亞。三頁上用白得祿，一〇九頁則又用伯多祿，這顯然是疏忽，他如伊何譯為埃田，）十四頁，）而埃田又變為耐田（二十頁。）六六頁用亞伯郎，六三頁用亞巴郎，七七頁又用亞伯朗；九六頁瑪爾古，九七頁則又作瑪爾谷；七六頁之撒單，一〇九頁作撒且；七八頁之大衛，八四頁用達味，先後參差。此外熱愛爾、亞茂、馬拉吉、達尼乃爾、加比厄爾、台撒、亞各、白達、伯爾、西納山，都似乎應當採用我教或新教舊譯，不必更張；若人人別出新裁，徒增讀者迷惑，是有害無益的！

二、校對欠細。　我們將全書略讀一過，便發現誤字太多。三頁「建築」誤為「健築」；五頁「他加人三位一體」許是「加入」；八頁光照聖經著作者的理，」許是「理想」；九頁「聖經也是給作證的」，「給字下漏「我」字；十二頁「不要昌然的」應是「冒然的」；十三頁「沒有什麼多大關係，「應是「什麼」；十七頁「去徵服自己，」應是「征服」；廿三頁「隱隱當當，」應是「穩穩當當」；廿九頁、「命令的假值，」應當是「價值」；四十七頁及五十三頁「蒙避，」乃蒙蔽之誤；五〇頁，「天主便不後不加增，」「不後」應為「不能」；五二頁「服服在地」應為「俯伏」；五五頁「叛意天主」叛意二字不可解；六〇頁「總不恢心」應是「灰心，」一六八頁「原滿」應為「圓滿」；「價賜」應為「賞賜」；一百頁「彼比」應為「彼此；」九五頁引證若望福音，有章無節；一〇七頁「報告」應是「及告；」一〇八頁「淩辱」當是「淩辱；」一一八頁「惱恢」應是「惱恨；」一二一頁「舊宿」當是「歸宿；」一二二頁「監固」當是「堅固；」「不措」當是「不惜，」一二九頁，「愛惜」當是「愛情。」希望再版時能加以更正，初版發售時則從速加入勘誤表。

三、辭句也實在晦澀。　大體說來，這部書的文辭是相當流利的，不過有幾處費解。如四一頁「天主不以向前跑並提拔罪人回頭為滿足，」「向前跑」三字不知何解。同頁「並享見他，在天堂那裏」似乎不是中文說法，八五頁「基督人性的寵愛，遠遠超過神人或是一個一個的，或是都在一齊所具有的寵愛以上，」這種冗長的句子，非常累贅！一〇六頁「而絕對的信賴他的全能慈和許諾」亦疊堆砌太甚；一〇九頁「與厄里亞僅討」「僅討」二字費解；一三二頁「基督神性生唯一的源泉」生字下疑漏去命字。

四、引用聖經太不經心。　我們引用聖經，應非常審慎，不可有所竄改。古經果然尚無公教全譯本，但新經譯本則已有多種，但本書引用聖經詞句，無不出於新譯，不獨費力，且間有不妥之處。如三三頁「我領女人和你，女人的後裔和你的後裔彼此爲仇敵。」「領」字實覺不妥。按拉丁文通行本並沒有領的意思，法譯德譯也都沒有領的說法。可怪的，譯者自己翻譯的句子，前後也不一致，如九五頁「因爲我的軛是合式好負的，我的擔子是輕省的，」一〇六頁則爲「因爲我們的軛是柔軟合式的，我的担子是輕省的，」這證明譯書的時候，對聖經詞句，難免掉以輕心。

出版消息

港澳公教出版事業概觀

周信華

就作者所知，公教中從事出版事業的機構，約有三十八處，幾佔全國教區五分之一强，這確是堪告慰的一件事。其中設備較全，規模較大而出書量又較宏富的，除上海土山灣印書館、兗州保祿印書館、獻縣印書館等外，當推香港眞理學會，和澳門的慈幼印書館。

（一） 香港眞理學會

香港本是海隅的一塊不毛之地，遜清道光二十二年割讓與英，就造成了中國領土上的大汚點；如今中國已全面勝利，英國還是盤據不放，無意歸還，所幸宗教與政治，劃然兩路，不相爲謀，因此眞理學會雖處在這種局面之下，對學術文化還是盡着最大的努力，對於公教出版事業，更不落人後。

它對出版事業的推廣，很早就採用歐西前進的新方式，使讀者得到多方面的便利，對宣傳更不遺餘力，凡各堂口，各機關，各脩會各脩院，以及個人，都分致專函呈送書目定單等，這種周到的手續，確爲其他印書館所不及，收效也因此特宏。

它曾計劃出一部 Series "Dulces Aurorae Lacrymae" 即甘露叢書，計有 Tsabella Hispanorum Regina "Religio et scientiarum progressus" Res Publica in servitutem Redacta" Vitae spiritualis Novus Ortus" 等名著，所聘請擔任編著或譯述的人，都是國內聞名的學者，如吳經熊、葉秋原、杜衡、施蟄存、蘇雪林諸先生。

它又公開發起小說徵求，以鼓勵一般人的寫作興趣，這也是它能迎合時代和具有極強的活動力的證據。

最近它又以最新的姿態與全國人士相見，根據過去的努力，以新方式特側重於譯述，盡量介紹各國的名著，如最新出版的仁愛之王（關釆蘋女士譯）便是一個例子。

根據其一九四六年的圖書目錄計：

基督言行類	二種	聖事類、	六種
辯證類、	八種	傳記類、	十種
教義類、	八種	致命錄、	六種
聖召小冊、	二種	講道與傳教、	三種
應用經文類、	六種	一般讀物、	六種
公教進行類、	四種	紅色小叢書、	四種
各種故事、	三種	國語讀本	一種
廣州俗語書、	四種	共計七十三種	

（二）澳門慈幼印書館

在粵江口三角洲南端，更有一塊受葡萄牙統治的土地，便是我們習知的澳門。

葡萄牙是一個完全公教的國家，雖曾一度掀起過反宗教的風浪，但不久便歸平息；更幸運的，兩次世界大戰，它都沒有捲入旋渦，得偏安於大西洋之一隅。

在這一隅之地，公教相當發達。至於努力于公教出版事業的，便是該地的慈幼印書館。可和香港的眞理學會媲美。本館最近收到圖書目錄一紙，就在這目錄上，表現出一種新的面目和新的姿態，這是它隨着時代在前進的證據。

下面是它的簡目：

書名	著者	譯者
（一）青年叢書		
多明我沙維賀傳	聖鮑斯高	陳伯強　蘇冠明
彌額爾馬高尼傳	聖鮑斯高	鄧靑慈
我的懺悔	韋爾第（在印刷中）	鄧靑慈
（二）傳記		
十九世紀的偉人	烏古斯安尼	胡重生
血露	梅安尼	龔希功

聖女瑪加利大傳　白英德　傅玉堂

(三)文化叢書

大學新詮　葉深詮釋

詩經　陳植性選句詮釋

中庸新詮　葉深詮釋

(四)公教史地叢書

初級古史略　蘇冠明

初級新史略　蘇冠明

高級古史略　聖鮑斯高　梁銘勛

高級新史略　聖鮑斯高　梁銘勛

(五)兒童叢書（蘇冠明盛熊運主編）

十萬問題　一集二集三集

海豹故事　慈母之聲　小賣技者　自由樂園

四義友　動物世界　薇薇害了我

女巫的約指　美斋

(六)公教小讀物叢刊

聖部小英雄　梅安尼　著

飛翔集　鍾協　著

聖若瑟月　賈瑪若蘭著

忠實的一天　沈默　著

慈母心　岳道譯著

眞有地獄嗎　白美德　著

迪嘉蘭　FR女士著

莫斯科消鉄　白美德　著

盧聖赫肋納

主保彙編　羅嘉　編著

傳教花絮　傅玉堂譯述

安琪兒的淚　白美德　著

聖誕故事　莫希功

(七)青年小說叢書

第一集

月亮的兒子們　梅安尼　丁山

荒漠之花　梅安尼　殷士

漠罕默德的女兒　梅安尼　魯微達

洛機山　梅安尼　梁華旺　陳騫慈

古城巨竊　梅安尼　胡興粵

紅海之畔　梅安尼　魯微達

第二集

藍衣人　勒普斯　殷士

海底三傑　普靈西　伍梓鋒

捕蝶人　羅斯利安　謝慈幼

煉　庫靈爾　丁山　七苦聖母的愛兒　聖鮑斯高的繼位者
太陽之子　趙榮廣　嘉諾撒仁愛會會祖　母佑會會祖
獄魔　紀殷典　聖體善會主保　公教作家主保
(八)靈修叢書　一朵中國花　兒童良友的教宗
無價的諾言　廿貧師表　靈蹟大聖　貧人之后
免疫主保　聖心的宗徒　青年慈父　北菲聖師
花地瑪聖母　聖體小烈士　貧苦之文　聖鮑斯高的母親
一朵小白花　可紀念的少年著作家　病者之慰　公教學校主保
顯靈聖牌　隱修之光　贖世主會會祖　悔罪之表
公教女青年主保　露德小花　慈幼會史略　中華公教婦女的模範
中世紀聖教棟樑　一朵廿世紀的苦難花　愛德小天使

新經全集銷行統計

河北獻縣印書館出版蕭若瑟著新經全集，自民國八年出版以來，銷售成績，至為可觀；茲得天津崇德堂寄來該書歷年印行概況一覽表如後：

崇德堂

版次	年份	書名	版次	年份	書名
第一版	民國八年	四史聖經（此為本書原名）	第七版	民國廿一年	同　同　第五版
第二版	民國九年	四史聖經(增)宗徒行實	第八版	民國廿二年	同　同　第六版
第三版	民國十一年	新經全集上下二冊合訂本第一版	第九版	民國廿六年	同　同　第七版
第四版	民國十三年	同　同　第二版	第十版	民國廿七年	同　同　第八版
第五版	民國十六年	同　同　第三版		自民國二十一年至今上冊共印一萬冊	
第六版	民國十九年	同　同　第四版		下冊共印七千五百冊	

傳教士與中國官吏

珊

Missionary and Mandarin

饒伯森 A. H. Rowbotharn 著。加州大學出版社 University of California Press 印。一九四二年出版。三八六頁。定價美金三元。

美國人饒伯森曾執教於清華大學，旅華十載，對中國舊日文藝有相當研究，而於明末清初耶穌會教士溝通中西文化之事，尤有深刻之探討。歸國後授課於加州大學，以餘暇寫成「傳教士與中國官吏」一書，取材博，條理清，堪稱佳構。

「傳教士與中國官吏」亦稱「耶穌會教士在中國朝廷」The Jesuits at the Court of China，共四編十九章。第一編述唐代景教及元代也里可溫傳道情形，第二編述明末清初耶穌會教士來華佈道經過及內部之爭辯，第三編述耶穌會教士之溝通中西文化，第四編述耶穌會教士在華之成就。其中以第二編所佔篇幅（二〇四頁，約合正文三分之二）爲最多，蓋因此編爲全書主幹——如利瑪竇之堅苦卓絕，委曲遷就，與同教異會人士之激烈抨擊駁辯往還——故不能不詳加闡述也。

按，自明孝宗弘治五年（西歷一四九二）哥倫布發現美洲以後，海上交通漸繁，泰西熱心教士，紛紛東來，傳佈大道，其在中國樹立天主教基礎者，自當推意大利人利瑪竇。利氏於明神宗萬曆十年（西歷一五八二）抵澳門，旋至肇慶，又輾轉達於北京，經十餘載之學習觀察，知佛道二教在中國社會勢力雖大，但入人之深者究屬儒家之說，故欲推廣一種宗教，拒儒家法度於千里之外，絕難成功。於是斟酌損益，在不傷天主教主旨之原則下，盡力遷就中國禮俗，務使士大夫不以異端相待，用遂其佈道之目的。因之知識份子一時信者頗不乏人，教務頗蒸蒸日上。利氏固以傳道爲職志，但同時又介紹新知於中國，此後湯若望、南懷仁，皆秉利氏遺規，有補於中國曆法與地理者不少。而若干教士又復將孔子學說傳至泰西，致彼士學者如 Leibnitz. Maledranche. Spinoza. Voltaire 胥皆受其影響。故利氏非獨教中偉人，抑亦溝通中西文化之先覺也。

語云，「道高一尺，魔高一丈。」利氏冒各種危險，用各種方法，始奠定天主教在華基礎。然妒嫉者已藉語流傳稱之爲「魔鬼之忠僕」矣。在利氏生前，關於其遷就中國禮俗，即大受責難，但利氏我行我素，不稍屈服，而繼述諸人，亦皆蕭規曹隨，率由舊章。因之自明末以迄清初數十年間，爭訟不已，終於西歷一七七三年（清高宗乾隆三十八年）耶穌會被解散，始告停止，第其時天主教在華失勢已三十年，利氏千辛萬苦所奠之基早摧毀殆盡矣。

凱旋

王芬華

本書封面外題爲「凱旋，」扉頁題爲「山西天主教之榮冠，」王崇禮司鐸撰，本年十一月山西太原天主堂出版。因今年十一月二十四日，羅馬教廷宣布光緒庚子年義和團仇教時，山西殉教主教艾士傑 Grassi 等二十六人爲「眞福品」是書即二十六人之小傳，附二十六人之遺容，及受刑紀念碑亭與遺墓之照片多幅。最爲名貴。讀十九頁所記，似作者今年已有六十七高齡，實難能可貴。本書頗多有價值之史料，如武安邦之精於國文，陳西滿之於一八九七年出遊義大利，而一八九七年都靈博覽會（書中襲用舊稱賽會）太原教會運往之展覽物品，竟需三四十頭駱駝負載，亦我國對外關係史上之珍聞，而王若望之以國樂出國表演，尤爲藝壇佳話。又一八九八年清廷出使法國大臣裕庚之參加富格辣主教 Fogolla 在巴黎之祝聖禮，又稱裕庚係教徒（十五頁）亦聞所未聞者，確否待查，他如富體仁神父之撰中國辣丁大字典，竟不幸而燬於火，最足惋惜。本書之最可貴處，乃敘事忠實，絕無虛飾者，殉教諸人有小節出入之處，亦據實直書，不爲隱諱。蓋作者係殉教富主教及雷神父之門生，又爲張若望、董博第、王若望、張煥、張志和五修士之同學，故所知特詳。而本書於讀者信仰之增進，與立德立功之鼓勵，則更不待言。所惜作者採用土語，標點亦多錯誤，爲美中不足耳。

天津一美兵

羅文秀

這是周信華神父所寫的第七部小說。他以前出版的「江北八」、「希諾亞人」、「雲飄菊流」、「一條胡同」、「挽救」「風雲幻變，」久已噲炙人口，譽爲教會小說界之傑作。作者年來寄居天津，這是他養病時期的作品，由天津望海樓天主教文化協進會支會代爲印行。已於十一月中出版。惟序文中將作者印爲「〇〇司鐸，」又有「〇〇小說，」似爲「公教小說；」底封面裏面之「校對者，」亦有銜無名，均爲出版者絕大疏忽。文化協進會乃機關名稱，而稱作者「步入文協之途，」亦爲不通。

期刊介紹

以十二月二十日以前收到者爲限

（1）益世周刊 第二十七卷第十九期 第二十期

益世主日報自本年六月在南京復刊後，已出版二十期。頭該刊負責人以「主日報」三字教外人多不瞭解，且有誤讀爲「益世主日報」者，故爲通俗起見，決定自第二十七卷第十九期（三十五年十一月十日）起，改稱「益世周刊」。封面煥然一新，內容亦大加充實，計分論著、文藝、文化圈、教聞網各欄。第十九期有于總主教於傳教節講「三種貢獻」，張道一譯史拜曼樞機之「飢饉—和平的恐怖」，樸夫「中國人對死的觀念」，蕤之「司鐸書院一瞥」及文藝漫畫等數篇。第二十期有于總主教之「眞與實」，趙紀明之「理想辨僞」，馮瓚璋之「我對於社會問題的看法」，莫逸之「培植民族思想的方法」，均爲針對吾國現實社會之卓論。至牛亦未之「十月三十一日」，則爲記述首都公教祝賀蔣主席大壽之記事文，文筆輕鬆，與各篇文藝作品相映成趣。

（2）公教報 第一九六、一九七、一九八、一九九號

公教報第一九六號十月六日出版，主要文字有「青年男子與超性生活」與劉宇聲之「聖培院是什麼？」第一九七號之主要文字有周若漁之「墨子之兼愛非攻槪觀」、程野聲「論老子之道」徐宗澤「中國天主教教區之進展」、黃斯望「香港公教百年史」、「貴縣天主教史略」等篇。第一九八號除教內外新聞外，主要文字爲「中國天主教文化協進會」之章程論述等。第一九九號有全國各地天主教會祝慶蔣主席壽辰之報道，有田樞機「我們爲主席祝壽的意義」，有周若漁代社論之「兩種衝突」即基督主義與共産主義之衝突。「公教思想與生活」欄，有李秉源之「天主眞理與共産主義」。有轉載申報社論「評最近關於基督教會的事件」等。該報爲四開報紙一張半，以副刊文字爲最有價值。

（3）聖心報 第六十卷 第十一期第十二期

聖心報以十一月爲教中救助已亡靈魂升天之煉靈月，特發表兩篇有關煉靈之文字：除對祈禱總意「戰事期內的死亡者」加以闡述外，又有張士泉之「煉獄中有外教人的靈魂嗎」一文，爲一般信友不可不讀之文字。第十二期有「

做母親的管教子女的難處」「訪問留學羅馬回國的司鐸」及「一位法國神父在德國」等篇。外有王昌祉之神修指導等，允為教衆崇修之階梯。他如傳記、說林、公教益聞等，對讀者亦有不少裨益。該報每册零售三百元，全年訂閱酌加郵費，可向上海徐家匯土山灣聖心報館函洽。

（4）鳳翔教務月刊 第一卷 第一二期

該刊因內地紙料缺乏，以土紙石印出版，白報紙封面，尚清晰可讀。第一期有編者之「發刊詞」「鳳翔王道南主教、高思謙副主教告全體司鐸書」張世哲「陝西天主公教傳教史略」、李少峰「鳳翔教區教務演進之鳥瞰」等篇。第二期有倘賢「傳教方法之我見」、凌霄「漫畫傳教」、曾自芳「司祭基督化論」、高士英「現時代之認識與反應」等。第三期為「慶祝中華庚子致命諸先烈列入真福品專刊」，內容均係有關殉教先烈之史事及論著，蓋為響應十一月二十四日梵蒂岡大堂列品盛典之作也。外有教區論述及「教聞彙報」等文字發表。第一卷第一期九月三十日出刊，第二期十月廿五日出刊，第三期十一月廿二日出刊。該刊原定贈閱，但因成本高昂，希望讀者量力捐助。發行處陝西鳳翔天主教總堂。

（5）公教與人生 上海益世報副刊

是刊每星期發刊一期，承該報自第一期至第十二期全部寄贈一份，得悉該刊每期刊登主日聖經一篇，首錄經文，次錄陽瑪諾釋義，乃摘錄陽氏「諸瞻禮口鐸」之未刊本，彌足珍貴。此外則為教史教義等文字。第一期有徐宗澤之「中國天主教教區之進展」、蔡石方之「天主教徒」第二期有編者趙爾謙之「悼饒家駒神父」、張懋之「漢譯聖詠集之誕生」；第三期有潤農之「吳漁山先生年考」；第四期為「吳漁山皈依天主教」與見龍之「無窮的概念」；第五期有王仁生之「血的結晶」；第六期內容見本刊第一卷期刊介紹欄；第七期有蔡石方之「英倫三島傳教史略」及王仁生「天主教與科學」；第八期有徐宗澤「羅馬教廷與中國通使之回溯」續前「吳漁山司鐸之公教詩」；第九期有潤農之「吳漁山之傳教生活」；第十、十一、十二期有王仁生之「耶穌提高人的地位」及徐宗澤、潤農之論文續前。執筆者皆公教知名作家，文字亦富有價值，故頗得讀者之好評云。

（6）聖體軍月刊 第十二卷 第十一期十二期

該刊為上海徐家匯出版發行，目的在訓練聖體軍友，故內容多活潑生動之文字，啓發兒童知識與興趣。計分祈禱總附意、訓練、要理講座、小說故事、常識、繁星等欄，誠小學兒童之良好讀物，即家長亦可用作教育子女之指南。又該刊每年出十冊（暑期停刊）每冊售價三百元，預訂全年三千元，國內郵費在內，由教區賬房劃賬，須另加手續費三百元。

（7）教友生活 第一卷第十三期

該刊第十三期於十一月十五日出版，內容分論壇、公教史料、雜俎及教務新聞各欄。本期有劉峻德之「公教流行中國略史」及奉一草之「對於一九〇〇年中國致命首批列品的介紹和偶感」等篇。通訊處陝西西安土地廟什字天主堂教友生活社。

（8）Le Bulletin Catholique de Pékin 一九四六年十一月第三十三年三九一號

法文北平公教月刊本年十一月號已出版，內容有教廷首任駐華公使之略歷、建立本籍主教區後之中國教省劃分狀況、北平總主教區及各教區消息、傳教史、海外教務新聞等。最後為書評，本期書評乃對雷永明譯「聖詠集」之批評，作者署名 M. v. W. c. m. 乃遺使會士，識評甚苛，似失忠恕之道。綜其所評者甚多，茲舉下列數端：

一、譯者不列拉丁文、希臘文、敍利亞文及聖經考證文 Massoretique 之原文，亦不見其引用聖經之古譯本；

二、譯者翻譯聖經之用意，似不為大衆，而專為教士或修士；故解釋希伯來文，引用拉丁文之處頗多。

三、譯本用國語，但非通行國語，而為襁褓中之語言，聖經譯語應與聖經相稱，不太艱深，若與天津出版之新約相較，天津譯本即更淺易，更流利，亦更國語 Plus Kuo yu

評者並稱曾以譯本示二司鐸（未說明中國人抑外國人？）均覺格格不入；又出示二教外學者，則竟詢「此乃外國書乎」？但據吾人讀後感想，聖詠集之譯文，在近五十年教會出版物中，似尚不失為「清通」者。本刊第一卷發表方豪之批評，曾舉出十一點，但對文字方面絕少指摘，本刊本期尚有畢樹棠先生之書評一篇，畢為教外學者，對譯文亦不如某君所言之甚也。

（9）Catholic Review Vol. XII. No. 10. October 1946

上海英文公教月刊 一九四六年十月號

英文公教月刊十月號現已收到，本期要目有「羅馬教廷與中國」「戰爭時期之梵蒂岡」「中國駐教廷新公使略歷」以及教務消息，公教學校狀況等。外有「心理學家之婚姻觀」及「現代國際情勢」兩篇，頗饒興味，為現代青年及關心國際情勢者不可不讀之文字。

（10）The China Monthly. Vol. VII., No. 10 October 1946

英文中國月報

第七卷第十期紐約出版，南京石鼓路一百號上海福州路一七八號代售

該報為南京于總主教所創辦，網羅中美出版界名人負責社務，組織董事會，由于總主教任名譽董事長，Gregory Schramm為董事，蔡任漁司鐸任社長，開國人在海外作文字宣傳之先聲。對於宣揚中國文化，矯正外人誤解中國之錯謬，心理厥功非淺。該報完全採用美國雜誌之版本型式，插圖頗多，為一綜合介紹中國國情之刊物。本期有「馬歇爾使華」之記事，「中美政治協會上杜魯門總統書」及John Goette「溥儀在國際法庭」H. McCord「認識你的中國」羅傳芳「中美文化之連繫」劉君「中國歷代之外交政策」孟君「農業的中國」等，末有書評及介紹兩篇。該報年出十二期，零售美金二角，預訂全年二元，郵費五角，中國讀者可向南京上海兩辦事處訂閱云。

作家動態

張維篤主教赴羅馬述職

河南信陽主教張維篤，戰時維持信陽教務，勤勞卓著；該教區教士國籍至為複雜，而華籍僅主教一人。主教原籍山東，現年四十三歲，民國十三年入聖言會，十九年晉司鐸，曾任兗州小修院副院長，三十年七月升信陽宗座代牧主教，精中德文，編有伯爾格滿格言、聖歌彙集、神習用健（合編）等；又曾在天津益世報人文周刊發表辭海上冊公教名詞正誤，惜下冊出版後，並未繼續撰寫。最近由漢口經京抵滬，聞將偕同吳經熊公使同船赴羅馬述職云。（八）

張潤波主教長耕莘中學

宣化主教張潤波，現年四十七歲，曾掌教北平小修院七

年，並曾任輔仁大學公教學生監督。民國二十二年起被聘為羅馬傳信大學中國文學及哲學教授二十五年七月七日晉陞宣化代牧。張主教著有修女避靜道理第一輯、宣講綱目、聖魏亞乃傳上冊等。

今年田樞機就任北平總主教，銳意革新教務，成立聯合小修院改名耕莘中學，適張主教來平養痾，田樞機因重視修院教育即邀請張主教暫攝校長職務，張主教就任後不久，宿病復發現尚在醫院中治療云。（塵）

李君武任北平副主教

李君武司鐸略歷，已見本刊第一卷；最近田樞機並於十一月二十九日正式宣佈任李司鐸為副主教，想李副主教必能為田公分勞有所貢獻。本館為田樞機手創之第一件事業，李公已表示願盡最大努力協助本館發展云。（絕）

趙懷信署理主教著作不倦

趙懷信司鐸，字允伯，聖名文南爵，北平人，今年五十三歲，多服務於學校修院。現任宣化教區署理主教，兼聖家大修院院長。前著有「助善終引」、「公教辯護學導言」等書。民國十五年赴羅馬參與乃兄祝聖主教大典，歸而蒐集報章並私人所藏，編為「二年的迴憶」，洋洋一巨冊，為首次祝聖華籍主教之綜合紀錄。譯作有「關於大修院之聖座勅書及學務聖部頒佈之施行細則」及「聖女小德肋撒神嬰小路」。今年復編著「神修學大綱」，乃作者積多年講授之經驗，並參閱神修名著多種而成。聞此書分上下兩卷，導言外凡二十章，不久當可問世。（文森）

工商學院院長劉迺仁司鐸

劉迺仁司鐸，河北獻縣教區耶穌會司鐸，現任天津工商學院院長。於敵偽時期對於校務慘淡經營，不使教育奴化。添設女子文學院，擴充圖書館，提倡純正的文學，領導該校師生出版公教學生、公教學志、工商生活等刊物，並與朱星元先生合編公教文學討論集第一輯，收羅論文十五篇。去秋勝利後，曾與北平教育局長英千里先生飛渝，參加平津教育復員會議。現除任工商學院院長一職外，兼任中國天主教文化協進會天津分會理事長，對於天津公教文化建樹甚多。（堤）

阮鐵生司鐸積稿豐富

阮鐵生司鐸，字韜光，又字斂鋒，察省蔚縣人，現任宣化聖家大修院教授，前輯有「廿世紀底思想」取材公教各雜誌，乃答難當地教外中學生之集本。近年翻譯「自獻」（Le don de soi，）題爲「奉獻自己」。案此書原由已故成白雲司鐸翻譯，陸續刊載於天津益世主日報，全功未竟，遂由阮司鐸整理重譯，現尚未出版。又嘗在本區教理研究會主講聖教禮儀，積稿多篇，取名「聖教禮儀講稿」，他日整理竣事，必有以饗讀者也。（文森）

程野聲司鐸主編公教報

程野聲司鐸，民國三十二年畢業於香港華南總修院，即在香港「天主教修院」任國文教席。次年在澳門晉陞司鐸，並在澳門聖若瑟中學任訓育主任，兼中學部教員；本年七月返港，任公教報主筆，及公教眞理學會中文書籍出版主任。程司鐸在未晉司鐸時，即從事著述，昆明、重慶兩地益世報曾發表其論文多篇，頗得讀者好評。（自）

常守義司鐸來平養疴

常司鐸，字耀生，現年四十三歲，綏遠涼城人。民國三年進張家口西灣子小修院肄業，讀第一年哲學後，於十一年，入大同總修院續攻第二年哲學，並四年神學。於十六年晉任司鐸。次年加入聖母聖心會。入會後則調往西灣子教區服務，計在西灣子小修院及集寧教區小修院先後執教三年，後於二十年調任大同總修院教授哲學，又於二十五年，任綏遠哲學院哲學與哲學史教授。三十二年，比籍司鐸被拘送濰縣時，在哲學院代理院長三年，今夏暑假後因病來平修養，歸期尚未決定。曾著哲學縮型、哲學史縮型；譯有兒童德徑、神靈戰術、神修引進、淑修性氣、用已過術、戰勝自己、依靠聖母等。（誰）

楊壽康女士入會修道

楊壽康女士，江蘇蘇州人，精通法語，譯述甚多，常爲聖教雜誌寫稿。單行本有「彌撒和教友的生活」「弗隆勿洛夫人傳」「人類超性的特恩」（Dieu en nous.）「善牧會創始人傳略，」「一個孩子的靈魂」等，以上數種均由土山灣印書館出版；「死亡的意義」（Le Sens de la mort.）則由商務印書館發行，列入世界文學名著，此書爲法國文學家 Paul Bourget 原著，乃一本描寫心理之小說，譯本有徐宗澤司鐸序。楊女士在上海啓明女中服務垂二十年，在震旦女子文理學院工作八年。而於抗戰勝利後，毅然加入聖心女修會中，將終身從事於教育及文化事業。

張秀亞女士執教輔大

張秀亞女士，河北滄縣人，北平輔仁大學民國三十一年十二屆西語系畢業。在校時編輯輔仁文苑，發表詩歌、小說、散文頗多，單行本有「皈依」「幸福的泉源」等，山東兗州保祿印書館發行。後潛往內地，在重慶工作數年，現在北平任輔仁大學英語講師，並為各報章雜誌撰稿，最近在新思潮月刊第一卷第四期（十一月一日）發表一篇散文「海的女兒」茲將該刊介紹語抄錄如下：「張秀亞女士是北方讀者熟知的一位作家。她在抗戰前就在平津各報章雜誌上發表文章；抗戰後在重慶出版了一部『珂羅佐女郎』風行一時。她的文筆很細膩，想像力極強，從這篇『海的女兒』裏就可以看出這些特點。」南京益世主日報二十七卷第三及第四期（三十五年七月十四日及二十一日）有天眞君的「女作家張秀亞」一文可供參考。（堤）

諸正瑛女士埋頭寫作

諸正瑛女士，江蘇蘇州人，抱獨身主義，致力於文藝及教育。常有散文、詩歌、戲劇故事發表於聖心報、聖體軍月刊、南京益世主日報、上海益世報，筆名甚多，如「諸徵」「心誠」「吳燕」等。單行本有「我們的小傳教士」上海土山灣印書館發行，頗受讀者歡迎。姊妹作有「女工通訊」和「小學教師」兩中篇小說，早已脫稿，因紙張昂貴，未能印刷，將在上海益世報副刊中陸續登載。諸女士現於蘇州木瀆，主持小學校一所，并擔任上海益世報蘇州通訊員。（堤）

抗戰期中之損失

（一）馮奎璋司鐸

馮奎璋司鐸，北平籍，光緒三十三年生，民十五年赴法留學，二十二年晉升司鐸，再赴羅馬入聖多瑪斯大學，考得神學博士學位，並在義大利爵學會考得爵師證書。民二十四年歸國，任教北平文聲總修院，以素諳拉丁、英、法、意及西班牙語，博覽中外書籍，譯著頗多，散見磐石、新北辰月刊及國外西文雜誌中。筆名有隱華、隱聲、薩儀孟等。譯本有公教司鐸通牒、華嘉爾貞女小史等出版。著作未出版者，有音樂小辭典及中國文學史概論。至所編哲學辭典及中國哲學史講義兩書，則未獲完篇。就中尤以中國哲學史一書，頗有獨到處。民三十一年與若干同志創辦鐸聲月刊，出版四月，風行華北。第以體質素弱，積勞成疾，竟爾天年不永，時民三十一年四月十三日，年僅三十有六。識者惋惜，咸認為吾教著作界一大損失。（瓚）

（二）江道源司鐸

為表彰公教先賢，提倡公教文化，杭州教區司鐸曾創辦「我存雜誌」。江道源司鐸即發起人之一。江司鐸除擔任社務外，並管理教友及修院，可謂忙碌至極；除每月爲我存雜誌寫稿外，更從事寫作，所著「科學家與宗教」上冊，商務印書館出版，爲最有力之護教書。又辦理洪園中小學，擴充圖書館，救濟難民，奔走滬杭間，以致積勞成疾，遂於三十三年四月十二日病逝於杭州，臨終前，將「科學家與宗教」遺稿託吳宗文司鐸負責出版。江公著作尚有「十九世紀前中華基督教對於醫學之貢獻」、「十六七世紀西學東漸考略」兩小冊，山東兗州保祿印書館出版。江司鐸埋頭著述，又自習英法文，竟能成功；待人誠懇，惜未見抗戰勝利，與世長辭！吳宗文司鐸有「悼江道源司鐸一文」，見公教白話報第二七年十五、十六期合刊（三十三年九月十五日）。（堤）

悼念公教教育家徐景賢

近代公教教育家、史學家、文學作家徐哲夫先生景賢於十一月廿一日逝世。我得到這一個噩耗，禁不住熱淚奪眶而出，眼前就浮起這位至友的容音。

我與哲夫先生的深交在抗戰前就開始了。我們的首次認識，是他正在任馬老先生（他常這樣稱呼着）的祕書時。他住在徐家匯一條馬路邊上一間小屋內，終日爲老先生整理文件電稿，有一晚，他的夫人（已先他逝世）因晚餐早備，催他用餐，他拖了他的太太到馬路邊上，對她說：「你妨礙我爲聖教的工作，罰你站在馬路上念天主經聖母經各一遍。」

他有一次，這樣的向我說着：「我在清華研究院畢業時，年紀不上廿歲，去任教××大學，學生在黑板上題着：小鬼教授！以後，杭州創辦我存雜誌月刊，我們的過從更切。廿五年，他任安慶大學教授，兼崇文中學校長時，因學校暨出國赴意任納玻里中文講座事來北平，適我也在北平，爲了數度晉謁蔡總主教，我便任了他暫時的翻譯員，後因出國遙遙無期，他仍長他的崇文去了。

先時，他任過香港中和日報的主筆，他所以鬧翻，是爲了他在副刊上主張一切用純粹的公教筆調，擯棄一切含着黃色的文章；後任天津益世報副刊主編，還是本着這個精神。他的公教色彩；眞是濃得化不開，他每隔上幾分鐘，必在自己胸前劃一小十字，在安大任哲學教授時，他還是那種態度，教外學生爬上窗門，看見他常作那怪號，都喊着：「我們的教授在趕鬼呵！」他旅行時，常挾着那黃大皮包，漲滿了什麼似的，打開一看，竟有一包素醃菜，他說：「旅行時守齋可不便呀，有這醃菜，便可以無虞了。」

抗戰後，他便離開將淪陷的安慶，跑到自己故鄉河口，創辦崇文中學分校，湊巧我正打從杭州流亡到江西，便被拉去承之該校數理教席。他公教的精神，可以說達到了最高峯，他每天必率領保守贊公教學生進堂而念的經，除了規定經外，還來一大套，什麼爲我等祈足有十分鐘的工夫在他自撰的校史上有這末一句：「……求天主保佑……」爲了以身作則，剃過抗戰光頭，打上雞腿那末粗的綁腿，一身筆挺的軍裝，吃的還是同學生一般的大鍋菜，而且天天是「青一色。」省督學來視察時，常口邊掛着「公教色彩太濃厚」他也終是那末一句「是否違法？」他的學問和人格，眞使我們望塵莫及，可是他的身體太壞，不免常動起他的肝火，所以同事張景明先生常戲與他說「馬老先生所教你財酒色氣要摒絕，你只做了三個字，那『氣』字還夠不上工夫。」

待浙贛戰事吃緊，我便回到浙江遂安任省立嚴中高中部數學教員，以後我便同他疎遠起來了。河山重光後我跑到首都，從于總主教處探悉他因種種關係要上南京來稍事休息。曾幾何時，竟與世長辭。噫！夫復何言！願他常安息於永恆（克謙於上海途次）

著述簡目

1「孝經之研究」，清華研究院畢業論文，北平文化學社出版。

2「聖奧思定千五百年紀念論文，」曾經天津大公報文學副刊揭載，公教學生聯合會出版。

3「十字言論集，」爲香港中和日報論評集。

4「國民道德概論」安徽反省院叢書之三，廿四年十月初版。

5「徐文定公宗教論文集，」（編）杭州我存雜誌社出版。

6「徐文定公故事」我存雜誌社出版。

7「第三戰區政治部陣中日報論文選，」卅四年在江西自印。

8「大教宗比佑第十一與中國，」漢中公教思想社出版。

9「聖教宗與中國」我存雜誌社出版。

10「明孫火東先生致王葵心先生手書考釋，」上海土山灣印書館出版。

11「馬相伯先生國難言論集，」（編）

12「聖鮑斯高十講」我存雜誌社。

13「人生問題講話，」

14「中學生的新生活，」安慶崇文中學出版。

15「修學指導，」（同上）

16「聖多俾亞傳」（譯）安慶石印。

17「希望」（新詩集未出版）

18「徐文定公三百年紀念論文」（我們的教育第四五期抽印）

論文散見於聖教雜誌、聖心報、我們的教育、人文月刊、益世報、磐石、公教週刊、學風、我存等刊物。

館訊

第三次館務會議　本館第三次館務會議於十月三十日下午二時半舉行，出席館長以下全體館員，由方館長主席，報告本日開會宗旨，乃對館刊第一卷之編輯工作作一報告。略謂「本刊內容尙未充實，印刷方面亦不太滿意，但不滿意始能有進步。本館同人對編輯雜誌尙未有充分經驗，希多多練習，校對方面尤須深加注意。稿件方面，亦希同人努力寫作，惟內容及文字務須謹嚴，蓋學術機關之刊物，不能稍有苟且也。」於是主席報告館刊內容各欄計分論著、書林偶拾、文獻目錄、書評、出版消息、期刊介紹等欄。論著發表有關書籍之論文、翻譯名詞之審定等。書林偶拾刊載先賢未刊稿及名著題跋。文獻目錄發表公教出版書及書評爲新出版物之詳細介紹，如書名、著者、出版處所、版本形式、頁數、定價及發行處等，並對本書內容作一詳密之檢討。出版消息報告正在編著即將出版及再版書。期刊介紹則介紹最近期各公教雜誌之內容等。繼由同人全體討論館刊發行事宜：經館長指定李新六先生負責本館一切發行事宜云。

柵欄謁墓　十一月二日乃天主教追思已亡瞻禮，本館同人因阜成門外石門爲明末先賢利瑪竇、湯若望、南懷仁等遺墓所在，特於是日下午，由方館長率領全體館員前往展謁，並依教儀誦經；歸途道經陸公墓（即陸徵祥院長父母之墓）亦祈禱片刻，傍晚始進城回館云。

第四次館務會議　十一月二十三日本館舉行第四次館務會議。主席方館長行禮如儀。主席報告本屆會議範圍，乃就館務、館刊、出版及發行三方面進行討論，請大家發表意見。

館務方面關於出版書籍，據田樞機主教指示原則，本館出版書籍純爲對外性質，故對接受外稿，亦應根據此項原則，著重護教性質之著作。此外，目前本館接受外稿亦應顧及銷路，以維事業於永久。

館刊編輯方面自第二卷第一期起，除有關出版物之論著外，其他有關哲學、歷史、聖經學及社會學之研究文字，亦予發表。據一般評論本刊書評乃我國公教出版界之創舉，利用自我批評以提高公教出版物之素質。

發行方面本館目的在爲國內學者及各教堂服務，故發行份數不厭其多，而定價務求其廉，以求普遍。

會議於下午一時召開，因館長須參加平市天主教中學演講比賽會，故提前於二時結束云。

本館第一部新書出版　十二月八日本館第一部新書「梵蒂岡一瞥」一出版。該書爲前震旦大學教授現南京益世報編輯張天松先生應本館之請而作。張君於十餘年前曾有梵蒂岡之行，此次本館以教廷駐華首任公使黎總主教卽將來華，而我國駐教廷公使吳經熊博士亦將赴任，爲表示歡迎歡送，特請張君參考有關文獻，編著是書。凡九十餘目，八萬餘言，插圖多幅，外附館長方豪教授之長篇代序：「我國與梵蒂岡教廷之關係」闡述頗詳。該書出版後，購者踴躍。十二日天津益世報稱該書「披讀一過，無異作一次梵蒂岡巡禮」「研究西洋史、中國天主教史、國際政治及中國外交情形者，不可不人手一册」云。

本館收藏郎世甯名畫　北平某藏家藏有雍正四年郎世甯 Castiglione 爲怡王所作油畫一巨幅，戰前曾有燕京大學某英國教授願出三千元購買未成；某公教大善士以郎氏爲耶穌會士，在中西美術史上極有地位，亟應由教會收藏，卽出資購入，轉交本館保存。按該油畫係義大利某海濱風景，圖中並有當時已發明之汽船，同時兼用風帆，觀者無不嘖嘖贊賞。

歡迎美國奧柯諾爾司鐸

美國全國公教新聞社遠東特派員奧柯諾爾司鐸 Father Patrick O'Connor 最近自哈爾濱、長春回平，卽將返國，特於十二月十七日來本館參觀，並允將大批美國公教刊物捐贈本館，當晚卽在本館便餐。按奧氏曾任美國遠東月刊社社長，一九四四年並任美國公教出版界聯合會主席。

編後

本刊本期出版時正值聖誕節，因特加篇幅，多至一〇六頁，成為「特大號」，請 讀者注意。

自本期起每期另加插圖銅版紙精印 讀者如藏有先賢墨蹟或名貴書刊及古蹟紀念物等，請 惠寄照片，以光篇幅。

本期論著中張金壽之「論超性學要各版本之同異」，為教會版本學論著中難得之作，考證甚詳，雖字數較多，實有一讀價值。吳經熊公使所譯「聖詠譯義初稿」，已印行問世，此後將續有全部新約出版，方豪司鐸與吳先生過從甚密，且曾任其譯經顧問；「吳德生先生翻譯聖經的經過」一文，頗能使讀者認識吳譯之價值，而當時經過情形亦非方司鐸不能道出其詳。奇器圖說之價值，久為學術界所共知，自北平北堂圖書館在抗戰期間大加整理後，珍籍陸續發現，奇器圖說依據之原書，亦終於塵封中獲得，作者惠澤霖，荷蘭人，即該館主任，考證詳明，譯者景明，亦素攻目錄版本之學，譯文與原文相得益彰；外國教士在吾國作學術研究，耶穌會實開其端，此後每一修會均各有好學之士，從事著述或考察，蜚聲士林，雖教外人亦無不推重備致敬仰；聖母聖心會來華較晚，但不讓他會專美於前，孜孜不倦，迎頭趕上，實不愧為後起之秀。本期「在華聖母聖心會士之學術研究」一文，有極詳盡之介紹。此後本刊擬對其他各會之研究工作，逐一發表。前人作「遵主聖範」譯本考者，有陳垣、張若谷、方豪等，但對於其原文尚未加以研究，郭慕天「輕世金書原本考」一文則為窮源之作；郭司鐸現肄業輔仁大學史學系，前途不可限量。

書林偶拾欄內馬相伯先生與李問漁司鐸兩遺稿，最為名貴，讀之可見教中前賢對於提倡學術及傳道之熱誠；吳經熊致方杰人司鐸二札，其信仰之誠，篤譯經之審慎，學道之熱心，躍然紙上，讀之獲益不淺。陳垣「耶穌基督人子釋義序」勸教中人對他教之經典虛心研誦，不為門外之空辯，實為至理名言，且承認必有「最後覺悟及最後決定之一日」，較先生最近在「通鑑胡注表微」釋老篇所云「佛老不當闢，猶之天主不當闢」更為透澈，亦更為切合。文獻目錄欄為韓承璋之北堂中文善本書編目，分載三期，最後為公教書目。

其他書評欄劉殿林之評日本公教大辭典，畢樹棠之評聖詠集，前者乃以日本公教之努力，促吾國教中之注意，後者則為教外學者對教會書之評論，俱值得重視。

惠書誌謝

北平世界科學社贈	文藝與生活第二卷第三期及第三卷第二期
北平世界科學社贈	科學時報第十二卷第八號及第十一號
李儼先生贈	雍華圖文雜誌創刊號
張天松先生贈	南京一覽一冊
吳經熊先生贈	聖詠譯義初稿一冊
陳垣先生贈	通鑑胡注表微一冊
中國公教眞理學會贈	天主教月曆一份
工商學院贈	工商月曆一份　叨支丹史料集一巨冊
申自天司鐸贈	耶穌眞徒的生活第二冊一冊
燕京大學宗教學院贈	呂譯新約初稿一冊
輔仁大學贈	輔仁學誌第十三卷一冊
常守義司鐸贈	哲學縮型一冊　哲學史縮型一冊
天津望海樓天主教文化協進會文會贈	天津一美兵一冊
北平遣使會贈	Bulletin Catholique de Pékin, Nos 390, [illegible]
中法漢學研究所贈	中法漢學研究所圖書館館刊第二號一冊
羅文達先生贈	The Early Jews in China 一冊
上海聖心報館贈	聖心報第六十卷第十二期
香港公教報贈	公教報第一九五、一九六、一九七號
南京益世週報贈	益世週報廿七卷十九期、二十期、廿一、卄一期
鳳翔天主堂贈	鳳翔教區教務月刊第一卷第三期
四川靈巖書院贈	靈巖學報創刊號
香港公教眞理學會贈	耶穌仁愛之王一冊
上海聖體軍月刊社贈	聖體軍月刊第十二卷第十二期一冊
西安天主堂贈	教友生活第一卷十三期
王綸司鐸贈	凱旋一冊

上海益世報長期平寄一份，重慶益世報長期航寄一份，西安益世報長期航寄一份。

以上各書報均經拜收，深紉厚意；除在本館聘三圖書室陳列珍藏外，特此重申謝悃，藉彰高誼，倘承源源　賜寄，以光儉藏，尤所盼禱。

上智編譯館參考組謹啓

本刊徵稿簡約

（一）本刊下列各欄，一律歡迎外稿：

（甲）論著（有關宗教、哲學、政治、教育、歷史、社會及討論公教書報之編譯及出版，名詞之審訂，版本之考證及校勘等研究文字）

（乙）書林偶拾（先賢未刊稿，讀書劄記，罕見書之序跋，前人傳記等）

（丙）文獻目錄（私人或團體所藏善本書目或論著目以及近代出版書目）

（丁）書評，出版消息，期刊介紹，作家動態。

（二）來稿請繕寫清楚，署名蓋章，並加新式標點。

（三）甲、乙、丙三項稿件發表後敬送潤筆每千字三千元至五千元，特別有價值者不在此例。

（四）本館對來稿有刪改權，五千字以上之稿件，不用時，可以退還。

（五）賜稿請寄北平西安門黃城根北段路東本館館刊編輯部。

本館出版書報在下列各處發售

（一）西什庫北堂
（二）王府井大街八面槽東堂
（三）西直門大街西堂
（四）宣武門內東順城街南堂
（五）國立北平圖書館
（六）輔仁大學
（七）勝利出版社（西長安街）
（八）獨立出版社（王府井南口）
（九）紅藍出版社（八面槽）
（十）開通書社（琉璃廠）
（一一）通學齋書社（南新華街）
（一二）榮華堂書社（琉璃廠廠甸十三號）
（一三）富晉書社（西琉璃廠一九三號）
（一四）五洲會記書局（東安市場桂銘商場）
（一五）同文書局（東安市場丹桂商場）
（一六）寶文書局（隆福寺街東口）
（一七）文淵閣書社（隆福寺街東口）
（一八）新華書社（西單北大街）
（一九）天津馬場道工商大學
（二〇）天津河北路七十號天主教文化協進會分會
（二一）天津望海樓天主教文化協進會支會

協和印書局承印：北平王府大街東昌胡同十七號電話五·四五六

中華民國三十六年三月—四月

上智編譯館館刊

田耕莘題

第二卷　第二期

BULLETIN
OF THE
INSTITUTUM S. THOMAE
Vol. II　No. II

March-April 1947

CARDINAL'S RESIDENCE
PEITANG, PEIPING
CHINA

Cum approb. ecclesiastic

館址：北平西安門西城根北堂內

要目

本館發行部緊急啓事

敬啓者：本館業務日益發展，館刊訂戶近亦激增，爲使訂戶及購書諸君明瞭手續，並加速寄送起見，謹擬辦法數則，至祈
台詧。

一、目前物價時有波動，本館所出書刊價目，暫定每二月或三月調整一次，在館刊公布；逾期收到之函件，以郵戳爲憑。

二、購書十本以上者九折，廿本以上者八折，五十本以上者七折。

三、外埠郵購，務請由郵局匯款，但必須註明北平第七支局或北平西四儲匯局付款，因本館距郵政總局及儲匯總局太遠，往返至不便利。如由銀行匯款，請註明由北平西單交通銀行支付；勿僅寫北平郵局或北平交通銀行。

四、在不得已之情況下（即無銀行無郵匯可通之地區）請附郵票，掛號寄下。千萬勿由教會賬房劃款，本館亦無致送彌撒獻儀辦法。

五、收件人地址（省縣市街及門牌）及姓名必須詳細開列。

六、訂閱館刊或購買書籍，請書明本館發行部，勿寄任何個人，以免延誤。

七、北平其他任何書店或出版機關之書刊，本館概不代購代訂。

八、一切函件，請寄北平西安門黃城根北段路東本館收，勿由北堂（西什庫天主堂）或其他機關代轉。

中國公教藝術珍品

聖母及若瑟抱耶穌木質雕像

右二像係余於民國二十八年春在昆明夜市中購得，據售者云乃自貴陽攜來，按中國式之公教藝術品，如圖畫建築等發現者已多，惟雕像則尚屬罕見，現聖母像已轉贈重慶聖衣院保存，若瑟抱耶穌像猶留本館。

方豪識

輔仁大學司鐸書院開景

（參見本刊本期周信華著「漫談司鐸書院」一文）

圖為北平西什庫天主堂，俗稱北堂，現為北平總主教座堂，田樞機主教公署，北堂圖書館，耕莘中學及本館均位於其左右。矗立雲霄，氣象萬千，中國公教之著名建築也。

馬相伯先生百歲墨寶

玆由郵局（務請在匯票上書明北平第七支局）匯上國幣　　元購買

貴館出版下列各書

宇宙觀與人生觀　　冊（每冊二千元）

公教與文化　　冊（每冊二千元）

梵蒂岡一瞥　　冊（每冊三千五百元）

馬相伯先生文集　　冊（道林紙本每冊五萬元）（芬蘭報紙本每冊二萬元）

上智編譯館館刊

第一卷（全一冊）

第二卷　第一期

第二卷　第二期

以上每冊二千元

預訂全年自第二卷起，每戶一萬元。

（以上價目以在六月一日前購買者為限，郵費加一。）

此致

上智編譯館發行部

（請寄　　省　　市縣　　街　　門牌）

謹啓

（請將此頁裁下郵寄本館）

上智編譯館館刊第二卷第二期目錄

馬相伯先生文集

方豪編　于右任署簽　陳垣序

三月十五日出版，全書五百頁，三十萬字，附銅鋅版多幅。

十六開道林紙本每部五萬元

二十開上等白報紙本每部二萬元

（以上售價在六月一日前有效）

寄費掛號一千元，航掛三千元。

本館道歉啓事

敬啓者：本館前刊登預約廣告，本書價目原定爲每部一萬二千元，預約九千元；但自陰曆新年以來，百物飛漲，北平紙價上昇尤高，年前四萬餘元一令之白報紙在二月廿日已達二十萬元；虧損甚鉅，迫不得已，乃將每部售價提高至二萬元，預約不加，並儘先寄送。事非得已，尚祈讀者諒宥！

附啓者：本書因成本太高，道林紙本僅印八十部，芬蘭報紙本二千部，預約已多，所存無幾，欲購從速。

上智編譯館謹啓

本館歷年出版

與天主教有關書籍

- 聖詠譯義初稿　吳經熊譯　蔣主席手訂
- 科學家與宗教（上）　江道源著
- 入華耶穌會士列傳　費賴之著　馮承鈞譯
- 中國天主教傳教史　德禮賢著
- 天主教十六世紀在華傳教誌　裴化行著　蕭濬華譯
- 公教論　陳香伯著
- 楊淇園先生年譜　楊振鍔著　方豪校
- 中國天主教史論叢　方豪著
- 馬相伯先生年譜　張若谷編著
- 名理探　李之藻著
- 致知淺說　馬良著

以上各書或闡述教義，或叙次教史，或表揚前賢，或論詮學理，均爲極有價值之作。惟間有售罄而尚待重印者，請向各地分館探詢購取可也。

商務印書館謹啓

論著

中華公教之當前急務

H. T. E. Zacharias 施格萊著
馮瓚璋譯

教友之欲研討中國傳教現況者，往往有僭越之嫌，尤以筆者久違中華大國，五年於玆矣！今欲檢討中國教務，益覺冒昧。惟是本文所有討論，非敢對過去之傳教工作吹毛求疵，此固讀者所能見及，第以筆者早年服務印度，繼任教北平輔仁大學，授課餘暇，亦曾努力於教友傳教工作，雖鮮成就，然此項工作之迫切需要，則為不可否認之事實。邇者舊地重遊，於傳教現況之認識尚感不足，自不容妄加評衡，故本文之立論，惟在加强教友傳教之呼籲而已。觀輔仁大學在抗戰九年中，幾歷艱險，堅忍不拔，卒能獲得國民之一致推許，而國民政府亦堅決承認其在淪陷期間作育青年，不為利誘，不為勢屈，對民族精神與道德之維持，不無勞績。吾人於驚喜快慰之餘，益信此訓練中國公教優秀青年之工作，乃屬絕對可能之事也。

緣是，筆者如在本文中有所陳述，亦不過一得之愚，所以喚起傳教士與修士信友之注意而已，讀者當能諒及。蓋吾人同居聖伯多祿漁船，浮沉與共，關夫航行運轉，固屬責有專人，無從置喙，而對航行順利之檢討，未始不可以同舟共濟也。

一

中國人民之怠於接受福音，究其原因，實以西方人士之妄自尊大為最大阻力。蓋自機械發達以來，西方人士自恃其技術物質之生產過人，目空一切，對數千年來東方文化核心之中國妄加輕視，以為人不如我；尤自鴉片戰爭（一八三九）以還，此種種族之優越感益覺增高，若干不平等條約相繼加諸「與人無害與世無爭」之中國，計自十九世紀以迄二十世紀，此種不平之慘史固仍歷歷在目也。

羅馬公敎在華敎士對此殖民地主義雖曾極力反對，終未能制止彼政治家之野心，致使中國人之內心反抗日益深烈，誠如丁谷鳴司鐸Martin Vincent（註）所稱「除基督信者及中國留學生尚知傳敎事業之目的所在外一般民衆咸認傳敎工作乃帝國主義之文化侵略，所以謀彼國自身之利益者。」

註：丁谷鳴司鐸本篤會士原居四川南充西山隱修院。民二十七年應已故雷鳴遠司鐸之請出山任陸軍第十二軍中尉醫官展轉三年，至民三十年被俘解山東濰縣集中。三十二年七月，應同居俘擄之請作公開演講，講題爲「中國人對公敎傳敎事業之態度」。講稿於三十三年在「公敎敎務叢刊」發表。三十四年十月日寇釋放俘擄丁司鐸被釋回本軍服務六月後，以戰事結束去職回川。

欲轉變上述成見吾人僅宣佈立場，謂不關心政事，絕難取信於人，必也証之實行：使中國人實見彼傳敎士確無種族之優越感，其對本國政府之批評與對其他各國政府相同，完全以正義眞理爲根據不稍偏袒，而其日常傳敎生活則無時不在謀中國數千年文化之發展，健全中國固有道德，期使此東亞大國得在政治經濟與文化上獲得長足之進展。傳敎士果能如此則中國人必心悅誠服。

此種善意之服務精神，其最大表現在訓練中國人民以愛護祖國之美德。猶之在美國之外籍傳敎士必使敎友善作美國國民，同樣在華外籍敎士亦必訓練敎友善作中國國民。夫然後國人始承認其超越國籍性之傳敎工作確係天主所召，一如聖保祿所稱「成爲一切人之一切，俾使一切人得救。」

二

國人接受福音之第二重阻力，據丁司鐸宣稱乃傳敎士「象牙寶塔」之生活，使近之者覩其淡漠無情冷若冰霜之面孔，縱未享受「閉門羹」，亦感其人之不可親矣。

傳敎士之生活向極紀律，忙碌異常，然非習與接近之人則頗難諒解。且傳敎士多屬修會會士，修會生活大都禁止社交之往還。於是傳敎士與社會兩相隔絕，在社交場中中上級人士從未見有公敎傳敎士之足跡，容或相見亦徒增彼此之隔閡。蓋傳敎士習於鄉村生活，於中國交際禮俗諸多不講，難登大雅之堂，一旦與士大夫相見，窘相畢露，徒增邦人之輕視耳。吾人於此慨然於過去傳教政策之遞變：蓋自利瑪竇等自上而下之傳教方略中斷後，後之人幾全變爲自下而上之傳教法，其成績之差固無庸諱言，蓋後者固不可少，而前者尤不可忽。此殆今日傳教學者所公認。是以訓練中國公教優秀青年，俾作未來中國社會之領袖人物，誠屬當務之急。然傳教士本身倘不能與國內高尚人士有所接觸，不得教外人士之同情，則其訓練工作亦難合乎實際。公教之深入社會，固有賴乎多數熱心教友滲透社會各階層，從事潛移默化，然傳教士本身如能與社會高尚人士有所往還，則其感化能力必可倍增。是故外籍傳教士不當僅以粗通國語爲滿足，且須對中國之文化、社會之禮節與習尚充分瞭解，方爲勝任之傳教士。社交之天才，固非人人具備，吾人亦非欲所有傳教士皆出入於交際場中，然使彼等盡力之所能，與教外高尚人士接觸，俾打破以往之誤解與成見，此種要求當不得視爲過苛也。

三

據丁司鐸聞諸友人：中國人民之與西人隔閡，其由於語言不同者佔百分之三十，其他問題佔百分之十，但由於生活習慣之不同，竟佔百分之六十。

西人引以自豪者爲活潑爽直，處事紀律，合邏輯，求效果；不尚情面，不善婉轉，不延宕。中國人則主穩健，主爲對方留餘地，主事緩則圓，小不忍則亂大謀。總之，中國人之生活非機械化而爲仁義之生活，故對西人之浮燥，善怒認爲輕狂不情也。

西人之欲接近中國人者，須根本剷除以往之錯謬觀念，對以往視爲不如己者確實承認其高出於己之上。蓋中國人之言「否」，與西人絕對不同，緣其待人接物非本邏輯，乃本乎仁義美德，故能與人無忤而事終得諧，是其道德精神實有駕乎西人之上者矣。

四

此外，所有中國公教人士，無論國籍與客籍，對教外人雖儘有同情，然鮮有能知把握之道者。世人欲授人以學者，己身必先有所學，俾得以先覺覺後覺。吾人欲傳教於中國，則對中國儒、釋、道各教之起源、發展及現狀，不惟需要研究，且須加以瞭解。欲充分瞭解，則不能不以同情心設身處地於其人中，以觀彼毫無啓示眞理者對宗教有何種之懷抱。所幸純正之孔子學說，乃附有自然神學之倫理哲學，吾人儘可據爲基督啓示眞理之根據，然未可據此以證佛老之皆虛。蓋佛老之支配中國社會，自有其攸久之歷史，未可一筆抹煞，吾人所當努力者，即研究其何者可資採取，何者須加以糾正耳。惜乎以往之訓練傳敎士者，大都未遑及此，致令新來傳敎士隨自欲爲，無所適從，此筆者不得不引爲遺憾者也。

竊意加爾各答耶穌會學者唐對氏 George Dandoy 對印度哲學之態度，實可資吾人取法，換言之，即無分司鐸與信友，吾人須上遡基督前期之中國宗敎背景與意識，以認識中國眞正宗敎精神之所在。至若一般「比較宗敎學」之以一切爲異端者，實有未合民情，不如不講之爲愈也。

五

旣檢討己身之錯誤，吾人於改善之後，所當注意者即攻擊吾人之惡勢力，此種勢力之所以敵視吾人，蓋其敵視天主故也。彼或以利誘或以威脅，然吾人旣忠於天主，忠於己身，勢必堅如鐵石，不爲所左右也。

居惡勢力之首者當推國家主義。此與愛國主義有別。愛國主義使吾人愛護祖國而善盡國民義務；國家主義則視祖國高於一切國家之上，公民資格則爲無上至寶。實則所謂公民，不過人爲之資格，人民於服務國家之餘，固不可忽視天主之要求也。

今日之中國一如其他各國，亦在走向國家至上之途，故欲使宗敎駕乎國家之上，必招反感。誠如吾人所知，所謂國家主義原屬西方舶來，其輸入中國不過百年，爲人採用不過五十年事耳。猶之其他學說，在西方已或陳腐，而在中國則正在演變中。國家主義自亦不能例外。今日歐西各國已不復談獨立而爭議共同管理，反觀中國則尚在反帝國主義之掙扎中，然則其致力於國家至上，固環境使然也。

敎會學校與一切私立學校享受同等優遇，揆其原因，以其能爲國家省却龐大之敎育經費也。古老之中國，對此如對一般宗敎，不加可否，任其存在，然一般新進則認敎育權乃國家所獨有，故不惜加以種種限制，以造成國家利益主義之單純敎育。至若一般公認之「敎育自由乃良心自由之一部」，此間殊鮮人知，即或知之，亦認爲與國家主義相抵觸，蓋國家主義者之視公敎，猶爲外國組織之以外國金錢宣傳外國敎義者。

緣是吾人所倡之愛國敎育，乃當前之急務，使吾公敎人士皆有爲國犧牲，至死不辭之決心。其與國家主義不同者，即法國英雄聖女貞德之原則「當先事天主。」

基於本籍司鐸之增加，中華公教已建立正常體制，中國人士亦已列名樞機。此種措施，當可免去以往之誤會。今後之外籍傳教士理當退居客位，而以其技術供本籍教士之發展，絕不當如過去所爲，意欲老於斯土，而任其修會爲永久存在之外國組織。抑更有進者，吾人深望爲期不遠，各外籍傳教修會均能完成其最初目的：助長國籍傳教士之數字，不惟足敷本國教務之管理，且將傳教於海外焉。凡此種種，均有賴於外籍傳教士之忠誠合作矣。總之，自中國與教廷互換使節後，在華天主教會已享有法律之保障，一洗過去認爲外國教會之歧視，將見中國智識階級，咸認公教教育純爲培植健全國民，且爲抵抗一切邪說謬理之惟一工具。蓋欲保障國家富强，必先健全國民思想，欲健全國民思想，惟有承認國民爲天主子女之神聖地位也。

六

唯物主義在中國，亦享有普遍之發展。而中華天主教會並未如各地教會將社會服務列爲日常工作之一部。歐美拉丁民族國家，均有公教工會之成立，英國公教則訓練公教之工會領袖，加拿大美國公教會則均有龐大之合作社組織，而在工業建設之中國，公教會既未有上項一切組織，亦無社會服務人材之專門訓練，乃至教會本身所自有之社會改善方案亦未能公諸於世，致使國人視我公教，乃對當前問題不關痛癢之落伍者，甚且目爲資本主義之堡壘。一般熱血青年面臨困苦民衆之水深火熱，惑於共產主義之宣傳，將以爲共產主義乃改善社會之惟一救星，而羅馬公教反成其建設中國樂園美夢之障礙矣。

教會慈善事業如醫院，育嬰堂，養老院等，老年人視之與佛教之慈悲相等，青年則視爲麻醉劑，絕非根本改善社會之策，至若吾人視貧苦爲基督化身，因愛基督而愛人者，固非一般所能領會。蓋所謂青年改造家自信將創造平等之社會，無貧富之分，自亦無痛苦之可言。此輩唯物主義之幻想家以爲改善社會無須用愛人類，幸福惟繫於充分之物質享受與有效之健康保障，有此二者，天下無不成之事矣。

與若輩而談犧牲主義之十字架信仰，誠屬水火難容。然欲證明吾人之立場，則尤不得忽視目前之社會問題，且須强力宣示吾人對社會正義之主張：非謂吾人能剷除一切痛苦，實因吾人必須與反正義者奮鬥。蓋吾人之最大職務在求天主國及其正義，故不問成果如何，然爲社會福利計，則必須剷除反正義之存在也。

此項工作往往非司鐸所能勝任，然訓練一般信友，授以教會對此項問題之主張，如教宗通牒等，則爲司鐸之責。奈今日中國教會中此輩優秀男女信友尙感缺乏，致對如此迫切問題未能發揮其正確之指導，誠堪痛心。

七

又有所謂「不可思議主義」者，與唯物主義同出一轍，以爲事之不可見者即不可信，否則不合科學，於是「宗教反對科學」之說於焉猖獗。吾人試以初步哲學證之，亦證明此說之不經。然今日之青年，無分中外，大都醉心物質之文明，以哲學爲迂闊，因之對一切宗教概予抹煞，且以天主公教爲最，蓋彼等咸認公教爲最黑暗者。

欲破除此項成見，吾人惟有作事實之努力，如北平輔仁大學對現代化之供獻，即其一斑。第欲公諸中國人，矯正視聽，則此項供獻仍應作百倍之努力也。緣是吾人必須就熱心教務之公教士女，培植優秀之科學家，俾影響其同國人之視聽，其結果有非吾人所能企及者。如美國辛辛納提有聖多瑪斯學會，聘請現代著名之科學家，專門訓練教內熱心青年，作學術之高深研究。吾人果能以此爲例，設立切合中國需要之研究機關，並擇其成績優良者，派往海外留學，俾各盡其所長，得享深造，其對中國教務之前途，必將有所供獻。此項計劃，固吾人久已提倡者也。

此外吾人更望出版現代化之中英文課本，此項課本絕非護教或辯道論文，乃對各種學科之起源及歷史演進等作有系統之學術報道，如對共產主義，吾人不須駁斥其演進之錯誤，只須將正確之經濟史作系統之研究，眞理既明，則邪說之謬誤自見，明如觀火，固無需反覆辯論矣。此種辦法在中國尙屬初創，然實爲當務之急。蓋以目前公教高等學府中，教授泰半非教中人，所用課本又非正確課本，甚有爲反公教之課本，吾人於如此條件下，欲謀保衛眞理，自感諸凡棘手，是以合乎眞理之公教課本，乃絕對急切之要求也。

八

除上述各項，爲現代中國青年所傾向外，一般中國人民大抵皆無反宗教情緒。蓋中國人民愛好自然，視所有宗教皆爲善者，故對天主公教亦不排斥。惟是吾人對信仰與道德問題，有不容安於緘默者。如崇拜自然主義者，雖承認人性之薄弱，然不承認罪行，以爲無需身外之超自然助力，故不肯虛心接受神恩。此外，自然主義者否認十字架之受苦精神，否認亞當背命後人類必須勞苦謀生，因之亦否認耶穌十字架聖死之救贖大功。是爲吾人必須研究必須努力之又一問題矣。

王徵著述遺版蒐輯序略

李宣義

一　引言

民國二十九年，負笈故都，得余師陳援庵先生（垣）涇陽王徵傳，始略識此三百年前鄉先賢行誼，然仍以未能一讀王公著述爲恨。三十四年，就診西安牛司鐸，亦未告以敝村通遠天主堂內藏有王氏著述遺版，入山而未見薪，寧不可愧？歸里後，即遍加搜覓，果於柴堆中發見王氏「客問」一片，大喜。蒐裒再三，竟得王氏遺版六種，然大部已用爲燃料，灰飛塵化，目擊心傷。

據云：書版乃民國初年由王氏家裔購得，後人不知珍惜，遂使書版散失殆盡，往者已矣，此刼餘殘物，豈可任其蕩滅以盡耶？于是盡心蒐輯，分目編藏，不惟片次各得其所，即異時殊域之同道，亦得一飽眼福矣。

玆將各遺版之名目內容著述篇數分列於后，俾研究王氏之學者資省覽焉。

二　客問

一、題解　「客問者，客感東事（義謹案：東事即遼東禦滿人入關之謂也。）而發端，余亦就事論事，面爲辨難商榷，而條對者也。……故總筆之曰客問。」（本書自記）

二、內容體例　客問一書大都以東事爲主，或問疏請軍馬錢粮器械，難以所求，將奈之何（二四葉）；或論救敗莫先于振軍威，明賞罰（二八葉）；或談經臣不謀等。全書凡五欵，一事一欵，欵又分段，眉目朗然。

三、撰人　王氏有額拉濟亞牖造奇器圖說自記引客曰「嚮讀吾子所著兵約客問及癡想諸書，敬服忠愛之極思，私謂當官者不得不然。」（眞理雜誌一卷二期）此證客問實爲王氏之作，書刊于天啓三年（一六二三）孟夏望日（五月十四日）作者自述其成因曰：「客感東事而發端，余亦就事論事……第恐從聲影起議論，用口語爲籌筴，譬如病人不診脉息，不望顏色，臆度病症，傳會古方，豈有取效之理？且立談之頃，不暇顧慮，罔識忌諱，或觸當事者之疑怒居多耳。私念憂隊同嫠婦，無懷將廬舟，知我罪我，客固有以原之矣，匪問胡答？故總筆之曰客問。」（本書自記。）

四、版數　客問始于二三葉，當與他書合訂。今通遠堂內只存有第二三、二四、二八、二九葉，共四葉耳。

三　兵約

一、題解　「兵約、約兵者也。約凡三：一曰兵制，一曰兵率，一曰兵誓。」（本書自記。）

二、內容體例　錢洪謨兵約題辭：「公祖（葵心）天付故奇，雖俛事八股業，非所屑意也。……先是公祖爲北府司理，當道因奴難孔棘，趣使練兵，其食公祖久矣，公祖亦讓，已而隨試輒效。至有方之卧龍者，公祖亦不驚，其所蘊蓄固不可量矣。……徐出兵約相示，則其所嘗練兵者也。約例有三：曰制曰率曰誓，制昉八陣圖，而率則昉之易，誓則昉之書，其實非昉也，通其變而善用之，則大將軍之位，可以意增核其實而明習之，則位置進退血氣僄猛，可以意轉。此約之所以設乎？」（涇獻文存外編卷六）又本書自記，謂全書凡三約，卽：

（1）兵制　欵凡五：「何謂兵制？制者戰陣之總局也。酌古審今，顯標更番接戰之妙用。」

（2）兵率　欵凡七「何謂兵率？率者賞罰之定表也。眞操實練，默寓鼓舞振作之微權。」

（3）兵誓　欵凡二：「何謂兵誓？誓則倣古誓師之意，誓與文武將吏以及材官蹶張，共習兵制，共遵兵律，共奮忠勇，共雪國恥，于以共建撻伐蕩平之偉績也。」

義謙案：兵約遺版之兵制、兵率葉中縫皆刻「兵約某葉」，表爲兵約之兩約；然兵誓版，右邊首刻「兵誓第三欵凡二」頁數，體例皆同前兵制、兵率兩約，惟中縫却刻「兵誓某葉」，非「兵約某葉」，與前兩約異，不知何故？王介讀明史甲申之變先端節公殉國略述梗概百韵注，與吾師援庵先生涇陽王徵傳等，皆謂兵約、兵誓各爲一書，抑或本乎斯耶？然葵心自記云「兵約凡三：一曰兵制二曰兵率二曰兵誓」與錢洪謨之「約例有三：曰制曰率曰誓」，將何所指乎？余以爲兵誓乃兵約之一約，幸讀者有以教之！

三、撰人　兵約爲葵心先生所著，除本書題辭外，忠統日錄上王公鄉兵約曰：「訓詞練格各有專書：一名兵約，乃余所夙著；一名八陣合變圖解，乃余舅師洪川先生所刊行者。」又梁文明禦寇四略「如王先生練兵用之法，詳且如也。」兩理略卷一懸賞鼓勇「余即以更番敎練休息接戰諸議，編作通俗俚語，爲兵約兩欵。」（謹案：此乃兵約之初編，故爲兩欵耳）書成于天啓三年（一六二三）孟夏望日（陽五月十四）詳本書自記。書之成因王公自述曰「余初理平干，謬承督兵主者檄召，恒陽，委以練兵之役，再三辭不可，不得已，乃遡羲易師卦之原，及余舅師洪川先生所著八陣合變圖解，並諸名家已成之法，而間附一得之愚，聊以仰副上臺爲國之盛心云耳，敢猥云知兵乎哉？歸而錄之篋中，以備異日在師中者之採擇。」（本書自記）

四、版數　計存：（1）兵制存有第一、二、五、七、八共五葉，尙缺第三、四、六等葉。（2）兵率存有第九、十三共兩葉，尙缺第十、十一、十三等葉。（3）兵誓存有第十四、十五、十六、十七、十九、二十、二十一共七葉。義謹案：兵誓版多挖改痕跡？如第十九葉「年來被口口殺擄人民，搶占我城都。……想那口口身材長短與我們一般……何口口反勝我反常敗」第二十葉更甚。今玩味其文，綜貫上下之意，所挖改者當爲詆詈滿人之言，蓋原版刻於明也。

四　士約

一、題解　士約乃葵心拈錄寧陵呂公之嘉言，以約多士之書。（本書後序。）

二、撰人　士約之作，兩理略卷一解經除戎曰「司理王公著學庸解，……以及士約等書，商之輀相抄傳而去，此大名府中事也。」書刊於崇禎元年（一六二八）仲夏二十日（陽六月二十一日）。書之成因，王公自序曰：「是約也，非余之言，乃寧陵呂公之言，余嘗錄之以自警者也。余不敏，不能仰承大君子之明敎，茲特拈出以約多士。」（本書後序）又王名世士約後跋云「司理王公臨學談藝，出士約三欵以示不佞，再四披讀，忻然有當於中，與四司訓共議發梓，爲多士鵠。多士誠字字體認，時時研究，身心性情裨益不淺，異日端士偉人，必且繼起，以成光明俊偉之業。」（涇獻文存外編卷六）

三、內容體例　是書所錄之言，或敎士人讀書誠厚，以求修身淑世，不當如僧道之爲人念誦，但圖得錢耳。（第七第八兩葉）或敎士人語言忠信，行動廉淸，不恥於儒服，不虛於民望。（第十一第十二兩葉）萬不應倨傲不恭，結黨濟惡。（第十三第十四兩葉）—凡此各端，皆用以約士。全書共分三款。

四、版數 今存第一、七、八、十一、十二、十三、十四、十五、十六，共九葉。

五 學庸書解

一、題解 學庸書解乃司理王公，朔望臨庠，與諸士談學之語錄耳。（本書大名王名世後序）

二、撰人 此書爲王公之作。除題解外，兩理略卷一解經除或謂王公「著學庸解……以及士約等書，商之轉相抄傳而去，此大名府中事也。」本書王名世後序記此書之成曰：「學庸兩解悉發前人所未發。……諸士爭相抄閱，弗能遍及，爰付之殺青，以廣其傳。」

三、內容體例 學庸書解原爲王公「攄所獨得語也。……公朔望臨庠，與諸士談學，其要在體驗身心，闡晰性理。」

四、版數 僅存第九十與封面三版而已。

六 忠統日錄

一、題解 崇禎二年（一六二九）涇原等五縣，起練鄉兵義丁，團結抗禦陝北闖賊，號曰「忠統」。忠統日錄者，乃記錄此次義舉之起因經過結果之史册也。原名忠統日錄，簡稱忠統錄或忠統。

二、撰人 書爲王公所編撰，見王簡日省錄後序與涇陽王徵傳等。書成之年月，據忠統內容，常在崇禎二年七月之後。因禦守同盟發起于崇禎二年二月初（詳忠統上三原縣北城守禦同盟傳單）而記錄迄于七月也。

三、內容體例 就通遠現存各版觀之，忠統全書分上中下三卷：（1）上卷記「忠統」之發起，人物機務，與夫練鄉兵，設防陳，輯民心，編夫役，治奸細，賞功臣等之計策誓約；（2）中卷載錄「忠統」成立後，當時之上下文書，委令人員，處治奸細，戰時情報等；（3）下卷敗賊後，首刻各方之贊詞賀詩，次開公費物器之節目等。

義謹案：涇陽王徵傳謂忠統錄一卷，而通遠存版分有上中下三部，各自起訖，與此或異。

四、版數　通遠存有忠統錄上道版第一、八、十、十三、十五、十七、十八、二十、二一、二四、二八、三三、三四、三七、四二、四四、四八、五一、五三、五七葉，共二十葉。

忠統錄中有第一、二、六、十、十二、三一、三三、三九、四十、四一、五九、六三、六四、六五、六九葉，共十五葉。

忠統錄下有第二、四、五、九、十一、十二、十三、十四、十五、十六、十七、十九、二六、二七、二八、三十、三二、三六、四六、五三、五六、五九、六一、六四、六八、七十、七四、七七、七八、七九、八十、八二、八三葉，共三十有三葉。

清光緒二十四年（一八九八）冬，九世孫王簡以忠統日錄版經兵燹，殘缺不少，遂補刻完璧。（日省錄後序）

七　兩理略

一、題解　兩理略顧名思義，乃王公兩任司理時，從政事蹟及文牘之記略耳。然所以名曰兩理者，亦有意在，王公曰：「余以老書生兩作司理，初任平干，再則廣陵，到手事皆生平夢寐所弗及，終日懵然攢眉作苦，只得抖擻精神，祇憑自家意思做去。獨時時將畏天愛人念頭提醒，總求無愧寸心。曾書一聯自警曰：頭上青天，在在明威眞可畏；眼前赤子，人人痛癢總相關。此外一切世法官套時尙弗顧也。于是人見騶從裁減，廚傳弗飾，則有笑其仍是秀才氣者；見不甚作威，不多打人，則有笑其大非理刑體者；見一布一蔬，現價平買，一金一帛，不輕餽遺，則有笑其無揮霍手段，遠大作用者……或且笑其古板不善圓活，或且笑其一味實做，不圖赫赫聲譽，如何能作臺省路上人？余聞之，不覺自笑。」（涇獻文存卷七）

二、撰人　本書各卷首皆書：

涇陽了一道人王　徵良甫甫撰記

楚　武昌　孟道弘能孺甫閱校

魯　任城　魏應泰燁辰甫

溫自知與亨甫同較

古　焦獲　來　鑑宜公甫

據此，書爲王公之作無疑，而兩理略撰著之動機與時代，則可於其自序見之。自序曰：「余追憶往昔事實數款，信筆直述于冊；又取公移之僅存者手錄以附，名曰兩理略，用以自解。……時崇禎丙子」（涇獻文存卷七）又張緒彥兩理略序：「秋八月雨甚至，王良甫先生履不出戶者經兩旬餘。已而出一編，名曰兩理略。……時崇禎丙子陽月之吉」（涇獻文存外編卷二）由上觀之，書誠脫稿于崇禎丙子年（九年一六三六）然焦之雅兩理略小引末後題記「崇禎丁丑（十年一六三七）上巳日門生焦之雅頓首撰並書。」則兩理略之刊刻當在成書之次年矣。

三、內容體例　全書共分兩大部，一言事，一記文。言事者司理廣平爲第一卷，司理揚州爲第二卷；記文者廣平移文爲第三卷，揚州移文爲第四卷。茲將全書篇目錄后以見其梗概：——

兩理略目錄

卷之一

事欵廣平府

恒陽簡兵
平干息亂
借盜擒魁
懸賞鼓勇
汰兵足餉
解經除戎
肥城治水
清邑開河
力白令誣
抗議邊籌
審結李自新案
活閘救秧
移木完廩
洩漲引漑
開淤成塘

卷之二

事欵揚州府

三迎王舟
四結欽案
潛消商禍
顯豁盜板
擒兇千里
通利八場
力杜兵端
祈晴文
除剪叛首
備樂尊聖
建閣崇賢
恤商裕國
信詔休民
易閘利運
閉隄滋深

卷之三

公移廣平府

修署議
酌餉議
勘災議
築堤議
會勘兩鹽院語
治水議
開河議
諭驚逃
審結李聚一案
審結毛綉一案
審結殷慥敬一案
審結苑華一案
審結苗招一案
審結張氏一案
審解賈振武
審結張月一案
審結史秀一
審結張佳絲一案
審解徐虎子一案

義謹案：本書目錄之標題，與書內之標題間有出入，如卷三目錄「審結苑華一案」，書內「發審苑華一案」；目錄「審結誣招一案」，書內「發審誣招一案」；目錄「審結張月一案」，書內「審解謠言張月一案」。卷四目錄「會勘兩鹽院語」，書內「會勘房樊兩鹽院語」；目錄「會勘兩太守語」，書內「會勘楊顏兩太守語」；目錄「擒解吳棨一案」，書內「擒解叛奴吳棨一案。」

又謹案：涇陽王徵傳謂兩理略爲一卷，與此或異。

四、版數　通遠現存兩理略遺版：

卷一之第三、四、五、七、十、十一、十三、十六、十八、二十、二一、二二、二三、二四、二五、二六、三三、三四、三八、四十、四一、四四、四六、五七葉，及封面一，自序一，張縉彥序二，焦小引二，跋一，目錄三葉，共三十三葉。

卷二之第一、二、三、六、七、八、十三、十四、十七、十八、十九、二一、二二、二六、二八、二九、三十、三一、三四、四三、四四、四六、四七、五十、五三、五四、五八、六一、六四、六五、六七、六八、六九、七一葉，共三十四葉。

卷三之第一、三、五、八、九、十、十一、十二、十三、十五、十六、二一、二四、二五、二八、二九、三十、三三葉，共十八葉。

卷四之第一、二、三、五、六、十二、十六、十七、十八、十九、二一、二三、二四、二五、二六、二七、二八、二九、三十、三二、三四、三五、三九、四十、四一、四三、五二、五三、五四葉，共二十九葉。

兩理略並經王簡補刻。（詳日省錄後序）

上智編譯館館刊　第二卷　第二期　一二〇

中古時代歐洲文化的領導者

王任光

談現代世界文化的，都將它劃分爲兩個主流，一個是東方文化，以中國爲中心，一個是西方文化，以基督教爲中心。這兩條中心主流已漸漸在融匯，彼此吸收，將來必定產生另一個共同的文化。

我們說西方文化是以基督教爲中心，實則所謂西方文化本質上就是基督教文化；而基督教文化則是承受古代羅馬文化。當西羅馬帝國滅亡後，如果沒有基督教負起維持的責任，我們可以決定古羅馬文化就不會流傳到今日，勢必與埃及、巴比倫、印度等文化同樣遭到消滅的厄運。

基督教承受了古代羅馬文化，而控制基督教文化站在領導地位的是法蘭克。但我們必須知道，法蘭克之所以能領導西方文化，並不是一件簡單的事。當時與法蘭克帝國同爭領導地位的有東羅馬拜占庭帝國，和新興的阿拉伯帝國。何以阿拉伯帝國和拜占庭帝國都先後失敗呢。這就是我們這裏要討論的問題。

阿拉伯，這塊廣大的沙漠因爲有印度洋、紅海、波斯灣和敘利亞的包圍，從古代就與外界不發生什麼關係。居在這裏的是閃族；沒有國家組織，而是許多對立的遊牧部落；到了莫罕默德以宗教來號召，方始建立了統一的國家，同時不斷向外發展，一個世紀中回教勢力竟擴佔了當時世界的大半，造成橫跨亞、非、歐三洲的阿拉伯大帝國，與亞立山大馬其頓帝國、羅馬帝國，和後來的蒙古帝國同樣在歷史上爲人所稱道。

莫罕默德以戰爭做傳教的方法，所謂「左手可蘭，右手寶劍」已成爲回教的傳統精神。莫罕默德死前不久，曾寄書拜占庭皇帝和波斯國王，用武力來威脅他們接受回教信仰，但開始以武力佈道的是莫罕默德繼承人阿部培克 Abou-Bekre。

從六百三十四年到六百四十三年短短的十年中，拜占庭帝國的敘利亞、巴勒斯坦都淪入回回手中，同時埃及和波斯亦先後滅亡，阿拉伯帝國從沙漠本土已擴展到整個小亞細亞和北非的一部，從此耶路撒冷聖地的十字架已被新月標幟所代替，在基督徒的眼中眞是莫大的恥辱。

六百六十九年回教徒繼續向西進擊，他們的目的是要佔領法蘭克和意大利，搗毀基督教的臟腑，渡過直布羅陀；七百十一年，回教的「寶劍」和「可蘭」同時在歐洲登陸。西哥特王勞特利克 Roderic 在西來斯 Xeres 一役戰敗後，歐洲門戶已開，回軍在塔利克 Taric-Ibn-ziad 率領下長驅直入，幸有法蘭克王查理馬德 Charles Martel 拒之於巴提埃 Poitière 大敗回軍（七三二年）回教勢力因此以比利牛斯山爲限，不能再越雷池一步，但西班牙半島除北面阿斯圖利亞 Asturia 一小部外，已全淪入回教勢力下，到一四九二年才重爲基督教所統一。

同時達瑪士革的回軍又東向伸展，勢力曾達到印度，所以一百年間，回教徒東自印度，西迄西班牙，建立了空前未有的大帝國。他們所佔領的很多是古代文明的發祥地，後來又經過希臘、羅馬文化的薰陶，在當時都是文化程度極高的，如敘利亞、巴勒斯坦城市如科多伐 Cordova、巴格達 Bagdad、達瑪斯革、開羅等，都是中古初期文化的重心，因此我們可以說阿拉伯人接受到的文化產業是十分豐富的。而且當時東西交通的海路陸路都在他們控制之下，亞、非、歐三洲的商業亦全爲他們所壟斷。有了這三種優越的條件——軍事、文化、經濟——阿拉伯帝國應該是中古時代世界的領導者。阿拉伯固有的文化，在和希臘、羅馬文化接觸以後，應該支配中古時代的歐亞，替代基督教成爲世界文化的中心；但是事實却與此完全相反，這不是沒有原因的。

我們前面說過，武力是回教徒佈道的方法，他們在短期內建立了空前的大帝國，可是大帝國的崩潰，其造因亦以祇有武力，而沒有政治。原來阿拉伯到莫罕默德時才由許多對立的部落組成一個粗具國家形式的集團，我們稱它爲阿拉伯帝國，實在還有些不適合；它向外擴展的神速，如果說是它武力的強大，毋寧說是當時世界不安的局勢給它伸展的機會。當西羅馬帝國覆滅後，北方民族在歐洲的力量還沒有十分鞏固，而拜占庭帝國則更以時受蠻族侵寇，一蹶不振，阿拉伯帝國就在這種有利的局勢下乘間而起，他們迷信武力，以爲武力可以控制整個帝國，因此不注意於嚴密政府的組織，不久內部分裂，造成割據形勢，被迫接受回教信仰的基督徒也不時起來反抗，這個建築在沙土上的帝國，缺乏生活的因素，自然不能領導世界了。

在文化程度上說，阿拉伯人原有很高的文化，尤其在天文、地理與數學上，他們的知識都比當時歐洲人豐富。歐洲人後來在科學上有驚人的進步，不能否認是受了阿拉伯人的影響，可是因爲阿拉伯人迷信武力，在文化的推進上，他們也用武力做手段，他們每到一地，就是破壞當地的文化，而强迫人們接受自己的宗教習慣。原來文化的進步是由各種不同文化的交流匯合而來，所謂捨短取長才是一切進步的途徑，阿拉伯人既摧殘了被征服地域的文化，自己固有的文化又不得與外來文化發生交流關係，再加上政治的不安定，人民沒有和平的休息，無怪不能產生一種世界性的回教文化了。在他們統治下的地域，不要說沒有新文化的產生，就連原來文化很高的國家也漸漸失去古代文化的遺傳，這實在是一件痛心的事！

至於阿拉伯帝國以外的基督教世界 Christendom 情形完全不同，在基督教領導之下，古代希臘羅馬文化流傳到羅馬帝國以外各民族，更一直流傳到今日，成為現代的歐美文化。

何以基督教能承受培養希臘羅馬的古代文化呢？這應該求諸基督教內在的傳統精神。自從基督臨升天時向門徒們說「往訓萬民」以後，基督教就負起了訓導人類的責任。基督教的佈道者深深知道自己的責任和立場，基督命令他們做的是「佈道者」而非「戰士」，他們應該追求的是「基督神國」的擴展，而非現世土地勢力的建立。他們帶着「四海一家」的博愛精神去向萬民散佈「福音」，世界上任何民族，任何國家，任何階級，在福音前一律平等而無軒輊之分。他們雖宣揚人人有接受福音的義務，但並不用武力去强迫人接受，他們標幟是「左手福音右手十字架」，這種和平的信仰才給國家民族帶來了眞實的解脫，無論社會的秩序或個人的生活都在和平、自由、博愛的氣氛中獲得發展。基督教這種優越的精神是回教徒所不能有的。因此在回教控制下的區域沒有和平，沒有穩定的秩序，一旦武力衰落，整個帝國就隨之瓦解了。反之，基督教訓導了羅馬帝國以外各民族，將希臘羅馬的文化寶藏傳授給他們，直到今日人類還受着她的實惠，繼續不衰。

基督教勝利的另一個因素是她能適應任何一個環境，除了宗教的信仰外，社會制度，生活方式，祇要與她的倫理觀沒有抵觸，她都能隨時隨地包容接受。我們知道，基督教是繼承以色列民族的宗教傳統而來的，所以帶有尊重精神的東方思想，可是她出現的時代却是希臘羅馬的時代，希臘羅馬的世界是側重自然和物質的世界，因此她一方面必需減少尊重精神的東方趨勢，一方面又須調和側重自然和物質的希臘羅馬傳統，她使精神與物質發生了聯繫，她使東方與西方的思想互相融合。所以在羅馬帝國顛覆以後，她能繼續為黑暗時期的惟一明燈，羅馬雖則亡了，而基督教却在廢墟中及垂死的文化裏繼續發出她的光明。在漫長的黑暗時代，基督教會是西歐的惟一的具有建設性的社會力量；因為他們的努力，英吉利重復加入了基督教的世界，在北歐建立了拉丁文化的中心，使基督教入於日耳曼，建立了卡羅林文化的基礎。」（葉秋原：西方文明的回顧與前瞻載眞理雜誌第一卷第一期。）

現在要進一步探討的，東西羅馬帝國雖同爲基督教的世界，而且東羅馬帝國的文化遠較西方爲高，基督教在東方的基礎和事業也遠較在西方穩固，何以基督教在西方對文化社會的影響遠較在東方爲大？何以西方的日耳曼、法蘭克在基督教的訓誨下能夠領導中古時代的基督教世界文化，而東方拜占庭不能？這是値得我們研究的。

首先應知道的，就是基督教在東方和西方所處的環境並不全同。自東西羅馬分治以後，東羅馬帝國的版圖雖時有變遷，國家的勢力雖時有盛衰；但整個帝國並未解體，東方和希臘羅馬的混合文化傳統還保存不衰。在這種狀況下的基督教對社會的責任自然見得輕鬆，而且東方基督教因爲含有較濃厚的東方思想，因此更顯得玄秘化，在神學和禮儀上特別努力追尋，而忽略了一般社會生活的工作。

西方基督教所處的情形則完全不同，自從羅馬帝國覆滅以後，傳統的希臘羅馬文化遭到了重大的破壞，幾至於消滅。外來民族自己本無文化，所以這時的西歐眞是一個「黑暗時代」——一個經文明退到野蠻的局面。基督教於是負起教導的責任：她將從羅馬帝國遺傳下來的國家組織、社會制度、生活習慣以及宗教思想等等都授給他們，因此羅馬帝國雖亡，但她的文化藉着基督教的力量還從死灰中重放光明。

次就政教的關係來說，東方和西方更有顯著的不同。在東方有所謂「皇帝教皇」的制度，Caesaro-papism 帶着濃厚的東方古代專制色采。皇帝不獨是政治上的首領，同時還是教會的首領。在這種政教合一的專制制度下，教會失去了施行自己職務的自由；而且在皇帝的狂妄野心隱謀之下，東方教會時時有脫離羅馬教皇的傾向。如果自由是文化進步的因素之一，那末專制就是阻止文化進步的因素之一，基督教在東方不能對文化有偉大的供獻，乃是必然的結果。

在西方新興的日耳曼族是愛好自由的，他們沒有東方的專制思想，所謂「神聖羅馬帝國」的皇帝，如果說他有皇帝的實權，毋寧說他祇有皇帝的名義；皇帝由教皇任命，對教會祇有保衞的責任，而無干涉的權利，至於其他小國公侯，因爲他們的一切都來自教會的賜與，衷心所感，視教會如慈母，自然俯首服從。在這種政教分治而又調和的情況下，教會得以自由發揮訓導的能力，完成她服務社會的職責。

不過，我們應該承認的政教的調和並沒有達到它理想的階段，其間也掀起了許多次衝突的波濤：神權與俗權間的衝突；教會與政府間的衝突教皇與皇帝間的衝突這些雖是歷史上的遺憾但在刺激文化進步的成效上亦足使我們稱道因為每當一次衝突的發生雙方必增加一層競爭和進取的決心力求各自內部組織的健全和充實以求更能適應社會生活的需要。在這種一推一動的狀況下文化的進展是極迅速的，必不容許任何一方故步自封，永久留在原來的地步這種政教衝突的現象，祇有在政教分治的西方才能看見在政教合一的東方是不會產生的。

在西方除了政教衝突外還有一種刺激文化發展的因素，也是在拜占庭帝國所不能有的，即是所謂「分權制」的傾向：Decentralizing forces 一方面皇帝與教皇努力於中央集權想建立以教會為中心的「國家組織」，另一方面各國國王又掙扎着脫離帝國的羈絆，要建立以民族為中心的國家；再一方面國王分封下的公侯騎士却又走向自己個人的獨立與發展，因此我們可以看到，中古時代的歐洲雖一時有「帝國」和「國家」的存在，實際上已漸漸走回割據和城邦的時代了。為求得彼此間勢力的平衡，他們不得不在各方面充實自己，這也是文化進步的原因之一。在這種割據混亂局面下，中古時代的西方再沒有一種混同的物質文化，但他們有一個共同的宗教；人們都感覺到自己原是一個世界的人。這種精神上系屬的共同是一種新社會的基礎。在教會的感召之下，許多不同的政體漸漸走向協調，各色人等均在教會的支持下互相結合會社以推進社會活動，其中最為人所習知的就是各種公會—所謂「基爾特」 Guild 中古歐洲的社會秩序和生活於是日益發達，一掃過去政治上的昏暗，這不能不說是教會的力量。

在西方受基督教感召最深的是法蘭克因此它得成為西方基督教的中心，和歐洲文化的領導者。法蘭克第一個雄主克洛維 Clovis 皈依基督教後基督教就開始在這塊新闢的園地播植文化的種子。到查理馬德建立卡羅林王朝，法蘭克與基督教的關係又走進一個新的堦段。七百三十二年查理馬德擊敗回軍於巴提埃，回教的洪水沒有泛濫到歐洲大陸，法蘭克領導西方的基礎於是乎定；再經過查理大帝 Charles the Great or Charlemagne 的經營八百年他被教皇加冕為神聖羅馬帝國皇帝，這時的法蘭克眞是這帝國的中心而卡羅林朝的文化也就成為歐洲現代文化的基礎了。

綜結以上所述，基督教之能戰勝阿拉伯回教，自有其內在的原因，即信仰與精神的不同；西方基督教較之東方基督教對社會文明能有更大的供獻，是由於所處環境的不同；法蘭克能起來領導基督教世界是由於它與基督教有更密切的連繫。從此可知基督教對於中古時代的世界是處於多麼重要的地位；同時在文化的流傳上，基督教在現代世界中也並沒有失去她的重要性，她過去領導了歐洲，她現在還繼續着領導整個西半球，在東西文化發生交流以後，將見她更擴展而領導整個世界；在那時，我們已分不清東方和西方，這是「大同世界」的來臨。

公民教育與宗教教育

張金壽

左傳載：「魏文公大布之衣，大帛之冠，務財訓農，通商惠工，敬教勸學，授方任能，元年革車三十乘，季年乃三百乘。」二十七年內革車增加了十倍，也就是說國家的力量增加了十倍。國力增加的主要關鍵是在教育，「敬教勸學」可見教育對於民族興衰，國家强弱，實有絕大的影響。

現在更是教育競賽的時代，要想在現在的時代裏立脚，要想做一個現代的强國，則對教育事業絕對不能放鬆。我國近年來人民愛國的程度較前十年高得多了，這不能不算是教育上的一大成功。然而舉起頭來在社會裏層看看，貪污、枉法、虛偽、敷衍，遍地皆是，這又不能不算是教育的失敗了。如果不失敗的話，從辦理新教育以來也有四五十年歷史了，爲甚麼淸廉正直的國民還那麼少？

但是中國的教育方面錯在那裏？這個問題實在是不容易答覆的。不過我們認爲中學學生的公民教育，實最重要；但現行公民課本實在令人失望！茲先就民國三十四年正中書局重印建國教科書「公民」加以檢討，以求教於作者及讀者。

公民第一冊，講述社會問題和政治概要，編著者應成一，薩孟武；我們翻開一讀，就立時覺得教育所持的目標有了基本的錯誤，從這基本的錯誤上推出來的教育方針，自然不能準確，反而從這個錯誤觀點上，發出了極大的流弊，而把整個社會變成一個知有己不知有人的局面了。知有己則貪污，知有己則枉法，知有己則虛僞敷衍，成了現在很普遍的現象。

導言上說：「國家辦理普通教育的宗旨，是在培養健全的公民。」這個宗旨實在不錯，因爲有了健全的公民，才會有强盛的國家。但是怎麽樣使公民健全？導言上却說：「按照中國今日的政治組織，公民須參加政治。但要享受參加的權利，同時也要負起參政的義務；所以公民對於社會情形，政治體制，經濟概況，法律意義，以及人與人關係的原理，必須各有相當的知識。」這樣看來，健全公民的方法，只是叫人認識社會情形，政治體制，經濟狀況，法律意義了。試問叫公民認識了這些事理，而不叫公民修養守法奉公的德行，這認識有什麽好處？然則健全公民的方法，應當是使公民有道德修養，有高尚人格，認識法律政治，不過是修養道德的一種輔助，表顯道德的一種技能而已。若果以道德爲體，知識爲用，才能使公民盡職守法，國家的治安富强使有了基礎。可惜教育界偏偏忽略了這一點。

現在貪污枉法的，那個不識國體？那個不知法律？而且正因他識國體、知法律，才大胆的貪污枉法了。他所以不做好公民，不是缺乏知識，實在是缺乏道德。

導言又說：「公民教育自有其應該注重之點：第一、我國今日一切設施，都以三民主義爲基本原則，公民教育要以三民主義爲職責。……」三民主義是現在中國建國的原則，也就是說中國的政治是以三民主義爲基礎，這一點誰也不能否認。但是三民主義雖是國策國體的基礎，而斷非公民人格和道德的基礎。叫公民認清了三民主義，未必就有了基本道德。只有認識而沒有實行，做不了健全的公民；沒有健全的公民，是不能造成健全的社會的。

爲此我們說中國已往的教育犯了極大錯誤，實因他們偏重知識的灌輸，而忽略了道德的修養。

我們再把劉國鈞編的公民第四册倫理大意翻開看看，裏邊所講的倫理道德，也只如同一座陳列館，把中西古今的倫理學說，介紹了一遍。歐洲的學說從蘇格拉底說到杜威，中國的學說則從孔孟、宋儒、王陽明等說到孫中山先生，雖然夠得上「倫理大意」四個字，但爲訓練公民，爲增進人民的道德，實在差得還多。因爲訓練公民，是使公民成一個有高尚人格的人，所以必須說出怎樣便是完人，怎樣便不是完人；以及什麽事可作，什麽不可作，才能使公民知所取捨。這樣才能給公民指出修養道德的門徑。若只叫人知道各種學說，仍是一種知識的灌輸，而不是指示道德的修養。所以讀了以後，只能增加學理上的常識，而不能改正行爲上的錯誤，結果知道的學理愈多，行爲上演出來的惡劇也愈複雜了。

孔子當年教訓弟子，多是注重行爲，而不偏重學理。「宰予晝寢，子曰：朽木不可雕也，糞土之牆不可杇也，於予與何誅？」這幾句話，孔子指出長時期的晝寢是不可的，所以又說「始吾於人也，聽其言而信其行，今吾於人也，聽其言而觀其行」，所以他訓練子弟不但是講，不但是灌輸知識，而是督促改正他們的行爲。「子路曰：子行三軍，則誰與？子曰：暴虎馮河，死而無悔者，吾不與也，必也臨事而懼，好謀而成者也。」這裏明明看出孔夫子怎樣糾正了他的弟子，不但糾正他的行爲，而且糾正他的思想。子路以爲自己不怕死，便是了不起的人物，但是孔子偏偏不以爲然，所以堅決的說這樣的人我不以爲然。我們翻開論語，處處可以找出這樣的例子。二千年來中國以孔子爲大教育家，並不是偶然的事。

現在文化水準果然遠遠超出了二千年以上，但是天賦的人性和古人並沒有兩樣。古人的道德學說，固然沒有如今的多，可是古人培養人格的方法並不必比現今差。我們現今自稱爲進化了的人，文明了的人，可是我們的教育方式反而空空洞洞，只圖講得華麗，沒有收了實果，比較古人就算退化了。

我們既然說教育的宗旨是培養公民的道德和人格，灌輸知識不過是修養道德的輔助，則凡妨害道德的學說理論，自當在摒棄之列了。可是現在的教育界對這件事似乎不多介意。他們反而拿了自己的偏見去煽惑青年，並不問對公民的道德有無損害。過去教科書報章雜誌中對進化論的宣傳，便是一個例子。「人從猿猴變來」的學說非常複雜，我們必須先瞭解宇宙原始，人類有無靈性，以及何謂人？何謂猿？何謂人猿？何謂人形動物等問題，然後方可着手討論。可是我們的公民課本，却輕輕易易說一聲人是猴子變的，於是青年學生便對先人發生懷疑，對父母便不重視，把中國固有的孝道打破了。其實孝不獨是中國固有的道德，而是人性中帶來的自然道德，這個基本道德破了，人便不會忠於人，誠於事，社會自然要糟得一塌糊塗了。

爲挽救這種錯誤，我們認爲只有社會教育是不夠的。因爲社會的一切均受良心問題的牽連，良心正確，則發言行事，都能恰合規矩，社會上自然有了他相當的秩序；反之良心不正確，則爲上必暴，爲下必戾，夫妻不忠，朋友不信，社會定必紊亂了。但是要使良心正確，良心明朗，只有接受宗教的指導。因爲宗教本身是專門研究良心問題的，所以要想社會教育收良好的效果，必須和宗教配合。過去幾年教育部禁令在學校中教授宗教科目，實在是極大的錯誤。我們試把宗教的教育和公民教育兩相比較，利害關鍵自然可以看得出來。

一　宗教教育可以補充公民教育

有人把宗教教育看成一種出世思想，或是一種唯心理論，所以武斷宗教教育爲社會國家之進步是有阻礙的，因此設法在教育方面排除宗教，這是極大的誤會。實際宗教不獨不阻礙社會的進步，而且輔助社會的進步。

須知社會的進步有兩樣：一是心理的，一是物質的。物質的進步屬於知識的發展，心理的進步却屬於道德的修養。這兩樣進步必須平衡發展才能維持世界的文明。反之若忽略道德的發展，而只顧推進知識，則只能叫人類陷於野蠻。這次世界大戰中表演的器械，有新式飛機、噴火坦克V一、V二飛彈以及原子彈等物理進化可說是登峯造極了，但這都不是人類的幸福，反陷人類於萬劫之中。

社會教育十九是偏重知識的，則必趨於唯物，唯物的害處，必是爭、奪、殺、戮，現代文明便走了這個路子。如要中國公民走向人類的文明道路上，非用宗教的教育來補充不可。

二　宗教教育可以輔助社會教育

公民第一冊第二章第一節人口概論說：「馬爾塞斯斷定人口和糧食不會長期的應合，人口必須受到限制，最好人能本其道德觀念自動節制生育，減少生殖，否則世界上就會有災禍發生，使人類壽命爲之短縮。水旱、飢饉、貧窮、墮落、革命、戰爭都是食糧不夠人用的自然結果。」

人口逐漸增多地面逐漸佈滿，食糧將不敷應用，這是一種自然現象，誰也不能否認，但世界物質正多，只要開發，只要不浪費，相信必可避免饑饉等災害。馬爾塞斯却提倡自動的節制生育，許多人因着節制生育却發生了不少罪惡；或增加因避孕而得的各種疾病。

第五章第三節失業救濟（一〇〇頁）說：「有計劃的節制生育，使人口數量不致再與生產情形失其調劑。」這個計劃，並未明白說出。不過按宗教立場說，人民有結婚的自由，則政府也不能定出什麼計劃來去干涉結婚的人，禁止他們生育子女。

總之生育的效用，除了傳生人類，也是性慾的合理解決，但若忽略了良心問題，必能發生許多罪惡，影響社會，爲避免這些罪惡，非有宗教教育輔助不能成功。

三　宗教教育可以指導公民教育

宗教既是闡明良心問題的，所以他判斷一切事物，一切理論，都必以良心爲根據。這個以良心爲根據的判斷，比以環境爲根據的判斷公正得多。其他一切思想往往不能適中，因爲他們判斷是非，辨別善惡，是以環境爲背景的，所以不知不覺發生了矯枉過正之病。公民教育如果隨着潮流去走，自然也要染上時代的病。看看現在的黨爭，只要爲黨的好處，便是把全國人民犧牲了，也在所不計。宗教却能站在超然的地位，觀察環境的好壞，估計政治的得失，而用基本的人道主義去指導社會，所以不受環境的驅使而有所偏，這就表示了宗教的中和性。實際一切道德，都建立在中和性上，這就是所說「中庸之爲德。」

公民第四冊第一章第二節（七頁）說「我們要知道評判別人或自己行爲的道德判斷所根據的心理狀況；……這問題的研究有兩方面：……在心理方面的，我們要明瞭我們下道德判斷時內心所有的狀態。……並且要從生物進化方面說明道德判斷的由來。……」實際道德的判斷，並不完全是心理作用，若僅以心理作用當標準，則道德成了隨時、隨地、隨人變化的了。隨時、隨地、隨人變化的，不是太過就是不及，如何可以成標準？若從生物進化方面去尋求道德標準，而不先辨別生物有有靈與無靈的區別，亦必將以人獸同一標準，還有甚麼道德可言？

同節（八頁）又說：「在歷史方面的，我們須要知道道德判斷在各時代各地方所表現的形式。我們都知道實際的道德生活，不是全人類一致的；……這是道德進化問題；……」全人類的道德生活，固然是不一致的，但全人類的道德基礎，是沒有分別的，所以說「人同此心，心同此理，」古往今來，雖然人類的道德生活千變萬化，可是人類的道德基礎，並未絲毫更改。譬如孝道，雖然各時代的孝道的表現不同，可是孝的意義並沒兩樣。

公民四冊第一章第三節（一〇一—一〇三頁）把人類的行爲，分爲三種方式：即生理刺激的行爲，團體控制的行爲，思考的行爲。因此三種行爲，人們便有三種道德生活，因此三種階段的演變，道德便分爲率性道德，習俗道德，反省道德三種。

十四頁又說「率性的道德也稱爲本能道德。……如嬰兒和原始人類的行爲，飢則食，渴則飲，喜則笑，怨則哭，純然是本能和衝動的表現，他們的行爲完全是生理的要求。」嬰兒還不能完全運用理智，他的行爲，固然是一種本能，不過這裏所說的原始人是怎樣一種程度？因爲原始人如果是有靈魂的人，他的行爲便不能說得這樣簡單。爲此宗教家區別人類行爲爲「人的行爲」Actus hominis「人性行爲」Actus humanus 兩種。「人的行爲」是不負道德責任的。如嬰兒瘋漢及一切失去理智作用的行爲。「人性行爲」是負道德責任的。原始人若有理智，便能有「人性行爲」，自然也要負道德責任了。

十五頁說：「有時個人的利害和團體的利害衝突，一旦個人要求自由要求發展……使道德生活由習俗而變爲反省。……

……」

十七頁又說：「這樣的衝突使人對於傳統的習俗開始懷疑、研究、批評，以致於改造。……這種行爲標準是經過思考後而成立的，所以稱爲反省的道德。」實際上我們因反省作用而對道德認得更清楚；並不是因反省作用而產生道德。譬如孔子主三年之喪。宰我主一年之喪。孔子對他說：「食夫稻，衣夫錦，於汝安乎?」宰我說「安」。孔子說：「汝安則爲之。」這不過討論道德的生活方面。所以認爲三年好的就行三年，認爲一年好的就行一年，外面的道德生活雖然變了，可是內裏的孝道本質並沒改變。爲此所謂反省道德，不過是道德生活上隨時隨地的一種清楚認識能了，並不是道德本身有什麽進化。再譬如殺人搶人是不道德的，可是因認識不清楚，不以爲非，或者還以爲是。古時的俠客都有這種錯誤。但不能因他們的錯誤，使殺人變成道德。

我們運用這個宗教指示，可以批評道德相對論的不當，亦可說明道德標準絕對論的眞義。原書第一章第四節（二一頁）說：「眞正的善應當只有一個，一切善的觀念，都因爲具此特徵，而後乃可以稱爲善。所以這個善稱爲至善。至善是一切行爲的標準，也是一切行爲所希望達到的目的。所以它是行爲的理想。」實際這個至善不僅是理想，而是行爲的標準，是行爲外存在着的眞理。這個行爲外存在的眞理，存在的至善，捨宗教即不能圓滿的解釋。所以說宗教教育可以指導公民教育。

第一章第五節（三三頁）說：「許多宗教信徒爲了個人死後的幸福，不惜斷絕現在的肉體的享受，就是利己的、幸福主義的變相」。實際宗教家克己，實在是爲了節制肉慾。因爲人們有了肉慾，往往引入非禮。宗教家爲使自己的行爲合理化、道德化，所以才去克慾，並沒有利己的色彩。至於受賞享福之說，亦猶孝子決不因承襲家產而孝父母，但因孝而得家產，當然亦不拒絕，並亦認爲是「賞」、是「福」。況宗教家克制自己，便不致侵害別人，不侵害別人便是利人。利己利人，社會自然安寧，所以也就是利公。

又第五節（三七頁）說：「道德的行爲即是生活發展。生活發展是具體的，然而生活在它本身以外，似乎並無其他的目的生活以發展而趨於圓滿豐富，這圓滿豐富的生活即是道德。」圓滿豐富的生活，有各種解釋。有吃有穿，無憂無慮，也是圓滿豐富的生活，誰也不能說是道德。反之，殺身成仁，雖是道德，誰也不能說是生活圓滿。可見豐富圓滿的生活，未必就是道德，所以人在生活本身以外，必有其他目的。

公民四冊第三章概說上（六三頁）說：「宗教都含有倫理思想，它們都想創造一種良善的生活，勸善懲惡乃是宗教功用之一，所以宗教和倫理學結緣是不能避免的」實際宗教不獨含有倫理思想，並且指導倫理行為，宗教不獨與倫理有緣，而且與倫理不能分離。有了神的概念，有了善惡的分辨，則倫理學說，才能有堅強的根據。為此蘇格拉底以為「德行即是知識」柏拉圖以為「至善乃是萬事萬物的終極目的，而最高的善便是公道。」亞里斯多德以為善人就是心靈依照德行，或最高德行的活動。德行乃是理性所認有價值的行為，這些行為都是有節制的，它們受理性的裁制。」這等高明說法與宗教家的講論並沒兩樣。否認神，便不能講至善，不能講最終目的，否認神賞善罰惡，則公道亦無意義。

公民六十八頁上講伊壁鳩魯的學理說：「人生的目的，不過是尋快樂而已，快樂是最大的善，苦痛是最大的惡。」這說法顯然包括極大的錯誤。行為的善惡，在乎合理不合理，並不在乎有快樂無快樂。若眞以快樂為善，則桀紂殺人自娛，反成了大聖人，孔孟席不暇暖，反成大惡人了。

斯多噶說：「人生的目的乃是人格的完成……宇宙和人本是一體，人應當屏除一切的嗜欲和衝動而順着理性去行事，一位有德的人是不動感情的，因為他沒有感情，一切苦痛，在他都不覺得。」（六九頁）這說法顯然太過火了。善人雖然順理性行事，亦有肉身的知覺，怎麽不覺痛苦？古人殺身成仁，是熊魚不可兼得的意思，寧可為義捨生，寧可為義受苦，並不是不覺痛苦。人是靈魂肉體合成的，所以天主教的倫理道德是身靈兼顧的。可惜公民上對基督教的倫理學說，僅寥寥四行，只說「基督教的倫理基礎建築在宗教信仰上，道德的來源是上帝的意旨」其實神的意旨就是天性，就是不學而知的良知，不學而能的良能。這是根性的道理，不是其他宗教的神話所可比擬的。我們對公民上的介紹基督教的倫理眞嫌其太少。

其他霍布士說：「所愛的便稱為善，所憎的便稱為惡」（七〇頁）這樣看來吸鴉片的自然愛鴉片，那末也是善了！這顯然無理取鬧。斯賓諾莎說「人若是能自保其身即是大福，乃一切德行之母。」（七一頁）這純粹是自利思想，自利思想與道德是相抵觸的。曹孟德操刀殺了呂氏全家，雖是明哲保身，但誰也不能說是道德。

從以上種種看來，公民教育在很多地方正需要宗教教育來指導，國家要培養公民的道德，必須和宗教來合作。一個排斥宗教的國家，他的基礎已不十分穩固，這是歷史告訴我們的，也是教育家亟應注意的。

漫談司鐸書院

周信華

「修道院」在許多人的心目中，是一個神秘的所在，或視同什麼僧寺道觀。其實並不是這樣，這是未來傳教士的學院，也可說是宗教氣氛比較濃厚的學校，它的教育是德學並重的，使每一個修士，都具有高尚的道德和廣博的學問。

修道院中道德的培養，自有其宗教方面傳統的特殊方法；至論學術的研求和進修，非隨着時代跟着潮流不可，修士們是未來的傳教士，將來須應付社會上的一切，自該具有迎合時代，適合潮流的知識學問，才能應付裕如。

過去我國修道院的教育在原則上也是德學並重的，但實際上，對于學術似欠注意，師資方面既不加以嚴格的選擇，而多數緊要的科門亦付之闕如，終于造成了修院教育不夠水準的惡劣現象，甚致蒙受了修院無人才的大恥！

因此中國修院教育是一個極端重要的問題，而又是亟待解決的問題，因爲這是關係整個中國公教前途的。

幾十年前就有人大聲疾呼過，就有人爲文痛論過，可是爲了種種關係，得不到反響，甚致遭受了嫉視，被認爲反動份子。

直至最近十年來，這問題才獲得一部份的解決，至少是向着解決之道在進行着。

北平司鐸書院的成立，便是爲解決修院教育問題的第一步，也可說爲解決修院教育問題，才有司鐸書院的產生。

司鐸書院成立于民國二十七年，創辦人是前任教廷駐華代表蔡寧總主教，他爲補救中國修院的缺點，又希望栽培一些人材，革新中國的修院教育，便招收曾在修院畢業的司鐸，到書院進修。

書院起初是一個半獨立半附屬性的教育機構，到民國二十八年，才完全併入輔仁大學，其行政和教務，都由大學負責管理。

這書院的所在地，確是充滿着詩意，而且具有歷史價値的，因爲那地方是舊恭王府的後花園，原名萃錦園，甚致有人臆測，紅樓夢裏的大觀園，便是這裏。

一進紅色的大門，便見一棵一棵的參天大樹，都是二三百年前的古木，計有銀杏、松柏、海棠、丁香、以及榆、柳、槐、桑等等，都是枝葉扶疏，盤曲有致。建築方面的勝蹟有榆關，是仿着山海關和萬里長城而造的，更有兩助軒，周圍臨水，一如西子湖的湖心亭的風格，在園的四周所堆的假山，也玲瓏透剔，精巧異常。

讀書需要優美的環境，因爲這對讀書的效率是大有助益的，斗室之中，尙該窗明几淨，一個規模龐大的教育機構，豈不更應具有山水花木亭台樓閣之美？司鐸書院在「優美」兩字上，確是當之無愧的。

至於那座聳立院北的三層樓大建築，不是王府的舊物，是民國二十九年新蓋的，式樣是中國宮殿式而兼西式，中西交融，倒還看不出不調和。城牆式的單調建築前面配上三層雕棟畫樑的走廊和門樓，並不覺難看，可是有人曾加以批評，說是摩登監獄，作者也認爲有點像，而且作者認爲是一個絕好的暗示，因爲在這裏面居住的司鐸，都是自由的囚人，他們因着宗教的信仰和偉大的犧牲精神，自囚于道德人格，自囚于學術文化，他們是爲着人類的眞正幸福而自囚的。他們每次一進一出，看到這所自由的監獄，必會引起自己的猛省，而益加惕勵吧！

大樓內部的設計也不壞，很合乎宿舍和小型學院的條件，圖書館和食堂在地下室；教室、休息室、接待室、儲藏室，在一樓，二樓和三樓，完全闢作宿室，每一位司鐸，可以單獨佔用一間小屋子，這確給予司鐸們在研究上、作業上，以莫大的方便。

書院的主旨，是爲培養修院非宗教學科的師資，因此最初規定所修學科，分爲兩組，計中國文史組及自然科學組，修業期限三年。

（一）文史組所修學科。

一年級：國文作文、英文、目錄學、文學史、經濟通論、文字學、聲韻學、中國史綱要、先秦諸子。

二年級：國文作文、英文、近代散文、唐宋詩、莊子研究、高級文字學、中國社會經濟史、明淸史、中西交通史。

三年級：英文校勘學、指導研究、中西交通史、中學教學法。

(二)自然科學組。

一年級:國文、英文、普通數學、物理學、化學、生物學。

二年級:國文、英文、高等數學、光學及電學、無機定性定量分析化學、動物學、植物學。

三年級:英文、微積分、力學、熱學及聲學、有機化學、中學教學法。

可是由民國三十二年起,在書院不再授課,司鐸們聽課一概都往大學裏去,因此不再分文史組或自然科學組,一切科目和大學同,這樣所謂書院,便徒存名目,而無實際,不過是求學司鐸的特別宿舍和宗教修養處能了。所有司鐸都由各教區遣派前來的,現在為使讀者能略知其梗概,特列表如下:

民國三十年畢業者(共九人)

姓名	教區	系別	論文
郭潘	衡陽	輔大教育系	公教小學教育之原理與實施
袁希安	蒲圻	鐸院文史組	上古祭天考
陳寬明	寧夏	仝上	中國古代祖先崇拜考
鄭長誠	福州	仝上	仝上
池瑞章	趙縣	鐸院科學組	實驗及答題
趙保祿	保定	仝上	仝上
常靜軒	保定	仝上	仝上
常守彝	宣化	仝上	仝上
陳良佐	老河口	仝上	仝上

民國三十一年畢業者(共八人)

姓名	教區	系別	論文
吳懷赤	獻縣	鐸院文史組	十三經中之天道觀
師博德	天津	仝上	先秦諸子考
方守毅	臨清	仝上	古代社稷考
楊炳蔚	煙台	仝上	先秦諸子考
王道安	煙台	仝上	先秦諸子考
胡德夫	陽穀	仝上	毛詩草木今釋
胡世清	老河口	仝上	先秦諸子考
杜少蒼	福寧	仝上	毛詩草木今釋

民國三十二年畢業者（共十三人）

姓名	籍區	系別	論文
馬士光	南京	輔大教育系	品格訓練
郭時敏	老河口	鐸院文史組	毛詩獸名今釋
周則先	安國	仝上	毛詩鳥名今釋
陳捷三	正定	仝上	春秋左氏傳集說（卷一、二）
杜而未	趙縣	仝上	孟荀教育之異同
李炳耀	曹州	仝上	毛詩白穀圖譜今釋
龔士榮	南京	仝上	春秋左氏傳集說（卷三）
李志先	濟南	仝上	毛詩魚蟲今釋
李靖園	保定	仝上	老子與孔子
馮世光	延安	仝上	春秋左氏傳集說（卷四）
李宣義	三原	仝上	先秦儒家哲人傳徵
劉杖芬	安國	鐸院科學組	實驗及答題
張若望	汾陽	仝上	實驗及答題

民國三十三年畢業者（一人）

姓名	籍區	系別	論文
林少蒼	福寧	輔大教育系	意志訓練

民國三十四年畢業者（共六人）

姓名	籍區	系別	論文
萬次章	衡陽	輔大國文系	六朝詩人之山水觀
梁旭昇	延安	仝上	孝經古義
李士漁	衡陽	仝上	中醫補註
龔士榮	南京	仝上	白晉康熙帝傳譯註
張信	太原	仝上	陸璣詩疏今釋
穆芳蹟	獻縣	仝上	論語古義

民國三十五年畢業者（共十一人）

姓名	籍區	系別	論文
杜而未	趙縣	輔大國文系	商湯事迹考
劉鶴中	福寧	仝上	春秋穀梁古注彙考
周士良	上海	仝上	元逸曲故事考
李崇正	漢中	仝上	管商學說比較研究
劉緒堂	濟南	仝上	陸賈新語校注
沈世安	蚌埠	仝上	元逸曲故事考
張少伯	北平	仝上	尚書孔傳蔡傳句讀攷異
楊蔭溥	永平	仝上	朱晦翁學術蠡測
龐世宏	集寧	仝上	雅爾古注彙考
郭隆靜	滋陽	輔大化學系	Analysis of Chinese drug
張若望	汾陽	仝上	Analysis of Chinese drug

歷年來各系畢業者共計四十八人，唯其中杜、林、裴、張四司鐸，于鐸院畢業後，又轉入輔大國文教育等系，故實祇四十四人。

以上各司鐸就省別言，來自十一省，以教區言，來自三十個教區，以省作比較，當推河北省為最多，今略舉如下：

河北省	十四人	江蘇省	三人	察哈爾	一人
山東省	八人	福建省	三人	寧夏省	一人
陝西省	四人	湖南省	三人	安徽省	一人
湖北省	四人	山西省	二人		

系別的比較

在鐸院時代，入文史組者計二十一人，入科學組者計七人；與輔大合併後，入輔大國文系者計十五人，入化學系者計二人，入教育系者計三人。

歷年人數比較

民國二十七年	十八人	三十二年	四十六人
二十八年	二十八人	三十三年	四十四人
二十九年	三十八人	三十四年	四十二人
三十年	四十二人	三十五年	五十二人
三十一年	四十五人		

其中以三十五年秋季人數的紀錄為最高，今列表如下：

河北省共十九人

姓名	系別	姓名	系別	姓名	系別
謝博思	國文	范文忠	教育	侯鴻佑	教育

姓名	系別
李鴻皋	仝上
孫志宏	仝上
高仲儒	西語
吳廣明	歷史
張寶山	歷史
劉文森	化學

山東省共四人

姓名	系別
董海宴	生物
尹鴻禮	國文
郭傳眞	歷史
張修清	西語

察哈爾省共四人

姓名	系別
姚正風	國文
趙振聲	歷史
王崇一	社會
樊若愚	社會

姓名	系別
蘇培英	國文
劉西明	國文
杜惠風	西語
羅魯易	西語
張伯漁	歷史
張進之	教育

山西省共四人

姓名	系別
成世光	國文
王綸	國文
雒吏生	國文
李居谷	教育

湖南省共三人

姓名	系別
張懋	物理
張靄	國文
郭祝融	社會

姓名	系別
周翰章	教育
俞志中	教育
張國珽	哲學
任嘯聲	心理

陝西省共三人

姓名	系別
任志平	西語
楊廣祺	國文
劉嘉瑞	國文

湖北省共四人

姓名	系別
左維斗	國文
涂世華	物理
陳幼平	未定
王明文	仝上

浙江省共六人

姓名	系別
王益駿	數學
林錫黎	國文
徐鳴野	西語
郭慕天	歷史
王任光	歷史
黃士良	心理

江蘇省共二人

姓名	系別
沈汝孝	西語
郁成才	物理

安徽省一人

姓名	系別
楊堤	歷史

寧夏省一人

姓名	系別
郭正基	國文

甘肅省一人

姓名	系別
李爲權	西語

系別的比較

國文系	十六人	西語系	八人	社會系	三人
歷史系	八人	教育系	六人	物理系	三人
心理系	二人	生物系	一人	哲學系	一人
化學系	一人	數學系	一人		

綜觀以上所列的系別，以國文科佔最多數，這畸形的現象，是由於許多複雜的原因造成的，不錯，國學是極重要的；但其它科目，處在如今的大時代也是絕對需要的，希望後來的司鐸們在各系都佔有一個相當的數目，使各門各科，都能平均發展，使各門各科都能人材濟濟。

當作者這次對系別作小統計時，看到數學化學等系的人數，祇孤零零的一二人，不禁感慨系之，希望下年度再作統計時，能有可觀的數字出現。

書院現任院長爲富施公司鐸，(Father Fuchs S.V.D.)德國人，他過去在山東教區時曾在滋陽大修院教授哲學，極受學生歡迎，後來奉命升任小修院院長，更是鞠躬盡瘁，苦心教育，又擴充院舍，增添儀器，使小修院一新面目。民國二十七年，書院成立，富司鐸于二十九年奉命來長書院，但正當北平淪陷，環境惡劣，數年來，艱苦支持，厥功甚偉。

希望他本着過去艱苦無畏的精神和認識中國瞭解中國的卓見，在學術文化上，能有更燦爛光輝的成就。

作者還有幾句話要說。

由各教區遺派來的司鐸們，到了這裏，光修畢了大學裏應修的科目，並不算完成他們的任務；大學是社會的縮影，到大學裏來，除了功課之外，更該利用這良好的機緣學習做人，使自己的人生經驗，益形豐富，以作應付大社會的準備；許多司鐸，好容易到了這自由的小天地，再不學習做人，再不求些人生經驗，豈不坐失良機？學問不過是工具，人生經驗，才是真正的技術，工具當然不能缺少，但徒有工具而沒有技術，還是等于零；修士們雖不該則效市儈，却該圓通機警；雖不該油腔滑調，却該活潑玲瓏；雖不該奉迎婚媚，却該左右逢源；雖不該虛偽奸詐，却該隨機應變。

大學裏出來的司鐸，回到了教區，大都擔任小修院的教員，小修院的教員，都是大學出身，那當然是合乎標準，合乎理想的，可是他們到了修院裏，光搬出自己的學問是不夠的，譬如教國文的，光講些先秦諸子，或什麼音韻學等，教自然科學的，光講些什麼力學熱學，和演些公式等，都是不夠的，不能視為善盡自己的任務，完成自己的使命。老實說一句，修院教育最大的癥結，是在「低」，同時也是在「死」；「死」是在缺乏生氣，沒有靈魂，是在不合潮流，是在和外界失去聯絡，因此，大學司鐸回到修院，最大的任務，便是使修院的教育「活化」，在學術之外，該把在大學裏攝取的生氣，獲得的經驗，以及做人的方法，社會的常識，盡量的灌輸給第二代的修士才對。

書院自成立以來，確造就了不少的公教神職界的人才，為整個中國的教務和教育，不無少補，可是這不過是一時的補救，並不是根本的辦法，根本的辦法，還該由澈底改良修院教育下手，使修院教育普徧提高，一掃過去的積習。請問要仗着由書院出來的少數人材，去解決修院教育問題，能奏多大成效？據這學期的統計，書院的名額，超出五十以上，打破了歷來的紀錄，但對全中國的修院而言，這個「紀錄」，算得什麼？豈不等于杯水車薪？即使每學期有五十位戴學士帽的，十年之後，也不過五百位，何況每學期學成離院的，祇有三三兩兩的少數，就以平均每年畢業十位說，十年之後，才一百位，一百年之後，才一千位，請問想把修院教育問題全部解決，將待諸何日？

田樞機主教曾說過；培育人才，該從最初着手，若到了大修院時期，甚致晉升了司鐸，那已太晚。這確是至理名言。

假使一般負有修院教育責任者，都具有田樞機那種眼光和識見何至于造成如今修士們欲進大學的那種困難和麻煩，將來修院教育澈底改善以後，修士們隨時隨處都可以進大學也不一定限于教會大學，祇要是一個純正的正式大學，就可以進去深造，再不必自海之邊，地之角，越峻山涉重洋，來叩這書院之門了。

目下所最感需要的，還是正式神哲學院的成立，（所說正式乃是在教廷立案並由教育部認可）請問千頭萬緒的疑問難題，如關于神學的，哲學的，禮儀的，聖經的，法律的等等，本籍神職界中人，有沒有一個敢作權威的解答和定斷？

一個國家，一個民族，一個地方都有特殊的風俗人情和傳統習慣，那末一切問題就該以這些風俗人情和傳統習慣，作為解答或定斷的根據才對，可是我們因為學識不夠，不敢作定斷或解答，於是就讓歐西的學士們來代庖他們的解答或定斷，有時尚能令人滿意；有時却因不諳習俗，就近乎妄充明公，千怪萬怪還是我們自己沒有人才的緣故沒有權威的神哲學家的緣故。

（補白）

重陽遊司鐸書院作

郭家聲

老值重陽節，來登兩助軒；聯裾新道侶，（司鐸講業者得十八人）萃錦舊名園；（地為清代恭邸舊園）白髮驚寒早，黃花滿徑繁。題詩渾漫與，六義試詳論。（時授唐宋詩課）

司鐸園秋日閑眺

朱少濱

秋日園林興藹然，黃花獨賞羨鮮妍。饘堂末上偷消遣，石磴初登誤轉旋。碧樹逢人矜假蹇，朱樓歷代貯嬋娟。（南樓為輔仁女校即和珅二十四琴樓舊主）素躭幽靜隨修士，欲掠遺編繼昔賢。（余時教校勸學）

馬相伯先生文集序

陳垣

民國丙寅冬，杭州有天主教修士方杰人函索新刻明末淸初教會遺書，余以修院之戒綦嚴，不敢與慶通欵曲，而心實喜其英年好學也。杭州昔有元也里可溫寺，且爲明季金四表、陽演西諸遺墓所在，鄉賢李我存、楊淇園又爲教中柱石，余因以勗修士。其後修士果以格於成規，不通音問者凡十載。迨乙亥秋，修士以晉陞司鐸聞矣，又時時來函質疑問難；未幾漸見其爲文披露於報章雜誌，且見稱於並世學人矣。及浙西淪敵，司鐸走滇南，先後應浙江、復旦二大學之聘，馳驅黔蜀間，與長兒樂素亦有共難共事之雅。維時余方困居故都，繫念西南諸友，嘗撰明季滇黔佛教考以寄意。自勝利初奠，司鐸忽由南京北上，長上智編譯館，應田聘三樞機邀也，乃亟約其講學輔仁大學。逾半載，一日以馬相伯先生文集輯成告余，並索一言爲序，謂並世可作序者莫余若也。余悚然久之！蓋相伯先生長余四十，余又長司鐸三十，而司鐸所獲先生遺文頗多，盡所未見，其用力之勤，實足驚人，雖然，余有不能已於言者。凡人爲文，逾若干時，輒不慊於衷，此求進之心則然。故凡生前所爲文，未經最後訂定，卒後由他人代爲裒集者，未必悉符本人之意。惟相伯先生集稍異乎是，余曾略讀一過，知杰人司鐸於凡先生已刊諸稿，必擇其曾經先生手校者收之；未刊稿必擇其親筆者傳之；其爲先生口述他人筆錄者，必註明之。司鐸之意，蓋謂先生畢生研精中西學術，興辦高等教育，復躬與遜淸及民國兩代大政，一身繫中國近百年文教者至鉅，況去世之歲，壽臻期頤，閱世之久，世罕其儔，故其論議，雖吉光片羽，亦足資後人圭臬；且先生遺文散佚已多，若並此劫餘僅存者，而不爲之珍惜，不將雲消烟散乎？顧余樂見此集之刊行，其意實別有所在。蓋余自民元北上，即與先生暨英斂之先生過從甚密。余素主信仰自由，而獨服膺基督，英馬二先生則固篤信天主教者，惟自雍乾以後，教會文風凌替，外國教士中求如利西泰、艾思及之能與士大夫晉接自如者，固不可多得；即中國教徒教士求能如徐玄扈、李我存或吳漁山之以學術見稱於世者，亦不可多得；二先生目擊心傷，久以文藝復興爲己任，乃先有香山輔仁社之創設，繼復聯名上書敎廷，懇請辦學；時則二先生有所計議，余往往得首先聞之；二先生有所刊布，余亦得先覩爲快。乃公敎大學（輔仁大學舊名）甫成國學一部，而英先生下世矣！國士未復，勝利在望，而馬先生又以卒於南交聞矣！悲夫！惟茲編收相伯先生致斂之先生手札數十通，二公素志，當益爲世人所察見。況馬公一生行誼，在敎會則其治學從政之成績，每爲衛道譯經之功所掩；在敎外則其敬德修持之精詣，亦每爲其雄辯閎論所蔽；茲集一出，庶幾著道德能文章，兩可充分見之矣。是爲序。

中華民國三十六年一月新會陳垣識於北平興化寺街勵耘書屋

上主席書

陸徵祥

主席鈞鑒：竊祥晚年慕道，入院潛修，刻苦習經，專誠事主；叨蒙羅馬宗座嘉勉，本院院長栽植，八載濡染，稍窺敎理，遂訂今夏晉授鐸品。惟祥衰朽殘年，心餘力絀，經祭勤勞，宿疾時作；加以嚴齋期內，恪守戒律，精神身體，均形損弱，醫生慮其阽危，力勸休養，停止課讀，不得已乃懇請院長緩行鐸禮，商酌未果；適奉鴻文，渥承獎勵，感奮益增。刻下院長東行觀光祖國，西歸之期，約在明春，是以晉鐸典禮，亦即展至來年；一俟日期確定，當再專束奉聞，用副鈞座關垂。耑肅申謝，祗請勛安。本篤會修士陸徵祥謹肅

二十三，十，十七。

敬再啓者：本院院長（西名Monseigneur Neve）近得參事會同意，及羅馬宗座批准，遠赴東亞，觀光祖國，調查敎務現狀，視察西山分院，並擬與朝野名流交換意見，促進公敎事業；已于十月十二日由馬賽啓程，計十一月十九日可抵上海，留華時間約四五月，同行者本院修士二人：一係意大利籍，西名 Dom Raphael Vinciarelli，曾充本院敎授兼敎務長六年，深通希臘、辣丁、英、法文字；一係我國華僑，華名楊安然，西名 Dom Thaddée Yang An-Yuen，楊君進院早祥六月，精通拉丁、英、法、德、馬來文字，攻讀哲學、神學，成績斐然，超越儕輩，業于去年晉授鐸品，今夏復在魯文大學考得政治外交博士學位，著有中日交涉論文，歐美政界，傳誦一時。二修士隨從院長前往四川，或襄理分院院務，或兼辦敎區敎育事業；至於院長一行行程，擬先由上海瞻仰首都，晉

謁汪院長，展儀先總理陵寢；道經山東，禮孔林，登泰山，至北平謁蔡寧主教，接洽教務；有暇或北遊長城明陵諸勝跡；繼到安國，晤孫主教，參觀雷鳴遠司鐸所創眞福院；最後尋平漢路南下，取道漢口重慶，直赴南充，視察西山分院。歸程由廣州東渡日本西返，此院長東游路程之大略也。祥查比國本篤修院共有三處：一馬萊德左修院（Maredsous）二凱撒山修院（Mont Cesar），三安得烈修院（Saint-André），所謂比國本篤修士會者，即由此三院合組而成。其中二院，兼辦學校，惟安得烈又從事比屬剛果、及我國四川分院教務。本院修士國籍凡十五，人數亦較他院為多，院長注重國外佈教事務，此次東行目的，即在擴充分院，調查日後添設分院地點也。按我國地廣人衆，每省至少能容三修院，組成修士會一所，以內地十八省而論，即可有省修士會十八所，修院五十四，故本篤修會前途，我國最有發展希望。祥意國人倘肯接受院長宏願，大可乘此良機，與彼磋商。至其入手辦法，可於京、滬、平、津諸處，由地方政府或地方紳耆，供給地基，建築工費，地方及本院雙方分担，人才由本會培植，如此進行，四處修院廿年之內，即可成立矣。刻下本院已有華籍修士二人，他日蒙准召而入院潛修者，當不乏人；依本篤會制，修院滿十二者，院長總領其事，即成獨立機關，不受他院管轄，是則教雖西來，人皆國產，將于教育、慈善、文化事業，亦不無裨補也。至論國內傳教事業根基，遠在三百年前，其間思想衝突，進行阻礙，所謂教案教難者，罄竹難書，甚至庚子拳亂，慘烈遂達極點，試讀吾國近世辱國喪權交涉史，殆無一不與教務有關，誠可痛也！祥幼從先師許文肅公學習外交，每談教案，輒相咨嗟。其時國人蒙昧，朝廷失策，時而痛惡洋教，嚴令禁止，時而投鼠忌器，望之生畏，實皆政府駕御無方、庸人自擾也。竊謂世界潮流，日趨大同，公教傳佈，將徧全球，無論任何國家，此後斷无禁絕之道；吾國際此，宜採開明政策，勿蹈滿清覆轍，與其拒斥以招亂，勿寧歡迎而妙用；蓋拒斥則國交日紛，歡迎則教俗咸安，此中利害，婦孺可曉，固無待繁徵博引而解說也。昔者清廷放棄主權，先師嘗為槌心；佈教亦主權之一，曷可久假外人而不及早收回耶？本院院長，有鑒于此，擬立多數修院，為我收回佈教主權于無形，其博愛精神，有足多者！倘望國人及時利用，勿失良機，是為盼禱。祥尤有進者：歷觀歐洲英、法、意、比、奧等國，王室梓宮，皆在教堂或修院墓窟之內，既隆祭禱，且易守護，良法美意，存歿均安；我國歷代陵寢，則大不同，迷信風水，擇地偏僻，人跡罕至，祭掃廢絕，一若人天相隔，恩義永斷者；政府任其坍頹，國人視同廢墟，於是盜棺伐墓之事，日有所聞，此不但後進有愧于先哲，亦實文明國家之奇恥也！竊謂欲保陵墓，莫若於其近旁設立修院，山崖水曲，正修院之佳地；守護祭掃，亦修士之天職；國家省保管巨費，而得坐鎮妥人，計之兩全，孰有過于此者乎？惟修院雖多，似以本篤會爲最合宜，此非祥爲本篤會士，故爲左阿之論；緣與本篤創會宗旨，即在祈禱（Ora）及工作（labora）兩大事業也。此祥一見之愚，未識有無是處，更不知此種委託，院長肯否接受？尙祈裁酌，面徵院長意見，如雙方皆可採納，則總理陵旁，似宜先創一所，既崇元勳，且壯觀瞻，厥後逐漸推廣，遍及歷代諸陵，庶幾四千年來先聖先賢祠墓，不致長埋蔓草，時虞盜掘也。祥雖遠游日久，國情隔膜，然於西方良法善政，蓄意深遠，爲我祖制所不及者，未嘗不自忘其愚，悉心研究，以求有裨于祖國。今既有所見，不敢緘默，謹陳芻言，伏祈垂察。徵祥再肅。

此爲十三年前陸公上已故林主席書，抗戰時珍藏於重慶山洞國民政府檔案處，吾友鮑百鍾先生錄存，今爲刊登於此，亦以見當年陸公謀國徵效之誠也。　方豪謹識

合校本大西西泰利先生行蹟序

向達

艾儒略撰大西西泰利先生行蹟，爲漢文中最早紀述利瑪竇事蹟之著作。原有閩中景教堂刊本，艾子佈教福建，故所著利子行蹟乃刊於閩中也。然平常所能見到者大都爲舊鈔本，或出自鈔本之新印本，閩中刊本流傳極少。廿五年秋余在倫敦，得見牛津大學藏利子行蹟舊鈔本。廿七年又獲讀巴黎國立圖書館藏行蹟舊鈔本若干種，而閩中刊本亦赫然在目，快慰之至。當時曾將舊鈔本及刊本分別傳鈔攝影，並加勘校，始知鈔本與刊本頗有出入，或則文字詳略互異，或則紀述竟有不同，遂一一記於傳鈔本書眉。東歸以後，玄黃反復，飄泊靡定，棄置篋衍，忽忽十年。卅五年秋復返舊京，晤方杰人司鐸，承告以北堂及獻縣天主堂尙各藏有利子行蹟舊鈔本一部，慨允代假以資參校，並慫恿寫一合校本利子行蹟，爲此一代偉人紀念。余非教友，然年來於明淸之際傳入之西學以及東來諸西士事蹟，亦曾稍稍留意。中如利子艾子諸人，踰越七海，爲道忘身，其精神視六朝以來西行求法諸大德曾何以異。讀書至此，往往爲之廢卷低徊，不能自已。今杰人司鐸以此爲屬，是亦個人之榮，復何敢辭。因閩中刊本行蹟流傳較少，而保存艾子原文面目亦較多，遂取以爲據，所見各鈔本以及自鈔本出之新印本異同，則分疏於下。於是諸本薈於一篇，而異同亦一覽可識矣。閩本尙有張維樞大西利西泰子傳，李九標讀利先生傳後，絕徼同文紀卷五吳道南諸人題本王應麟

欽勅大西洋國士葬地居舍碑文，茲並附入。邇來多病，又牽於校課，以致輟作無常，幸得杰人司鐸時時予以獎掖，方克勉强寫定。合校本行蹟杰人司鐸既允交上智編譯館代爲梓行，用將勘校所用各本大概叙述如次，置諸卷首，以諗讀者。

甲、牛津大學藏舊鈔本——以後省稱牛津本。此本藏牛津大學圖書館 Bodlean Library 係威烈亞力 Alexander Wylie 故物，原編號 Ms. Chin. d. 39。威氏所藏漢籍幾全歸於牛津，其中道光以後莫理遜 Robert Morrison 米憐 Milne 郭實獵 Gutzlaff 諸人在馬六甲一帶所刊漢譯新教典籍逹二千冊。鈔本公教書籍亦有若干種，利子行蹟其一也。鈔本公教書籍大都用紅格本，末有署同治時上海姚老楞佐鈔者，字蹟與利子行蹟同，則此本亦同治時姚氏所鈔存者也。牛津本文字與閩中刊本詳略之間出入甚多，而與陳援庵先生所校印本大同。陳本出於徐家匯藏書樓所藏舊鈔本，姚氏爲上海人，則或亦出自徐匯本也。未見徐匯本原書，無從定其然否，姑懸此疑，以待將來考定。

乙、巴黎國立圖書館藏舊鈔本甲——以後省稱甲本。此本藏巴黎國立圖書館，編號 chinois 1016。甲本文字詳略與閩中刊本固有不同，亦異於其他各舊鈔本。所謂不同，約可分事與文言之。事異者，如利子居韶州，與利子偕處之會士，刊本及諸鈔本大都作郭子仰鳳，而甲本則作石子鎮予（名芳栖）。後述乙本此處亦與甲本同，作石子鎮予。考諸教史，作郭子仰鳳是也。文異者，即以韶州與郭仰鳳偕處被盜一段文字而論，閩中刊本此段連小注凡五十七字，甲本只五十一字。刊本原文作：

時有同會郭子仰鳳者（名居靜）偕利子處。一日劇盜强入，剽劫貨物。當道嚴捕賊黨，下重獄。利子復哀矜之，力言諸當道，釋其獄。人咸服利子之德云。

甲本此段作：

時有同會石子鎮予者（名芳栖）偕利子處。一日爲劇盜所剽劫。當道捕賊下重獄。利子復哀矜力言之，爲釋其獄。人咸服利子之德云。

甲本他處類此者尙復不少。疑所謂甲本者乃一公教中人略諳教史，根據刊本別加删潤，遂成此本耳。甲本文字簡潔清順，不似刊本冗沓可見也。

丙、巴黎國立圖書館藏舊鈔本乙——以後省稱乙本。此本藏巴黎國立圖書館，編號 Chinois 1015。乙本文字大致與刊本同，唯上舉之郭仰鳳亦作石鎮予，則同甲本。又王潘作王泮，與諸本俱不同，不知何故也。

丁、北堂圖書館藏舊鈔本——以後省稱北堂本。此本藏北平西什庫天主堂圖書館，編號二一〇二號。竹紙舊鈔本一冊，內題利子等行實，收大西西泰利先行生蹟、思及艾先生行蹟、張彌格爾遺蹟、悌尼削世紀、楊淇園先生事蹟，凡五種。利子行蹟後附李九標撰讀利先生傳後一篇。北堂本文字與刋本大同，當自刋本出，然其所據原本亦爲一舊鈔本，非即爲刋本也。行蹟紀利子臨終遺囑一段，末刋本云：「蓋利子甫病即已無力及此」；又紀在洪州一會士調自鳴鐘破機一段，刋本云：「若無此進御」，北堂本兩無字皆作既。無字原鈔疑作无，北堂本鈔者以爲无是旡字，故正寫作既，不知反而致誤也。北堂本所據原本之非刋本而係出自刋本之另一鈔本，卽此可以推知。

戊、獻縣天主堂藏舊鈔本——以後省稱獻縣本。此本藏獻縣天主堂，去歲避亂，移藏北堂，因獲借校。同時尚見舊鈔南懷仁著窮理學一冊，亦秘籍也。獻縣本亦爲竹紙舊鈔本一冊，內收利子行蹟、思及艾先生行蹟、張彌格爾遺蹟、悌尼削世紀、楊淇園先生事蹟，凡五種，與北堂本同。此本文字十九與北堂本同，疑同出一源，而非直接出自刋本也。

己、陳援庵先生校印本——以後省稱陳本。此本與辯學遺牘、援庵先生撰李之藻傳合刋一冊，輔仁社排印本。遺牘有一九一五年英斂之先生附識，利子行蹟有一九一六年馬相伯先生書利先生行蹟後，一九一八年援庵先生附識，李之藻傳有一九一九年相伯先生序；則此冊之刋當在民十左右矣。利子行蹟據相伯先生書後，乃出自徐家匯藏書樓舊鈔本。先生以徐匯本「抄手甚劣而多誤，亟與友人英斂之共讀共校，亟付手民」。是此本係經相伯斂之二先生所校定者也。非徐匯本原來面目，其與牛津本之有異同，當由於此。與刋本出入亦大，蓋又一經人刪潤之本也。

至於行蹟中所述中朝諸士大夫，亦有尙待疏釋者。如紀利子在南都與僧三槐論日月一則，三槐，據沈德符野獲篇卷廿七雪浪被逐條，應即爲雪浪。雪浪名洪恩，初名三淮。又據錢謙益初學集卷六十九華山雪浪大師塔銘，則雪浪俗姓黃。艾子耳熟利子與雪浪在南都辯論之一段故實，而誤以三淮俗姓之黃爲王，因有黃王之誤，聯想及於王氏掌故，遂又書三淮爲三槐，而不知其非也。避兵西南，曾從袁守和先生處得意大利德禮賢神父書，以有關於利子之若干中朝士大夫姓名出處相詢，三槐其一也。比就所知，一一條答。今德神父所輯注之利子全集已由意大利研究院爲之印行，鄙說亦蒙採入。故關於人名考證之屬，合校本從略。

北堂獻縣兩本，亦杰人司鐸之介，慨允借校，上智編譯館又許爲印行，而敦促獎掖，使此本卒能寫定者，尤以杰人司鐸之力爲多，並識於此以誌不忘。至於以教外之人而爲此種工作，囿於見聞，難免訛誤，博雅君子進而教之，幸甚幸甚。民國三十六年一月十九日覺明居士謹記於舊京東城寄廬。

罪言序

陳垣

罪言一卷，金陵神學教授陳金鏞著

宗教上所謂罪，異乎法律上所謂罪也。宗教上所謂罪，自覺而已，人不覺也；神知而已，人不知也。罪而至於爲人所知覺，則國家刑罰得制裁之，否則社會淸議亦得制裁之，毋庸宗教家之喋喋爲也。十誡有曰：毋殺人，毋姦淫，毋貪人所有，豈以事實論，以行爲論哉？亦問其心之有無此動念耳！今人撫心自問，輒曰吾生平未嘗爲惡，此眞不自覺之甚者也。以孔子之聖，曰假我數年，五十以學易，可以無大過，豈眞謙詞云耳哉？過之有無，惟孔子自知之耳！若必以人所知者方爲惡，則何需乎愼獨？何貴乎能見其過而內自訟？然則天下之撫心自問以爲吾生平未嘗有大過者，妄矣！即此一念，已犯文過飾非之罪，不可救藥矣！夫人必自覺有病，然後肯求治，今乃不自覺其有罪，奚肯求滌罪之方哉？所以謂不可救藥也！陳子敏應憂之，著罪言若干章，示人以認罪之法，滌罪之方；始吾讀陳子言，而覺吾身之無處非罪，跼蹐而不自安，繼吾讀陳子言，而覺吾罪雖多，然可藉神之力，以爲驅除，吾心乃稍自慰，而終則泰然以安也。陳子索序，因即以吾所覺者爲序。一九一九年三月新會陳垣序

陳香伯譯篤愛之科學序

吳經熊

我國之論翻譯者，輒舉直譯意譯之分；今讀陳子香伯所譯拙著，其摛辭之婉美，說理之圓澈，遠超乎原文之上，既非直譯，又

不僅爲意譯，名之曰神譯可也。蓋予與陳子薰沐於聖神之膏澤，浸潤於公教之活泉，口誦心維，如出一轍，所能心心相印，見於無形，聞於無聲，其弦外之音，又豈以中西文字之殊異而隔閡其間乎？是音也，非高山流水之謂，乃救世主之福音也。陳子於斯夙已憬然神會，觀其所著公教論一書，可以概見既明福音眞諦，則其於仁愛之學，見微知著，不亦宜乎？吾主耶穌降生一九四六年十月三日四明吳經熊謹序。

吳經熊著英文本篤愛之科學自序

賈尙志試譯

上海新聞天地月刊第十八期，譚納西先生有一篇文章，稱我國駐羅馬教廷第一任公使謝壽康博士是一位文學外交家。同樣地，我們可以說第二任公使吳經熊博士也是一位文學外交家。吳先生以生花之筆所譯的聖詠，風行全國，膾炙人口，當他改信公教之初，就寫了一本價值很高的小書"The Science of Love," 海門朱主教最近在「聖詠譯義初稿」序中還提到它，說是「精理名言，字字珠璣。」有人稱它爲「仁愛學，」或稱爲「愛的科學。」現在已由「公教論」著者陳香伯先生譯成古雅的文言，香港公教眞理學會出版，于斌總主教題字，吳先生自己有一篇序，是影印的，說陳先生的譯文，既非意譯，又非直譯，而是神譯。但是吳先生原書中已有自序一篇，說明全家改教及自己著書的經過，法文譯者顧神父（Père G. de Raucourt, s. j.）說這是一篇 charmante préface，不知何故，陳先生沒有翻譯，我覺得這是美中不足之點。英文原著和法文譯本我都讀過數遍，不忍釋手。我也早有意思翻譯這本名著，但是因爲胆小不敢動手。後來聽說陳先生在譯，我很喜歡。陳先生底譯本現在果然出版了，陳先生既未翻譯原書著者自序，現在我就毫不量力地「試譯」一下。

—譯者識。

我初次聽見小德肋撒底名字，是在我的好友袁家潢先生家中。他是一位極虔誠的公教信徒。一九三七年冬，我寄居袁先生家中，他們全家念玫瑰經的情形，使我大受感動。當我看見一張聖女德肋撒畫像的時候，我就問他：「這是聖母瑪利亞底像嗎？」他告訴我這是「耶穌底小花朵」底像。我就問「耶穌底小花朵是誰呀？」他詫異似地說「什麽您連小德肋撒也不知道嗎?」於是他遞給我一本法文小書書名「耶穌嬰孩德肋撒,」包括他的小傳及思想的片斷。我好似覺得這些思想說明了我當時對於基督教所懷的一些極深摯的信念。我自言自語地說:「假如這位聖女代表公教,我就沒有不信公教的理由了。」我原是一位新教徒,我認爲什麼解釋合理,就可以自由採取它,她的解釋我認爲恰到好處,因此使我成了一位公教徒!當我向袁先生表白我的決心時,他喜歡得幾乎發狂,據他後來告訴我,他爲我的皈依已祈禱十年之久!天主就在袁先生底家中答應了他的祈禱。有一件甚可注意的事情,就是誰也未曾料到的一種境遇,使我當時寄居在他家裏。

自從我第一次和這位可愛的聖女認識後,我對他的愛情就有增無已。她教我如何愛耶穌,如何愛我們的母親童貞聖母。她使我的內人皈依公教,眞是一個奇蹟。有一天我的小女孩蘭仙病了。醫生說這是一種很嚴重的肺炎,要恢復健康至少得九天,在這期間我們得非常地小心。他是一位很能幹而誠實的醫生,無疑地他的診斷是準確的,因此我們都很担心,尤其是我的行將分娩的妻子,假如九天之中,她看護着小女,爲了身體方面的勞苦和精神方面的磨折,她也將一蹶不振。女孩子熱度很高,醫生還說這是剛剛開始,是吉是凶,得看以後的變化。我和內人商量之後,就打電話給師人傑神父(Father Maestrini)請他到我們家裏來,并給女孩子付洗禮。他就這樣做了。過了一會,我的太太跪在聖女德肋撒底面前,懷抱着生病的孩子,作懇摯的祈禱。我聽不見她的話。當她站了起來,我就問她向聖女說了什麼話。她答道:「啊,我乾脆地對他說,蘭仙難得養大,我不配做她的母親,因此我求聖女德肋撒做她的母親。」第二天早晨,醫生又來了,給蘭仙量體溫,發見溫度表竟降到百度以下,頭一天是一百零五度呀!於是他將肺部檢查一番,發見肺炎已經雲消霧散,「奇怪!奇怪!」這是他絕無僅有的話。我把經過的情形告訴了他,並問他是否願意給我的故事作證,假如有一天我把詳細的情形寫了出來。他說道:「一定的!」故事太長,這裏說不了。此刻使我感覺興趣的,是我的太太皈依的故事。前不多時,我的太太交結了孔祥熙夫人,她倆的友誼日見濃厚,孔夫人品格的高尙使她感動很深,開了她的眼睛,向慕着基督教的美好,然而是聖女小德肋撒完全確定了她對基督底信仰。至於我,我的職務只是教她一點教義。我決不要以我自己的信仰去强迫我的眷屬。然而天主如此愛我們,竟降尊就卑地來做舍下的家主。在我生平天主待我已是恩上加恩,我連圖報於萬一的力量也沒有,然而他所賞的其餘一切恩惠他似乎還嫌不足,於是來同我們朝朝暮暮地聚餐,這種恩賜爲我是至高無上的榮幸。現在我跟我的太太學會了祈禱的藝術。我簡單地向耶穌說:「我欠天主無數的債，我無法償還，願您代我償還吧！」

在結束這篇序之前，我要感謝我的一切朋友－他們以各種不同的方式幫助我完成這本小書－特別感謝一位博學而智慧的神父（師人傑）和吳德肋撒愛蓮女士。他們的提示我已收入本書的字裏行間。尤其感謝聖母，在我動筆寫作這篇論文之前，我向她祈禱過：「母親，幫助我畫一幅您親愛的女兒，我親愛的神姊德肋撒底美麗的肖像。」因此，高明的讀者，如果你喜歡這篇論文，該歸功於她；如果你不喜歡它，過錯在我。然而，如果你喜歡它而不像我一樣來愛慕德肋撒和她的神聖的情人，過錯就是你的。

致張若谷書論馬相伯先生年譜

張元濟

（一）

若谷先生閣下：頃奉手教，藉悉尊著相伯先生年譜，擬將版權讓歸敝館，曷勝榮幸！元濟年力衰邁，久已將公司事務完全卸交，現諸事均歸王君雲五主政，可否請將條件並大稿交示，當代轉達王君核奪。肅覆，順頌著祺。

弟張元濟頓首十一月八日

（二）

若谷先生閣下：前日辱荷枉顧，晤談爲快。相伯先生年譜，因字過小，目力不及，祇能略視大概；弟亦僭加簽注數條，原稿已送交商務印書館。承示各節，前日即已函達王君雲五，俟有覆音，再行奉達。命撰序言，不揣冒昧，脫稿後已寫入冊上。茲送去，務祈指政爲幸！順頌著祺。

弟張元濟頓首十一月十四日

（三）

若谷先生閣下：昨奉手教，辱承獎飾，愧悚無似！年譜序末有誤，蒙指正，大感！已改如別紙，仍祈核正。上海各界追悼相伯先生，約在何時？乞示及，弟當擬撰一挽聯也。敬頌著祺。

弟張元濟頓首十一月十六日

（四）

若谷先生大鑒：昨晚敝公司交來大著遊歐獵奇印象一冊，辱承嘉惠，不勝感謝。相老年譜稿，亦同時交來，拙序又改易數字，並削二語，仍乞教正。于徐兩君序，擬請移在賤名之前，又卷中論日本三無一段，似乎言之過甚，日後恐徒傷感情，擬請節去。又軍機處（定名如此）誤軍機衙門，李經方誤芳，陝西巡撫升允誤邊撫升元，均已僭易，惜字小不能徧讀，否則或更有管蠡之獻也。專此布謝，敬頌著祺。

弟張元濟頓首十二月十日

記張菊生先生校序馬相伯先生年譜事

張若谷

中華民國二十八年，予忝任上海中美日報副刊編輯，以是年欣値先師丹徒馬相伯先生百齡大慶，爰憑平日見聞所及，纂撰先生百歲年譜，逐日排刊中美日報，原擬將全稿彙寄後方，就正於先師，孰料稿未完竣，而先生遽爾歿於異域，本欲以壽先生者，乃竟爲追悼先生之行狀矣！能不悲乎？先師以十一月四日壽終於越南諒山，予蟄居滬南，噩耗傳來，哀慟罔極，越四日，予知海鹽張菊生先生私淑馬公久，即肅函商請將拙編馬相伯先生年譜付梓，以餉世人之欲知此一大國師之言行偉業者。承張先生慨諾，不以拙稿之不堪入目，而躬任校勘，親加箋注，並惠撰序文，先生之厚我，可謂無微不至，拜誦先生辱賜之尺牘，可窺見其掖奬後生熱誠之一斑。尚有一事更宜大書特書者，相師年譜自付梓至出版，得先生之臂助，爲期未及一月，即殺青問世，開商務印書館未有之前例，此亦足告慰先師在天之靈者也。年譜問世之日，適値滬地各界爲馬公舉行追悼大會，公推張先生主祭，先生應衆請，爲馬公擬私謚曰文敏，儀式備極莊穆。時逾八載，舊事猶歷歷在目，會同門方司鐸杰人編纂馬相伯先生文集，敬錄張先生校刻先師年譜時惠賜之手札四通，並追紀一二往事，供杰人教授之採擇焉。民國三十六年一月七日，南匯摩矩張若谷敬識。

文獻目錄

北平北堂圖書館暫編中文善本書目（二）

馮瓚璋

甲編　普通善本書目

子部

儒家類

揚子法言十卷　漢揚雄撰　明吳勉學校　明刻本　編號〇六八二　二冊一函

荀子補注二卷　清郝懿行撰　齊魯先喆遺書本　編號〇六七九

日知薈說　清乾隆撰　蔣振生寫本　編號〇七一二
存一卷（卷二）四冊摺裝一函　每冊前後有「乾隆御覽之寶」印

兵家類

兵錄十四卷　明何汝賓撰　抄本　編號〇七二六
三十二冊四函　葉數：序十八葉，目錄三葉，卷一至十四計四十五，五十七，八十六，七十九，四十九，五十一，五十七，八十一，五十二，五十六，四十五，七十，七十六，六十九葉。

兵鈐內書八卷外書八卷　盧崇俊撰　呂磻盧承恩仝輯　抄本　編號〇七二九
開化紙二十四冊四函　葉數：內書敘十五葉，目錄二十葉，正文百五十一葉；外書目錄八葉，正文三百八十四葉。

武備考　周景禎撰　清抄本　編號〇七三〇
存一卷（卷一）二十四葉。

梨花鎗法　不著撰人名氏　清抄本　編號〇七三四
存一冊十三葉

冷艷鍬法　不著撰人名氏　清抄本　編號〇七三五
二冊　第一冊三十四葉，第二冊四十一葉。

儒張鎗譜　不著撰人名氏　清抄本　編號〇七三六
二冊　上冊十五葉，下冊二十九葉。

通臂拳譜　不著撰人名氏　清抄本　編號〇七三七
一册十四葉

少林刀鎗譜　不著撰人名氏　清抄本　編號〇七三八
存一册二十六葉

山東各海口礮台圖說　清人佚名撰　寫本　編號〇七四二
一册摺裝　全書九圖

奉天各海口礮台圖說　清人佚名撰　寫本　編號〇七四三
存一册（上册）摺裝　存第一至七圖　缺第八至十四圖

水師防禦浮簰圖說　清李泰山撰　寫本　編號〇七四一
一册摺裝一函　有圖五幀

法家類

管子二十四卷　明淩汝亨刻朱墨印本　編號〇七四四
十二册一函

農家類

泰西水法六卷　泰西熊三拔撰　明徐光啓譯　明萬曆刻本　編號〇七五三
一册

耕織圖　清康熙撰　清康熙三十六年刻本　編號〇七五〇
一册一函

醫家類

補註釋文黃帝內經素問十二卷遺篇一卷　唐王冰註　明趙府居敬堂刻本　編號〇七五五
十七册三函

黃帝素問靈樞經十二卷　明趙府居敬堂刻本　編號〇七五七
六册一函　抄補敘文，目錄，卷一。

素問病機氣宜保命集三卷　金劉完素撰　明吳勉學校刊本　編號〇七七〇
存二卷（卷中下）一册　缺卷中第一至三十七葉

傷寒直格論方三卷　金劉完素撰　葛雍編　明吳勉學校刊本　編號〇七六九
一册

難經本義　元滑壽撰　明吳勉學校刊本　編號〇七六〇

存一卷（卷下）一冊

萬氏幼科不分卷　不著撰人名氏　抄本　編號〇八一二

一冊百〇四葉　缺第一至第八葉

痲方統彙四卷　洪蒗周訂正　日本活字印本　編號〇八一六

四冊一函

傷寒論集成十卷首卷一卷　日本山田正珍撰　寬政改元己酉刻本　編號〇七六二

十冊二函

玉機微義　明徐用誠撰　日本刻本　編號〇七七六

存四十一卷（卷四至八，十五至五十）七冊　缺卷二十六第十三葉。

醫學六要十九卷　明張三錫撰　日本明曆丙申中野氏校刊明原版本　編號〇七八二

四十冊六函　目次經絡考一卷，病機部二卷，四診法一卷，治法彙八卷，本草選六卷，運氣略一卷。

天文算法類

妄占辯不分卷　泰西南懷仁撰　清康熙八年刻本　編號一九三六

一冊　缺目錄前半葉　殘全書右下角

交食表　泰西湯若望撰　明刻本　編號〇八一九

存八冊一函　蟲蛀

交食表九卷　泰西湯若望撰　明刻本　編號〇八二〇

存四卷（一至四卷）四冊　據書目答問全書應爲九卷

交食曆指　泰西湯若望撰　明楊惟一刊本　編號〇八二一

存一卷（卷二）一冊

月離表四卷　泰西羅雅谷撰　明刻本　編號〇八二二

二冊一函　蟲蛀

月離曆指　泰西羅雅谷撰　明刻本　編號〇八二三

存三卷（卷一，三，四）三冊

日纏曆指一卷　泰西羅雅谷撰　明刻本　編號〇八二四

一冊

靈臺儀象志十六卷　泰西南懷仁撰　清刊本　編號〇八二五

存十四卷（一至十四）十四冊二函　缺卷十五，十六。

天文一覽　不著撰人名氏　三色抄本　編號〇八三一

一冊三十二葉

術數類

卦象便覽不分卷　清陸寅編　五色寫本　編號〇八九一（占卜）

七十二冊九函　葉數：第一冊二十五葉，二冊二十六葉，三冊二十五葉，四至六冊每冊二十四葉，七冊二十一葉，八冊二十二葉，九冊以後每冊均三十二葉。

太乙統宗寶鑑二十卷　元曉山老人編　清抄本　編號〇九二〇（陰陽）

三十六冊六函　附佚名人撰註太乙統宗寶鑑秘訣十二卷十二冊　葉數：寶鑑序二葉，總目二十六葉，正文千一百二十六葉，寶鑑秘訣總目十一葉，正文共二百六十五葉。

太玄經十卷　漢揚雄撰　明天啓刻本　編號〇八五〇

六冊一函　冠圖

景佑遁甲符應經三卷　宋楊惟德等奉敕撰　抄本　編號〇九一八（陰陽）

三冊　上卷四十七葉，中卷四十六葉，下卷四十五葉。

龍甲符應神經　宋楊惟德撰　清抄本　編號〇九一九（陰陽）

三冊　第一冊二十四葉，第二冊二十八葉，第三冊二十六葉。附註：序內本書著者作楊維德，而宋史作楊惟德，從宋史。

藝術類

九成宮醴泉銘不分卷　唐歐陽詢書　拓本　編號〇九六五

存一冊　摺裝

九成宮醴泉銘不分卷　唐歐陽詢書　拓本　編號〇九六六

九成宮醴泉銘不分卷　唐歐陽詢書　拓本　編號〇九六七

漢太中大夫東方先生畫贊碑不分卷　唐顏眞卿書　拓本　編號〇九六八

存一冊（一百八十六頁）摺裝

絳帖十二卷　宋潘師旦奉旨書　拓本　編號〇九七〇

十二冊摺裝

戲魚堂帖　宋劉次庄書　拓本　編號〇九八〇

文字會寶不分卷　明朱文治輯　明刊本　編號〇九五二

六冊一函　缺附文第一冊十六至十八葉，第二冊第七十二葉，第五冊二一九至二二一葉，抄補第一冊屈原漁父二葉。

芥子園畫傳五卷　清王安節編輯　清刊五色印本　編號〇九五五

芥子園書傳三集五卷　清王蓍編輯　五色印本　編號〇九五六

存四卷　缺卷末

適情錄二十卷　明林應龍撰　明嘉靖刻本　編號一〇〇七

十冊二函

六代小舞譜不分卷　明朱載堉撰　明刻本　編號一〇〇九

一冊　四十六頁以後殘

射騎全書不分卷　時爲煥撰　抄本朱筆圈點　編號一〇一八

二冊　第一冊十四葉第二冊十五葉。

伯牙心法一卷　明楊掄輯　明刻本　編號〇九八九

四冊一函

藏書塢琴譜不分卷　明刻本　編號〇九八八

五冊一函　第一冊序殘

太古遺音不分卷　明楊掄輯　明刻本　編號〇九八七

六冊一函

譜錄類

至大重修宣和博古圖錄三十卷　宋王黼等撰　明嘉靖刻本　編號一〇二〇

存二十七卷（卷一至五，七至二十三，二十五至二十九）二十七冊　有缺葉

宣和博古圖錄三十卷　宋王黼等撰　泊如齋重修　明萬曆刻本　編號一〇一九

十六冊二函　有殘葉　卷十八，卷二十第十，十一兩葉配補。

香乘二十八卷　明周嘉胄撰　明崇禎周氏自刻本　編號一〇三〇

六冊一函

西清古鑑四十卷　清梁詩正等奉敕撰　清乾隆內府刻開化紙印本

存三十六卷（卷一至十六，十九至二十八，三十一至四十）十八冊二函　附錢錄十六卷二冊

古今錢略三十二卷另卷首卷末二卷　清倪模撰　家刻本　編號一〇二七
十六冊一函

二如亭群芳譜　明王象晉撰　明清間刊本　編號一〇三一
存十四卷十冊　有殘葉

廣群芳譜一百卷　清康熙敕撰　清康熙內府刻開化紙印本　編號一〇三三
三十二冊八函

雜家類

名理探十卷　泰西傅汎際明李之藻同譯　抄本　編號一〇六四
十冊一函　書分五公稱五卷，十倫五卷　葉數三十四，四十七，三十五，四十四，五十，四十七，二十七，三十三，五十六，五十九。

空際格致二卷　泰西高一志撰　清刻本　編號一〇六三
二冊

童幼教育二卷　泰西高一志撰　清初刻本　編號一〇六二
一冊

平治西學不分卷　泰西高一志撰　抄本　編號一〇六一
存一冊　六十七葉

正教眞詮二卷　明眞回老人撰　清抄本　編號一〇六五
存一卷（卷上）一冊　三十五葉
附註：據序本書著者姓王號岱輿

正教眞詮二卷　明眞回老人撰　抄本　編號一〇六六
二冊一函　葉數四十九，四十九。

希眞正答不分卷　張五彩訂評　抄本　編號一〇六七
存一冊（上冊）　葉數目錄三葉，正文一〇三葉
附註：緒連第四篇以前有書無目

侗直編不分卷　明釋空谷景隆撰　清乾隆顯親王朱墨批寫本　編號一〇四四
四冊一函　葉數序六葉，正文共百三十一葉。

淮南鴻烈解二十一卷　漢劉安撰　朱墨套版本　編號一〇四二
八冊一函

三教正宗統論不分卷　明林兆恩撰　盧文輝校正　明刻本　編號一〇四六
三十六冊五函

推篷寤語九卷　明李豫亨撰　明刻本　編號一〇四五

上智編譯館館刊　第二卷　第二期

八冊一函　有殘葉

古言二卷　明鄭曉輯　明刻本　編號一〇四三　一冊

性命圭旨不分卷　不著撰人名氏　抄本　編號一〇五三　一冊百十九葉

丹鉛總錄二十七卷　明楊愼撰　明刻本　編號一〇七七　存二十四卷（卷一至二十四）十六冊　缺目錄第三十一至末葉

秋林伐山二十卷　明楊愼撰　明刻本　編號一〇七八　六冊一函　有殘葉

實踐錄不分卷　清德沛撰　清乾隆元年刻本　編號一〇九二　一冊　卷後有附錄　附錄第三至第五葉殘

說楛七卷　明焦周撰　明萬曆刻本　編號一〇八九　二冊一函　卷二第七葉卷六第二十六葉殘

古稀說一卷　清乾隆撰　清乾隆內府刻本　編號一〇九三　一冊一函　卷前後有「乾隆御覽之寶」印

御世仁風四卷　明金忠纂輯　明萬曆刻本　編號一一一五　八冊一函　有圖像

一五八

百家類纂　明沈津撰　明刻本　編號一一一三　存十八卷（卷二十三至四十）七冊　抄補卷三十九第二葉。

類書類

唐宋白孔六帖一百卷　唐白居易宋孔傳輯　明刻本　編號一一四一　存二十三卷（卷七十五至九十四，九十八至一百）七冊　卷一百第十四葉至末葉殘

錦繡萬花谷前集四十卷後集四十卷續集四十卷　宋人佚名撰　明刻本　編號一一五二　七十二冊十函　有缺葉

十二先生詩宗集韻二十卷　宋裴良甫編　元刻本　編號一一五六　十四冊二函

太平御覽一千卷　宋李昉等輯　明活字印本　編號一一五〇　存八十五卷（卷三七八至三八四，四〇二至四〇九，四六八至四七五，四八三至四九六，五〇八至五一九，五八四至六一二，八三三至八三九。　十一冊

群書集事淵海四十七卷　明刻本　編號一一六一
存二十二卷(卷一至二十二)九冊一函　抄補卷十第八十二葉

對類二十卷　明刻本　編號一一七五　十一冊四函

廣博物志五十卷　明董斯張編　明刻本　編號一一七四
存二十八卷(卷四,五,十一,十二,二十七至五十)十四冊　二函另二冊

歲華紀麗四卷　唐韓鄂撰　明刻胡震亨毛晉同訂本　編號一一四二　二冊一函

記纂淵海二百卷　宋潘自牧撰　明刻本　編號一一五四
存十八卷(卷五十至五十二,五十五至五十九,六十三至七十二)　六冊

新增說文韻府群玉二十卷　明陰時夫輯陰中夫編註　明萬曆刻本　編號一一五七　十冊

經濟類編　明馮畸撰　明萬曆刻本　編號一一五八
存六十八卷(一至二十八,三十二至四十四,四十七至四十九,七十五至九十八)　二十七冊

彙苑詳註三十六卷　明王世貞撰鄒善長重訂　明刻本
編號一一六〇　十六冊二函

三才圖會　明王圻撰王思義續撰　明刻本　編號一一六二
存七十六卷四十八冊八函

正音攟言四卷　明王荔撰　王允嘉注　明崇禎刻本　編號一一六五
四冊一函

修辭指南二十卷　明浦南金編　明刻本　編號一一六六
六冊一函

縹緗對類大全不分卷　明屠隆訂正　明古吳陳長卿重刊
益府本　編號一一六七　一冊

八編類纂二百八十五卷　明陳錫仁纂評　明刻本　編號一一六八
一百二十冊十二函　附宋楊甲撰六經圖六卷　有殘缺葉

潛確居類書百二十卷　明陳錫仁纂輯　明刻本　編號一一六九
六十四冊八函　有殘缺葉

唐類函　明俞安期編　明刻本　編號一一七〇
存一三八卷(卷十七至五十一,七十四至百十六,百二十二至百三十六,百五十二至百八十四,百八十六至百九十一,百九十五至二百)五十冊　有殘缺葉

小說類

水東日記三十八卷　明葉盛撰　明刻本　編號一二三六（雜事）
三冊一函

山海經釋義十八卷　明王崇慶撰　明刻本　編號一二四二（異聞）
六冊一函

說略　明刻本　編號一二四六（異聞）
存十五卷（甲乙庚三集各四卷辛集三卷）二冊

廣諧史十卷　明陳邦俊編　明萬曆刻本　編號一二七三（瑣語）
五冊一函

四雪草堂堅瓠集十五集六十六卷　清褚人穫輯　清康熙刻本　編號一二七五（瑣語）
三十二冊四函

釋家類

禪宗正脈二十卷　明萬曆刻本　編號一三二七
五冊一函

首楞嚴經義海三十卷　宋釋咸輝纂　明崇禎刻本　編號一三一八
六冊一函

大莊嚴經論　姚秦釋鳩摩羅什譯　明刻本　編號一三一三
存五卷（三，四，六至八）五冊摺裝

敎外別傳十六卷　明郭正中撰　明刻清印本　編號一三二八
六冊一函

救生觀世音經句解不分卷　集禧壇注　清抄本　編號一三一七
一冊　序四葉，正文十葉。

穢跡金剛說神通大滿陀羅尼法術靈要門徑　抄本　編號一三一五
一冊一函　二十四葉

道家類

眞誥二十卷　梁陶弘景撰　明俞安期校　明刻本　編號一三四九
四冊一函

清徵混鍊不分卷　明抄本　編號一三九〇
四冊一函　共八十九葉

老子口義二卷　宋林希逸註　明刻本　編號一三三六
一冊

抱朴子全書八卷　晉葛洪撰　明盧舜治評　明刻本　編號一三四八
四冊一函　有殘葉

雲笈七籤百二十二卷　宋張君房輯　明張萱淸眞館刻本　編號一三五一
二十四冊四函　有殘缺葉

慈悲滅罪水懺三卷　明刻本　編號一三七六
一冊摺裝　附眞武懺，東嶽懺，酆都懺各一卷

太上濟渡章赦　明刻本　編號一三七七
存一卷（卷中）一冊摺裝

元始天尊濟渡血湖眞經三卷，明刻本　編號一三七九
一冊摺裝　附血湖懺延生懺玉樞懺各一卷

元皇神錄不分卷　題明劉基編　抄本　編號一三六九
二冊一函　上冊十二葉下冊十一葉。

鐵布衫大力法不分卷　五色抄本　編號一三六三
一冊十八葉　附金鐘大力法一冊十九葉　一函

神光經不分卷　朱墨抄本　編號一三六二
四冊一函　葉數二十二，二十二，二十六，二十五葉。

梵蒂岡圖書館所藏明淸間中國天主教人士譯著簡目

徐宗澤編

痛苦經蹟　天主教要　聖體要理　熙朝定案　萬物眞原　天主實義
天主降生出像經解　聖教信證　幾何原本　泮宮禮樂疏　利瑪竇萬國輿圖
天學初函（全）　崇禎曆書　大測　八線表　測天約說　曆學小辨
幾何要法　黃赤距度表　會客問答　帝天考　李師問答　經義精要
寒暑表說　天學本義　眞宰明證　儒教實義　天主聖教實錄　代疑論
代疑編　提正編　記法　天主降生引義　靈言蠡勺　求說

答客問　景教流行　辯學疏稿　民曆補註解惑　眞主靈性理證　善終瘞塋禮典
交友論　闢妄　聖教四規　西方答問　福州建天主堂碑記　眞道自證
三山論學記　西學凡　獅子說　主制羣徵　畸人十篇　天問略
譬學　聖人行實　聖母行實　七克　聖事禮典　司鐸典要
已亡者日課　永福天衢　聖教簡要　天主聖教約言　十慰　童幼教育
天學說　天主聖教豁疑論　天儒印證　物元證實　死說　天主聖教四字經文
聖洗規條　悔罪要旨　善惡報略說　天主教要註略　景教一斑　死說
造物主聖家略說　聖記百言　初會問答　鶉鸞不並鳴　天主聖教小引　崇一堂日記
教要序論　聖夢歌　拯世略說　聖母經解　教要解略　天主經解
天神魔鬼　聖經直解　四末眞論　彌撒祭義　聖教日課　告解原義
滌罪正規　天主聖教百問答　天主聖教十誡　主教要經　聖母小日課　萬物眞原
聖若瑟行實　德行譜　聖體仁愛會規條　訓慰神編　勵修一鑑　聖人行實
愼思錄　修身西學　人類原始　八線表　大西利先生行蹟　推驗正道論
西方紀要　齊家西學　眞福訓詮　天階　未來辯論　玫瑰經會規
驗氣圖說　二十五言　哀矜煉靈說　聖教信證　善生福終　性理眞詮
達道紀言　代疑篇　默想神功　彌撒經典　鐸書　逑友篇
正學鏐石　超性學要　振心諸經　盛世芻蕘　四字經　天神會課
西儒耳目資　司鐸典要　七聖事禮典　經典紀略問答　聖事禮典　超性學要
復活論　蘇努進教文件　天學傳概　天學略要　眞福直指　五十餘言
聖人行實　領洗要理　告解原義　天主降生言行錄　龐子遺詮　西方問答

不得已辨　天主實義續編　性學觕述　周歲警言　口鐸日抄　寰宇始末
哀矜行詮　天釋明辨　天主聖教實錄　斐錄彙答　空際格致　西字奇蹟
名理探（不全）

（註）萬國輿圖有六幅本一六〇二年刻，及八幅本。崇禎曆書中有治曆緣起。西儒耳目資存正音韻部及列邊正韻不全。

聖母贊主詞（補白）

吳經熊試譯

吾魂弘天主，中心不勝喜；感荷救主恩，眷顧及賤婢。行見後代人，稱我福元祉；祇緣大能者，向我施靈異。

連臂燿神德，傲頑頓粉潰王侯遭傾覆，卑下升高位。飢者飫美食，富人亦手退。（節錄）

聖西默盎贊主詞（補白）

吳經熊試譯

求我主宰，履爾所示，放爾僕人，安然謝世。既見救恩，我心則慰；念斯救恩，實爾所備。

普天生靈，咸仰其惠，萬國之光，義塞之輝。

題墨井道人畫（補白）

馮秋舫司鐸遺稿

墨井道人名畫，淡蕩淵深，筆簡意足，旨趣超然，直出丹青蹊徑之外。惜遺筆無多，世所罕見！丙申秋，吾友雨香携道人山水圖出而共賞，倩余跋之。一展軸，絕妙烟霞，神移目奪，竟莫測其胸中奇氣。因不揣謭陋，勉塡拙詞，以誌景仰。

妙辯江一呵雄筆，清幽豪蕩奇至；夕陽千里波濤靜，雨過亂峯靈勢；煙半滯，透幾縷垂楊，遠媚飛霞寺；扁舟迅駛，遏橫槊英才，扣舷壯氣，送客在中沚。　重嵐裏，不酌貪泉逸事；如今還慕廉士；淵情澄意誰能量，瀟灑出塵風致；須細視，尺幅地合摹流水高山志；潛龍自笑，正秉鐸初開，道心頓觸，墨潑米家紙。

右調倚摸魚兒塡以應

雨香仁兄先生　正之　蒿目使者雲間馮秋舫跋

編者按墨井道人原畫作於「康熙甲申（一七〇四）崑山舟次」江蘇七寶教友劉雨香藏。馮司鐸此詞作於光緒二十二年丙申（一八九六）秋。按馮司鐸名翊，字秋 ，道光二十四年（一八四四）生，光緒三十二年（一九〇六）卒；善詩，工書法。

書評

聖詠譯義初稿

吳宗文

小引

八年抗戰，遍地烽火，但中國天主教却沒有停止學術上的工作。最可稱道的：在淪陷區內有山東濟南楊恩賚總主教試譯天主教會法典，自由區內有我國著名法學家吳經熊先生受蔣主席囑託，將聖詠及新約譯成中文。吳氏在顛沛流離中翻譯完成，而將主席在軍書旁午之秋，親爲校閱三次，予以修正，加以潤色，實千古盛事，亦歷史上不可多見者也。譯文古樸，音節鏗鏘，妙句天成，不見斧鑿之痕。本書於十月初由上海商務印書館出版，月底筆者聽說本城亦可買到，趕快去買，只剩最後一本。據書店主人說因恐這種教會書籍在本城無銷場，所以只帶了十冊來，想不到三四日中就將賣盡，你尚僥倖買到末了一冊，但日內將再帶一百冊來。十二月初再去買時，一問一百冊早已賣完，連第二批一百冊亦已售完，現在第三批一百冊中也已賣了三十餘冊。再據益世報三十五年十二月十七日陳如一先生「關於聖詠」一篇，聖詠初版三千冊，出版後，瞬即售罄，再版一萬冊亦早已售盡，現三版一萬五千冊已出售。其受人歡迎之盛如此！我逢到教士教友或教外朋友，偶然提及此書，多數都說已經見過，並極口稱贊。新近出版宗教書中，無疑地聖詠譯義初稿是最受人歡迎的了；而吳氏却很謙虛地題爲初稿，以徵求國內外經學專家以及文人學士之指正。筆者既非經學專家，又非文人學士，本來對本書不宜置喙，但聖經學專家或文人學十的書評至今尚未見到，那末姑讓非聖經學專家非文人學十先來胡謅幾句，或能引起聖經學專家及文人學士的興趣，則拋磚引玉，本文的目的就達到了。

我想從文學、聖經及神學三方而來批評本書的價值；但讀者先當留意的，是吳氏的譯品是文學的作品，所以書評的重點在此。然本書既爲聖經的一部份，似亦當從此方着手，這或者也是蔣主席邀請吳氏翻譯的原意；至神學方面，祇因連帶關係偶然提及而已。

第一　文學方面

一　體裁得當。我國詩中有古詩新詩之別，作新詩的人或者要怪吳氏不選新詩體裁，我可代吳氏答說——吳氏贊成與否不得而知，只是筆者個人意見——自胡適之先生提倡白話文白話詩以來，白話文可算成功了，但白話詩自適之先生自己的嘗試集起，至最近止，依筆者所見過的好的固有，但能傳之後代，與我國古詩相比的尙不多見。其中有些眞不能算是詩。新詩主張廢韻，廢詩體，不拘格律，不拘平仄，不拘長短，但依作者所知古今中外，如希伯來、希臘、拉丁、英、法、德、意等詩，皆有一定格式，我國提倡不拘格律，或正相反詩的原理；所以不易成功。我們雖不能說新詩嘗試已算失敗，但至少可說：「革命尙未成功，同志仍須努力。」那末吳氏譯聖詠時不用新詩，而用古詩，可謂極有見地。

但我國古詩中五言七言律詩又實在太拘束：字數一定，句數一定，又要對仗，又要平仄，還要添韻，而韻中尙有一東、二冬之別，眞是作繭自縛，使人不能動彈，所以受人反對，可謂有理；若用它去譯外國詩，更是格格不入。而我國古詩三字四字至九字者皆有，長短不論，不需對仗，音節天然，可謂最合詩的原理，吳氏選它來譯聖詠，可謂最適宜了。

二　譯文古雅。可與詩、書、離騷媲美，許多句子皆爲現成古詩或成語，譯者信手拈來，毫不費力，在譯文中尤爲難得。固然在讀的人，尤其是要咀嚼其英華，不能不有相當的中文及詩學程度，但無六朝的艶麗及詰屈聱牙的艱澀，古色古香，對宗教詩的聖詠尤爲相稱。這是吳氏譯文受人歡迎的重要原因。

三　譯本印刷方面可稱完備。將主席手翰眞蹟及三次校閱譯稿手蹟及吳氏譯稿攝影，增加讀者興趣不少。田耕莘樞機主教的題字，于斌總主教及海門朱主教的序文都可提高本書的價値，可惜上海惠主教的序是法文，多數讀者不免望洋興歎，或須將它譯成中文。凡例述及聖詠次第，係依希伯來文本不錄序文的理由，不分節的理由及譯名因詩關係而變更。書後附註中對聖詠作者予以指定，並略有注釋，最後所列參考書，雖在抗戰期間文獻難致不易，但亦相當豐富，然不寫明出版時期及地點，不無遺憾。

又法文參考書名中之Psaumes誤爲Psalms或Psalmes亦亟須更正。

其他錯字甚少，這在新近的譯本裏是很難得的。初版所有誤字，再版已更正不少，但尙有遺漏。六十八首裏「普天瞻卬」的卬字是古體仰字，不如改爲通行的仰字。百有十首百三二首的林邑爲地名，百三十五首的雅谷爲人名，均當加標號。百九首的罪責當作罪債。

四　若就信達雅三字來作評論，雅字可得百分之百，達字方面可得百分之九十，此實最爲難能可貴。因爲從事繙譯的人，往往對原文意義，雖已了解，但苦無相當字句將它達出，而吳譯若信手拈來，毫不費力，這是讀者的感想。但實際上或不盡然，看他八年費心，屢次修改，與主席及他人的討論，他的博覽羣書，亦並非如讀者所想信手拈來，毫不費力的。我想吳氏有時爲譯一句一字，必經多時的推敲，整月的思索，才能爐火純青，水到成渠。

信字方面或僅可得百分之八十，這是作者的私見，是否有當，尚望讀者批評。但先當聲明的，是吳氏在卷後參考書中曾說明他的譯文大都依據斯溫當司譯 Swiney 之聖詠聖歌的英譯，筆者手下無此書，故不能決定係溫司鐸之英文本與希伯來原本不合，或吳氏譯文與原文不合。再者我們若用拉丁通行本與譯文比較，歧異處相當的多，這是拉丁本自身與希伯來原文不符合處甚多，吳氏係依希伯來原文之英文譯本，故不能同日而語，所以只能以希伯來原文本及由希伯來文直接譯出之善本來作比較批評。吳氏譯文是屬於意譯的，因此與原文對照起來，在字句上似有相當出入，但仔細研究一下，往往脗合原文意義。但有些地方因對仗關係或詩韻緣故，譯文更改原文，如第一首「何處是歸宿」爲原文所無，三首「靈帷」原文爲「聖山」，末句「主德無涯」與原文「願你降福你的人民」意義亦有相當出入。

三七首「弓必自穿腸」係對「刀必自刺心」，而原文爲「他們的弓必被折斷」意義不同；故或可少變原韻「彼佩弓與刀，欲殺良與賢，刀必自刺心，弓必自斷弦。」

七十二首末句「誰爲此曲小子大維」，亦不能完全達出原文的意義。因照譯文似此篇爲大維所作，而原文是「大維的祈禱至此完畢」，係指以上二卷大都爲大維作品，研究聖詠者將聖詠分爲五卷，從此句上得到很有力的證據，吳氏譯文中看不出這種證據來。百三首「如虎」亦爲原文所無，係爲叶韻而加入。

但以上尚爲小節，有時竟與原文完全不同。如百三一首「我心如小鳥，毛羽未全豐，不作高飛想，依依幽谷中」原文直譯「天主啊，我的心不驕傲，我的眼不高大，我不行偉大及超越我力的事。」但大體可說是很成功的。

第二　聖經方面

從聖經方面來評論吳氏的譯文，先要注意的，是以前國內的天主教聖經譯本很少受人注意，吳氏譯本却能使國內人士興動，這是極大的成績。陳援菴先生說佛教所以廣傳中國的原因之一是它對我國文學思想的影響。公教對我國文字思想的影響，至今還很淺薄，或將由吳氏的譯品開始亦未可知。這點是吳氏最可欣慰的，也是筆者最希望的。但就聖經學方面設想，或尚有可商榷處，

一　書前似當作一篇概論，對聖詠的作者、時代、內容作一簡略的介紹；不然普通讀者未免茫然。

二　書後的附註，更好放在每首後，以便讀者。註中亦須特別注意聖詠中之人地事實，因我國多數讀者對猶太人的歷史都不熟識，聖詠中却時常提及出埃及、被擄巴比倫等；若註中能附個短說明，或至少指出見於古經（舊約）何書何篇，或比吳氏現在的附註更受人歡迎。

三　譯者曾聲明「聖詠序言不屬原詩，悉係後人所作，於我國讀者無甚意義，概予刪去，其重要者則於附註中存之；」但譯者亦承認它的古遠，且從序言中可知它的作者，因而更易瞭解聖詠的內容，如達味聖詠大多偏於悲哀亞塞的聖詠情意激昂，高來的聖詠屬詞華麗。最好仍將序言保存，列於每首之前，然後為醒目起見，另加譯者所擬之題，既能保存聖詠的本來面目，亦能提起讀者的注意。

四　希伯來詩一首分數節 Stropha，聖詠亦然。雖每首分幾節，在何處分節，學者意見，對若干首尚不一致，但對多數聖詠，則已完全解決。如附有字母的，自然每一字母為一節；如九、二五、三四、三七、百十九等皆是。但譯者不常照字母分節，如二五、三四，皆違反希伯來詩分節原理。有時聖詠中有 Sela「停止」，亦為分節附號，但譯者亦未顧及，如七首五節「我實未為此」後有「停止」附號；六節「請主奮身起」為另一節，以下意義與上節不同。第四首二節後，三節前亦有停止附號，而譯者對此無不忽略，因此譯文分節與希伯來原文相反，而聖詠意義方面亦不免淆亂。我想這點或係斯溫當譯本的缺點，吳氏隨之，自不免有同樣缺點。斯氏書為一九〇一年版，聖經學在此三四十年曾有了相當的進步，尤其對希伯來詩音韻分節、體裁問題的進步，更為可觀。所有此後對這些問題似亦值得研究；溫氏譯本是否為最好的譯文，亦當加以考察，或有不少地方，應依新近譯本修改。

五　聖詠每首節數，為便利讀者起見，未見採用，這是遺憾！在引證或參考時實在太不方便。（以下尚有一大段，為印刷工人漏排，原稿亦已遺失，如原著人能補寫，則當於下期補登，敬請讀者原諒！）

第三　神學方面

聖經是神學的根源，因此依羅馬聖經委員會的規定，必

先有神學學位，然後才可得聖經學位，因為在神學上沒有根基，講起聖經來很容易弄出錯誤。譯者入天主教只十餘年，自然不能期望他對神學有深切的研究，我指出這點，但望將來能少加修改，務使白璧無瑕而後已。

一　不及處：如二首七節依原文為「你是我的兒子，我今日生你，」譯文為「爾為予新得之元良，」按書經「一人元良，萬邦以貞，」係指天子而言。聖詠中係指默西亞為天主之子，而今日生於人世，因此神學家多引此句以証明默西亞─耶穌─為天主，與聖父同性。但此處係指聖父在造天地萬物前永生聖子，抑指耶穌誕生白冷郡，則學者意見不一。從吳氏譯文中完全看不出這種神學証據來。「新得」與「我今日生爾」在神學方面有很大的區別。

聖詠十六首十及十一節依一九三三年七月一日聖經委員會的答覆，確指耶穌肉身不朽，而在吳氏譯文中「所望保吾魂，莫使淪幽冥，更望聖者身，免染朽腐痕，」並看不出是指耶穌肉身不朽的教條。因譯本將原文「因為你必定不將我的靈魂拋在陰間，也不叫你的聖者見朽壞」中的「必定」作為「希望」，差之毫釐，失之千里。因為任何人都可「希望」他的肉身不朽，但實際上必定不朽的只有吾主耶穌。聖伯多祿在聖神降臨日即引此節以証明耶穌的復活及天主性，（宗徒大事錄弍二四─三七。）聖保祿亦曾引此節以証明耶穌的復活（同上拾叁三五─三七。）這是何等重要的句子，故譯時不可不慎。

二　現在再引一太過處：如七十三首二六節吳氏譯為：「身心雖枯竭，靈魂永有託」在附註中即謂「靈魂永生之說在舊約時代不甚昌明，此二句中永生之信念已見曙光。」（一一三頁）其實原文：「我的肉體和心腸衰殘，但天主是我心的力量」並無靈魂二字，如何能結論到是靈魂的永生呢？

結論

由以上一切看來，吳氏譯文在神學方面或有幾處當加修正，在經學方面亦有不少可商榷處，在文學方面却是很成功的作品，受讀者的歡迎是應當的。姚莘農先生曾在益世周刊二十七卷二十二期作了本書文學上的評論，所言甚當，筆者完全同意。聽說吳公使至羅馬後，有意繼續研究聖經學，並有意讀希伯來和希臘等文，以求深造，我們謹祝他有志竟成，數年後學成歸國，古經中意撒依的富麗，日來米的哀傷，叟才基的雄壯，都可引起吳氏的詩意，餘如若伯書的雋永，智德書的崇高，尤其是四福音的誠樸，耶穌比喻的動人，都是吳氏高才騁馳的廣場。前與國駐教廷大使巴士多 Pastor 曾利用他在教廷的時間，完成了他的巨著「教宗歷史」，法文譯本已見十九冊；我們深信吳公使在梵蒂岡公餘之暇，必沉浸於聖經的研究，教廷藏書旣多，專家如雲，異日歸國，必有更大的貢獻。

本文寫成後，才見到陳如一先生及姚莘農先生的書評，抄時加入後又讀到方豪司鐸的「吳德生先生翻譯聖經的經過」又稍加修改。陳姚二君皆以文學的立場評論本書，本文係就文學、聖經、神學三方面來批評，尚不失自身的價值，故仍保存之。

梵蒂岡出版利瑪竇坤輿萬國全圖讀後記

方豪

關於利瑪竇 Matteo Ricci 所畫的萬國全圖，民國二十五年四月出版的禹貢第五卷第三四合期「利瑪竇世界地圖專號」和第六卷第十期，曾經登過好幾篇研究得很詳細的文章，但以中國藏本爲主。二年後，德禮賢神父 P. Pasquale d' Elia 却以梵蒂岡教廷圖書館的藏本爲主，加上全世界各地的藏本，爲利氏萬國地圖作一最完備的研究，在梵蒂岡出版了一部義文鉅著。

德禮賢神父和利瑪竇是同會士（耶穌會），在中國多年，對於中國天主教史和中西文化關係史，有很深的研究；曾以法文撰中國天主教傳教史，後譯爲中文，在商務印書館出版，繼又譯爲西班牙文 Las Missiones Catolicas de China 一九三三年上海徐家匯出版，次年又譯爲英文 The Catholic Missions in China，上海商務印書館出版；此外著有義文中國基督教藝術之原始 Le origini dell arte cristiana cinese (1583—1640) 一九三九年羅馬出版；英文中國本籍主教考 Catholic native Episcopacy in China，一九二七年上海徐家匯出版，並將三民主義譯爲英文、法文、義文、班文。義國漢學家的第一把交椅，至少到目前爲止還是他穩坐着的，所以我們對於他的著作，不能不特別加以注意。

本書原名 Il Mappamondo Cinese del P. Matteo Ricci，一九三八年梵蒂岡城 Citta del Vaticano 教廷圖書館 Biblioteca Apostolica 出版，寬四六公分，長五六公分，XXVI 加 275 頁，附圖甚多。其書碩大無朋，印刷精美。梵蒂岡對此不惜工本，亦可見其對是書之重視。

本書出版於我國抗戰後一年，據說目前全中國還只有一本，藏於北平東交民巷義國領事館。

在本書問世後幾個月，我就知道這本以梵蒂岡藏的利瑪竇世界全圖爲主的鉅著業已出版，可是當時流離於滇、川、黔三省，無論如何也看不到。民國二十九年，日本開國二千六百年紀念，外國報上登載羅馬教廷曾以該書精裝本一冊送給昭和作爲賀禮。當時我曾輾轉託人致書羅馬友人，希望教廷方面亦能送我們政府或教育部，或中央研究院，或國立北平圖書館至少一本，但因爲當時交通已斷，音訊全無。

今年我自重慶復員回京，因爲在重慶時聽說義國駐華大使館有一本，於是我便在首都探詢，但結果是並無其書；於是又有朋友猜想是在北平。六月二十日我到了北平，問了幾天，最後在義籍雷永明神父 P. Gabriel Allegra 處纔訪問出下落。雷神父並願伴我去義領事館秘書某先生，非常客氣，答應我借閱十五天。我事先已知道那本書的版式很大，所以我借了一部汽車，同去的還有北堂圖書館主任惠澤霖神父 P. Verhaeren；那地圖在司機旁獨佔一座位，我們三人笑說：三百年前利瑪竇決想不到他的地圖印本會坐最新式的汽車在北平城裏飛馳吧！

這本坤輿萬國全圖印得很講究，德禮賢神父的考證，也頗下些工夫，然而我們仍發現了幾點值得注意的地方：

（一）利瑪竇繪坤輿萬國全圖，必有所本。十餘年前，外國學者早就注意這一點，並認爲利氏必本於奧代理 Abraham Ortelius 的「地球大觀」 Theatrum Orbis Terrarum 或亦曾參考梅加多 Gerardus Mercator 的「地球簡說」 Orbis Terrarum Compendiosa descriptio 和柏郎濟 Peter Plancius「最新地球水陸詳圖」 Nova et exacta Terrarum Orbis tabula Geographica ac Hydrographica（以上書名均係拉丁文。）禹貢利瑪竇世界地圖專號內洪煨蓮先生所撰「考利瑪竇的世界地圖」一文中亦曾提到這一點，（洪氏譯奧代理所著書名爲「輿圖彙編」完全不合原義，Theatrum 本作舞台解，故譯爲「大觀」。但他深以不能一見諸書爲恨事。他嘆惜着說：「關於十六世紀意大利派或比利時派的地圖，（案即指上述各家）可惜我現今都未能得而與利氏的地圖細校」。他那時還不知道在北平城裏（北堂圖書館）就有一五七〇年（以下簡稱甲本）和一五九五年（以下簡稱乙本）兩版奧代理的書。但德禮賢在洪文發表前三年，即民國二十二年（一九三三）十二月，即曾與已故福開森先生 Fergueson 同訪北堂圖書館。當時圖書館尚未整理，一切書籍都堆置在現北堂西角一屋內。他們發現了一部一五九五年出版（乙本）與代理著「地球大觀」福開森借去攝影，次年三月，他將照片另印一份送給北堂圖書館他自己用英文作一題記並在封面上題爲一五七〇年出版。不過這是錯的，他所見的實際是乙本即一五九五年版而不是甲本即一五七〇年版。因爲北堂所藏一五九五年版內有某君題字，此題字亦見於福開森的攝影，所以我們可以斷定福開森和德禮賢所見到的一定是這一五九五年版（乙本）他題爲一五七〇年版（甲本）無疑是錯的。

然而他們又何以會把一五九五年版（乙本）誤認爲一五七〇年版（甲本）呢？我當時有一種很簡單的想法北堂圖書館的西文書不是有一本拉丁文的舊手鈔目錄嗎？福開森和德禮賢一定查過那目錄。（福開森也曾把目錄攝影）我們亦何不翻翻那目錄說不定是目錄有誤？待一查目錄，目錄上固然載有與代理的書兩部，却註明都是一五七〇年版；德禮賢以爲既然兩部都是一五七〇同年出版，所以看了一部也就夠了，不必再看第二部。同時他根據目錄把他所看到的一五九五年版（乙本）便認爲是一五七〇年版（甲本）了。實在是本書最大的缺點，也是德禮賢的不幸！那目錄眞害人不淺！

惠神父另有一種解釋，他以爲也許因爲一五七〇年版

（甲本）在當時尙未重裝，霉爛不堪，所以管理員根本沒有拿出來。這假定是很可能的，而且直到如今還可以成立。

還有一個原因使德禮賢看到北堂的一五九五年版（乙本）而被它矇過去，竟不知道它是一五九五年版因爲這一五九五年版剛剛缺了第一頁，即記載書名和出版年代出版地點的那一頁，而後面的舊序的年代又恰恰註明是一五七〇年，德禮賢偶一失考，遂認爲是一五七〇版（甲本）可是我們又怎麽知道這是一五九五年版呢？第一，與代理此書確有一五九五年版，外文書目中紀錄的頗多；第二，這乙本所引參考書目中很多是一五七〇年以後出版的，其中最晚的一本 Marcus Verserus nobilis augustinus Vindeliciae veteris delineationem nobis dedit, in Rerum augustarum suis commentariis 出版於一五九四年，所以這乙本應該就是一五九五年版，而決不是一五七〇年版。

（二）本書第五十註解，引艾儒略 P. Julio Aleni 職方外紀；說職方外紀僅有三圖，即一歐洲圖一非洲圖一南北美洲圖，但其實現存職方外紀各版本以及北堂圖書館所藏鈔本，無一不是五圖，即五大洲總圖、亞細亞圖、歐羅巴圖、利未亞圖、亞墨利加圖。德禮賢所見的或爲殘本。

（三）在分類目錄 Indice Analitico 二六九頁，所引

書目中，作者 Severtius 本書誤爲 Seveitius，余曾取北堂圖書館原書對校，纔知道德神父之所以把「r」字誤成「i」是因原書有一摺縫，一眼看去恰恰像「i」；這眞可以說是小疵了！

（四）本書中三次提到現在北平傳教的 Lazzaristi 會，華譯味增爵會因會祖名味增爵 Vincentius 或譯遣使會 Congregatio Missionis 德禮賢三處均以小寫 l 代大寫 L；又書中因不列顛博物院曾借攝利氏地圖，故特別誌謝，但渠在北堂圖書館借閱書籍，何止十餘種，而竟未一言申謝。教會門戶之見，學者猶未能免耶？（案此節爲惠神父意見。）

本書優點，在將前人研究成績，全部採入中國、日本、倫敦、巴黎所藏利瑪竇世界地圖，亦都有攝影，頗便稽考。

爲了這本書是德禮賢最得意之作，又爲了梵蒂岡教廷對於本書非常重視，（書上還燙有教皇庇護十二世的金徽）同時國內看到的人又很少，因此我們不嫌詞費，特爲評介如上。北堂圖書館惠神父提供意見甚多，併此誌謝。

附註：自教廷以此書贈送日皇後，日本曾大事宣傳，見昭和十五年三月六日東京朝日新聞晚報，次年四月十五日鮎澤信太郎著「利瑪竇世界地圖在日本文化史上之地位」出版，前年十二月十五日已再版，東京龍文書局發行，所收日本方面材料至爲豐富，承燕京大學翁獨健教授借閱，謹表謝意。（本文曾載天津上海大公報圖書周刊第四期）

出版消息

聖詠譯義初稿風行全國

吳經熊公使譯，蔣中正手訂之「聖詠譯義初稿」，自去年十月由商務印書館出版以來，教內外讀者無不贊揚，譽爲中國譯界傑作，不特教會書中鮮有其比也。茲悉該書初版三千冊，瞬即售罄，十月即再版，計一萬冊，十一月三版，計一萬五千冊，打破近年教會書出版數量之紀錄，在商務印書館所出各書中，亦罕與倫比。

聖詠集初版將售罄

北平方濟堂出版之聖詠集，初版僅印道林紙本五百冊，白報紙本一千五百冊，茲悉白報紙本現僅存百餘冊，道林紙本餘剩數較多。

今年七月間將印行智慧書五種，現正編譯中。

慈幼會工作展開

聖童鮑斯高 Don Bosco 創立之慈幼會，在澳門設有印書館，本刊上期發表「港澳公教出版事業概觀」一文中，已略爲介紹。該會擬在北平設立分院，現已將公教小讀物叢刊，新青年文化叢書，新青年小說叢書等數十種，運來北平發售，聞頗受讀者歡迎。該會現在澳門風順堂街十六號，香港西營盤第三街一七九號，上海杭州路七四〇號均設有發行所云。

又訊：該會在平會士特於一月廿五、廿六、廿七、廿八等日，在北平北堂舉行童鮑斯高瞻禮，擴大慶祝，分發聖像，異常活躍。

香港眞理學會出版新書

勝利後香港公教眞理學會，即積極準備恢復戰前工作，並擴大出版事業。在香港干諾道中皇帝行二樓設立香港公教進行社，由師人傑司鐸 P. Maestrini 主持一切。現出版公教報（半月刊）一種，由程野聲司鐸主編。最近出版物計有吳經熊原著，陳香伯譯篤愛之科愛；李秉源著聖教釋疑；署名吳經熊譯之我底主日彌撒經，關采蘋譯彌撒與人生，公教進行組織初階，耶穌仁愛之王等。

神靈戰術三版出書

明德學園出版，常守義司鐸譯神靈戰術，刻已三版，出書五十六開二九二頁，每　售價三千元。北平西什庫，山東兗州，山東濟南等處天主堂印書館均有代售。

申自天著述不絕出版

北平耶穌會士申自天司鐸 René Archen 著有人生基本問題的解答，科學方法論，倫理學等，爲讀者所熟稔，最近得范存惠君協助在最短期內，完成劇本多種，如欺詐的社會，埋沒的智者，在馬槽前，降生救世的福音；每種僅十餘頁，售五百元（隨時漲價）北平石虎胡同德勝院經售。

成都籌出公教期刊

本館頃得成都教會人士來函，謂該教區擬出月刊一種，籌備已久，創刊號一月底可以問世云。

期刊介紹

(1)益世周刊 第二十七卷二十一至廿四期 第二十八卷第一至四期

益世周刊自在南京復刊後，屢有改進：首自十九期起改舊名「益世主日報」為「益世周刊」：茲又自二十二期起增加社論，如二十二期社論「論憲草的爭執」與二十三期之「論黃金政策的失敗，」均為切中時弊之讜論。論文有于斌總主教「國大代表應有之抱負與修養」「人格問題。」牛亦未「相伯先生七週忌」「中國眞福人。」編者「二十九位烈士。」立珊「耀漢會之內剖面」「文藝有韓劍琴之「滄海一粟，」「天方夜譚的源流，」「打油詩的源流。」新平之「還都日記，」程驥之「漢口雜寫」等，分別於各期發表。

又該刊第二十八卷第一期，主要文字有牛亦未譯「成立中國教會正常體制命介」及于總主教就職前後種種。第二期有方豪之「從黎培理總主教使華說起，」係轉載天津益世報去年十二月二十二日之專論；吳宗文「中國為何只有教廷公使而沒有大使？」凌永樂「崇禮歸來，」童懿文「鄉村建設的使命和實施要點。」第三期可稱為「中國天主教文化協進會」專號，計有該會緣起、釋名、使命、歷屆年會紀錄、會章、組織通則及工作綱領等文字。第四期論文有尹貫中之「新中華公教與新中國」祝時麟之「滄桑與替話廉讓」等篇云。

(2)聖心報 第六十一卷第一期第二期

聖心報本年一月號內容，有祈禱宗會全年總附意。首瞻禮六默想講「主性全備之所居」神修指導論「欽崇天主之忠信。」及傳記、記實、說林、維知、益聞、教務鱗爪、訪問記等；本期訪問記乃該報對「社會服務修女」之訪問。該會總院在何京布達佩斯，於一九〇八年創辦，上年十月十五日有該會三位修女自美來華，內一位且為國籍修女，即將在上海教區服務。

該報第二期分欄與上期大致相同，主要文字有「農村本堂區的當前幾個問題，」為佘山楞有圈公青座談會報告，讀者藉此可知目前農村之實況。農村生活急待改善，而國內公教會口大部皆在農村。農村生活不安，勢必影響靈修神業，實爲不可不注意之問題。

又該刊自本年一月起預定半年三千元，劃賬付欵另加手續費三百元。

(3)公教報 第二〇〇號，二〇一號 二〇二號

上年十二月十五日爲香港公教報出版第二百號紀念，田樞機主教石抱璞司鐸均有題詞，梁衛道周若漁二君並爲紀念文字，外有該社繪製之「公教報分佈世界各地圖」頗精細。

第二〇〇號主要新聞，有教宗主持之中華殉職教士列品典禮，及于斌總主教爲國代大會之活動情形，各教區消息等。論文有方豪之「三十年來的中國天主教」原載天津益世報，徐宗澤「中國天主教教區之進展」黃斯望「香港公教百年史」二論文續前，及黎正甫之「倫理解」陳伯良之「我們走入了新的階段須要新的努力」。

第二〇一號有「汕頭教區一瞥」其餘則大都爲消息。

第二〇二號本年一月十二日出版，新聞有「教廷駐華公使黎培理總主教呈遞國書」專載有「田樞機主教聖誕節告全國教友書」及社論之「讀後感」。

該報編排尚佳，惜錯字太多，似應多加注意。

(4)聖體軍月刊 第十三卷第一期第二期

該刊本年第一期有王昌祉「我是英雄」訓練聖體軍友改過修德須有英雄氣概；蔡忠賢「天主的聖筵」；沈錫爵譯「雅尼多」爲西班牙教難中之一名聖體軍友。該刊自本年起分兩次預定，第一次預定六冊，國幣二千四百元國內郵費在內。賬房劃賬另加手續費三百元。

(5)世光雜誌 第五卷第十一，十二期合刊

世光雜誌五卷第十一、十二期合刊，於上年十一月一日出版，內容有編者「漫談傳教問題」于徵「愛的人生觀」韓文瑞「靈魂論辯難」水平「佛教初期思想」韓劍琴「處世教育精華」及傳記文藝等數篇。該刊定價每期一百元，全年一千元。訂閱處貴州貴陽中正路天主堂世光雜誌社。

(6)鳳翔教務月刊 第一卷第四期三十五年十二月廿五日出版

本期月刊有李少峯「鳳翔教區教務進行之鳥瞰」尚賢「傳教方法之我見」曾自芳譯「司祭基督化論」張寶賢「主教職權論」等。末附鳳翔教區教務進行大會紀錄，爲關心教史及傳教問題者不可不讀。

（7）公青季刊 第二卷第一期

公青季刊本期爲週年專號，內容有專載、週年特欄、聖誕特欄、論壇、雜俎及教務新聞。十六開土紙石印，每期零售五百元，全年訂閱一千八百元。通訊處甘肅平凉東大街天主堂公青季刊社。

（8）崇眞月刊 第二十二期 三十五年十一月三十日出版

該刊爲西康省康定天主堂出版，土紙八開鉛字單面印一張。本期有古純仁司鐸之「康藏開教百年大事表」已續至一九一四年，爲珍貴之教史資料。外有「教會新聞零片」及「教區新聞」並「廣西綏淥縣亭凉癲瘋院概況」，則爲表現公教服務社會之記述文字云。

（9）Le Bulletin Catholique de Pékin

北平法文公教月刊 一九四六年十二月號 第三十三年三九二號

該刊本期首篇文字，爲羅馬信德通訊社在建立中國神職系統後對我國教務之觀察。繼之爲北平總主教區動態、各教區新聞、教史國外教聞及書評。末附一九四六年全年目錄四頁。

（10）Catholic Review

上海英文公教月刊 第十二卷第十一，十二期 第十三卷第一期

該刊本期有陸徵祥會長「我之歸化經過」，有「元代教廷與中國之使節往還」、「公教名雕刻家 Brunelleschi 逝世五百週年」、「古代羅馬之歌詠學校」，爲頗有興趣之敘事文字。外有表現罪人回頭及善守主日之文字二篇，以小說描繪，雋永有味。至「婚姻非個人私事」，則爲討論文字。「社會服務修女在滬開始工作」，則爲報告該會之宗旨者。第十二期有「中國兒童保育問題」、「聖誕節之典禮」、「寫在教廷與中國簽約以前」、「泛美公教教育首屆大會」等文。每期後又有公教學校校聞及教務動態、青年問題叢談等欄。

又該刊本年一月號亦已收到，主要文字有「中國古代之婦女地位」、「戰後中國教育之趨向」，爲介紹中國文化之文字。「生氣勃勃之公教思想界」一文，爲法國公教作家協會一九四六年年會之報告。會議於六月十三至十六日召開，目的在討論公教作家於現代無神唯物主義之社會所應有之態度。據文中報告，此次會議到有法國公教作家四百餘人，所有名著作家均有言論發表，說明戲劇小說已步入實用

或服務之階段，非復昔日「爲藝術而藝術」之時代可比，而在糢視基督教義之今日法國，尤須使公教思想再度滲透於各個階層。本篇報告文字，實可作我國公教作家之借鏡，不可不讀。「廣播奇蹟」一文，在說明廣播傳教之效力。「酒水相融」則爲有關婚姻之短篇小說，頗值一讀。

英文中國月報 一九四六年十一月 第七卷第十一期

(13) The China Monthly

該報因美國船工能工，國內讀者收到較遲。本期有編者之卷頭語兩篇，一爲「中國之零點時期」，乃對美國左翼作家對中國之反事實報道予以駁斥。第二篇「中國之前途」爲介紹華盛頓中華月刊主編 W. E. Priestly 之一篇論文，論文亦在本期發表，題爲「予不能再忍」，意即有不得已而言者，蓋美國輿情恆有責中國戰後之無進步者，氏則引美國建國期間尙有八十八年之內戰，則中國一時之不統一，固無足怪，況有若干國際背景爲梗擧乎？當二次大戰暴發時，中國曾單獨抗戰四年之久，時美國只向中國派遣傳教士及聖經，而在同一輪船則輸送若干億元之軍火與日本，是則美人痛悔自責之不暇，遑論責人！爲今之計，美國惟有盡力輔助中國之自強，用補前愆，蓋如 Kremlin 所言：「中國今日需要吾人，而將來則吾人尙需中國之輔助也」云云。此項論述可稱爲正直美國人士之純正思想。該報一面發表此類純正文字以矯正美人對中國之輿論，一面則將中國文化及目前國內之社會情勢正確報道於海外讀者，俾正聽聞。此項工作實國際外交上之必要工具，本刊謹祝該報前途順利，努力不懈，倘該報再有法文版之出刊，則效力所及，將更普遍於歐洲矣。(瑋)

作家動態

施格萊教授關心中國教會

本刊本期之第一篇論文「中國公教之當前急務」，思想透闢，見解正確，爲外人談論中國教務文字中所不可多得者。該文爲輔仁大學史學系英國教授施格萊先生 H. T. E. Zacharias Ph. D. 所著。施教授今年已七十三歲，德國 Giessen 大學哲學博士；一九三二年至一九三五年任法國里爾大學教授，一九三六年應傳信部秘書長剛恒毅總主教請來輔仁執教；抗戰期間曾赴印度研究；去秋重來輔仁。氏著有英文「重生的印度」一冊；歐洲經濟史一冊，世界史導言一冊，人類史五冊，第一冊名先史時代已付印。（仁）

陳哲敏任教廷公使館秘書

教廷駐華公使黎培理之中文秘書陳哲敏司鐸，係四川人，宣統元年生於梁山縣，幼時攻讀於萬縣教區修院，卒業後轉入重慶成都等處大修院，研究神學、哲學。民國廿四年，為深造起見，留學羅馬，二十六年於傳信大學考取哲學博士學位，該大學位於羅馬最高處，俯瞰全城，學生千餘，分三十七個不同之國籍，為羅馬著名大學之一。陳氏於三十七年晉陞司鐸，原擬回國服務，惟以日寇侵華，戰事方熾，交通阻斷而未果，陳氏遂利用時機考入拉特郎大學教會法律系，該校乃一宗座大學，以法律著稱，分教會法、國際法、羅馬法等系，為世界著名法律學校之一，我國南京總主教于斌博士曾就學該校。二十九年，陳司鐸即考取教會法律博士學位，三十四年，又考取羅馬法學博士，誠所謂「連中三元」矣。畢業後，原擬著作自修，嗣以母校傳信大學聘之再三，遂出而任教，是我國任於該大學第一位哲學教授。三十五年九月間，黎陞首任駐華教廷公使中文秘書。陳司鐸精拉丁、法、意、英等國文字，尤諳希臘文，曾翻譯亞利斯多德之「形而上學」，聞不久即可問世。戰時於羅馬、米郎二處奔走往來，撫慰僑胞，不遺餘力，並任「羅馬華協報」編輯，向僑胞介紹祖國要聞，尤為僑胞所稱許。陳司鐸為人忠實誠懇，深思遠慮，靜默寡言，中外人士與之交往者甚夥，此次榮歸，獻身祖國，造福國人，當可預卜。

按陳司鐸前曾著「二十世紀文化的傾向」一文，發表於重慶益世報，對於當代文化的潮流及其動向，闡述甚詳，為近年公教有關學術思想論文中所罕見者，現由本館收入「公教與文化」一書中，已於二月十八日出版。

雷永明司鐸專志譯經

雷司鐸永明，（R. P. Gabriel M. Allegra. O. F. M.）意大利西西利人，方濟各會士，屬湖南衡陽教區，對於中文頗有研究，曾譯楚辭為意文詩體。雷司鐸為聖經專家，前年組織聖經學會於北平方濟堂，網羅該會譯經人才，從事大規模譯經工作，已出版者有「聖詠集」一巨冊，全部聖經譯稿已成，將予以整理，陸續刊行。教宗聞之，特頒宗座遐福。雷司鐸為人謙和，非祈禱即工作，非工作即祈禱。已故何炳松先生在中古歐洲史第十七章中云：「西洋史上最可愛之人物莫過於聖芳濟」，今日在什剎後海堤邊李廣橋頭，亦有一位最可愛之人物，即聖芳濟衣

鉢相傳之弟子，雷永明司鐸是也。（半）

李志先等助譯全部舊約

李志先司鐸，濟南教區方濟各會士，輔大司鐸書院畢業論文題爲「毛詩魚蟲今釋」，現爲聖經學會中重要人物之一。李士漁司鐸湖南衡陽教區方濟各會士，輔大國文系第十五屆畢業文學士，論文題爲「中醫補注」。畢業後即專門輔助雷永明司鐸翻譯聖經。劉緒堂司鐸，濟南教區方濟各會士，輔大國文系第十六屆畢業文學士，論文題爲「陸賈新語校注」。李玉堂司鐸亦濟南教區方濟各會士，曾在北平方濟堂專門研究神學數年，並擬向羅馬聖安多尼大學提出博士論文一篇，題爲「墨子之天主觀」。劉李二司鐸爲最後參加譯經工作者。（柳）

蘇雪林教授領導武大公教生

武漢大學國文教授蘇雪林先生，自隨校復員至武昌後，因鑒於該校公教學生素無組織，至爲散漫，且因距城較遠，鮮有入堂機會，現已聯絡工學院教授董太龢先生，共同召集公教學生，加以開導，並邀請司鐸每主日至珞珈山舉行彌撒。按國立或教外私立大學中教友學生爲數亦不在少，北平以前有洪園學會，專爲聯絡此輩大學生，以促進其宗教熱誠；戰時在重慶之中央大學及復旦大學亦有天主教同學會組織，實爲急不容緩之舉。蘇先生能注意及此，其功決不亞於在講堂上之諄諄施教也。

李宜義李儼宋伯胤等研究王徵事蹟

西安教區司鐸李宜義，曾畢業輔仁大學；近年努力搜求教中先賢王徵文獻，所獲頗豐；除本刊本期發表之文字外，並曾在西安教友生活月刊第一卷第五期發表「訪謁了一道人故里記」。又隴海鐵路總工程師李儼先生，近亦由本館方館長介紹，至通遠坊天主堂研究王徵遺著遺版，已撰一文，將在某處發表。宋伯胤則爲北京大學史學系高材生，非教友，亦致力於王徵之研究，所得明代文獻中之材料，爲數亦不在少。最近曾由北大教授向覺明先生及輔仁大學校長陳援菴先生之介紹，向方館長請求指導，並商借有關書籍。

沈世安著述由本館刊行

沈世安司鐸原籍河北保定，現隸屬安徽蚌埠教區。青年時曾就讀於天津南開中學及徐州中學，後投筆從戎，參加革命工作，奔走宣傳，轉戰南北，獲得無數寶貴經驗。嘗服務於蚌埠私立崇正小學時，始皈依公教，虛心研究教義，悟道日益深刻，遂看破紅塵，毅然棄家修道。初於宣城聖心修院研究拉丁文學數載，繼往獻縣耶穌會潛修一年餘，後轉入上海徐匯大修院攻讀神哲學凡六年，民國三十一年夏領受司鐸神職。蚌埠趙信義主教目光遠大，於該區傳教工作需人孔急之秋，猶派沈司鐸前往北平輔仁大學深造研究文學，以備他日「學術傳教」之用。沈司鐸體雖羸弱營養不足，猶孜孜不倦埋頭苦幹。寒假暑假時常於空襲警報及地雷爆炸聲中，往返於津浦綫上。備嘗艱辛。但有志者事竟成，三十五年夏畢業，獲得輔仁大學文學士學位。畢業論文係與上海教區司鐸現任川沙唐墓橋私立達義中學校長周士良同學合作，題爲「元逸曲故事考」由當代小說史專家孫子書先生（楷第）指導，獲得百分冠軍，傳爲輔仁佳話。

沈司鐸身材魁梧，而神經衰弱，慷慨悲歌，猶帶燕趙人古風。善於辭令，長於交際，好學深思，流覽群書，博聞強記，對於哲學尤感興趣。在上海時，曾利用課餘之暇，撰著「自然界的目的論」「宇宙的始終」「熱力學第二定律與宇宙原始」三篇論文，洋洋數萬言，發表於昆明及重慶益世報宗教與文化副刊中，一鳴驚人，深得讀者贊許。現已由本館收入「宇宙觀與人生觀」一書中。沈司鐸現年三十六歲，今在蚌埠私立崇正中學担任職務。前途遠大，不可限量。（洞）

作家孫哲文猶在人間

靑年作家孫哲文，戰前曾以「象牙寶塔」詩集馳聲教內；抗戰後一度與各友好失去聯絡，致謠傳其已因肺病逝世，聞者無不哀悼。去冬本館忽接孫君來函，知戰時曾三次逃難，文稿書籍損失殆盡，現偕夫人及二女任事於浙江永嘉云。

姚景星將再現文壇

姚景星司鐸，江蘇南匯人，現任浦東張家樓振新中學校長。前在大修院求學時代，曾翻譯「耶穌我們的神師」「聖龕中的呼聲」「小牧童」等書。晉鐸後又譯有「鐸修正則」「公靑修養錄」等書。近三年來因開辦振新中學，公務忙碌，無暇編譯，但仍極注意文壇動態，時擬介紹若干世界名著，以餉靑年讀者。去年「八一三」赶往傳家舉行謝主彌撒時，中途不愼由自行車上摔下，手腕脫節，骨碎，經四閱月治療，始告痊愈。（微）

徐景賢先生逝世詳情

徐景賢先生逝世消息，已見本刊二卷一期王克謙司鐸「悼念公教教育家徐景賢」一文。此間某司鐸頃接景賢先生介尊聞三老先生來信，關於景賢先生逝世情形敍述頗詳，茲節錄如後：

「惠書敬悉，荷蒙致唁，彌深感慰！茲將小兒景賢過去病情，略述如下：小兒是去秋八月初二抵家安慶，回來形容骨立，喉症嚴重，嗣逐日激增，漸減飲食，繼之寒熱往返，經中西醫治，終不奏功，纏綿至舊曆十月念九日（按即陽曆十一月廿二）上午，竟蒙主召，遽捐塵世。嗚呼痛哉！夫致病之由，實緣安慶崇中復員事，皖肥奔走，操勞過度，加之許多刺激，又感營養不足，病症由此而起。夫崇中難關渡過，而爲校奔走者長眠地下，寂，未聞崇中當軸對此殉職者有何表示；且聞三夫婦年均古稀，風燭瓦霜，旦夕堪虞，而亡兄遺孤，年僅九齡，撫弄提撕，在在困難，如之奈何，……承囑小兒篤夫爲亡兄著述及遺稿盡力保存，自當謹遵，以副雅命。……」（竟）

就職紀念感言（補白）

陸徵祥

先師嘉興許公竹篔嘗云：「歐西文化潛勢力，不在武備，不在科學，而在養成基督教風。凡我邦人士，赴歐考察政治風化者，亟應特加注意，切不可輕視而忽略之！蓋明治維新，採取歐化之缺點，在特重物質，輕視精神，此乃人之通病，無足深責；但一旦破綻畢呈，恐無法挽救。如不我信，俟諸異日！諸生難見，汝子或孫，諒可目擊」等語。回溯先師此番談話，確具先見之明，證諸目前事實，亦非先師所能逆料，令人且佩且慄；故敢追述前言，忠告國內之關心大局者，免蹈東鄰覆轍。值此祖國凡百革新之際，物質精神，不可偏廢，畸輕畸重，亦非所宜，務須愼重考量，平心體察，以期適合環境之需要，順從時代之潮流，確當制宜，庶幾策之萬全也。人力雖屬有限，尙冀仰邀天寵，或可告無罪於來世耶！

本篇會名譽院長陸徵祥謹述，時年七十有六，作受職日紀念。

惠書誌謝

輔仁大學贈	輔仁學誌第十四卷第一二合期
浙江省立圖書館贈	圖書展望復刊第二期
廈門大學贈	廈大校刊第一卷第八期
思想與時代社贈	思想與時代第四二，四三，四四期
世界科學社贈	科學時報第十三卷第二，三號 文藝與生活第四卷第二，三合期
華北基督教農村事業促進會贈	田家半月報第十三卷第十七期，十八期
張維篤主教贈	週年經訓及其他二冊
旅平景縣總修院贈	我們的喜訊一冊 Nuntius noster 一冊
韓景琦先生贈	鎮丹金溧揚聯合月刊第一二三四期五期
王重民先生贈	艾思及先生正容攝影一幅 China Institute Bulletin Nos 31—37, 39
福州泛船浦林泉司鐸贈	武夷遊覽指南一冊
聖體軍月刊社贈	聖體軍月刊第十三卷第三期，第四期
聖心報館贈	聖心報第六十一卷第三期，第四期
北平遣使會贈	Bulletin Catholique de Pékin, No.393
香港公教進行社贈	Sunday Examiner vol.II No.25, 26
香港公教眞理學會贈	公教報第二〇三，二〇四，二〇五，二〇六，二〇七號 我們的經濟生活，色，各一冊
益世週刊社贈	益世週刊第廿八卷第五，六，七，八，九，十，十一，十二，十三期
世光雜誌社贈	世光雜誌第六卷第一期
成都鐸聲月刊社贈	成都鐸聲月刊第一卷第一期，第二期
康定天主教文協分會贈	崇眞月刊第廿期
邵武教區贈	牧土報第二卷第二期
西安天主教總堂贈	教友生活第二卷第一第二期
鳳翔天主教總堂贈	鳳翔教區教務月刊第一卷第五第六期
澳門慈幼會贈	各種出版品五十四冊
李宜義司鐸贈	王徵著日省錄二冊
太原天主堂贈	新光季刊創刊號一冊

本刊徵稿簡約

（一）本刊下列各欄，一律歡迎外稿：

（甲）論著（有關宗教、哲學、政治、教育、歷史、社會及討論公教書報之編譯及出版名詞之審訂，版本之考證及校勘等研究文字）

（乙）書林偶拾（先賢未刊稿，讀書劄記，罕見書之序跋，前人傳記等）

（丙）文獻目錄（私人或團體所藏善本書目或論著目以及近代出版書目）

（丁）書評，出版消息，期刊介紹，作家動態。

（二）來稿請繕寫清楚，署名蓋章，並加新式標點。

（三）甲、乙、丙三項稿件，發表後敬送潤筆每千字三千元至五千元，特別有價值者不在此例。

（四）本館對來稿有刪改權，五千字以上之稿件，不用時可以退還。

（五）賜稿請寄北平西安門黃城根北段路東本館館刊編輯部。

本館出版書報在下列各處發售

（一）西什庫北堂
（二）王府井大街八面槽東堂
（三）西直門大街西堂
（四）宣武門內東順城街南堂
（五）國立北平圖書館
（六）輔仁大學
（七）勝利出版社（西長安街）
（八）獨立出版社（王府井南口）
（九）紅藍出版社（八面槽）
（十）開通書社（琉璃廠）
（一一）通學齋書社（南新華街）
（一二）榮華堂書社（琉璃廠甸十三號）
（一三）富晉書社（西琉璃廠一九三號）
（一四）五洲會記書局（東安市場桂銘商場）
（一五）同文書局（東安市場丹桂商場）
（一六）寶文書局（隆福寺街東口）
（一七）文淵閣書社（隆福寺街東口）
（一八）新華書社（西單北大街）
（一九）天津馬場道工商大學
（二〇）天津河北路七十號天主教文化協進會分會
（二一）天津望海樓天主教文化協進會支會

協和印書局承印：北平王府大街東昌胡同十七號電話五-四五六

中華民國三十六年五月—六月

上智編譯館館刊

田耕莘題

第二卷 第三期

BULLETIN
OF THE
INSTITVTVM S. THOMAE
Vol. II No. III

May-June 1947

CARDINAL'S RESIDENCE
PEITANG, PEIPING
CHINA

Cum approb. ecclesiastica

館址：北平西安門黃城根北段路東

要目

請注意滙款手續

凡向本館訂閱館刊或購買其他出版物，請　注意下列各項章程：

一、請由郵局匯款，並請通知郵局人員，在匯票上務須註明「北平第七支局」，或「北平西四儲匯局」，勿僅寫「北平郵局」或「北平儲匯局」；因北平市區遼闊，本館距離總局太遠。此點本館已一再說明，但　惠顧諸君仍有忽略者，特再聲明。

二、如由銀行匯款，請寄「北平西單交通銀行」。

三、倘未設立銀行或郵局之偏僻地方，可以郵票代替。

四、信內千萬勿夾法幣，如有遺失，本館概不負責。

五、各教區或各修會賬房劃款，一律不收。

六、本館並無以彌撒獻儀代付書款辦法。

附告：本館因人手太少，暫時不能為　諸君服務，代購北平其他任何書店或出版機關之書刊。收件人地址及姓名務請詳細開示，字跡必須端正。

上智編譯館發行部謹啓

向讀者呼籲

本刊自去年問世以來，蒙　讀者不棄，踴躍訂閱，使我們感覺非常榮幸，同時也獲得極大的鼓勵和安慰。我們願勉力做下去，力求進步，以答　諸君的厚望。

但物價不斷的上漲，却使我們有難乎為繼之感；然而我們決不讓這刊物夭折，我們必定要盡最大的努力來維持它，培育它。想每一位讀者亦必具有這樣的熱望。

可是我們去年預計的定價，是每期每冊一千元，全年六期暫定為六千元，預訂優待券只收五千元，巳經是不夠成本的了。每期十六頁的益世週刊，定價早巳提高至六百元，照這樣的比例，本刊每期至少八十頁，應該至少定為每期三千元，去年讀者所付五千元或六千元，實際只夠現在兩期的報費。下半年我們打算還要出三期，如果物價再不波動的話，我們也得為每一位親愛的訂戶再賠八九千元，可是物價的波動，似乎是不能避免的。如果為每一訂戶賠上一萬元的話，——這是最低的估計——那末到今年年底止，我們得準備共賠一二千萬元。我們何忍以這樣的重負加在我們好不容易得來的首任樞機主教身上！　請　讀者待我們想想！附帶報告一句：我們的館長方豪司鐸早巳把他在輔仁大學教書的收入全部賠在館刊上了！

我們不能再賠，我們不願停刊，我們暫時也不想加價，我們別無其他妙法，只有向　讀者呼籲，請　讀者以下列方式隨意捐助：

一、每一訂戶再付六千元，愈早付愈好，此乃捐款，當在本刊公佈。

二、量力多捐，以幫助無力再出的訂戶。

凡無力捐助的訂戶，我們決定繼續寄送，我們相信一定有慈善家替他們代付的。請大家表現公教精神！

上智編譯館館刊發行部謹啓

上智編譯館館刊第二卷第三期目錄

購買本館已出全部書籍可享八折優待

梵蒂岡一瞥	張天松著	三十二開本	三千五百元	（已出）
宇宙觀與人生觀	張永立等著	同上	二千元	（已出）
公教與文化	陳哲敏等著	同上	二千元	（已出）
馬相伯先生文集	方豪編	二十開本（白報紙） 十六開本（道林紙）	二萬元 五萬元	（已出）
泡影	周信華著	三十二開本	三千元	（四月廿五日出版）
合校本大西西泰利瑪竇行蹟	向達校	二十開本	二千五百元	（五月一日出版）
英美羅馬朝聖行脚	葉秋原著	三十二開本	二千五百元	（五月十日出版）
辭海辭源天主教名詞正誤	王任光著	三十二開本	二千五百元	（五月十日出版）

以上各書，共值三萬八千元，一次全購，可享八折優待，即三萬零四百元，外加普通掛號郵費二千元，航空掛號郵費一萬二千元。請由郵局匯寄，並請通知郵員在匯票上註明「北平第七支局」支付爲禱。

陸徵祥字子興，上海人，歷任內閣總理、外交總長、駐荷、駐比、駐俄、駐瑞士等國公使，並曾出席凡爾賽和會；民國十六年十月四日入比國聖安德肋本篤會修院。去年八月十日，教宗委任剛城隱修院名譽院長，是爲外人在比國首膺斯任者。左爲陸氏寄來近影。

陸徵祥名譽院長近影

艾儒略先生正容

（王重民先生贈）

艾先生字思及，原名 Julio Aleni，意大利耶穌會士。明萬曆四十一年（一六一三）入華，著有職方外紀、三山論學記、西學凡、口鐸日抄、大西西泰利先生行蹟、天主降生引義等，足跡遍晉陝蘇浙閩等省，士大夫從遊者衆，稱「西來孔子」。永曆三年（一六四九）卒於延平，葬福州十字山。

前欽天監所遺天主教士製造之天文儀器

上圖自右至左爲象限儀，民國紀元前二百三十九年製；天體儀，民國紀元前七年製；（此爲倭人所造者）赤道經緯儀，民國紀元前二百三十九年製；地平經緯儀，民國紀元前一百九十七年製。下圖所見者亦即象限儀與天體儀。

論　著

科學的範圍與限度

——Bertram C. A. Windle 著天主教與科學導言——

宋超羣譯

我們開始撰寫這本書的工作，不由得會想到二點：第一，教會和科學各有它不同的對象，兩者之間的關係，我們不必企圖加以調和，那末，又何以有敘述的必要呢？教會與科學曾經有過許許多多的書籍專論，可見這種敘述還是有它存在的必要的。第二，書籍專論雖然很多，然而我們願意以我們所見再來論述一下。

教會對於她的教理，雖然在若干方面意義上的理解，因着外界的問題，可能逐漸增大，可是其內含的眞義，無論如何，總是不變的。但這並不是說，凡是她向來態度肯定的，中心問題以外的疑難事件，她的負責當局不可以並且不願意根據新的事實和新的發現而轉變她的意見。

在猶豫不決的事上有自由（In dubiis libertas）是教會座右銘的一部份，但常常被她的反對者所忘記。他們不厭倦地向他們的羣衆把她描繪成一個陳舊落伍的組織，沒有任何智慧生活的能力；在另一方面，又苦於教理問題內部激烈的爭執。事實上他們全沒有明白，必信的道理和細小的條目是有區別的。教會對於後者，從來沒有加以定論，而每一個天主教徒都保有個人本身意見上的自由。在某些方面，過去雖有過激烈的甚至可以說有時竟是不適宜的爭論，這是學歷史的人都能知道的。我們不妨承認即使在今天，這種爭論，也還存在，不過都已不是涉及既定的信條以及業已確切公佈的、規範了的部份罷了。自然，在一點，教會是堅持的。如果人類獲得了一個神聖的啓示，那麽對於那些爲了希望靈魂得救的人所信仰的道理，不應該完全確定，這在任何一個有思維的人，似乎是難以認爲合理的了。我們在這裏不想對於啓示的道理作辯論；這是屬於其他著述家的範圍。我們只是假定人類已經獲得了一個啓示，而天主敎會便是這個啓示的監護者，同時也是任何特殊敎理解釋上的判斷人。

本書不是一本答辯的提要，它僅僅想要討論這個題材的一個特殊的部門。我們這樣說，是恐怕有人認爲我們在這裏假定了敎會的地位和權威，而要加以證明。相反地，我們的立場簡單的說是這樣：即假定敎會本身如她自己所表明的地位，她對於現代科學的關係是怎樣？現代科學對於她的關係又是怎樣？本書的範圍既已確定，根據「在開始談論一樁事體以前，我們必須對於所要談論的有充分的瞭解」的原則，我們不妨把剛才用到的名詞，加以定義：

本書要討論的題目，是敎會與科學。但爲便利起見，我們不妨把敎會與宗敎兩個名詞當作同樣的來看待。從許多人的說法，就是宗敎與科學的關係。

這二個名詞，是我們先要討論的。跟「宗敎」與「科學」有着不可分離的關係的另一名詞，便要算哲學了。經院哲學與經院神學的眞正關係，在敎會以外乃至在敎會內部若干訓練較差的人士中間，還有人弄不清楚。因此我們也不可忽視它。宗敎、科學、哲學這三個名詞是本書全部的骨架，隨時都會用得上，但是它們之間的相互關係，是要逐漸引申的，否則便無從充分發揮了。

像其他許多常常在我們舌尖上的名詞一樣，「科學」一詞的意義，現在已不復和從前相同，而且狹小得多了。比如彌爾頓（Milton）在他的 Aeropagitica 裏說到那「七種高尙的科學」，他是指兩組古典學術而說的，第一組三門，包括文法學、論理學、修辭學；第二組四門，包括算術、音樂、幾何、天文學。可見這種分類所包括的科目如文法、修辭及音樂，縱令後者無疑仍含有科學原理，也是現代人應用「科學」一個名詞時，却從不會想到的。我們已經把音樂歸於藝術部門而不算在科學的部門了。因爲科學一語的意義業已狹小，僅只限於專指研究現象的，觀察的智識。所以她實際已經成了物理的科學，包括着物理學、化學、生物學以及物理學、化學、生物等等無數的旁支雜節。根據這樣的科學含義，羅絜（Sir Norman Lockyer）把科學的功用總括而切要的說道：「眞正科學家的工作，是對於他生存所靠的行星，以及包容這顆行星的，廣大無垠的宇宙，不斷努力探究一個比較好的，更爲深切的智識」。

那麼科學最重要的，是研究已經肯定的事實了。有人甚至也會把科學的範圍，僅限於事實的搜集、分類和近似的解釋。當科學家們離開那條狹窄的道路時，便斷定他們走入了哲學的領域。關於這一點，讀者閱讀本書之餘，他會極爲容易的明瞭，科學在事實以及事實裏面可以引出來的哲學結論上，她的意見是經常有變動的。

我們曾經考慮到敎會與科學相互間的關係，何以有重複申述的必要。這裏的理由極其明顯。就是因爲科學的見解有改變，而且不得不常常有改變的緣故。

科學除了搜集事實以外，還要做演繹的工作，其實也就是哲學化的工作，這是極其重要的，而且爲了這樣，她便不得不涉及其他智識的部門和思想範圍。赫胥黎（Huxley）曾經寫道：「我相信科學不是別的，只是有訓練的，有組織的常識」。赫氏這樣說，當然不是指這是科學的惟一的一方面，但他覺得那是科學主要的一方面，却是無疑的。科學是以感官來觀察自然現象，現代還有巧妙的工具如顯微鏡以及望遠鏡等等的幫助。我們有賴於這些工具的幫助是這樣的多，以致那些不熟悉科學史的人們很難相信，如果沒有牠們，我們會有任何眞正的進步。但是布剌厄（Tycho Brahe）却曾在因沙士比亞名劇哈姆雷特而聞名的愛爾西諾（Elsinore）附近一個小島上，設立過一座天文台，値得我們注意的，是他並沒有望遠鏡，（因爲這個東西當時還沒有發明），他利用着奇巧的器械，作了極其精確的觀察，以後刻白略（Kepler）的偉大發現和牛頓劃時代的成就，都是以布剌厄的觀察爲根據的。科學在室外觀察事物，有時有工具，有時沒有工具，在實驗室內，她也藉精巧到幾乎使人難以想像的器具，探究自然界裏的秘密。

事實的肯定與證明，是觀察的目的。事實經過了搜集，便需要整理和分類。整理以後，如果發現某些事實屬於某一確定之類的時候，分類方可以進行，然後才有演繹的工作，而所謂「自然法」（Laws of Nature）也就形成了。可是過去五十年來，偉大的科學的成長結果，也產生了極端的專門化趨勢。過去有許多眞正的生物學者，在科學的園地裏工作，就是幾年以前，也還是如此。但現在是分別出來了，有動物學家，有植物學家，有地質學家，有生理學家，有生物化學家等等專家，每一種專家除了本身專門範圍以內的事項，別的事情就不太知道了。而且專門之中，又有專門。大家大約都能記得已故和謨茲（Oliver Wendell Holmes）的「甲蟲」吧！—這位熱心者不自稱昆蟲學家，更不自稱甲蟲學家，但是如果他能解決「究竟 Pediculus Melittae 是不是 Meloe 的幼蟲」這個問題，就是死也是很甘心的。然而有人容易健忘，和謨茲還是一位科學的導師咧，他明白他所講的是什麼。他的諷刺，幾乎可以說沒有一點誇大。另外一件事需要注意的是生物一科的趨於專門化，已經把野外工作與實驗室工作分離了，雖然在地質學方面要算例外。這使估極大多數的實驗室工作者，雖然人們還記得有過達爾文和華勒斯，却不免把野外工作者視為業餘的愛好者。這便是今天的風氣。關於生動的自然界的一樁基本事實是：牠是活着的，實驗室裏工作的人們無疑是太容易把這一點忽略了。他們在實驗室裏，大部份研究死的東西。當然他們研究的結果，也就大都是限於那東西死的時候的屬性了。

我們固然承認極端的專門化，在科學智識上，業已有過驚人的進步，但是我們却也不能不承認，它對於專家們有着一個足以縮限努力範圍的後果：因為人們常常會以為自己從事檢討的問題，其重要性超越一切。結果便認定自己這一門工作裏顯得可以發現的「定理」，也足以支配其他在科學觀念方面，涉獵較廣的人。

如果窮究物理，對於科學上一般的事實，沒有相當綜合的眼光，鮮能獲得有價值的成就，那當然是很明顯的。

我們檢討科學上趨於專門化的後果，也許不是沒有意義。因為這樣可以幫助我們解釋很有聲望的專家們不時所作的某些奇特之論—不過這不是我們的主題，我們只是離題談一談。

擺在我們前面的要點，是科學的方法論。我們已經知道，科學的方法是賴感官，或者借助於器械的應用，或者不借助，以及賴各種實驗而觀察自然事實。並且就觀察所得的事實，加以分類，最後才定出那些似乎是指導自然現象的各種定理來。

但是科學範圍，儘管廣大，成就儘管衆多，科學並不能包括智識的整個領域，這是不容我們忘記的。但是確實有些著作家們，他們本身並非任何科學部門的權威，無寧是人云亦云的代表者，似乎會忘記這一件事。如我們前面所述，無論我們研究科學或文學，或比較神話學，甚至於研究任何事物時，我們全都容易把自己潛心研究的東西，認爲是最重要的。我們不斷地會傾向於想像，覺得惟有在我們這一門的研究路綫上才可以尋覓到開啓宇宙秘室之門的鑰匙，只要我們發現如何把鑰匙插進鎖裏去，我們便能夠窺探宇宙的秘密了。可是就一切情形來看，當我們對於事物略微進一步觀察時，就會不對了。

科學有明顯的限度，有着整列的普通經驗，完全在科學研究範圍以外，關於這一點，洛治（Sir Oliver Lodge）在他對大英協會（British Association）的演詞裏，曾經這樣說過：「事實是這樣的，有些最好的東西，由於抽象縹茫之故，不爲文學或詩歌所摒棄，却不包括在科學裏。所以也許這就是古代對科學有懷疑或沒有興趣的緣故。普羅米修士的傳說，便足爲一個標準的例子。科學是經過系統化的，可以測量的智識，在不能加以測量的地方，科學的範圍是狹小的或者就像巴爾福（Balfour）先生有一次在國立物理實驗室的一個新分室開幕中所說的：「科學依賴測量，所以測量不出的事物，會不容於科學注意之列，或者會趨於不爲科學所注意。生命美麗和幸福是不能測量的」，於是他特別說道：「如果幸福有一個單位，那麽政治也就是科學了。」

科學還有一個一般讀者不容易想到的限度。

科學在開始工作以前，必須有她的信條。在對她有着關係的事物的現實裏；在外在世界的現實裏以及這個外在世界的歷程的一致性裏，科學必須能有信仰。關於這一點，我們不妨好好的來討論一下。

哲學上最困難的問題，也許要算「我有什麽理由相信在我的思想以外，物質的，獨立的世界的存在」了。絕對的懷疑主義者（哲學地說）的答案是我們沒有理由這樣相信，一切我們所認爲觀察到的，全是一種錯覺。我們跟這樣的人，沒有辦法爭論，因爲他們把自己置身於討論之外，觀念論者是懷疑主義相當和緩的一派，然而他們也否認獨立的物質的世界的存在。陸克（Locke）認爲我們所知道的，只是各種事物在我們心目中引起的觀念，我們不知道事物的本身到底是什麽。柏克立（Berkeley）又進一步地問我們有什麽可能，知道在這些觀念後面，有任何東西適宜地配合着呢？因爲他辯論過，我們的觀念，可以不要任何物質客體的存在居中，精神的直接作用，便可以傳達給我們。在這一個理論裏，物質的客體，根本就不存在。拍克立便這樣的擺脫了智識上的物質客體。然而休謨(Hume)更近一步擺脫了有覺察力的主體—靈魂。因爲他覺得我們固然知道觀感和觀念，却無從了解接受這些觀感和觀念的智力。因之我們也就不能相信我們自身有着任何永久的，智力的實在性存在而爲這些觀感和觀念的主體。如果這是眞的話，客體和主體便統統沒有了，整個宇宙也就在空幻中消滅了。

對於這些哲學的見解，在這裏要作詳細的討論，顯然是不可能的，這裏所要說的是：如果這些見解，全是眞的，對於科學，對於科學的問題，再去作任何討論，便是徒然消耗時間了。

科學自然具有信仰，而且有充足的理由如此。比如醫生都會下藥，但是請大家牢記，他下的藥病人是不知道的，病人也不知道下的藥能希望發生怎樣的效力。但是阿芙蓉無論在倫敦，在紐約被採用，效果總是有的。假如沒有獨立的現實存在，假如一切外在的東西，都只是錯覺的話，這種事情如何發生，我們是難以理解的。如果一切只是幻覺，如果我們以爲科學對後來發現的事物的存在，能先作預言，那是叫我們更難理解了。亞丹斯（Adams）在英國，勒未累（Leverrier）在法國曾經同時個別以數學計算，斷定了當時一般天文學者並不知道的一顆行星的存在。後來竟被發現了，叫做海王星。如果我們所遇到的，幻覺以外，別無一物，那麼這個被視爲科學上最足驚人的成就之一，似乎完全不可能了。「觀念論」，梅海爾博士（Dr. Maher）寫道：「不但跟最優良的，業經確定的科學眞理不合，就是跟平庸的見解，也是互相抵觸。天文學、地質學、物理光學以及其他科學，乃是不可分離地和物質相連的。這個物質，既不是『感覺』，也不是一種感覺的空幻的可能性，它存在於人類的觀察以外。這些科學告訴我們，眞實的，具體的，有着長闊高三面的物質體，不但存在，而且還依照已知的定理，互相發生作用。然而沒有人想到牠們。在我們覺察力以外不存在的許多可能性，像正方距離一樣，是不能以一種逆倒變易的力，互相吸引的；它們不能由蒼葱的森林，轉變爲煤礦岩床，它們也不能干與其他現象，而在我們的意志以外，決定視覺的特性」。

但是我們雖然不妨接受這個常識之論，就是我們必須信任人類日常的經驗，爲思考的安全基礎，而且在假定具有長闊高的實體存在同時這些實體互有作用時，科學有理由進行她的工作；我們也許還需要回答一項問題，那便是要知道關於我們研究的對象的眞理，到底有多大的可能的問題●關於這一點，最新一派哲學思想的實驗主義認爲：在觀念的後面，並沒有確切的眞理。如果有，那也是達不到的。根據這一派的哲學，眞理「只是我們的觀念裏一種『幫助我們進入其他經驗的滿意關係』的質素而已，換句話說，觀念要以由實地經驗得來的結果，加以測驗。眞正的觀念，應該是實用地能「起作用」的。所以這樣說來，沒有最後的、終結的眞理或永久的實在能給我們知道；我們除了把我們的觀念，作一種進步的互相適應以外，便別無所能。……倘若如實驗主義者的斷定，用了一次便撇開到一旁去的『有用的假定』以外，更沒有一個確定的原理，那麼顯然也就沒有本體論的系統可以給我們安置我們的信念了；而宗教的，和科學的信服，同樣地都會不可能，或者人們只是採取限度很大的保留態度爲止而已。但是過去人類的思想和事業的歷史，似乎並沒有暗示這樣一種想法，有成功的希望」。這是沙普和亞弗林（Sharpe and Aveling）已經給我們指出來的。

從這個很爲重要和複雜的事情的簡短討論裏，我們可以獲得結論，就是一般的意見，都證明科學處理的對象是實在的物質，我們也知道了，智識和經驗並不全部包括在科學的範圍以內。

【編者按】本文爲本館編譯宋超羣先生新譯 Windle 著 Church and Science 第一章，即導言，其內容詳見本期本刊出版消息欄。

正確的民主觀

馮瓚璋

一　我國民主的倡興與沿革

五千年來，我國人民一向處在專制政體的壓迫之下，人民的身體、精神、生命、財產、乃至生活的方式，完全由皇帝一人來支配，根本沒有合理的保障和自由；加之在君主政治下，階級制度特別嚴格，舉凡王、公、卿、相，文官、武職，無不在人民頭上握有勢力，再有地方上的富豪縉紳凌弱欺貧使得一般民衆的生活，益發不堪設想。經數千年的政治壓迫，人民始終在掙扎之中討生活，歷史上雖也有過幾次揭竿起義的民族革命，但是結果總未脫出以暴易暴的專制政體，直到滿清末葉孫中山先生鑒於內憂外患日甚一日，滿清政府喪權辱國，內政腐敗，民生塗炭，因此創立三民主義，倡導國民革命，推倒滿清政府，建設了民主政體的中華民國。這次的革命，實開我國有史以來所未有的成功。但是，中華民族久處於專制政體的壓迫之下，人民已失掉了自主的信念，甚至對自由的認識也糢糊不清，以致民主政體雖然成立，民主的權利却沒有落到人民手中，平白給少數軍閥和政治的野心家去利用，佔據地盤，把持政權，人民所受的壓迫和痛苦，反過於專制時代。中山先生有鑒於此，遂聯合同志以「革命尚未成功，同志仍須努力」相勗勉，希望藉武力肅清軍閥，以求中國主權的統一。這便是國民黨所稱的「軍政時期。」民十七年北伐成功，內政統一，軍政時期結束，進而至於「訓政時期，」目的在藉內政的修明訓導民衆，使能充分負起「民主」「自治」的責任。在這時期，一件永垂青史而值得中華民族感念不忘的，便是國民黨所領導的對日八年抗戰，尤其應當感謝當日的軍事委員長，現在國府主席蔣中正先生，他始終以堅忍不拔的精神領導中華民族抵禦外侮，由日寇帝國主義的鐵蹄下，恢復了中國人民的自由，且洗盡了歷來中國由不平等條約所蒙受的奇耻大辱。這正是「民主」國家所應作的最大努力—求解放，也的確是訓政時期的一大成功。惜乎在這時期，國家把整個的精力、抵禦外侮，對訓練民衆未能充分發揮效能，特別是在淪陷區，政府職權不及，更未能作長足的進展；假如不是日寇犯境，拖延了八年的時光，那麼訓政的成果當不止此。這並不是憑空臆斷，試觀民十七年至二十六年中的一個短短階段，我國政治、工、商、文化、學術種種方面的發展便可佐証。抗戰勝利，爲了時代的要求，國民政府決定結束訓政，施行憲政，使中華民國步入正式民主的國家。因在三十五年十一月十五日舉行國民代表大會，將二十六年五月五日公佈的憲法草案重加審定，經四十日二十次大會的研討，卒於十二月二十五日完成了適合現代中國需要的新憲法，於本年元旦日公佈，並議決實施憲法的準備程序，爲期一年，到三十六年十二月二十五日憲法便正式生效。

由於憲法的實施，中華民國正式走入了民主政體的階段，中國人民也從此可享公民的自由與權利，這不容我們不抱樂觀而額手稱慶。但是事實上並不那樣簡單：我們要享民主政治的自由與權利，同時還該負起民主政體的公民責任，甚至對民主政體的本身也須有正確的認識。否則渾渾噩噩，橫衝直闖，不但達不到民主的眞義，恐怕連公民本身的權利也被犧牲；假如再有一二政治野心家，利用民衆的不清楚、不瞭解，妄用民權，濫施民主，則國家的前途，也將不堪設想。

二　民主的界說與分類

按民主政體這個名詞，發源於希臘的「民主主義，」西文稱 Democracy 德讀克拉西。按照希臘語的解釋：德讀 Demo 為人民，克拉西 cracy 為統治，兩相接連，成為「人民統治。」希臘名哲學家柏拉圖 Plato（公曆前429—347）在他的名著「政治學」內，將政治分為三種：「由一人統治者稱為君主主義；由數人統治者稱為貴族主義；由多數人統治者即稱為民主主義。」

民主主義又分為「政治的民主主義、」「社會的民主主義、」「經濟的民主主義、」「文化的民主主義」乃至「國際的民主主義」等。且讓我們逐條來分析：

政治的民主主義主張國家的主權不屬於君主帝王，也不屬於少數貴族，而該屬於人民全體，由人民全體選舉代表作政治的領袖，代表民意施行政令，掌管國事，處理外交。這便是民主國家的基礎。

社會的民主主義主張人類生來完全平等，無論貧富貴賤都該給他一個平等的機會，使他能同樣生存，同樣發展。此項主張是在爭取人類社會地位的平等、人格的平等、個人生存發展的機會的平等，與基督教會所主張的平等的眞義若合符節。但是它不能否認人類天賦才智的不齊和個人努力的强弱，因之也不能限制各個人進取的成就完全平等，以致絕對沒有貧富階級的差別。否則便違反了眞理，脫離了民主主義的範圍而流為激烈的社會主義。

經濟的民主主義以為過去的產業組織，多以有產階級的資本家、企業家為本位，一切生產機構完全由他們來管理；今後的產業組織則當以無產階級的勞工為本位，所有生產機構也該完全屬於勞動者的管理之下。關於此點已成為共產主義的論調。民主主義既主張人類無分貧富，完全平等，那麽富人勢力的猖獗與貧人勢力的過分澌漲，豈非同樣違反了平等的原則？而況民主主義的「民」字，原包括所有的人民，絕不該把任何一部分人民拋開，否則便成了某一種人民的獨裁專政，不能稱為民主。我們生而為民主國家的國民，在施行民主立憲的前夕，對於「民主」的眞諦必須作詳盡的解剖，纔能脚踏實地的去實現民主德謨克拉西，Democracy而不致作煽惑主義德馬高基Demagogy的犧牲品。這是高唱「民主」的純潔分子、良善人民所不得不注意的問題。

此外還有所謂「文化的民主主義，」以爲敎育藝術等文化事項，以往多爲貴族富豪所占領，極不合理，故主張平民也該有同等享受的權利。這種主張倒是很對。民主主義既要求人類的機會平等，因此敎育的平等權自屬當然，且也是社會進步、國家富强的基礎。但徵諸社會的實際情形，則往往適得其反：常見許多富家子弟能讀書而不讀，另有更多數的貧寒子弟欲讀書而不能，長此以往，中國社會文化將走上自殺的途徑。爲此敎育普及確是目前社會當務之急。

以上各項，都是限於一個國家以內的問題。最後還有所謂「國際的民主主義，」以爲在今日的世界上，大小强弱的國家很多，依平等的原則來說：任何國家都有同等存在的權利，故必須平等互惠，互相尊重，這便是中山先生「天下爲公，世界大同」的理想。此次大戰以後，列國鑒於國際信義的毫無保障，現正主張組織一個「世界政府」作國際問題的仲裁者。這種主張原則很好，且努力已非一次，無論是叫「世界政府」也好，叫「國際聯盟」也好，假如國際間沒有平等互惠的眞心，縱有多麼完美的條文，多麼嚴密的組織，也不能生效。欲求有效的國際民主，非有道德體系的組織、且以道德信念來遵守，便不能成功。原因是在不講道德的民族國家面前，信義二字是根本不能成立的。反過來說：國際信義的撕毁，也就在證明整個人類道德的隋落。

三　民主政治的目的

民主主義的分類已如前面所說，現在我們再把民主政體—即政治的民主主義—的信念與目的略作研究。民主政體的信念是「人民至上，」與孟子的「民爲貴，社稷次之」如出一轍。這種信念乃是根據古代的一句諺語：Vox populi, ox Deiv「人民的呼聲，便是天主的呼聲。」也就是周書泰誓所說「天視自我民視，天聽自我民聽」。因此主張把國家的政權交給人民，而由人民的公意選賢與能，代理國事，這樣國家一切政令設施，完全以人民公意爲取舍，人民自己自然也會顧到本身的權利與幸福，不再受專制獨裁者的壓迫。中山先生的民權主義，對本問題思考得很周詳，他主張人民有四政權，政府有五治權，主張人民有「權，」政府有「能；」人民是主動者，政府是實行者。至論民主政體的目的，則不外以下三點：

一、解放自由　民主政治的第一目的，是叫人民由被壓迫的政治下求解放，以達到言論思想的自由。所謂自由，並不是漫無限制放蕩不羈的爲所欲爲，却是合理的、不侵害他人權益的眞自由。在民主政治下，人民所應當享受的，第一是言論、著作和行爲上的自由。只要個人言論著作與行爲不干國法，無害於他人以及整個社會的權利與幸福，他人便不得加以干涉或制止。第二是信仰的自由。信仰是人類精神的寄託所，人民有自由選擇與信奉的全權，只須他的信仰不妨礙社會國家的安寧，任何人不能任意干涉，橫加摧殘。否則便是剝奪人民應享的自由，是摧殘民主的强暴。爲了保障民權，貫徹信仰，人民應當竭力去抵抗。因爲那是人民分內應享的自由，有眞理和自然律作保障，無論政府或個人，絕對不得任意干涉。

二、平等相愛　民主政治下的人民完全平等，情同手足，不再有富貴貧賤帝王士庶的區分。因此個人在社會上的地位平等，人格平等；機會平等。爲作到眞實的平等，不是用打倒與鬥爭的仇恨，而是用宗教上「愛人如己」「推己及人」的仁愛，非抱定「己欲立而立人，己欲達而達人」的决心，不足以談平等。向之貴族顯豁，必須降尊紆優，謙卑自抑，與微賤的同胞携手，以提高他們的人格；向之富貴豪華，必須潔身自愛、博施濟衆，與貧苦共患難，以達成守望相助，疾病相扶的仁愛精神。人類不作到平等仁愛的階段，便無以談民主，社會也沒有安寧進步的可言。所當注意的，是眞實的平等，絕不是要廢長幼、均貧富；原因是「長幼有序，」乃天然的秩序，貧富不同，是個人努力的自然結果，不容抹煞，好似人身的高低，壽命的修短，不能强使之平。但若能使地位平等、機會平等，使人人都有盡量發展的機會與可能，則人心已平，不再有所爭奪。但爲作到這一步，則非使社會各階層都以仁愛相待不爲功。

三、團結合作　人類是社會性的動物，必須團結合作纔有進步。在進步的過程中，各個人所負的責任雖然不同，但他對社會全體供獻的價值則沒有兩樣；為此無論是那一個階層的人民，他在社會上的地位，與別人完全相等，絕沒有、也不該有貴賤軒輊的分別。但僅具備這基本的平等條件，還不能達到人類合羣的目的，必需各個階層的人民團結一致，通力合作，纔能獲得人民全體的幸福，而共謀社會的進步與發展。可惜在團結的力量上我國人自愧太薄，誠如一片散沙，缺少聯合性。但是究根來說：人既是社會性的生物，有合羣的要求，便不能沒有聯合性；那麼國人為什麼只像一盤散沙的不能聯結？老實說：不外自私二字在作祟。而自私自利的養成，又不能不歸咎於專制政體與封建禮教的壓制。故此為抵抗專制、打破封建禮教，便不能不在打破自私、團結合作上下手。人民非先剷除自我的私見，不足以言團結，非抱定利他主義，不足以言合作。而要達到團結、合作，更須以仁愛為主幹，否則便如宗徒聖保祿所說：縱能說得萬國方言，具有各樣知識，但沒有愛，也只等於鳴鑼響鈸，徒唱高調而矣！斷不能有眞民主的實現。

明白了上述的一切，然後纔好討論民主國家的人民該是怎樣的人民，換言之，必需怎樣的人民纔夠得上去實行民主。

在民主國家內，只有合乎「公民」資格的人，纔能充分享受民主的權利。所謂「公民」與「國民」不同；一國之內的人民都可稱為「國民，」但不都是「公民，」須受年齡、公權等等的限制。在我國，年齡在二十歲以下的國民，因未達法定的「成丁，」不能享受公權，—如選舉被選舉等；因犯法而被褫奪公權的國民，在處罰年限以內，不能享受公權；以外如在某地居住不滿六個月的，也不能算某地的公民，不能享受該地的公權。可見公民的資格是多麼珍貴。古代羅馬公民可以享受法律上的種種特權，甚至有些人不惜以金錢來賄捐公民的資格，其情形與滿淸時代的捐官和旗籍相等。這當然是專制時代的弊竇，不足取法，然藉此也可看出公民資格的可貴了。為此且讓我們把作好公民的重要條件寫在下面：

四　公民的義務

公民既是社會性的名義，故此凡屬公民都有其對社會應享的權利與應盡的義務。權利方面，憲法載得很明白，無庸贅述；義務方面，現僅就其犖犖大端略作討論：

一、私德與公德　要作得一個好公民，須得公民自身是一個好人，故對私德與公德，都需有相當的修養，沒有公德的人，對社會不但不能有所供獻，反將擾害公共的安寧和社會的秩序，只可視爲害羣之馬，不配稱爲公民。站在人羣的立場，人的一切行爲言論，都該顧到社會全體，不能依照個人或少數人的意志而任性去作，這便是所謂「公德。」但欲保持公德，非使人人先有私德的涵養不爲功。所謂「己之所無，無以予人，」窮既不能獨善其身，達則焉能兼善天下？

二、守法　法律所以維持社會的秩序與安寧，換言之，是在維護大衆的福利。然則身爲社會一分子的公民不肯守法，也就是不肯保持大衆的福利，乃至有意擾亂公衆的安寧。這樣的人自然不配稱爲公民，須受社會的制裁。因此在某種情況下，國家給犯法的人以褫奪公權的處分。而況在民主國家的中國，公民有創製權，由公民全體的公意創製法律，又有複決權，對不完善的法律有改善或廢除的權利。然則豈有對自己製訂或改善的法律還不肯遵守的道理？我國人一種最大的毛病或錯誤觀念，便是以不守法爲榮。地位越高，越可以不守法；因之越不守法，越可以證明自己身分的尊高。這種信念依然是「只准官家放火，不許民間點燈」的封建惡習，是不平等中的最不平等，絕非民主國家所當有的現象。惟其有一部分人可以不守法，而這一部分人又都是可以代表民衆或假借民衆來說話的人，因此在製法或行政上，滿可以不加考慮，固執己見，反正自己感不到任何的不便與不利，誠如耶穌所說：他們把很重的負擔加給人民，而他們自己却不肯挪一指之力。（見瑪竇福音貳拾叁章四節，路加福音拾壹章四十六節。）大家若都抱定可以倖免的心理，那麽對於行使創製權與複決權便可糢糢糊糊不負責任。同時法律的效用既不能普遍，那已成了專制國家的苛政，不是民主國家的國法。爲此凡屬公民都該守法，且該以守法爲榮，絕沒有貧富身分的差別。否則根本違反了民主的真諦。

英國國會有過這樣的一段故事：按照國會的定例，每次會議完畢，須得全體議員提議，議長纔能宣佈散會。有一次，議員們竟忘記了提議而相繼退席，議長却屹然不動，獨自留在主席台上。晚間，一名更夫從議場門前經過，聽見裏面有聲音，以爲是在失盜。進去一看，却見議長獨自坐在那裏守候，細一打聲，纔知道了所以。於是分頭召集議員，直待全體到齊，補行過了提議散會的儀式，議長纔宣佈散會，各自回家。這在我們看來，未免太迂，然而正是守法不苟的表現，値得我們來取法。

三，合羣　身爲一國的公民，若不能適應社會的環境，不啻自捐於化外。爲此良好的公民，對於社會的風俗習慣，只要是講得通的，便不可故事反抗，標奇立異。所謂「君子之於天下也，無適也，無莫也，義之與比。」因此良好的公民，必須領會孔子四絕的眞諦：「毋意、毋必、毋固、毋我，」然後纔好效法古人聖保祿，成爲「一切人的一切」。當然，這種環境的適應並不是同流合汚，漫無標準的。標準是什麼？就是孔子所說的「義之與比。」明乎此，則「合而不流」的眞諦也就了然。

我國社會的人民，恰好又佔取了兩端：一種人剛愎自用，故步自封，以爲「衆人皆濁我獨淸，」不肯與世爲伍，雖生爲二十世紀的公民，却仍保持十八世紀的思想。這對於社會的進步影響非淺，所幸在全體國民中，總佔少數。大部分的人民却適應得太過火：自己根本沒有主見，甚至看不出義與不義的分別，只管渾渾噩噩，隨波逐浪，再加以一般野心家相機作有意的煽惑，勢必風起雲湧，氣焰萬丈；尤其是熱血的靑年，更經不起這煽惑性的刺激；結果，既不問事情的前因，又不顧行動的結果，大家只管意氣用事，把社會弄得烏烟瘴氣，人心惶惶，而當事人或且莫明其所以。迨煽惑的目的達到，成功者只是少數的野心家；一旦失敗，犧牲者則是多數隨聲附合的民衆與靑年。這種事實，特別是在這動盪的社會中，已數見不鮮！中國公民何其不幸！我們痛恨野心家喪心病狂，不顧社會的安危，同時也替無辜遭殃的公民呼冤！但是平心而論，與其儘怪喪心病狂的野心家，倒不如怪公民本身的沒有鑒別力，不能認識眞理，情願給野心家作犧牲。因此完善的公民，必須「合而不流，」纔可以既不作犧牲，反能矯正社會的流弊，那纔正是孔子所說的「强哉矯。」

四、服務精神　合羣是消極的表現，目的只在無害於人類社會，但若欲謀人羣的福利，社會的發展，則非有爲人羣服務的精神不可。民主的意義，用簡單的言詞來講，就是所謂「大家事，大家作。」民主政治既看社會是大衆的事情，那麽凡屬這一個社會的公民，便都有應盡的責任，不容任何人偸懶，也絕不容只享權利而不盡義務。爲此一個公民該絕對摒棄以往自私自利的陋習，打破「個人自掃門前雪」的專制遺毒，養成「公而忘私」，爲大衆服務的精神。耶穌說：「人子來，並不是要受人的服事，乃是要服事人，並且要捨命，作多人的贖價」。（馬爾谷福音拾章四十五節）。所謂「殺身成仁，捨生取義」，「見義勇爲」，爲大衆福利不惜犧牲自己的精神，正是現代公民所應有的美德。社會好似一座房屋，大家住在裏面，風雨無侵，必須共同愛護，勤加修葺；否則一但傾覆，自己也逃不了被壓在底下。可見服務精神不但是作公民的條件，且是環境事實的要求，不容忽略。我國人，對自己的事業向極熱心，而對公共事業則不關痛癢。有人說：這便是國人沒有合作性的表現，其實也不盡然。試看三五個人合資營業，未嘗不能合衷共濟，使業務蒸蒸日上。不過這種合作只限於小範圍的和有直接利益的事業，若對範圍較大而沒有直接利益的事業，則除少數仗義疏財的人以外，大都裹足不前，這仍是自私自利在作祟，同時也怪國人目光太淺。社會是全民的家庭，全民的事業，大家庭安密，小家庭纔好健全；大事業進步，小事業纔好發展。否則「皮之不存，毛將焉附」？現代公民必須明瞭斯旨，須具有世界性的眼光，纔能被稱爲二十世紀現代國家的公民。

五、進取心　時輪在不停的運轉，人類生活也該與時代並進，社會纔有進步。社會進步的遲速，也就以個人進取心的強弱爲準繩。古人說：「學問如逆水行舟，不進則退。」其實不僅學問如此，舉凡道德修養、智識造詣以及處世經驗、社會交際，乃至國際情勢、世界大局等問題的研究，都可作我們進取的目標。人類的腦子天生是爲思想，我們愈運用它，腦筋便越靈敏；正如一把鋼刀，每天使用它，永遠是靑光閃爍，長久擱置起來，便爲濕銹所蝕，反而不堪使用；人生來有兩手兩脚，以供操作。手脚越運用，體力越增加。抑且任何事體，未加研究，便不知其底蘊；一經考察，便可知其梗概，若作更深的探討，則是非顯然，從而採是剔非，截長補短，身體力行，自然會有一個更完美的事體產生出來。這更完美的事體的產生，便是所謂「進步」，也就是進取的結果。西方的文明，絕不是憑天下降的現成物，乃是經多人的思考努力而產生；嘗見有多少人，把一生的光陰埋首在書冊堆裏，化驗室中，從事科學的研究；另一些人却跋山涉水，奔波於畎畝之中，從事社會農村的考察；失敗不餒，痛苦倍嚐。這種人，看上去非癡即狂，然一旦研究成功，則不但名垂千古，而其所成功的事業，也足爲人類社會造福。中國社會使需要這種人，需要人人有進取的精神。西方治事的方式是「窮根究底」，我國治事的習慣是「不求甚解」；國人只知醉心歐美文明的享受，却不知「急起直追」，「迎頭趕上」，其不爲世界的落伍者，可說是無天理！

六、生產力　知道了進取與不進取的差別，良好的公民便不能不發奮圖強，努力作社會的生產者。所謂生產並不僅限於物質的生產，一切爲社會有利益的貢獻，都可謂之生產，惟一的條件便是不該作社會的蠹蟲。社會好似一個公司，人民都是這公司的股東，股東的大小各按己力，甚至以人力代替股本也未嘗不可，但絕對不容有只享權利不盡義務的股東。因此國家對公民資格的限制很嚴：不但犯罪者有毒品嗜好的人沒有公民的資格，即神經錯亂的狂人、殘廢人、乞丐流氓、無固定住所無正當職業的人，因他們對社會沒有貢獻，也不能享受公民的權利，至少是部分的被剝奪；兒童是生活的預備期，不能行使公權；不識字的人在某種情形下也不得行使公權；可見生產力與公民資格的關係是怎樣密切；而公民資格的可貴也就可見一斑了。

五　結論

以上種種是現代公民必須有的知識與修養。明乎此纔可以作民主國家的標準公民，纔可以正確的行使民權而不爲人所愚。中國人民必須個個都作標準公民，社會纔有進步，國家纔可以富强。這是國民切身問題，不可以不注意。同時，所有國內任何政治理念與設施，必須合乎上述各原則，纔是眞正的民主，有一條不合或過甚，都不是眞正的民主之道：不是侵犯民權，便是假借民主以遂政治家的野心。在這憲法初成而民主學說如雨後春筍的時代，中國公民爲了自身的前途，大有斟酌推敲的必要了。

【編者按】本文爲本館編譯馮瓚璋先生近著「社會問題的根本解決」中之一章，全書業已脫稿，即可付印。

哲學術語的確定與劃一

常守義

二十年前常聽人說，中國語文皆是論及物質事物的，不適於發揮較爲抽象的理論，更不適於發揮哲學思想，所以用中國語講哲學，尤其是用中國文字寫哲學，是不能勝任的。

這種論斷完全錯誤，可以指証如下：

第一、按語言學家的考究，人類語言的根語皆是指示物質事物的。若然，則希臘文字與羅馬文字也不例外。然而為何希臘文與羅馬文，對於發揮哲學思想就很實用，中國語文獨不實用呢？這豈不是講不通的理嗎？

第二，中國自古在倫理學上的發展，是世界聞名的，而倫理界的理論決不是物質界的事物，所以，一口咬定中國文字只論及物質事物之說，是絕對不準確的。

第三，即使中國語文，都是論及物質事物的，也不能因此就下結論，說中國話不適於發表哲學思想。因為語言與文字是發表思想的人為工具，以何種語文發表何種觀念與事物，全繫於人的規定與使用，只要人肯規定肯使用，中國語文與他國語文，能同樣的發表哲學思想；只要中國人的理智有哲學觀念，便能使用發揮觀念的工具，即能有發表哲學觀念的適合名詞。

第四，中國語文不僅適於發揮哲學思想，且其有特別便利處。中國文字有一種天然創造新詞的圓滑性及其柔和性，即各單字雖各有完整的意義，然能彼此連綴配合，往往能將人心中最曲折的情緒，能將人理智內最難表達的思想和盤托出。世界上單純的物很少，我們理智內的觀念單純的也不多。中國文字內，每個單字已各有完整的意義，把兩三字連綴起來，往往能將某一事理，某一觀念的幾個本性要素很適切地揭曉出來，因而創出的名詞也非常的適當合用。

自從歐西文化東漸，中國人就開始大規模的創造新名詞。數學、物理學、化學以及各種自然科學內應用的中文術語，今日已成了很普遍的用語。而且隨着世界各種科學的進步，中文常會接踵相連，毫髮不差的創出適當的名詞，以向國人介紹新的理論。論近代孟德非（Mondeleff）對化學的新發展，雷德福（Rutherford）波耳（Boher）居禮（Curie）等，對原子組織的新創見，愛因斯坦（Einstin）毛斯來（Mosley）對宇宙構造的新假說，中文皆能立時提出相當的術語，闡述其中的理論。對任何科學如此，何以對哲學一門獨不能如此呢？

不過必須承認，我國哲學的進展遠不若其他科學，因此，哲學的術語也不如其他科學完備，多數的名詞尚未劃一。

為創造制定哲學術語，有與其他科門不同之處，第一要確定，第二要單獨。

對於哲學名詞的確定方面，有以下當注意的幾點：若一名詞已被先進學者創成，對於發表相對的觀念，又很確當，後進學者必須沿用，不必再創新詞。

若不很確當，又未經大家採用，自不妨另創更確當的新名詞，然一名詞雖不確當，但已為大衆採用，即已在多數的著作內使用，則不可另創新詞。因為照上面所說的原則，名詞對於觀念的關係是人為的，那麼說來，一個名詞根本雖不確當，然因衆人在使用，漸漸就可變為確當。在原則上說來，我們用何種發音，或何種字劃，而發表何種觀念與事實，關係並不很大，只要大家規定運用，某種發音與某種符號，就能發表某種觀念與某種事物。一個名詞被人運用，就等於被大家默認通過，經過了這一番手續，便成為合格的名詞。

對於哲學名詞的單獨一面，須知哲學與文學不同。文學的性質喜歡有豐富的詞藻，哲學却要求名詞的樸實無華，而且要素淨到絕對單獨的地步。因此要在多數同意名詞間，擇定惟一個名詞，拋棄其他一切。

中國的哲學術語，大體上說去，幾乎全已創出，還有比較深邃的事理，尚沒有藉以發表的名詞，為數已很不多，這些名詞自然還需要創出。

但是當今的最要任務，是淘汰工作，即設法在多種同意名詞中，選定一種最合適的，不怕對其他一切作一個澈底的淘汰。名詞統一之後，專攻哲學的人便能順利進行，且能彼此同心合力的進行，因為非有統一的言語，不能彼此會意，不然則永遠是你不懂我，我不懂你。

×　×　×　×

最先要將哲學各部分的名稱統一。哲學共分七部分，這七部分的名稱以下面的為最適用，即論理學，批判學，本體學，宇宙學，心理學，神義學，倫理學。

在上述七名稱中，惟對論理學一般哲學家意見尚有分歧。論理學別有一個名稱曰邏輯學；這是譯音的名稱，譯音的名詞當然不如譯意的名詞適當，故以選用論理學一詞爲是。

實在說來，音譯是最笨的方法。既然翻譯的用意，是將外國的詞意化爲本國語，所以要盡可能的譯爲完全的本國語，因而要盡可能的避免外國式的本國語，即譯音名詞。

天主教傳入我國之始，在教義及經文內，多用譯音名詞，譬如「厄拉濟亞、」「亞尼瑪」等；後人很感不便，逐漸漸的改爲譯意的名詞，譬如將「厄拉濟亞」改名「聖寵，」「亞尼瑪」改名「靈魂。」第一種譯音詞，念來詰屈聱牙，且毫無意義，即在經人講解之後，仍然糢糊不清。第二種譯意之詞，讀來順口，看字去即能猜度其意義的十分之八九，經人講解後自能完全瞭然。

在佛教的經典內，幾乎每行都有譯音的梵文，讀起來已經糾纏不清，要想明白其中的含義，非經注解不可。譬如「涅槃」一詞，看字面去使人朦朧不清，不知指的是什麽玄情奧理，其實若簡單的用譯意之詞「圓寂」二字，自易令人明白。不過這也難怪，佛教的經典大都是第五到第七世紀的作品，那時中國的名詞確實是不充足，所以翻譯一部外國語的宗教理論，必然有很大的困難，因而譯者不會意譯，便只好音譯。可是到了今日，中國名詞已發達到極豐富的地步，若再使用這類外國式的中國語，就絕不合理了。

況一個適宜的名詞，當能按名詞、形容詞、狀詞等使用，且能與其他同級的名詞對待的使用，例如：「物理的、」「論理的、」「倫理的；」因名詞在形式上的相似，區別亦比較淸楚，且又勻稱。若將各級事理分爲「物理的、」「倫理的，」突然加上一個「邏輯的，」便不勻稱，亦不易區別。

最近正中書局出版一小冊論理學，題名曰「理則學。」這個名詞對於指明本學科的性質是最確切的，因論理學的性質實在是教人使用「理智的規則，」或是教人「推理的規則。」然而雖說確切，但社會上既有更通用的名詞，則這個新的就再沒有被選用的權利，是應當被淘汰的。但作者引用了孫中山先生的權威，以提出這個新名詞來。孫先生的專長是醫學，經驗最豐富的是政治，而在哲學界內並無特大的權威。他批評將論理學譯爲「辯學，」或「名學」爲不確，却講的很有道理。孫文學說第三章說：「近人有以此學用於推論特多，故有翻爲論理學者，有翻爲辯學者，有翻爲名學者，皆未得其至當也。夫推論者乃邏輯之一部，而辯者又不過推論之一端，而其範圍尤小，更不足以括邏輯矣。至於嚴又陵氏所譯之名學，則更爲遼東白豕也，夫名學者，乃那曼尼利森也，而非邏輯也。」（總理這最後一論斷不很確實。那曼尼利森，是歐州中古時代一學派，今名唯名論，而名學若不是論理學一別名，至少是它的一部，且中國周秦時代亦有所謂名學。）

× × × ×

哲學派別的名稱，亦有當討論的一點，就是經院學派（Scholasticism）的名稱。據商務印書館出版的「哲學辭典，」及「教育大辭書，」中華書局的「辭海，」天津法國書局出版的「法漢專門辭典」（作者梅達氏 Medard）對這個學派，有兩種譯法，即經院哲學，或煩瑣哲學。

煩瑣哲學這個名稱，一則帶有鄙視輕蔑的語氣，二則是誣蔑眞理，因爲這種學說內的理論深邃入微，對於具有領悟能力的人，是很淸澈有序的，在不能了解的人，自不免有煩瑣之嫌。可是煩瑣只是主觀的，不是客體的，既不是客體的，而强加此名，實爲不當。現在一般人已廢棄不用。

至於「經院哲學」一名稱，已爲大衆採用，似應加以沿用。蓋在上面提的幾種辭典內，有此譯名，且在中國已出版的哲學書內，多半使用「經院哲學」一名稱。

經院哲學是天主公教的哲學；這派哲學特別根據亞里斯多德的學理，經中古時代天主公教哲學士，尤其是聖多瑪斯的深究，成爲天主公教的正統哲學。

近幾十年來，教會方面，有稱「士林哲學」的，這固然是很尊榮而且很確切的名稱；但是任你自創的名稱如何美麗，假若教外人都不肯那樣稱呼，即行不通。在教外已出版的哲學書內，從未見過這樣的名稱；我們應該割愛，捨己從人，因爲大衆的力量最雄厚，是不可侮的。

最後，對哲學家名字的譯法，亦有若干點應加注意：

中國人名尙短，以二三字爲最普遍，超過四五字的即很少。而外國人名長短不齊，有短至一二字的，大多數却是很長。對人名合理的翻譯法，當是譯音。不過對此也當盡可能的使之中國化。因此，我以爲「哲學之故鄉」的譯法是最可取法的，他盡可能的保存原名的音，但亦盡可能的將它縮短。辭海上替 Anaximander 譯曰「亞諾芝曼德」，替 Anaxagoras 譯曰「亞那撒哥拉，」而「哲學之故鄉」則譯曰「安諾門，」「安納瑟。」第二種的譯法簡短易讀，並合中國式，且已完全標出外國原名的音，爲此一般太長的外國人的名字，不妨將字尾縮短，只要不傷大體便可。還有些外國人的名字是用兩三詞合成的，若逐字譯成中國名，則成了一種說明詞，失了作人名的性質，譬如「哲學辭典」上，Villiam of Champeaux 作「查姆伯之威廉，」Villiam of Conehcs 作「康西斯之威廉。」爲甚麼不簡單的譯爲「魏尙保」或「魏康西？」否則，若以「查姆伯之威廉」的學說做一篇演講，每次提到他的冗長的名字，是多麼困難呢？

還有一點該注意的，譯名亦必懂得外國語，只爲拚音是不夠的。尤其是法文內 Saint 字加在一人名前，有兩種不同的用法，一種是與人名以小橫連着的，譬如 Saint-Simon ，Saint-Hilaire ；一種是沒有此連線的，如 Saint Simon，Saint Hilaire。前一種 Saint 字是沒有意義的，就是說沒有獨立的意義，是那人名的前半段，那人的名字，實在的叫 Saint-Simon，Saint-Hilaire，後一種的 Saint 字是自有意義的，是一種另加在人名上的形容詞，謂其是一有聖德的人。

既然這兩種外國語用法不同，所以也不可運用同樣的譯法，不然就不免於混亂。試取一例，即可明瞭。譬如「聖希黎」可指第五世紀的聖希黎，亦可指第十九世紀的聖希黎。第一位是天主教會的一位教父，被教會敬爲聖人。第二位聖希黎是一位哲學家，所以應用音譯，作爲「山希黎。」此處對哲學家人名譯法所指的幾點，亦適用於其它學術界人名地名。商務出版的「外國人名地名表」將 Saint Charles 譯爲「聖查理，」將 San Carlo 譯爲「桑卡羅。」其實意文的 San 與法文的 Saint 意義完全是相同的，不如全用音譯。（注意此字典內的 Saint Charles 是一個地名）

以上是作者一點小小意見，願讀者不吝指教！

急待編譯的書籍

吳宗文

我們是在傳教區，第一件工作是勸教外人進教。然而天主教傳入中國雖已三百餘年，但多數同胞對它仍茫然無知：有的人看它爲洋教，或是一種守舊退化的宗教，或是專望身後天堂，不顧國家社會幸福的宗教，這種錯誤，似由以下幾種理由而來：

第一、由於傳教的方法：從前利瑪竇入中國時採取由上而下的傳教法，就是由搢紳士大夫而至小民，所以不數年聖教大行；自有清中葉以後，傳教士因環境的緣故，只在民間傳教，這方法非常遲緩，因此至今聖教思想尙不能深入中國社會中。

第二、教會對中國近年思想的變遷未加相當注意，也未參加。如民國六年的白話運動，當時國內擁護的人，反對的人，辯論激烈，教會未曾加入；等白話運動成功後，才很膽小地去附從；十二年的人生觀與科學問題，可說是哲學與科學的大戰爭，間接對宗教亦有非常的影響，當時胡適曾向宗教挑戰，也沒有人去應戰，結果，使吳稚暉的漆黑一團，人欲橫流的人生觀，成爲多數靑年智識界的人生觀。更可嘆的，是十一年，因北平淸華大學開「世界基督教學生同盟會」引起了北平學生界的「非宗教同盟」，於是朱執信、陳獨秀等竭力攻擊宗教，蔡元培主張以美育代宗教，梁啓超說宗教是感情的產品，而不是理智的東西，這似乎要引起全國天主教人的反對，但實際上却沒有聽到。教會報章上雖提出幾句，但對輿論毫無影響，無怪乎要使人對我們「茫然無知」。此後對中國古史討論、復古運動、政治問題、文藝爭論等，都似乎與我們毫無干涉，實際不然。祇有對東西文化問題，參加得比較認眞，但亦只限於教會刊物上，不能引人注意，我想教會如希望在中國廣傳的話，對將來的思潮有留意參加的必要。對的，我們擁護它，錯的，我們要糾正它，這才合聖經上耶穌的話：「你們是世光，是地鹽」。

第三、陳垣先生在鐸聲第三卷一五二頁說：「與其辦公教雜誌，不如向教外雜誌投稿，與其辦教會學校，不如任教外學校教師等」，很可引起我們反省。的確，至今我們在教外報章上寫作太少，在教外學校教書更少，因此別人不認識我們。教士在教外報章寫作，或教外學校教書，依法典當有教會的許可，但這種許可不難獲得。外國著名雜誌，無論哲學、文學、法律、政治、考古等，都有教友或教士的文字；法國大學 Institut, Collège de France 都有司鐸教書，羅馬大學亦有，何以獨在中國不行？只怕我們沒有相當人材，所以當積極培植教士及教友中的專門人材。

第四、以前引教外人進教，都注重用直接方法，所著書籍亦是這種態度，一開口就辯駁人的錯誤，如理窟、邪正理考等；用間接方法，引人同情及研究教會的書籍却很少；可是間接方法有時比直接方法更有效，因為許多人根本不看教會的辯論書，就是看也存着提防的心理，所以反面的理由不易深入，間接的方法使人不知不覺的對教會有好感，肯研究。

第五、以前教會書籍，大都在教會書局印刷出售，很少在教外書局出版；結果教外人買教會書籍的很少。

第六、從前許多的書，如理窟、邪正理考等，在當時已不很適合社會情形，對現代人的心理更不適合了。近來天津崇德堂所出書籍，比較令人滿意。

第七、對若干問題，我們的態度，似乎太守舊，不知與時同進。比如進化論學說，在自身方面，至今可謂未定學說，有人擁護，有人反對，但在中國方面，學者都奉為天經地義；教會方面，最初在歐洲，大都亦處於反對地位，但年來已有許多人取容忍或採納態度，如現代公教考古家 Breuil Boussonie 諸司鐸及在中國的德日進 Teillard de Chardin 司鐸都採取接受態度；法文護教大詞典的進化論，神學大詞典的人種多元論諸條，亦取同樣態度，而中國方面，無論在公教書籍或刊物中，十篇總有八九篇仍取以往絕對反對態度，與中國智識界劃一鴻溝。我以為對中國的思潮，若是根本不對的，固然當反對它，改正它；可以容忍的，就容忍它；同時亦留意教會方面學術的變遷及進步，不要以幾十年前讀過的書籍，當作永久不變的定論，以致與社會思想格格不入。

因以上種種理由，我想編一公教書籍目錄，使教外人看了，對天主教有好感，有研究興趣。閱者程度以中等及中等以上爲標準，如初中及高中學生，大學生及智識界都是，因爲他們在中國社會影響最大；中等程度以下的，以前所有書籍，暫可應用，不必另編；現在所需要的是：

一、名人傳記。將教會著名科學家、文學家、美術家以及大德可風，並於社會有鉅大貢獻的作一列傳，使教外人看了，對天主教起一番景仰之心。

中國天主教名人傳，搜集教會傳入中國起至今日，所有著名人物，成爲一輯，天主教科學名人傳，是很重要的，因爲教外智識界大半以爲宗教反對科學，阻止科學進步的。

二、文學作品。有許多天主教大文學家作品，至今未譯爲中文，我們若能譯出，自然受人歡迎，並且間接能引人進教，因爲文學家既然是天主教徒，自然在他們著作中包含着天主教的思想，如但丁的神曲幾乎包含全部神學，這豈非宣講教理的最好方法嗎？即不包含宗教思想，是一種純粹文學品，我們亦可在序文中，在作者小傳上，特別在注解中，添入教理。可惜有幾種天主教文學名著已爲人用教外口氣譯出，如 Cervantes 的 Don quichote 在鄭振鐸主編的世界文庫譯出，Manzoni 的 Promessi sposi 爲商務印書館譯出；其餘我們正該趁早下手，不然又要被人先譯了。

三、辯護書。這類書在西文很多。可是在中國切用的很少，因地方人情不同，因此宗教上的困難亦異；在中國多數教外人對教會是不認識，不知內容如何，因此當編一本天主教論，將公教的信理、規誡、歷史、組織、管轄、經濟、世界情形、在中國的歷史及現狀、梵蒂岡性質、對社會及學術上的種種貢獻，對個人心靈上所與的安慰等都加入簡略說明，教外人最希望看的是這麼一本書，而這本書至今尚付缺如，雖有幾部名稱相同的書，但對以上問題全部論及的，却還沒有。Yves da la Brière 的 L'eglise et son gouvernement 或可作藍本，再添入中國方面實事即可，或至少可利用它的材料；對每一問題如伽利略、進化論等，法文護教詞典很可利用，因爲每一問題都由專家寫作，所以很有價值。

在中國辯護學上當注意的，是新教人，他們在政界學界都很有勢力，我們公教不少名人還是由新教歸化的，如陸徵祥、吳經熊等皆是，爲引他們歸正，最好編一本牛津運動史；亦非常有效。馬尼Card. Manning 牛曼 Newmann 諸人傳記，關於牛曼的書籍， Grammar of Assent, Apologia pro vita sua, Difficulties of Anglicans 等都有翻譯的價值，此外不及一一枚舉，敬祝努力於公教文化者共同携手，走上成功之途。

繙譯二三事

—修辭與譯名—

楊堤

一 修辭

嚴幾道先生譯天演論，在例言中說：「譯事三難：信、達、雅。」信，要如景印的書籍，或珂羅版的圖畫；達，要如一隻帆船行在順風順水的河中；雅，要如王維的詩，詩中有畫，要如王維的畫，畫中有詩。總之，要言而有信；不僅辭達而已矣，還該知道：「言之無文，行之弗遠。」

但亦不可一概而論，如聖經文字，雅則雅矣，並非綺麗風光，而是以樸素之美見稱。繙譯時不可以不注意這一點。繙譯正文時，當然要顧到「信、達、雅，」至於在介紹它的時候，即在導言裏，總論中或註解裏，不妨多客氣幾句，說得動聽一點，說得好懂一點。假如和原文或譯出來的正文一樣難懂，那末要導言、總論和註解又有什麼用？

近讀北平方濟堂聖經學會出版的聖詠集，覺得在修辭方面有些小問題。如總論第三十七頁：「聖經中的古希伯來詩，並不和我們的詩一樣，是用韻和調平仄的。」譯者已將「是用韻和調平仄的」改成「是叶韻且調平仄的。」然而，一個人如果不看下文，又不明白中國詩的音調，似乎能認爲「希伯來古詩是有韻脚和平仄的。」如果取消「

一樣」和「是用」中間「，」逗點，也許好懂一點。我以爲可改成下列幾種說法：

1聖經中的希伯來古詩，既無韻又無平仄，這是它和中國詩不同之處。

2聖經中的希伯來古詩，和我們的詩不同。（我們的如何如何，他們的如何如何。）

3聖經中的希伯來古詩和中國詩不同之點，是在一個不用韻不用平仄，一個用韻用平仄。

至於「詞句並行，或是思想並行，或是二者皆互相並行的「並行體」（Parallelismus），中國詩中何嘗沒有！在古詩中，尤其是在詩經中更多。詩經中用韻用平仄的地方，和後來的詩也有許多不同。記得上海教區張伯達司鐸畢業巴黎大學，博士論文就是與詩經中的 Parallelismus 有關，深得已故法國漢學家伯希和先生的賞識，爲什麼不說希伯來古詩像中國的駢體文？譯者曾把楚辭譯成意文，故常引用楚辭，但楚辭是後起之秀，產生於湘水流域，不能代表中原古詩。

又如總論第三十九頁：「希伯來古詩，不像希臘詩和拉丁詩，是依據音節的長短（Quantitas syllabarum），而是依憑音節的抑揚。」我以爲它是犯了同樣的毛病。可改做：「希伯來古詩不是依據音節的長短，而是依據音節的抑揚，故與希臘詩及拉丁詩不同。」或改做：「希伯來古詩不像希臘詩和拉丁詩，因爲它不是依據音節的長短，而是依據音節的抑揚。」

正文方面，如聖詠第六十八篇第七節：「天主使灰心的心有家可歸，使俘擄的人獲得自由，」（頁二一四。）這最後一句，不如改做：「使俘擄獲得自由，」或「使被俘的人（被囚的人或被俘擄的人）獲得自由。」

又如聖詠第二十三篇，有「死蔭的幽谷，」和「酒杯充盈，」（頁七一。）譯者以爲「幽」和「酒，」「皆原文所無，而增於譯文內，以求文義更爲暢達清晰，」（見凡例。）新教所譯詩篇也是如此，與其如此，不如改做：「死蔭之谷」和「杯子。」這樣一來，就把「幽」字和「酒」字取消了。若以爲「之」字是文言，那末第五節「你在折磨我者之前，」不也用「之」字嗎？

批評聖詠集的文字，已見到三篇，一篇是方豪司鐸的，見上智編譯館館刊第一卷書評；一篇是畢樹棠先生的，原載北平經世日報讀書週刊第十二期，上智編譯館館刊第二卷第一期曾予以轉載；還有一篇是黃文林司鐸（P. M. van Wagenberg, C.M.）的，見北平公教月刊三三卷三九一號（一九四六年十月—十一月）書評。而且吳宗文司鐸已有長篇大著「聖咏概論，」發表於上海益世報「公教與生活，」天津益世報「宗教與文化」亦曾轉載，可供參考，（三期及四期卅五年十一月二十三日及十二月一日。）像我這樣的門外漢，還是少說外行話爲妙。

二 譯名

讀古書，不懂時，還可以問問老先生或查查字典。讀新書，尤其讀報章雜誌，不懂時，眞無辦法。舉最近的例子，如「體制」「體系」「聖統」等，鬧了半天，莫明其妙，原來就是一個 Hierarchia。至於刊物中，要算南京益世主日報（由十九期改稱益世週刊）上的新名詞最多，而且大半都是主筆劉宇聲司鐸一人獨創的。怪不得上智編譯館館刊第一卷「作家動態」中介紹他說：「喜創新名詞。」新名詞中如聖培院，最初我以爲是伯鐸會或培鐸會。仔細研究一下，才知道是指的「修道院。」而且愈來愈妙，如第十期「傳道本位的聖經教育」中，竟有「德吾」二字的出現，如果不在括弧中放上 Deus，誰也不知道是指天主。不懂拉丁文的人也不知道 Deus 就是天主。我很奇怪，主筆用了「德吾」二字，爲何又用「聖父」和「聖神，」而不用「罷德肋」和「斯彼利多三多？」不是自相矛盾嗎？最近在益世週刊稿約上見到：「譯名應根據辭書。」請問「德吾」是根據什麼辭書？新名詞影響也很大，聽說在四川的修道院已掛出了「聖培院」的招牌。也許將來有人把「天主堂」改成「德吾堂，」就如濟南東鄉賢聞莊的「陡斯殿。」

我覺得這樣隨便創造新名詞，標奇立異，淆人聽聞，是不應該的。且看古人對於繙譯名詞是如何地審慎。徐宗澤司鐸在「中國天主教傳教史概論」中說：「利公（瑪竇）起初迻譯經文，譯 Deus 爲陡斯，Gratia 爲額辣濟亞，Sacramentum 爲撒格辣孟多等，此等譯音辦法，起初皆然，直至教士深知文學之意義，能分辨明白而改的。」又說：「概要言之，其擇定一語一句，非經過長時之討論，不敢決定，其愼重可知矣。」（頁三五六，我人現在所誦的經文是怎樣辛苦譯成的。）嚴幾道先生在天演論例言中也說：「一名之立，旬月踟躕。」我們該效法他們的這種認眞的榜樣才好。

創作或繙譯新名詞，至少該根據兩個基本原則：「音」與「義。」關於這一些，英千里先生在教育叢刊十二卷二、三、四期，馮瓚璋先生在教務叢刊十六卷九—十二期都有討論的文字。英先生又在油印的三百三十七個聖人名稱後，加上按語說：「國人命名，倘用二字，則此二字，以平仄不同，較爲適宜。前文未及此點，爰補述之。」

劉司鐸把 Deus 譯做「德吾，」我覺得這和某司鐸把 Laurentius 譯做「德佐，」把 Matheus 譯做「得五，」把 Agnes 譯做「念四」("to read four" or "twenty four")一樣地無聊。（參考教育叢刊十二卷二—三期，英千里先生 A proposed new transliteration of Christian names, P. 203.）

我們隨便創造新名詞，眞有點對不起古人和時賢。已故何炳松先生在外國史上冊序中說：「至於專名的部分，除漢譯中沒有適當的標準由著者自由漢譯的以外，其餘均儘量採用吾國原有的而且最合理的譯名。例如Franciscans 譯爲芳濟派，Dominicans 譯爲多明我派，驟然看去好像有點奇離，其實都是我國天主教徒中久已通行的舊譯。」教外學者還採用我們的名詞，我們自己反而改來改去，叫別人如何適從呢？

魏建功先生在「由『高雄』說到『不得』」中說：「前輩賢哲對於譯名却也有很謹嚴的規矩，不是胡亂鹵莽的。中古以降的佛教譯場，組織何等精密，證本證音，手續至爲周詳，明清之際的耶穌會翻譯聖經（至今演出文言白話以及許多種方言的本子）與科學書，譯名也異常劃一。最近期間，翻譯界內容加廣，而譯名反趨紛歧紊雜。於是從譯名的比較語言資料做歷史事實的論證，便不免有受紛歧紊雜的影響。幸而我們最近語音語言科學的外來潮流已經有相當素養，對於此種方法運用的信妄，可以有客觀檢審的標準了。」（眞理雜誌一卷四期，卅三年，九—十月。）所以，我們對於舊有的譯名應該保留，或採用現代學術界所通行的名詞；在創造或繙譯新名詞的時候，應該下一番斟酌或推敲的工夫，更不妨徵求大家的同意。

孔子說過：「名不正則言不順。」上智編譯館館刊中有論著一欄，以「名詞之審訂」爲己任，希望它切實地負起自己的責任來。

書林偶拾

譬學自引

高一志

新會陳援菴先生藏鈔本一帙，封面題曰譬言，首爲譬學自引，凡八頁，引後爲正文，曰譬式聲語，計存卷上三十八頁，題「耶穌會士高一志撰述，古絳後學段袞參閱。」抄本行欵乃印成者，每面九行，每行字數自十八字至二十字不等。自引第一頁反面有陳先生眉批曰：「玄字諱，十七頁背五行弘字不諱，蓋康熙時寫本也。」全書均加硃紅句讀並圈點。經紅筆塗去者四字，紅筆眉批一處。最後一頁爲教會訂閱人姓氏，末留空白九頁。鈔本書法頗佳，陳先生稱爲教會舊鈔本中所絕無僅有者。據輔仁大學出版華裔學誌 Monumenta Serica 第十卷裴化行神父著漢譯西文典籍目（法文）是書有木刻本，譯於一六三一年（明崇禎四年），一六三三年（崇禎六年）韓霖序。Cordier 中國書志，Courant 書目，一六四二年（崇禎十五年）艾儒略撰，一六五四年（清順治十一年）衛匡國撰，一六六七年（康熙六年）Kircher 撰，一六七六年（康熙十五年）Southwell 撰，一六八六年（康熙二十五年）柏應理撰各書目均著錄。費賴之入華耶穌會士列傳作譬學譬語。　（方　豪附識）

人雖爲萬物之靈哉，而不靈於天神。不煩推測；一照洞徹物理也，則未始不由其顯，推迨其隱，以其所已曉，推測其所未曉，從其然，漸至以知其所以然，而成其格窮之學也。夫明隱物之道不一，而譬彷之道，不居其末也。試察古聖近賢，所遺經典，無不滿帖載譬，雖夫婦之愚，皆可譬明其所不能自明，道理之深幻者，且此譬法，非特加明於物之晴隱者，則又有加文加力，於言之宜且弱者也。凡欲稱揚嘉功，貶刺惡德，啓愚訓善，策怠約狂者，不若譬法，可以巽悅其耳，而因深入其心也。譬法正如俗所傳，點化之術，以鐵爲金，正如珍玉，加於物之質朴者也，于人無品不致其力，于物無類不致其明，於書籍無種不致其文，然其學至淵至博，不可不精究亟講之也。古今之名籍、玄語、史冊、詩律、經典皆具美譬之資，即上天之文，及其萬象之奇運，下地之理，及其萬森之產育，山海之流峙，滄海之潮汐，空際之萬象，四行之乖和，卉花之鮮美，羽禽走獸之異性奇情，亦無不可借以爲譬之資也。而善用譬者，又須先明識諸物之性，否則其譬或不切于所譬之物，而晦者愈晦矣。故人之愈深於物理者，亦愈善用譬法。而用譬時，無曲不伸，無隱不粲，無高不至，無理不通，無論不效，無學不著也。余欲以譬學爲同志者商，而九章段適以爲請，遂略舉吾西士古賢所遺用譬之規數端。若夫引而伸之，觸類而長之，是所望于知己者。

一、譬也者，無他，乃借此一物明顯之理，以明他物暗隱之理也。即譬，必兼兩端，其一已有所取而明；其一未明而由他端可以明。如云：「德照心，目照身。」目照身之理，顯於德照心之理，故此由彼可以明矣！由是可知所借之端，其理不明不切；必將無功無力，而終不能致明他端之暗理也。又宜兩端之勢，相類相稱，如人德本高明也，即以高明者譬之，若云：「太陽一照，黑霧即渙，而萬象皆明。實德一立，私欲即退，而諸善復生。」人惡本慘毒也，即用慘毒者譬之，若云：「凡値蛇獸之毒者，必驚而亟求諸醫矣。乃遭邪惡之害，不勤而求諸醫，何哉？」餘譬倣此。倘物不相類不相稱，則迂而不切，不可謂譬矣。

二、譬，非特欲類其物，又欲應稱其人。與學者言，必取關於學者譬之；與農者言，必取關於農者譬之；與君人者言，必取關於國政者譬之。乃於譬時，又視其人聰直賢愚善惡等品而順各人之才，各人之勢設譬，方可成功而順其意也。

三、譬之文欲約不衍，欲雅不俗，欲明不晤；衍致人厭，俗致人鄙，晤則致理之晦也。又宜多變，不拘一格，而後可免板腐之誚。

四、譬之法甚廣：有明者，有隱者，有曲者，有直者，有單者，有重者，有解者，有無解者，有對而相反者，有無對而叠合於一者。

明譬也者，不待人言而自顯。如云：「舟師順風而引其路。智士順時而治其職。」若云：「爾既居仕矣，奚不順風而行乎？」此譬乃隱指居仕者，欲盡其職；必須法舟師順時之智也。

直譬也者，直言此物，即彼物也。曲譬也者，反言此物，非彼物也。假如目在身，正如日在天，此直譬也。人目在身之勢，即日在天之勢。施學非如施財之易窮盡也，此曲譬也。施學之勢，非如施財之勢而易窮也。又若云：「施學非如施財之易窮盡也。即如施光至於無窮，非特不損，尚長而加明矣。」此譬乃愈曲，而愈明矣。又云：「君子正如太陽，一照即惠萬象。」此直譬也。而未悉君子與太陽之兩端，故未得其詳。若云：「太陽一射其光，致育萬品。君子一設其教，必治萬民。」此譬之絜其兩端，而其二理相類；因可以相譬而相明矣。倘又云：「君子之教，非如一宴之味，不足延衆。」此譬乃曲譬也。直言君子所非，而曲言君子所是故也。直譬之間，亦有簡約詳析之殊。若云：「凡計喪其國，以致并喪其家，非甚愚者哉？」此直說也。嫌其無文無力，即立譬云：「凡圖沉淪其所居之國，以致其身家并沉淪者，不甚愚哉？」此譬藉於海舟之事，而猶未悉其彼此之詳，即復詳云：「人圖鑿其所乘之舟，以至并沉其身者，愚之至也。人圖喪其所居之國，以致并喪其家，其愚如之何哉？」

單譬，惟設彼此兩端而譬之也；重者，多設其端，而或叠譬對於一也。假如：「智居於心，正如君居於國也，」乃單譬也。若云：「智於人心，正如君於國，如師於舟，如　於車；」或云：「馬以騎，牛以畊，鳥以飛，而人以明以行生」，皆重譬也。

重譬之法，又有多種：一譬，二端之各端，又兼二相反之端；假云：「器之狹口者，傾斟之以衆液，必不能容，而反致渙潑矣。徽而漸斟之，即無不容，以至於塞也。孩童之才，誨之以大道深理，必不能學，反負師教；以相稱之理誨之，即無不成學，而應師親之望矣。」

譬法之中，多言其二端相類之然而不陳其所以然者；又有陳其所以然者也。若云：「迷色者，正如重病者，俱不喜聞忠言。」此譬之二端，會於一理，所以相類而相譬也；又有陳言各端之所以然者，若云：「俗人正如羊羣，羊之同行者，一先而衆後從之；而人執其前行之俗，不復察審其宜否。」又云：「仁士可譬羊焉，羊也者，以毳、以乳、以肉、以革、益物；而仁者，以議、以言、以行、近遠、生死、無不益於世。」又欲詳斷，一仕之貪，損奪民財，即立譬云：「是仕非民之父母也，乃天火耳；隨至無不毀損，而貽後世之憂矣！」倘欲更詳其端，所以相譬之所以然者；又云：「航海者回鄉，凡値相識者，入海，無不以所已經之險示之，使預防愼。」蓋人之同業同志者，原無不欲相保全矣。則余雖居諸仕之末，既經夫政之多險，而幸至岸；亦宜盡忠，以示同志之出仕者耶。

重譬之法，亦有詳悉所以然者，若云：「知古，大西國草名，食之無不死者；惟浸之以蒲萄汁，可以解毒；倘用蒲萄汁送下，其毒更易逾脉，以致立死；諂諛者無異是也。」阿諛之毒，足以害人，而直責之，似可解釋；若又藉直責之忠情，而復潛藏其諛毒，則其害尤速尤甚，不可當矣！

重譬之則，其無定數，尤可至於無窮焉；玆設一條，以例其餘；如云：「時如至寶，不可不愼之甚也。」此譬明直，乃欲復加文加詳；即云：「物之彌貴者，人存之彌固，用之彌愼。時之爲至寶也，可怠於守，而侈於用之乎。或有奢敗其豐資者，則人皆知非之唉之矣；至靡棄光陰之重資者，而反無非之唉之者，可不傷哉？且爾以時荒失爲何失哉？其即生命之失也。夫人之命，最重最切，非萬珍之可比；奈何人哀於一微珍之虧玷；而不哀於一日之失，即爾命一分之虧也；珍玉一失，猶復可得，或以他玉，尚可補其失也。惟時日之失，無法可追，無寶可補矣！玉珍之失，多爲他人所得，是雖於爾有損，尚於人有益也；若時之失，獨於爾有損，於人無益，而且有多損矣！況珍玉等資已失，能杜人驕侈之端；因有益於爾之躬修；而時之失，非特無益於爾之修，尚絕其修之路也。珍玉寶資雖固守之，尤或慮爲火所燼，爲水所漂，爲賊所掠，爲時所敗；然而燼之、漂之、掠之、敗之，而爾不必任其咎也；若時之寶，無力可奪，無勢可強，而一妄棄，無不致罪，無不致辱也。蓋珍寶之失由於外，爾之所不得主也；時日之失由於內，爾之所不得諉也，故爲正罪正辱也。珍玉等資，可以售田地房屋，不可以售善心美德；惟一時之善用，非特可以備積美學誠德；又可以立無朽之名，無限之功矣，則時之益，愈大且廣；其失之咎，愈重且深矣。且彼奢敗其資者，或無明律嚴司，審之究之；若費時之咎，必有嚴主后審而重究治，乃可不醒，而兢兢于寸影之用乎？」此一譬兼包各品之譬，而欲復詳闡延，任意可也；但於其反覆叮嚀之際，甚戒同文同理之反覆，否則致厭唉，而譬之功無由成矣！

覆徐潤農司鐸書

陳垣

潤農司鐸台鑒：二十三日手教敬悉。拙著佛教考本專爲傳教士有所借鏡而作，深盼傳教士能細讀一遍。至於公教史，既有大著各種刊行，我輩似可擱筆；若欲仿佛教考體例，其中如士夫禪悅、遺民逃禪、遺民禪侶、有教無類等篇，明季公教初來，未能深入社會，何從有此史料？又如高僧輩出、傳燈鼎盛等篇，當時公教華籍教士甚少，何從有此現象？故欲成一出色之中國公教史，尚須賴今後之努力；今日能借鏡佛教史，亦可促成公教進步也。高明以爲何如？專復，並頌著安！　陳垣謹上八月卅日

跋愛餘堂本隱居通義

王重民

前在巴黎，見國家圖書館藏劉凝手校書數種，繼讀其所撰覺斯錄，始恍然其爲天主教徒，故其手校書，得與在華天主教士所撰述，同流出海外也。若但就凝他所撰述，僅知其酷嗜小學，未留一些奉教痕迹，今乃於愛餘堂刻本隱居通議中見之。按隱居通議無舊刻本，康熙丁未，凝始爲校定，乾隆甲午四庫館徵求天下遺書，江西巡撫始以劉凝校本奏進。提要云：「書中間有案語，蓋其後人所附，自署其名曰凝。考國初有南豐劉凝，字二至，嘗撰稽禮辨論、韶原表、石鼓文定本三書，或即其人」者，是也。稍後，顧氏刻讀書齋叢書，潘氏刻海山仙館叢書，均依庫本付梓。持校此本，劉凝按語頗見刊落，疑是館臣所爲，若不見此本，並不見覺斯錄，何由知凝讀天主教士譯述書甚熟，而其本人亦爲一教徒也。此本題：「十三世孫冠賓尙之輯，十四世孫凝二至訂，十九世孫斌誠甫校，」蓋直至嘉慶六年劉斌始據凝原校本付梓，故卷內所引西說俱存，而卷三十鬼神一篇，卒而不刻，尤足証劉凝信教之篤。此本雖近刻，流傳未廣，余所見本藏美國國會圖書館。

跋格致草

王重民

明熊明遇撰。明遇字良孺，進賢人。萬曆二十九年進士，官至南京工部尚書，事蹟具明史卷二百五十七本傳。攷建陽縣志流寓傳有明遇傳云：「明季明遇父子避地入閩，寓崇泰里熊屯，五載回籍死」。按是書節度定紀節：「今歲戊子，避地潭陽山中」云云，則入閩蓋在淸順治五年，若建陽縣志之言爲可信，則順治十年明遇方還原籍，應亦壽考人矣。天學初函本天問略，題友人熊明遇等九人校閱，是明遇與陽瑪諾爲友，且校閱其所著書，於西學有直傳。故是書詆周子愚以「天老日行遲陽漸衰」釋歲差，爲「拘士腐儒說」也。是書蓋分六卷，五十六節，（凡一百八十五葉，知其分六卷者以卷內所標書題知之，）卷一論天地運行之理，卷二記天體日月星辰軌度，卷三論曆，並辨古說之不經者，卷四卷五依西洋科學原理，辨析自然界變化，與歷史上所載災異，如風雲雷雨之所由成，「天河探穀價，」（按此指七夕天河何以光澹之傳說。）「堪放光」之何以故？卷六論天地之所由成，其大造畸說一節，全述上帝六日造成天地之事，而謂爲「畸說，」則以明遇信西士之科學，而存疑其宗敎故事也。每節之後，附載中士先賢論說，其有與西說合者，題曰「格言考信；」其不合科學原理者，題曰「渺論存疑。」蓋自萬曆間西士以天算之說入中國，國人眞能融會貫通其說者，徐、李、王徵數輩，允屬先驅。熊氏父子以敎外人而遊其敎中，以科學頭腦而習其科學，所得之深，有非餘子所能及者。祇以其書不傳，致姓氏未列疇人傳中，此余所以捧其書而三復者也。卷端有潭陽書林熊志學序云：「格致草初名則草，成於萬曆時，後廣之爲今書，刻於華日樓，海內宗之。而分至金水諸篇，則今戊子攷測乃定。」按列象恆論自注云：「余向著則草，」又氣行變化演說自注云：「偶於篋中得二十五年前一舊稿，蓋需次給事之命，閒暇中與四方諸儒極其推論者。」攷明遇擢兵科給事中在萬應四十三年，蓋已始撰則草，直至崇禎曆書頒行，始稍稍寫定。順治初避地潭陽，又增八數事，歷五十年而後成書。熊志學以與其子人霖所撰地緯合刻，格致草言天，地緯言地，故總面曰函宇通云。

文公家禮儀節

王重民

—海外希見錄之一—

此本今藏美國普林斯敦葛思德東方圖書館。原題：「後學丘濬輯，楊廷筠訂，錢時刊。」余昔讀丁志麟撰楊淇園超性事蹟，有云：「公居苫次，盡志盡誠。武林固尚佛事，往往齋僧雜道，廣宣經懺，喧鐃鼓于長夜，爇楮幣以終朝。見公閴不聞聲，則咸譏焉，親昵宗黨，至有爲公婉規切諫。公命取家禮示之曰：此非吾儕所共遵守者哉？禮莫備於家禮，宋儒準古喪祭，垂之萬禩，不過如是，安所取於今之念佛功果爲也！」後於丁氏善本書室藏書志見廷筠校訂家禮儀節，疑其或有異於普通刻本者。即不參入天敎儀式，或稍依天敎之義，删節其文，恨不得一讀其書！今見此本，急讀其喪禮祭禮等篇，不見有特異處。欲與丘濬原本一校，又無其書。適館中有何士晉校刻本，行款文字，兩本全同。何本在楊本後，非翻楊本，則同翻丘本也。因疑廷筠校訂是書，尙無參以天敎勇氣，不過其個人居喪時，屏棄佛道儀節，親昵有規諫者，借家禮以折之而已。其校訂是書之意，不過如此。三十五年十二月十七日

【編者按】右爲王先生所著海外希見錄之一，海外希見錄已有十餘篇在圖書季刊發表，最近又有「皇明文徵」，「金正希先生文集輯略九卷」，「金太史集九卷」「方輿勝略十八卷」等四則發表於天津民國日報「圖書」第二十七期。（本年一月二十四日）參見本刊本期作家動態欄。

增註西遊筆略札記

方豪

西遊筆略，一冊，郭連城著。自序作於咸豐己未（九年）上巳後三日，距今已八十八年，爲一部絕好歐游記，而外間知者甚鮮。咸豐時國人西遊者尙少，同治後始漸多，遊記問世者亦衆，但此書實開風氣之先，而竟不爲人注意，何其不幸也！

是書所記，始於咸豐九年（一八五九）陰曆三月初四日，自湖北應城天主堂出發，終於次年六月初十日，歸抵

應城天主堂止。凡一年零三月有餘。

書有陸霞山序，作於同治元年（一八六二），陸爲江蘇人，嘗於道光三十年（一八五〇）航海經緬甸、印度、非洲、法國、西班牙，求學於意國納玻利之聖家修院，以咸豐七年（一八五七）返國，即郭氏出國前二年；陸氏略歷詳見余所著同治前歐洲留學史略，已收入獨立出版社出版中外文化交通史論叢。原名中國初期留學史拾遺，載磐石雜誌第四卷第一期及第二期。

西遊筆略自序中曾云：「顏其書曰西遊筆略」，但題作「西遊記自序」，殆初擬取名西遊記，而後改爲西遊筆略歟？增註者爲作者胞弟棟臣，亦納玻利老留學生，譯有「眞福和德理遊記」，並見上引拙文。

據棟臣補註，知作者「名培聲，聖名伯多祿，號連城，生於湖北潛江縣，時爲道光十九年（一八三九），肄業於崇正書院。」則連城出國時纔二十歲耳。同行者尙有羅文達、徐光承二君。文達聖名若亞敬，陝西漢中人，生於道光十一年（一八三一）肄業於香港，傳教於湖北。光緒十一年（一八八五）八月安逝於荊州。光承聖名保祿，生於道光十年（一八三〇）咸豐九年陞神品後，傳教湖北；二十四年（一八九八）十月，　終於閘山。　以上並見郭棟臣補註。

其書爲一普通遊記，但文筆簡潔，爲當時教會書中所僅見者。每日記錄氣候及所到埠岸，外間亦註其里數。並附錄詩詞，詩亦有可誦者，且能運用教會典實，尤爲難得。如在大五里諾（今譯都靈）度聖誕節，有詩曰：

早起聽鐘到夕陽，君民都進誦經堂；風琴韻裡歌聲遠，畫燭光中祭禮長；不少兒童談白冷，並無人士夢黃粱。遙憐故國歧途輩，未識聖嬰誕馬房。

又在埃及訪聖家舊廬，作懷古一首：

一自歸眞後，時時學步趨；步趨猶未得，惆悵聖家廬；爾爲逃難至，我爲訪古來；聖家何處所，搔首總徘徊。

又西行道出香港，遇本名瞻禮，作絕句曰：

倒懸十字立奇功，不愧宗徒長者風；寄語世間名利輩，須知盤石是漁翁。

以二十歲之少年，而能有此，亦云難矣！

書中對當時所認爲新發明，新學說及外國史地，亦有記述，如西洋鏡（即幻燈）、火輪船、火輪車、泳氣鐘、高麗、錫蘭、埃及、意大理亞、地圓如橙說、地球轉而成晝夜論、火山論、洋海論、輕炭二氣說等。書中並附插圖多幅，計有火車、火輪船、兵船、時辰表、泳氣鐘、指南鍼、燈塔、錫蘭人、埃及人、黑人、金字塔（書中稱加以羅石塚）及羅馬古蹟等，在當時亦頗足以引人入勝。惟余所見者爲一九二一年武昌天主堂印書館所印，以理度之，殆爲重印本也。

西遊筆畧序

陸霞山

余家世江蘇，髫年時見泰西傳天主教士，學養兼優而慕之，談及風土人情，輙思身歷其境。道光三十年，余與二三同志，航海而西，由緬甸、印度、阿非利加、法蘭西、大呂宋等處，抵意大里亞之納玻離府，而肄業於聖家修院，蓋已八年於外矣。所過之地，風教殊焉，而要之化行俗美之休，卒多見於供奉天主之處。咸豐丁巳，返棹故國，遇郭子連城於滬城；明年秋，郭子偕類思徐公西遊歸，時余司鐸北楚，得其西遊筆略而閱之，所錄沿途見聞，皆余曩所身親目睹，而毫無浮詞者也。更喜其文辭雅馴，紀述簡明，非等山經海誌，怪異眩目，余不忍美玉韞匱，爰付剞劂，以公同好。方今聖天子柔遠能邇，四海來王，則郭子此書之刻，亦未必無稍補於盛朝採風之治云。時同治元年冬，聖家會士，楚北司鐸，陸氏霞山敘。

西遊筆略自序

郭連城

嘗讀詩曰：「誰將西歸，懷之好音。」此詩人慕西方美人之辭也。方今我教宗畢約，承道統於泰西，繼聖座於羅瑪，布福音於下土，施教澤於中華，西方聖人之說，信不虛矣！城深懷西遊之心，久切伊人之想，己未春，忽傳教部咨到綸音，宣我徐牧頻思，浮海而西之，城蒙徐牧不棄，而以從我相許，此乃主假之緣，而玉成城西遊之志者也；以故將沿途見聞，逐日略筆以誌遊賞之幸，而先顏其書曰西遊筆略。咸豐己未，上巳後三日，郭連城寫於夏口舟次。

畸人跋

物茂卿

天主教，國禁至嚴矣。幽其人，俾不與外人見；卻其書，俾海舶不貨。以故寰內莫知其敎所云何若已。噫！安知其革面包禍或潜乎他敎也！其書弗存，將何以駁之哉？亦有司之過也。尾藩津田太夫，偶獲畸人十篇，亦不能審其爲何書，迺就子（原註予之誤）問之，予讀之，始得識彼敎之說。因嘆世肆臆談道，而不自覺墮者何限？遂俾寫一通，以爲燃犀照怪之具云。享保丙午七月初九日物茂卿識。

右文見日本太田南畝所著「一話一言」，原題「徂徠畸人跋」，「徂徠」者物茂卿之號也。物茂卿爲江戸時代之儒者，偶得利瑪竇著畸人十篇，知天主敎之大旨，乃錄一本，藏於家，幷作跋焉。享保丙午爲享保十一年（一七二六）即清雍正四年，利瑪竇著書後一百二十五年；讀此文可見當時日本禁天主敎之嚴，及日本學者秘密搜求禁書，以冀一讀敎會載籍之情形；而明末清初我國天主敎文風大盛，遠被日本，亦可於此見之矣。（編者）

李鴻章與敎會體制問題

杰 譯

去年四月十一日中國天主敎會正式成立「敎會體制」 Hierarchy ，亦簡稱「敎體」。敎體之建立，敎會變爲曠古盛典，爲敎史之新紀元，實則遠在五十五年前（光緒十七年一八九一）即有此議，且與李鴻章有關，誠珍聞也。

據 A. Thomas 著法文「北京傳敎史」（非賣品），一九二六年出版。第四卷第九章第九節即叙述此事，亟譯如下：

「一八九一年七月五日，安主教 Mgr. Anzer 在天津登岸，携有郎博拉樞機主教 Card. Rampolla 致李鴻章函一件，據樊司鐸 M. Favier 所記，其內容爲：（一）解釋以 Mgr. Sarthou 任北京主教，及不用樊司鐸之理由；（二）向總督說明，羅馬方面，非通知法國，不擬有所舉動；（包括保教權問題）（三）並詢問如在中國建立教體，中國政府在原則上是否同意。並未顯明提及保教權及通使。

安主教將函件送去，經過情形頗爲惡劣；李鴻章假會拒絕接受。……

安主教離去後，樊司鐸道出天津，李鴻章邀往一晤，會談甚久。

問：你認識安主教嗎？ 答：是，很久便認識了。

問：他給你看郎博拉樞機主教的信嗎？ 答：不錯，他叫我守秘密的。

問：我很知道，也就是因此請你來看我，我和安主教不熟。我不懂。關於教皇要在中國建立教體一事，你能給我解釋解釋嗎？請你說得清楚些。

樊司鐸乃就宗座代牧、主教、總主教等，盡量答覆，並謂在教會組織中，教皇乃惟一領袖。又稱宗座代牧之設立，即爲準備產生主教與總主教——大國亦如此——但近在美國、印度、日本均已成立教體；教皇建立教體，實爲中國之光榮；中國現有中外教士八百人，教友六十萬左右；且此事亦非創舉，因中國昔日曾有主教及總主教云云。

李鴻章聞之甚爲滿意，乃答曰：

我現在懂得了。建立教體原來不是一件政治性事情；純粹是教會的事；我想還對於統一處置教務是很合適的：總主教和主教可以和地方官以友好態度辦理有關教會的案件，像現在所做的一樣。但其中沒有一個，連北平主教也不能和總理衙門正式接洽。

關於各國條約，尤其是中法中德條約，我不願侵犯；涉及教會各欵，當照舊存在。樞機主教在信上說：如有人要加以修改，羅馬必通知法國。……

建立教體只是教皇的事；這件事與政治絲毫無關。所以我沒有答覆樞機主教的必要。（見原書六六三——六六四頁）

甘露叢書總序

吳經熊

在宗教的領域內，一切是信仰，也就是所謂信德。這是由於信德，纔有望德，纔有愛德。若使沒有信德為其基礎，則所謂愛，未必一定是超性的，亦即超自然的，而望德亦失去其活的源泉。一個人對於信德的獲得，不是一件容易的事。天主是無所不在無所不能的；而我們的肉眼，卻未必一定能體會到這種境界。體會到這種境界需要「恩寵」，同時，亦在我們自由的選擇。體會到這種境界而獲得信德的人是有福的，因為他們從信德中獲得了平安。因此，我們看見有成千成萬的無知鄉愚和飽學之士同樣有虔誠的奉教。在宗教的領域內，所以信仰就是一切。

然而信仰也不是沒有其知識的基礎的；信仰倘使沒有它的知識基礎，便不足以解釋信仰之所以為信仰。故在宗教的領域內，知識的探討，也成為獲得並保障信仰的一種必要條件；信仰因知識的累積而更為充實，永遠長新。這是為此，所以我們看見有道之士，孜孜於學，在漫長的中古世，教士僧侶，便成為傳播學術的唯一媒介，維護了西方文明的發育。

基督教的誕生及其後的發展，其間原有上智的安排。就空間來說，基督誕生的地點既不在東，又不在西；換言之，即西方人認為東，而東方人又認為西的地方。這誕生的地點有天意存乎其間。就時間來說，基督誕生前，東西哲人輩出，到了基督誕生，而達了頂點，完遂了道成肉身的神聖使命，建立了聖而且公的教會，於是系脈相承，以迄今日。基督的誕生又值羅馬帝國全盛時代，整個西方世界均在羅馬的統治下；人類從城市部落的狹隘觀念開始有整個的世界觀。正在此時，我們看見有基督的誕生和聖教會的建立，帶來了仁愛，帶來了熱望，帶來了人類的新生。誕生在地中海東部的基督教而與羅馬結着深緣，這不是偶然的，而是出於上智的安排。今日出現在歐洲及其延續美洲的物質文明，是人類物質文明的最高境界，然而在其物質文明的背後，原有以基督教爲中心的精神文明來作它的支持。要了解西方，要學習西方，我們不能以了解或學習西方的物質文明爲已足，必究其根源，要對於它以基督教爲中心的精神文明有充分的了解，纔能對於西方有整個澈底的認識。

基督教的傳入中土，自唐宋元明以迄近世，時間不可謂不長；然而直到今日，國人對於基督教的認識，似猶未足。佛教東來，在我國思想文化上曾起了極大的影響。唐代的景教，雖流傳一時，其間亦曾致力於景教文獻的建立，然其效不著。明季耶穌會士航海來華，士大夫若徐光啓、李之藻、楊廷筠輩多樂與交往，一時學風一新；然自清初禁教以來，此風頓遭打擊；追念前賢，良深太息。如今我們倘欲在中國文化思想上加一股新血，這新血惟有求諸基督。因此，在這個時候，充分介紹西方基督教的思想生活，實不容緩。我們於是乃有甘露叢書的計議，就西方有關基督教思想生活的名著，擇要翻譯成書，以饗國人。創議之初，我們當時都在香港，香港公教眞理學會主幹師仁傑司鐸，對於我們這個計議，予以熱誠的支持，終因他的力，纔使我們這個計議，得能逐步付諸實施。關於名著的選擇及譯者的羅致，吾友秋原實主其事，計已翻譯者有：華爾希的西班牙女王伊薩白爾傳，陶森的進步與宗教，葛雷爾的人之研究，貝爾洛克的奴役國家及宗教改革時代人物誌，瑪里旦的哲學概論及路德馬丁論，毛里耶克的基督傳等多種；其中一部譯稿且已交商務印書館印行。不料太平洋戰起，香港淪陷，我們亦輾轉內地，私衷所不忘所禱者，但願此甘露叢書得蒙天主眷愛，幸能免於刦火而已。

日本既降之明年，秋八月，師仁傑司鐸自香港來，以甘露叢書事，就詢於商務印書館當局，知已排成之若干種經已製成紙型，幸得保全，其尚未付排之若干種，則已不免輾轉遺失；擬將已排各種先行出版。我聽了這個消息，不由衷地對全能的天主表示衷誠的感謝。如今甘露叢書卽將與國人相見，用述其概略如此。願由於此一叢書的刊行，國人對於以基督教爲中心的西方文明能有更深的認識，進而與我國固有的傳統思想生活，發生交互溶冶的作用，爲我國民族文化發揮它的新力量及新光輝。

公元一九四六年十二月八日聖母無原罪始胎瞻禮　若望吳經熊時客上海

輔仁大學司鐸書院海棠詩詞集

余嘉錫

門牆桃李已堪攀　又訪名花涖杏壇
朱邸漸添新樹石　紅粧猶倚舊闌干
傳來海上知多事　開到春深恐易殘
莫怪杜陵無好句　祇因濺淚不曾看

醉紅妝　朱師轍

縈懷舊邸憶妖嬈　恰相思　遇欵邀
蜀亭春到百般嬌　新妝妙　倩誰描
東風多厲惜飄搖　奈無計　繫紅綃
但盼封姨休肆暴　摧瘦損　減丰標
名媛格調逸垂髫　飾霞姿　鬬柳腰
一春風厲却心焦　誰憐愛　護輕綃
西來高士惜紅凋　建金屋　貯阿嬌
願與佳人常作伴　扶醉看　喜朝朝

張伯駒

講帳經營此育才　海棠依是傍池臺
忽驚堂上來新燕　猶記花間酌舊醅
問主何須憑柬約　撩人端似為詩開
春風幾換長安劫　寶玦王孫亦可哀

顧隨

人言道心如枯木　默默甘寂復守獨
我意生機即道心　世出世法兩超俗
胞與為懷樂生成　那用置身在巖谷
鐸院今看海棠花　坐覺山丘落華屋
澹澹花氣非花馨　臨風揚靈匀骨肉
柳外恰恰鶯語嬌　苔徑潤滑春雨足
重跗疊蕚夕陽中　蕭然高格真且淑
看朱成碧牽愁懷　平陸為江惻詩腹
好向幻夢認空華　休待雨雪歌黃竹
前輩老健遍地仙　當春一動人天目
花好不關香有無　漳州豈必勝西蜀
裙屐杖履相追隨　料應坐對清如鵠
我時馳車走東城　黃埃澒洞亂心曲
春光賣花擔上看　年來遇事多悵觸

傅增湘

西涯流水小橋橫（西涯故址在藜光橋左近）萃錦園林任

客行（書院即恭忠親王萃錦園）昔日壺觴尋勝賞（心畬王孫居此花時延客觴詠極一時之勝）今來絃誦集羣英（園西新構高樓爲司鐸諸人受學之所）名花好仗東君力，喬本難忘故國情，欲起萬松揩老眼，試觀廣廈慰平生（設立司鐸書院老友英君斂之遺志斂之晚年隱居香山自號萬松野人）

郭則澐

當花几榻任縱橫　惘惘傷春散策行　漲綠一庭隨躪草
飄紅三月會飛英　園林換世原如客　樹石留人尙有情
看到臺大千萬態　枯龕回向悟浮生

傅嶽棻

巍峨甲第換絃歌　花樹猶繁窣堵坡　絕代姿容依舊在
東風狂橫奈春何　燕支艷色容誰奪　蠟炬高燒記昔過
相遇梁園舊賓客　華筵俄歎逝如波

枝巢

尺五天邊李廣橋　黃塵十丈謝佳招　芳姿未共青珊碎
女樂眞疑絳帳邀　賢主與花俱是客　故家有木合稱僑
浮生那得麻姑壽　三見桑田碧海焦（光宣間屢應恭邸賞花約近十年心畬叔明王孫亦恒有佳招今書院復有讌集海棠猶是也滄桑三易矣）

周明珂

寂寂朱門苔色侵　日來惟聽鐸鈴音　藕塘花隱空留跡
翠幕珠簾不可尋　臨砌數株堆艷雪　覆簷萬朵護春陰
紅妝依舊時非昨　銀燭誰猶照夜深

啓功

故家易主餘喬木　城北名園此爲獨　先王尙儉闢蒿萊
小植靈根出塵俗　百年雨露蕃枝葉　一瞬繁華變陵谷
雍和碧瓦開梵宮　萃錦朱顏傍林屋　崇墉素炬分光氣
寶鐸仁音異絲肉　門牆鎖處高枝亞　彩筆圖成淸態足
玉局詩歌誰繼響　墨井丹青我私淑　遊戲芳春眼暫明
何必牢愁常滿腹　喜見大秦珊瑚海　勝參多福瑯玕竹
甘留善果自成陰　情遂衆人不爲目　平池水殿莊嚴備
未許摩訶專孟蜀　衰榮有恨付芻狗　寵辱無驚希正鵠
問道來搴絳帳紗　當筵不唱春江曲　風過綺陌黃塵盡
坐對落英休悵觸

李廣平

岐王舊宅繁華歇　金谷名園歌管涼　病入東風捐綠酒
花迎春氣燦朱墻　粧成漫詡傾城色　睡去猶分夜燭光
來往紛紛緣底事　可憐蜂蝶喚人忙

復成一絕呈同座諸公

傳聞昨夜通明殿　玉案盈堆盡綠章　今日春陰風亦減
此番不讓放翁狂

胡　嗣　瑗

狂飆捲土勢猶橫　强爲尋芳勝地行　管領何年來異客
林亭竟日想宗英（書院故爲恭邸萃錦園）　塵高春國難爲
艷　坐半陳人最有情　會放妍晴花不住　故應結習愧多
生

陳　宗　蕃

萃錦芳菲縈夢魂　廿年空自想王孫　絃歌猶衍前賢澤
詩酒重溫舊日痕　香滿中阿菁作貢　春生墒坫杏交繁
閒身卻爲文章束　金勒長嘶不到門

柯　昌　泗

鑾池近倚渭城橋　喜似濠梁得見招　一國春爭桃李色
百花潭映屐裙邀（趙閑閑海棠詩百花潭北西郊路）傳詩
並擅南豐妙　入譜還疑北客僑　道院後先留勝迹　如庵
猶有舊團焦（院舊爲心畬王孫萃錦園）

郭　家　聲

我生心早如槁木　偶拾春芳慰幽獨　紛紛桃杏鬧東風
霧裏相看輒嫌俗　遺聞豔說韋公寺　昔日名葩委荒谷（
弘善寺在左安門外明武宗時內侍韋霦建有海棠爲京師七
奇樹之一）惟有西郊國華堂　繁英依舊照僧屋（西直門
外極樂寺海棠有盛名自清乾嘉以來至今未歇）廿年耳熟
鑑園花　不比朱門薰酒肉　窈窕嬌腴自殊豔　況是春酣
新睡足　一從貴邸換精廬　靚妝得地尤淸淑　故都三月
芳訊妥　懶散詩情減便腹　二老嘉招豁素襟　得花陶寫
勝絲竹　嫣然高格自出塵　鸚綠腥紅虛品目　蘇陸有詩
各千古　錦囊欣賞難忘蜀　今來遍覓預勝流　有如白兔
侶黃鵠　試數春明掌故花　淚灑歌成曲江曲　綠章更爲
乞輕陰　好與護持莫凌觸

甘　簃

宜南花事趁春光　錦使阿嬌金屋藏　玉貌總含兒女態
醉容幾毀美人粧（風沙蔽天累日不息）神仙雅號能諧俗
富貴佳名翻不香　錦繡園林思故主　絕枝未睹碧雞坊
（故翁詠海棠有當時已謂目未睹豈知別有碧雞坊）

黃　孝　平

盡日風埃老卻春　名園又到看花人　繞門流水初開逕
暎日繁英不汚塵　燒燭乞陰還欵欵　抽毫受簡亦皺皺
高枝漫點啼鵑淚　且喜絃謌入耳新

柴　德　賡

鰥生形骸類土木　數年牢落守窮獨　出門相逢看花人

總轉隨衆未免俗　一自朝市遷革後　繁華事散冷金谷
惟有海棠得天全　旋開精舍傍舊屋　依然春色滿園林
從此朱門辭酒肉　鐸音向晚日陰移　玉蕊臨風神態足
自惜紅粧甘寂寥　初添綠葉更嬌淑　游人老去憶前朝
至此感慨眞滿腹　吾懷鬱結異諸公　欲爲夷齊訪孤竹
平生肝膽知誰健　且對名花紓愁目　舉頭望天天色昏
黃塵滾滾度隴蜀　安得假我雙羽翼　翩翩雲外效飛鵠
世事淒凉春欲暮　少陵哀慟曲江曲　笑爾晝夜夢中行
胡爲對花生悵觸

闞賡麟

盤居不覺春如許　旬日穠華照西府　欵門有意問東風
今年紅萼誰爲主　兩翁好事思題襟　愛客愛花同此心
花之極樂不足數　故王臺榭呼登臨　鑑園沿革吾能憶
朱邸主人今幾易　獨留老樹閱興亡　靜夜似聞花歎息
花光錦簇窺牆頭　聯翩惹得衣冠游　三轉燕光橋外路
一渠楊柳灣前流　無多邸第供登陟　頹廊不見奇礌石
浪教都養處歌臺　稍惜山池成鞠域　十年道院扃深局
海西緇服今居停　客來亦復解風雅　笑看竹外茶烟青
九衢塵堁歸軫疾　綠章惆悵春陰乞　儂游我擬付丹青
聞道王孫留書室

解連環　楊秀先

臉霞紅濕　引妝密燭　露濃清夕　乍睡起　膩玉脂融
又偎鏡注黛　倚嬌無力　換刧園林　誤歸燕　頻窺簾隙
悵輕陰逝水　惜取酒邊　眼前春色　沉沉夢華暗擲
怕繁英飛盡　金谷蕪藉　對艷錦　猩色屏空　奈尺海塵
揚　翠瀛波息　老去驚年　料不記朱門吹笛　叩雕闌
怨纈未展　醉顏似昔

郭家聲

昔聞朱邸燦名葩　幾度春風換刧沙　失喜園林無恙
在　海棠還放舊時花
兩助軒前花映欄　也如定惠院中看　視今視昔皆泡
幻　貴宴清修合等觀
曾覩王孫繪事奇　折枝沒骨門徐熙　而今却道花依
舊　惆悵綠肥紅瘦詞（舊園主溥心畬王孫儒當代畫家
嘗于花時招客宴此）
九十韶光未有涯　錦天繡地較爭差　詩如杜老無傳
句　綺語庸堪寫國華
省識東風用意勻　芳時容易悵前塵　坐花來諗無邊
會　一刹那經十七春（愚自民國十三年十月任教輔校）
嘉辰賢主喜招延　老惜餘春一轡然　白首對花花有

譜
此翁合是海棠顛　玄館朱門各一時　海棠依舊爛盈枝　對花別有滄桑感
光景流連自一時　課餘還逐賞花嬉　玄門易作朱門主　乞借春陰好護持
餕筆聊充本事詩

聖詠譯義初稿序

袁承斌譯

——上海惠濟良主敎致吳德生公使函——

德生先生閣下：曾著「聖詠譯義初稿」得覩厥成，欣慰奚似！譯文雖以克朗朋 Crampon 名著爲藍本，而能得其神似，且詞句雋永，音節鏗鏘，或詩或謌，或賦或頌，低吟朗誦，靡不令人神往。當茲空前刧難，震撼宇宙，誠如大聖奧斯定所稱：善界與惡界，神國與鬼國，劇烈鬥爭之今日，前書之完成，蓋正得其時也。良以若斯空前殘酷，無限艱苦之戰爭，遠非人力所能勝任，則上蒼之呵護，告禱之切需，豈待言哉？而聖詠一書，充滿熱愛切望之呼籲，雖古猶新，其能上格天心，如響斯應，孰能與京？主席蔣公，雖日理萬幾，軍政叢脞，猶能躬與譯事，親爲訂正，勗勉奬勵之餘，又復吟誦涵咏，含英咀芳，實爲我人之楷模，示人凡事應心注天上，則效達味聖王，祈禱時，謙而有恒，衷心依恃主祐，向全能者主迫切懇求，俾於災難中得獲援救，黑暗中能覩光明，戰爭時，神力充沛，而罪戾亦邀寬赦焉。至若聖詠第十二首第十五首，凡百君子，仁人高士，讀之必勇氣百倍，仰仗主助，而永福之獲得，亦如操左劵。聖詠十四、三十四、三十六、三十七諸首，描繪惡人之福樂，無異電光石火，惟正人君子，始能咀嚼眞福之精味，使人讀之，倍感欣慰；尤當世風日偸，紀綱失常之今日，蚩蚩之氓，遭受欺壓者，得知恃强凌弱之徒，終必受罰，而正義獲伸，秩序亦有恢復之望焉。總之，塵世間，凡精神上或物質上遭受苦難者，悉可由聖詠中汲取同情，而所以撫慰心靈之聲調與詞句，向全能者呼號籲告，或求庇佑，或祈寬赦，或禱希望之復生，或盼心神之安平，如聖詠第六第九首，與閣下最所樂誦，不忍釋手之第二十二首，及懺悔吟之精萃第五十一首，皆是也。昔耶穌基督在世時曾引用聖詠詞句仰訴聖父，讀者當亦知所勉矣。所望國民中多數被選者，引導敎外同胞，皈向天主，一如達味聖王之引以色列人民歸望吾主。所願普世人民，尤其中華國民，置其希望於天主，誠能一心仰賴，則必萬無一失。蓋惟天主眞能爲吾人之救援也。亦惟如此，而台端含毫推敲之辛勞，始有其完滿之報酬也。順頌道祺不宣。上海主教惠濟良+A. Hauisée S. J. 一九四六年八月二十八日聖奧斯定瞻禮日。

（譯者附言）「聖詠譯義初稿」出版以來，不脛而走，一時有洛陽紙貴之嘆。上智編譯館館刊第二卷第二期載吳宗文撰書評，曾云：「可惜上海惠主教的序是法文，多數讀者不免望洋興嘆，或須將他譯成中文。」承斌忝列惠老主教門牆，敢仿德生兄「譯義」例試譯如上，諒能獲老主教之准而博德生兄一粲也。民國三十六年四月三十一日聖若瑟月末日袁承斌誌於天津工商學院。

歡迎黎培理總主教（補白）

朱其平

十六世紀以後中西交通史的記述，使我們對於天主教的教士，發生許多不同的感想。明末清初的一段，使我們感激利瑪竇、湯若望等的溝通中西文化，使西歐的科學，在遠東曾放了一時的光明，接着引人可惜的便應當是爲了教禮與中國禮俗的爭執——敬祖、事天、尊孔等——引得清帝康熙卑視教廷，以爲其昧於中國文化之眞諦，因而與其所遣教士疏遠，以此一般中國有識之士，亦目天主教爲不合中國輿情的旁門左道，天主教乃逐漸失掉了它在中國應有的作用；既而爲了其他教門的隨時尋釁排擠，甚至假借政府的力量與以打擊，教會事業乃及於潛伏活動的階段，終因自負懷襲眞道的教士，不甘屈服，一本其已溺之至愛，努力其推解之至誠，未防爲人利用造成了近百年來各帝國主義國家的掛羊頭賣狗肉，以保教爲名，而鑄成許多侵略的污痕，國人之不易認識天主教的廬山眞貌，於焉又加上了一層厚霧阻礙。幸而抗戰軍興以還，天主教之精神於發揮機會之優越與惡勢力束縛之鬆懈中得以較濃表現，因而換來社會之不少改觀，否極泰來，天主教在華之命運，當不例外，如年來華籍樞機主教之任命與夫教廷公使之派遣，以及教體在華之正式成立，均爲天主教在華劃時代的大事體，而利於天主教在華之前途者，未可限量。

往之論者，每以天主教教士未能一步利瑪諸氏之芳蹤，繼續努力科學之貢獻爲憾，事固爾爾，但吾則仍以爲理未盡然。蓋人類之眞正文明，與社會之安全幸福，絕非科學所能給與，東鄰之鑑，近在可資，其自明治維新以還，科學突飛猛進，然其所養成之專恃現實，至彼誤入蔑視道義之歧途，窮兵黷武，一意侵略，則其昨日之敗亡，謂爲科學之賜似亦不誣，誠以人類之文明「在明明德，在新民，在止於至善」，「明德」「至善」豈科學所可致？然則「己飢己溺」之認識，「推食解衣」之精神，實爲創造眞正文明，奠定社會幸福之實力；試想基督本其「知天命」之人生觀，而堅思完成其犧牲一己以利人羣之任務，當知吾人所應仰給於其建立之天主教者，亦卽此「純愛」之廣播，使信徒盡得施其愛之偉大，推己及人，助廣我古聖「老老幼幼」之遺訓，則迷於唯物者可停止其造反，惑於現實者，可放棄其括斂，人生幸福謂猶不能增進者，吾不信也。雖然，教士之學術修養與其傳教功效成正比例，故能以學術爲傳教之工具者，影響亦卽及於學人，社會風尚之轉移，在乎學人之傾向，不待言也；然則中外教士之能融匯中西文化之後，而澈底發揚基督博愛精神者，功在黎公之領導矣！

黎總主教茲承教廷之命，辱臨中華，吾輩所希望於天主教者，自能仰望於黎公，教士克稱其職，教友一其知行，則中國教友雖未及國民數目百分之一，然其教友精神，能不僅限於基督精神百分之一者，吾國已幸甚矣！謹祝黎總主教之能過化存神，感召不旣！

【編者按】右文載於四月五日信陽豫南民報，作者似爲一教外人，其所望於吾人者：一爲實行愛人之道，一爲以學術爲傳教工具；願讀者三復斯言！

文獻目錄

北平北堂圖書館暫編中文善本書目（三）

馮瓚璋

甲編　普通善本書目

集部

楚辭類

楚辭十七卷　宋洪興祖補注　明刻本　編號一四二八　八冊一函　缺卷九第五葉卷十六第十五葉　殘卷五第一葉

楚辭集註八卷後語六卷辨證二卷　宋朱熹撰　明成化刻本　編號一四二九　二冊

漢魏六朝別集類

漢魏六朝一百三家集百十八卷　明張溥輯　明刻本　編號一八六〇　八十冊

何衡陽集一卷　宋何承天撰　明張溥校訂　明刻本　編號一四三一

傅光祿集一卷　宋傅亮撰　明張溥校訂　明刻本　編號一四三二

謝康樂集二卷　宋謝靈運撰　明張溥校訂　明刻本　編號一四三三

徐僕射集　陳徐陵撰　明張溥校訂　明刻本　編號一四三六　存一冊　缺八十四葉以前　殘第九十葉

唐五代別集類

曲江文集十二卷附錄一卷　唐張九齡撰　明萬曆刻本　編號一四三八　二冊一函

集千家註杜工部詩集二十卷文集二卷　唐杜甫撰　明萬曆刻本　編號一四三九　二十二冊四函　有殘葉

唐陸宣公集二十二卷　唐陸贄撰　明刻本　編號一四

四六
十六冊二函　有抄補之葉
元氏長慶集六十卷　補遺六卷　唐元稹撰　明萬曆刻本
編號一四五〇
存五十五卷（卷六至六十）五冊
白氏長慶集　唐白居易撰　明刻本　編號一四五一
存六十五卷（卷一至四，卷九至六十三，卷六十八至七十一）十六冊

宋別集類

蘇詩補註編年五十卷　清查慎行輯　開化紙抄本　編號一四六二
存二十九卷（卷二十二至五十）十二冊二函　共七百五十九葉

明別集類

空同集六十六卷　附錄二卷　明李夢陽撰　明萬曆刻本
編號一四九四
十二冊二函
晦菴文鈔十卷　明吳訥崔銑編　明刻本　編號一四九五
十冊二函

總集類

宋文鑑百五十卷　宋呂祖謙編　宋刻元印本　編號一六六九
存七十九卷（卷七十二至百五十）七冊一函　有抄補五葉
葫頭集三卷　抄本　編號一七三八
四冊一函　葉數五十五，五十一，四十九，四十二葉
六家文選六十卷　梁蕭統輯　唐李善等注　明刻本　編號一六三七
六十二冊八函
文苑英華一千卷　宋李昉等輯　明隆慶刻本　編號一六四六
百〇一冊十二函（內目錄一冊）　有缺葉
唐詩類苑　明張之象編　明刻本　編號一六五五
存二十九卷（卷百〇一至百二十九）十冊
唐雅　明張之象編　明嘉靖長水書院刻本　編號一六五四
存二十卷（卷一至十四，二十一至二十六）四冊

雅音會編十二卷　明陳麟編　明刻本　編號一六五三
六冊一函

宋文鑑刪十二卷　明張溥刪　明刻本　編號一六七一
四冊一函

宋文　清抄本　編號一六六八
存三卷（三，五，六）三冊一函　葉數：卷三目錄八葉，正文百十一葉，卷五百〇四葉卷六八十七葉

詩所　明臧懋循編　明刻本　編號一六五六
存九卷（卷十五，十七至十九，二十二至二十五，二十七）五冊

書記洞詮百十六卷　明梅鼎祚纂輯　明刻本　編號一七〇五
十六冊四函　有殘缺葉

破邪集八卷　明徐昌治訂　日本安政乙卯翻刻本　編號一六七九
八冊一函

悅心集五卷　清雍正編　清抄本　編號一七二一
三冊一函　葉數：三十八　三十七，三十五，三十一，六葉

文選後集　梁蕭統選　明郭正域評　明刻清印朱墨本　編號一六四〇　五冊一函

文選刪註十二卷　明王象乾編　明刻本　編號一六四二
十二冊二函

詩文評類

詩話總龜前集四十八卷後集五十卷　宋阮閱編　明刻本　編號一七四五
二十四冊四函

藝苑卮言六卷　明王世貞撰　明刻本　編號一七四六
一冊

苕溪漁隱叢話前集六十卷　後集四十卷　宋胡仔纂　抄本　編號一七四四
三十二冊四函　敘一葉　目錄十四葉　正文前集六百三十一葉　後集五百四十一葉

詞曲類

元曲選一百種不分卷　明臧懋循編　明萬曆刻本　編號一八六七
四十八冊八函有圖　有缺殘八葉

中興以來絕妙詞選　宋黃昇編　明萬曆刻本　編號一七

五三

存一卷（卷十）一冊

度曲須知二卷　明沈寵綏撰　明崇禎刻本　編號一七八六

四冊一函　缺卷上第三、四葉　卷下第十四葉

絃索辯訛不分卷　明沈寵綏編　明崇禎刻本　編號一七六二

四冊　缺西廂上第一，十二，二十六葉　西廂下第十三葉

嘯餘譜十一卷　明程明善撰　明刻清印本　編號一七五七

十二冊二函

白傅青衫記二卷　題松陵生撰　鳳毛館刻本　編號一七六八

二冊　有圖像

東方朔偸桃記二卷　清吳德修纂集　清刻本　編號一七八五　二冊

霞箋記二卷　題秦淮墨客校正　清刻本　編號一七八四

二冊

彙刻類

漢魏叢書　明何鏜輯　明刻本　編號一七九三

存五十六種三百三十八卷　四十八冊六函（待續）

裴化行司鐸法文著述目

馮瓚璋譯

天主教十六世紀在華傳教誌（有中譯本）。一九三三年版

鄂本篤修士傳—1603—1607年間中亞回族之傳教士。一九三四年版。

北平石門聖墓考。一九三四年版

利瑪竇對華之學術貢獻（有英譯本）。一九三五年版

蒙古聶斯托略派遺跡及遠東傳教史考。一九三五年版

東西思想交流史（有日譯本，東京慶應書房出版）一九三五年版

中國羣島之菲律賓—1571—1641年菲島教務。一九三七年版

利瑪竇司鐸和當代中國社會（有中譯本）一九三七年版

安南與西方文化之比較觀。一九三八年版

利瑪竇研究論著目。一九三九年版

歐洲日本初期文化交流史。一九三九年版（與 P. Humbertclaude 及 M. Prunier 合著）

十九世紀西方文化再入日本考。一九三九年版

湯若望司鐸回憶錄。一九四二年版。中譯本在翻譯中

日本最早通使歐洲考。一九四二年版

以下抽印本

十九世紀前歐洲文化傳流滿州朝鮮考。（載一九四〇年震旦雜誌）

古代史（不詳）

天主教會（不詳）

Alonso Sanchez 司鐸與 Suarez 傳教區之保教權。（一九三七年）

湯若望司鐸之天文學全書。（一九三八年華裔學誌）

日本與菲律賓最早之接觸。（一九三八年日本誌叢）

高一志傳（不詳）

日本閉關時代之漢譯西書（一九四〇年日本誌叢）

湯若望之後繼南懷仁傳（一九四〇年華裔學誌）

遠東耶穌會復興史（一九四〇年華裔學誌）

Aquaviva 司鐸與 Sanchez 司鐸論經文書（一九三六年神修雜誌）

Lope de Vega 與遠東（一九四一年日本誌叢）

佛教傳入西方考（一九四一年日本誌叢）

中國與法國文藝復興時代之關係（一九四〇年十二月震旦雜誌）

十六七世紀日人發現柬埔寨之公教中心 Angkor （一九四〇年日本誌叢）

基督教之人文主義（不詳）

兩個發現（不詳）

西方文化東漸史（一九四〇年中國國民集誌）

自然科學流入中國考（一九四一年英文燕京學報）

日本與法國文藝復興時代之關係（一九四二年中國國民集誌）

康熙時法王路易十四派來之皇家研究員（一九四二年中國國民集誌）

洪若翰遊歷中國暹羅之行程（一九四二年震旦學誌）

澳門（不詳）

王致誠（不詳）

由 Gaubil 致 Cayron 司鐸書見北京法籍老耶穌會士之

眞誠（一九四二年北京公教教務月刊）
馬利亞納爲之史話註釋（一九四三年日本誌叢）
高一志司鐸訓言（不詳）
斯賓諾莎與日本（不詳）
康熙與地全圖註釋（不詳）
小引（拉丁文）（不詳）
採用歐洲著作之漢籍編年目錄。（一九四五年華裔學誌）（將有中譯本）
史前期之中國研究（不詳）
利瑪竇在華遺跡
P.de Béze 司鐸所述暹羅 Constance Phaulkon 行傳

【譯者按】此爲一九四三年上海震旦大學歷史研究室所印裴司鐸論著目，最後兩種，當時尙註明在準備中，最近三年必更有新著出版，當俟續編。

凡轉載本刊文字
務請註明原作者
姓名及本刊期數

書刊評介

試譯天主教會法典書評的檢討

嘉祿

三年前作者曾費去五十餘點鐘的時間，對山東濟南楊恩賚主教的「試譯天主教會法典」，寫過一篇書評，載在鐸聲月刊四卷一、二期二六—三四頁。近北平上智編譯館長方豪司鐸要我再寫一篇，但我要說的話已說完了，且數年來對於前篇的意見亦無重大變更，因此只好寫一篇，關於那本書的一切書評的檢討。先作一個自我的檢討，即對我自己的意見有討論價值的重新討論一番；有當補充的，補充幾句；有當改正的，予以更正；近來所理會出的可商権處亦爲補入；此外田神父 R. P. Thery S. J. 對該書曾在教務叢刊 1943 p. 680—697 寫過一篇法文長篇書評，我讀後曾想在我書評後加以評論，但一方面因爲我自己的書評已覺太長，另一方面又不合書評的格式，故終於割愛放棄了，現在我想在此大略一齊說幾句。

第一、自我的檢討

一、法典二六七條 Nuntius 譯爲「公使」Internuntius 譯爲「代理公使」，作者曾指爲不當，當譯爲「大使」及「公使」，並說此名非改正不可，不然將來我國政府根據這譯名對教宗大使及公使的待遇，能有不合身份處，因當時我國已派謝壽康氏爲駐教廷公使，教廷將派公使駐我國固在意料之中，故特將此點提出，引人注意，果然勝利後教廷發表決定遣公使（Internuntius）來華，報上皆譯爲公使，與楊主教所譯相異，與作者所擬之名字相同，私自慶幸。將來楊主教在再版時必定改正，殆無疑問。楊主教錯誤的緣由，是依國際慣例使臣分四級即：大使、特派全權公使、公使、代辦，作者前言只分三級，亦當更正，而教廷使臣亦分四級： Legatus, Nuntius, Internuntius,

Delegatus，楊氏遂以 Legatus 等於大使，Nuntius 等於公使，Internuntius 等於代理公使，似亦甚合理，但一八一五年維也納公議會決定敎廷 Legatus, Nuntius 等於第一級大使，且爲外交團領袖，因此楊氏譯名遂不適當，雖失之毫釐，已差之千里。前文言敎廷公使共十餘位，南美最多，亦當改正，因南美智利諸國近來皆已改爲大使，現在敎廷公使只有三位，即中國、荷蘭、盧森堡，其詳細情形，可見上海益世報一九四六年十二月三十一日拙著「敎廷駐華公使」一文。

二、Canonicus譯爲「會議員」，依愚意未安，並說明理由，擬譯成「咏禮司鐸」，理由亦見前文，本院敎律考試時，我曾出一題目「試擬 Canonicus 之中文譯名」試卷大都謂「大司鐸」，「紅衣司鐸」，及楊氏之「會議員」，不很恰當，「咏禮司鐸」比較可取，但無特別譯名，只有一位有不少新穎意見，可在此處提出，與讀者討論，他先以爲譯成「特規司鐸」不當，有出規及無軌之徒的意思，這似乎未必；次謂「正規司鐸」，固能提高他們的地位，但有正規，必有出規或犯規的觀念，因此對別位司鐸不利；繼謂「咏禮」不如「禮咏」，因爲「咏」爲動詞，「禮」爲名詞，結果只有唱大彌撒及日課的意義，且能解爲詩人或解說禮節的人；至「禮咏」，「禮」可解爲合乎節度者，「咏」唱也，此名可表其義，但含義仍晤，不得作法典之用，因此他主張譯成「律咏」，或「律儀司鐸」。「律」表示辭源學上的意義，「儀」含有禮樂相演之義，如變祝會司儀人，他不但司禮且兼「司樂」；「咏」字爲動詞，放在禮字前能使人懂錯，我自己也曾覺到這點，但我曾說明「咏」字指點唱日課，「禮」字指他們特別行大禮恭敬天主；主敎行大禮時，他們亦贊助禮節，似無不當，至「律儀司鐸」，亦有可評處，因他們並非司禮或司樂人，故似可仍用「咏禮」或「儀咏」司鐸，因「禮儀」二字意義相同，「儀」字較「禮」字爲雅，改用「儀咏」以免懂錯。但他們普通雖皆爲司鐸，有時也有主敎，如羅馬伯多祿堂尙有總主敎在內，那末或可譯爲「儀咏員」，若爲司鐸則仍用「儀咏司鐸」，若爲座堂儀咏司鐸則用「儀咏會議員司鐸」，Capitulum Canonicorum 則譯爲「儀咏司鐸團」，不知讀者以爲如何。現在中國已創立聖敎敎體，大約不取儀咏員制，而採美國參議制，因此這名字對我國不甚重要，只爲使於繙譯拉丁名詞而已。

三、以前我國有 Consiliarius，二〇二條擬譯爲「參謀」；將來大約將有 Consultores，前譯爲「顧問」，似未恰當，因參謀握有實權，Consultores 亦有實權，故當譯爲「參謀」；Consitiarius 無實權，故可譯爲「顧問」。（編者按參謀爲武職，不妥。）

四、作者曾主張出一華譯天主教會法典小本，而聖部曾命將拉丁文並刋，但若有聖部准許，自可只印中文；這是作者前書評中所當修正或可商榷處。

現在將近年來所有新的意見順便列於下面：

1「天主教會法典」一名，與原文 Codex juris Canonici 不符，當譯爲「法典本」或「教律本」，若使教外人明瞭起見，可加「天主教」三字，「會」字可删去，而成爲「天主教法典本」。（編者按已有典字，何必再用本字？）

2 一二三三條三項「凡陪送屍之人，除有優先前行權者外，關於領行安靈禮，均應服從堂域司祭之安排」，與原文意義大相逕庭，因依譯文有優先前行權者如神職界修會士等對道路、時間等似不必服從堂域司祭的安排，原文並無此意，可譯爲「凡陪送屍體之人，關於領行送喪禮，均應服從堂域司祭，但依各人之優先前行權。」

3 此外可商榷及可修正之處尙多，略舉一二：

xx 頁第十行「即裁判並處分之」可删去，原文無。下文「該法典」亦可去，上面已有。

二七一頁「次婚」當譯爲「再婚」或「重婚」。

一一七四條二項「爲籌備方法」，當譯「爲防備起見」，他條亦同。

一二〇六條一項「公教會得有所有權之本墓地」，詞意相當含混，可譯「公教有置自己墓地之權」。

一二一四條二項「區分」當作「區別」或「分別」。

一二一七條「永久」不如「常」，因「永久」指時間，而「常」字除時間外並指各種光景，別條亦然。

一二三一條二項「必要之阻礙」，似以譯爲「不得已之阻礙」爲是。

一二三九條二項「爲限」二字可去。

一二四〇條二項「以能請示者爲限」，依原文當譯爲「若時間許可」。

一二五一條二項「僅一」飯間當譯成「同一」飯間。

這類可商榷處實在還多，作者在此只隨便提出一二爲例，希望譯者與國籍校訂司鐸細心修改，俾成善本。

第二、田氏書評檢討。作者在此祇願調和楊田二人的意見，並非判斷二人，作者根本沒有這種資格，因爲二人都是我國法學的權威，而作者却是一位無名小卒，但不幸楊氏是教律專家，而田氏則精於國法，因此二人意見不常一致，在田氏的譯文下，楊氏輒附以拉丁文的答覆，一來一往，煞是好看；楊氏不答處，大約已承認評文得當，所以作者亦不論及，只對二氏意見不同處說明作者的立場，是同意楊氏或田氏，或與二氏之意見皆異，使楊氏再版時，知所取捨而已。

一、同意楊氏處：

1六條，「普通法律」尙妥，不必如田氏之意見改爲「制定道德標準之法律」。

2二八九條「出席人」亦妥。

3一八四〇條，「訴訟程序」與原文相合，田氏「制定方式」不妥。

4二〇一七條 Laurea 依敎宗庇護十一世「學問之主」通牒及現在公敎大學習慣，當解爲博士無疑。

二、同意田氏處：

1三五條，「絕對不得中斷之期間」，田氏評論甚當，法典此處指事實上之問題，而非指法典上問題，楊氏對 Situation de droit et de fait 似不瞭解，如四六五條二、四項，本堂每年能有三月的假期，或者是連續的或者是中斷的，法典任本堂選擇，故非絕對不得中斷之期間，四一八條亦然。故三五條當譯爲「稱連續期間者，謂未中斷之期間」。

2一一一條，Clerici vagi「無定所之敎士」，雖經楊氏解釋，終覺與原文不對，或可譯爲「無歸屬之敎士」，即不屬任何主教或會長管轄之教士。

3一五一三條 et 當譯作「及」，因此處二者皆需要，缺一不可。雖法典有時用 et 「及」可作 Vel「或」字講，但說每條皆如此，便與事實不合。

三、與二氏皆異處：

1二三條 Conciliandae 楊氏譯「使合併」，未妥，田氏擬譯「使價符」亦未妥，因此處非買賣，要使價符，乃使前後法律不矛盾，故可譯為「使相符合」。

2一三九條三項楊氏在注中謂此條並無 Conjugatum 一字，田氏所指係一三二條三項，大約是楊氏讀錯一行，田氏原文謂六項亦錯。

3三三一條一項四目 Moribus 楊氏譯「習慣」，田氏加評，但未指出當如何繙譯，此處似當譯成「品行」。

4三七四條一項一目 Dispositiones 楊氏譯成「整頓」，田氏擬譯「處分行為」，或當譯為「安置事務」，如寫契約公文等。

5一二二七條三項 Ad diversas dioeceses 楊氏譯「屬二以上座堂區管轄」，田氏謂「以上」二字可去，仍未妥，似當譯成「屬不同座堂區管轄」，始與原文相符。

結論：這是作者對楊氏譯文及田氏書評的幾點意見，有當與否，仍敬請楊氏田氏及諸讀者批評指教；所堪告慰的是譯者楊恩賚主教近已陞為山東總主教了，他的傳教事業功績不論外，只繙譯法典及我國民法二事，已可使楊主教堪受總主教的崇高地位了，作者對楊總主教敬表極誠的賀忱，也聊補在書評中所有唐突之處。

一九四七年，三王來朝日稿

上智編譯館館刊　第二卷　第三期　二四二

聖詠集讀後記

張澤

去年秋天，在兩三個星期內，公教出了兩種聖詠的譯本：雷永明司鐸譯的聖詠集，和吳經熊博士譯的聖詠譯義初稿。兩人都是博學宏儒公教著述界的權威：一位是聖經專家，一位是文學名宿；兩人譯經的工作，都有了十餘年的長久歷史，其苦心孤詣，慘淡經營，至足為吾人欽佩；而二書在公教文化界中之地位，與賜予吾人之補益，至大且多，更不待言。

關於這兩種譯本，已經有人介紹批評過了。至論其譯文忠實與否，又非不諳聖經原文的人所敢置喙；現在只就管見所及，略述如下：

我認為聖詠之有兩種譯本，實有其深洪的意義。聖詠集是語體附注釋，可供一般教友及研究考釋聖經的人閱讀；譯義初稿是古詩辭體，頗饒文藝風味，是供給一般具有文學欣賞力的人閱讀；沒有前者，無學識的平民不能領略；沒有後者恐怕聖詠高深美妙的藝術，不能儘量地表達出來。語體固然是大衆的，但中國古文－尤其是韻－的簡潔雅麗，抑揚頓挫之美，是白話文所不能望其項背的。一些我們讀得音節鏗鏘意味無窮的古文辭，一經譯成白話，便覺淡然無味，這便是明證，我們看吳德生先生譯的詩，是何等喬麗清雅，委婉達情呀！他又能參酌變化，體裁不一，時而三言，時而四言，時而詩體，時而騷體，極錯綜摹畫之能事；而其旨意高遠，文句平易，又非詩、騷所能比，無怪乎其書於一月之內，已刊印至三版之多。

聖詠集在文字的匠意上，當然不及譯義初稿，但詩的意義，或者更能清晰確切地表現出來，雖然它是直譯的；它又是大衆的讀物，故能別具風格，與譯義初稿相較，則環肥燕瘦，各有其長。如果再拿它來與誓反教的舊譯本相較，則更見得文詞新穎，譯文明晰精確，這當然也是由於後出的緣故。如詩篇第九十二篇中，便因遷就中文的緣故，不得不把二三兩節併為一節；聖詠集因用語體的緣故，仍可分為二節。對「天主」一詞的別稱，聖詠集依原文譯成「雅威」、「上主」等六個不同的名詞；詩篇則統以「耶和華」一詞代之。又詩篇中之私名詞，多依英語口音譯出，使與原意更爲不似了。

不過，聖詠集的聲價既是如此高，如此爲人所重視，當然其中所有不完善的地方也必特別爲人注目，這也是我們尊重聖經應有的態度。一般說來，聖詠集印刷形式的精美，確乎是公敎出版的上乘，而不是時代的落伍者，但自然它還未臻理想中的境界；書中不免有些稍欠妥善的地方，其顯著的，已有人指出，我們爲「務求其全」起見，不揣固陋，謹向譯者略抒管見；雖然事涉瑣碎，然對本書之成全，倘望有一得之見，敬獻給譯者，以供參考。

（一）文字方面　本書除勘誤表中所記，與方豪司鐸所指出之錯字外，尙有一些偶誤的地方，如正文十九頁七行「迴」應作「廻」；三一九頁九行「避雖所」應作「避難所」；四六九頁一行「當詩」應作「當時」；十二行「耶路撒冷」應作「撒」，他如二九三頁三行「護從」，普通作「扈從」；四三六頁五行「雅緻」普通作「雅致」，蓋爲風雅的意致也；四七五頁九行及四七六頁七行「無餘」通常作「無遺」；三二七頁一行「致於死地」普通作「置於死地」與「致死」一詞，在文法上講，是不一樣的；三五七頁三行「密秘」，應倒置；二七四頁二行，「焚燼」一詞，更好換一個字用，因「燼」字通常作名詞用，如言「灰燼」，用爲動詞是罕見的；本書對副詞「的」「地」的用法太不一致，用「的」的時候多。

此外尙有幾個生疏的詞句，讀去似乎感到有些晦澀：如一〇一頁七行之「頌美」，三七六頁五行之「熱摯的」，一四一頁三行的「敎戒」，四二〇頁一二行的「蘇生我」，四〇二頁二行的「謙微的人」等。至如三九五頁八行的「延綿」一詞，普通指時間言；如指地域言，不如用「擴展」或「伸張」等字。其他如「地球」一詞，常含有「圓體」之概念，與猶太人所想像的不符，不如仍譯作「世界」，這樣也合乎中國古代人的思想。

（二）語法方面　本書着重直譯，本來是應該的，但在可能的範圍內，似乎還以適合華語句法爲是；太拘泥原文，反使文意晦暗費解。如二六頁一一行：「他窺視並且埋身伏踞」，四四頁三行：「留心聽取我這不出於虛詐口唇的祈禱」等，念起來頗覺累贅。所幸這類的句子不多，但有些却不甚通順，如七九頁七行：「並侍立你的祭壇」，若在立字下加「於」字，末尾加「前」或「傍」等字便順了。一二二頁二行：「因我的失敗狂喜，因我的跌仆自高」二句，容易使人錯懂，以爲「失敗」與「狂喜」是兩個併列的屬詞；如果其間（及下句）加一「而」字，則意義便十分明瞭了。六頁二行：「我呼號地切求上主」，以呼號作副詞用，亦屬新奇。一八頁二行：「在地蹂躪」，地字下缺一「上」字。總論51頁六行：「闡明除天主經外」一句不可解，想是「闡明」二字連下句。總論49頁一一行：「伊撒爾人－天主的產業和聖民」，「產業」二字似不可用。二五一頁四行，「正確與否，不敢置信」似不合語法。二二六頁九行：「祝福天主」，也似欠妥。又聖詠第一百一十七篇及第一百三十四篇的引言中，都說明「本篇是一首最短的詩文」，顯得前後有衝突，後者可改爲「本篇爲最短詩文中的一首」。其他如書中言及本聖詠的篇章時，不必加「詩」「聖詠」等字，直言「第×篇」即可，不然，即好像尚有其他的詩本一樣了。

（三）標點之運用　本書最雜亂不統一的，是標點的用法，有缺落的：如38頁九行及十二行「（第一行）」，下缺支點；二五八頁八行間，缺數逗點；加註的西文字名詞，大部分都缺括弧；四頁九行：「我被立爲王……」，缺引號；39頁七行「分爲五章」，下缺敘點。有多加的：如31頁一一行：「第一百篇下注西字」之類，字下多逗點（此處不需用標點，因下面是上邊的註解，不相連，但如本頁第三行與第七行，括弧上下俱作結點，則甚合理）。再如本頁第八行「題名作」之類的句子下多作敘點，亦屬不必。有用亂的：如39頁十二行：「（即9 10）」之括弧，似該括在「按」字上；第一百十七篇，題之標點與正文內的不一致。「章旨」下提要語之末尾，標點也不一律，此處可全用結點。註之引用原文句者，多爲逗點，不如用敘點爲是，或不用標點而空一格，以表示是要注釋的；如果其意義和下文相連，當然也可相連，或用逗點。標題通常不用標點（驚歎號、疑問號除外），而總論中一概都有；至如聖詠的標題，大都是完整的句子，當然是可用標點的；此外陰文的註碼，應加在標點之上，不然容易使人想是屬下句的了。

（四）數碼之運用　本書之用數碼，亦極不一致：時而用阿拉伯碼，時而用中文字碼，尤以標聖經的章節爲特甚。最可奇的是章用中碼，節用阿拉伯碼；但如二二一頁及四六一頁，則全頁都用中碼，有時用中碼亦有加十字與不加之別，而章旨中的阿拉伯碼則橫置四五碼，致使行間特別放寬；這樣，一來篇幅不經濟；二來，橫豎雜陳，令人起零亂之感。我們爲求節省篇幅及美觀起見，主張儘可能一律改用中文數字，而略去「十，百」等字；標節的，可用小體字，即如「撒一七，一九—二四；二五，八，一」，較用阿拉伯碼，既美觀且合理。章旨下之節數可用中括弧，如：【一—八】；聖詠正文的節碼，亦可以小型的中文數字標於額上。

（五）排印方面　本書在排版方面，也有可以改進的地方，現在提出來，可供再版時的參考。在標點使用上，尚有坊間印書的弊習。標點放一行之上首，既不合邏輯，又散亂難讀。有時只有一個標點，或一個閉括弧獨佔一行，則更無道理，書中這樣的地方很多，不勝例舉。在這種情形，最好把前行末了數字排稀些，或使一個標點佔二格，則可遺下一個字來放在下行；或使上行的標點佔半格使在一行印完亦可。書中又有的標點無故佔二格，也不合適。二九篇的每章中，既有第×章字樣，似可省去希伯來字母。

聖詠正文前的「引言」，「章旨」，緊緊接連着下邊的字，也不合理。如不獨占一行，至少在下邊空一格或作敘點，若能用方體字最好；但爲節省篇幅計，聖詠每篇的標題，可置在篇數下；篇後的註解，也可不換行而接連着印下去，中隔一格即可。

除上述幾點外，對私名詞亦有小些問題，書中之註西名與否，也殊不一致，而多有未註者，Newman 通常作「牛曼」，改譯「紐盟」，反覺生疏了；Semita ，利用社會通行的「塞姆」雖原音或不太遠且與 Sem 正合；Sion 一字，原字爲陰性，又常用作擬人格，或預表聖教會，故其代名詞可不用「它」字，而用「她」字。

我們爲求本書的合理化美術化起見，還要供獻一二點意見，以爲商榷：

（1）書中凡用數碼的地方，儘可能都改用中國數字，以免橫行凌亂之弊；用法前後都要一律，標點，名詞要恰當，要一致，如上邊所述。

（2）聖詠的詞句和我國近代白話散文詩很相仿，所以很可以照白話詩的方式排印；至少把一整節，各獨佔一行，這樣不但美觀，不但眉目清楚，還可免除文意上下不接之弊；好在每節差不多都有一行的長短，不致佔篇幅太多。

（3）聖詠本文的字體，能用「仿宋體」排印是很好的；一來清晰，二來美觀。

（4）標明每節的數碼，可用小形的字，在眉上空一格，獨佔一橫行。

最後我們還希望譯者在引言中多加入些有關聖教禮儀的說明文字，就如彌撒和普通經文中常念的聖詠，說明何處引用，與其間有何關係，這樣能使我們進一步的了解聖詠。我們更希望我國的教友多讀這部宇宙間最高尚最優美的文學—聖詠集，也希望聖詠（以及將來要出版的全部舊約）於修正之後，成為華文的標準譯本。將來舊約全部出版之後，它要在中國公教文化界中，別開生面，獨放異彩，筆者謹在此預祝聖經學會的全部成功！

（旅平景縣繼修院張澤）

【編者按】本文曾由編者先送方濟堂雷永明司鐸過目，復書謂「如能在貴館刊發表，一定有相當價值」，並表示十分滿意。但目前印刷非常困難，如作者主張本文用仿宋體，不知仿宋體字有專利製造權，北平一般印刷廠，刷廠，均無仿宋字，用則必須臨時鐫刻，往往弄巧反拙。又如「排印方面」，謂標點不應放在一行之首。但有時印刷工人無論如何，不聽指揮，則亦無可如何也。

我們的經濟生活

馮瓚璋

原著者　巴純士（美國公教大學教授）
翻譯者　徐虹磯
出版者　香港公教眞理學會
版　本　三十二開二加三十二頁　定價港幣三角

許多人在許多機會上竊笑天主公教稱這世界為「涕泣之谷」，以為是充分表現了公教的悲觀和遁世的態度。這種論斷老實有點過火，緣因是天主公教既不悲現又不遁世，只因她看破紅塵，認透了這現世的眞眞假假，所以總用先覺覺後覺的婆心苦口，放下斷語的稱這世界為「涕泣之谷」。這個名詞就樂觀論者看來，自屬難於接受，然而任何樂觀論者可有能力抹煞歷史的事實麼？如其不能，那麼就請一翻人類歷史：自第一頁起，恐怕就有觸目傷心的記載出現；幾千年來：關於個人的、家庭的、社會的種種不幸與痛苦，載不勝載，書不勝書。

我國古人鑒於人生世事的無常，曾有「人生七十古來稀」和「不如意事常八九」之嘆，這與「涕泣之谷」不過是說法的不同罷了。公教用這句話來象徵這世界非人類久居之地，必須在這世界以外，另有一個永久的、無痛苦的、無得失之患的世界，纔能滿足人類的慾望，纔能作人類永久的家鄉，這永久的家鄉便是人類身後的永生。我們假如承認這身後的永生那麼「世事本無常」，何必爭爭奪奪患得患失自取煩惱。而當你努力失敗，遭遇不幸的時候，念起「涕泣之谷」的警語，或許將要羣愁盡釋而反浮一大白了！反之，假如我們否認這身後的永生，必致對現在的世界估價過高，欲把現世有限的物質來塡滿人類無限的慾望，當你發現這種企圖笨得使你大失所望的時候，你所遭遇的打擊怕已不是「涕泣之谷」而是痛苦的深淵了！

爲此，對這世界下一種大胆的但是正確的估價，並不能算悲觀。猶之我們判斷一個兒童沒有千斤之力一樣的合理而並不悲觀。同時我們對世事的認識愈眞切，便愈能有合理的結論產生出來。一般人只因未認淸世事的眞諦，所以纔不乏「鷄鳴即起，孜孜爲利」之徒；只因不肯承認現世爲涕泣之谷，所以纔爭奪詐騙，患得患失，以致造成今日百孔千瘡的社會。有人說：社會的不幸，人生的痛苦都是由經濟制度的不良所致。這話只能有片面的眞理，因爲任何人都知道；在經濟的不良制度以外，還有許多別的問題也是人生痛苦的造因，不過我們並不否認這經濟制度的不良是其中的一個較大的原因能了。

關於改善社會經濟制度的研究，在近三世紀以來，頗有雨後春筍之勢，由於個人的出發點不同，大致說來約可分三大系：第一系是自由主義的資本立場；第二系是社會主義的共產立場，二者水火冰炭，各走極端，只有第三系的研究合乎中庸之道，那便是公教主義的「涕泣之谷」立場，一如我們前面說的：它既不悲觀，也非遁世，而是給這現世定一個標準的估價，這個估價似乎太低，但是估價低便不會對這世界有過分的希望，沒有希望便不會令你失望，人世間多少不如意事還不都是由希望過高所致？

但是，涕泣之谷的立場並不消極，天主教治事的原則，一向是抱着「無希望中還有希望的」Contra spem in spem，這也許就是公教沉着應事的一件特長。

關於社會經濟問題的解決，公教也是抱着一貫的主瞑，要在無辦法中找到辦法，而爲了她的中庸之道，她的辦法總無過與不及之弊，又因公教本身的不忮不求，所以也不會有左右袒，公教經濟學說的代表作，除聖經和教父們的註解以外，最有權威的當然要算歷任教宗的言論了。「我們的經濟生活」便是根據教宗通牒所歸納出來的一篇簡而賅的論著，要目如下：

引言（國家的需要，幸福的國家。）

一　經濟的程序（私產、物品生產、商戰、交易等。）

二　結果（勞工的神聖，貧窮問題，工人權利，自由平等。）

三　社會改造（教皇的批評與計劃，糾紛的消滅，合作運動。）

但本書在修辭方面頗多疵病，至於校對的疏忽，則爲事實所難免，惟有互勉而已。

色

瑪 Martindale 司鐸著　劉榮耀司鐸譯

香港公教眞理學會出版　定價港幣三角

本書是寫給十七歲以上的青年未婚男子，使對性的

問題有正確的認識，而示以保守潔德的良法。據作者意見：爲矯正性的非法行爲，常人只注意生理方面（譯者譯爲「物理的」似欠妥當）和神靈方面而忽略了心理方面，所以見功很少。關於性教育實施，作者不贊成以往的密而不宣，但也不贊成公開的講述。他主張要個別的單獨的教導，這在一般新教牧師中是早已有過的主張，在公教中作這種主張的人尙少，而討論此項問題的中文公教譯本尤不多見。但「密而不宣」並不能減輕事情的嚴重，反使許多青年因「無知」而墮入下意識的惡習慣，同時爲了好奇心所驅使，使得他們不自主的趨向那些不純潔不正確的黃色文章，那麼他們所將蒙受的危險誠非意料所及，爲此本書的出版，可說是適合時代的要求。

本書爲三十二開本，四十八頁，分開場白、導演、思想、言語、行爲、理想和動機、補註各章，和 Rev. Pire 神父的附錄一篇。一如我們前面所說：本書的內容相當新穎，切合實際，只是每章的結構有時稍嫌散漫，令讀者握不住中心思想的所在。本書多少也受到印刷術的影響：錯字相當多，所用括弧甚至可以說是太多，並且「」（）並用，尤其有時用非其當，益使文字現得糢

糊。此外像本書八頁十四行「你逃不了永遠不是人」，這該是個筆誤：因爲按信德道理：復活後的肉身既完全是現在的肉體，那麼復活後的肉體再與靈魂結合便仍等於現在的人，所差的只是不再死亡，而是「永遠的人」。那麼上面的一句話，便根本不能成立了。

勝利後的公敎出版事業，大有欣欣向榮之勢，出版書籍就量的方面言，使人相當滿意，但質的方面却仍有待努力。誰都承認：西方公敎文化很有値得介紹的價値，但這介紹的翻譯工作却較著作尤爲困難。一詞之採用、一語的迻譯，都得大費推敲，而在全篇終了之後，譯者至少還該有兩道工夫要作：第一是與原文對照，看譯筆是否忠實；第二是抛開原文僅讀譯文，看文字是否通順，語言是否合理。一般的說：一篇値得翻譯的文字，它的本身絕不會是不通順不合理的，除非是我們的譯筆不工。假如可能的話，最好是請別人替我們再讀一遍，免得我們囿於原文，看不出譯筆的錯誤。校讐工作，也須相當留意，否則一字之差，往往能使全文走意。

上面幾個問題，公敎出版界遠不如敎外同業來得認眞，這是我們的缺點，不容否認，因之也是我們亟待努力的一個問題。（璋）

成都敎區鐸聲月刊已出二期

四川敎務在國內向稱發達，乾隆年間還維持了半壁江山，產生了著名的四川敎務會議，但文化事業方面頗爲落後，抗戰前，重慶曾家岩聖家書局，還印行幾本翻版書，並有崇實報，十紙，每週出版一次，抗戰期中亦告停刊。從今年起，成都敎區忽然要出定期刊物，說是根據哲學定例，「有比沒有總好」。成都敎區司鐸對此似頗興奮，某君致函本館對年邁力衰的駱主敎，竟能同意出版，亦頗爲驚異。基金爲二十餘位司鐸所募集，已得二百餘萬元，其他各司鐸亦至少每人認繳五萬元。現已出二期。社長伍極誠，副社長楊安然，經理楊國楨。主編王希造、唐平和、鄧及洲。經售處成都平安橋天主堂。預定半年暫繳三千六百元，全年七千二百元。

敎會刊物都在改進

今年起貴陽世光雜誌，西安敎友生活均已改用報紙。世光雜誌第六卷第二期所載張永立敎授著「地球的生老病死」，劉慕多著「宇宙創造論之硏究」，均有一讀價値。該誌訂閱處爲貴陽中正路天主堂，全年三千元。敎友生活社址爲西安土地廟什字天主堂，每本零售八百元。

慈幼會出版物突飛猛進

最近三五年來，在北平遣使會印書館，上海土山灣印書館及濟南、青島、香港印書館工作停頓或減退的狀況下，澳門慈幼會却大量出了一些書，最近本館蒙贈送全部出版品各一種，大部爲兒童青年讀物，印刷非常精美，封面尤其華麗，我們希望該會繼續努力，繼續改進，以完成他們的使命。下期我們將請周信華司鐸作一較詳書評，今天可以先說一句，即慈幼會似乎側重翻譯，而忽略創作，這兩樣至少應該是並重的。

新光季刊最近出版

山西太原天主堂本年四月創刊「新光」季刊一種，十八開，二十頁，爲一種限於太原教區的刊物；創刊號「編餘」一文內有云：「現在雖然出刊了，但是她的不健全處，恐怕太多了；就如內容的不良好，和言詞的欠佳美，刻刷（？）的不完善，和手民的欠精巧。這些種種一切（？）都是使我們不能不抱媿的，而且讀者諸君，亦不免要不滿意的。我們除向讀者道歉外，力求改善就能了！」頗有自知之明，敬祝該刊自第二期起即「力求改善」。

馬相伯先生論拉丁字母之起源（補白）

徐子球先生筆錄遺稿

先生好學多聞，於書無不讀，於文無不習，而尤精於哲理及疇人之術，著有「拉丁文通」「法文關鍵」「致知淺說」，未刊者算學書多種。從遊者多國之積學士，而患西文不易，請於先生，先生召之曰：「文字美術也，西中理同。說文曰：『惟初太極，道始於一』。西文亦起源於一，惟中文直行，故橫其線爲一，西文旁行，故直其線爲I，斜二I而覆之爲A，仰之爲V，交乂之爲X，直二I而平連之爲H，斜連之爲N，縱橫之爲T；線之法窮，濟以弧○，弧之成圜者象撮口也；C爲半弧，象口微開也，音短；S者弧左右向也，音長；b之切線爲上，以音清也；P之切線在下，以音濁也。單爲D，雙爲B，此亦疇人之術，會通文字之一端也」。其啓發之巧，誘掖之善如此！

已故徐子球先生爲馬相伯先生高足，嘗擬撰馬先生傳，余得見其手稿二頁，皆敘述馬先生最早事蹟，茲將其中論西文字母一段，摘錄如上。　方豪敬識。

出版消息

一、辭海辭源天主教名詞正誤

是書爲輔仁大學史學系高材生王任光司鐸著，業已完成，即由本館出版。王司鐸因鑒於辭海辭源爲我免銷行最廣之二大辭書，但對天主教名辭錯誤百出，爲免以誤傳誤起見，特於課餘編撰此書，前有小引，說明兩書收採之不廣，選擇之不嚴，詮解之不當，以及編纂之動機等。全書共八十二條，約三萬字。解釋詳明，糾誤繩謬，其功甚偉。想將來教內外人士必以先覩爲快也。約六月間可以出書。

二、文化方面的傳教工作

本文原載北平教區鐸聲月刊第四卷第八九十合期，（三十四年十一月三十日出版）現由該社出版單印本。著者高樂康司鐸 P. Legrand 爲聖母聖心會士，景明譯。全書約一百五十頁，三十二開本，五月初可望出版。書前有田樞機主教序，前鐸聲月刊主編李君武司鐸序。內容爲一、課題的本身；二、新聞事業；三、出版事業；四、社交關係；五、文化合作；六、講演；七、全國大會；八、教育事業；九、本籍司鐸之培養；十、外籍傳教士之修養；十一、文化傳教工作之組織。書後並有附錄：關於現代中國思想動態的檢討，亦高司鐸著，原載鐸聲第四卷第一二合期。每册定價二千元，北平北堂出售。

三、智慧書舊約全書之四

北平方濟各會修士年來組織聖經學會，從事翻譯全部舊約，去年已出版聖詠集，頗爲各方重視；教宗特頒祝福，教廷電台亦將此消息向全世界廣播。茲悉繼聖詠集之後，該會已將智慧書譯稿整理完畢，並已向印刷所接洽，簽訂合同，即日付印。以全書字數較多，將採用正文五號字，註解六號字辦法。如此則舊約全書或不難於三五年內完全出版也。

四、抗戰老人雷鳴遠

抗戰老人雷鳴遠一書，原係公教耀漢小兄弟會現任會長曹立珊司鐸，應北平廣播電台之請而作。放送後，首由天津益世報「宗教與文化」副刊連載，全文共計七段，分述雷鳴遠老人在易縣、石門、新關、武鄉、新絳、中條山、以及後方各地抗戰與宣傳之經過。今由天津工商日報，徵得益世報之同意，發行單行小冊，內容除「抗戰老人雷鳴遠」本文而外，計尚有國府褒揚令、魯文大學畢業范伯祿司鐸序，另有方杰人教授撰雷鳴遠司鐸事略，聲雷之「愛中國愛了六十有三年的雷鳴遠」，並有抗戰老人照片十幀，著者像一，書爲三十二開本，預計印行約五六千冊，刻正在積極準備中，出版之期，當不甚遠云。

五、天主教會與科學

英國 Sir Bertram C. A. Windle 原著

許多世紀以來，天主教會曾經被斥爲「保守」，「頑固」和「反科學」。唯物史觀傳到了中國，中國也有同樣的情形。天主教會和科學之間，到底有着怎樣的關係呢？這是我們迫切需要知道的問題。「天主教會與科學」這本書便是討論這個問題的。作者對於各種重要的事項譬如教會以及歷任教宗與科學的關係、伽利略的事件、宇宙及宇宙的起源、生命的起源、自然律、奇蹟、地質學、考古學、天主七日創造大地，乃至於原始人類、達爾文學說等等，都有極爲詳盡而精闢的論列。他就教會的基本教理，以科學的觀點加以證明和解說，內容透澈，態度是公正的，嚴明的。作者指出近代科學對於物理學和生物學上的見解，而這些問題跟教會的信仰，互有牽涉的，又是怎樣的少。但同時他也不否認教會的道理和某些科學家的理論學說之間，有着直接的衝突。然而他要大家明瞭：這些理論和學說不一定從此便已經算爲定論。多少這樣的理論和學說被人們發明了，但新的學說出來，舊的也有過許多不復成立，例子是很多的。因此他建議教友們要堅定自己的信德，凡是眞正和啓示相反的理論學說，都不可能是眞實的。這些便是作者在緒言裏簡略表示的全書的目的。

全書共四十九章，充滿着豐富而有趣味的科學智識，單就這一點說，這本書也是值得一讀了。全書現由本館新聘編譯宋超羣先生選譯中，共三十九章，十五萬言希望能在著期中付印，以應急需。茲將章目列後：

第 一 章：引論—科學：科學的範圍與界限
第 二 章：宗教—宗教的範圍與界限
第 三 章：教會及歷任教宗與科學的關係—伽利略案
第 四 章：哲學
第 五 章：事實與理論—重要的區別
第 六 章：「空間」及空間以太
第 七 章：物質與物質之電的學說
第 八 章：再論事實與理論
第 九 章：物質與形式
第十章：宇宙
第十一章：宇宙的起源
第十二章：宇宙的起源（續前）
第十三章：自然法—祈禱
第十四章：聖蹟
第十五章：物質學
第十六章：七天創造天地
第十七章：七天創造天地（續前）
第十八章：早期的人類—初步討論
第十九章：早期的人類—考古時期及其分期
第二十章：早期的人類—器皿及其研究
第廿一章：早期的人類—早期骸骨的發現
第廿二章：早期的人類—分類—史前期
第廿三章：冰河期
第廿四章：地球與地球上人類的年代
第廿五章：生命—活力論—唯物論
第廿六章：細胞—細胞的物性
第廿七章：活力論（I）
第廿八章：活力論（II）
第廿九章：活力論（III）
第三十章：生命的起源
第三十一章：演化論—初步的研究
第三十二章：演化論—遺傳與趨異
第三十三章：達爾文與自然淘汰
第三十四章：達爾文學說的懷疑—門得爾和他的發現
第三十五章：演化論—總結
第三十六章：人和他的由來—身體部份
第三十七章：人和他的由來—精神部份

第三十八章：人和他的由來—精神部份（續完）

第三十九章：幾點尾論

六、社會問題的根本解決

本館編譯馮瓚璋先生最近編著之社會問題研究，現已脫稿，不久即可出書。書名「社會問題的根本解決」，乃作者根據聖經並參考多數教內外社會學名著而對社會問題作有系統之研究。其可貴處，即在著重現實，對當前之社會問題均予以詳密之討論，鑒別正誤，分辨眞僞，而附以正確實際之解決。立論精審，文字輕鬆，全書計七萬五千言，分上下二卷，上卷爲一般社會問題研究，共八章；下卷爲社會問題的根本解決，分五章；茲揭露其要目如次：

卷上　一般社會問題研究

社會與社會學—一、新社會問題的源流；二、社會學的沿革；三、東西社會的交流；四、耶穌的社會學說。

個人與社會—一、個人與社會的關係；二、三育並進；三、社會教育的必要；四、信仰的效能。

家庭與社會—一、社會的細胞；二、家庭的障礙；三、家庭的流行病；四、婚姻的要求。

國家與社會—一、國家與社會的分野；二、合法政府；三、失掉羅盤的海船，四、人民合作與政府職權的範圍；五、極權主義的失敗；六、眞理的認識與探源。

宗教與社會—一、人類的精神價值；二、自然論；三、一般的宗教觀，四、眞實的宗教與社會改造。

平等觀與階級觀—一、平等的眞義；二、自然的階級；三、人爲的階級；四、認清人的眞實價值；五、良心的責任。

共產主義研究—一、共產主義的演進；二、共產主義哲學；三、共產主義政策；四、教會的態度。

正確的民主觀—一、我國民主的倡與沿革；二、民主的界說與分類；三、民主政治的目的；四、公民的義務。

卷下　社會問題的根本解決

風雨前夕的中國社會—一、現社會的危機；二、解決的焦點。

人的問題—一、公民的人格地位與責任；二、理想的家庭；三、獨身者；四、社會關係。

教育問題—一、普及教育的我見；二、職業教育的必要。

經濟問題—一、經濟制度的演變；二、個人資本與集團資本；三、公教會的主張；四、國家資本；五、合作社。

政治問題—一、政治的由來；二、國家；三、政府；四賦稅；五、兵役；六、地方自治。

國際問題—一、國與國之間；二、國際正義和平；三、國際仲裁與戰爭；四、超國際的權威。

上為該書內容之概略，本期發表「正確的民主觀」一文即該書之一章云。

七、天主教淺說

天主教在中國，歷史不算不長，但可以向教外朋友介紹教會實情的書却不多。約在二十年前，江西劉韶軒先生著有「天主教」一書，抗戰前，公教進行會總監督處曾為重印，雖頗扼要，但似乎太簡；抗戰期中，香港陳香伯先生，以一位教外學者，因愛女在臨終前皈依天主教，特編「公教論」一書以為紀念，由商務印書館出版；此書成於教外人之手，並在教外書局出版，銷行甚廣，文字亦異常簡潔，但在教理方面，不免稍有隔膜；此外則近年天津崇德堂出有天主教教義提綱，第一冊為問答，第二冊為福音原文摘錄，第三冊為公教概論，但涉及範圍稍廣；本書為主徒會張金壽司鐸近著，對天主教教理、教規、教儀、組織、教史等，都加以概括的敘述，並略及中國教史，文筆淺近，現已脫稿，全書約七萬字。

八、泡影

周信華司鐸，最近又完成了一部中篇小說，約計八萬字左右，題名「泡影」，內容大略如下：

謝南壽是某鄉村裏的一個誠樸的農夫，他自幼父母雙亡，便在某姓家當小牧童，長大後，就在那家當長工，勤懇忠誠，深得主人的歡心和信任。

他二十八歲上，在主人主持下，才娶妻成家，主人又給了他幾畝田，他便開始組織小家庭，原因是他曾有功於主人；他為了抗拒羣盜，保護主人，受過重傷，主人的這一舉，便是對他作一種酬勞。

夫婦二人，很是和愛，共同過着清平的鄉村生活，他倆看見某村阮老頭兒享着清福，很覺羨慕，阮老頭所以能享清福，因為他有一個兒子在某機關裏當一名科員，因此他倆也熱望着有個兒子，那末將來到了桑榆晚景，不也可以和阮老頭兒一樣享幾年清福？

他倆爲了希望有個兒子，問神求卜，忙得不亦樂乎，可是後來所生的，却偏偏是個女兒，重男而輕女的他倆，想把剛出世的小女兒致死，可是因爲感覺有些不忍，終于把她留下了。

第二次妻子懷孕，生的又是一個女兒，他倆決計把這賠錢貨致死，所幸這小女兒，似有先見之明，出世不久，便犯急驚風而夭折了。

第三次妻子懷孕倆人都失望了，以爲又必是一個賠錢貨，豈知生下來却是一個男孩，他倆喜歡得幾乎瘋了！

在一女一兒的身上，十足顯出他倆的不公平，更充分證明他倆是中了重男輕女的錯誤觀念的深毒，終于在某一年，因爲年荒，把女兒招弟送給了善堂，而光把兒子元貴留下，認爲有了兒子萬事足，要女兒有什麼用？

他倆把元貴送進了學校，待元貴唸完了小學，又不惜節衣節食的，送他進城內的某某中學，以爲要兒子將來作一個什麼官，如今不能不先下本兒的。

元貴進入中學後，因先後處境的過分懸殊，使他眼花繚亂，不禁心神顛倒，而學校祇是書本上死知識的出賣所，當局並不怎麼顧到學生的道德和他們在校內校外的行動，元貴便這樣開始腐化了，不久之後，一個誠樸純潔的農村子弟，一變而爲一個浮滑輕狂的少年。

南壽夫婦倆，不但節衣節食，甚致出賣了田地，使元貴唸完了初中，想他不做官，也至少能掙大錢來養家，這樣方不負自己半輩子的辛苦，豈知元貴後來祇不過在某某公司裏當了一名練習生，並置父母于不顧，南壽竟因此氣憤而死，南壽妻也一度自殺過，幸虧被王氏小學的江先生所發覺而獲救。

女兒招弟，自被送入善堂後，即在善堂安居，並受了極良好的教育，和學習了最深高的技能，後來經主管人的介紹，和一個葉姓青年結了婚，這少年，有識見，有學問，品性也高尚，對母親更特具孝愛，他又是經濟家，善于經營，不久，竟成了鉅富。

當南壽病危時，招弟得了江先生的通知，前來視疾，南壽見了被自己所棄的女兒，不禁悔慚交集。南壽死後，一切由招弟負担，成殮豐厚，出殯更顯哀榮。至于元貴，雖得到了父親病危的消息，竟不來視疾，死後也不來奔喪。

後來南壽妻，由招弟接到葉家奉養，而葉姓青年，正痛自己母親的早逝，以致心懷中一片充溢的孝愛，無可寄託，如今既來了丈母娘，便像自己母親一般的孝事着；唯南壽妻，身心所受之創太深太鉅，對女兒更覺一種莫可名言的抱慚，終於鬱鬱而死。

元貴日益腐化，生活更形浪漫，後來又和一個下流的舞女實行同居，更嗜賭如命。因所入不敷所出，便盜用公款，終於被公司驅逐，可是依舊狂賭如故，更染有吸毒的嗜好，卒至流落街頭，成了乞丐，曾路遇招弟，伸手求乞，招弟給以十元，並和他相談數語，可是彼此並不相識。

終於在某一年冬季的一個風雪之夕，元貴倒斃在某一條小巷裏，因爲無名無姓，又沒有人前來認領，便由善堂拾埋了，第二天報上，也刊出了路丐倒斃的消息。

招弟於元貴死後一年，方由友人口中，知道那一年倒斃的路丐，便是自己的弟弟，她在感傷之餘，對這問題，發表了一篇寶貴的談話，第二天，她的友人，便將這一篇談話在報上披露了。

故事的本身雖很平淡，可是具有很深長的意義，文筆亦很流利生動，每一段故事，寫來非常輕鬆，這確是最切合青年學生的一本良好讀物。預定四月廿五日出版

九、英美羅馬朝聖行脚

這是葉秋原先生的一部近著；是一部充滿了文藝價值，充滿了歷史價值，充滿了批評價值的遊記；然而它不是一部普通遊記，它是英美等國的公教教育事業和出版業，以至各種文化事業和社會事業的考察記；它也介紹了英美兩國教務的近況，它更沒有忘記向讀者供給英美等國的教會發展史料，而我們的隣邦——印度教會的全貌，在這本書裏也可以窺見。

在文筆的流利暢達上說來，無疑的這部書是在公教著述中應該列於最上乘；至於它能增進讀者的宗教熱誠，它可以作我們中國公教出版事業的借鏡，也是用不着我們多說的。

全書四萬餘字，於四月十六日寄達本館，我們打算立刻付印，以爲在公教書荒聲中放一異彩。我們正寫信去催作者多寄點照片來，如果北平不停電的話，我們將趕在耶穌升天節出版；我們計劃出五千部，我們相信在半年內，定可以再版。要目如下：

上智編譯館館刊　第二卷　第三期

出版簡訊

（一）文藻季刊計劃出版。羅馬傳信大學中國校友會自去年在南京成立後，即公推教廷駐華公使館二等秘書陳哲敏司鐸籌出文藻季刊。按文藻原爲月刊，在南京刊行，抗戰爆發後停刊，陳秘書頃致函此間同學，據云此次隨公使，至港、粵、湘、鄂、豫等省視察教務時，曾在舟車中完成十餘萬字。

（二）青年詩人孫哲文現擬將十餘年來寫譯諸詩，散見於各報章雜誌者，搜集成册，印行出版。

（三）青年作家王瑞明，現爲復旦大學史地學系三年級生，平時常喜寫作，在各報投稿，去年因病休學，現擬自下學期起編一「中國公教青年通訊」，已在積極準備中。

（四）據傳輔仁大學公教青年會將復刊磐石雜誌並

聞某方已捐有鉅款，但公青會正在改組，改組後效果如何，以及磐石雜誌是否能復刊，均有待於事實證明。

（五）聖母聖心會士善秉仁 Jos. Schyns 所著說部甄許 Romans à lire et à proscrire，已譯成中文，正籌備出版。聞其標準較法文本所定者更為嚴格，如水滸傳等，或將列入不能閱讀類。譯本取名「文藝月旦」。

美國公教的定期刊物

宋超羣

有鉅數的讀者

我們知道，美國不是一個公教國家，但是公教在美國却是很為發達的。美國公教教友的人數，比任何宗教的信徒都要衆多。因此美國公教的新聞事業，也非常發達。據我們的統計，到現在為止，美國公教出版的新聞紙和雜誌，擁有讀者一千二百七十三萬四千三百二十五人。這些讀者，包括家庭裏的人們，家長以及有着良好聲譽的美國公民，是四百種以上的公教定期刊物的訂戶，計算起來，在美國全國公教徒二千三百九十六萬三千六百七十一人當中，平均每次出版的每一張刊物，有三個人讀到。這在美國，也是沒有其他任何宗教或非宗教性組織的出版物所可及的。

美國公教新聞事業，何以會有這樣的發達呢？去年美國公教新聞協會慶祝成立三十五週年紀念，曾經加以檢討道：「這種成功，乃是各級神職班、編輯家、出版家、寫作家以及全體教友乃至於在許多情形之下許多廣告家們通力合作的結果。」

有協助的機構

全美公教福利協會的新聞部，是一個不斷地在擴大範圍的機構，他在美國公教新聞事業的發展過程中，有重大的貢獻，一九二〇年成立以來，便從事於「提高、推廣和協助美國的公教新聞事業；」他的工作是：

1利用一切現代通訊工具，採集世界各地對於公教教友有關係的消息，每星期供給公教報紙和期刊的新聞報導，字數在五萬以上。

2側重公教教友家庭中人的興趣，每星期供給大約一萬字數的公教性特寫。

3用圖畫、攝影、新聞，報導最新的公教消息。

4以電報向讀者，訂戶，報導某種最後的消息。
5以參考的資料，供給社評及編輯人員。
6撰述公敎名人生活略歷。
7華盛頓信箱：每一個星期闡述有關公敎的國內大事。
8凡是從無綫電收到的梵蒂岡敎廷文件，立刻予以刊佈。
9在聖誕節、復活節乃至於學校學期開始前等等時機，便特別收集並供給所需要的資料，譬如圖畫、照片、特寫、小說、詩歌以及其他類似的應時資料。

由這些事看來，我們知道全美公敎福利協會新聞部的工作是怎樣的積極了。

有新聞從業人員的訓練

新聞從業人員沒有良好的訓練是不行的。推進美國新聞事業的人們，並沒有忽略這一點。因此在美國每一個地方的公敎學校裏，有許多青年接受新聞從業的訓練，他們準備着做未來的公敎寫作家、編輯家、和出版家。担任訓練的專科學校和大學一共有七十所，這些新聞學校裏的學生自己經辦週報、文學季刊、年鑑、雜誌。全國總數竟有二千種之多。其中有兩百種大學報紙，一百種年鑑，五十種文學季刊，就是各地的高等學校，也發行着六百種新聞紙、二百種年鑑和五十種文學季刊。

新聞學校的課程，當然以宗敎、哲學、歷史、語言以及科學並重的。再加上新聞學本身的以及各種技術的和有關新聞學的課程訓練，便可以供學生們畢業以後有新聞從業的資格了。

新聞學校的學生也有他們自己的職業性組織。—「公敎學校新聞協會。」那是一九三〇年成立的。總會設在米窩基馬加勒新聞學院，這一個組織的目的是在提高公敎學校新聞的公敎精神，並且鼓勵學生對於良好刊物的興趣，還幫助新聞技術方面的發展，使他精益求精。

有精誠團結的精神

一九一一年八月廿日到廿五日全美公敎新聞協會在俄亥俄州的哥倫巴成立，從此把全美國的公敎編輯家、出版家以及寫作家聯合在一個積極的社團之下。他的目的是求公敎文學各方面的提高，鼓勵公敎寫作家，增進新聞事業的效能，同時藉共同的努力和合作，來減低機械生產的成本等等。出席的報刊代表有四十七人都算爲積極會員，由哥崙巴主教赫得萊 J. J. Hartley 担任監督和指導，這位主教以後便被推為全美新聞協會的名譽主席，並且連任到一九四四年一月十二日他逝世為止。

到去年為止，全美新聞協會一共有正會員單位二一五個，副會員單位有四二四個，雖然不是美國全體公教期刊都算正會員，但是現在的二一五個單位的組合，在美國已經可說是最大的一個宗教性新聞協會了。各會員單位，在同一的公教新聞目標之下，正不斷的自求新聞出版方面一切技術的改進。

這一個協會的總會址設在舊金山，有他的會刊，刊名「公教新聞從業員；」還有一種半月刊，以為會員單位間的聯絡和業務上的砥礪，總會還担任研究的工作並且每年設立文學獎金獎勵公教新聞的寫作家。會員的資格分為四種，美國國內有聲望的報紙、雜誌、期刊為甲種，也就是所謂正會員，在美國本國以外的為副會員，稱為乙種，曾經從事新聞工作，而仍然對於公教新聞事業的發展有興趣的男女可以加入為丙種會員，那些繳納一百美金，存為該會文學獎勵基金的主教神父或男女教友可以成為「終身會員，」這就是第四種會員了。

全美新聞協會已經有卅五年的歷史，現任主席奧柯諾爾神父他以該協會遠東特派員的資格曾經走過中國不少地方，去年十二月十七日還特地到本館來參觀，並計劃使本館和美國公教出版界新聞界取得密切的連繫。

（本文材料取自 I am The Catholic Press）

作家動態

張茂先任西安益世報副社長

張茂先司鐸，方濟各會士，抗戰第一年即任武昌益華報兼公教月刊主編；後轉往平津，在敵後努力抗戰工作。三十二年出長太原大修院，培植公教幹部人材。今年改任西安益世報副社長。張司鐸發表論文甚富，在太原總修院執教時，並譯有元代傳教士所著遊紀等，最近又草成「公教法學概論」，正設法付印問世云。

李宣義繼續搜求王徵遺著

西安李宣義司鐸年來對明末陝西吾教先賢了一道人王心葵先生之事蹟及著述等，極爲留意，上期作家動態欄已略有介紹，並曾發表其近著「王徵著述遺版蒐輯序略」。玆得其來函，謂：近聞張鵬一先生家藏王徵著述頗豐，不遠百里，三往拜訪，而不獲見，將於暑期中，再往謁見。又云將來擬彙刻「了一叢書」，第一部份爲王公各種鉅著；第二部份爲王公短篇文字；第三部份則選錄近人所撰有關王公之論文。最近李司鐸搜得王公四文，爲：「題崇仁書」「龍橋名議」「清北創建溫恭毅公繕城祠碑記」「溫恭毅公像贊」。又高陵通遠坊天主堂內藏有王公及其夫人遺像各一，但或疑其非是。李司鐸寄來照片各一幀。下期本刊可發表其「山居詠校讀」一文。

劉斌司鐸著述記略

劉司鐸字賴孟，獻縣耶穌會士，曾任天津工商學院董事長，現年七十七歲，精神矍鑠，搦管寫作，老而不倦；其已刊行之著述計有「默想全書」「退思錄」「默思主苦」「初學要訓」「幼學袖簡」「輔士寶囊」「聖依納爵傳」「聖方濟羅傳」「聖克拉味而傳」「拯亡會祖母傳」「賢女篤愼傳」「李義和傳」「義勇列傳」「眞教理證」「教理詞典」「崇修指南」；最後一種已出二巨冊。劉氏著述，其優點在力求平民化，大衆化，故在教內銷行頗廣，如默想全書第七版亦將售罄；其缺點則爲教會內部通行之口頭語充滿篇幅，與一般教外書籍格格不入，教外人甚或不知所云。又因其勤於寫作，勇於發表，加以教內書籍本不甚多，而外國教士亦圖其平易，並多外國語法，故教內讀者不可謂不多，但受其影響而使今日教會內之作品，教中人之談吐，自成一格者，劉氏亦應負其責任也。

董太穌教授熱心公教事業

公教青年科學家董太穌，號昌國，浙江定海人，曾遊學歐陸有年，信愛之火，倍極熾熱，現任國立武漢大學機械工程系教授；與蘇雪林先生等，爲發揚公教精神，便利公教同學勤領聖事，充實宗教生活起見，特於校內設置一小型經堂，以供教內外學生研究道理之所，每主日請神父前往舉行聖祭，在國立大學中設立經堂，除方豪司鐸在重慶復旦大學有此創舉，武大實爲其繼起者。董君於武漢日報主編科學與工業周刊一種，已出至第十四期，眉頭爲十字聖號與光冕配合組成之圖案畫，極爲精美，頗引起該報讀者之注意。間有公教與科學文化一類有關文字發表，近來復將曾在重慶益世報發表過一部份之「北海偶遇」長篇科學性文藝創作，重行續寫，自三月十二日起，在武漢日報陸續刊出，該文內容全係描寫公教精神。其著作除散見各報章雜誌約三數十篇外，近有專門性之作品三種，已脫稿者有「機件設計手冊」厚計八百頁，「銑工計算手冊」，厚計四百頁；正編著中者有「凸輪學」，均即將付梓，一旦問世，必可為我國科學界放一異彩。（戈公）

（附蘇雪林先生來函摘錄）

教廷駐華公使黎培理總主教昨日抵省垣，林曾與各公教團體赴車站歡迎。董太龢先生本擬在武漢日報出一歡迎版，又擬在董君自己在該報所辦之科學與工業週刊中收容此類文字，亦未實現，但該報因董君之邀曾派記者三四人到車站歡迎，連日該報所有關於黎公使行將抵省之報導，均係董君所供給之材料。今日該報以專欄地位，登載公使來省之行動小傳，及此間文協之歡迎詞，亦董君連日奔走接洽之結果，董君不惟熱心可佩，且亦勤敏異常，若我公教教友人人皆似董君，則公教在中國之發展誠可一日千里。神父在上智編譯館館刊上屢次加林以揄揚，何異施文藻於朽木，令人惶愧難安，而真正熱心有用份子不知何以反不蒙齒及。如珞珈山公教同學之領導人原屬董君，而神父歸美於林，神父之報道，既有失實之處，而又使林有攘善之嫌，不知下期能更正否？

關於董君熱心事實，神父若不能詳知，林願就所見所知者略事報告。董君在樂山時每主日必全家入堂望彌撒，風雨無阻。其後公信校長游作雲司鐸在城內校中設小經堂距武大較近，董君不但主日前去，即平時亦去望早彌撒。聞有客神父過境必去拜訪。授課之暇，出外疏散心懷，天主堂乃其最喜拜訪之地，或邀神父修士赴公園茶館喝茶，或在神父住宅中與神父等煮茗清話。同事往訪董君不值者，輒問其女僕『是否到天主堂去了？』或『是不是拜訪什麼神父去了？』蓋知其出門大半為此二事也。若不訪聖堂與神父，則與教友周旋，其冷淡者必百端設法引誘其熱心，林本冷淡教友其今日稍能盡教友本分者，董君感化之力為多。又董君夫婦皆好客，常治殽膳以欵神父及教友，即宴請普通朋友，座上亦常有神長，自奉頗簡約，而欵待神長及教友則必豐。至聖堂有事與外界交涉，則必力任其事。反覆折衝，必得當乃已。公教教士地位雖極尊崇而中國社會則不甚了解，不但不了解，且甚爲輕視，見董君以大學教授身份，爲教士驅驅，每有引爲訝異者，謂其不知自重，董君亦不顧也。至文字口舌方面則有機會必爲聖教宣傳。歷來爲益世週刊撰述篇什甚富，現主持武漢日報科學與工業週刊亦常有介紹宗教之舉。爲人極端誠懇，且慷慨好客，故同事短期與之相處即成至交，渠即乘機宣傳宗教，雖未能吸引彼等投於聖教懷抱，然使同人對於天主教之了解，增進不少。目前與董君相交之某某數同事皆頗同情於我教。……故董君在智識教友中實可爲模範人物。 神父若能在館刊中爲之介紹，對於其他冷淡智識教友定能發生極大鼓勵作用。 神父其試爲之如何？董君夫人於本月八號舉一雄，翌日即由本堂神父爲付洗，繆朗山教授爲代父。

葉秋原發表「天主教在中國的現階段」

三月十九日上海大公報登載葉秋原先生撰「天主教在中國的現階段」一文，引起全國人普遍的注意。胡適之先生特向陳援庵先生介紹此文，頗爲稱許，譽爲中肯之論，陳先生亦許爲「內行話」。按葉君現仍任立法委員，並兼申報主筆。最近整理甘露叢書，交商務印書館出版。

王重民携大批公教史料返國

王重民先生字友三，最近自美國返抵北平，現任北平圖書館研究組主任，並在北大執教，頗留意明清間公教文獻。在國外時，歷在羅馬、巴黎、華盛頓及歐美其他重要城市，發掘公教史料，收獲頗豐，一俟各種稿件運回故都後，即將整理發表。王君歸國後，已在上海與徐潤農司鐸，葉秋原先生等會晤，抵平後，亦曾與本館方豪館長商談刊布公教書籍諸問題。

館訊

本館門首整修道路

本館位於西安門黃城根北段，該地在淪陷時期爲敵人堆置穢土；本館成立後，即加以局部清除，並於今年復活節後一日植樹十四株，以增美觀；四月十四日起，北平市警察局亦派大批員工前來修治，現本館大門外，已爲平坦寬廣之馬路，來客無不稱便。

館員動態一瞥

本年二月十七日，本館新聘編譯宋超羣先生到館工作。宋君爲江西吉安教區教友，三十一年夏畢業國立浙江大學外文系，成績優良，後即任職航委會美國志願軍大隊，空軍第一路司令部，航委會外事科，空軍軍官學校，空軍總司令部，空軍參謀學校等處，擔任編譯工作，三十四年九月十四日調赴印度，次年六月回國。

四月十六日，本館原任編譯馮瓚璋先生改就普愛堂（聖母聖心會）聘，專爲該堂譯撰各種論著。

四月七日，本館副館長主徒會士張金壽司鐸在田樞機主教手發終身願，並由主徒會邀教廷公使參贊高彌肅主教，獻縣趙主教，宣化張主教及本館方豪周信華二司鐸等在該會設筵慶祝。

本館出版物編印概況

本館自去年九月二十日開始工作以來，爲時七月，計出版各種書刊之冊數計館刊共六千冊，書籍一萬二千一百冊，兩共一萬八千一百冊，其中尤以馬相伯先生文集厚達五百頁，爲教會近十年來罕見之鉅著。所有書報現由協和、光華、幸福、獨立出版社等四印刷局分別承印。

本館七個月來已刊行及已編譯完成之書籍，其字數已達百萬，統計如下：

「馬相伯先生文集」三十萬字

「梵蒂岡一瞥」九萬二千字

「宇宙觀與人生觀」五萬字

「公教與文化」四萬五千字

「合校本大西西泰利瑪竇行蹟」三萬字

「泡影」八萬字
「天主教淺說」九萬字
「社會問題的根本解決」七萬五千字
「中國基督教之研究」第一冊十三萬字（全五冊）
「天主教與科學」第一冊八萬字（全三冊）

本館刊物銷售情形

本館出版之馬相伯先生文集，自去年發售預約後，計預約者二百餘戶；三月二十五日該書出版後，購者甚爲踴躍。各地圖書館購買者，計有國立中央圖書館，國立北平圖書館，江蘇省立國學圖書館，浙江省立圖書館等十餘處；大學購買者計有北京大學，輔仁大學，金陵大學等九校；主教團購買者，本以盩厔高正一主教所定十部爲最多，信陽張維篤主教預約五部，屈就第二位，南京天主堂三部；但出版後，張主教又定十五部，前後共二十部，爲最高紀錄。惟推銷最多者應爲司鐸書院楊堤司鐸，計共銷十四部。以機關而論，亦以司鐸書院爲最多，計共二十五部，柵欄文聲總修院次之，得六部。

本館館刊問世以來，各方訂閱者，日有增加，迄今不斷，訂閱最多者爲歸綏白祥司鐸，計一人共定二十份。

宇宙觀與人生觀，公教與文化二書，因定價低廉，爲本館出版物中銷數最多者，且有同時購買二三十冊者，其經楊堤司鐸一人銷出者已將近百冊，實爲贊助本館最力者。

補遺：

本刊上期一六八頁吳宗文撰「聖咏譯義初稿」書評，曾爲手民漏排一大段，並將原稿失去，茲承作者補寄，亟爲照登。

如爲找七首「我實未爲此」一句，讀者便要費許多的工夫，若每節有號碼，如其他聖經本一樣，一查即得，那末便利多了，若謂有碍詩體，可寫於旁邊或上面。

六、譯者所擬題目，特別如百十八首司祭吟，民衆吟，齊吟等，更好用小號字印，因非原文，係譯者的意見，故當分清，現在聖經中有些句子，是後人的注解而混入原文的，前車覆轍，後車之鑑，不可不慎。

七、末了，尙當注意的，是聖經的譯文，最好與原文相同，不要隨意變更，增加，減少，天主教對這點很重視，不似在新教中，各人自由，可隨私意的。

以上幾點，我想吳氏亦曾加思慮過，在取捨間，亦自有他的理由，凡例中也曾提出一二，但在再版及定稿前，或尙有再加考慮的價值，因爲不是作者個人的意見，而是一部份讀者的意見，故特提出，以供吳氏參考。

上智編譯館館刊
第二卷第三期

勘誤表

頁	行	誤	正
一九一	四	cracv	cracy
一九一	一七	澎漲	膨脹
一九二	一八	ox Deiv	vox Dei
一九七	一〇	安審	安謐
一九七	二〇	倍嗜	偏嗜
二四六	一〇	刷廠，刷廠	刷廠，
二四六	上欄一八	悲現	悲觀
二四九	上欄一八	間題	問題
二五一	上欄一三	我免	我國
二五三	上欄一七	物質學	地質學

惠書誌謝

輔仁大學贈	輔仁學誌第十四卷第一二合期
浙江省立圖書館贈	圖書展望復刊第二期
厦門大學贈	厦大校刊第一卷第八期
思想與時代社贈	思想與時代第四二，四三，四四期
世界科學社贈	科學時報第十三卷第二，三號 文藝與生活第四卷第二，三合期
華北基督教農村事業促進會贈	田家半月報第十三卷第十七期，十八期
張維篤主教贈	週年經訓及其他二册
旅平景縣總修院贈	我們的喜訊一册 Nuntius noster 一册
韓景琦先生贈	鎮丹金溧揚聯合月刊第一二三四期五期
王重民先生贈	艾思及先生正容攝影一幅 China Institute Bulletin Nos 31—37, 39
福州泛船浦林泉司鐸贈	武夷遊覽指南一册
聖體軍月刊社贈	聖體軍月刊第十三卷第三期，第四期
聖心報館贈	聖心報第六十一卷第三期，第四期
北平遣使會贈	Bulletin Catholique de Pékin, No.393
香港公教進行社贈	Sunday Examiner vol.II No.25, 26
香港公教眞理學會贈	公教報第二〇三，二〇四，二〇五，二〇六，二〇七號 我們的經濟生活，色，各一册
益世週刊社贈	益世週刊第廿八卷第五，六，七，八，九，十，十一，十二，十三期
世光雜誌社贈	世光雜誌第六卷第一期
成都鐸聲月刊社贈	成都鐸聲月刊第一卷第一期，第二期
康定天主教文協分會贈	崇眞月刊第廿期
邵武教區贈	牧主報第二卷第二期
西安天主教總堂贈	教友生活第二卷第一第二期
鳳翔天主教總堂贈	鳳翔教區教務月刊第一卷第五第六期
澳門慈幼會贈	各種出版品五十四册
李宜義司鐸贈	王徵著日省錄二册
太原天主堂贈	新光季刊創刊號一册

本刊徵稿簡約

（一）本刊下列各欄，一律歡迎外稿：

（甲）論著（有關宗教、哲學、政治、教育、歷史、社會及討論公教書報之編譯及出版名詞之審訂，版本之考證及校勘等研究文字）

（乙）書林偶拾（先賢未刊稿，讀書劄記，罕見書之序跋，前人傳記等）

（丙）文獻目錄（私人或團體所藏善本書目或論著目，以及近代出版書目）

（丁）書評，出版消息，期刊介紹，作家動態。

（二）來稿請繕寫清楚，署名蓋章，並加新式標點。

（三）甲、乙、丙三項稿件發表後敬送潤筆每千字三千元至五千元，特別有價值者，不在此例。

（四）本館對來稿有刪改權，五千字以上之稿件，不用時，可以退還。

（五）賜稿請寄北平西安門黃城根北段路東本館館刊編輯部。

本館出版書報在北平下列各處發售

（一）西什庫北堂
（二）王府井大街八面槽東堂
（三）西直門大街西堂
（四）宣武門內東順城街南堂
（五）國立北平圖書館
（六）輔仁大學
（七）勝利出版社（西長安街）
（八）獨立出版社（王府井南口）
（九）紅藍出版社（八面槽）
（十）來薰閣（西琉璃廠）
（十一）開通書社（琉璃廠）
（一二）通學齋書社（南新華街）
（一三）五洲會記書局（東安市場桂銘商場）
（一四）寶文書局（隆福寺街東口）
（一五）文淵閣書社（隆福寺街東口）
（一六）新華書社（西單北大街）

各埠如有願銷售本館書籍者可享八折優待

（本期零售每册貳千元）

協和印書局承印：北平王府大街東廠胡同十七號電話五-四五六六

文明互鑒
中國文化與世界

主編
張西平

上智編譯館館刊

下册

BULLETIN
OF THE
INSTITVTVM S. THOMAE
1947 Vol. II No. IV. V ~ 1948 Vol. III No. VI

CARDINAL'S RESIDENCE
PEITANG, PEIPING
CHINA

Cum approb. ecclesiastica

本書爲北京外國語大學中華文化國際傳播研究院所主持的北京外國語大學「雙一流」建設重大標志性項目「文明互鑒：中國文化與世界」（2021SYLZD020）研究成果

學苑出版社

本冊目録

一九四八年第三卷第五期 …… 八四三

一九四八年第三卷第六期 …… 九〇七

中華民國三十六年七月|十月

館址：北平西安門黃城根北段路東

上智編譯館館刊

田耕莘題

第二卷第四五期合刊特大號

BULLETIN

OF THE
INSTITVTVM S. THOMAE

Vol. II No. IV-V

July-October 1947

CARDINAL'S RESIDENCE
PEITANG, PEIPING
CHINA

Cum approb. ecclesiastica

元代北平總主教蒙高味諾像
（今年爲蒙氏誕生七百年紀念）

為田樞機主教首創事業上智編譯館籌募基金緣起

蓋聞道以人弘，教以文明；然非常之事，必待非常之人；今日我國公教非常之事，非爲向文化界作大規模之傳教運動乎？而我首任樞機田公聘三就職伊始，即以此爲急務，非非常之人耶？蓋 田公自去歲歸國，駐節故都後，即創辦上智編譯館，委其事於方杰人司鐸，方司鐸乃積極規畫；九月十九日，編譯館於焉成立；迄今將及一載，所出書刊已達兩萬七千冊，編譯字數都百六十萬言，全國嘆爲盛事，前途不可限量。顧編譯館之貢獻，雖已惠及全國，而該館經費，則惟 田公一人是賴，同人等每念及此，輒爲不安。聞 田公去歲在國外募得之款，亦垂盡矣；苟無後援，勢必難乎爲繼。況中國之傳教事業，於理應由中國人負責維持，茲者教會體制已告奠定，此責尤不容旁貸。爰特發起募捐運動，俾 田公之首創事業，因有穩固之基金，而得長存天壤，日益光大。公教幸甚！中國幸甚！（發起人從略）

優待捐款人辦法

凡獨捐　二百萬元以上者　敬贈　一九四九年年底以前所出圖書各一冊（另贈館刊）

凡獨捐　一百萬元以上者　敬贈　一九四八年年底以前所出圖書各一冊（另贈館刊）

凡獨捐　五十萬元以上者　敬贈　去年及本年所出圖書各一冊

凡獨捐　二十萬元以上者　敬贈　馬相伯先生文集一部

凡獨捐　十萬元以上者　敬贈　館刊全年一份（可指定今年或明年）

凡獨捐　五萬元以上者　敬贈　梵蒂岡一瞥一冊

凡獨捐　一萬元以上者　敬贈　全國教省教區圖一幅

注意

一、樂捐諸君如願享受優待者務請詳細開明通訊地址

一、凡不加任何聲明者不致送贈品

一、每年本館成立紀念日本館舉行彌撒一台爲各捐助人祈禱

一、凡願捐送本館所出書刊冊數在五百本以上者本館可代爲加印捐贈人姓名並代爲寄送

一、捐款請逕寄北平北堂田樞機主教或李君武副主教或本館收

捐欵報告（以收到先後爲序，七月八日以後收到者在下期繼續披露）

姓名	金額	姓名	金額	姓名	金額	姓名	金額
王劭伯先生	一百萬元	楊振鐸先生	七萬元	錢守璞司鐸	五萬元	何愛梅	五萬元
申大麵粉公司	一百萬元	龔寶麟先生	五萬元	李貞娥女士	二萬元	何愛權	五萬元
王清輝先生	一百萬元	范全林先生	五萬元	李老太太	二萬元	何路加	五萬元
華通公司	五十萬元	張維篤主教	二十萬元	李德全司鐸	五萬元	何本篤	五萬元
至中銀行	五十萬元	程野聲司鐸	十萬元	潘振華司鐸	五萬元	何天安	五萬元
葉杜衡女士	五萬元	孫女士	廿五萬元	李載德司鐸	三萬元	何天裕	五萬元
馬邱任我女士	五十萬元	王吉仁先生	十萬元	王靜珠小姐	一萬元	何天恩	五萬元
蘇雪林教授	十萬元	隱名氏	二萬元	諸正瑛小姐	五萬元	何天佑助	五萬元
薛祖恒先生	二百萬元	沈鳴迹先生	二萬元	施美思先生	十萬元	何天保	五萬元
朱孔嘉先生	一百萬元	鮑天祥先生	二萬元	何理中先生	廿五萬元	何天若	五萬元
繆錫珍先生	三十萬元	高智禮先生	三萬元	何余氏	二十萬元		
陸榮鑫先生	三十萬元	沈潛明女士	二萬元	何智仁先生	二十萬元	何天彌多倫爵	二十萬元
張金珍先生	三十萬元	張知良先生	二萬元	何鄭氏	十五萬元		
徐榮寶先生	二十萬元	許來白先生	四萬元	何愛民先生	二十萬元	徐瑪司鐸	五萬元
沈之經先生	二十萬元	張義明先生	二萬元	何李氏	十五萬元	唐祖堯先生	一萬元
李太太	十萬元	萬次章司鐸	三萬元	何愛謙小姐	五萬元	沈女士	五萬元
薛林芳先生	十萬元	張希斌司鐸	二十萬元	何愛翰	五萬元	姚依司鐸	十萬元
張梅生先生	十萬元	徐元榮司鐸	五萬元	何愛方	五萬元	徐達司鐸	十萬元

補助館刊經費諸君芳名列後

本刊以原定報價太低，優待劵且另有折扣，而最近物價日益狂漲，故在上期本刊發出呼籲，希望讀者自由樂捐，最少再繳六千元，以資維持。茲將已收到者披露於左（以收到先後爲序：）

P. Verhaeren	二萬四千元
張潤波主教	六千元
孫戰魁司鐸	六千元
耕莘中學	六千元
普愛堂	六千元
P. Legrand	六千元
P. Schyns	六千元
魏劼忱先生	一萬元
王雅谷修士	六千元
文聲總修院	一萬二千元
高若望修士	六千元
文聲總修院永年修士	六千元
文聲總修院正定修士	六千元
王秀谷修士	六千元
周道先生	六千元
景縣總修院	六千元
李儼先生	一萬元
唐東初司鐸	一萬元
劉力平司鐸	六千元
趙文祺先生	六千元
柳建爵修士	一萬元
李宜義司鐸	六千元
李布中司鐸	六千元
桂林女修院	六千元
鍾山天主堂	六千元
蒳浦天主堂	六千元
蒳浦女修院	六千元
四川金堂縣趙家渡天主堂	六千元
P. Allegra	一萬五千元
高正一主教	六千元
某司鐸	一萬元
曾韜默司鐸	二萬元
劉肇祿先生	二萬元
郜鼎銘司鐸	六千元
西寧德司鐸	六千元
員振鐸司鐸	六千元
鄒民援司鐸	六千元
夏文琮司鐸	一萬元
陳德勉司鐸	一萬二千元
雷興光司鐸	二萬元
熊銳鋒司鐸	六千元

改訂本館圖書價目表

七月十五日起實行 九月十五日以前有效

（一次購買全部書籍可享八折優待。每種購買十冊以上者九折，二十冊以上八折。）

（郵費加一）

梵蒂岡一瞥	張天松著	三十二開本	七千元
宇宙觀與人生觀	張永立等著	同上	四千元
公教與文化	陳哲敏等著	同上	四千元
馬相伯先生文集	方豪編	二十開本（白報紙） 十六開本（道林紙）	四萬元 七萬元
泡影	周信華著	三十二開本	四千元
合校本大西西泰利瑪竇行蹟	向達校	二十開本	四千五百元
朝聖行腳	葉秋原著	三十二開本	四千五百元
辭海辭源天主教名詞正誤	王任光著	三十二開本	四千五百元
全國教省教區圖	劉洪愷編繪	寬27.5英寸 高21英寸（道林紙） （白報紙）	六千元 三千元
英漢對照 愛的科學 THE SCIENCE OF LOVE	吳經熊著 宋超羣譯	四十開本	八千元

以上各書，共値八萬三千五百元，（馬相伯先生文集及全國教省教區圖照報紙本計算），一次全購，可享八折優待，即六萬六千八百元，外加普通掛號郵費七千元，（航空掛號郵費一萬二千元）。請由郵局匯寄，並請通知郵員在匯票上註明「北平第七支局」支付爲禱。外埠郵購請書明「北平西安門黃城根北段路東本館發行部」。

上智編譯館館刊第二卷第四五期合刊目錄

插圖

元代北平總主教蒙高味諾像（封面）　中國天主教出版會議攝影
教廷駐華公使黎培理總主教近影　北平市天主教同學會成立紀念

論著

書林偶拾

最新出版

英漢對照 愛的科學 THE SCIENCE OF LOVE

(Original text with Chinese translation.)

John C. H. Wu 吳經熊原著

Charles C. C. Sung 宋超羣譯

每本定價八千元（定價在九月十五日以前有效）

原書是吳經熊先生（我國駐教廷公使）最得意的傑作，英文的優美，早已博得各國的好評，暢行於英、美、加拿大、印度、緬甸各地，且已有德、法、西、意、及梵文譯本；中文原有陳香伯先生文言「闡譯」一本，茲爲便利一般讀者起見，特再用語體譯出。手此一冊，不特對於聖女德肋撒的偉大和公教眞精神，可以獲得最深刻的瞭解，即對於中英文的研究，亦有極大的裨益。

中國教省教區圖

劉洪愷編繪

（道林紙每幅六千元。白報紙每幅三千元）

中國教體已建立，教省已劃分，總主教已產生，我們不可沒有一幅簡明的教省教區圖。編繪者爲主徒會修士。在全圖內並附有「世界天主教之分佈圖」，「中國天主教之分佈圖」，「各洲天主教徒比較表」，「各教省教徒及傳教士比較表」，「各教省教堂比較表」。而教省界、教區界、樞機主教、教廷公使、總主教、主教、宗座監牧、東方教會特別區、獨立傳教區及本國人掌教之教區，均有標記，雙色套印，極爲鮮明。爲公教修院學校之良好教材，亦爲各教堂、閱報室、會客室最適宜之裝飾品。

泡影

周信華著

每冊四千元（定價在九月十五日以前有效）

這是周信華司鐸的第八本小說；在今日教會內鬧小說荒的時候，這算是一本可以令人滿意的作品。讀過周司鐸所著「挽救」「風雲幻變」「希諾亞人」「江北人」「雲飄菊流」「一條胡同」「天津一美兵」的人，一定可以估計其價值。希望教會家庭的家長，初高中的校長教師們，多爲自己的子弟學生購備良好的讀物，以抵禦壞人心志的各種低級趣味的讀物。這是一個嚴重問題，值得大家注意。

辭海辭源 天主教名詞正誤

王任光著

每冊售四千五百元

（定價在九月十五日以前有效）

辭海辭源是我國兩部最具有權威的辭書，然而其中對於公教名詞却錯誤百出。教會中人久思有以校正之，信陽張維篤主教亦曾有志於此，發表一部份，即輟筆。王任光司鐸肄業輔仁大學史學系，鑒於是項天主教名詞之正誤，極爲需要，因選取八十二條，指其訛誤，實爲有功公教文化之作。中華商務兩書局已來函誌謝，並允於再版時改正，可見是書之價值。

中國天主教出版會議攝影

（三十六年五月十七日上海）

前排自右至左：葉秋原先生；方豪司鐸；P. Dumas; P. Maestrini; 教廷公使 Mgr. Riberi; 于斌總主教；牛若望司鐸；張伯達司鐸；袁承斌先生。

後排自右至左：P. Legrand; 張天松先生； P. A. Bernard; 王昌祉司鐸； P. Köster; P. Kammarer; P. Heras; P. Laveau; 王仁生司鐸；胡重生司鐸；吳宗文司鐸； P. Schneider; P. Suppo; P. Pomati; P. Peeters; P. Bertino; P. O' Connor; 董世祉司鐸； P. Unden.

教廷駐華公使黎培理總主教近影→
（本年六月廿九日為黎公使晋鐸二十五年銀慶）

北平市各大學天主教同學會成立紀念
（包括北大．清華．燕京．中法．北洋．朝陽．師大．輔大．華北．中大．藝專各校）↓

論著

致中國天主教出版會議書（原爲拉丁文）

田耕莘

敎廷公使、總主敎、主敎、司鐸、各位敎胞均鑒：

我們聽說在上海即將舉行公敎出版會議，這喜訊確使我們感覺萬分忻慰，在目前的情況中，這會議實在迫切需要。因爲我們正在夜以繼日地想盡各種方法來歸化這歷史攸久，人口衆多的中華民族，他們正沉浸在各種新舊異端邪說中，而無以自拔。我們早就看到出版事業是針對時代需要的事業，因此，當我初到北平就任總主敎不久以後，立即創設上智編譯館，以恢復我們前輩敎士所注重的文化界傳敎工作。我們雖然散居各方，所司不同，然而對於傳敎救靈的切要，却無不有一致的感覺，趨向同一的目標。這實在是敎會的統治者，天主上智的妙用。所以對於本會，我除表示贊成，竭力協助外，並求天主降恩，祝福本會議圓滿完成，迅速實現其各項决議案。這是我願向出席本會議諸君，掬誠奉告的。一切客套浮詞，我完全摒而不用。

但乘此良機，亦願稍貢愚見，以求敎於與會諸君。原來我們所皈奉、所信仰、所宣傳的天主敎是至一、至聖、至公的。這三樣標記，在敎會內缺一不可。敎會既如此，敎會的出版會議更何嘗不應如此！否則，我行我素，各執己見，基督也就分裂了。看看擺在我們眼前的層層困難，以及我們應該加以摧毁的各種反動力，我們覺得團結便可加强我們的力量，渙散則祇有削弱！但願我們因基督而結爲一體，一心一德，推行各種工作！在天主的葡萄園內，不許區別猶太人希臘人，換言之，即不許有中國神職界和外國神職界之分！有會籍的神職界和無會籍的神職界，以及修會與修會之間，一概不容有門戶之見！僕不才，但忝爲中國敎會的領袖，自將盡其棉薄，與每一出席會議諸君，戮力合作，以達到「基督受各種方式的宣揚……」

最後，謹祝會議前途光明，但同時亦願一陳其最後的一點意見。即本會議似應討論出版事業的中心地點。鄙意教務委員會原設北平，則公教出版事業的總機構似亦以北平爲宜。北平的重要性，衆所週知，而其爲文化中心，更爲最顯著的事實，中外積學之士，大都聚於北平，埋首研究。除公教機關外，北平擁有最著名的大學多所，又有耶穌會士所遺，享有盛名的北堂圖書館和國立北平圖書館。北平古蹟林立，可供學者參考的資料美不勝收。謹以拙見，貢諸大會，以備考核，並委派上智編譯館代表人方豪館長，以上述意見，向大會轉達。敬祝諸君旅中平安！

北平總主教樞機田耕莘　一九四七年五月九日北平

出席全國天主教出版會議記略

方　豪

一　前言

自從民國十三年五月十五日第一次中國天主教全國會議和廿四年九月八日公教進行會全國教區代表大會先後在上海舉行後，中國教會一直就沒有過全國性的會議。十幾年來，凡關心中國教務的人，沒有不希望大家合作，羣策羣力，來一下大規模的傳教運動。然而說起合作，就有不少人懷疑，在理論上，天主教是公教，至一至公，但在事實上，在實際工作上，教區與教區，劃若鴻溝；修會與修會，界限更爲嚴密，何嘗談得上合作？年老一些的，已經司空見慣，視若無睹，甚或認爲這是天經地義，理所當然；有的還持之有故，言之成理：「不築起高牆來，如何能區別甲會乙會」？「各幹各的，才能各個表現其獨特的精神」。然而年青一點的，却對此頗爲憤憤：「天主教究竟是不是公教」？他們喊出來，他們看着新教儘管在教理上四分五裂，但在教育事業，社會事業……上，却有全國性的組織，一致行動。一聲號召，十幾所大學可立刻合併爲五所大學，此種犧牲精神，豈不可佩？當今年春天我在北平石門總修院演講後，一位修士問我：「中國天主教是不是準備改革？彼此間的合作已達到何種程度」？我當時只有報之以苦笑。

不料就在這樣令人極度煩悶的時候，却來了一個令人稍覺興奮的消息，那就是在今年四月下旬，忽由香港公教進行社社長兼公教報社長師人傑神父 Father Maestrini ，以中國天主教教務委員會 Synodal Commission of the Catholic Church of China 出版組臨時秘書的名義，來了一封公函，據說教廷駐華公使黎培理總主教，擬召開全國出版會議，會期定於五月十六十七兩天，十八是佘山聖母加冕日，全體出席人員同往佘山，以會議結果奉獻於聖母。公函還附上一張議案，共有八項。這件事引起北平教會極大的注意，當然我也是其中之一。最近會畢歸來，各方要求作一詳細報告。我以爲呆板的報告，枯燥乏味，不如寫成遊記，或能引人入勝。所以本文完全是信手寫來，想啥寫啥，因爲這並不是官方的記錄；我個人的信條，是說話必須坦白率直。

二　準備赴滬與北平會議

接到開會通知後，立即報告田樞機主教。他老人家是最主張推廣公教出版物和改進公教出版物的，又是最希望全國教會共同携手合作的。從去年回國以及到北平就總主教職，他就不斷地逢人開導，要大家打破修會與修會的門戶之見，教區與教區的地域觀念。他常說：辦兩所只夠六十分的醫院或學校，不如合兩校兩院之力而辦一所可以達到八九十分水準的醫院或學校。當某修女會化了幾萬美金來創立一座新醫院時，他沉痛地說：如果拿這筆錢去充實某一歷史已久的醫院，增加一批新的工作人員，不是更好嗎？所以他主張竭全國之力來辦一所宏大的編譯館，集全國編譯人材於一堂，分門別類，集思廣益，共同工作，較之現在各教區，各修會，各自爲政，收效不更大嗎？然而言者諄諄，聽者藐藐，積重難返，不是認爲理想太高，便是置若罔聞。但是在他的權力範圍以內，他却成立了河北教省聯合小修院；到目前止，各地都開始仿行。

不過，意料不到的，他對於出版會議却非常懷疑，非常猶豫，他認爲目標是好的，但方法上頗有錯誤。像這樣重大的事，必須由教廷公使遍函各主教或各修會會長，徵求意見，派人出席。所以他對我是否應到上海出席，直到一星期後始作決定。可是他一經決定，就表示非常重視，臨行前，囑我帶去拉丁文賀函一件，在開會時宣讀。（本刊本期已譯登，見上）。

在北平方面，首先得到消息的是方濟堂，又由方濟堂傳給撒肋爵會，後來我個人和聖母聖心會出版部也接到通知，此外有遣使會印書館、輔仁大學出版部、耶穌會出版部等。大家雖然都是個別收到通知，但不久便都相互知道了，於是聖母聖心會首先認爲有在北平先舉行一次座談會的必要，他們希望我來主持，我謙讓不遑，終由桑神父 Fr. Leyssen 以「奉教廷駐華公使館高彌肅參贊命」召開會議，會議地點在迺茲府前宗座代表駐華公署，由北平教區李君武副主教主席，討論邀請書裏所附的八項事宜。到會的也有未被邀請赴滬出席會議的人，如：耀漢兄弟會、主徒會、主母會、寵光社等，倒很可代表北平各方面的意見；會後並由桑神父整理議案記錄（法文），寄送各出席人。然而到上海開會時，這八項議程却又變更了。

三　平滬途中

平津一帶準備出席的一共有七人，其中天津工商學院的裴百納神父 A. Bernard 崇德堂（獻縣）Kammerer 神父，另一位意大利耶穌會神父，袁承斌先生和我，相約共乘五月十一日的秋瑾號輪船，同包一艙，以便舉行彌撒。可是在上船時，我們又發現船中另有四平街加拿大神父二人，更不寂寞。海上四日，出版事業當然是談話的主要資料，大家有說有笑，非常融洽。

出乎意料之外的，在輪船快要到上海的時候，那位意大利神父（姑隱其名）却對我教訓起來：

「中國神父現在要謙遜，要以道德熱心來傳教，不要想文字書籍是可以收效的」。

我當時頗爲驚奇，我說「謙德」是人人該當有的，也是古今一貫的，不僅中國神父當謙遜，外國神父也該謙遜；我對他列舉了在越南，在中國各省，我所聽到或看到中外教士不平等待遇後，他便嗒然若失；我反問他：「你是耶穌會司鐸，你竟反對利瑪竇他們所採用的學術傳教方法嗎」？

他說：「他們那時需要以學術傳教」。

我再問他：「現在就不需要了嗎？」

他不說下去了。正在教廷公使召開出版會議，正在大家高唱提高中國神職界學術程度的時候，竟有外國教士敢發出「中國神父不必注重學術傳教」的論調，如何能叫人不氣憤？幸而敢這樣公開表示意見的人還不多，但我們不能不防止這種錯誤觀念的傳佈，我們必須糾正這種愚民政策。

十四日下午四時抵滬，輪船將靠岸時，我發現葉秋原先生和復旦大學天主教同學會代表劉國瑞同學在碼頭上接我，我便投宿到葉先生主持的中國公教眞理學會。

當晚，薛祖恒先生來電話，答應明天把他的汽車借我使用一天。第二天我在虹口天主堂做完彌撒後（正是耶穌升天瞻禮）便四出拜訪朋友；中午是薛先生請客，他前一天在惠主教手中領受教宗所頒聖額我略騎尉勳章，薛夫人說她不斷爲我祈禱，我自是感激萬分；下午大部份時間消磨在江灣復旦大學，舊時同事同學，相見甚歡。雖然那天已在醞釀罷課，校長和其他負責人的情緒都很緊張。

四　會議情形一瞥

會議是十六日上午十時開始的，會址在岳陽路一九七號，那是方濟各會的一座產業，三層樓洋房正在修理，第一二層已煥然一新，中英文的中國天主教教務委員會招牌，寫的寫上，掛的掛上。那天早晨下了一點雨，我和葉秋原先生，雇了一輛汽車，冒雨而去，大部份是熟人，不久，黎公使駕到，他一見我，便說：「我見過你」；我問他：「在那裏見過」？他說：「在馬相伯先生文集的照片上見過」；我說：「那是九年前的我」；他說：「反正認得出來」。

出席人員共坐三大桌，沒有次序，大家隨意坐，只有當中一桌是經主席指定的。黎公使坐中，留下右手的空位給于總主教，左邊便是臨時秘書師人傑神父，再下是我和葉秋原先生，以及列席會議的三位名譽顧問：（一）震旦大學校務長 Dumas 神父；（二）英文公教月刊 Catholic Review 的主編 Kearney 神父；（三）美國公教新聞社駐中國特派員及前任美國出版界聯合會主席奧柯諾 Patrick O' Connor 神父。

計兩日內出席人員如下：

教廷駐華公使黎培理總主教

南京總主教于斌

教務委員會出版組臨時秘書師人傑司鐸（代表香港公教眞理學會及香港納匝肋印書館）

（以下次序按各人英文名字字母排列）

河北獻縣天主堂印書館代表 A. Bernard 司鐸

上海土山灣印書館代表 Cesbron Laveau 司鐸

上智編譯館代表方豪司鐸

河北獻縣印書館代表 Kammarer 司鐸

聖母聖心會（普愛堂）出版事業代表 Legrand 司鐸

遣使會出版事業代表吳宗文司鐸

香港澳門撒肋爵會印書館代表 Pomati 司鐸

撒肋爵會印書館代表 Suppo 司鐸

耶穌會出版事業代表張伯達司鐸

耶穌會出版事業代表王昌祉司鐸

中國公教眞理學會代表葉秋原先生

南京聖保祿會代表 P. Bertino 司鐸

南京益世報記者張天松先生

安慶天主堂印書局代表 Heras 司鐸

輔仁大學出版事業代表 Koster 司鐸

南京教區出版事業代表牛若望司鐸

方濟各會出版事業代表 Peeters Hermes 司鐸

武昌教區代表 Sig. Schneider 司鐸

南京教區出版事業代表董世祉司鐸

撒肋爵會出版事業代表胡重生司鐸

震旦大學出版部代表王仁生司鐸

上智編譯館秘書袁承斌先生

以上列席者三人，出席者廿五人，共廿八人。計教廷公使一人，總主教一人，司鐸廿三人，教友三人。以國籍論：中國十二人，意國五人，法國四人，美國三人，比國二人，德國及西班牙各一人。以會籍分：耶穌會八人，撒肋爵會三人，方濟各會二人，聖言會、遣使會、保祿會、聖母聖心會各一人；其餘爲不入修會的主教、司鐸和教友。

原被邀請的中國人本來爲數不多，華北本只我一人，袁承斌先生因曾辦過傳信書局，主編新北辰，此後還想繼續辦公教出版事業，所以我臨時聘他爲上智編譯館秘書而得出席；我們原很希望主徒會、耀漢小兄弟會各派代表一人，但他們因未被邀請，又因準備不及，結果未去。遣使會原不準備派人出席，開會前夕，我去拜訪首善堂（遣使會駐滬辦事處）穆司鐸（我的拉丁文老師），他說：「師神父也來過了，也許明天我出席」。當晚，吳宗文神父從嘉興趕到，第二天，他便出席。事後我才知道他還是高樂康 Legrand 神父，因鑒於中國人出席太少，在南京特請黎公使去邀來的。後來因京滬兩處參加會議的中國人增加，才有了今天的數字。

五　黎公使、于總主教及臨時秘書致詞

大會開幕由黎公使以英語致詞，略謂：對與會諸君犧牲時間與金錢，遠道而來，至爲欣慰。對臨時秘書召集開會的努力，特別致謝。黎公使對高樂康神父所著「文化方面的傳教工作」一書，稱爲本會議的推動力。而開會第一日，適當聖神降臨瞻禮前九日敬禮的第一日，冥冥中亦似有天主上智預爲安排者。最後，黎公使聲明本會爲教務委員會所召集，而非新的教務委員會，但爲正在進行改組的教務委員會一組的工作，未來的教務委員會將有若干組，分別設立於上海、南京、北平云云。

于總主教在會議第二日最後一小時始到會參加，閉幕時，由臨時秘書邀請致詞；于總主教亦以英語，簡單指出此次會議的重要，乃未來事業合作的會議。渠並表示熱誠的願望，亟盼類似的集會將爲公教出版事業的經常工作，且希望下屆集會時，新聞事業亦應列爲議程之一。

臨時秘書師人傑神父，在大會開幕時亦曾致詞，略稱：本會爲歷史上空前之舉，集全國各地公教出版家於一堂，共同研究以印刷品傳教的方策。據稱一九三九年已有過類似性質的會議，參加者約十二人，均爲修會中人，而多數爲外國人。今天則有二十五位代表，半數爲中國司鐸及教友。特別指出大會能有教友參加，引爲最大喜慰。當提

到中國公教眞理學會執行秘書葉秋原先生代表時，全場一致鼓掌歡迎。又對作者及牛若望司鐸的參加，爲中國神職界對戰後公教出版事業注意的重大表示。認爲中國公教會已日漸長大，而最足令人快慰。致詞時，師司鐸當衆介紹中國公教眞理學會及上智編譯館在五個月內所出全部圖書，特別指出最近由商務印書館出版的第一本甘露叢書「西班牙女王伊薩白爾傳」。又代表全體代表致謝黎公使召開本會並出席會議，又致謝名譽顧問震旦校務長 Dumas 司鐸，上海英文月刊主編 Kearney 司鐸，美國新聞社駐華代表 O' Connor 司鐸。

以後，師神父對會議議程略加解釋：（一）本會僅爲交換意見，不作硬性決定；（二）本會專討論書籍出版事宜，對於日報期刊等將在下次會議中討論；（三）本會因係初次開會，力求縮小範圍，故未邀請各修會院長，但會議結果，當書面通知；（四）或以爲本會舉行太早，但鑒於反公教思想之展開，及非公教因素之充滿中國出版界，故本會實有其必要……

（附）閉幕後，大會會由臨時秘書特擬一電，致謝田樞機主教，電文如下：

「公教出版會議圓滿閉幕，感謝樞機主教賜函鼓勵，允當協力合作，謹電奉達」。

六 幾點感想

（1） 教會事業主持人問題

在到上海去的輪船上，那位意大利神父向我提到傳教神父的國籍問題，我很坦白的對他說：我覺得中國神父還太少，中國待勸化的教外人還很多，所以我們絕對需要外國教士繼續留在中國幫忙，可是不合理的現象必須加以糾正。例如在中國出版的公教書籍，百分之九十以上是中文寫的，百分之八十以上是中國人寫的，其餘百分之二十是中國人修改的；完全由外國人寫的中文書恐怕一本也沒有；至於讀者的百分比，恐怕要在百分之九十五以上；可是當時據我所知道的，會議出席人員，中國人却佔極少數；（後來有臨時加入的）以北方而言，平津一帶就祇我一個中國人是正式被邀請的；袁承斌先生是我答應他的要求，臨時給以秘書名義而參加的。他對我說：這是出版人會議，不是作家會議，也不是讀者會議。然而我不懂，爲甚麼在中國的中文出版事業不能由中國人來主持呢？

在會議中討論組織公教出版人協會和公教作家協會時，我主張我們應該和教外人參加全國性的出版協會和作家協會，不必處處和別人隔離，不和別人往來，如果要傳教，就非和別人打成一片不可。袁承斌先生更提出具體的事實來：教會出版機關要加入中國出版協會的困難，是在教會出版機關都由外人主持，所以出版協會一向把我們的出版機關看作外國機關，或教會機關，因此就難免要排斥，爲補救計，只有物色中國教士來接替。

當我回到北平以後不久，接着就是北平市各大學天主教同學會成立，成立那天，我率領幾位學生代表去致謝耕莘中學校長張潤波主教，因爲我們是借他主持的學校來進午餐和開會的，張主教當時極勉勵同學爲國爲教努力，他感慨地說：中國雖是戰勝國，但各方面都不如日本，連教會方面，除了我們有一位樞機以外，也無不相形見絀；在日本連一位修院院長也非日本人不可，然而中國呢？張主教不說下去了，我們是可想而知的。會議後，我到故鄉杭州去，正巧黎公使也去主持杭州梅總主教就職典禮，杭州教區司鐸在請求委任一位中國副主教，就連這一點，也不知道能否迅速實現。戰事結束快兩年了，一位中國主教也沒有產生。……

（2） 語言問題

此次開會，用語似以英文爲主，約占百分之六十，除四十爲法文，只有我宣讀的田樞機主教的賀函是拉丁文的。當時我倒不以爲奇。黎公使初來中國，不說中國話是情有可原的；主席師神父因久居香港，只會說廣東話，不會說國語，我們爲使他們二人易於處理會務起見，因他們二人都以英語開場，所以大家也就接着以英語或法語來表達了。

回平後，教廷公使參贊高彌肅 Comisso 却問我：「爲甚麼開會全用英法文？」我說：「您怎麼知道？」他說：「高樂康司鐸說的，據他說：公使開幕詞用的是英文，主席曾請別人翻譯法文，至少爲面子起見，也該翻譯中文」。我到此才覺悟了，人家對於用語是多麼注意，可是我當時即使想到這一層，也又有甚麼辦法來糾正呢？

聖母聖心會另一位比國司鐸姚耀思 J. Joos ，他是專管北平公教廣播的，六月六日他來看我，他更說得利害：

「沒有別的理由，在中國開會就得用中國話」。

將來開會機會還多哩！這問題讓別人去作實際解决吧！我只是有聞必錄，表達大家的意見而已。如果有相反的意見，我也樂於登載的。

不過將來的社會日趨複雜，世界交通日益發達，中國司鐸除了必須精通國文和拉丁文以外，多學兩種外國語，似乎已是必不可少的了。

（3） 對於黎公使的希望

黎公使和易近人，頗帶幾分美國味兒；處事亦很機警，看來是很精明的。中國在大戰之後，又繼之以內亂，各處教會事業，大都不能恢復元氣；又加以政治情形的複雜，一位以教廷公使而兼教廷代表（即宗座代表）的人物，決不是庸碌的人所能勝任的。從幾次談話中得的印象，黎公使是可以有為的，他只是需要認識中國教會，認識中國，認識中國人。他現在來華不久，一切都在摸索，但我相信假之以時日，今天他的思想，他的觀感，他的判斷，一定不是他明年的思想，明年的觀感，明年的判斷。即如以公教出版物而言，他雖也贊同只出新書，可是我相信他到了北平，或多和中國第一流學者接觸後，他也必會感覺「整理公教舊時文獻」是同樣有其價值的。

他有一點很好的表示，即是他極尊重樞機主教；例如對於改組中國教務委員會，他一定要等到北平和田樞機商議後再作決定。

去年十二月二十八日，當他在南京呈遞國書的那一天，我在天津益世報發表了一篇文章，後來益世周刊第二十八卷第二期，換了一個題目，加以轉載；文章發表的那一天，我正去天津，工商學院的法國神父，也恭維一番，（不管他是客氣，是眞心）中國神父教友不用說了。某君說：「你把我們二十年來積在心裏的話都說出來了」！那天報紙，平津一帶，搶買一空，當天下午就買不到；可是不久，聽說甚至有人譯為意文，據說要寄往羅馬和教廷公使；接着于總主教和益世周刊也接到不少表示不滿的信，據我知道，大多是………。于總主教間接告訴我，如果告到羅馬，他將為我辯護；也有人警告我：黎公使來北平時，將親自向你質問。但居然不必等他來，我即有機會和他見面，而且合滬杭兩地，先後共計五日，黎公使對那篇文章，一句也沒有提到。大人物和無知之徒，的確是不能作同等觀的。敬祝黎公使放遠眼光，排除一切阻力，大刀闊斧的做去，中國教友，中國神職界所擁護的是羅馬的決策，而不是某一國，或某一會，或某一人的私見私圖。

中國天主教出版會議議決案

宋超羣譯

I書籍之出版

1及2：商請全國教區主教及修會院長，鼓勵並勸勉其屬下撰著或繙譯有關傳教之書籍，以推廣公教出版事業，並列舉其有能力之作家及繙譯人才名單，彙送教務委員會。

提出此案時，臨時秘書稱，作家人才之來源，當然應先求之於進會或不進會之神職班。經討論後，得黎公使之同意，由彼致函各區主教及各修會院長，詳述國內目前公教出版事業之情形，請彼等對於其屬下之作家，予以種種方便，以期彼等皆得致力於公教之寫作。

該函並請各主教及修會院長編製一所轄神職班作家及教友作家名單，致送教務委員會。所列舉之人員應爲已有寫作訓練及能立即從事寫作工作者。

3商請全國公教大學計劃訓練與鼓勵可造之公教作家的方法。

黎公使贊同商請國內各公教大學之主持人（一）在可能範圍內，應誘導學生以公教題材寫作論文付印出版；（二）隨時舉辦（特別注意公教學生）公教書籍及中國公教文學之講座；（三）如設有新聞學課程者，應鼓勵公教學生多多參加聽課；（四）促令學生注意教務委員會鼓勵公教作家所舉辦之競賽或其他事項。（P. Dumas司鐸稱：震旦大學本年九月間將添設文學院）；（五）商請有非公教大學之主教區各主教，指派司鐸與在各該校之公教學生連繫，尤應注意有寫作興趣者，並將彼等之姓名呈報教務委員會。方豪司鐸在北平業已從事此項工作。（按已成立北平市各大學天主教同學會）。

4通知公教高級中學校長選拔並鼓勵可造之優秀作家，從事公教文學之寫作。

決議：由教務委員會通知全國各公教高級中學：（一）請彼等儘送具有成爲優秀作家條件之學生名單；（二）商請彼等，務必盡其所能，鼓勵學生，以公教題材寫作文章，並檢送教務委員會，分送報章期刊發表；（三）通知各該校校長，教務委員會並將與此批學生取得私人間之連繫，以期促成彼等成爲公教作家；（四）告知各該校長，教務委員會對於有志升入大學進修而需要幫助之學生，願意加以協助；（五）請各該校長尤應特別注意有希望之學生，於公教大學招考時，將各該學生之姓名通知大學之主管人；（六）教務委員會決定資助接受公教作家訓練之學生後，應由各該校長分別通知。P. Kammerer 司鐸主張教務委員會指派專人一員，隨時前往各高級中學，以便與各學生取得私人間之聯絡。經決議此點應予紀錄，可能時即付實行，但同時教務委員會亦以通訊之方式，與各該學生盡力保持連繫。

5通知全國各地司鐸，向教務委員會列舉其所屬教友中優良之作家。

此點業已包括在第1項，從略。

6教務委員會應就最優良之作家編纂一姓名住址一覽表。

決議：教務委員會應備有此類一覽表，詳註各該作家之特長以資參考，作家之已有作品者，並應製就一作品之目錄；以其副本隨時檢送公教出版家。

7教務委員會組織一文學顧問機構以審查（亦可修訂或改正）出版人送請審核之稿件。

此點迭經討論，決議：（一）推定方豪司鐸，葉秋原先生，牛若望司鐸，張伯達司鐸籌組一委員會，擬訂公教及非公教名作家名單一份，由教務委員會正式聘爲顧問委員會之委員，審閱教務委員會送交彼等之稿件並提出彼等對於各該稿件價值之意見；（二）出版家無必須將稿件送交教務委員會審核之義務；（三）但爲提高公教書籍之文學水準，凡不屬修會之出版家，對於收到之稿件，無其他方法獲得適當之意見，保證其文學價值時，似以轉送教務委員會審核之方法爲宜；（四）文學顧問委員對於稿件之文學價值所提供之意見，出版家採納與否得自由決定；（五）北平上智編譯館在有報酬之條件下，願接受需要修訂或改正，以及出版家請求修訂或改正之稿件。

8向傳信部申請津貼。

此點提出討論之時，臨時秘書向本會議報告：渠已獲得傳信部之保証，此事如由教務委員會提出，該部當可予以有利之考慮。黎公使認爲此在中國至爲需要，故表示樂意向傳信部促成之，然渠宜稱，如傳信部允許撥給津貼，應以下列爲分配之原則：（一）每一欵項皆視爲一項貸給而非贈予，圖書出售後即行償還；（二）津貼應悉爲作家，尤爲教友作家之報酬以及出版教外人士專用之圖書與傳教用書之費用，蓋是項欵額首在傳播信仰，不在保持信仰；（三）出版商家應就擬予出版之每一書籍提出申請，一切詳細項目皆宜送交教務委員會，由黎公使親作最後之決定；（四）津貼之一部擬用作若干圖書低價出售之提議，未獲通過。

9作家之報酬。

臨時秘書提出此點時，會說明兩種作家之報酬方法，即一次付清稿費與抽版稅制度。經決議：（一）作者願以原稿出售時，其所獲報酬應以作者之才力以及該項書籍之價値爲準，普通每千字美金一元；（二）採行版稅制時，應採商務印書館之辦法即以百分之十五計算爲原則，每三個月清算一次；（三）以相當冊數之書籍贈送原作者，並另許作者，可按特別折扣以購買一百本或二百本，詳細數目，則應由出版家與作者之間，自行決定；（四）黎公使籲請全體公教出版家商定作家之報酬，均宜從優，尤以教友作家之報酬爲然，蓋在中國亦與其他國家相同，教友作家殆爲公教出版業之骨幹，渠等需要優渥之酬勞，始克集中時間與精力於公教之寫作，並藉此類寫作之力而獲得合度生活之維持。

10凡有獨創之中文作品或譯作，應給予實際之獎品及文學獎狀以資鼓勵。

競賽：（一）決議：凡出版家皆得自由舉辦文學競賽，規定一優渥之獎品，授予公教文學任何方面最優秀之作品，或特殊之作品。獎品如切合實際，實爲鼓勵公教作家之良好辦法；（二）教務委員會亦得在各公教高級中學生中舉辦競賽；(三)競賽作品應由公教雜誌及報紙盡量刊載；(四)出版家支付獎品以後，文稿即爲出版家所有。

文學獎狀：經冗長而詳細之討論後，決議：(一)由教務委員會商請國內公教大學各派教授三人共同組織一文學獎品評議會；(二)獎品爲銀盾或銀章；(三)獎品之授予由各大學根據評議會之意見聯合爲之；(四)獎品授予之對象應爲每年度所出版之書籍；(五)請獎書籍得由作家或出版家經由教務委員會呈交評議；(六)下列各書之最優秀者皆設有一獎品：小說、哲學、(包括社會學及教育)，傳記及歷史；(七)文學獎品亦得授予非公教作家；(八)評議之標準不僅重在內容且亦注重書籍之文學價值；(九)中文著作及繙譯作品均可呈請給獎；(十)首次文學獎品擬於一九四九年頒給一九四八年出版之書籍；(十一)教務委員會督促是項計劃之進行並在教內外報紙上廣爲刊佈是項計劃之消息。

II計劃出版之事項

1教務委員會鑑定全球公教最優良之著作，提供其最適宜者以資繙譯。

決議：(一)推定各國代表就最近十五年或廿年來各該國陸續出版之公教優良書籍，製成一覽表，以便繙譯；(二)選擇是類書籍時，應以切合中國一般讀者之水準爲主；(三)該項一覽表應包括教內教外人皆可閱讀之書籍；(四)推定編製書名之各國代表姓名如下：法國公教文學：P. Dumas 司鐸；英國及美國公教文學：P. Kearney 司鐸；意大利公教文學：P. Maestrini 司鐸；西班牙公教文學：P. Heras 司鐸；其他如葡萄牙及德國等代表容當再行推定；(五)此項書名一覽表應於本年九月底以前送達教務委員會，該會加以整理後，即分別通知出版家及各作家。

關於繙譯教會舊時聖師之著作，與新教徒似無合作之可能一點，亦曾加以討論，此殆由於名詞術語在意見無法一致之故。但其他可能合作之途徑，得由于斌總主教業已參加之機構（按指景社而言）決擇之。黎公使以新書較易深入羣衆，故於新書之繙譯，更感關切。最後應黎公使之請，決議更由教務委員會於刊佈前項書名一覽表以前，就前此數百年已有重要書籍之譯本，並在 Monumenta Serica 有書名者，(按指裴化行神父所編之書目)加以鑑定，其仍適合近代之需要而當重印者，並向出版家提出之。

2 教務委員會亦得提示最適宜之書名及題材以供中文書籍之寫作。

決議：（一）教務委員會與北平上智編譯館合作，共同擬定一切合時代之書名及題材表，以供適應時代之中文書籍之寫作，此項書名及題材表應廣爲分寄各出版家及寫作家，商請彼等撰著出版，但出版家及作家有就本人之旨趣自行選擇之完全自由；（二）擬定前項書名及題材表時，應咨商各地主教及傳教司鐸，俾便明瞭各該主教及教區認爲極關重要之題材；（三）駁斥共產主義及新教之書籍應側重公教教義之闡述，不採爭論之方式。

3 討論各部門公教著作何者應享有優先之出版權。

（一）一致贊同優先順序如下：（1）小說；（2）護教書；（3）社會學及教育；（4）傳記；（5）關於神修之書籍；（6）歷史。

（二）若干代表曾表示：就近代科學發明，闡述公教教義以備曾受教育之教內外人士閱讀之書籍，至爲需要。

（三）根據黎公使之提議，決議特別推廣切合時宜之社會問題小冊的發行，以備中學及一般羣衆閱讀。

（四）教務委員會在必要時，當提出上述書名及題材一覽表。

4 凡書籍既經確定撰著或即擬付印者，其書名及內容應即報告教務委員會，並由教務委員會每三個月彙報全體出版家。

決議：（一）此點已由香港公教眞理學會首先辦理，應由教務委員會繼續推行；（二）撰著中書籍之內容情形，不僅應通知出版家，且應通知各著作家；各地主教及修會院長詢問時亦宜通知。

5 商請教務委員會充任公教出版家代理人，以便與商務印書館或其他非公教出版商，商討公教書刊出版事宜。

（一）本會議一致贊成公教書籍經由非公教出版商出版之辦法；（二）決議：教務委員會應調查公教作家之與國內非公教出版界主要商家負責人有私人關係者，凡公教作家或出版家請求時，教務委員會則藉此等人士之媒介，以與各該非公教出版家商洽出版事項；（三）凡與此等非公教出版商家已有私人聯繫者，得自由向彼等商洽。

6討論組織一特種委員會以研究公教學校教科書及其出版之問題。

決議：本案送教務委員會教育組研究之，以其隸屬該委員會之教育範圍故也。

7討論組織公教出版家協會及作家協會，是否可行。

決議：（一）組織一委員會調查中國出版家協會會務現行之方法與法規；（二）此項協會之籌備委員會推定下列各委員任之：葉秋原先生，方豪司鐸，師人傑司鐸及趙爾謙先生，以葉秋原先生爲召集人；（三）由該委員會草擬協會之組織法及規章通知各公教出版家，如屬方便可行，並應檢附參加協會必要之指示說明；（四）推定師人傑司鐸搜集各國公教與非公教出版家協會之規章，擬定一中國公教出版家協會之章程送交各出版家考慮，並由下屆公教出版會議正式討論之。

8讀書指導。

根據臨時秘書之提議決議：（一）教務委員會適時組織一特種委員會，採行美國 Legion of Decency 對電影審查之同等原則，以道德觀點就非公教出版家出版之書籍加以審查，編印一「讀書指導」；（二）此項「讀書指導」書名一覽不僅包括中文書籍，並應包括市上出售之西文書刊；（三）是項書名表對於各傳教司鐸，及各學校校長與一般公教信衆，效用甚大，應請各公教雜誌及報紙，予以轉載。

III書籍之流通

第III部份議程提付討論時，臨時秘書稱—與會人亦有相同之意見—公教書籍在中國流通，首以基於健全之商業原則爲最重要，蓋各國之經驗，皆已証明此殆爲增加書籍流通亦所以更進而獲收推廣宣傳之效之惟一方法。故全體出版人均應力求遵守世界各地書業界現行之商業方法。

1在全國各大城市設立書店並担任書籍之總經售。

（一）決議：在全國各大城市設立代售處，並兼任書籍之批發以及函購書籍之供給事宜；（二）北平輔仁大學業已設立是項代售處；主徒會可能亦擬籌設一處；天津方面，將由 Kammerer 司鐸就商於主教後辦理之；上海則由土山灣主任司鐸與葉秋原先生負責籌備；香港及澳門二地已有公教眞理學會及撒肋爵會諸司鐸分別經營之書店，彼等現擬籌劃在廣州另行聯合設立一處。漢口則羅總主教 Mgr. Rosa 正在籌設中。教務委員會應研究其他地點書店設立之可能性；（三）在上海設立一總經售處之提案，經一致同意，一俟時機更爲成熟時再行決定；（四）公教出版家同意供給各堂口以其他公教出版家出版之全部書籍，以免各堂口分別向各該出版家函購之困難，其辦理之方式另見附件；（五）所設立之書店（代售處）應盡量使其外表與普通營業性書店無別，俾可吸引非公教人士前往參觀；（六）此項書店亦宜盡量經售非公教出版家出版之良好書籍，而於市面所有全國之公教書籍均應各有少數之存貨量；（七）應鼓勵各界人士進入此類書店在店內自由閱讀，一如在其他書店者然。

2協議書籍經售之折扣率。

（一）經長時期討論後決議：（一）凡經售人以現款購買時，得享25%之折扣，委託經銷者則以20%爲折扣率；（二）此爲業經協議之折扣最低率，但出版家意圖書籍獲得更大之流通，如屬可行，亦得自由予經售人以較高之折扣率；（三）有人以折扣增加勢必爲書價之增加，結果將影響銷路，故提出反對，但黎公使則謂現在之目的在招徠經售人，至於購買者則應以宣傳誘致之。

3教務委員會編製一公教書籍經售商號一覽表。

經協議凡公教書商均宜暫時先向教務委員會登記，以後則向公教出版協會登記，以杜流弊。

4討論書籍「經銷退還辦法」（即售不完時可以退回）是否採行。

（一）決議：此點得由出版家自行決定，誠以委託辦法對於出版家並不安妥，「經銷退還」實乃世界各地多所採用者，且於書籍之流通確有裨益。惟鑒於中國情形之特殊，距離之遙遠以及交通之困難等等，出版家遂不以之爲一般的辦法而樂予採用；（二）黎公使則熱誠向各出版人士推荐此法，尤於與非公教書商之交易時爲然，蓋欲招徠渠等採售公教書籍，舍此更無他法也，又爲協助公教書店之成立，此法亦屬必需。

5在各省份內委託若干人士負責分向非公教書商推銷公教書籍。

（一）經推定香港公教眞理學會以及撒肋爵會司鐸爲華南之負責人，Lavau司鐸及葉秋原先生爲上海及上海附近一帶之負責人，Kammerer司鐸爲天津之負責人，方豪司鐸及輔仁大學爲北平之負責人；（二）黎公使同意本會議第1部所言，致各教區主教函內，亦提及此點，俾使在每一主教區內皆得特定專人負責辦理，並呼籲各地傳教司鐸注意商洽書業商號以利公教書籍之推銷；（三）黎公使復擬請教務委員會之公教事業組注意及此，俾使公教書籍在非公教書店商號出售之事，近期內即可開始推行。

6教務委員會出版雜誌一種，就各種新書作完善而實際之書評介紹（包括非公教界出版之良好書刊）免費寄送各地教堂及修會等。

（一）決議：由教務委員會辦理並以二重方式出之，一爲完全中文，一爲中英文或中法文對照，與教務委員會會刊一併出刊。但其包括書評介紹之部份，亦得單獨刊行並廣爲分寄全國各地；（二）爲推行上述之目的起見，全體出版家於每版新書發行時，應各以是項新書每種二冊免費贈送教務委員會，以便該會撰刊書評。

7教務委員會就現有公教圖書重新編製一圖書目錄。

全體一致通過：應盡速就現有市面發售之公教書籍編製一總書目。

8商請各公教雜誌主編刊佈公教新書之介紹。

一致通過。

9版權。

（一）臨時秘書指出：外國版權法之效力雖不及於中國，然公教出版家以道德立場言之，仍應嚴格遵守。（二）全體同意，公教出版家之間，應嚴格尊重版權。（三）出版家協議：書籍之翻譯，必需獲得各該原書之作者及出版家之同意。（四）無特別版權之中國古籍，任何人皆得重刊。

10聖堂門前之設攤售書

臨時秘書力言教堂門前設攤，陳列廉價小型書冊可獲成效之事，並籲請與會各代表就商於各該屬之主教及公教進行會等，以便在全國各大教堂推行此法。

IV公教名詞

組織一委員會研究公教名詞統一之事宜。

黎公使報告本會議稱：渠已決定在聖經委員會之下另設一委員會，繙譯聖經及公教百科全書，共同編纂一中國公教詞典。然渠願徵詢與會人員之意見，經協議：

（一）政府業已使用之地名，吾人應行採用；（二）新教已使用之名詞，其譯義如能表達公教之意義者，吾人並無理由不予採用；（三）此一詞典應盡量採用國內主要印書館業已使用之譯名；（四）此一詞典之編纂應與教育部及中國政府（按應改為該部）設立之國立編譯館取得合作。

教廷駐華使節二十五年紀念

馮瓚璋

引言

本年六月二十九日，是教廷首任駐華公使黎培理總主教晉鐸二十五週年紀念，八月九日又是宗座駐華代表公署成立二十五週年紀念，我們欣逢這雙重慶典，覺得意味深長，值得祝賀。

宗座代表公署的成立，無疑的給唐景教以來的中國天主教教務劃一新紀元，而黎公使的任命，又將有元以來教廷遣使來華的十餘次努力促其成功。在這短短二十五年中，我國與教廷的關係與國內教務的發展同時並進，一日千里。黎公使的任命，正在我國教體建立之初；黎公使的晉鐸，又適值宗座駐華代表公署成立之年，好似上智的亭毒，在二十五年前便預定了黎公使的使命。希望公使任內的黎公，得再有二十五年的時光，來促進中國教務的發展，增强我國與教廷的關係。大時代已經開始，過去的回憶是未來希望的曙光，藉這雙重銀慶爲契機，把二十五年來教廷遣使來華的經過略作回顧，想來不是沒有意義的。

宗座駐華代表公署的成立

考教廷對華遣使，前後凡十二次，第一次使節的派遣，遠在公歷一二四五年，此後雖屢經派遣，但都屬於單方面的，從沒有中國使節的交換。近百年來，歐洲帝國主義利用保教權的美名，向我國伸張勢力，造成許多教案，給天下爲公的天主公教遺下不白之冤。五十年來，羅馬教廷幾次努力和中國建立外交關係，入民國後，我國政府感於教廷在倫理界的至高無上的地位，也曾設法和教廷交換使節，可惜那些眞誠的努力都被保教權的藉口所阻，未能實現。直到一九二二年前教宗庇護十一世即位半年後，纔毅然決定了創設宗座駐華代表公署。宗座代表公署，雖屬單方面的教務使節，但也曾經多少困難，並且充分表現新教宗的奮鬥精神和教廷對華的誠意：原因在那時期，許多人都已承認那是教廷擺脫惡勢力的最好方法。派遣代表以後，教廷與中國纔發生了直接關係，而教廷對中國的認識也爲之一變，這種事實，可由兩任宗座代表的成績來證明。

剛毅有恒的剛總主教

民國十一年八月九日，前任教宗庇護十一世毅然發表成立宗座代表公署，十一月八日簡任剛恒毅總主教 Celso Costantini 爲第一任宗座駐華代表。一聲霹靂，打散了中國教務的陰霾，引起全世界的震驚。剛總主教銜命來華，駐節漢口，全國教友深知代表公署意義的重大，爲表示愛戴之誠，捐欵獻地，在當日的北京政府所在地，建立公署，奠定了教廷駐華使節的初基。剛總主教仰體教宗眷渥中華的慈懷，可謂不辱使命，在來華後不久（十二年十二月八日）便呈准教宗，擢國人成和德爲湖北蒲圻監牧，打破國人不能任教區首長的謬論，此後並發表孫德楨、趙懷智等六人爲代牧主教，親自率領赴羅馬，由教宗躬親主持授職典禮。教宗這種破格壯舉，顯然提高我國在國際上的地位。剛代表在任十一年內，中國教區之劃歸國人管理的凡二十處，計蒲圻（一九二三）；安國（一九二四）；宣化（一九二六），汾陽（仝），海門（仝），台州（仝）；集寧（一九二九），趙縣（仝），永年（仝），嘉定（仝），順慶（仝），萬縣（仝）；保定（一九三一），臨清（仝）；赤峯（一九三二），洪洞（仝），盩厔（仝），鳳翔（仝）；陽穀（一九三三），駐馬店（仝）。

民國十三年五月，剛代表召集全國主教在上海開會，商討中國教務問題，會期一月，對國內教務進行，計劃頗多。十四年，我國公教耆宿馬相伯英歛之兩先生在民初即已上書教宗呈請設立的公教大學，終因剛代表的努力而宣告成立，定名輔仁大學。十五年十月，剛代表率領中國首批六位主教，在羅馬領受祝聖。十八年二月，設立公教教育聯合會（現已改名中國教務委員會），以作傳教事業的指導中心。同時入籍愛國英雄雷鳴遠司鐸所創辦的第一座正式國籍修會—耀漢小兄弟會—也宣告成立。是年北伐成功，南京統一政府成立，羅馬教宗庇護十一世首先發表那可紀念的「八一通電」，對國民政府予以承認，諄囑信衆對合法政府敬謹服從，預祝中國國運興隆，並倡導各國承認中國一切的合法權利。果然，教宗登高一呼，世界響應，國基於焉奠定。民國十九年，為造就教育師資，剛代表卅創第一座國籍司鐸修會—主徒會，創辦恒毅中學。一九三三年是耶穌救世千九百週年紀念，羅馬舉行聖年大典，剛代表組織中華朝聖團，同時並有三位國籍主教在教宗手領受祝聖禮。教廷這樣一再的對中國表示愛護，致使歐洲各公教國人民都有些艷羨，甚至稱庇護十一世為「中國教宗」！而剛代表秉承教宗的意旨，不但對中國教務非常關懷，即對中國文化、藝術、社會生活、愛國運動等，也都站在倡導的地位。他是一位忠誠的愛護中國者，對中國的一切永久愛護，對中國的前途永遠樂觀。他對中華偉大的友誼，和教宗庇護十一世的慈懷，永久存留在國人的甜美記憶中！剛總主教現任傳信部秘書長。

寧靜持重的蔡總主教

民國二十二年，剛代表在十一年的克苦奮鬥以後，體力顯見得有了變化，被迫辭職。同年十一月二十八日，蔡寧 Mario Zanin 總主教受命第三任駐華代表。像他所取的名字一樣，蔡代表是一位和平使者，因為在他任內的十二年中，有九年是在抗戰中度過，他不但該把自己的生活減縮到最低限度，同時還該代表教宗盡最大的努力，作國內傳教士、教友、乃至整個中華民族的施慰者。他在二十三年夏季來華，立即開始了各教區的巡視工作，同時羅馬教廷又發表傳大教授于斌司鐸為中華公教進行會總監督，以便團結國內教友，作中堅份子的良好國民。二十四年初，蔡代表在公教教育聯合會內創辦寵光通訊社，以期把中國教務的正確報道公佈於世。同年九月，在上海召集全國公進代表大會，國府亦派有代表參加開幕和閉幕禮。二十六年七七事變，蔡代表正在西北視察教務，立刻把教會的一切組織起來、動員起來：醫院施診所改為後方醫院，聖堂學校改為難民收容所，教民組織起來，衛國守土，搶救傷亡。計自民國二十六年七月至二十八年七月止，全國公教所完成的慈善救濟工作，除因交通阻隔報告遺失的以外，總計收容難民九十二萬零九百又七名；施診一千九百九十一萬二千五百七十三次；醫院治療二十一萬零七十四名。上項數字，僅限於長期收容救治的難民和傷兵，其臨時救濟尚不統計在內。對那樣龐大數字的難民，公教會不但供給衣食，且給予路費，分別設法護送還鄉。並在農村設立合作社、互助社等，以救貧困。僅將河南沁陽公教會主辦的農村互助社來舉例，該社自二十七年起辦理農貸，到二十九年六月統計，被救濟的農村達五縣六十二村，幅員二千一百方里。

因公教辦理救濟事業成績優異，許多方面都把捐款交給宗座代表公署來施放。只就重慶中央賑濟委員會來說，每年交由教會施放的賑款，不止幾千萬元，自二十八年十月蔡代表退居北平後，竟作了該會在淪陷區的地下工作機關，而美國基督教國際救濟會，也以代表公署為救濟華北的中心，祇三十年一年中，經蔡代表代為分配的賑款，即達國幣一百一十一萬八千元。此外，最值得一提的，是羅馬教廷對中國的愛護，自抗戰以來，每年除對各教區普遍發付固定補助金外，並對情形較重的教區民衆，發送特別救濟金，每次都在數百萬元之鉅。我們倘能記憶當日的幣值和生活程度的比例，便不難想像有多少人曾因此而獲得再生之恩。

救濟慈善工作的全面展開，並未阻止了公教教育的進行。民國二十七年，震旦女子文理學院、輔仁大學女院同時成立，輔仁司鐸書院也在蔡代表的一手維持下行奠基禮。工商女子文學院，也是抗戰期間的產物。抗戰期間的淪陷區，公敎大學是僅果僅存的不帶僞色彩的最高學府，宜乎它們在抗戰期間，有着驚人的發展。

敎務本身方面，在蔡代表十二年任內，國籍敎區共增設八處，即昭通（一九三五）；南京（一九三六），襄陽（仝）；獻縣（一九三七）；施南（一九三八）；正定（一九三九）；靑島（一九四二），信陽（仝）。

三十五年七月六日，也就是勝利後第一個七七的前夕，羅馬敎廷發表設立駐華公使館，任命黎培理總主敎爲第一任駐華公使。蔡代表任務完成，回羅馬述職。他現已改任敎廷駐智利大使。

首任駐華公使黎培理總主敎

隨着抗戰勝利的到來，羅馬敎宗庇護十二世，爲了表示對中國勝利的慶祝，安慰飽經患難的中國人的心，首先在三十四年十二月二十四日發表第一位中國籍樞機主敎，繼之於次年四月十一日建立敎會體制，使中國在敎體上，也和公敎先進國並駕齊驅。在敎會體制下，全國各地劃分二十個敎省，每省省會設總主敎區，而北平、南京、南昌三地，又被升爲國籍總主敎區。計自民十一年到現在，二十五年間共設立國籍敎區整三十處。

三十五年十一月二十四日，敎宗庇護十二世明令發表，將光緖庚子年爲信仰而就義的敎民二十九位，列入眞福品，從此在祭台上，又增加了中國的聖人。這尤其是值得紀念的一個日子。

早在四年以前，我國已派有駐敎廷公使，由謝壽康博士充任，但敎廷方面爲了戰爭期間交通阻隔，蔡寧代表不能離華，新任公使不能赴任，故當我國在上年九月十日發表吳經熊博士爲駐敎廷第二任公使前，敎廷才派遣駐華第一任公使。黎公使在十二月十四日抵滬，二十八日呈遞國書，在南京正式成立公使館。三十六年元月六日，發出第一次致全國敎區領袖公函。在這封公函裏，公使表明他職務的艱巨，和對戰後中國經濟困難的關心，以及中國靑年求知慾的饑渴，和他對在華傳敎士的熱望：「一心一德」，「團結一致」，「力量集中，意志集中」。是的，在五百對一的司鐸與敎友，七萬五千對一的司鐸與敎外人的比例下，大家一心一德猶恐力不從心，何況各自爲政呢？然則黎公使的作風，已經瞭如指掌。希望在公使的指導下，不獨傳教士團結起來，連全國教友也要聯合起來，以從事興教建國的神聖工作。

黎公使在視察教務之餘，更抽暇於五月十六日，在上海召集公教出版會議，擬訂方案，意在恢復利瑪竇時代的「自上而下」的傳教法。這亦足以表現黎公使識見的卓越，正合時代的要求。

青年是國家的靈魂，整個中國的希望都繫於知識青年的身上，然而不幸得很，中國青年在拋棄了數千年固有的傳統之後，却面臨到徬徨的歧途。到那裏去呢？「這是很危險的一件事」——公使說。因此我們該「切實努力工作，協助那些青年，給他們灌輸眞正的文明」。

社會的貧困往往是道德生活的阻礙。公使有鑒於此，也不會忘了慈善事業的計劃。慈善工作計劃的內容，我們未得詳知，但相信裏面必定包括許多積極的建設性的事業，以謀中國社會經濟普遍的復員。

抗戰八年的中國的確是勝利了，可是勝利所帶來的，是愈加複雜的國情，更險惡的環境。黎公使仰體教廷愛護中國的一貫政策，想來必能爲眞理作證，而促成中國政府與教會的合作。

良好的教友同時也是良好的國民，站在教民國民的雙重立場，全國教友都準備好，在教宗代表的領導下，「於其祖國之昌盛，社會之幸福有所供獻」（註）。

大時代已經開始，在公使晉鐸、代表公署成立的雙重銀慶中，全國教友，謹祝公使努力促進中國教務的發展，增强我們與教廷的關係。

註：教宗庇護十一世「八一通電」中語。

孟荀性論與人性要求

杜而未

一、緒言

為明瞭做人的意義，談談人性問題，想來也有不少的幫助。我們的人性究竟是什麼樣的？人性有什麼要求？要求應否得到滿足？這都是極有價值的問題。對於這些問題，外國哲學家倫理學家的討論和解答，我們暫且不去管它，只就我國固有的學說作一簡單研究。中國古代有兩位著名的人性論專家：一是孟子，一是荀子，他們在兩千餘年前，在中國思想絲毫未夾雜外來成分時，已經討論起來了人性問題。孟子道性善，叫人有行善的自信力，荀子主性惡，欲人努力學習為善，二人都抱着淑世的苦心，很值得我們提倡倫理建設的人，向他們注意。近來雜亂自私的假學說，瀰漫人間，主張將傳統的道德抹殺，使人日益禽獸化，拋棄理智和意志，專重腐敗惰落的感覺，這實是人類的危險。為保存發揚人類的優越，我們可以利用孟荀的學說，來闡明人類的高貴要求是什麼。最有意義的是二人的性論，若冰炭不相容，而說到人性要求時，又恰相符合，可知二人對人性要求的論調，是很可貴的了，這和諧的主張，可以代表中國大部分人的意見，所以讓我們介紹一下吧。

二、孟荀人性說

孟荀以前的論性者有孔子，他說：「性相近，習相遠。」我們讀論衡，知道周人世碩、宓子賤、漆雕開、公孫、尼子也論性，他們以為人性是有善有惡的。告子談性譬如湍水，決之東流則東流，決之西流則西流。孟荀以後有賈誼、劉向、荀悅、王充、韓愈等也主張人性有善有惡；陸賈、淮南子、班固、李翺從孟子說；董仲舒、杜牧之、俞樾贊同荀子。以上諸人的論性，有的不太清楚，有的依襲前人，宋朝理學家也不過發揮以往的學說罷了，都比不上孟荀的創論。

「孟子道性善，言必稱堯舜。」（滕文公上）他以善良是我們的天性，「仁義禮義，非由外鑠我也，我固有之也，」以固有的仁義，加以擴充，即可登入聖域賢關，「苟能充之，足以保四海」。（盡心下）荀子生於孟子晚年，世道越發亂了，權謀詐術和人心險惡，達到極點，他便作了一篇性惡，質問孟子：「孟子曰：人之性善。曰：是不然，凡古今天下之所謂善者，正理平治也，所謂惡者，偏險悖亂也，是善惡之分也已。今誠以人之性固正理平治耶？則惡用聖王，惡用禮義矣哉？今不然，人之性惡。」荀子的人性看法，與孟子不同，孟子言人性自然是善的，荀子以爲人生來即好利，所以好爭奪，好嫉妒，好殺傷。如果發問說：「人之性惡，則禮義惡生？」荀子的答應是：「凡禮義者，是生於聖人之僞，非故生於人之性也。」這裡的僞字，當然作爲字解，「可學而能，可事而成在人者謂之僞」（性惡）荀子所謂善，又極爲周密，他說：「不全不粹不足以爲善。」（勸學）那麼他主張性惡也就不足爲奇了。又荀子的立場，是爲帝王說法，著重實際社會的整頓和誘導，深信王者治天下，非用禮義法度不可，他的弟子韓非提倡法治的意義，即本於此。關於孟子，有人說，他受了中庸的影響，這是錯的。孟子明明受了詩經的影響：「民之秉夷，好是懿德。」（告子篇引）孟子心目中的人格，完全建築在意志和理智的運用上：「萬鍾則不辨禮義而受之，萬鍾與我何加焉？」孟荀的衝突，表面看來，似已到不可妥協的地步。其實，荀子亦只在提倡淑世的口號上不同，他的精神的確與孟子是合流的。

三、性論的調和

一提起行爲的善惡，當然已設想了自由的存在，沒有自由，便沒有功過可言了。不信人性享有自由的人，便不能談道德，談教育，談努力。孟荀談論人性時，當然不能否認人有自由，不然，何必言「長養」「擴充」？何必言「習積」「變化」？我們人性中不能有善惡兩個主體，只是一個主體，但具有兩種傾向，善用自由的人，即做出善行來，反之即爲惡行。因爲孟荀承認人的自由，故孟子書裏，於不知不覺時即談論性惡，孟子引證太甲時，已承認人性有惡劣的傾向：「天作孽，猶可違，自作孽，不可活。」又說：「子服桀之服，誦桀之言，行桀之行，是桀而已矣。」上文所說的「自」字和「服」字，即可証明是自己願意去做。人的欲望，當然也要得到合理的滿足，然而在那些事上，往往生出損害道德的效果來，所以孟子說：「養心莫善於寡欲。」（盡心下）我們再看荀子所言善的傾向：「人之所惡者何也？曰：汙漫爭奪貪利是也，人之所好者何也？曰：禮義辭讓忠信是也。」（彊國）這裏所說的好惡，是從人性中善的傾向來的，不過這傾向的實際發揚，還必要良師賢友：「夫人雖有性質美而心辯知，必將求賢師而事之，擇良友而友之。」（性惡）但我們的根本善心，永遠不能去掉，人原來是道德動物啊！「雖桀紂亦不能去民之好義！」（大略）近人姜忠奎作荀子性善證，也不是沒有道理。荀子終究承認「義與利人之所兩有。」（大略）的確，人都有兩種傾向，欲望以享受物質為對象，意志以道德為對象，揚子法言修身篇有以下的論調：「人之性也善惡混，修其善則為善人，修其惡則為惡人，氣也者，所以適善惡之馬也歟！」禮記禮運說：「美惡皆在其心。」「性的問題，為什麼會這樣的糾紛複雜呢？因為人類生活，包含精神物質兩方面，這兩方面，常常發現出矛盾現象，在許多人類裏頭，好的人壞的人品類千差萬別，即以一個人而論，好的事壞的事或先後雜作，或同時並作，這種現象所以然之故，我國的哲學家，都要在性上頭找一個交代。」（梁任公東原哲學）孟荀欲為人類的善惡找一個交代，他們有了相反的性論主張，但倫理卻很調和，那麼，我們談人性的要求，取孟荀來合看，不更有意義嗎？

四、人性的要求

人性有它的要求，而且這種要求，當得到合理的滿足。除非我們要分辨人性要求的合理與不合理，我們何必來麻煩，來細心考察人性！讀者至此，也許疑惑我們有唯一的路線：只有精神的要求是合理的。不！人有精神有物質，雙方都得合理要求的供給，纔算尊重我們的生命，呂覽貴生篇有明晰的解釋：「所謂貴生者，全生之謂。」高誘注說：「於身無所虧，於義無所損，故曰全生。」古代印度耆那教創枯餓至死之吃齋辦法，是不對的。孟子是極力主張精神生活的人，但他也明白物質生活是不能擺脫的：「王如好貨，與百姓同之，於王何有？」（梁惠王下）但貪欲總是危險的，所以他對於居處、飲食、侍妾、飲酒、田獵的種種奢華，表示戒懼：「我得志弗為也。」荀子也不丟開身體方面的合理保養：可以用五味調香，可以有椒蘭芬苾，可以有雕琢刻鏤，可以有鐘鼓琴瑟。人「生而有欲。」（禮論）子宋子的「人情欲寡」，墨子的「使人憂，使人悲」是不對的。呂覽大樂篇坦白的說：「天使人有欲。」貪欲的要求，固然很危險，但不能因爲它有危險，便一味抹殺它的價值，不過，享樂的唯物主義者的罪惡，實在是貪欲過當的結果。我們要知道，以上所說的合理的滿足，——說一句刺耳的話吧，也不過是我們所有獸性傾向的滿足，假使我們太重視這種傾向，自然就失掉做人的意義，退到獸的境界裡去了，禮記樂記有很好的訓話：「夫物之感人無窮，而人之好惡無節，則是物至而人化物也，人化物也者，滅天理而窮人欲者也。」呂覽本生也像和樂記唱和的論道：「物也者，所以養性也，非所以性養也，今世之人惑者，多以性養物，則不知輕重也。」祗醉心在物欲上的人，破壞理性和意志，他們就是「性養」的惑亂者，顛倒輕重。他們不明白理智和意志滿足的要求，對認清人生眞正意義的人，比起貪欲的要求，更爲迫切，意志間充滿了仁義道德，可以代替膏粱文繡的供給。並且我們常覺得有一種不去的苦悶，這種苦悶，非修積道德不能除掉：「天下之士悅之，人之所欲也，而不足以解憂；好色人之所欲，妻二帝之女，而不足以解憂；富人之所欲，富有天下而不足以解憂；貴人之所欲，貴爲天子而不足以解憂。人悅之好色富貴，無足以解憂者，惟順於父母，可以解憂。」（萬章上）意志要求的迫切，實在貪欲以上。荀子說得更清楚：「心憂恐則口銜芻豢而不知其味，耳聽鐘鼓而不知其聲。」（正名）又：「心平愉則色不及傭而可以養目，聲不及傭而可以養耳。」越顯得意志滿足的切要，道德給予我們的快樂，遠勝過口腹的快樂，小人常戚戚的原因，也就是缺乏道德方面的安慰。從上邊看來，意志的要求，是非常強烈的！

五、意志要求的強烈

孟荀還有一套痛切的話，使我們永遠不忘，如「生亦我所欲也，義亦我所欲也，二者不可兼得，舍生而取義可也。」（告子上）意志的要求是多麼強烈！又如「孰知夫出死要節之所以養生也。」（禮論）意志的要求是多麼強烈！左傳上也有同樣的表示：「遠禮不如死！」爲什麼人類的意志非要道德不可？爲什麼古今的敎育家非提倡道德不可？有人說：如果沒有道德，社會間必相傾相軋，爾詐我虞，這樣便不能安居樂業了。然而我們却又知道安居樂業，並不是人類重視道德的動機，夏朝的關龍逢，殷朝的比干，宋朝的文天祥，身已臨刑時，不再有安生樂業的希望，爲什麼還擁護道德？又有人說，道德的要求，是出於民約和習慣，但民約和習慣不能解釋道德要求的常久性。又譬如舜是很孝順的，可是孝順之爲美德，遠在舜以前，千萬年後，孝順仍是一種美德，從我們意志方面來說，道德永遠是意志强烈要求的對象。康德說：「有兩種東西，我們對它思想越長久，崇拜的情念也越深，一爲我們頭頂上的星辰和光耀的天空，一爲我們心內的道德律。」但康德的「無上命令」，實在沒有根據，因此我們相信，必有一位超越人類意志的最高立法者。

六，結論

孟子講「舍生取義，」荀子講「出死養生」，我們的確有超物質的生命，形成人性的主要部分，而且它永不消滅，不然，舍了生命以後，誰去取義？還保養什麼樣的生活？言念及此，我們只有承認靈魂的存在了，靈魂就是人性上的主要和高貴部分，靈魂自身上的高貴能力是理性和意志，理性的對象是「眞，」意志的對象是「善。」靈魂決不是物質的作用，決不是如范眞所主張；有物體纔有精神，有刀纔有快！我們不知道原因，可以從效果去推求，保險無訛；象牙是從象口裡來的，葡萄是從葡萄樹來的，所以有葡萄一定先有葡萄樹，有象牙一定先有象。現在我們說：靈魂不但存在，而且永遠不死，怎麼說呢？按理性來證明，理性的對象，往往是永存不變的，不受時間和空間的影響，譬如「人」的觀念，也不是孟子，也不是荀子，這是普遍的觀念，不是指這個人或那個人，這個人或那個人死了，人的觀念並不死，所以這觀念的存在，不受時間和空間的限制，我們的理性能有這永存的觀念，所以它也永存不滅，所以靈魂也永存不滅。我們意志的要求是善，有的善是永遠善的，請問「仁愛」的本身到什麼時可變成不道德？永遠是道德！而我們的意志永遠懷抱着它，意志不會消滅，靈魂也不會消滅！靈魂的高貴能力，是它自身的東西，不是從低能的小動物來的，純動物只有大小不同的本能的衝動，沒有領會抽象東西的基礎。所以我們沒有否認靈魂的理由。漢高祖給本鄉父老們說：「游子悲故鄉，吾雖都關中萬歲後，吾魂魄樂思沛也。」抱朴子說：

「人無賢愚，皆知己身之有魂魄……然與人俱生至於終身，莫或有聞見之者，豈可以不聞見復言無乎？」梁沈炯有歸魂賦，賦序述及古人的信魂：「古語稱收魂升極，周易有歸魂卦，屈原著招魂篇，故知魂之可歸，其日已久。」以上爲古人深信靈魂存在的明證。一般說來，科學是日益進化的，而正確的倫理觀念則日益消失，我們在倫理方面，當尊重古人的地方很多。但也有例外：初學記十四楊泉物理論云：「人死之後，無遺魂矣。」楊氏的意思，是拿靈魂當火光看，他以爲薪盡火滅自然沒有火光了，這麽簡陋的一個譬喩，那裡能貼合在堂堂自由的人類呢！原始人類學告訴我們，除人類以外，沒有會發明取火的，會給木薪燃火的人類，那能和木火等量齊觀？木火能滅，我們的靈魂不能滅。不然，孟荀的「舍生取義」，「出死養生，」便沒有意義了。

中國歷代宇宙起源學說的檢討

張金壽

一、引言

只要不是極端的懷疑派，我們總得相信「有我」「有你」「有他」。我、你、他三者推衍開去，便得相信有萬物，有世界，有宇宙了。什麽是宇宙？陸象山十三歲時便下了一個定義說：「四方上下曰宇，古往今來曰宙。」這個定義相當的妙。因爲四方上下，包括空間，古往今來，包括時間，有形質的萬物，自然要占空間，有萬物，自然也要繼續存在，繼續存在，就要占流動的時間，占時間占空間的事物，自然有相可憑，有理可據，爲此極端懷疑派是無理取鬧。

荀子解蔽篇說：「疏觀萬而知其情，參稽治亂，而通其度，經緯天地，而材官萬物，制割大理，而宇宙裏矣。恢恢廣廣，孰知其極？睪睪廣廣，孰知其德？涫涫紛紛，孰知其形？明參日月，大滿八極，夫是之謂大人」。我們雖不敢自居爲荀子說的大人，然而「仰觀於天文，俯察於地理」，總覺有個幽明之理。儘管有人說是電子、原子、質子、波動等等的構成，但這些質子，電子又是怎樣來的？而這些電子等等又怎樣構成了人類和其他動物、植物或一切無生之物？星辰運行，動植傳類，又有什麽歸宿？所以我們不妨研究研究，宇宙的起源，宇宙的現狀，宇宙的歸宿。現在先就中國歷代對於宇宙起源的學說，加以檢討。

二、中國歷代的宇宙起源學說

（1）道　老子道德經上說：「有物混成，先天地生，寂兮寥兮，獨立而不改，周行而不殆，可以為天下母，吾不知其名，名之曰道」。老子以為宇宙的起源是道。道是什麽呢？老子說：「道之為物，惟恍惟惚，惚兮恍兮，其中有象，恍兮惚兮，其中有物，窈兮冥兮，其中有精，其精甚眞，其中有信」。這樣看來道之為物，恍惚不清，我們不能有清晰的認識，因為「物」「精」都是生於恍惚窈冥之中的。試問恍惚窈冥是什麽呢？老子說：「視之不見名曰夷，聽之不聞名曰希，搏之不得名曰微，此三者不可致詰，故混而為一，其上不皦，其下不昧，繩繩兮不可名，復歸於無物，是謂無狀之狀，無物之象，是之謂恍惚」。那末恍惚是無狀之狀，無物之象了。這個無物之象，是那裡來的？老子沒有告訴我們。

（2）幾　莊子至樂篇上說：「種有幾，得水則為㡭，得水之際則為鼃蠙之衣，生於陵屯，則為陵舄，陵舄得鬱棲則為烏足……久竹生青寧，青寧生程，程生馬，馬生人，人又反入於機。萬物皆出於機，皆入於機」。這樣看來萬品的根源是機，因為種必須有機，才能得水而循次變化。這個機是什麽？胡適之先生說：「機當作幾微的幾字解，易繫辭傳說：『幾者動之微，吉凶之先見者也』。正是這個幾字。幾字从𢆶，𢆶字從幺本象生物胞胎之形。我以為此處幾字是指物種最初時代的種子。也可叫做元子」。但是問題還沒徹底解決，這個最初時代的種子，又是從那來的？莊子寓言篇上又說：「萬物皆種也，以不同形相禪，始卒若環，莫得其倫，是謂天均」。莊子的學理是說天地是循環進化的，萬物出於機，又歸於機，始卒循環，莫得其倫。但是以小喻大，我們覺得這個說法不對。比如祖生父，父生子，子生孫，無論怎樣也不能再生出祖來。同樣相推，萬物的進化也不能循環。有人說：「人類發生以來，至今約有五十萬年」。這數字雖不可靠，究竟是萬物進化中的一長時期。在這漫長的時期裡，天地間並沒有人化爲別物的痕跡，也沒有反入於幾的現象，所以天均之說是不可能的。就讓天均之說有理，試問天均循環之律是那裡來的？

(3)太極　易繫辭上說：「天地絪縕，萬物化醇；男女構精，萬物化生」。是拿男女生人的道理，推論萬物的起源。所以又說：「乾道成男，坤道成女，乾作大始，坤作成物」。這是用乾坤代表萬物的父母了。但是乾坤又是那裡來的？周易上說：「易有太極，是生兩儀。兩儀生四象，四象生八卦」。這樣看來，「太極」是宇宙的根源了。可惜易經上沒充分講明，所以後來的學者，紛紛解釋，對宇宙的起源，便有各種不同的意見了。

(4)太始　淮南子天文訓上說：「天地未形，馮馮翼翼，洞洞灟灟，故曰太始。太始生虛霩，虛霩生宇宙，宇宙生元氣」。但他在精神訓裡又說：「古未有天地之時，……有二神混生，經天營地」。詮言訓裡又說：「洞同天地，渾沌爲樸，未造而成物謂之太一。」淮南子一書本是許多人的思想集合而成的，爲此論宇宙起源，一會兒說太一，一會兒說二神，一會兒又說太始，如失了功用的羅盤，不知所指了。

(5)天　董仲舒說：「天者羣物之祖也，故徧覆包函，無所殊」。（對策）又說：「道之大原出於天」。（策三）是仲舒以「天」爲宇宙的起源。揚雄說：「玄者幽萬類，而不見形者也，資陶虛無而生乎規。」是子雲以「玄」爲宇宙的起源了。王充論衡自然篇上說：「天地合氣萬物自生，猶夫婦合氣，子自生矣」。這便是乾父坤母的說法。王符潛夫論上說：「上古之世，太素之時，元氣窈冥，未有形兆，萬精合併混而爲一」。這是以元氣爲宇宙的根由。葛洪根據老子「玄之又玄，衆妙之門」的話，說是：「玄者自然之始祖，而萬殊之大宗也」。以上諸人，或說「天」，或說「元氣」，或說「玄」，要之不出易經及老子的範圍。

(6)無極、氣、理、心、性等　到了宋朝又演成無極，陰陽氣理之說。周濂溪太極圖說上說：「無極而太極，太極動而生陽，動極而靜，靜而生陰，靜極復動，一動一靜，互爲其根」。這眞說得宇宙如抽陀螺一般；邵康節又把動靜，分配到天地上說：「天生於動者也，地生於靜者也，一動一靜交，而天地之道盡之矣」。張橫渠又演爲太虛說：「太虛氣之體，氣有陰陽，伸屈相感之無窮，故神之用也無窮」。又說：「太虛不能無氣，氣不能不聚爲萬物，萬物不能不散爲太虛」。這又和莊子「萬物出於幾，而入於幾」的意見相同。程明道說：「氣外無神，神外無氣」。（全書十二）把宇宙歸根到氣上。程伊川則說：「離陰陽，則更無道，所以陰陽道也，陰陽者氣也，氣是形而下者，道是形而上者」。把宇宙的根原歸納到氣理上。朱子則說：「無極而太極，不是說有個事物，光輝輝的在那裡。只是說當初皆無一物，只有此理而已」。又說：「做出那事，便是這裡有那理，凡天地生出那物，便是那裡有那理。」（語類）又說：「未有物而已有物之理」；「未有天地之先，畢竟也只是理。有此理便有天地，若無此理，便亦無天地，無人，無物」。這明明是說，理是天地的根原了。陸象山根本不提宇宙的起源，只說：「宇宙便是吾心，吾心便是宇宙，」那末每個人都是宇宙的創造者。然他說的心是明理知性之心，所以說：「萬物森然於方寸之間，滿心而發，充塞宇宙，無非是理」。他說的心，就是朱子說的理。王陽明更把心說成了天淵。他說：「人心是天淵，無所不賅。原是一個天，只爲私欲障礙則天之本體失了。……若念念致良知，障礙窒塞一齊去盡，則本體已復，便是天淵了。」劉蕺山說：「夫性因心而明者，盈天地間一性也。」黃宗羲便推演說：「盈天地皆心也」。這都是以心爲天淵的學說。

三、宇宙起源之眞諦

1肯定方面

（甲）超出因果律的自有

從古人種種不同的哲學中，我們得到一個相同之點，就是現在的這個宇宙必定有個起頭。凡有起頭的什物，必有使他起始的原由，而且這個原由，斷不是「太極」，因爲若把原由與效果，放在同一線上，則被生的宇宙有始，生的原由也有始，這樣相推不已，便糾纏不清了。也不是「無極而太極」。因爲這個「而」字，太含糊。「而」字若作生字講，便與太極生兩儀相同。也不是「有物混成先天地生」之「道」，因爲道既是物，也必有始。其他「幾」「理」「氣」「心」「性」「太始」「太虛」都有同樣的語病。現在世上所有的一切都是在因果律下支配的，必須求出一位超出因果律的，才能把宇宙的原始解決。這個超出因果律的，必須無始，換句話說：「自有」。這個「自有」是先天地有，而不是物；是太極上的無極，而不是「無」。我們對於「自有」只能彷彿，不能認淸，然而不是恍惚；他超出因果律，只能作因，而不能有因。

（乙） 造 化

推出這「超出因果律的自有」來，則萬物起源的問題馬上解決：宇宙是「超出因果律的自有」造成的。造成是從無中生有。「無中生有」不是「自有」。因爲「自有」超出因果律，「無中生有」却依賴因果律，這是極大的分別。沒有天地之先，宇宙是淨無，「超因果律的自有」却從無中造出宇宙來。造化必須是從無中，因爲若用其他事物，則事物又必有因，因又必求因，終至一個無因之有——自有，問題方能解決。

2 否定方面

(1)宇宙是有限的。 宇宙一開始有，便是宇宙歷史的開端。宇宙歷史是很長的，是人類不能虛擬的。天文家能推算宇宙的年代，也不過是一種估計。哲學家却用種種事物相生的程序，——種生論也好，進化論也好——推出宇宙的根原——自有。這是研究宇宙歷史兩個不同的方面。然而結果是相同的，即宇宙是有限的。有限的就有始。

(2)有限的宇宙不能自有。 人類只能設想「有」，而不能設想一個無。「無」是「有」的反面，兩不相容的。當宇宙未有之先，永遠是無。既然永遠是無，如何能自己開始有？我們不能設想永遠的無，同樣更不能設想永遠的無，怎樣會開始有。古人設想太極、無極，並不是設想了一個永遠無，而是設想一個永遠有。

(3)有限的有，不能造化有限的有。 宇宙間一切相生之物，都有相生之理。比如公孫龍說卵有毛，因爲若沒有毛，小雞怎麼會生出毛來？同樣一切相生的，必有生的潛勢。如蛹能化蝶，沙粒便不能化蛹，這是潛勢的關係。潛勢也不能超出它的範圍，若超出範圍，等於從無中生有。自己沒有的，不能送給別人，同樣潛勢內沒有的，也不能生長出來。所以無中生有，必須有外在緣由，這便是超出因果律的自有。

(4)潛勢必須有因。 我們若承認進化論，就不能不承認進化中的潛勢。進化爲爬蟲，便有爬蟲的潛勢；進化爲人，便有人的潛勢。這個潛勢不能自有，因爲是有限的，有始的，是受因果律支配的。若這潛勢是從無到有的，則必須有外在緣由，就是「自有」。

四、結論

宗教家把這「超因果律的自有」稱爲天主。宇宙起源推來推去，必須推出自有的天主來。因爲必須自有，才無始無終，無始無終，才能無限，這樣才不受因果律的支配。宇宙間沒有一件事，不是有始有終，沒一件不是有限，所以沒一件能逃出因果律。爲此宇宙的根源必須是超出宇宙，無因而自有的天主，即是說天主創造了宇宙。

聖清音集卷上校言

方豪

聖清音集一册，民國九年北平西什庫天主堂出版。分上下二卷：卷下爲「對聯集正」，雜錄教會及家庭應用各對聯，間有與教理不合或訛誤者，茲不論。卷上收（一）豬山楊多默作天主耶穌三十三想詩三十三首，又補咏吾主顯容及渡海二詩，名「思正恩言」，首尾並有序跋及短詞一首。（二）山左孝廉姜先生作耶穌受難節略十八絕。（三）雜詩四十六首。諸詩似均爲明末清初作品，多清新可讀，實教會難得之詩集。原書或爲抄本，倉促付梓，諸多未妥，爰爲校閱一過，並略作考證。民國三十年三月八日，時養痾渝郊青木關。

三十五年夏余來北平，乃知民國三十一年聖清音集又有新版，復取而校之，則九年版所誤之字，尚未更正，而新誤又增若干處。教會典籍不重校勘之學，久爲普遍現象，聖清音集不過其一例耳。

（一）思正恩言

思正恩言，其義何取？原作者有書後詞曰：「無邪思始正，借韻剖心言。……有等愚夫子，難知如此恩」。故思正恩言者，敍述耶穌聖恩之詩也。跋曰：「詩三百，三字以蔽之，曰：信、望、愛」。凡此皆可見原作者有追效詩經之意。但所謂「詩三百」者，實僅二百六十四句；蓋詩共三十三首，每首八句，故得此數；合補咏二首亦纔二百八十句耳。曰三百者，舉成數也。原序曰：「得詩二百四十六首句」者，首字衍，四十六爲六十四之誤也。

三十三詩原爲書塾課本，序曰：「蒙以養正，聖功也」。又曰：「克安巴師，端友瑪師，准令幼童傳讀」。

詩成於康熙甲午年，即五十三年（一七一四），至己亥年即五十八年（一七一九）重訂，原序作己己年誤也。

序曰：「迨司教索公蒞事，荷蒙鑒定」。索公即 Polycarpe de Souza 以乾隆五年（一七四〇）晋陞北京代牧主教。

則又在重訂後二十一年矣。

時作者年已八旬，兩目亦盲，故曰：「敢云將死之人，其言必善耶」？

思正恩言序

蒙以養正，聖功也。余於康熙甲午年，將天主耶穌三十三想經爲題，限韻編詩，名思正恩言。克安巴師、端友瑪師，准令幼童傳讀；迨司教索公蒞事，荷蒙鑒定。閱己亥年（原書誤作己己年）已（原書誤作己）八旬，兩目雖盲，寸懷未息；謹按前詩，逐句揣摩，心維口誦；時老楞佐王子英道長，樂於贊襄，撥冗促書，自春徂夏，得詩二百六十四句（原書誤作二百四十六首句），曰思正恩言。噫嘻！瓦缶雞鳴（原書誤作聞），空言莫補；敢云將死之人，其言必善耶？赭山楊多默序。

右序有可注意者：一，「天主耶穌三十三想」，原爲經名，三十三者耶穌在世所享之年也。二，「限韻編詩」，而其限實不嚴：第一、二、三首爲東、冬、江韻；第四、五、六首均爲支韻；第七首爲微韻；第八第九首均爲魚韻；自第十以下，爲虞、齊、佳、灰、眞、文、元、寒、刪、先、蕭、肴、豪、歌、麻、陽、庚、青、蒸、尤、侵、覃、鹽、咸等韻。三，楊多默王子英二氏事蹟待考。

第一想　天主聖子因聖神降孕於聖母瑪利亞

綱常倫理共西東，復命歸根道已（原書作己誤）窮。眞主眞人兼兩性，迺神迺聖顯奇工。尊親無對謙爲婢，貞淨懷胎孕亦童。後起乾坤先子母，古今同在再新中。

第二想　吾主耶穌誕生於瑪利亞之童身

誕聖山隅節正冬，祁寒子夜顯聖（三十一年版作音）容。有名有姓家何在？無害無災道不從。長服數層堪襁褓，馬槽一榻受塵封。磨揚用表神人主，榮福安和萬世宗。

第三想　吾主吉音天神以報牧童又於空中作樂

橫流不返倒如江，救世親來世莫降。郊外牧童聞捷報，空中律呂奏新腔；吉音未徧東西海，福德先通上下邦。一自鼓吹佳句後，餘聲盈耳頌無雙。

第四想　吾主初誕生受瞻拜於牧童（三十一年版作牧兒）

前賢望主越千支，童竪（原書誤作豎）承恩幸及時；不顧氷霜忙極目，爭先頂禮盡餘恩；萬民樂事人俱夢，一路歡聲孰與知？有意相從呼與吸，牧童千古是吾師。

第五想　吾主依古禮受割損乃立耶穌聖名

自天喚號永昭垂，儀注還依古教規。異日必傾全體血，初生先受一肢虧。從無聲嗅辭難頌，具有音容名可隨。念念毋忘救世者，神欽魔懼福常綏。

第六想　吾主見朝貢於三王

東方三后最稱奇，暫別臣民樂此疲。容易台垣輝景宿，何難遠國奉昌期。班聯列服朝天下，庭享多儀貢土宜。智勇可嘉神入夢，改途歸避獨夫詒。

第七想　吾主爲聖母獻於主堂

童女生兒理甚微，先型尙在赴邦畿。四句人子來成享，兩翼斑鳩去贖歸。嘖嘖老翁揚主號，依依孀婦表懿徽。羔羊自獻還遲日，利刃攢心願不違。

第八想　吾主偕聖母往避厄日多國

諸嬰因主斮如魚，神命諄諄事不虛。膝下此時非宴日，堂前及早棄吾廬。關山雖負長途遠，萍水頻連七載餘。爲義蒙塵人子願，故來多難未寧居。

第九想　吾主十二齡在堂與諸耆（民國三十一版誤作者）學論道

人年十二孰知書，主獨便便震殿除；壓倒羣英驚未有，闡明古學說當初；常生正諦雖難喻，超性眞傳從此攄（三十一年版誤作攄）。猶憶慈親三晝夜，往來途路費躊（疑爲躕字誤）躕。

第十想　吾主與聖母三十載克盡孝敬

罔極深恩重可虞，主從貧困報勤劬；未酬永遠元皇位，先竭涓埃人子軀。養志有年三十載，承歡無間一須臾。溫親定省都能說，往古來今孰步趨？

第十一想　吾主領洗於若翰乃建入教大禮

以禮齊民民始齊，新恩有典善提撕。貽謀後進身爲律，委任前驅（三十一年版誤作軀）名可題；欲顯聖神施大化，頻呼吾子醒多迷。淵源若爾當河水，薄海無分東與西。

第十二想　吾主在山持齋被邪魔試探

克己工與地亦佳，四旬連日在山厓；未容半粟留空腹，豈肯安眠擾曠懷。三變狡辭魔最險，一呼娑殫語難諧。何修可退讐仇計，效主身先內外齋。

第十三想　吾主選擇宗徒十二位

此身百歲亦成灰，靈性淪胥孰挽回？萬派一宗遵道統，同堂共業育英才（原作才英誤）！聖門位並天門數，名理根從名教來。鎖鑰重權歸首座，後人私述儿筵開。

第十四想　吾主三十齡始躬傳聖道

茫茫歧路孰爲眞？指點塵迷主必親。年越三旬身及壯，教開季世命維新；一言訓世千秋鑑，百度儀型萬古遵。地有肥磽難共穫，莫將嘉種負農人。

第十五想　吾主命痊諸病

傳經四史有遺文，無藥無方顯大神；屈指三年難數數，全能一體故云云；跛行癱起盲重視，癩淨瘖開聾即聞。

形病何如神病急，豁明心鏡更慇懃。

第十六想　吾主命死者復活

掌握神明之大元，或存或歿不煩言；無徵未顯人爲主，有命方知權獨尊；眼見堂前悲朽骨，忽驚死後返離魂；降來豈爲今生計，特借今生示永恩。

第十七想　吾主驅魔於人身

妖魔肆害胆俱寒，蠱惑人心伎倆寬；露尾藏頭眞叵測，假形附體不勝殘；獨來嚴命强無敵，始信神威到即安；我主永生還永王，盡歸名下共餘歡。

第十八想　吾主被惡徒茹達負賣

枉列門墻籍自刪，從來利害兩相關；負恩失望生何益？賣主成心惡最頑。人不受陶偏有地，世今可贖豈無鍰？未遑痛悔雖遺憾，罪大難容莫等閒。

第十九想　吾主親濯宗徒足

謙和有道下爲先，主値雖變更焰然，尊賤不倫分爾我，官骸同類豈天淵？解衣手滌門生足，入座聲明師傅（原書誤作傳）權；千古（三十一年版誤作千苦）愛情無限意，長留芳躅望年年。

第二十想　吾主建定聖體大禮

自爲獻品最蕭蕭，深入人心禮獨超；架上遺言聽翌日，筵前留別話今宵；餅爲救世親身命，酒是傷痕鮮血潮；一夕晚餐恩遠大，推誠置腹永於昭。

第二十一想　吾主園中祈禱出流汗血

爲臨（三十一年版改作迎）大難宴嘉肴，宴罷相期共適郊，不信羊羣悲衆散，可聽雞唱懼推敲；三巡豈易救（三十一年版誤作求）民命，萬古猶難贖外教；血汗愈流傷愈切，早知前路即咆哮。

第二十二想　吾主被捕於兇卒

嘯聚群兇夜更豪，持竿捕主共焚膏；安心欲驗前人語，捫耳先収弟子刀；手足未交身早順，爪牙雖猛事徒勞。片言出口威於鐵，倒斃何須用法曹？

第二十三想　吾主被解送於四署

泣血搥心不忍歌，乘雲人子奈仇何！儼然翁婿甘爲虐，任爾柔良法亦苛；慘慘白衣爭唾罵，洶洶狂口共干戈。踉蹌四署非無意，讞案終歸比棘多。

第二十四想　吾主被縛於石柱而受鞭笞

雜遝兇徒亂似麻，赤身縛主重鞭撾；五千餘數多多許，十一徒生冥冥些；片語自緘羔可類，全膚盡剝血難遮；無端石柱增顏色，狼藉恩膏不勝嗟！

第二十五想　吾主被兇黨籠以茨冠

兇謀辱主共陽陽，碎首奇刑孰可當？織茨如冠鋒入腦，披袍作戲僞稱王；面流百孔千瘡血，腸斷焦頭爛額傷；想像情形思內苦，滿腔痛淚早盈眶。

第二十六想　吾主肩負十字架赴山

三十三年犂子庚，定期已至故前行；重肩刑具縱橫木，跣跗山崖苦楚程；一路顛危扶不住，全身汗血急於傾；最難阿母心先碎，步步相隨慟哭聲。

第二十七想　吾主被釘十字架而死

青天何事不青青，日月俱悲主受刑；全體裸懸木十字，四肢槌透鐵三釘；酸心七語傳新義，苦胆高竿驗古經；頑物顯然如抱痛，山崩地震石成零。

第二十八想　吾主死後被一卒持戟刺其右脇

倉皇大變似全蒸，變古爲今命始凝；願獻五傷完救贖，故增一戟刺胸膺；剖懷爲盡身心血，破脇方知腸（三十一年版改作臟）腑崩，無限艱難垂世教，漫愁魔鬼逞多能！

第二十九想　吾主殮葬於石塚

萬方多罪主何尤，捧負殘軀血盡流；膺滿鞭痕頭滿茨，肢穿釘孔脇穿矛；香膏白布忙收殮（三十一年版誤作斂），巖石青山一墓邱；淚灑架旁呼再祀，胥塗肝腦共千秋。

第三十想　吾主降地獄三日復活

自新再造孰能侵？救世原兼古與今。薄所萬靈蒙霽色，人間三日證佳音；無庸礧石光先導，若震轟雷勢莫禁；身舉墓空帷殮布，徒勞守卒衆如休。（三十一年版改作林，是也。）

第三十一想　吾主當諸聖徒之前亭午上升

四旬言訓更新覃，治定功成亂永戡。古聖比肩隨午駕，天臣九品扈雲驂。位（原作拳誤）居右座榮無極，和合凡間樂且躭；目斷山前人悵望，雙神下降顯雄談。

第三十二想　吾主前言見符聖神降臨

聖神恩寵味中鹽，奉主遺言共仰瞻；若降風雷還坦坦，如臨火舌故炎炎；聰明直達尋常外，音語旁通萬國兼。仰止當時人百二，普天率土一堂廉。

第三十三想　吾主日後再降審判生死者

上主神威遍不咸，再來後世更非凡；大終有驗災先集，洪火無邊物盡芟。萬代世人都凜凜，五傷聖子獨嚴嚴（三十一年版作巖巖）。判明永遠升沉案，若個能逃此日監？

×　×　×　×　×　×　×　×　×　×　×　×　×

三十三想詩後原附二詩：

恭頌吾主大白山顯聖容之像

特顯尊榮大白山，存亡二聖列崇班。明明耀體光於日，皎皎鮮衣雪作顏。未許門人留樂境，忽聞訓語出天寰。叮嚀有待多深意，轉眼當知他日艱。

恭頌吾主渡海止風之像

升沉只在信疑間，道岸求登未等閒。平地與波皆怒海，持危履（原作㞕）險賴慈顏。未援天下恩先及，雖冠諸生手必扳。砥柱狂瀾從此始，何愁陷溺不知還。

原附識語曰：

皇城首善天主堂中，東西配像十尊，有顯容渡海二像，未入三十三想經，另補二詩，不限韻，亦不箋句。謹附列於後。於戲！既有序跋，豈能無詞？（原作弁能有序跋豈無詞）詞曰：

無邪思始正，借韻剖心言；敘事增人感，傳經語倍尊。真光輝暗昧，道統顯中原。有等愚夫子，雖知如此恩！

詞後原有文相接曰：

語訖（原作迄誤）拍案憮然！云：詩三百，三字以蔽之，曰：信、望、愛。是為跋。

謹案：原識語曰：「不限韻，亦不箋句」，可見以前三十三詩，不獨限韻，每句且有箋釋。又曰：「既有序跋，豈能無詞」？則詞當位在跋後，然跋首曰：「語訖……」，不知所語者何，知必有闕文。

山居詠校記

李宣義

一　引言

魚老先生天齊，蒲城高士也。今歲孟春，宣義特往拜訪，睟然答見。先生雖白髮老翁，而談學論道，亹亹不倦。聞余研究了一道人事跡，因出山居題詠一冊見示。此乃端節公全集本，珍貴異常，又為先生旰夕吟誦之卷。一見心喜，竊欲假閱，然不敢啓齒，先生窺破隱衷，慨然允焉。余即訢然敬領，携之歸里。即與盧冀野（前）之刻本山居詠對讀一過，不惟眉題有異，即編敘字句，不同者亦多。按山居題詠，就管見所及，現有三版，（實則只有山居題詠與山居詠兩版耳。）即全集本（以下簡稱全本）、涇獻文詩存本（簡曰涇本）與盧氏刻本（簡曰盧本）。全本第四葉正面，第一第二兩行，頂格各脫一字，涇本以口識之，盧本弗缺；就大體言之，涇本多隨全本轉移，可知涇本必出乎全本。二本原是一本，而涇本爲排印本，手民任意添去，校讎又不精切，致譌誤百出。至盧氏所依之鈔本，絕非出自全本，余故曰：目今只有山居題詠與山居詠兩版耳。

今之全本、涇本、盧本，以書體論，全本或行或楷，涇本盧本皆無此分。以章句揆，涇本盧本舉無圈點，全本有之。全本文句有大小字之分，涇本亦然，且調名盡加括號，盧本文句不別大小，調名盡括，且一一頂格寫之。—凡此皆約舉異同之一隅耳。至於其他歧異或牴牾之處，分別列表如次。自念讀書少，用功淺，又不諳詞曲，敬待博雅教之！

二　眉題之異同

全本之眉題爲「山居題詠」，盧本爲「山居詠」，涇本固無特標之眉題，然涇獻文存卷八，標有「王徵山居題詠跋」，又外編卷二有「溫自知山居題詠序」，是涇本從全本也。驗之他籍，斯書之名，互有出入：陝西通志王徵傳曰「山居詠」；王介明關西名儒先端節公全集序曰「山居詠」；陳援菴先生涇陽王徵傳作「山居題詠」。蓋了一道人書名，多有簡稱，如忠統日錄之曰忠統錄，或忠統，學庸書解之曰學庸解，或書解，皆一例也。

三　編敘之異同

全本首葉列一短文，無題無標。葉中縫書一「引」字，文末署曰：「焦穫後學溫自知敬引」。愚嘗讀該文，見所論爲歌；且爲端節之父訓子之歌，主教子女忠孝之思，與山居題詠毫無關連。再則簡而文小引成於崇禎乙亥（八年），而溫引崇禎辛巳（十四年）脫稿，兩文相差六年。愚度該文，當爲滸北山翁訓子歌之引，玆將端節公滸北山翁訓子歌跋與溫引節錄於左，以資對比：

滸北山翁訓子歌跋：「此先君自編口號，以訓不肖兄弟輩者也。先君最喜讀古人書；顧先世少讀書人，家亦無多藏書，則間就他塾師處，抄錄九經及明心寶鑑，與太上感應諸書，篇中警世醒人語，靡不一一成誦。日摘取往哲格言懿行，以淑其身，不區區文詞計也。間自編爲歌說，振發愚蒙，納之義軌。……故每見古書中，忠孝大節，爲世所習聞常覩；及今人有一善行，有一義事，未嘗不擊節嘉歎，間爲歌說，以讚美之」。（涇獻文存卷八）

温自知引：「我聞巖嶭之東，清峪之西，有一碩德君子焉。躬耕壠畝，不求聞達，忠信介特，月旦歸美。間讀古人書，摘取忠孝大節，衍爲歌章，以示嗣君。嗣君良甫翁，既遵義方之訓，兼受舅氏之業，遂爲一代名賢。厥仲季，厥孫枝，亶稟勸戒之指，庭闈和藹。余猥入其門，恍遊三代而上。籍令里黨之間，人人砥礪，蚤夜滌磨，各啓忠孝之思。則先生是書，有裨風化良多。……謂是歌也，能羽翼六經，有功聖哲之書可也。」二文所指所論晤同，温引之爲濟北山翁訓子歌之引，殆無疑問，而涇本實沿全本而誤也。

此外，三本編叙，亦有異同。涇獻文詩存，以詩文分疆，內外殊域。山居題詠一書，時內時外，忽文忽詩，且竄易題字，亟應校正。盧本除王介全集序，陝西通志王徵傳，與儀昭詠和古近體各詩從略外，大體同乎全本；然出入差異，間或有之。茲將三本之編叙，列表示之，以清眉目：

全本	涇本	盧本	備考
先端節公全集序	無	無	
陝西通志王徵傳	無	無	
温自知引頁六行行十四至十六字一一二	温自知山居題詠序涇獻文存外編卷二第六葉年月署字略去	無	案全本無題題爲作者所撰此文非山居題詠之引或序已詳前
簡而文小引年月署字分行而寫頁八行行十六字一一	梁爾升簡而文小引涇獻文存外編卷六第十一葉年月	仝全惟年月署字一行直寫頁十行行十七字全書皆然	案本文中與文末並作梁爾壯涇本誤爲梁爾升據三原

山居詠校記

二	署字从略	一—二	新縣志爾升字君旭爾壯字君陽或爲兄弟然絕非一人
山居題詠	崇一堂居士良甫王徵著 堯門山下八儀昭張炳璿和 冷趣館主人種芳師從德較梓	山居詠 涇陽王徵良甫譔 位列目次後	案全本山居二字脫簡涇本無題
簡而文自記 頁十行行二十字以下全書 同一—二	全全涇獻文存卷五第一葉	全全一—二	
無	無	山居詠目次一	
山居自詠三—五	全全涇獻詩存卷一六—七	全全一—四	
山居再詠六—八	全全八—九	全全四—七	
同春園即事九—十	全全九—十	全全七—九	
附注十	山居題詠跋涇獻文存卷八 第二葉	全全九	案此文乃同春園即事內兩間闌六合亭同春園之注脚是以全本盧本皆低格寫不另標題涇本之題欠當
無	無	山居詠箋證一—四	
無	無	山居詠跋一	
山居詠和	無	山居詠和	案盧本列此於目次後 三一一

儀昭張炳璿著	耳游簡而文小咏涇獻詩存	涇陽張炳璿儀昭譔	
耳游簡而文小詠有引十一—十二	卷一第十一葉	仝仝一	
無	無	山居詠和目次	
依陶擬古九首韻	依陶擬古九首韵	從略	案涇本編者於表兄先生之稱與奪不常時留時刪
為表兄王良甫先生簡而文山莊作十二—十四	為王良甫山莊作十二—十三		
王良甫先生自南山簡而文回詳話其盛聽之神遥因成四絕十四—十五	仝仝十四	從略	
聽王良甫先生說山			
自嘲放歌十五—十六	自嘲放歌聽王良甫先生說山十四—十五	從略	
正宮端正好十六—十八	仝仝十五—十六	仝仝一—四	
雙調新水令十八—二十	雙調雙水令十六—十八	仝仝四—六	案涇本雙水令乃新水令之誤

四　用字之異同

全本之用字，有古有近，俗譌或似，不盡雅正，然既經采用，則先後大都畫一。如：隣、栖、究、邨、膓、臺、泒、嘆、却、庄等，全書皆然；凡从門、尌、卒之字，全从門、對、卒。至涇本則不然，忽而庄、厨、村、棲，忽而莊、厨、邨、栖。盧本自有其字彙，不惟固定，且大都不俗不鄙。全本雖不盡雅正，然用字多協乎端節公之士約、兩理略、忠統日錄等書，此或出刊相邇之證耶。（編者按原稿有三本用字異同表茲從略）。

五　辭句之異同

甲　簡而文小引中之異同

全本	涇本	盧本	備考
高甍畫棟	高甇畫棟	仝全	案集韻甇同罌玉篇長頸瓶也涇本甇誤
出郊坰眺望	出郊坰眺望	仝涇	案爾雅釋地坰林外也玉篇坰缶坰也全本作坰文義不妥
有荒寒古澹之趣	有荒寒古蒼之趣	仝全	
久染石泉膏盲	仝全	久染石泉膏肓	案盧本肓正
雖不召亦自至	雅不召亦自至	仝全	案涇本雅譌
從遊於樊川	從遊樊川	仝全	

乙　簡而文自記中之異同

全本	涇本	盧本	備考
東西寬平空闊	東西寬平闊	仝全	案涇本平下脫空字
瀠洄若帶	仝全	縈洄若帶	案山居、自詠三本并作苦縈心又儀昭詠和古詩滈水瀠如帶縈洄相戀久全本涇本同作瀠

岸多樹柳	岸多樹柳	岸多柳樹	
乃種芳讀書處矣	乃種芳讀書處	仝全	案涇本處下脫矣字
高臺對月	臺對月	仝全	案涇本臺上脫高字
鶯啼花稍	鶯啼花梢	仝全	案說文木部稍出物有漸也段注稍之言小也少也故花稍於文義不妥
而景頗饒	而景頗樂	仝全	案涇本樂誤
況乎岸柳迎風	仝全	況乎柳岸迎風	案全本文順
原頭活水	仝全	原須活水	案盧本須誤
永遵十誡清修	永遵十械清修	仝全	案涇本械誤

丙　山居自詠中之異同

全本	涇本	盧本	備考
一舍遠	仝全	二舍遠	案簡而文自記謂城南讀書處離城一舍盧本二舍誤
待價沽	仝全	待價估	案三本於山居再詠懶去沽儀昭正宮端正好不用行沽並同又此乃和儀昭之文而原文爲杖頭錢到處沽盧本作估誤

景致非俗	仝全	景緻非俗	
曲沼萍穿五色魚	仝全	曲沼平穿五色魚	案此句與上句踈林月篩千竿竹成對故盧本平誤
愛殺人也麼哥	愛殺也麼哥	仝全	案涇本殺下脫人字
身隨汀口	仝全	身隨汀鷺	
明口孤	仝全	明月孤	
那能勾	仝全	那能夠	
我只要同心道侶	仝全	我只有同心道侶	
指盈疇	仝全	指盈時	
直須傾	仝全	直傾瀉	
詩酒場	仝全	詩酒湯	
從人笑	從笑	仝全	案涇本從下脫笑字
三仇五濁誰能去	仝全	三仇五濁誰人去	
策怠忙如策蹇驢	仝全	策怠還如策蹇驢	案上句有緊似下句似當作忙如
清光浸肺腑	仝全	清光侵肺腑	案盧本侵欠妥

丁　山居再詠中之異同

垂楊綠	仝全	垂陽綠	案盧本陽誤
瓢歷	仝全	瓢瀝瀝	案逸士傳風吹瀝瀝有聲瀝

三一六

歌踏踏	仝仝	歌蹋蹋	瀝颩聲也古樂府歷歷種白榆歷歷分明也盧本意近
再休題	仝仝	再休提	案儀昭正宮端正好再休提雙調新水令再休提三本盡同可知仝本題誤
隨班振鷺	仝仝	隨斑振鷺	
黜落的幾曾餘	仝仝	黜落的幾曾除	
沒頭子杞人憂	仝仝	沒頭子把人憂	案儀昭正宮端正好不復掛杞人憂盧本誤
檀槽	仝仝	檀糟	案唐後主詩云傍偎在檀槽是盧本檀糟誤
官閑鐵甕潮頭冷	仝仝	官閒鐵甕潮頭冷	
承乏秉憲	仝仝	承乞秉憲	案左傳攝官承乏盧本乞誤
錦敷前途	仝仝	錦鋪前途	

戊　同春園即事中之異同

徧野桑麻	仝仝	偏野桑麻	案盧本偏誤
邘關梅嶺花	邘關梅嶺花	仝仝	
曲水泛流斝	曲水泛流斝	曲水泛流斝	案說文斗部斝玉爵也从斗

鬧晚衙	仝仝	鬧曉衙	四象形故仝本爺俗盧本爺誤
			案白居易詩能來盡日觀棊否太守知慵放晚衙然儀昭雙調新水令有放曉衙
教俺老頭兒作咱	仝仝	教咱老頭兒作咱	
幾番話兒假	仝仝	幾番兒話假	案此乃和儀昭之曲而儀昭句作金谷園兒假盧本誤
海環垣周	海壞垣周	仝仝	案涇本壞誤
靡不克郁	靡不克郁	靡不充	案說文儿部充从儿育省聲故充正克俗克誤
喜岩巒具在	仝仝	喜岩巒具在	案山居自詠小丘巒耳游簡而文小詠有引層巒三本同巒誤

己 耳游簡而文小詠有引中之異同

買地不過十尋	仝仝	買地不過十桑	案簡而文自記小洞天地長七八丈正是十尋盧本十桑誤
竅之成穴	仝仝	竅之成穴	案說文穴部竅穴也空也又

上智編譯館館刊　第二卷　第四五期合刊			三一八
			說文而部而實也攷實事而笮邀遮其辭得實盧本幾欠妥
鴻固	仝	鴻圖	案簡而文自記三本並作鴻固盧本圖誤
屐齒躍躍	仝	履齒躍躍	案晉書謝安傳心喜不覺屐齒之折儀昭詠和詩屐齒亦復躍盧本履齒誤
但苦俗冗勞牽	仝	但若俗冗勞牽	案盧本若誤
從良甫先生稱說	仝	從良甫稱說	案上文皆有先生之稱是處似應有之
精神頓王耶	仝	精神頓王邪	

庚　正宮端正好中之異同

曦光停午	仝	曦光亭午	案孫綽賦曦和亭午梁元帝纂要日在午田亭午盧本作亭午是
垂楊罨戶	仝	垂陽罨戶	案盧本陽乃楊之誤
多糜少黍	仝	多麋少黍	案盧本麋誤
慣騙馳	仝	慣馳騙	

長楊五柞	仝全	長陽五柞	
比他們倒有餘	仝全	比他們到有餘	
穩繫了白駒	仝全	穩繫着白駒	
落浦鴻	仝全	落浦紅	
喚黃粱	仝全	喚黃粱	
穿畦水	穿哇水	仝全	案涇本哇乃畦之誤
徯奴去	仝全	奚奴去	案周禮禮記皆作奚今通作嫨傒𨋙作徯者仝本誤

辛 雙調新水令中之異同

水田通地胏	水田通地脈	仝全	案仝本胏誤
眼慵看	眼看	仝全	案涇本眼下脫慵字
滋味比金罍	仝全	滋味比金罍	
平安過駿馬	仝全	平安遇駿馬	
爭似俺	仝全	爭似咱	
黃薔側架	仝全	黃薔倒架	案良市和作也不買成都卦
先天卦	仝全	先天掛	盧本掛誤

一九四七，三，廿三日。

上智編譯館館刊　第二卷　第四五期合刊　三二〇

幾個公教名詞的商榷

韓　敬

貴刊二卷三期常守義著「哲學術語的確定與劃一」云：哲學術語，第一要確定，第二要單獨……翻譯的用意，是將外國的詞意，化為本國語：所以要儘可能的，譯為完全本國語。…」不僅哲學術語而已也，神學宗教術語何獨不然？惟欲使術語確定，先宜使術語確當，又宜使術語確切；蓋語不確當，則無異指鹿為馬，令讀者誤入歧途。語不確切，則不能使讀者生正確觀念，易感迷離彷徨，不知所指，果係何事。

著者又謂：「一名詞雖不確當，但已為大衆所採用，即已在多數的著作內使用，則不可另創新詞。因為照上面所說的原則，名詞對於觀念的關係，是人為的。那麼說來，一個名詞，根本雖不確當，然因衆人在使用，漸漸就可變為確當……」。此殆指已有譯名，並經大衆採用者而言，若在國內尚無此物，尚無此事理，故本國語內，無此名詞，無此術語，國人對此物、此事、此理，尚無觀念，則必須譯以本國名詞、本國術語，將外國語內所含真義，表而出之，使本國人，對此事物、事理，得一正確觀念；而本國內，既無此事物事理，則對此事物事理，亦必無固有名詞術語，譯者必擬一名詞，擬一術語。惟擬新名詞新術語，乃極感困難之事，譯者雖絞腦搜腸，煞費心力，往往尋不到相當名詞術語，不得已而直譯其音，以待後日，多方解釋說明，使人漸漸得到相當正確觀念，然後大家公擬一一定名詞術語；辣丁語中，所以攙雜希臘語者以此，佛典所以夾雜梵語者以此，我公教經文，所以存有「罷得肋、額辣濟亞」…者以此，近人著中之邏輯也，烟士披里純也，亦莫不以此。

物理方面，名詞欠正確，觀念欠正確，尚無大害，如華人譯應托為汽車，日人名曰自動車；日人所擬較或確當，然無關於事實也。若在哲學，倫理學，名詞術語，苟欠確當，或欠確切，則讀者所生觀念，必「差之毫釐，失之千里」，而吾教之超自然神學，信條教理為尤甚。試觀多神教徒，因人神名詞術語之不確當，使人神之觀念，不能正確，即以我國為例：稱神曰老天爺、仙姑、神仙、遂有神人不分之謬誤觀念，人可成神，神可轉人，玉皇之女可思凡，二十八宿保光武。此種觀念之影響及倫理者，則有對神如對人之舉，供飲食，供衣物。其慢神侮天之事，則代有所聞，日有所見。

返觀我天主教人，又何嘗不然。對教理名詞術語，有正確觀念者，信仰亦易於堅定。如對天主、靈魂、天堂、地獄……知其眞義，則自能產生敬天主，救靈魂，盼天堂，畏地獄……之效果。而對教堂、教禮、教規，亦無不有適當之見解，而言行亦能循規蹈矩矣。其無正確觀念者，則對於一切，無不含糊苟且，因循敷衍，故名詞術語如不確當，實不可不力求改善也。

苟一時無正確之名詞，無確切之術語，與其用語欠妥，遂譯外國語之義，反失其語之眞訓，則不如暫譯其音，待後人研究既深，然後舉其詞，彷彿其義，如荀子所謂：「名無固實，約之以命，約定俗成，謂之實名。」若吾教教理，名詞術語，欲其約定俗成，彷彿其義，必待教士細心研求，於原語眞諦內蘊眞理，引經據典，切爲詮釋，使大衆知此名詞術語眞訓之所在，以獲得正確切當之觀念。如額辣濟亞，今以聖寵名之矣，撒克辣孟多，以聖事名之矣。然對聖寵聖事之眞義，本體爲何？來源何在？如何崇高？如何貴重？有何效果？一一發揮盡致，使信友對之，有正確觀念，而知企求之，珍貴之，保守之，寧失天下萬有，不願失去聖寵，必如此：方得名詞眞訓之所在，方收名詞所能產生之效果。

所難者，以純人間語言名詞，談天主本體之事理，或論天人相交之工作，欲將天國之語言名詞，譯爲人國之語言名詞，其難也大矣！求其彷彿，詎可得哉？彼科學也，哲學也，皆人間事耳；希臘也，羅瑪也，皆人間國耳，哲學語，科學語，皆人間語耳，不問有何新發明，新創造，新事物，新學理，既爲人間事，終可得到相當名詞術語，表出其眞訓之所在，如邏輯學，近人擬以明理、推理、論理，無不可也，人間事，終不難以人間語，表而出之。

若夫天國之學，天上之事，則純天主之事，或天人相交之事也，人間語又安能得其眞訓之所在耶？故不得不求其次者，如能彷彿近似，再加以研究詮釋，使人獲得相當正確之觀念，待約定俗成，大衆共用之固無不可，而亦不得不如此。即吾主耶穌在世，以神而兼人，與人間子，談天上事，遂亦不得不用此人間語言名詞，巧譬妙喻，曰：天國如此如彼也，曰：人必重生而後入天主國也…宗徒當日，固亦自認不知所云者何，吾人又安得例外乎？

然如上文所言，差之毫釐，失之千里，自古異說之出也，莫不以此，吾人用語，所以不得不愼也。試舉一例：陳香伯先生所著「公教論」，字句名詞，欠妥處實多，即以一篇(六)言之，其論三聖一體，(本宜稱三位一體)，以「本、用、成」，釋父、子、聖神，其易引人誤會也甚矣，在陳先生，誠有可原，蓋陳先生以教外之人，聞道未久，閱書無多，而欲以中國書籍中之語言文字，以詮聖教超自然之奧理，求其確當確切者，固不可得，即求其彷彿者，又安可得哉！原陳先生之意，或以教中書籍，名詞術語，多欠雅馴，欲於教外書中求之，抑知教外書籍，雖不少名言至理，與教中道理，亦多吻合，惟其皆不過率性(自然界)之作，而與超性(超自然)道理就語言文字方面言之，實多格格不入，求其近似，已不可得，遑論確當確切？求之不得，遷就採用，必致差之毫釐，失之千里。故教中作者，於教理之名詞術語，不可不愼；讀者心目中如有正確印象，正確觀念，自能身體力行，所謂明理眞者守道篤也。

此等名詞術語，既經約定成俗，則宜具有單獨性，不得作他意運用。蓋界說既立，界限既分，得到某種定義，即不能混淆不清，是自動車，則非人力車；是論理學，則非演講學，其它一切，莫不如是。如謂聖父聖子共發聖神則可，謂聖父聖子共生聖神則不可；謂耶穌之天主性與人性合一則可，謂耶穌之天主性與人性合作則不可；舉此二者，餘可類推，茲不多贅。

商榷的本題：「天主與人之父子關係，宜如何稱呼？」

近譯一書，尚未付印，書名 Deificatio Justorum per Jesum Christum，譯名爲「天主化眞諦」。書中所論，係人靈因基督而「復義」，與天主性相通，分享天主性內之美善福樂，統分三章：

(一)受洗重生，而成天父之眞子；(眞字不知可用否？)

(二)領聖體結合耶穌，而爲其肢體；

(三)領堅振，結合聖神，而作其活宮。

今先就第一章，作父子二字之商榷：

聖保祿謂：上天下地，一切父子之關係，皆出自天主，天主爲一切有生之原，「生命在彼」，故集天下科學能手，不能製一有生物；惟生息之父子關係，可分下列數式：

（一）一有生物，由自己本體，生同類之另一有生物：生者爲父，受生者爲子。子受生之後，自成一位。此父子生息之正意，此等父子，可名爲「親父子」。

（二）一有生物，本體雖有生殖力，因被阻而不能生息，因取同類中另一有生物之子，合於本家，與以本家一切名義與權利，此以意志與愛情生子者，雖無父子之眞關係，世人必稱之爲父子者，以情義也，故曰「義父子」。

（三）一有生物，以自身之學問技術，教授另一同類有生物，使於自然生命之外，獲得另一新生命，則授此新生命者，可名爲父，受此新生命者，可名之爲子；此雖近乎借意，亦可名之爲父子。惟此等父子間，祗有材能上之授受，而無性體上之授受，故不得謂爲父子之眞義。

（四）一有生物，爲另一有生物之根原，此根原却不由本性體生育，而因另一種方式，施生命於另一物，使之生存。如造物者，與受造物，造物者可名爲父，受造物可爲子：老子名此造物者爲萬物之母，母者非陰性之謂，乃具生息力之謂也。此種生息，可名爲造生，亦可名爲化生，（此化字，非胎卵濕化之化）天生烝民，即此義也。此等父子，因無性體上之關係，仍非父子之眞義。

（五）第四式生息，成功之後，授生者與受生者，雖非同類，而於生之之後，另加一種新生命而重生之，由此重生之新生命，受生者與施生者，發生一種性體上之關係，受生者與施生者之性體相通，而得享其性內之美善福樂，受生者性體上，起一種新的變化和改造。此即人靈受天主重生後，所得之超自然生命。由此超自然生命，人於今生得天主性之美善，作天主之眞子，後世得承天上之福產，享天主性內之榮福。—領聖體，與耶穌合一，作其肢體，得其性內之眞善；領堅振，與聖神合一，得聖神性內之善；此三者相聯，故今祗談第一式。

對於天人間之父子關係，教內迄今以義父子稱之，各種聖書中恆謂人乃天主義子，作天主義子之由來，則稱爲「立嗣」，因此信友心中所得印象，所存觀念，亦祇是義子，所生感情亦不過義子心腸，以爲天主與人，不過如人間抱養子，無血統關係，無天性眞愛，不過爲養老送終計，天主亦但望人恭敬、奉事、讚美、稱頌，名爲天主子，不過如人之名爲龍、虎、山、海而已，究非實事，因之對天主淡漠疎遠，對自身輕忽卑視，不敢高攀，不知自愛，不求上進，不怕犯罪，不怕喪失天主子之品格……其害不可勝數，此因一名詞之欠確當，所生之觀念亦欠正確，故所收不良效果，乃可能如此。

如能擬一確當名詞，將天人間父子之眞諦指明，使信友自知本身之尊高，確是天主眞子，「由天主生」，「名爲天主子，亦眞爲天主子」，「與天主性相通」，「爲耶穌之肢」，「與耶穌爲同承產業者」，「作聖神之活宮」，「因基督之神，直呼天主曰：父啊，父啊」…。心中自然產生一種高貴感，自尊心：對天主生出一種孺慕亦誠，孝愛熱情，言語行事間，自易警惕把持，不敢蕩檢踰閑，喪失品格，辱沒家聲，遺天父之羞，招自身之禍矣。

且稱人以天主之義子，不惟效果不良，實與信理不合：蓋義父雖以志願愛情生子，然終不過取他人子，合於本家，能與以承產權利，法律資格，而絕不能改造義子之內在性體，不才者不能使之才，性劣者不能使之善，貌陋者不能使之美。而天主之重生吾人也，則大不然，易罪人爲義人，易罪奴爲天子，易魔形爲天主之眞像，與靈魂以內在之善變，賦超自然之三德，加聖神七恩，致亞當罪汚之舊人於死，著耶穌義德之新性，雖不消滅其爲惡之自由，但加以行善之精力，與修德之內在的便利，初與天主性體，有無限之距離者，今乃與天主性相通，得享其本性之萬美，此等變化，豈義子二字所能概括表顯哉！故欲使信友，對於作「天主子」一端信理，有正確之觀念，有另創新名詞之必要。所望海內賢達，不吝金玉，俯賜明教，是所至禱。

聖若瑟之稱謂

教會習慣，名聖若瑟爲耶穌之「鞠父」，此名詞似不能盡聖若瑟之尊，聖經僅載：「人以爲若瑟之子」，「此非木工若瑟之子乎」？聖母則直稱曰：「爾父及我」，若瑟爲耶穌之父，固無異議，然因若瑟非耶穌之生身父，世人遂以鞠養父名之，甚或以義父名之，此實與聖經之旨不符。聖瑪竇福音，叙耶穌祖譜，明言「雅各伯生若瑟，瑪利亞之夫，耶穌由她（瑪利亞）生，名爲基督」，依法律來講，若瑟的確是聖母之夫，故以法律來定，若瑟的確是耶穌之父，其父子關係，非由立嗣而生，更非由鞠養而生，今欲明若瑟之眞地位，及其父子之眞關係，宜如何名若瑟？仲父、相父，均爲借義，謹請教內賢達，恭擬一名，以名大聖若瑟。

重譯蒙高味諾遺札贅言

王任光

若望蒙高味諾（John of Monte Corvino, 1247—1328）爲北京第一任總主教，兼遠東宗主教，今年適爲其誕生七百週年；値玆中國天主教教體成立，羅馬教廷樞機主教田耕莘又任爲北平總主教，上接蒙氏之緒統，實歷史上之盛事。蒙氏行蹟，前半生以史料闕乏，無由稽考；其來中國後之一段，亦僅賴其三遺札而傳也。張師亮塵於其中西交通史料匯篇第二冊論蒙氏事蹟頗詳，其三遺札亦經譯出，今特舉其節次如下：

第一百零二節　北京最初總主教約翰孟德高維奴。（按今通譯「蒙高味諾」，此從張譯之舊也。）

第一百零三節　約翰孟德高維奴第一遺札。

第一百零四節　約翰孟德高維奴第二遺札。

第一百零五節　約翰孟德高維奴第三遺札。

第一百零六節　羅馬教皇遣主教至中國襄助約翰。

張譯三書次序與原書年代不合，蓋以年代論，其第一遺札本爲第二；第二本爲第三；第三則爲第一；緣張譯依據亨利玉爾之英譯（H. Yule-Cordier Cathay.），故從之也。

遺札原本拉丁文，今取張譯與原文對讀，其中頗有可商榷者。故草此文，一則以紀念蒙主教誕生七百週年，一則爲治元代天主教史者之一助也。

蒙氏遺札，據今日所知，計有三通。其第一函約在一二九二年至一二九三年間寄自印度，十四世紀中由梅能底羅 (Menentillo)，譯爲意文，拉丁原文已佚，今竟賴此以傳，亦云幸矣。梅譯藏福勞冷斯勞冷契圖書館 (Bibl. Laurentiana, Plut. LXXVII, Cod. 74)。該札一八五五年首爲孔斯曼 (Kunstmann) 刊佈於慕尼黑科學雜誌 (Münchener Gelehrte Onzeigen, 1855, nn. 21—2.)；後契費薩方濟各會傳教史 (Marcell. da Civezza, Storia univ. delle Missioni Francescane, t. VI, 309—14)，高魯包維方濟各會文獻叢考（G. Golubovich, Biblioteca. 該書所收悉方濟各會文獻檔案，書分三部，一爲文獻匯集，二爲考證，三爲歷史；前教宗庇護十一譽爲最合科學方法之史書。）皆收之。

第二第三札，於一三〇五年及一三〇六年，寄自汗八里城。其拉丁原文傳鈔本之祖本，現存巴黎國家圖書館（Paris, Bibl. Nat. 5006），由巴黎本而出之鈔本，尙有羅馬梵蒂岡圖書館本（Rome, Bibl. Vat. Chigi I, VII, 262，該鈔本原爲 Chigi 氏所藏，後其藏書全部贈與梵蒂岡圖書館）及羅馬科細尼圖書館本 (Rome, Corsini 776 [39. G. 2]；科氏亦爲羅馬大藏書家）。

瓦丁氏 (L. Wadding)撰方濟各會年鑑 (Annales Minorum seu trium Ordinum a S. Francisco institutorum, Romae, 1731）置該二札（巴黎本）於 1305 年下十三至十四號與 1307 年下六號，是爲刊本之最早者，世稱「瓦丁本」。瓦丁本雖以巴黎本爲祖本，然亦稍有異同。高魯包維方濟各會文獻匯編第三册八十四至九十七所收者亦爲巴黎本，而以瓦丁本校其異同。後摩萊氏 (A.C.Moule) 於皇家亞洲學會學誌 (Journal of Royal Asiatic Society, London，簡寫 JRAS）一九一四年五五一號至五五七號所刊者亦巴黎本；同誌一九二一年八四至九四號又刊行梵蒂岡本，而以巴黎瓦丁兩本校其異同。溫格爾中國方濟各會 (A. Van den Wyngaert, Sinica Franciscana, Quaracchi, 1929) 所錄者爲巴黎本，以梵蒂岡本及瓦丁本校其異同。本文所依據者即此。

英譯本計有亨利玉爾 (Yule-Cordier, Cathay, III. 45—48)，哥林(Collins, The Early Franciscan Missions in China, ap. The East and the West, 1904, 121—42），摩萊（Documents, 1914, 576—85）；第二第三遺札之意譯本有 Marcell. a Vicetia, Storia Universale, III, 119-129.

蒙氏遺札諸源流既如上述，今進而論亮麗師之中譯。中譯本係根據亨利玉爾之英譯本；玆姑不論張氏中譯是否悉符玉爾英譯，以之細按拉丁原文，則不無若干歧異處，故一一列舉如下。

然有應預爲聲明者二：第一札（即張譯第三札）拉丁原文已佚，無從按覆，故不及，此其一。所列各點，特取其內容歧異者，至行文之增刪，雖不符於對譯之義，究無關乎原文之主意，蓋中西文異質，逐字對譯，勢有所不能也，此其二。

第二遺札（張譯第一）

（一）張譯「小級僧」；原文「小兄弟會兄弟」，即方濟各會會士也。聖方濟各初立修會，自稱「小兄弟會」，以示謙抑，至今沿用。

（二）蒙高味諾至印度，同行者有皮斯托利亞城人尼古拉斯 (Nicholaus de Pistorio)，原文與玉爾英譯皆稱其爲「宣道會」會士，即多明我會會士，張譯脫失。

（三）蒙氏第二札寄於一三〇五年。按蒙氏至汗巴里城，最遲在一二九三年，則蒙氏寄此書時，在中國已十二年矣。巴黎本、梵蒂岡本均作「余從彼處，已十二年矣。」而瓦丁本獨作「二年」，玉爾英譯依之，故張譯亦從之也。然瓦丁「二年」之說。可作別解，即「二年來，余皆與之（大可汗）同居」；蓋蒙氏以前受誣於聶派教徒，不受知於大可汗；其後案情洗白，誣妄亦息，始漸得大可汗之寵，出入宮廷，位在各國使臣以上，瓦丁「二年」之說應即指此。

（四）張譯「其人（按爲聶派教徒）在東方有權有勢，不與同道者，則雖至小教堂，不許建設，稍與異旨之文字，不得刊布也。」末二句原文作「聶派以外之他派教義，亦不許宣傳也。」

（五）張譯「其人（按爲聶派教徒）造作誹語，謂余乃偵探匪徒。」原文「謂余乃間諜、術士及招搖撞騙之徒。」而瓦丁本則合「間諜、術士」二語爲「大間諜」一詞，因拉丁文「術士」Magus 與「人」Magnus 僅一字（n）之差，然毫釐千里之失，即在於此。

(六)張譯「余居此布教，無人補助，幾十一年。」與原文不符。原文云：「余孑然一身，居此旅途，不得告解者已十一年。」拉丁文 Confessio，英文 Confession 在天主教指「告解」。告解者，耶穌基督親立七聖事之一(Sacraments)，教徒有罪，往告有權司鐸，而求得天主之寬恕也。今日一般虔誠信徒，多有每星期告解一次者，而蒙高味諾未之行者已十一年矣。張譯作「無人補助」，蓋玉爾英譯即已誤作 "Without any associate"，無可怪也。所謂十一年，即計自尼古拉斯卒於印度至二年前阿爾奴特之來北京也。

(七)張譯「二年前，始有日耳曼科龍城僧人阿爾奴特來此。」科龍城原文作「科龍省」，所謂「省」者，方濟各會組織上劃分之省，非國家行政上之省也。阿爾奴特爲科龍省方濟各會會士，未必即爲科龍城人也。

(八)張譯 Psalters 爲「一百五十念珠」，不合；應譯爲「聖詠集」，即舊約之一部也。聖詠共一百五十首，譯「一百五十念珠」，不合。又 Breviaries 教中通譯「日課經」，已成專門名詞，張譯作「祈禱經」，似與普通祈禱經無別。

(九)張譯「一百五十念珠，及各種文件，亦皆由諸童繕寫。」今按原文似應譯爲「幼童中甚多能抄寫聖詠集，及各種應用經文者。」因拉丁文 et alia opportuna 若以上下文比較之，當以譯「各種應用經文」較「各種文件」似更確切，蓋蒙氏於此前後所述者皆經文聖傳之闕乏而必須令諸童從事抄寫也。

(十)張譯「歌曲皆由自編，僅以悅耳爲限，因余無樂譜，及音符書故也。」今按原文譯爲「然吾等歌唱全憑傳習，因吾等並無附有歌譜之日課經也。」原文巴黎本作 Secundum usum，梵蒂岡本作 Secundum consuetudinem，有全憑習慣、記憶之意，易言之，即背誦也。蓋蒙氏雖無歌譜，昔日修院中所習唱者，大致尚能背誦，正不必自編以授諸童也。

(十一)張譯「此間有佐治王者…從余之言，改奉正宗，列名僧級，每舉祭時，王亦盛裝來至余處，參與典禮。」據原文，佐治王係領受「小品」，英文通作 Minor Orders，玉爾英譯則作 Lesser Orders；小品者，天主教神職之始階，受者雖亦可謂「列名僧級」，但張譯以前統以「僧」稱蒙高味諾、尼古拉斯、阿爾奴特等，既無大小之分，似易令人視爲同等者；不知蒙氏等三人皆司鐸，可舉行聖事彌撒，而領受「小品」如佐治者僅能輔祭及執行其他較低之職務而已。故余按原文譯爲「並已領受小品」，較爲確切。

又「王亦盛裝來至余處云云」，原文爲「王必衣聖服爲余襄禮」。聖服係舉行聖禮時所特備之禮服，平時不穿，特舉行聖禮時穿之。

（十二）張譯「王率其臣民大部來歸正宗，捐貲建教堂一所……王賜題額爲羅馬教堂。」按巴黎本作「建教堂一所，富麗可擬王宮，以敬禮吾人之天主聖三、教宗及余名，名之曰羅馬教堂」。梵蒂岡本作「……以敬禮吾人之天主聖三及教宗，並以余名名之曰羅馬教堂」。

（十三）張譯「余若有佐助在此，則上方所言不幸之事，當不致發現，蓋佐治王生時賜余之錢財，仍保存也」。按原文 Privilegia (Privilege)，不僅指錢財，實指各種特殊權益也。

（十四）張譯「敬祈本級僧人主任，寄給余唱歌樂譜，及諸先聖人逸事各一冊……」；其中名詞稍有未洽，改譯如下：「敬祈本會總會長，賜寄啓應經唱本 (Antiphonarium)，聖人行傳 (Legenda Sanctorum)，並有歌譜之聖詠集等以爲樣本；因余現僅有袖珍日課經 (Breviarium)，附有短誦數篇 (lectiones breves)，及小彌撒經本而已，如有一樣本，諸童即可抄寫也。」

（十五）張譯「佐治王生時，嘗約余將拉丁禮節全文，譯成方言……」。按原文應爲：「佐治王生時，余曾偕譯全部拉丁文日課經，俾能歌誦於其轄地」。可知，蒙氏與佐治實已從事翻譯工作，是否在佐治生時即已全部完成，則不可知。

（十六）張譯「王生時，余嘗在其教堂內，用拉丁儀節，舉行奠祭；用地方語文頌讀聖經及創世記」。此段所譯名詞亦誤。按天主教之彌撒中有「序經」(Prefatio) 與「彌撒主部經」(Canon Missae)，爲彌撒經文中最重要者。蒙氏自謂舉行彌撒，依照拉丁禮規，而經文則以方言譯讀，雖「序經」與「彌撒主部經」亦復如是也。

第三遺札（張譯第二）

(一)張譯「小級僧約翰孟德高維奴謹致書於小級僧總牧師兼大神父，小級僧副牧師，宣道師總董，駐波斯國小級及宣道兩等僧侶」。譯名不符原義，改譯如下：「因基督可敬小兄弟會副總會長神父，宣道會會長，暨駐波斯省兩會衆兄弟：小兄弟會會士若望孟高味諾，基督傭僕，聖教信仰之宣揚者，羅馬聖座之使者，謹祝諸君安好與聖愛。」波斯國應作「波斯省」，說見前。

(二)張譯「余因請其爲余携一書與可薩利亞之牧師僧侶等」。當改譯爲：「余因請携一書與可薩利亞省會長暨衆兄弟。」

(三)張譯「余更請牧師，將余書札，抄錄一份云云。」「牧師」當改「省會長」。

(四)張譯「八月初旬，地即購妥。」按原文應作：「八月初旬，余始得此地。」（玉爾英譯亦如此）。蒙氏得地於八月初旬，而魯喀龍哥購地，則不必亦在八月初旬。

(五)張譯「冬日已近，教堂全部未能完工。所有木料，余皆貯之室內。余希望天主，能使余於次夏完成也。」按原文「次夏」應作「今夏」，蓋蒙氏建堂始於一三〇五年八月，此書成於次年二月間，所指即當年之夏季也。

蒙氏於一三〇五年之八月建堂，此說蓋見於本札；然以時日推之，自八月始建，至十月四日聖方濟各瞻禮大部完工，殆爲不可能，此亮塵師已言。余更有一說，蒙氏於第二札中謂：「今余正建築第二教堂，以備將諸童予分置二處。」第二札成於一三〇五年一月八日，當時蒙氏「正建築第二教堂」，則其得地始建，當在上一年之八月也。由此可以斷定：（一）蒙氏得地始建住宅等在一三〇四年八月，至次年——一三〇五年十月四日，住宅等全部告成，而聖堂則必需待至一三〇六年之夏也。（二）第三札「八月初旬，余始得地」，八月前似脫落一三〇四年數字。

(六)張譯「又聞（當地居民）余在室內唱歌，皆訝異萬分，不明何謂。當余等唱歌時，大汗陛下在宮內，亦得聞之。異教徒見此奇事，皆四方傳告。若上天有知，不使吾人失望，當使此事深印異教徒之腦際也。」按此與原文頗有出入，原文云：「吾等於聖堂中歌唱日課，全憑習記，因吾等無歌譜也。大汗於其宮中亦可聞吾等歌聲；

此異聞傳於四方；如天主仁慈促使成功，此事將有大益也。」

（七）張譯「余將所收幼童分爲兩隊：一隊在第一教堂，他隊則在第二教堂，各自舉行祭務。余爲兩堂住持。每星期輪流至一堂，指導奠祭。蓋諸童皆非僧人，不知禮儀也。」與原文稍有未合。諸童非司鐸，何能「各自舉行祭務」？又何需蒙氏來往「指導奠祭」？按原文應譯作「各自奉行日課」，即每日唱日課經也；蒙氏則爲兩堂司祭（Capellanus），每週輪流舉行彌撒於兩堂，俾兩堂諸童與信徒可得瞻禮也。末二句原文爲：「蓋諸童皆非司鐸也」。

（八）張譯「余在大汗廷中，有一職位，依規定時間，可入宮內。宮內有余座位。大汗以教皇專使視余云云。」原文爲「於其宮中有余專座；余以教皇使臣，出入坐立，皆有規定，其待余禮儀之隆亦遠在各教首長之上。」蒙氏於大汗宮有一專座，是否任職宮廷則不可得而知也。

（九）張譯「衆聖奠日」(Feast of All Saints)，天主教則稱「諸聖瞻禮」，在十一月一日。

（十）張譯「約翰得聞有小級及他級僧多人云云」，原文爲「彼曾聞有兩會兄弟多人……」；兩會者，方濟各會（小兄弟會）與多明我會（宣道會）也。

傳教與西洋文化

A. Cras, O. P. 原著
常守義 節譯

上智編譯館託我把巴黎出版「理智生活」雜誌 La vie intellectuelle 第十五年一月號中的一篇論文，譯爲中文，預備在館刊上發表，然而館刊已到了付梓的最後幾天，這短短的幾天內，要譯出二十開本十九大頁，實在有些不可能，況著者的法文又相當艱深，所以祇有按着著者的思想和立論作一個節譯。原文共分十節，姑併爲五節，至于最後的幾句話，乃是譯者本人的一點感想。

一　西歐文化是否傳教的阻力

曾有人問孔子，他若執政，要怎樣行事？孔子答曰：「必也正名乎，名不正，則言不順，言不順，則事不成。」（見論語）實在，若不將詞意切定，濫用文字，會發生不良效果的。

近今在公教內，發生一種辯論，便是西洋文化，在傳教區域，是否爲教務拓展的阻礙？這個爭論，對東方傳教區更形尖銳，理由是東方與西方的文化相距更遠，近來各傳教區域的本地神職班比較已多，一般人民的愛國心理，也日益表露，會使外籍傳教士們因此感到不安。

這類爭論，在實際上，確能發生很大的影響，歐美一般熱心信友，很感焦慮，若我們的傳教士們在傳教區工作，而不能發生良好的效果，是否我們還要繼續以財力物力去援助他們？栽培傳教士的各機構，也不免要因此而灰心，是否我們還要爲傳教區栽培傳教士？這種疑問，已事實化了，竟有多數法國傳教會的上峯，給他們去函詢問，若傳教士在遠東的存在，果屬爲傳教事業發展的阻礙，他們更好退出該地，返歸本國。

可是平心而論，外籍傳教士一旦離開了傳教區，將是多大的不幸！傳教區域的許多事業，此後因工作人員的缺乏，必不能繼續維持，還有無限大的荒原未曾開墾呢！傳教區域的本地神職班，對此也必深知，在最近中國和日本的教會最高領袖，都表示過這種意見，日本的本籍主教們，向巴黎外方傳教會的上峯，要求繼續在日本遣發傳教士。

既有以上這兩種相反的現象，事情究竟怎樣？那種爭論是否有相當的根據？而問題又如何才能獲得解決？

先說，目下一般人都懷有此種類似的意見，認爲基督教會不可將歐化的教會搬往開教之國，祇要在開教的地方，播下基督信仰的種子，使在神聖指引之下，自由的發芽滋長。（Rythmes du monde, No.1 H. van Straelen. 原則是對的，也由這原則，產生了以下的論斷：認爲西洋文化是傳教的阻礙，在這件事上，必須如孔子所說的，必先「正名」，若以論理學的術語來說，應當將問題分析清楚，然後才能作一合理的解答。

西洋文化究竟是否爲傳教的阻礙？文化是不會成爲阻礙的，兩民族的文化越高，越應成爲接近融洽的原因，不是我們所愛的拉丁希臘文化阻礙着我們得到傳教工作上的收穫，是我們不會吸收和利用他人的文化，那才成爲我們不能順利進行的原由。若一個傳敎士，他帶着自己的文化，又能適應自己傳敎區域的文化，使自己在文化上，成爲更卓越的一個人，他當能在傳敎工作上大有建樹；所以簡單的說，不是任何一種文化能成爲傳敎的阻碍，而是殘缺不全，偏私自尊的文化才能成爲阻碍。

二　傳敎士對於一地的文化應有的態度

西洋傳敎士之所以屢屢使本地人民不滿，就是他們不善於追隨當地的習俗，不會將自己同化於傳敎區域的本土文化的緣故。而中國人却早就知道：「素夷狄，行乎夷狄。」出國傳敎的，多半自幼就懷有宏大的志願，深望日後到文化落後的民族間去傳揚福音，拯救人靈，跋山涉川，含辛茹苦，這是事實；他們的目標，是要作一個草野宗徒，到了工作地帶，果然不怕犧牲，竭盡心力，不過，因爲缺乏修養，尤其缺乏中國人所崇尚的「涵養工夫」，在處世接物上，會流露出 Celtique 白種人的好鬥性；他們容易衝動的天性，往往成爲他們事業的障碍，又不會檢點約束，時常失於粗暴，或以勢凌人。

他們急於工作，不先學習，好爲人師；最要不得的事，便是沒有學會本地語言，就急於向人宣講，就急於進行各方面的社交；不將一國的語言學習到相當完善的程度，在灌輸福音的工作上，决不能迎合本地人民的心理；越熟悉本地的方言，就越能明瞭本地人民的特性。傳敎士不先學習，就急於處理本地各項事宜，結果，弄得錯誤百出，弊害多端。這是屢見不鮮的事。一國的風土人情是非常複雜的，但他們往往自信力太强，對自己的知識經驗，太容易自滿自足。

我們承認，這並不是一件容易的事，必須下一番苦工。要能體貼別人，必須棄捨自己；要能深得人心，必須自事由衷；在安南人中間，成一安南人；在中國人中間，成一中國人；在日本人中間，成一日本人。若傳敎士眞能澈底瞭解本地人民的心理，又善於吸收和利用外國文化，才能將本地人盡量的帶進基督的福音。

我再說，眞正的文化不祇是有高深的學識，最重要的，是應該有相當的修養，知道迎合他人的心理，能捨己從人，如此，才能抓住人心，才能給人多造幸福。

按以上所論的實情，可知本地神職班，對傳教工作，自有他們的便利；因為他們洞悉本地人的心理和特性，他們能就合本地人的習俗和風尚，處理他們中間的各項事務，也就得心應手；他們對本國語言，自無絲毫困難，他們能不費思索，以流利的言語，按本國人的方式，將天主聖言向人民宣講，所宣講的，又能使人民澈底明瞭，易於接受，這一點，是外籍傳教士很難辦到的。

外籍傳教士，該認明自己工作的部份，他們祇足以在傳教區域，將建築物的根基奠起，然後讓本地信友在本地神職班領導之下，建樹起合乎他們本國方式和作風的高樓大厦。

三 信德適宜於一切文化

直到如今，信德託身於西洋文化，藉西洋文化，獲得了某種限度的進展，然而西洋文化是否能長此以往，永遠獨享這權利？

無疑的，福音是為全人類的，信德也是賜給了萬民的，救世主降來，是為救贖普世萬衆的。

遠東人的心理，和我們西洋人的心理，大有區別；遠東的文化能否和我們的文化一樣作為發展天主所賜超自然的聖道的工具？

有人以為要西方人與東方人，在思想上互相融合，其難不啻與別一行星上的人來往。一般專門研究中國語言文學的學者，認為中國人的心理思想，與我們的區別，簡直就如不同的人類一般，這些學者，對中國人的認識，當然很正確，然而他們的見地，不免犯了專家的通病，將他們專門的對象，看得太過火，因而他們的論斷，往往「言過其實。』

一般較穩健的觀察家，却在各民族間看出相同的質地，他們的見地，與梅野生 M. Meyerson 的論斷，正相脗合。梅氏認定思想的程度，時時處處，常是相同的。柏格森 Bergson 也說：「在最開化的民族內，時有原始人思想的重現。」

中國的文字，爲西洋人是非常難解的，然而在悉心研讀之後，却看出其字意的演變、用法等，與西洋文字原很相同。

巴斯格Pascal勸我們在考察研究的工作上，不可眼光太小，即常隨着對象的不同，變換研究的方法；世界的各民族性格風尙，固然不同，然而各民族對全人類文化的完成，各有一部份的貢獻，可以互相協助，以接近眞理。

因此我們可以作一個簡單的結論：各民族在原則上皆同，各民族皆有到達同一文化的可能。一個青年安南詩人，曾用一種深有意義的譬喩，表達了我方才所說的那項眞理：法國人來協助我們，是利用石炭，然而不是法國人在我們的地下預藏了石炭，這種寶貴的礦物，是早在我們安南的地下存在着的，祇是我們自己不曾知道罷了，同樣，在法國的思想家文藝家們的示意下，我們才學得了心靈內一般新的情態，是我們祖先從來未曾感覺過的，然而我們能產生這類情感的根性，却不是法國人賜予的，不過是安南人的靈魂內，到如今在睡眠狀態中的能力，現在活動起來而已，這完全是屬於我們的產業。

四　文化發展的律例

實在，世界各民族都具有使全人類文化發展的機能，各民族分工合作，藉使人類整個的完成，能更快速的接近目標。

所說西洋文化，並不是一種孤僻獨立，故步自封，不受任何外力影響，不能與別種文化融合的文化，我們歐洲人，也不是自始就有今日的文化，我們最初是很野蠻的民族，一旦侵入歐土，作了歐洲的主人，我們的慓悍，一度曾是摧殘文化的罪人，我們漸漸受到地中海岸別種文化的濡染，我們才漸漸的安分守己，漸漸變爲正人君子；我們自東方得到宗敎的薰陶：希臘學術，又變化了我們的理智；羅馬法，敎給了我們建設有組織的社會，和有紀律的生活。

有人認爲天主默示的教義，祇與西洋文化結合，不知天主教義，在未與西洋文化結合之前，與東方文化早有更深的結合；古經是充滿了東方氣息東方色彩的。白巽 Péguy 對此說得極妙：「不要忘記了猶太人」！

就連所說的西洋文化中，也含有多少的東方影響；若要將它們分析出來，可以集成不少厚册。拉塞肋 Lasserre 說的好：「文化不受地理的限制」。實在，各等文化都因彼此的影響而轉移，因而隨時隨代的在變化着，所以我說，西洋文化並不是故步自封的，却不時在變化着，在文藝復興後，經過了工業時代的歐洲人，和他們中古時代的祖先，就有很大的區別；我們若能預料我們下代子孫將要改變的程序，他們必要驚奇我們的先見之明。

西洋文化如此，那末東方文化何獨不如此？

中國人在若干事上，是需要向西方人學習的，他們具有一種强力的獨立要求，其他遠東民族，也莫不如此；是的，他們應當按本國的民情，往前發展，將自別處吸收來的，再按自己的腸胃去消化；然而新時代的中國人，有幾個還肯去閱讀孔子的書呢？他們偏要作馬克斯或盧梭的信徒，這是一個大錯！

經過兩次世界大戰，東方的人，耳聞目覩着歐洲科學文明的禍殃，以及他們所發明殺人機械的兇殘，遂對歐洲的物質文明，發生一種厭恨和鄙視。

可是需要分別，這些慘禍，並不是科學發達，文化高越的直接效果，却是由於缺乏倫理道德而來。

東方人自稱所有的是精神文明，這話固然有一部分眞理，切望他們在完成世界文化的工作上，以他們固有的倫理道德，再與西洋的文化配合，使全人類在倫理道德上，發展進步，實踐眞正的「人文主義」。

五　教會對於各地文化的任務

我們在前面已經說過，傳教士必須熟習當地的語言，深悉當地的民情，並就合他們的生活，才能在傳教工作上獲得美滿的成效。到中國來的首批傳教士，如利瑪竇等耶穌會士，深明此理，他們傳教的目標，是首先勸化中國的知識階級，所以他們先自己矢志攻讀，務要精通中國的文字語言，盡量的體合中國人的風俗習尙，在儒，有儒者的氣度，在朝，有立朝的風格，他們給基督教義，穿上了地道的中國衣服，他們同中國人，自變爲中國人，但依舊不失其爲西方文明人，他們並未因此覺得有從他們自己的皮膚脫出的必要，也沒有覺着降低了他們的身價和他們原先的文化。（Rythmes…… art. cit.）可惜，後來的傳教士沒有繼續這種作風！

有人責怨傳教士們，給中國和日本搬進一個「成年的教會」，不如簡單的播入基督教義的小小種子，讓它自由的發芽滋長，藉着本地的土質和養料，在聖神有力的指引之下，尚能得到更合理想的發展。提幾個小小的實例：譬如在遠東的天空之下，高建着哥德式的大教堂，便和東方的景物完全不配；令東方兒童背誦法國式要理問答的抽象詞句，必使他們感到非常枯窘。在遠東的修道院內，若在神學教義和其它教育上，能將他們本國的倫理原則合併教授，修士們必更易領悟，將來出去，和社會周旋，也不至於「學非所用」；我們若儘管以西洋方式來造就本地神職班，忽視他們的東方心理和原則，一定會鑄成「閉門造車，出門合轍」的大錯。

聖教會是不輕視任何特殊文化的，深原就合各民族的習尚和性格。原來天主的聖教會，是爲着人而立的，是一個人類的社會，天主向人啓示的道理，不欲損毀人的自然部份，天主上智的指引，使他的教會，到如今多依託西洋文化，以獲得某限度的發展，現在已深入了東方民族，願東方民族，發展他們特有的能力，協助聖教會，到達一個更高越的境地，漸漸的，他們能在聖教會內獲得領導和指揮的地位，西方人看見他們這種成就，必將表示慶幸。

報章和雜誌上，時有對傳教士的批評，認爲他們傳教工作的方式，是爲了「基督化而先使人西洋化」，我們傳教士對這一點，該特別留神，不然，即使我們懷着一片好心，若不審慎，會造成歷史上許多的大錯，遺害非淺，而且勢難補救！聖教會利用了我們西方的文化，我們應該很甘心地，也讓它利用其它民族的文化。

我希望這篇論文，爲傾吐我的一點見解，能充分的表達我的意見，我如今以一個寓言，作爲這篇論文的結束。當人們個別使用自己的樂器時，有的拉胡琴，有的吹簫笛，每種樂器，發出的音調，是悅耳中聽的，然後大家合奏起來，必會發出更美妙的音調；於後，一個技能卓越的音樂師，彈起他的大琴來，時而發着胡琴之聲，時而發着簫笛之音，全琴在活動之下，奏出非常和諧的妙樂，那是多麽美麗而動聽！

將來的人類，將來的天主教會，就當成為一架大琴，在基督樂師彈動之下，永遠奏出和諧的妙樂！

先將登載這篇論文的雜誌，對本論文所加的幾句讀後語，譯在這裏：「對於東方西方的交往，可將米何諾 Michonneau 司鐸於平民們身上所獲得的經驗，貼合於此：使我們與平民分離的，不是我們的文化，而是我們在異文化上的缺點，即我們的不完美的文化」。

六　譯者一點感想

按這篇論文的著作者，是一位在安南的多明我會傳教士，名克拉斯 Cras，想來是位極富經驗的傳教士，至少，他的目光是遠大的，論斷是正確的，而又是公平的，而且他心地純正，不存偏私，又胆大敢言，因而他的立論，是那般的確切和痛快，句句是至理名言，語語均切中時弊，在一個外籍傳教士，肯這樣說話的實在少見。（本文草於去年十月十日）。

著者意謂近今遠東傳教區域的本地人民，本地神職班，因有一種獨立自主的傾向，致使外籍神職班感到不安。這種反應，在中國或許比在別國更覺顯露，我如今舉一個小小事實：二年前，鐸聲雜誌上有過一二篇類似的文章，就大大的引起外籍傳教士的驚異和反感，而自光復之後，復刊和新創的多數公教刊物內又有些性質相同的文章發表，外籍傳教士更嘖有煩言。

我說這很少的幾次表現，不過是一種普遍思想的幾個星點；所以別想幾個胆大敢言的人，是存心不良，大凡物不得其「平」是必要「鳴」的，不過這幾個人敢「鳴」，其餘的人不敢「鳴」而已。

外籍傳教士聽到了這種公意的表現，因而感到憤恨或氣惱，這不是上策，該反躬自問，作幾次嚴格的反省，究查自己在態度上、行動上、措置上、思想上，以及其它許多方面，有否欠缺？有否錯誤？不然，怎會引起中國人普偏的反感。

不要以為中國人在發動着盲目的「排外」，尤其是神職班，他們深知中國的傳教事業，離完成的地步，還很遼遠，認識眞主的人，不過滄海一粟，中國神職班的總數，不過三四千人，爲勸化將近五億的人民，如何夠用？他們絕不能一方而自己感覺不能勝任，而一方面却又拒絕別人的協助，他們是絕對歡迎合乎他們理想的外籍傳教士來華協助傳教的；即使中國的傳教事業已到達了完成的地步，一般人也必認爲西方和東方繼續的攜手合作，互助互惠，在拯救人靈上，必會有更燦爛的成就，和更美滿的收穫！

請再讀一讀教宗的通牒：

有什麼法子使教會今日在外教人中卓立不衰呢？不是得川昔日在我們這裏所有成立的那一總方法麼？就是用各個國內的民人、鐸曹、男女修士。爲什麼不容本地鐸曹治理個人本來固有田園？就是爲什麼不容他們管治自己的民族呢？爲使爾群日易脫身，前往歸化其他外教人民，把已成立的教區留與本籍的鐸曹接收，益加治理，不是大有裨益麼？而且爲廣傳基督的神國，這本籍鐸曹必要出人意表的，大奏奇效」。（見庇護十一世聖教會已往的成績諭）。

「觀夫聖教盡心栽培本國司鐸，不特使爲外籍司鐸之補助，且俟人數敷用時，使其承繼外國傳教士之職任」。（見庇護十一世余即位伊始諭）。

「凡管領一區傳教者，其重要首務，當就所在民族，使族人充聖職而陶養之，建設之，此與教會新傳地區所據有以希望者甚大也。因本地司鐸與本地人民，世籍天資，感覺與心思，皆自相投合，則其能以信德漸摩人心，當何等驚奇耶？且較其他一切人等稔知，何法可可輸誠服教，加以地方上又可隨便進出，往往爲外國司鐸欲置足而不能者也矣」。（見本篤十五世夫至大至聖之任務諭）

沒有比教宗庇護十一世說得更透澈的：

「際此時會，外籍主教司鐸，與中華主教司鐸，互以友愛結合，同謀聖教之發展，同謀中華之利益，爲普世教會孰有更榮耀更美善而逾於此者乎」！（見庇護十一世余即位伊始諭）。

聖教會的大公無私，和見地的純正，由這些通牒的片段上，就可以窺見，那末一般外國傳教士將作若何感想？

歡迎教廷黎培理公使涖鄂獻詞（補白）

自教廷與我國有交換使節之事，不知者或深訝焉。以為夫使人者惟國家得有之，國家則必具備土地、人民、軍備諸條件。梵蒂岡為城不滿四里，且耶穌在世時，固曾舉言己之國不在大地之上，而天主教信友每日祈禱之經文，亦有「爾國臨格」之語，所謂國者皆指天國而言，然則梵蒂岡其果足稱為國家歟？曰：梵蒂岡者天國之象徵也。其元首為教宗，乃我主耶穌之代表，而為世界最高道德之威權也。梵蒂岡雖為一不滿四里之小城，而降生以來二千年，福音之傳播，皆以是為樞紐焉；全世界五萬萬天主教友，其虔信之德，篤愛之情，皆以是為總匯焉；吾人託庇於戰鬥教會，祛魔障而滌非累，升天堂而護永祉，皆以是為津梁焉。則梵蒂岡無土地而土地之廣遍於五洲萬國，無人民而人民之衆，世之國家無有出其右者；無軍備而以仁義為干戈，道德為甲盾，拯人靈於沙殫淫威桎梏之下，則世之所謂泱泱大邦者，惟梵蒂岡足以當之，不以國稱，又烏乎可？既國為矣，則內之不可無其獨立自主之國格，外之不能無其講信修睦之外交，故梵蒂岡使節遍於各國，而各國亦遣使駐梵蒂岡，與其他各國無異。特其所交涉者皆為教務之事及教育文化事業，若夫禪圖詭變於軍政之際，鉤心鬥角於權勢之間，則教廷使節，所從不與聞者也。

基督正教傳人中國，歷時古遠，元代以來，教廷先後遣使來華凡十二人，然皆未得久駐。此次眞正交換使節成功者，以公為嚆矢，再以公之舉德學識，非獨能使教廷與中華之敦睦，且能使世界人類，咸蒙其福祉，茲當涖漢之際，兩會同人，謹以傾慕之熱忱，攄誠而為歡迎之詞。詞曰：

歐洲之陽，爰有義國，四時如春，風土清適，山川毓秀，挺生大哲，玉式金相，為世圭臬，赫赫黎公，稟性睿明，髫年慕道，修省勤精，聖德農農，雅度毓毓，才長折衝，每得其平，屢使大國，壇坫無驚，聖職之傑，行人之英。

監牧菲洲，蠻夷為伍，風俗鄙野，民性悍戀，嘯屍醢人，崇巫事蠱，森林幽黯，原野曠莽，濁河縱橫，蛇龍所乳，公居其間，怡然樂土，至誠所格，捷若干羽，化其凶頑，今羊昔虎，相率來歸，猶投慈父，及公之去，頓失恃怙，思慕[illegible]，迄今涕雨！

地發殺機，宇宙玄黃，猰貐長驅，竊吻卜張，四海鼎沸，剡火飛光，金湯自摧，積屍成岡，嗟彼子遺，奔走倉皇，乾屹業城，咫尺仙鄉，纖貢來赴，如水湯湯，聖父惻念，命扶其尪，賑粟施衣，公總其綱，即我僑民，亦沐餘芳，中國恩人，永矢勿忘。

惟我中華，帝所眷憐，教化東敷，遠任漢前，六經彝訓，炳如日天，細加印證，實有心傳，時當元代，軺車連翩，惜忽中斷，歷七百年，昔恨璧斷，今喜珠聯，六代故都，虎踞龍蟠，節旌涖止，金粉增妍，陽春三月，韶景華鮮，雜花生樹，清風徐扇，三鎮有幸，得邀高軒，父老瞻仰，歡聲雷動，蛇山戢戢，漢水淵淵，惟公之風，與之永延！

（蘇雪林教授擬）

文化方面的傳教工作序

田耕莘

高樂康司鐸前在鐸聲月刊發表的傑作「文化方面的傳教工作」，最近由鐸聲月刊重印爲單行本，高司鐸並希望我作一篇序，我很樂意的接受了。

去年我到北平履新以後，不久我就病了，病中方杰人司鐸曾把這篇數萬字的鉅著送給我看，而且在未看之前便對我說明，這是很有意義的一篇文章，在教會裏尚不多覯。當時我即在病榻上化了幾天時間，細讀一過，讀後我覺得有許多話正是我要想說的，也正是很多關心教務的人所想說的，現在既由高司鐸提出來，我想必能引起教會人的注意。

現在只就我個人的感想說一說：

我最認爲喜慰的，便是獻縣趙主教的賀函，內引民國七年十月十八日已故獻縣劉主教答傳信部調查表的話，劉主教早在那時就向羅馬坦白說明向智識階級傳教的重要，並提出新教的各種努力，同時亦認爲必須注意各種形式的新聞事業。劉主教在三十年前已經有了這樣遠大的目光，眞使人欽佩！這和前輩馬相伯先生對傳信部所答的話完全相同，（見方豪編馬相伯先生文集二一七頁）更使人感慨萬端。我們惟一的感慨是我們並不是沒有先知先覺，但先知先覺的意見，何以久久沒有生效？因此當我在醫院內讀完高司鐸的論文時，某君問我有何感想，我說：「好極了，只怕沒有人去做！」三十年前劉主教和馬先生說過的話，需要三十年後再有人來發揮，是不是今天高司鐸所說的話還需要三十年後再有人來舊事重提呢？

高司鐸這篇論著的範圍非常廣汎，其中最使我關懷的便是「本籍司鐸之培養」那一章，他特別注意到公教著作家的培養，他也贊成「區際聯立小修院」的制度，對於這一點，可以說高司鐸和我所見相同，我一到北平便着手創辦聯立小修院，也就是蒙大家厚意，爲紀念我而命名的耕莘中學。關於「外籍司鐸之修養」，高司鐸看到語文研究的必要，以及「漢學書院」或「中國學術研究院」的提議，實在也是卓見，不能不令人佩服。

此外許多寶貴的意見—雖然只是意見，我們希望讀者加以注意，共同研討，携手合作，大家起來擴展中國的歸主運動。目前正是時機，不要說現在國家尚未恢復平靖，正因爲國家多難，變亂頻仍，所以人人都渴望獲得宗教上的安慰，陳援菴先生在他的「明季滇黔佛教考」（卷六，亂世與宗教信仰，第十七）中說得好：「人當得意之時，不覺宗教之可貴也，惟當艱難困苦顚沛流離之際，則每思超現境而適樂土，樂土不易得，宗教家乃予以心靈上之安慰，此即樂土也，故凡百事業，喪亂則蕭條，而宗教則喪亂皈依者愈衆，宗教者人生憂患之伴侶也，六朝五代，號稱極亂，然譯經莫盛於六朝，五宗即昌於五季，足見世亂與宗教不盡相妨，有時且可擴張其勢力」。何況現政府在賢明的　蔣主席領導之下，很誠懇的希望和教會合作，「信仰自由」重新規定在憲法上，各處的地方政府，地方長官，亦無不竭誠和我們携手，先就這一點來說，已是千載一時的良機，再加上教體的建立，教廷使節的來華，教會外表氣象一新，我們對促進教務的工作，似乎也應該刷新一番。亦不必說交通困難，經濟拮据，沒有宗教信仰的人，他們爲達到政治上或任何事業上的成就，尚能勇往直前，不致知難而退，我們有神力可恃，更應該有自信力，自信世界上沒有一種阻力是不能克服的。有此毅力，若再能把各種傳教良法，運用得宜，我敢說天主教在中國的繁盛是指日可待的。不知高司鐸和讀者以爲何如？

一九四七年中國主保瞻禮日田耕莘序

致方杰人司鐸論馬相伯先生文集

于右任

杰人先生道席：承惠相伯師文集，百拜奉誦，編著之富，體例之嚴，至爲佩感！先師體上帝之德，爲聖人之文，時以至顯發至隱，至簡演至頤，而益見其博大精深。右任從遊多年，而集中所收，猶多未經見者，爲深愧矣！近籌得二百萬元，擬購若干冊，分送圖書館及友好，幸代商之上智編譯館爲荷！拜復並謝，順頌道祺。

弟于右任上。　五月廿五日。

王覺斯贈湯若望詩翰跋

馬相伯先生遺稿

右王覺斯過訪道未湯先生，亭上登覽，聞海外諸奇之作，跋云：「道未先生學通天人，養多玄秘，心服其爲人中龍象也。」即此可見當時學者初不以天學諸公所談算學哲學之經緯形下形上爲宋儒所不談而薄之。學舉世所不學，好舉世所不好，殆亦人中之龍象也。新會援菴先生於史學有特長，而於天學之流傳中土史尤三致意焉。見余八十有一，而手不甚顫，力索余書，爲他日之紀念，故錄右詩以明坐云則坐之意。庚申秋馬良。

【編者按】馬先生曾臨王覺斯所書贈湯若望詩，並跋其後，贈陳援菴先生。最近始由陳先生檢出，致未能收入本館出版之馬相伯先生文集，故爲補刊於此。

息焉公墓碑記

馬相伯先生遺稿

慨自輪鐵徧地球，而飛航一星期可環遊，通商大邑如上海者，勢將主客參半，而禮教漸融；新受福音者亦必日衆，衆則父子夫婦皆受洗，而考終斷不可必，將令同室不同穴耶？爲人後者何忍！且過客有教友焉，教職焉，將令如南京主教等墳無主管而同失其所在耶？因發起息焉公墓，地在滬西新涇港，不一二刻汽車可到；水綫高於本年大水時大潮信八英尺，得此爽塏，死者得安葬，生者得安心。籌備迄今二載，建有聖堂，取聖母升天者，蓋因厄娃第一人，而人皆有死；因其第二，而神形得再生復活之福音，此仁者所以息焉而不終於伏也。其他建築，如會葬所，追思臺，苦路通功，及松楸等等，無不應有盡有；已備案上海市政府，即日按公墳例開讓墓穴，略分等第，既使普及，兼備常年經費，用垂永久。主任則董事會。是所望於同受福音者。

上智編譯館館刊　第二卷　第四五期合刊　三四四

「人之神秘」序言

吳經熊

一般膚淺的人們，往往認爲科學和宗教是勢不兩立的。他們用了非科學的頭腦，反理性的情緒，少見多怪地對於宗教大施攻擊。還有一些比較聰明的人說：科學和宗教是並行不悖的。這是折衷派的論調，比較近乎眞理。其實惟有眞正的科學家才知道科學的不足；也惟有眞正的宗教家才知道宗教的寬大。近世的通病，是在冒牌的科學家和冒牌的宗教家太多了。前者以支離破碎的知識來對抗一切知識的泉源，——這叫無本之學。後者以入主出奴的態度來排斥不容否認的現象，——這叫故步自封。

本書的著者是一位偉大的醫學家，他在美國羅氏醫學研究院擔任生理研究工作，凡十五年之久。普通研究生理的往往祇看見肉體，看不見心靈，著者却是與衆不同。他說人是整個兒的東西，不光是肉體，也不光是心靈，乃是肉體和心靈的合體。他用科學的方法證明宗教的必要。人若沒有宗教，就是舍本逐末，所謂雖多亦奚以爲。近世自然科學的發達，可謂日新月異，光怪陸離。可是結果如何？我們祇看見科學被資本家利用，來壓迫窮人；我們祇看見科學被野心家利用，來侵略弱者；我們祇看見人類鈎心鬬角，自相殘賊，比禽獸還要野蠻，還要殘忍，還要貪狠，還要刻毒。

著者的主張是：要改革社會，必須從改造個人入手，要改造個人，必須注意精神生活。他說：「我們在大學裏及實驗室裏所碰到的多數科學家，他們的能力之所以薄弱，就因爲他們的志趣太平凡，而他們的人生觀又太狹窄。人必須要有高超的理想，偉大的胸襟，然後能夠日進無疆。對於一個胸中燃燒着熱情而樂於冒險的人，自我犧牲並不是一件難事，而革新現代人類又是最值得犧牲，值得冒險的一件大事業」。

吾人要獲得一個正當的人生觀和自我犧牲的精神，非從新回到吾主耶穌跟前不能爲力。世間人爲什麼甘心爲獨裁者的奴隸，而不願作天主的小朋友呢？

著者做這本書的時候，還沒有歸依天主。但是細讀此書，可見著者以自然的理論，已經走到天主的門前。後來天主嘉其用心，賜以聖寵，於是這位偉大的科學家也受了洗禮，做耶穌的信徒了。

從前十九世紀法國也有一位偉大的醫學家——巴斯斗兒（Pasteur）——，也是個虔誠的教徒。有人少見多怪的問他道：「您是科學家，却又虔信宗教，您不覺得矛盾嗎」？他回答道：「我現在對於科學不過略知一二，所以對於宗教還沒有十二分的虔誠。如果我的科學知識再進一步，那末，也許我對於宗教會同鄉下的太太們一樣的虔誠哩」！老子說的好：「大曰逝，逝曰遠，遠曰反」。方今科學文明的進步可謂遠大了。祇是不知幾時能夠歸眞反樸呢。目今的世界好像犯了易經上所說：「迷復」的毛病了。

歸眞反樸的意義，並不是取消科學，乃是將科學和宗教的地位調整一下。宗教是本，科學是末；宗教是源頭，科學是支流；宗教是目的，科學是材料。人類如果認識這一點，那末科學非但不能爲害，而且可以爲人類製造無限的幸福。不然，人類自以爲了不得的聰明，專靠自己的打算，把天主置在腦後，殊不知人有千算，天有一算，專仗自己的千算，不顧天主的一算，其結果等於自殺。俗諺說的好：「聰明反被聰明誤」，這是對現代世界的一句預言。

可是，天無絕人之路。正在整個人類將要自殺的當兒，耶穌的教義也在大發光明。世間各國頗有超類拔萃的人，受了天主的聖召，放棄一切罪孽和邪說，用昨死今生的精神，毅然反正，爲眞理奮鬥，作十字架的志願兵。魔高一尺，道高一丈，最後勝利，總屬天主。有這個信念做我們的後盾，我們雖然受盡了千辛萬苦，心裡自然覺得非常甘甜，非常平安。現代的人類雖然正在隆冬之夜，可是天國已經近了。唐人有一聯云：「海日生殘夜，江春入舊年」。越在隆冬，越須有春意；越在黑夜，越須有朝氣。我希望人們讀了這本書，個個添了不少春意和朝氣。我也有一聯奉贈讀者：「忽驚長夜知將曉，未經隆冬不是春」。

本書譯者施蟄存先生爲我國名教授，著述甚多。書中專門名詞不一而足，本來不易翻譯，然在施先生手裏却是遊刃有餘；譯文兼信、達、雅三個長處，這也是一件可以慶幸的事情！

公元一九四一年六月吳經熊序於香港

【編者按】右文係吳先生手稿，該稿原由葉秋原先生保存，現已轉贈本館珍藏，特爲披露於此，並誌謝意。

跋王徵的王端節公遺集

王重民

民國十二三年，王兆麟涇陽作知縣，因爲陝西要修通志，於是他接到一篇應修縣志的通令。兆麟的老師柏堃，字厚甫，就是涇陽縣人，剛剛謝了富平縣職，遂請他來主持縣志局的事情。他於是仿他老師賀瑞麟修三原縣志的例子，把涇陽學人的作品，和與涇史地人事有關係的詩文，輯成了涇獻文存正編十二卷，外編六卷；又詩存正編四卷，外編三卷。又把涇陽先賢的遺著，印行了七種，總題爲涇陽文獻叢書。都於民國十四年鉛印行世。

大概因爲涇陽很偏僻，書籍不易流通的緣故，自印行後二十二年，北平圖書館方才買到這一部涇陽文獻叢書。叢書第一種是王端節公遺集四卷，第五種是正學文集三十卷。

在最近二十年內，我們很注意研究王徵的遺文和歷史。可惜這部遺集雖說輯印於二十年以前，我們大家都沒有見到。正學齋文集是王介作的，介字一臣，是王徵的七世孫。他曾把他的七世祖王徵遺書的版片整理過，又把王徵的遺文盡心搜輯。所以我們要研究王徵，王介這部文集，也是很重要的參考書。

不但我們住在北平的人沒有看到這部王端節公遺集，就是陝西耆儒張鵬一扶萬先生，也沒有看到。扶萬先生早即注意王徵的遺詩遺文，曾從涇獻詩文存內，輯出了王徵的散文十四篇，詩詠四篇。民國二十二年，向覺明先生遊陝西，就向張老先生錄了一個副本，帶回來刊在國立北平圖書館館刊第八卷第六號內，題爲「王徵遺文抄」。在沒有看到這部遺集以前，我們知道的王徵遺文，以這部遺文抄爲最多。

我現在看到了王端節公遺集，又看到了涇獻詩文存，於是先用詩文存校遺文抄，再用校本遺文抄來考校這部遺集。

◆　◆　◆　◆

涇獻文存卷三有王徵的新製連弩圖說引，卷七有奇器圖說序，兵約序，西儒耳目資序，卷八有跋士約後，卷十有了一要語，凡六篇，都不見於遺文抄。疑是張老先生抄輯的時候，有的由於失檢，有的因爲原書有傳本，遂沒有再抄。遺集內沒有西儒耳目資序和了一要語兩文，似乎也可以用同一的理由來解釋：西儒耳目資序因爲有原書流行，了一要語大概是失檢了！

遺集凡有散文三十三篇，然無遺文抄內的告神文。告神文原載兩理略卷四，恐怕柏堃未必能注意到這一點，——這便是說：他把告神文收入涇獻文存而不收入遺集的原因，大概也是由於編輯時候的失檢，不一定因爲兩理略有了那篇文字，柏堃便不收他入遺集了！

遺集比遺文抄多了十九篇，有的很重要，有的不重要。遺集卷一凡載奏疏三篇：第一篇奏恭承特命監理海疆懇辭分外殊恩願佐軍前成議剏襄實功疏，第二篇奏仰謝天恩恭請明命疏，並爲遺文抄所無，都是重要史料。卷二爲書牘十五首，惟末一篇與張儀昭書已見遺文抄外，餘均未見，都是他丁繼母憂謝了廣平推官以後所寫的應酬文字。王介正學齋文集卷一有先端節公尺牘全集序云：「天下之士，仰公如泰山北斗，不獲長與公游往往以尺素相通欵，惟公則無不以尺素答之。數十年來，往復手翰，不下數千百篇。余生也晚，凡公尺牘，年歲既遠，多所失存，今雖竭力搜羅，十有餘年，而其所獲，不過十之三四。謹爲參考編次，繕寫成書，藏之先祠，遺于後世。」若是原來果有幾千篇，王介既然收到了十之三四，則那部尺牘全集，約應有一千多篇，今僅得十五篇，可見散亡之多了。卷三載序跋八篇，均見於遺文抄及涇獻文存內。卷四雜著七篇，惟士約兵約兩篇，不見於遺文抄與文存，我也沒有見過別的刻本。上智編譯館館刊第二卷第二期，有李宣義先生的王徵著述遺版蒐輯序略一文，說他在通遠天主堂內，發見的王徵的著述遺版裏邊，有士約殘版九葉，兵約殘版十四葉。這兒所載的士約兵約就是全文，一定是從那些刻版的初印本鈔來的。現在那些刻版不完全了，這兒的文字，也有些脫誤。

這部四卷本遺集，有柏堃的序文，說編輯的經過：

「先生著書數十種，版多散佚。余與邑人士謀將先生奇器圖說及兩理略陸續付印，而於先生文集六卷，經濟全書二十七卷，搜羅弗獲，僅得友人所藏尺牘稿十五篇，又奏疏三篇，士約兵約及序跋讚銘祭文記揭等共十八篇。又列本傳墓志於卷首，都凡四卷，爲先生遺集。」

柏堃所說的「先生文集六卷搜羅弗獲」者，大概是指的王介編輯的本子。王介正學齋文集卷一先端節公文集序云：

「公生平著述，不下數十種，俱已行世。惟尺牘與文集，向無成書。今已竭力搜羅，十載有餘，共得若干篇，錄輯成帙，略序顛末，謹藏先祠。行並付梓，以垂不朽焉。」

序末署「己卯四月」，己卯當是嘉慶二十四年，下距柏堃編此遺集時，已有一百多年。柏堃還未見到，我們見到的機會更少了。

十餘年來，我也很注意王徵的遺文和遺事，曾想爲他編年譜，重編文集，所以看到這部遺集裏的新材料，非常高興。擬從此便將所輯王徵的天學諸書序跋，和他所著的畏天愛人極論、仁會約，所譯的杜奧定先生東來渡海苦蹟等篇，編成一部比較完備的集子。

遺集卷端載張炳璿的王端節先生傳一篇。張炳璿就是王徵的表弟張儀昭。王徵死節的時候，是先和儀昭握了握手，方才瞑目的。後來張縉彥爲王徵撰墓志銘，也是依據這篇傳文作底稿。所以這篇王端節先生傳，是研究王徵的第一流史料。

（五月二十三日大公報圖書周刊第十九期）

中國博物考察記序

方豪

民國三十二年冬，我突然接到經遂初先生從昆明寄來的信，要我供給他關於明末耶穌會教士卜彌格（Michel Boym）的材料，因爲經先生正從事研究中國藥物學，特別注意雲南方面的藥物，而卜神父却是歐洲人中最早採集中國植物的，他也懂得醫學，所以中國人所謂「本草」，很受他注意。民國三十一年冬，我在浙江大學發起徐霞客先生逝世三百年紀念會，曾在紀念刊上發表了一篇論文，題目是「徐霞客與西洋教士關係之初步研究」，文中我祇提到明末研究中國輿圖的衛匡國神父 Martin Martini，而經先生却認定我對卜神父也必有研究，所以立即和我通訊。當時我曾告訴他費賴之神父 Pfister 所著的「入華耶穌會士列傳」（馮承鈞節譯本譯名）法文原書中有卜神父傳，而伯希和先生也曾在通報發表過卜彌格事略，（一九三四年，第三十一卷九五頁至一五一頁）說文月刊第一卷第十與十一期有陸翔先生的節譯，改題爲「晚明天主教士卜彌格爲永歷皇太后奉使羅馬事略」。我自己在民國三十一年爲紀念中國科學社生物研究所二十週年，也寫了一篇「來華天主教教士傳習生物學事蹟述概」，刊登於「科學」第二十六卷第二期，文中也略略說到卜神父。可惜「科學」雜誌出版延期，我自己一直到民國三十三年夏天纔看到。

譚衛道司鐸（1826—1900）

Armand David C. M.

經先生和我第一次通訊時，我已在開始主編眞理雜誌，他又告訴我他有一部字數頗多的譯著，想在雜誌上發表，那就是譚衛道神父（Armand David）自同治十一年（一八七二）至十三年（一八七四）在中國的第三次考察博物旅行日記。我在十餘年前，試撰浙江天主教史的時候，早就知道譚神父的大名，在我那篇「來華天主教教士傳習生物學事蹟述概」文中，也沒有把他忘了，所以經先生的譯著，正是我求之不得的；然而雜誌的篇幅究竟容納不了那樣的長文，因此我祗好答應替他設法單獨出版。經先生贊同我的辦法，又重加修改，然後寄給我，堅決要求我替他校閱一次，并加上一篇序，我也請他將原書寄給我。爲了生病，也爲了功課忙迫，校閱了兩個多月，方纔竣事。在未讀完全書之先，我覺得沒有幾句話可說，校完後，我又覺得要說的話太多，不知從何說起。下面讓我拉雜的寫幾段。

（一）我得先略略介紹原著人的生世。他是法國人，生於一八二六年（道光六年），一九〇〇年（光緒二十六年）卒。他在中國的考察，始於同治元年（一八六二），終於同治末年（一八七四）。同治元年來華後，即居於北平，是年九月，即出長城至蒙古考察；次年，至京西各山採集；三年十一月至東北。是爲氏之第一次考察旅行。七年，遊歷江蘇並遠至川康境內。則爲第二次考察旅行。第三次考察旅行，經地最多，歷時亦較久，是即本書所筆記者。行蹤所至，有晉、陝、豫、鄂、贛、閩、浙等省。氏精研地質學、軟體動物學、飛禽學及哺乳動物學，發現之動植物新種甚多，所得植物凡三千一百種，送存巴黎博物院者，一千五百七十種，內新種二百四十七。「譚氏植物名彙」（Plantae Davidianae）至今猶爲生物學界所艷稱。氏爲天主教味增爵會（亦曰遣使會）司鐸，得會長之許可，受巴黎博物院之邀請，並由法國教育部資助其研究費，乃得完成其學術上之貢獻。

譚氏之發現（一）

Putorius Davidianus 譚氏鼬

（二）原書分兩冊，每冊封面後都有已故北平富主教 Mgr. Fabregues 的親筆簽名，是用鉛筆寫的，說明這兩本書是一八九五年（光緒二十一年）九月譚衛道神父贈送的。我覺得很寶貴，因爲原書有若干誤字，已經改正，或者是出於原著人的手筆。據經先生告訴我：原書是他在北平時向遣使會印字館李神父（Duvigneau）借來的，囑我妥爲保存，以使將來歸還。自從我發現這兩本書是譚神父的餽贈品之後，便格外的珍視。這是我個人的性情與癖嗜，也許別人覺得不足稀奇。

（三）譯稿

分上下兩部，共五百十五頁，凡二十五萬餘字。經先生告訴我，翻譯工作在北平即開始，因未譯完，後又在後方繼續完成，全是親手譯的，這毅力和恆心已足夠我們欽佩了。況且翻譯科學著作，必須是本行的人，才不致鬧笑話；經先生的中學階段，也是在法國過的，以後又留學英國利支大學，法國里昂大學，德國柏林大學，前後十四年，得法國國家理科博士和醫科博士學位；回國後，歷任國立北京大學教授兼生物系主任，國立北平研究院生理研究所所長，現任國立中國醫藥

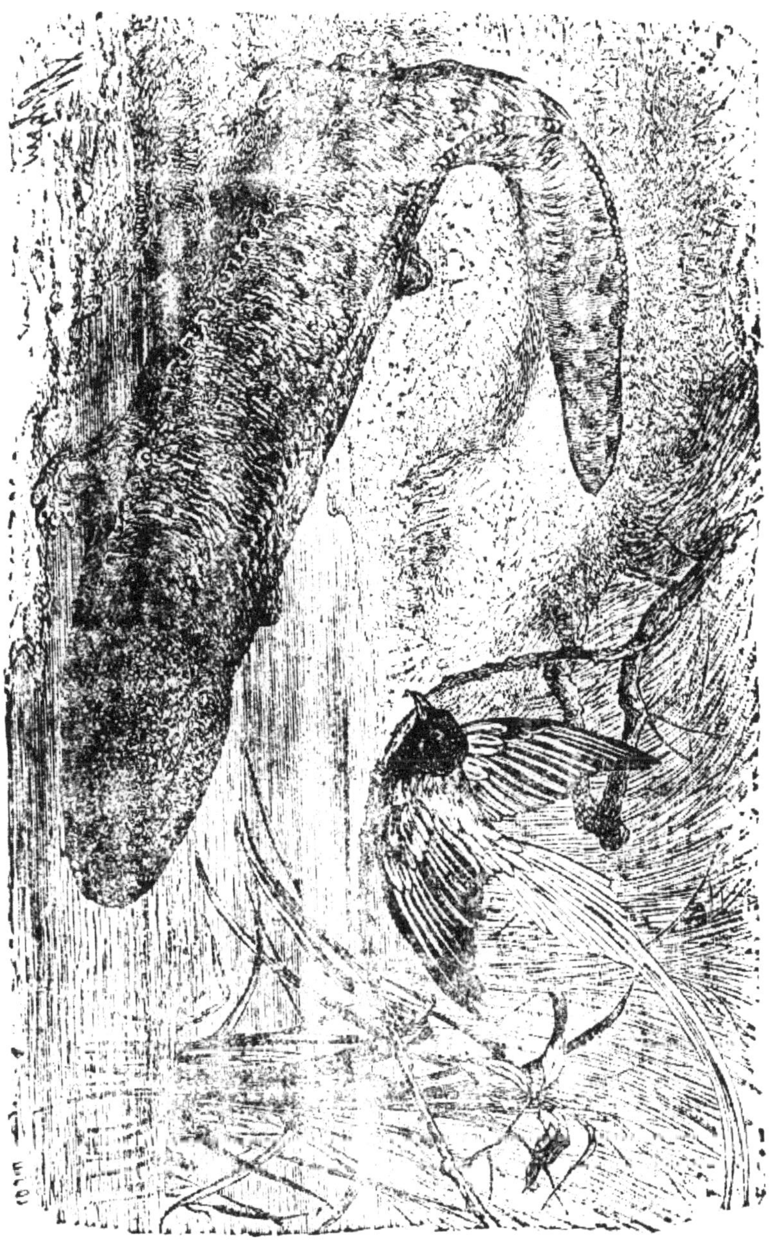

譚氏之發現（二）

Siebboldia Davidiana 與 Tchitrea Incei

研究所所長，由經先生親自翻譯本書，眞是再恰當也沒有的。而且工作非常認眞。舉例來說：我從前祇知 David 漢姓譚，不知道他的漢名，經先生譯稿用譚衛道三字，我頗疑是譯音，便寫信告訴他，希望他能查出譚氏的漢姓漢名，那知他回信告訴我，對於譚氏的漢姓名，他在北平時，早就問過方修士（Los. Van den Brandt)和 Abel 修士，（漢姓不詳）譚衛道三字的確是漢姓名，這可看出他的謹愼。在他寄給我原稿以後，又來過兩次信：一次是告訴我，譯稿中有數處將「史文郝」之「史」字，寫作「斯」字。前後不統一，囑我爲改正。（關於這一點留在下面再說）。一次是因原書最後一章，述中國鳥類分佈情形時，有一表，照法文直譯，應該寫爲「某某鳥在中國有若干種，內若干種在歐洲也有」。然而有些鳥

譚氏之發現（三）
Ailuropus Melanoleucus 與 Elaphurus Davidianus（即四不相）

是歐洲完全沒有的，譚氏原文將「若干」完全寫成阿拉伯數字，因此遇有在歐洲完全沒有的鳥，便該譯為「某某鳥在中國有若干種，內零種（或○種）在歐洲也有」，讀來便覺不通，所以經先生寫信告訴我，擬改為「歐洲均無」。這本是譚氏原文不通，而經先生能指出其誤，也足見其細心。

（四）關於原書的內容，我想是最值得介紹，應該多說幾句。

這是原著人作考察旅行時，逐日記錄（第四章起）的日記，所以忠實可靠，毫無虛偽。

原書內容非常廣泛，生物學當然佔着最重要的地位：魚、蟲、鳥、獸、死的活的，都有描寫；捕虫狀態，飛翔的姿勢，搏鬥的兇猛，鳴聲的宛轉，在他筆下，無不栩栩欲生。

譚氏之發現（四）

Ibis sinensis 與 Hierax Davidis

甚至於鳥類的交配，猴子的多妻制，都有詳細的觀察。而對於中國人的種族，人口統計，房屋結構，村落與城市之位置，市街與田園之景色，河南與江西女子之美貌等，也各有記述。對於經過各地路程的距離，主要的山嶺的高度，化石的種類，地質的構造，冬夏二季的溫度，每日的陰、晴、風、霜、雨、雪，河流的緩急與來去方向，地方的礦產、農業與手工業，居民的習俗，服裝、語言、疾病與職業，官吏舞弊，政治黑暗，以及不良的民情等，無不加以敍述。作者最痛恨各處森林的被毁滅，現在離作者考察時已八十餘年，森林的毁滅，仍在不斷進行，中國將來勢必成爲童山濯濯之「童國」，這是我校閱本書後最感痛心的一件事！

譚氏之發現（五）
Machlolophus Rex 與 Pterorhinus Davidis

本書第五章，記述赴洪縣途中，發現蝸牛化石與陶器碎片混於一處，作者註明此種現象尙待研究。這的確是一件値得研究的事。也許是我國文化史上的一個重大發現。同章還記載赴大洪鎮（譯音）途中，發現「一塊工作過的藍灰石，含着許多貝類化石」。工作過的石，應該是指石器，這也是値得注意的。第六章作者預言在華北有人類化石發現的可能，他的預言遠在周口店北京人發現前四十年，這眞了不起！我想譚氏在這一點上應該特別受人重視，不知在我國的中外生物學家和人類學家已有人注意到這點沒有。

譚氏此書，也供給我們不少晚淸同治年間的史料：太平軍經過各處以後的殘破狀況，西北各省的回亂，途中聞見的匪患與行軍情形；各地的物價與工資，尤其是陝西（西安）的元寶價格和銅制錢與鐵制錢的價値，以及福建（與江西交界的山中）通用外國銀圓，拒用中國銀子等情形；而最珍奇的史料要算他敘述那時在西安一位號稱「畢大人」的外國軍官 Pinel ，娶有四位太太。譚氏稱他完全「中國化」了。

譚氏所學範圍甚廣，所以他的批評往往很能切中肯要。他說中國近代文化退步，一是由於在上者的壓迫，以維持他們的統治力量；二是由於文字艱深。這些理由在民國後說出來，也還覺新鮮，而譚氏在同治末年便已指出。他愛音樂，自己能奏風琴，他對中國民間的舊式音樂，批評得很撰。他在書中曾估計中國人口，僅十八省卽有三萬萬之多，與里希多分 Richtofen 估計的（一萬萬）不當，理由也非常充足。至於他說中國式墳墓佔地太廣，必有一日土地不夠用，還和責斥我國人不愛護森林，同是我國政府人民所應迅速設法改善的。

然而譚氏的幻想有時不免太豐富，所以便作出不近情理的論調。例如：某次他看見農夫在田裏追趕一頭牛，牛忽然放出一些排洩物，他便以爲農夫是需要肥料，所以纔猛驅耕牛而去追趕牠；以下他又痛罵中國農夫的貪心，這眞冤枉極了！還有一次，他看見幾隻長尾鳥，便大發議論，說：中國長尾鳥特別多，也許就是中國人喜蓄髮辮的原因。實在是想入非非。

譚氏是富於感情的人，所以有時對人很不滿意，因此下的批評也非常苛刻，然而他自己說：卽使是離開他最不喜愛的地方，最不滿意的人，他也感覺依依不捨。他的確很多情，他愛他的祖國——法國，普法戰爭後，法國失敗，他憂心之至，然而當中國僕人替他掩飾，僞說他是英國人時，他却極不高興，很勇敢的承認自己是法國人。可是他在第一章便批評法國的政治；以後在九江時，他對於英國輪船公司優待科學家，以及英國科學家在遠東探險的成續，都異常贊嘆，同時對法國卻極表不滿；關於這兩點，我們不能不承認譚氏的坦白率直。

中國讀者，對於譚氏給中國下的幾處批評，一定有人感覺不滿。的確，譚氏有些地方還脫不了西方帝國主義者的成見，以「支那人」（Chinois）爲劣等民族的代名詞，這種嘲笑，在書中亦曾一見再見。我們爲甚麼不删去呢？我們是要保存眞相，希望讀者平心靜氣的讀了以後，對於正確的批評，完全加以接受，並勉力戒除。如描寫官吏的貪污，人民的怠惰、失信、汚穢、殘酷、貪利等，大部份並沒有言過其實。他歌頌法國，同時也批評法國，他指謫中國，同時也稱譽中國，他對於很多教士不重視生物學研究，也極不滿意。在許多外人著述中，他還算是公允的。在第十三章，他說過：「酒在中國極賤，可是我從來沒有看見過一位醉漢，我也沒有看見過成年的人或是小孩，彼此動手吵架。也許有這種情事，但是在華北幾省是很少見的。我們從此應該對於中國的文明，給它一種公正的批判，而承認中國人除去匪徒的騷擾以外，是一種安靜、守秩序、克勤克儉、堅忍耐苦的和平民族。不過社會上有三種階級是例外的，就是他們俗語所常說的：兵士、船夫和挑夫」。

在生物學上應有詳細的觀察，關於這一點，譚氏在第七章中曾加以說明，我們也可認爲這是譚氏研究生物學的動機。生物學的重要和功用，已完全包括在他所舉的七大理由之中。故不嫌其繁，將譯文引述如下：

「非博物學家讀我日記，他們必認爲我對於人類風俗、服裝、居住的房屋、藝術、工業、商業、農業，講得太少，而對於極小的動物，不主要的自然生產，山的形狀高度，岩石的種類，地的顏色和成分等等，都講的太詳細，這是因爲（1）我在這次旅行中，是一位生物學家，得到任何自然界消息，假若是準確的，對於宇宙的認識，必大有影響；（2）其他特別問題，對於科學沒有重要關係，他人也可以寫，不必我費事；（3）必先知道生命的各種現狀，然後才能明瞭已往的情形；（4）如欲對地質以前的變化，認識淸楚，須完全明瞭動植物在陸上和水中的分佈；（5）根據動物地理的研究，才證明英法兩國以前是連接一起，而分開是不久的事；根據蜘蛛的研究，證明義大利以前是和非洲相連的；瓦來司（Wallace）根據哺乳類鳥類和昆虫的研究，證明馬來三大島是與中南半島陸地連接的；西里伯（Celebes）和婆羅洲雖相距很近，却從來就是分開，或分開已很久了；（6）根據植物分佈的精密研究，已知葡萄牙、亞迅島和英國，以前是相連的；（7）自然界各種生物，對於溝通地球歷史之認識，常視同數學題目內之數字，表面上無論任何小，任何沒有意義的點和線，本是沒有價值的，但是在一道題目中，它們在其它表記中之位置，可以使題目意義完全改變」。

他的考察與趣與研究精神，眞夠我們欽佩，並値得我們仿效。一八七三年三月十日，在河神廟（譯音）森林裏去探察，爬上二千二百公尺的高峯，據說：「上面有冰雪，所以行路極難，上山的時候：非爬行或攀援樹叢不可。……這樣寒冷的森林，使山中更爲寂靜，除去聽見樵夫在山上砍伐樹木的回聲外，只聽見幾隻食果鳥和松鴉的鳴聲而巳。…連爬帶滑帶跑的在雪裏、泥裏、冰上，跋涉了整天之後，離開高山，回到住所」。我們

譚氏之發現（六）

Capricornis caudatus 與 Budorcas taxicole

（本文插圖均承北堂印書館惠借，謹此誌謝。）

只舉這一段描寫，便可看出他對於科學研究的興致。

還有一次，也是在下雪後，他爲了要認識一種名爲「火燒了」的鳥，仍走上冰凍的山坡去尋覓，結果，祇聽到鳴聲，而不見影蹤。他却說：「牠的捕獲，不祇因爲牠是新種而感興趣，不易捉到，是使人更覺有趣的」。（一八七二年十一月二十三日）以不易成功爲更有興趣，這是每一事業成功的秘訣。

可惜，譚氏爲了健康關係，竟不能完成他的志願。在一八七三年十二月日記中，曾表白過他的志願，希望再往浙江一次，然後到菲律賓，而由日本、美洲返歸法國。可惜次年，爲療治他的病，不得不放棄原定計劃而趕回歐洲。

譚氏日記，差不多都是按日寫下的。在病情最嚴重時，也用鉛筆伏枕而書。（一八七三年十一月十二日）祇有最後數章，纔有幾處併兩日爲一日記錄的；還有一八七三年十二月七日至三十一日和一八七四年二月二日至三月十三日，併記一處，這些日子，他都在病中，不能工作。所以他的日記，最爲忠實可靠。因爲不是回憶，不是追記，所以沒有糢糊不清的地方。如果我國科學家，尤其是地理學家，地質學家，生物學家都能勤作日記，一定也有不少寶貴的經驗，珍奇的收穫，可以流傳下來；反過來說，我國因爲缺少這一類日記，不知失去了多少前人心血結晶的記錄。這是多麼可惜的事！

（五）至於我個人對於本書盡的義務，實在慚愧得很！幾處著名的教友聚居地名，我塡上了；幾位主教的漢姓，我也註上了；經先生原來用的都是譯音。至於各處外籍神父的漢文姓名，在戰前本來也不難查到，尤其是譚氏的同會會友，（遣使會會士）我原有一本中西文的名錄，如今亦不在手頭，祇有暫付闕如。還有許多教會名詞，教外人當然弄不清楚，如 Dominicain —是多明我會會士，經先生譯爲「主日會」，望文生義，是很難怪經先生的；諸如此類，都已一一加以更正。因爲全書不是同時譯的，所以譯名前後頗不統一，如：里希多分，原稿也有作里希特合分的，史文郝也有作斯文赫的，我匆匆翻閱一過，改了一些，不知還有遺漏沒有？至於像Revue des Deux-Mondes, 或譯『兩世界』雜誌，或譯『新舊世界』雜誌，因爲都附有原文，意義都通，也就沒有把他劃一。此外，在文字上，因爲經先生完全用直譯，其長處是不失眞相，其短處是洋裝句法太多，我也略加修改，但更動得實在不多。一八七三年六月十二日是聖體瞻禮，譚氏原書認爲耶穌升天瞻禮，這是我對原書惟一的校改。我不懂博物學，所以對原書對譯本，在這一方面，我都不敢輕易更改一字。可是爲了簡明起見，譯本的題名却是我改的，原名作「余在中國第三次考察旅行日記」。

想說的都說了，就此擱筆。

一九四三年一月十五日，時流寓重慶。

讀利瑪竇全集

方豪

德理賢 Pasquale M. d'Elia 編（義文）

第一冊一九四二年羅馬國家書局出版，CLXXX VII 加390頁，22.5×29版式，附圖十八幅。

本書按原名 Fonti Riccianei 應譯爲利氏源流，實際上是利瑪竇西文稿的全集，樣張上亦有「利瑪竇全集」中名，但原書上却沒有。利氏的西文已刊稿未刊稿都已全部收入，由義國王家學院協助，並由政府爲之出版。第一冊爲「基督教傳入中國史」，據預告第二冊可以續完，並附兩冊索引。

本書另一標題，說明所收爲利氏原始材料，是一五七九年至一六一五年中國與歐洲最初發生關係的歷史記述。但第一冊只是第一集的第一卷至第三卷，記利瑪竇從澳門到南昌止。編者時任教廷額我略大學及羅馬王家大學漢學教授。

本書既由義國政府出版，所以印刷非常講究，但同時法西斯化的國家色彩亦極濃厚。利氏一生爲教盡瘁，到中國來祇是介紹學術，闡揚教義，初未嘗爲本國作何打算，志行高潔，中國教內外人，三百年來無不敬仰；是書如出教廷或耶穌會或中國教會爲之刊行，最爲適宜；以利氏之超然物外，敝屣一切，而今日在利氏全集之首，乃有「敬獻於與教會言歸於好之義大利」之 dedicatio，以及義王與墨索利尼簽署的政府出版令，書末則有紅色之棒喝黨標記，（紙張亦有棒喝黨標記水印）使讀者一見即生反感，誠可謂美中不足矣！

導言一、論古代中國的宗教思想，離題頗遠；二、基督教最初的傳入；三、公教的曙光；四、初來中國的耶穌會；五、基督教由利瑪竇正式傳入中國；六、利氏著作的刋行；本節較為重要，計述東西交通、利氏的義國文學、中國最早的羅馬注音字、義大利非蠻夷之邦、利氏對中國的印象、利氏已刋的著述、新發見等。

集中引用文字，分五類編號排印：

一、利氏基督教傳入中國史，自一至一〇〇〇

二、利氏親筆稿，自一〇〇一至二〇〇〇

三、利氏手筆與他人合在一處者，自二〇〇一至四〇〇〇

四、一般性的資料，如逐年報告等，自四〇〇一至五〇〇〇

五、其他資料，自五〇〇一至六〇〇〇

本書可貴處，乃在一切採用原始材料，以前未經人引用的材料，本書收入不少；略舉之，如游文輝所繪利氏眞容，與現在國內流傳的頗有不同。游為澳門人，一六三〇年卒於杭州，習畫，為我國人研究西洋畫最早的一個。利氏西文眞蹟，亦有攝影。羅明堅 Ruggieri 新編西竺國天主實錄，為我國天主教明季第一部著述，有扉頁、目錄、序文及天主十誡攝影等。

可議處，大略有四：

一、中國書引用太少；其已引用之一部分書，則在版本上有問題。編者原在上海徐家匯研究，且屢來北平，北平圖書館與徐家匯藏書樓所藏方志為全國之冠，但作者引用的方志，竟未能採用距利瑪竇時代較近的版本。民國八年新會陳氏刻本大西利先生行蹟，係據馬相伯先生改本，馬先生所據為徐家匯藏本，但此書原有福建刻本，法國巴黎國家圖書館有藏本，牛津大學及梵蒂岡教廷圖書館亦有抄本，作者在歐洲，不難參考，否則，據徐家匯藏書樓抄本亦可；新刻本目的在闡揚利氏並引起教中人回憶當年學術傳教之盛事；編者對西文方面，均用原始材料，對中文

利氏行蹟，似亦當用原刻本或早期抄本。

二、忽略他人的研究成績，如景教碑之發現，天啓五年（一六二五）說，早成過去；最近中外學者大都主天啓三年說（一六二三）。又元史中之樞密副使博囉，決非馬可波羅 Marco Polo ，可謂已成定論，編者仍採舊說，未免失當。

三、解釋頗有牽强處，如：司鐸原爲我國對敎官之稱，並以稱主持敎化者，後天主敎會用以稱其敎士，亦頗恰當。天主敎士最初稱撒責爾鐸德，爲 Sacerdotes 的譯音，或簡稱鐸德，當年譯音時，採用「鐸」字，是否兼有譯義之意，已不可考，但本書稱「司鐸」爲「司鐸德」之簡名，則涉於牽强。

四、中文誤字頗多。在歐洲刊行附有中文之書籍，中文誤字，原爲不易避免者，雖淵博如伯希和，而伯氏主編之通報，往往別字連篇，本書亦然。舉其顯著者：附圖一利氏眞容，繪者游文輝，游誤游，LXI 頁回紇、回鶻均誤作迴，CXXVIII 頁鍾誤鐘；五五頁諭誤論；八六頁同姓不嫁誤同姓不同嫁；二九六頁式穀誤式榖，不勝枚舉。

據編者序言，知是書之成，向覺明敎授暨北平圖書館館長袁守和先生協助甚多，國人對利氏作研究者尙少，向先生最近已完成其「合校本大西西泰利先生行蹟」，由北平上智編譯館出版，可謂不讓外人專美於前矣。

（本文曾載四月十九日大公報圖書周刊第十六期）

明末閩中公卿贈艾思及諸西士詩選

何喬遠等

明末來華西敎士，多與士大夫往來，間有以詩詞題贈者，尤以艾思及儒略在閩中時爲盛，且刻有專書，但流傳極少，茲擇其一二，以餉讀者。張瑞圖，字長公，號二水，萬曆進士，工書畫，尤擅山水，與邢侗、米萬鍾、董其昌齊名，稱邢張米董。何喬遠字穉孝，號匪莪，萬曆進士。崇禎間累官至南京工部右侍郎，立朝持正敢言。嘗輯明季十三朝遺事爲名山藏，又纂閩書百五十卷。曾楚卿字元贊，萬曆進士，累官翰林學士，侍經筵。張鼐以劾魏忠賢罷，楚卿出鼐門，亦坐削奪歸。崇禎初，起禮部侍郎，進尙書。時溫體仁當國，遂累疏乞歸

。劉履丁、鄭之玄亦一時名士。諸詩皆向覺明先生迻錄者，謹此誌謝。　編者識

温陵張瑞圖

昔我遊京師，曾逢西泰氏；貽我十篇書，名編畸人以。我時方少年，未省究生死，徒作文字看，有似風過耳；及玆既老大，頗知惜餘齒，學問無所成，深悲年月駛；取書再三讀，低徊抽厥旨，始知十篇中，篇篇皆妙理。九原不可作，勝友乃嗣起，著書相羽翼，河海互原委。孟氏言事天，孔聖言克己，誰謂子異邦，立言乃一揆。方域豈足論，心理同者是；詩禮發塚儒，操戈出弟子；口誦聖賢言，心營錐刀鄙，門墻堂奧間，咫尺千萬里。

鏡山何喬遠

天地垂廣運，日月轉雙轂；誰謂有所幬，光明不照燭。其間名為人，誰不同性欲；有欲必有性，完本在先覺。艾公九萬里，渡海行所學，其道在昊天，豈異洙泗躅？天地大矣哉，不是無脛足，安得一人教，普之極緬邈。惟此一性同，不在相貶駁。且吾孔與曾，其西則葱竺，竝存宇宙內，誰復加臣僕？繼此艾公學，千古入暘谷，吾喜得斯人，可明人世目。頗雖兼行持，蘧廬但一宿；善哉艾公譬，各自返茅屋，臨歧申贈辭，證明在會續。

莆陽曾楚卿

九州遊其八，昔人亦已寡，乃有泰西人，一葦浮中夏。日窮章亥步，九萬風斯下。入門粲玉齒，名理忞所寫。生民溯厥初，粉黛一切假。十分婆子心，千古開聾啞。吾儒徒蠡測，著辯詭非馬，所見域所聞，學問忞聊且，實筏良在玆，洪鑪同一冶。

梁浦劉履丁

相逢白首國交深，不為無弦歷鼓琹；繞柱欲尋公子意，和匏喜得道人心。巢由入世猶辭聘，顏閔憑誰來鑄金。獨有髓毛堪共證，卻離山水亦清音。

温陵鄭之玄

鐸音敷至教，戶屨滿公卿；每與俗廛接，總關慈憫情。我固漫浪者，君毋斬共盟。頻將承指點，宗尚不為名。

文獻目錄

北平北堂圖書館暫編中文善本書目（四）

馮瓚璋

乙編　公教善本書目

聖經類

古新聖經　泰西賀清泰譯　清初抄本　編號一八七一
存三十七冊（古經一至二十七，新經二十八至三十七冊）二函　圖像十五葉，正文共千四百八十七葉

聖保祿諭羅馬教友的書札　泰西賀清泰譯　抄本　編號一八七二
四冊　葉數：九十二，四十六，六十五，四十四葉。

聖經　泰西賀清泰譯　抄本　編號一八七三
存一卷（卷一）一冊二十四葉

聖經直解不分卷　泰西陽瑪諾撰　抄本　編號一八七五
存一冊　百六十三葉

周年主日聖經全集　抄本　朱筆塗改　編號一八七九
一冊　九十三葉

訓慰神編　泰西殷弘緒撰　清刻本　編號一八八一
一冊

便覽古今經要淺述　抄本　編號一八八五
一冊　八十三葉有半　缺第五十四、五十五兩章

問答

聖人傳記類

天主聖教聖人行實七卷　泰西高一志撰　明崇禎二年刻本　編號一八八六
存六卷（卷一至三，五至七）六冊一函

聖蹟庸言十二卷　泰西韓國英譯述　抄本　編號一八八九
一冊百九十三葉

聖母行實三卷 泰西高一志譯述 京都始胎大堂藏版 清嘉慶三年刻本 編號一八九一 二冊

濟美篇三卷 泰西巴多明譯述 清刻本 編號一八九五 一冊

德行譜四卷 泰西巴多明譯 清雍正四年刻本 編號一八九七 一冊

隱德餘輝三卷 寫本 編號一八九九 一冊 九十二葉

利子等行實不分卷 泰西艾儒略等撰 清抄本 編號二一〇二 一冊 五十六葉

辯教類

天主實義二卷 泰西利瑪竇撰 清刊本 編號一九〇一

存一卷（上卷） 一冊 缺序第一至第四葉。

天主實義二卷 泰西利瑪竇撰 清咸豐五年刻本 編號一九〇二 二冊

三山論學紀不分卷 泰西艾儒略撰 古絳段氏重刻本 編號一九四一 一冊

物元實証一卷 泰西利類思撰 清刻本 編號一九一七 一冊

主教緣起四卷 泰西湯若望撰 清刻本 編號一九〇八 二冊 殘卷二第三十六葉 配補卷三卷四。

天儒印不分卷 泰西利安當撰 清刻本 編號一九〇九 一冊

眞道自證四卷卷首一卷 泰西沙守信撰 清康熙刻本 編號一九二〇

存二卷（一至二卷）卷首一卷二冊

不得已辯不分卷 泰西利類思撰 清初刻本 編號一九三四 一冊 附中國初人辨

代疑論不分卷 泰西陽瑪諾撰 清刻本 編號一九三〇 一冊

辨教論不分卷 清段袞韓霖同撰 清刻本 編號一九一六 一冊

性理眞詮四卷 泰西孫璋撰 清乾隆刻本 編號一九一一

六冊一函

代疑編不分卷 明楊廷筠撰 清刻本 編號一九四五 一冊

口鐸日抄八卷 泰西艾儒略盧安德撰 明李九標筆記

清刻本　編號一九四三
存二卷（卷七，八）一冊

代疑篇俗解二卷　清抄本　編號一九四七
一冊　四十三葉　書後附：
代疑篇俗解總論問答語一卷　清抄本　三十二葉
儒教實義俗解一卷　清抄本　三十一葉
聖教眞實憑據一卷　清抄本　十四葉
聖教眞實利益一卷　清抄本　二十六葉

正道提綱不分卷　抄本　編號一九一八　一冊三十葉

古今敬天鑒　泰西白晉撰　抄本　編號一九一九
存一卷（卷上）一冊　五十六葉

道學家傳不分卷　清抄本　編號一九二五　二冊九十六葉

醒世迷編二卷　清郁藻撰　劉鈐評訂　清抄本　編號一九四八　一冊百十二葉

天儒同異考三卷　清張星曜撰　抄本　編號一九一〇
一冊七十六葉

根本眞宰明鑒不分卷　抄本　編號一九一五　一冊二十一葉

性理叅證不分卷　抄本　編號一九一四　一冊二十四葉

聖教眞實利益不分卷　抄本　編號一九四〇　一冊

闢邪全書不分卷　抄本　編號一九三九　一冊百十八葉

答客問不分卷　明朱宗元撰　清抄本　編號一九三二
一冊　葉數：序二葉，正文五十四葉。

醒世迷編二卷　清郁藻撰劉鈐評訂　抄本　編號一九五〇
存一卷（卷下）一冊六十九葉

教義類

超性學要二十五卷　泰西利類思譯　清北京天主堂刻本
編號一九六〇
二十四冊四函

聖學眞義不分卷　抄本　編號一九六一
存一冊　書名增　七十六葉　蟲蛀

司鐸典要二卷　泰西利類思述　清康熙北京天主堂刻本
編號一九六三
二冊一函　殘缺卷上第六十四葉後半葉

聖教眞訓　抄本　編號一九六四
存一卷（卷五）一冊七十八葉

聖教淺說四卷　泰西田類斯刪訂　抄本　編號一九七〇

存三卷（一至三）三冊　葉數：二十八，三十五，三十一。

眞福直指二卷　泰西陸安德撰　清刻本　編號一九七四
存一卷（卷上）一冊

逆耳忠言四卷　泰西殷弘緒撰　清刻本　編號一九七七
一冊　缺卷一第一至三葉；卷四第六十七葉以後。

鐸音不分卷　清李洪濤撰　抄本　編號一九七九
二冊　葉數：七十，九十葉。

哀矜行詮三卷　泰西羅雅谷撰　清北京首善堂重刻本
編號一九八四　一冊

助終功用二卷　泰西那永福撰　抄本　編號一九八六
一冊七十九葉

鐸德要理　抄本　編號二〇二〇
存二卷（卷一卷三）二冊　葉數：一百，百〇一葉

聖教四規不分卷　抄本　編號二〇二八
二冊　葉數：六十八，五十二葉。

問答類

天主教喪禮問答不分卷　泰西南懷仁撰　清刻本　編號一九五一
一冊　殘第一葉

聖教總撮四卷　泰西陽瑪諾撰　寫本　編號二〇一〇
一冊一函　葉數：序三葉；卷一，二十葉；卷二，三十二葉；卷三存十八葉（缺第一葉）；卷四存二十七葉（缺二十六葉以後，第十五葉係雙葉）。

天主聖教引蒙要覽不分卷　泰西何大化撰　清刻本　編號二〇一三
一冊　缺序二以前，第五十葉後半葉以後。

教要或問不分卷　抄本　編號二〇一四
一冊九十葉

永福天衢二卷　泰西利安定撰　清康熙刻本　編號二〇一八
一冊　殘：卷下第三十八葉，　抄補：卷下第三十九至四十一葉。

敬禮類

耶穌聖體聖心會規條不分卷　清乾隆刻本　編號二〇三〇　一冊

聖體仁愛經規條不分卷　泰西馮秉正撰　清康熙北京首善堂刻本　編號二〇三一　一冊

聖體仁愛經規條不分卷　泰西馮秉正撰　北京首善堂刻本　編號二〇三二　一冊

聖心規條不分卷　泰西馮秉正撰　清刻本　編號二〇三三　一冊

恩言箋句不分卷　清楊多默撰　清北京首善堂刻本　編號二〇三五　一冊

聖母聖衣會恩諭不分卷　泰西那永福撰　清乾隆刻本　編號二〇四〇　一冊

聖母七苦會規不分卷　清乾隆刻本　編號二〇四四　一冊

崇修類

遵主聖範四卷　抄本　編號二〇五四

存二卷（卷一卷三）二冊　葉數：八十六，一百葉。

演習神武不分卷　泰西 Lorengo Scupoli撰　清人佚名譯

清抄本　編號二〇五五

一冊七十六葉

成修神務　泰西穆迪我撰　抄本　編號二〇五六

存一卷（卷二）一冊八十四葉

童貞修規不分卷　清刻本　編號二〇五七　一冊

齋克四卷　泰西羅雅谷撰　抄本　編號二〇六三

一冊九十八葉

齋克四卷　泰西羅雅谷撰　抄本　編號二〇六四

存二卷（卷一卷二）一冊三十八葉

默想類

默想神功不分卷　外西石鐸琭撰　抄本　編號二〇六九

一冊二十八葉

易簡禱藝三卷續一卷　清沈若瑟東行譯　清乾隆京都若瑟堂刻本

編號二〇七一　三冊

默想要端四十條不分卷　清周志撰　清抄本　編號二〇七三

一冊七十五葉

默想取益七卷　明張識撰　抄本　編號二〇七四

存五卷（卷三至七）一冊　卷端題：「存想取益神書」　葉數：序八葉，目錄一葉，正文四十六葉，繫隸語一葉半。　缺卷七第十一至十五條。

緒靈捷徑不分卷　抄本　編號二〇七五

一冊五十九葉

避靜入門八卷首卷一卷　抄本　編號二〇七七
九冊　葉數：三十四，二十一，二十二，十九，二十一，三十三，四十，四十二，四十二。

照永神鏡十六卷　泰西林德瑤撰張舒譯　清抄本　編號二〇八〇
存十二卷（卷一至四，九至十六）三冊　葉數：七十一，六十九，七十二葉。

主經體味八卷　卷首一卷卷末一卷　泰西殷弘緒撰　清乾隆刻本　編號二〇八四
存六卷（卷一，二，五至八）卷首卷末各一卷三冊

天階不分卷　泰西白棟明譯述　抄本　編號二〇八六
一冊六十九葉　註：此書與潘國光所撰天階不同

經文類

日課撮要不分卷　清道光刻本　編號二〇九三　一冊

司鐸日課概要不分卷　泰西利類司譯　抄本　編號二〇八九
一冊二百四十三葉　書前冠中西文封面各一葉
前有聖事禮典目錄　清康熙十三年刻本
後有已亡者日課經　清康熙十三年刻本

彌撒經典不分卷　泰西利類思譯　清康熙刻本　編號二〇九〇
五冊線裝一函　有西文封面

彌撒經典不分卷　泰西利類思譯　清康熙刻本　編號二〇九一
一冊　有西文封面

聖教日課三卷　泰西陽瑪諾等訂　清初刻本　編號二〇九二
一冊一函

聖教史類

景教流行中國碑頌正詮不分卷　泰西陽瑪諾撰　清抄本　編號二〇九九
一冊六十一葉

景教流行中國碑頌正詮不分卷　泰西陽瑪諾撰　清乾隆京都南堂重刻本　編號二一〇〇　一冊

聖教神品序　清乾隆刻本　編號二一〇一　一冊

內編　滿文善本書目

一般書類

淸文接字不分卷　清嵩洛峯編　清同治刻本　編號二一四〇（字書）　一冊

滿漢格言不分卷　清乾隆刻本　編號二一五二（類書）　二冊一函

滿漢三字經　清刻本　編號二一五三（類書）　一冊

劍仙傳四卷　清抄本　編號二一五七（小說）　四冊一函

有圖滿漢西廂記二卷　元王德信撰　清康熙刻本　編號二一六〇（詞曲）　二冊一函　殘：序文及上卷四十四葉以後

公教書類

天主實義四卷　泰西利瑪竇撰　清乾隆刻本　編號一九〇三（辯教）　四冊一函

萬有眞原一卷　泰西艾儒略撰　清刻本　編號一九〇五（辯教）　一冊一函　本書又名「萬物眞原」

天神會課二卷　泰西潘國光撰　清乾隆刻本　編號二〇一二（問答）　二冊一函　第一冊前部滿文旁有墨書漢文對照

（續完）

上海徐家匯藏書樓所藏明清間教會書目

徐宗澤司鐸遺稿

100　經典

110　古經

古經略說　上古眞傳　肋未孫子經

造成經之總論　救出之經

數目之經　第二次傳法度經　若穌耶之經

審事官祿德經　乘王經書序　如達斯國乘王經

厄斯大拉經序　若伯經序　達味聖詠

撒落孟之喻經　厄格肋西亞斯第箇　智德之經

達尼耶爾經序 | 瑪加白衣經序 | 聖依撒意亞先知經
多俾亞經 | 如第得經 | 厄斯得肋經
智德之經(重) | 祿德經 | 約那斯經

120　新經

聖徒瑪竇萬日略 | 聖史瑪爾谷萬日略 | 聖史路加萬日略
聖若望聖經序 | 諸徒行實經 | 聖保祿書札
聖若望默照經 | 聖瑪竇聖史 | 聖若望聖史
聖路嘉門徒聖史 | 聖瑪爾谷門徒兼聖史紀聖經 | 宗徒行實
許氏四史全編 | 王氏四史聖經 | 宗徒行實
聖瑪爾谷聖史 | 聖若望聖史
聖瑪竇紀的萬日略

130　經解

天主經解 | 聖經直解 | 主經體味
宗徒信經分解 | 聖像集解 | 振心諸經
聖經直解

150　經典

彌撒經典(印本) | 彌撒經典(抄本)

160　日課

司鐸日課 | 司鐸日課概要目錄

200　宗教

天主實義 | 天主聖教實錄 | 畸人十篇
聖像略說 | 睡畫二答 | 孟先生天學四鏡
億說 | 譬學自應 | 代疑論
代疑編 | 代疑續編 | 答客問

210　辯護

三山論學紀
眞道自證 | 天主理證 | 主教要旨
主制羣徵 | 主教緣起 | 眞道自證
聖教理證 | 聖教淺說 | 崇正必辯
宗元直指 | 萬物眞原 | 拯世略說
初會問答 | 天主聖教實錄 | 天學略義
朋來集說 | 則聖十篇 | 身心四要
聖水紀言 | 不得已辯 | 不得已辯土話
不得已 | 補儒文告 | 天學蒙引
重輯不得已要輯 | 聖教明徵

220　教理

求諸己式 | 聖教簡要 | 規誡箴贊
天主聖教約言 | 天主聖教小引 | 辯理問答
答問新編 | 正學鏐石

天主審判明證　天主正教約徵　天主聖教百問答
天主聖教四字經文　聖教要理便言　天主聖教便蒙歌
天教便蒙　聖教簡語　天主聖教略說
聖教蒙引　教要序論　聖教規誡
天主聖教十誡直詮　十誡勸論聖蹟　天主教要
聖教四規　教理簡約　齋旨
領聖體要理　聖體答疑　聖體要理
領洗告解問答　解領要理　告解聖體要語　告解原義

230 闢邪

闢邪集　闢妄　闢妄雜論
闢妄條駁　性理參證　醒世迷編
聖教撮要　性要醒迷　破迷
歸眞集　息妄類言　古今闢異
溯方璿源　天釋明辯　詮眞指妄
諸諷偶編　推驗正道論　天主聖教豁疑論
祭祀答問　辯學疏稿　進教不逆祖小論
指迷小引　辨學　策怠警喻

辯學遺牘　利先生天說

250 儒家

天學本義　瑣言分類　易經呂註
經書精編　天儒印正　經書天學合轍粹語提綱
天儒同異考　六書實義　易經本旨

300 神哲學

310 神學

超性學要　司鐸典要　復活論

320 中國哲學

性學觕述　性理眞詮

330 西洋哲學

物元實證　寰宇始末　寰有詮
名理探

340 心靈

眞主靈性理證　性靈說　靈言蠡勺
靈魂道體說

400 聖書類

410 崇修

天階　醒世方言　煉獄聖月

十慰　題人類眞安稿　求說
七克　輕世金書

430 口鐸

主日瞻禮口鐸　口鐸合鈔　天主聖教口鐸
諸瞻禮口鐸　瞻禮口鐸　口鐸　聖體
口鐸　告解　口鐸　婚配聖事　續口鐸日抄
口鐸日抄　主日口鐸物略　口鐸
古聖行實　聖教鐸音　週年主日口鐸
週年瞻禮口鐸　口鐸吾主降生

440 默想

默想規程　默想道規　默想神功
聖思摭編　救靈必覽　愼思指南

450 道理

善生福終　助終功用　永暫定衡
人罪至重　四終略意　天堂直路
醒世芻蕘　眞福直指　眞福訓詮
成修神務　神鬼正紀　龎子遺詮
訓慰神編　勵修一鑑　哀矜行詮
莫居凶惡勸　逆耳忠言　受難道理
善惡報　性學醒迷　原染虧益

天教明辨

460 瞻禮

新刻主保單　週年瞻禮單　移動瞻禮表
永年瞻禮單　週年瞻禮曆　聖事禮典目錄

461 禮節

聖洗規儀　聖事禮典　付洗條規
輔祭正法

462 修會規例

傳教會規　立聖母始胎明道會牧訓　耶穌會典
耶穌會規　聖祖依納爵論順德手書　聖味增爵會規
仁愛會約　聖母七苦會規　獻堂會規
聖母聖衣會恩諭　聖方濟各第三會規例

470 避靜

避靜彙鈔　八天避靜神書　聖依納爵神行工夫
聖依納爵神行書導引　忙肋撒聖依納爵神行書釋義　崇修精蘊

500 傳記

510 耶穌

天主降生言行紀略
耶穌言行紀略

520 聖母

聖母行實

530 聖人

古聖行實
每瑟及亞纛行實
聖人行實
古聖若瑟紀略
聖若瑟行實
亘古第三人
聖方濟各行實
德行譜、
濟美篇
德鑑篇
聖女斐樂美納行實
聖若撒法始末述略
聖若望臬玻穆傳
聖若瑟傳

540 前哲

大西利先生行跡
利先生行蹟
奉天學徐啓元行實小記
徐啓元行實
楊淇園先生超性事蹟
聖教信證
道學家傳
原祖歷代宗譜合中國朝代歷略記
天主總論
人問略
許太夫人傳
徐光啓行略
徐太宜人傳

600 史地

610 中國

欽命傳教約述

620 外國

東國教友上教皇書
安南副教先生
安南修道先生
觀光日本稿

630 教史

萬民年表
人類源流
破邪集

640 文獻

贈言
利瑪竇奏疏
湯若望賀文
天主教奏摺
龐迪我熊三拔具揭
畢方濟奏摺
黃恩彤奏
天學傳槩
御史護教疏
龐迪我等辯誣疏
利類思安文思南懷仁奏疏

650 掌故

景教流行中國碑頌
景教碑頌正詮

700 政教

御覽西方要紀
西方答問

710 政治

民治西學
徐氏庖言

720 教育

上智編譯館館刊 第二卷 第四五期合刊

五十言餘　聖記百言、　重刻二十五言
修身西學　童幼教育
730 法律
740 社會
交友論　逑友論　鐸書
750 經濟
800 科學
西學凡　奇器圖說　遠鏡說
獅子說
810 天文
天文蠡測　七政列宿總綱天地　康熙永年曆法
日月論
諸象表　日躔表　乾坤體義
五緯表
記法　進呈鷹論　西學治平
破迷
820 曆算
曆法西傳　民曆鋪註解惑　妄占辯
經天談　測量法義　熙朝定案
勾股義
簡平儀說　幾何原本　幾何要法
圜容較義

三七四

徐氏四種　測天約說　大測
交食曆指　五緯曆指　西洋新法曆書
湯若望奏疏　日躔曆指
黃赤道距度表　黃赤道距度表　恆星曆指
恆星經緯表　月離曆指　月離表
交食表　割圓勾股八線表　比例規解
籌算　測量全義　學曆小辯
新法曆引　測食　新法表異
古今交食考　治曆疏稿　治曆
新曆
840 地學
地震學
850 輿地
輿圖彙集　坤輿圖說　職方外紀
利瑪竇坤輿萬國全圖
860 生理
人身圖說
880 炮術
火攻挈要
900 文藝
超性俚唫
910 文學
聖教俚詞　儒交信　吟咏聖詩三百首
唐王夢躔頭　聖夢歌　三餘集
920 語言
西儒耳目資

書刊評介

文藝月旦甲集(原名說部甄評)評

善秉仁編　景明譯　燕聲補傳　北平太平倉普愛堂印行

民國三十六年六月初版　212+18頁

去年北平普愛堂(即聖母聖心會)善秉仁神父 F. Schyns 出版法文本「該念和該禁的小說」，(見本刊第一卷，六〇頁)中譯本已出版。我們對於善神父的努力，謹致最誠摯的賀意。

譯本有幾點是特別值得稱揚的：(一)譯本較原本有了不少的增補，主要的是燕聲先生的「作家小傳」。(二)譯本也有不少修訂的地方，即如法文本原附中譯名「說部甄評」，後因去年九月十三日天津益世報載聶崇岐先生的書評，以爲原書在小說之外，並有劇本、隨筆等，就不該稱爲「說部」，所以改名「文藝月旦」；原作者這一點從善如流，肯接受批評的精神，也是值得欽佩的。其他如聶先生指出有六種舊小說，被列入新小說裏面，中譯本也改正了。(三)譯本的中文，除了極少數地方，還不能完全脫除生硬的洋裝句法，全書譯筆大致很流利優美。景明是筆名，我們知道譯者的眞名，但爲尊重譯者的意思，我們不願替他揭破，然而我們不能不介紹這是一位用功的學者，是目錄學和圖書館學的專家；這本書由他來譯實在太適當了。我常說外國教士如果希望有人譯他們的書，就必須請較好的譯手，否則，像裴化行 H. Bernard 的「天主教十六世紀在華傳教誌」與「利瑪竇司鐸和當代中國社會」二書的中譯本，實在太壞了！

本書是爲一般家長和教育家用的，尤其是爲修道院的院長，以便在學生子弟要求閱讀小說時，有一個取捨的標準，其用意是很好的。計共收書六百種，作家一百一十八人；分現代、舊體、譯本三部。除了上述譯本三大優點外，原作者亦有其值得特別提出的優點：（一）是謹嚴的審查。如四九頁，「郭沫若選集」，甚至說：「還有一句否認天主的存在」。五〇頁，「趙子曰」，也說：「末了倒有一則不道德的暗示，並不致搖人心旌」。像這樣「一句」「一則」的批評，雖近於太苛，但亦足證作者的細心。（二）是審慎的批判。如一四四頁，關於水滸傳，作者的評斷是：「想替這部大書，就道德方面下一個定評，很不容易。在大多數回目裏，找不出很刺目的文字來；然而也不能說全書都是無害的。在第二回裏就有淫蕩的描寫。在第23, 24, 25, 44, 45各回裏，有更大膽的段落。要說這書任何人不宜看，中國智識份子定會不以爲然。我們只能說，散佈這書時，務必小心謹慎而已」。這一番話說得多婉轉！

但我們讀完後，略有一點意見，願求教於作者和譯者：

（一）本書分「衆」即大衆可讀；「限」即一部份人可讀；「特限」即最少數人可讀；「禁」即任何人不能閱讀。然而八八頁「落葉文集」，標了一個「限」字，但下面却說「任何人都不宜讀」，這應該是「禁」或至少是「特限」。一查原文却是「不是一衆人可看的」。因爲原書的最後一句評語是用拉丁文寫的，所以譯者有此錯誤。（但原本法文與拉丁文亦不符）。又如兒女英雄傳（一五四頁）標「限」，但文末却是「大衆可看」，令人不知適從。

（二）小書店出版的書特別多，而大書店出版的書却比較少，我們希望在乙集裏不再有此現象。

（三）每本書的出版年，幾乎都用公曆紀元，但有許多書的出版年還標着「康德」或「昭和」字樣，如果是在日本出版的，用「昭和」年號，是應該的；「康德」是僞組織的年號，在中國人的心理上，見了就生反感，即使加上括弧。大約作者所見以東北翻版的書爲多，但譬如巴金的「家」，上海版或其他各版在市上並不難找，不然的話，把康德年號改成公曆紀元，也比較不令人「刺目」。

（四）書名索引，似有遺漏，我們並未細查，但我們曾偶而檢尋「今古奇觀」，竟不可得。

（五）本書前爲導言，自二九頁起，在單頁書眉加標「書評」二字，我們以爲這「評」字已包括在「月旦」二字內，所以單雙頁都不妨用「文藝月旦」四字，而不必再標「書評」二字，以免重複。

（六）燕聲先生的作家小傳，大致很好，採用北平上智編譯館館刊「作家動態」的材料也不少，凡去年該堂出版的法文本「中國新文學運動史」所有的錯誤或缺點，都加以補正。但還有一二可以補正的地方：

（1）施蟄存（一七〇頁）現任暨南大學教授。（2）豐子愷先生「抗戰期間，任浙江大學師範學院藝術哲學教授，居廣西宜山」。（一七四頁）這裏有三個錯處：第一，應該說他居廣西宜山和貴州遵義；第二應該說他又任職重慶國立藝專；第三他在浙大敎的是「藝術概論」，而不是「藝術哲學」。（3）方奈何先生（一七三頁）亦曾任重慶益世報總編輯；（4）謝六逸先生（一九五頁）卒年不難探得，不應加一問號而塞責了事。

（七）所評書共六百種，現代書達五一九種；舊體書僅五二種；譯本更只二九種，輕重相差太甚，希望乙集能有所補正。

（八）導言最後（二六頁）說：「各方面都要求我們把這類出版品翻譯成中文，便利中國籍的神職界和公教學生。」可是有人却認爲本書本身就應該列入「特限」範圍以內，因爲有許多壞書根本是青年人不知道的，有了這一部書，他們反可以按圖索驥，從心所欲了。例如一六一頁所舉法郎士全部被禁的書名，對於一個「公教學生」實是很大的一種誘惑。可是據說：前敎宗庇護十一世，在論青年讀物通諭中，已贊成刊行此類禁書目。

最後，我們願把「譯者後言」的最後兩行文字，放在這裏。他說：「希望我國神職界，站上這方面更適宜於他們的崗位；不要袖手旁觀着這幾位異邦人士「喫力不討好」地在那裏掙扎」。這短短的幾句話，是多麽沉痛！譯者明知道由外國人來幹這種批評中國書的工作是「喫力不討好」的，所以他不得不向中國司鐸們大聲疾呼。愛好文藝的中國修士、中國神父們，努力吧！也來幹一下這一類的工作。

本書定價，聽說是標美金的，這一點和中國法令不合，因此我們亦無法代爲介紹。（杰人）

西班牙女王伊薩白爾傳(甘露叢書)評

沈雅秀

W. T. Walsh 著 魏成譯 商務印書館發行 300+8頁

中華民國三十六年五月初版 定價國幣七元(照定價加成發售)

按本書是甘露叢書的第一本。甘露叢書原是中國抗戰後，太平洋戰事前，香港公教眞理學會的一種計劃。由吳經熊、葉秋原二人主編，交商務印書館印行。一部份已完成的稿子，甫交商務，而香港淪陷；其已排成製版的，現在已找出一部，便是這部伊薩白爾傳；其餘稿子就不知下落了。如今這叢書算由中國公教眞理學會和香港公教眞理學會合輯。

本刊第二卷第三期已發表吳經熊撰叢書總序。本書還有葉秋原先生一篇引言。

西班牙女王伊薩白爾是歷史上的著名人物，引言上有很扼要的介紹，說她「在歷史上至少建立了下列的三種功績：(一)統一西班牙，使她成爲一個近代的國家；(二)樹立異端審判制度，使國內的秩序與安寧得以回復；(三)贊助哥倫布向西航行的計劃，因而發現新大陸。」

這本書，無疑的，在公教出版界應該算是相當成功的。理由如下：

(一)它是在教外書店出版的，所以銷路可以更廣，可以獲得更多的教外讀者。這也是本次公教出版會議中所最希望的一件事。

(二)文字並不太講究美麗，可也不陳腐，更沒有教會中習見的不中不西的語調。如第一頁：「在他旁邊，騎在兩匹壯健的騾子上的，是兩個約摸十歲左右的女孩子。其中的一個膚色較爲深一點，有一對靈活的黑眼睛，及一張永遠不肯休息的好像在微笑的嘴。……」夠了，這麼短短一段，就可以看出譯筆是很「靈活」的，毫不枯澀。

(三)本書可以供給不少歐洲中古史的資料，在這方面，中國書坊中，各圖書館裏，充滿了新教和反公教人的作品，公教書眞是少得可憐！異端審判制度尤其是別人攻擊教會最利害的一件事。可是本書告訴你，教宗的意思，那只是一種戰時的臨時制度，他並沒有意延長到三世紀之久。（一二三頁）本書也說明被判處火刑而死的實在有各種罪犯。且當時人民的看法也和現在不同。（一三一——一三三頁）並且第一次的宗教裁判式，僅是舉行彌撒，辦告解而已。（一二八頁）

（四）全書均能採用天主教名詞，不致像坊間一般書，以新教名詞代替天主教名詞，弄成張冠李戴。然而全書也有一二小疵，我們為求全責備，並希望在再版時力求改進起見，列舉如下：

（一）教會內常有習用的簡體字，但在教外人即莫名其妙者，如利瑪竇之作利瑪豆，一般人尚易求得其原字，可是像「瞻禮」簡化為「占禮」，排字工人便只好照樣的排下去，校對員也無從更正了。本書一九九頁一二行；二〇六頁一行；二九四頁一二行都印成「占禮」，這是每一個公教作家應該竭力避免的。

（二）一一一頁九行「神女」一名，不雅；教會內神長稱男性下屬為「神子」，因此也有稱女性為「神女」的，但不可不改。

（三）用字間有錯誤處，亦有出自手民之誤的。如：二〇〇頁二行，「畢身」應為「畢生」之誤。一九頁一〇行，「地」當改為「他」。二九三頁一一行「煩厭」應為「厭煩」；二九八頁九行「做他們在行禮的時候不要將她的脚遮着」，「做」字想是「叫」字之誤。二八一頁五——六行「而教宗自己則一個用自己的財產來貢獻了四萬金幣，」本句非常生硬，應改為「而教宗一個人却用自己的財產貢獻了四萬金幣。」

以上祇是我們在匆匆瀏覽時，偶然發現的一部份，全書的價值是決不會因這些小疵而大為降低的。

我們還要附言的，就是這譯本的原本也只是一個節本，一九三〇年紐約出版的原著，且有參考書目、地圖、插畫及索引等。有志研究的讀者，很可以看一看原著，當然更有意義，更能得益。

上智編譯館館刊　第二卷　第四五期合刊　三八〇

我讀吳經熊博士著 THE SCIENCE OF LOVE

宋超羣

吳經熊先生著「愛的科學」是一本研究聖女嬰孩耶穌德肋撒的小冊子，香港公教眞理學會出版。吳先生自承受了聖女德肋撒的感召，從新教轉入了公教的懷抱，他在書首的前言裏，敘述改宗的經過道：「我心裏想：如果聖女就是代表着天主教教義，我不懂我有任何理由，不做一個天主教徒。」可見聖女實踐了生前的諾言：「我願度生於天，以造福於地。」—人獲得了眞正的信仰，不就是幸福嗎？所以吳先生在冊子的開端也寫着獻語說：「謹以孝愛之忱，以我這部信仰的第一次自述，奉獻加以我諸般恩佑的天主聖三。」在這個世情擾攘的今日，憂懼、遲疑襲擊着每一個人的心。我們眞是希望天下人都能像聖女德肋撒一樣，深切體驗：「This love has become the sole treasure upon which I set my heart。」那麼世界就會不復一團糟了。

吳先生這本小冊子，總共分十二節，首節論愛和科學的關係。「科學愈成長，我們便愈益接近一個活的信仰。物質文明乃是愛情之火一種可喜的燃料。如果火力微弱，也許它會被這燃料窒熄。但是如果火力盛旺，它便愈需要燃料的添增。」最後指出「近代文明的全部不幸，」在吳先生看來，就是：「人們太愛科學，而太沒有愛的科學。」—愛的最高境界，該是聖女嬰孩耶穌德肋撒說的：「付出了一切，却覺得沒有付出什麼。」第二節論幾種聖人的典型，分析神人的關係。有精闢獨到的見解。第三節論天性的愛和神聖的愛。聖女嬰孩耶穌德肋撒是一位生而爲愛的，特出的女人，她不但愛天主耶穌，也一樣愛世人。第四節論愛情最重要的是誠摯，是有耐心，聖女德肋撒怎樣的贏得了耶穌的聖心呢？就是全心全意的爲了耶穌而愛耶穌，沒有個人的目的，絕對的謙恭溫順，不求自己的光榮。結論說：「任何人能像聖女一樣的親切了解天主的權力和愛，任何人如果能略微覺察到天主無比的偉大，以及自身的空虛，縱使他想驕傲，也簡直不會再驕傲了。」第五節論天主是一個愛人，他會像普通的「愛人」一樣，懂得怎樣逗引一個他喜歡的人。但是沒有眞誠的愛，是欺蒙他不了的。他要「追」你，他會一再地把你試探出來。第六節論愛的殉難，在聖女德肋撒看來，殉難不必就是「引頸就義」或「赴湯蹈火」，爲了天主，抑制一下自己的意向，少說一句話，做些小克己的事，都是犧牲，都能悅樂天主，吳先生發揮聖女的愛的人生觀說道：「愛情需要犧牲加以飼養，如果我們等候着大的犧牲機會，愛情就要給餓死了。」因爲「被砍頭的犧牲機會是少着的。」……聖女一生的特點，就是樸實。第七節論聖女自稱「是一個老年的嬰孩」。她是愛嬌的，聰明的，倒落的，她會「取巧」，用「愛的機智竊取天堂」而給自己和人羣開啓天堂之門。就在這一節裏，吳先生對於聖女的個性，有着精密而透澈的分析。並指出聖女對於我們這個時代的精神生活，是多麼的有意義。兼及儒道二家的哲理，最後是基督教義滿足了他的心並且聖女德肋撒堅定了他的宗教信仰。第八節論聖女由愛而獲得解放，她不但超脫了一切的物慾，也超脫了自己，沒有了自己。第九節論人生的藝術。「最高的藝術是掩藏着藝術。」聖女一生的堅貞德性，是掩蓋在簡樸的，曼妙的外來之下的。第十節論聖女的自我啓迪，她在愁苦裏，能夠自得其樂，因爲她內心裏有一個快樂之源。第十一節論聖女對於愛的理論。她「愛天主，不是因爲天主多赦免了她，而是全赦免了她。」她的觀察力新穎而尖刻，思想言行，永遠不離開天主。第十二節論聖女對於生和死的超脫。「生也好，死也好，那有什麼關係呢？我的惟一快樂便是愛你。」——這便是聖女對生死的觀念。

德肋撒以一個年青的女郎而成爲一位大聖，果然不是偶然的。自傳附編遺訓有着下面動人而有趣的二段：

（1）『做小嬰孩，不是別的，該認透自己全無，樣樣聽天主開恩，像小兒女，等候他父母一般。自己無愁無慮，不想掙錢過活。那怕窮人家的小孩子時代，養生之需總給他。一到大來，爸爸就不再養他了，勢必向他說：「你而今可做活，可自養，你去做罷。」我爲怕聽這句話，所以總不願長大。因覺得我自賺錢，自活命，我總賺不了這長生的性命。故此願像小孩兒，小孩兒，你想有何事可作。除非採些愛情花，小小刻苦的神花，天主說喜歡這些，我便獻給他是了。』（遺訓六）

（2）『某初學自言，有一誘感，難操勝算，這一回，想跳過難關，怕不能。聖女說：「爲什麼想跳過，下邊鑽過去便好。大聖人們見暴風雨來時，可高飛烏雲之上。我們只好耐性些，由它傾盆直瀉。不幸淋濕些，也只好往愛德太陽裏，晒乾便了。記得小時，到一花園裏去，有馬擋住園門；大家正在商議，拉馬往後退，我已從馬腹下，自自在在，走進園門……這就是身材短小的便宜啊。」』

我們讀了這二段，覺得一個頑皮、愛嬌、聰明、俐落的小女孩，在字裏行間活躍着。譬喻是這樣的妙，恐怕沒有人不會拍案叫絕的。所以吳先生研究得最爲清楚。雖然說聖女德肋撒不待吳先生的論文，在教會裏已經是老幼咸知的大聖，然而有了吳先生的論文，我們覺得聖女的思想言行，獲得了極爲淋漓的闡述，那是無疑的。教會裏似乎也有很多闡述聖女德肋撒的書籍，但吳先生的闡述，加增了聖女精神的時代意義，他剴切指出了我們這個時代的毛病，廿世紀是一個腐朽的「老年人，十分需要做一個小孩，」就是說我們應該返樸歸眞，重新以「愛」來做基礎，樹立人類的幸福。

本文作者不是一個評論家，更不是一個書評家，然而讀了這本小冊子，總覺得心裏有一點不能已於言的地方，就是我愛這本小冊子，也更愛聖女德肋撒，全書的文字是美麗的，動人的。它不僅只是宗教性的研究作品，實在是英文文學上的佳作，立論和思想都充分表現着千言萬語說不盡的眞實性，只要舉出二段便可見一斑了：

The more science grows, the nearer we shall be to a living Faith. Material civilization is a welcome fuel to the fire of love. If the fire is weak, it may be smothered by the fuel. But if the fire is strong, the more fuel it has to feed on, the brighter will be its flame.（第二頁）

The whole trouble about modern civilization seems to me to lie just in this: There is too much love of science and too little science of love.（第四頁）

凡是有一點思考力的人，恐怕不會不承認這二段話的眞理了。另外還有二句，也是我所喜歡的，語調簡賅，寥寥幾個字，說理却極其闡澈：

The incarnation of the word has humanized the relation between the Creator and the Creature. For human purposes, to love Jesus is the same as to love God, for Jesus is God.（第五頁）

全冊文字是結構謹嚴的，在分析聖女的個性上也是極其深刻的，一句緊接一句，又彷彿一氣呵成，這裏也有三個例：

（一）

With her the greatest simplicity goes hand in hand with the greatest diversity. By embracing the One, she embraces all!（第廿四頁）

（二）

Th cure ourselves of urbanity, it is usless to dream of returning to the country. Even if we should go to the country, we would still carry the city with us. ······ We must be so urhane that we become citizens of the City of God, which exists before both the city and the country ever did. My only wish is to see people so thoroughly sophisticated as to be aware of the utter worthlessness of their sophistication, so thoroughly sceptical as to be able to doubt their own doubts, and so thoroughly disillusioned as not to fall in love with their own disillusionment, but with something greater than themselves.（第廿七頁）

（三）

She is ingenuously ingenious, and ingeniously ingenuous. She is as humorous as she is holy. She is as complicated as she is simple. She is delicately audacious, and audaciously delicate. She has the head of a witch, and the heart of an angel. She is as flexible as water, and as passionate as fire. She is a genius who knows how to hide her genius gracefully. She knows the masculine, but keeps to the feminine. She is as sharp as a two-edged sword, but she always keeps her sword in its scabbard. She was a precocious child, hut she pasteurized her precocity by always remaining like a hidden sprout and not rushing to early ripening.（第廿八—廿九頁）

還有一個特點，就是作者似乎愛用 alliteration 的手法，文章有聲有色，活潑可愛，令人讀起來感覺到音律的節奏，鏗鏘、生動、清新和有力。最明顯的例，從底下一段可以可出來：

It is here that we find the hidden Fountain of her joy, a joy that filters patiently through a sandy strata and issues finally in distilled smiles and sometimes even in spontaneous spurts of congenial humor. Without the hidden Foutain of joy, the smile would have been pathetic, like the silver lining ef a black coffin, or like the hysterical laughter of a mad person. But having both the sandy strata and the Fountain of joy within her, she is at once inebriated and sober!（第四十一頁）

近代英文文學有一種新興的文體—有人也稱它爲自由詩（Free verse）以外的另一種詩體—即所謂「Polyphonic prose」，本文作者自慚孤陋，還沒有知道有沒有本國文譯名，姑且照字面譯爲「多音散文」吧，這種「多音散文」的特色，便是把詩的特有的音調、風格，和散文混合起來應用，因而寫出是散文的形式，但是讀聽起來，抑揚頓挫，富有詩意，仿彿可以排列成一行一行的詩句，我想上面這一段也許該算作這一種體裁了。

以上所抄錄的，都是個人私好的句子，反覆地，徐緩地多讀幾遍，我們便會發覺美點來，還有好的地方，就不再舉例了。總括的說，這本小册子，雖然是一本袖珍式的小本，數起來也不過四十八頁，但它的價值，却並不亞於一部長篇巨著。香港陳香伯先生有古雅的文言譯本，吳經熊先生自己有序，已經譽爲「神譯」，我也讀過的，連看了幾遍，同英文原著一樣的使人愛不忍釋，不過一般普通讀者，如果文言修養比較淺，恐怕就不容易懂了。

讀聖詠譯義初稿

程石泉

聖詠譯義初稿乃公教古經中詩篇之翻譯。詩篇之成於何時，出諸何人之手，學者考據，尙尠定論。唯純樸古雅，情文並茂；稽其所述史實，當遠在耶穌誕生之前。有爲個人生事之哀感，以求天主之矜憐者；有爲民族首長之呼籲，以祈天威顯示，呵護民族者；有爲祭祀樂典，民衆首領、祭司、與民衆相互唱和以答神庥者，雖其體製或爲長頌，或爲短詠，或爲唱答，或爲私禱，種種不一，要其內容無不一一表露公教原始之聖情。其畏懼天威也，崇敬天命也，眷懷主恩也，懺悔已過也，懇祈主援也，感戴主德也，憤世疾惡也，同情召感也，悲智深入也，得道怡悅也，企求解脫也，寄情不朽也；其哀號也，慘呼也，悲憤也，渴慕也，眷戀也，讚頌也，蓋皆一本至誠，毫無虛矯。歷述義塞族顛沛流離，失國痛史，但覺綱常失墜，道義淪亡，誠使人慘怛不勝。於是大維領導弱族，歷經艱苦，籲求天助，終至正義獲伸，天人同欽。凡此無不情見乎辭，引人同感。就學術之立場言，公教之古經聖詠，殆與希臘原始神話，印度吠陀時代之樂曲，中國詩經楚辭，同為各民族之智慧種子，創始於先賢往哲，浸假蔚為民族精神生活之主調，文化創造之始基。此種智慧種子原無分宗教、哲理、文學，蓋純然人類情理交鎔之結晶體也。就宗教修鍊言，聖詠乃有志於道者之日用糧，口誦心維，念茲在茲，所以致懺悔，澄俗慮，歆神靈，邀聖寵者也。

公教播揚中土，遠在唐初，盛於有明，爰及近代，歷經艱阻，不懈益奮。唯於聖詠之翻譯，鮮有善本。吳子經熊，學貫中西，聖寵不忒。於抗戰期間，流寓粵桂川黔，艱苦備嘗，但以其日修聖德，寵愛頻加，故能「優游聖道中，涵泳徹朝夕。」居暇則致力於聖詠之翻譯。吳子以彀中人故能深得彀中之滋味。所譯各什，不特善達原意，且文辭之淵雅優美，直欲比美風騷。四言五言賦體騷體律詩，妙造自然，如出作手。行見其膾炙人口，溫燠人心，必大有助於公教之傳播，聖道之宣揚。而況世界名著，獲此良譯，使我國學子，窺乎宗教聖情，藉以探求人類文化之本源，其功又烏可量哉！玆略舉吳子譯作余所心愛者，以供同好：

其能曲盡君子獲道，怡然自得之情者：

長樂惟君子。為善百祥集。莫偕無道行。恥與羣小立。避彼輕慢徒。不屑與同席。優游聖道中。涵泳徹朝夕。
譬如溪畔樹。及時結嘉實。歲寒葉不枯。條鬯靡有極。（第一首）

主已將天樂。貯我腔子裏。豐年誠足樂。美酒豈無味。未若我心中。一團歡愉意。心曠神亦怡。登榻即成寐。
問君何能爾。恃主而已矣。（第四首）

主是我基業。主是我歡杯。杯中酒常滿。家業永不衰。優游田園中。俯仰稱心意。日涉漸成趣。樂斯境界美。
（第十六首第三節）

求主惟一事。足以慰幽衷。終身居主宅。陶然醉春風。逍遙聖殿裏。瞻仰樂無窮。（第二七首第二節）

朝誦爾仁。暮詠爾信。撫我十絃。寄我幽韻。諦觀大猷。令我心醉。心醉如何。歡歌不已。功德浩浩。不可思議。聖衷淵淵。經天緯地。豈彼冥頑。所能領會。（第九十二首第三節）

雍雍君子。何以比擬。鳳尾之棕。鬱鬱葱葱。麗盆之柏。暢茂條達。植根聖圃。霑溉化雨。經霜猶青。歷久彌固。嘉實累累。綠陰交布。以表正直。以宣永祚。（第九十二首第六節）

其能曲盡懺悔愆罪，祈求寬宥之情者：

……長跪問天主。何時救伶仃……。夜夜暗流淚。牀褥浥秋霖。目枯因愁多。骨消緣辱頻。（第六首）

……爲我再造。純白之心。正氣內蘊。煥然一新。慈顏常照。聖神恒存。救恩不匱。怡怡欣欣。使我立志。樂道津津……。汚哉我手。血腥猶存。求我恩主。寬免罪刑。有生之日。宣揚洪恩。鼓我吟舌。奮我歌脣。燔牲祭獻。非主所珍。主之所悅。痛悔之忱。謙卑自牧。實愜聖心。（第五十一首）

鵜啼荒野地。鴞泣淒涼天。孤燕棲空梁。夜夜不成眠。……垂聽幽囚泣。親釋縲魂縲。（第百二首）

我自窮幽。籲主不休。主其傾耳。俯聽我求。天下之人。誰無罪尤。主若深究。孰能無憂。（第百三十首）

其能曲盡依戀天主之情者：

主乃我之牧。所需百無憂。令我草上憩。引我澤畔游。……（第二十三首）

予心之戀主兮。如麋鹿之戀清泉。……望天帝之莞爾兮。若久雨之新霽。（第四十二首）

啁啁之雀。樂主之廬。燕亦來巢。言哺其雛。優哉游哉。雅璋之徒。聖門之內。可以安居。絃歌不絕。和樂以舒。（第八十四首第二節）

……在斯一日。勝似千春。甯在主宅。充一閽人。莫爲惡逆。入幕之賓。以熙春陽。以潤吾身。寵惠備至。百祿是膺。大主何私。忠貞是親。一心恃主。樂哉斯人。（第八十四首第四節）

我心如小鳥。毛羽未全豐。不作高飛想。依依幽谷中。我心如赤子。乳臭未曾乾。慈母懷中睡。安恬凝一團。

（第百三十一首）

其能曲盡妙悟大道，感恩頌德之情者：

靜觀宇宙內。氣象何輝煌。瑞景懸中天。星月耀靈光。巨細莫不備。條理益彰彰。人類處其中。碌碌無所長。乃蒙主拔擢。聖眷逈異常。使爲萬物靈。天神相頡頏。皆自土中生。冠冕獨堂堂。萬物供驅使。取之如探囊。空中有飛鳥。地上有牛羊。尙有魚鱗族。優游水中央。悉歸人掌管。樂此無盡藏。飲水須思源。殊恩豈可忘。但願大地上。聖名萬古芳。（第八首）

乾坤揭主榮。碧穹布化工。朝朝宣宏旨。夜夜傳微衷。默默無一語。教在不言中。周行遍大地。妙音送長風。晨曦發帝鄉。丰采似玉郎。洋洋溢喜氣。逍遙出洞房。天行一何健。六合任翺翔。普照無私曲。萬物被其光。（第十九首）

聖心眷下土。沛然降甘雨。大地忝沾濡。原壤潤以腴。清川溉田疇。百穀何與與。黎庶悉以盈。欲與黎春平。時雨信如膏。潤物細無聲。春沐主之澤。秋食主之祿。芳蹤之所過。步步留肥沃。曠野被綠茵。山丘披青衿。寒谷生豐黍。農圃戲牛羊。天籟宜淑氣。萬類吐芬芳。（第六十五首）

……引泉入谷。水流山麓。羣獸來飲。野驢解渴。飛鳥來集。巢於其林。相顧而樂。嚶嚶其鳴。主自高宮。沐山以霖。大地欣欣。結實盈盈。離離芳草。飼彼六畜。青青新蔬。酬人勞作。俾我芸芸。取食地腹。酒以怡神。膏以潤顏。餅餌養生。可以永年。相彼喬木。酣暢芳澤。麗盆之柏。主所手植。以棲衆禽。以憩倦翮。雍雍慈鶴。家之喬松。䴏䴏山羊。盤桓層峯。爰爰吵噃。深居巖中。中天掛月。以序時節。叮嚀驕陽。出納無忒。沈沈遙夜。羣獸乃出。獅吼林間。向主求食。東方既白。遙返其窟。惟我烝民。與彼異轍。日出而作。日入而息。夙興夜寐。無敢荒逸。巍巍我主。經綸無數。陶鈞萬物。澤被寰宇。相彼滄海。浩蕩無垠。鱗族繁滋。巨細咸陳。以泳以游。載浮載沉。以通舟楫。以憩鱷鯤。凡屬受造。仰主賚生。按時給食。自有權衡。彼之所受。莫非主恩。主恩不匱。亦富亦均。主但掩顏。庶類逐塵。一經溫煦。大地回春。惟願我主。光榮長存。惟願我主。悅懌生靈。舉目一視。大地震顫。舉手一指。羣山噴焰。終吾之身。惟主是讚。有生之日。惟主是歎。惟主是樂。惟主是戀。耿耿此心。倘邀聖眷。願彼羣小。絕跡地面。掃盪廓淸。不復爲患。吁嗟吾魂。可不頌主。芸芸衆生。歡忭鼓舞。（第百有四首）

寬仁不輕怒。慈悲縕心腸。博愛無私覆。萬物熙春陽。天地宜化育。諸聖誦恩光。……（第百四十五首）

其能曲盡悲智、感悟、企求不朽之情者：

敵國城邑已荒蕪。樓臺亭閣悉成墟。繁華事散逐輕塵。欲尋遺跡蕩無存。恒存惟有天主國。雅瑋皇座永不移。（第九首）

曾見惡勢張。葱翠如春林。旋復經其宅。蕭條不見人。（第三十七首第十九節）

羣小自作孽。敢與主爲敵。天天復灼灼。一開卽凋落。茅草亂蓬蓬。一燒便成空。（第三十七首第十一節）

安能長默默。開口問上蒼。大限何日屆。壽數幾多長。人無百年好。花無百日香。浮生總是夢。彈指已云亡。又如彼泡影。何苦自遑遑。金玉縱滿堂。後來知誰有。何如將一切。托付天主手。寄魂大化中。安能取大朽。……在世如作客。作客豈能久。平生罪孽多。惟求主寬宥。死前當自新。蕩滌一身垢。（第三十九首）

……潤屋亦何益。空手歸寂寞。一生圖安樂。人謂善求福。光陰容易度。彈指人昭穆。杳杳卽長暮。光明誰復矚。貴人不悟道。何以異六畜。（第四十九首）

寬綽惟主。諒我人性。我本泥土。主所陶甄。人生如草。當春發榮。朔風一至。杳焉無存。踪跡蕩然。一如未生。所恃我主。大慈大仁。千秋萬歲。常若和春。愷悌君子。聖道是遵。必蒙眷顧。澤及子孫。（第百有三首）

至於吳子譯作中之遺珠散翠，俯拾卽是。惟亦有瑕不掩瑜之處，略舉數點，以就正於吳子焉：

一、「嬰天羅」擬易爲「罹天羅」第十一首六頁

陳香伯先生的公敎論

沙飛

我國天主敎的敎理書籍，一向是很感缺乏，而求其辭句暢達爲一般知識階級所歡迎的，則尤不多覯。因此負宣揚天主敎重任的主敎司鐸，遇着知識份子索敎理書籍看時，往往窘得要命。這眞是我國天主敎的莫大缺點。反之，在歐美天主敎先進各國，敎理書籍不但在量的方面可以汗牛充棟，質的方面更能適應各等人的口味。見了外國文敎理書籍的豐富，回顧我們自己一片窮酸相，眞覺不勝浩歎。所幸敎中有識之士，都已感到這方面的迫切需要。大家如果能羣策羣力，共赴斯業，則前途是很可樂觀的。

陳香伯先生的公敎論，正是一本適合我國上等智識階級的敎理入門書籍。辭句的淸新，說理的透澈，在在足以引人入勝。尤其令人感到興味的，是陳先生著述此書時，還沒有正式領洗入敎；以一敎外人資格，而能對天主敎有這樣深刻的了解，眞是不可多得而絕無僅有的。無怪乎吳經熊先生在篤愛之科學譯本，和本書序文中要讚不絕口了。

本書的最大成功是能融中西哲理精粹於一爐。其態度是客觀的，不致引起任何人的反感。對於儒釋道三教得失的批評也很中肯。而其剖析基督靈異事跡，以及對於天主賦人善惡自主而待死後賞罰等議論，都很精深獨到，非深思熟慮者實不足以語此。對於蘇聯共產制度的批評，認爲是「築室於浮沙」，徒有其名而無其實，也很有見地。其他如對教史、教會行政機構等等，也都能道出其要點。

但是本書作者，在著述此書時，既尙係教外人，對於若干教義當然不能徹底明瞭。而且公教教義原甚深奧，神學專家竭畢生心力以研究之，尙不足以言通達。因此本書中有時不免對教理有舛誤之處，自是「智者千慮，必有一失」，不足爲作者病。但是公教對於教義的態度却一向是嚴謹的。說者謂公教在行事上每多遷就，而教義上則雖一字之微也決不讓步。第四世紀時 ὁμοούσιος 與 ὁμοιούσιος 之爭即其一例。這並非局外人所說的專制固執，而是因爲公教負有保衛眞理的神聖使命與嚴重責任的緣故。公教的各種規誡，也以信仰天主所啓示的眞理爲第一義。誠以公教的基礎端在啓示的眞理，此項眞理如一旦毀壞，則公教不啻已臻滅亡之途。而這所謂眞理者，又必須是全部的，不容有一絲一毫的歧異，因爲否認公教中天主所啓示眞理的任何一項，即對天主不加信任，所信任的祇是一己的有限理性，這無異是根本失去信仰。所以凡固執懷疑或否認天主所啓示的信理的任何一條的人，即自絕於信仰之途。因此我人對於教義的態度不可不審愼。教會對於有關教義的出版物之所以必先加以審閱，其理由就在於此。所謂「防微杜漸」，以免「失之毫厘」而「謬以千里」。

當然陳先生對教義的錯誤並非出於有心。但我們站在客觀立場來觀察，對於有幾點實在是不能已於言的。這在陳先生一面，我想大約也能原諒吧。

第一點　教理上的錯誤

(一)三位一體　公教中對於三位一體的信條，可用要理問答中「論體沒有分別，論位各有分別」一語概括之。

在體的一方面，三位無大小先後，完全是一性一體的天主，而在位（即人格性）一方面，則聖父非聖子，聖子非聖神，聖神又非聖父。此中奧旨吾人無從窺其究竟，正如作者所云：「其敢以非蛙之見，上窺天德乎」！我人所以堅信不疑的唯一理由，是因爲這是天主所啓示的信理。可是本書中對三位一體却有如下解釋：「天德之本於內者，謂之聖父，用於外者謂之聖子，成於物者，謂之聖神」。又說：「如必曰：是爲父，是爲子，是爲神，此膠柱鼓瑟之談……」這種解釋與古時狀態論 Modalism 初無二致。果如是則三位一體不過是一體三用，三位已徒有其名而無其實了。這顯然不是啓示的本意，因此這種狀態論早經教會罰絕。（見九頁）

（二）基督稱主又稱主子　這個問題與上面有連帶關係，作者既認三位不過是天主的「三用」，因此他又誤認基督之所以稱爲「主子」，是因爲「天以其偉大之用德附於人體」的緣故。實則基督之所以稱爲「主子」，是因爲他是三位一體中的第二位聖子的緣故。（見十五頁）

（三）聖體　作者說：「今姑勿論此祭祀之麵塊，是否爲基督體質所聚，然以此而昭告於衆曰：基督在是，彼領者食之，寧非快意。……傳有之曰：祭如在，祭神如神在，是亦中外心理之所同耳」。這幾句話是對教外人而發的，含有「退一步說」的口吻，其用意固未可厚非。但從上文語氣看來，這幾句話却帶有極濃厚的實用主義的色彩，結果使人以爲宗教祇有實用的價値，而無客觀眞理的價値。這是現代主義（Modernism）者的說法，絕非公教的原意。本書中又認祈禱祇是一種修養工夫，比之於儒教的潛修，佛教的坐禪，也與公教原意不合。誠然祈禱含有一種反省收斂心神的効力，即所謂「自身暗示」autosugestion 者是。這點與潛修坐禪並無二致。但公教中祈禱之最重要的一點，却是眞與神交談，並眞有獲得神助佑的超自然因素。公教的教義都是絕對的，並非祇爲取得某種實用上的便利而設。「有利的即是眞理」，這是實用主義者的口號，在公教中是行不通的。至於作者所說：「倘言宗教，則迷信自是第一要義」，尤屬不當；因爲公教的信仰爲超自然的，並非違反自然。信理固有人所不能徹底瞭解者，但所以要相信的理由，却完全是客觀而爲任何人所能瞭解的。我人信仰教理，雖是因爲相信天主的啓示，但啓示的事實，却需要有絕對充分的証據。所謂必須有可信性之動機（Motives of Credibility）而後才能發生信仰。公教如沒有這種客

觀的根據，而以迷信爲基礎，那末他根本就是一種人爲的自欺欺人的組織，他將要不打自倒了。(見十九頁二八頁)

第二點　聖經解釋的錯誤

這些解釋雖沒有重大關係，但也頗能貽人以口實，所以不妨也來檢討一下。

本書說若瑟與瑪利亞未曾締婚。其實瑪利亞與若瑟爲正式結婚之夫妻，不過都終身保持着童身。書中又稱若瑟爲「假父」，驟見之下，似含有僭越父權意味，愚以爲還不如用一般的譯名「養父」更妥(見十二頁)

作者又說耶穌升天前四十日，定七敎規(聖事)及經言禮節。但七件聖事，耶穌早已制定，並非在復活以後。而經言禮節，除聖事主要成分以外，悉爲敎會所自創，未聞耶穌曾親預其事。(見十四頁)

此外，本書對於耶穌受難前憂懼之解釋，認爲祇是爲那批民衆憂懼。但一般的解釋是：耶穌的人性那時的確感到恐懼。但恐懼至此，尙能安承主命，則尤顯其愛父愛人之誠切。我人須知耶穌有神人二性，在人性一方面，其喜、怒、哀、樂、恐懼等情無異於常人。日色瑪尼山園中之慘悸，正顯示耶穌確實具有人類的全部性體。(見二五頁)

第三點　其他枝節的錯誤

作者對於敎廷之外交一節，祗說起敎廷大使(Nuntius Apostolicus)與敎務專員(Delegatus Apostolicus)而沒有提及公使(Internuntius Apostolicus)。關於敎士之成立一節，作者說：「信徒之欲爲敎士，當先習拉丁文四年」。事實上，在我國各省，習拉丁文時期大都爲整個中學時期，其他各地也都是因地制宜，敎律上沒有四年的刻板規定。(見八一頁八四頁)

書中有一些譯名，似乎也不很適當。例如把聖事音譯成撒格辣孟，或敎規，(見十四頁)聖味增爵(S. Vincent)譯爲聖雲仙，(見六十六頁)羅馬敎廷中的 Congregatio S. Officii 譯爲聖神部。(愚以爲譯作聖務部較妥)宗座代牧(Vicarius Apostolicus)又與 Vicarius generalis 相混，而後者譯爲分區敎士，也屬毫無意義。「三聖一體」也遠不如「三位一體」。有些通用而正確的舊名詞，不妨以爲沿用下去更好。

總之，此書在公教書籍中，的確是放異彩的成功的作品。但有了這些缺點，究竟不能算是白璧無瑕，這是很令人惋惜的一件事。但這也不過是我個人的意見。究竟得失如何，尙祈教內同仁有以教之。（寧波江北岸天主堂）

評外國史大綱

李錦華

編著者：方　豪
出版者：正中書局（靑年基本知識叢書）
出版期：中華民國三十六年一月初版
定　價：國幣二元八角（照定價加成發售）

我們早就聽說在抗戰中期，　蔣主席覺得有爲靑年們編著一套基本叢書的必要，於是他自己擬定書目交教育部去辦；教育部又把這件事託給國立編譯館，一共是十五種，包括政治學、經濟學、法學、教育學、社會學、理則學、（即論理學）哲學、倫理學、心理學、中國哲學史、西洋哲學史、中國史、外國史、中國地理、外國地理；後又加上中華民國建國史，一共十六種。外國史似乎出版最遲。

外國史包羅萬象，最難編撰；據編者在凡例上說，本書在字數上又有限制，原定六萬，我們試想在六萬字以內，如何能介紹上下古今人類活動（雖然除了中國）的全貌？所以編者竟不知不覺寫上七萬五千字，但七萬五千字也依然是不夠的。外國史通常分爲上古、中古、近世、現代四部份（本書亦同），七萬五千字分在四部份裡，每一部份只分配到一萬八千多字，這限制實在太嚴了。且說說我個人在讀完本書後的感想：

一、本書在字數方面雖受極大限制，然而編者竟能從人類歷史的起源，敘述到第二次世世大戰結束，非常簡明，實在是極大手法；非在史學上有極深素養是決計辦不到的。

二、凡例上說明本書原則是略古詳今，所以現代史雖僅短短三十餘年，竟佔全書四分之一。（四部份分配極勻

：上古史四十四頁；中古史四十六頁；近世史四十八頁；現代史四十五頁）而對於最近十年內之國際局勢叙述尤詳，尤便現代青年的參考，實爲本書一大特色。

三、立場正確。歷史最重要的成份是「史觀」，如果觀點不正確，即使材料豐富，考證詳明，判斷也必然是錯誤的。本書對於人類歷史起源，中古時代歐洲教會情形以及教會革新（注意：編者不用宗教改革一名）等都是比較公正的。

四、本書編者爲中西交通史專家，故對於這方面的關係似比別人注意。（亞洲各國的關係，闡述尤詳。）我們認爲以中國人立場而研讀外國史，中外交往的關係，的確是不可忽略的。

五、吾國譯名不統一，讀外國史最感困難；本書所有人地名大部以英文爲主，首次引用時並附註英文原名，這對讀者是一大便利；但對於若干希臘羅馬史的人地名，則又照原文翻譯。其他名詞，亦非常審愼，如稱中古時代而不稱「中世紀」，稱「羅馬以外民族」而不稱「蠻族」或「北方民族」。

但全書亦不無疵病，而最大的缺點卽是誤字太多，這是正中書局應該負責的。我們且舉其顯著的誤字如下：

一一頁七行，七誡改十誡。一五頁六行，開改開。二三頁三行，覇持改把持。二四頁二行，Arictophanes 改 Aristophanes。二五頁七行，界想改思想。二五頁十行，Pericels 改 Pericles。二五頁十二行，裴理伯改斐理伯。（此例甚多）二八頁十一行，Stoiss 改 Stoics。二九頁九行，高盧改高廬（此例甚多）。三九頁五行，淡泊改淡泊。四二頁八行，「耶穌及被釘死」六字衍。四二頁九行種改稱。四四頁五行 Columlia 改 Columbia。五七頁六行 Lonjumeon 改 Lonjumeau。七行 Corrino 改 Corvino。五八頁四行人改八。七行剋改閱。十二行帥改師。六三頁九行 Sascons 改 Saxons。六八頁一行 Charlls 改 Charles。六九頁五行結果的改結果。七二頁八行 Parlesment 改 Parliament。八一頁四行有改服；八四頁八行 Ingaisition 改 Inquisition。八六頁末行 Poul 改 Paul。八九頁首行 Basihis 改 Basilica。九三頁四行 Dirina 改 Divina。九三頁十二行復與改復興。九八頁首行叛逆改叛逆。一〇〇頁七行底改祗。一一一頁末行 Nopoleon 改 Napoleon。一一六頁二行鎮迫改鎮歷。一二一頁九行恭改泰。一二三頁三行目耳曼改日耳曼。一三〇頁二行Lotran改Latran。十二行Herzegouina改 Herzegovina。一三二頁四行巳改也。一三六頁書口只改史。一三七頁九行議改義。一四一頁二行由漸改漸。一四一頁五行則出兵相動改即出兵相助。七行使改便。一四五頁八行宜布改宣布。一四六頁五行師改帥。一四九頁十二行反杭改反抗。一五四頁七行恐佈改恐怖。一五五頁六行恢優改恢復。一五七頁三行大瑰改大塊。一五八頁十行 Soicalism 改 Socialism。一六五頁八行授受改接受。一六六頁七行調條改調查。一七六頁六行與七行德國改法國。一七八頁五行二月二月改二月。十行尤爲改爲。

此外如己巳不分，所註英文原名亦有數處重複；而關於日本投降事一七四頁和一八二頁叙述略同，似應刪去一處，不知著者以爲如何？

馬相伯先生文集評論節選

本館出版方豪司鐸編馬相伯先生文集，出版以來，承平、津、京、滬、瀋、漢、港、渝各地報章雜誌之評介，深受讀者歡迎。茲將各方評論文字，摘錄三則於後：

一　南京中央日報四月十一日書林平話第十期

丹徒馬相伯先生，生於鴉片戰爭之年（一八四〇）四月七日，卒於抗戰後二年（一九三九）十一月四日，壽臻期頤。先生畢生精研中西學術，梁啓超、蔡元培、于右任、邵力子諸公，皆曾隸先生門下；故此集中不少關於文教理想及計畫之文字。自民初之「上教宗求爲中國興學書」及函夏考文苑文件等即見其端，而書籍序跋尤多，實可作纂書提要讀也。余對此最有興趣……（中略）先生善拉丁文、希臘文及法文，與弟建忠共著馬氏文通，爲以新文法研究中國文言之權輿；更主張以拉丁字母寫中文，其意多可於文中見之。先生虔信天主教而絕對主張信仰自由，政治民主，倡導人民團結自救，實施憲政。……（略）是集凡收論文、尺牘、序跋等二百零六篇，按年排列，附家書節錄六十六通。已刊諸稿，必擇其曾經先生手校者收之；未刊稿，必擇其親筆者傳之；其爲先生口述他人筆錄者，必註明之。編者之審愼，有足欽者。…（略）書前載事略一篇，百年行蹟，瞭然在目。因思西洋著作中傳記爲一大宗，文人旣樂於屬筆，讀者亦渴望其書。我國則文集之書爲多，如相伯先生者，躬與遜清及民國兩代大政，一身繫中國近百年文敎者至鉅，其傳記大有助於中國近世學術史、政治史、宗敎史、外交史。然傳記者，解說一人之思想與舉止，究不免因著者之主觀而或有失眞之處；文集則無異一人之自白，爲最可靠之信史，蓋人未有對己不忠者也。此點容當詳論之。（吾思）

一一　天津民國日報六月十三日圖書第四十七期

佛敎之能深入中國社會，使人忘其爲舶來品，是由於釋氏輩能利用「外學」和社會的領導階級——士大夫——相交接……明末利瑪竇等傳天主敎於中國，走的是同一條路線。……但自發生禮儀問題爭執以後，基督敎與儒者之間似乎已劃下了一條鴻溝，士大夫和一般有識之士便開始目基督敎爲不合中國輿情和儒家思想的旁門左道。……民國以後，敎會中的先知先覺，知道過去傳敎路線的錯誤，極力主張回到利瑪竇的時代，以「學術傳敎」爲口號，大聲疾呼促使敎會當局的覺悟。所謂先知先覺者，就是北平英斂之和丹徒馬相伯二先生，而馬先生之功爲尤著。……先生的思想文章實在就是一部中國近百年史。北平輔仁大學方豪敎授有鑒於此，乃有馬先生文集的編纂，使先生各種主張永遠存留於世，以爲後人知人論世之資。……編者收輯的來源雖廣，而其範圍却是很謹嚴的。文集採編年體，每篇文章必考訂年月，按年月前後排列；年月不可考的，置於略似之年，或置於最後。……這不特是年譜，而且還是中國近百年史的縮寫。……先生之文重在思想主張，而不在區區文章；編先生文集的，亦重在先生思想主張，而不在區區文章。按年編列，旣可以讀先生之文，又可以明瞭先生一生事蹟，和中國近百年歷史，一舉三得，可以知道本書的價値了。……全書搜羅不可謂不廣，但考文集第一篇「上朝鮮國王條陳」，作於光緒八年（一八八二），時先生已四十一歲，先生爲文必不以此年爲始，前此定有佚文不少。又自光緒八年至民國元年，三十年間，所收文僅十篇，則後此又必有若干遺漏。想海內藏有先生墨寶的當不乏人，我們希望大家不吝公佈，以備他日刊印續集，使此一代偉人的思想，得有更完善的表現；這不僅是方教授所希望的，亦是整個中國學術界所希望的。（王任光）

三　天津益世報六月十六日人文週刊新第六期

提到馬相伯先生，立刻會使你聯想到他是一個年逾百歲的老人，有人稱他爲「國之大老」，的是事實。先生精通中西學術，著述等身，是學者；創辦上海震旦大學、復旦大學，與英斂之先生上書羅馬教宗興辦輔仁大學，又曾代理過北京大學校長，是教育家；曾躬親前清和民國兩代大政，是政治家；曾任駐日使館參贊、神戶領事、長崎領事、都督府外交司長、代理都督等職，是外交家；先生喜作公開演講，聲如洪鐘，口若懸河，詞華情摯，詼諧處令人捧腹，懇切處使人涕淚，是雄辯家。陳援菴先生序說他：「畢生精研中西學術，興辦高等教育，復躬與遜清及民國兩代大政，一身繫中國近百年文教者至鉅。況去世之歲，壽至期頤，閱世之久，世罕其儔，故其議論，雖吉光片羽，亦足資後人圭臬」。又說：「馬公一生行誼，在教會則其治學從政之成績，每爲衛道譯經之功所掩；在教外則其敬德修持之精詣，亦每爲其雄辯閎論所蔽；玆集一出，庶幾著道德能文章，兩可充分見之矣。」陳先生的話，可以說是一面說明了先生一輩子的事業和學識，夠得上先生的知己；一面說明了文集出版的重要性，是文集的總評。

先生一生循循善誘，誨人不倦，梁啓超、蔡元培、胡敦復諸先生曾從先生習拉丁文；邵力子、于右任、馬君武諸先生俱出先生之門，可謂桃李滿天下了。先生雖壽至期頤，思想前進，他最喜歡青年，青年們也很喜歡他，這是他高明的地方，平常老人不易做到的。

文集的編者方君也是先生的高足，我在想先生已然是桃李盈門，先生去世後，文集的編輯何以偏偏落在和先生相差至七十歲的方君手裏？不能說不是怪事！我曾細讀一過，分幾點來說，或者可以略爲答覆這個問題：

（一）搜羅之富

凡例說：「本書所收各稿，以論文、尺牘、序跋及較長題詞爲限，楹聯詩詞等，另載續集」。就論文、序跋、題詞來說，除了由書局出版及單行本較易找到的，和序跋題詞附在已經出版的原書者外，其他散見雜誌報章，已經夠不容易搜集的了。尺牘那就更麻煩了，因爲先生交遊很廣，一生函札，自然多不可計；本書每一尺牘末必註：「原收信人珍藏」，「現由編者珍藏」，「××錄寄」或「原函現藏××先生處」等字樣。就拿原收信人來說，也就夠找的了，何況其他？若稍爲統計一下，還是注「現由編者珍藏」的多些，這是勝利後編者在首都發現了先生的故居藏書的地方，所有先生自藏的尺牘底稿、序跋、題詞和手改稿本，全落在他手裏，這也是編者編輯文集的藍本。所以陳先生的序文中也說：「相伯先生長余四十，余又長司鐸（方君）三十，而司鐸所獲先生遺文，頗多爲所未見，其用力之勤實足驚人！」這不但陳先生要驚奇，就是任何一個先生的朋友和門人也要驚奇的吧!?

(二)用力之勤

我這裏要說的「用力之勤」和陳先生的序中所說的，稍爲有點不同。陳先生的意思是說編者所搜集的先生的遺文，許多是他沒有看到的，可說是編者搜羅的廣。我要說的是每一篇文字和書信要給牠考訂年月。論文序跋自署年月的除外，來往尺牘往往不書年月只書日，要考訂年月必須參考許多的材料。文集案年編印，編者本來有編撰年譜的意思。凡例說：「編者搜集先生文字，原擬撰次年譜，故各文均按年代先後爲序；其未註明年代者，則在按語中加以考証。」我們的經驗，考証一個年代，是很不容易的一件事，往往考一個月甚至半年考不出來的。卷首編者的「馬相伯先生事略」裏說：「豪不敏，早歲私淑先生，國家西狩後，隨侍桂林。」是編者老早就有編輯文集的動機，用力勤，用心亦云苦矣！

(三)取材之嚴

前面說過，本書是編年體，和一般用分類排的文集體例有點不同。其次就是凡例第一條說的：「本書所收以先生親自撰著之文字爲限，其爲先生口述，他人筆錄或代作者，如先生生前各報刊登之談話、語錄、講詞等，一概不收。」這可以說明本書取材嚴格的第一點。凡例第二條又說：「本書採用之底稿，均極審愼，有先生親筆稿者則用親筆稿，或親筆修正稿；已刊稿則盡量採用其曾經先生校改者。每篇末對於文字之來源，均有說明。」這可以說明本書取材嚴格的第二點。至於原稿模糊處，前後互異處，詞句可疑處等，不稍加修改，和每篇注明文字的來源，又是最客觀、忠實的表現。

（四）建議一滴

本書收集先生的論文、尺牘、序跋、題詞，有許多是先生的門人和朋友沒有看見過的，富則富矣！取材嚴則嚴矣！但是先生壽至期頤，早年的論著，因爲時代與環境的不同，見解思想，不能完全沒有轉變，材料不能沒有增補，結論也不能完全沒有改易，親筆稿，親筆修正稿，未必是最後的親筆，最後的修正。因爲先生生前好像沒有自己親手訂定的文集。本書所收的也一定有不符先生最後之意的。陳先生序雖然說過：「凡人爲文，逾若干時，輒不愜於衷，此求進之心則然。故凡生前所爲文，未經最後訂定，卒後由他人代爲裒集者，未必悉符本人之意。惟相伯先生集稍異乎是，……先生遺文散佚已多，若並此刼餘僅存者，而不爲之珍惜，不將雲消烟散乎？顧余樂見此集之刊行，其意實別有所在。」可以說是深得編者的原意了，但我們以爲寧闕勿濫，稍稍有所別擇的好些，尤其是親友間的往來尺牘。

國家勝利以後，個人文集像本書這樣偉大的，確是鳳毛麟角，像這樣四百多頁的文集，既不是分類編排，就似乎應當有個分類索引。先生門人和親朋如此之多，又似乎應當有個人名索引，以便讀者。單靠卷首的目次是不夠的。本書付印以後，一定還能收到先生不少的遺文，將來編成續集或增編時，我們希望能一齊編成索引行世。質諸方君，以爲然否？（魯野甫）

上智編譯館館刊　第二卷　第四五期合刊　四〇〇

辭海辭源天主教名詞正誤

著作者　王任光　發行者　北平上智編譯館　出版期　中華民國三十六年五月八日初版

一

俞志中

「工欲善其事，必利先其器，」這句老而不腐的話，在告訴我們治學須重工具。工具良好，成就自然容易；工具不好，成就自然要感困難。工具書就是治學的工具之一，爲此，治學的人們，都覺得工具書的迫切需要。一般青年學生，遇着一些名詞或典故，在摸不清它的意義時，更感到工具書是不可或缺的。

既然有那些人感到工具書的需要，那末書店老闆們，自然會應時投機，大作其工具書的買賣；於是乎坊間的字典、辭書這一類的東西，屢有新編；但若仔細考究它的內容，簡直要使你倒吸幾口涼氣！錯誤荒唐的詮釋，多的難數；但是青年學生那裏能顧到這一層呢？於是胡引亂用，造成了今日文壇上的不景氣，無怪乎老年的學者們，要替中國語文揑一把冷汗。

別種辭書，我們暫且不講，只就分量最巨，銷售最廣的辭源辭海而論，其中引證的錯誤，解釋的不當，書名的差訛，字句的不符等，隨手就可找到許許多多。中國目錄學最高權威，余老夫子季豫，每逢論到治學須重工具時，必要評議上述兩大辭書的價值道：「若拿辭源辭海作治學的根據，可謂天下大荒唐。」

雖說如此，但是讀書作文章，依據辭源辭海的人，還是多得很，還是拿它當唯一寶筏。真不知貽誤了多少好學青年！我們時常奇怪，爲什麼辭源已出三十來版，辭海也出了數版，但對那些錯誤竟不加以修正呢？

正誤是一種繁難的工作，書店的老闆們自然不肯，可也不配。有的人空有這種大志，爲了這浩繁的工作，先後退縮了。那些飽學宏識的方家，又誰肯着手這種工作呢？這也許是辭源辭海所以一任它的錯誤，延到現在的一種原因吧？

辭海辭源天主教名詞正誤一書，最近由北平上智編譯館出版發售，該書是王任光君課餘發奮的結晶。君固知辭源辭海是不足為學者稱道的，不值得替它作正誤工作的；不過他也深刻瞭解這兩大辭書在學生界是具有很大力量和權威的，同時他更不忍目睹公教名詞一味的被人誤解下去，於是忙裏抽閒，將辭海辭源裏所有關於天主教的名詞一百幾十條，摘出八十二條誤解處，參考了許多專書，鈎稽重要之點，針對着所有的謬誤，作了一番很清晰、簡約和精當的詮釋與訂正。這書的出版為教內教外確有很大貢獻，是不容諱言的。

作者的文筆，很是流暢，使我們能一氣讀下，絕不會感到枯乾無味。

至論本書的排印，也相當進步；不過手民易犯的錯誤，（如音同或形似的字，尤其在西文字母方面，）在本書中也發現十幾處。我們不便一一舉出，只希望該館加印勘誤表一紙，使讀者不致有誤。該書四頁十一行第二十九字下，漏一教宗名，當為「格列高里」四字，還有三十頁一行下「君士坦丁堡」為「君士坦士」的誤印。按君士坦丁堡宗教會議，最後的是在六八〇年，而胡司異端發生在一四〇七年，處理這次異端的會議是在君士坦士城。

最後我們對於書的體例，有點意見：作「正誤」更好先引原文，後加按語，且將原書頁數標出，比較合宜；標出頁數，使讀書查閱時方便；先引原文，眉目清楚，不必搬來原書對照。書末還當附一中西文引得，檢閱就更經濟了，不知讀者與作者以為怎樣？

二

田永禎

辭海辭源天主教名詞正誤，王任光司鐸著。全書共八十二條，約四萬字，解釋詳明，糾繆正誤，協助讀者研究天主教，厥功甚偉。

王君因鑒於辭海辭源為我國銷行最廣之兩大辭書，但於天主教名詞之收採與詮釋諸多失於博洽之處。小引有云：「余嘗約略翻閱—辭海辭源—則見百五十條中，大誤小誤幾達六十餘條，以誤傳誤，其害不淺，乃發憤為『正誤』之作。」此王君編纂此書之動機也。

小引又謂：「夫辭海之疏漏誤謬固不足奇，可奇者該書出版已十年，—若以言辭源則已三十二年，續編亦已十六年矣—而其疏謬，教中竟無人爲之糾正，有之，則張維篤主教一人耳。張主教有「辭源與辭海上冊中天主教名詞的誤解」一文，已發其端，至今繼起無人。」（文載二十六年五月十四日天津益世報人文週刊第十九期）按此可見王君爲學之志矣。援菴師嘗言：「吾人應詳人之所略，略人之所詳。」王君可謂能善承師教矣。

然「智者千慮，必有一失。」正誤之作，其疏漏處亦容所難免。如釋義方面，多亦不書出處，似欠妥當。文句方面，漏字誤字亦有之，如第三，主教條謂：「樞機數目時有增減……教宗保祿第四定爲四十人；第十三則定爲七十六人……」此語之第十三應爲格列高里第十三—Gregory XIII—，漏格列高里名。其他如第十伽利略條之天體運動原文之 Revelationibus，應作 Revolutionibus。第三十九康帕內拉條之康帕內拉之卒年1939應作1639。然而此種誤字似係排版者之責，故不贅述。

小引嘗云：「天主教傳入中國雖三百有餘年，其學術著作，教會書籍之能流入社會，供教外人閱讀者，除明末清初撰譯者外，後幾無聞焉。」禎按天主教自抗戰開始以還，對我國文化事業上社會上之貢獻，人人皆知，就中尤以文教方面爲最，如近年來天主教書籍報張之發行，何嘗不可供教外人士閱讀？謂之不甚發達則可，謂之「幾無所聞」則太過矣。

總之，天主教歷史悠久，名詞術語何止千萬？教內人幾不能道其詳，況教外人乎？禎以爲欲使社會人士了解天主教之眞象，除正名外，傳教士似應切實接近社會，有出世之思想，有入世之精神，社會人士自然能聞風景仰也。

（編者按）該書因北平一部份讀者催逼甚急，故匆匆出版後，在一二日內即有百餘冊流傳在外，尚未附入訂正表，謹致歉意，並祈讀者鑒諒。

評Collectanea Com. Synodalis, num. 3/6, vol. XIX, Martius-Junius, 1947

教務叢刊，一九四七年三月至六月合刊號

本期教務叢刊有兩篇文章值得注意，一篇是天津文主教 Mgr. J. de Vienne, C. M. 寫的，論中國公教出版事業；一篇是聖母聖心會士顧神父 P. Fr. Sercu, C. I. C. M. 寫的，「論小修道院的教育。」

第一篇文章先說明出版事業的重要，這是文主教看完高樂康神父「文化方面的傳教工作」後的一點感想。最初，著者說明公教出版事業的需要。接着，著者說明「怎樣去實現公教出版事業？」文主教首先說必須教區與教區合作，修會與修會合作。因為他說這事業範圍太大，決不是某一教區或某一修會所能担承的。這眞是極寶貴的意見，極卓越的見解。文主教他希望由教廷公使出而推行，出而組織。他寄託希望於五月十六十七兩日在上海舉行的出版會議。最後，他特別提到報章。而他所最担憂的（原文是說許多傳教士恐懼）是報紙成為一種營利事業和報紙成為國家主義(nationalisme 或譯民族主義)的刊物，而失去其為公教刊物，於是對教會不利。文主教的意見，是需要組織監督機關，以防止他所認為的兩大弊端。

但甚麼是國家主義呢？文主教說：國家主義不是愛國主義，同時更不是公教主義；他大約是指狹義的國家主義，即愛國而同時「排外」。然而愛國主義與廣義的國家主義往往不容易分別，於是許多愛國行動，常常可被目為國家主義。為愛國而要求取消不平等條約，不平等待遇（教會內部至今還有不平等待遇），即可視為國家主義；為愛護教會，希望教會在當地早日廣揚，因而要求提高當地教士的程度，要求以當地教士處於領導地位，管理地位，立刻可被認為「排外」；但是當你國家强的時候，如日本在若干年前，要求以全部主教讓與日本人，並無人喊出反對的口號，而且立刻付諸實現。在中國將勝利，以及勝利剛到不久的時候，在華南（至少在華南）很多外國主教司鐸自動的說：「我們不久要走了！」可是在你國家倒楣的時候，即使你要為你祖國的領土爭主權，如往年天津老西開

問題，人家也可以說你是國家主義，是「排外」。又如香港公教報第二一二期上（六月八日），曾報導香港將公選副主教；但在六月二十七日天津益世報却有一則上海通訊，說：米朗外方傳教會會長下令，除該會在港會士外，其他教士（案指中國司鐸）無被選舉權。這不是「排華」嗎？然而這一消息且被禁止刊登於公教報二一三期。這大約就是文主教所說的「監督」。我們曾就這件事，請教於北平教會某權威，他說：一個修會會長，他只該管他修會以內的事，他不能干涉教區的事；又說：這樣的消息，沒有被禁止刊登的理由。

被人誤會爲「國家主義」的愛國主義是該棄絕的，可是拿他們本國政府的津貼來作各種宣傳，出版書刊，甚至購買地產，在學校、醫院等等業上，掛上「大英」或「法國」字樣，教外人稱之爲帝國主義，稱之爲文化侵略，或者稍嫌過火，但至少這是他們的 Nationalisme，他們的國家主義便是可嘉許的，就和公教之「公」並行不悖！

我們贊成文主教的說法，狹義的國家主義是要不得的！然而不要把一切當地人的合理行動，一槪認爲國家主義；更不要把外國教士的外國國家主義認爲是他們合理的愛國主義。

第二篇文字，雖標爲顧神父撰，實際是聖母聖心會士的集體著作，內容很廣泛，對小修院的宗旨、訓練、課程、圖書室等，均有極詳細的討論；尤其在課程方面，論及宗教、拉丁文、國文、數學、第二外國語、自然科學、地理、歷史、音樂、美術、體育等。但因其中有一段不贊成將小修院改爲中學，適去年田樞機就任北平總主教後，改北平小修院爲耕莘中學，遂引起北平中國司鐸反感，杜雅谷先生在六月二十二日天津益世報宗教與文化發表「中國司鐸如何在社會取得地位」一文，提出異議；二十七日，田樞機本人亦對益世報記者發表談話，詞意嚴正。二十八日教務叢刊臨時主編聖母聖心會士桑司鐸 Leyssen, C. I. C. M. 即向田樞機表示歉意，謂該段文字係彼所加，且出於彼編輯時之疏忽。（趙明）

天津益世報人文週刊復刊

曾慕良

在十年前，天津益世報原有人文週刊，由輔仁大學歛之學社主編，在七七抗戰後不久停刊。今年五月十二日，人文又重和讀者見面，內容豐富而精彩。在已出之前七期中有陳垣先生之論佛教典籍：法苑珠林，景德傳燈錄，五燈會元等；沈兼士葛信益兩先生之論著，則多屬文字學；他如顧隨、趙光賢、趙衛邦、陳奇猷諸先生俱有佳作。人文週刊之特點，厥爲在不帶公教色彩之副刊中，儘量發表有關公教之文字。該刊現連續登載英歛之先生日記遺稿，聞其中頗多有關義和團、大公報、雷鳴遠神父、馬相伯先生、李問漁神父等重要史料。此外則有郭慕天司鐸之「坤輿圖說校讀」，方豪司鐸之「跋坤輿格致略說抄本」，楊堤司鐸之「衛匡國神父傳」，李宜義司鐸之「王徵河渠嘆箋釋」，均爲考證精詳之作。成世光司鐸之「近百年來中國的社會福利事業」，內容均係天主教所辦之醫院、孤兒院、庇寒所等調查，頗爲詳細。書報評介有魯野甫之評馬相伯文集；輔仁學誌十四卷一二合期及本館館刊第一卷與第二卷第一第二期之評介。

陸徵祥晉任院長祝詞（補白）

謝壽康

陸司鐸子興先生，道德文章，中外崇仰。教宗于康覲見時，常請轉致眷念。本年春，教宗於任命樞機御前會議後，特賜興老以修道院院長銜，以示褒揚；康適供職教廷，與有榮焉！茲值博廬渠修院爲興老舉行院長受恩大典，康奉命代表外交部部長王雪艇博士觀禮，謹以前年請義國大藝人白特闔某銅鏤主席肖像一張奉呈，以申賀忱。後學謝壽康謹誌。民國三十五年夏羅馬。

上智編譯館館刊 第二卷 第四五期合刊 四〇六

文化消息

我懷念徐潤農神父

方豪

是一個悶熱的下午，館刊的校樣把我弄得眼花撩亂，突然由王仁生神父寄來一個噩耗——潤農神父死了！

五月十五日，我還在薛祖恒先生家裏遇着他，當我到上海之前，我曾託他在舊益世主日報中找一篇「不托老人糾謬談」。那篇文章，我在記憶中懷疑是馬相伯先生作的，但因在北平竟找不到老的益世主日報，所以不敢確定是不是馬老先生的手筆，因此沒有收入他的文集。徐神父告訴我文章是找到了，等我去取，但勸我不要發表，據說裏面對某君批評得很厲害。後來我因參加出版會議，又忙於回里，忙於返平，結果，沒有再到徐家匯去。五月十五日的會晤，竟成了我們的永別！

說到出版會議，我未去上海之前，先由高樂康神父（比國人）提起，中國神父出席太少，後來我們兩人私下商量，徐神父是不可不請的。因為高神父先飛南京，就託他先和黎公使說一聲，同時我即去函告訴他，請他準備，並詢問他對於會議的意見。他回信只是說：「希望公教書籍在文字上多加注意，不要出些不中不西，不文不白的書。」同時他囑我在會議上對這一點要多說話。

事實上，他並沒有獲得邀請，我見他時，比去年消瘦多了，人也顯得更蒼老，然而精神還好，沒有想到他會死得那麼快的！

他之未能出席公教出版會議，也是可以預料的：這十年來，始而聖教雜誌停刊，——這是他獨力支持了將近二十年的刊物——繼而被迫退出聖教雜誌社破屋；計劃了十多年的現代化的光啓圖書館，遙遙無期；勝利來了一兩年，而聖教雜誌復刊也是無期，並且我間接聽說，即使復刊，也許不會再教他主編的。徐神父的晚年竟如此失意。當然他是德行極高，很有修養的，他本人並不因此戚戚。

徐神父死了！我懷念他——

我懷念他是一個熱血的愛國男兒，在「七七」事變以後，聖教雜誌充滿了愛國的文章，原來一些道貌岸然的神哲學文字少了，可是不久，聖教雜誌停刊了！說來也可憐，抗戰初年，我被調在金華，最初是滬杭線作戰，後來是杭州失陷，所以那最後幾期聖教雜誌，還是隔了兩年後，在雲南路南縣的民衆教育館裏看到的。當時我眞從心裏愛慕這位愛國志士。他也曾發起「獻祭救國」運動。

在昆明時，最初我們還能常通訊，信上總是告訴我：「滬上民心不死，人人懷必勝之念」。徐神父！我懷念你！

我懷念他對於徐匯藏書樓的貢獻。這一座古老的書庫，在他接管之後，特別在方志方面，悉心搜羅，曾有一時期，佔了國內的第二位，後來因爲人家迎頭趕上，他經濟力不雄厚，只好一步步落後。我流亡在滇蜀黔時，也曾替他收買了一些，可是我眼看着北平圖書館、雲南大學和北平研究院等，在我以後大量搜求，我也只好退避了！眞對不起徐神父，在雲南的一批方志，當我離滇時，我託一位神父保管，他毫不在意地把這些僻處邊疆的珍貴方志，全部拋棄了！後來在重慶的一部份，又爲了避空襲，藏於鄉間，被著名的四川耗子吃了不少。徐神父！我對不起你，我懷念你！

他很早很早就想把藏書樓開放，可是設備不足，地點偏僻，但無論那一位專家、學者，如果要入內研究，他都樂於引導。因爲這所藏書樓，上上下下只是他一個人，可是它又是那麼出名，所以教內外人路過上海的，都希望去參觀參觀，徐神父便應接不暇。去年我和他第一次見面——雖然通信已有十多年——也是因爲我要校讀墨井集，他親自給我取出原稿，結果我以兩天的工夫，發現了刻本不少錯字，同時又給我發現了吳漁山的一本未刊曲稿「天樂正音譜。」

我懷念徐神父，我懷念他——我眞不忍說——他的著作環境實在太壞了！差不多外國教士，能著作的，都沒有雜務；中國神父就不然了；卽以徐神父而言，他在最忙的時候，曾身兼六職，而且都是極瑣碎的事務，叫他怎麼能細心研究？可是雜誌的篇幅不能不塡滿，書籍也眞太缺乏，不能不應急需，於是乎一切筆記札記都編譯成書，當他的「中國天主教傳教史概論」出版後，圖書季刊曾有一篇很不客氣的批評，可是我眞爲徐神父叫冤。徐神父，你太忙了，你的著作環境太壞了！我願正告教會當局，此後如果你們希望產生一二位優秀的作家，我哀求你們，讓他們安靜些吧！不然，你們是毀滅作家！是他們的不幸，也是你們的不幸！

徐神父！我悲哀！我懷念你！我懷念一切在惡劣環境中的公教作家！我咒咀一切惡劣的環境！

徐神父略歷（上海通訊）

徐潤農神父名宗澤，生於公元一八八六年，乃明代相國徐文定光啓之十二世孫，世代虔奉天主教。十九歲時，値遜清暮年，應童子試，舉秀才，頭角崢嶸，於焉嶄露。二十一歲，離家棄俗，進耶穌會修道，獻身爲教會服務。繼而赴歐美二洲，攻讀文學哲學及科學，並晉升司鐸。中間曾回國任徐匯公學教員數年。留學期間，前後考得哲學博士及科學博士。民國十年，學成歸國，在南匯縣境實習傳教工作，成績斐然。兩年後，居徐家匯，主編聖教雜誌，兼任徐家匯天主堂圖書館館長。自民國十二年秋季起，聖教雜誌中有關神哲學及教史之論著，彙集成書，在土山灣印書館出版者，有二三十種之多。八一三戰事發生，上海淪爲孤島，聖教雜誌停刊，神父因更專事致力於圖書館工作。按徐家匯圖書館，（亦稱藏書樓），剏始於一八六〇年左右，中文書籍部份，搜集各省府縣志，爲數已不少。徐神父耗二十餘年之心血，積極徵求，現該館收藏志書達二千餘種之多。該館旣係耶穌會之事業，故徐神父又積極搜羅明末清初耶穌會士之中文著作，或爲當年之木版本，或爲手抄本，或爲自世界各大圖書館影得之珍本。神父又加以整理研究，撰成著作若干部，已由中華書局承印，惜因戰事，猶未問世。徐神父於從事學術之外，兼指導啓明女中徐匯女中校務，兩校新舊女生，受其薰陶而進德成學者，二十年來不可勝數。其侄方自法國回抵上海，幸得於彌留之際，訣別生死。徐神父交遊極廣，在我國學術界中，尤其圖書館界中，素著聲譽，故將邀集故舊，擇日再行盛大追悼儀式。神父突然逝世，誠出意料之外，以致生平建造圖書館大廈，開放所藏圖書，整理前賢著作等計劃，未能實現，此不特教中人士所悼惜，抑亦我國學術界之一大損失也。神父爲人，謙虛和善，不慕名利，不矜權勢，刻苦持躬，勤勞盡職，且充盈信德精神，恪守修規，熱心救靈，故青年輩及教外人士，皆樂與之遊，且多因而認識眞道，倘盼神父在天之靈，默佑我國文化事業。

著述簡目

探原課本
公民課本（原行編）
公民課本（法制、經濟）
心理學概論
社會學概論
社會經濟學概論
社會問題
勞工問題
婦女問題
哲學史綱
明末清初灌輸西學之偉人
中國天主教傳教史概論
徐上海傳略
天主降生救贖論
天主造物論
四末論
聖事論
聖寵論
婦女問題雜評
天主教與婦女問題
共產主義駁論
國家眞詮
三民主義節要
教育之原理
天主三位一體論
信望愛三德論
宗教研究概論
天主教之戰爭觀
高中要理課程解答
隨思隨筆

（以下爲編校本）

增訂徐文定公集
徐文定公逝世三百年紀念文彙編
徐氏庖言
名理探

北平普愛堂之文化工作

萬廣禮

十餘年來，我國公教文化事業，突飛猛晉；迨民國二十五六年間，全國各地已呈蓬勃之勢，奈日寇犯境，佔地侵城，物資絕源，交通阻隔，我公教文化事業，蒙受空前之打擊，一落千丈。然在此抗戰艱苦之中，全國公教固未停止其文化傳教之奮鬥。內地自由區不論，僅就淪陷區北平言之，各會傳教士集中困守，不爲勢屈，反藉此加強文化傳教之研究，如北平普愛堂聖母聖心會傳教士之文化工作，即以此為發軔。

一九四四年，該會傳教士高樂康司鐸(R.P.Legrand)本數年研究之所得，著「文化方面的傳教工作」(法文)巨製一篇，在「教務叢刊」發表，內容精詳，頗引起讀者之贊許，後譯為中文，在「鐸聲月刊」發表。上年田樞機主教到平履新，經方杰人司鐸以此文介紹於田樞機，備蒙嘉獎，亟命出版單行本，以廣流傳，且親為之序。

本年初，高司鐸更有類似之文字在「教務叢刊」發表，倡議各在華修會團體，分別成立文化傳教學會，俾助事業之推動。並在本會首先奠定 Verbiest-Academy「懷仁學會」之基礎，以供觀摩。該會網羅所有與時熱心會司鐸之文化工作者，從事中國當前一切問題之研究，期予以正確有效之指導。

此外，為實現文化方面之傳教工作，高司鐸曾擬在張家口創辦民聲日報一種，以作西北社會之嚮導與明燈，惜以共軍出沒無常，交通時斷時續，此項計劃惟有從緩實行。

於是退而審查教外各報章雜誌，擇其觀點之錯誤者為文以矯正之，並策動創辦公教書報供應社於北平，以廣流傳。

高司鐸在中共區居住九月，曾被監禁一月，對中共政策知之甚稔，故復一部分工作，即以文字之奮鬥公布共產真相於世界，曾著有「中共治下之崇禮縣」一篇，在太平洋月刊發表。美國方面曾兩度以英文譯出發表。現著者本個人身歷之經驗，擬對共產政策，作一通盤而根據事實之研究，以專書發表，上述一篇僅全書之一章耳。高司鐸居中共治下，曾作筆記二〇九頁，經加里福尼亞 Stanford 大學之請，由該校胡佛圖書館「戰爭、革命與和平組」保存一份，並將出版問世。

此外，高司鐸復應儒啓迪司鐸(R. P. Nuyts)之請，從事編撰「傳教生活叢著」，在準備中者有「會口傳教善法」(Pour un meilleur apostolat paroissial)一書，該書目的在供傳教士以會口傳教之有效方法，現已撰著過半，不久可由該會出版社出版。

普愛堂出版社

普愛堂出版社經該會省會長等議決成立，暫聘善秉仁司鐸(R.P.Schyns)為臨時秘書。該社宗旨為出版該會司鐸之一切著作，以策動國內之文化傳教工作。經該社出版之書籍已有四種，即善司鐸之 Romans à lire et romans à proscrire；文資笨司鐸(R.P. Van Boven)之 Histoire de la littérature chinoise moderne；饒碧迪司鐸之 Le savoir-vivre en Chine 及「文藝月旦」，即第一種之中文版，經增補改正而出版者。聞第一第二兩種第一版幾將售罄。該社現正從事「世界大事年表」之出版，乃夏仰聖司鐸(R. P. Adriansens)精心之作，爲學校掛圖之一種，頗饒興味。本年末，善司鐸之「文藝月旦」第二部法文本即可付印，內容計包括七百種小說三百部劇本之評論。

此外，該社在北國現亦出版新書一種，即王守仁主教 (S E.Mgr. Van Melckebeke) 著 L' action Sociale des missionnaires en Mongolie，其中文版「蒙疆公教社會事業」，經審訂後即可在平付印。

在該社文學叢著中，善司鐸計劃出版「現代作家評傳」，對現代作家之生活及其道德、宗教、哲學等觀點，作有系統之介紹。

該會梅麗鶴司鐸（R.P.Maréchal）並與耶穌會司鐸合作，從事中法大辭典「思泉」之編纂工作。「思泉」爲分類辭典之一種，梅司鐸之一部現已完成，或可提前出版。

目下該會賀登崧司鐸（R. P. Grootaers）以英文撰著 Handbook of Chinese History 袖珍中國史一種，本年末或可由該社出版。

又本年六月間，高樂康司鐸之Le Communisme arrive au village chinois 業已出版問世，著者在本書中，以客觀立場描寫共軍對崇禮教友之暴行。

公教宣傳組

（一）無線電廣播　由姚離思司鐸（R.P.J.Joos）主辦，萬廣禮司鐸（R.P.Van Coillie）贊助。當外僑在濰縣集中時，姚司鐸即有歌曲合唱會之組織，爲今日廣播節目之濫觴。勝利以還，姚司鐸首先進行北平中央廣播電台之放送，因其節目精彩，頗得聽衆之好評。第一次「公教時」廣播於三十五年二月十七日開始，此後每星期日下午四時半作廣播放送。該公教時包括中西文講演及音樂歌詠等。

（二）傳教資料集　由萬廣禮司鐸主編，姚司鐸襄助。此項工作之目的，在爲司鐸及傳教員等搜集溝通之資料，內容頗廣，計有故事軼聞、比喻、寓言、史實、格言、統計、圖表、諺語、名人言論、行爲動力、德性實行、日常生活、實例講解與辯証、宗教動態、社會動態、心理動態、聖人行傳、聖經警語、經書警語等，凡爲便利一切聖堂講道、學校訓話、個人勸導之資料，靡不包括。

上項巨著，將以英文及白話文分別出版，內容務求適合國人之習尚，故所有各種宗教、迷信等問題，亦詳加討論。爲便利讀者採用，本書決定以活葉卡片式印刷，每題一片。此項方法，在檢索便利，且可隨時補充，以供時代之需要。材料來源，除取自傳教士日常經驗外，並有十餘種文字之書籍、報章、雜誌爲參考，現已搜羅極豐，惟仍在進行中。因交通不便及缺乏卡片用紙，此項巨著，尚未能及時付印。關於此項計劃之詳明解釋，讀者可檢閱一九四五—四六年三至五月號「公教教務叢刊」，有萬廣禮司鐸「要理教授法資料」Didactical Material for teaching Catechism 一文，可資參考。

當傳教士在平集中時，聖母聖心會郎衛師司鐸(R.P. Lauwers)曾主持多次之哲學社會學演講會，頗爲聽衆欽佩。彼現從事於護教學之努力。按護教學之提倡，乃公教教務聯合會瑪利諾會士梅博文司鐸發其端，曾在教務叢刊以 Juan Pablo 筆名發表意見頗多，其已見諸實行者即「護教學研究會」之成立，爲教務聯合會之一部，會員包括所有傳教修會之司鐸，聖母聖心會參加者有郎衛師、泰培德（R.P.Debyttere）、文寶峯、費倫恩（R.P.Fierens）衆司鐸。總會下設若干分會，以促進護教講演及護教學之研究。宣傳方面，除梅司鐸出版小冊「天主經」外，聖母聖心會周其敬司鐸(R.P. Bonhomme)並著有 Introduction à l'apologetique pour les Intellectuels Chinois「向中國知識界護教引言」一書，惜尚未出版，致所有計劃未能見諸實行，希教廷公使來平後，對此重要問題能作有力之提倡。

護教學研究會之最大希望，即擬編纂「護教學百科辭典」，已交由聖母聖心會負責辦理。除郎衛師司鐸負主編責任外，尚有夏仰聖、司禮義(R.P. Pol Serruys)，向克安（R.P.Marcel VanHemelrijk）、泰培德衆司鐸參加編纂工作，卡片撰集已相當可觀。勝利以還，各司鐸回傳教區服務，此項工作一時無法進行。郎司鐸現從事共產主義之深刻研究，著有Communisme! Een verwachting? of een bedrijging? 「共產主義！希望乎？慘禍乎？」一書荷文本將在比國出版，現已譯成中文，其第一章已在天津益世報連續發表。郎司鐸現任普愛堂院長，，職務繁忙，對研究工作或未能如期進行，良爲惋惜！

此外，該會著名學者田清波司鐸（R.P.Mostaert）不獨爲國內傳教士之佼佼者，且爲世界聞名之語言學家。曾在寧夏教區傳教，以二十年之精力從事蒙古語言之研究，近二十二年來留居北平，努力著述出版。其著作詳見本刊第二卷第一期「在華聖母聖心會士之學術研究」。彼現助理華裔學誌編輯事宜，而於一九三七年，當選爲「芬匈語文學會」會員。該會以推廣芬蘭、匈牙利語文爲目的，會員包括世界著名學者，田司鐸以發表「鄂爾多斯語文集」被邀參加爲會員。

本年秋，賀登崧司鐸將任輔仁大學作「語文地理」之講授。賀氏對於方言學上之貢獻，亦詳本刊二卷一期。

此外在集中期間，更有「公教農業促進會」之成立，由西灣子石德懋主教(S.E. Mgr. Desmedt)任會長，並派會士萬德本(R.P.Van den Bonne)貝義朗（R.P.Pira）二司鐸入輔仁農學院深造，準備日後於西灣子教區設立農業學校云。

方濟堂聖經學會之新貢獻

關於北平方濟堂聖經學會消息，已見本刊各期。茲再就該會一年來之工作情形，略述梗概。

該會自成立至今，已屆二年，除主任雷永明神父外，已有基本會員四人，即李志先司鐸，李士漁司鐸，李玉堂司鐸，劉緒堂司鐸，（關於彼等個人之介紹，請參閱本刊第二卷第二期作家動態欄）。一年來該會之主要工作，除編譯「智慧書」外，即爲專攻希伯來文（每星期三小時或五小時不等），希臘文（每星期二小時），聖經神學（每星期一小時）；據雷氏對記者言：現該會會員，經過兩年之細心研究，於希伯來文及希臘文，已有相當造詣，且能直接由原文翻譯文法較易之書籍，此爲雷氏最快意之事。氏又謂：待中文聖經全部出版以後，渠將向羅馬聖安多尼大學申請以「聖經學碩士」學位，授與該學會會員云。

又該會一年來，對「智慧書」之編譯，曾動員全體會員，分工合作，工作極爲緊張。現該書已全部脫稿，不日即可付印。據記者所知，「智慧書」包括約伯傳、箴言、訓道篇、雅歌、德訓篇、智慧篇等六卷，約三十萬言。

此書之特色，除附簡明之章旨與註釋外，每篇之首，有長約萬餘言之導言，舉凡有關篇名、作者、成書年、代、社會背景、以及倫理、神學等問題，無不詳盡透澈，實爲我國研究羣經學者一大貢獻。本年十月底可望出版。（不二）

馬相伯先生遺著續有發現

本年三月間本館出版馬相伯先生文集，以馬先生在生時素爲教內外人士所景仰，加以馬先生門生遍全國，故購者極爲踴躍，而以銀行界及高級將領爲最多，且大多喜購道林紙本，並勸本館提高價格，以便編印續集。按馬先生遺稿最近續有發現，如朱志堯先生（馬先生甥）藏「李誦清堂述德錄序」；上海馬宅藏先生「致李蔭西先生手札」，蓋函成宗發者；又「家產立典記」及「息焉公墓碑記」則爲先生親筆稿之攝影。陳援菴先生藏有馬先生臨王覺斯贈湯若望詩翰，並有跋，（見本刊本期）。又河南泌陽張安多司鐸寄來馬先生著「勸國人節約拯救水災書」，均將收入續編中。讀者如尚有藏有馬先生文字或書札者，不論已刊未刊，均祈慨予寄下，本館借鈔或攝影後，即將原件奉還，並奉贈文集正編及續編各一部，藉答合作之盛意。

「文化方面的傳教工作」之各方反響

高樂康司鐸著「文化方面的傳教工作」法文及中文本出版後，以宣傳得法，頗引起注意，現正譯爲英文。茲誌其比較重要之反應如左：

（一）傳信部部長公函（第3792/46號）

承惠寄尊著在教務叢刊發表之「文化方面的傳教工作」，謹致謝意。出版事業爲今日最可貴之傳教方法，且爲不可或缺者，閣下毅然提倡，予亦樂從君後。謹致祝福，聊表鄙意，並祝主佑。

傳信部部長傅瑪索尼．皮翁第

秘書剛恒毅　一九四六年十一月十一日自羅馬航寄

（二）教廷駐華公使黎培理總主教來函

（一九四七年六月六日）

余曾以熱切之興趣，一再閱讀尊著「文化方面的傳教工作」一書，於中國各項情況及問題之研究，允稱精到，且附有寶貴而實際之建議，就現代傳教方法作有價值之討論，堪爲君賀。

倘所提計劃付諸實行，行見中國人民精神之獲益，當屬無量。尊著之有價值，由田樞機備加讚許一事亦可見一斑。

美國方面若能對於文化傳教之工作，共同硏討，實乃中國公教友人有以致之，故余於得悉是書擬在美國刋行之餘，甚感欣慰。美國教會人士當能鑑賞是書具有啓發性及鼓勇性之內容也。渠等之祈禱與合作，在吾人以最優良之現代文化方式，努力傳揚基督福音中，必與吾人共繫無疑。

余既爲教宗駐華代表，謹以熱誠推薦此書，未來類似全美公教福利會之全國公教教務委員會工作計劃，亦可以之爲根據。

余對於君之傳教努力並此致謝………

(三)傅主任作義致傳光儀司鐸書

光儀仁兄勛鑒：久違淸暉，時深馳系。頃高樂康司鐸來張，交展惠書，藉悉種切；遠荷垂注，至深感紉！惟弟少文無華，承囑作序一節，甚愧無以應命。玆特題贈蕪詞一紙，聊申微意，敬希査收爲荷。專此佈復，祇頌時綏。　弟傅作義拜啓。　三月廿九日

北平市各大學天主教同學會成立

勝利後，北平臨大公教學生，曾組織團體，由北堂副本堂司鐸王伯尼指導。自田樞機就任北平總主教後，北平各大學之天主教同學，更希望加强團結，以發揮公教青年對於教國所能有之貢獻。本年春，田樞機在青島養痾時，即首先由北大同學代表，向李副主教建議；三月中田公回平後，即蒙允准成立，並指派方豪司鐸爲指導司鐸。耶穌復活瞻禮即在樞機主教公署舉行北京大學天主教同學會成立大會及北平市各大學天主教同學會籌備會，田樞機致訓詞，表示無限欣慰，並分贈紀念聖像。此後即由各校代表組成之籌備會，積極進行，至六月八日，復在樞機主教公署及耕莘中學分別舉行北平市各大學天主教同學會成立典禮及第一次全體大會，通過會章，並舉行聚餐，田樞機亦與青年學生共進最平民化之簡單午飯。大會中並臨時通過各種工作。聞該會共包括北大、燕大、清華、中法、華北、中國、交大、朝陽、師大、北洋、藝專等十一校，共計公教學生九十餘人；輔仁大學之公教青年會亦將於下學期加入該會。刻理事會下設總務、連絡、會計、學術、靈修、康樂等股，即

將展開工作，並發起籌設全國性之大學天主教同學會。

吳壽彭發表新著利瑪竇傳

「學藝」第十七卷第三號（今年三月出版）有吳壽彭先生撰著之「利瑪竇傳」一文，長一萬五千字，頗爲詳盡。該文初稿，以民國二十五年草於南京，距今已十一年；二十六年刪訂於長沙；三十二年覆校增改於孝豐，三十四年錄正於嘉興，三十五年補序於海寧。作者似非教友，而搜集材料甚豐，論斷亦極正確。最後結論略謂：「考利瑪竇翻出，當歐洲文藝復興之候，又值公教振奮，信行雙長；書院造其初學，修會資以遊方。可謂博文約禮者矣！……惟中國當日，千年隳落，伊於胡底？藝術荒疏，不堪復言；台諫失職，刻漏封塵，則日月乖舛，天不傳正其時，夜郎自大，相限故步，而經緯莫明，地不能識其理。下至禮樂百工，皆躓乎後矣！方明之季，海通已關南洋，志士轉趨實學，習齋之徒，尤好藝事，亭林一代，咸重經歷。觀夫二三子之行已有恥，用心明審，風尚斯變，始存虛懷；年譜記顏擬尋西士，顧書亦復多涉外邦，故利氏遠至，輒從取益，其微物零縑，並相珍視。……不圖乾嘉而還，生涯復歸故紙，功業終專章句。傲實害進，忽夫切磋，恥於下問，末由上達。一跌百年，急追恨晚。嗚呼！學殖之難也！吾人觀乎日本維新，多效歐西，鍥而不捨，遂以開通。嘗讀杉田玄白譯事記錄，乃知作始之苦。又聞福澤諭吉感激之淚，用識畏行之誠。夫彼習醫藥爲入門，未知天算，而前野良澤輩資性樸厚，更下入華諸耶穌會士之敏慧遠甚；彼乃一紀以還，於歐西學科方伎，遂已差可步武。倘想舊德，後生之虧於利徐深矣！」吳君現任嘉興行政區督察專員，公餘之暇，撰爲利傳，誠難能可貴矣！

拉華大辭書在編纂中

前兗州小修院院長苗司鐸 Th. Mittler S.V.D 乃當代拉丁文專家中有數之人物，爲中國讀拉丁文者貢獻甚鉅。著有拉丁文初學話規，拉丁文初學課本，拉丁文學教授法，拉丁文詞學話規，拉丁文詞學課本，拉丁文詞學教授法，拉丁文句學話規，拉丁文句學課本，習閱珍寶，拉丁辭林等。前剛主教成立公教教育聯合會後，特約苗氏參加，並主編教育叢刊。氏於百忙之中又著拉丁文學四冊：一、位置論，二、文藻，三、詩韻論，四、文章論。渠在主持修院時，兼任教哲學，爲便利學生起見，又著哲學詞典一冊。先是，濟南舒司鐸 Schnusenberg 亦編哲學詞書而未成帙，至是乃將其稿送與苗氏，合爲一冊。剛公返國後，氏亦因病回兗州，爲米華之新司鐸，敎授中文，以德語著漢文文法一册，又名白話入門。最近退休於兗州小修院中，除授課外，又著拉華、華拉大辭書一册，聞現已脫稿，不久或可問世。現在中國敎體已正式成立，拉丁文與國籍司鐸之關係愈趨重要，華拉及拉華大辭書，實爲當前急需之工具書。深望該書早日出版，以餉讀者！

李山甫司鐸埋首著述

李司鐸耶穌會士 G.Litvanyi S.J 前在獻縣敎區傳敎，到中國已廿年。於傳敎之暇，譯著劇本多種，去年避難來平，所有手稿，全部散失。李公並不灰心，再接再厲，去年年末，由范在惠君協助，著在馬槽前、降生救世的福音、沒理智者、欺詐的社會，已於一月二日出版。（本刊二卷二期誤爲申自天著）已成稿者：有緣千里來相會、聖母的樂師、父親的救星、惜財失智。即將出版者有兒童聖經課本，現李鐸正重譯聖保祿書信，已完成大部云。

馬駿聲司鐸著神修學八卷

馬司鐸耶穌會士 E.Zsámár S.J. 現爲耶穌會哲學院總務主任。專攻神修學，經多年研究，近已完成八卷，本年秋末即可問世。一、聖德總論；二、聖德阻礙；三、心靈純潔；四、克己；五、祈禱；六、翕合主旨；七、德行，默禱；八聖寵的生活。全書約一千餘頁。

兒童聖經課本即將出版

本書係耶穌會士李山甫司鐸近著，內容適合兒童興趣。每頁一課，每課有像，適用於完全小學。該書現已脫稿，不久即可付印。李司鐸爲普及起見，印工務求節省。該書文字淺近，俾兒童易於誦讀，印刷美觀，迎合兒童心理。

本書已於民國三十六年六月二十一日由公敎叢書委員會聖經部編輯完竣。

文學委員會即將產生

五月十六十七兩日在上海舉行之全國天主敎出版會議，曾決定組織一文學顧問機構，審查公敎出版物文學上之價值，以決定應否出版或應否修改。該項機構，經大會決定請牛若望司鐸、張伯達司鐸、方豪司鐸及葉秋原先生共同推舉，當經推出徐宗澤司鐸（已故）、李君武副主敎、吳應楓司鐸、王昌祉司鐸、吳宗文司鐸、蘇雪林敎授、程石泉敎授、景培元先生、葉德祿先生、袁承斌先生共十人，後由大會決定，將推舉者四人亦列入委員會。聞將由改組後之全國敎務委員會聘任；對於全國公敎出版品文字水準之提高，該委員會必將有所努力也。（哲）

綏遠公教學友協進會北平分會成立

按綏遠教區原有公教學友協進會，旨在連繫感情，砥礪學行，增進熱心，闡揚桑梓文化，對於發揚公教精神，頗有成效。六月初，因白祥副主教蒞平，北平大中學之綏遠公教學生，亦感覺有組織之必要，乃成立分會，會員三十七人，計輔仁大學七人，清華朝陽各一人，其餘均在修院或各中學肄業者。

輔仁大學本屆畢業之司鐸與修士修女

（本館訊）本屆輔仁大學畢業生中共有司鐸七人，修士三人，修女一人，另有北國籍修女一人。茲誌姓氏、系別、籍貫、教區及論文等如下：

	姓名	系別	籍貫	教區	論文題目
司鐸	成世光	國文	山西汾陽	汾陽	阮籍與嵇康
	楊堤	歷史	安徽立煌	安慶	衛匡國韃靼戰史譯注
	沈汝孝	西語	江蘇崇明	海門	Etude sur Honoré de Balzar
	任志平	西語	陝西三原	三原	Essai sur Chateaubriand
	王益駿	數學	浙江平陽	寧波	Improper integral
	張懋	物理	湖南衡陽	衡陽	Concept of Momentum and its Applications to Different Parts of Physics
	董海宴	生物	河北吳橋	濟南	Fauna of Fossil Man
修士	孫光漢	國文	湖北江陵	聖母會	詩禮研究
	張瑞廷	國文	河北薊縣	聖母會	設論類文章之研究
	祁致善	國文	熱河朝陽	耶穌聖心會	文選李注釋例
修女	魏銘新	教育	河北保定	芳濟各二會	公教家庭教育之研究

王秀谷修士赴美深造

北平教區大修士王秀谷，畢業成績優異，近由田樞機主教保薦，送往美國聖路易大修院攻讀，在美取得資格後，再入美大學深造。聞同往者尚有信陽教區修士一人，原肄業於漢口兩湖總修院。王修士並將其所藏大批有關文字學及聲韻學之書籍，贈送本館。（忠善）

李安德日記即將譯竣

乾隆間，獨力維持四川一帶教務之李安德司鐸，曾以拉丁文逐日寫成日記，彙送澳門，後經人整理出版，其中不獨有極寶貴之教會史料，即關於當時之政情、民風、地方情形、經濟狀況，無不秉筆直書；拉丁文非常優美，爲中國司鐸拉丁文著述中之最負盛名者。惟其間人地名頗多，非四川司鐸不能翻譯，方豪司鐸前在重慶時，即鼓勵成都教區青永釗司鐸（當時尚係修士）翻譯。現已完成大部，仍將由方司鐸校閱。聞青司鐸在傳教之餘，每日必翻譯四小時；他日全書告成，必大受史學界之重視也。

張希斌司鐸致力教育

張司鐸名登儒，上海浦東張家樓人。晉鐸前在公教文壇非常活躍，一部聖體軍小叢書，四分之一由張公編譯。如電影小說：小宗徒。劇本：致命去，及我的郵票。聖體軍顧問手冊：聖體軍良友，及隊長嚮導等。皆膾炙於兒童之口。民國廿六年晉鐸後任常熟鹿苑有原小學校長，不久即添辦中學部。因鑒於校址偏僻，交通不便，不克發展校務，於民國三十年冬即將有原中學喬遷姑蘇城中，並改爲上海震旦大學附屬中學，五六年來成績斐然；本年三月已奉到教育廳指令核准立案。（小燕）

浙贛二省成立總修院

浙贛二省，進會（遣使會）與不進會之大修士，將合併成立總修院，設於浙江嘉興，此爲黎公使於五月下旬視察浙省教務後所決定者。從此寧波保祿大修院即告結束。此舉至少可打破以往在會與不在會者間之界限。聞院長將由奧人林司鐸担任，吳宗文司鐸教授哲學與社會學，陳嘉祿司鐸教授國文。在國文方面似將較前注重。現吳司鐸已致函各方，徵求意見，並表示將盡力使之中國化云。

耕莘中學舉行畢業典禮

本市耕莘中學乃田樞機去年蒞平就任總主教後，就原有之小修院改組擴充而成，聘張主教潤波爲校長；並按部章成立校董會，呈請市教育當局准予備案。本年六月十七日起舉行第一屆畢業考試，教局派龐督學前往該校監考，二十三日舉行畢業典禮，到田樞機及各機關首長多人，頗極一時之盛。田樞機致訓詞，力言未來中國修士，應有高中畢業程度及資格之必要，並將擇優送往國內外大學深造。此次畢業同學共五十一人。

館訊

出版品國際交換處徵求本館所出圖書

本館近接國立中央圖書館出版品國際交換處來函，略謂：「貴館出版豐富，內容精湛，擬懇將中西文出版品每種惠賜三十份，以備分贈各協約國，藉利國際文化之交流」等語。本館鑒於事關履行國際公約，而中外文化之溝通，尤屬重要，故即就本館成立以來，數月間所出全部書物，各以三十份寄贈。按歐美各國出版品國際間之交換，初行於一八八六年，但我國則至一九二五年即民國十四年，北京始有教育部出版品國際交換處之創立，旋亦加入國際出版公約。民國十七年該處奉令劃歸中央研究院，更名國立中央研究院出版品國際交換處。二十三年復改隸國立中央圖書館。三十四年政府還都南京，行政院於翌年七月十二日公佈國立中央圖書館出版品國際交換處組織規程，明定該處直接隸屬國立中央圖書館。我國此一重要之中外文化溝通樞紐，至是乃告正式成立。

周信華司鐸因病離館

小說作家周信華司鐸，體弱多病，渠本隸寧波教區，年來在天津家中養痾；去年本館成立，欣然前來協助；最近宿疾復發，乃於七月四日離館返浙休養。

本館募捐成績一斑

本館前蒙教會賢達，發起募捐，協助田樞機主教，維持本館經費，承平、津、京、滬、港各地神職界及教友慷慨捐助，已募得一千五百五十五萬元。天津朱者赤，上海沈造新、張維屏、龔大爵、胡若時，香港程野聲諸司鐸，薛祖恒、朱孔嘉、何理中、王寶崙、王清輝諸先生，蘇州諸正瑛女士等均極力贊助，代爲勸募；蘇雪林教授在今日極低微之教授薪水收入中，除已捐徐匯藏書樓及益世週刊各十萬元，並捐本館十萬元，其熱忱至足令人欽佩。而張維篤主教在教區經費萬分拮据之情形下，勉力設法籌得一十萬元，亦足資感召；想聞風響應，不甘落後者，必大有人在，謹翹首以待。

惠書誌謝

震旦大學贈	震旦法律經濟雜誌第三卷第五，六期
國立廣西大學贈	西大週報廿七至三十六期
國立武漢大學贈	國立武漢大學週刊三六一至三六九期
輔仁大學贈	Monumenta Serica, vol. XI, 1946; Catalogue of the Catholic University of Peking, vol. VIII, 1946-1947 三十六年輔大年刊一冊
國立中央圖書館贈	Philobiblon, Nos. 2,3
思想與時代社贈	思想與時代第四十五期
世界科學社贈	科學時報第十三卷第四至第六期文藝與生活第四卷第四期
中華基督教會全國總會贈	公報三十五年五月至三十六年三月
華北基督教農村事業促進會	田家半月報第十三卷第十九至廿三期
P. Jos. Schyns善秉仁司鐸贈	Romans à lire et romans à proscrire, Histoire de la Littérature chinoise moderne;文藝月旦各一冊
李麗貞校長贈	各種書籍七十二冊
楊堤司鐸贈	聖依納爵一冊
諸正瑛女士贈	勒賽夫人日記與日思錄一冊
P. Legrand 高樂康司鐸贈	文化方面的傳教工作一冊 Le Communisme arrive au village chinois
P. Leyssen 贈	The Cross over China's wall 一冊
香港公教眞理學會贈	小德肋撒德行新譜，愛的藝術，色，勞工神聖的眞諦各一冊
澳門慈幼會贈	華麗模型裁法指南，道林紙本及報紙本各一冊，母佑月，新編義文課本第一冊各一冊
陳緒止司鐸贈	拉丁重音研究二冊
韓德章教授贈	工業化與中國工業建設一冊
北平遣使會贈	Le Bulletin Catholique de Pékin, No 394
香港公教進行社贈	公教報第二〇八至二一三期 Sunday Examiner vol. II, No 28,29,31
西安天主教總堂贈	教友生活月刊第二卷第三至第六期
貴陽世光雜誌社贈	世光雜誌第六卷第二至第五期
南京益世週刊社贈	益世週刊第二十八卷第十九至第廿五期
成都鐸聲月刊社贈	成都鐸聲月刊第一卷第三，四，五期
太原新光季刊社贈	新光季刊第一卷第二期
平涼天主教總堂贈	公教季刊第二卷第二，三期
上海聖體軍月刊社贈	聖體軍月刊第十三卷第五，六，七期
天主教文協會康定分會贈	崇眞月刊第廿六至廿八期
慶祝福建教省成立暨趙總主教就職籌備會贈	慶祝特刊兩份
上海聖心報館贈	聖心報第六十一卷第六，七期
Olvido Fernandez 贈	Espigando, Ano 6, N. 22
王秀谷修士贈	各種書籍五十七冊

本館代售下列各書

（掛號及航空費須另加）

書名	著譯者	原出版所	書價	郵費
文化方面的傳教工作	P. Legrand著 景明譯	鐸聲月刊社	四千元	三百元
聖詠譯義初稿	吳經熊	商務印書館	一萬三千元	三百元
聖詠集	聖經學會	北平方濟堂	（道林紙）三萬元 （白報紙）二萬元	一千二百元 六百元
民元以來中國天主教史論叢	葉德祿編	輔大圖書館	一萬元	三百元
外國史大綱	方豪	正中書局	一萬元	三百元
楊淇園先生年譜	楊振鍔	商務印書館	七千五百元	三百元
徐光啓	方豪	勝利出版社	三千元（重慶版土紙）	一百五十元
歡迎中國首任樞機主教紀念冊	天主教文協會北平分會		四千元	一百五十元
山居詠	王徵	飲虹簃（木刻線裝）	毛邊紙四千元 粉連紙六千元	一百五十元
中國天主教史論	方豪	商務印書館	八千五百元	三百元

吳漁山司鐸名畫陶圃松菊縮影
（照片[illegible]元伯先生所贈）

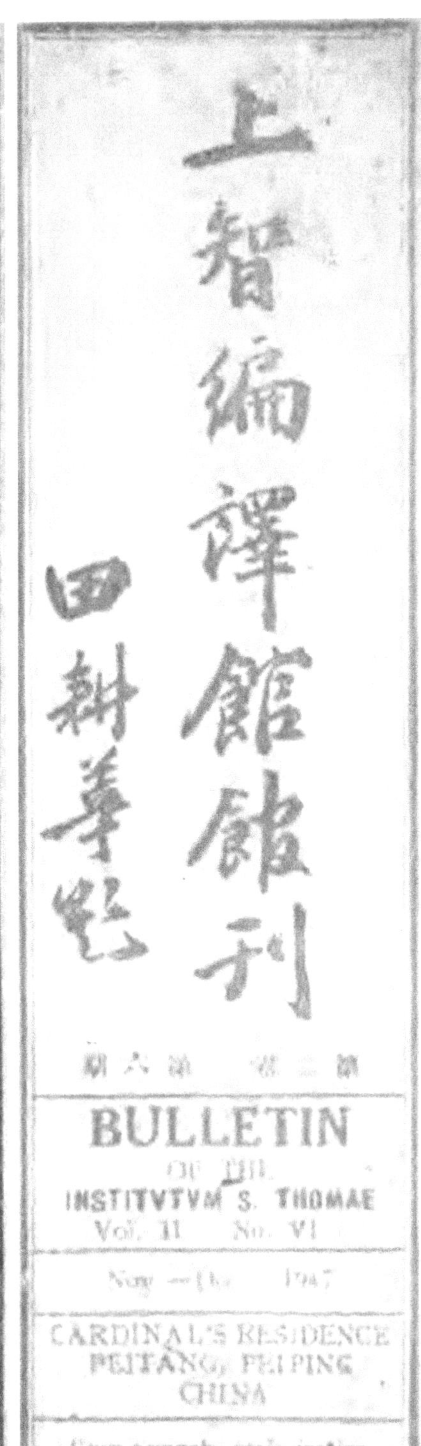

上智編譯館館刊

田耕莘題

第二卷 第六期

BULLETIN
OF THE
INSTITVTVM S. THOMAE
Vol. II No. VI

Nov.—Dec. 1947

CARDINAL'S RESIDENCE
PEITANG, PEIPING
CHINA

Cum approb. ecclesiastica

崇禎十年木版出像經解中之揷圖爲耶穌治愈難病故事刻畫入微爲我國版畫中之精品

北平北堂圖書館藏書中發現之木刻中國式聖母抱耶穌圖似爲察哈爾西灣子出品

我國天主教版畫以萬曆卅六七年程氏墨苑中之揷圖爲最早此後有湯若望進呈圖像見「不得已」最近王有三先生復以誦念珠規程中之玫瑰經十五端木刻畫攝影見贈本館擬彙印爲中國天主教版畫集以餉愛好藝術者

康熙五十三年之瞻禮齋期表（原闕五十五至六十二頁）

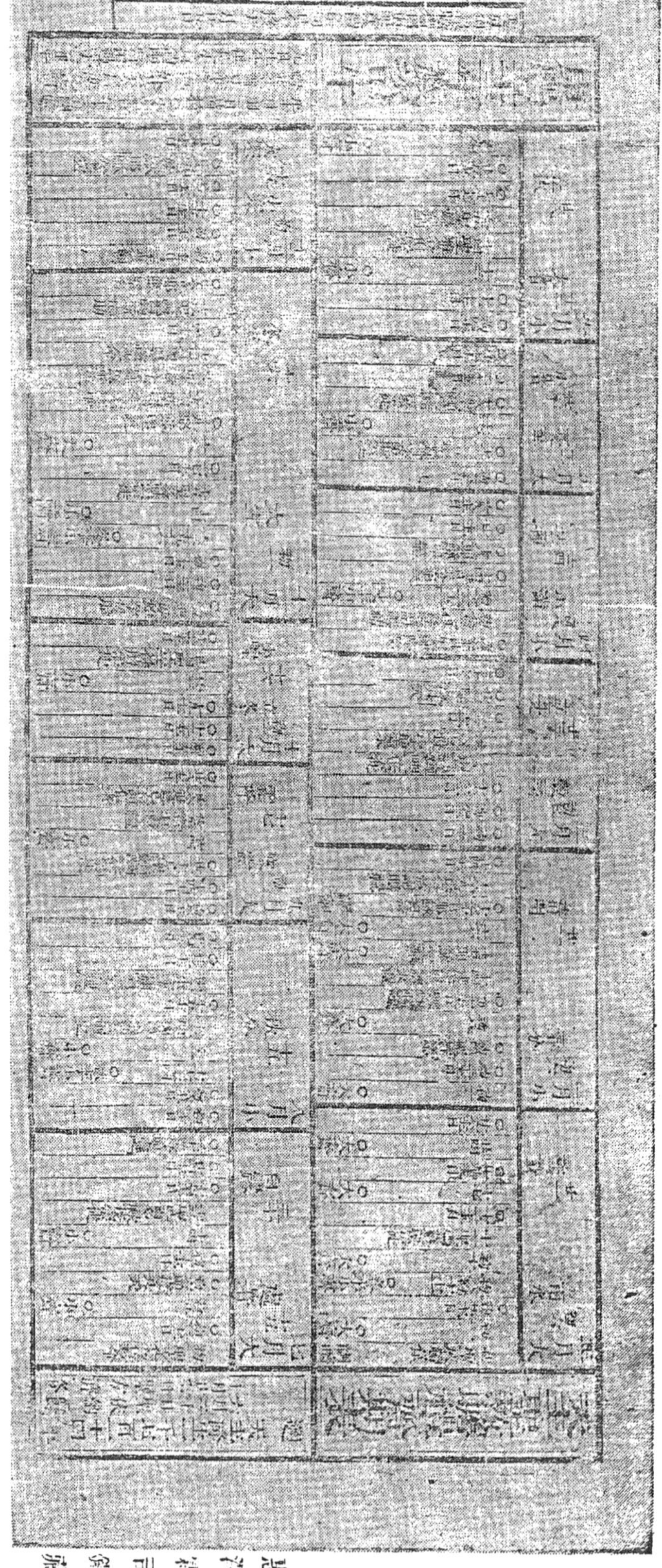

思萍司鐸藏

捐欵及補助館刊報費報告並誌謝

（以十月三日前收到者爲止）

李君武副主敎	壹百萬元
穆敬言女士	壹拾萬元
隱名氏	壹百萬元
田清波司鐸	貳萬元
濮登博總主敎	叁拾萬元
盧斐德監牧	叁拾萬元
夏思德監牧	叁拾萬元
萬賓來主敎	叁拾萬元
張信司鐸	陸千元
馬先生	陸千元
太原公敎進行會	陸千元
張體謙司鐸	陸千元
楊廣祺司鐸	陸千元
隱名氏	叁拾萬元
韓錫瑗先生	貳萬元
徐西司鐸	拾萬元
丁多默司鐸	拾萬元
周巴司鐸	拾萬元
湯司鐸	拾萬元
隱名氏	伍萬元
敖光宇司鐸	貳萬元
韋廷忠先生	貳萬元
雷興仁司鐸	拾壹萬元
陸碧德先生	壹萬壹千元
吳德普先生	壹萬壹千元
常孝規榜先生	壹萬壹千元

安龍彌格小修院	壹萬元
曹安德司鐸	貳萬元
王紹懷司鐸	拾萬元
姚行鈞司鐸	陸千元
徐益甫司鐸	壹萬元
周長耀先生	壹萬元
徐信德先生	貳萬元
李宣德司鐸	陸千元
宋元愷先生	拾萬元
李樹仁司鐸	壹萬伍千元
益友社	壹百萬元
公青會	貳拾萬元
青暘朝聖團	貳拾萬元
張伊耕先生	貳拾萬元
部傑三先生	伍拾萬元
侯佩全先生	拾萬元
劉伯慈先生	伍萬元
天津天主教信用合作社	拾萬元
天津天主教文協會支會	拾萬元
製油合作社	
趙光弼先生	拾萬元
楊葆堂先生	拾萬元
吳子舟司鐸	叁拾萬元
姚宗禹先生	拾萬元
郭長慶先生	拾萬元
吳國煥司鐸	陸千元
劉鑑亭司鐸	壹萬陸千元

王棐彝司鐸	叁萬元
張鳴司鐸	壹萬元
王雲千先生	拾萬零陸千元
王俊章先生	拾萬零陸千元
王雅閣司鐸	壹萬元
羅總主敎	捌拾萬元
谷鍾秀司鐸	壹萬元
員振鐸司鐸	壹萬叁千元
白長久司鐸	陸千元
焦承格先生	壹萬元
何會蔭先生	壹萬元
張紀忠女士	壹萬元
劉松存先生	壹萬元
張連順先生	壹萬元
張珍民先生	壹萬元
洪樹芬先生	壹萬元
郝振國女士	壹萬元
張樹勳先生	壹萬元
邵賓仁女士	壹萬元
蘇百齡司鐸	壹萬伍千元
漢口上智中學	拾萬元
某主敎	伍拾萬元
王論司鐸	拾萬元
覺敦傑先生	貳萬元
劉迺仁院長	肆拾伍萬元
張維篤主敎	壹百萬元

上智編譯館館刊第二卷第六期目錄

挿圖

論著

書林

偶拾

文獻目錄

書刊評介

文化消息

耶穌會華文刊物聯詢處　聖母小昆仲會近況　培根學校四十紀念英杕校長八秩大壽慶祝紀盛　北平公教暑期研究週記略　輔仁大學求學司鐸突破紀錄　大修院修士入輔大肄業　震旦大學收容上海大修士　北平總主教區聯合小修院蒸蒸日上　廣州聖心中學積極恢復舊觀　懷仁學會正式成立　北平各大學公教同學會暑期工作　上海公教文化界之人事更動　李君武張懷當選北平市參議員　徐宗澤神父遺著發表　徐宗澤神父遺愛在人　四川教案文獻在北平發現　蘇雪林教授近著發表　「入華耶穌會士列傳」全書譯竣　「蒙古與教廷」譯本待印　湯若望傳刊印有待　清季教案年表完成　神修學開始預約　康熙帝傳連續發表　台灣創刊公教月報　張秀亞譯聖女之歌　王瑞明完成中篇小說「獨子」　郭祝融司鐸翻譯「高盧作戰實錄」　沈鶴巢發明「國音號碼拼法」

傳教之研究

本館出版新書

中國教會的創舉

北平公教暑期研究週講演集

講員陣容

田樞機主教　立　珊司鐸　陳　垣先生
黎培理公使　孫戰魁司鐸　張　懷先生
于斌總主教　王忠善司鐸　張漢民先生
趙振聲主教　卜相賢司鐸　劉豁軒先生
張潤波主教　高樂康司鐸　葉德祿先生
陳哲敏司鐸　方　豪司鐸　景培元先生

全書一六〇頁　定價一萬八千元
（得視物價情形，隨時調整，欲購從速。）

附陳垣先生講稿首頁及雷鳴遠神父題字眞蹟攝影

郵費每冊
平寄　四百五十元
掛號　二千七百元
航平　八千元
航掛　一萬零二百元

新書預告

邊疆公教社會事業

寧夏王守禮主教著
傅明淵譯

▲全書八萬言
▲附地圖七幅
▲十月下旬出版
每冊定價二萬五千元
（郵費另加）

在西北有所謂「天主教國」，很早就引起國人注意；可是他們有些誤會了我們的工作，然而他們的誤會也由於我們自己沒有向他們說明。這本書却原原本本的，客觀的，有條理的揭露了一切。

要目一斑

土地　農村　團堡　耕種　農業　施惠　醫藥　學校　文化貢獻　戰時服務　教士

依物價情形調整價格欲購從速

新答客問

項退結著

定價二萬二千元（十月下旬出版）

簡目

1 天主那裏來的？
2 天主教對於現代科學的態度
3 世界人類互異的原因
4 天主的屬性及其意志
5 靈魂的有無及其屬性
6 世界末日
7 人類的痛苦
8 天主教的人生觀
9 「三位一體」及「原罪」的意義
10 祭祖祀神問題
11 天主教在我國的前途
12 讀「新哲學辭典」後的感想

論著

七十年來之經院哲學

警雷

一

廿五年前，胡適先生曾發表過一篇「五十年來之世界哲學」，全文長三四萬字，可是對於經院哲學一個字都沒提到。廿五年前，梅西愛樞機 Cardinal Mercier 的大名，正轟動歐美；馬利旦 Maritain、塞地蘭 Sertillanges 等經院哲學名家，也都輝耀在哲學論壇上，想來胡先生是不會沒有所聞的！或者以爲經院哲學，不過是中古哲學的餘衍，無足輕重，所以隻字未提；殊不知七十年前，經院哲學，也正在經着曠古未有的大變動，一掃過去的死氣沉沉，而以嶄新的姿態出現，實在有一提的必要。然而最令人慚愧的是國內的公教名作家們，直到今天，也不曾有一人論到這個問題，這不但令人慚愧，且更令人驚奇。但是慚愧驚奇又有什麼用呢？所以我不揣固陋，既蒙方杰人司鐸索稿，便將近七十年來的經院哲學動態，草草的作一段描述，不過我個人現在還正是求學的時候，所知無幾；參考書也不很豐富，「拋磚引玉」，乃是我這篇小文的期待。

二

由現在倒推到七十年前，正是一八七七年，距離教宗良十三世的：「永生之父」的通牒，還有二年，那時經院哲學，彷彿已陷入絕境，推究它的原因，則不外：一是當時的經院哲學家們缺乏正統哲學的精神，一是不明瞭近代科學。由於這兩個原因，他們有的便沾染了自由主義的色彩，有的就上了唯理主義的圈套。就是在經院哲學大本營的修院內，也竟教授開了笛卡兒 Descartes 與瑪萊博郎 Malebranche 的哲學。其餘更不用說了：處處是新思潮的發皇，處處是表面進步的呼喚，然而處處都充滿了謬誤，經院哲學眞的彷彿是死去了。

經院哲學在這樣隉杌的地步，並不是沒有學者們，想起來予以挽救：像Lamennais, Derbonald, Gerbert, Rosmini, Gunther ……諸人，都在設法重建經院哲學，使它適應當代的流行問題，不過因爲他們大都忘掉了眞正的傳統，不但不能糾正近代思潮，且大都陷入了歧途……這時急待一位有地位有力量的人，出來提倡指示，醞釀一個新的運動，他就是教宗良十三世。

三

良十三世在一八七八年繼庇護九世出任教宗，高瞻遠矚，他深知恢復經院哲學的需要，也深知經院哲學衰敗的癥結，於是在即位的第二年，登高一呼，頒下了「永生之父」的通牒，向神職界，向一般人發出了迫切的呼籲；同時也指示了應走的路徑：精研聖多馬斯的哲學。

在「永生之父」的通牒裡，良十三世首先宣布經院哲學與公教信仰完全調和，且能維護與加强公教信仰；它可以證明信德的對象，作信德的干城；應用在護教學，應用在神學上都有莫大的作用。後來他又闡明了哲學應當屬於神學，但這只是爲了保障它不走入錯誤，而一點也不妨礙它的獨立。爲此教宗肯定如果屏棄經院哲學，那是一種冒昧；而爲讀神學預備登鐸品的人，攻讀經院哲學，實在是一種任務。此外「永生之父」的通牒裡，也向公教各大學各大修道院呼籲採用經院哲學。

經院哲學既是一種優良的哲學，是一種永生的眞理，一切的善都是向外發展的，所以良十三世也迫切的希望在俗的教友，研究經院哲學，而使它的影響達到非公教的思想家與哲學家。爲達到這預定的目的：他指示了兩點基本的原理：一是必需重新整理哲學理論作新的估價，換句話：就是那些與近代已証實的學說有所衝突的理論，或是已無確定性的理論，或是太瑣碎的問題，冒昧的肯定等，不必再固執堅持；一是應當採用科學上的成就而使哲學成爲現代化。這正針對着我們前面說過的，經院哲學所以衰落的兩個原因，有此對症之藥，怎能不起死回生，返老還童呢？

在「永生之父」的通牒裡，教宗良十三世又從無數的公教大哲學家中，指出了聖多馬斯：他是這學派的領袖和宗師。在通牒中又盛稱聖多馬斯，說他是：人類理智發達的頂點；說他是：以理智保護信德的頂峯，爲此公教的各大修會，都應以他爲宗師。教宗也深知：爲了振興經院哲學，只有步武着聖多馬斯的哲學方法，最爲適宜。

良十三世登高一呼，普世公教人士，全體響應，此後的教宗從庇護十世直到現任教宗，都在極力提倡經院哲學：這是它復興的基本原因。

四

「永生之父」的通牒頒下了，公教經院哲學就走向了重生之路，使很多的學者們，都傾全力來研究聖多馬斯的哲學，名之曰新多馬斯派或新經院哲學派(Neo-thomism or neo-scholasticism)，從實際上說，這兩個名詞，名異而實同，不過前者所指的範圍較窄，乃專就聖多馬斯學派而言，後者所指的範圍較寬，包括整個經院哲學。但聖多馬斯哲學，確實足以代表十三世紀的經院哲學，因研究的人數較多，故不免意見分歧：爲此很自然的分成保守與進取兩派，既分兩派，所以大家對於多馬斯的哲學學理，所發表的主張與意見，自然不能一致；但擁護他的心理，都又完全相同。現在我們首先討論保守派的作者與特點。

「永生之父」的通牒首先發生效力的地方，近水樓臺，當然是意大利；境內的大學紛紛響應了教宗的指示：Zigliara(1833—1893)，在教宗通牒頒發的時候，他正執教於羅馬瑪利學院，他的兩種著作 Summa philosophica 與 Della luce intellettuale e dell'ontologismo 在基本原理上是依照着聖多馬斯學理的，良十三世擢升他爲樞機，並使他主講新建的多馬斯大學，主持復興聖多馬斯哲學的工作。在 Zigliara 而外，還有 Cornldi, S. J. 司鐸，是包洛尼哲學院的創始人；還有耶穌會的教授們 Schiffini, Urralurn, Mazella 等與多明我會的會士們 Lepidi, Gatti 等都是新經院哲學的復興人。

從羅馬到意國，從意國到每個公教國家，復興公教哲學的運動都在傳播着；西班牙的 Gonzales 樞機，德國的 Kleutgen, Stoeckl 都利用多馬斯的學說，來駁辯當時流行的謬說。

荷蘭的 De Groot 司鐸以及比國和法國的很多公教哲學家，都是純正的經院哲學的復興家，其中一部分是進步派，其他的是保守派，像 Vallet, Farges 都是，後者曾寫了一書：書名哲學研究，共十厚冊，每冊九卷，目的在使多馬斯學說變成通俗化，尤其是他的哲學課本更爲普徧，許多修院都採用它作課本。

法國的多明我會士，也是值得我們注意的：在 Lacordaire 之後，要以 Monsabré 與 Janvier, Huls 爲較著，他們使聖多馬斯的哲學深入到大衆之中。Coconnier 創辦了多馬斯雜誌；Pègues 寫了一部註解「神學綱要」的大著；Hugon 寫了一部哲學全程，此外還寫了不少討論聖多馬斯哲學的論文；Garrigou-Lagrange 的傑作「天主」，更是對聖多馬斯哲理研究最精的作品；Gardeil 的 Le sens commun et la Philosophie de l'être, 與 Donné Révélé et la théologie, 都是利用多馬斯的學理，來探討「哲學與信仰」的作品。

耶穌會內也有不少的學者，下了極大的工夫。De Reignon 司鐸卽其中之一；此外以 Billot 樞機爲最有名，他在額我略大學教書爲時頗久，他的哲學神學，都有些脫離蘇亞來，而走向多馬斯哲學的跡象。此外則像 Bonniot, Conailhac 也都值得我們一提的。

保守派除上述諸家而外，尙有 Blanc 作有哲學課本與哲學史；Piat, Gardair, Domet de Vorges, Peillaube, Sauvé, Chollet, Broglie, Bourguard, Michelet 等。

德國、瑞士、西班牙、英國、南北美洲諸國也有不少經院哲學家，這裏我們不再詳細引證了。

保守派的作者們，雖然是雨後春筍般的出版着不同的書籍，可是却有兩點完全相同：忠於傳統，反對近代的謬誤學說；忠於傳統，這是多數意大利與法國的作家們的主要工作：他們的著作中心，都是重述聖多馬斯的學說，而不敢增益。他們的目的是在了解認清「應該永遠存留」的部分：哲學與形而上學的部分，由其中引伸出適宜與深滿的理論。

固然，很多次，作者們是不安於這靜靜的陳述的，他們也將它炫耀在近代思想之前，但這不過爲了駁斥謬說與辯護眞理而已。關於辯護的一點，要以西班牙爲最露骨：他們出版的新經院哲學雜誌—「社會的保障」就是一例。

德國的哲學家也是這樣，所以在考證方面，在認識近代思想家方面，他們是最差的：他們僅僅知道本國的思想家，其他的哲學家眼光雖較遠大，可是在着眼辯證一點，都是相同的。那末對近代思想自然多存着輕蔑的態度。這種作風便是形成保守派的原因，因之他們對聖多馬斯的著作，便是一字一句，也不肯更動；而在著作方面則着重拉丁語，這種作風雖是作聖多馬斯弟子不可少的條件，但是保守成風，則又有陷入空虛和不與時代發生連繫的危險。所以僅僅保守是不夠的，必要有新的作風……

五

新的作風既不是僅僅的保守已往，那末就是前進了。所謂前進：就是吸收近代良好的思想，充實新經院哲學的理論。關於這一點，梅西愛樞機說得最透闢：雖然聖多馬斯的名字在魯文大學課程表上發現，但是我們對於多馬斯的學說，既不會把他看成理想的哲學，好得無以復加；甚而至於說現代的哲學，絕對不能超越它；也不應把它看成思想界上的堡壘與界線，我們的思想，從此便不求進步。我們的態度和用意是這樣：最好把多馬斯的哲學探討一番，自然覺得裏面有很大的智慧，有中庸的精神，無過與不及的毛病，確實可以作我們哲學上工作的起點和基礎：有許多朋友，疑惑我們……使人類思想退化，這完全是誤解，我們無意使人類思想退化數世紀，我們更不敢忘掉良十三世的意旨，他叫我們同情於現代的思想與發明。

梅氏的說話，是他一生行爲的準繩，使他開始了進取派的大業。梅氏生於一八五一年，一九〇六年上作了樞機主教，一八八〇年良十三世要求德尙樞機在魯文大學成立經院哲學講座，樞機就指定了梅氏，他從一八七七年就任教於瑪林修院，他到了羅馬，靜聽了良十三世的指示，爲達成科學與哲學調和的任務，他特到巴黎去聽名教授加爾高的生理學。梅樞機的改革成功是三方面的：科學、近代哲學與方法論：他實在是進取派的創始人。

近代思想的最大進步與它珍貴的發明，大多建築在實驗科學的領域內；而衰落的經院哲學的最大的缺點，就是對近代科學一竅不通。梅氏則認定特殊科學都是哲學的助力。他說：哲學的定義是由最高原因，對事物的普遍性的認識；然而顯明的事件，在我們未達到最高原因之前，應當由特殊科學所尋獲的就近原因開始。但他並不承認哲學的價值附屬於科學的狀態，他認定多馬斯派的形上哲學僅僅是建築在最普通而不屬於博學者觀察的經驗上，它永遠爲它保留着價值。

但是在哲學的園地中，却有一片與特殊科學觀察來的事實發生直接的關係，那便是自然哲學。自然哲學的研究領域是有形物體的性質，用現在的名詞來說，那便是心理與宇宙論。在這兩種哲學的範圍內，所有科學的進步，像植物、動物、礦物、生理、物理、化學以及其他實驗科學的進步都是極有用的。這種工作太大了，他委託了他的弟子 Nys 去研究礦物學，終於出版三部大著：宇宙論、空間與時間認識。

梅樞機本人精研心理學，他深深證實亞里斯多德與多馬斯的心理與人類學，主張靈魂是人身的本體形模，正與一切科學經驗相合而成爲眞正科學的哲學的骨架，如此梅樞機在魯文大學創設了一個心理生理與心理物理的試驗室，在那裏利用近代科學的方法，研究意識的幾種事件，發覺感情界的工作，依然附屬於物質與數量。聖多馬斯的「感覺是聯合的行爲」一語，正是如此。那末笛卡兒主張它是「單純而精神化的行爲」自然是不對了。即此可見科學援助哲學的一斑。

一位聖多馬斯的弟子，可以從寬接受近代科學的一切收穫，可是對於他們滿染着唯心、實證等主義的哲學著作，則都裹足不前了。但是，明眼人却仍能從這一切中引出一個新穎、正確、豐富的哲學概念來：急需依照縝密與科學的方式來安置並解決我們的認識，或科學的根基的價值的眞正問題 Le probléme critique 即所謂認識論。

中古時代是不認識這學科的。「全稱」底辯論在他們只認爲是一個邏輯或心理學的問題，人類的態度是對於既認識的事實，大家都予以承認，而並沒有人想用科學來證明。但是在近代唯心主義的否定與由康德和笛卡兒迫使的批評需要之前，多馬斯學派的理論，如果不是他自己接受批評的試驗，是不會有被認可的希望的。然而老經院哲學家們連這一點也置之不顧，即使顧到這一點，也不過是部分的而且還拿它當邏輯的一部分。

梅樞機當此情況之下，他獨自支撐，促成了公教認識論的進步與完成。多馬斯學派的理論只有解決問題的原則，他把它們組成了一部特殊的部門。爲了更正笛卡兒的懷疑論，他不怕全部的放置了批判問題（懷疑問題），他像康德一樣建立了眞判斷的反射的考察，可是在解放綜合判斷的被動與主動的本性上，却較康德爲優，他在聖多馬斯的折衷的實在主義中，勝利地證實了問題的眞正解决。批判論可以說是梅氏的最基本的工作，也是他使多馬斯學派進步的最好工作。

此外，他爲使哲學普遍化，毅然的採取了本國語言，這樣可以收容各地的學子。後來爲宣傳並保護他的見解與論題，他創刊了新經院哲學雜誌，出版了心理學——實驗的，現代心理學之來源，邏輯學，本體論與普通批判論；本來還應該出一部特殊批判論，但是因爲主教的任務太忙了，所以沒有寫出專書。

復興經院哲學，造成新多馬斯學派，這實在是一種龐大的工作，絕不是梅氏一人所能完工的，必需要多數的助手，始克將事。梅樞機很明白這一點，除了我們上面提及的 Nys 以外，他的門生 Deploige 還著了一部「社會學與道德學的衝突」，專爲駁斥 Durkheim 的；De Wulf 出版了中古哲學史；Sentroul 寫了「康德及亞里斯多德」……；現在的魯文大學哲學系都從事於新經院哲學的建設。

這樣嶄新的工作，當着一個守舊的空氣，是不會引起許多反應的。一方面：教內的哲學家們說他是承認近代思想，而另方面教外哲學家則認爲經院哲學根本反對近代思想，所以羣起誹謗，梅樞機不顧一切，爲自己辯護，努力前進，終於達到光芒四射的今日，而給公教哲學展開了新面目，使近代的思想家們不再輕看它了。

六

新經院哲學既然引領了近代很多的思想家們對它下心去研討，自然，研究的結果又不無差異了。綜合現在的學派，可分三個系統。

一、史學派：他們把哲學系統的本身，看成一個過去的事實，很多非公教哲學家就這樣作了。Truc 寫了「回到經院哲學去」（一九一九），「聖多馬斯之思想」（一九二四）諸書，此外還有我們前面已經提過的哲學史家們，他們的態度是：在研究經院哲學上，應用近代批判的方法，德雨夫而外，像 Ehrle, Grabmann, Baumgartner, Pelster, Geyer, Koch，以上是德國的哲學家；在法國則有多馬斯圖書館的創始人 Mandonnet，中古哲學研究雜誌的指導人

Gilson, Théry 等；英國有 Webb, Little, Carlyle；西班牙有 Mignel Asing Palacias, Xiberta；美國有 Haskins, Lacombe, Paekow；比國有 Pelzer, Lottin, De Ghellinck；意國有 Longprere, Groly, De Luaracchi, Masnovo 與米郎大學 Birkenmajer, Michalski 教授等皆是。

二、批判派：他們的趨勢是不管多馬斯學派力量較弱的論題而只着重二十四論題中幾個，認爲惟有它們始具有比較可信的意見。哲學雜誌的執筆者 Descogs 曾作有「普通形上學論」和「神學先習」（一九二五）兩書，對「天主之可識性」加以推闡。在他的「質模論的批判」對「形式唯一」的命題詳剖博辯，在他的「多馬斯派與經院哲學」中詳論存在與本質的實在區別。此外還有 Rousselot，護教學典的纂述人 D'alès, Y De la Brière, Romeyer, D. Sinéty, Picard, De la Vaissière 都是此派中人。

三、進步派：他們的主張和梅樞機一樣：他們不只是驚奇多馬斯哲學的廣博，他們還特別主張內在的加强與刷新，將它應用到新問題上去，並且盡量吸收各個時代的基本營養品。這一派的健將們無疑的有梅樞機的弟子，魯文大學的哲學系，Kremer, Noël 以及 Y. Simon, De Tonquédec 等都是。Maréchal 曾作有「形上學起點之研究」，乃是以康德的方法作成一部多馬斯學派認識論的試探；多明我會士除塞地蘭之外，又有 Gillet, Weber, Allo, Barbado，塞地蘭以耄耋之年，在大戰期間，又將他的「經院哲學大綱」重新改作，更是此派主張的實地表現。目下經院哲學進步派的巨子，可以說是法國駐敎廷大使 Maritain了。他著作等身，而且都是深闢透澈，實在是不可多得的人物。他著有「柏格森哲學」，Théonas，「反近代主義」，「藝術與經院哲學」，「智慧與其生活之反省」，「三位革新家」，「精神第一」，「天神博士」，「哲學引論」，「小邏輯」，「知的等級」，「有的七論」，「自然哲學」，「善惡問題」（一九四二）；此外尚有短篇辯論文字：「宗教與文化」（三篇），「公教哲學問題」，「自由與政權」等……篇篇都是站在進步派的立場，來討論一切問題。有人說他是進步派中較保守的人物，但這一點不過是對魯文派而言，並不足爲馬氏病。

進步派異軍突起的一支，是發自意國米郎聖心大學。從一九〇九年起，出刊新經院哲學雜誌，Gémelli 編輯。他們的精神與梅樞機毫無二致，並且以梅氏爲宗師，爲表率。關於此派的工作詳情，這裏我們先不報告：只有一點値得注意的是他們爲了適合當前的問題，修正了梅樞機「普通批判論」內所主張的先證實觀念界的判斷價值，然後再推到實際界的學說，而 Masnovo 則代以以實際界的判斷爲起點，使不陷於由理論界跳到實際界的不合法的過程。

七

經院哲學在歐洲復興之後，其勢力也伸入了中國：李問漁、馬相伯、徐潤農諸人對經院哲學都有相當的介紹，但還沒有什麼反應；從新進的學者像趙而謙諸君回國之後，經院哲學也曾踏進中國哲學會的門。輔仁大學的哲學系即是以經院哲學爲號召的，尤其全國十數座神哲學院，也都敎授經院哲學；可是它在今日的中國，畢竟還沒有發生什麼反應！這是什麼緣故？是不是値得我們反省的一件事？環顧國內，研究哲學的學者不滿百人，而經院哲學的學子則多到五六千人！可是時至今日，中國經院哲學名家，連一個也沒有，這又是爲了什麼緣故？是不是更値得我們的反省？經院哲學的基本態度和基本理論，與我國哲學上的舊傳統，相合的地方很多，如果我們肯下番苦心，對中國哲學與經院哲學作進一步的探討，我們相信，它在中國將會代替目前的烏烟瘴氣，而建樹起一個新的體系來；更進一步的期望，則是由於經院哲學與中國哲學的連繫，產生出一個新的世界哲學來：這一點在我們看來也並不是空中樓閣：原因是眞理與眞理是不會反對的：有志哲學的學子們，盍興乎來！

（參考書散見本文所舉各書，不另具目。）

基督的博愛與孔子的忠恕

Fr. A. Gras, O. P. 著
呂穆迪 譯

中庸第十三章記載孔子說過下面這句話：「忠恕違道不遠，施諸己而不願，亦勿施於人」；意思是說「己所不欲，勿施於人」。

福音上也有兩句話：（瑪竇第七章、第十二節）「你願意別人給你做什麼，你也應給別人做什麼」。（路加第

六章、第三十一節）說：「你願意別人怎樣對待你，你也應怎樣對待人」。

這一命令，人多目爲「金科玉律」。

× × × ×

中庸與聖經原文，極爲相似，實足令人注意。而加以研究者，亦不乏其人，惟異說紛紜，各是其是。唯理主義義者（Rationalistes）根據孔子的教訓，大發議論，自鳴得意，以爲此乃證驗基督的教會，充其所有，較之中國人「本性」的聰明，亦並沒有什麼新發現，足以自負優越。但基督信徒方面，亦有不少護教學者，只爲穩定福音的優越地位，嫉恨異己，對於孔子之道，極力詆毀；孔子垂訓，仁愛精神雖溢於言表，但他們仍千方百計的貶低其價值。

這許多都是偏見，既不合於今日討論時應具有的互相尊重的美德，在理論上亦欠公允，違反學者應保持的心平氣和辭嚴義正的態度。愛德是所謂不喜人之不義，而以眞理爲快樂的。天下正直之士追求至善所得的成績，我們以博愛爲動機，應傾心採納；何況地球上，人類蔓延，多少地方，多少世紀，缺乏天主啓示的任何眞理，天主至仁至智，斷不能漠不關懷，必賦「寵佑」於人心，但謂此寵佑停滯千萬年之久，而無所動作，誰能置信？人的精神蒙天主聖寵暗中誘導，追求眞理，鑽研琢磨，發明至高貴的人生方式，所得的成績，應特別受人珍視。

但另一方面，研究雙方面平行式的文字，如未達到成熟的程度，亦難免陷於魚目混珠的危險，我們應時刻留神，嚴加預防，遇見表面類似的經文，應以戒愼爲主，千萬勿受愚弄。爲獲得經文正確的意義，最合理的方法，是「以經釋經」，窺其底蘊，方克達到目的。每句經文必屬於一個思想的長流，是產生於完整的體系和一貫的思想的。不可斷章取義，不可使之脫節而陷於孤立，應把他字字歸放原處，才能領略他眞實的意義。

× × × ×

我們知道中庸所載孔子的規誡，其措辭的形式是否定的；然而只憑這一點，並不能紬繹出什麼有價值的結論，有人說：「這個金科玉律肯定的積極的形式，是耶穌基利斯督所獨有的。」我們基督信友中的護教學者也以此誇耀於人，特別標明兩個人的態度：以爲一個是謹愼恐懼，只以作惡爲戒；一個是愛火塡胸，勉人行善。兩者相去，何曾天淵？但這種見解也是不準確的。

實際上，孔子的教訓，有至深的意義，但不應只在這一句話中尋求；事實上，後面還有連篇累牘的議論，發揮他的意義；許多詞句，明明表現那個消極的形式，含有積極的意義。舉例而言：孔子以否定的形式，說明那個誡條以後，緊接着在下節，便清清楚楚的指示出每人應以「所求乎子以事父，所求乎臣以事君。………」

此外論語中也有一句話，意義相同，中國家傳之中保存的話，類似的還有許多，措辭的形式，却都是肯定的。

再者，中國人說話習慣，往往以懲惡的辭令，表達勸善的意義，這亦是應該注意的。

肯定的辭令，激動人積極行善，或者與西洋人心理更爲適合，西洋人是以好動著稱的；這好動的興趣，東方人雖然也有，不過程度不同。

何況以肯定的形式，發號施令，也有不適宜的地方。中國人心思細膩，所以他們考慮到我們只顧以樂人之施於己者，以施於人，殊不知人之趣味和我們的趣味未必盡同，未必相合，我們一腔熱心，雅意事人，結果，有時反成爲唐突多事，自討沒趣。這似是我們（西方人）沒有注意到的一點。

眞正的博愛，基利斯督提倡的博愛是慎審周詳的，對於人實際的心理，和至深的心願——甚而至於「潛意識」中的願欲，他都苦心顧慮：實行「金科玉律」也需要顧慮周全！

假令我處於窮人的地位，污穢骯髒，不合衛生，我將何等痛苦？然而窮人本身並不痛苦；我若自恃聰明，强以除去他們身上的泥垢，或者我要正因此而得罪他們。西方人解釋愛德的意義，偏向於葛隆威 Cromwell 的意見“Not what they wish, but what it's good for them.”——「愛德是使人得好，而不讓人隨心所欲。」這話的意思，不拘多麼中聽，很容易發生流弊，在中國也有人理會西方人的「愛德」往往採取些「强姦民意」的色彩，只顧一味行善，至於對方樂意與否，則非所顧慮。自以爲那是使人進步，於是堅信對方受迫而前進，便應喜極若狂，這都是實行「己所欲者，必施於人」的原則所生的流弊，因爲人根本的需要儘管相同，但趣味不同，性情與傾向，人人互異，苟不注意，愛德併非所求，反有忤觸他人的危險。

不過與其對着措辭的形式，咬文嚼字，還不如探討孔子本人是什麼見解。當他叮囑我們樂意受人怎樣待遇，我們也應怎樣待人的時際，他苦心顧慮的是什麼？他是站在那一個思想的陣線？關係實更重要。

實際上，大道運行，宰制宇宙萬物，調和人間關係，而為人一生行為的準繩；如果我們應該體行大道而信守無違，首先就當佈置一條入道之門，藉以確定我們如何律己處世。這是孔子所注意的一點。

這個入道之門，乃是一個研究致知的方法。在大學第十章叫做「絜矩」之道，就彷彿基督信友所慣稱的「金科玉律」。（Regle d'or.）

孔子的方法，是要我們設身處地，為我們有關係的人着想，但並不一定要我們企圖和對方所有的思想感情及其他心內諸般動作，全相脗合，即便應當推己及人，也不是假設自身站在對方的地位和對方兩相比較，與其比較兩個人，勿寧比較兩種關係，一個人應設身於兩種類似的關係之中，但每次的立脚點不同。

例如我應何以事父，我就應解析兩個未知數的一次平方，為得到這個難題的答案，我應作一個同等相對的比例：我與我父的關係，等與我子與我之關係。

這兩種關係既然相似，可見其中所有的責任義務也相似。數學的方程式，移用到人倫關係上去，亦發生絜矩以為方的效用；因為人所負於我與我之所責於人者，例如父子關係之中，我所能責於子者曰「大孝」，我深知是良知天賦的，所以我設想我子對我有什麼責任義務，從此便可確定我對我父應有什麼責任義務。

可見孔子所深慮的，是指出致知的方法，使我們知道責任之所在，其用心並不只在乎感發人向善的衝動；衝動是發於意氣，生於情感的。

試讀上下文，孔子用意何在，即更為明晰。孔子再三叮嚀的，是要說明作人之道都已明明寫在人的最深處，人性本身蘊藏着光明的指示。在天賦的人性裏，上天播時了光明德性的根芽。（大學第一章「明德」）只待我們天良去發現，使「明德」天生的光輝顯著於外；所以人生重要的路程標記，用不着到人心以外去尋求，良知已銘刻在人心裏。天生向善的心即等於天賦的人性，兩者可合而不可分。子曰：「道不遠人」，只待人誠心率性而已。誠心率性之謂忠，忠字從心與中。（中是射中鵠的的正當中。）

至論人類彼此間的種種責任，下一番合乎理則的推論，即知忠之實行始於率性而終於「恕」，恕是忠字充分的實現；「恕」字從如與心，「如」象徵人間的互相體諒，（根據字源，如乃女人之口，象徵言語巧妙，善於迎合人意。）引而申之，有道德的意義，使人以己之所樂受於人者施於人。

子曰：「忠恕違道不遠」。（中庸十三）孔子教我們在人心以內搜尋做人之道。舉一個具體的譬喻，即可以闡明這個道理；例如一個木匠爲斧作木柄，所應依據的模型就在斧的本身，匠人持斧在手，以斧伐木，爲斧做柄，一邊削砍，一邊注視着手持的斧頭，目不轉睛；改良人類道德的工作也是如此。所應依據的模型，就在人的本身，所謂「道不遠人」，「君子以人治人，改而止」。（中庸十三、二——三）

「忠恕」之道，只是一個致知的方法，說明做人之道，就在人的內心，用不着捨近求遠，到外面去尋求。說明這個內在性，使人知所適從。但怎樣才能發現我們行爲的途徑，使我們能躬行實踐呢？那就應該參考我們個人的經驗，考察下屬應怎樣對待我們，即可知我們應怎樣對待長上，回想長上待遇我們不好，也就知道我們應怎樣待遇下輩，「所惡於上者，勿施於下。」（大學十章）

× × × ×

推己及人的原則，彷彿一個準繩，規定何以對待旁人；在形式上，福音與儒學並無多大差別。但是根據基督的道理，應當比較兩種關係，其一是我們和天主的關係，此點頗值注意。

我們喜歡人怎樣待遇我們，我們也應怎樣待遇旁人。爲什麼呢？因爲我們怎樣待遇旁人，天主也要怎樣待遇我們；我們用什麼條件處分旁人，天主也要用什麼條件處分我們。所以怕受審判，就不要審判人，但應豁免別人的債務；我們寬仁待人，大方施捨，旁人待我們也要仁慈大方。

這裏所討論的，不是純粹無條件的愛情，不圖報酬；也不是急公好義，完全不注意個人利害的行爲；更不是一片好心，積極以施惠爲務；如果切實強調福音上推己及人的原則所宣佈的報酬，基督勸人行善的目的乃是保證善有善報，此種思想，無疑的是以利害爲念，儒家的忠恕之道迎合人需要平衡的精神心理，模仿宇宙萬物變化之妙，以平等「正義感」及其他包含中庸之道的一切，作人行爲的規律，使人倫的關係呈現同樣和諧的狀態。

豈能說這個思想系統之中沒有愛德的成分嗎？當然不能。因爲它的趣味即是在社會關係中建立眞正適合人性的秩序，它的願望是在一切交接來往之中，使人人知行大義，習慣思念一己之所求於人，以適合社會生活正義之需要；使我們的言行動止，服從客觀而普遍的規則，豈有直接相反愛德更甚於自私心的嗎？訓練每個人回顧自己之所期待於人，留心旁人之所期待於自己的，這絕對是引人走上愛德的路。

再者孔子亦曾勸人樂善好施，泛愛衆，有知人諒人的聰明，有寬宏博大的見解。（論語、二、十四；十三、二十三；十五、二十一）

誰不知孔子極其重視仁德，只有居仁行義才是君子。君子即「君王之子」，有君王的偉大胸襟，方爲君子，方爲人上人。仁德的目的首先是教人怎樣待人接物，怎樣作人，所謂仁者人也，（中庸二十、五）仁者愛人，（論語十二、二十二）孔子深信君子處世，敬而無失，與人恭而有禮，結果乃建立四海之內皆兄弟之博愛關係。（論語十二、五）

但是孔子雖然見到了萬民應當相愛，應當愛人如己，情同手足，理想至爲美好，然而他的社會哲學的理論，却認爲人的世界和宇宙萬物是一體的，關係非常和諧，秩序井然，孔子的思想始終依附於這個見解，而受着過分的約束。

× × × ×

我們現在所討論的是批評兩種學理，人心秉性天賦的呼聲，暗示人生應有的作風，爲研討眞理，追求至善，應以生活爲先，理論在後，實際的人生往往勝於學者的理論。

孔子日常生活，待遇弟子，充滿愛心，師生關係密切，眞是沒有什麼距離，見之者無不感動，此乃事實，不能非議。孔子生活之寫實如此，其學說的內容亦無二致。然而即便不認眞推究，亦可見孔子思想系統之內，視人如己這句話，揆之於形式，意義或較爲狹窄，質之於實行，內容亦相當貧瘠；這是什麼理由呢？因爲儒家視人如己的這個「人」的觀念，難以超越倫常的界限，人與人的相互關係，是父子、君臣、兄弟、朋友等等。

實際上，「視人如己」，如果此人是甲，只是注意甲在社會組織的倫常上所佔的是什麼等級，考察他和我所有的關係，而斷定他們所佔的地位——我也和他一樣佔着一個固定的位置——同時注意第三者乙和我所有的關係，與我和甲的關係的類似。「視人如己」只是說我樂意乙怎樣對待我，我也照樣對待甲。可見儒家的「人」的意義，根據其社會關係而定，是相對的。但應眞正明瞭人絕對的意義，並竭盡此意義的全部價值而愛人如己。要怎樣才能做到這個地步呢？應敎人不但視人如父子、君臣、朋友、兄弟，而且深識人的人格，認識人人自稱的「我」和旁人自稱的「我」相似，每人都是一個主人翁，有同樣的權利，値得人尊敬，値得人愛待，並應透視每個人所披著的標明其社會地位的衣冠，而看到裏面有一個更深層的實體，在同仁的內府存在，存在的方式，是一個絕對的自立體自稱爲「我」，和我一樣，是一個原始而獨立的現實，是一個志願與希望的主體，是萬有之中的一個單位，爲追求幸福而生，他有並世無雙的特殊性，不與人同，他負着使命追求一個固有的歸宿。

此乃基督教義使天人之際溝通以後，揭露了人的眞象，發明人是一位有人格的。

儒學的最高度，無疑的也接近了個人使命的觀念。孔聖稱讚君子爲人在求至善，說明心靈生活的內在性，人修己遷善的工夫，是在人心以內，保持其神味甘美的成果。孔子這一番話，多麼美麗，多麼高雅。

但是一論到人與人的關係，孔子便以過分的速度，重新步入社會哲理的圈子，即社會各階層間的種種相互關係。孔子反復思慮，只圖穩定人間關係的和諧狀態，別無他求，沒有在純人格的圖案上觀察人與人的溝通，和人格之間的連繫。

基督的愛德的定義是友愛，友愛是同好者彼此親近，有福同享，必須先有同好者的平等，而就始有雙方的友愛。假設社會的倫常給人間劃出許多長幼有序的差別，人人都麻醉在富催眠性的階級制度之中，請想不平等的人間，怎能有純粹的愛德？難怪有人說：中國固有的語言之中沒有單立的一個字可以專指純粹的博愛的觀念（Fraternité）（安南語也是如此），指示兄長弟幼的字倒應有盡有，但每談弟兄，輒立即指定是兄或是弟，這是中國人的心理需要，不可遏止，可以說中國人的聰明不會創作一個不長不幼，同胞平等的觀念，必需把兄弟二字綜合在一齊，才能泛指弟兄的觀念。這一點就如一個顯光鏡，明示遠東人的心目中，個人在社會裏，對別人發生什麼關係，佔在什麼行輩，什麼地位，地位的高下，位置的前後等等問題，最為重要，也最使他們關心。

但根據基督所啓示的教理則不然，人人都是天主的子女，彼此都一律平等，都是基督大民主國的國民，每人都是有人格的一位，都有優越尊高的地位，都是有使命的主體。每個人使命的偉大，都是聞所未聞的，至於我們私自給「人」品定的觀念，基督則澈底加以糾正。按基督的教訓，人並不是完全沈沒在倫常之中，基督使我們更進一步，追求超越社會的歸宿。他給我們指定了愛的觀念與人的意義，指明了每人所獨有的價值，愛德的觀念便是全根據這種人的觀念而定。

簡言之，基督的人生觀認為人倫的差別，不拘怎樣重要，也不過是相互關係中的地位的比較，此種差別只在現世生命的圖案中才保留其價值。總而言之，都是臨時性的。基督認為在天主台前，人人同類同種，不拘是做兒子的，做長上的，或是陌路人，大家都是同胞，彼此平等。基督的愛德便是從這人的觀念中湧流出來。

反之，孔子的仁愛之趨勢，對於倫常中的不平等，視為神聖而欲永久加以維持，及至墨翟出世，提倡兼愛，主張人人彼此毫無差別，儒家乃認為悖道反常，異端邪說。

更有甚焉者，基督所提倡的愛德，不只是為建立人間的和平，以理則的思考研討適當的條件，心內所應有的態度；也不只是發現每個人人格特具的價值，在思想頓然澈悟之際，而發生的愛慕的感情。

愛德，乃天主的生命，光芒四射，將我們所有的愛的能力，完全吸引到他磁力作用的範圍以內，而發生一致的行動，愛德乃天主本身的愛情灌輸在我們心裏，就是天主本身借給我們一副慈惠的面孔，和兩隻博施濟眾的手，使我們散佈喜樂與安慰，易言之，愛德乃人的心靈與造物者濆放的生力相銜接而產生光明，發展生命，使到處洋溢着歡樂。

固然，在儒學裏，並非不能尋見幾句也有愛德的超然而絕對的觀念的話，以勃發而怒放的，博大而無垠的愛德指示給我們。在人天賦的愛欲裏就有他的一些成分，例如孝愛的逐漸推廣，普及於天下萬民，此乃愛德的形式之一。但是這番話，在全部儒學之中只是零星微渺而不顯著………。

反之，福音上，滿紙洋洋大論，反復叮嚀的都是說愛德發源於天主，天主使太陽行天，而善人惡人同受光照；天主行雲施雨，而順天者與逆天者，同沐恩澤，此類經文皆指示我們天主爲愛情的模範，教訓我們以天主之心爲心，爲愛天主而愛人。（瑪竇、五、四十三——四十八。）

基督的「忠恕」之道，似有功利主義的痕跡，但處於我們這個角度下觀察，他的意義已超越了以利害爲念的界線。天主對受造物的待遇，是我們待人接物的模範，我們理應效法，這句話的含意很深，那理想的本身，最能引人追慕，甚至於所懸示的賞罰報酬，已不是我們所介意的了。

× × × ×

但最不可及的，是我們雖不堪厚愛，而天主仍首先推愛我們，自動與我們修睦，以至於犧牲唯一聖子，愛情無上而絕不要求任何代價，驚奇不可思議，福音所宣傳的愛德便是這樣，愛人的準則即在於愛情的本身，自治自動，不以對方的身分或條件而決定行動，爲此正義者，奸邪者，同國人，外國人，都受同等愛待。

孔子則遠不及此，按他的意思，對於奸惡者，不許表示親善，論語憲問第十四：「或曰以德報怨何如？子曰：何以報德？以直報怨，以德報德」。這一席話，絕不是基督信徒慣聽的論調，令人讀之，於心不安。

這一段話足以道破孔子精神，洩露出孔子基本的心理，乃是待人厚薄因人而異，對人處世，常顧慮對方特殊的身分或條件，以求相稱，以求適合，以求恰當，即便在更高尚更大方的動機之下，亦未肯甘心遷就，因爲他認爲此種遷就，似是亂倫乖常，與理不合，其實愛德自有其秩序，自有其理則性，孔子却未及此。

大學第十章，十五節子曰：「唯仁人……能愛人，能惡人。」瑪竇聖經上也曾說：「古者有云：你要愛爾隣，恨爾仇；」緊接着說：「我（基督）却告訴你們，你們應當愛你們的仇人，爲迫害你們的人祈禱。」

在實踐的過程上，各樣的困難，全集合起來，都在愛德的勝算之中，不拘人方面有什麽錯誤、怨仇、不正義，及其他任何阻礙，都挫不了愛德的銳氣，根據這一理論，愛德的確可以做一個新誡條的對象。

聖經的內容，實爲前所未有，仁聲所發，可以說幾乎溫柔如女人，熾熱如烈火，嬌脆而純潔，豪俠而慷慨，實行愛人，方恨捐軀之不速，絕志節約，願爲無上的犧牲，此種言論，情調新異，發於活基督（羅馬教會）之口，即於現今百世之後，聞之者仍莫不傾服而拜倒。

孔子垂訓，高尚而美麗——梅瑟亦無二致，我們當然誠心採納。基督降世是爲補充而不是毀棄。人間學說，即使最合理性，德能仍太微弱，基督降世，有感召的神力，行足爲法，有表率的威信；以他的德能補人類智慧之不逮，故能風行草偃，莫之能禦也。　Fr. Cras, O. P. 著於河內，一九四六年八月二十二日聖母聖心瞻禮。

【編者按】：本文作者 Cras 君所引大學語，係節刪而成，頗勉強，應爲論語里仁第四：「子曰：唯仁者能好人，能惡人」句。

廣播傳教術與北平公教廣播事業

姚耀思

廣播傳教術

一　引言

在今日社會中，無不重視宣傳，大小工商業在預算中都列出宣傳費。然而宣傳本是專門藝術，必須熟知人類的情緒，大衆的心理，熟於運用分析與綜合的方法，以及各種的知識。

但宣傳的重要性，在思想戰上尤爲顯而易著；因爲在思想或主義的宣傳上，除了語言文字，且可利用藝術的各部門，如：詩歌、繪畫、音樂、戲劇以及最重要的「無線電廣播」。

無線電廣播在今日，是宣傳最優良的工具。書報雜誌雖然有能被人一再披閱的優點，但卻無以彌補大多數人不肯或不能閱讀的缺點；並且文字也不及語言有力。演劇、電影與集會，雖然能傳達說話人的表情神氣，卻另有個缺點：就是第一有了空間的限制，另一方面更需要勞動觀衆聽衆離家赴會，於是暑熱、嚴寒、風雨等都成了阻障。無線電廣播（以及它將在電視方面的發展）卻沒有這些缺點。聽衆可以不離臥室，費舉手之勞便能收聽。倘若將稿件付梓，又能有恒久的價值。所以它雖問世較晚，卻在極短時期內，佔了宣傳工具的首位！

此外，廣播還有幾個優點：一是可以變化無窮，免去單調之弊；一是無遠不屆；一是可以日新月異地改進。

二 公教廣播——在海外

在歐美的公教人士開始利用無線電來宣傳真理，最初是出於自衛，借鏡於我們的敵人。遠在一九二三年，美國許多廣播電台便有了每週一次的公教節目；全國的聯播起始於一九二九年。在同一時期（一九二四——一九三〇），歐洲的每一公教國家，大多數皆已開始了公教的廣播。但因爲那些國家，大多數是公教徒，非公教徒所受公教徒的影響，是與中國情形不同的。（也許有人要說像在德國有二千萬公教徒，在美國有五分之一的人口是公教徒，所以公教主持的廣播有用，而在中國無用。因爲中國僅有一百五十分之一的人民是公教徒。本人意見正是相反，在中國人因爲識字的人較少，所以公教廣播能特別生效）。

三 公教廣播——在中國

與外教人士接觸，是宣傳福音必經之途；無線電廣播因能接觸多數人，所以是一個最優良的工具。在中國，傳教上有許多特殊的困難，例如：願意研究公教教義的教外人士，爲了顧慮或是害羞而不肯會晤神父；許多地位高尚和受過高等教育的家庭，因傳統習慣而對公教有偏見，沒有人能消除這種誤會；一位新皈公教的人，找不到方法能讓家庭中的旁人認識公教的信仰；廣播是這些問題的一部分（甚或完全的）答案。

然而有多少人是藉廣播而信仰公教的呢？到公審判日自見分曉。在歐美倒是有過統計的，結果都極使人滿意。

即使它未能使一個人踏入公教的大門，至少也能解除許多誤會與偏見，而減少走向皈依公教路上的障碍。

我們常聽人說：在中國的公教會距離大衆生活太遠了。藉着廣播，能使公教與國人共見。並且，廣播節目的預告，內容的紀載都可能在報紙刊佈的。馳名世界的「拜耳」藥廠，每年攝製許多與醫藥全無關係的電影，到各處放映，只爲教觀衆見到「拜耳」這一個字。使用同樣方法，我們也可使國人在多處看見聽到「公教」這名詞，引他們走上尋求眞理之路。

公教廣播還有一個重要使命—宣傳合理的、妥善的人生觀念、主義等（不必加以公教的頭銜）。使大多數人的思想，循公教的路徑去走，傳教定會有長足的進展。所以與其說：「請聖心堂的張傳信神父講：公教會與婚姻制度」，不如說：「請張傳信先生講：一夫一妻制與自由結合」。

爲了上述理由，廣播傳教事業最好不用公教自立的電台。自辦電台固然可以不受外界限制，但公教色彩便未免太濃，同時開銷也過於浩大。

固然要在國家電台裏獲得廣播權不是一件容易的事，我們也並不希望一二月內，中國的三十七座電台都能有公教節目。但各地公教徒可以極力把握機會，聯絡各台的負責人，努力進行。一般說來，倘若能對其他節目有所貢獻，自然可以獲得負責人的歡迎與合作。

四　「公教時間」

一般說來：「公教時間」有下列五項要素：

1報告員；　2演講；　3音樂；　4播音劇（對話）；　5新聞報告。

（1）　報告員

雖然我國的廣播電台在中文節目上皆是由台方人員報告，這裏也有幾點值得一談的。譬如演講開始以前，可以介紹講者的職業、社會地位、著作等；或者對演講內容略作介紹。倘若音樂節目的內容是一闋聖歌聖詩，那麽也可以利用這機會來對教義作幾句淸晰有力的說明。（例如某校學生將唱"O Salutaris Hostia"，開始以前，報告員可以解說公教對於聖體的信仰。但設法不要引起辯論，那末教外人只能說：「眞奇怪，這些天主教徒一定對聖體信的很深；不然的話，他們怎會寫出這樣好的音樂呢（？）」同樣的，當音樂節目是選自裴多芬、古諾、海頓、李斯特、莫扎特、叔伯特等人的作品時，也可以附加聲明，作曲者是一位公教徒。

（2）演講

演講是「公教時間」的最重要部分，其他部分無非是爲吸引聽衆。因爲聽衆中較諦聽是輕而易舉的事，並且見不到演講者的表情（有許多講演者是靠手勢、表情、語態來吸引聽衆注意力的），所以廣播演講是完全與其他演講不同的。理想的廣播演講者，應該有平和、鎭靜、淸晰的聲音，（宏大是不需要的，因爲麥克風可以轉播極微小的聲音）；不作太長的休止，（適宜的休止在普通演講收效良好，但在廣播却易被誤爲終了）；注意時間的長短（以免妨碍其後節目的進行）而事先預習。

更有一點値得注意的，便是廣播的收聽者，並非集聚在廣場或大廈裏，而是三三五五分散的。所以不要採取對千百聽衆演講的語態聲勢，而記住是在對三兩人在一室裏說話。所用最好是國語，少帶地方色彩。

內容要有趣，同時要投合時機。淸楚而具體，生動而有力，針對中國現時的需要。即或演講內容是被指定的，有力的題目是更能動人的。譬如：「避免第三次大戰的必要條件」，便可以用作講「十誡」或「愛人」的題目。

（3）音樂節目

一般廣播節目是離不開音樂的。在「公教時間」內播送音樂，更有雙重目的：既能吸引聽衆注意我們的項目，更能藉良好的樂曲來證明，公教是藝術之母。

美國全國公教男子協會的總幹事 W. C. Smith，一向爲美國兩個全國聯播的公教節目「公教時間」（NBC聯播）「信仰播音」（ABC聯播）計劃音樂節目以及節目介紹等。他討論音樂節目說：

「我有確切的證明，即是音樂不但能慰安憂愁者的心懷，並且能使非公教徒對公教信仰的接受，作一種有益的幫助。在「信仰播音」一節中，我們播送風琴、豎琴、提琴與男四聲合唱；所選歌曲，自巴哈至近代作家的都有。在「公教時間」中，我們介紹自古至今的諸種公教音樂。有許多事實足資證明，優美的高雅的音樂與使人動心的聖詩，同樣可受美國羣衆的歡迎。

「但我們播送合地聖歌隊的歌唱，目的不是像開音樂會一般供人欣賞。眞正的企圖，是「軟」化聽衆的心胸，爲能接受下面演講中所包含的眞理。」據他講，「額我略樂調」(Gregorian Chant 一般大禮彌撒中所唱的樂調)，爲公教廣播節目是很適宜的」。

也許音樂節目一時不易找到，也許地方上沒有這樣人才。但也許附近有位神父能唱歌，也許附近某小修院可以作個合唱。也許有些教友經過一番訓練可以唱「經」。起初成績不一定太好，逐漸自然會進步的。倘若就這步都無法作到，至少還可利用唱片的。

(4) 播音劇(Sketch)

這個名詞在中文是不大妥的。它不只是個劇；內容包含有無線電廣播的各種長處。眞正的 Sketch 並非是在播音機前朗誦劇本而已。在公教廣播上，它也可以得到廣泛的應用。

譬如說，大生物學家巴斯德發見恐水症（狂犬病）治療法是一個很動人的故事。在廣播時，可以不是由一個人講，而是由幾個人表演：一個人作巴斯德，一個作他的助手，一個作被瘋犬噬咬的小孩，一個作小孩的母親。當時的情景地點可由報告員描述。

(5) 新聞報告

「公教時間」的一分一秒都是極寶貴的。在報告新聞時要多介紹有關全世界公教會的消息，而不可報告當地消息或是當地教會的公告。對世界大事就公教立場所作的見解，固然有價值，但不適於這項節目的。材料可取自信德

Fides 和龍光 Lumen 二通訊社的稿件。

五　十五分鐘廣播與其他節目上的合作

自然廣播節目伸縮極大，不但無成規足供遵守，並且上文所舉也不詳盡。有時十五分鐘廣播也大可利用（五分鐘音樂、八分鐘演講、二分鐘報告）。目前在美國每週便有五十二個固定的十五分鐘公教廣播。

也許地方電台當局會聘請你作一次有關社會問題的演講，也許請你專門負責每週的哲學講座，也許你能擔任創始一新節目的責任（例如：「病人的時間」「法律講座」等）。這種合作非常有益。

此外，無固定時間地你會被邀請合作協助其他節目。譬如一個好的聖誕劇，只須少加修改，略作說明，便很可以廣播。也許你的學校有位修女是典型的教師，那麼便也可以廣播她的一段上課境況。有時你還可以代爲介紹一位演講者或是音樂家。這總都不算難事。

六　我們須付的代價

在中國各電台廣播中缺乏的便是西樂；一般只有用唱片來暫代，但電台負責人都願找音樂家親自演奏的。倘若你能供給一些西樂節目，你的其他節目自然也受歡迎。

當然供給西樂節目有許多困難。但本地神父、修士、修女間，不乏有會某種樂器或擅長歌唱的人，他們也都可以幫助。雖然有人會反對使神父修女演奏世俗音樂（本來這也沒有一些不對），但是爲了神聖的目標（不必論，此舉能夠向教外人顯示，神父修女不是落伍的人，不是自行禁錮不得言笑的人），這與辦醫院、診療所、學校，都是爲使教外人能在各種機會，認識天主的光明。

七　節目負責人

爲了使與廣播有關的千百件事務能有系統有組織，是該有一個專人負責，籌劃良好的節目。最好組織一個小規模的委員會，以免因人事遷動而致全盤計劃作廢。在委員會之指示下，有專人負責執行一切事務。

此人備有頭腦和熱心是不夠的，更應嫻熟廣播常識，長於待人接物，對工作本身有興趣，鎮靜忍耐，專心於自己的理想而全力以赴，不畏艱難。他的責任最重要的。

有時這位負責人須爲一段演講預寫詳細的綱要；而當外來材料無著的時候，更須自撰播音劇或是新聞報告的全文。此外他還須負責預備節目中的音樂部分。

更有些雜務也是他工作中的一部分：例如與電台當局的聯絡、宣傳、演習、講演稿的預檢等。爲了預防演講或表演者的意外缺席，他更須備好以防萬一的演講以及應急的唱片。

八　廣播宣傳的困難

有些反對公教廣播的人會說：「根本就沒幾個人聽，廣播又有什麼用呢？」

在中國是根本無法調查收聽人數及其職業、興趣的。但你可以推想，若是有四十個兒童歌唱，收聽的一定有他們四十人的父母、祖父母等，以及教師親戚(大多數皆是教外人士)，在音樂節目完了，更會收聽你的宣傳演講。

即或你能確知，只有極少數人收聽，這工作依然有價值。今日無人收聽，明日會有；此地無人收聽，他處會有。請看報紙上的廣告，又有多少人閱讀？倘或有人閱讀的——這倘或有人閱讀，便值得萬千元的代價。

也許會有人覺得事倍功半。因爲需要準備時間太多，而每週的半小時播音是得不償失。但廣播節目的準備絕非一二人力所能及的，而將負擔分予許多人肩上，故此不算過於艱巨。我們的目標也不止於產生良好的節目，而是要與除此以外無法接觸的大眾發生關係。這種機會可能不會再有。況且比較功效與努力也不能僅用時間的長短作度量，正像牛與飛機不成比例一樣。這些非難只消靜思一下，便是不攻自破的。

九　協力合作的必要

無論怎樣說，公教主持的廣播工作，需要極大的努力——尤其是少數人初創此事業時。

倘若各地主持公教廣播節目的人能合作，那麽工作便會輕易許多。例如太原的負責人能利用漢口負責人關於演講的計劃；或是北平可以得到上海所寫的播音劇，天津的音樂節目所錄唱片能在南京應用，自然成績會更優越的。美國的公教徒在八年以前，成立了一個「公教廣播事業局」The Catholic Radio Bureau 補助各地有志藉廣播宣傳公教的人士，去和各地電台聯絡，接洽廣播的時間，建議節目的內容與性質，幫助節目的產生，成立廣播所需的圖書館，並且作各公教廣播團體間的連繫，且爲他們的顧問。這種辦法我們大可仿學。

十 結論—同心戮力

目前在全世界進行的主義思想的衝突，較歷史上的大戰爲甚。今日公教的遭受攻擊，不再是一二點教義而是全面的公教人生哲學與人生觀。這個鬥爭我們是該全力以赴的。

現代戰爭中使用最進步武器的，會戰勝武器落伍的人們。希望各地公教的志士，努力爭取利用廣播宣傳公教的機會，希望大家盡力維護這新生的事業！

北平公教廣播事業

一 集中營的音樂會

山東濰縣的一個集中營裏，在本次大戰中曾禁錮有一千八百多聯合國的僑民。我們當時的生活不算太枯燥，因爲每天我們自己籌劃有壘球和籃球比賽、討論會、戲劇、音樂會等。但星期日却是例外的單調；因爲營中多數皆是新教徒，認爲在星期日工作與遊戲皆是不守神的誡命的。於是漫長的黃昏便無所事事。

在營中的聖母聖心會士（數目在神父中佔首位）想起來青年攻讀時的習慣，便是在星期日傍晚羣集合唱（也許是戰歌，也許是悠美的家鄉民歌），便每週在營中實行起來，結果各國籍的聽衆逐漸增加，往往很早就携帶便椅，到集唱的院落裏來佔好地位，並且要求增唱他們的故鄉歌曲。

這種星期日的晚會產生了一個諷刺的樂劇「多尼」"Tony"。那原是我以弗拉芒語所寫，由方濟各會士甘司鐸（Rev. Kenneth Gansman O. F. M.）譯爲英語的。內容是個連續的故事，以集中營的喜樂哀痛形形色色爲主題，特別描寫大家對最後勝利的確信，演出的成績非常成功，嗣後當神父們被移至北平時，曾經要求重演過一次。（演出時間是七十五分鐘，由八十位神父合唱，管絃樂隊擁有一位主教、十七位神父、兩位修士）。

二　北平廣播電台的盛情

勝利後，在北平成立了美國紅十字會的俱樂部，爲供給在平美國軍人以正當的娛樂。因爲在華供給英語節目不易，自然供職美國紅十字會前在濰縣的同難者，便想起了「多尼」，而要求這有歷史意味的樂劇，由原來的那些人再來演唱。

起初我們謝絕了，但終於他們提出的理由說服了我們的拒絕，而在北平作了兩次表演。成功的情形堪與在濰縣時比擬。輾轉曲折地，被國立北平廣播電台（XRRA）的節目負責人知道了。（北平電台是全國最強大的電台）。一位努力於自己事業的節目負責人，自然常在尋找成功的節目，於是那位古先生就約請我們播送「多尼」。我們婉辭了，因爲給美國紅十字會表演是有一番特殊原因的。當時我們解說：「多尼」這樂劇對於不曾在濰縣同難的人（除非手中拿着有詳註的劇詞），是絲毫不能引起興趣的。但古君仍然一再邀請。

其後在平美軍的電台XONE開始廣播了，又以與美國紅十字會相同的理由來約聘。爲了答應他們。就不得不允諾北平電台的約聘。於是在民國三十五年一月四日首先在北平廣播電台演唱了。古君本來怕我們先在美國電台廣播，因此甚爲滿意，就願意爲我們幫忙。表演以前，免不得爲了練習，預告等事，多次與古君會面接洽，因而談起許多其他問題：包括未來公教廣播節目的可能性。

以前，我們每週在報紙上看到新教廣播節目的時候，的確彼此說過，公教徒在這方面不積極活動，很可惋惜！

我們的確也曾盼望在本次大戰後，公教的宣傳能有更進步的方法。但我們却決未想到，自己會能推始這新的運動。況且，我們在北平停留的不會很久，那時已有四十餘位聖母聖心會士回到了漠北的傳教區域去了；我們自己都在經命跨出長城。同時也理會到，開始公教廣播需要一些穩定的幫助（如可約聘的歌詠團、音樂家、演講人等），我們身爲寄寓他人教區的難民實無力作到。

三　開始準備

漸漸地我們又覺到，這（多尼）樂劇的事情，可能是神意的暗示。在那次極得好評的表演之後，古君便說出將約請我們主持公教廣播的意思。

暫時我們不敢冒然入手，怕不能維持較長時間，因自己既無經驗，又難預定會在北平居留多久，便猶豫不定了。但也有一些贊助的同志，所以擬了具體計劃，先去晋謁北平教區的滿德貽主教。這位年老心壯的主教極爲贊許這計劃，但不能供給亟需要的，合格的負責專人。我們又去到輔仁大學，結果也是一樣；到旁處交涉的結果也是類似。這件事業需要一個不兼旁職的專人，並且要「白手起家」。

最後，我們決毅地自行擔負起這件工作來；一切倚靠神恩，並且希望着一旦進行後，會得到外來的幫助。斯時，宗座駐華代表蔡寧大主教非常熱心贊助，召我們作了兩次長談；最後說：「不要再找旁人。你自己該負責，努力吧！」

北平的公教廣播便如此開始了。經與北平電台的節目股股長多次談論商洽的結果。規定了這個原則：每次廣播包括十分鐘的音樂，八分鐘的中文講演，八分鐘的英文講演，下餘四分鐘爲報告員作介紹等用。當然這不是不能變通的，我們也可將其中某部分代以播音劇、朗誦晚禱等。

音樂節目的準備較長，蜚名平市的輔大歌咏團，僅能作有限幾次的演唱，於是計畫組織一個平市司鐸歌咏團，賴方濟各會神父、聖言會士和若干華籍神父的協助，終於在多才多藝的高一志神父領導下（R. P. Jos. Graisy S.V.D.

聖言會士），產生了這歌咏團，而解決了我們的初步的困難。

四 發出我們的聲音

於是，我們開始了具體的籌備：約請專家演講，練習宗教音樂，聯絡各報館編輯爲能預刊廣播節目，爲約請人士交涉代步車輛等。一切完了後，三十五年二月十七日（星期日）舉行了第一次廣播，包括這樣的節目：

一、音樂（叔伯特作品選：四人合唱）

a.「予何處可尋避棲之所」（進台誦）

b.「天主以彼奇能」（奉獻誦）

c.「聖哉大主」（聖哉誦）

二、英文講演

「何以我們在此？」輔仁大學副校務長孫神父（R. P.Clemens Schapker）

三、音樂（四人合唱）

「請同頌主」（Hasl Hasler 作曲）

四、中文講演

「今日知識分子認識公教的必要」輔仁大學訓育主任伏開鵬神父

五、音樂（四人合唱）

「主！爾其納我！」（Sauermann 作曲）

從此將近兩年來，我們的節目從未中斷；雖然多次氣候惡劣，交通工具的故障，演說歌唱者的臨時意外等困難奇多，聽衆們却每次收到這熟習的聲音：「現在開始天主公教時間」。在水準上雖不一定可及歐美，但還說得過去。

起初最困難的幾個月，完全依仗着司鐸歌咏團，以及它的熱心指導者高一志神父所指揮的輔仁大學歌咏團；同時賜助者，有一些爲公教廣播而組織的耶穌會哲學院歌咏團（冀茲陵神父指揮）、方濟各歌咏團（金鑫神父指揮）、石門大修院歌咏團（常靜軒神父指揮）、佑貞女中歌咏團（耶穌會李山甫神父指揮）、聖母聖心會歌咏團（袁華林神父指揮）；其後熱心參加合作的，更有其他團體的歌咏團，如盛新中小學、競存女中、北平小修院等。

五　參加非公教廣播

十個月的公教廣播後，北平電台的節目主任古君又給了我們機會在非宗教的節目上合作，這是公教廣播成功的明證。

此處更可附帶的解說一句，國立的電台容許我們作公教廣播，並非奇異的事。因爲公教職責的一部分，即是培養良好的公民。一個依照信仰生活的公教徒，應該是個優良的愛國分子。歷史有無量數的事實，足以證明公教會一向是藝術與科學的提倡者；是社會、家庭、個人權利、自由、平等的捍衛者；珍視和平、秩序、及對合法權威之服從的。

自三十五年十二月我們參加了各項社會及文化講演。每週更貢獻一次美好的非宗教音樂節目；包羅萬象，自混聲合唱、鋼琴、豎笛獨奏，以至五弦琴伴奏的民歌皆有。這些音樂及演講節目，比諸歐美標準也無遜色。

對這些工作，幾乎可說全北平的公教團體，都曾給了我們協助。記得在公教廣播週年紀念的小集會上，邀請常川幫忙的同志歡聚，單是教會人士就有五十八位，有十二個國籍，代表着十八個在平的公教團體。

三十六年五月十六日，北平電台開始了它的短波（一〇二六〇千週波）播音，我們又很榮幸的被約請，幫助他們的英、法、荷、西、意語諸節目，一個月後，長波法語廣播節目開始時，我們又被邀請合作。

六　我們的一點經驗

關於理論方面我們無須重複。而我們在北平辦理的實際事務，似乎可以爲有心此道的同志作借鏡：

一初起時，我們列出未來若干星期內，自己所要擔任的節目。在這上面詳註所有的假日慶期以及紀念等（包括教會國家的假日慶期，以及一些特殊的日子，例如教宗晉鐸銀慶，樞機主教拜命週年等），爲使人特別注意，便要選特殊的節目；例如在新年、聖誕、聖體瞻禮等，可以有特選的音樂，播音劇等。

可想像的，四出約請歌咏團以及演講者，是我們日常工作的一大部分。一般被約請演講的人，經過相當時間的討論後，大多是肯接受的。他若有所專長，便請他自選題目；如他要求的話，便可供給他題目、計劃以及參考文獻——更須給他充裕的時間來準備。

以上是遠期的準備。日期將至，我們還須去拜訪所約的人，通知他們最好能在四天前提出詳細的內容，交給電台的負責人以及各報紙去刊載，並受教會方面的審查。同時塡寫演講者的姓名、職位等以備發表。屆期會面的地點與時間、交通工具等也要在當時接洽妥當。

最後，我們就用中英文寫好，送交北平英文時報、北平益世報、天津大公報、天津益世報等去刊佈；這方面很得他們的幫助——這也是事前與負責人請求的結果。

屆期我們更須親自詢問，因爲交通工具可能臨時有意外的故障；如有故障時，便需我們自己設法代辦，爲能準時到達。在這一點上，至今未曾失敗過。在可能情形下，我們更要求在隣近的播音室裏預演一次，以便試聽演講者的聲音，或是歌詠團與播音器間最適宜的距離。因着親自到電台照料，我仍可以與電台的人員熟識，免除他們與歌詠團易生的誤會，塡補一意外缺席項目的定位（我們常帶着準備好的演講稿，以及選好的唱片）。廣播的時候，我們更須照料項目的順利進行，制止噪音（咳嗽、耳語、歌詠團樂譜的作響）等。

七　結尾

爲了我們小小的成績，我們衷心感謝一切熱心幫助的朋友；我們也不能忘記古先生，北平電台的同人，以及不出名露面而鼓勵指導我們的人們。

前面常常寫的「我們」，其中包括的是我的畏友聖母聖心會士萬廣禮神父(R. P. Dries Van Coillie C. I. C .M)他自最初便輔助我，一切事務他都親身參加（無論是作報告員、演說者或是獨唱），若沒有萬神父，北平公教廣播事業是不能有今日的情況的。

【編者按】本文原附兩年來的講演、播音劇和朗誦題目，限於篇幅，我們只有割愛；本文也删節了若干處，這是我們要請作者原諒的。

王徵墨蹟四文箋釋

李宣義

序言

嘗見賀復齋三原縣新志節引葵心王徵龍橋名議，與清北創建溫恭毅公繕城祠碑記二文，徧搜全文，久未遇目。孟夏初，走訪韓城魚老先生存之，述及此事，先生莞爾笑曰：「全文在茲；且皆了一道人手筆，曷早言之？」遂出示。原為呂文清天齋世藏本，故封面有天齋先生「了一道人墨蹟」之題簽。封皮外，僅存十二葉。紙張脆薄，色似火焦，微觸即破。收文四：首為溫恭毅公像贊，共六行，行十六七字，尾有丹色方章二：上書「了一道人王徵」，下書「遼海監軍」，文為楷書，與溫自知滸北山翁訓子歌引體近似。次為清北創建溫恭毅公繕城祠碑記，共九十七行，行二十字，宋體，當為碑文之監本；此文賀氏三原縣新志建置志曾節錄中段。再次為龍橋名議，共五十三行，行十九二十字不等，全篇行書，賀氏三原縣新志建置志，節引十餘句。末乃題崇仁書，共三十二行，每行字數，少則十五，多則二十不等，書法同前。

上智編譯館館長方杰人司鐸，函囑鈔錄，以饗同道；恨冗俗羈身，未克早日從命。幸假期稍閒，茲將四文恭錄於后，並僭為箋釋，博學君子，幸賜教焉！

一九四七、八、九、通遠

一　溫恭毅公像贊

祠曰溫公，或者疑是司馬君實俎豆之宮；不知此乃姓氏，彼以爵封，不一者像貌，並美者德功。立朝則事業均倚重于　宗社，居鄉則忠誠均感孚兒童。此蓋我　明少保，三原溫公之祠也，而與宋代司馬洵異世而同風。瞻者敬仰，無貳爾衷！

了一道人王徵　遼海監軍

箋釋

溫恭毅公——溫純字景文，嘉靖四十四年(一五六五)進士。知壽光縣，殲巨寇馬天保，墾田、勸耕、決獄，一本經術。擢給事中。隆慶三年(一五六九)穆宗既釋除，猶不與大臣接，純請遵祖制，延羣工，決章奏。屢遷兵科都給事。倭陷廣海，衛總兵劉燾以戰卻聞，純劾燾欺罔。黔國公沐朝弼有罪，詔許其子襲爵，純言事未竟不當遽襲。中官陳洪請封其父母，純執不可。言官李己石星獲譴，疏救之。趙貞吉更營制，純以政令多門，極陳不便，遂復舊制。俺答請貢市高拱，廷議許之，純謂弛邊備，非中國利。出為湖廣參政，捐贖鍰，拒武崗王之行賄亂宗者，遂乞歸。萬歷初，用薦起河南參議，分部南陽，約唐府無侵民徭賦，境內輯寧。入貳冏卿，陟棘署晉光祿，面規張江陵，奪情之非，忤意歸，江陵沒，起守舊官，累擢巡撫，兩浙改漕，折減織造，復陂池，葺泮宮，禁淫祀，人情大悅。入為戶部左侍郎，督倉場，母憂去。起南京吏部尚書，召拜工部尚書。父老，乞養；終喪，召為左都御史。礦稅四出，純極論其害。不報，諸閹益橫，純等憂懼，不知所出，乃倡諸大臣，伏闕泣請。帝震怒，問誰倡者，對曰：「都御史臣純」。帝為霽威，遣人慰諭曰：疏且下，乃退，已而卒不行。妖書四起，大索長安，疏言楚宗無反狀，請會議，而事始決。御史于永清，按陝西，貪，懼純奏，與都給事中姚文蔚，比而傾純。純疏發永清，交搆狀語，頗侵首輔沈一貫。給事中陳治則，鍾兆斗，皆一貫私人，先後劾純。御史湯兆京不平，疏斥其妄。純求去，章二十上，杜門九閱月，帝雅重純，諭留之。三十三年(一六〇九)

大計京朝官，純與吏部侍郎楊時喬主之。一貫所欲庇者兆斗及錢夢皋等，皆在謫中。疏入，久之，忽降旨切責，仍留被察科道官，而察疏仍不下。純求去益力。夢皋兆斗連章訐純，廷臣大駭，爭劾夢皋等，俱留中。時喬稱純，公忠清正。南京給事中陳嘉訓等，極論二人，陰有所恃，朋比作奸，當亟斥之，而聽純歸，以全大臣之體。帝予純致仕，夢皋兆斗亦能。純請曰：奉公五主，南北考察，澄汰悉當。肅百僚，振風紀，時稱名臣，卒贈少保。天啓初，追謚恭毅。今按著有學一堂文集三十卷、二園詩集、二園學集、續集、自省錄、齊民要書。（明史本傳）

溫公祠——在今三原北城西潭，南濱清河，東南半里爲龍橋，四周皆溫氏後裔居焉。

二　清北創建溫恭毅公繕城祠碑記

邑治必有城，城惟一，制也。原之初，厥城亦惟一，乃今南北對峙，胼焉爲兩者何？則以清治二河，匯流而東，橫衝其中故也。歲濬月削，滋深滋闊，勢若太極中判，而兩儀不得不爲之分劃。然城在河以南者，實四方財貨輻輳區；且制臺、中丞御史臺、諸藩臬道府行旌，往往駐節焉；而聖廟學宮，倉庫衙宇，皆在內；又縣大夫朝夕聽政所也。城故不圮；即圮，旋補築之無難耳。北城既胼焉，越在河之北岸，其中士著居民，聚廬而處者，雖數百千萬之衆，與士大夫冢鱗次櫛比乎。第縣治既在南，商賈既在南，冠帶輪蹄往來應酬既在南，則當事者之精神慮無不急在南，而北或膜外視之，其勢也，亦情之所易至也。以故樓櫓漸傾，城日頹壞，漠然罔聞，恬不爲怪。久之，垣壑池凸，鬱成萊蒿，跛羊可牧，蹊徑交交；又久之，高者就平，雉飛無踪，城基斷續，面面皆風。斯時也，承平日久，狃以爲常，築鑿之謀，大家相忘。少保溫恭毅先生偶家居，念此城，名僅有面實弗存也。穆然深思，謂保障無資，一旦有警，將奚所恃而無恐？爰謀之縣大夫，與諸紳士父老，議城事。或曰：「是役也衆」。先生曰：「吾能衆」。曰：「費恐不貲」。曰：「吾能費。城者所以保吾衆而善藏厥費者也。既欲城民，不衆不費，胡能城？從古有天成之城，地湧之城乎哉」？曰：「費大，而以衆動也，恐人將以利己爲口實」。先生曰：「嘻，天下皆己也！

凡此同城之衆，林林總總，百千萬家，謂非一家之人也歟哉？獨吾一家之人也歟哉？果爲己耶，人即謂不已也，實自媿；果不獨爲己耶，即人謂利己也，庸何傷」？或又曰：「今天下九塞晏然，八方平定，正夜戶不閉時也，無故而興不急之役，姑無問費且若何，衆實謂勞我也，將奈何」？先生曰：「圖久安之，不得不暫勞之矣。天下寧有不一勞而能久佚者哉？吾聞之，計小者害大，道謀者寡成。未雨徹桑，鳥且能然。如必湯而始井也，非能渴及也耶？此城不成，吾心之誠，不能一日寧」。輒毅然捐金倡義，董率區畫，爲之重築北城，並補南城，以固其圉。工肇於萬曆癸巳，不數月而四門重闕，樓櫓煥然，崇墉言言，雉堞雲連，屹然稱金湯矣。方築鑿時，果有借此以事抨彈者，先生不之恤也。繕城之工，必欲告成而後已。既告厥成，先生之心方寧；顧不自以爲功，即當日之人，或亦未甚德其功。迨至崇禎戊辰，關中大飢，流寇紛起，擄聚日繁。千騎萬侶，耽耽焦穫之原，環馳城之郊；且數次。維時，鄉郡猝無堡寨，蹂躪焚掠之慘，不忍見聞。郭外之氓叟稚婦，跳賊而求入者，踵相躡也。當事者與諸士紳父老議：賊衆不遠，恐得以隙乘之也」。門拒不內。余謂：「城所以衛民也，奈何拒吾赤子而委之賊？且賊尚遠，未遽乘也；即乘，吾力能拒之」。議者又云：「城內無百日粮，驟內多人，以耗吾食，非計。可令挾芻粟者入，弗挾者毋得入也」。余又謂：「均赤子也，奈何逆拒其飢者委之賊？況賊風雨飄忽，必不肯爲百日攻」。當事者，是余言，遂大開城門縱之入。諸見阻他門者，亦轉徙而入，可數萬計。遂擇其精壯者，亦派爲城守之夫。諸紳嬰城指揮士民，咸登陴力守。一時城頭數百千人，賊遂逡巡咋舌退。于是諸紳士父老輩撝城興思，咸聚而嘆曰：「天，天！設非今日城守之嚴，吾輩不知當作何狀，設非當年預築此城，即欲爲今日之守，何可得？作此城者，何其流澤之無窮也！今既飲水而知源，安可忘恩而不報？其亟建一耑祠，以報此繕城之功德也可」？僉曰：「可哉，可哉」！于是鑛金易地，庀材鳩工，不數月而祠已報竣。人心感服之深，翕應之速，可槩見矣。祠凡六楹，遺像如生，群拜群祝，維城之宗。乃先生及門之士，張玉芝來舒吾諸文學十數輩，咸請徵言，以文麗牲之石。徵素不文，且不喜爲贊媚過實之文，而獨於先生之德之功，則喜談而樂道之，與諸紳士父老有同情焉。蓋居恒私嘆：士大夫居鄉，必有一段不朽功德，利賴一鄉，令鄉之人，久久感頌不忘，稱曰鄉先生，始不虛耳；不然，身都貴顯，鄉之人毫無所利穎；或徒擁富厚，廣田宅，日夜爲子孫圖百年便利，于鄉之人，若秦越不相關也；甚或睚眦凌轢，恣逞其所欲爲得爲，反貽害於閭里，令鄉之人，心非巷議，腹誹背詛，敢怒而不敢言，此即求免一時之訾謷，且不能，矧能聲施後世，歿已數十年，猶然令鄉之人，追思俎豆無已時哉？如先生者，眞可百世不朽已！猶憶向者，偕諸紳士守城日，玉芝張君建議，於北城外，相距數十武，可築關城一座，一則爲大城犄角，一則爲附近居民清野守保計。條畫區當，策甚善也。當事者首肯，諸士紳父老，亦無不心是之者；惜無毅然首事之人，迄今猶懸道傍之謀。益思先生愛人之眞，見事之徹，獨斷獨行之力，眞古大臣，先憂後樂襟度，非區區尋常士大夫所克彷彿於萬一也。倘先生一聞人言，便引築怨之嫌乎，其何得有今日？徵常讀西儒眞福實指，所指眞福八端之一有曰：「爲義而被窘難者乃眞福，爲其已得天上國也」。如先生之眞已永永享天上之福矣，笑遊帝庭，寧獨人間之廟貌也歟哉？夫祠者思也，所以思前而示後也。今而後，謁先生之祠者，爲封疆之臣，則思其所守；爲邦之譽紳衿裾，則思其所立；見鄉之人，追念鄉先達功德，彌久而彌殷也，則各思所爲不朽。是則建祠者之意，諒亦先生睠念桑土來歆來嘗之意也。因述其繕城始末如此，而系之以銘。銘曰：於都先生，處爲眞儒，出爲名臣。學窮二酉，志在三立，體惟一仁。朝著忠清，家傳孝友，乘史詳陳，茲所特祀。恩深桑梓，土微未陰，睠念浚隍，獨墾衣袽。睥目荊榛，乃倡大義，乃協群策，乃捐多金。畚杵登登，嵒營翼翼。睨者狺狺，築怨弗恤。遭纔罔懈，工竣乃忻。乖數十年，功德巍巍。漸忘所因，倏遭流寇，掠我鄙野，逼我城闉。仗此崇垣，全活大衆，百千萬人。爰感遺澤，建此崇祠，俎豆惟寅。仰瞻先生，在帝左右，展矣明神，崇廟巖巖，鼕鼓坎坎，萬舞侁侁，先生臨格，闔城豫樂。薦旨祈歆，豐我禾黍，固我藩垣！永絕氛塵，準墉虎踞，龍橋蛇承，並表嶙峋。銘此貞珉，千秋萬年，尸祝長新！

箋釋

「名僅有面實弗存也」——面爲而之誤，三原縣新志引文作「而」。

「萬曆癸巳」——明神宗二十一年公元一五九三年。

「崇禎戊辰」——明毅宗元年公元一六二八年。

「焦穫之原」——三原縣新志地理志謂詩大雅「整居焦穫」。朱傳焦未詳所在；穫郭璞以爲瓠中，今在耀州三原縣。又建置志謂明三原縣治南一里，有焦穫里，管村五；而三原南平坦無原，此「焦穫之原」當指三原北之各原而言。

「環馳城之郊」引文作「環馳北城之郊」，引文正。與上句「耽耽焦穫之原」亦合。

「跳賊而求入者」——跳引文作逃，通。

「均赤子也」——引文作「均吾赤子也」。

「奈何逆拒其饑者委之賊」——引文作「奈何拒其饑者而委之賊」。

「指揮士民」——引文作「指麾」。

「飲水而知源，安可忘恩而不報？」——引文作「飲水而思源，安忍忘恩而不報」？

「張玉芝」——三原縣新志人物志：張光先字玉芝，清修自好。少爲先聖像，虔奉而心師之。習雲麾將軍書，得其神妙，凡碑版殿額題柱，非伋即光先。得其尺幅，爭相寶重。光先持身不苟，與張伋並峙，其出處同，其壽考近，耄期亦同。伋有子富，光先無子。溫自知曰白太傅司馬溫公均無後也，於今爲烈矣。

「來舒吾」——三原縣新志人物志：「來廷對字舒五，受業溫恭毅門。慷慨倘義，友人王宗禹卒，其子行乞於市，憐之，百計籌畫，贈以金，教之營生，聞者嘆息」。又縣志吾作五。

「久久感頌不忘，稱曰鄉先生」——引文作「久久不忘感頌，稱曰鄉先生」。

「始不虛耳」——引文作「殆不虛耳」，是。

「日夜爲子孫圖」——引文作「日夜爲子若孫圖」。

「西儒眞福實指」——謹案王公曾撰有眞福直指一書，現藏梵蒂岡圖書館，疑即一書。

「眞福八端」——是耶穌訓示萬民，眞正福樂之所在，共八端：一神品者乃眞福，爲其已得天上國也；二良善者乃眞福，爲其將得安土也；三涕泣者乃眞福，爲其將受安慰也；四嗜義如飢渴者乃眞福，爲其將得飽飫也；五哀矜者乃眞福，爲其將蒙哀矜己也；六心淨者乃眞福，爲其將得見天主也；七和睦者乃眞福，爲其將謂天主之子，也；八爲義而被窘難者乃眞福，爲其已得天上國也。

「睠念」——睠乃睠之誤，前亦作睠。

三　龍橋名議

嘗謂天下不患無人品，第患無眞心腸；不患無學問，第患無眞德行；不患無事功，第患無眞經濟。而眞經濟、眞德行，壹是皆以眞心爲主，眞心者何？仁是已。孟子曰：「仁、人心也。大人者，不失其赤子之心」。又曰：「人皆有不忍人之心。先王有不忍人之心，以不忍人之心，行不忍人之政，治天下可運之掌上」。內聖外王，有體有用，所謂千古一道，千聖一心，詎非吾夫子相傳一貫之眞旨哉？試將君子終食不違仁，顏子三月不違仁，與曾子仁以爲己任，死而後已，諸說互相參訂，一貫單傳，寧不了了？此余素所證明，愧未克實實體驗，然亦未克多見其人。乃今觀于少保恭毅溫先生，事功、學問、人品，卓冠三朝，師表一代，眞堪與本邑　王太師端毅公相伯仲！至就龍橋舊址，剏建石梁，偉績尤能于萬難措手處，獨建前人之所不能建。諸名公敘讚頌賦，亦既章章備矣。余不文，又何能再贅一辭？惟是橋以龍名，雖以往因取義，然既言龍鬬敗橋，于義殊亦弗嘉；且于造橋初念，似無干涉。嘗聞橋成，輿情欲以溫公名之，先生力止。功成不居，自是先生撝謙美意。顧先生一片濟人利物眞實心腸，于此正露一斑，寧得終掩抑耶？每憶先生肇造之初，心心念念，時時刻刻，事事處處，精神畢注于此，自己家事莫過也。其不忍人溺之眞心腸，寧獨終食不違，三月不違？蓋將終其身，不底厥成，必不肯自已者。古之人謂專于文者，嘻笑怒罵皆文；余謂先生此事，嘻笑怒罵皆橋也，則皆仁也。脫念頭少有不眞，或沽名，或畏難，又或勤始怠終，其胡克成此千百世不拔之基？故先生之眞經濟、眞德行不具論，而余小子獨深服其肫肫不已之眞心腸有若此。諺云：「天下無難事，只怕有心人。」夫果有一副眞實心腸，自然有一種眞實學問，自然有一段眞實事功，將必愛人，一如愛己，將必視國事一如家事，將必處天下最難處事，一如自己身家，萬不容諉之事。噫！使人人能心先生之心，又何德功之不可立奏乎哉？嚮余議，于橋上居中，建四明樓一座，不但壯兩城之巨觀，且以爲鞏橋之重鎮；更於橋之東，里許，作一滾堰聚水，俾之滿而後溢，一則水無衝逆，永爲橋基遠護；一則兩城咸有深池，永爲保障之資；一則玉帶之水常環，永爲兩城文風之助。兩者所費不過數百金耳，奈人心不一，竟爲道傍之築。益信先生之眞心腸詢哉！其莫克兩也。竊謂橋日以崇，先生之仁與之俱崇；橋之崇，千百年不朽，先生之仁，亦千百年與之俱崇不朽。夫先生之里，既以崇仁名矣，胡不即以「崇仁」名橋？而顧取名于茫然無稽之龍爲？況古人偉績，凡可傳於後者，輿論既協，即自欲掩沒不得；不然彼蘇公范公之堤，胡至今名不改也？今即不直以溫公名橋，亦宜推本先生造橋不忍之眞心，直以崇仁標坊，不獨可以表先生之仁，抑且可以興後來覯感者之仁。或以先生之所首肯，倘不欲龍橋之舊遽湮乎，另豎一碑於橋之上，大書「三原縣龍橋故址，新築崇仁橋」，亦庶乎兩全而無議耳。不知輿論以爲何如，敬書此以俟知言君子。

箋釋

「龍橋」——三原縣新志建置志：龍橋在縣治北門外。舊架以木。萬歷二十年（一五九二），少保溫公倡建石橋。……李維楨溫公創建龍橋記略云：橋需五七萬，公先以千金爲倡，邑人及監司守令，各捐助有差，而公起家爲司寇御史大夫，割其祿秩數千金；繼之，介弟編子，予知咸加一力。廣三丈三尺有奇，高七丈五尺有奇，長十餘丈。皆石鈎連鐵錮之。爲鈎欄若干，甚嚴。傍下爲石，旁爲堤石，菑入地者，丈有奇。更植大木千餘爲欄。李志南北各建石坊，一題龍橋，一題崇仁橋。今按橋有溫公祠，兩旁舊皆市廛，火後復興，亦邑中名勝。

「王太師端毅公」——三原縣新志卷六人物志，引王恕明史本傳：「字宗貫，號介菴。正統十三年（一四四八）進士，授大理左評事。進左寺副，條陳刑法不中者六事，遷揚州知府。天順四年（一四五八），超遷江西右布政使。成化元年（一四六五），南陽荊襄流民亂，擢恕撫治之。會丁母憂，詔奔喪兩月即視事。恕辭不許，與尚書白圭共平大盜，移撫河南。……十二年（一四七六）雲南鎮守中官錢能貪恣甚，大學士商輅等議改恕右都御史，巡撫雲南。……二十年（一四八四），復改南京兵部尚書。時錢能亦守備南京，語人曰：『王公天人也，吾敬事而已！』……先後應召陳言者二十一，建白者三十九，皆阻權倖，天下傾心慕之，……時爲謠曰：『兩京十二部，獨有一王恕。』……孝宗即位，廷臣薦召爲吏部尚書。……劉吉合私人魏璋等共排之，恕知志不得行，力求去。……正德三年（一五〇八）四月卒，年九十三。訃聞輟朝，贈特進左柱國太師，謚端毅。」

「崇仁」——依三原縣新志，在縣治西北，去城一里，是溫公故里。

四　題崇仁書

少保溫恭毅先生，在我關西爲名家，在海內爲名世，在　昭代爲名臣。豐功偉烈，嘉言懿行，傳播人間，與太師王端毅公埒。一時大手筆如：李宗伯本寧，葉相國台山，文光祿天瑞，來潘伯星海，諸先生洋洋灑灑，數百千言，率皆讚述不口口。而楊制臺修齡先生，又以數言總括之，謂先生清白似楊伯起，方正似王彥方，濟人利物似范文正，器識德量似司馬溫公，眞足寫先生居身居鄉居朝之梗槪矣！先生撰著甚富：學一堂集、二園詩稿、歷官奏議等劄，行世已久。玆冊所集，正諸名公之所讚述。乃先生季子與亨，業皆勒之貞珉，今又彙次成書，藏笥備梓也者。徵偶得而讀之，曰：於都哉美矣盛矣！先生言行功烈，藉此諸大手筆，足傳不朽。徵生也晚，先生立朝大業，未克悉。至所爲德于鄉，如造橋，如築城，如建尊經閣，與夫救荒卹災，種種懿美，膾炙人口，即兒童婦女，迄今稱說不已，一如宋時司馬君實故事，則耳之甚熟悉也。私念士大夫居鄉，必有一段不朽功德，利賴一鄉，令鄉之人，久久感頌不能忘。如先生者，始可稱曰鄉先生不虛耳。不然身都貴顯，於鄉之人毫無所利賴，或徒擁富厚，廣田宅，日夜爲子孫圖便利，于鄉之人秦越不相關；甚或睚眦凌轢，恣逞所欲爲得爲，貽害閭里，令鄉之人，心非巷議，腹誹背詛，敢怒而不敢言。此即求免一時之訾詈且不能，矧能聲施後世乎哉？嗚呼，如先生者，眞可傳世不朽也已！然非與亨孝思勤篤，曷能從戎馬倥傯，守障沸漶之際，力舉數十年未舉之事？既取諸名公手筆，悉勒之石

矣，復彙次成書，仍欲授梓備傳。若此，則徵之所爲洸然嘉嘆者也。用是，不揣譾陋，敬題數語於冊末。

箋釋

「**學一堂集**」——三原縣新志地理志謂溫少保在縣郭西建一園曰非園，中有一閣曰學一堂；又人物志本傳謂少保曾撰學一堂文集三十卷。

「**二園詩稿**」——二園乃溫少保講學棲息之所，韓詩有記：一曰非園，中有學一堂；一曰遯園，中有觀物堂。二園詩稿之名當源乎斯。（三原縣新志地理志）

「**先生季子與亨**」——溫自知字與亨恭毅季子也。十歲喪父，一慟幾絕。十九爲博士弟子員，提學賞其夏聲賦，來陽伯、趙子函、郭引伯諸名流咸推重。入太學，與黃思白、程端伯翟相善。西遊朝郡，總督楊鶴延爲上客，欲以軍功上太常，堅辭。庚辛之交，大祲，捐錢穀活人無算。製二廣柳車，掩骼數千，壬午焚堊杜田券。惟義所在，畢力赴之。逆闖陷關中，榜掠諸紳士，籍民財，自知亦與焉。是時闖踞秦府，逮者至，親鞫於堂上，衆謂不免。韓詩作與亨繫獄詩憂之。及進見，對以先人宦資，盡於龍橋，言甫畢，有朱衣金幞侍闖右者，厲聲曰：「知爾貧可即寄家，」既出，詢知朱衣者安定張國紳也，時爲僞政府尙書。其初落魄，自知曾賙之，故脫於難。康熙元年，知縣林遜開志館，延自知纂修，稿未及半而卒。河濱李楷私諡孝靖先生。今按所著有稜香及續集、遺集、代集，海印樓文集諸遊草，三原志料海印樓龍橋各志。（三原縣新志人物志）

「**私念士大夫居鄉……**」——謹案淸北創建溫恭毅公繕城祠碑記亦有此段，**字句大致相同。**

清末擬與敎廷通使及北堂遷移史料年表

張德澤

【編者按】故宮博物院文獻館張德澤先生著有「清季敎案年表」，都十萬言，已完稿，資料豐富，即待印行，茲將有關清末與敎廷通使及北堂遷移交涉之經過，摘錄如下：

光緒十一年（一八八五）六月，英士敦約翰條陳以明降諭旨，保護傳敎，商請敎會允遷北堂。（遷敎堂函稿2）

九月，北洋大臣李鴻章與英士敦約翰商辦遷移敎堂事。（遷敎堂函稿4）

十月，李鴻章函總署，遣英士敦約翰赴羅馬，商辦移敎堂事。（遷敎堂函稿1）

十二年（一八八六）正月，李鴻章函醇王，遣稅司德璀琳赴京勘定敎堂地基，並附德稅司與樊敎士問答節略及羅馬往來電報。（遷敎堂函稿6—13）

三月，李鴻章函總署與樊敎士面議，用西什庫建堂，附摘譯康熙年間建造北堂事實。（遷敎堂函稿13—19）

英士敦約翰電李鴻章，羅馬敎皇允移讓北堂，請速議改移地方。（遷敎堂函稿19）

四月，英士敦約翰電李鴻章，羅馬敎皇將派使駐華辦理敎務，並定北堂之事。（遷敎堂函稿20）

李鴻章函羅馬外部大臣雅各比尼，擬定移建北堂合同，請敎皇批准，附合同。（遷敎堂函稿20—22）

五月，李鴻章奏與駐京敎士議定移建北堂合同。

奉諭：照所請行，該衙門知道。（遷敎堂函稿23—25）

羅馬紅衣大主敎雅各比尼函李鴻章，定准派使駐華，祇理敎務，不干預中法交涉。（遷敎堂函稿22）

樊敎士函德稅司，敎皇欲派一意大里人爲駐華大臣，敎堂合同可望辦妥。（遷敎堂函稿33）

李鴻章函總署，令德稅司電商敦樊二人，請敎皇再減讓移堂銀十萬或五萬兩，並附敦約翰疊次密函，及德稅司致敦約翰兩電。（遷敎堂函稿25—31）

七月，總署電李鴻章，教堂償欵，毋庸商減。（外交史料六十八3）

英士敦約翰電李鴻章，北堂地方可按公用地之例，勸令遷讓，教皇允幫同辦理。（遷教堂函稿32）

樊教士電李鴻章，擬將移教堂合同向教會總辦相商。（遷教堂函稿32）

八月，英士敦約翰電李鴻章，法廷尚擬挾制教皇，言所派欽差祇可暫往。

李鴻章函覆總署，密探法意，北堂可商遷讓，但欲阻羅馬派使。

樊教士電李鴻章，教會總辦已允所訂合同，惟交還北堂，須由法國經手。

英士敦約翰電李鴻章，若教皇派使，法國將停發教士俸銀，移北堂事，中國可自作主，飭令遷出。

英士敦約翰電李鴻章，法國如不允遷讓北堂，各國意應按地主例辦理。

德稅司電樊教士，法如不阻滯教使，北堂事當委婉辦理，於法必無所損。

十月，李鴻章函法國林領事，教皇既不派使，遷北堂事，自應與法國商辦，請轉達恭大臣幫助辦理。

李鴻章照會法使，請轉飭北堂主教遵照樊教士原訂條欵，將北堂遷讓。

　法使照覆：已將來文傳電本國外部，想無阻滯遷讓之處。

十一月，李鴻章函覆醇王，遷堂定議，請撥頭批銀十二萬兩。

李鴻章奏：遷移蠶池口教堂，已經教皇、教會及駐京法使商定，照合同辦理，並附巴黎教會總統來函。

　奏諭：著照所請行，其改造經費，亦著分期撥給，俾資營建。

法使恭思當照會李鴻章，本國依准遷讓北堂。

　李鴻章照覆：現囑德稅司進京，查照合同辦理。

十二月，李鴻章電德稅司，西什庫先建仁慈堂，明秋教士即先移居。

　德稅司電覆：當再赴京，押令速騰。

（以上十二條，見遷移教堂函稿33—46）

十三年（一八八七）正月，李鴻章函覆教會總統，致謝允遷北堂，並請知會達主教，從速遷讓，不必拘定二年之限。（遷教堂函稿46）

四月，李鴻章函總署，請撥給蠶池口教堂第二次銀十一萬五千兩。（譯署函稿十九4）

五月，北堂達主教函李鴻章，擬於十二月將北堂教士移住西什庫新堂。（遷教堂函稿47）

六月，法使恭思當照會總署，允提前一年遷讓北堂，議定辦法六條。

六條中最要者，爲補給銀二萬兩，每早一月，另補銀五千兩。（遷教堂函稿50）

駐京法教士達里布函李鴻章，議定提前遷讓北堂各節，當恪遵辦理。（遷教堂函稿51）

總署奏：與教士議定，蠶池口教堂提前一年遷讓，並附法使照會，及達主教畫押原函。（遷教堂函稿48—51）

十月，李鴻章奏：蠶池口教堂遷費三十五萬兩，已分三期兌清。（李文忠奏稿六十45）

總署奏：定期接收蠶池口教堂。（外交史料七十四16）

十七年（一八九一）六月，李鴻章函總署，議教務不由公使主持，並附德稅司等譯述教事緣起，現議整理教務說略。（譯署函稿二十14）

十八年（一八九二）四月，李鴻章電巴黎薛使，教務章程，李梅謂：教王准行，法亦可准。（李文忠電稿十四9）

李鴻章函總署，商辦變通教務，並附薛使查探教務情形節略一件，及酌擬教堂禁約十條。（譯署函稿二十29）

八月，稅司德璀琳陳教務三條。（譯署函稿二十38）

李鴻章函教皇外務大臣，請先派總主教駐中國北直隸地方。（譯署函稿二十38）

二十四年（一八九八）正月，使美大臣伍廷芳奏請變通辦理教務成法。（外交史料一二九13）

（按文中有所謂教會乃僅指遣使會即味增爵會而言，總統今譯總會長。）

上智編譯館館刊　第二卷　第六期　四六四

寫於「聖詠作曲集」完成後

江文也

自從我見了雷永明神父P. Allegra，同時，「聖詠」也重新提醒了我的意識。在我進中學時，有一位牧師贈我一部「新約」，「新約」的卷末特別附印「舊約」中的「聖詠」一百五十首，從此它就成了我愛讀的一本書。可是我對於它，是像看但丁的「神曲」，或者讀梵樂希 P. Valery 的詩似的。二十年來，總沒有一次想要把它作出音樂來。

有了某一種才能，而要此才能發揮於某一種工作上時，眞需要一種非偶然的偶然，非故事式的故事！我相信人力不可預測的天意！

這「聖詠作曲集」裏邊的一切，都是我祖先的祖先所賦與的，是四五千年來中國音樂中所含積的各種要素，加以最近數世紀來正在進化發展中的聲學上底研究而成的。

「樂者天地之和也！」

「大樂與天地同！」

數千年前我們的先賢已經道破了這個眞理，在科學萬能的今天，我還是深信而服膺這句話。

我知道中國音樂有不少缺點，同時也是爲了這些缺點，使我更愛惜中國音樂；我寧可否定我過去半生所追究底那精密的西歐音樂理論，來保持這寶貴的缺點，來再創造這寶貴的缺點。

我深愛中國音樂的「傳統」，每當人們把它當做一種「遺物」看待時，我覺得很傷心。「傳統」與「遺物」根本是兩樣東西。

「遺物」不過是一種古玩似的東西而已，雖然是新奇好玩，可是其中並沒有血液，沒有生命。

「傳統」可不然！就在氣息奄奄之下的今天，可是還保持着它的精神——生命力。本來它是有創造性的，像過去的哲人根據「傳統」而在無意識中創造了新的文化加上「傳統」似的，今天我們也應該創造一些新要素再加上這

「傳統」。

「金聲也者始條理也，玉振也者終條理也」。

「始如翕如，縱之純如，皦如，繹如也以成。」在孔孟時代，我發見中國已經有了它固有的對位法和大管絃樂法的原理時，我覺得心中有所依據，認爲這是值得一個音樂家去埋頭苦幹的大事業。

中國音樂好像是一片失去了的大陸，正在等着我們去探險。

在我過去的半生，爲了追求新世界，我遍歷了印象派、新古典派、無調派、機械派……等一切的新作曲技術，然而過猶不及，在連自己都快給抬上解剖台上去的危機時，我恍然大悟！

追求總不如捨棄，

我該徹底捨棄我自己。

在科學萬能的社會，眞是能使人們忘了他自己，人們都一直探求着「未知」，把「未知」同化了自己，以後，於是又把「自己」再「未知」化了，再來探求着「未知」，這種循環我相信是永遠完不了的。其實藝術的大道，是像這舉頭所見的「天」一樣，是無「知」，無「未知」，只有那悠悠底顯現而已！

普通教會的音樂，大半是以詩詞來說明旋律，今天我所設計的，是以旋律來說明詩詞。要音樂來純化言語的內容，在高一層的階段上，使旋律超過一切言語上的障碍、超過國界，而直接滲入到人類的心中去；我相信中國正樂（正統雅樂）是有這種向心力的。

一個藝術作品將要產生出來的時候，難免有偶然的動機——主題，和像故事似的——有興趣底故事連帶着發生；可是在藝術家本身，終是不能欺騙他自己的，就是在達文芝的完璧底作品中，我時常還覺得有藝術作品固有的虛構底眞實在其中，那麼在音樂作品中，是更不用談了。

在這一點，只有盡我所能，等待天命而已！對着藍碧的蒼穹，我聽我自己；對着清澈的長空，我照我自己；表現底展開與終止，現實的回歸與興起，一切都沒有它自己。是的，我該徹底捨棄我自己！

寫於「聖詠作曲集」完成後

聖清音集卷上再校

方豪

六年前，余養疴渝郊，無所事事，乃讀民國九年北平北堂版聖清音集，而爲札記如干條，發表於本刊第二卷第四五期合刊。逾旬，信陽張維篤主教即告以第二十九想末句「胥塗肝腦共千秋」，胥應作當。既而上海胡若時司鐸亦來函，有所商榷。頗爲喜慰。近北堂圖書館主任惠澤霖司鐸忽以該館尙保存原刻本告余，亟假讀一過，草爲再校，以求敎於關心公敎文獻者。

一　書名及原刻版本考

北堂所藏原刻名「恩言箋句」，「阜城首善堂梓行」。據著者楊多默序，其書原名「思正恩言」，僅有三十三首，即所謂「將天主耶穌三十三想經爲題，限韻編詩」也。後又逐句揣摹，得二百六十四首，改名「恩言箋句」。而北堂翻刻者仍爲三十三首，即「思正恩言」也。

按楊多默作「思正恩言」，據原序係在康熙甲午年，即五十三年（一七一四）；而其續成「恩言箋句」，民國九年及三十一年聖清音集均作己己年，余前文已言其誤，玆得原刻，則作巳巳，亦誤；按此二字應爲己巳之譌之可能性爲最大，則當爲乾隆十四年（一七四九），距康熙甲午凡三十五年；楊氏自謂作「恩言箋句」時，年已八旬，逆推三十五年，則咏「思正恩言」時，亦已四十五歲；原序稱「思正恩言」之鑒定，已在司敎索公涖事之後；按索主敎就任北京代牧，已在乾隆五年（庚申一七四〇），則後出之「恩言箋句」，必須在乾隆五年（庚申）後之己巳年，殆無疑問。余前文認係康熙己亥年即五十八年（一七一九）者誤也。然則「思正恩言」與「恩言箋句」，俱屬乾隆禁敎時期之刋物，宜乎其不可多得矣！

二　校誤

甲　楊序

楊序巳巳之誤，余已爲校正，玆更就原刻以校民國兩版聖濤音集（總稱近刻），余前文有誤者亦附見焉。

「名思正恩言」原作「名曰思正恩言」。

「老楞佐」原作「老綸佐」。

「二百四十六首句」原作「二百六十四首」。余前文改爲「二百六十四句」，以不知其尚有箋句也。蓋三十三詩，每詩八句，應爲二百六十四句。

「曰思正恩言」原刻「名曰恩言箋句」。按此句關係最大，蓋「思正恩言」爲最初三十三首詩集名，而「恩言箋句」則爲由三十三首再加二百六十四首之詩集名，近刻本妄將兩書改爲一名，令人隕入五里霧中。余前文最後按語，曾以原識語有曰：「不限韻，亦不箋句」，而謂：「可見以前三十三詩，不獨限韻，每句且有箋釋。」今發現「恩言箋句」，足證余當時之推斷爲準確也。

「瓦缶難聞」，原刻同。余前文改聞爲鳴。

乙　三十三想詩

民國版均作「第一想」、「第二想」……等，「想」字連上讀，按原刻在第一、第二等字下空一格，故「想」字應連下讀。

第一想：「復命歸根道已窮」，民國版誤已爲己，前文已更正。

第二想：「祁寒子夜顯音容」，九年版音作聖，誤。前文末加可否。又「有名有郡（近刻作姓，誤）家何在？無害無葘（近刻作災，通）道不從。常（近刻作長，誤）服數層堪襤縷。（近刻作褓，通。）

第三想：題應作「第三，想誕生吾主吉音，…」誕生二字漏。又「郊外童蒙（近刻作牧童，非）聞捷報。」

第四想：題「牧童」，三十一年版改作牧兒。「前賢望主越千支」，「越」原刻作「閱」。「童豎承恩幸及時」，「豎」近刻誤爲「竪」，前文已更正。「爭先頂禮盡餘恩」，原刻作「頂踵」。「一路歡聲孰與知」？「孰」原刻作「誰」。「牧童千古是吾師」，「童」原刻作「兒」。

第五想：「自天喚號永昭垂」，「喚」原刻作「涣」，原刻誤。「儀注還依古敎規」，「古」原刻作「舊」。「從無聲嗅辭難頌」，「嗅」原刻作「臭」，原刻是。

第七想：題「吾主爲聖母獻於主堂」，原刻作「奉獻」。

第八想：「膝下此時非宴日」，「宴」原刻作「定」。

第九想：「八年十二孰知書」，「孰」原刻作「鮮」，是。「闡明古學說當初」，原刻作「羣空古聖說當初。」

第十想：題「吾主與聖母三十載克盡孝敬」。原刻在「三十載」上尚有「共處」二字。

第十三想：「萬派一宗遵道統」，「遵」原刻作「尊」，是。「同堂共業育英才」，「英才」近刻誤作「才英」，前文已改正。「後人私述几筵間」，「私述」原刻作「私淑」，原刻是。

第十四想：題「躬傳聖道」，「道」原刻作「敎」。「茫茫歧路孰爲眞」？原刻誤作岐。「一言訓世千秋鑑」，「世」原刻作「諭」，原刻是。

第十五想：「無藥無方顯大神」。「神」原刻作「勳」。

第十六想：「掌握神明之大元」，「神明」原刻作「幽明」。

第十八想：題「茹達斯」，原刻作「如達斯」。

第十九想：「主值雖凌更焰然」，「焰」原刻作「欲」，原刻是。

第二十想：「架上遺言聽翌日」，「翌」原刻作「明」。

第二十一想：「爲迎大難宴嘉肴」，「迎」民國九年版作「臨」，非，三十一年版已改正；「三巡豈易救民命」，「救」原刻及三十一年版均作「求」，誤。

第二十二想：「持竿捕主共焚膏」，「竿」原刻作「干」，原刻是。「倒斃何須用法曹」？「須」原刻作「煩」，原刻是。

第二十四想：「十一徒生冥冥些」，原刻作「十一諸生冥冥邪」，原刻是。

第二十六想：「步步相隨慟哭聲」，「相」原刻作「追」。

第二十七想：「四肢槌透鐵三釘」，「槌」原刻作「椎」，原刻是。「苦胆高竿驗古經」，「胆」原刻作「袋」。

第二十八想：「破脇方知腸腑崩」，「腸腑」原刻作「腑臟」。「漫愁魔鬼逞多能」！「鬼」原刻作「網」。

第二十九想：「巖石青山一墓邱」，「一」原刻作「塋」，原刻是。「胥塗肝腦共千秋」，「胥」原刻同；張維篤主教謂應作「皆」，胡若時司鐸亦以為然。

第三十想：題「三日復活」，原刻作「第三日復活」，原刻是。「徒勞守卒衆如休」，前文曾謂「三十一年版改作林，是也」。按原刻作「林」。

第三十一想：「四句言訓更新草」，「言訓」原刻作「主訓」，原刻是。「榮居右座榮無極」，兩榮字重出，故前文認為第一榮字誤，改為「位」，今按原刻作「榮居右座曾無極」，則第一榮字不誤，而係第二榮字誤，故校書必得善本，理校可能有誤，或至少不合原來面目也。「和合凡間樂且躭」，「躭」原刻作「湛」，原刻是。

第三十二想：「若降風雷還坦坦」，「風雷」原刻作「雷風」，原刻是。「雙神下降顯雄談」，「降」原刻作「慰」。

第三十三想：題：「吾主日後再降」，原刻作「再降世」。「五傷聖子獨嚴嚴」，「嚴嚴」原刻作「巖巖」，三十一年版同，前文已提及。

丙　附詩

題：「大白山」原刻作「大博山」。詩亦同。「忽聞訓語出天寰」，原刻作「驚聞訓諭出天寰」。

丁　跋

「皇城首善天主堂中」，原刻並無「天主」二字。「弁能有序，跋豈無詞」。原刻同，余前文疑其有誤者，非也。又跋詞後附文曰：「語訖，拍案憮然」！余前文曰：「不知所語者何，知必有闕文」。今按原刻並無闕文，但意義仍晦澀難解也。

連聲海遺作

贈方杰人司鐸（解放詞）（補白）

舍南舍北遙相對，隣接南軒內；瘦小儀容，儒家風度紉蘭佩；出世襟懷，指迷當代，炳炳烺烺，多少文章在。恨長夜漫漫，誰能解憂？嘉陵江波光瀲灧，更望神光抱戴，巴山風雨亂雞鳴。堪憫一般愚昧，萬罪橫生，羣道破碎！ 神甫！溫肅互乘天澤賚，顯博愛心腸，頻頻提誨，秉金鐸，震聾憒，竟事功，賢哲配。

連君聲海，通小學，金石刻畫，最爲精能。曾任國父在日本青山辦公室祕書，廣州大元帥府印鑄局局長兼元帥府祕書，軍政府大理院書記官長兼總檢察廳書記官長，代理參議院祕書長，總統府祕書。中華民國玉璽及大總統金印，皆君躬親雕製，規矩莊嚴，垂爲典則。國民政府成立後，又迭任廣東省政府祕書長，代理交通部部長，中央黨部政治會議祕書長，海外部部長，國民政府祕書長，鐵道部部長，行政院祕書長，立法院立法委員。君於書法，致力甚深，尤好閣帖，故其書精熟雅潔，遠謝時流，晚年歸心釋氏。此爲民國三十四年與余同執敎重慶復旦大學時所贈詞。余住南舍，君住北舍，相距僅數武。南軒爲敎授宿舍，以紀念前任校長吳南軒先生者。八月十二日君在南京逝世。　方豪謹識。

讀舊約雅歌八章（補白）

潘文安

娟娟賢淑女。睇視輒莞爾。吹氣似幽蘭。柔情溢春水。
嘉名湘芷芳。德性旨酒美。延企入內堂。懽樂情何已。
日事牧圉勞。力作暮山紫。兩心相契多。儀型常仰止。
堂奧抑何深。談經洽名理。火燄日熊熊。愛情堪擬似。
黽勉更同心。白首永如此。石爛與海枯。此志仍終始。
思君時不見。何以慰吾旨。吾心孰堪依。惟主可憑恃。

孟特爾神甫種荳（補白）

吳壽彭

晨興祈禱罷，荳圃自鋤治。早荳花蝶迷，晚荳殷勤蒔。
黃荳方茁壯，蒙荳將收其。枝莢已滿園，心安有餘地。
誌取榮枯數，不須論四季。海外風雲變，山寺愼幽閉。
忽聞好消息，生物知所自。異哉達爾文，能明人類始。
創造固由主，未敢求其秘。歲歲多種荳，種多識其裔。
新苗又芃芃，忘却老將至。一朝歸上帝，春鋤亦棄置。
骨灰冷斯須，人荳兩高世。無端身後名，轉深寂寞思。

舊約全書序

田耕莘

當我去年謬膺樞機，從聖京歸國的時候，全國教會洋溢着一片祝賀聲，使我愧感萬狀，寢食難安！但當時我以爲在此中國空前勝利，教會甫告復員的時期，有一件事倒眞正值得大家額手相慶的，那就是去年秋天，中國聖教會出現了兩部「聖詠」譯本：第一部是吳德生先生應蔣主席邀而翻譯的；吳先生雖是新教友，然而以他信道之篤，奉教之誠，以及中西文學素養之深，所以他的譯本，鏗鏘可誦，令人讀來不忍釋手，聞某教友易簀前，吟哦不已，竟抱「聖詠譯義初稿」而逝，噫！何其動人之深也！第二部是北平方濟各會院聖經學會所譯的「聖詠集」，這是他們在準備中的舊約全書的一部分，其特點在盡力以聖經學的立場，符合聖經原文的含義。文詞淺顯，頗能適應時代的要求。舊約全書並不順序出版，在「聖詠集」之後，將爲「智慧書六種」等，教務叢脞，我深恨不能於出版前一一細讀，然而聖經學會的努力，我是深切知道的；聞主持人蓄志譯經，尙在抗戰之前，今日幸能目覩一一問世，其毅力至足驚人，其歡忭亦可想而知；我忝爲出版地教會首長，又何能不掬誠以賀？

然而，在欣慰之餘，我亦不無感慨。我以爲天主教自唐代傳入華夏以來，歷時已一千三百餘載；自元朝算起，亦將七世紀；即從明季閩粵沿海開教言，亦逾三世紀有半矣，而教會奉爲上主啓示之聖經，竟無全譯本，以致引用漢文聖經者，不能不乞靈於新教譯本，這是我們的恥辱！我們對於翻譯自己的經典，不僅不如新教，抑亦落在佛教、回教之後。

我主張教會一切事業都須合作，而在編譯工作上，尤爲重要。我國譯學，以自漢迄唐爲最盛，亦即所謂梵譯時期。姚秦時，鳩摩羅什和他的門人，同居長安的西明閣和逍遙園，從事譯述，多至八百餘人。（見崔鴻十六國春秋）唐太宗時，玄奘在弘福寺譯經，有碩學沙門五十餘人整理材料，此外尚有不少助譯與潤色的人。譯場規模較大的，還有涼州的閑豫宮，南京的道場寺（東晉時）和華林園（蕭梁時）；而譯場的組織亦極嚴密，職員共有七類：一曰譯主，二曰筆受，三曰度語，四曰證梵，五曰潤文，六曰證義，七曰總勘；每譯一書，必經上述程序，手續似乎繁複，但翻譯的精審，則到今天猶爲人贊嘆不置。北宋初，天息災（迦濕彌羅人）又規定譯經工作人員爲：譯主、證義、證文、書字、筆受、綴文、參譯、刋定、潤文等九類；傳法院中部譯經，東部潤文，西部證義。且有特訂儀式。佛教的作風和成規，很可爲我們取法，所以我們亦必須有大規模的編譯機構；然而孤掌難鳴，衆擎易舉，我們只有期待着全國主教與修會會長們的精誠合作。

舊約全書將由北平方濟各會院的聖經學會獨力完成，即印刷亦不例外，其精神彌可欽佩。然而這是試譯，亦猶吳德生先生的譯本，自稱初稿，當然，在將來修訂爲標準漢譯本的時候，願全國教會俊彥對此千古盛業，共起贊襄，同任艱鉅。這是我衷心的蘄望！謹以此爲序，並以此賀之譯經諸君。

民國第一丁亥年孔誕日陽穀田耕莘謹序

雅歌引言節略

聖經學會

（一） 寫在前面的幾個問題

（甲）書名 現在中文所稱的「雅歌」，原文和其他各種的古譯本，都稱爲「歌中之歌」（Canticum Canticorum）。這種稱呼是出於希伯來文的語風，其意義表示這歌曲的高雅名貴，遠出其他歌曲之上，就如「僕中之僕」，即謂最卑微的僕人；「主人中的主人」，即言最高的主人一樣。這種語氣，恰等於文法上所謂的「最上級」。有的學者，如阿本厄次辣（Ibn Ezra）把「歌中之歌」一語，解釋爲撒羅滿歌集中的一首歌曲。這種解釋很不合希伯來文的語風。我國公教將本書譯作「聖歌」，或「歌詞」，或「歌詠集」，或「聖曲」等。敍利亞譯本在書名下附有「最高的智慧」一句。

（乙）位置　在拉丁通行本和七十賢士譯本內，雅歌位於訓道篇與智慧篇之間；在希伯來聖經內，却列於第三部雜集內。在這一部中，有五卷書（Quinque Megilloth）即雅歌、盧得傳、哀歌、訓道篇和艾斯德爾傳，是猶太五大慶日內公誦的經典。直到現在，猶太民族舉行逾越節時，尙公誦雅歌。五旬節時，公誦盧得傳。在陽歷七八月之間的阿布月（Mensis Ab）內，爲紀念耶路撒冷的毀滅，誦讀哀歌。帳棚節內讀訓道篇。普陵節（Festum Purim）讀艾斯德爾傳，以紀念猶太人藉艾斯德爾皇后所蒙受的救恩。

（丙）性質　初讀雅歌的人，總覺得雅歌是一首凌亂、瑣碎、不連續而富於含蓄的長篇詩。但讀者如耐心地讀下去，仔細地玩味一下，便會發現詩中的一些意思，諱莫如深，不免有許多疑難，湧上自己的心頭。

雅歌中有些再三重複的句子，看來似乎是在說明雅歌的主旨。雅歌是一種對話詩，詩中有許多對話的人物，因此不能否認雅歌頗帶有戲劇的色彩。對話的是一對情侶，男的稱爲新郎，女的稱爲新娘；新郎亦稱爲王3 9 11；新娘亦稱作「叔拉米特」（Sulamitis）、妹妹、女友、鴿子等。歌中尙有一羣婦女，是「耶路撒冷的衆女子」，又有新娘的兄弟，他們只講過一次話8 8 9；詩中又屢次暗示一些不講話的人物，如皇后、嬪妃、新郎的母親、城中的巡警、新郎的朋友。由此可知，雅歌不是一人的談話，也不是純粹的對語。它雖帶有戲劇的色彩，然而尙不足成爲一篇戲劇，因爲它的劇情太簡單，不夠戲劇的條件。雅歌處處所表現的，是男女間的愛，故此可稱它爲「戀歌」。若要澈底明瞭這「戀歌」的意義，最穩妥的方法，是先將閃族人所有一般的戀歌檢討一下，看它們是怎樣的一個性質。猶太和公教的聖經學者，向來主張雅歌是拿男女間的愛情，來寄託更高尙神秘的事跡的一首寓意抒情詩，是含有言外之意，絃外之音的。

如今要問閃族的文學中，是否有這類寓意的抒情詩？這種探討必會給我們對於本書的體裁和意義，一個相當圓滿的答覆。

（二）類似雅歌的詩歌

世界各國的詩歌，都有許多戀愛的詩歌。現在我們約略提出幾個來與雅歌比較一下。但是我們所要舉出的，並不是因它們含有戀愛的因素，而是因它們的性質與雅歌頗相類似。屈原的騷賦，話雖是指的香草美人，而意義却不是指的香草美人，只是把香草美人當作譬喻，來影射他意想中的人物。這樣的詩稱爲寓意詩。有的寓意詩，作者已經將詩義明白說出，如但丁的神曲；有的寓意詩，作者始終沒有把詩意點破，讓後來的讀者自己去細心領會，自己去尋找，就如雅歌。古敎與新敎的聖經學者，依據傳統的思想，共認雅歌爲一長篇的寓意詩。在證明這傳統的講解爲眞實以前，我們先要研究在閃民族的文學史上，是否有這樣的寓意詩。假使有的話，這傳統的講解，便可斷言是眞實的了。比如，縱然但丁自己沒有說明他的神曲是一首寓意詩，但在西歐文學中有許多類似神曲的詩，讀者只要將它們與神曲一比較，便可得知，神曲也是屬於寓意詩類。對於雅歌的推斷也不能例外。下邊我們提出幾首阿刺伯和埃及的情詩，來作參證，因阿刺伯是屬閃民族的，而埃及對猶太民族的影響實深且厚。

自從斯忒番（Stephan）、達爾曼（Dalman）、斯突默（Stumme）三人所編敘利亞、巴力斯坦、利比亞、阿刺伯民歌詩集出世以後，聖經學者無不注意到，這些民歌有些地方頗與雅歌相似。黎角提於所著雅歌釋義內，也曾引用了幾首這類的民歌；然而這些民歌與雅歌所有共同的地方，都不過是形式上的偶同，只能暗示古代在閃族中所流傳的一些共同的風俗。這些民歌在取材結構上，無論如何，都沒有雅歌那種神秘固有的特質。

阿刺伯的詩人中，有一派名叫蘇非派（Suphismus），這派詩人的作風與雅歌很相類似。他們都是神秘派的詩人，習用男女戀愛詩來表示心靈對上主所懷的愛情，拿美酒來象徵靈魂與上主密切的結合。人若不知道這派詩人的用意，自然以他們的詩歌，都是些戀愛的詩歌。下邊將蘇非派的代表作者依本阿耳發辣狄（Ibn Al Faradi）的愛卿頌（Laus Dilectae），選擇幾首，當作參考：

『……我心如另有所戀，不汝而思，你就以我是一個背信者。……你是我心所想望的，是我希望的標的。你是我願意，所選擇，所渴慕的極高對象……我的愛人美麗，因之一切人地事物，都因她而美麗……一切的愛都集於她一身，所以到處可見戀愛她的人。他們只見到她的熱情……夜間她若與我親暱，這夜爲我就成了卡達爾（回敎的大慶日），那一日我遇見她，那一日就變成我的古瑪（回敎的星期日）。她所住的地方，爲我是哈蘭（麥加聖地），她所選的住所，爲我是希格辣（聖地），她所住的地方，爲我是耶路撒冷。在那兒我心狂歡，因她是我眼的喜樂。她的衣邊所經過的地方，是我的聖殿；她所踐踏的濕土，於我是芬芳，是快樂的所在，是激發我希望的田園，是我恐懼時的避難所……當曙光破曉，北風由她那邊吹來的時候，我的心就想到她。當清晨灰鴿鳴於枝頭時，和諧的歌聲，激動了我的耳鼓，我心就對她狂歡。當夜深人靜之時，我喝着美酒，那美酒，那酒樽，都使我對她戀慕不休……。」

「愛卿頌」是一篇很長的詩歌，這裏不過只引了幾段。

讀者念了這一小段，也許會想這純粹是男女戀愛的詩歌。現在阿剌伯的青年人，也把這詩當作戀愛詩讀；其實依本阿耳發辣狄所寫的愛人是指的上主；他深夜飲酒，是象徵他靈魂與上主結合的歡樂。

埃及的情詩傳到今日的，只有三首。那三首雖沒有那種神秘的特質，但値得我們注意的，是這些詩的語句，有很多與雅歌相似。這些詩大概是埃及古代的婚歌。古埃及在婚姻殯葬時，多用歌舞，聯歡誌哀。下面所有，都是公元前一千三百年的著作。這些詩歌內新郎稱「兄」，新婦稱「妹」：

「請你來同衆小姐共同交談，花園內已張燈結彩；帳幕和花壇，都爲你準備好了……讓你的奴僕跟來……叫你的奴僕拿着酒杯，帶着美酒，帶着餅，帶着昨日和今日的鮮花，並各樣的香果……。」（參考歌7 14。）

按：上段譯自都林城藏埃及「紙草紙殘片」（Papyrus Taurinensis）。

哈黎斯（Harris）在埃及發掘之「紙草紙殘片」中，找着了一段描繪新娘艷麗的詩：

「我愛妹的胸懷是荷花池，她的乳房像香花，她的手臂如象牙，她的額好似一片香柏。」（參考歌7 3 1 13。）

妹妹思念兄說：「但願你的手放在我的手上，這樣你可任意引領我。我願偎在你的懷中，我的心要對你的心訴說我的心願。（參考歌8 5 1 4 3 1。）假使夜間我愛人不來，我就像躺在坟墓中的尸體……願及早聽到斑鳩的歌聲。請注意，大地已染了春色；你這小鳥，你喚醒了我！我又找着了我的愛兄，在他的寢室內，我再不離開你。我的手在你的手內，我要時常與你遊行……。（參考歌3^{1} ^{2} 12 1^{4} 3^{4} 7 12。）噢！我在大門上觀望，看啊！我的愛兄來了，我的眼注視着大路，我的耳靜聽着他的脚步，我兒的愛是我唯一的珍寶，凡關於他的事情，我心總不得安寧。」（參考歌2 8。）

藍冬禮儀經（Langdon Liturgical Text.）載有古巴比倫戀歌一首，對於這歌，學者尚沒有一致的解釋；但有的學者說這首詩，表面上雖是一首普通的戀詩，然其用意，却指信徒對巴比倫神搭慕次（Tammuz）所懷的熱情。假使這個解釋正確的話，那末不但在阿剌伯蘇非派的詩中，即在古代的巴比倫詩中，也有一些用男女間的愛情，來謳歌人與神間愛情的詩歌。

中國文學史上，也有許多戀愛的詩歌。在帝舜時代，塗山之女慕禹而作歌，惜今已亡。詩經內戀愛的詩，幾佔十之五六；詩經以後的戀愛文學更是層出不窮。戀愛文學雖未必都是神祕的，但男女之愛是自然的，相思之情，是必然的；在道德上既認爲人之大倫，在法律上也不在禁止之例，只要人用之得當，決不可視爲罪惡。

中國歷代的經學家，對於詩經的一些解釋，頗具有寓意的意味，不像現代的學者，拿詩經中的詩，都認爲是純粹的戀愛詩。今只舉國風關雎篇爲例；毛詩詩序上說：「關雎后妃之德也，風之始也，所以風天下而正夫婦也；故用之鄉人焉，用之邦國焉……周南召南正始之道，王化之基；是以關雎樂得淑女，以配君子；憂在進賢，不淫其色；哀窈窕，思賢才，而無傷善之心焉：是關雎之義也。」毛公注「關關雎鳩，在河之洲」說：「后妃說樂君子之德，無不和諧，又不淫其色，愼固幽深，若雎鳩之有別焉，然後可以化行天下。夫婦有別，則父子親；父子親……」又注「窈窕淑女，君子好逑」說：「言后妃有關雎之德，是幽閒貞專之善女，宜爲君子之好匹。」漢匡衡說：「窈窕淑，君子好逑，言能致其貞淑，不貳其操，情欲之感，無介乎容儀，宴私之意，不形乎動靜；夫然後可以配至尊而爲宗廟主，此綱紀之首，王化之端也。」宋朱熹說：「周之文王，生有聖德；又得聖女姒氏以爲之配。宮中之人，於其始至，見其有幽閒貞靜之德，故作是詩。」（古詩十九首內，男女間的互戀，也有人以爲是君臣間的孺慕。）

我們若只念了關雎篇的詩，看不出是寫文王和后妃相思的詩來；我們讀了各家的注疏以後，便知道關雎不是一篇簡單的戀詩，君子是指的文王，淑女是說的后妃；這是歷代說詩者的公論，故在中國的詩歌內，可以說也有與雅歌相類似的寓意詩，在文字的表面看來，似乎是戀愛詩，但其用意，卻全在於「思賢才」「化天下」。孔子對於詩經曾下過這樣的批評：「詩三百，一言以蔽之曰：思無邪。」所以歷代的經學家，都本着孔子的這個主張來解釋詩經。

關雎雖不像雅歌和阿剌伯及埃及的戀歌，拿男女間的愛，來寓意世人對上主的愛；但關雎卻也是以男女相思之情來作的寓意詩，是「思無邪」的詩。所以為證明雅歌寓意說的「確切性」，從中國的古詩內，也可以找到有力的旁證。

（三）雅歌解說的派別　（四）雅歌自然說的評論

（五）雅歌預像說的評論　（六）論雅歌寓意說

（七）分析（以上從略）

（八）著者與著作時代

按照題名，本書是撒羅滿所作，但題名是僞托的，不可依據；這題名有人相信是雅歌列入正經時所加的。智慧篇依題名也是撒羅滿所作，其實不然，智慧篇是撒羅滿死後八百年的著作，這為經學家所公認。訓道篇的題名也不足據。按照雅歌的內證來說，可以斷言它絕對不是撒羅滿的作品，但是雅歌是誰作的呢？今已不可考，故無從得知。雅歌是何時寫的，也只有從內證上來找證據。雅歌是希伯來人充軍後的作品：第一可以由文字上證明，詩內有十五個字是阿辣美語；另有五六個字雖是希伯來文，但其意義卻是阿辣美語意，4 13有一個字是波斯語，即「Parades」（怡園），希臘文作「Paradeisos」。關於「轎子」（Appirion）3 9，希臘通行本作 Phoreion。「Appirion」似乎是出於希臘語。又在造句和文法上，都表示是希伯來晚期或充軍以後的著作。第二由雅歌中的寓意上，可以證明它是晚期的作品，猶太民族學家和猶太歷史學家都公認：「雅威是伊民淨配」的思想，雖然可上溯到梅瑟時代，但是充軍之後，由於厄則克爾、耶肋米亞諸先知的宣講，才逐漸普遍化。由此可以斷定，雅歌是充軍以後的作品。

至於再詳細地規定雅歌是何時的作品，頗爲困難。黎角提和一些聖經學家認雅歌是紀元前四世紀中葉的作品，此可備爲一說，不足成爲定論。

我們如再進一步探討雅歌寫作時所有的背景，也可以知道它出世的時代。雅歌是研究智慧運動的結晶。按德訓篇39 1—3所載：「治智慧的人考究格言、譬喻和隱語的深意。」在這些研究智慧的人中，必有許多神秘的語句，局外人是不會了解的。對於研究這類智慧的人，這些神秘的語句，是易於領悟的。雅歌這首寓意的詩，恐是出於這些人的手筆。在方濟會神修派中（Spirituales）也有類似的寫作，會外人是不易了解的。我想雅歌的來歷也有一點與此相類似。

（九）論原文與譯文

凡讀過雅歌的人，沒有不感覺到它是一篇美麗的詩歌的。的確，雅歌可說是希伯來文學的精華。詩中的香草、葡萄、花園、動物等，使我們聯想到巴力斯坦欣欣向榮的春天。假使我們把這風和日暖的春天，來表示天主賜給聖教會的一切恩惠，那末我們對於雅歌所感覺的興趣，恐要更爲濃厚。

說到雅歌的原文，聖經學家公認，除了幾句文義有可商討的餘地以外，其餘的經文，都是完整可讀的。在譯本之中，希臘和敘利亞譯本可稱佳作；拉丁通行本，若與希臘譯本比較，更爲雅緻。拉丁譯本若與原文對照，可以說聖熱羅尼莫在繙譯的時候，（一）隨從了猶太人寓意的解說；（二）他有時避免了原文較難的地方；（三）他參考過希臘譯本。

關於雅歌的詩律，除並行體外，（這個體裁，在雅歌中不很謹嚴，）其他的詩體，至今尚未考出；故不能作爲改訂經文的依據。

（十）解經學家對雅歌應注意的原則

（一）傳統授予我們的，只是雅歌的主旨，就是表示雅威和伊民，基督和聖教會間的愛。可是對於每一句的意義，卻沒有給我們一個固定的傳授，故可以隨意講解。但講經學家當避免牽强附會。的確，有些句子，有些人物，如新郎的朋友，究有什麽寓意，或是只算是詩中的陪襯，我們不能確定。

（二）要將猶豫不決的經義，勉力依據主要的寓意去講。

（三）新娘雖指聖教會，但雅歌中有許多的經義，可貼在聖母瑪利亞和善靈的身上；不過這種運用法，只能限於幾處經文，決不能貫徹雅歌全篇。

（四）雅歌原來指示雅威與伊民間的愛，解經學家首當引舊約中的道理來發揮它的深意；然而雅歌也預表基督和聖教會間的愛，所以也必須用新約中的道理，來發明其中的奧義。誠如是，則不難窺見全豹矣！

如何使中國思想基督化

劉德和

【編者按】本文載於「天風」第八十五期，係新教人所作，讀此可窺見新教徒對於使中國文化與基督教文化融合的意見，很可作我們的參考。原文完全照錄，不加刪改。

考基督教正式傳華，爲期已百餘年，至今它祇有信徒四五十萬人，反顧佛教入傳始漢明帝，歷時既久，當日一經傳播，大得人民信仰，上行下效，佛徒萬千，佛寺林立，譯經著典，世代相傳，時至今日，國人什九宗佛，民衆士大夫佛道意識濃厚，而基督教思想爲一般民衆了解者不多，爲中上社會階層所認識者更少，寥若晨星，宣化力量實感不足，今後的中國基督教，對於深入民間與進入中上階層須同時重視。

起初基督教跟着帝國主義的脚踪來華，故當日的中國教會，教徒、教士多被人誤認作別人的尾巴，但經過時代的洗禮，國人對基督教及教會稍加認識與同情，但仍未達於深信與携手的地步。

今後的中國基督教政策，如欲獲得民衆與士大夫的信任，我以爲不但祇從講道、奮興、宣傳、與勸導方面工作，且要從思想學術方面做些介紹與改造的實務，希望由譯經、著典、文化三者推行完善的宣化工作。

奮進運動有兩大任務，一是奮興教徒的自強自勵，一是策進對外佈道得人，廣傳福音，此三年的運動推行，對內對外，對質對量，理當兼顧，惟依目前各方動態觀之，似重對內的奮興，暑期內各地紛紛舉行培靈會、夏令會、奮興講道等，目下亦有對外工作的策進，惟多偏重演講和佈道，而少作文字宣傳，思想感化。

今日各種佈道演講，聽者多屬中下層階級，尤以婦女爲多，上流社會，士宦文人，不願屈坐傾聽，而他們一般的思想，亦爲守舊派（即宗孔道的），佛道派與自由主義者（即無神論者與人文主義者）的任何一派所佔有，基督教思想，若欲進入士大夫的腦海中，我以爲須把兩者的精華調協起來，此非云令基督教成爲中國化，而是把中國思想基督化，若能以中國傳統的精華，加以基督化精神的貫注，則國人手執一卷，亦能循循善誘，認識眞理。

基督教乃發源於巴力斯坦而承受希伯來的傳統思想，後來與希臘文化接觸，當時希臘文人學者對這位由天而降的耶穌不明瞭，也許有的加以懷疑，惟一經希伯來護教師約翰借用飛羅 Philo 希臘式道的觀念做媒介，把耶穌介紹給希臘人，以後希臘人明瞭信仰而歸主者甚衆。

今日基督教學者先驅，也應當借用中國固有而適當的觀念，以解釋並介紹耶穌給國人，使士大夫（學者）從思想上了解耶穌的偉大，然後再從個別的經驗上，去體察耶穌的人格。

中國文化若接納基督，則它在學術上，思想上的意義加深了，基督文化的來臨不是掃盡中國的文化學術，却是把它發揚光大，入于至善，正如基督說，他不是要廢掉，乃是要完成，此語不是專對猶太人說的，亦是對中國人說的。無論何種民族，何種文化，凡與基督的道相融和，都得格外的成全，格外的完善。

筆者國學淺薄，教義未深，不敢自斷兩文化的如何調協，然從後列三方面的可能性着眼於介紹與改造，未審此項可能性能否担負此莫大的任務，正有待當今基督教學者，國學先師等先驅共同努力，發現眞理，以介紹於國人。

甲、神學、教義

1孔子的理想社會，乃大同世界，幼有所長，老有所養，其實現時間，是在過去的堯天舜日。

基督教的理想社會是天國降臨，世界和平，人類幸福，其實現時間在將來。

2孔門思想近於人本主義——如四維八德。

基督教思想乃神本主義——如十誡八福。

但神本主義高於人本主義，其精義超乎人本主義之上。

3漢末有天人合一之說，此乃漢學受佛教影響後的結晶。

約翰福音有神人合一教義，此乃希伯來思想受希臘影響後的果實。

神人合一教義的解說，較天人合一之理論詳明而確實，且有基督一人作神人合一的模樣。

4佛教的「天」的觀念，不甚清晰，故屬於不知論；孟子論天似有人格化，但未顯著述出。

基督教的天乃是有人格的天父，他是人類宇宙的主宰。

5孔子對生死採取懷疑論，他答弟子曰：「未知生焉知死」。

孔門只有今生，不知來生。

基督教對生死問題有明確的訓示，死乃是進入永生之門戶。

基督教教義有今生，亦有來生。

乙、哲學

1諸子百家哲學祇在認識論與人生論兩方面打圈子，他們的哲學以人作為結論的終點。

基督教的哲學則加上本體論鮮明的解說，故基督教有完善的哲學基礎，而以神人團契為結論的最高峯。

2宋明理學有知行合一之說，孫總理又有行易知難學說。

保羅亦有知者必能行的論據。

3王陽明致良知的見解，乃集理學之大成。

新約的教訓著重良心，憑良心作事。

4中國思想對善惡二者，似有對立性：

孔門以人之善者與生俱來，故人性曰善。

荀子以人之惡者與生俱來，善者僞也，人爲也，故人性曰惡。

基督教義以「善」是有絕對的存在性，上帝就是善，人之初生，肖似上帝曰善，背乎上帝道者曰惡，故「惡」者無存在之確實性，善之不在者，曰惡，猶光之不在者曰暗。

丙、倫理、道德

1孔門之道，乃主張君君臣臣，父父子子，各守本分的階級分明。

孔子本人出而卑，無車不出，他自己是士大夫之輩，不允降格爲庶民。

基督教則以人類皆兄弟也，上帝是人類的父親，人類應平等。

2孔門之愛由近及遠，由親及疏，孔子教人忠君愛國。

基督教的愛是博愛，普及天下萬人，基督教教人愛神愛人，天降雨給義人，也給不義的人，基督教的愛較孔門的愛爲偉大。

3孔門的倫理觀念趨於消極：如己所不欲，勿施於人。

基督教的倫理思想勇於積極：如爾欲人善待爾者，先待人以善。

4中國的個人倫理以正心誠意，修身齊家爲準則。

基督教的個人倫理以清心自潔，服務犧牲爲目的。

5孔門之道與四書五經，祇說教人行善，未能消除社會罪惡，除去個人罪惡的根性的述說。

基督教教義有救人脫罪，解除人們痛苦，拯救社會黑暗，赦免世人無知之罪的權柄。

上列諸例，不能盡所欲言，然由是以觀，足見基督教教義、哲學、倫理都較孔門思想與中國傳統精神爲進一步，基督教學者先驅如能整理故籍，融會貫通，再加以基督教精神的消化，使中國倫理學術經籍思想成爲基督化，有基督人格的樣式，則國人手執一卷，可以略明教義的梗概，其學術傳流既久，復可改造人心，其勸人悔改之效，實較街頭佈道與奮興佈道爲大，如此，國人接納福音的可能性，亦可日趨平易。

上主席書論處理教會產業

葉秋原

主席鈞鑒：久違訓範，企慕良殷。比者國家多故，共黨旣稱兵作亂，奸商又鼓動風潮，動我國本，殊堪痛恨！賴我主席明智睿斷，應付咸宜，每仰勛勞，神馳何似。近聞行政院方面有關於處理教會產業之新決定，將在我國之基督及天主教會分成三類：其由我國人主持者爲一類；由有條約國人主持者爲另一類；由無條約國人主持者又別爲一類；依此分類，則在我國之教會，必將橫遭宰割，竊期期以爲不可。蓋宗教原無國界，構成教會者乃爲信衆，教會之在美國者，其信衆爲美國人民，故爲美國教會；其在我國者，信衆爲我國人民，應爲我國教會，萬不可以主持教會事務者之國籍，加以區別，致阻碍基督教會在我國之正當發展。關於天主教會部份，其情形尤非單純，牽涉頗廣，今我國與教廷互派公使，建立正常關係，此後關於處理天主教會產業，如有新决定，擬請鈞座轉飭行政院，與駐華教廷公使保持接觸，以收相互襄助之效。是否有當，敬請裁奪。教會幸甚！專肅，祇頌盡祺！

後學葉秋原頓首拜啓。二月廿七日。

（附）國民政府文官處政務局府交字第一〇二八四號箋函

案奉主席交下台端函呈一件，略以陳獻對行政院處理教會產業意見，乞裁核等情，並奉諭交行政院參考核辦，除錄諭分函外，相應函達，即請查照爲荷！此致葉秋原先生。國民政府文官處政務局啓。

三十六年三月十五日。

請批評　請介紹

上智編譯館館刊　第二卷　第六期　四八四

惆悵詞（集龔）

天嬰

乙丑春月，遊於法京，夜居逆旅，往往不能成寐。行篋適攜得龔定庵詩詞，遂排比其句，爲詩若干首，名之曰惆悵詞。嗟夫！余自遊法以來，屢遭家難，而瀾生情海，幽恨尤深，遂皈依加特力敎，以圖解脫，且以法友之勸，擬入院靜修，永與塵世相絕矣。乃自到巴黎以後，閱歷繁華，沉酣金粉，謁名王之遺墓，弔美人之芳蹤，斜陽獨立，古愁莽莽以盪胸，屢殿低徊，奇淚潸潸而盈把。倦遊歸來，閉門獨坐，則錦箋百幅，題恨未多；銀燭三條，焚心尙短；感慨之來，有不知其端者。始知情根易斬，結習難刪，清修非我輩生涯，慧業乃文人性命，與其故反性眞，續鳧脛於太短，何似寄心翰墨，償鴛夢之未圓：於是慨然易棄俗之念，而爲從事著述之志焉。余非佛氏之徒，原詩所有釋典，無非借用；至詩意之起落不恒，凌亂無序，則與余當時心緒，正復相肖；玆略加詮次，以見一時之感興，及雪泥餘跡之留云。

民國十四年四月序於里昂

春夜傷心坐畫屏，迴腸盪氣感精靈；香蘭自判前因誤，媿負銀河織女星。

萬千哀樂及今朝，塵劫成塵感不銷；禪戰愁心無氣力，四廂花影怒於潮。

閱盡詞場意惘然，金缸花燼月如烟；紗窗瞑色低迷綠，不似懷人不似禪。

無故飛揚入夢多，夜思師友淚滂沱；春烟闌斷天涯樹，紅豆年年擲逝波。（以上皆在舞場及逆旅夜間作）

罡風力大簸春魂，强續狂遊拭淚痕；叱起海紅簾底月，梨花情性怕黃昏。（遊巴黎大皇宮，忽大風，淹留至月上乃歸）。

甄陀羅出一枝簫，始媿聲聞力未超；一任揀機參活句，清樽讀曲是明朝。（擬於翌日赴巴黎歌劇院聽歌劇，歌劇於異國人學文者，最爲有益）。

仙樣風神畫中語，文人珠玉女兒喉，九泉肯受狂生譽，鳳泊鸞飄別有愁。（巴黎女名優沙拉培納娜，譽滿宇內，文士如罌俄等傾倒備至，時下世已二年矣）。

春歸誰與試溫存，絳臘牀前欵一尊；十萬狂花如夢寐，昔年詩卷駐精魂。（春暮公園對花獨酌）。

百年心事歸平澹，其奈尊前百感何？只說西洲清怨極，秋風張翰計蹉跎！（余在法邦三年，以家難重疊，且羸多病，常鬱抑寡歡，然獨戀戀茲土，不忍言歸）。

忽向東山感歲華，吟鞭遙指卽天涯；惺惺蝴蝶誰家宿，身世依然是落花！（故鄉來信，母病復作，渴思相見，余始決歸計，故有法京之遊）。

能蘇萬古落花魂，來叩空山夜雨門；藝能心香屢回顧，平生默感玉皇恩。（巴黎蒙特馬特爾山聖心院中作）。

分與胭脂一掬湯，溫柔不住住何鄉？偶逢錦瑟佳人問，悔慕人天大法王。（楓丹白露離宮見拿破崙皇后浴室，於其間遇遊女某，因與閒話，女問余返國將何作？告以將棄俗修道。女笑曰：君妙年工愁，非能爲此者也；幸聽我言，毋徒自苦！余爲憬然。我教謂所奉神具人神二性，又爲人天二界之君，故本詩末句云然）。

一燈古店齋心坐，悔極堂堂歲月違；萬一禪關砉然破，胸中海嶽夢中飛。（余綺愁以外，復多飛揚浩蕩之思，興之所至，衝決藩籬，在所不顧，是豈修道院所能容者）？

金門縹緲廿年身，冉冉修名一愴神；且莫空山聽雨去，少年哀樂過於人。

莫將文字換狂禪，明鏡明朝定少年；今夕靈飛何甲子？道場䃥䃥雨花天。（是日爲教中節期，信友例須赴堂瞻禮；而余自楓丹白露離宮歸，心境改易，竟未往，負咎深矣）！

猿鶴眞堪張一軍，胸中靈氣欲成雲；紫皇難慰花遲暮，幸有蘭臺聚祕文。

文字醰醰多古情，荷衣說藝門心兵；梅魂菊影商量遍，至竟蟲魚了一生。

小別湖山刧外天，東南幽恨滿詞箋，靈文夜補秋燈碧，請肆班香再十年。

少年哀艷雜雄奇，生死湖山全盛時；儻得三生幽怨否，花神祠與水仙祠。（希臘及各國古代神話，瓌奇怪麗，夙愜素心，將加以研究，以寄美感；吾心衝突於希伯來思潮及希臘思潮中間者久矣，今乃獲最後之解決焉）。

空山徙倚倦遊身，歌泣無端字字眞。百事翻從闕陷好，只容心裏貯穠春。

一例春潮汗漫聲，天風戀鶴怨三生；悲歡離合本如此，萬一天塡恨海平。

一燈紅接混茫前，不奈卮言夜湧泉；世事滄桑心事定，才人老去合逃禪。（余雖以著述爲終身之職志，而仍保存宗教信仰，庶將來精神有所寄託）。

詞家原不覓知音，銀燭秋堂獨聽心；未免初禪怯花影，欲求縹緲反幽深。

（轉載重慶飲河社詩刊第五六兩期）

邊疆公教社會事業引言

傅明淵

天主教傳入中國，已有三百餘年的歷史，傳教士的足跡，遍及各省，雖荒區僻壤，亦有教堂設立，國內信教者，計有四百餘萬之多。

歷史告訴我們，天主教在中國，遭遇過幾次風波，列強曾假借教案，施行他們侵略的政策，因而曾訂定了些不平等的條約，這固然是國家的不幸，卻也是教會的冤枉；一般人對天主教，缺乏深刻的認識，不明白傳教士來華的宗旨，因而揣測臆度，錯中生錯，對教會就發生許多不必要的誤會，這實在是一件痛心的事。

按天主教的教義總綱，乃教人尋求並崇敬造物的眞主，對人類要相愛相助，以顯揚天主的光榮，而獲得人類現世及來生的幸福；因此教士在宣傳教義而外，並効力於一切造福人羣社會的事業，事實可以作證，歐美之得有今日，天主教實在是有絕大的功勳的。

天主教會對於偌大的中國，雖不能說是普遍，但不拘在任何地區，傳教士在宣教外，亦努力於社會服務，注意民衆的福利，這也是有事實可以作證的。

王守禮主教，在抗戰期間，被拘北平，曾訪問各地傳教先進，將天主教在邊疆建樹的社會事業，以法文纂輯成書，請我譯爲華文，我就不揣譾陋，黽勉譯出，希望能介紹一點天主教對社會服務的精神與功績，以餉關心開發西北富源的諸君。

一九四七年四月六日傅明淵謹識

（按本書已由本館代爲出版。共九萬餘言，附圖七幅。）

培根學校四十周年暨校長八秩大壽紀念碑

于斌等

英校長秋創辦本校，垂四十年，其間擘畫經營，苦心孤詣，宏包涵於萬類，殫精力於一身，風雨晦明，不辭勞瘁，山河變易，不避險艱，以學校爲家庭，視生徒如子女，本修道以爲教，因固本而培根，故能教澤廣施，人才蔚起；松菊鬯茂，居然兒童樂園，桃李崢嶸，均屬匡時偉器；允宜實至名歸，榮膺褒揚之典，厚德獲報，壽徵期頤之年。茲逢本校四旬紀念，校長八秩誕辰，瞻璣語兮寵頒，琳瑯耀彩，聽絃歌於戶牖，金石騰輝；此不特垂範師資，實有功於國家社會者也。丹書勒石，以誌不朽。北平市私立培根學校校董會于斌、高標、張懷、丁際平、楊銘軒、夏景如、禮迺身。

徐公潤農墓地憑弔記

銘之

赤日當空，酷暑漫長，蟬聲噪耳，枯坐無聊。追念徐公之辭塵長逝，時光荏苒，瞬已匝月。遂與雙妹等二三故友，電邀吳君，驅車相偕前往一弔。小兒保利，亦常沾恩，攜之同行。炎陽肆虐，與余等內心之熱烈相互對奏。吉普車風馳電掣，破熱浪前進，無暇賞覽街景焉。吳君駕駛技術，相當純熟。雖行於南市道途，亦無傾頓之苦。既抵墓地，由看管者導至徐公墓前。余等肅立致敬，蓋未能參與葬禮，今日特來示歉意耳。保利亦蒙神父賜以初領之恩，故令彼敬行三鞠躬禮，以表謝忱。嗟思在此埋骨者，皆聖教干城，吾主忠臣。今吾公亦安逝於主，榮登天庭，然精心著作，永垂不朽。公畢生親栽桃李，沐受灌溉者，修穗而結實焉。所牧羊羣，迷途徬徨者，相繼而歸棧焉。廣播聖道，未識眞光者皈化而投誠焉。神父學貫中西，才識卓越。十九即舉秀才，榮膺神哲博士。然待人接物，始終秉其謙虛和善之一貫作風。即對吾學子絕無疾聲厲言，是以皆敬愛之，而不畏懼之。二十載受訓女生，有棄俗精修者，有置身家庭者，有服務社會者，堅守崗位，各以神父之遺敎，傳佈人間，俾神父之精神千古永存。此堪以告慰吾師在天之靈者矣。噫嘻，際此世道澆漓，人心不古，余等遽而失此明燈，怎不令弟子同聲一哭耶！搔首問天，天不應，凝視浮雲飄飄，頓悟人生之空虛，萬物死後之日，多於在世之期，故生爲客，死爲歸耳。諒神父功績美滿，上主將爲之酬享榮冕也。不然，何以生才，而悋其壽耶！神父乎！奈何！余將何以慰遠在 Mount Mary College 之幼妹乎！二月前嘗囑余致書於彼，謂不久神父亦將回覆彼信。今也，彼所獲者，非殷殷渴望之覆書，而爲原子式之噩耗也。能不令彼悲悼乎？能不令彼痛泣乎？余呆立沉思，哀痛欲絕，熱淚汗珠，相融不可辨。十餘年前往事，重演腦海。余之得識神父也，當余初入徐匯女中，正待上聖學課前，同學敏謂余曰：「徐神父和藹可親，講解清晰，誠良師也」。時同學靜候敎室，各持神父之「信望愛三德論」，人手一冊。天文台鐘聲噹然十一下。神父步入敎室，踏上講台，笑容滿面，道貌岸然。戴四角小帽，御黑色蘇打，架玳瑁眼鏡。課畢，與余極深刻良好之印象，私自慶幸，一切皆證敏之言不訛也。某日，前排蘭等三人，竊竊私語，神父見蘭若此，喚之起，詢以教理，彼瞠目不知所答，僅扮其尷尬鬼臉而已，引得哄堂大笑，神父亦隨之而笑矣。今蘭已看破紅塵而進修矣。每次主持國學口試，余等均可減少惴惴不安之心理焉。昔日之神父，端坐中間，而今日之神父，則長眠於此地下也。昔日余立公前受試，今日余兀立憑弔神父也。撫今追昔，傷兮哉！哀吾恩師，一朝永訣，音容縹緲。令吾弟子，望而不見，呼而不應。時局正蜩螗，端賴英材同補救。天公何憒憒，摧殘良木倍凄涼。風坐雨露偏厚我，花落鳥啼若爲愁，令我臨風頻灑淚，從此聞訓更何由。「銘姊！銘姊！余等已數度巡視墓地，而汝獨凝立徐神父墓前，爲何耶？速去矣！」余乍被此銀鈴鶯聲驚醒，視之，乃雯妹呼余歸也。此時保利亦踵至，牽襟促余。俄而吉普車喇叭聲大作，使余無法多逗留一分一刻，乃含淚告別，匆匆登車。嗒然若失，凄然而返。

文獻目錄

近十年新發現之教會先哲遺文及史料要目

絕塵

（一）關於李之藻者

1 四書人物考訂補序（原書）
2 表度說序（絕徼同文紀）
3 重刊古雋考略序（原書）
4 題李節婦（崇禎隆平縣志卷九）
5 刻江湖長翁文集序（原書）
6 賀吳嚳谷晉少宗伯（四六類編卷二，頁四十四）
7 答邦關白長倩（同上，卷三，頁四十四）
8 答撫院蘇石水報代（同上，卷四，頁二十一）
9 答王咸所文宗（同上，卷六，頁三十四）
10 答口北道張明衡（同上，卷六，頁四十）
11 復閩按何太吳遺迎典試（同上，卷九，頁二十）
12 答周澄源中軍賀到任（同上，卷九，頁六十三）
13 送張總戎端陽禮（同上，卷十一，頁十四）
14 賀袁位宇中秋（同上，卷十一，頁二十六）
15 答高郵守王海若年兄（同上，卷十二，頁五）
16 黃克纘答李我存水部啓（車書樓彙輯各名公，四六爭奇卷四，頁十五）
17 李光元撰工部都水清吏司郎中李之藻誥命（市南子卷五）
18 李光元撰工部都水清吏司郎中李之藻父誥命（同上）
19 陳邦瞻送李我存年兄補官北上（陳氏荷華山房詩稿，卷十九，頁七下）
20 陸彥龍李我存招游龍潭園亭兼爲予作諸體書賦以訓之（陳濟生啓禎遺詩卷八）
21 鄭以偉送李我存太僕以修曆赴召幷訊徐玄扈宗伯與太僕同與曆事（同上卷五）
22 蘇祖霖廣陵逢李我存工部（兩淮遊詩草卷一）
23 沈義倫論（待考）

（二） 關於楊廷筠者

1 楊先生雙壽榮封序（黃汝亨撰，明天啓刻本寓林集卷五）

2 武林楊母呂恭人傳（明崇禎刻本陳眉公先生全集卷四十五）

3 與楊仲堅尺牘（馮夢禎快雪堂集卷三十二）

4 尺牘兩首（馬經綸馬公文集卷三）

5 尺牘三首（陳繼儒白石樵眞稿尺牘卷三）

6 尺牘一首（孫繼臯孫宗伯集卷六）

7 尺牘一首（袁宏道錦帆集）

8 尺牘六首詩五首（黃汝亨寓林集）

9 詩一首（鄧原岳西樓全集卷三）

10 尺牘一首（陳繼儒晚香堂小品集）

11 詩一首（丁繼嗣耆虬館草卷一）

12 詩一首（王穉登越吟）

13 詩二首（鄒迪光調象庵稿卷十六）

14 詩三首（釋無盡天台山方外志卷二十八）

15 上孫柏譚少宰書（東林書院志卷十七）

16 徐光啓撰造物主垂像略說跋（巴黎國家圖書館藏，Courant 6915）

17 鴞鸞不並鳴說（同上）

18 熊士旂撰策怠警喻引

19 省括編序（明萬曆刻本姚文蔚纂省括編）

20 張彌格爾遺蹟序（巴黎國家圖書館藏）

21 武林旌德全志二冊（明天啓刻本）

22 贈天台邑侯胡公龍淵獻瑞序（丁丙編武林文獻外編繼目，釋無盡天台山方外志卷十九）

23 偕劉爐瀟劉喜聞遊書林洞詩（乾隆安福縣志卷二十一）

（待續）

民國三十六年十月
門人王瑞明纂

方杰人司鐸論著要目

一 十六世紀我國通商港 Liampo 位置考
初稿載新北辰第三卷第五期題名明嘉靖間葡人在寧波被居問題第一次修訂稿收入中外文化交通史論叢改題嘉靖間葡萄牙人在寧波被居問題第二次修訂稿載復旦學報第一卷第一期改用本題（仍待改撰）

二　中國在日本與歐洲初期交通史上之地位

載眞理雜誌第一卷第一期（待訂補）

三　紅樓夢新考

甲稿載說文月刊第四卷合刊本又收入說文社小說考證集乙稿收入中外文化交通史論叢加標「初稿」二字內容與前文微有不同並多插圖二幅另有獨立出版社單行本（待改撰）

四　明季西書七千部流入中國考

初稿載新北辰第三卷第四期修訂稿載文史雜誌第三卷第一二期合刊並收入中外文化交通史論叢（待改撰）

五　明清之際中西血統之混合

初稿載重慶益世報文史副刊第十四期修訂稿收入中外文化交通史論叢

六　伽利略與科學輸入我國之關係

載思想與時代第十五期收入中外文化交通史論叢（待訂補）

七　伽利略與中國關係之新資料

載科學與技術第一卷第二期

八　望遠鏡傳入中國考

初稿載文史副刊第二期修訂稿收入中外文化交通史論叢

九　徐霞客與西洋教士關係之初步研究

載國立浙江大學文科研究所史地學部叢刊第四號徐霞客先生逝世三百週年紀念刊收入中外文化交通史論叢

一〇　徐霞客先生年譜訂誤

載徐霞客先生逝世三百週年紀念刊（待訂正）

一一　霞客雜記五則

載文史副刊第十一期（待補）

一二　中國偉大旅行家徐霞客

載東方雜誌第四十一卷第九號本文師署「方肖矩」名

一三　清初宦遊雲南之猶太人

初稿載昆明益世報宗教與文化新六期原題作清初雲南之猶太教人修訂稿改今題收入中外文化交通史論叢（待訂補）

一四　同治前歐洲留學史略

初稿載磐石雜誌第四卷第一期及第二期題爲中國初期留學史拾遺修訂稿收入中外文化交通史

論叢改今名濡排留學生一覽表（待訂補）

一五　拉丁文傳入中國考
初稿載國立浙江大學文學院集刊第二集修訂稿收入中外文化交通史論叢按聞宥有拉丁文傳入中國考補載師編眞理雜誌第一卷第二期（待訂補）

一六　康熙雍正二帝之提倡拉丁文
載說文月刊第三卷第十一期

一七　唐代景教史稿
載東方雜誌第四十一卷第八號又中國史學第一卷第一期名唐代景教考略（待訂補）

一八　清代禁抑天主教所受日本之影響
載文史副刊第四十二期世光雜誌第二卷第六期轉載（待訂補）

一九　嘉慶前西洋畫流傳我國史略
載通訊半月刊第一卷第一期

二〇　孫元化手書與王徵交誼始末註釋
載眞理雜誌第一卷第二期

二一　論中西文化傳統
載眞理雜誌第一卷第三期

二二　釣魚城撫今追昔錄
載東方雜誌第四十卷第十三號

二三　我國聖教二十二種名稱之考釋
載我存雜誌第四卷第六期及第七期（待重作）

二四　敬悼馬伯樂先生
載重慶大公報文藝週刊第六十六號

二五　天主實義發覆
載世光雜誌第三卷第一期收入中國天主教史論叢（待修正）

二六　徐文定公耶穌像讚校異
初稿載世光雜誌第二卷第三四期修訂稿收入中國天主教史論叢

二七　遵主聖範譯本考
原名四論遵主聖範譯本載聖教雜誌第二十五卷第十期修訂稿改今名收入中國天主教史論叢（待修正）

二八　名理探譯刻卷數考
初稿載文史副刊第二十期修訂稿收入中國天主教史論叢（待修正）

二九　家譜中之天主教史料

初稿載昆明益世報宗教與文化新三十一期修訂稿收入中國天主教史論叢（待訂補）

三〇　「辯學」鈔本記略

見中國天主教史論叢

三一　杭州大方井天主教古墓之沿革

原名方井南墓地沿革載我存雜誌第四卷第八期修訂後改今名收入中國天主教史論叢

三二　四明朱宗元事略

初稿載我存雜誌第四卷第十期修訂稿收入中國天主教史論叢（待訂補）

三三　從清暉閣贈貽尺牘見王石谷之宗教信仰

原題王石谷之宗教信仰載新北辰第三卷第八期修訂後改今名收入中國天主教史論叢初稿收入葉德祿輯民元以來天主教史論叢

三四　十七八世紀來華西人對我國經籍之研究

載思想與時代第十九期收入中國天主教史論叢

三五　來華天主教教士傳習生物學事蹟述概

初稿載「科學」第二六卷第二期修訂稿收入中國天主教史論叢（待修正）

三六　明末清初旅華西人與士大夫之晉接

初稿載東方雜誌第三十九卷第五期修訂稿收入中國天主教史論叢

三七　明末清初杭州暨附郊老天主堂考略

載我存雜誌第四卷第三期

三八　浙江天主教略史

初稿載國風月刊第八卷第九十期修正稿載我存雜誌第五卷第六期

三九　浙江之景教

四〇　浙江之摩尼教

四一　浙江之猶太教

以上三稿均載國風月刊第八卷第九十期

四二　浙江之回教

原名浙江古代之回教載中國回教救國協會會刊第一卷第八期修正後改今名

以上五篇收入中外文化交通史論叢

四三　明末西洋火器流入我國之史料

載東方雜誌第四十卷第一號中外文化交通史論叢與友論學書收入略有增補

四四　康熙前欽天監以外研究天文之西人

載東方雜誌第三十九卷第十號

上智編譯館館刊　第二卷　第六期

四五　我國與梵蒂岡教廷之關係

載世界政治第七卷第十六期已收入張天松編梵蒂岡一瞥作爲代序

四六　清代西文中國經濟史料四則

載東方雜誌第三十九卷第四號師云應改名西文清代經濟史料四則

四七　唐末教友發達地 Khanfou 位置考

載我存雜誌第四卷第二期（待重作）

四八　蒸汽機與火車輪船發明於中國

載東方雜誌第三十九卷第三號師云劉仙洲撰中國在熱機歷史上之地位載東方雜誌第三十九卷第十八號可補本文不足

四九　讀邏輯指要別紀

載東方雜誌第三十九卷第三號

五〇　順治刻本西洋新法曆書四種題記

載東方雜誌第四十卷第八號

五一　徐光啓師友弟子記略

載重慶益世報宗教與文化第八十四期師云本文爲所撰「徐光啓」一書中之一節

五二　東林黨與天主教

四九四

載天津益世報人文周刊第二十四期（待重作）

五三　愛國史家陳援庵先生

載新政論創刊號重慶益世報三十五年二月七日八日轉載（北平益世報亦轉載月日不詳）

五四　十字架十一次顯現中華考

載聖教雜誌第三十五卷第五期

五五　十七世紀時的杭州修院事業

載我存雜誌第四卷第九期

五六　陳眉公祭楊侍御文註釋

載我存雜誌第五卷第三期

五七　馬相伯先生百歲小傳

載昆明益世報二十八年四月八日特刊（須重作）

五八　馬相伯先生

載思想與時代第六期

五九　雷故司鐸鳴遠事略

載雷鳴遠司鐸追悼會紀念冊（待修改）

六〇　康熙測圖之新史料

載昆明益世報宗教與文化新三十三期

六一　康熙間西洋教士測繪貴州餘慶輿圖簡史

載大風月刊第一卷第三期上海益世報史苑第二

十七期天津益世報史地週刊第五十四期均曾轉載排錯甚多

六二　中國博物考察記序

載讀書通訊第一〇三期上智編譯館館刊第二卷第四五合期

六三　拉丁重音研究序

載宗教與文化渝版第九期及原書

六四　李之藻故居

六五　求是居札記

六六　與向覺明先生論孫元化及毛文龍事

六七　讀西域紀要

六八　半我與二我

六九　南懷仁尺牘

七〇　復繆彥威先生論北朝胡俗書

七一　讀祁忠敏公日記

七二　與陳援庵先生論吳漁山年譜

七三　記遵義北郊元明石刻

以上十篇載文史副刊第一、七、八、十三、十八、二十一、二十六、三十三、三十八、四十三等期第六十六及第七十兩文已收入中外文化交通史論叢

七四　馬相伯先生生日考及其他

載天津民國日報圖書第二十九期

七五　杭州本西儒耳目資辨僞

載南京中央日報文史周刊第三期

七六　嘉慶間之北平氣象史料

載南京中央日報文史周刊第十三期

七七　陶琰書鄭板橋道情題記

載南京中央日報文史周刊第十七期

七八　青龍橋壁地誌校後記

載上智編譯館館刊第一卷

七九　近年日人對於吾國天主教之研究

載上智編譯館館刊第一卷

八〇　梵蒂岡出版利瑪竇坤輿萬國全圖讀後記

載大公報圖書周刊第四期上智編譯館館刊第二卷第二期

八一　讀利瑪竇全集

載大公報圖書周刊第十六期上智編譯館館刊第二卷第四五合期

八二　跋坤輿格致略說抄本

載天津益世報人文周刊新第二期

八三 考性理眞詮白話稿與文言底稿

載天津益世報人文周刊新第十一期

八四 聖清音集卷上校言

載上智編譯館館刊第二卷第四五合期

八五 聖清音集卷上再校

載上智編譯館館刊第二卷第六期

八六 明清間譯著的底本

八七 茆溪森追封明道正覺禪師之年月

載天津益世報人文周刊新第二十三期

八八 湯若望漢名之來歷

右吾師杰人方公十年來所撰學術論著八十餘目，隨見隨錄，聊便同學檢覽而已；既不分類，亦未繫年，實不成爲目錄也。尚有師在渝昆津三地益世報及南京中央日報發表之社論百餘篇，其一部份已收入杰人論存；又其他有關宗教民俗歷史之論文六十餘篇，則遵師囑，概不列入；其有遺漏，容俟他日補之。門人王瑞明謹識。

專著八種

李我存研究（杭州我存雜誌社印行）

徐光啓（勝利出版社印行）

楊淇園先生年譜（楊振鍔著方豪校商務印書館印行）

中外文化交通史論叢第一輯（獨立出版社印行）

中國天主教史論叢甲集（商務印書館印行）

杰人論存（香港公教眞理學會印行）

徐霞客遊記選註（中國文化服務社印行）

外國史大綱（正中書局出版）

馬相伯先生文集（上智編譯館出版）

登載論文之刊物總目

東方雜誌、思想與時代、讀書通訊、科學、科學與技術、眞理雜誌、說文月刊、世界政治、新政論、國風月刊、大風、通訊、中國回教救國協會會刊、國立浙江大學文科研究所史地學部叢刊、國立浙江大學文學院集刊、復旦學報、聖教雜誌、我存雜誌、磐石雜誌、新北辰、世光雜誌、上智編譯館館刊、宗教與文化（重慶及昆明益世報副刊）、文史副刊（重慶益世報）、人文周刊（天津益世報）、文藝（重慶大公報）、文史周刊（南京中央日報）、圖書周刊、（津滬大公報）、圖書（天津民國日報）等。

跋

民國二十四年秋，余始應友好之約，爲文發表，迄今已逾十稔。惟其間爲戰事所迫，轉徙於滇黔巴蜀者，凡八更寒暑，舊時劄記，散佚殆盡，而各地書藏，復極簡陋，無從參驗，故已刊諸稿，每一覆讀，都不愜意。門人王君瑞明，以暑假餘暇，爲輯成目錄，並親自繕印，余哂其無謂，對曰：師所爲文字，散見於各地之報章雜誌，達二十餘種，檢覓至感不易，而亂中刊布者，紙質極爲窳劣，且囿於一隅，流傳不廣，生自恨力薄，不克爲師編印全集，則試成簡目，以便同學，要亦無感不作，無德不報之意耳！余笑而允之，惟於目後註明應修正或應增補者，天假歲月，必盡吾力改進之。三十六年十月一日杭縣方豪記於北平西安門黃城根行雲流水廬

讀舊約傳道書十二章（補白）

潘文安

世事本虛空。人生亦偶聚。時代儘遞嬗。青山常終古。
日月相往來。飄風還大宇。江河日夜流。大海自吞吐。
吾眼看不飽。吾耳聽良苦。前事甫告終。後事即步武。
勞勞名利忙。終久歸黃土。有生智慧多。煩惱藏內府。
重以知識多。憂傷復入戶。徒誇享用繁。於靈究何補。
喪鐘杵杵鳴。何以見吾主。黑暗避光明。睿智勝愚魯。
動止有定時。造物恩同溥。此生衣食完。勞力之所取。
試看勞作工。竟夕鼾如鼓。獨彼富足翁。轉側愁夜午。
人間設阱人。墮阱轉自侮。君既赤身來。去亦同貧窶。
百年一瞬間。何足縈喜怒。造化賦吾形。肯同草木腐。
快樂在心胸。不爲魔所蠱。念茲敬畏心。永永感吾父。

書刊評介

明季西洋傳入之醫學

范適（行準）著，上海慈谿路四十一號中華醫史學會出版，醫史叢書之一，四冊，定價未詳。

這部書是中華醫史學會鈞石出版基金委員會刊行的醫史叢書之第一部。書上沒有寫何年出版。著者范適先生的自序和後記是在民國三十一年底寫的。書中有王吉民先生的一篇醫史叢書的總序沒有年月，還有一篇余巖（雲岫）先生的序是三十二年六月寫的。大概這部書至早是在三十二年裏出版的。這是近年出版的唯一的專論中國醫學史內一個問題的書。

這部書是用文言寫的，文字頗易讀。書的印刷清晰，紙張也好。范先生搜尋甚廣，並且也甚勤，材料頗豐富。書共有九卷，並附有人名通檢和書名通檢。這兩個通檢給了讀者查閱的便利。

書的寫法是在緒論之後，先寫傳入醫學的歐洲人傳記和當時接受傳入醫學的中國人傳記，再敘傳入的醫學的各方面，最後述說對傳入醫學的反響。

西洋醫學何時傳入中國，不甚可考。廣泛地說，胡方著於隋志，耆婆自稱千金，雖性質與西洋醫學不同，而為外來民族醫學，則是史實。大約中西交通開始以還即有此種可能，下至元明，因使節往還，教士傳布，接觸頻繁，此種可能性更大。如明末教士蠭擁而至，除宣揚教義外，大部份均附帶作科學上的傳布工作，軍器、曆法、理化、醫、農，無不介紹。但自來談西洋科學傳入中國，大多偏於論輿圖的測製，曆法的改訂，很少有人注意到醫學上。范君是書，無疑足以彌補此項缺憾。

著者將全書分為九卷，卷一「緒論」和當時推廣西洋醫學的人的傳略；卷二「前期傳入之解剖生理學」；卷三，四「後期傳入之解剖生理學」；卷五「藥物學」；卷六「病理與治療」；卷七「醫事教育」；卷八「探原」；卷九「反響」；末附「人名書名通檢」。

本書中特別顯著的，爲詳述西方解剖生理學，即卷二、三、四、三卷，所述俱有所本。卷二「前期傳入之解剖生理學」，以利瑪竇「西國記法」，艾儒略「性學觕述」，湯若望「主制羣徵」（按孟三德也有主制羣徵一書，書名全同，不知內容如何。）諸書爲綱。卷三、四「後期傳入之解剖生理學」以鄧玉函「泰西人身說概」，和羅雅谷「人身圖說」爲主。條舉學理，比證舊說，時有獨到的按語。著者又推證當時各家的學說，都是西歐早期的醫理，除鄧玉函「人身說概」間取材於文藝復興時代解剖學巨人 Andreas Vesalius 的人體構造以外，其餘各書所述都仿自希臘名家格林及希波克拉提斯特俄克拉斯二人的學說。這不僅對於西方醫學傳入中國的本末闡發甚詳，且於西方醫學本身的流別，也做了考證功夫，這是十分可欽佩的。「人身說概」和「人身圖說」兩書都很少見，作者藏有康熙時舊抄本，自然是很可寶貴的。

卷五「藥物學」，臚舉外國傳來藥物，不限於西洋產品，也有呂宋島的土產。著者謂：「所言但據文獻爲准，蓋實物同有將來中國或徒記其名從未傳入者」；知所取又不必都是明季傳入的，有的早已傳入，有的雖著錄其名而實未傳入。惟著者取材以明人著作爲主，限斷既嚴，所收遂寥寥耳。例如陳藏器「本草拾遺」，蕭炳「四聲本草」，孟銑「食療本草」，據張星烺先生說，（見中西交通史料匯編第一冊頁一〇五）這些書都載有海外藥物，倘能據以印證是書，則必大有裨益。即以酉陽雜俎而言，其中亦不乏可取的資料。本書既不斷限於明季，則此項資料亦可從側面敘述。著者在本卷中曾引唐敬本草及舊唐書拂菻傳，實已有此意，惜不甚詳細耳。

綜觀全書，卷九一章，最爲精采淵博。著者將西洋醫學傳入後的客觀環境，分爲「接納」、「抵拒」和「折衷」三派，溯始於明季，而推闡於有清，年代雖衍遞有百數十年之久，而其立論則一脈相承，自成系統。此外中西醫學主要分別之點，著者均加以詳明分析。

著者徵引參考書達二百四十種，但著者不諳外文，所引譯本巨著，有栢拉圖全集，希波克拉提斯全集，優婆尼沙曇全書（奧義書），世界醫學史，泰西醫學史等數十種，都是日文的。凡所引用的書多注明卷數頁碼，以備讀者覆檢，因像栢拉圖全集約近萬頁，希波克拉提斯全集也有二三千頁，優婆尼沙曇全集則厖然九大巨冊。

（日譯「全世界聖典全集」本。全集共二十巨册）。又在書名通檢中，凡是參考的書都注明版本，對於本書引用的材料，總算是忠實的。

著者曾懷疑鄧玉函的人身說概，是從未塞利阿斯（Andreas Vesalius）人體構造一書中所摘譯的，（見卷八探原第三葉。）所以據作者說當時曾託人到北平西什庫北堂，訪求人身說概的原書而未得，有的人說鄧氏此書並不是根據一種書的。但未氏的書，作者朋友中還沒有他的書，所以在卷一第五葉下說：「然左證未具，不敢肊斷」。而在第八卷第三葉上云：「未氏之書於嘉靖二十二年（西紀一五四三）出版，大行於世。…而鄧玉函於天啓元年（一六二一）始發足來華，故知或見未氏此書也。」

本書也有若干錯誤，如卷一趙學敏傳誤記柏葉露明目事爲出於荊楚歲時記（此書未列參考之數），又卷六以星占術爲始於明初傳入，而實則舊題唐廣成先生玉函經已有十二獸宮之圖了。

「中華醫史學會」專以研治醫史爲職志。著者致全力攻治此道，也久著令譽。自謂尙有全漢三國六朝唐宋醫方，已成五百卷，又有元明醫學鈎沉、外藥輸入史、古代中西醫藥之關係、胡方考、外族醫家考若干卷皆爲醫史儲材。此種著作不是一般學人所能措手，也不是一般讀者所能了解，然而人類文明是多方面的，不是單方面的，欲求完成一部完善的文明史，則必有待於各個部門的史實眞象，確切建立起來，所以這種窄而深的工作，實具有極大的意義，正如著者自己所說的一樣。

【編者按】「明季西洋傳入之醫學」出版後，先後有相文君所作書評，載大公報「自然科學」第二十九期（五月七日），以後有原著人范君之答辯。天津民國日報圖書第五十九期（九月五日）載韓重聞君書評。本文係綜合三人意見寫成。

人生問題

曉星

著者　文嘉禮　發行　中西文化研究所

日期　三十六年六月出版

「人生，人生，人人都有此生，而人人都不澈底明白此生」，這是「人生問題」筆述者的感想，恐怕也正是我們每個人的感想吧！人自有生以至老死，百年壽之大齊，等而下之，六十五十以至十歲八歲不止，然而在這不同的百年十年之中，人生究竟是爲了什麽？有爲乎？

無爲乎？在每個人神智淸爽，百慮不生的時候，撫心捫胸，總不會不發出這樣的疑問：人生究竟是爲了什麽？

已往的學者，像胡適之先生，馮芝生先生，以及吳稚暉先生等，不是以不了了之的態度，便是以吃飯、生小孩、招呼朋友或者以「人慾橫流」來解決人生，來實行人生，來度過人生！然而吃飯睡覺，放肆縱慾是不是畜類一樣，是不是不稱人生？胡先生也知道人當度有意義的生活，然而以不了了之的態度，或者與鳥獸同羣的態度就算有意思的人生嗎？

「人生問題」，雖是經緯千端，非一言之所能盡，然而歸根結底不外三端：「生從何來」？「死向何往」？「今當何爲」？「今當何爲」？是「生來」「死往」的中間，而正是現實人生的階段，不澈底的知道生來死往，便不知「今當何爲」，不澈底的知道「今當何爲」，當然也是不知「生來死往」。那麽這兩個問題無論解決了那一個，另一個便可迎刃而解了。但是就現在的程序說，當以先解決「今當何爲」爲比較更親切更實際的。

人生問題的作者，深深的了解這一層，也更深刻的了解「今當何爲」的重要，所以他在人生問題的第一章就先論：人生平均的發展。

人是靈肉合一的東西，二者缺一既不可，二者忽一亦不可。爲此作者在他的第一章中，對於靈肉二者，一點也不曾忽略。先將肉體平均的發展敘述一遍，後來又將理智、意志、情感的平均發展，將這靈肉合一而生出的種種問題，發揮一下，最後又將人類獨有的道德生活，詳細解釋。

解釋了「今當何爲」的部分，著者又進而論到人生的根源：生從何來？著者根據因果律的推闡，結論到萬物最後原因是天主，萬物的最後原因既是天主，人是萬物之一，他的來源自然也是天主：那末生從何來的，不解自決了。

証明了天主的存在，作者又進而論到靈魂的永生，作者也是以純哲學立場，剖析辯明，靈魂是非物質，非物質的東西，自然是入火不焚，入水不濡；非物質的則無物質破滅之因，無物質破滅之因，則不會破滅，不會破滅則自然是永生無疑了。

最後一章，作者又證明了既有天主的存在，靈魂又是永生，那末宗教的存在又是不成問題了。

綜觀全書，作者是以純哲學的論證，由淺及深，由顯及隱的探論人生的問題，而所用的方法則是蘇格拉底

Socrates 的產婆術 Majeutica，一問一答的結論出作者所要說的眞理，不過既是問答體，那末文章的口氣便應是談話方式，可惜這一點作者沒有作到，全書中到處你可以不自覺發現冗長的句子，拉拉雜雜，動不動就是三四十字的句子，這在論文中是無可厚非，然而在問答體中，則有些不大適宜了。錯字方面：像王君之誤爲玉君（三四），以爲之誤爲「爲」等等地方，大多是手民的誤錯，不必責怪作者，可是我們不懂得爲什麼沒有一個勘誤表。再則是標點符號方面，作者常常兩句併爲一句，而口氣方面，還有的地方沒有去掉歐化？這是不能怪筆述者的，因爲在序中有「我的筆記尙可對文先生口語負責」的話。

最後我要告訴大家：文嘉禮是義大利人，已於四五年前改入中國籍，是四川順慶本篤院的院長，他的這冊小書，一部分曾發表於成都的「鐸聲」雜誌上，也是中西文化研究所的第一冊書籍，我們的批評與介紹，就盡於此了。

竹培德

世界大事年表

史地叢著之一　夏仰聖著　北平普愛堂出版

著者 Adriansens，聖母聖心會士，本年七月一日初版；分兩幅，一爲公元前，一爲公元後，由紅、黑、黃、藍四色套印而成。正文黑字，中國歷代與西洋史分期，均以紅黃藍三色分別標記。頗爲醒目。

本表將世界大事，分：1中華，2印度及東亞，3西亞、北非、歐洲（美洲）三大區而排列，頗費經營；但瑜不掩瑕，茲將我們所看到的，寫在後面，求教於作者。

一、關於原始人方面，作者已提出內安得塔爾人，克羅麥囊人，格里馬第人，但何以不提及爪哇人與北京人？本表對於中國史頗爲注意，北京人似不可略而不提。

二、不妥之處：如紀元前三千年一格內，所用「象形文字」，均作象，但在中國商朝用「像形」，雖可通，但不如一律用象字。又商殷朝，習慣皆稱「殷商」，不稱「商殷」，見詩經大雅大明。又中國部份，王維、李白、杜甫等皆稱名，惟蘇東坡用號，應改爲蘇軾。太平天國不能簡稱「太平之亂」，因中國史上稱太平之年號，計共有七次，「太平之亂」，易使人誤爲太平年代之亂。新石器時代之「磨光石器實業」，「實業」二字不妥，按「實業」係指規模較大之經濟事業而言。西亞北非歐洲部份之「充流時代」，按「流」爲五刑之一，或稱放，亦稱流配，充軍則爲明時流刑之最重者，但「充流」二字連用，即不成爲名詞。又公元前百年之間，用「風俗衰微」四字，亦不妥。按風俗可稱衰落、澆薄，不能稱衰微。又公元前八百年至四百年時期內，撒瑪利、撒馬利、撒馬利亞，皆雜用，而不一致。公元後六七百年時代所用「臘羅文化」一名，當指希臘羅馬文化，不如稱「希羅文化」，「希羅」連用，不致誤認「希」字爲希伯來也。一七〇〇至一八〇〇年時代「教會勢力墮落」，應改爲衰落，墮落係指道德上之降低。一八七〇年法迪坎會議，按Vatican今通譯爲梵蒂岡。一九四五年原子能發明一節，應加修改；按第一枚原子彈乃一九四五年八月六日投擲於日本廣島，但原子能之發明，則在此以前，美國「原子能科學家緊急委員會」在一九三九年即已成立。

三、本表顯著之誤字，可指出者，如第一表之歐洲誤爲州（美洲不誤），第二表則歐洲美洲均誤爲州。（文中尚有多處）夏娃誤作蛙。中華部份四五運動爲五四運動之誤。印度及東亞部份公曆九百年時代，柬浦寨之浦爲埔之誤。

童年聖經讀本

陸嘉

李山甫著　范存惠撰文校閱　天津崇德堂出版

定價五千元

這本書是寫給兒童，用作公教小學宗教科課本的。爲了我國公教出版界，一直到現在，還沒出版過一本專供兒童用的聖經課本，所以該書出版問世，是值得我們重視，值得我們慶幸的。

全書一冊，共五十七課，以每週授課兩小時計算，可供一學年用。每課差不多都附有插圖，這不但可引起兒童閱讀的興趣，並且還可以幫助兒童便於記憶。全書除最後幾課而外，幾全部取材於古新兩經，文字相當通順，印刷也很清晰，尚不失爲一本夠得上水準的課本。

本書在文字方面，尤其在譯名的使用方面，頗有大胆的嘗試，著者他不顧一部人士的非難，竟敢將幾百年來傳統使用的——但如今已不爲一般社會人士所習慣的譯名，擯而不用，而採取了一般通用的譯名，這些譯名，自然要以新教的譯名爲多。說到這裏，我們真感覺到慚愧，我們公教傳入中國，雖至少已有三四百年的歷史，但在這方面却失敗了，翻開報章雜誌教科書，再也找不到如德亞、厄日多、依撒爾……等等譯名。按理說，譯名的工作，我們在先，我們理應佔有相當的勢力，但何以社會上不使用我們的譯名，而使用新教的譯名呢？那自然是因為我們在文化工作方面，已不像明末那樣努力，以致不再為社會人士注意而來。這為我們的確是一種莫大的恥辱，但為了不需要另加註譯，使人一看就了然，一聽就明白，沒有別的託辭，只得使用人家的譯名，誰叫我們自己不爭氣！

全書值得稱道的地方固然很多，但至少在我看來，也頗有一些可議處，現在就拉雜地寫在下面：

（一）在印刷排印方面：我認為著者，太着重於成本的計算了。全書都使用新五號字排印，這為小學兒童的視力着想，實在叫人感覺太小，無論如何也得用四號字排印；且全書是由左而右橫排的，這在以中國兒童為對象的課本而言，也有點叫人看不慣，因為我國的教科書，除算術而外，還沒有這樣排的。

（二）在文字方面：著者似乎感覺過去的出版物，大部份太土氣，所以急於想改進，因此，却就不免有些過火的地方。要知道「您」字，是北平方言，國語雖然是主要的以北平話為標準，但北平話却不一定就是國語，課本既不是專供北平用的，那麼還是使國語的「你」字好了。二十七課「加納地方的喜筵」中，著者把原文的「女人」兩字，改用「太夫人」，在這一點上，我們看出著者的細心，他知道中國的「孝道」，怕一般不知道希伯來語的人看了，誤會我們的救主基督，是一個不孝的無禮貌的人。但「太夫人」一語，是尊稱別人的母親，用在這兒，實不自然。其他如安息日之用星期日，也似乎不甚妥當。

（三）在校對方面：校對的確是一樁吃力不討好的工作，你雖然費了很大的氣力，往往還是要出錯。縱使你校的一個字不錯，臨上版時，排字工人，也許給你弄出錯來，我對於校對之難，知之甚稔，所以在這方面，雅不欲加以挑剔，但因為這本書，是供小學生們用的，為增進他們在國語方面的程度起見，在這一方面，就不得不加以留意，但本書有些誤字，是不能完全歸咎於手民的。現在把我已看出來的誤字，寫在下面，以供該書再版時更正：

編輯要旨二行，完峻改完竣；目錄五十六聖化信仲聖友，仲聖二字衍；十課七行，仍改扔；同十一行，十二徒，當改爲宗徒或使徒；十七課二行，竭改渴；二十一課四行及十九行，殘藥改沒藥；二十二課七行，班鳩改斑鳩；二十六課八行，合理地改合理的（此處之的非一副詞）；二十八頁四行，開口纔話似爲開口繼續說話；四十四課九行，一口同音改異口同音；四十八課一行，威挾改威脅；同七行晌干改晌午；五十課十一行，殘改沒；五十一課十七行，愛載改愛戴。

此外尚有幾點可以商榷的地方，例如神貧，哀矜等字眼兒，實在有點難懂，著者既蓄意改革，何不大刀闊斧地澈底地改一下？我以爲神貧倒不如改爲「清貧」；哀矜也不如改爲「施捨」或「賙濟」。再如第五十一課之（聖體聖事）（告解聖事），著者加括弧之本意，似爲想引起讀者的注意，但我以爲不如改用黑體字，較爲妥當。質之著者與校閱者，不知以爲然否。

聖歌集

本集共收聖歌三十九首，內教友諸德歌八首，耶穌聖體歌十三首，聖母歌十三首，讚美天主歌三首，聖誕節歌二首。皆用五線譜石印，頗清晰，且大部爲複音。米良司鐸編曲，歌詞由張茂先、高啓正、王振業、史憲章、張指南、馬在天，高正一、高淑穎，童彬等分別撰著，西安天主堂教友生活社印行，三十六年八月初版，定價每本二萬元。

本期封面吳漁山畫題詞（補白）

本期封面插圖吳漁山司鐸名畫，題詞曰：「漫擬山樵晚興好，菊松陶圃寫秋華；研朱細點成緗葉，絕勝春秋二月花。陶圃先生長君扶照索寫叔明幾四載，不以促迫，蓋知繪事之難，而念予消修之少暇也。廿七日雪窗畫成，托上游寄去。時康熙甲申年正月墨井道人幷題」。

文化消息

耶穌會華文刊物聯詢處

王昌祉

甲　組織

（一）設立

一九三九年四月十三日，耶穌會總會長賴道高斯基神父通令中國耶穌會各傳教區會長：

『茲為使耶穌會在全中國之傳教工作，藉刊物而益見進展，本總會長切願熟諳華文及現代情形之會士，經各傳教區會長之同意，任為本會華文刊物聯詢處處長。一切著作書籍或刊物之計畫，均應提交該處長，審斷此項計畫是否適宜，並將此審斷通知該傳教區會長。如是該處長灼知各會士正在從事之著作，得以阻止工作上之浪費，譬如阻止二人同時翻譯同一書本。該處長又可勸導作者，撰述更有益效之作物。該處長之任命，當由本總會長批准，以昭鄭重。但該處長在行使職權上仍受傳教區會長之節制。仰各傳教區會長，迅即與資格最老之上海教區之會長姚纘唐神父，商議該處長人選問題以及聯詢處職權問題』。

（二）人選

同年十一月，總會長發表任命上海傳教區王昌祉神父為華文刊物聯詢處處長；同時指令各傳教區會長各指派一名聯詢員，負責將本區著作情形，隨時通知聯詢處處長；又規定聯詢處處長應有參議員二人，一為中國籍，一為外國籍。

各會長神父指派之結果，聯詢處之人事組織可列表如左：

處　長　王昌祉神父（華）
參　議　徐宗澤神父（華）
　　　　P. Prud'homme 呂道茂神父（法）
聯詢員　上海　張家樹神父（華）
　　　　獻縣　P. Schanté 沈誠齋神父（法）

景縣　P. Pechhacker　栢世貞神父（奥）
大名　孫化遠神父（華）
徐州　P. Muller　虞來賓神父（加）
安慶　P. del Rio　黎民懷神父（班）
蚌埠　P. Martignone　饒繼武神父（意）
蕪湖　P. Elizondo　李松濤神父（班）
澳門　許兆福神父（華）
香港　P. Ch. Daly（愛爾蘭）

（三）職權

總會長神父規定聯詢處處長之職權：

一、彙集各傳教區聯詢員或作者之報告。

二、編製通訊，向各傳教區報告正在預備中之著作，提出某區認為需要之著作，介紹為傳教士、教友或保守者有益之新出版刊物。

三、答覆聯詢員或作者或傳教士之種種問題；對於同會會士之作物，加以友誼之批評，或指示文筆上應改良之處等等。

是以中國耶穌會各傳教區之會士，倘有意翻譯或創作，以備刊印，應先向本區會長陳請核准，然後將著作計畫寄交聯詢處，徵求意見並指導。著作完成之後，應由本區會長設法審查，然後在出版前或出版後通知聯詢處。

可知該著作之可否刊行，全由作者之本區會長裁定；聯詢處處長祇盡指導之責。又該處長並不負責審查一切刊物：因此舉非特個人之力不能勝任，抑且將使該處長遭致多方面之摩擦。

聯詢處專為耶穌會會士之著作而設立。但會外各教區之主教或傳教士，如願與聯詢處發生接觸，或需要聯詢處之服務，自當欣然接受。

以上皆係總會長所規定。賴道高斯基神父具有卓絕之治理才能，又有豐富之經驗，是以擘畫周詳，指示明切，而其推展華文刊物之熱忱，尤足令人感佩。一九四〇年二月五日，賴神父親筆函致聯詢處處長，有云：余屬下會士奉獻彌撒聖祭一百台，為聯詢處之發展祝禱。不幸一九四二年十二月十三日，賴神父以七十七歲之高齡，安逝於主；聯詢處失此慈父明師，能不悼惜！

乙　工作

一、著作通訊

一九四〇年三月，聯詢處開始執行其主要任務，寄發第一號通訊。嗣後，每隔三月，寄發一次。該項通訊，以拉丁文寫就，蓋十位聯詢員，竟有七種不同之國籍。通訊分兩部份：一、主要部份，按照著作性質，分門別類，報告種種正在預備中之著作。耶穌會各傳教區中會外之司鐸與修士，雖無向聯詢處報告之責任；但有報告者，亦一併刊載。二、附屬部份，分別報告耶穌會各傳教區中新出版之刊物，以及其他教區暨教外新出版之重要刊物。

一九四〇、四一兩年聯詢處之通訊，每年發出四次，除各參議及聯詢員外，又寄送耶穌會神學院、哲學院、光啓社等機關。既而香港公教眞理學會請求是項通訊，因亦按期寄去。

一九三七年夏季，日軍武力侵略我國本部。我國耶穌會各傳教區相繼淪陷，出版事業日見困難。一九四一年十二月，太平洋戰事發生，華南與華中亦交通阻隔。一九四二年秋，美軍開始在太平洋反攻。一九四三年，日軍漸呈動搖狀態，在我國搜刮物資更厲於前。人民則苦於幣價狂跌，經濟窒塞，糧食不敷，營養不足；著作者不能安心著作，出版者更無勇氣出版！

是以一九四二年，聯詢處勉强寄發通訊三次。一九四三年僅二次。一九四四年僅一次。是年聯詢員幾無隻字寄至。按是年春季，美海空軍開始進擊日本戰前領土；夏季，美國在法國登陸；入秋，我軍與盟軍在緬甸作戰。戰事漸迫近最後階段，淪陷區亦不時受到轟炸。出版與著作之意氣，更感銷沈，原無足怪。

一九四五年八月，日本投降，我國抗戰勝利，人民異常興奮，出版與著作似乎可望活躍，詎料希望迅成夢幻。耶穌會各傳教區甚且受到較敵僞時代更嚴重之破壞。河北之獻縣、景縣、大名三教區，全部陷於八路軍手中；徐州教區以及上海教區之蘇北地域，亦備遭共軍之蹂躪。獻縣之印書館不復存在；上海之土山灣印書館亦困難重重，幾無書籍出版。耶穌會士之著作氣氛亦沉悶如前。是以一九四五、四六兩年，聯詢處無從工作。

聯詢處在抗戰勝利以前，曾寄發十四號通訊，一九四七年，繼續昔日之工作，發出第十五號通訊：除報告最近接到之若干消息外，又將自第一號通訊以來，已報告而猶未出版之各種著作，彙集刊布，促起各方面之注意，同時向聯詢員及作者分別徵求該項著作之進行狀況。

二、通訊以外之工作

（一）一九四〇年聯詢處成立之初，曾刊印「著作報告」單，請求塡寫著作者姓名、住址、擬著書名、該書性質、宗旨、重要參考書名一二種；或擬譯書名、譯書宗旨、全譯或節譯，又著譯該書所需時間，版本大小，大約頁數，將否加入某種叢書，曾否在雜誌上發表，有何指導者，擬在何處發行。

該項報告單印就後，寄送各聯詢員以及若干著作者；但塡寫寄回聯詢處者，爲數極少。

（二）附同第二號通訊，曾發出調查單，對於宣傳敎義之刋物，提出下列問題：

已出版之宣傳敎義之刋物中，何者較爲優良？

宣傳敎義之刋物中，最受人歡迎之書籍或小册或傳單爲何？

何種宣傳敎義之刋物，目前最感需要？

希望出版何種書籍？

外國書籍中，何者最宜譯出？

已出版之書籍中，有何應行修改之處？

該項調查單發出後，只有安慶與蚌埠之兩位聯詢員，曾有相當答覆。

（三）按照上述之組織大綱，聯詢處不負審查刋物之責，實際上，自聯詢處成立之後，耶穌會上海傳敎區會士之刋物，大概由聯詢處設法審查。當呂道茂神父主持土山灣印書館時，（一九三九——一九四四），關於刋行或再版華文書籍，常徵求聯詢處之意見，並採納聯詢處之建議。譬如邪正理考一書，曾於一九四一年再版時，由聯詢處加以重要之修改，使符合傳信聖部關於中國禮儀新訓令之字句與精神。

（四）聯詢處成立之後，又曾向耶穌會傳敎區長上建議：在戰事緊張情況下，刋物固無從發展，但坐誤歲月，未免可惜，似應從事準備將來。最要之事，厥爲培植寫作人才。土山灣印書館應組織一編譯所，以求改善並推進出版事業。整個上海傳敎區應有一種機構，計劃出版有價值之書籍。但因時局過於惡劣，此項建議未生效果。僅於一九四二年徐家匯光啓社改組，由張伯達神父担任社長。

丙　檢討

聯詢處已往之成績，顯然未能充分實現賴道高斯基總會長神父之期望。推究原因，可概述於下。

一、環境方面：已往之六七年，實係耶穌會中國傳教區百年以來最困難之時期。外而日寇與共匪肆虐，內而人才與物資減損；加以時局隍阢，民生憔悴，往往救創扶痛之不暇，又奚暇顧及出版事業？因此，聯詢處之工作，根本無從開展。

二、聯詢處本身只是一種交換消息之機構，卽在耶穌會中，根本無推動刊物之實權。何況我國聖教中上下人士，素來對於刊物未能加以相當愛護；聯詢處更無能力打破此種風氣。甚且作者如不肯報告，聯詢處無法强使其報告。再則聯詢處處長與聯詢員，大抵身兼數職，忙碌過甚；若干聯詢員始終未遑與聯詢處通信。

三、著作者往往有「作家」之特殊性格，不喜受人干預，甚至不願人知悉其在預備某種著作。持重之作家，更不願著作尚未完成而早事聲揚。但聯詢處之工作，不能不因而受到影響。再者若干青年修士，在求學時代頗有著作之慾望，因而報告著作計畫，迨至晉鐸之後，他務羈身，不復思及握管，以致報告徒成空響。

然而我人亦當承認：聯詢處之區區工作，已足使過去六七年間，耶穌會傳教區中，不復有人因無法知悉之故而浪費精力時間於翻譯同一書籍。

著作計劃，另於譯書方面，需要有交換消息之機構；以及我國聖教會之刊物，需要有全盤之計劃，調整之步驟：此固人人所灼知。耶穌會總會長賴道高斯基神父之組織華文刊物聯詢處，未始非開時代之先聲；而聯詢處七八年來之歷史，亦不無可資他人之借鏡。故不揣冒昧，略陳如前。

中國聖母小昆仲會近況

據去年（一九四六年）之統計，聖母小昆仲會共有修士一萬七百零八人，分佈於全球四十五國，管理公教大學四所，中學二百零五所，小學四百零一所，職業學校四所，孤兒院三所，共計六百一十七所，教育青年與兒童十八萬三千七百二十六名。此外，於二次大戰中從軍而亡之修士，尚未計算；且在納粹統治下之德奧等國，本會被迫停辦之學校，尚有數十所，至今大半未能復員。

×　×　×　×

該會中國分會共有修士二百一十二人，國籍修士九十七人，其他則分隸於法、英、德、匈、西、葡、瑞士、愛爾蘭等國，設有中小學廿一所，學生一萬二千八百四十名，並設有初試院二所及初學院一所，計有初試生一百一十二名，初學生六名及預備初學生八名，此外，山東煙台尚有中小學各一所，學生一千五百餘名，威海衛亦有小學一所，學生八百餘名，均被共軍强佔，無從收回。至於遭受敵人炮火洗禮，與飛機轟炸之學校，部分毀壞或化爲灰燼者，則有上海之聖芳濟中學，漢口之尚義中學，及重慶之明誠中學等。

抗戰期間，該會修士亦有因愛國舉動而被敵僞逮捕施以酷刑者，如甘增培、王平、張德隆、張玉池、吳金堂、孫耀華、張春隆、王景祺、陳斐、蕭漢卿等修士皆是。且有已被日寇判決死刑，而終被我敢死隊救出者一名，即現任青島明德中學校長彭玉麟修士是也。（彭氏出險後，曾於魯東一帶，一面繼續衛國運動，一面作公教之宣傳，卒於勝利前數月，曾蒙主席召見嘉獎，垂詢魯東公教衛國工作狀況甚詳。『明德事件』請參看公理戰勝紀念特輯十六頁至二十三頁（中華公教進行會全國臨時指導會編印）。

× × × ×

培根學校四十紀念
英杕校長八秩大壽

八月二十七日是至聖先師孔子誕辰，政府又定了這天是教師節，南北各地教育當局，今年要在這一天獎勵優良教師。北平是文化城，也是全國教育中心，這種尊師重道的舉動，自然不能例外。

文化城優良教師不少，更不乏以教育爲終身職業，成績優良的老教師。北平市何思源市長，爲了在這許多優良工作者中找一個典型人物也表彰一下，讓教育局王季高局長幾乎忙了半年。結果一位獻身教育四十年，現已八十高齡的英杕女士，被發現了。

正值今年的孔誕，恰巧是英女士八十壽辰，也是她首創的培根女校四十週年紀念。於是何市長王局長使決在這一天爲這位老教師擴大做壽。

作壽，事情很平常，獎勵也不是什麽了不起，可注意是這位以終身獻給教育的老人受慶祝，相信何市長們的目的，並不是僅對英杕女士本人，而是對教育者們的辛勤的崇敬。我們知道，英杕女士僅是文化城廣大的教師們的代表，看看英女士，正知道這文化城中許多老教師們對社會供獻的偉大。文化城，這美譽不是憑空飛來的。

提起英女士，八十歲了，當然一切都是老話。遠在四十年前——光緒三十四年（一九〇八）遜清崩潰前夕，革命怒潮澎湃的時候，有位清室皇裔，也在爲這國家的重建工作，奔走呼號。革命目的抗清，一位旗人居然也抗起清來，自然要爲時人注意。這位皇裔就是創辦天津大公報的英歛之先生。

英歛之是篤信天主教的教徒，他的革命精神，無疑是受了天主堂帶來的思潮所薰陶。提起歛之先生，人們會聯想到現在一位「時人」英千里先生，本文所提的英女士，便是千里先生的親姑母，歛之先生的令妹。

英女士，當然也是一位天主教徒，終身沒有嫁。由於這一點，可以知道英女　對宗教的忠誠和宗教對她終身獻身社會影響之大。

四十年前新式教育正在萌芽，國人對女子教育的看法還浸潤在「女子無才便是德」的泥溝裏，正在這時這位先進的女子教育家，却開始創辦了培根女子中學堂。關于她當時的抱負，二十年前他曾有自撰的一篇「緣起」，開頭就說：

語云：「女子無才便是德」，繫何人語？竟剝奪我女子受教育之權利；而使二萬萬女同胞，汨沒其智慧，沉淪於不識不知之域地，傷哉斯語！聞者痛心！杕生不辰，處於風氣閉塞時代，不使女子得受教育，每一念及，輒爲我女界同胞恨！幸家庭有教，得於兄弟誦讀之餘，從事問學，略得一知半解，愈以提倡女子教育爲急務，……女子無學，不惟無世界之眼光，難於競存，即將來主持家政，亦不得盡其能事。况家庭教育爲一切教育之基礎，女校不興，何以增高女子程度，而爲國家健全之分子」。

這一段文字，清楚地說明了當時風氣的閉塞，女子教育的不爲人所重視，同時也看出了，英校長對教育的遠見，和對教育的熱衷。

她的寓所座落在西安門內眞如鏡十七號，那就是培根女子小學的故址。她告訴記者說：當時初開學的頭幾天，教室設在臨街的外院，隔着柵欄可以望見大街，外邊天天圍着一羣閑人，用怪異的眼光，偷看一班小脚女郎上課的情景，指手畫脚，品頭論足，後來爲避免麻煩，不得已搬進內院授課。這是一幕很有趣的鏡頭。

她說第一天開學是在四月四日，那時只有教員四人，學生六十餘人，學生不收任何費用，教員爲了英校長精神的感召，大家願盡義務，她本人一方掏腰包助經費，一方親自下手教學生，訓教員，就這樣地維持了三年。

女子上學，這消息傳出去，既不花錢，又有書讀，因此前進一點的父兄的子女，一天多似一天，爲了應付教師荒，她又附設了一班師範班，一班二班三班，終於自己的寓所容不下來。

民元請准內政部撥府右街北口永佑廟爲校址，後來又由馬相伯、熊秉三等名流作了董事，捐款修葺增築，當時一個標準女中就這樣出現了。

培根女學的根基初奠，正在發榮滋長的時候，蘆溝橋的砲聲響了，接着北平淪陷，民國廿六年廿八年兩年中間，英校長還是支持着培根中小學幼稚園的現狀。屢經敵僞的利誘和威逼，不屈不撓，最後只得暫時避避風頭，忍痛停辦中學。培根中學的畢業學生達三千人，散布在社會的每一個角落。三十一年冬她的姪兒英千里先生因爲參加地下工作，第一次被敵捕下獄，家裏埋伏着的敵憲，看他是個老人，於是放她走了，她回到學校立刻叫人各處送信，報告英先生的工作同人，這位老人就這樣救了千把抗日的志士。三十三年春季，日敵大檢舉參加地下工作的同人，志士們大半被捕下獄，千里、純良兩先生是她的姪兒，還有不少是她的親友，將近八十歲的老人，經過兩次的打擊，精神上受了很大的刺激，事後她告訴別人說，當時急得她眼花了，耳聾了，遍體的神經發痛了。到現在還沒有完全復原。

光復後，這位老教師還要鼓其餘勇，恢復培根中學部，遂其初衷。三十四年暑假後招收了初中一年級新生一班。終以人力物力不繼，再度停辦了，這是她老人家常常感到不快的事，但她爲培根女校曾寫文章說：

「秉忝長校務，勉竭愚誠，矢以鞠躬盡瘁死而後已。對於學生取嚴格主義，以培養道德，增加智能爲宗旨，故名本校爲培根，不致隨波逐流，爭尚新異，所有一切溢出正軌之自由，無倫常之平等，皆爲本校所痛戒。……然一秉良心之所知，良心之所能，循序漸進，期待立人達人之意，此身不死，此心不泯，要必終身行之」。

是的，這次北平當局和教育界爲英女士做壽這是英校長一生的榮耀。但是她的榮耀，絕不止於此，她的更大榮耀是她給故都文化界深刻的印象！（孟丁）

慶祝紀盛

北平慶祝教師節及英杕八十壽慶大會，午後在培根小學合併舉行，喜氣洋溢，賓客衆多，禮堂壽堂禮品琳琅，俱極生輝，田耕莘樞機主教送中堂「龍錫修齡」，市府送匾「女師遐壽」，方豪司鐸贈對聯爲「學校已卌週，堂長方八十；破屋始兩椽，弟子今三千」。張副市長主席，自稱在國內及日本美國均攻師範，實爲一教師，今代表市府無可說，如有可說，即「很慚愧」。繼勉以安貧樂道。德國學者皮斯釆羅齊在法求見拿破崙，拿翁不見，皮反認爲有朝一日拿翁將感遺憾，勉教師亦有此自尊心，幸勿氣餒。張懷回憶培根雖爲小學，但英氏如對辦報、興學、反帝、抗日、掩護地下工作，馬相伯亦曾借居，贊揚英校長犧牲耐苦精神。王季高局長最後致辭稱：英校長辦小學與蔡孑民辦大學同樣偉大，蔡先生「有所不爲，無所不容」及馬老之匾「有爲何畏」，俱可作座右銘。英校長除受獎狀碑匾外，何市長並贈壽禮百萬元。

北平公教暑期研究週記略

本年暑假期中，北平教區副主教李君武，輔仁大學蔣百鍊司鐸，聖母聖心會高樂康司鐸，北堂周連墀司鐸及本館方豪司鐸等發起北平暑期司鐸、修士、修女研究週，經請示田樞機後，立蒙樞機贊成，輔仁大學亦慨借大禮堂爲會所，並得使用其擴聲器，開會期間之一切招待事宜，則由司鐸書院負責。會期自八月四日至十日，由田樞機及黎公使分別致開幕詞及閉幕詞，于斌總主教亦於首尾兩日臨時被邀講演。此外講演者有趙振聲主教、張潤波主教、陳哲敏司鐸、立珊司鐸、孫戰魁司鐸、卜相賢司鐸、高樂康司鐸、周連墀司鐸、方豪司鐸、張懷先生、劉豁軒先生、葉德祿先生、景培元先生等；輔仁大學陳校長援菴先生亦被邀講演，惟臨時因返里奔喪未果；王忠善司鐸之演講亦因最後一日時間短促而停止，但所有演講稿，均已編成專集，取名「傳教之研究」，已於九月八日出版。按此次研究週，在中國尚屬創舉，惟各方均極踴躍，每日參加人數在四五百人左右，主教共二十位，爲北平教會有史以來，修道中人規模最大之集會。（益之）

輔仁大學求學司鐸突破記錄

本年暑假後，全國各地在輔仁大學負笈之司鐸，新舊生統計已達九十八人，突破成立以來之最高紀錄，致司鐸書院之宿舍已達飽和點。計舊生四十六人，新生四十四人，新舊生幾各佔半數。新來司鐸攻讀之系別以國文系爲最多，計十二人，次爲敎育系十一人，又次爲心理系七人，西語系六人，史學系四人，社會系三人，數學系一人。以省別論，河北省居首位，共十四人，北平、正定各三人，易縣、永年各二人，保定、獻縣、景縣、順德各一人；山東省五人，煙台三人，陽穀二人；綏遠省三人，綏遠一人，集寧二人；餘爲山西二人，潞安、大同各一人；陝西盩厔一人；察哈爾西灣子一人，熱河一人，河南信陽二人，湖北襄陽二人，江蘇海門一人，四川萬縣一人，安徽蚌埠一人。無敎區之修會司鐸共九人，計主徒會六人，遣使會、慈幼會及聖衣會各一人。舊生中復學者一人，今夏畢業考入歷史研究所者一人。（沈本篤）

華北大修院修士入輔大肄業

本年度開始，輔仁大學有華北各敎區考入之大修院修士二十三人，大學方面特在附近松樹街二十四號闢一宿舍，由田樞機聘請李本良司鐸爲舍監，取拉丁名聖多瑪斯學院，與本館拉丁名稱相衝突；中文名稱尚未決定，因輔大迄今仍爲文、理、敎育三院，農學院亦未正式成立，或不致稱哲學院。計共二十三人，分隷六個敎區，以獻縣敎區爲最多，得十人，北平與正定敎區各爲四人，威海衛三人，保定及信陽各一人。今年所定課程皆爲必修科，計心理學概論五小時，理則學三小時，敎育概論三小時，國文三小時，中國通史三小時，體育二小時，英文七小時，拉丁文三小時，法文三小時。按現代高等敎育之優點，即在盡量發展每個青年之特長，故對於現行大學敎育制度，尚有人認爲必修科目太多，選修科目太少者；輔大修士今年擬定之科目，或僅爲第一學年者，則明年起，必須加以改變。又國文三小時亦屬太少，凡文學院國文系及史學系科目，應儘可能由同學自由選修。至於心理學五小時，則們嫌太多。英文七小時，亦爲特殊現象。英法文以外，尚可由學生自由選讀德文或其他外國語文。（劉正德）

震旦大學收容上海大修士

上海震旦大學本年新設文學院，院長山張伯達司鐸充任。上海大修院之文學班修士，全部加入震旦大學文學院，而在徐家匯成立文學院第二部。按上海小修院入院資格均在高中畢業，近年已取消小修院，改爲大修院之文學班，文學班以上爲哲學班、神學班。小修院舊址則改爲備修院，實際上僅爲宿舍，上課仍在徐匯中學也。（王英）

北平總主教區聯合小修院蒸蒸日上

北平總主教區聯合小修院，即耕莘中學，成立甫一年，現已有學生二百一十名，包括十一個教區，兩個修會，除北平教區以外，以主徒會修士爲最多，計有三十八人。現全校共分六班，即初中一、二、三三班，高中一、二兩班，又先修班一班。本學期教職員共二十八人，內新聘者八人。暑假期內校舍亦略加改修，而對於理化及圖書館設置，更大量擴充，共耗資二千餘萬。但學校以限於經費，仍未能按照原定計劃，積極推進。（光煒）

廣州聖心中學積極恢復舊觀

廣州聖心中學，在戰前頗著聲譽，如現任中央研究院之研究員岑仲勉先生且曾任該校任教。復員後，已迅速恢復舊觀。現有學生七百五十四人，初中九班，高中六班；教職四十九人，圖書共有四萬冊，而理化實驗室，生物實驗室及體育設備，亦極完善。今後尙擬擴充至二十四班，俾能容納一千二百人，並提高水準，今夏投考該校者達二千六百餘人，但錄取者不過二百人。（仲之）

懷仁學會正式成立

本年七月中至八月中在布魯塞爾召開之聖母聖心會總會議，已正式承認中國該會傳教士所成立之懷仁學會爲該會工作之一。該會實際成立已半年，但以未經會議通過，所有參加工作各司鐸，仍分屬於各該教區；自經會議正式承認後，所有會員將直接屬於學會，以從事文化的傳教工作。目下學會有司鐸會員七位，將來視工作之需要逐漸增加。外有教友作家數人，亦參加學會之工作。至學會會長人選，雖各方期待已久，但迄未發表，該會會址在北平（20）東城牛排子胡同二號半畝園，該園爲李笠翁所建，乃清代名園之一。

按懷仁學會宗旨，在將公教思想傳播於中國社會，而尤注重知識階級之勸化，故該會對於一切文化運動盡力參加，以引社會知識界歸向基督。至該會之主要工作，則爲從事著作事業。（瑋）

北平各大學公教同學會暑期工作

北平市各大學天主教同學會，利用暑假，在各校熱烈展開各項工作。北大、朝陽、師院三校，曾成立「英文講習班」爲各該校同學服務，講授英文，聘請普愛堂姚耀思、萬廣禮二位司鐸担任義務教授，姚萬二司鐸，教課熱心，深爲同學感佩。爲增進友誼起見，同學會數次齊訪二位司鐸於普愛堂，二司鐸熱切招待，暢談甚歡。在北大，又有「英語會話班」，練習會話；在朝陽，有「英文俱樂部」，是一個長期性的組織；此外有「流通圖書室」交換圖書；並由姚司鐸執筆編印英文講義，名 Speak English （英語講話）內容充實，頗為實用，出版後即刻售賣一空，講習班結束時曾發起旅行香山與玉泉山，神父亦參加，至為融洽。各校參加講習班同學，計：師院五十二人，朝陽七十六人，北大一百五十三人。（青）

上海公教文化界之人事更動

上海徐家匯藏書樓主任徐宗澤司鐸逝世後，已由王方司鐸繼任；聖心報主編王昌祉司鐸，專任編譯，其職務由梅乘騏司鐸繼任；丁汝仁司鐸已調往土山灣服務。徐家匯區之公教文化事業，包括土山灣之出版事業，當有一番新氣象也。按徐家匯為華中一帶教會精神食糧之最大供給所，近百年來，出版書籍之多，冠於全國；教會期刊，亦以徐家匯之益聞錄為最早，戰前之聖教雜誌，擁有讀者，亦不在少，惟最近十年，因戰禍蔓延，陷於停滯狀態，但各方期望甚殷，教會當局，亦似在力謀改進。又悉：今年八個月內，土山灣印書館已出版經書十五萬四千四百冊，學校用書二萬二千冊（燕）

李君武張懷當選北平市參議員

九月二十一日，北平市舉行實行憲政後第一次民選參議員，投票結果，北平教區副主教李君武，輔仁大學教育學院院長張懷當選參議員。此次內六區之選舉，田樞機事前即有佈置，由北堂本堂司鐸，發出通告，並在講道時提出候選人姓名，力勸教友集中投票，以免分散力量，故能有此成績。二十一日適為主日，上午大彌撒後及下午聖體降福後，修士修女亦均列隊前往投票所投票，教外人對我教之團結，莫不嘖嘖稱道。（秉仁）

徐宗澤神父遺著發表

徐神父逝世後，本刊上期曾發表其「上海徐家匯藏書樓所藏明清間教會書目」上海益世報八月二日、九日、十六日、二十三日等，連續登載其在疾革前一週所完成之「國家之任務」。益世週刊二十九卷四期則發表其「中國天主教史序」及「對於公教報紙的感想」。東方雜誌第四十三卷第十三號則有其「明獻忠入川與耶穌會士」一文。按該誌同卷第五號尚有氏所著「徐光啓非東林黨」一文。至於已完成之大部書籍，其「中國天主教史」與「徐文定公年譜」兩種，已由商務印書館付印；「明清間耶穌會士譯著提要」，聞早由中華書局排竣，並已製成紙型，

現僅待澆版付印云。（燕）

徐宗澤神父遺愛在人

上海徐家匯藏書樓主任耶穌會司鐸徐宗澤於六月二十日逝世後，各方哀悼，茲彙誌如後。

（一）七月十日，上海天主教進行會等三十餘團體，在徐家匯天主堂舉行大禮追思彌撒。市府秘書長何德奎夫婦及商務印書館代表朱經農、李伯嘉、蘇繼廎、周家鳳，世界書局代表陸寶忠，廣益書局代表顧蔭及申報館、新聞報館、鴻英圖書館等代表均莅堂參加。

（二）七月二十日中國天主教文化協進會在南京太平巷該會舉行追悼。南京益世報出版追悼特刊。

（三）個人方面，陸徵祥院長特在海外舉行彌撒三十日。武漢大學教授蘇雪林女士，除奉彌撒獻儀十萬元外，復撰「願為天主好兒女」一文，在益世週刊第二十卷第七期發表，稱之為「唯一的神師」，「第二慈父」，歷述在宗教方面所得的薰陶，最後則為表示對徐神父悼念的心思，而努力做天主好兒女。此外則有來復之「徐宗澤司鐸給我底印象」；安斯「哭徐宗澤神父」；銘之「徐公潤農墓地憑弔記」；濱影「隨筆話徐宗澤神父」；鶴藍之「徐潤農司鐸哀感」，以上見六月二十八日，二十九日，八月五日，九日，三十一日上海益世報）；徐蔚南「悼徐宗澤神父」；李益博「徐宗澤神父的生活」；陳夢賚「徐宗澤神父遺著目錄」，以上皆見益世週刊第二十九卷第四期追悼特輯。而葉恭綽先生所撰一聯，尤為人傳誦，文曰：「前規式廓，來軫方遒，誰與共談天祿閣？氣類漸孤，典型空在，不堪重過土山灣！」

四川教案文獻在北平發現

最近輔仁大學校長陳援菴先生（垣），以一極名貴之公教文獻轉贈方杰人司鐸（豪）。該項文獻，乃光緒二十六年，川西北教案賠欵合同，由四川洋務局總辦吳、李，四川署理布政使司夏，四川川西川北主教杜所合立者。皆有印信、畫押及關防，杜主教並有紫墨水之簽名及主教印。立約日期為光緒二十六年十二月初一日。乃數年前由陳校長在書肆中購得者。原件計寬八十四公分，高五十七公分。（本館訊）

蘇雪林教授近著發表

蘇雪林教授近著「山鬼與酒神」在中央週刊第九卷第二十九等期發表，作者認為屈原作品，大都受外來文化刺激，此文僅提出屈原九歌中山鬼一篇，加以考證。又蘇先生所著「天問九重天考」亦發表於該刊第九卷第三十四等期。

涉及中外古代之天文學，用力甚勤。（楊鶩）

「入華耶穌會士列傳」全書譯竣

耶穌會士費賴之所著法文「入華耶穌會士列傳」一書，自一九三二年一九三四年出版上下二冊以來，極受學術界之推重。馮承鈞先生曾譯爲中文，其最前一部份，且早已在商務印書館出版。馮先生以教外人立場，雖曾將其中靈蹟部份，予以刪除，但校正原著人及原校人之錯誤，並增補之註釋，亦屬不少，厥功甚偉；故十餘年來，研究教會史及十七八世紀中西交通史者，無不希望其能早日將全書譯完問世。按上海聖教雜誌亦曾發表一部份，惟譯筆及增補校訂，遠不如馮君，而聖教雜誌且曾刊登啓事，不准他人翻譯。茲悉馮先生於前年逝世前，已將該書譯完，惟當時係由中華教育文化基金董事會補助翻譯，故此書之出版尚須由該會之編譯委員會決定。（本館訊）

「蒙古與教廷」譯本待印

有元一代，與教廷使節往來不絕；但對此一代史蹟，尚乏專書。已故法國漢學家泰斗伯希和先生曾著有「蒙古與教廷」一書，最稱詳備。雖我國學人直接引用原書者，已屬不少，但在一般不諳法文者，仍不免有明珠闇投之憾，故中譯本實有其必要。已故馮承鈞先生，爲我國中西交通史及西域史專家，所譯英法文名著甚多，雖臥病二十餘年，而譯述不輟，有關於公教之作品，亦不在少。而「蒙古與教廷」一稿，亦於去世前完成。近由其家屬授本館出版。而全書稿費及印刷費，亦需二千餘萬，本館一時不能籌得此鉅款，故付印尚有待云。（本館訊）

湯若望傳刊印有待

楊丙辰教授，在淪陷時期，曾翻譯德國魏特 Vath 所著湯若望傳。原著乃一九三三年在德國出版，爲湯若望最詳細之傳記；其中有關明末清初中國方面之政治社會及傳教史料甚夥，且均極珍貴，可補明清史之不足。民國二十七年陳援庵先生在輔仁學誌第七卷第一二合期發表之湯若望與木陳忞，即曾利用此史料。按楊氏譯本，原由中德學會資助，太平洋事變前，已交商務印書館排印，現紙版尚存，聞已準備付印，想讀者必以先覩爲快也。（本館訊）

清季教案年表完成

故宮博物院文獻館張德澤君近完成「清季教案年表」，計九萬餘字。起自咸豐六年，迄於光緒三十四年。所根據之材料，除坊間刊行各書外，大部爲故宮博物院文獻館所藏各項檔案，均按年月編列，分爲綱目。惟原文太長者，則扼要記述，最便鈎稽。如清廷及各地之賠欵，教堂之損失，皆可藉以統計。惟著者編纂時，一部份檔案，業已南遷，故未能一一參考，斯則有待於將來之補苴也。此書出版處所，尚未決定。（本館訊）

神修學開始預約

耶穌會司鐸馬駿聲所著神修學一書，全部八册，第一册在本年十月內出版，以後每兩月出版一册。全書在北平市內將售美金七元，外埠八元。預約本市美金五元，外埠美金六元。預約並以美金爲限。而書後所附神修小字典，不在預約之內。預約處爲北平九局石虎胡同一號馬司鐸，上海新北門外天台路天主堂；天津第一區營口道二十二號崇德堂。（德勝院）

康熙帝傳連續發表

康熙時來華之耶穌會司鐸白晉，亦作白進 Joachim Bouvet 著有康熙帝傳，搜羅史實頗廣，日人後藤末雄曾譯爲日文，南京龔士榮司鐸，在輔仁大學肄業時，曾爲譯註，並作爲其畢業論文。但爲審慎起見，遲遲不敢發表。惟自去年十月三十一日起，已由林植君譯出，在中央週刊第八卷第四十一二期起連續登載。（王道生）

台灣創刊公教月報

台灣光復後，教務方面亦在積極推展。最近涂敏正監牧已聘請李蔚而先生籌備出刊月報一種，取名「台光月刊」。社址設台灣台北市中正東路三〇八號天主堂內。按李蔚而君爲福建熱心教友，戰前獨力主辦公教週刊，而由其夫人與女公子擔任發行，頗得主教信任。勝利後，隨中宣部特派員赴台灣，旋任新生報國際新聞編輯，後改任該社叢書編纂委員會編輯。最近擬辭去一切職務，積極籌備台光月刊出刊事宜。（味增德）

張秀亞譯「聖女之歌」

公教女作家張秀亞近應北平聖母聖心會之請，正從事翻譯 Franz Werfel 著之「聖女之歌」 The Song of Bernadetee。按「聖女之歌」影片，已在我國各地放映，爲近年美國著名宗教影片，曾得五次金獎。（璋）

王瑞明完成中篇小說「獨子」

青年作家王瑞明，復旦大學高材生，近臥病漢口梅神父紀念醫院，病中完成五萬字小說，取名「獨子」，係敘述一熱心傳教事業之公教青年，不久即可交由某書局出版。（國瑞）

郭祝融司鐸翻譯「高盧作戰實錄」

「高盧作戰實錄」係羅馬愷撒大將所作，爲拉丁文名著之一。近經輔仁大學司鐸書院郭祝融司鐸翻譯完竣，並在「北方雜誌」，自第五期（三十六年五月）起連續登載。按劉宇聲司鐸亦有譯稿，惟不全。（任光）

沈鶴巢發明「國音號碼拼法」

上海益世報四月二十八日及「科學畫報」第十三卷第八期(三十六年八月)刊有「國音號碼拼法」，係震旦大學法科二年級生沈鶴巢所發明，董世祉司鐸修訂。沈氏現年僅二十九歲，初因感於速記工具之缺乏，引起發明簡單新工具之決心。擬定初步計劃後，適爲董世祉司鐸所知，董司鐸研究語音及拼音法亦有二十餘年，除在瑞士攻讀外，抗戰期間並曾赴滇緬交界區考察各邊疆種族之語言。故經驗宏富，乃協助沈君成功。九月十一日天主教文協會理事長于斌並招待新聞界，特爲介紹。（祉）

明年改出月刊
敬希從早訂閱

惠書誌謝

本館承各方厚意，收到交換或贈送之書刊，日益增多，不及一一誌謝；此後凡定期刊物，均以登載一次爲限，尚祈鑒諒爲幸！

臺灣省立工學院贈 臺灣省立工學院刊創刊號起
天津東亞企業公司贈 東亞半月刊第六期起
基督教聯合出版社贈 天風週刊第八十三期起
胡若時司鐸贈 中西史通表初集
胡明新司鐸贈 各種書十四冊
陳彥育先生贈 各種書八冊
陳大明先生贈 各種書四十八冊
海門教區贈 Status Dioecesis Haemenensis 1947—1948
Centre International d'études de la Formation Religieuse 贈 Jésus-Christ Notre Vie; Jésus-Christ Lumière du monde; Jésus-Christ Notre Chef; Jésus-Christ Notre Sauveur
中國公教農業促進會贈 公教農業第一號起
方柏容先生贈 美國的科學研究
華北衛理公會北京神學院贈 通訊（不定期）
香港公教眞理學會贈 亞爾斯本鐸聖維雅納傳 聖母行述 聖體降福 理想的社會（民衆讀物小叢刊）
澳門慈幼印書館贈 母佑月 血露 聞話聖衣 小牧童（二冊） 玫瑰十字軍 富貴煙雲 黑手黨 我的懺悔 眞福瑪莎利羅傳 宗徒事業之靈魂 鐸修正則
北平方濟堂聖經學會贈 智慧書
葛露賓司鐸贈 聖歌集

上智編譯館館刊

田耕莘題

第三卷第一期

中華民國三十七年一月

館址：北平（7）西安門黃城根北段

上爲明萬曆四十三年（一六一五）敎宗保祿五世託金尼閣司鐸贈送我國之書籍封面上所燙金印下爲耶穌會會徽則在該項書籍之底封面現北平北堂圖書館尚保存數百冊至爲名貴

捐款及補助館刊訂費報告並致謝

劉力平司鐸	一萬元
王毅先生	三萬八千元
通安輪船公司	五萬元
利濟公司	十萬元
三北公司	十萬元
直東公司	五萬元
長記公司	五萬元
聯懋行	五萬元
運通行	五萬元
南豐公司	五萬元
張茂先司鐸	五萬元
卓望司鐸	二萬元
李合芳司鐸	五萬元
郭傳書先生	二萬元
李蕭璧先生	一萬五千元
蔣厚夫太太	五萬元
白祥副主教	一百萬元
鄒香涵先生	二十萬元
天主教信用合作社北平辦事處	十萬元
惠民大藥房	五萬元
興原大藥房	五萬元
朱立德先生	二萬元
黃德懋先生	五萬元
郝際雲先生	二萬元
王基蘊先生	二萬元
馮雅雄先生	五萬元
劉殷同先生	五萬元

陳治安司鐸	二萬元
陽勝德司鐸	一萬元
胡世清司鐸	二萬三千元
李伯漁司鐸	一萬元
張瑞珍先生	十萬元
董世祉司鐸	二十萬元
趙振亞副主教	十萬元
劉光源司鐸	六千元

親愛的教胞和教外讀者：

本館自三十五年九月由　田耕莘樞機主教創立以來，不覺已過了一年，在這一年內，我們共出版館刊一萬四千冊，出版各種圖書三萬二千冊，銷行及於全國，遠至歐美各地，我們不能不衷心感謝　上主的庇佑和　各位讀者的愛護。而許多教外朋友的捐欵，我們更覺珍重可貴。從三十七年起，我們還想繼續一月一書的計劃，但每種書以耗紙十二令計算，全年就得一百四十四令紙，照今天（十二月廿四日）北平的行市，已在一億八千萬以上，這筆龐大的款，我們能加在已經很沉重的　田樞機肩上嗎？所以我們渴望　各位讀者繼續給我們援助。我們現在售書的收入，已可担負印刷費，將來也許有餘力買紙。書籍傳教效力最大，亦最持久，請拿出實際行動來，以證明你平時所呼的口號「我愛天主」「我要救人」「我擁護中國首任樞機主教」「我主張加強文化傳教工作」是從心裏發出來，而不是徒託空言的！

惠書誌謝

長期交換刊物以登一次為限

中央研究院社會研究所贈社會科學雜誌（第九卷第一期起）

商務印書館贈東方雜誌（四十三卷十六號起）

華北神召會贈信勝月刊（十七卷七九合刊號起）

成都華英書局贈希望月刊（十九卷十期起）

濟南爾漢神哲學院贈天光半月刊（第一號起）

福建若瑟神哲學院贈真福方濟各嘉彼來略傳一冊

澳門慈幼印書館贈猛士忠魂一冊

李山甫司鐸贈瑪竇傳的福音一冊

上海教區公教進行會總會贈會刊（第一期起）

葉華棠牧師贈杭州遊覽手冊一冊

方濟堂聖經學會贈聖詠作曲集第一卷一冊

諸正瑛先生贈徐匯女中八十周紀念一冊

上智編譯館館刊

第三卷　第一期

目錄

論著

書林偶拾

書刊評介

文化消息

本館發售三大預約　機會難得！！

	書名	編著者	暫定價	預約價（八折）
1	馬相伯先生文集續編	方豪編	五萬元	四萬元
2	教育文存	張懷著	四萬五千元	三萬六千元
3	公教主義	朱者赤著	三萬五千元	二萬八千元

以上定價爲照目前紙價及印工暫定者，出書時，恐尚須增加，謹先聲明。

以上三種聯合預約，可打七折，即共收九萬一千元。加航掛郵費共爲十一萬一千元

郵費暫收：

每種	1.平掛	一千五百元
	2.航掛	七千元
兩種	1.平掛	二千元
	2.航掛	一萬三千元
三種	1.平掛	三千元
	2.航掛	二萬元

多退少補

如由郵局匯款，請聲明在北平七支局支付。（勿忘寄郵費）教會賬房劃款，一概不收。本館並無彌撒獻儀代替書款辦法。

預約期：三十七年一月十日截止，外埠以郵戳爲憑。（三十七年一月底以前三書出齊）

論著

教宗對於今日社會的重要訓示

宋超羣譯

我們要以堅强的信仰和道德的力量向「反基督」勢力宣戰
我們要參加一切有關婚姻家庭學校與社會秩序的討論
宗教利益發生危險的地區男女教友更不可放棄選舉權
天主教社會主義的主要目標是財富要有更公平的享受

教宗在一九四七年九月十二日星期五發表演說，要求全世界今天面臨着無以倫比的危機的婦女們，拿出堅强的信德和道德的力量來。

「今天需要堅强的信仰和道德的力量」

教宗宣稱道：「我們不得不承認，邪惡的學說正在向天主教的深處滲入；這些邪惡的學說破壞婦女的尊嚴，和婚姻、家庭的神聖以及夫妻生活的忠實，乃至於離婚和生死等等謬誤之說，這一切都像白蟻一樣正在侵蝕着婦女界和家庭生活及基督生活的根基。」

教宗向那些享有選舉權的天主教信衆提出如下的警告：

「凡是享有政治上選舉權的男女，特別是宗教利益在危險中的一切地方，他們肩上都負有一種重大的責任。大家要知道，放棄選舉權，就是一個嚴重的疎忽的大罪。」

教宗又更作一次宣稱：教會是堅持着「婦女平等的工作及生產要有平等的酬報」的。

威脅迫在眉睫

「使婦女趨向庸俗，和物質主義化並奴役婦女，這一切的危險都在企圖破壞婦女作爲一個人和一個基督徒的特性上的尊嚴和權利，而日見嚴重並且威脅也日益的迫在眉睫。」教宗在他演講裏這樣說。

「但在另一方面，多謝天主，捍衛的努力不但不見衰弱，反而日見有力。

「在人類的歷史過程裏，我們相信從來沒有過一個時期，它需要過婦女們這樣多的創造力和精力，這樣多的責任感，這樣大的忠誠，這樣强的道德力量以及犧牲和忍受一切種類的痛苦的精神，這樣大的英勇精神。

「在許多報告和信件之中，婦女們都透露給我們，在這些殘酷的時代裏，她們過去乃至於現在的命運和她們的家庭的命運是什麼，這些報告和信件是這樣的驚心動魄，以致令人讀起來，好像是在做着一場惡夢，同時也使人懷疑在今天這個時代，在我們生長着的這個世界，這樣的事情怎麼樣竟會發生。

明智的心

「在另一方面，成千成萬的事實却已經證明，並且深刻證明了縱使在可憐的環境裏，母愛，父母對於他們子女的愛乃是眞實的，無限的。」

但是，教宗說，心地良好，心地易感，心地慷慨，都還是不夠的，它還必須要明智，要堅强。

「軟弱的放縱會蒙蔽父母的眼睛，會給他們的兒女創造出不幸。

「在社會秩序方面，這樣的愛情就會遮掩住精神，而使它在理論上相信着可怕的謬說，寬恕非道德的以及重大錯誤的行爲。

「企圖不用慈愛的，値得稱頌的救助，而只想藉着一種給予獸類的沒有理性和沒有靈魂的毀滅，從滌煉的痛苦裏，救拔一個人出來，這不是假慈悲，不是許多幻覺之一嗎？

「意圖給不幸的新娘們辯護並使離婚合法化，這種同情不是這許多幻覺之一嗎？

「使處於社會不公平之下的那些被害者離開正義的關切，給她們以虛浮的允諾，而從教會慈愛的懷抱之中攫奪她們，將她們拋在無神的唯物論—貧困的利用者之手，這不又是另一種幻覺嗎？

遭到了蹂躪

「我們的弟兄們從世界各處給我們寫的信，天天都告訴我們，他們在專心顧念着青年婦女們道德和精神的痛苦。

「這就是我們在這些年以來，尤其是在最近六月二日向樞機團所作演講中，爲什麼我們祈求並籲請全體基督信衆，全體忠實的人士，特別是那些身任公職者要注意戰爭時期以及戰爭以後所造成的摧毁婦女和家庭的災害的原因。

「我們目擊這一種嚴重的危機，實在不能僅以憐恤，或發出一些無用的願望爲滿足。我們的重要目標乃是團結，我們要集中一切活躍的力量來挽救婦女和家庭的基督化教育。

「你們已經盼望過，願意從我們獲得若干指示，以便實際有效執行你們的許多決策。

爲家庭而戰

教宗提出下列幾點：

「第一，對眞理有一個堅强的，超自然的—尤其重要是懇切的，警覺的和剛勇的信心，乃是天主教教義決勝的條件。

「現在各種含有無神論色彩的文化和政治力量都在竭力地從事於根除基督教文明。

「這一場戰爭無疑是困難的，我們爲家庭的權利，爲婦女的尊嚴，爲兒童，爲學校而戰，當然也是艱辛的。

「但是你們已經表現了一種健康的性格，並且那些畢竟還是多數的意志清醒的公正人士是站在你們一邊的。

「而尤其重要的是天主和你們在一起。所以我要請你們記住聖保祿的話『你們的信仰已經使你們在戰鬥中成了英雄。』」

「一個穩固的信仰就是一個絕對的信仰，沒有保留，沒有緘默。它在眞理最後結果的到來以前，在最堅決獲得

上智編譯館館刊　第三卷　第一期　四

實施以前，是不逡巡，不退縮的。

「不要像許多其他遭遇過千萬次不幸的經驗的人們一樣受欺騙，而空想着追逐在反對者的後面，仿效他們，就可以克服他們。

「要說服別人，最重要的是我們要拿出證據來，證明對於天主教婦女，信仰乃是一種堅硬的，眞實的現實。

「不要受欺騙」

「一個穩固的堅強的信仰是藉了謙遜、祈禱和犧牲而天天見之於行動的。

「正因爲你們要向那些『集權的』反基督力量宣戰，第一個條件就是要你們愉快地，自然地，正直地在日常生活裏保有對天主的信仰。

「不要忘記—我們現在是說那些因着環境的緣故而特別容易遭受這些危險的人—無論你們的用意是怎麼樣好，你們和其他全體人們一樣在性質上是有相同的墮落弱點的。

「被咒咀的那條蛇牠不會讓自己失敗，牠會像當年一樣，要繼續誘惑婦女，使她墮落。

「和基督親密結合乃是絕對必要的，而這個親密的結合又必須先有祈禱和犧牲。

「第二，要避免虛僞的精神界。

「要防止教會有使本身陷入『現世』範圍的危險，幾十年以前我們有過一句口號就是：『返回到純精神界』。這句口號今天還是可以適用。

「我們的目的就是要教會嚴格限於教義的領域和聖祭的奉獻以及聖事的行使，並且禁止它干預國家的權利和行政及社會秩序的事項。

反天主教

「這就是說教義和人類生活在一切方面都沒有關係，信仰的奧蹟和這些奧蹟中的超自然的寶藏不應當從事於維護並鼓勇個人的生活，更進而使公共的生活具有基督的精神，並且能夠和天主的法律獲得協調。

「這根本就是反天主教的。

「我們的口號應當是相反而且必須相反，『因爲對基督的信仰乃是最爲充實的。』」

「無論在什麼所在，當重要的利益在危險之中，當有關崇敬天主和涉及婚姻、家庭、學校與社會秩序等等的法律在被討論着時，我們都要出席。

「但是不幸得很，天主教各種組織的缺乏，使我們不得不認爲絕大遺憾！

「凡是享有政治選舉權的男女，特別是宗教利益在危險中的一切地方，他們都負有重大的責任，放棄選舉權利，大家要知道，就是一個嚴重的疏忽的大罪。

「相反，如果大家能夠善自利用這個權利，那便是爲人民的眞正幸福而工作，也就是做了天主的法律和教會的忠實干城。

財富的分享

第三，在社會活動方面，對於教會的社會計劃要忠實遵行。

「有人說過，就是在天主教的各階層裏也已有了某種趨向正在日見佔着優勢，而要使教會的教義同化於和基督思想不能調和的理論之中。

「爲維持其程式的概念和這些理論之間的分界起見，教會的心裏是永遠牢記着全體人民眞正的福利的。

「當涉及正當的社會權益的事項時，教會往往是首先的倡導者。

「尤其是財富要更有公平的分享，當你們自己，親愛的兒女們，表示了你們的計劃時，它曾經常常是而且始終也是天主教會社會主義的主要目標之一。

「我們同樣地可以說，教會很久也把『婦女平等的工作和生產要有平等的報酬』作爲它的社會主義的目標之一。

快樂的家庭

第四，就是婦女在政治生活中的地位和責任。

「家庭的管理，我們也是不能忽視的。它是人人感到愉快、安樂的地方，也是對於公共福利能作到首項貢獻，而有助於整個國家的可讚美的兒童教育得以實施的所在。

「在你們當中，那些比較自由的，比較更有天才以及更有良好的準備的，應該擔負起這些對於普遍有利的責任來，她們就是你們的代表。

「你們要信任她們，要了解她們的困難和艱苦以及她們在專心致力中所作的犧牲。要支持她們，幫助她們。

教宗最後結論道：

「願聖母瑪利亞信衆之佑在你們爲回復一個繁榮而健康的社會的奮鬥，以及求取天主的和教會的勝利之中，做你們的力量，我們全心爲你們祈求。」

（譯自一九四七年九月十九日倫敦 The Universe報）

公教的國家觀

朱者赤

在吾國古代，國家是由家擴大的一種組織；所以「國家」二字並舉成爲一個名詞。西方的 Nation, Country 等名詞，也含有「本土」、「家鄉」的意思。許多國家的聯合，即成天下。現在叫「國際」，或「世界」。孔子提倡的「家齊而後國治，國治而後天下平」，國正居於中間很緊要的樞紐地位。

國家的要素，按國字造字法，在金文作「或」；「或」从戈从亘，亘中不是口字，乃是像圍牆的一個方框，所以亘即是城垣的垣字。而圍垣二字，和「或」字聲亦同。因此「或」字具有以戈看守圍在城垣裏的人民之意。後來「或」字外面再加上一大框，成爲「國」字，大框即是古圍字，由「或」中小圍，擴爲「國」之大圍，顯然是國家觀念的擴大。事實上亦是如此：周以前是小邦林立，史稱「萬邦」、「萬國」；周正式行封建制，方在形式上把它們統一起來「率土之濱，莫非王土；率土之民，莫非王臣」。到秦改封建爲郡縣，國始在實質上擴大了，始把以前所說的天下改成爲一國。

到了現代，又把以前稱爲夷狄羌蠻等地，等族，組成了一國，稱中華民國。一方面有些强國又領導着組織聯盟，或聯邦；這也正是說明國是一個具有擴大性的組織。我從國字的造字法，說到了國家這個擴大特性。

現在言歸正傳，還是說說國家的要素。國字从戈从口，口中是人民，且口也是方塊井邑，又具土地之意。此外，在春秋時，常用社稷來代替國家。社字从土，稷字从禾，則國家有土，還須有禾。這是農業國的特徵，其實在現代非農業國的國家，食米不足，一樣可以成爲强國。所以禾字可以改爲「財富」。沒有財富，當然不能立國，但「有土，始有財」，這是大學上的話。所以財可以包含在土地裏。

至於大學上說的「有人始有土。」這句話却有例外；如猶太人至今還沒有土；阿剌伯人誓死不讓他們回去有土地立國。可見國家成立的要素，土地實在是重要的。古時「有人始有土」的話，不適用於今日。古時地廣人稀，太公避狄，可以隨便領了人民搬移；現在不行了；現在立國，必須有土地，國土被人侵佔了，萬不能賠慷慨，而應當拚命爭取的。

因此，土地不得歸屬於人民，而當與人民一要素並立。戈是表示武力，似乎在近代國家成立四要素—人民、土地、主權、政府—中所無。其實戈可包於主權中。因爲要維護主權，不能不靠武力。沒有武力，則人民土地均不得保障，何況空頭的主權？因此武力一說，實在比主權一說爲廣大切實。這是古人用戈造「國」字的精義。「執干戈以衛社稷」，這比空喊「主權獨立」好的多；但不要「執干戈以拓領土」就是了。

「政府」一要素，實無庸詞費；因爲在一塊土地上，聚了這許多人，執干戈以保護他們的生命財產和主權，當然需要有個政府組織。不過沒有一個適應時代的好組織，那麽這個國家也難免要崩潰的。

目前吾國預備實行憲政，正是要產生一個好政府。吾國古代對於國家的說法，有土地、人民和主權，却少

「政府組織」一要素。古代君王至尊，無形中把君王當作立國要素之一。孟子雖然喊出了民爲貴，君爲輕，但後世沒有人信他。反而因了專制封建越成熟，而越是尊君了。把君主當作立國要素之首。君亡了，就算是國亡了。所以宋明敗亡的時候，士大夫紛紛自殺，怕做亡國遺民。如果有了君主上朝聽政，然後文武百官可以盡其職守，才有一個完整的政府組織，因此古代的尊君觀念，也可勉强說：等於近代對於國家成立的第四要素—政府組織；所持的態度，君命不可不遵，等於現代的政府法令不可不遵。這樣看來，現代立國的四要素，在古代也已粗具端倪了。

但有一點是古代有，而近代缺少的；在公教立場上尤爲重要的；那就是「信神」或「信主」一個觀念。古代以社稷二字代替國家，正具有這個觀念。社字从示从土，示即「神示」，示在土旁，正有上主照臨下土之意。社字雖可說：是古代神權國家之產物，但是我們細細分析一下，古代人民所稟的良知本性中，正蘊孕着一種崇高的思想，他們默默地信仰君主或聖人（聖人作而萬物覩），雖可領導人民萬物，但冥冥中還有一位主宰在領導着這些君王或聖人。這個主宰的信仰，也當是立國要素之一。它暗示着國家往向上的路上前進。國家的唯一使命，是爲人民謀幸福，而尋求眞理是最大的幸福，領導人求眞理的大幸福，是主的事。我們要主領導我們求這大幸福，又必須信仰主。這不是迷信。主的存在問題，可參閱上智編譯館新出項退結著「新答客問」。凡具有崇高的世界大同的理想的各國領袖，無論他們信不信主，而他們總是受着主的領導。等於一個人無論他信不信生命，但他仍是受生命的約束，而想活下去。因之誰要反抗這個主宰，誰就得死亡毁滅。而這個主宰，就是耶穌基督，他是眞理，是道路，是生命。

由此觀之，主的信仰，（信仰這位眞理、道路、生命之歸的主。）也是而且必須是立國要素之一。簡言之：可說「公信仰」（以別於許多政治主義的小信仰。）合近代國家四要素，正成爲五要素。「公信仰」是立國的基本要素，土地人民，是立國的實質要素，主權和政府是運用的要素；前二者是體，後二者是用，而四者又以首者「公信仰」爲本。國家失了首要的要素—公信仰—則必走入歧途，擾亂全體的秩序，終於毁滅自己。

過去兩次的世界大戰，實在是種因於此；而短視的歷史家，以及國際問題的研究者，總以爲這是種族主義問題，經濟問題，這眞是沒有探到問題的究竟。

在此，我們可以下一斷語：如果世界各國不尊重這個「公信仰」，則國家主義者必走上狹窄的，侵略的歧途；講世界主義者必造成無情的，殘殺的結局。殷鑒不遠，毋庸多證。

因此，我們要求各國要在今日的世界共存共榮，惟有竭力提倡這個「公信仰」，提醒人們，國家在四要素之外，還有一個基本要素。這個基本要素—公信仰—是一國自求生存發展，各國共存相濟的基礎。也是分爲列國（各安其所），合爲大同（天下一家）的唯一線索。

孫中山先生在民族主義演講中，所主張的，正與這個彷彿。就是愛國而不忘愛世，愛世而不忘愛國。換言之：愛國主義，與世界主義應當並行而不悖。所可惜的，就是他以人事的理論爲根據，而沒有推到超自然的，總歸的主宰，而以之爲信仰的基礎。但他的思想，除了承襲禮運、大學、論語上的儒家思想外，多少也受了些公敎哲學的影響。因爲愛國主義，能和世界主義並行不悖的，正是公敎的精神；其他哲學家、政治家、宗敎家，不是狹窄的國家主義，就是無情的世界主義；這二者是永遠水火不相容的。他們不會帶給國家或世界以幸福，而相反地帶來以戰爭和毀滅。

國家究竟是什麽？應該怎樣立國？這些只有站在公敎的立場上，才能得正確的解答，才能有正確的「國家觀」。

一九四七年，十月，二六日於工商學院

宗教與科學

張漢民

現代科學發達，有一日千里之勢。好像自然界一切物體，細密分析，都歸於一個單位，就是原子。原子配合變化，經過幾千萬年，產生出宇宙內現有的形形色色；原子配合變化，到現今還繼續不斷的進行，將來不知道轉變到什麽程度。因此有多少科學家，竟用化學和物理學上的定律解釋世界上的千奇萬妙，不信宗敎家所主張的「神造觀念」，並且造出「宗教與科學衝突的論調」。論調固然以科學爲根據，但根據是否充足？是否可靠？乃是一個極大問題，有討論的必要。「宗教與科學究竟有沒有衝突？」欲求解決這個問題，先該明瞭宗教是什麼？科學是什麼？

宗教是一種「眞理的教訓」「眞理指導的生活」，「眞理的崇拜」；宗教指示給我們宇宙內一切物質以外，還有一種「能力」，視之不見，聽之不聞，此一「能力」是自然界一切的原動力，一切的生存力，有他，一切都能有，沒有他，一切都不能有；一切物質和它們的本能都是由他來的；並且那種「眞理的教訓」勸導我們敬仰那「能力」，因爲我們與他有密切的關係，那「能力」就是神，這便是宗教的意義。

科學是學問，是討論研究宇宙內各物的美妙，和它們相互的關係，並且把討論和研究的結果，作成有系統的記述，這便是科學的意義。——例如天文學是研究天空裏各種星體的奇妙，和它們的互相關係；——地質學是研究地球各層的性質，和它們的彼此關係；——化學是研究物質的性質，和它們的彼此化合分解的關係；——物理學是研究物質的能力，能力的效率，和能力與能力的互相作用；——生物學是研究生物的構造、生活、異同、傳生、變異等等現象，和它們的互相聯繫。

專家用盡腦力，研究以上各科學的對象—生物和死物—，求得許多定律，固然可佩服，但他們按照那些定律，排定原子配合、變化、分化、組織，先產生無機物體，由無機物體產生有機物體，由有機物體產生生物，究竟對不對？定律究竟夠不夠解釋自然界的一切美妙？乃是一大疑問。

自然界的美妙很多，作者提出幾個來，作一討論。

（一）生物的細胞分裂。細胞是生物體的最小單位，以一個細胞構成的生物，叫做單細胞生物，以多數細胞構成的生物，叫做多細胞生物。

細胞普通是很小的東西，肉眼不能看見，但是它的構造非常複雜，大概說來，有細胞膜（尤其植物細胞）、細胞質、細胞核、核內有染色質等各部；一個細胞有許多作用，如吸收作用、消化作用、代謝作用、排泄作用、選擇作用、保護作用、分裂作用，無一不是複雜的，而分裂作用最爲複雜。分裂作用在單細胞生物，也就是生殖作用。細胞分裂有直接間接的區別，直接分裂是平均分作兩分，彷彿用一條綫從中部緊紮，切成兩分，每分就成了新的細胞；間接分裂是細胞內部，先發現種種的變化，而後分爲兩個新的細胞。內部的變化先是在細胞質裏發現一個球體，叫做中心體；此體又分爲兩分，也叫做中心體，每體週圍有放射線，兩體分離，各到細胞的一極，並且有一束曲線，把它們接聯起來，叫做梭體；梭體的中部，叫做赤道，當中心體未分爲二分的時候，細胞核的染色質，便組成一個網狀體；當中心體分爲二分，梭體發現以後，網狀染色體乃變成一條綫索，摺疊起來，以後自行切爲小段，有一定的數目，向赤道進行；不久，每段又縱分爲二分，於是原數若是四條，現在就成了八條；原數若是二十四條，現在就成了四十八條；每條摺爲彎形，向梭體的赤道綫分佈；並且在該處平均分爲兩組，彎曲部向外，兩端向內，繼而每組依着梭體的綫各向一個中心體進行，彷彿要去圍繞它，此時每組染色體的周圍發現一個包膜，把染色體包圍在內，中心體留在外邊，至於梭體的彎綫也變成平行的，細胞膜也向梭體中部凹下，並且由凹下處漸漸現出一個平面，把細胞切爲兩分，同時染色體復變成原來的網狀體，中心體的放射綫也行縮短；最後梭體消失，於是一個細胞分成兩個新的細胞，與原來的細胞完全一樣，這是細胞分裂的大概情形。以上所舉的「細胞分裂」是生物的一個普通現象，許多人都知道，中學生開始讀動物學和植物學，教員就給他們講述這個現象，但因爲司空見慣，人云亦云，便不想它的美妙；並且有許多學者認爲那種極其複雜的生活現象，純粹是理化性的機械作用，殊不知那細胞分裂的各種變化——例如中心體的發現和分生，梭體的發現和彎曲，染色體的形成、分裂、移動，梭體綫的先彎曲，後平行，中心體的放射綫先形成，後消失等——雖然有種種解釋，然而都是不完備的學說，並且往往互相衝突，細心推想，它們都沒有存在的價值，因爲細胞分裂時各部分的變化，有先後的次序，有一定的趨向，有固定的部位，有自然的大小，有比例的長短，有規定的質量，有緩急的分別，有時間的限制，不紊不亂，儼然是一批活潑現象，絕不是單獨死性的理化能力可以管制，可以指導的。必定有一個比理化更複雜的力量與物質合起來，共同作用；無此力量，恐怕物質不能生出這樣的美妙來；力量爲何？生命是也。

（二）生物的細胞分化。茲再舉一個生物的美妙——生物的細胞分化。——大多數生物的發生是由兩個性細胞——一個叫做精子，一個叫作卵子——配合、增殖、分化而成的；但是它們未配合以前，必須經過極其複雜的變化，減去染色體的半數，達到成熟的程度，然後纔可以配合；配合以後，開始分裂，全如一個普通細胞，可是它生出新細胞，堆積起來，要分化成不同形態，不同生理，不同作用的各種器官，而且器官與器官有密切的聯絡，有互助的需要。

細胞分化的程序，在動物各有特殊的情形，但概括說起來，先是細胞群集成一小球，叫做桑椹；桑椹發育，內部空化，成一空泡，叫做胚囊；胚囊發育，一部凹下，成一凹體，叫做原腸；原腸有二層，在外的叫做外胚葉，在內的叫做內胚葉，二葉之間，生一新層，叫做中胚葉，這三個胚葉繼續發育，要生出成體動物的一切器官。

外胚葉生出：皮膚和與它有關係的組織、口黏膜、口液腺、味蕾，眼內的感光部分，耳內的許多部分，神經系統，幾個內分泌腺體的重要部分（腎上腺體的中部，腦下垂體的前葉）等。

中胚葉生出：各種結締組織、血液、淋巴液、淋巴腺、脾臟、循環器官、腎臟、雄性和雌性生殖器官、骨骼、肌肉等。

內胚葉生出：消化系統的黏膜、肝臟、胰臟、肺臟的黏膜、甲狀腺、副甲狀腺、胸腺、生殖器和排尿器低部的黏膜等。

以上各器官形成以後，各佔一部位置，各有一定工作，毫不錯亂的合成一個與父母相似的生物，若有錯亂，就有畸形或死亡等現象。它們的構造和生理都是極其複雜的：就構造說，它們全是以細胞組織成的；就生理說，它們是互相有關係的；有一個器官的生理錯亂，其他器官必受影響，甚至於妨害它們的生命。

從這個「細胞分化」的例子，我們可以看出生物的美妙，就是生物的生長發育是有次序的，是從一個單位而成了幾千萬萬個單位的。單位組合而成了許多個形態相異，生理不同的部分；所以細胞分化是秩序化、複雜化、維繫化的現象。

秩序化是應生甲部的必生甲部，決不生乙部；複雜化是來源相同的細胞分化而成了不同工作的部分；維繫化是各部有互相輔佐的必要。

那末這種現象應該怎樣解釋呢？關於這個問題有兩個不同的解釋：一個是唯物派的，一個是實踐論派的。唯物派的解釋，以理化能力和定律作唯一的基本理由；實踐論派的解釋，以生命的能力作基本的理由。

唯物派要說：我們用化學來分析各種細胞，我們知道它們包含無機物質和有機物質，——無機物質如鐵質、鹽基質（例如氯化鈉、氯化鉀，——炭化鈉、鉀、鈣、鎂等，——硫化鈉、鉀、鈣、鎂等，——燐化鈉、鉀、鈣、鎂等——），氣體（例如氧氣，炭氧二氣等），——鹽基質和氣體或溶化在水內或與其他物質化合不等，——有機物質是炭水化合物（糖質）、蛋白質、脂肪質三大類；有機物質再用化學分析，就歸納成幾個單體，就是C、H、O、N、S，所以那樣複雜的生物體，不過是用幾個單體化合成的，由簡單而複雜，由散漫而組織，全是理化定律的作用，生活能力只是物質能的表現，這是唯物派的解釋。

實踐論派要說：生物固然是以物質創成的，它們的生理作用固然是一些理化、能力的表現，但物質是死物，在同一的環境裏，應該常發現一定的效果，因此那幾個固定的單體應該只發生出一羣不能分化的細胞；然而爲什麼那幾個固定的單體，互相組合，生出不同形態的器官而成一個有組織的結合呢？至於它們的能力，也是固定的，因此在同一的環境裏，也應該常發現一樣的作用，然而，同是一類的細胞，爲什麼在內胚葉內，生出某種器官，而在外胚葉或中胚葉內，就各生出別種器官呢？物質發展在同一的環境內，如果它們的來源不斷，應該是沒有止境的，然而爲什麼一個生物，生長到一定的程度，就會停止呢？生物的各種現象，如果純粹是物質性的，爲什麼到現今，人所見的生物，需要傳生，纔能延綿不絕呢？物質是死物，沒有自動、自選、自制的能力，爲什麼它們能生出有自動力、自選力、自制力的生物呢？因此，生物體內除了物質以外，還有一種能力，與物質合爲一體，作共同的工作，以達到一定的目的，能力就是生命，這是實踐論派的解釋。

從以上兩個生物的美妙例子，我們可以看出唯物派獨以原子能來解釋生物的一切現象，是不充足的；而實踐論派的原子依賴生命，生命指導原子的解說，實與事實不悖。

那末生命是怎麼有的？我們不得而知；但我們可以斷定它不能自有，因爲無不能生有，有因必有果，原子的來源也應該如此。所以，那些物質現象與生命現象互相作用，以達到一定的目的，而生出有組織，有自動力，有自擇力，有自制力的生物，必不是偶然的一件事，必定有一個比它們更大的能力給予它們那種力量，而那種更大的「能力」是什麼，作者認爲除了「神」的觀念以外，彷彿再沒有一個更切當的觀念可以與它符合的。所以宗教與科學是決沒有衝突的。

合校本交友論序例

葉德祿

交友論一卷，或題友論，或題友道論，明泰西利瑪竇爲建安王多𤇆所作也。書成於萬曆二十三年三月，艾儒略利瑪竇行蹟繫於萬曆戊戌（二十六年）前。四庫提要雜家類存目二謂：「萬曆己亥（二十七年）利瑪竇遊南昌，與建安王論友道，因著是編以獻」。又引王肯堂鬱岡齋筆麈友論序有「稍刪潤著於篇」語，謂：「此書爲肯堂所點竄」者誤也。陳援菴先生曾取筆麈刪潤本與天學初函本對比，謂王氏所刪潤者未必勝於利氏原文。其跋吳漁山與王石谷書云：「書中牟我二字甚新，蓋出利瑪竇友論曰『吾友非他，即我之半乃第二我也』。王肯堂筆麈錄友論，刪此句，則牟我二字不知所云。而四庫提要雜家類存目二謂友論曾爲王肯堂所點竄，一若非經點竄，即不如是者；今友論原文具載天學初函，王肯堂改本亦載鬱岡齋筆麈，試相比勘，未見王所刪爲優而利氏原文爲劣也」。（東方雜誌二十七卷二號）漁山與石谷書藏日本上野氏有竹齋，內藤虎曾收入清朝名畫譜。

友論據費賴之入華耶穌會士傳 P. Louis Pfister, s. j.: Notices biographiques et bibliographiques sur les Jésuites de l'ancienne Mission de Chine 有一五九五（萬曆二十三）年南昌版，一五九九（萬曆二十七）年南京版，一六〇三（萬曆三十一）年北京版，一九一四年神州日報版，及天學初函本，除單刻本外，教外人士翻刻於叢書中者甚衆。民國二十三年，援菴先生爲輔仁大學夏令會講「從教外典籍見明末清初之天主教」，稿載國立北平圖書館館刊八卷二號，有云：「利瑪竇以西說著友論，除單行本外，教外人翻刻者，以予現在所知，有：寶顏堂秘笈、一瓻筆存、廣百川學海、小窓別紀、山林經濟籍、續說郛、堅瓠秘集、鬱岡齋筆麈等八本，教士著述爲教外人所翻刻者，鮮有若是之衆者也」。今堅瓠秘集不載友論，似係禁教時所删，余於三十二年輯民元以來天主教史論叢，曾得先生同意，删堅瓠秘集句，並改「八本」爲「七本」。日本中村久次郎（後改名中山）撰利瑪竇傳，謂日本學者頗有引用友論者，如：藤原明遠之𧮫進齋隨筆，細川潤次郎之吾園隨筆，新井白石之江關筆談，土岐政孝之學藝叢談；並謂明清兩代叢書收之者有：小窓別紀、山林經濟籍、廣百川學海、堅瓠秘集、寶顏堂秘笈等六種。洪煨蓮先生「考利瑪竇的世界地圖」載禹貢半月刊五卷三四合期云：「交友論傳本頗多，中山教授在所撰利瑪竇傳中，於單行外，曾數七本，實尚未盡」。又注云：「陳援菴先生從教外典籍所見明末清初之天主教（國立北平圖書館館刊卷八號一）益一瓻筆存本，我記得圖書集成交誼典中亦有之」。一瓻筆存，管廷芬編，道光間抄本，天津圖書館藏，見沈乾一叢書書目彙編，此陳先生之所本也。圖書集成收友論是矣，然陳先生講稿題，見字上無「所」字，文載圖書館館刊八卷二號，非一號也。

四庫雖不著錄友論，而提要猶云：「其言不甚荒悖，醇駁參半」，並引友論語謂：「此中理之言也」，「此洞悉人情者也」。王肯堂雖稍加删潤，亦謂：「有味哉其言之也，病懷爲之爽然，勝枚生六發遠矣」！日本藤原明遠引友論語，頗稱嘆之；細川潤次郎引友論語，亦謂：「足補聖經賢傳之所無」。友論見重於中日人士也如此，其影響當時社會倫理道德者，可想見矣。

余於十年前，得讀援菴先生比勘本友論，喜其有助於交友之道，錄爲副本，並以諸叢書本校之，藏諸篋中，久未付梓，客歲方杰人司鐸來長上智編譯館，既以向覺明先生合校本利西泰行蹟行世，知余有友論校本也，謂可公諸同好，遂略加理董以歸之。

顧外籍傳教士直接以中文著書，不煩翻譯，若利氏友論，具見其造詣之深；乃或曰：此其天資過人，有以致之；或曰：其成書必經中國通人如王肯堂者爲之潤色。曰：友論之經王氏删潤者，未必勝於原文，援菴先生言之詳矣，是則艾儒略行蹟所言：「初時言語未通，苦心學習，按圖畫人物，倩人指點，漸曉語言，旁通文字；至如六經子史等篇，無不盡暢其義，始稍著書，發明聖敎」。「苦心學習」四字爲利氏中國文字有成就之關鍵所在也。時至今日，學術傳敎之聲浪高唱入雲，而來華敎士能用中文著述如利氏者有幾？不精通中國語言文字而能結交士大夫者未之有也。吾於校友論畢，不能無感焉！

校例

一、以天學初函理編刻本爲主，校以寶顏堂秘笈、山林經濟籍、廣百川學海、說郛續集、圖書集成等翻刻本。

二、小窗別紀本爲節本，鬱岡齋筆麈爲刪潤本，四庫全書總目提要雜家存目二所引四則，徐氏筆精引二則，亦皆採入。

三、寶顏堂秘笈簡作「秘笈」，山林經濟籍簡作「經濟籍」，廣百川學海簡作「學海」，說郛續集簡作「續說郛」，圖書集成簡作「集成」，小窗別紀簡作「別紀」，鬱岡齋筆麈簡作「筆麈」，四庫全書總目提要簡作「四庫提要」，徐氏筆精簡作「筆精」。

四、鬱岡齋筆麈係刪潤本，故刪改潤色較多之處不能一一於詞句中加校語者，則將刪潤全文錄於注中；錄全文而不刪改者，亦加注明，以明刪潤本之優劣。

五、圖書集成本，凡原注小字雙行者，皆改作大字另行，故祇於第一次原注下說明「下同」外，不再一一注明。

聖詠與三百篇

謝博思

我國研究西洋文學史的學者往往以「三百篇」擬「聖詠」：而當日繙譯聖詠的人，以「詩篇」爲名，其用心所在、亦不問可知。最近北平方濟堂聖經學會刊印了聖詠集，畢樹棠在經世日報讀書週刊第十二期發表了一篇書評，其中有一段說：「(聖詠)在西方的地位彷彿在中國的詩經」。這是明言二書有同等的價值。既然在文學方面二書可以相提並論，自必有其內在的理由，我們不妨從純文學的立場來研究一下。

首先我們要了解兩種文學作品之所以有同等的位置，可以相提並論，實因內容與表現有相同之處。

但二書間亦有極顯明的區別，即二書的立場與宗旨根本不同：詩經以描寫民風為目的，聖詠是讚揚神靈的詩歌。其次從內容方面着眼，三百篇多寫男女兩性之事，而聖詠以申述神人關係為主題。今天我們要討論的是二者相同的幾點。

三百篇與聖詠的相似處，總歸於兩種：一類是內在的，一類是外在的；前者造成二大奇書的不朽價值，後者出自偶合，並不直接影響它們的文學地位，我們這裏不過附帶說明而已。

I 外在的

A 地點：二書同出於亞洲，作者都是東方民族；猶太人雖說經過埃及文化的薰染，也受了巴比倫文化的洗禮，畢竟他們是東方民族，不脫東方人的性格與習俗，所以不致與其他塞米特民族的文化隔絕。我們閱讀聖經，時常可以發現與我國相近的習俗；所以「聖詠」與「三百篇」在文學上相似，並不是什麼奇蹟。

B 作者與年代：兩部傑作都是總集：包羅許多時代不同地域不同的作品。詩三百篇不署作者姓氏，前代文獻不足徵，後人也無從考定那些無名文豪；聖詠，以往公教人士樂稱之為達味聖詠，因之許多人誤認百五十首聖詠完全出自聖王一人之手；其實達味所著聖詠，據聖經學者考證，充其量不過七八十首，其他有作者姓名的，也只是二十五首左右，餘五十首，作者姓氏無可考證。聖詠中年代最早的是每瑟之歌（第九十首），約當紀元前十六世紀；十之七八出世於達味時代—紀元前十一世紀—，晚出的一部當在流亡之後（參閱第百三十七首），也就是說在七世紀中葉。三百篇呢？以周頌產生為最早—約當公元前十一世紀—大部出現於七世紀之中葉（據陸侃如考證）；那麼除去每瑟之歌外，二書的年代前後相差無幾，真可謂偶合了。

C 來源：據漢代人傳說，「三百篇」來自民間，每年春日，行人過遊鄉里以觀民風，太師取行人所採得的民歌，被之管絃，這就是「三百篇」的來歷。禮記王制說：「天子五年巡狩，覲諸侯，命太師陳詩以觀民風」。漢書食貨志云：「孟春之月，行人振木鐸徇於路以採詩，獻之太師，比其音律，以聞於天子」。漢人的記載，近人多不敢輕信，不過，採詩之說縱不可崇，「三百篇」的內容足以證明它們確是平民文學，雖然在形式上曾經文人的潤色。至於聖詠的作者，根據題名，泰半屬於王公貴胄；可是，當時的猶太貴顯並不是我們心目中所想像的紈袴或官僚：他們沒有失掉平民習氣，不，他們較一般人更平民化，寫出的作品毫無宮庭色彩，而富有眞誠和直率的情緒。試讀第百三十三首（本文所引聖詠皆據吳經熊聖詠譯義初稿）：

「弟兄同居樂無涯，渾似靈膏沐首時。……君不見西溫山，主所喜，永生泉，福履綏」。又第百三十七首：

「憶昔淹留巴比倫，河濱默坐泣西溫；白楊枝上掛靈瑟，遙寄鄉思到帝村。……身作俘囚淪異域，誰能含淚唱鄉歌」？類似這樣的喜聲哀音，不一而足，完全是老百姓心靈深處發出來的。所以我們敢斷言聖詠根本是出自民間的。

D 音樂：語言不能盡情表達意見，所以需要音調來扶助，言語音調猶有不足，又得藉力於姿勢和表情，前人所謂「不知手之舞之，足之蹈之」者是也；隨舞蹈之進行，又有音樂伴奏，所以詩常可入樂。自來研究詩經的學者，都祖述漢人之說，認爲「三百篇」皆可入樂。近人顧頡剛雖力主國風不能入樂之說，因爲證據缺乏力量，仍不能推翻傳統的見解。聖詠全部入樂，決沒有疑問。案書名猶太原文雖稱爲讚美詩（Thehillim），希臘文却譯爲絃樂（ψαλμοι）。又聖詠題名多半用樂器或歌唱的方法：題「和以絃樂」的有五首，題「交與樂官」的多至五十五首，聖詠之可入樂，可想而知了。（參閱聖詠集總論：音樂性的題名，頁廿八）。

II 內在的：形式、內容、表現。

A 在形式方面，我們要比較二書的體裁、章法和修辭。

1. 體裁：毛詩序稱詩有風、雅、頌、興、比、賦六義：前三者屬於體制和性質的分類，後三者是行文表現的方法。國風用以觀覘民風，二雅施於燕饗和朝會，三頌特爲祀祈祭宗而設。在這點看來，「聖詠」與「三百篇」是不一致的。百五十首聖詠都是祈禱詩，功用在頌揚和祭祀上帝，沒有風、雅、頌類似的劃分，雖然也頗具風、雅、頌的氣味。談到表現的方法，聖詠內「鋪陳其事者」有之；「取物爲況者」有之；「因感而興者」亦有。舉例如下：(「因感而興者」從略)

鋪陳其事的：

「何列邦之擾攘兮？何萬民之猖狂？世酋蠢起兮，跋扈飛揚；共鬬背叛天主兮，反抗受命之王；曰吾儕豈長甘羈絆兮，盍解其縛而脫其韁」！(第二首)

「主兮主兮！胡爲棄我如遺？發呻吟於危急兮，何惠音之遲遲？朝籲主而不應兮，暮惆悵而無依」！(第二十二首)

取物爲況的：

「譬如溪畔樹，及時結嘉實；歲寒葉不枯，條暢靡有極；惡人徒狡黠，飄飄如糠屑；悠悠逐風轉，何處是歸結」？(第一首)

「主乃我之牧，所需百無憂；令我草上憩，引我澤畔游；……雖經陰谷裏，主在我何愁？爾策與爾杖，實令我心休」。(第二十三首)

「予心之戀主兮，如麋鹿之戀清泉」！(第四十二首)

「舉目向青山，悠然望天顏；偉哉造物主，吾心所仰攀；有主作金湯，小子復何患」？(第百二十一首)

「微主建爾屋，建屋徒自苦；微主守爾城，守城豈能固？擾擾復攘攘，孜孜度晨昏；……小人常戚戚，君子坦蕩蕩」。(第百二十七首)

2. 章法：「三百篇」與「聖詠」的章法，大致也相彷：只是前後各章的內容稍有差別：詩經各章，旨趣大半相同，特字句稍有變化耳。聖詠各樂章思想大部彼此對立，或逐步加深，如波浪起伏。希伯來詩曾受了希臘詩的影響，所以借用了希臘詩的形式，每首分爲兩個或兩個以上的樂章；各章並行，前後對照。例如第一首：第一樂章描寫善人的幸運，第二樂章敍述惡人的厄運。第二首很顯明地分為四個樂章：（一）列國的騷擾，（二）上主的答語，（三）米塞亞被立為王，（四）詩人的結論。（參閱聖詠集總論，頁三十九）。不過聖詠的章法不如三百篇那樣清晰，而且有許多聖詠很難分辨樂章的首尾。

3. 修辭：希伯來文屬於屈節語系，自然在聖詠中我們不能强求類似中國文字的整齊美：屈節語有字頭字尾的變化，音階自然調和，無須用雙聲疊韻或餘音來補救音階的單調；聖詠的音律，不取漢文或法文詩的押韻法，也不像拉丁或英文的散體無韻詩，利用音階的長短多寡作標準；聖詠的音律只在音節的抑揚頓挫上，猶如中國詩的平仄。所以從音律方面看來，「聖詠」和「三百篇」實不相類。但在修辭方面二書却有驚人的相似處：讀過詩經的，必理會詩人常在反復申述一個思想，而讀者並不感覺討厭，反而認為其中蘊藏着纏綿無窮的深意；聖詠的重複句法更為顯著，較三百篇有過之無不及：我們只把第一百十九首前後看一遍，便會發覺詩人常在一個思想上迴腸蕩氣：這首很長的詩歌，無非在重述主誡的可貴，所謂「聖道」「主則」「聖誡」「大法」「金科玉律」「聖訓」「法度」「洪恩」「明經」「爾言」「妙理」「典型」「爾命」「大道」「途徑」「典章」種種名詞，都是異名同物的主誡。在句法上，聖詠與三百篇也不乏殊途同歸的例子。中國文學最講究對仗，不僅韻文以駢儷見長，即散文也常拿它當調劑單調的利器，而開這風氣之端的，就是三百篇。西洋文學雖也講調協，駢偶的句子却不多見，惟獨聖詠的造句，頗與中國文法相近，在在都可以找到對仗；詩經中所常見的幾種形式，也都活躍在聖詠中。（不過，譯文的句法與原文時有出入，為了保存原文的意思和表現本國文字的精神，難免變通句子的構造，但我們這裏所引的例，則以譯文原文都是對句的為限）。例如三百篇中最常習見的：

a 駢對：在同一的句型裏，把一個意思重複的排比起來，更清楚些說，下句用他種語詞重述上句的意義，用類似的觀念完成上句的思想——譬如：

「無草不死，無木不萎」。（小雅谷風）

「如月之恆，如日之升」。（小雅天保）

「喓喓草蟲，趯趯阜螽」。（召南草蟲）

「莫赤匪狐，莫黑匪烏」。（邶風北風）

說也奇怪，聖詠中的駢對也是連篇累牘，俯拾即是。（駢對，聖詠集稱之爲疊義並行體）：

「其罪獲赦，其過見宥」。（第三十二首）

「厥音隆隆，赫赫有響」。（第二十九首）

「正邪不同居，善惡不同道」。（第五首）

「令我草上憩，引我澤畔游」。（第二十三首）

「整爾雅曲，潤爾歌音」。（第四十七首）

b 其次三百篇中有許多正對。（聖詠集稱之爲反證並行體）—句法與駢對相反，以烘雲托月之法，下句反襯上句，使思想愈形清晰：

「覯閔既多，受侮不少」。（邶風柏舟）

「穀則異室，死則同穴」。（王風大車）

「忘我大德，思我小怨」。（小雅谷風）

下舉聖詠，與詩經正對貌同：

「當面戚戚，轉面呵呵」。（第四十一首）

「高高無與比，謙謙獨衆憐」。（第百三十八首）

「瞻之在前，忽焉在後」。（第百三十九首）

c 隔句對在三百篇和聖詠中也佔相當位置：

「昔我往矣，楊柳依依，今我來思，雨雪霏霏」。（小雅采薇）

「不見復關，泣涕漣漣，既見復關，載笑載言」。（衛風氓）

「析薪如之何？匪斧不克；取妻如之何？匪媒不得」。（齊風南山）

「呻吟病榻，扶之掖之；展轉不寧，康之復之」。（第四十一首）

「日躍於天，主在雲表；日潛於淵，主伏於沼」。（第百三十九首）

「爲惡嬰天羅，雷霆作杯羹；爲善遨天眷，常得承歡欣」。（第十一首）

d 槎對：屢見三百篇中，聖詠亦不乏這類句法；所謂槎對，似對非對，說它不是排偶，又很相似排偶，質言之，上下句並不見得疊義或反襯，有時下句只是用一種微妙方法發揮上文的思想。（聖詠集稱綜合並行體）。

「關關雎鳩，在河之洲；窈窕淑女，君子好逑」。（周南關雎）

「未見君子，憂心炳炳；既見君子，庶幾有臧」。（小雅頍弁）

「方寸無他好，懷主以爲寶；域中諸聖人，亦是我所親」。（第十六首）

「邑民欣欣，如草在春；赫赫令譽，與日偕存」。（第七十二首）

上引各例，祇是能代表原文排句的譯文而已，如能觀摩原文對仗的巧妙，更能覺出它與三百篇實在太接近了。

B 內容方面：聖詠與三百篇的產生時期縣亘五六百年之久，地域不同，作者不一，自然內容複雜，在大體上，三百篇偏重於人事，故有關男女兩性的作品爲數較多；聖詠乃宗教的詩歌，因之頌禱之詞佔首要地位。至論有關教義和預言的一部，三百篇中更談不到了。——詩教本可與聖詠的寓意相擬，只因學者意見不一，聚訟未休，我們只好暫時不談它——。二書雖有不同，彼此可以相比的地方仍然不少，如以內容分析，二書都可以分爲詠史詠物，歌功頌德，諷刺嫉恨等幾大類：四時的景象，雨雪風雷的素描，田園山川的敍述，以及內心的喜怒哀怨——整個的人生卜無不應有盡有；舉凡大自然的一草一木和社會的變亂興廢，無一不是詩人筆下的材料。孔子認爲熟習詩經可以「多識於鳥獸草木之名」；唐陸璣、宋王應麟、明吳雨等都著有專書，解釋三百篇的名物；聖詠的作者也深愛博物之學，如第百零二首和百零四首中，動植物的名詞絡繹不絕，爲了訓詁，歷代研究聖經的學者，不知耗費了幾許腦汁。他如寫天災人禍，顚沛流離，政治清明，百姓安生等，聖詠和三百篇也常常不謀而合！

C 表現方面：內容相彷，表現相同，這是熟讀聖詠和三百篇的人共同的感覺。如寫情委宛的衛風伯兮即可與聖詠第四十二首媲美：

「自伯之東，首如飛蓬；豈無膏沐，誰適爲容？其雨其雨，杲杲日出，願言思伯，甘心首疾」！（伯兮）

「予心之戀主兮，如麋鹿之戀清泉……人問爾主安在兮？朝暮淌淚漣漣……撫今思昔兮，予心悒鬱以悲苦」！（第四十二首）

論描寫的深刻，可取第百三十七首與王風葛藟和邶風終風作對照：

「憶昔淹留巴比倫，河濱默坐泣西溫；白楊枝上掛靈瑟，遙寄鄉思到帝村，敵人戲弄恣歡謔，勸我謳歌一笑呵！身作俘囚淪異域，誰能含淚唱鄉歌」！

「緜緜葛藟，在河之滸；終遠兄弟，謂他人父；謂他人父，亦莫我顧」！（王風葛藟）

「終風且暴，顧我則笑；謔浪笑敖，中心是悼」。（邶風終風）

談到描寫女性的秀美，聖詠第四十五首也不遜於衛風碩人：

「亭亭玉座傍，娟娟彼姝子…王慕爾麗容…小心事夫子，夙夜莫敢違」。比

「關關雎鳩，在河之洲；窈窕淑女，君子好逑」何如？

「王女在宮中，榮華無與方；金線耀朝日，錦衣而繡裳；環佩鏘琳琅…歡欣溢眉宇，踴躍入宮牆」。這些身外之美，較之

「碩人其頎，衣錦褧衣；…手如柔荑，膚如凝脂，領如蝤蠐，齒如瓠犀，螓首蛾眉；巧笑倩兮，美目盼兮」肉體之美何如？

詩人感覺最銳敏，富於同情，也易於激怒；他最討厭讒謗的小人，不能容忍，加以詛咒，毫不留情：

「口頭誦盟約，心中存乖逆；…出口惟莠言，行詐憑長舌」。（第五十首）

何爾舌之鋒利兮，有如薙髮之刀；……黑與白其相混兮，是與非其相淆；泛邪說以溺衆兮，逞狡猾而逍遙」。（第五十二首）

「營營青蠅，止于棘；讒人罔極，交亂四國。
營營青蠅，止于榛；讒人罔極，構我二人」。（小雅青蠅）

文字不同，氣勢却一致，表現方法也是殊途同歸。

最後我們再引幾條唾罵仇敵的例以作比較的結束：

「天主其輿，一掃羣凶；行見悖逆，鼠竄無蹤；如烟之散，如蠟之鎔」。（第六十八首）

「蠢爾蠻荆，大邦爲讐；方叔元老，克壯其猶」。（小雅采芑）

讀這兩首詩，我們簡直不能分辨何者爲聖詠，何者爲詩經了。上舉諸例，不過千百中之一二而已，苟能詳爲紬繹，二書相同之處，當不止於此；略舉數則，聊爲發凡而已。

結論

感天地而泣鬼神的詩歌，對人生有着無限的魔力；孔子說：「詩可以興，可以觀，可以羣，可以怨，邇之事父，遠之事君」；在任何情緒下，任何場合中，「聖詠」和「三百篇」都能引人向上，予人以良好的影響；爲了它們內容的豐富，爲了它們表現的深刻、逼真，爲了它們對平民的同情，它們獲得了世人的推重和讚揚；在一切典籍中它們佔有了絕對的優勢。

（司鐸書院學術股發稿）

四庫提要之論西學

王任光

四庫全書著錄或存目之西學書籍，不下數十種，茲特錄其書名、卷數、撰人並著錄或存目部門於後：

西人撰著者計二十五種：

西儒耳目資　無卷數　明金尼閣撰　小學類存目二　坤輿圖說二卷　清南懷仁撰　地理類四

職方外紀五卷　明艾儒略撰　地理類四　別本坤輿外紀一卷　舊本題清南懷仁撰　地理類存目七

西方要紀一卷　清利類思安文思南懷仁等撰　地理類存目七　泰西水法六卷　明熊三拔撰　農家類

乾坤體義二卷　明利瑪竇撰　天文算法類一　表度說一卷　明熊三拔撰　天文算法類一

簡平儀說一卷　明熊三拔撰　天文算法類一　天問略一卷　明陽瑪諾撰　天文算法類一

天步眞原一卷　清穆尼閣撰薛鳳祚譯　天文算法類一

新法算書一百卷　明徐光啓李之藻李天經龍華民鄧玉函羅雅谷湯若望等修　天文算法類一

同文算指前編二卷通編八卷　明利瑪竇譯李之藻演　天文算法類二

幾何原本六卷　西洋人歐几里得撰利瑪竇譯徐光啓筆受　天文算法類二

奇器圖說三卷諸器圖說一卷　奇器圖說明鄧玉函撰　諸器圖說明王徵撰　譜錄類

辨學遺牘一卷　明利瑪竇撰　雜家類存目二　二十五言一卷　明利瑪竇撰　雜家類存日二

天主實義二卷　明利瑪竇撰　雜家類存目二　畸人十篇二卷附西琴曲意一卷　明利瑪竇撰　雜家類存目二

交友論一卷　利瑪竇撰　雜家類存目二　七克七卷　明龐迪我撰　雜家類存目二

西學凡一卷附錄唐大秦寺碑一篇　明艾儒略撰　雜家類存目二　靈言蠡勺二卷　明畢方濟撰　雜家類存目二

空際格致二卷　明高一志撰雜家類存目二寰有銓六卷　明傅汎際撰　雜家類存目二

國人著作者共七種：

農政全書六十卷　明徐光啓撰　農家類

測量法義一卷測量異同一卷句股義一卷　明徐光啓撰　天文算法類一

渾蓋通憲圖說二卷　明李之藻撰　天文算法類一

圜容較義一卷　明李之藻撰　天文算法類一

天學會通一卷　清薛鳳祚撰　天文算法類一

四庫館臣對西學之態度可於下列數語見之：「案歐邏巴人天文推算之密，工匠製作之巧，實逾前古；其議論夸詐迂怪，亦爲異端之尤。國朝節取其技能，而禁傳其學術，具存深意。其書本不足登冊府之編，然如寰有詮之類，明史藝文志中，已列其名，削而不論，轉慮惑誣，故著於錄而闢斥之。又明史載其書於道家，今考所言，兼剽三教之理，而又舉三教全排之；變幻支離，莫可究詰，眞雜學也。故存其目於雜家焉。」語見提要百二十五子部雜家類存目二西人撰書總評。夫所謂「天文推算」，「工匠製作」者西洋科學也；「議論」、「學術」者西洋宗教也。清初學者能辨別科學與宗教，不因宗教而廢科學，較之明人一概排斥之心理已高出一籌。天教排斥佛老理固當然，若謂排斥儒教，或未必當，然提要謂「舉三教全排之」者，豈指禮儀之爭一事而言乎？

明人屢以排斥西洋宗教而兼及於科學，實由於明季之特殊背景。蓋西士之著書立說，其目的本在傳教，即所謂「挾學術以傳教」也。明末迫於外患內亂，對外人多目爲「心懷叵測」；凡所論述，亦一概目爲異端。故西學傳入中國始於明，而其光大則必有待於滿清入關後也。提要子部天文算法類一新法算書條謂所論「皆鉤深索隱，密合天行，足以盡歐邏巴曆學之蘊。然其時牽制於廷臣之門戶，雖詔立兩局，累年測驗，明知新法之密，竟不能行。」又御定曆象考成條云「自利瑪竇入中國，測驗漸密，而辨爭亦逐日起。終明之世，朝議堅守門戶，迄未嘗用也。」門戶之爭，爲明季西學未能發揚之又一原因，此可於曆法一事見之。然眞理常存，固非意氣所能攻訐者。提要子部天文算法類一引言曰：「泰西晚出，頗異前規；門戶構爭，亦如講學。然分曹測驗，具有實徵，終不能指北爲南，移昏作曉。故攻新法者，至國初而漸解焉。」

提要論西洋曆算或曰「分曹測驗，具有實徵」（子部天文算法類一引言）；或曰「精密」（周髀算經條）；或曰「儀器精密，殆絕千古」（新儀象法要條）；或曰「古法疏而今法密」（六經天文編條）；或曰「皆前人所未發」，又「其言皆驗諸實測，其法皆具有變通」（乾坤體義條）；或曰「其考驗天象，則實較古法爲善」（天問略條）；或曰「鉤深索隱，密合天行」，可謂嘉許備至矣。故西學初入時，中國曆家如邢雲路、冷守中、魏文魁、郭正中等，雖多方詰難，然所學終不能勝。提要謂：「中法西法，互相發明，無容設畛域之見焉。」語見天文算法類二測海圓鏡條，可謂公允之論。

提要有謂西法襲自中法者，如天文算法類一周髀算經條云：「其本文之廣大精微者，皆足以存古法之意，開西法之源。……明萬曆中，歐邏巴人入中國，始別立新法，號爲精密。然其言地圓，即周髀所謂地法覆槃滂沱四隤而下也。其言南北里差，即周髀所謂北極左右，夏有不釋之冰，物有朝生暮穫；中衡左右，冬有不死之草，五穀一歲再熟；是爲寒暑推移，隨南北不同之故。及所謂春分至秋分，極下常有日光，秋分至春分，極下常無日光，是爲晝永夜短隨南北不同之故也。又李之藻以西法製渾蓋通憲，展晝短規，使大於赤道規，一同周髀之展外衡，使大於中衡。其新法曆書，述第谷以前西法三百六十五日，四分日之一，每四歲之小餘，成一日，亦即周髀所謂三百六十五日者三，三百六十六日者一也。西法出於周髀，此皆顯徵，特後來測驗增修，愈推愈密耳。明史曆志謂堯時宅西居昧谷，疇人子弟散入遐方，因而傳爲西學者，固有由矣。」又渾蓋通憲圖說（天文算法類一），梅文鼎嘗作訂補一卷，提要引其語曰：「渾蓋之器，以蓋天之法，代渾天之用，其製見於元史扎瑪魯鼎所用儀器中；竊疑爲周髀遺術流入西方。」又測海圓鏡條（天文算法類二）云：「歐邏巴人始以借根方法，進呈聖祖仁皇帝，授蒙養齋諸臣習之；梅穀成乃悟即古立天元一法，於赤水遺珍中詳解之，且載西名阿爾熱巴拉，即華言東來法，知即冶之遺書，流入西域，又轉而還入中原也。」李冶，字鏡齋，欒城人，金末登進士，入元官翰林學士，元史有傳。元時歐亞交通，阿剌伯人之天文曆算即以此時流入中國，李書或即採自西說亦未可必；且中法出於西法，或西法出於中法，雖不無可能，然無確實交流之痕迹，徒自一二雷同之點，即斷言其淵源所本，未免有近武斷，學者不取。東海西海，心同理同，其於基本原理相吻合，固無可異也。

至提要謂西法出自回曆而加進，如天文算法類一七政推步條引梅文鼎勿庵曆算書記曰：「回曆即西法舊率，泰西本回曆而加精耳。」此言不誣，蓋阿剌伯人本精於天算地理，其兵力西進時，其學術亦漸被於西歐；元時阿剌伯天文曆算亦曾一度盛興於中國；惜元亡明代，中西交通斷絕，繼起無人，必待明季西士而後重現也。

提要之論天文曆算，以其精密有徵，故特加推重；而於地理則頗加譏評。地理類四職方外紀條云：「所述多奇異不可究詰，似不免多所夸飾。然天地之大，何所不有，錄而存之，亦足以廣異聞也。」提要謂「不可究詰」，「多所夸飾」，以不能親見親驗也，故以「異聞」目之；謂「天地之大，何所不有」，尚不失治學客觀精神。又地理類存目七論西方紀要云：「專記西洋國土風俗人物土產，及海程遠近，大抵意在夸大其教，故語多粉飾失實。」則又未免過言矣。

提要又謂西書所載多有影附中國古書，或見中國古書變幻其說者，如地理類四坤輿圖說條，謂書中所載有附影東方朔神異經者，語多冗長，不引。

提要之論西洋科學已如上述，今再述其論西洋宗教，即天主教，亦可見時人之態度也。

西教初入中國，時人不辨，屢以佛教者流目之；提要亦不能出此，且謂天主教實源於釋教，入中國後，習見儒書，始因緣假借，以文其說，更爲無徵。雜家類存目二二十五言條云：「西洋人之入中國，自利瑪竇始；西洋教法傳中國，亦自此二十五條始。大旨多剽竊釋氏，而文詞尤拙。蓋西方之教，惟有佛書，歐邏巴人取其意而變幻之，猶未能甚離其本。厥後既入中國，習見儒書，則因緣假借，以文其說；乃漸至蔓衍支離，不可究詰，自以爲超出三教上矣。附存其目，庶可知彼教之初，所見不過如是也。」此一段議論，足可表現當時館臣對天主教之整個看法，及所以「禁傳其學術」之原因。天主教與佛教雖同出西方，但佛教所出之印度與天主教所自來之小亞細亞及歐洲，相去何異隔世；蓋自古東西交通梗塞，文化交流亦殊少痕迹。佛教東傳中國日本，對西方則甚少影響。且天主教本淵源於猶太教，其教條教義亦多採自舊約聖經，故以歷史言實更早於佛教。四庫館臣既無世界地理之知識，又不究源天主教之歷史，徒以其來自西方，遂謂與佛教同源，良可哂也。

天主教與佛教互相排斥，雜家類存目二辨學遺牘條論曰：「利瑪竇力排釋氏，故學佛者起而相爭，利瑪竇又反唇相詰，各持一悠謬荒唐之說，以較勝負於不可究詰之地。不知佛教可闢，非天主教所可闢；天主教可闢，又非佛教所可闢：均所謂同浴而譏裸裎耳。」

然天主教固非釋教可比，其說近於儒墨，提要亦言之。雜家類存目二七克條云：「其言出於儒墨之間。就所論之一事言之，不爲無理。」西學凡條云：「其致力亦以格物窮理爲本，以明體達用爲功，與儒學次序略似。」交友論條云：「其言不甚荒悖」。則天主教固未可非也；而提要必欲謂「支離神怪而不可詰」（西學凡條）；「支離荒誕」（畸人十篇條）；「附會於儒理，使人猝不可攻」（畸人十篇條）；「附會六經中上帝之說，以合於天主，而特攻釋氏以求勝」（天主實義條）者，蓋時人格於西洋異端之說，雖號稱通儒亦不能拔於流俗也。

又提要最忌挾學術傳教，天文算法類一天問略條云：「前有陽瑪諾自序，舍其本術，而盛稱天主之功；且舉所謂第十二重不動之天，爲諸聖之所居，天堂之所在，信奉天主者乃得升之，以歆動下愚。蓋欲借推測之有驗，以證天主堂之不誣，用意極爲詭譎。然其考驗天象，則實較古法爲善。今置其荒誕售欺之說，而但取其精密有據之術，削去原序，以免熒聽。其書中間及妄謬者，刊除則文義或不相續，姑存其舊，而闢其邪說如右焉。」而天步眞原條釋「順治中穆尼閣寄寓江寧，喜與人談算術，而不招人入耶穌會，在彼教中號爲篤實君子。」由此觀之，提要之論西學，一言以蔽之曰：「採取其技能，而禁傳其學術」而已。

提要對西學之態度已如上述，所論是否正確，在今日吾人不難斷定；然在當時實足以代表一般學者之思想，此則一時之風尚使然，非傑出之士，不能自拔也。

然提要論西學典籍，有應糾正之謬誤二：一曰辨學遺牘之撰人是否爲利瑪竇？一曰唐景教是否即爲祆教？

按辨學遺牘，舊題利瑪竇撰，前爲虞德園與利氏往復辯道書二通，附雲棲答虞德園遺書一通；後爲利氏復蓮池竹窗天說四端。提要從舊說，亦以撰八屬之利氏。然復蓮池天說四端，實非利氏所撰，明崇禎間卽有人察及而辯其誤者。破邪集（攻擊天主敎之書）八，雲棲弟子張廣湉證妄說曰：「按先師天說三則，天說餘一則，皆竹窗三筆篇末之語；篇首先師自序，識其歲月，乃萬曆四十三年乙卯之春，刻成未印，而先師以是年七月初四日圓寂，以後方漸流行。閱彼敎中所刻利子行實，蓋瑪竇先於萬曆三十八年庚戌四月已歿。而同侶龐廸峨等乞收葬骸骨疏文亦稱瑪竇於三十八年閏三月十九日年老患病身故。準二說，去先師著竹窗三筆之時相隔五載，安有未見其說，而先爲立辨之理？彌格子跋云：予覩沈僧天說，予甚憐之，不意未及數月，竟作長逝耶？此數句，彼亦自供三筆爲先師臨歿之書矣。夫乙卯前旣無竹窗之三筆，而庚戌後何有鬼錄之瑪竇哉？」釋密雲圓悟辨天三說（亦見破邪集八）亦曰：「按二人卒化之年，則利氏先雲棲五載矣。雲棲以是春（乙卯）出說，卽以是秋入滅，說未出而爲預辨；何物鬼魈，得能僞張爲幻耶？」據此，則利瑪竇復蓮池竹窗天說係誤題無疑。援菴師重刊辯學遺牘序（一九一九年）亦證其誤，以爲必敎中一名士所作而逸其名，時人輾轉傳鈔，因首篇係利復虞書，遂並此篇亦題爲利著；李之藻付梓時，偶未及考，故未訂正。此說頗是。

雜家類存目二西學凡一卷附錄唐大秦寺碑一篇。唐大秦寺碑卽景敎流行中國碑頌也。提要博引西溪叢語（宋姚寬撰）、酉陽雜俎（唐段成式撰）、杜預注左傳、顧野王玉篇、岳柯桯史，謂中國早有祆敎，而此碑卽出於祆敎，唐景敎卽祆敎也。「西洋人卽所謂波斯，天主卽所謂祆神」；「利瑪竇之初來，乃詫爲亙古未睹；艾儒略作此書，卽援唐碑以自證，則其爲祆敎更無疑義。乃無一人援古事以抉其原流，遂使蔓延於海內。蓋萬曆以來，士大夫祇講心學、剩語錄，卽盡一生之能事，故不能徵實考古，以揭邪說之流行也。」洋洋七百六十餘言，譏明人「不能徵實考古」，而不自覺其雖考古而非實也。夫景敎、祆敎雖皆傳自波斯，而實各有區別，未可混同，此於史籍中斑斑可考，如唐文粹舒元輿重岩寺碑有摩尼、大秦、祆神，天下三夷寺等云云，景敎非祆敎可知也。

書林偶拾

致英斂之述訪教會書

陳垣

別後廿四日到上海，訪朱、馬兩先生，起居均適，可以告慰。在徐匯藏書樓閱書四日，頗有所獲。明末清初名著，存者不少，恨無暇晷遍讀之也。廿九晚離上海，現在奈良遊覽，尚未能到東京，知念謹先聞，並候元甫先生均好。

北京天氣比此間冷，幸珍衛，夫人均此致候，不一，不一。

（編者按）右陳先生民國六年十一月八日自日本奈良旅次寄英斂之先生明信片。朱馬兩先生當指朱志堯與馬相伯。

致英斂之論續出天學初函

陳垣

頃言翻刻舊籍事，與其倩人繕鈔，毋寧逕將要籍借出影印。假定接續天學初函理編爲天學二函三函，……分期出版，此事想非難辦。細思一過，總勝於鈔，鈔而又校，校而付排印，又須再校，未免太費力；故擬仿涵芬樓新出四部叢刊格式，先將超性學要（廿一册）付影印，即名爲天學二函，並選其他佳作爲三函，有餘力並覆影初函，如此所費不多，事輕而易舉，無繕校之勞，有流通之效，宜若可爲也。乞函商相老從速圖之。此事倘行之於數年前，今已蔚爲大觀矣。晨起書此，不勝企盼，即請斂公早安。垣謹白。五月八晨

致慕元甫論刻公教叢書

陳垣

元甫先生有道：揖別後，不覺又已兩月。天寒，想起居佳勝。過滬時，曾晤馬老先生數次，精神矍鑠如恒，可以告慰。到東後，曾上斂之先生一片，未識得邀青盼否？近接黃鈞選先生書，知曾往還，至慰！至慰！黃公盛稱我公道德學問，嘆爲十丈軟紅塵中，絕所罕見，快慰無已。垣此行目的已達大半，心所欲得之貞元釋教目錄，已在西京得之，此書言景教與佛教關係有確證，惜中國無傳本，唯日本與高麗有之。破邪集爲明季攻擊天主教之書，在中國久成禁本，其中頗多關於教爭歷史，爲考古者所萬不可缺之書，不得以其狂吠而棄之也。日本有翻印本，然亦在禁書之列。垣在東西京遍尋不獲，今在大阪得之，亦奇遇也。拙著也里可溫，此間學者，頗表歡迎，將引起此邦學界之注意，他日所得，當不止此。唯宋元鎮江志彙刻，此書日本尚未有傳本，當仍在國內求之。趙孟頫潘昂霄燬教兩碑，已在至順鎮江志第十卷發見。般若院本僧寺不知其何以歸入道觀類？其他資料，尚有爲拙著所未引者，三版時當一一增入。至順鎮江志，誠考也里可溫者之寶藏，無論如何難覓，不可不備一部也。足下有志乎？垣臘盡當歸國，聞徐匯張司鐸說：教中同志有刊公教叢書之議，未知能成事實否？望公與斂公有以促成之。徐匯藏教中名人著著不少，正不止一寰有詮已也。惜垣無暇，不能在滬寢饋數月，至爲憾事！垣欲仿開元釋教目錄之例，爲乾隆基督教目錄，網羅乾隆以前教中名著敘跋；而著錄論列之，此志未知何日償也。斂之先生常晤面否？見時乞爲道及，不另，專此並候著安。斂之先生均此。陳垣拜啓。十二月八日時客東京。

（編者按）右函與致英先生明片發於同一年。張司鐸名璜，字漁珊，時任徐匯藏書樓主任，民國十八年卒。

致英斂之論譯經

程有猷主教遺墨

頃接回玉，誦悉種切。所承指摘生硬字句，自必如示更正。前爲「亞孟」「亞物」所賜覆書，已於三月十八日接到，當即遵相老指點，從大同主義，未敢率行另譯他語。日者又於羅瑪聖部聖諭彙集全書中，檢得一諭曰：凡教友習誦經文中，雖有譯音之句，萬不可輕易更改云云。據此，則相老所見，適合羅瑪聖部之旨，他日此老有所指點，益當心折也。耑此佈復，順頌近祺，併請相老聖安。五月初九日鄙人程有猷頓首。

致英斂之論大公報

李問漁司鐸遺墨

斂之先生閣下：連接大公報，不勝忻賀。規模極形堂皇，筆墨亦佳，他日不脛而行，似可預卜。其所登京中事，尤為全報關鍵，惟末有附件，既為土話，又涉閨門事，此間頗有評之者，以為此等事稿件，不宜登大報中；然是否當採其言，惟大才裁之。此後敝館中，須常發大公報一份，其報資弟已致書崇德堂司賬司鐸，請其代繳尊處，至年終為限。至十二月中，弟再當函致崇德堂，請其付明年之值。我先生於朱飛前，有兩報相兌之語，然貴報日出，而值大三倍，而弟不敢以磚引玉，致誤貴館之事，願大君子勿卻為荷！附上西字條一紙，煩即飭人送至崇德堂，以便收取報資。黃斐默神父謂此後即自敝館借觀大報，故不必專寄，即候大安。五月念六日弟李杕頓首。

貴報第四第五號未來，祈補下二紙，俾得成帙。

（編者按）右李問漁司鐸杕親筆函，現存北平英宅。時大公報甫開辦。

致英千里書

雷鳴遠司鐸遺墨

昨接來函，喜慰無似。加以得悉爾於各科之進步，及見爾照相，尤知今非昔日與我同赴歐洲之小申格也。惟所切盼而渴望者，即爾愛主之誠，修德之熱心，與學兼長，致返里時得為吾華教友青年之模範耳。爾父若母，所望者亦同。前月先父亦逝世矣！想爾亦早有所聞，敢祈多為之禱；蓋伊昔日之愛爾，誠非世俗假客氣之可比。至爾所尋問紹興名勝，則據所知者，有禹皇之墓，離城七八里，（未曾往觀閱）有以王先生（某文豪）之碑文而傳名之蘭亭，其在山之景亦頗佳。有所謂東湖者，亦一美景，餘則多在杭州矣。南方之風土、衣、食、住及物質之文華，大超於北省之上，儼然另一中國也，特鄉景不遜於前百八十年之英法鄉村，且有較佳之處。惜歐洲之民猛進，未曾停步，而我國則早止而不前矣！斯中亦有宗教思想一部分之關係。爾返祖國時，既能親來察閱之，亦必與我有同感。近來西傳之捷報，益與吾望和局見成之希望；蓋和局成，則吾千里歸期，遂亦在邇也。來前可得信乎？不勝盼切之至！以睹我中華青年之先進者。匆匆，忙中草復；再祈勿忘爲爾代父念經，即求吾主降福爾。雷鳴遠謹復。十月二十四日。

（編者按）右雷故司鐸親筆書札，文筆簡潔，書法亦勁遒可愛。今存北平英宅；千里先生現任教育部社會教育司司長，司鐸老友斂之先生長公子；幼名申格，時在英國留學，雷司鐸方由天津因老西開事被調浙江紹興傳教也。司鐸原籍比利時，酷愛我國，讀此函，覺一片愛慕中國之眞誠與培植公教青年之熱心，洋溢於字裡行間。求之現存之教士，有幾人耶？披閱之餘，能無令人慨然？

聖學詩二十首（舊抄本）

乾隆四年雲間　許類思撰

【瞻禮】聖子由來本至崇，爲人降孕顯奇工；寵光特照童貞后，貴體須懷潔體中。

【聖誕】祥光繚繞白冷隈，救世元皇出聖胎；何故不生尊富室？貶人傲樂與貪財。

【牧拜】主降原爲普救人，偏於貧賤更相親；牧兒此日何僥倖？顒拜渾如九品神。

【立名】依古恒規立聖名，名雖人立本天成；譯言救世無他義，兩字中含萬種情。

【王朝】信主無如三國王，望星命駕覲榮光；各呈寶物非爲貴，貴在欽崇一熱腸。

【獻堂】人子原和主並隆，仍歸主殿來欽崇；箇中消息誰能道？幸有先知婦與翁。

【往避】借母他遷爲避凶，一人懷抱萬神從；獨憐千百嬰兒血，盡飽窮奇兩劍鋒。

【仁齡】沖齡博洽本天來，大義微言細細推；碩學耆英應避席，定爲聖子不須猜。

【濯足】親行濯足示謙光，提命諄諄黯自傷；幸喜我徒能繼述，一宗萬派教無疆。

【建定】早知受難日將臻，特建新規詔後人；願以己身爲祭品，籲求我父免生嗔。

【十架】百般侮辱百般形，慘酷尤爲三鐵釘；臨死七言猶在耳，爭教人不淚長零。

【復活】下降爲開靈薄門，好携古聖沐新恩；未幾三日生如故，已肇人人復活根。

【升天】亭午當空自舉昇，母徒目送到輕清；遙知天國陞高座，萬古乾坤一掌擎。

【降臨】聖神何時不照臨？偏於是日更氤氲；恰符我主前應許，從此人文迥出羣。

【領報】既爲眞主母，仍獲號童貞；自得天神報，始知異俗情。

【總領天神】慧敏羣推九品神，神稱總領更超倫；制讎可奪三軍帥，遵命能携萬姓魂；脚踏邪魔歸地穴，手持長戟鎮天門；若非榮寵尚於衆，爭得時時傍至尊。

【護守天神】大主宏恩浩莫量，一人即命一人防；吉凶有事皆依右，老少無時不在傍；徹立善功忙引翼，偶罹魔阱急勗勸；我生賴爾維持久，身後還祈送本鄉。

【聖洗】欲去羣生穢濁情，躬洗受滌作明徵；須知聖爭相傳七，此是天階第一層。

【頌耶穌十字聖架】萬物無如聖架隆，主親在上建奇功；乾坤未啓君先啓，天地有終爾不終；戰克三讐威鐵鉞，琢成八福勝攀躋；眞知貴重由來久，何日仔肩詣上宮？

【頌聖母榮福花冠】冠名榮福禮何崇，后飾原來主特鍾；預簡性[illegible]潛定制，超升身後顯加封；人間袞冕誠難並，天上華旒亦未重；遙想母儀光日月，幾時容我一朝宗？

【編者按】右雲間許纘思作聖學詩二十首，爲上海老天主堂范本篤司鐸贈陸嘉謨先生一抄本內所錄存，而由陸先生轉寄本刊發表者。雲間有許遠度，徐光啓孫女婿也。天啓七年生纘曾，陳援菴先生曾爲作傳，而考知其已失天教信仰者。許纘思是否遠度與纘曾後裔，手頭無資料，不能考證；但所作詩，尙不失爲雍正禁教，天學文風衰落後，一重要文獻也。

書刊評介

進步與宗教(甘露叢書)評

吳婉

Christopher Dawson 著 柳明譯 商務印書館出版 210＋8頁 民國三十六年七月初版 定價五元（加成發售）

這本書是陶森先生 C. Dawson 的 Progress and Religion 的全譯本，也是繼「西班牙女王依撒白爾傳」出版後的第二本甘露叢書。由中國公教眞理學會及香港公教眞理學會合輯，吳經熊、葉秋原主編。但刈田元司的日譯本，却在昭和十六年（一九四一）已由京都甲鳥書林出版。

陶森先生在我國學術界中，知道他的人還不很多。（按本館出版之「朝聖行脚」內已有介紹）。他生於公元一八八九年。畢業於牛津大學後，更赴瑞典入斯德哥爾摩大學，從社會經濟學權威伽塞爾教授專攻史學及人種學。於一九一四年改奉天主教。他是歐洲公教界中傑出的一位文化史專家兼歷史哲學家。平日爲人謙訥誠樸，和易近人。任教於霞飛爾大學，於奬掖後進之餘，即從事寫作。他是「都伯林季刊」（Dublin Review）的一位長期作者。先後出版的專著，計有「神們的時代」（The Age of Gods）等十餘種之多。這本「進步與宗教」雖是他的第二部專著，却是他的一本成名作品。

「進步」的學說，最初是由聖伯多祿院長（Abbé de St Pierre）於西班牙嗣統戰爭結束之後，所清楚地公式化了的。那時候他正倡導一種可以保證歐洲永久和平的國際聯盟組織。十八十九兩世紀以來，它已能控制歐洲心理到這樣的程度：凡對之表示懷疑的企圖，都被視爲一種怪論或異端。但自進入二十世紀之後，因爲社會上發生了劇烈的變動，又因爲有第一次世界大戰的關係，它的最高地位，却受到了相當的打擊，其效力也彷彿要逐漸銷沉下去。於是不得不有另一種進步的學說，起而代之。

陶森先生寫這本書的目的，就是要闡明常易爲一般社會學者所忽視的宗教的社會機能，並要以歷史證實宗教對於精神動力補給的功能。

在抗戰勝利之後，一切的一切行將步入建設的我國現階段，該書在精神建設方面，實在可以給予我們不少的暗示。所以該書之於此際譯印問世，是有其特殊意義與價值的。

譯者柳明先生，在譯文方面異常忠實，幾個生疏的名詞，他都加上了註釋；幾處原書引用其他英譯中文書籍的地方，也儘量使之逐句還原；其不能還原，或原書引用的文句，根本錯誤的地方，譯者也都一一予以指出。總之字裏行間，隨時都有忠實的表現。

但書中也有一些美中不足的地方，現在讓我拉雜地寫在下面，希望再版時能有所訂補。

原書目次中除章題而外，每章中更有若干小的節題，那是原作者的朋友瓦武欽先生（Mr. E. J. Watkin）代作的（見原著者序）。這些小的節題，很抓住書中的要點，但不知爲甚麽譯者竟略去未譯。

原書凡有引用他書的地方，都註有書名和頁數，而譯者都把頁數略去，這爲有意參考的人，的確不甚便利。

譯者在譯名的使用一方面，的確太疏忽，太不經心。一些名詞本已有極通行的譯名，他偏擯而不用，而去杜撰，如 Old Testament 一語，天主教通作「古經」，新教通作「舊約」，兩者儘可任意使用，但他却杜撰了「舊經」；再如 Scholasticism 一名，通作「經院哲學」或「士林哲學」，譯者也並不是不知道；他在一五七頁四行，即已使用「士林哲學」，但不知道爲甚麽第三行却使用起「學院」二字；其他如 Israel 之譯作義辣厄爾；Eskimo 之譯作厄斯暋紫等甚多。前者爲天主教舊譯，近已不通用，社會上最習見者爲以色列。後者通作哀斯基摩。譯名的使用，還有一個最大的毛病，就是全書前後使用的譯名，缺少統一性。如：Augustine 一名之時作奧悟斯定、奧吾斯定、奧吾古斯定；Gregory 之時作額我略或額我略等是。

有些譯名實在不盡妥善，如 Protestantism 之譯爲反教主義，就極容易使人誤會爲一種反宗教的無神主義；他如 Christ 之用「基多」，我認爲也是多此一舉。按 Christ 一語，我公教歷來皆用基利斯督，逐字音譯，極是。爲簡化起見，自不妨使用「基督」，因爲「基督」

二字，在我國已普遍使用，且一些教區修會的出版物，亦有不少採用「基督」的，譯者不此之用，而用「基多」，眞恐怕有一部份非公教徒看到之後，要莫明其妙。如必謂用「基多」以別於新教，那麼在歐美公教新教並行的國家裏，爲什麼不把 Christ 也改一改？而我們中國公教會爲什麼不把「耶穌」「瑪利亞」也改一改呢？

譯者在幾個生疎的名詞之下，加上註釋，便利讀者不少，但譯者加註，好像是隨興之所至而加的，漫無標準，如一七頁九行之阿忒拉斯（Atlas）既已加註，則同頁十二行之普羅美透斯（Prometheus 亦一如阿忒拉斯係希臘神話中之人物）何以不加？一三頁一行之但底與多瑪斯·阿·肯披斯，在基督教國的歐美人士看來，固然可以一望而知是指的神曲和師主篇，但在我國的讀者看來，則未免有點生疎，實在有加以註釋的必要。

就校對而言，在我國出版界中，自然要以商務的成績爲最好，但這本書的校對，實在太差，現在把我已看出的誤處，列舉如下：

二二頁五行 Pnoteus 爲 Proteus 之誤；二六頁七行風格式性格應改風格或性格；三〇頁十四行朋與當係明與之誤；（按 Munich 一語固有譯作明與者，但不如慕尼克或慕尼黑之較爲通行）五四頁七行紀之前應爲紀元前之誤；同頁第七、八兩行之括弧（）衍；五九頁九行蓄收當改畜收；七七頁十行根深底固宜改根深蒂固（亦有作柢固者）；一一九頁十三行馬尼留新爲馬尼留斯（Manilius）之誤；一二三頁十三行曰路撒冷當作日路撒冷；一五〇頁十四行收獲宜改收穫；一五三頁十二行 rashaw 當改 Crashaw；同頁十三行保保乃保祿之誤；九八頁十一、十二兩行之拍拉圖當改柏拉圖。

海外書訊

外籍教士在華傳教法

（傳教學叢書第七種）

(De Jure Peregrino Missionario in Sinis)（拉丁文）

羅光著，羅馬 Officium libri catholici 印行，一九四四年出版。

書分八章，一附錄，每章分三五節不等。導言述移民法之沿革；首章以下，先述外籍教士傳教法之國際慣例與公私法，次論中國外交內政有關傳教士之立法，如在華教士之傳教自由、國籍問題、教士婚姻問題（按此節僅與東方禮敎士有關）、傳敎士之權利與義務、裁判權之行使等，均有詳細討論，並附法規譯文。末附我國與外國關於傳敎士問題之條約示例，俾在華傳敎士有所遵循而無害於中國權利。蓋本書之作，誠如作者在內封面所引耶穌之言曰：「凱撒者歸凱撒，天主者歸天主」。惟本書成於海外，且在勝利前，又在義國付印，故對於不平等條約之撤銷，並未述及，所言似略嫌陳舊，但仍不失為佳作也。

中國人的智慧：儒學

（La Sapienza dei Cinesi, il Confucianesimo）（義文）

羅光著，羅馬 Officium libri catholici 印行，一九四五年出版。

作者衡陽人，天主敎司鐸，留義十五年，歷任我國駐敎廷使館顧問，羅馬傳信大學兼傳敎學院敎授。本書內容除序文導言外，共分十一章，附錄六則。導言述儒學之名稱、性質、經典及歷史背景。各章內容標題如下：儒家之宗敎觀，儒家之形而上學（論理學、宇宙學、心理學）；道德標準；道德；儒家之個人觀；家庭觀；婚姻觀；父權；孝道；社會；政治理論。附錄一至五，為孔子、孟子、曾子、朱子及王陽明年譜；六，傳信部對中國禮俗撤銷禁令文告。全書十六開本，二三六頁，序文十一頁，為漢學家 Felice Beretta 所作，尊孔子為智慧之宗師，並藉「仁政」以攻斥今日之殖民地政策，然則東方哲學終將影響彼邦人士矣。

中國哲學思想之一：道家

（Una Concezione Filosofica Cinese, il Taoismo）

（義文）

羅光著，謝壽康序，羅馬 Scientia catholica印行，一九四六年出版。

本書導言述道家思想之源起及其祖師。第一章述道家之形而上學：即道之意義及道家對宇宙對人之觀念。第二章人生哲學：述道家之人生觀，對於死之看法，超人觀念，清靜無為的生活與無政府及非戰之社會觀念。第三章宗敎：長生不老，及道家之神道觀。關於道家之研究即此為止。末附中國之佛學：述佛敎傳入中國史；佛敎哲學與宗敎學。全書十六開本，一七八頁，附前中國駐敎廷公使謝壽康氏序文五頁，為著者向義大利民族介紹中國文化之另一部傑作。（璋）

評「中國近世史上的教案」

劉本良

A Study of the Religious Persecutions in Modern Chinese History, by Wang Wen-Chieh, Published by the Committee on Chinese Cultural Studies, Fukien Christian University, Foochow, China, 1947

王文杰著　福建協和大學中國文化研究會文史叢刊之五

一四六頁附圖一表三　三十六年九月初版

定價五千元

這是關於中國近代教案最完備的一部作品。哈佛燕京學社祇有過一部關於教案書目的索引，故宮博物院文獻館張德澤先生已完成一部年表，尚未付印，本刊第二卷第六期曾刊登張君「清末擬與教廷通使及北堂遷移史料年表」，那就是他全稿中的一部份。年表與索引，都是工具書，便於檢查，但不能供給資料，本書却是一種研究性著述，可使專攻教史者窺見此一部份史實的全貌。

本書據自序所云，乃在抗戰第一年即已起草，作者當時肄業清華大學，由已故張蔭麟教授擬題，撰稿時並得邵循正教授多方指教。作者自炮火中逃出母校，一切書物全部拋棄，只携帶了這部稿子流亡到他的故鄉福建，又率領妻兒至雲南，妻亡後，更帶着孩兒回鄉。此一部書稿伴作者顛沛流離者八年；抗戰以來，著書人處境如此困苦者，大有人在，這尤其是我們讀到這一類作品時，所最感傷痛的！

本書據目錄上所標，係起自公元一八五六年即廣西西林教案，而迄於一八九七年即山東鉅野教案，即義和團亦不在內，這一限制，頗使研究者仍有不備之憾。因爲近世中國教案之多，即在庚子前後，若將此一時期略去，從近世教案史言，可謂已失其重要性，我們希望作者能繼續完成，以竟全功。

書分四編：第一編爲緒言，略述教案的起源，作者羅列了一切可能從教會方面發生的種種原因，但如清廷之忽而媚外，忽而懼外，忽而排外，以及地方官吏的昏庸，愚民之無知等，一概略而不提，實爲有失公允。

第二編「基督教在中國的傳佈概況」，頗能扼要敘明，但謂元時「最先來的還是景教徒」，又把「一二七五年北京設立大主教區」，也歸到景教一方面去，不能不說是失眞。

第三編「近世教案的起因」，本編與第一編相同，可補第一編之不足。

第四編以下始爲正文，按區域分十三章，略依年代爲先後，篇幅最多，佔全書百分之八十以上。

據目錄，本書有附錄三：一爲近世教案年表；二爲教案發生地點分佈圖；三爲參考書目錄。分佈圖極醒目，年表亦異常簡明；但第二附錄之分佈圖訂於卷首，第一附錄列於書末，第二附錄反在第一附錄之先，則未免淩亂。

統觀全書，均依參考材料加以纂輯，材料之可靠與否與記載之是否與事實相符，作者均未暇考證。關於教案，吾人固不能憑教會一面之記述，但亦不能忽略太甚。在中文方面，蕭若瑟之天主教傳行中國考，徐宗澤之中國天主教傳教史概論，俱足供參考；而四川貴州之致命行實，黔蜀諸證等，亦皆爲當地人耳聞目覩所得之資料，稍加抉擇，都可利用。惟作者在外文方面已能利用一八四二年（及以後）里昂出版之傳信年報；J. de la Servière 之江南傳教史；Launay 之外方傳教會史及貴州傳教史，（以上均法文）已頗難能可貴，較之近年若干高談教史而不讀教會書籍之人，自是高出一籌；然Launay尙有四川、廣西、雲南傳教史，各有一巨冊至三巨冊不等，材料極豐，似不可取彼而略此也。

本書在外國人名方面錯誤最多，勘誤表亦未能一一更正。其他如頁五謂耶穌會有服從、淸貧、誠篤重要規條，誠篤爲貞潔之誤，按天主教修會均有服從、淸貧、貞潔三誓願，惟耶穌會尙有「效忠教宗」一誓；頁九阿卑農，應作阿未農，原註西文亦誤；頁一二行七，「雖然很艱難決定」，不如改爲「雖然很難決定」；又同頁行十三磨理孫通作馬（或莫）禮遜。類此小疵，不勝枚舉，我們只有希望出版者在重印時細爲校正。

「宇宙觀與人生觀」之討論

史旭光修士來書

杰人司鐸道鑒：敬啓者，晚幼居山野，長處海陬，既尠聆哲士之明訓，復少共益友之切磋；孤陋寡聞，少見多怪之處，在所必有。第念質疑問難，就正有道，爲治學必具之要件；而誨人不倦，有教無類，又爲神父一貫之作風；不揣冒昧，草此蕪箋，謹求指正。

（以下問題關於「宇宙觀與人生觀」中張永立先生的「新宇宙觀」）

（1）對於第七頁的管見：我以爲「空間有限而無邊」之說，似應改爲「物質有限，空間無邊」。光之散播，必有憑藉；星光散播之力，或不達於所憑藉者（透光質）之盡處，或透光質之外，別有多種不透光質，然無論如何，透光質及不透光質之量必有限，故曰「物質有限」。而「無物質之處，即是空間」，空間之大乃無窮，故曰「空間無邊」。

（2）對第八頁的管見：　$(10尺)^3=1000$ 立方尺，

命 n＝正整數　1000 立方尺之正六面體的面積 ＝600 平方尺 $100尺^3=1000000$ 立方尺

∴　10^{3n} 立方尺體積之正方面體之面積 $=6\times10^{2n}$

是「有定數立方光年磚之合體」的面積，亦必有限也。

若將 n 無限增大：

則 $10^{3n}=10^{3}\infty=\infty$（立方）　$6\times10^{2n}=\infty$（平方）

是無限立方光年磚之合體的體積與面積，均爲無限大。

但體積終是立體；面積終是平面。並且此無限大之體積的絕對數，亦不等於其面積的絕對數。以算式表之：

$$10^{3}\infty \neq 6\times10^{2}\infty \quad （\neq 恒不等）$$

理由有如：　$0.\dot{5}\neq0.\dot{5}\dot{4}$

（3）對第十一頁的管見：使一平方公尺之圓板，循與其中心垂直之方向，永遠進行，則在空間所形之柱體，爲無限長，永不回至出發之處。

又　1平方尺×無限高≠2平方尺×無限高。

又　直線不是曲線之一部，平面不是曲面之一部。

（4）基於上述的愚見，「覊圓式空間」爲不可能。

（5）試更就第十一頁之說法，擴充之，則「試於有限無邊空間」，任自一點出發，向各方作光芒放射式之多數直線，則此多數直線，終必回至出發之原處。那末，吾人未始不可斷定此「有限無邊之空間，爲渾圓之球體」也。

以上五條，思而不學，還望神父明以教我！張博士其恕我乎？敬祝神形康健！

教末史旭光謹啓

張永立教授復書

旭光先生道鑒：杰人神父轉到來書，知先生對宇宙論甚感興趣，至深欽佩！對拙著新宇宙觀有所討論，謹奉答如下：

甲、舊宇宙論係以歐氏幾何（Euclidean geometry）爲根據，於是發生哲學上、天文上種種矛盾，以致近代學者不得不放棄歐氏幾何。此拙著之第一前題也。

乙、既放棄歐氏幾何，必另建設有以代之者，證明橢圓式幾何學與哲學及天文無矛盾之處，且能適用以完成一完美之宇宙論，此拙著第二前題也。

丙、歐氏幾何與里曼氏幾何（橢圓式幾何）出發點不同，其結果自有紛歧之處，不能以歐氏幾何之結果批評里氏幾何；亦不能以里氏幾何批評歐氏幾何。（二者之價值，請閱第十二頁第五行至第九行及第十三、十四頁）

丁、基於上述三點，於研究新宇宙論時。應以里氏幾何爲據，而不得引用歐氏幾何之推論，否則將引致邏輯上之錯誤，舉例以明之：

1昔人以地面爲平坦而類似平面之物，在此種想像之下，上方下方有絕對性，即此地之上方，平行移至他處亦應爲上也。

2地圓之學說出，上下之絕對性隨之消滅，蓋甲地之上平行移至乙地，即非上矣。（若平行移至對極之點，則變爲下矣）。

3故批評地圓之說，即應放棄上下之絕對性，如不放棄上下之絕對性，其結論必爲「我站在這裏頭向上，對極所站的人頭向下。」這種推論是錯誤，但錯誤不在地平說者，亦不在地圓說者，錯在用地平說的推論來討論地圓說。

戊、先生所提第二、三、四點都是用歐氏幾何的結果來討論非歐幾何，故不免有離奇之處，茲將此三點先行答覆，再論第一、五兩點。

a先生第二點的計算，在歐氏幾何，完全無誤。但，非歐幾何中無平行線，無平行之平面，故無正六面體可言。（在小部份空間內有近似於正六面體者存在）。故先生之計算不適用於里氏幾何。（里氏幾何另有公式應用）。

b先生所提第三點：使一平方尺之圓板循與中心垂直之方向永遠進行，所得柱形，體積無限。此點甚當，但可能有下列兩種情形：

子、不回至出發點；　丑、回至原點，重復再走無限次數。但據「子」，則空間應爲無限，始能容納此無限體積之柱體，此種性質爲歐氏空間之性質，上文已證明空間有限，故歐氏幾何不適用，「子」項假設應捨棄。

丑、重復走無限次數而得無限體積，其走一次所得體積仍爲有限，與空間有限之說不背，故採用之。

先生之「又」「直線不是曲線之一部，平面不是曲面之一部，」此語甚對，但在里曼氏幾何中，直線應爲閉合圖形　，有似歐氏幾何中之圓，平面亦爲閉合圖形，有似歐氏幾何中之球。（有似二字甚重要，蓋「似」則實「非」也）

c 先生之第四點，根據歐氏幾何說橢圓幾何「爲不可能」，邏輯方面似欠斟酌，前例已明之矣。

己、先生之第五點，弟完全同意，原文只說一直線（一條光線）而不言多數直線者，蓋一直線如此，多數同樣之直線亦復如此，讀者皆能舉一反三，故不必煩瀆也。幾何學中常有此例，如云「一直徑分圓爲相等之二

部，」而不言「多數直徑分圓爲多數相等之二部，」亦猶是也。

庚、物質有限一點已經論及，此不爭之事實，（新舊宇宙觀皆承認之）故非新事實　，但舊說以爲空間無限，則與物質有限相背；故新說以空間有限濟之。至先生所稱「光之傳播必有憑藉，」此即康德式「空間」之意義，但「無物質之處即是空間，」此佛家四大皆「空」之「空」，非「空間」之「空」也。蓋無物質，無現象（光傳播即是現象，無論見與不見皆是現象）。即無「空間」可言，無物質現象已無「處」之意義　，非復「空間」也。先生稱「無物質之處即是空間，」似應譯爲 Néant 但不能譯之 Espace。）

（附）舊說「物質有限，空間無限，空間無邊」。

新說「物質有限，空間有限，空間無邊」。

但兩說對於「物質有限」均無爭執，故不提出。兩說對於「空間無邊」一點，雖亦相同，但新說加入「空間有限」一點　，在常識上似覺有限即應有邊，此則有限而又無邊，初看似覺離奇、故特表而出之，以見里氏幾何之重要，而顯歐氏幾何之不適用於宇宙論也。至「空間有限」一點，乃全文主

題，安可不提？

先生如對宇宙論有興趣，請參閱「膨脹的宇宙」一書（Eddington 著，曹大同譯，商務印書館二十七年初版），其第二章所論與拙著可相參證。如對非歐幾何感興趣，請參閱陳藎民之「非歐幾何學」，（商務出版，列入大學叢書）。

拉雜寫來，已盡四紙，草率之處，尚祈諒之！近著「地球的生老病死」一編，改日直接寄上，敬請指敎，專此敬祝神形康泰，並懇代祈主佑！敎末張永立手上

讀「傳敎之研究」

王鳳翥

——三十六年九月八日初版；上智編譯館編印；最近定價二萬五千元。（有效期間至三十七年一月底止）

把這本講稿很粗略的讀了一過之後，引起我多方面的無限感想。過去關於公敎出版的書刊我是讀過一些的，但從沒有像這本講演集——傳敎之研究——之使人振奮的。這確是中國天主敎劃時代的一本言論集。這裡不只是有敎內神長的言論，同時也有敎外學者和專家的議論宏詞。這些言論都是根據過去的經驗和針對着現實的情況而發的，對今後的公敎傳敎事業，這是一個最有力的張本。我們不只認爲這僅僅是「傳敎方法必須改革」的「呼聲之一」，我們更認爲這是訂定中國天主敎今後傳敎方案的有力論著之一，甚或藍本之一部。筆者爲甚麼要這樣强調的說呢？實在是因爲參加這次「研究週」的講演者們，在中國天主敎的現有地位方面、聲望方面、學識方面、品德方面都是很崇高的；即如幾位專家和學者，也都是對天主敎極端愛護而對天主敎的敎義有相當的認識和研究的。所以他們的言論都是由衷之言，是針對現實而本於過去實地經驗的。所以這些言論都是很切實而具體的，決不是一般「油腔滑調」的講演集所可同日而語的。所以這本講演集定名爲「傳敎之研究」是最恰當不過了。

這本集子裡所收的二十來篇講稿，每一篇都是有關中國天主敎劃時代的宏論。我們以爲這不只是參加「研究週」的四五百名司鐸、修士、修女的紀念集或參考書之類的東西，實在是今後所有從事於天主敎傳敎事業、公敎敎育事業以及出版研究等文化工作人員的必要參考書。我們希望今後類此的研究集會要加多起來。這次的

研究中心，是以傳教問題的研究爲主。那麼，其他包括在傳教事業範圍內的問題，可以說還很多很多，都是應當「集思廣益」集體研究的問題。譬如：公教進行會的組織與促進問題，公教圖書館的設置問題，慈善事業的改進與工作展開的問題，農村事業、社會事業的推進等問題，一切的一切，都需要採取這種集體研究的方式討論出一個具體的方案來，做爲各種工作推行的張本。

在這個集子裡，有幾篇講稿是比較最具體而最切合當前需要的。像立珊司鐸那篇「傳教與農村事業」，景培元先生那篇「圖書館在公教事業上的位置」以及高樂康司鐸那篇「公教出版事業之推進」等，這都是最難得最富學術性與研究性的材料。這裡的宏論，本來都是字字珠璣各有獨到的，但在我們每一個人讀起來，在個人的觀點下，自然都要有所偏好的。

在「發刊詞」裡介紹着「黎公使的私人秘書陳哲敏司鐸……是一位少年哲學家，……他的講稿，恐怕是最富有研究性的。」的確，讀者如果讀過陳司鐸那篇「中國思想之趨勢」一文之後，就知道這話是最確切不過的。這篇文章，不只是「觀察尖銳，判斷準確，文字淸新有力」，而且是最能抓住時代最切合時代需要的材料。

內容是那樣充實，材料是那樣新鮮入時，眞是像「發刊詞」所說的「公教入中國以來，還沒有產生一位眞正稱得起哲學家的。」陳司鐸或將榮膺其任歟?! 願天主多加寵佑；願司鐸勿過謙虛！我中國公教前途實在是光明得很！

我們再看看各神長對於現代化傳教方法的看法是如何的——

黎培理公使說：

「現代化的傳教方法即是文化事業。」（「傳教之研究」附錄一。）

田樞機主教說：

「今後我們的傳教目標，不外『學術傳教』、『農業傳教』、『工業傳教』三項。」（「傳教之研究」田樞機主教訓詞。）

于斌總主教說：

「我們的傳教方法應該向各方面發展，無論是政治、經濟、文化、國際關係都要打進去。」（「傳教之研究」「無所不在」的傳教方法。）

這都是多麼明確而具體的指示啊。可見我們今後的傳教方法是應當放棄已往那種拘於成見一成不變的傳教方法的。我們也要以政策對政策，主義對主義，組織對組織，方法對方法的傳教術去應付現社會，否則就是自甘退後，是沒有理由不被淘汰的。（三六，一一，二〇於北大圖書館）

邊疆公教社會事業

葉振聲

Mgr. C. Van Melckebeke 原著 傳明淵譯述 上智編譯館出版 定價四萬元（有效期間至三十七年一月底止）

公教自明末再度傳入中國，雖已有三四百年的悠久歷史；教士的足跡雖已遍及全國，且大都能於傳揚福音之餘，本着公教的教義與傳統的精神，努力於造福人羣的社會福利事業；但事實告訴我們，仍有大部份的同胞，不認識我們，不諒解我們，仍有視我們為帝國主義的爪牙，封建勢力的幫兇者的。原因就是由於我們平日缺少報導，以致他們無從認識，更談不到諒解與同情。

邊疆一帶，素日即有「天主教國」之稱，在這裏我們擁有將及三十萬虔誠的教胞，教會不但在精神方面，注重他們宗教情操的訓練，同時為改善他們的生活，在物質方面的建設，也有着相當驚人的措施。明眼人自能見出我們的目的：一切的措施都是本着基督博愛的精神，而沒有絲毫政治的意味夾雜其間。但一些無知之徒，却往往抹煞事實，從中顛倒黑白，說我們在製造特殊勢力範圍。這不但寃枉我們，斷送了我們為國家為民族而建設的功勳，並且也於不知不覺中，妨碍了不少同胞接受基督的福音。這為我們實在是一種無可補償的損失。

這本「邊疆公教社會事業」，却忠實地報導了一切。它不但昭告人們，公教在邊疆舉辦的社會事業的目的、部門、範圍；並且還把教士未到達邊疆以前的狀況，和目下的情景，作了一番比較，這樣使我們更清晰地認識了他們在邊疆慘澹經營的毅力，與茹苦含辛的偉大的成就。

書中對於初到邊疆的貧苦農民流離失所的慘狀，當地地主對於佃農的苛虐，治安情形的紊亂，土匪的橫行，災情的嚴重，從前「放丈」時的流弊等，都有極詳盡的描述。對於當地土壤的種類，開墾的方法、工具、勞力，開鑿渠道的重要，建設新農村的要素，與辦教育衛生等事業的對策等，也都有扼要的說明。

這本書在白塔山事件後，閱時未久的現在出版問世，是有其無限意義的。它不但在消極方面，可以消除一般人士的誤解；在積極方面，更可重新喚起當局以及一般社會人士對於移民殖邊的注意。

著者王守禮主教 Mgr. C. Van Melckebeke，久居邊疆，書中所載公教在邊疆舉辦的各種社會事業，不但多爲親身目覩的事實，且有一大部份，是由他親自經營擘劃的。所以全書寫來，眞是如數家珍。書中的一字一句，都是他實貴經驗的結晶，都是我們研究邊疆問題的不容忽視的珍貴資料。

全書除譯者序並導言外計有土地、農村等十一章，並有地圖七幅，末附外國人名中西文對照表一，西文參考書目一。印刷、裝訂等，都還說得過去，譯者的文筆，也相當流利淸新，在目下公教出版物中，的確是值得向讀者推薦的一本書。如果說全書有瑕可抉，有疵可尋的話，那就是原作者太側重於說明「這是教士的功績」，其實只要客觀的敘述下來，讀者心中自會有這感覺的，這是寫作的技術問題，不知作者以爲何如？

三十六年十一月十五日於北平清華園

讀「泡影」

裹生

周信華著 三十六年四月上智編譯館出版

最近價格二萬元（有效期間至三十七年一月底止）

假如這本書——泡影——在我沒讀以前，我不知道是一位司鐸寫的，在這本書的十九節以前，我決不會懷疑到這是一位天主教的司鐸寫的。雖然是在第七節裏已然略略的有了一點暗示，但那總是很輕淡的一抹而過，不會使人懷疑的。像「泡影」這樣充實而有內容的文藝作品，在天主教過去還是不很多見的。那麼不著聲色的裝璜，那麼有曲折的故事，那麼輕鬆的筆調，在宗教色彩不甚濃厚的情形下，是很容易普遍流傳於社會的。這種寓教於不言之中的做法，可以說是最上乘的。

我讀過了「泡影」之後，在我印像裏的周信華司鐸，一定不只是一位文學家、宗教家，同時一定還是一位教育家。假如這本書的最末一節寫出的方式和技巧若再含蓄一點的話，那就更不會使人讀後感覺到宗教氣味太濃郁了。無論怎樣說吧，像周司鐸這樣的作家，同時更是寫的這類鋪張的作品，在天主教文藝作家裏，總是要佔一個相當地位的。

在這篇小說裏，充分的描寫出了鄉村生活的勤苦和一般農民的淳樸。這十足的表現出了作者對於鄉村生活瞭解的深刻和對於鄉村生活的愛好。假如讓我說出作者是那一派作家的話，那我很可以直截了當的說是田園派的作家。我們看他是在如何的描繪着鄉村：

鄉間有的是大自然的美景，青山綠水，野花遍地。清晨可以看東山的日出，昏暮可以看西嶽的日落，春季可以看蜂蝶的飛舞，夏季可以聽青蛙的長鳴，秋季可以看一片金黃的油菜花，冬季可以踏着雪找山谷裏的臘梅花，在碧清的溪流裏洗洗脚，騎在老黃牛的背上唱歌。（P.131）

這眞是正如作者所說「極富詩意」了。由此也可以看出作者對於鄉村生活的瞭解和愛戀了。雖然說小說所取的背景不一定完全眞實，但從側面加以分析，總不至於全是幻想吧？

我們再看作者對於善堂修女是怎樣刻畫的。他說：

主任修女姓王，是北平人，她德行好，學問深，而思想尤其前進，富於改革精神，她認爲一切該看準時代，認清潮流，方不至於落伍，不落伍還不夠，更該先人而進，她最痛恨死心眼的墨守成規，她主張規則爲人，不是人爲規則。……社會上一切有益的活動，也使她們去參加。

這就是作者的中心思想，他以小說家生動的筆，把他的主要意念發揮出來，這就是文學者的自我，也就是文學的妙用處。

這本小說裏，處處充滿了教育的意味，不教之教的教育意味。所以我前面敢斷定作者是一位教育家。同時，他更指出了中國過去學校教育的所以失敗，是失敗在只注重書本上知識的傳授，而不重人格道德的修養，假如作者不是一位教育家，是不會瞭解這樣深刻的。

這本書是值得讀一讀的，故事本身雖然好像平淡，可是所有的穿插曲折地方，也可以說是都很緊密周到，沒有甚麼大的漏洞，但是，終於因爲作者是一位宗教家，是一位天主教的司鐸，所以有些地方感覺到描寫的不夠充分，有些地方還欠鋪陳，更或有些地方是說教的意味太濃厚，尤其最末後兩節，簡直竟是說教之筆了。這在小說的體材裏表現起來，似乎有點讓人讀了不太舒服，小說的主要目的是寓教於不言之中，若把寓有的一點教育意味，全在小說的煞尾以明顯赤裸的筆鋪陳出來，這不但增加不了小說的教育意義，相反的，效果恐怕還要減低了，尤其像「泡影」這類作品，更是不應該採取這種表現法的。結果讓人說個又在宣傳宗教了事，這就叫做落了「窠臼」。

大膽的說一句，假如宗教性的著作，若不把本身的立場暫時拋開，或是用一種代替法表現出來，是很不容易普遍流傳，深入社會各階層的。

總括起來說，這本書終不失為一本成功之作，這裏面充滿了人生的悲喜劇，意境的纏綿，情感的悱惻，以作者輕鬆而生動的筆表現出來，感覺非常親切有味。這就是一幅人生寫實圖，不信人事無常和因果相循的人，大可以多讀幾本這樣的書。（三六，九，一四。寫於北大圖書館。）

文化消息

教廷公使館三大委員會即將成立

教廷駐華公使黎培理總主教自八月初蒞平後，已於十一月十八日飛濟南，結束華北之行，歷時三個半月。在平時與各方面接洽頻繁，並已着手組織三大委員會，計分部門如下：

一、中國天主教事業促進委員會

1.教育處　甲、修院教育組　乙、學校教育組

2.文化事業處

甲、出版組　乙、通訊組（世光社）

丙、廣播組　丁、電影組　戊、戲劇組

3.社會處　甲、農業組　乙、勞工組

4.慈善事業處　5.宗座善會處

6.教友傳教工作督導處　7.法律諮詢處　8.聯絡處

二、中國天主教編譯委員會

1.聖經譯述組　2.百科辭書編纂組

3.一般書籍編譯組

三、中國天主教劃一委員會

1.名詞統一組　2.（未定）　3.（未定）

以上名稱及次序，恐尚有變動；負責人亦未全數聘齊，現在已發表者，計有學校教育組高思謙司鐸，出版組高樂康司鐸，通訊組 O'Connor 司鐸及董世祉司鐸，一般書籍編譯組方豪司鐸，名詞統一組陳哲敏司鐸。

「蒙古學」權威田清波司鐸之研究工作

以研究蒙古語文蜚聲國際之田清波司鐸 P. A. Mostaert，前於一九三七年在華裔學誌 Monumenta Serica 之 Monograph Series 發表其所收集之「蒙古俗文學」，近已全部完成，並刊登於同一學誌同一叢刊內，題名「鄂爾多斯之民俗」Folklore ordos。田氏將所有蒙文俗文學譯為法文，俾研究蒙古方言者，可將鄂爾多斯之方言與該地之人類學及民俗學發生連繫，而對於蒙古人之生活及思想可有極豐富之收穫。目前田司鐸在準備將「華夷譯語」之第二部份譯為法文。是書為研究蒙文之極好資料，最遲當刊於明洪武二十二年（一三八九），民國七年商務印書館據涵芬樓秘笈本影印。即就史料價值言，亦不在語文之下，蓋蒙古文獻流傳至今者，實寥寥可數也。

萬斯年譯「中國史上之利瑪竇世界圖及其特徵」

日人鮎澤信太郎前於昭和十六年（一九四〇）四月十五日刊行「中國史上之利瑪竇世界圖及其特徵」一小冊，東京龍文書局發行，所收材料頗豐，現由本館約請北平圖書館萬斯年先生翻譯，如字數不過多，或即在館刊發表，否則將另印單行本，以便讀者。

盩厔天主堂珍藏李二曲先生墨寶

李二曲先生，盩厔人，明遺民。名顒，字中孚，性至孝，少受父教，淹貫羣籍，嘗主講關中書院，為關中大儒。自號二曲土室病夫，學者稱二曲先生，著有二曲集及四書反身錄。先生生當吾教盛行之世，故頗受吾教影響，或謂其已入教，尚難確定。著有「顧天約」，所述晨昏祈禱省察，不僅內容與吾教書符合，即詞句亦多雷同。清末馬相伯先生序墨井集，已有提及，英斂之、陳援菴諸先生，均深信其必與當時教士教友往還甚密。現其後裔將先生親筆所書「孝囑」一文讓與盩厔天主堂保存，文末署有「中孚」二字，該文並未收入先生集內，頗為名貴。其內容乃因先生甥武大成之仲女臨終時有勸夫孝母之遺囑，先生復為之說，以勉其夫。本館近由張鸞鐸司鐸寄贈照片二幀，一幀已轉送陳援菴先生云。

司鐸書院研究風氣日高

輔仁大學司鐸書院為全國司鐸負笈輔大之住院，久擬創辦刊物一種，發表各司鐸研究心得，終以印刷昂貴，一時未能實現；近由學術股決定，暫將所有論文分送教內外刊物登載，並已自即日起發稿。學術股負責人現爲楊堤、郭慕天、王任光三司鐸；現仍繼續徵稿。

香港眞理學會翻譯兩大名著

香港公教眞理學會在師人傑與程野聲兩神父努力之下，成績斐然。據悉最近已開始翻譯兩大名著：一爲Karl Adam 著「公教精神」The Spirit of Catholicism；一爲 Johnson Vernon 著「一主一信仰」One Lord-one Faith；前者最適宜於教外人閱讀；後者則專爲新教人編著。

文藻月刊復刊在即

南京教區在抗戰前原有文藻月刊，迄未復刊。茲悉羅馬傳信大學畢業回國之司鐸久欲創辦刊物一種，經教廷公使私人秘書陳哲敏司鐸之努力，已決定採用「文藻」原名，仍爲月刊。並由李善修司鐸籌備一切。聞復刊號可望於聖誕節前出版。

香港公教新聞事業之新發展

（香港通訊）香港公教眞理學會原有公教報，係月刊，自三十六年十月五日起改出週刊；又成立「遠東通訊社」，報導公教新聞，促使教外新聞界注意吾教各方面之動態，以爭取教外人同情之輿論。該社現已與全球各大通訊社及教會機關取得聯絡，構成極完備之通訊網。暫定每星期三、六發稿；社址設於香港干諾道中皇帝行二樓。

徐匯女中八十紀念

（上海通訊）上海徐匯女中爲我國天主教會著名女子中學之一，亦爲上海及全國開辦最早之女子中學之一。該校創辦於同治六年（一八六七），原係就徐家匯附近王家堂之經言學校而改設者，次年卽購地建屋，取名「聖母院」，以四書及書法爲主，附有黹科，以便守貞女士爲教會服務；而縫紉、刺繡、紮花等，在當時亦頗注重。光緒廿四年（一八九八）李問漁司鐸改名「崇德女校」；二十六年（一九〇〇）改訂學程，增加算術、史地、博物、體育、音樂等科。李司鐸與蔣邑虛司鐸出力最多。民國肇建，改爲初級小學四年，高等小學三年及中學四年。民國十二年改建新校舍；二十三年核准立案，改名「徐匯女子中學」；廿六年建玻璃大禮堂。總計八十年來，肄業學生達八千，入會修道者五百廿餘人，校友遍於全國。三十六年十一月十五日舉行八十週年紀念，並出版紀念册，由女作家校友諸正瑛主編，田耕莘樞機，于斌總主教、顧毓琇、李熙謀、吳開先、馬公愚等均有題詞。

英漢對照 愛的科學

吳經熊著　宋超羣譯

（定價二萬元郵費加一）

希望認識天主教真精神者
敬仰聖女德肋撒卓越德表者
要知道吳經熊公使的歸正史者

不可不看！

漂亮的英文　流利的譯筆
華麗的封面　便宜的定價

初版一千本，不到一個月，全部賣完。再版四千本，也早已銷出一半以上了。

優待學校　聯合購買

五十本以上七折
一百本以上六折

全國已有二十五所公教學校採爲英語讀本；外國教士一致稱許，認爲學習中文的最好教材。

原譯者陳香伯先生致方館長函：

誦司鐸賜鑒：遠荷惠賜宋君「愛的科學」譯本，拜誦之餘，欽折無既。是書於吳子原著，一字一句，傳達靡遺，誠爲語體文譯事之正鵠，裨益青年，豈其淺鮮？回視拙譯，真不勝大小巫之感矣！弟於中英文學，略解之無，以不敢罔却吳子之委，貿然操觚，早已深慚五內，顧司鐸於宋譯弁言，曾許爲最上乘譯手，已逾恆獎飾，彌覺汗顏；果兩先生不以朽木糞牆而時以雕圬及之，是亦主恩也。專此布臆，並頌台綏。

弟陳香伯拜啓。三十六年七月二十五日。

最透澈的解釋　最簡潔的敘述　最優美的文筆

新答客問

項退結著　定價二萬二千元　有效期限三十七年一月底爲止

（郵費加一，掛號及航空照加）

凡是一般教外朋友所常有的疑難——他都給你一個正確的清楚的滿意的答覆——

預備入教者不可不買
勸人入教者不可不送

中華書局總編輯舒新城先生致函「辭海辭源天主教名詞正誤」作者：

上智編譯館轉王任光先生：承惠贈大著「辭海辭源天主教名詞正誤」二冊，敬拜悉。敝局出版辭海，多蒙賜予指正，無任感荷！茲已分送敝圖書館及主管部分，藉供參考，並當於重版時遵照修訂。專此申謝，順頌著祺！

舒新城。三十六年十一月四日

定價每冊一萬八千元，郵費加一（掛號及航空照加）

商務印書館編審部蘇繼頎先生來函下期披露

館刊

第一卷（全一冊）一萬五千元。
第二卷 共出六期，每期一萬五千元，全卷九萬元。
第三卷 預訂，半年九萬元，三十七年一月底截止。

郵費

平寄	四千元
掛號	二萬二千元
航平	五萬元
航掛	七萬五千元

（本期零售每冊一萬五千元，此爲三十七年一月底以前之定價）

上智編譯館館刊

第三卷　第二期

中華民國三十七年二月

論著

書林

偶拾

書刊評介

文化消息

館址：北平（七）西安門黃城根北段

CHRISTOPHORI
CLAVII BAMBERGENSIS
E SOCIETATE IESV.
ASTROLABIVM

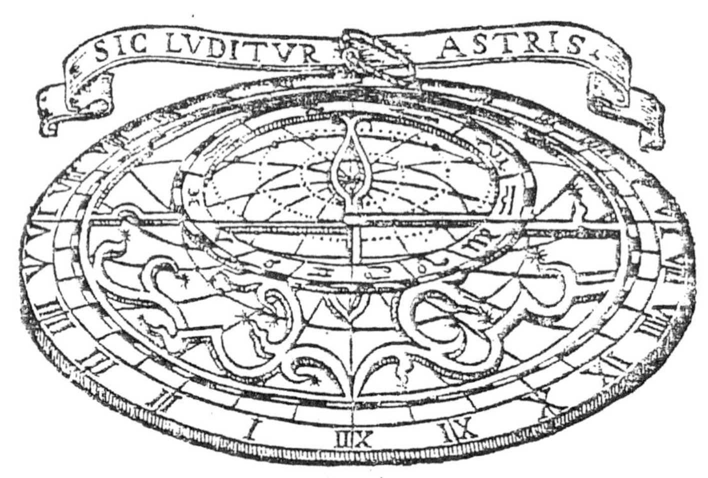

CVM PRIVILEGIO

ROMAE,

Impensis Bartholomæi Graßi.

Ex Typographia Gabiana. M. D. XCIII.

SVPERIORVM PERMISSV.

P Matthæo Riccio donum autoris

alla China

上圖爲耶穌會士 Christoph Clavius (1537—1612) 所著 Astrolabium 之封面攝影，1609 年在羅馬出版。有原著人贈與其門生利瑪竇之親筆題字。此書一部份已譯爲中文，名渾蓋通憲圖說。

本館發行部緊急啓事（務請讀者細閱）

一、凡向本館購買書籍或定閱館刊者，務請將地址及台銜（如司鐸、修士、修女等）詳細書明。

二、本館業務，日益發達，來函查詢一切事件，均請註明上次來函之日期等；又館刊訂戶均編有號碼，凡不註明號碼之查詢，概不作覆。

三、凡未付掛號費之任何書刊，寄出後，本館卽不負責，掛號者，本館可代爲查詢，但不負補寄之責。

四、本館此後在未收到足數之書刊費及寄費以前，不能將定購之書刊先期寄出。

五、郵局匯欵，務請註明北平第七支局或西四儲匯局兌付；銀行匯欵，請書明北平西單中國、交通、金城、農民四銀行。

六、如用郵票代欵，以五千元以上之郵票爲限，五千元以下者不收。夾寄鈔票，以致失落者，本館概不負責。

七、購書或訂館刊，請書明「發行部」，勿寄任何個人，以免延遲。

八、凡非本館出版或非本館代售之書刊，因本館人手太少，無法代勞。

九、千祈勿由教區或修會賬房劃賬。

十、本館現有少數彌撒獻儀，凡願訂閱館刊之司鐸，獻祭一台，可訂閱三十七年一至六期。但請附寄郵費平寄六千元，平掛二萬四千元，航平四萬二千元，航掛六萬元。（可用郵票代替）但彌撒獻儀，不適用於購書。

十一、現因物價時有波動，本館爲免虧累計，書刊價目每月調整一次，均在館刊公佈，務請注意。

新書出版

馬相伯先生文集續編

方豪編

二十開本上等白報紙印

每冊五萬元（定價二月底爲限）

外埠另加寄費：平掛四千元，航掛一萬四千元

自去年三月間本館出版馬相伯先生文集後，此一代偉人，已引起全國學術界更深切之認識，與更熱誠之崇敬。銷售千餘部，監察院院長于右任先生且獨購百部，廣贈各大學與各圖書館。茲復由編者繼續搜得先生遺文二十八篇，書札四十七通，特印爲續編，以餉讀者。

公教主義

朱者赤著

每冊三萬五千元（二月底以前有效）

外埠另加寄費：平掛四千元，航掛一萬元。

要目

- 公教主義觀
- 唯人主義與公教主義
- 信仰和思想自由
- 宗教和幸福
- 教外人救靈問題
- 宗教與道德
- 公教與自由平等博愛
- 公教的國家觀
- 公教與社會改造
- 科學與宗教面面觀
- 公教與資產私有問題
- 公教的責任觀
- 怎樣研究宗教學

你自己還不很瞭解公教主義嗎？

你的朋友問你公教主義，你不是需要給他解答嗎？

你遇有別人攻擊公教主義嗎？

請速購一冊！

論著

讀教宗庇護十二世廣播詞的感想

葉秋原

教宗庇護十二世於最近聖誕前夕，向全世界四萬萬天主教信衆廣播；在其演辭中，對目前中國之處境，表示深刻之關心。我們如今還沒有機會讀到教宗廣播的全文，但從報紙上所刊載的一鱗半爪，已不難窺見全文的一般精神。這精神就是指示着人類，應該向仁愛與民主前進。是的，我們須以仁愛克服仇恨，以民主克服極權。

本來，教宗在每年聖誕節，例有廣播，除了天主教教友及歐美各國外，我們原不會加以一般的注意。我們既非一個基督教的國家，更非一個天主教的國家，教宗的演說，雖是一篇四平八穩，面面俱到，含義甚深的文章，但在一般人看來，好像總有點和我們痛癢無關。這原是極自然的。但今年教宗的演辭，既直接提到中國，且就現有的種種跡象，我們也實在不能像從前那樣存着漠不關心的態度。在基督教以內，雖則有所謂天主教和耶穌教之分，在耶穌教內又有各種會派，但無論信奉耶穌教也好，信奉天主教也好，他們同爲信奉耶穌基督的基督教信衆則一。羅馬教宗爲全世界四萬萬天主教信衆所共奉的精神領袖，雖耶穌教各派對羅馬教宗的態度不同，然以天主教信衆之多，歷史之長，羅馬教宗在實際上無寧說是現在基督教的一個最高領袖。這是因爲他是基督教內最崇高的領袖，所以他的一言一行，均爲世界所關注，到了現在就是連我們中國也不應忽視了。

爲什麼呢？在目前的世界大勢下，我們已可顯然地看出基督與反基督的鬥爭。我在聖誕節憲政的光榮開始時曾在申報著論說：我們盱衡世界大局，如果世界眞有分裂，則此一分裂，決不是東方與西方的分裂，而將是基督教與反基督教世界的分裂。反基督教的勢力也許能稱霸一時，然其結果，却沒有不失敗的。其原因就是基督教的勢力代表民主，而反基督教的勢力則象徵極權。在這樣一種世界局勢下，我們也該決定此後我們應該行進的方向。這方向是什麼？就是向基督教世界行進，也就是向民主自由前進，而反對極權專制。在蔣主席於行憲前夕向全國人民廣播的演辭內，已經明晰地指出：「我們新憲法的特點就是它保證要把基督教理的基本要素，即個人的尊嚴與自由，普遍給予我們全國的同胞」。這部具有基督教理成分的憲法施行，又在「中華民國三十六年就是耶穌降生一九四七年的聖誕節，將是我們中華民國和全體人民統一獨立平等自由新生機運肇始的一天」。可知此後我國的民主憲政必將和那代表着民主力量的基督教結着深緣。惟其如此，今後我們對於基督教世界裏的動態，自當時刻注意，不可故步自封的了。

因為如此，我們讀到教宗庇護十二世的廣播，特別感到興奮；而最使我們感慰的是教宗對於中國的關心。他說：「歐洲以及全世界，包括遙遠而滿被創傷的中國，距真正的和平，完全而肯定的復興，以公理協議為據的新秩序，較前益見疏遠。創否認與分歧說者，自信彼等之日子已愈見接近，而和平的友人，持久協調之促進者，以基督精神與今日世界遠離基督精神之困苦情形相較之下，不禁衷心深自悲切。然真正之基督力量，較任何人更能認識吾人目前所處時代之意義。在兩大勢力競爭世界主人地位之今日，仇恨對於人類具有更大的吸引力，各種象徵似均趨向分裂之途，然人類之真愛可以完成世界之團結。吾人謹於是日向世界奉信真主及和平之人，發出吾人內心的呼籲。」教宗又曾套用了莎士比亞名劇哈孟雷德中的名句，重新提出「信從基督呢？還是反對基督？這是一個問題。」正如我們所言，目前的世界局勢可以說是基督與反基督的鬥爭，仁愛與仇恨的鬥爭，民主與極權的鬥爭，在這個時候而教宗重提「信從基督呢？還是反對基督？」這一個問題，益加上了一種新鮮的意義，就是「信從民主呢？還是信從極權？」目前世界的紛擾，美蘇兩大國的角逐，其起因主要怕也就由於這個問題。何去何從，中國人民當能自己審擇！

從教宗這篇演辭裏，我們可以看見基督教的理想中正和平，實與我立國的基礎三民主義相脗合。教宗所講的真愛就是我們的仁愛。只有基於仁愛，世界才能團結，「天下一家」和我們所具有的世界大同的理想才能實現。仇恨對於人類也許具有更大的吸引力，但仁愛終能克服仇恨。我們以仁愛爲基礎的三民主義作我們建國的最高指導原則，我們願以我們的力量來致力於世界和平和秩序的重建，同時亦願以仁愛爲基礎的基督教國家，對於我們目前所處的困難能有更深的認識，在我們的戡亂建國上，能有同情的援助。全世界的民主力量能如此聯合一致，則一定可以制止極權力量脫胎換骨的重現，而世界和平秩序的重建，也自然可以期望在最短的時期內得以達到目的。我們必須以仁愛克服仇恨，以民主克服極權。

伽里略事件的眞相

項退結

緒論

伽里略是十七世紀的大科學家，他曾以長時期的努力設法確立哥伯尼的地動學說。他對科學的最大勳績，是使科學脫離哲學而獨立。原來中古時期的所謂哲學，具有一種壟斷性質，它包括一切研究性的工作。可是這種包辦一切的方式，不但妨害科學的進展，實也有損於它自身的純粹。他們往往憑一己的猜測，發出許多幼稚可笑的論調，例如說蛆虫的發生，是由於天體的作用；打噴嚏時會發出一些神奇的「象」Species intentionalis，旁人聽到打噴嚏的聲音，就會接受這種神奇的象而打起噴嚏來。這並不是哲學自身的不好，而是因爲它已越出了自己的範圍。因爲哲學的對象是任何事物的「最高理由」，它側重於理性的推究。科學則基於縝密的觀察與實驗。二者的觀點不同，方法也因之不同。哲學家對科學妄加批評，與解剖學者因爲沒有「見到」靈魂而否認靈魂，同樣地是越俎代庖，同樣地是不合理。伽里略認清了這點，所以他毅然擺脫了哲學的軛。這種追求眞理的果敢精神眞值得萬世景仰。

可是他這種「新奇」的見解，當然爲那時的「哲學家」所不容。於是雙方就起了一場無謂的爭執。最可惡的，是他們爲了要增強自己的陣容，把這純粹的科學問題與神學問題混爲一談，雙方面都用聖經來替自己辯護。這樣就引起了教會方面的干涉，而釀成「軒然大波」，這實在令人感慨不止。

伽里略事件每每予反對天主教者以口實，認爲純係教皇的專制所致。這種見解更因新教徒與反宗教的宣傳而日漸普遍化。我國學校中所採用的歷史課本，大抵都根據這種歪曲報導，因此一般讀過世界史的學生，就先入爲主地對天主教發生極惡劣的印象，認爲是阻止科學進步無視人民自由的惡勢力。但事件自身却並不這樣簡單。歷史的記載應當純以客觀事實爲依據，尤應對事件發生的時代背景有正確的認識，而不應一味以宣傳爲目的，不惜顛倒是非，任意加以渲染。簡言之，歷史的最大任務是忠實，因此應當着重於考證工作。晚近伽里略事件已日漸明朗化。由於前任教宗庇護十一世把文獻公開，歷史專家得以看到許多珍貴的文件與史料，因此伽里略事件的眞相也得以大白。

作者並非一個歷史專家，本文幾完全取材於伯多祿・佛蘭琪 P. de Vregille。這是作者不得不聲明的一點。

我們如果要對伽里略事件有正確的認識，必須對事件的各方面予以觀察。伽里略事件是歷史事實，所以當然是一個歷史上的問題。其次，這件事和科學發生關係，所以又是一個科學上的問題。第三，它牽涉到聖經，於是又產生了聖經上的問題。最後教會對這事曾予以干涉，因此又發生教會行政卽法律上的問題。現在我們對這四點逐一加以簡單的推討。

一　歷史上的問題

在伽里略時代，關於天體運行所最普遍流行的學說是亞里斯多德的解釋。這種解釋更由托勒密爲之潤飾而得到許多世紀智識階級的信仰。托勒密系統的主旨，不外乎地球是宇宙的中心，而天體（包括太陽、月球和其他星球）圍繞着地球以周轉圓線形運行，運動所成的圓，其圓心並非正中。所以這種解釋稱爲周轉圓與偏心假設。所謂周轉圓是以大圓周上各點做圓心的小圓周。根據這種假設，星球在大圓周上圍繞地球運行，但它們自己又用大圓周中各點做中心旋轉着。這種解釋的起源很簡單：誰也不覺得自己的地球在運動，而太陽星球等却時時在變換位置。這種基於直接觀察所得的結果是「普遍的」「一致的」，因此人們很容易接受這個學說。平心而論，我們假使是那時代的人，無疑地我們也是托勒密的信徒。就是現在，你且去問一問未受時代教育洗禮的人，他們的回答我想也不出於此。

約在哥伯尼出世以前一世紀，有一位羅馬敎廷樞機，名叫尼哥拉，他首創了地動的假設。當時人對之並不注意。後來到了一五四三年，哥伯尼司鐸把他多年研究所得的結果，著成一書，標題爲「論天體運行」。在這本書中，哥伯尼闡述自己地動說的主張，說得很詳盡，這纔漸漸引起了人的注意。哥伯尼曾把他的書呈獻給敎宗保祿第三，敎宗也欣然接受，表示滿意。但當時哥伯尼的假說究竟還沒有確切的證據，因此一般人的態度，依舊是漠然視之，不加可否。最初對哥伯尼學說予以抨擊者却是新敎首領馬丁路得與梅朗東。他們以爲這種學說與聖經義旨相背。可是羅馬敎宗却始終沒有表示反對。

伽里略起初在比薩與巴杜任數學與物理教授時，原也信從托勒密與亞里斯多德的學說。後來不知道是否因爲發現了二顆新星，也許是因爲受了某位哥伯尼學派彌額爾瑪斯林的影響，他漸漸對托勒密學說發生懷疑，最後因着望遠鏡的觀察，他對哥伯尼學說獲得了堅定的信仰，公然排斥托勒密系統。托勒密信徒的反對聲浪立刻高唱入雲。

在一六一一年的三月，伽里略來到羅馬，備受敎宗主敎等的優待，他們對伽里略的發現極表驚奇，伽里略自己也覺得非常得意。可惜在離開羅馬的時候，他接受了某神學院的邀請，和一位反對者作公開辯論。這次辯論就成爲未來種種不幸的嚆矢。

那年終，方濟加亞齊在一本「天文智識」中，對伽里略猛施抨擊，以爲他這種學說與一向所通行的聖經義旨相背。伽里略也並不示弱，他在一六一三年致本篤會修士加斯戴里信中，對於那些似乎與自己學說不相符合的聖經字句予以剖析。一六三五年，他在另一本書中又引證神學家和敎父們的言詞，證明自己的意見不錯。

當時反對派的神學家、哲學家，認爲伽里略對敎會中一向公認的權威亞里斯多德過於蔑視，並自出心裁地對聖經下一種未之前聞的註釋，於是紛紛向羅馬禁書部上訴，並把伽里略致加斯戴里的信件寄給聖部。於是聖部就按例對這封信作秘密審查。審查結果是：伽里略信件中沒有足資懲罰的地方，祇有三句話不無可指責，但也未始不能作良好一面的解釋。

審查雖秘密地進行着，伽里略却猜想到一件棘手的事在等候他。於是在一六一五年十二月他又來到羅馬。他準備接受聖部的定奪，同時却更積極地宣傳自己對於聖經的見解。

一六一六年的審判

因着反對派的慫恿，在一六一六年二月十九日，下述二個命題受到了羅馬審判廳的審查：

（一）太陽是世界的中心，而是不動的。

（二）地球不是世界的中心，並具有繞行與自轉的動作。

同月二十四日：十一位神學家共同發表聲明：一，第一個命題在哲學上是錯誤而荒謬的，在神學上是異端，（意即與聖經針鋒相對，適處對立地位）因爲它明顯地反對聖經中的字句。二、第二個命題在哲學上具有和第一命題同樣的性質，在神學上，那至少是錯誤的。

二十五日，教宗保祿第五對樞機倍拉彌諾發出訓令，着即召伽里略前來，並勸他放棄自己的主張；如果不肯放棄的話，應當在見證人與書記官前，允許此後不擁護、宣傳、言及地動說，否則要把他拘禁起來。二十六日，倍拉彌諾立刻執行了教宗的命令。伽里略對教宗的命令表示服從。

三月五日，由於教宗保祿第五的命令，禁書部發出訓令，把一切主張太陽不動的書籍列爲禁書。但對伽里略却沒有格外提及。

伽里略的反對派那時造了一個謠言，說他業已受罰，並已宣誓放棄自己的學說。爲了闢謠，樞機倍拉彌諾又以很友誼的態度寫給他一張證明書，說明事實經過。

三月九日，保祿第五又召見伽里略，聲明自己很明瞭他心地正直，祇不過行事上似稍偏激，略欠穩健。教宗更對他說：不必怕反對派的阻難。不久伽里略就重回故鄉弗勞倫斯。

一六三三年的審判

因了在天文學問題上與卡拉西的爭執，伽里略以六年工夫著成了一本書，名爲宇宙系統對話。一六三〇年五月，他又來到羅馬請求該書的付印許可證。當時負責審查在羅馬出版書籍的是黎加耳田主教。經他審閱，覺得此書絲毫不顧到羅馬聖部一六一六年所頒的通諭。於是他要求伽里略在刋印此書時添上引言與結語，說明哥伯尼學說不過是一個假設，反對托勒密系統的理由也並不决定它的命運，祇不過是一些「對人的論證」Argumenta ad hominem。 在這個條件之下，黎加耳田准許了此書的刋行。伽里略不得已也接受了這個條件。

一六三二年，「宇宙系統對話」一書出版了。這本書的確具有黎加耳田所要求的引言與結語。但內容却顯然含有諷刺意味，每個讀者都會看出此書不但沒有把哥伯尼學說當作一種假設，而且很激烈地對托勒密系統施以攻擊。

這一來敎宗烏爾朋第八覺得伽里略是在進行着一齣騙局，黎加耳田當然也大爲震怒。於是敎宗便下令禁止「宇宙系統對話」一書的出售，神學家對此書也舉行嚴密的審查。結論是伽里略犯了一六一六年的禁令。於是敎宗又下令伽里略須在十月以前抵達禁書部候審。被告答應自己會遵命，但另一方面却設法擺脫這個命令，說自己目前在弗勞倫斯有事纒身，不能就道。但敎宗的意志毫不爲動，他命令伽里略遲早不論，務須往羅馬一行。伽里略還是遲遲不肯動身，推說自己身體不好。到了十二月底，敎宗致函弗勞倫斯的審查員，着他遣發一個委員和醫生去檢查，如果他身體眞的不好，可暫准他延遲，但如身體並沒有什麼病痛的話，那就須替他套上鐐銬，解到羅馬。伽里略見敎宗意志堅决，無法挽回，便動身就道，在一六三三年二月十六日抵達羅馬。破格地他竟能住在他朋友尼各利尼家中，普通被告者原須被拘禁在聖部的小室中的。這個特准在整個審判期間都延續着，祇有審問的短促時間除外。即在審問時他也受到相當優待。

審判廳設了二個問題：

（一）被告在「宇宙系統對話」中，是否宣傳一六一六年所禁止傳播的學說？

（二）被告心中是否把被禁學說視爲確定無疑？

伽里略回答說自己在「對話」一書中祇把哥伯尼學說當作一種假設，而他心中也並不認爲確定無疑。可是審判官根據「對話」一書，對伽里略的話不加信任。於是烏爾朋第八在六月六日下令對伽里略施以嚴格審判 Examen rigorosum。當時嚴格審判共有三種方式：一、是施行動刑的威嚇；二、是在刑具前施行動刑的威嚇；三、是正式動刑。根據羅馬聖部的通例，凡六十歲以上的人，不准動刑，祇准威嚇。因此教宗當時所說的嚴格審判祇限於第一第二種方式，因為伽里略那時已六十有九歲了。可是伽里略的答語並不因威嚇而改變。於是在六月二十二日，在一座多明我修院中，樞機對伽里略下了判決：

（一）「宇宙系統對話」應列為禁書。

（二）作者應受拘禁，並在三年以內每星期誦七首悔罪聖詠。

判決書發表以後，伽里略朗誦一種「咒絕格式」，並在格式下親筆簽字。在這咒絕格式中，他聲明自己應受異端嫌疑，深惡痛疾自己的謬誤，允許奉行聖部所判決的懲罰，並不再堅持自己的學說。

近來有一種傳說，說是伽里略在念完那種格式以後，又用足頓地喊說：「可是它（地球）畢竟還是旋動的」。但是我們假使肯對當時審判情形予以觀察，便會知道這種傳說是很不可靠的。因為那顯然是在同一時期自相矛盾。並且假如真的有這樣的事，審判官也決不肯輕輕放過，無疑地伽里略所受的懲罰將不祇是區區的拘禁了。

判決的次日，教宗准許以尼各利尼的家給伽里略當拘禁所。六月三十日，教宗又准他住在西翰的比高洛彌尼主教署中。在這裏他適意地住了五個月。一六三三年終，他又邀准住在弗勞倫斯附近他自己的亞爾塞底莊子中。在這兒他和他的朋友一起工作着，並時時有人訪問，一直住到他的死時為止。

不久他病了，他的因長時期工作而致弱的視覺竟完全失明，這使他比較容易激怒。但直到他的死，他始終是天主教的忠實信徒，對於宗教義務奉行唯謹，絲毫沒有欠缺，這使那些與他接近的人獲得極良好的影響。在一六四二年一月八日他終於離世長辭。

二　科學上的問題

我們已經說過，經過二千餘年的漫長期間，一般人都深信亞里斯多德與托勒密的地靜天動的主張。但是經院哲學巨子聖多瑪斯亞奎那却有如下的話：「在天文學中，人們假定周轉圓和偏心圓的假設，（即托勒密的地靜學說）

這是因為利用這個假設，人們能解釋天體運行的許多現象。但這卻不是充分證明的理由，因為可能有另一種假設也能解釋那些現象」。因着畢多瑪斯這幾句話的暗示，在一四四五年，有一位名叫尼哥拉的樞機，在一本「聰明的愚笨」書中，首創了地動學說。當時人都目之為一種珍奇的假設，沒有人去非難他，卻也沒有人擁護他。哥伯尼在論天體運行中，也祇把地動說當作一種假設。但是伽里略卻認地動說是一種確定事實。他所認為充足的理由有三點，即：第一，海水漲潮退潮祇由地動說可獲得解釋，他以為漲潮或退潮的形式，祇由於太陽位置的關係。第二，由木星的位置可以確證地動說。第三，由於太陽中的黑點也可以證明地動說。然而這三種論證不但都不充分，而且多有與事實相違的地方。當時有名的天文學家，如刻卜勒等，也以為論證並不充分。以這些不充分而且具有不少錯誤的論證為依據的學說，受到人們的攻擊，這原是很自然的一件事。因此我們假使肯設身處地，就事論事，那末一定不會苛責當時人對於地動說的態度。誠然，地動說在客觀方面是眞理，但是我們須牢記這眞理的面幕在那時還沒有揭開。伽里略雖努力想把那面幕揭開，可是並沒有達到他的理想。地動說在那時之所以不得人們的信仰，這至少是理由的一部份。此外我們也不要忘記托勒密系統已經有二千年的悠久歷史，他的見解也的確能引人入勝。因此地靜說在人們心目中已是根深蒂固。一旦出現了一個在當時不很出名的人，竟想推翻二千年以來的定論，當然要使人覺得有點兒驚惶失措，這種對於新奇見解的畏忌心理也是很自然的。學術界政治界都有過這樣的實例。我們不能說這是一種守舊的心理。其實盲然接受任何新奇的見解和固執過去成見都是走入錯誤的極端。向新奇見解要求充分的理由和證據，這卻是一種最合理的態度。伽里略的反對派中也許有幾個頑固份子，堅執自己的意見，但我們不能否認，多數人卻是在向伽里略要求充分的證據。這在過渡時期不但不是一種惡劣的現象，反而是一種正常的必有歷程。

三　聖經上的問題

關於聖經的註釋，教會的一貫主張是在有關信理與風化的地方，應當接受教會所定斷，或者是教父、神學專家等所一致接受的見解。但在與信理風化無關的事上，教宗利奧十三在「無限上智」Providentissimus 通牒中也承認無須以教父的意見爲依據。聖奧古斯丁和聖多瑪斯亞奎那斯也都說聖經關於天體現象的說法，祇代表聖經著作時代人民一般的見解。因爲否則那時的人根本不能領悟。但在十六和十七世紀，不幸聖奧古斯丁與聖多瑪斯的那種控直的見解遭受一般人的遺忘。他們見亞里斯多德和托勒密的地靜說表面上與聖經字句相吻合，就一口咬定唯有這種系統才足以解釋聖經。他們便要把聖經中沒有的東西當作聖經的東西。這一來，哥伯尼、伽里略等的發現便使聖經註釋發生極大的困難。

他們以爲若穌篇十章十二節，宣講篇第一章四節，聖詠十八首六節，九十二首一節，一百零三首五節等聖經字句與地動說相反，尤其若穌篇十章十二節，明明說太陽因若穌的命令而停頓。我們不妨把若穌篇的原文錄在這裏，使讀者有更具體的認識：

「他（若穌）說：太陽不可和加排翁作反方向的移動，月亮也不可背着亞衣隆山谷移動。太陽和月亮就停止了，直到人民報復了敵人爲止」。

眞的，就字面而言，一般人很可能想太陽原在移動而因若穌的命令而停止。可是實際上也許天主是利用光線折射使太陽光線暫時定留，也許利用其他方法。若穌篇中的話與地靜說簡直是風馬牛不相及。教父們還不知道地動說，毫無疑難地作了字面的解釋，然而他們這種解釋祇代表當時人對天體運行的通行解釋，與信理風化絲毫不發生關係。

自從伽里略公開宣傳地動說以後，一般人每每用聖經來攻擊他。伽里略對他們的態度却祇是一笑置之，他以爲聖經作者取用了當時流行的說法，目的是使普通人都能領會，因此不能加以呆板的解釋。刻卜勒的主張也完全一致，他說：「聖經用了通常的說法，爲使一般人能夠領悟……它的目的並非要在這些事上（科學）有所訓示」。但問題既已牽涉到聖經，教會方面自然不能視若無睹。更使教會不得不加干涉的理由，是當時新教徒的猖獗，他們竭力要推翻教會的權力。教會負有天主耶穌基督的付託，對於它的神聖權利自然應力謀保障。教會的最大責任與權利，是把有關於宗教的眞理完整地保存下來，並且設法使全體人類都接受這些眞理。因此它對聖經的註釋，並不如新教徒一般地採用放任主義。因爲聖經既是天主所啓示的言語，當然不能讓任何人隨意解釋。而且基督並沒有把眞理的責任完全委諸聖經，却把這個責任委託給教會。他對第一批教會權力人說：「你們去訓誨萬民！……誰相信就會得救，誰不相信就會受罰」。教會方面所以要對聖經上的問題加以干涉，那完全是爲責任心所驅使，因爲否則它便有虧於職守，對不起人民，更對不起天主了。

於是教會對伽里略的解釋便發生下面二個疑問：

（一）哥白尼學說是否已有充分證明，足以使人放棄聖經中數處字句的傳統解釋？

（二）哥伯尼系統如果能夠成立，我人對那些字句應當作何解釋？

根據聖經註釋的一貫原則，在未獲得新解釋的充足理由以前，我人應以字面的意義爲依據。這條原則，不但應用於聖經，而且適用於一切文字。我們已經知道在伽里略時代，地動說還未曾獲得充分的證據。所以教會方面就暫時不允許對聖經有一種新奇的解釋，同時它靜候新解釋的充分證據，待時機一成熟，便自動取消以前的禁令。這樣的實例很多，這裏我們不能一一申述。這種由義務感責任感所產生的審慎態度，不但不能說是守舊固執，而且是最合理最理想的辦法。

誠然，我們不能否認審判官的魯莽，他太不注意聖多瑪斯關於這方面的勸告，竟目地動說爲異端，爲荒謬絕倫。我們對於這種態度不能不表示遺憾無窮。但我們如果設身處地對當時情形予以客觀剖析，便會知道他們的過失並非沒有原諒的餘地。

四　法律上的問題

反對天主教的人往往將伽里略事件視爲攻擊教宗不誤的利器。我們應當知道所謂「教宗不誤」，祇限於「從最高講座」Ex Cathedra 以及在全體會議的「定斷」Definitio。並非如一般新教徒所說的教宗不會犯罪，或者是無所不知。在普通事上教宗與常人無異，即在平時宣講教義也並非絕對不能錯誤。我們在上面已經說過，負責審判伽里略事件的是羅馬禁書部，這是隸屬於教宗的一部，當然和教宗發生密切關係。可是實際上主持其事的並非教宗自己。聖部的通諭可分二種：一種是有關於教義的，另一種是關於法律的。前者又能受教宗的普通和特殊的准定。受到普通准定的通諭，仍算是聖部自己的。特殊的准定以後，通諭就算是教宗自己所頒布。但無論是教宗所特准或普通准定的，無論有關教義或法律，聖部的通諭都非絕對不能錯誤。一六一六年和一六三三年的通諭，都祇是聖部關於法律的通諭，而且祇受到教宗的普通准定。因此，與教宗不誤性並不相關。的確，審判官以地動說爲異端，這是一個極大的錯誤，但這祇是他個人的錯誤，上面我們也已說過這種錯誤，並非不能原諒。一六三三年對伽里略的判決，更是因爲他犯了一六一六年的命令。新教徒在德、法、奧等國的猖獗，更加深了教會方面的顧忌，教宗深怕意國也遭受這種毒氛的影響。伽里略擅自解釋聖經這件事，正犯了新教徒妄解聖經的嫌疑。伽里略那時又時時和新教徒信札往返，這更加深了人們對他的懷疑。因此教會對伽里略採這樣嚴厲的態度，也實在有其不得已的苦衷在。

結論

在結束這篇文字以前，我們不妨對幾個枝節的問題，予以簡要的說明：

一、伽里略是否眞對哥伯尼學說具有確定的信仰？這是一個相當重要的問題。人們往往以爲伽里略是被迫把他所信仰的事說成不是。但事實也許並不這樣簡單。

伽里略是公教的忠實信徒，他清清楚楚地承認自己絕對服從教宗，是「寧可挖去眼睛，不願違逆教會上司的命令。在一六一六年的通諭以後，他又承認自己從此認托勒密系統爲確實。

但另一方面，他却又竭力攻擊托勒密系統。這種自相矛盾的態度將如何解釋？

最簡單的解釋是：他對哥伯尼學說並沒有確定不變的信仰。在研究天文時他把哥伯尼學說視爲確定無疑，但教會的通諭却使他對自己的見解發生了懷疑。後來踏上天文台，他又覺得哥伯尼學說的正確性。羅馬聖部的第二次判決，又使他對哥伯尼學說發生懷疑，他又當衆承認自己的錯誤。這種解釋雖不能確立，但也具有相當的可能性。

二、反對者的動機。　人們以爲伽里略的被罰是由於反對者的惡意與嫉忌。他們說教宗保祿第五、烏爾朋第八、樞機倍拉彌諾、耶穌會士和經院學派就是妒賢忌能的惡勢力。可是我們根據歷史，知道保祿第五在事件以外，也很佩服伽里略的天才，他對伽里略所以採了嚴厲態度，完全是爲職務所驅使。烏爾朋第八在未做教宗的時候，曾經做了一首詩，極口稱讚伽里略的功績。接位以後，他曾接受了 Saggiatore 一書的呈獻。伽里略來到羅馬時，教宗對他的待遇備極優禮。因此他對伽里略的嚴格態度，也是因着職務關係。也有人以「嚴格審判」歸咎於他，但須知這是那時審判廳所習用的辦法。上面我們已說過這所謂「嚴格審判」祇限於施刑的威嚇，並沒有正式動刑。倍拉彌諾與耶穌會士和伽里略私人的感情原也很好，祇有一部份頑固的經院學派過分崇拜亞里斯多德，先入爲主地主張地靜說，這的確是他們的不是。其實，伽里略也並不蔑視亞里斯多德，對他也很具敬意，但是他以爲「堅守亞里斯多德的任何言辭而鄙夷其他一切，這却是不合理的」。但當時一部份經院學派的哲學家成見過深，所以不能驟然接受新說。但他們又何嘗不想自己是站在眞理的一邊呢。至少他們是不懷惡意的。

三、教會對於伽里略的懲罰，是否阻止科學的進步？

伽里略逝世以後，歐洲幾乎處處發生戰爭。大家都汲汲於戰爭之不遑，那裏有閒心去研究科學。話雖如此，出類拔萃的科學家在這時期也並非絕對沒有。最著名的當然應推牛頓。至於教會對哥伯尼系統的態度，不久也有了顯著的變更，這是因爲證據一天比一天充分起來。對於那些和哥伯尼學說表面上相抵觸的字句，教會不難接受一種比喻象徵的解釋。這種態度的變更，絕不是變更了教義。因爲上面說過，教會對伽里略的定斷，完全着眼於法律上面，理由是因爲哥伯尼學說既然還沒有充分的證據，所以不應貿然放棄教父們傳統的字面解釋。充分的證據既已得到，當然教會對於過去所頒通諭之改進是滿不在乎的。

明瞭了這一切以後，我們不難見到一般人所據以爲攻擊天主教會的利器——伽里略事件——其自身並不如他們所想像的那麼簡單——一切都是因爲教會太專制。深望每一個愛好眞理的讀者，對事實去下一番客觀而縝密的研究，替伽里略事件作一種新的估價。

公教對我國地球物理的貢獻

顧震潮

公教的耶穌會向來以對於學術最有功績貢獻見稱於世，大家認爲公教科學家的養成所，自從十五世紀末耶穌會創立以來，也不知道創辦了多少研究機關，設立了多少大學，造就了多少科學家，文藝復興運動的時候耶穌會盡了很大的力量；此後日益發展，貢獻更大，近百年來耶穌會士來華者漸漸衆多，對我國科學也頗有貢獻，尤其是關於地球物理方面，研究更多。

耶穌會士研究我國地球物理的中心是上海徐家匯觀象台。一八七四年耶穌會設立了這一個觀象台，又在各地教堂設立測候站觀測氣象天文，出版年報，擴充以後，又加了天電、地磁、地震的觀測，年報也分三卷出版，這些年報到現在都是研究氣候的寶貴資料；後因電車通行上海，地磁場受到擾亂，他們又到崑山菉家浜設立了地磁觀測所，接着氣象方面增添了測風氣球高空觀測，因此徐家匯觀象台目前分爲三部分：授時部、氣象部及地震部，現任台長就任後又添設了重力觀測室，另成規模。

首先要提到的是能神父 R. P. Marc Dechevrens，能神父到徐家匯觀象台的時候，台中情形眞是篳路藍縷，慘淡經營，然而能神父非常堅忍地打開創業維艱的難關，并且做了不少研究，他最初編了幾本小冊子，指導我國各地教堂測候站觀測的方法，後來做了十幾篇論文；一八七九年，颱風經過上海，他即開始記錄，以後便繼續對中國海上的颱風作個別的研究；（如：「颱風中溫度變化之觀測」等是）也曾從卷雲的行動研究中國東部的高空氣流。後來觀測的紀錄累積漸多，在一八九三年用了十二年的紀錄做了一本「上海氣候之要素」，這是關於上海氣候的第一部著作。一八八一年編了「徐家匯之地磁」，也是研究中國地磁的開山著作。一八八四年他在法租界裝置第一架海岸通信機，爲航海員報告氣候的驟變。

蔡尚質神父 R. P. Stanisles Chevalier 在一八九三年集合上海各有關於氣象的機關組織了一個上海氣象學會，要算是中國最早的氣象學會了，在蔡神父手下出版了四卷上海氣象學會會報，裏面發表的論文如：「華北沿海之霧」等，都是有價值的文字，蔡神父兼治天文測地 Geodesy，常常奔走於上海徐家匯觀象台及松江佘山天文台之間，忙得非常；所以天文、地理、氣象等各方面的著作都極宏富，先後發表論著有三十餘篇之多，最後一篇論文是：「西太平洋溫度與氣壓早期變動之研究」，後來告老回國。

聲譽最隆盛的要算是勞積勳神父 R. P. Louis Froc 了，勞神父是當時研究颱風的權威，預報颱風非常正確，所以遠東航海界大都稱他爲颱風神父，他做了一本「颱風路逕圖」，詳細研究颱風的來踪去跡，所用的材料有六百二十個颱風之多，經驗之宏富可知，這冊書至今還是研究颱風的權威著作之一。另有六七篇論文，都是當時幾個颱風的個別研究。在勞神父手中，上海氣象學會年報又出版了四卷，內容也大多是颱風的研究。一九一二年勞神父利用十年的紀錄發表了中國各地雨量的研究，這是研究中國雨量的第一部著作。他將無線電用到徐家匯天文台的氣象學和地震學工作。他手訂遠東氣象電碼一種，很通行一時。一九二六年，徐家匯天文台被定爲萬國經度綫測量的三角網之一角，特設試驗室，以較正時刻。對於我國氣象事業，勞神父極爲熱心，代選氣象台位置，代爲訓練測候人員，相助甚殷。勞神父回國時，我國政府授以勳章以謝其功績，上海前法租界有勞神父路紀念他，現改名合肥路。

馬德賚神父 R. P. Joseph de Moidrey 是地磁天電專家，在海外發表論文極多，在徐家匯時編了九卷中國地磁紀錄及討論，氣候方面曾編了一冊「上海氣候志」，用了幾十年的長期紀錄，介紹了上海氣候的眞實情形；又編了一冊「徐家匯天文台記」，介紹觀象台本身，這都是通俗讀物。貢獻最大的是一九二七年出版的我國最早的中學普通氣象學書籍「氣學通銓」，這書完全是用中文寫的，又有許多中國的材料，可算得難能可貴。

葛神父 R. P. Henri Gauthier 及龍相齊神父 R. P. Ernest Gherzi 二人，都把中國氣候的情況作過大規模的研究。葛神父研究中國之溫度，搜集了各地的資料，整理比較，著成「中國之溫度」四卷，凡八百頁，蔚然大觀，現在還沒有代替牠的著作出版。龍神父是意大利人，研究中國的雨量及風，著成了「中國之雨量」及「地面風與高空風之觀測報告」二大冊，另外每年有颱風年鑑出版，論述一年內所發生的颱風，並連帶討論到颱風的生成、雲象、中心、極面等等；前幾年還做了一冊「颱風侵擾區域內風對建築物的影響」。龍神父又是地震學者，有好幾篇地震學論文發表。

雁月飛神父 R. P. Pierre Lejay 是一個有國際地位的地球物理學者，他專注於重力加速的研究，曾半開玩笑地對筆者說，小小的一個鐘擺是我的一生的研究。除了在遠東的爪哇、菲列濱、安南，近東的巴力斯坦等等地方觀測重力外，曾把我國大部份地方的重力加速度用他自己發明的簡便儀器，精確地測定出來，著成「中國重力加速度分佈圖」；在徐家匯他還設立了重力觀測室，長時間的觀測當地重力加速。雁神父目前已發表了廿多篇論文，一半是討論中國天電的變化的，一半是討論重力分佈的；他把好幾年來探測重力的結果，著成「遠東重力之探測」，滿載着遠東各地的重力紀錄，中國的部分尤其詳細，大多在北平研究院發表過了。民國廿六年春，神父還應中國政府之請，到貴州測驗地心吸力。

總之，耶穌會士對我國地球物理方面貢獻太多了，如卜神父等研究華南地震的長期變化、緯度的長期變化等，的確不勝枚舉。抗戰以來，筆者雖因流寓巴蜀，無法獲得新資料，想必更有進步，這祇是大概而已。

王徵先生簡譜（上）

宋伯胤

明穆宗隆慶五年辛未（西元一五一七）

是年四月十九日（陽曆五月十二日）先生生。先生諱徵字葵心，又字良甫，自號了一道人。聖名斐理伯(Philippe)陝西涇陽縣人。鄭鄤滸北王君墓誌曰：「涇陽之有王舊矣。故老相傳，所號金牌王也。系遠不具述，傳至瓚，瓚生倘仁，仁生雲。」雲生應選，先生之父也。應選字滸北，生於嘉靖二十九年己酉。平生恂訥自藏，恥爲人杓，終以農丈人老。配張氏，奉議大夫張鑑之女弟。先應選三十年逝，享年四十有五。生二子，徵其長也。

神宗萬曆五年丁丑（一五七七）

七歲。從舅師張鑑遊。鑑字湛川，鄉人私諡貞惠先生。來復曰：「其人力學純行，少年居於鄉，爲名儒。已而宰邑佐郡，爲良吏。材能既裕出，以研苦肆篤古之餘力，旁及於方伎圖讖諸外家之說。」又曰：「公居官二十餘年，不能謀三楹之室，以妥八口；歸而聊僦居屋，而猶能倒囊賒酺酒以供賓客座上之資。」（來陽伯文集卷三賀儀昭張子舉婚序）亦云豪矣！

萬曆十三年乙酉（一五八五）

十五歲。張縉彥王徵墓誌曰：「年十五，文章駿發，立志落落，不與衆伍。敦大節，肆力問學。有修菴尙翁一見異焉，妻以女。」尙翁者，先生表弟張炳璿之舅氏也。

萬曆十四年丙戌（一五八六）

十六歲，補弟子員。

萬曆十五年丁亥（一五八七）

十七歲。兩理略自序曰：「十七入庠讀書，見范文正公做秀才，便以天下爲己任。輒慨然有意其爲人。」

萬曆二十二年甲午（一五九四）

二十四歲。兩理略自序曰：「二十四歲叨領鄉書。甫數月，先慈即見背。」鄭鄤濟北王君墓誌曰：「元配張孺人……與君相莊三十年，慈惠儉勤，囊無私蓄。滁紙非曰，其勤苦有尋常所不肯爲，不屑爲者。自生王子，即善病，然操家政不少懈。爲女，爲婦，爲母皆克盡。猶及見王子鄉舉。」

兩理略自序又曰：「顧頗好奇，因思傳所載化人奇肱，璇璣指南及諸葛氏木牛流馬更枕石陣連弩諸奇製，每欲臆仿而成之。累歲彌月，眠思坐想，一似痴人。雖諸製亦皆稍稍有成，而几案塵積，正經學業，荒廢盡矣。又性寬緩躭延，不即就銓，致弟友親愛輩，咸嗟怨刺諷不已。直至十上公車始克博一第焉。」

張炳璿王端節先生傳曰：「……困公車三十年，而絕無一字陽鱎其間。布袍蔬食，著書談玄。時而策蹇，時而徒步，謙光道氣，有滅明叔度之遺韻焉。」

萬曆三十三年乙巳（一六〇五）

三十五歲。先生舅師張鑑卒於里，享年六十。先生親視湯藥棺殮，冀稍盡衣食教誨之恩。蓋先生自總角以來，時就外家，如陳聰幼小時故事然。

萬曆四十年壬子（一六一二）

四十二歲。是年孫元化舉順天鄉試。元化字初陽，號火東，聖名依納爵（Ignace）寶山高橋人，師事上海徐光啓，習西洋火器之術。元化嘗論與先生之交誼曰：「前淡若水，後苦若茶」，兩人之結契專在道義，是其明證矣。

萬曆四十一年癸丑（一六一三）

四十三歲。是年先生在京師，嘗與來復等遊碧雲寺及西山鳳凰嶺。復有詩記其興曰：「踏月憐塵客，喧遊惱八關，烟中生萬柳，燭裡照重山，梵吹鄰歌席，鑪香拂醉顏，却因對實談，共訝衣珠還。」詩載來陽伯詩集。集又有「遊西山之鳳凰嶺，同王良甫李元鎮分韻二首」。則先生必有和作，惜乎！今竟不傳。

萬曆四十三年乙卯（一六一五）

四十五歲。先生弟徽中副榜。

萬曆四十四年丙辰（一六一六）

四十六歲。先是先生家居，有友人惠七克一部，受而讀之，種種會心，語語刺骨，不愧不怍之準繩也。後詣都門，晤及七克作者龐迪我（Didace.de Pantoja 1571—1618）乃細扣究竟。龐子詳爲解說，並出天主十誡示先生。按龐迪我於萬曆二十八年與利瑪竇（Matteo Ricci 1522—1610）同至北京。利子卒後，與熊三拔（Sabbathin de Ursis 1575—1620）李之藻同修曆法。是年禮部郎中徐如珂、侍郎沈㴶等合疏斥天主教邪說惑衆，請旨驅逐西士回澳門，龐子乃怏怏離京，四十六年一月卒。按七克刻成於萬曆四十二年。若先生讀七克在四十二年冬或四十三年春，而四十四年爲大比之年，則先生之來京師，當在四十三年冬或四十四年春，是先生之晤龐子應在是年或前年冬盡也。且龐子或爲先生交接西士中之第一人。

熹宗天啓元年辛酉（一六二一）

五十一歲。先是楊廷筠（聖名彌格子 Michel）撰徵信篇。是年先生爲之序曰：「西學向天主三德，信爲之首。十二宗徒各表所信爲性薄錄（方杰人先生謂性薄錄即 Symbolum 宗徒信經也），誠重之矣。木之發葉，托命在根，室之巍然，造端在基。根撥而基壞，雖有瑰師大匠，不能成功。故曰：師無當於五服，五服不得不親；信無當於五常，五常不得不舉。學者欲希聖希天，爲安身立命之事，未有不從信入。此西學惓惓指引，首闢信門。而彌格子承其意，作徵信論即代疑篇二十有四篇，有味乎言之矣。」

天啓二年壬戌（一六二二）

五十二歲。張炳璿王端節先生傳曰：「壬戌登文震孟榜進士，時五十二矣。擢第之日，無論識與不識，莫不欣欣相賀。粹品積學，蔚然公輔之器。其有益風教民生，將未艾也。」是年主考官爲隋州何宗彥、秀水朱國祚；而閱薦先生之卷者，則爲益陽羅喻義。同榜諸人，尤不乏奇節之士：如山陰祁彪佳、嘉定趙洪範、上虞倪元璐、莆田王家彥、海鹽吳麟徵、宜興盧家昇、遂安汪喬年、漳浦黃道周、光州爾達綱、無錫華允誠、武進鄭鄤、進賢傳冠、富平田時震、朱國棟等，或遭冤獄，或忤時奸，或死甲申之難，或入清不仕，遯跡山林。高風勁節，皆未世之眞品望也。

廣寧棄後八日，孫元化抵京，與先生見於邸中。元化胥言：「往從西鐸，知涇陽有葵心王先生，壬戌乃見。」鄭鄤送王太封翁八十壽序曰：「猶憶壬戌予同籍中，獨于涇陽王子有目成之契。間有究竟，常至星移。天人之際了然，道器之精咸備。」

天啓三年癸亥（一六二三）

五十三歲。補廣平推官。當道以遼事孔急，擬委以練兵之役，先生再辭，不可。乃依其舅師張鑑所著八陣合變圖解及諸名家兵法，草爲一書，名曰兵約。約例有三：曰兵制、兵率、兵誓。又感遼事糜爛，撰客問一書。全書凡五欵，一事一欵，皆以東事爲主。旋以繼母憂去任。在廣平雖僅數月，如辯白蓮之誣服，定清河之水鬧，丹桀明寃，懲焦表潔，均爲美政。

天啓四年甲子（一六二四）

五十四歲。先生居憂在家。擬邀耶穌會士一人來陝開教。時金尼閣方在絳州傳教，乃受命往。金尼閣（Nicolas Trigault 1577—1628）者，杜愛（Danai）人也。一六一〇年來華。一六一一年在南京從郭居靜（Lazare Cattaneo 1560—1640）學華語，次年返歐洲。一六二〇年再來中國傳教。一六二三年入河南。是年來山西絳州，高一志亦在焉。

天啓五年乙丑（一六二五）

五十五歲。是年春，金尼閣抵三原，留邑凡六月。先生送之西安。適景教碑出土，尼閣遂爲教士中得見碑文之第一人。先是尼閣居絳時，因韓雲之請，纂成西儒耳目資一書。過新安，邂逅呂維祺。維祺字豫石，通音韻小學，又多訂正。及抵關中，先生酷愛其書，請於鄉人張問達父子，壽之剞劂。又就洪武正韻、沈韻、等韻作三韻兌攷，以較金氏所傳「五十字母，母各五聲之韻」。今原書流傳不多，有民國二十二年北平圖書館與北京大學合資影印本。劉復跋曰：「金尼閣所撰西儒耳目資，內分譯引、音韻、邊正三譜。譯引譜講述音理，音韻譜按音求字，邊正譜即字求音。實歐洲音韻輸入此土最早之一書。……然就金氏書以求明季音讀之正，較之求諸反切，明捷倍出。又編制精審，雖內容而言方術，亦尙足資楷模，是其書固未即可廢也。」

天啓六年丙寅（一六二六）

五十六歲。是年冬先生除服，將北行，舅母倘宜人移輿來送。並謂之曰：「吾老矣！而往服官，東西南北，多歷年所，不知可能再見否也？」

抵京，會龍華民（Nicolas Longobardi 1559—1654）鄧玉函（Joannes Terrenz 1576—1630）湯若望（Johann Adam Schall Von Bell 1591—1666）三先生以候旨修曆寓舊邸中。先生乃朝夕請教，並以職方外紀所載奇器扣

之。鄧玉函因示其專屬奇器之圖，並爲之一一解說。先生信筆直書，乃成遠西奇器圖說錄最三卷，與先生自著諸器圖說一卷，於次年合刻於揚州。後世簡稱之曰奇器圖說。清乾隆修四庫全書，著錄於子部譜錄類。今以守山閣叢書本最易得。

按奇器圖說三卷：卷一首表力藝之內性外德，繼以六十一款，敍述重、重心、重容比例諸問題。卷二凡九十二款，敍述各種機械之構造及應用，如天平、等子、槓桿、滑車、輪盤、斜面、螺絲等。卷三爲圖說，凡五十四器：計有起重圖說十一，引重圖說四，轉重圖說二，取水圖說九，轉磨圖說十五，解木圖說四，解石圖說一，轉碓圖說一，書架圖說一，日晷圖說一，代耕圖說一，水銃圖說四。諸器圖說一卷，乃先生個人發明。凡九器：曰虹吸、鶴飲、輪激、風磑、自行磨、自行車、輪壺、代耕、連弩。劉仙洲先生撰王徵與我國第一部機械工程學一文。有云：「在我國幾千年的歷史上，若搜求對於機械工程學有相當創造的人，雖說也能得一二十位，如張衡的創造候風地動儀，諸葛亮的創造木牛流馬，耿詢的創造水力混天儀，賈秋壑的創造脚踏車船等，但有計劃的有條理的寫一部關於機械工程學的著作，則不能不首推明末的王徵。」

至於先生譯述奇器圖說所依據之藍本，惠澤霖（H. Verhaeren）先生近有專文論及。謂先生書中所謂味多即味多維斯（Vitruvius）之縮稱。西門即指司太芬（Stevin）而言。耕田乃拉丁文農夫亞格利各拉（Agricola）之義譯，剌墨里應是意大利人 Ramelli 之對音。味多維斯者，公元前一世紀之羅馬建築師也。著有建築術（De Architectura）十卷，其末卷專論機械，北堂圖書館藏有拉丁文原本二部，意大利文譯本一部。西門司太芬與鄧玉函同時，北堂圖書館藏有彼之著作四部，而先生所採之書爲單開本，分上下兩冊。原名 Hypomnemata Mathematica… Mauritius, Princeps Auraicus, Comes Nassoviae…A Simon Stevin Conscripta ……。亞格利各拉乃德國名醫師，其主要著作是 De Re Metallica Libri XII, Quibus officia, Instrumenta, Machinae云云。剌墨里係意大利之工程師兼機械師。其書原名 Le Diverse et Artificious Machine, Del Capitano Agostino Ramelli。先生所譯之一二兩卷，多取材於司太芬 Hypomnemata 之下冊。味多維斯所著建築術之第十章，即北堂藏本之第三三二至三三五頁，其所敍諸器，相當先生所譯述之卷二。至於卷三圖說之部，則多採自剌墨里之書。惟耕田氏所作，先生採用特少。

天啓七年丁卯（一六二七）

五十七歲。補揚州推官。四月，瑞、桂、惠三王之國，從者誅求無藝，幾以人爲脯。先生挺身白王前，王爲折節。又徽州富民吳養春與弟爭產，置其僕吳榮於獄。榮脫獄入京師，訴於東廠。誣其私佔黃山歷年租稅。魏忠賢命閹黨於六年六月逮吳養春至京，坐贓六十餘萬，蔓引幾數百人，將搆大獄。至是先生獨矢天日曰：「司李，郡執法也。即某在必不敢廢法。法不廢，斷斷者其容噬弱肉乎？倘不以平反報司李，願能斥去。廢朝廷法，而爲一己功名，死不敢爲也。」當事不能奪，全活甚衆。時先生封翁在揚州署中，親視其直拚身家，爲君父存如綫之生意，不第不加阻止，反適適然以爲喜。誠如鄭鄤之言：「是王子之所自期待，皆翁之教也。而翁之所養可知已。」

當是時也，璫勢漸灼，人爭獻媚。自六年六月浙江巡撫潘汝禎倡言爲魏忠賢建祠，不一年，而「祠宇遍天下，俎豆及學宮。」揚州祠成，惟先生與淮海道來復，毅然不往拜，時稱「關西二勁」。後鄭鄤有詩壯來公之風節曰：「去年九月天未開，獍猶尙在兒童哀，巾幗衣冠更無愧，香火跪拜何甚頹？使君鬚髯獨存戟，父老顏色驚如灰，當日丈夫豈容易？此時媚子安在哉?!」（峚陽草堂詩集卷八）

思宗崇禎元年戊辰（一六二八）

五十八歲。先生在揚州。與同年鄭鄤過從甚密，嘗話舊於瓊花觀中。鄤自撰天山自叙年譜亦云：「…渡江遊廣陵，時王葵心爲揚州司李。葵心玄理極精，而有巧思，出奇器圖說相示，問以木牛流馬，亦云可造。若所爲代耕、風磨、水漏之類，眞有裨益於經濟。」時先生所撰畏天愛人極論方殺靑，乃請鄤評點以傳。原書未見國內有藏本，巴黎國立圖書館藏有舊鈔本一冊，有鄭氏序而無評點。

鄭鄤滸北墓誌曰：「會有善數學者，余與王子各挾一白箑往問。術者言：『若兩人同志，白頭如新。』顧低徊久之曰：『兩人者其有同憂乎？』及冬，而余有家府君之變。哀毀中，聞王子果亦丁太翁艱。」

按先生九上公車，才博一第。兩任司李，又以內外艱歸。計其兩次實歷宦籍，才兩年有餘，先生誠亦坎坷人矣。

先生在揚聞父訃時，即知舅母尚宜人亦抱恙久，星夜就道，尚冀一望顏色，及抵里，宜人棄世已月餘矣。

崇禎二年己巳（一六二九）

五十九歲。四月，先生弟徵卒。秋，移書鄭鄤，請為其封翁撰墓上之言。鄤有感於「素車白馬之誼」。謂「我兩人千里如對也。」其何容辭？乃誌潛北君之行誼。有云：「讀封翁狀，使人愴焉神感。封翁既習農，頗津津讀古人書，經史無不手錄。夫野人之筋力，與聖人之神智，兩者不兼，不可以農隱。如君可謂至德乎？案上喜置太上感應篇、明心寶鑑諸書，間自編為歌說，以教里人。常命諸子曰：『古聖賢格言懿行，原留與後人作式樣耳。倘讀得一句就行得一句，雖終身韋布，亦不失為天下完人。若徒以文詞獵取富貴，于身心何益？縱萬卷亦成聚姜耳。』故每見人有一善，則擊節嘉嘆，為之傳美，即里兒必激勸之。否則，則雖尊貴人不之許也。甚或面折不少讓。邵堯夫云：常將此意流天下，天下何由不太平？嗚呼！可不謂賢乎？」

崇禎三年庚午（一六三〇）

六十歲。先生理揚州時，因遠西諸儒振鐸中土，爰建天主堂一所於西安。名之曰崇一堂。蓋取天主十誡：「一欽崇一天主在萬物之上」之意也。比自揚州歸里，湯若望寓此堂中，振揚天主教義。先生間一躬訪，輒留連十數日不止。嘗夕坐，湯氏為先生譯述苦修會中奇跡一二段作為日課。先生則一一筆記之。五月，湯氏奉召入京，與羅雅谷（Jacques Rho 1593—1638）供職曆局。先生乃整理所記，並加評贊於後，成崇一堂日記隨筆一卷。

六月，皮島副將劉興治為亂，廷議復設登萊巡撫，擢孫元化以右僉都御史任之。先是袁崇煥計殺東江將毛文龍，議撤海防。及元化受敕，並有援遼恢金復海蓋四衛之命。

崇禎四年辛未（一六三一）

六十一歲。二月初九日服闋。按登萊巡撫孫元化移箚稱：「已經部覆，擢先生山東僉事，監軍海外」。將行，友人溫與恕以詩壯其行色曰：「憲使中丞地分連，知將鎖鑰依名賢；圖麟功業雄萊閣，横海兵威淨島天；籌策孔明騶木馬，旌旗王濬擁樓船；雨來洗塵添行色，一別何須意黯然?!」

五月入都，上疏懇辭分外殊恩曰：「臣才智本無寸長，獨懷一片朴忠。嘗以畏天愛人自誓。每恨東虜猖狂，不覺言詞激烈，曾有兵約客問等書，條畫東事，見者誤相許可。……不知臣實書生，何嘗諳曉兵事，不過憂時念切，報國思殷，義激于中，慨發芻議云耳。今……以推官而拔爲僉事，如此殊恩，臣實感激零泣，忍復畏險憚勞？況南北東西，惟上所命。籌邊報國，係臣素心。即令臣以本等之官，躬拮据於海外，亦臣職當然。如謂監軍海外險地也，海外監軍專任也。以之上贊軍機，下鈐將吏。令出須遵，法行須畏，只在重其事權，不問官之崇卑。但許機務入告，藉非荷釆，推官猶僉事也。惟履危蹈險，覆餗足虞，然實不敢愛惜頂踵而辭其任。惟是未任事先徼遷，似非用人賞功之常典。臣願朝廷之上，愛惜名爵而慎其官也」。疏入不允。遂竟脚赴登，於七月二十日到任。

廣寧陷後，遼民相率入關。寄寓登萊地方者，不下十數萬人。遼人性桀傲，登人又以傖荒遇之，指勒欺侮，相仇已久。先生到任之初，訪知其情。乃以俚言勸導登民，曉喻遼人，勉以仇奴大恨，團結禦侮。頗漸相安。不料閏十一月而孔有德之難作。孫元化深知兵變有因，內鬨可畏，乃移檄招撫，且令所過郡縣毋迎擊。十二月二十二日孔等率兵逼登州，元化猶遣人招降。詎料村屯激殺遼人於外，登城侵辱遼人於內，以致外黨日繁，內應忽作，登城遂於翌年正月初三夜被陷。元化與先生及副使宋光蘭、知府吳維誠、副總兵張燾、同知賈名傑等俱被執。而葡軍將領公沙的西勞（Gonzales Texeira-Carrea）及銃手二十五名死難。總兵官張可大則投繯死。

崇禎五年壬申（一六三二）

六十二歲。先生與孫元化等泛海歸朝，幽禁西曹。後論罪遣戍，孫元化手書論交始末贈先生。文曰：

「往從西鐸，知涇陽有葵心王先生。壬戌乃見，便浪游渝關，不再相聞矣。癸亥回，則先生司理平干，內艱去；遼稿一冊，附西鐸爲問，他無言也。丙寅冬，先生除服謁選，余再從寧遠歸職方，絫聞所未聞。蓋向者道義相許，至是乃更得其巧思絕學，而所謂道義許，即與翁同得之西鏵。亦未有一聞不待見，一見不待試，若許翁之深，其所以深，余不自解，而翁何能相解？即丁卯春，余得譴投閒，兩僮一兜，蕭蕭揮手，故知不避嫌忌，坐視行色者先生一人。此世俗賢豪所尙高致義舉者，而兩人結契，並不在焉。翁補理廣陵，仍從西鏵一相聞，彼此數行，淡然玄漠。戊辰，余賜環道出廣陵，固知翁望見故人甚切，而仍取他途，非必不見，乃不必多一見耳。未幾，翁復外艱歸。余入部出關垂一年，在虜外七月，尋往登萊。此兩年者，日在駭浪驚濤。游魂夜跳，萬死餘生，乃復入此苦海，爲國爲身，人惟求舊。西鏵有言：『友，第二我也』。我非第二翁，翁實第二我。翁才望高出一時，長安以勢要相許者，不亞於余之道義，而余不顧勢要之足奪與否，毅然請之，亦必知翁之自必不以勢要奪也。不意一片癡腸，終成大夢，潦倒詔獄，臥廢已死。翁同苦，而尙以苦餘左右提挈子弟童僕之事，周至有加。蓋自官登，而無五日不一再見者半年，自乘城而無日夜不一再見者半月。自陷賊，航海，下北司，過西曹而日止一再刻不見者半年矣。今翁重擬讁戍，黯然言別。以紙索手蹟，爲長途蹺伴；余手受刑五次，加掠二百餘，至今酸楚搖顫，間一舉筆，橫直宛轉起止之間，皆不自繇。手之好也，猶不能書，況其病乎？乃書交誼始末，前淡若水，後苦如荼，翁見其書，如見其病，亦請翁書此，使兒曹識之，更見翁書，即如見翁之同病，而且救乃父病也。」

首輔周延儒與元化善，謀脫其死，不得。乃援其師徐光啓入閣，共圖之，亦不得救，卒於七月二十二日與張燾同棄市。行刑前，湯若望司鐸以煤煙塗面，喬裝炭夫，混入獄中，爲元化與張燾行告解赦罪禮，並加以鼓勵。後先生遇赦歸，却掃著書，不復出。（下期續完）

孫元化著述略考

宋伯胤

近一年來，我搜集王徵的遺文和遺事，連帶的也想看些關於孫元化的材料。王徵的遺文雖夠殘闕，但總算還有一部王端節公遺集和從海外鈔回來的幾個孤本。而孫元化的只有幾篇零碎的文章，這是非常可惜的。孫元化離開我們不到三百二十年。他的文集，道光年間的李兆洛和黃汝成還都看見過。百年來，固然經過不少的兵燹和災難，但或許會有一兩部逃開浩刼，至今還好好的寄在人間。因此，我把他的著述略加蒐集，一一臚列於後，一面引起大家的注意，一面希望海內的許多通家學人，有以餉我。

【水一方人集】　十四卷。孫公自訂的集名是水一方人集。後人有的稱孫中丞集，有的稱孫初陽中丞遺集，集名雖異，其實是一部書。嘉定縣志存目在藝文志的史類，因爲集中所言軍政邊情，可與明史相表裏的緣故。徐時勉的序中說：「中丞殁後，子和鼎、和斗蒐集散逸，發明當日成敗利鈍，朝鬬邊臣掣肘誤國之故，於遼草獨詳。而公之竭志畢命於遼事者，亦若燭照」。那末，最早的一部可能就是公子和斗的鈔本，清人李兆洛旅居嘉定時，曾把遺集依年編次，並且發見缺火「戊辰（崇禎元年）五月以後，己巳（崇禎二年）四月以前」的記事。可是等到黃汝成看到上谷侯氏的藏本時，已經是碎無完紙，「所存者贊遼稿略，寧遠，及撫登奏講數冊而已」。黃氏又爲次序綴補，「並屬寶山毛君生甫爲之審定」。據此，在道光以前，水一方人集至少就有四個鈔本，一個是公子和斗手錄本，一個是李兆洛的編訂校錄本。一個是山谷侯氏藏本。一個是黃汝成編錄，毛生甫的校訂本。

【遼言】　遼言不見於嘉定縣志。寶山縣志藝文志存目。孫元化手書與王徵論交始末有言：「遼稿一冊，附西鐸爲問，他無言也」。竊意遼言就是遼稿，或者就是收入水一方人集裏的贊遼稿略，是否仍待證明。

【幾何用法】　一卷。寶山縣志藝文志，豐順丁氏持靜齋書目子部天文算學類存目。卷後「題道光己酉(二十九年)春烏程程慶餘校讀一過。有慶餘疇人子弟諸印」。李儼先生增修明代算學書志曰：「上海東方圖書館藏鈔本孫元化幾何用法一冊，凡四十八葉。前有序稱：「余先師受幾何於利西泰，自丙午始也。……戊申（一六〇八）纂輯用法，別爲一編，以便類考。……庚申（一六二〇）武水錢御冰先生忘年勢而下詢。當署孜孜，似欲爲此書拂塵蠹者。而余因檢篋中厚草，已烏有，聊復追而志之。然轉於幾何者固在，若舊纂則多所推廣，竟不能盡憶，尚冀異日者，幸遇友人鈔本借以補之」。據此，幾何用法的鈔本，當不止是東方圖書館所藏的這一本。程憂餘博探四部書，死於洪楊之亂，他校讀過的這一本，不知尚在人間否？

【幾何體論】 一卷。嘉定寶山二縣志均不載。丁氏持靜齋書目子部天文算學類存目。且題曰：「舊鈔本。卷後有憂餘心齋諸印」。丁氏書目在孫元化三字上皆冠以「國朝」二字，這是一大錯誤。又曾遠榮中國算學書目彙編增補，謂幾何體論（編目一二，〇三七）係三十五卷。且二書均見於若水齋古今算學錄。

【泰西算要】 一卷。嘉定寶山二志均不載。清華學報三卷一期曾遠榮中國算學書目彙編增補謂：「泰西算要一卷，明孫元化撰。鈔本」。編目是一〇，〇二〇。

【西洋神機】 二卷。嘉定縣志存目於兵家類。且作簡要之說明如下：「首論鑄礮，次論製藥，後論命中之由，並繪圖式。是書得之西人，大要根於算法」。

【西學雜著】 二卷。闡明算法之書也。

他如經武全書十卷、周禮類纂、離騷解、三吾姓系彙譜、樞言等，我們只是看到存目而已。孫氏少負經濟才，是上海徐光啓的門生。天啓二年後，從軍遼東，經營登萊，汰冗兵，省遼餉，安撫流民，登用西士；勤勤懇懇，競圖恢復大業。不料吳橋兵變，中樞放棄招撫政策，孫氏牽屬航海歸朝，崇禎五年七月二十二日與張燾棄市。孫氏死後，寃獄鑄成，或有想爲先生申辯的，皆以史料不足而擱筆，故特寫此短文，權作「拋磚引玉」罷了。

香港公教眞理學會之回顧與前瞻

程野聲

產生沿革

香港公教眞理學會始創於一九三四年，創辦費祗五百元，是一位女教友所捐助。到一九三五年，本會基金已相當充實，就開始辦出版工作，第一本小冊子出版了，就是「公教眞義與各教會」，以後便繼續印行一些活頁的中文宣傳品。以後二年內，會務平庸，沒有甚麼可資紀錄。一九三八年師仁傑司鐸被公舉爲該會名譽秘書，專門負責該會一切事務，乃將會址由九龍德肋撒堂遷往香港堅道十六號主教府內，同時對出版方面更積極推進。

戰後復員狀況

該會在日人佔領香港期間，沉默了四年之久；勝利後，重新振作精神，展開嶄新的計劃，即於一九四五年九月將會址遷入干諾道中皇帝行二樓，與公教進行社同在一起。皇帝行前面臨海，舟車往來，四通八達，交通極爲方便，爲香港最適中的地點。該會得着這個優越的地位，使在復員伊始的時候，助長了不少的生氣。在復員最初期間，該會僅佔一小房之地，後因工作發展，不得不繼續擴充，截至今日已佔至二樓三分之二，同時本會職員亦由一名而增至廿二名，其中二位是司鐸，一位是修道，（即師仁傑司鐸、程野聲司鐸、高利安修道）。

戰後出版成績

該會於一九四六年中，曾印行書籍二十萬五千本，此種數量較之過去一九四〇至一九四一年之總數尙多出一倍。在這些作品中，無疑地有不少是很有價值的佳作，即如吳經熊博士譯的「我底主日彌撒經本」，關釆蘋譯的「耶穌仁愛之王」，朱希聖譯的「小德肋撒德行新譜」，王昌祉譯的「亞爾斯本鐸維雅納傳」，梁保祿譯的「愛的藝術」等。其餘關於神修、社會、護教等的著作和翻譯亦復不少。該會更把歐美名著編譯成「甘露叢書」，準備在商務印書館出版，這是葉秋原先生等所精選的。

中英文公教報

公教報創刊於一九二八年八月，曾因香港戰事而停刊了四年，該會復員後，公教報即於一九四六年五月間復刊；接着英文公教報 Sunday Examiner 亦應時而生。公教報更於去年十月，由半月刊改爲週刊。這兩個報紙事實上不是屬於該會的，但是工作人員却同是那幾個，由於這樣密切的聯繫，從此眞理學會出版的消息，更得廣泛的廣播。

發展區域

該會出版的書籍，除銷行中國本土外，尙大量銷流到美國，南美、澳洲、馬來亞、爪哇、婆羅洲，及其他各處華僑僑居之地。

該會除經營印刷，推銷書籍外，尙從外國購得大量的教會物品，如聖像、聖牌、玫瑰串珠、立體像以及聖堂用品等，並於該會內開設營業部，以便教友隨時購置。計於過去一年中，售出念珠三萬餘串，聖像聖物銷數亦不少。

中國公教眞理學會

中國公教眞理學會的成立，是在香港公教眞理學會之後，現在該會的主持人爲葉秋原先生，也就是該會的老會員。因以上的緣故，這二個獨立的機關無論在工作方面，或發展方面，尤其在出版的業務上，都有異常密切的聯絡。

未來計劃

該會工作人員爲負起本身的責任，以無畏的精神，貢獻所有的力量，爲發展該會的事業。該會在戰後獲得很多作家的撰述著作稿和名著翻譯稿，因此從各方寄來的稿本，繼續不斷；這麼大量的稿本，遠超過該會目前出版的能力，無疑的，如果該會不是爲了經濟的限制，定能使過去年餘出產的數量，加增數倍。

最近該會發覺在出版的書籍中，尙缺少說圖一類的讀物，於是特向美國新購得大量的畫報回來，這些畫報都是繪畫精美，印刷優良，內容高尙，寓教育於圖畫的，爲兒童閱讀的良好讀物，現特選其中有關耶穌及聖女言行的，首先翻譯付印，不久卽將發售。

編輯民衆讀物

一九四七年八月該會發起編輯爲大衆閱讀的小叢書，由程野聲司鐸主編，取名「民衆讀物小叢刋」，是含有普及意味的。內容極爲豐富，是新時代的產物，包括：各派學說、各種主義、小說、戲劇、詩歌、散文、小品……，可作教師的參考書籍，學生的課外讀物，課本的補充教材，大衆的精神食糧；執筆者都是全國知名之士：于斌總主教、雷鳴遠、牛若望、方豪、吳經熊、蔡任漁、楊慕時、張秀亞……；此裝璜極美之小冊子，取價特廉，以適合戰後一般人的購買力，每本祇港幣一角；逢每月之一日及十五日出版，全年廿四冊，共港幣二元，郵費在內。此帶濃厚文學意味之小叢刋，雖或爲已經發表之作品，但對戰後中國，心理之改造，道德之建設，仍極有裨助，不愧爲大衆之良好讀物。

一九四七年夏間，在上海舉行全國出版界會議，其中有獎勵新進作家努力從事公教寫作的決議，該會首先實行此決議，特於十月在公教報上發表徵求全國公教著作翻譯獎勵辦法，玆將其全文附錄於后：

徵求著譯文稿

「香港公教眞理學會，爲鼓勵公教著作與翻譯起見，特舉行公教傳記、歷史、小說與護教作品四種，聯合比賽，並定有最佳作品之獎金。競賽簡則列下：

（一）無論創作或翻譯之傳記、歷史、小說或護教作品，須爲發揚公教精神，宣傳公教教義者。

（二）無論傳記，歷史，小說或護教作品，總分爲二類：著作與翻譯。最佳著作之獎金爲美金一百元，最佳翻譯之獎金爲美金五十元。此外，最佳之著作與最佳之翻譯，另贈以每千字計算之稿費與印成後之該書一百本。

（三）未獲首獎之著作或翻譯，本會如認有出版價值，當照高價計算，致送稿費。

（四）字數須在八萬字以上，十萬字以下。

（五）稿件歸本會聘請之特別委員評判。

（六）最佳著作與最佳之翻譯，除本會贈送獎金稿費與書籍外，並以本會名義，參加全國公教著作翻譯比賽，如獲得獎，獎品亦歸該著作人或該翻譯人。

（七）稿件須在一九四八年六月三十日子夜以前，以掛號寄交香港干諾道中皇帝行公教眞理學會師仁傑神父或程野聲神父收。

（八）來稿概不退回，惟附足郵票者除外。

（九）此簡則倘有不明之處，或某書是否已有人翻譯，可來函向程野聲神父詢問。

歷年出版統計

該會成立於一九三四年，但到次年始出版書，以後每年愈出愈增，自一九三四年至一九四一年，在六年間，共出版了二十萬零六千冊。有一點值得注意的，就是戰後出版數量相當驚人，一九四六至一九四七年間，初版書和翻版書，共印行了二十萬零五千冊，差不多等於戰前數年間出書的總數。至於銷出書量，一九三四年至一九四一年，本版與外版書，共銷去二十萬六千冊，而戰後一九四六至一九四七年一年間，即銷去十八萬冊。現將詳細數字列后：

歷年	出版數量
一九三四—三五年	〇
一九三五—三六年	一千冊
一九三六—三七年	五千冊
一九三七—三八年	八千冊
一九三八—三九年	二萬六千冊
一九三九—四〇年	七萬六千冊
一九四〇—四一年	九萬冊
一九四六—四七年	二十萬五千冊

歷年	銷售數量
一九三四—三五年	四千冊
一九三五—三六年	六千冊
一九三六—三七年	一萬二千冊
一九三七—三八年	一萬八千冊
一九三八—三九年	三萬七千冊
一九三九—四〇年	五萬九千冊
一九四〇—四一年	七萬冊
一九四六—四七年	十八萬冊

補白

瑪法之意義

雪广

清代皇族人每向戚友談及其「祖父」，不稱之曰「爺爺」，或「老爺子」，或「祖父」，而曰「馬夫」。聞者雖目爲不倫，而因當時環境所關，不獨不敢論其非，且亦不敢攷詢其理由，僅頗議之而巳。鼎革後言論無所忌，一般掌故家，尤其是以「遺老」自居之八股匠，輒將勝朝一切掌故秘聞，撫拾成書，作片斷史料，而個中笑話則演出矣。久居津埠某遺老，乃以精滿文善攷古自命者，此公筆記中曾談及「馬夫」一事，謂：「清初關外時代，以騎射爲世業，因追念先祖之豐功偉續，故呼祖父曰馬夫……。」吾友栽閣臣，勝朝裔也，曾購讀此公筆記一冊，至「馬夫」篇，笑曰：「我輩皆圍人矣。」乃趣吾爲說，以實絮墨，吾曰「諾」。

按清文彙書卷八第六頁八行載：「祖母及稱婦女年紀輩數最高者，譯音曰瑪瑪。」又同卷七頁六行載：「祖父、祖輩老叟之稱，及稱呼男子年紀輩數最高者，譯音曰瑪法。」平常清皇族人所呼之「馬夫」，乃「瑪法」之訛音也。然「瑪法」二字，又非專指「祖父」，如漢文之「老爺」、「老太爺」、「老爺子」、「老頭子」……等之譯音，皆用「瑪法」二字，如俗稱「關聖帝君」，滿文之譯音則曰「關瑪法」。然此不能當作「姓關的祖父」講，其譯義乃「關老爺」、「關老太爺」、「關老爺子」、「關老叟」、「關老頭子」……也。攷清「內務府坤寧宮祭神儀注」載：「朝祭，日祭先將鑲紅片金吉緞幔，……恭請穆里罕神、釋迦佛、觀世音、關瑪法，按序設於西山牆神座上，……及畢，乃誦神歌。……」又「會典事例」載：「坤寗宮日祭，朝祭神歌，譯漢文曰上天之子，佛及菩薩、天君、先師、三軍之帥、關聖帝君、某年生小子某（清帝名），今敬祝者豐於首而仔於肩，衛於後而護於前，昇以嘉祥兮；齒其兒而法其黃，偕老而成雙兮；年其增而歲其長兮，根其固而身其康兮。神兮睨我，神兮佑我，永我年而壽我兮。……」此歌首之「關聖帝君」，即儀注中之「關瑪法」也。今人有謂「滿人以關雲長爲宗祖」，此則與某遺老之「馬夫」同一誤會焉。（按順治稱湯若望曰「瑪法」，亦尊稱也。）

書林偶拾

表度說序

明 李之藻

天地之遼廓，不可以里法紀也；人藐焉中處，曷術而闚焉？所持七政，行有貞度，照有貞明，立表而測之，因小而識大，舉近而知遠，凡規儀、方儀、杜儀、平儀、簡儀、百游儀、十字儀、懸繩儀，種種諸器，無不藉表以神其用。古法載在周髀，髀即表也，與璿璣玉衡同用者也，而其理未顯。今上御宇，聲教暨於遐荒，利氏來賓，首闡直景倒景之旨；其儕龍君、龐君、熊君，漸暢厥義，嘗試用其術，以求平面墻面二種日晷，而周行天下，晝之永短，景之舒縮，道之曲直，無不合也。即墻面倒景一法，而周行天下，用之二十四向，乃至三百六十向，無不合也。可以定時，可以求氣，可以辨方正位，其用無所不通，而表度則剖爲十二分秒而下，相表體之修短置之，極其數，即至百至千無不可者。器生數，數呈象，絜有定之度於此，而空明中游移不定之景，惟吾所搏捖礲控之，以成其爲一家之書，此司天周君所爲世精其學而猶醉心卒業于斯編者也。或曰：表修與短孰勝？余曰：不如短也。修之極裁人身爲度而止，古尺最短，古表八尺，身爲度也；身爲度而斜長之景，尙不可窮，顧安所得不可窮之平面而測之？然而數十百倍之平面，尙可水準繩望而得也，過此以往不可知已。其裁身之表，猶可垂繩取直定距而算也，過此以往，則取直定距愈覺不易矣。況論景理從大照，細者往往表短則眞，表長則光盪影瀋，而反失其眞。試作鍼芒小竅，映日而射，纔離寸許，搖光倍焉，修景多差，此其實據。儻精算術，修短要自同揆，漆園所謂一尺之棰，日取其半而萬世不竭者也。然則分數之精者亦奚以多爲乎？或曰：郭太史何以立四丈之表？應之曰：是約略以求午景而終非其準也。人立平地，仰望四丈之表，適乎若中天，然範銅爲之，固所不能，植木爲之，太高則末弱而搖，暑雨感其本，氷雪封其巔，是皆足爲難也。人從何處絜而正焉，繩而直焉，以窮數句之景而測諸？若依山府樓臺，趾廣增倍，非無句股求距之法，然日光高射於四丈之下，景落虛無，雖有景符，殆難眞確。夫曆術之訛也，繇談天者流不精測驗夸毗而好爲欺也。惟是表景之說，若數一二，要而不繁，簡而有用，奚所容其欺乎？表無當於曆，顧曆非表不核；曆無當於諸賢之本業，顧曆有元元本本，非諸賢之論不闡。今盡出其藏譯之，而人人洞見元本，議不厭廣，業豈厭精？司天氏虛衷而遜覽久矣，將亦有意於斯乎？不驕不吝如諸賢者，詎可當吾世失之？而曆術其小者也。誠竟其業，吾與朝同文之化，遙九譯超百王萬曆之曆，與天無極可已。

右文錄自輔仁大學圖書館藏抄本表度說（闕殘）【書中第三題謂「此題全說見天地儀解」然未見天地儀解其書】李氏此序當作於萬曆四十二年甲寅（一六一四），與周子愚序同年。表度說，天學初函及四庫皆著錄，輔仁抄本與天問略、簡平儀說合訂一冊。高二九．五公寸寬十八．五公寸。每葉二十四行，每行三十字。表度說共三十三葉（天問略三十六葉，簡平儀說十五葉）。熊三拔口授，慈水周子愚武林卓爾康筆記。

上海倪王家乘叙記

——天主教家譜示例——

錢基博

上海王寶崙既秉宗老澍增錫堉之命，以托家乘於無錫錢基博，而基博則以知待之厚也，不敢辭，輒為整比譜牒，撰次故事，凡五門：曰世系表第一，世譜第二，傳誌第三，文獻第四，族約第五。寶崙訖讀，作曰：「吾家自明以前，不可得而考，於明晚季，有倪公愛泉者始由無錫僑上海焉，是為別子之祖，而其仲子雲美公，實承父志以啓後於上海，繼別之宗也。夫倪公愛泉不忍於其子以托其友，而雲美公不貪為人後以祀其父，愛泉之慈子也周，雲美之承父也孝，志事不同，敦人一也。傳世數十，三百餘年，其間得厠君筆者，男謹孝友，女極貞順，世篤其行，罔有敗德，勤生飭業，服賈力穡，非其有不取，非其力不食，不見利而悖親，不信公以自恤，雖先聞人顯德，焜耀簡編，而信庸言，謹庸行，信足模楷人倫，垂範方來者矣！嗚戲！自古聲施及四海而不檢於內行，功名蓋一世而致玷於倫紀，君子識本實之先撥，它何稱焉？此吾王氏所爲不以彼易此也。余少爲商人，顓愚不學，儻毋隳前徽以遺羞我前人，雖萬鍾何加焉？」此寶崙所爲以自勗，并以勗子姪者也。自寶崙之幼少，即沈毅不爲物誘，能薄飲食，忍耆欲，節衣服，寫楹語曰：「布衣菜飯，天理人情，」以自刻勉。傭於錢店，劬作業而不廢學問。商學會者，蓋寶崙會同志之所創起，以振商學而濬商智者也。第一第二兩義務小學堂者，蓋寶崙受同志之所委辦以教窮乏而正養蒙者也。嘗與籌辦商團而作則於厥躬，晨四五時即起，起則取冷水盥面，擦所用火槍緻緻有光，而扛諸肩，徒步行四五里赴操所，如是以爲常，未嘗一日勞僕從，坐街車也。既以勤信見任於時，益自厲以公忠，曰：「公則無私，忠則竭力。」奮自樹立，糾資金，闢銀行，榜曰正利，集語爲聯曰：「正誼明道，利用厚生，」以明志也。五年之間，贏利鉅萬，既睹世難未已，成功者退，止營業，歸資金，而與投資者子母相權，什而贏二三焉，論者以爲難，可謂繩其祖武以无忝於前人者也。生平燕居坐論，每致憫歎世人之逐役於利而不能自拯性命於形骸之內也，遂偕妻子皈奉天主教，而與長子述之則爲前路之導焉。曰：「今而后吾父子身心永得皈依，不墜昏冥矣乎？」乃圖已端躬植立，翹首默禱之象，蓋祈大永命，誠壹不貳，有如此也，儻所謂用志不紛，迺凝於神者耶？顧終身慕父母，雖歿，起敬起孝，圖爲父母中坐，而已與長子述之長跪左右，若有提命之狀，顏其額曰：「善繼」，所以教孝也。將遣述之以赴學英倫，手書一紙曰：「常念祖國，保重身體，」持其一端，而命述之持又一端，攝影以詔毋忘，曰：「常念祖國，斯見異而不遷其思；善葆厥躬，斯謹疾而無戚於余。行矣勗哉！毋父毋詒罹！」既閱月，則致以書，長者不下萬言，短亦數千言，語重心長，諄復而不已，其大指謂：「吾人必自救而后可以救國，自救者先志於學，行已有恥是也。今日中國之大患，在一國之庸愚者，盡人不能自救，而待救於人；尤在一國之材賢者，盡人不圖自救，而拯救於人。然天下寧有不圖自救之人，而救人能有濟者？亦寧有盡人奮圖自救之國，而國猶不救者？誠竊以爲生今之世，由今之道，自救爲上，救國次之。」蓋國之學者，方人人救國自任，發揚蹈厲，而或鶩不進於學，故有慨乎其言之也。其次子曰序之者，稚年就傅，未足語大道，而所爲勗厲以自救救國之指者，大率稱是焉。嘗語羣從子弟曰：「吾所欲昭祖訓以佑啓我後人者曰：孝友於家，勤勞於外，心敬所事，毋貪非有，如是而已。吾祖德之懿在此，吾所以垂昭世世子孫者亦在此。」雖然，寶崙猶有進焉。寶崙之言曰：人不可一日不食，即不可一日不事事；天職之攸在則然也。曹子建云：禽視鳥息，終於白首，此徒圈牢之養物。署所居廳事曰：「天職」，以自警也。又曰：「教子者，天職之最不可曠者也；然吾所爲致謹於教子者，匪徒私其子之爲孝子順孫也，抑知吾子者國家之一民，吾之所不得私，而不可不教之以効能於國家焉爾。儻子而材也，徒以吾之不教而處材不材之間焉，其甚者或爲國家之僇民焉，則是以吾之隳職於爲父而戕國民之秀傑者也，吾罪大矣！是故傺費以自奉，所不敢出也，豐財以教子，則亦不敢已也。」又曰：「中國人好以多子爲祝，然多子而不材也，則所以致損於國家者何算？中國之久不振，寧曰人民之寡，抑亦繁庶姓而媮不事事者之多也。與其多子而失教也，何如節育以寡子也。願吾世世子孫之知合男女，爲好會者，寧徒曰縱慾娛戲而可不致謹也。吾且重言以申之曰：凡育子者，不可不知父之天職；苟育子，則必知教；不知教，則寧不育。又曰：多子則教有不周，庶妾則育有難節，納妾者國人之所不禁，吾之所大戒也。吾見妻之賢者什五，而妾之賢者百一；人之嬖妾也甚於妻，而妾之驕縱也什佰於妻，予取予求，猶若不當意，而日長其侈心，或孕禍於胎教焉。於戲！妾出之子，罔克其家，理也，亦勢也。夫好納妾之家，鮮世興者，吾見亦罕矣！」又曰：「好狎妓，則徼幸不可好之色以滋淫疾，禍種姓；好博進，則妄希不當得之財以長倖心，喪所守；好飲酒，則沈湎無不醉之藥以忞誕狂，迷厥性；三者有一於此，罔不凶於而家，害於而身。凡所欲云，皆吾更歷世艱之所必欲一吐而詔子孫於世世，補祖訓之莫逮者也。自愧不能文，惟吾子有以達其意，世世子孫，咸且不朽。」基博於是聽其言而察其行，謹爲之潤厥辭，詔後來云。

附　寶崙、述之、序之世譜

寶崙

榮堵第四子，名鉉璋，以字行，一字行是。生光緒五年己卯七月初二日辰時。於中華民國十一年十二月二十四日皈奉天主教，乃領聖洗禮於徐家匯之始胎堂，請山院長行焉。聖名寶路，配毛氏，名品鈺。毛乃平女，生光緒三年丁丑六月十一日辰時，於中華民國十四年八月十五日皈奉天主教，乃領聖洗禮於法租界天主堂街之若瑟堂，請能大司鐸行焉。聖名瑪利亞，生子述之、序之，長女幼殤。

述之

寶崙長子，名祖清，以字行，生光緒二十九年癸卯六月十七日戌時，於中華民國九年十月二十四日皈奉天主教，乃領聖洗禮於漢陽伯牙台之聖母堂，請高院長行焉。聖名巴德禮加若瑟，自費留學英國愛爾蘭大學機械科。

序之

寶崙次子，名宗清，以字行，生宣統二年庚戌十月二十九日卯時，於中華民國十二年十二月二十四日皈奉天主教，乃領聖洗禮於徐家匯之始胎堂　，請山院長行焉。聖名方濟各沙勿略，肄業徐匯公學。

讀舊約箴言三十一節

潘文安

日夕誦箴言，詔我都解語。布米菽帛辭，終不離坐所：立身貴中道，勿右袒左拒；惟求智慧多，一生植基礎。愛人即自愛，與人即自與，綏祉與平安，上帝之賜予。毋恃予智雄，毋矜我資鉅，常懷謙抑心，宜懍獨居處。不爲途所迷，莫爲魔所阻，至剛旣不吐，至柔亦不茹；驕人主棄之，謙士主福汝；曲慝罩陰霾，正直勝寶炬。只知播種勤，詎計囊笈貯，散財財益多，吝財財不舉。忍耐百福臻，暴燥亂心緒。至人藥石言，罪人舌簧鼓；智者利人羣，愚者敗行伍；行義吐光輝，積惡役豺虎；姑息轉養奸，深愛惟嚴父。多言招是非，緘口居樂土，百事主所定，狂且眞逆取。善人識其微，作僞徒自苦；守拙勝算操，恃才非良賈；聽訟勿偏袒，妄證罹綱罟；墮阱設阱人，造化豈盲瞽？人生大仇讐，公認爲一怒；避害在機先，同心禦外侮；貪欲永無成，知足常滿簍；賢母始良妻，忠信爲干櫓。敬恭與寅畏，仁言利能溥，彼美君子兮，春風自和煦。

書刊評介

介紹北堂圖書館法文書及拉丁文書書目

施葆衡

CATALOGUE OF THE PE-T'ANG LIBRARY,
French section 每部售美金一元半

CATALOGUE OF THE PE-T'ANG LIBRARY,
Latin section 每部售美金四元

售書處：北平北堂圖書館

北平北堂（即西什庫天主堂）圖書館爲遠東著名圖書館之一，藏有三百餘年來中國天主教士所曾利用之各種書籍。凡教士所介紹之西方科學及有關宗教之書籍之底本，大多尚獲保存至今，實爲研究東西文化交流史及中國基督教史之寶庫。惟北堂圖書館爲教會私有性質，故已往並不開放，亦少整理，管理方面更未臻妥善。學者至感不便。

惟北平外國學者久已注意及此，渴望能及早整頓，改爲現代化之圖書館，以便學者利用。乃由前美國大使館秘書(Mr. C. B. Lyon)於民國二十七年向教會表達此意，前任北平主教滿德貽（S. E. Mgr. Paul Montaigne)與味增爵會會長(T. R. P. Vanhersecke）即欣然同意，並共擬整理計劃。最主要之工作有二：一爲使圖書館有獨立之建築，一爲編製最新式之目錄。關於第一點，教會方面立即讓出一部份房屋爲新圖書館之用，所有書架、書櫃、閱覽室及館屋之修理建置等費，概由教會擔負。關於第二點，則由前任輔仁大學校務長及聖言會會長雷冕司鐸（T. R. P. Rudolph Rahman, Ph. D.）接受辦理，雷校務長委其事於輔大教授（R. P. Théodore Ruhl）。而編印卡片及目錄之費用，則曾獲得洛氏基金（Fondation Rockefeller）之協助，此爲前任燕京大學校長現任美駐華大使司徒雷登（Dr. Leighton Stuart），華語學校校長Dr. William Pettus，協和醫學院院長Dr.

Henry S. Houghton 與該院（Mr. Trever P. Bowen）所共同促成者。

二十八年一月，開始編製目錄，工作之繁重及困難，遠出預料之上，因是稽延甚久。及太平洋戰事爆發，工作遂不得不暫告中輟。是年六月，Ruhl 司鐸離華，乃由輔仁大學圖書館主任葛爾慈司鐸（R. P. Joseph Goerts, Ph. D.）繼起工作，旋亦離去。時北堂圖書館館長為惠澤霖司鐸（R. P. H. Verhaeren），原亦當送往濰縣集中，但敵軍因其患病，又以其為學者，遂得倖免。

在此艱苦時間，歐美各國消息已完全斷絕，學術上之磋商及援助已不可再得，然惠司鐸仍努力不懈，卒於民國三十三年出版北堂圖書館之第一部書目，即法文書目錄。前任法駐華大使戈斯默（S.E.Mr. Henry Cosme）與法國領事 Mr. Jean-Pierre Dubosc，對此均曾襄助。

按原定計劃，北堂圖書館之外文書目錄，將分四冊：第一冊即法文書目錄，第二冊為拉丁文書目錄，第三冊為其他書籍目錄（計有：英、德、荷、意、希臘、希伯來、俄、土、西、葡等文），第四冊則為作者索引、書名索引、分類索引，並附一序文，略述北堂圖書館之沿革。現第二冊拉丁文書目錄已於最近出版。

法文書目錄，計共收七百零九種，拉丁文書目錄則多至二千四百二十六種。其印刷方式，係每頁印兩列，計法文書與拉丁文書共印九百十八列，合四百五十九頁。僅第二冊之印刷時間，已近三整年，可見工作之繁重。

目錄係按現代圖書館學原則編製。每書按作者姓氏之西文字母排列，並附註其生卒年月。然後按扉頁列出書籍之全部名稱、出版處所及年月。以下為全書正文與序文、目錄、附錄、勘誤表等頁數，版式之高度、版次、卷數、在其他目錄中著錄之編號、收藏家之印章或簽名等，凡書內所有墨筆附註，如作者贈送之簽名等，均加著錄。名貴之罕見本，並有扉頁攝影。實為近年我國圖書館中最珍貴之目錄。研究我國近三百年學術史、宗教史與中西交通史者不可不備。

讀「朝聖行脚」後

·王瑞明·

這一學期，我選讀了一門考古學，期中考試時，有一個試題是任舉近代考古學方面名著十五種，在我的答案中，有葉為耽先生的「震旦人與周口店文化。」葉為耽就是葉秋原，葉先生在民國三十六年五月十日出版的「朝聖行脚」是遊記中的一本名著，葉先生是一位眞實的學者，他對後一本名著也許不及對前一本名著珍愛，但我對這兩種同出自一位名學者的心血創造的東西，有着相等的喜愛。

民國三十六年十月五日我到上海後，第一位我所拜訪的就是葉先生，當我問到「朝聖行脚」時，葉先生將手邊僅有的一本送給我，並在第四十六面第三行，塗掉第九、十兩字，加上「又」字，成爲「其間又少高山大川以爲自然疆界」；他說：「排錯兩個字，意思完全相反了……」

坐在葉先生的客廳裏，我讀了目錄，五十一條目錄，條條是六個字，我笑着說：「就目錄來說，就可知道這本書的價値了，目錄這樣整齊……」葉先生說：「排目錄是幹編輯的必有的技術，很簡單。」老早葉先生在申報館就是一位有名的編輯。

回學校後，我把「朝聖行脚」反覆的讀了好幾遍。文字的簡練，組織的嚴密，眞非普通遊記所能及；這本遊記中沒有「汽車的顚簸，飛機的遇險，輪船的煩悶，」等無謂的語句，他在第三面就運用其在史學方面的興趣與學識，把天主教傳入印度的經過，劃出了一個明確的輪廓，接着在第四面用三百餘字把印度天主教現況表達出來，讀了這幾百字，所得的印象比讀一本十幾萬字的大書後的印象要清朗得多，要深刻得多。

我想一定有不少「名記者」、作家，到過或者經過南太平洋的聖神島，但有誰會像葉先生一樣能淸楚的認識到：「聖神島是太平洋上各島中最初發現的一個，麥哲倫在航行過麥哲倫海峽到太平洋之後，經過了幾月纔發現；此島之發現，他以爲必得聖神之助，所以一直到如今，還襲用着這個具有宗教意味的名稱。」（原書第六面）

關於具有濃厚宗教意味的加利福尼亞的地名，葉先生在「加州和天主教」一段中，把一篇史實寫成爲短短的動聽的故事，有聲有色，書中和這相似的地方很多，可以說無一段不精彩，無一句不是經過鍾鍊了的，全書充滿了純淨的意味；可以說：全書每一句，都是不懂修辭學，對史學無高深造詣的人，講不出來的。

原書第八面，指出上海一家報館的駐美特派員的錯誤，一個很大的錯誤，由這個錯誤，我想到一些曲解天主教歷史，抹煞天主教歷史的人，他們故意要把人類牽引入「五里霧中」，這罪過是比無意的糊塗的造成的錯誤引起的罪過大得多了。

葉先生是一位有科學頭腦的學者，所以他在英美時，對任何事，尤其是有關文字傳教的：書籍的銷售，刊物的發行，通訊網的組織，教育的推行，觀察相當細密，這是方豪神父在序裏講明白了的。

我覺得，要發展中國的公教新聞事業的話，這本書是一個有力的參考。當我讀到「在密爾華基的馬蓋大學亦是一所很出名的公教大學，其中有新聞學院，辦理極佳，為美國公教大學中對於新聞學研究之最高學府。」（原書第二十六面）假如我沒有被疾病糾纏兩年，我眞要到處哀求，求得一點幫助，很快跑去進這所學校。最可寶貴的，是這本書給我們介紹了「教儀運動」，這運動是一九〇三年教宗庇護十世積極提倡的，比利時及德奧的本篤會修士首先起而以組織的行動來推廣，美國聖若望大學對這運動有很大努力，這運動有四十多年了，在我們中國，「朝聖行脚」出版後，大多數的中國教友纔知道有這個「使教儀深入現代人的生活中，使他得以充分參加公教會的集體崇拜」的運動。對這運動，葉先生說：「自十三世紀以後，此項集體崇拜的精神、形式和情緒却漸衰落；集體崇拜往往徒有其名而無其實。教儀運動的目的就在復興這種集體崇拜，使每個公教信衆都會深切體會感覺到他是基督之玄秘體的一部。」（原書第二六面）又說：「……是一種復古運動。但同時，它却不是一種復古，它的要點是在復興公教教儀的集體崇拜。」（原書第二十七面）葉先生一定認為教儀運動有在中國推行的必要，但他沒有在書中表示意見，這是他崇尙客觀的有力證據，這也就是這本書的一大特色。

葉先生在牛津會拜訪英國當代第一公教學人陶森，東西兩公教學人相見，這是一件大事，葉先生為避免誇耀自己，只輕描淡寫了一段，葉先生值得我們尊敬。教宗庇護十二在書齋私人接見葉先生，這是對東方公教學人的重視，是對葉先生深層的嘉許和殷切的期望。

「邊疆公教社會事業」評

襄生

三十六年十月初版　上智編譯館出版

Mgr. C. Van Melckebeke著

傅明淵譯述

（最近價格每冊六萬元，三十七年二月底以前為限）。

讀了幾本有關天主教方面最近出版的書籍，覺得越讀越有味兒，於是我就索性的讀起來，搜求起來，用這個法子來塡充我這永遠塡不滿的求知欲望，想來這也是一個很有效而具體的辦法吧？

這幾天來，又讀了一本上智編譯館最近出版的「邊疆公敎社會事業」。這本書的原著者是王守禮（Mgr. C. Van Melckebeke）主敎，原文是用法文寫成，經傳明淵先生譯成了中文。這眞是一本很難得的公敎出版物。這簡直就是一本八十年來的「邊疆公敎傳敎史」。筆者所以這樣說，並不是筆者的創見。實在，作者在這本書的最末一章裏，已然很明白的申述了出來。他說：

「本書記述，大部分是一篇傳敎史。」（一五四頁）

裏面所介紹的以外籍傳敎士在邊疆所創辦的事業爲經，以各項事業的發展和給與邊疆社會人民的影響爲緯。組織非常嚴密。搜羅非常完備。記述的更是詳盡。加以作者那麽好的文學修養之筆，敘述材料那麽豐富的事實，而且作者也正是身臨其境的鬥士之一，從這幾點也就可以推斷出本書的價值了。譯筆又是那麽輕鬆流利，毫不晦澀，很少有「洋八股」的味道。換句話說，也就是很少有歐化句法的不好懂的地方。假如不標明是翻譯的作品，我們也許就會以爲原來就是用中文寫成的。因爲這本書實在是有這些優點，所以纔誠意的在這裏向讀者推荐。

從這本書裏，我們很可以明瞭傳敎士們對西北開發的貢獻，尤其是客籍傳敎士，其勞績更爲偉大，使人不禁對他們起一種無上的敬意，我們可以這樣說，像這本書裏所說的神聖纔是眞神聖，偉大纔是眞偉大呢。他們用了自己的血和汗，甚至於生命，給我們的邊疆同胞們，謀得了無限的幸福和享受，這不能不說是他們的功勞，假如沒有他們這八十年來的開發，邊疆的文敎事業一定不能有今日，這句話也許不是太武斷吧？假如讀者肯耐心的把這本書讀一遍，你也許要感動得流下眼淚來。所以我說「邊民的一分福利，就是傳敎士們的一滴血汗」的話，也許不是過譽之辭吧？他們那種捨己爲人的精神，實在是足以使我們感激涕零的。他們所創的那些偉大的事實，很足以象徵他們人格的偉大。對此，我們能不肅然起敬麽？

我們要看看八十年來，在西北，在邊疆，傳敎士們做了一些甚麽，那麽，大膽的說一句，就可說是捨此書而莫由了。我們看看他們所經歷的那些險阻和艱苦，假如沒有他們那種拯世救民的基督精神，可以做得到麽？你也許以爲他們都是傻瓜，却不知道全人類的整個歷史，一大部分正是像他們這些傻瓜也似的人們創造出來的。

這本書告訴了我們社會事業的多方面，舉凡移民墾殖，興辦水利，組織農民，充實自衛，農事合作，畜牧，植林，賑災救荒，養老扶幼，醫療設施，創辦學校以至維持治安，舉凡一切關係民衆福利的事業，都概括在社會事業的領域，這本書的取材，面面俱到，纖細靡遺。雖然說是一部近於史料的書，它却充滿了文學的意味。讀起來只是使人趣味橫生，而不感到枯燥無味。我以爲這本書如果題個「傳教士底西北開發」，或是題個「傳教士與西北開發」的名字，不是更使人醒目一些麼？

這本書裏有一段話，我以爲是最足以啓人深思的，他說：

「爲使民族教育或社會事業有所進展，不必側重於固定的組織和創制。惟繫於指導者的德能與威信，和他所抱的志願及所講的道理。」

還有比這再切實的話麼？

這是一部「邊疆傳教史」，也是一部「邊疆開發史」，更是一部「邊疆人文地理」。這是一班高唱開發西北者的人們一部最好的讀本。作者把這些歷史事實，像說故事般的在敘述着，這不是普通的講故事，而是實際人生的記錄，是人類歷史的一小部分。

好像是照例的文章，在把作品的優點舉了一些之後，也不能不有一番「吹毛求疵」的工作。在這本書的前數章裏，關於敘述到教會和傳教士對於國家社會的立場的地方，有些地方未免過於謙虛了。教會是合法的社團法人和組織，對於國家和社會有應盡的義務，也有應享的權利。同理，傳教士也是國民一份子，對國家和社會也有應盡的義務和權利，有甚麼異於一般國民的呢？在有些敘述裏，作者彷彿忘掉了這些應有的關係，這在爲了解除一般人對於教會和教士的不明眞象和不瞭解起見，是需要的。相反的却是無需這樣謙虛的。正相反的是本書的後數章裏，有些敘述教會和教士爲人民服務，和爲社會國家謀福利的地方，彷彿是有些自詡和自居其功的語氣了。兩相對照，適成反比。這叫做「前恭而後倨」，是同樣的不合於「不亢不卑」的史家之筆的。（編者按：本書作者爲比國人，傳教士大部爲外國人，所以不能說是國民一份子，所以他們要謙虛）。

再有就是關於排校方面的一些小錯誤，也願意在此地舉出來：

十二頁二行「冬季到達」下應該有一句點；同頁三

行「他籽」應作「他們籽」；三〇頁四行「例加」應作「例如」；三三頁五行，「使」應作「是」，或刪去，「過」字應去掉；五十六頁十二行「猴小」似應作「小猴」；（編者按：法文原稿爲猴小）。五七頁十三行「去」應作「來」；六五頁八行「翻綠」改作「間歇」如何？六八頁十六行「鼠嚙潮蝕」改做「收授折騰」如何？六九頁一四行「贏」應作「羸」；一四五頁八行「先天」之「天」改作「入」，或將三字改作一「偏」字或「成」字如何？

最後，我希望全國每一個敎區裏，都能夠把自己敎區裏面的公敎社會事業，撰述成冊，再綜合的編纂起來，那是一部多麼有價值的敎會史料和世界文化鉅著啊！希望在五年十年以至二十年內，能夠做到這一點，那是多麼值得慶幸的一樁事啊！筆者以爲這並不是一樁很玄虛很渺茫的事情，如果大家都能注意到這一點的話，從今日起，就分頭的蒐集起材料來，五年之內，雖不能收到預期的成果，也不會毫無收穫吧！但願如此！願上主有以佑我！願敎胞有以自勉！（一九四七年總理誕辰前夕至雙十二前夕。於松公舊府之一樓）。

鐸聲 Vox Cleri 第五卷 第一期

三十七年一月一日出版

「鐸聲」創刊於民國三十一年，勝利後因交通梗塞，經費桔据，宣告停刊。近承田樞機及黎公使鼓勵支援，已於本年一月復刊，並由黎公使指定爲「中國天主敎事業促進委員會」文化事業之一。本期內容有張金壽之「文化傳敎工作」，常守義「學術傳敎」，王崇一「公敎與文化」，甘增佑「本堂區之起源及其定義」，梅博文「聖母軍團」，吳宗文「人生觀問題」，張舉「試談語體經文」，成保祿「建國中的中華公敎」等。全年十二期，神職界預定全年，可照該社之意獻祭二台；其他讀者可請司鐸代爲獻祭，或按每期定價購買。本期定價一萬五千元。訂閱處「北平（7）西什庫天主堂鐸聲月刊社。」

文藻月刊 新一卷 第一期

文藻月刊創刊於民國二十六年，抗戰後即停刊。本年一月復刊，社長爲現任敎廷駐華公使秘書陳哲敏司鐸，主編爲李善修司鐸，發行人爲毛振翔司鐸。新一卷一期計分論壇、現代史料、文苑、書評、文化消息、海外通訊等。論壇文字有顧德理著「聯合國的檢討與估價」，朱星「澈底改革公文程式建議」，馮瓚璋「目前國內合作事業的新趨向」，毛振翔「合作商場的三原則」，陳哲敏「文化與文明」，杜而未「商湯事蹟考」等。印刷與紙張均頗精良。本期零售每冊二萬元。長期訂閱可函南京（七）石鼓路一百號該社接洽。

文化消息

全國天主教教育會議定期舉行

教廷公使黎培理因鑒於公教教育亟需改進，特召開全國教育會議，會期自二月十五日起至同月二十二日止，地點在震旦女子文理學院。田樞機主教，如健康無問題，亦將親往出席，並已擬妥演講稿。茲將該會已擬定之講演及討論程序題目表列後：

（一）公教學校在傳教事業應有之地位（田樞機大主教講）

（二）中國學校在地理上之分佈（震旦女子文學院教務主任湯姆姆講）

（三）中華基督教在傳教上及教育上之成就（蕪湖大修院教授屠波漣神父講）

（四）三十六年度中華基督教教育大會之經過

（五）在教育上教會與政府應有之合作及其實益（震旦大學法學院宋教授講）

（六）中國政府對於公教教育所持之態度（金陵大學教授 O'Hara 神父講）

（七）公教學校之現狀（南京于總主教講）

（八）教職員在教學上道德上宗教上應有之條件（上海教區教育委員會龔品梅神父講）

（九）公教學校之經濟（漢口上智中學校長李道南神父講）

（十）公教學校中之教科書（上海慈幼會 Suppo 神父講）

（十一）男校中之社會教育（上海徐匯中學校校長張伯達神父講）

（十二）女校之社會教育（上海啓明女子中學校長講）

（十三）宗教教育之社會價值（教育部社會教育司英司長千里講）

（十四）如何改良宗教課程教授方法（北平耶穌會 Hofinger 神父講）

（十五）學校中之傳教工作（上海慈幼會 Arduino 神父講）

（十六）宗教課本之編制（輔仁大學教授講）

（十七）教職員學術道德宗教上之訓練（上海曉明中學校長趙修女講）

（十八）國語及國文在公教學校應有之地位（武漢大學教授蘇雪林女士講）

（十九）參加其他教育團體或與之合作而收切磋之效（上海市教育局秘書程石泉先生講）

（二十）如何在公教學校實施視導制度（袁承斌先生講）

（廿一）統一各地公教學校教育水準並女子學校課程之區別（輔仁大學教授講）

（廿二）全國公教學聯會之需要及組織（天主教教務委員會學校組主任高思謙神父講）

（廿三）教學實用雜誌之需要及編制（北平盛新中學校長吳若飛修士講）

聖多瑪斯神學綱要全部翻譯中文

（本刊羅馬通訊）法國駐梵蒂岡大使馬利丹爲經院哲學權威，在半年前即與我國駐教廷公使吳經熊先生計劃將聖多瑪斯之神學綱要全部譯爲中文，現已組織一委員會，該會任務除倡導此偉大工作外，並負責籌募必要之欵項。由田樞機主教任名譽主席，黎公使與于總主教爲副名譽主席。主席爲馬利丹大使，副主席爲吳經熊公使，委員爲羅馬學術界名流，輔仁大學校務長芮歐尼亦爲委員之一。一俟欵有着落，即可開始工作。（羅光）

倫敦出售「天主化身記」？

據去年十二月十四日路透電傳，倫敦有人以鉅值出售第一部中文耶穌傳記名「天主化身記」，刋於一六二〇年云云。查國內外藏書目錄中，並無此書名，如非電文誤傳或誤譯，則此書確爲吾教一珍貴文獻。

貴州發現教友家譜

世光雜誌第六卷第十一期載有「貴州郎岱縣眞福盧廷美之家譜序」及「貴州普定縣伍氏宗譜序」。兩譜編撰體制相似，詞句亦大都雷同，可斷爲同時物，並出同時人之手。伍譜序中並提及乾隆三十二年新例，改州入縣云云，可知兩譜並不太古；至於兩譜序文之首，所謂「諸姓欽奉大明洪武主統聯入黔」及「太宗四年，三月初九日，盧氏（伍氏）自暹羅以來」云云，則爲西南各族姓宗譜中所習見者，不足爲奇。惟譜內所有教會史料，則彌足珍貴，如稱基督爲「舉兒」，稱宗徒爲「額報六奪」，疑爲「額報奪六」之誤，蓋爲 Apostolus 之譯音。但耶穌仍稱耶穌，似並非因教難而避用基督及宗徒之名。觀序內所用十誡、四規、七克、瞻牧等名詞，伍盧兩譜實俱爲晚出之物，瞻牧尤爲西南諸省在雍正後始有之名詞。據該誌編者所加按語，盧譜序爲眞福盧廷美親筆所書，不知有何證據。

北平教會之音樂熱

自去年聖誕節至新年初期，北平天主教方面連續舉行若干次大規模之音樂會，使教內外人士對教會聖樂得更深切之認識，並爲教內外相互接近之良好方法。國際公教聯合歌詠團爲旅平中外司鐸修士混合組成之音樂團體，擁有北平教會第一流之唱歌能手，共有一百數十人，分西班牙、荷蘭、意大利、法國與加拿大、美國、佛來彌及中國等歌曲，共在北京大學、朝陽學院、師範學院、輔仁大學、北京飯店及北平廣播電台合唱六次，博得全市市民之好評。行轅主任李宗仁、市長何思源等均曾參加。三王來朝瞻禮日，輔仁大學之管絃樂隊則在北堂演奏 Mozart 彌撒名曲，極爲成功。又一月五日北平歌詠團第二次音樂會亦在北京飯店由百餘人合唱貝多芬作彌撒曲 Beethoven Mass in C，有樂隊伴奏，由國立藝專趙梅伯教授指揮，該團亦有不少公教團員。（琳）

郎世寧修士年譜譯成英文

郎世寧（一六八八——一七六六）爲耶穌會修士，乾隆時供奉內廷，溝通中西畫術，所作如花卉動物及人像，獨步一時，精妙絕倫；氏並借此力遏乾隆時各地興起之教難，其功尤著。日人石田幹之助曾爲之作傳，西文傳記亦有多種，惟漢文方面直至前年始由劉迺義司鐸編纂年譜，所收資料，頗爲豐富。近復由上海徐匯中學教員杜廷美先生譯爲英文，以餉外國學者。現已脫稿，並正計劃出版。

漢口童軍露營舉行彌撒典禮

（漢口通訊）本市上智中學，在校長李道南神父指導下，成績斐然。去年十一月一日參加本市首次童軍露營，次日且在營內舉行彌撒，參加者計該校及法漢中學教友百餘人，並宣講聖道。以公教儀式參加中國童軍露營，實為中國童軍史上之創舉。（斯望）

西北大學公教青年慶祝聖誕

（西安通訊）國立西北大學公教青年聯誼會為紀念聖誕佳節，特假西大舉行聖誕晚會，到趙院長進義，于教授楨，秦教授佩珩，吳教授宗魯，劉教授傑等陸拾餘人，屆時除特邀西大霍訓導長子庭，益世報趙社長玉璞等名人專題講演外，並備有游藝助興，情緒熱烈，盛況空前，至晚十一時散會。（警鐸）

香港公教圖書展覽會餘聞

（香港通訊）本港公教眞理學會自十一月一日至三日舉行公教圖書展覽會三日，參觀者達四千餘人。計分一、該會出版書類，二、小說類，三、傳記類，四、社會問題類，五、教理類，六、經文類，七、敬禮類，八、小叢書類，九、雜誌類，十、報紙類。據會後參觀學生投寄本港公教報各稿，對各種說明及告白之盡用英文，售書者之盡說英語，及英文書之多於中文書，或中文書之被擱置於不顯著地位，分類之稍嫌紊亂等，均有批評。

香港公教報總編輯易人

（香港通訊）此間公教眞理學會刊行之公教報，為華南唯一公教報紙型之期刊，勝利後復刊，即由程野聲司鐸主編，雖內容尚待充實，但立論頗為一般讀者所歡迎。茲悉程司鐸將專心從事著述，故總編輯一職已定由黃永傑繼任。（曾載德）

成都鐸聲月刊改名「蜀鐸」

成都鐸聲月刊，出版已一年；近因北平鐸聲月刊復刊，為避免混淆起見，特自本年起，改名「蜀鐸」。

全國各大學天主教同學會近訊

長春各大學天主教同學會現有會員二十一人，理事長為長春大學法學院田忠信君。去年聖誕節曾擴大慶祝，並勸化同學二人領洗入教。今年一月十八日起並開辦寒假補習班。北平各大學天主教同學會近出特刊一種，除介紹該會會務、分會概況及章程外，尙有論壇、生活指導、文藝、新詩等。又上海復旦大學天主教同學會亦於聖誕節出刊油印會刊一種，三大張。為報導性質。

捐欵誌謝

徐元恭先生　十萬元
劉畲珊先生　十萬元
遠東公司　十萬元
安通公司　十萬元
童紹康先生　五萬元
陳慰先生　五萬元
沈韶旺先生　十萬元
民生公司　十萬元
三民行　二十萬元
楊志明先生　五萬元
同益行　五萬元
陸財寶先生　二萬元
華新公司　十萬元
郭菊如先生　五萬元
中聯公司　十萬元
王華芳先生　三萬元
冠中公司　五萬元

莊志强先生　五萬元
怡太　十萬元
輪運部　五萬元
劉司鐸（佚名）　七萬元
某先生　七千元
張嘉昇先生　五萬元
陳大明先生　十萬元
陳達文先生　二十萬元
孔令忠司鐸　十二萬元
曾尙賢司鐸　八萬元
程野聲司鐸　港幣十五元
陳翕如先生　港幣二十元
陳鑒眞先生　港幣十元
郭傑雄先生　港幣十元
李秉源先生　港幣二十元
林仲川先生　港幣五元

惠書誌謝

中法大學贈　中法大學理學院特刊第廿一號
中華醫史學會贈　醫史雜誌第一卷第一期起
惠澤霖司鐸贈　Catalogue de la Bibliothèque du Pé-t'ang, section latine 一冊
司鐸書院贈　司鐸書院通訊第一號
德勝院贈　神修學（聖德學理）一冊
懷仁學會贈　少年良友一冊
易朋生先生贈　桂林市修志館期刊第一期起
香港公教眞理學會贈　大道指歸、謙遜、聖道之配法蒂瑪的警聲各一冊
澳門慈幼印書館贈　一九四八新月曆、論小罪各一冊
上海土山灣印書館、津沽大學、中國公教眞理學會、華北衛理公會宗教教育委員會各贈月曆一份。
復旦大學天主教同學會贈　會刊滬第一期
黎正甫先生贈　天神善牧一冊
耀漢會贈　抗戰老人雷鳴遠司鐸一冊
李山甫司鐸贈　識己篇、聖樂各一冊
北平市各大學天主教同學會贈　特刊二冊
何理中先生贈　日曆四份

三十七年二月份
上智編譯館出版圖書價目表

（每種購買十册以上九折，二十册以上八折；同時購買五種以上者，亦以八折優待）

傳敎之研究	于　斌等講	五萬元
梵蒂岡一瞥	張天松　著	五萬元
宇宙觀與人生觀	張永立等著	二萬五千元
公敎與文化	陳哲敏等著	二萬五千元
馬相伯先生文集	方　豪　編	二十萬元
馬相伯先生文集續編	方　豪　編	五萬元
泡影	周信華　著	三萬元
合校本大西西泰利先生行蹟	向　達　校	二萬五千元
朝聖行脚	葉秋原　著	二萬五千元
辭海辭源天主敎名詞正誤	王任光　著	二萬五千元
全國敎省敎區圖	劉洪愷編繪	二萬五千元
英漢對照愛的科學 THE SCIENCE OF LOVE	吳經熊　著 宋超羣　譯	三萬元
邊疆公敎社會事業	王守禮　著 傅明淵　譯	六萬元
新答客問	項退結　著	四萬元
公敎主義	朱者赤　著	三萬五千元
敎育文存	張　懷　著	四萬五千元

館刊
- 第一卷　（全一册），一萬五千元。
- 第二卷　共出六期（五册），九萬元。
- 第三卷　預訂（暫以半年爲限），九萬元。

郵費因常作調整，故無法預計。照最近規定，書籍每重一百公分一千元，續重五十公分，一千元；掛號每件三千元，航空每二十公分二千元。

郵局匯款，務請在匯票上註明北平第七支局，或北平西四儲匯局。郵票代款，請勿寄五千元以下者。

上智編譯館館刊

第三卷　第三四期

中華民國三十七年三四月

論著

文獻目錄

書刊評介

文化消息

（本期零售每冊四萬元此為本年三四兩月之定價）

方豪文錄

第二次預約開始

三月三十一日截止，約四月底出書

每部定價三十五萬元，預約八折，廿八萬元

平掛郵費在內　航寄另加七萬元

（本書限印二百部預約從速）

本館發行部啓事

一　凡購買本館書刊，付足掛號郵費者，未收到時，本館可代爲查詢，但不負補寄之責。

二　關於訂閱鐸聲月刊等項，請逕寄北平西什庫天主堂。

三　本館不收賬房劃欵，郵局寄款請書明北平西四第七支局或西四儲匯局，銀行匯款請由北平西單中國、交通、農民、金城四銀行支付。

捐助誌謝

汕頭全體華籍司鐸　七十萬元

會韜默司鐸　三萬元

耀漢會　上等米一百斤

惠書誌謝

國立浙江大學贈　浙江學報第一卷第二期

周論週刊社贈　第一卷第一期起

南京文藻月刊社贈　文藻月刊社新一卷第一期起

基督教聯合出版社贈　基督教叢刊第十九·二十合期起

台灣台北月刊社贈　台光創刊號起

華西協合神學院贈　通訊第七期起

香港公教眞理學會贈　避靜指南一册

天主經一册

天神善牧一册

到美國去做「米斯特」一册

神修學「翕合主旨」及「聖德學理」各一册

德勝院贈　哲學槪論一册

中國公教眞理學會贈

張克定司鐸贈　公教聖秩典禮一册

論著

原子彈與世變

吳壽彭

（一）四　大

這些自稱靈長的智慧種起初的認識與推理能力發展得很慢。二千年前的「古」人們將地上萬物歸納爲地、水、風、火，或金、木、水、火、土，名之曰四大，曰五行。這不管是印度的仙人，希臘的哲人，中國的聖賢或方伎的智慧與思辯，總之是完成這樣的條理似乎曾經歷三千年的研究工夫；而組設了這樣的「器世界」或物質觀念後，又流傳了千五百年。

「中古」的歐洲點金術士們，雖則已想起金、銀、銅、鐵、鉛等都是堅固不易的東西，而當時歐洲人稱錫爲白鉛，中國人稱鋅爲倭鉛；水銀以及硫、砒、磷等亦已能提煉而應用；然擴允「原素」即吾人舊譯印度人的「大」的數目，直須待「近代」化學的開始。十八世紀下半葉加汶狄希亨利、羅造福但以理、柏里斯脫里約瑟等能在「空氣」，即「風」，取出助燃的氧氣，自燃的氫氣，不助燃的氮氣，而這些也能在金屬化合物，即「地」中取得，以及「水」遽然可以分析成與那空氣混成份子相同的氫與氧：於是四大的體系纔被打破。拉瓦錫正式掃除了十七世紀來燃燒素的學說，闢清了「火」的朦混。從此萬物的化合與分析可得清楚地進行，明白的計算。「近代」化學纔由此而開始登其前程。

其他原素的次第發現與各原素性質之闡明，伴着有原子分子等物質構造的假設之完成。這許多假設使化學反應的計算非常便利。菲得烈福勒及利比喜製煉了尿素打破有機物質與無機物質的界限。人的威權已自信萬物已無不可在他的化學工廠中給予綜合與分析，而加以變改的了。孟特來夫原素週期表的成立，與以後新原素的發見之相符合，確已見得「近代」人比上古人的認識與推理能力之發展是加速了。這週期表應是「四大」世界以後第二個物質體系。這體系之完成，經歷不過百年。而「原子」的取名，既借自已淹沒了的古希臘希拉克里托等物質一元的空想，近代化學自始就有歸根的趨向。

然九十六種原素的物質體系較之「四大」實不過是一個較精細的體系而已：其根本思想還大致相同。曾不一個世紀，從這較精細的體系乃眞透露了一個全新的體系。

(二) 原素

一八九六年法國培鳩勒亨利發現鈾礦化物可以使照相底片感光，又可以使原是絕緣物的空氣分子游離而感電。於是放射性物質之奇蹟飛快的傳遍世上。居里夫婦不久即發現放射性特强的鐳原素。英國羅造福於鐳的甲乙丙三種射線研究尤勤，放射原素之壽命的研究，說是若干年月後鐳一半已變爲鉛，鈾一半已變爲釷。而甲射線老老實實是放出了一些荷陽電的氦原子。這些事實同射線的研究當然引人構思於造成不同各原素之應有相同的更微小更基本的東西。電子的假說乃應運而生。而以太陽系爲模型來構想原子的內部，成爲若干電子環繞原子核而運動，這像是非常聰明，其實也見得人類總祇是彙模倣，思路的開闢大都有所憑藉。

經二十年，人們守候着放射物的原素變化而無所措其手足。可是至一九一九年羅造福竟然以高能的甲射線即氦核破壞氮原子而獲得氧原子、氫原子。

$$He^4 + N^{14} \longrightarrow O^{17} + H^1$$

此後世界各國物理化學家及其研究室幾乎一致集中在原子構造的研究。一九三〇年發現中子，一九三二年發現正子重子，這些都大有助於攻破原子的秘密。一九三四年居里女兒與女婿裘里奧已以甲射線使硼、鎂、鋁，也能發生放射。弗米最早認明如果選用中子一定更能促成各種原子的解體。迄今已幾乎沒有那一樣原素或物件不能使之放射（或說使之崩潰）了。

二千餘年前，亞契米特敢說：「假以夠長的槓桿，我力足移動這世界。」拉瓦錫同十九世紀的化學家敢說：「假我以九十六種原素能，我可以造萬物。」而羅造福同二十世紀的原子物理學家却可以說：「假我以一原素能，我可以造九十六種原素。」

（三）質　能

甲、乙、丙三種射線與陽極線、陰極線、X光線等之對證，放射與放電的較量，物質與光電相通，已見了端倪。愛因斯坦的慧眼在一九〇五年已由此指陳「質」「能」可以統一。

跟着狹義相對論清楚地統一了時空之後，愛因斯坦在廣義相對論中以光速之乘方爲常數，簡潔明淨的統一了質能；即是說，倘若有人能得知物質之秘密而操縱之，將可使一兩的金石或液氣轉爲世界大水壩如布而特閘所發一月之電力。

在一九三二年就有英國柯克克洛夫脫與渥而頓二氏在羅造福實驗室中，攻破氫核，解而爲氦。

$${}_3Li^7 + {}_1H^1 \longrightarrow {}_2He^4 + {}_2He^4$$

由分光景的設計，量得質能的損益。在這變化中消失了〇・〇一八五單位的質，獲得十七米失的能：與愛因斯坦理論所得的公式，適相符合。

這樣統一了「物常住」「能常住」兩項定律，也統一了質、能、聲、光、電等物理課本上各各的篇章。總之是確實的統一了器世界，或宇宙的千儀萬象。而化學課本上的原素週期表也逐爲物理課本上的原子序數等表所替代了。天文物理學家早就推測恒星光熱之强烈也許是在施展質能變化之秘密。培忒漢斯嘗試演算太陽由炭氫化爲氦的過程，以解釋地上分光景中所見太陽的光景。並以校訂地面於陽光感受的程度。他的演算現在已頗爲世人所公認了。憑着一枝鉛筆在紙上草擬一些方程式，愛因斯坦等同二十世紀四十年代的科學家却已可以說：

「無須假借物宇宙是可以爲之創造的。」

（四）原子彈

到此，物宇宙的秘密之所在已顯然可以指求。祇是人類欲攻破原子，解放其所蘊之質能，其一切設備與手續先須消費鉅大的能量。人類不能用已有的化學及物理方法，即燃燒煤炭或利用水電等價格頗貴的能量，來作本錢，以博取頗難控制的原子能量。三十年代的科學家們早已在研思如何可求得一種連續反應，俾能像太陽一樣無休止的發光放熱；如何用已解放的原子之能，控制起來以繼續攻破別個原子：這樣人可以獲得原子連續反應之積能。而這積能必然是異乎尋常的龐大。

一九三九年一月，近世原子核研究之領袖尼爾斯波爾，正要從丹麥到美國與愛因斯坦有所討論的前兩天，他的哥本哈根實驗室中兩位同事用中子把鈾原子撞爲兩個破片；其撞破之過程中得有大量的能解放出來，所產生的電壓高至二萬萬電子伏脫。

這繼續而且極廣泛的在美國及別國的各研究室重複試驗，而弗米與波爾的討論已啓示一中子撞破一個鈾同位素二三五原子可能放出一至三個中子。如是，則人祇須有第一個中子，連續反應就可能發生。到一九三九年末這連續反應，用鈾二三五，或鈈都可以，已爲美英等地著名物理學家所共認爲人類可加運用的事實了。

於是原子能的價値却最先在軍事立場上被認識！一磅的鈾原子破片所生之能量足當三百萬磅的煤或二百萬磅的煤油並不希罕；作爲生產的動力，即是最激進的工業家也還不動心。鈾破片雖有這樣的高能，因爲處理的成本與麻煩，仍然不是一個合乎工商經濟的力源。可是聽說這足當二千五百萬磅黃色炸藥時，政治軍事的主腦變然興起。

羅斯福總統接受貝格蘭、弗米、斯齊拉、維格納、愛因斯坦等之建議與討論，在這原子能可以軍用的路線上，作廣深的試探。並不甚久，各研究室所得有關這問題各項分配的實驗，愈益證實其可能。於是獲得總統與海陸軍部絡續大量的撥欵，由國防科學局的領導集中北美合衆國全國，以至於英國、加拿大及歐洲各國避難在美的科學家與工業家，分途解決有關這問題的一切理論與製造技術上的困難。

一九四三年四月渥本海姆在新墨西哥荒野中建立的實驗室，最後綜合全國各大學各局處的實驗室與各工廠所得的結果，完成了原子彈的設計與製造方法。在羅斯福總統與製造監督格羅芙來斯里中將之下，集中全美的國力，包括財富與技術，進行製造。一九四五年七月十六日五時三十分渥本海姆在新墨西哥的荒野，撳動電鈕，這不但爆發了世界第一個原子彈，並爆發了一個全新的時代，三百里的地區見到較烈日還强的閃光。彩雲升起四萬尺高空，驅散了蔽天輕雲。震動使或近或遠，屋內屋外，所有參加試驗的人站不住脚根，大氣的呼吼與激盪，如山崩海拆，使人清切地感覺地球之末日已來臨。距離爆炸鐵塔百里外的一個天生盲女，在爆炸的頃刻，驚叫起來：

「是怎麼的光呀！」

到此，幸運的是原子能竟然已可致用，不幸的是原子能的第一次致用，乃表現了它毀滅的功用。

(五)創造或毀滅

一彈冉冉而下，一整個中型城市在霎那間化為灰燼。加以測量，乃知四·一方英里面積的建築物，併生物與無生物一應在內，悉已夷平了。

於是參謀人員開始其冷靜而力求正確的計算：在一九四五年下半年最有效的戰略轟炸，第二十空軍團以超空堡壘毀滅日本工業，每一平方英里共需破費戰爭預算三百萬美金，包括製彈、投彈、情報、參謀等一應在內。每個原子彈的造價不逾百萬美金；加以一二飛機的氣象偵察及一隻超空堡壘的投彈費用，共約一百廿四萬美金。原子彈作一個毀滅利器是九倍於黃色炸藥與鐵片。

一九二三年的日本大地震毀了東京一萬一千英畝之市區。一九四五年美空軍炸去東京更大的市區。並且說是每三百萬美金所燬一方英里內的財產足當五十倍的轟炸費用，即一億五千萬。舊式轟炸於燬滅工作已是頗有效率的了。何況有九倍效率的利器。這麼，原子時代的開場，二十世紀五十年代的科學家在實行四十年代科學的思想，確完成了相反的事業：「我們能毀滅這宇宙」。

(六)戰爭

原子彈於戰爭爲價廉物美者還不止此義。以大編隊執行轟炸的舊式戰略攻擊是容易防禦的。在東京的防空本部一九四五年八月六日上午八時，在廣島投彈前，發現有三架敵機向日本海岸進發，輕鬆地向全國廣播說：「雖則像是偵察飛行，大家也是進防空洞為佳。」庸知滔天大禍就在八時十五分降臨於日本。到原子彈的產生纔是攻擊方法的效率絕對超過防禦措施。原子彈的威力之比擬不應僅以燬滅的方哩來說明。生物對於受一下子加之的，比着分次加之的災害，遠更難受。因為一下子下來的災害，過受災人恢復的能力，以至於喘息的機會也一併破壞了的。所以動員千架飛機，連續八天的，日本海陸軍對於重慶一九四〇年八月的疲勞轟炸之功用，大不如美國一個原子彈在霎那間的成就。廣島在頃刻間所致鉅大的傷亡更麻痺了附近百里以外週圍的城市。

還有，從此以後，美國祇須用一架飛機週巡日本境內或邊沿，就可迫使全日本的軍民入地。祇須維持一架飛機無休止的活動，可以痲痺整個敵國的城市生活，亦即工商生活。戰爭所求本祇在造成恐懼，使敵人慑服而已。在心理效應或說「神經戰」的意義上，原子彈實爲第二次大戰中的至寶，豈徒價廉物美而已。美國空軍總參謀長安諾德去年已發表美國空軍在第二次大戰中預定的投彈計劃如下：在歐洲戰場：一九四二年六・一二三噸。一九四三年一五四・一一七噸。一九四四年九三八・九五二噸。德國工業及其戰爭體系在這投彈計劃下崩潰了。在太平洋戰場，一九四二年四・〇八〇噸。一九四三年四四・六八三噸。一九四四年一四七・〇二六噸。一九四五年一・〇五一・七一四噸。一九四六年三・一六七・三一六噸。可是在一九四五年八月初旬以兩個原子彈提早一年結束了這個估計還需三百萬噸舊式炸彈方能結束的戰爭。

還有，幸運的是這戰爭促使科學人才、製造人才、科學試驗、工業設備之集中運用。這是集中運用促使原子能的實用之成功。不幸的是人類並未在心理上以及政治上準備好了的時候，原子能以一炸彈的形狀先期光臨了。

（七）智勇

愛爾蘭人蕭伯納說是在未加警告而投擲原子彈之後，英美的軍法官已無權審判德日戰犯，英美軍人與德日軍人已同是戰犯。以我看來，第一次原子能之實用成爲一個原子彈，而第一個原子彈却落在一些戰犯或一些軍人手裏，問題並不十分嚴重。美國海軍上將尼米玆又說美國在本可以黃色炸藥來結束戰爭之時，急遽暴露原子彈之祕密實屬不智。以我看來，用原子彈來速取第二次大戰的勝利，或由美國祕密着這傢伙，藉以巧取第三次大戰的勝利，這在今世列强戰略運用上的利弊也不十分嚴重。反正美國現在憑着原子彈，公開或祕密的都可以成爲世界的領袖，或者老實說可以屈服列國。世界上的問題本應在求「是非」。但世界歷史之行程從不決於「是非」；更不必深論「誰是」「誰非」。

原子彈戰術戰略上的重要作用，在於能超過自古以來自亞歷山大之密集衝鋒隊直至平方轟炸所可能集中的攻擊力。近代海軍的戰鬥艦本已是一切攻擊方法與器材的最高集中。然而照比基尼島外的試驗原子彈的攻擊力量足以揉碎（空中爆發）或者拋擲（水底爆發）一刹的戰艦。原子彈在攻略上的重要作用是徹底變更了動員制度。德日及中英美蘇的爭勝在這次大戰中還同第一次大戰時一樣是建立在動員觀念之上的。這與齊秦當初之所務以稱霸者無異。五霸的演變到秦始皇確確實實是完成了全民動員的制度而破滅六國的。簡括的說五千年來人類相爭總祇是鬥力而已。韓信「多多益善」的兵力能勝項羽拔山扛鼎的膂力。這直至安諾德所發佈的戰略轟炸預定表，作戰都是可以「噸——里」或者「尺——磅」計算的，包括人力與兵器在內。劉邦的營門對話，吾寧「鬥智不鬥力」云云，實乃太史公所作的預言。這預言到原子時代終究是實現了。戰爭已不須兩陣相對，更不須劍拔弩張。兵書中刪却「勇」字；而後真可由婦人女子來揿電鈕，以致勝於千里之外。從此應是「尚智」的時代。

不久的將來原子能的應用，對於社會的影響，或當更爲徹底。

然而世人對於那些變遷，雖則原子能明白地載在物理學課本者亦已二十年，却仍毫無準備，在原子彈已擊破了日本軍閥大東亞的迷夢之後，世人也並沒回心轉意。美國企求獨守原子彈；杜魯門以原子彈之保有爲上帝神聖之信託，既無異希特勒的選民論調，蘇聯企求在四年五年內也能有原子彈而却以延緩復員與已有原子彈的美國，與可能製造原子彈的英國，爭一日之長短；而對不可能在四年五年內製造原子彈的中國則頗爲猙獰。不但蘇聯迄今還專用鬥力的工夫。美國既已獲得了這人類智慧的產物，却無所用之；而運到比基尼島上作力的表演，以助長貝爾納斯在巴黎和會中爭執的聲威。

實際，一個全新的時代已君臨了。然而何者是新時代的人生大義，新時代的社會道德，新時代的經濟觀念，新時代的政治體系，世界正是茫然。人心大大的落在現實之後：這是世界的亂源，泰尼遜詩云：

百識已先到，智慧何遲遲？

在早一代已驚奇於智慧之落後於科學與工藝，今日殊應百倍的更爲驚奇於這「落後」之甚了。自稱智慧種的這羣生物畢竟有些成就了。然而原子彈雖則是科學家的智慧產物，却難期世界政治羣衆作智慧的運用。加重這不幸的是現在執着原子權威的北美合衆國原是缺乏智慧的國度，因着事勢推輓，一旦成爲世界的盟主時，正有無所措手足之慨。擺定了是聯合國的領袖，而尚未完備領袖列國的才能。於是將這原本參差的世界引向不幸的道路，看來幾乎已無可避免！

（八）秩序或混亂

年來美國原子彈的發起與製造之科學家與戰略家等痛感自己對於後世的責任，呼號於國際的諒解，力求世界的統一。讀着「混同或毀滅」這一本原子新論集錄，我憫然於作者：「其有憂患乎？」何戒懼之深耶？白朗中將在戰爭正式結束以後，無端調集百艦千檣在比基尼再作原子彈爆炸。何甘與太平洋的魚鳥開玩笑呢？世人不能不懷疑他究爲求取海軍船艦重新設計的資料呢？還是在恐嚇這世界，包括蘇聯在內？無論是以「殷憂」來啓發世人的容慮；或以「恐怖」來懾服不穩的份子，和平與秩序良難循此以求。人心的變革必不能在三十年內獲得，而事物的變革却已在眼前，名實之相去，未有遠於今日者也。世事之混亂不言而喻。

閃耀那盲女的不是一種新光明而是一個大魔鬼麽？

（九）生命與靈魂

三十年在金華看着福音醫院在敵機威脅之下保持其平靜，醫生與看護爲適市傷殘治療其創痍。剛在詫怪這平靜時，抬頭見黑板上寫着但以理書中之語「能殺你肉體，不能殺你靈魂的，不要怕他。」

·天主已放棄「物質」的秘密。世人對於物質的攻擊已無所託庇。然而恐嚇盡處，宜離怖畏。今日天主還保存有「生命」的秘密。那些生物理化學家於一個細胞的本質已說得頭頭是道；而第一個人造細胞出現，胆大的科學預言小說家已在預卜其年紀。

廿一世紀的科學家或將進一步的說：

「無所假借，我能創造世界，包括一切物質與生體。」

然而我們何所用其畏懼呢？讓我們在天主迄今仍還保持的「生命之秘密」這一基礎上，重建我們在這宇宙中的思想體系與活動規律罷。

天主保證我們的靈魂。平靜仍還降於原子時代的地球。（完）

論奇蹟

Bertram C. A. Windle 原著
宋超羣 譯

聖多瑪斯阿奎那斯說道：「奇蹟是唯有天主在事物自然傾向的後果裏，或在事物要發生自然趨勢的後果的中途，運用自己的權力使它反轉過來，因而產生的異樣的效果。」又說：「這些效果，我們正確名之曰奇蹟，乃是在我們通常觀察到的自然秩序以外，因着神力的作用而產生的。」

奇蹟的定義

奇蹟藉天主的神力發生。但無疑一切積極的效果，同樣都要藉天主的神力，不過在奇蹟裏的效果，乃是這樣的一種：「就它全部的情況具體地說，分明是只有同天主的神力相稱的一種效果……聖多瑪斯所謂『在事物自然傾向的後果裏，或在事物要發生自然趨勢的後果的中途，天主運用自己的神力使它反轉過來因而產生異樣的效果』，他的意思是說奇蹟的效果不是一種通常自然秩序裏永遠不會發生的情形，便是一種自然秩序在這樣的方法下不會發生的情形。前者譬如叫死人復活，後者譬如只用一句話治好一種很嚴重的病症，』（Boedder「自然神學」"Natural Theology"，第四一四—五頁）或立刻就能把很嚴重的病症治好，不像通常的治療方法一樣，要慢慢的治好。所以神學家把奇蹟解釋爲一種感官可知覺的，非凡的，神聖的，超自然的工作。

奇蹟是感官可知覺的：我們可以用感官覺察出來，所以它的力量不能及於例如人類靈魂的創造或七件聖事等等的事項。

奇蹟是非凡的：因爲它相反通常的自然界秩序。

奇蹟是神聖的：因爲它是天主特別的工作。我們聽到或談到聖人顯現奇蹟的事，但這不是切當的說法。真正的意思應該說，奇蹟是天主應允了聖人的代求，或通過聖人，或假手於聖人而顯現的。

奇蹟是超自然的，神聖的，因爲它不是天主像創造單獨的個人靈魂，因而完成有形的自然生存一類的工作之。

這裏頂好要注意「奇蹟」兩個字在普通談話，乃至於在嚴肅的討論時那種不切當的用法，因爲有時一件應該更適當地稱爲「特殊的聖寵」的事，却常常欠妥地被人稱爲「奇蹟」。一種疾病獲得很明顯很迅速的治好，在嚴格的意義下說來，不必便是「奇蹟」，而可能是一項很爲特殊的聖寵，是天主直接應允人的祈禱而賞賜的。

宗徒時代及宗徒以後的奇蹟

還有一件事應該知道，那便是許多教外人士的奇怪想法。各種教派的基督徒相信聖經記載的奇蹟，而對於宗徒時代以後的奇蹟，却完全拒絕置信，這種態度現在也許比幾年前少了一點。此外也還有人竟斷定天主教教士們揑造了奇蹟的故事，以便欺騙他們屬下那些不幸易於受騙的笨伯信衆。我們欣幸這種觀念，比幾年以前也更少了。類似的話一度曾普遍掛在眞正有地位的人們嘴邊的，現在只有一些通常在任何事物上所發表的意見，根本就不足取的人們還這樣說着。這種態度的轉變，我們從「醫藥與（英國）教會—醫藥治療與教會對病者的職責之關係的研究」（Medicine and the Church "of England" — Being a series of Studies on the Relationship between the Practice of Medicine and the Church's Ministry to the Sick, London, Kegan Paul, 1910）一書可以找到好的例證。皇家醫學院已故前任院長亨利巴特寧（Henry Butlin）曾經責斥過那些以故意欺騙的罪名加於教士及與露德聖母顯蹟有關人士的人們。這本書把巴氏的話也引用了。一九一〇年六月十八日的「英國醫藥雜誌」（British Medical Journal）以及「哈利街的一角」（The Corner of Harley street）都可以一讀。至於天主教以外的基督徒對於宗徒以後的奇蹟，無疑都普遍採取一種完全不信任的態度，這是我們前面提到過的，譬如武敦(Turton)上校所著「基督教的眞理」(The Truth of Christianity)一書的態度便是如此。「醫藥與教會」第二〇二頁，也說到了這一點。但我們知道，在天主教這個團體以外，畢竟還是日見有人相信，例如數年前還被人加以嘲笑的聖五傷方濟各一類奇蹟的眞實事蹟，而並不懷疑。不過我們必須分辨清楚：有的人固然和我們的見解相同，但也有的人雖然由於確實的，並非道聽塗說的證據而相信聖方濟各有過五傷，却是以「暗示」或「歇斯底里」或別的方法來解釋，說明這件事實發生的本身，是合乎自然的。這一點我們却不敢苟同。牛津聖三學院（Trinity College）研究員兼該院神父諾克斯（Rev. R. A. Knox）在他的「Some Loose Stones」（Longmans, 1914）第一八三頁明確說道：「我們相信是耶穌基督給聖方濟各以五傷，因爲我們是基督徒。假如我們不是基督徒，我們同樣很會把這事歸之於「阿拉」(Allah)或噍斯（Zeus）——（譯者按：「阿拉」爲回教所敬的神名，噍斯是古代希臘的主神）——或歸之於存於物質現象以外不可知的幕後世界裏任何一種想像所及的，或善或惡或無所謂善惡的神力。」

露德

那末，這些意見上的顯著改變是怎樣來的呢？我們可以說，大部份乃是晚近多少年間露德及其他地方多次著名事件的發生，以及人們就這些事件仔細加以研究以後的結果，甚至還有種種神經狀態的研究也是其中原因之一。這一點，我們在考查一件已有的奇蹟中的眞理時，是不能不重視的。現在我們就是要次第加以討論若干很確切的事實。第一，就是許多令人注意的事件，確實在露德發生，而並非如人們的斷定爲巧詐的教士們所「揑造」。其他的地方在宗教影響下類似的事件也是有的，這一切事情既然已屬確實無疑，決不能三言兩語便總結爲欺詐，我們就必須要加以解說了，那麽，怎麽樣解說呢？我們天主教徒認爲這些事情，或其中若干件數乃是——或者說，也許是全能天主直接的作用，可以切當地稱爲奇蹟。我們要注意「也許是」這三個字，因爲天主教會以外的人士常常不知道教會對於奇蹟這件事的態度。

一般的觀念都以爲教會隨時準備宣佈任何一件芝麻大小的事，甚至任何悖理的事爲一件奇蹟。然而實際上是並不如此的，教會要作這樣的宣佈——並且這種宣佈又是何等的少啊！——時，是必需有絕對豐富以及具有結論性的證據的。更糟糕的是：有些人通常都相信神父和主教們喜歡有假想的，例如露德聖母一類的顯靈消息，因爲這樣，他們在自己喜歡的地方，所希企的大批金錢便可隨之而來；但事實上再也沒有比這更淸楚的了：伯爾納德(Bernadette)以及看到過事情發生的人們，對於他們自承目擊過的事件，神長們是遲遲才加以相信，而且都經過一番極其嚴峻的考問和調查的。同我們恰相反的一種意見，便是那種奇怪而又不明哲理的看法，認爲奇蹟這回事根本就沒有。小說家左拉（Zola）似乎便是如此。他到露德去看過，對於露德地方所發生的事情也作過一番研究，還寫了一本書。但是他寫的一點也不忠實。譬如說，他這本書裏有一位角色叫拉克利福特（La Grivotte），一般人都承認，這個角色是影射着一位還活着，或直到最近纔逝世的女士名叫 Marie Lebranchu 的。醫生診斷過她患肺結核，並且情況十分嚴重。據我們所知，這個診斷向來沒有人懷疑過。但她在露德醫治好了。之後她結了婚，丈夫死後寡居了許多年，而病症始終沒有復發。從最低限度來看，這是一件足可令人注意的事。現在我們看看左拉怎麼樣說吧，他寫拉克利福特在露德獲得了奇蹟的醫療，但是回家以後，舊病復發，並且不久就死了。（請參閱 J. Jörgensen 著「Lourdes」第一七九頁，Longmans, Green-& Co, 1914 及 R. H. Benson 著「Lourdes」，London, Herder, 1914）左拉寫這本書的時候，無疑曾經費心尋找拉克利福特的典型人物，並且發見她還活着，還健好，甚至在這位小說家自己一生可怕的結局以後，她還在世界上留住了許多年。露德當地的主任醫生 Boissaire 曾經為左拉住在露德時的東道主，並且給過左拉以一切的機會，還把自己醫治這個病的情形告訴左拉，幫助他澈底調查露德地方發生的種種事件，但當他追問左拉的時候，左拉以不勝其煩的口吻叫囂道：「我覺得我是自己書本裏各色人物的主人，我可以隨自己的心意，叫他們活或叫他們死。」然後他又說道：「此外，我不相信奇蹟：即使在露德的全體病人在一瞬間統統都醫治好了，我也不會相信！」

休謨、赫胥黎與奇蹟

介於前面那兩種看法之間的另一種看法，也許便是相信這種看法的人們自己所稱的休謨（Hune）與赫胥黎（Huxley）等人的「常識看法」，這一派人士太有哲學頭腦，因而不能贊成左拉的論調，然而却也太過份傾向於唯物論，因而不能相信任何超自然性的事物。我們不妨把這一種看法粗略加以概括。它認為：如果有天主，當然可以有奇蹟，但一個奇蹟能成立，所需要的證據是這樣多，因此要獲得結論是永遠沒有希望的，並且無疑從來就沒有獲得過結論。這個態度實際是這樣：「我確信奇蹟這回事是沒有的，因此我不能想像能獲得這種事件的證據，而使我相信我的信念有了錯誤。」譬如說，赫胥黎在論休謨的文章裏，討論着要多少證據纔能使他相信有人看見過真的半人半馬的怪物，（Great Writers Series, New York, The Macmillan Co. 1881）假如約安納米勒（Johanne Müller）——赫胥黎稱他為「我的同時代人裏最偉大的解剖學家兼生理學家」——（作者按：他也是一位天主教徒，天主教真理學會出版十二位天主教科學家有他的傳記）——宣佈他看見過半人半馬的怪物，赫胥黎便會承認感覺詭異而要保留自己的判斷了。沒有名家的詳蠢的專論和週密的圖版說明，就不足以誘使他相信有半人半馬的東西，這就奇蹟來說，儘管赫胥黎聽來覺得驚異，天主教人士倒是完全贊同赫氏這一點見解的。沒有一個天主教人士會否認，教會在最後明白宣佈任何事件為奇蹟以前，必須有極為堅強，極為確切的證據。休謨在這個問題上表示態度說道：「奇蹟要有人證明。證明人必須絕對良善而且有絕對的教育與學識，使我們明瞭自己不致受騙；要絕對正直而不致被人疑心他們陰謀欺詐；要有這樣的信譽，致於能不被人認為如果一旦發現他們的虛偽，地位上就要蒙受很大的損失；同時要證明各種事實是以公開的方式在最有名的地方發生，因而使人必然會去進行偵查。這些都是給我們以充分人證的先決條件，但在一切歷史裏，我們却找不到任何奇蹟業已由合於上述條件的，充足的人證加以證明過。」我們自然也不妨承認，關於較早期的，和不負責的奇蹟故事專家們所敘述的好些「奇蹟」——即教會並沒有加以定論的奇蹟—並沒有真正的證據出現，也許也不會有證據出現，可是自從赫胥黎時代（姑且不說休謨時代）以來，已經公佈為奇蹟的事件，却有許多証據出現了，並且這些證據都曾經過縝密的鑑別。我們難以證明這些證據之中，至少有些並不全合休謨的條件。但這一切的結果却已使懷疑者轉變了態度，他們不像休謨一樣一昧的否定，不過他們說事情的發生是有這麼一回事，但是並非奇蹟能了。至於極端的自我主義者否認任何未經自己感官加以認識的事物所具有的任何重要性，我們覺得這是犯上了智力的自殺，一般人却不是這樣。

暗示與歇斯底里

如果有奇蹟的事件發生，就必須有解釋。我們的解釋已是人所共知的：有的是奇蹟，有的至少是很特別的聖寵。另外又有一種人，他們解釋這些事情都是「暗示」的結果。我們認為在一個比較沒有批評精神的時代，「暗示」無疑可以成為許多可能被宣佈為奇蹟的事件的原因，但今天受了教育的天主教徒却不會這樣想了。當然，或許有人會說，既然如此，今天我們認為奇蹟的事件，也許在更富於批評精神的未來，要被人棄置了。我們的答覆是：那麼這樣的情形我們所需要的新的醫藥觀念，是絕對想像不出的。關於「暗示」在相當多的情形下的功能，我們即使統統加以承認，然而我們至少可以問：何以惟有露德地方，或幾乎只有露德一個地方總有這種「自我暗示」的結果呢？貝洛克先生在給 Jörgensen 所著「露德」（Lourdes）一書寫的序言裏問道：「如果在露德發生的事，是自我暗示的結果，怎麼人們不能在 Pimlico 或 Isle of Man 例外地，但爲數也同樣的多而『暗示』自已進入健康呢？當然，此處及彼處都有這一類的奇蹟，並不是答案。我們的要點是：人們在各種心情之下，前往露德，而病症獲得了痊愈，爲數是驚人的。」自然或許還有另外的人可以辯論說：「宗敎形式的暗示是最强有力的一種。」但敢於提出這一項論據的唯物論者，自已就已落在很危險的立場了，我們稍稍檢討一下，便可證明出來。

最要緊的，乃是事實具在。在露德以及別的地方，有些病人治療好了或有報告，他們是治好了。這些情形，全都不可能認爲有「暗示」的因素存在着。我們不妨說，假如我們能夠證明暗示因素滲入其間，全部醫藥及外科科學就得加以重建了。折斷了的，接合不起的骨骼，毒瘤，以及狼瘡所致的皮膚組織的摧毀，和其他非屬神經病源或不受神經系統任何影響的病症，都是這種情形。每一位醫生都知道歇斯底里症候的變化特性，而對於病者會有的各種幻想，至少也能夠加以猜測。但是沒有一位醫生會認爲「暗示」能在瞬息之間，醫好一位即使患有歇斯底里的人已被折斷的腿骨。雖然歇斯底里不能說完全沒有，但究竟是稀少的。許多人在露德獲得了痊愈，事實上那些最顯著的病症，正是含有歇斯底里因素最輕微的（如果有的話）一些病症。舉一個例說，伽爾伽姆（Gargam）因爲一次火車的意外受了重傷，幾乎有生命的危險，（參閱 Jörgensen's Lourdes, P. 161）在 x 光透視下，醫生證明他的脊骨已經脫了節，人也攤瘓了，並且四肢有的地方已脫疽。醫生們都聲稱已屬無可救治，法院方面因此會判定給他一筆終身的撫卹金。他自已已經放棄了宗敎信仰，可是爲了取悅他的母親，他才願意到露德去，自已心裏顯然是沒有存一點治好的希望的。然而却立刻治好了。再拿瑪利亞勒瑪爾尙（Marie Lemarchand）一個例來說（參閱 Jörgensen's Lourdes, P. 175），極嚴重的狼瘡使她的面容變成一種怕人的怪相，也是在露德立刻就治好了。關於她的最後記載是後此十六年來沒有復發過。同樣的情形之多，只有增加我們用「暗示」的假定來加以解釋的困難。

還有左拉取材寫成他的「Elise Roquet」的那個婦人，左拉斷定她患的是：「一種淵源於歇斯底里的無名潰瘍」。狼瘡和任何其他病症一樣，爲醫生們知道的病症之一種，而且據人們所知，它根本和歇斯底里沒有任何關係，這我們現在姑且不談，我們只說左拉在這件事上的論據。如果左拉的論據擺成一個三段論，在邏輯上就是連在繈褓的嬰兒，也會哄騙不成的。左拉的大前提是：凡在露德治好的病症，都具有歇斯底里性；但瑪利亞勒瑪爾尙的狼瘡在露德治好了，所以勒瑪爾尙的病有歇斯底里的根源。然而狼瘡和歇斯底里無關，我們於是稱這個病症爲一種潰瘍（它是潰瘍）又屬於無名的病源—（這却是不然的）。這不是很滑稽嗎？

即刻痊愈

最後讓我們看一看關於魯德爾（Pierre de Rudder）那次很有名的事情。他是在比利時的奧斯達格爾（Oostacker）獲得治好，而不是在露德治好的。（這個聖地及魯德爾居住的村落正當第一次大戰時一次極爲劇烈的戰事中心地帶，兩軍相持了好幾個月，原址恐怕已經蕩然無存了。）魯德爾的腿被一株樹倒下來給壓斷，雖然經過醫生治療有八年之久，腿骨始終接合不起。這件事乃是他本人的左右鄰居和附近一帶的醫生都知道的。但他在奧斯達格爾聖地祈禱以後，終於立即獲得了痊愈。這件事情有過許多的記載出版，最爲人稔知的是天主教眞理學會出版的 Alfred Deschamps, S. J., M. D., S C. D. 法文原著的英文譯本「一個近代的奇蹟」（A Modern Miracle）。這本書有很詳細的記述，還附有魯德爾以及他死後經移出的腿骨圖片說明。魯德爾的腿骨折斷了，碎骨在聖地治好以前沒有結合，這是不庸置疑而有實據的；他的腿骨確實結合了，也不容懷疑，因爲在他死後，腿骨曾給移置，保存在博物館裏，假如沒有毀於戰事，今天我們還是可以看得見的。至於他那次在瞬息之間，得以治好，也有豐富的證據。假定說，他經過了八年的纏綿，沒有醫藥治療幫助而病患慢慢自然的好了起來，這在任何一位醫學人士，已經是幾乎難以置信，那麼在頃刻之間痊愈，就更不屬於自然可能事情的範圍了，除非如我們所說，就是醫學知識的全部基礎都不精確。

結核性以及其他通常的不治症患者誠然有時獲得自然的痊愈，但長期未經結合的斷骨，乃至於眞正的毒瘤和各種嚴重的慢性疾病是從來不會自然痊好的。就是自然的痊愈，也是徐緩而來。我們並且可以大胆斷定，它也永遠不會像在露德及其他地方一樣是瞬息之間的事。

在遇到了被認作爲奇蹟的事件時，我們要自問的，也即是教會當局在相同情形下作判斷的宣佈時，所要自問的，乃是事情的發生，是如所傳言的那樣嗎？發生的事情能否依自然的路線解釋呢？這些都是證據問題。當然，各種證據可以說服某甲，也許不足以說服某乙。然而凡是不完全不注意一切證據的人，卻沒有人能否認：在許多情形裏，證據問題是非常難以克服的。要克服這個困難，事實上只有一個掩飾之詞，即假定奇蹟沒有，那些似乎是奇蹟的事件乃是在我們還沒有能知道的法則之下所發生的事情罷了。

但我們姑且看看，這樣說會使事情怎樣呢？在一個沒有批評精神的時代裏，對於聖經記載的奇蹟深信無疑，而對於宗徒以後或「教會」的種種奇蹟加以鄙視，還是可能的。然而今天不能這樣作了。因此聖經裏的奇蹟自然要有解釋，或者根據散德（Sanday）博士的敘述（"Life of Christ," viii, Teste "Medicine and the Church," P. 202）來加以解釋：「奇蹟並非眞正爲自然秩序的破壞；它只是服從另外的，更崇高的，我們不知的法則，而對於我們知道的法則的明顯違犯。」在某一意義下，這樣的說法是很對的，說話人散德博士在自己的意思裏可以是完全正確；但無疑在許多人的心目中，這樣一種解釋就等於說，奇蹟是根據了自然律或在自然律之下發生了。奇蹟的要義究竟是自然律的例外或自然律部份的毀損。不論是由於天主通常的同意或在次要原因下的合作，抑或天主加入了更崇高的力量，天主的作用都是必然眞正干預了自然的一般秩序。把奇蹟事件歸之於「法則」來解釋，我們會毫無所獲。其實事實上正就是在這種單獨的干預裏，天主的超自然性啓示得到了表現，而聖經記載的，基督常常訴說的種種奇蹟的證驗之力，也是基於這一個事實。瑪竇福音第十一章第五節：「瞎子看見，瘸子行走，長癩的潔淨，死人復活，窮人領受福音。」以及若望福音第五章第三十六節：「至於我，有比若翰的澂證更偉大的；因爲父交給了我種種事去完成。我作這些事，就給我作證，證明是父派了我來。」以上這兩段聖經便是很好的例子。我們既然承認人的自由意志能夠在自己的有機體及環境裏發生干擾，而改變物理性的因果作用，那麼有神論者有什麼不可克服的困難相信一位有人格的天主，在類似的方式下能干預並改變自然的一般秩序，我們就不容易瞭解了。

斯賓挪莎的「不知」的法則

這裏我們不妨回轉到已經講過的一件事上面來，即斯賓挪莎（Spinoza）的「不知」的法則，斯賓挪莎認爲對於奇蹟這個名詞的理解，應該參照人的意見，奇蹟是我們不能藉現有的經驗解釋的事件，它要在人類獲得了進一步的經驗以後，纔能獲得解釋。這樣一來，X光幫助我們所見的東西，在實際的作用情形未能發見以前，也要被認爲是奇蹟式的發見了。這在某一點上，自然有着我們不得不承認的眞理；但是還有一部份事物，如我們業已提及，除了奇蹟的理論以外，似乎是不可能解說的。並且我們似乎極其淸楚，如果天主有無限的權力，無限的自由（當然一定是如此的），那麼奇蹟也就是可能的了。然而也有人說，天主不能夠自相矛盾願意自己規定的法則在任何時候遭受觸犯。這種說法正是斯賓挪莎的說法，斯氏說道：「嚴格地說，如果奇蹟超越自然，那麼你就得承認這是勢所必然的，不變的自然程序裏一種破壞；這是悖理的。並且那也即是說，各種理智的原則也可以加以違犯，因爲理智原則畢竟也都是自然法則啊。在這樣的情形裏，我們無法相信它們，無法證明天主的存在；因此各種奇蹟不但不幫助我們了解天主，反倒完全阻礙我們瞭解天主。」斯賓挪莎在這裏却誤解了兩件事，即自然的原則和理智的原則（Principles of Nature and Principles of reason）。我們要知道：奇蹟不能改變2+2=4這個方程式，因爲2+2=4乃是一種理智的原則，爲一項無可違背的眞理的說明。但一條折斷了的腿骨立刻獲得痊愈並沒有違犯理智原則。被稱爲奇蹟的，只是事物的立刻部份能了，時間的因素在永恒的天主身上沒有作用，這是我們要記住的。

理性與信仰

張譽鐸

（一）理性的能力

人與普通動物主要的區別，就是有理性。（亦譯理智）理性係泛指思考的能力。有了理性，才有觀念判斷和推論；有了理性，才能生出自由和語言；有了理性，才能認識宗教道德等；有了理性，才能研究學術，促進社會文明。理性的能力和功用，是如何的偉大！

理性的對象是眞理，因爲它生來就是爲追求眞理的。在追求眞理過程中，理性本來不能錯誤的，但是有時因爲受某種限制，或有某種缺點，理性偶然也能陷於錯誤的。這種限制或缺點就是輕浮、魯鈍、成見、情感、複雜難解的事理和其他外在的原因等。所謂「利令智昏」；「先入爲主」；見理未明，輒行斷定；關係自身的利害時，或有强烈感情作用時，不對的也能視爲對的；一件過於複雜的事情，自己以爲認的很正確，辦的很合理，不料一經別人提醒，才知道自己的見識何其淺陋，往往悔之不及。這都是經驗告訴我們的事實。

人類的知識雖然可以無止境的增加，但是人的智力終屬有限。宇宙間的質、力、光、電、原子、生命等，究竟是些什麽東西？經過千萬人的研究，到現在還不能確定，不過發明了些臆說而已，問題並沒有眞的解決。自然界的神秘，人還不能完全破解，何況超自然界呢？所以我們不能不承認人的智力是有限的。

人的理性雖然能認識一個眞神的存在、靈魂的不滅性、人生目的，以及自然的道德律等，可是仍不免有許多錯誤。這可以拿世界上宗教的龐雜、信仰的紊亂，和倫理學說的紛歧來證明的。所以在宗教問題上，我們更感到智力的不足。爲補這個缺陷，天主曾用啓示的方法，不但告訴了我們用理性能推論到的道理，還教給了我們推論不出的道理。例如靈魂的存在和它的能力，是人理性能認知的，但是因着啓示，我們還能完善正確的解答它的來歷、歸宿、高貴等。又如我們每天受著疾病、痛苦、死亡、戰爭，以及愚昧、惡向、私慾、罪惡的威脅，藉着啓示，才知道這些都是由原罪帶來人類敗壞的根苗上發生出來的。至於理性推論不出的道理，有了啓示，人才能明白超自然的事理，如神的生命、神的生命通與吾人、聖寵的賜予人靈、人的超自然終向等。

啓示從創造人類開始，直到宗徒們死後，便算結束了。啓示有直接的和間接的區別：直接的是天主自己或命天神告訴我們一端道理；間接的是天主先啓示某人，再使他因主的聖名，告訴我們某端道理，如先知宗徒等給我們講過許多啓示的道理。直接和間接啓示的道理，都包括在聖經和聖傳內。自從宗徒時代直到現在，啓示的道理絲毫沒有變更，沒有增減。聖教會有時明確規定一端信仰或倫理的道理，不是發表新的主張，不過因聖神的佑助，闡明從前的啓示道理而已。有了啓示，人類就不能不發生信仰，現在我們再討論信仰問題。

（二）超理性的信仰

人常說信仰某人，究竟信仰是什麼？信仰是一種信從的行爲，使我們完全承認一種觀念、一種意見、一種解釋、一種學說。形成信仰的原因，都是外在的，如權威、文化等。理性對於信仰的構成，並無關係；不然，若用觀察、試驗、學理審查信仰正確時，那就不成爲信仰，而成爲知識了。以上說的是人類自然的信仰，現在我們所講的是超理性的信仰。超理性的信仰，是人類因天主的權威，而堅信天主所啓示的眞理。這種信仰因爲是超自然德行之一，所以也稱爲信德。信德提高了理性，爲準備信從天主啓示的眞理。現在我們將超理性信仰的特點分述於下：

（一）信仰是超自然的　信仰啓示眞理，是一種超自然的動作，因有天主的聖寵—寵佑，提高人的理性能力，又有天主所啓示的超自然奧理爲信仰的對象。理性的能力，祇能發生自然的動作，所以必須有超自然的助力，才能發生超自然的動作。信仰的超自然助力，就是天主的寵佑，寵佑的作用是光照人的理性和感動人的意志。光照理性：消極方面是消除理性的黑暗、成見、錯謬等；積極方面是提高理性能力，使它贊同超越的眞理。感動意志：消極方面是除去意志的惡向，馴服意志的頑梗；積極方面是使意志有向善之情，叫它準備考慮動機和決定理性的信從。

人的理性經過天主光照，意志經過天主感動之後，才能接受天主啓示的眞理。請看讀過公教哲學或聽過公教道理的許多教外人，雖然對我們的教義備加讚揚，但始終不願接受，這就是沒有天主聖寵—寵佑—的證據。所以信仰是天主的賜予，不是人理性的產物。平常我們對於某種學說，某種主義發生的信仰，是一種自然的信仰，因爲學說主義是人能完全瞭解的理論，不過尚待證驗罷了。學說主義不能超過理性能力的範圍，用不着超自然的助力，但是超理智的啓示奧理，不能不有超自然的助力，所以我們的信仰是超自然的。

再者，我們的信仰不是一種空理，還有它的實踐動作，就是我們要依據信仰來生活，一舉一動，要全照信仰的道理做去。信仰要我們革新生活，抑制私慾，演習德行，這些都是很不容易的事，不免令人望而生畏。如果我們要接受這種很難實踐的信仰，非先有天主聖寵—寵佑—不可；所以從這方面看來，信仰更需要超自然助力的。

（二）信仰是確定的　信仰中有絕對的眞理存在，因爲信仰的對象是天主啓示的眞理。天主不僅是眞理的淵源，而且也是眞理的本身；一切眞理都是基於天主的眞理，一切眞理不過是分享天主眞理的本身而已。天主絕對不能錯誤，也不能欺人；假如能錯誤能欺人，那就不是眞理的根源，更不是眞理的本身了。

我們對於啓示的眞理，雖然不能完全明瞭，但是因着天主的權威，我們的信心，可以堅定不移。構成天主權威的因素，就是他的知識與誠實：他是至眞實的，有無限的知識；他是至聖善的，有至上的誠實。請看世界上人的權威，還能使人信服，何況至眞實至誠實的天主的權威呢？一位具有權威的專門學者，講給你他的高深學理，因你不懂，你就不信麽？現在具有無限理性的天主，向具有有限理性的人類啓示眞理，因爲我們不明白眞理的內在理由，也就可以不信麽？天主眞理的玄妙，高深莫測，蘊藏於他的永久智識的深淵中，連天神也不能洞徹其妙，何況我們人呢？

我們的信仰不是輕信，更不是迷信，因爲我們有信仰的動機存在，這就是天主的權威；所以我們的信仰，是極有根據的信仰，是完全合乎正理的信仰。天主爲證明他的權威，也曾顯過許多偉大的奇蹟，叫先知說過許多應驗的預言。除非他是眞天主，誰還有怎人的能力呢？奇蹟預言等是啓示眞理可信的證據，是信仰的外在理由。

再者，天主不叫我們完全瞭解啓示眞理，也有他的很深用意存在。我們若能完全瞭解啓示眞理，就不得不信，那還有什麽功勞可言？所以耶穌說過：「凡沒有看見而信的，才是有福人」。

（三）信仰是自由的　人的理性是以眞理爲它的對象：凡是眞的，它不能不承認；凡是假的，它不能不否認。所以理性對於眞理沒有自由，因爲眞理的內在明顯性，一定會使它屈服的。可是信仰的對象是深奧的道理，不是明顯的學理，同時信仰的動機是天主的權威，不是道理的內在理由，所以理性不受自己內部的強迫，非接受不可。從此可知：天主啓示的眞理，理性信與不信，或生懷疑，或直否認，全在自己，不是如同普通學術的理論，因有它內在的自然明顯性，理性對它沒有自由，不能不信服的。

當耶穌在世時，講過許多啓示奧理，並且顯過許多奇蹟，以證明他的天主性，但是結果還是有一部份人不信他的道理。由此更可證明理性對信仰是自由的了。耶穌講論啓示奧理，並不說明奧理的內在理由；就是說明了，人的有限理性也是不能瞭解的。至耶穌證明他的天主性，是證明他的啓示權威，但是權威是奧理的外在理由，不能强人信從；所以有信從他的人，也有反對他的人。

天主爲救人類啓示的眞理，誰信便有功，誰不信便有罪。假使理性對啓示眞理，如同對自然眞理一樣，沒有自由，那就談不到功罪了。那末，我們的信仰，也就沒有倫理的價值了。

（四）信仰是神秘的　信仰的神秘性，要從兩方面來看：即信仰的動機和信仰的對象。如上面所說，信仰的動機是天主的權威，不是事理的內在明顯性；天主只告訴事理的存在，不說明事理的內在理由；所以信仰的動機是神秘的。信仰的對象是一切啓示的道理，但是大部份的啓示道理是奧妙的和超越人理解能力的，所以信仰的對象也是神秘的。有些道理有它的自然明顯性，如天主的存在，靈魂的神體性和不滅性，人的理性也可以由推理而能略知的，在哲學上可以講得很明白，這不過是一種知識，不是信仰。假若要將這些知識變成信仰，還須根據天主的啓示，就是根據天主的權威，而堅信之；因爲不根據知識，而根據天主的權威去信，所以信仰是神秘的。

聖人們在天堂上得見天主的聖容，洞澈天主的事理，神秘已不存在，也就無所謂信仰了。因此聖保祿宗徒說：「我們現在是在鏡子裏看見，如同猜謎；到那時候，就要面對面的看見了。現在我知道的不全，到那時候，就全全知道，如同主知道我一樣了。」他所指的就是信仰的神秘性，因爲很多的啓示眞理是超越人理解的；這種神秘性，祇有在天上可以消除。所以天堂上沒有信德望德，只有愛德，因爲所信的見了，所望的得了，只留了個愛天主而已。

（二）　理性與信仰的關係

前面說過，人的理性沒有啓示的助力，可以認識自然的眞理。即如藉因果律可以推知天主的存在，和天主對萬物的最高統治權；因神體的單純性及不可分性可以認出靈魂的不滅性。這些自然眞理可稱爲超自然信仰的先導，或超自然信仰的基礎。理性還能在奇蹟預言上，找出啓示的可信證據；研究天主創教的歷史，可以知道眞宗教的存在。除此以外，理性略能助人領會啓示眞理。例如聖經內所提示的眞理，有時不很明顯，理性參照其他啓示眞理，能顯然區別說明之。再如聖奧斯定所說：「耶穌生於瑪利亞童貞」、「天主三位一體」等啓示道理，我們先用理性瞭解名詞，然後才能懂得道理。什麽是「生」？什麽是「童貞」？什麽是「位」？什麽是「體」？這些都先需要理性給我們講解的。耶穌在世講道時，屢用寓言，如播種之喩，芥子之喩，也無非是先利用理性容易瞭解的事物，叫人來領會啓示的奧理。再看理性若將某一啓示眞理與另一啓示眞理彼此比較，更能瞭解二者的奧意。理性若能利用邏輯方法，將啓示眞理作爲二前提之一，還能得到神學上的結論。以上所說的，都是理性給與信仰的各種助力。

同樣，信仰也給與理性極大的助力。理性在事理及學術上，尤其在宗教及神學上，難免錯誤。有了啓示的眞理，我們可以避免許多錯誤。例如天主啓示祇有一個神，那末，我們就不能承認多神論；天主啓示人類的原祖是他親自造成的，那末，我們就不該信人可以不需要天主而由猿進化來的；天主啓示婚姻的唯一性和不可分解性，那末，我們就不應接受多夫多妻制和離婚的謬說。再者，信仰還能補充理性認識的不足，例如因着啓示我們更能認識天主的性體和完美，更能瞭解宇宙的起源、人生的目的、靈魂的神體性和不滅性等。

從此看來，信仰與理性沒有眞正的衝突，因爲二者的本源是一個，都是由天主賜予人類的，所以不能有衝突的存在；不然，天主就自相矛盾了。信仰與理性不僅沒有衝突的存在，還能互相調和，互相交流，互相協助，以完成及提高人類的知識與生活。

(四)　理性對研究教義應有的態度

研究教義的態度，可分二種：一種是確定的態度，一種是懷疑的態度。確定的態度是不懷疑教義的眞理，不過探討教義可信的證據，研究啓示的歷史事實和啓示的超越性，比較各端啓示道理的相互關係等，用分析綜合法得到充分有力的結論。懷疑的態度是在未信仰教義之前，對教義沒有認識，就生了一種懷疑，有了懷疑，便要求解釋。

公教信友研究教義，應抱確定的態度，決不可有懷疑的態度。懷疑是將天主的權威和啓示的眞理完全推翻，然後用理性的能力去求解答。信仰是天主的恩賜，不是理性的產物。信仰非賴理性的光明，實係尊重天主的權威，因他不能自欺欺人。懷疑與信仰根本衝突。認識了啓示眞理以後，信仰的責任，便成永久的了，不能有一時一刻的懷疑，因爲眞理是有永久性的，猶如古人所說：「道也者，不可須臾離也；可離，非道也」。

教外人士在初聽公教道理之後，還須縝密的考查教會的基礎、啓示的證據等，暫時可抱一種懷疑態度，以至充分的得到教義的可信理由爲止。這是教外人士和教內人士在研究教義上態度不同之點。

（五）結論

總括以上所論：理性能力既然薄弱，又能偶然錯誤，那末，我們需要天主的啓示來扶助它，矯正它；但是實際上不能自欺欺人的天主，不僅告訴了我們自然眞理，而且還啓示了超自然奧理，所以我們有重大的責任，去考察，去信從，因爲這是關係人生最大的問題。

信仰與智力關於聖三之道

朱者赤

近五十年來，科學的發明震動了全世界；地球的距離因了飛機與無線電而縮短，智力的晦昧因了科學進步而明朗。於是有些人以爲宗教的信仰和智力，此後當互相隔離，停止衝突；要信仰，就不能再有理智；要服從理智，就不能再盲然信仰，二者是水火不相容的。

雷南（Renan）稱：「有一天人類要知道，而不必信仰；我們的希望，是用科學方式組織世界」。

裴爾戴洛（Paul Berthelot）說：「世上沒有玄秘，智力都可以瞭解，可以燭照，可以詮釋，可以推翻奇蹟與一般超自然的觀念」。

艾勃拉爾（Abelard）宣稱：「三位一體之道是人類自然信仰之理」。聖伯爾納多則評斷艾氏此語，實破壞公教信仰之功。

我們要澈底認識智力與信仰的關係，先當設置以下幾個必要原則。

壹、原則

一、定義：人用天然顯悟，而能推討領會的自然之理，這是智力的區域；因神的啓示而信從的原理，這是信仰。

二、區別：自然之理由於智力，原爲人性所及；信仰源於天主默示，迥非人力所能。

三、二者沒有衝突。二者都發源於同一天主；一則來自造化人性的天主，一則基於超拔人性的天主。天主既不能自相矛盾，那麽智力和信仰的理由，也當然不能有實際的牴觸。至於表面的衝突，或由於誤會公教之道，或由於太尊重智力，推出的結論。

四、公教的聲明。梵蒂岡大會議宣稱：「人類有自然和超自然兩種知識，其原由及對象亦有區別。前者源於自然的光明，後者源於上主的啓示；前者的對象是智力本能探討的眞理，後者是隱藏於主的神秘，主親告於人，責人信仰，非主默示，無從得知者。至於啓示與跡，與付人自然光明者，爲同一天主；因之不能自相矛盾。且信仰與智力正是相助爲功：純正的智力，發明信仰的基礎，而寶貴的信仰，可以預防智力的錯誤，增加它的知識……」

貳、公教敎義

公教聲稱奧秘的信仰，尤其是三位一體，不能但憑智力而知道，而證明。

第二世紀，聖依勒納（S. Jrénée）稱：「聖子的降生，沒有誰知道，除非是發生的聖父，以及受生的聖子。此理既不能闡述，那麽希望講解的人，必是頭腦不清」。

聖額我略（S. Grégoire de Nanzianze）說：「你聽說天主父生聖子；聖父與聖子共發聖神；你毋庸好奇，而企圖探知其實情。你還不明白你自己，和其它覺官所能證實的事，你怎能癡望確切認識天主，天主的原始，與其偉大」？

聖西廉爾（S. Cyrille de Jerusalem）稱：「你以信德而信主有子，不必知道其實情；因爲這是徒然的。假如你要知道受生者是誰，先當知道誰是生者；假如你不知生者之性，你又何必檢討生的方式」？

聖依賴爾（S. Hilaire）和聖亞笪那（S. Athanase）都稱：「聖子的誕生，是聖父的秘密，人縱然能知道父與子兩句話，而不明瞭這個奧秘。我也是茫然無知；我不求透澈，而却自慰。天神沒有聽過，先知未嘗懂過，宗徒未嘗問過，聖子自己也沒有談過；你不必自怨自艾」！

聖多瑪斯總撮公教相傳之道，說：「人不能但靠智力，而明瞭天主三位一體之理。人企圖證明聖三，即已違犯信德：一則，他低看此一眞理的對象；他想透澈在智力以上的無形事實；一則，他妨碍此一眞理之傳佈；他要用無從指明的理由，證實信理，而使教外者譏諷，以爲吾們信仰之理由如此而已。關於信德之道，我們對承認　天主或神長的）權威者，則用權威的原則；對於其他諸人，則祇能證明信仰不背智力原則，或已經證實的眞理」。

叁、智力與信仰携手

智力與信仰携手，當有三個條件：

1 當指示信仰所依據的權威；

2 與理不背智力原則，或其它確實的眞理；

3 雖云奧理神秘，但應當不是純然暗昧的。

我要證明：智力與信仰有以上携手的三個條件：

談到公教權威，則聖三之道基於天主默示：有原神學、聖經、聖師、教史、大會議，以及基督在世代權公教會爲證。

至於智力，和信仰的原則，並無牴觸之處，難者說：聖三之道有違恒等方程式；因爲多種事物與某種事物同一者，它們中也是同一的；然而天主三位是與主體同一的；所以三位中也是同一的。可是天主聖三之奧理則不然；雖然三位與主體是同一的，而依然互分；所以這個奧理有違恒等方程式的原則。

我答覆說：天主三位果然和主體同一，僅有這一個體；可是三位還是可能地（virtualiter）分析。這個蘊藏力的分析，第一，是基於人智力的脆弱；她不能一目了然，而祇能分次探求；其次，基於主體的無限全備；人體是有限的，她只能存在一個位上，而主體則無限，她得存在三位上。最後，當知解釋奧理的語句，雖然也是啓示的聖神所擇取的，可是終究是人的口氣；這些詞句依然是推類相似的。由此觀之：天主聖三的奧理，未嘗違背智力的原則。

肆、智力不能昭然證明三位一體

利夏爾（Richard de S. Victor）稱：「我已在書本上指出應當信仰聖三的必要理由；……我們證明三位一體的理論如此明晰，反對者可謂「麻木不仁」！十八世紀有路爾（Raymond Lull），十九世紀有孔戴爾（Günther）主張智力能解釋一般奧理。羅斯彌尼（Rosmini）稱：「天主聖三之道一旦啓示於人，人可以消極的，間接的證明它；而成為科學的眞理了！」

一八八七年十二月十四日，教會對以上謬說加以申斥。

天主聖三的奧理，不是智力所能認識的；即使默示之後，人類的智力也不能昭然理證。那麼聖三之道，純然是暗昧，不清楚麼？不是的，效果上常帶原因的痕迹；世界是聖三的工作，當然蛛絲馬跡，也有幾個印像存在，這是哲學上所說的推類的相似。

聖神默示我在主應當分別父、子及聖神；聖神由父與子共發；子是父的言，聖神是愛。這些詞句，都從受造物，借用而得，是類推的。

我們知道唯一無二不是品位的，而是數字的；所以三位的分析，也不是依據絕對體，而是依據父、子與聖神的關係的。我們想像聖子是天主父自無始時認識自己的內言；然而天主也自愛；他識己而自愛；愛情從識己的天主父，同時也從受識的主言發出；這父與子之愛，即是聖神。

智力依據自然的，默示的，或二者摻和的類推，得到一種聖三的觀念。當然這觀念不得作爲奧理存在的明證，也未嘗許可我透澈聖三的深奧；然而它予吾關於奧理的若干見解，至少使吾明白這不是違反智力的。

一九四八、二、五日於工商學院

苦難新觀

程石泉

孟子有云：「天之將降大任於斯人也，必先苦其心志，勞其筋骨，餓其體膚，困乏其身。」希臘哲人亞里士多德則謂：「人之品德優者，其生也應樂；其死也必慘。蓋人爵易修，而天爵難求。必知其事，故哀痛愈甚矣。」於中國回也大賢，而不幸短命；丘也至聖，而不幸困厄；他如義士殞亡，元良見害，更史不絕書。故江文通有詞曰：「自古皆有死，莫不飲恨而吞聲。」可謂言出至情，叩人心扉。

苦難之爲物，實與生以俱來：其一則生命苦短；其二則生離死別；其三則貧老病弱；其四則感時喪遇。凡屬明知開悟者，因觸而感，或默識而心傷，或唏噓而殞淚；有則憤發；有則縱情；有則弱不自勝，輕生以死；有則故爲狡獪，樂天知命以自詡。稽乎史乘，而尋其論據：依於儒行，以衡論儒家，似類於希臘英雄時代之精神：「惟以其生之短也，故當努力，以效當年之用。是以貴忠履信以進德，修詞立誠以居業。」據莊周以論道家則似類乎斯多亞學派：「惟以人生苦難之紛紛也，何若安時順處，哀樂不淫。」觀於古詩十九首之作者，與夫魏晉六朝人之生命情調，則頗似依璧鳩盧學派。所謂「寓形宇內復幾時，曷不委心任去留。」此種比擬，蓋所以方便說辭。若以君子儒較諸希臘悲劇英雄，則儒者失在平淡，而無悲壯情調。但悲劇英雄，乃狂狷者流，失在輕生。若以莊子較諸斯多亞學派中人，則莊生爲曠達，爲高明；斯多亞學派中人失諸冷淡，失諸寡情。玆限於篇幅，未容多論。

今略述希臘各派對於苦難所持之態度，並論其得失；進而稱道耶穌苦難，使吾人獲一新觀念，以爲開拓人生新境界之啓示：

荷馬於伊里亞德中有謂：「春草萋兮秋風驚；秋風能兮春草生。人何世而弗新；世何人之能故。」悲劇詩人愛斯奇勒斯則謂：「慘哉人之所以爲人也！今之藻扃黼帳，歌臺舞閣，瞬即薰歇燼滅，光沉響絕。」蓋此時之希臘人，正當青春年少，居一滿藏誘惑之世界中，鬥志滿腹，輒遭礙障。於是默察靜觀，但感生命苦短，良景易逝。此乃對於生命悲劇含義之第一步瞭悟也。

惟人之生也，究不應若是之茫茫。故沙皮東（Sarpedon）（事見荷馬史詩伊里亞德）於臨陣之前，猶共話知好：「今日之戰，若吾幸而得免，吾將留名青史而永垂不朽矣。若吾今日不能於最前線以効命，吾亦不欲他人先吾而立功。但死者已萬計，伏尸吾前，吾今且勇往以赴。諸死者或將因吾而永獲光榮；吾或將因諸死者而得超生矣。」此種推論，容或奇特。沙皮東若遇依壁鳩盧學派中人則當勸以「且飽酒肉，以待來朝。」庸愼者流，且將斥之爲輕生矣。惟希臘悲劇時代之哲人，則有背於是。當進而鼓勵之曰：「人之生也有涯，而事功也無窮。盡吾性以暢吾情兮，光陰切勿虛擲。惟以生之短而死之必兮，容吾以竟行！時兮不再，且勿稍留。」品達（Pindar）於奧林坪英雄禮讚中，曾記競技中一英雄，目睹十三人伏尸於前，乃慷慨陳詞：「惟因吾等必死，爲何遯跡黑暗，以待老之將至，而無份於偉大之事功乎？行哉！行哉！吾願吾於此鬥爭中，一現身手。」蓋此時希臘人已感生命苦難無可如何。每好作慷慨激昂之語，以自策自勵。其勇敢趨赴之情，雖足稱道；但其於苦難之所以爲苦難，則殊無瞭悟。故其作業祗限於悲劇扮演而已。

後之斯多亞學派中人，謂人生之善，乃一種精神之善。基於意欲，本乎行動。此乃苦難、貧弱、失敗、死亡所不能動搖者。但此輩中人，對於生離死別之事，似又不能忘情於懷。因之依壁克推特士（Epictetus）有謂：「愍哉妄也！君欲君之妻子、兒女、朋友與君厮守終生，此君之所希冀者，乃君權力以外之事也。君必須時時自作告誡：君之所愛者，非君之物，亦非永存之物，乃暫以予君者。吻君之子，應記：『明日汝將死』。逢君之友，應記：『與君當別離，勢必參與商。』」此與莊生妻死，鼓盆而歌，同一意趣。事之冷酷無情，蓋無過於此矣。故斯多亞學派雖崇理性，愛智慧，而終於達情悖理，昧於大道。

惟救世主耶穌之一生，乃苦難與慈愛之交流。既不同於依壁鳩盧派溺情歡樂，逃避苦難。又不同於斯多亞派之悖情違理，否認苦難。蓋苦難、哀傷與罪惡，既非心理之幻構；又非感情之偏見。乃人類生活中至眞至實者。耶穌受命於大父。（按公教教義：天主一體三位：聖父、聖子、聖神。三位無大無小，無先無後，共是一性一體一個天主），遭受萬般苦難；肩担人類罪惡。始則降生於馬廐之中，寒微悽涼，無人瞅睬。殊不知此寒微之馬廐，乃福音播揚之聖地。凡鰥、寡、孤、獨、疾、病、殘、廢、窮、苦、無告者，諦福音而昭蘇。凡富、貴、驕、奢、淫、侈、殘、暴、凶、惡、無恥者，諦福音而警戒。當時俗人淺見，知之者少，信之者寡，故耶穌生時備嘗詬罵、石擊、飢、寒、凌辱之苦；頻遭荒郊、曠野、海洋、風暴之厄。終則不見容於時，爲假信徒所出賣，蒙暴吏之誣讞，在加爾瓦略山，飲苦胆之酒，被釘十字架上。羅馬兵丁深恐耶穌死而復活，以長矛刺心。綜觀耶穌生時與死時，可謂慘絕人寰。但耶穌之使命，則以其死而大白。其使命爲何？蓋所以示聖父之愛，以「人子」之犧牲，救贖人類於苦海也。耶穌之使命，雖爲愛，而其工作，則爲捨。唯以其愛，是故能捨；捨而至乎其極，則備歷艱苦，終於捐棄血肉之軀。就耶穌之人性言，其生命譬如織錦，而苦難則爲錦上之花。又譬如果實，而苦難則爲果中芳汁。此於前人之規避苦難，否認苦難者，大異其趣。

自耶穌死後，苦難則爲宗徒與信徒們生活之必需品。正如聖保祿致書格林多教友有謂：「耶穌基利斯督於吾人苦難中，備致安慰，使吾人亦能以同樣之安慰，安慰苦難中之人人。蓋耶穌之苦難，充滿吾人心中，而吾人之安慰，亦自基利斯督以得之。若吾人在苦難之中，適正所以安慰君等爲君等贖罪者也；若吾人獲得安慰，亦必因君等已獲得安慰。且此種安慰，必將於苦難之堅忍中得之，於此吾人已備嘗之矣。」蓋必先與耶穌同苦，方能與耶穌同樂。凡能審知此意者，雖在苦難中，亦必喜悅。

因苦難而生忍耐；因忍耐而生試練；因試練而生盼望，心存盼望，方不蒙羞辱。是故能謙卑自抑，甘居軟弱。他人目之爲羔羊，宰之而不死；他人目之爲待殺之囚，但死而復活。是故聖保祿有謂：「吾人雖四方受迫，但不困頓；雖當苦惱，但不失望；雖遇窘逼，但不離棄；雖遭打擊，但不毀滅。吾人背負耶穌苦像以俱行，吾人期待耶穌之生命藉吾人之身體以顯示。蓋吾人今日之生命，準備爲耶穌而得解脫，所以期待耶穌生命，在吾人世俗肉體中，顯示衆人也。」此所以用苦難而堅强吾人之望德者也。

聖保祿宗徒本此望德，故能履險如夷，雖屢歷艱苦，而信德愈堅。觀其自述：「猶太人鞭我五次，每次缺一爲四十鞭；受棍打者三次；被石擊者一次；遇翻船者三次；沉於深海者凡一晝夜；途程中屢遭大川之困；盜賊之禍；邦人之害；外人之欺；入城遇兇；居野蒙難；航海遇險；交友受騙；但每値守夜，忍飢耐渴；嚴守齋戒，不敢飽食；更多凍餒，無衣蔽體，猶須日夜焦心，操持各處教務，其以軟弱自役者，吾則以軟弱答之；其行將躓仆者，吾則焦灼如焚矣。若吾亦有足以自榮者，則吾之軟弱可以自榮矣！」於此足覘保祿宗徒肉體之苦。但吾人實不應忘其精神之樂。蓋在世之苦，無論其如何深切，若較諸來世永生之樂，眞不可以道里計也。

吾人須知十字架之苦路，原爲永生之捷徑。吾人但患今日心志之苦未足；筋骨之勞未瘁；一日聖寵有加，使吾人亦得肖乎耶穌，無窮美善，可得以語言文字表達耶！是則今之苦難云乎哉？云乎哉？

羅雅谷比例規解之藍本

嚴敦傑

方杰人先生撰「伽利略與科學輸入我國之關係」曾言：「比例規亦伽氏所發明，羅雅谷著有比例規解」。予近瀏覽西算史，知羅書依據之藍本，實即伽氏所撰之 Le Operazioni del Compasso Geometrico et Militare (Padua 1606) 一書；伽書原文未見，西算史專家美國司密斯氏 (D. E. Smith) 有節譯本，載氏所輯數學原本(Source Book in Mathematics)中，茲論所據者，即此節譯本也。

伽氏原書凡六章：首章算術線(Arithematic line)，論(一)線之平分，(二)求線之分數，(三)比例圖形，(四)正三率，(五 反三率，(六)兌換，(七)複利息，第二章幾何線(Geometric line)，第三章立體線(Stereometric line)，第四章金屬線(Metallic line)，第五章測量，第六章論關於象限；羅雅谷之比例規解分十線：平分線，分面線，更面線，分體線，更體線，分弦線，節氣線，時刻線，表心線，金線，可謂大部取自伽書，尤以金線與伽氏原義原術全相吻合，伽書首章（一）內有極短線之平分，羅書第一平分線用法一內正有求極微分法，羅書用法七有言曰：「此正三率法，九章中名異乘同除也。」三率之名，與原文（英譯）Rule of Three 正復相同。（同文算指：三率準測法，原文 Regula Trium，變測法，原文 Regula Trium eversa，重準測法，原文 Regula trium composita)

羅氏序云：「近西設立籌法，似更超越千古，至幾何家用法，則籌有所不盡者，而量該之，不能不藉以為用，今絲幾何六卷六題，推顯比例規尺一器，其用至廣，其法至妙，功倍用捷，為造瑪得瑪第嘉 Mathematica 最近之津梁也，昔在上海，曾為徐宗伯造其尺，而未暇譯書，今奉旨修曆，兼用廠庠之法，思此小器為用既廣，曷敢祕而不傳。第中西文字絕不相同，終困艱澀而輟譯，是坐令此器不得其用，不甚可惜哉，因草創成書，請教宗伯，此器倘為用于世也，則潤色之，增補之，定有其時，而谷之文或見亮於天下後世也矣。」籌法羅氏別有「籌算」一書，此非我國古代之籌，乃當時歐洲流行之納白爾籌（Napier Rod），予別有文論之，所云幾何六卷六題，即幾何原本：「兩三角形之一角等，而等角旁之各兩邊比例等，即兩形為等角形，而對各相似邊之角相等。」（天學初函本）為比例規尺原理所在也。

比例規尺非今之所謂圓規，「因度用數，闔闢其尺，以規揣度，得算最捷」，其形象規，故名比例規，羅書有比例規圖凡二式，其第二式與伽氏原圖相同，刻於尺上之分線亦然；伽氏書於一六〇六年出版，羅書序崇禎三年（一六三〇），後二十四年，伽氏卒一六四二年，前十二年，地互數萬里，伽氏焉知其撰述生前已介紹來華矣，傳教士轉播文化之功，豈可泯滅哉？（伽氏學說介紹來華，已散見新法曆書各卷，而專論一問題全書之譯述，實以比例規解為嚆矢。）

羅氏介紹之比例規，當時國人即有撰述為之闡揚，嘉興陳藎謨撰度算解一卷，自序云：「西人有籌算一則，載在崇禎曆書，已極數學之簡捷，又有比例規者，簡捷更倍焉，但限在徑尺，纖忽秒芒，不能畢備，與籌算珠算互有低昂，因輯是篇，拓其精微，刪其晦澀，存十線之略，廣未及之蘊，使學人知以度算者，自此始。」（陳氏譯比例規算爲度算，甚爲恰當），稍後則梅文鼎（一六三三—一七二一）撰度算釋例二卷（一七一七），其自序云：「至比例規一種，用兩尺張翕以差多寡，與牙籌之衡縮進退，珠盤之上下推移，理亦相通，而爲製特簡，因爲之校註，稍發明之，屬弟文鼐爲之算例，大方伯年公博雅好古，尤深於制器尚象之旨，玆涖治江邦，臨下以簡，庶政多暇，得親承緒論，觀所藏奇書奇器，語及尺算，謹以稿本請政，謬蒙許可，欲爲之流通，以資學者，甚盛心也。」年方伯爲年羹堯，所云奇器，或與鄧玉函奇器圖說一書有關，蓋當時皆指西洋器具而言。年羹堯弟希堯，著有視學一書。（向覺明先生有傳鈔本。）多採西法，可見當時名公鉅卿慕西學之盛。

梅氏撰此書已年高八十五歲，羅氏原書間有誤訛，梅書目錄後有言曰：「良由倣造者衆，未必深知法意，沒致承訛，或譯書時語言不能盡解，而强以意通，遂多舛誤耳，今於其似是而非之處，徹底釐清，以合測量止理，起立法之人於九京，必當莫逆」，梅氏尚不知立法者乃科學大家伽利略，伽氏爲當時歐洲物理學泰斗，其後牛頓關於力學上之貢獻，深受伽氏學說之影響，而梅文鼎與牛頓生約同時，亦發明伽氏學說，東西輝映，允爲史料美談也。

又方中通撰數度衍（一七二一），其第五卷爲尺算，亦即詳比例規之用，方氏於卷首有四算說，「乘莫善於籌，除莫善於筆，加減莫善於珠，比例莫善於尺，」併籌、筆、珠、尺，謂之四算，內惟珠算爲國粹外，籌爲納白爾籌，筆爲同文算指所載歐洲通行之帆船法，（Galley method），尺則伽利略之比例規，均屬西法，西風之流傳，於此可見矣。

…………

本文脫稿後，得讀北堂圖書館拉丁文書目錄，該目編號 1655 有伽利略之 De Proportionum instrumento a se invento 一書，羅雅谷比例規解或以此書爲藍本，惟此拉丁文本之祖本，當仍爲上所云之義大利文原本也。北堂拉丁文書目內容豐富，且多天算書，爲前此討論明清間西洋天算輸入史所不及者，容另文介紹之。敦傑附識。

跋康熙甲午瞻禮齋期表

嚴敦傑

康熙五十三年歲次甲午天主聖教瞻禮齋期表一頁，原藏北堂圖書館惠澤霖司鐸，上智編譯館館刊二卷六期據以影印，首列十二月二十四節氣，次列每月星期日及「齋期」；節氣六月十二日大暑，二十八日立秋，相距十六日，十二月初一日小寒，十五日大寒，相距十四日，此乃用定氣之法，歷象考成前編上卷四節氣時刻云：「古曆節氣之日時有二：其一取周歲之日，三百六十五日有奇，二十四分之，得一十五日有餘，爲節爲氣，其日相等，以之頒曆授時，置閏成歲，名爲恒氣；其一取周天之度，二十四分之，得一十五度有餘，爲節爲氣，其度相等，以步躔離，推朓朒，名爲定氣，言以日躔之度爲定，而不問日時之多寡也，因日行有盈縮，故各節氣度數雖等，而日時不定，今頒曆亦用定氣，故冬至至小寒止十四日有餘，夏至至小暑則十六日不足，且每年不同，蓋有加減可推，務求密合於天行也。」曆象考成前編乃本西洋新法曆書，亦即湯若望等纂修之崇禎曆書，然於湯若望之前，陽瑪諾天問略已述定氣之理：「于夏有以十六日日行黃道之十五度而一節氣足，于冬有以十四日日行黃道之十五度而一節氣足，」是也。清汪日楨古今推步考言：「順治二年，始用前編時憲書法定朔定氣，至康熙四年，凡二十一年，康熙五年仍用大統法（定朔恒氣），推算至康熙八年，凡四年，康熙九年復用前編法。」此中間用四年之定朔恒氣，即楊光先爲欽天監正時所主，不得已摘謬十論中「二謬一月有三節氣之新」，「三謬二至二分長短之新，」均對定氣而發，楊光先不明曆學，固執成見，莫此爲甚，其實古人論曆，非不知定氣，隋劉焯皇極曆，已論日行有盈縮而立躔衰御之，算造泥于舊聞，仍以平氣注曆，必待千百年後西洋人之決定，始爲採用，國人之積習難破，於此可見，用定氣爲西教士之功，而本表爲西教士之「具注曆」，故特列節氣一欄，以移民風，以驗天時。

梅文鼎（註一）撰西國月日考內「考泰西天主降生年月」曰：「據天地儀書，（註二）耶穌降生至崇禎庚辰一千六百四十年，算至康熙庚午一千六百九十年，查康熙戊辰年瞻禮單，誕辰在冬至後四日，日躔箕宿七度，逆推漢哀帝庚申，約差二十四度，則是當時冬至在斗宿之末，約計耶穌降生在冬至前二十餘日，爲小寒後四五日也。」三統曆上元庚戌至漢哀帝元壽二年庚申，積一十四萬三千二百三十一年算上，入天統一百零四歲，冬至大餘六，小餘二十六，大餘命甲子算外（天統甲子統），得日辰己巳，即元壽二年十一月十日己巳冬至，西曆紀元前一年十二月二十五日當元壽二年十一月十二日辛未，後冬至二日，梅氏以日躔度上推，猶以康熙年所用之定氣，逆溯漢哀帝時之恒氣，其致誤之一，又西曆於一五八二年曾縮短十日，梅氏不知，其致誤之二，故相差懸殊也。又其「考曆書所記西國年月」有云：「今查瞻禮單，康熙丁卯年正月十八丁酉日，應西曆三月初一日，……。」據此知瞻禮單尚注有西曆，與本表僅爲中曆者不同，梅氏又云：「二法相較差十度，必是改憲，抑彼有多國各一其法耶？」又云：「按今之斗四度，是星紀十度，　逆推前此六百六十餘年，　則正是冬至日躔之度也，當此北宋之初，瞻禮單必是此時所定。」又云：「若曆書所載斗十四度，則又在其前六百六十年，距今丁卯共有一千三百二十餘年，當在漢時，蓋其時冬至日躔斗十四度，故以爲歲首，意者曆書所載，故是古法，而瞻禮單所定乃是新率耶？則耶穌新教之起，必不太遠。」梅氏若知格里高里第十三，於西曆一五八二年以十月五日改爲十月十五日之議，則一切問題均可迎刃矣。

本表所列節氣，均由曆象考成前編步得，茲以後編癸卯元曆（今所用之陰曆，亦即以癸卯元曆推算）驗之，得本年天正冬至分九千四百一十五秒三〇二二，年根三分二十三秒五十五微，最卑行七度五十八分五秒二十四微，本年正月初六日太陽實行子宮二十九度三十三分七秒，初七日實行亥宮初度四十三分一十七秒，二十一日實行亥宮一十四度四十五分五十七秒，二十二日實行亥宮一十五度四十五分五十二秒，二月初六日實行亥宮二十九度四十一分三十一秒，初七日實行戌宮初度四十分五十七秒，二十一日實行戌宮一十四度二十九分二十七秒，二十二日實行戌宮一十五度二十八分二十二秒，三月初七日實行戌宮二十九度九分四十六秒，初八日實行酉宮初度八分四秒，二十三日實行酉宮一十四度四十一分一秒，二十四日實行酉宮一十五度三十八分三十八秒，四月初八日實行酉宮二十九度七分五十秒，初九日實行申宮初度六分五十六秒，二十四日實行申宮一十四度二十七分二十二秒，二十五日實行申宮一十五度二十四分四十一秒，五月十一日實行申宮二十九度四十四分一十二秒，十二日實行未宮初度三十九分四十四秒，二十七日實行未宮一十四度五十八分三十一秒，二十八日實行未宮一十五度五十五分四十五秒，六月十二日實行未宮二十九度一十七分一十五秒，十三日實行午宮初度一十四分三十五秒，二十八日實行午宮一十四度三十六分二十六秒，二十九日實行午宮一十五度三十三分三十四秒，七月十五日實行巳宮初度，三十日實行巳宮一十四度三十二分二十一秒，八月初一日實行巳宮一十五度三十分四十五秒，八月十五日實行巳宮二十九度一十一分三十一秒，十六日實行辰宮初度一十分二十二秒，九月初二日實行辰宮一十四度五十七分三十四秒，初三日實行辰宮一十五度五十七分卒秒，十七日實行辰宮二十九度五十二分三十三秒，十八日實行卯宮初度五十二分二十九秒，十月初二日實行卯宮一十四度五十四分四十五秒，初三日實行卯宮一十五度五十五分九秒，十六日實行卯宮二十九度二分三十四秒，十七日實行寅宮初度一十二分三十三秒，十一月初一日實行寅宮一十四度一十五分三十九秒，初二日實行寅宮一十五度一十六分四十二秒，十六日實行寅宮二十九度三十二分一十五秒，十七日實行丑宮初度三十三分二十六秒，十二月初一日實行丑宮一十四度五十分四十秒，初二日實行丑宮一十五度五十分四十八秒，十五日實行丑宮二十九度八分一十四秒，十六日實行子宮初度九分一十四秒；凡日躔丑宮初度爲冬至，一十五度爲小寒，子宮初度爲大寒，一十五度爲立春，亥宮初度爲雨水，一十五度爲驚蟄，戌宮初度爲春分，一十五度爲清明，酉宮初度爲穀雨，一十五度爲立夏，申宮初度爲小滿，一十五度爲芒種，未宮初度爲夏至，一十五度爲小暑，午宮初度爲大暑，一十五度爲立秋，巳宮初度爲處暑，一十五度爲白露，辰宮初度爲秋分，一十五度爲寒露，卯宮初度爲霜降，一十五度爲立冬，寅宮初度爲小雪，一十五度爲大雪，皆以子正日躔未交節氣宮度者爲交節氣日，已過節氣宮度者爲交節氣次日，今所推與本表全相吻合。（本年距癸卯元共九年，後編爲西教士戴進賢徐懋德等纂修。）

本表「二月十七日主日耶穌復活」，二月十七日當「天主降生一千七百一十四年」四月一日，西曆推復活祭之法：（註三）以紀元年數滿十九去之，餘數爲（A），復以紀元年數一百除之，商數爲（B），餘數爲（C），次以B四除之，商數爲（D），餘數爲（E），次以(B+8)二十五除之，商數爲（F），次以(B−F+1)三除之，商數爲（G），次以(19A+B+15−D−G)三十除之，餘數爲（H），次以C四除之，商數爲（I），餘數爲（K），次以（32+2E+2I−H−K）七除之，餘數爲（L），次以（A+11H+22L）四百五十一除之，商數爲（M），次以（H+L−7M+114）三十一除之，商數爲（N），餘數爲（P），N即復活祭月次，（P+1）即日次，今推一七一四年得各數如下：（A=4, B=17, C=14, D=4, E=1, F=1, G=5, H=9, I=3, K=2, L=1, M=0, N=4, P=0）同四月一日，按復活祭日每年不同，梅勿菴曆算書目云：「嘗於武林遇殷鐸德，言彼國月日又與齋日互異，豈彼中原有各國之正朔不同，而曆書所舉是其一法歟？」其所謂齋日，疑即指復活祭也。

齋期表之編製，今尙不得知其詳，惟當時必有中西曆之對照表，當無可疑，梅文鼎曆學疑問「論歲餘消長」條有云：「今西曆永年表亦同，」此永年表，或指南懷仁編之康熙永年表，或即指當時之西曆表也；以西曆步中曆，要與推算六十甲子有關，西教士中不乏此類人才，宋君榮神父即其傑出者，關於陽曆甲子史實，已故章俊之教授有陽曆甲子考（載數學雜誌一卷一期）一篇，可資參考焉。

梅文鼎曆學疑問補「西法恆星歲即西月日亦即其齋日」一條論齋期表，稱「初造曆書事事闡發，以冀人之信從，惟此齋日，但每歲傳單，伊教不筆于書。」可知當時學者對宗教之客觀態度爲如何也。

民國三十七年二月上海

（註一）梅文鼎爲康熙年間曆算宗匠，故本文均參引其說，以爲佐證，本文所引梅書，據予藏梅氏叢書輯要本。

（註二）熊三拔表度說第三題引天地儀解，與天地儀書當爲一書，梅文鼎曆學疑問「論西曆積年」條三引天地儀書。

（註三）見日本渡邊敏夫著「曆（こよみ）」第四章第六節「宗教上の祭日」，昭和十二年十一月出版，第一三五頁。

代疑編李之藻序之發現

王任光

李之藻楊廷筠均明季杭州人，又同爲天主教教友，與上海徐光啓並稱公教三大柱石。廷筠所撰書如鴞鸞不並鳴說、聖水紀言，與艾儒略共譯之職方外紀等，均得之藻爲之序跋，而代疑編一書獨闕，余久以爲奇。後讀今人楊振鍔楊淇園先生年譜附錄代疑編述略，據霞漳釋行元代疑序略說，知代疑編本有凉庵子序，凉庵子者，李之藻入教後自號也；余因是釋然，顧猶以未得一見爲恨。近讀日本萬延紀元（西曆一八六〇年）翻刻本闢邪集，得釋行元代疑序略說，覺篇中所引文句，甚爲眼熟；乃取今本代疑編閩中林起序與之對讀，則知林序實即行元所見之凉庵子序，欣然如得瓌寶。玆以今本代疑編林序與行元代疑序略說相同者舉之如下：

林序：「蓋道近人者，非其至也；故曰及其至也，聖人有不知不能焉。非聖人安於不知不能，而道其可知可能，惟日孳孳以求知，至知終，故一息不敢少懈也。一翻新解，必一翻討論；一翻異同，必一翻疑辨，然後眞義理從此出焉。……而疑豈道中所禁哉？顧有正疑，有妄疑；……是故僞者之譽我，不若仇者之詰我，……」

行元代疑序略說：「武林楊彌格，襲瑪竇之唾餘，恢耶蘇之誕蹟，刋著代疑篇始末二十四條，而凉庵子者復爲序云。凉庵子不知何許人，想亦彌格之類也。其行過當，其言甚詭，其心實欲反中庸至正之道，而暨挽天下，以鉤奇索隱之術，曰：『道之近人者，非其至也；及其至，聖人有不知不能焉。一翻新解，一翻討論；一翻異同，必一翻疑辨，然後眞義理從此出矣。』余以爲道之近人者，乃其至也。……至於正疑妄疑，譽我詰我等語，是又不自坐其非，而異喙橫言，以掩夫疑者之不必疑也。緣略之而不復贅辨。」

讀上文，可知行元所辨之代疑序即今本林序也，而行元所見者實題「凉庵子」，則今本林序爲凉庵子序無疑，題林起者誤也。

楊廷筠全家本篤佛，而廷筠尤精於佛學，其自佛轉信天主，釋子本已銜恨；後更著書立說，攻斥佛教，代疑編其一也，故釋氏恨之尤深。闢邪集行元除代疑序略說外，尙有非楊篇、爲翼邪者言；蒲陽釋性潡燃犀；蘭谿釋行聞拔邪略引，均係詆毀彌格子者。又釋行元誣經證略曰：「天學證符一書，儒而名者所作也。余始聞之而未敢遽信也；蓋習儒之學者，精儒之理，是非舉動斷不苟焉已也；或再狡醜夷徒浮藉名色，以誘惑愚民，未可知乎？迨親閱其書，稽其實，而信作之者果出於眞者，迺不覺掩卷拊心而深爲長歎也。……余於是不列其姓氏，而特揭之曰：天學證符一書，儒而而（原文如此）名者所作也，亦以見世間儒者果有如是人也。」天學證符不知何人撰，書亦不見，其大旨在說明天主卽吾經傳上帝，除天敎外，其他各敎均爲異端，亦闢佛書也。余頗疑其爲廷筠撰，然未有確證，不敢斷言。如然，則行元所斥「世間儒者果有如是人也」，亦指彌格子也。故廷筠在當日，實爲釋氏羣攻之的。李之藻本不佞佛，入敎後，又專好格物曆算之學，對佛敎未爲十分非難，故釋氏對其亦不甚注意；當時釋子眼光如豆，僅知門戶間事，其不知涼庵子爲何如人，未足怪，更不足謂陋也。

然則涼庵子何以能誤爲「閩中後學林起」？此誤始于何時？林起何人？此皆有待於古本之發現，未可以臆說猜測也。姑識之以俟來者。

三十七，一，二十四。

前文草畢，得讀王重民先生關於楊淇園先生年譜的幾件文檔一文，載南京中央日報方豪司鐸主編之文史周刊第七期（三十五年七月一日），提及代疑編之五個刻本，均見於海外，而余今本代疑編林起序卽涼庵子序一說，更得確實證明。五刻本爲：一溫陵證學堂刻本；二京都領報堂刻本；三河東康丕疆校刻本，三本均有涼庵子序，惟不題年月；四寫刻本，題「提學監察御史武林楊廷筠淇園甫述」末附楊淇園先生超性事蹟，涼庵子序改題爲「天啓辛酉閩中後學林超」；五翻縮本，亦有林超序及超性事蹟。

可知涼庵子序之誤爲閩中林超序，自寫刻本始；林超之誤爲林起，殆由於手民偶誤；惟寫刻本涼庵子作林超，偶誤耶？竄改耶？頗足研究。未知海內外方家，肯賜敎否？

三十七，二，三。

王徵所製奇器輯佚

李宣義

「學以致用」，是以古人之治學也，六藝並重，孔子多能鄙事，而執平御。有唐以來，以科舉進士，學風凋零，考工忌談。涇陽了一道人，迥然異是：治學總期濟世利民，著述不外資心資身，此誠學者之龜鏡也！其生平致用之作甚富，尤以奇器爲首。所製各器，先後彙集刋行者，有：「奇器圖說」三卷、「諸器圖說」一卷，今已六七版矣；次爲「額辣濟亞牖造諸器圖說」（手稿現藏天水圖書館），曾否刋梓，不得而知；然「兩理略」卷二「易閘利運」與「額辣濟亞牖造諸器圖說自記」謂前此業有四伏四活五飛五助及新製諸刻傳之矣，惜至今尙未目遇，悲夫！嘗讀王公著述，見有不少奇器名目，散之各書，而圖說專冊，仍未采得。私念全豹旣不易窺，散逸寧能闕乎？因不辭無才，將管見所及之奇器名目用式，撮錄于后。旨在輯逸，如能故物重光，則吏幸矣！

一、龍尾車—奇器圖說凡例每所用物名目有「龍尾車」一器，兩理略卷一肥城治水：「爰以所製鶴飲、龍尾、恒升、活杓諸器，咸挹水如流……。」又卷三治水議：「爲照本府前已製有龍尾、鶴飲、虹吸、恒升諸水車器具，用力少而水可盡洩，似易取效。」依此「龍尾車」當爲吸水挹水之器具，圖說佚。

二、恒升車—依奇器圖說與兩理略，亦爲取水之器，圖說不詳。

三、活杓—奇器圖說凡例每所用物名目列有「水杓」一器，或即此也。兩理略謂亦挹水之器也，圖說失詳。

四、活閘—兩理略卷一活閘救秧述王公在邯鄲時，以死閘不便，思一活機作閘，一人可啓，一人可閉，遂繪圖口授，令匠人依法製之，甚爲便利。又卷二易閘利運言王公見閘不利於船運，便另造一機器閉啓之閘。—以上兩閘之治法，易閘利運言之彌詳；然其圖式，活閘救秧謂：「其式另彙集各圖說中，茲不贅。」而易閘利運謂該兩閘之圖式，彙集於四伏四活五飛五助及新製起重船機諸器式中。

五、活輥木—忠統日錄下守禦器具圖說謂崇禎元年，忠統軍興，王公曾製一守禦器曰「活輥木」。圖說具載書中。然兩理略卷一懸賞鼓勇：「邰陽馬了貪智巧絕倫，創製兵輪、戰車、……及活動輥木、簡易陷馬筒諸器。」又移木完廪述王公依其友馬了貪所製活輥成式，移木為輥，見者稱神。」依此，「活輥木」原為了貪所發明者，王公曾仿製耳。

六、運重機器、活動地平—兩理略卷二易簡利運記京師將興大工，以大石難運，上下交苦，王公聞之，「因偶思一法，止多造運重機器數十具，皆精鐵為之，與活動地平凡百具，皆堅木為之。不用牛馬，亦不多佔途路，且不必拆碍路房屋，只用三二百夫役，運鋪地平，轉動機器，載石之車，俱從地平上輪轉；機器轉動，人不行而車行，石可隨之自前也。計石之重（依所用言）不及百萬，而余所製機器，一人可起七千多斤。蓋依遠西奇器圖說中諸製，增減裁酌而為之。曾先製一小機人，用一指輕輕轉動，便起百斤之石，易易者。……諸器諸式，悉有成畫成說。」然其成畫成說，究存何處，蓋闕如也。

七、千步弩—諸器圖說連弩散形圖說與忠統日錄下連弩說均謂連弩外，又有千步弩者，其治法是由連弩而益成之，「別有圖說。」額辣濟亞牖造諸器圖說自記，謂千步弩之製法，散逸諸書中。究散於何書，待考。

八、十矢連發弩—額辣濟亞牖造諸器圖說自記謂尚未收輯之器中，有「十矢連發弩」，此弩圖說，不知散於何書，或亦連弩之增減耳。

九、生火機—忠統日錄下守禦器具圖說謂生火機，不用火而萬炮齊發，其器另有專書秘載。奏奴氛日熾人心動搖敬請祈天固本以佑末議疏仝。該專書為何，待考。

十、拒馬刀—忠統日錄下守禦器具圖說：拒馬刀，伏地中，遇賊突起，其圖與說，另有專書秘載。該專書為何，亦待考。

十一、西洋神器測量定表—忠統日錄下守禦器具圖說謂西洋神器測量定表，可發十數里。圖說不知存於何書。

十二、一人坐轉常磨—由十二至二十二，各器皆存目於額辣濟亞牖造諸器圖說自記。

十三、急流河水，逆取高處灌田之器。

十四、活閘自為啓閉，常閘上下轉移之器—此閘絕非前第四目所稱之活閘，該閘已彙入四伏四活五飛五助中；

而此活閘，則王公謂尚未收集。

十五、閘水長短活提

十六、榨油活機

十七、螺絲轉梯

十八、折疊藏梯

十九、袖弩

二十、袖箭

二十一、斷弦箭

二十二、弩彈弓

二十三、活揭竿——活揭竿者，長竿自起，爲力以揭賊人之梯，或其他上城物之器具。圖說俱見忠統日錄下守禦器具圖說。

二十四、活舂竿——活舂竿以長竿繫架上，賊至，猛下放，任何堅實物品，無不搗壞。圖說俱詳守禦器具圖說。

一九四七、十二、十五日

王徵先生簡譜（下）

宋伯胤

崇禎七年甲戌（一六三四）

六十四歲。先生創立仁會於里中。以救饑、衣裸、施診、葬死、舍旅、贖虜、飲渴七端爲急務。凡入會之人，日給銀一分，多出者聽。有會督會輔，專司貯收、易置、傳銀、散給等事。先生爲勗勉會中同志及感發人心之仁念，撰仁會一卷刻行之，俾共遵守。其原刻本今藏巴黎國立圖書館。北平圖書館有攝影本。

崇禎八年乙亥（一六三五）

六十五歲。先生自歸里後，買山樊川之濱。戲字之曰簡而文。日與至戚友朋，讀書琴奕，更唱迭和，成詞曲三闋。曰山居詠，曰山居再詠，曰同春園即事。近者勝利還都之歲，金陵盧冀野先生據三原于氏藏本梓行，題曰山居詠。考山居詠及遺文十四種，俱收入涇獻文存。陝西耆儒張鵬一先生，錄出爲單本。民國二十二年向師覺明遊陝，假抄一副本，刋於北平圖書館館刊第八卷六號，題爲王徵遺文抄。盧氏未言于氏所藏爲何本，余嘗校其異同，發見盧刻本與涇獻文存及王徵遺文抄乖異之處頗多。亦有顯爲盧氏轉抄脫誤者。

崇禎九年丙子（一六三六）

六十六歲。秋八月，陰雨連綿，先生履不出戶者兩旬餘矣。追憶往事，已而成兩理略四卷。自序曰：「以老書生兩作司理，初任平干，再則廣陵，到手事皆平生夢寐所弗及。終日懵然，攢眉作苦，只得抖擻精神，祇憑自家意思作去。獨時將畏天愛人念頭提醒，總求無愧於心。曾書一聯自警曰：『頭上青天，在在明威眞可畏。眼前赤子，人人痛癢總相關。』此外一切世法、官套、時尚弗顧也。于是人見騶從裁減，廚傳弗飾，則有笑其仍是秀才氣者。見不甚作威，不多打人，則有笑其大非理刑體者。見一布一蔬，現價平買，一金一帛，不輕餽遺，則有笑其無揮霍手段遠大作用者。或且笑其質樸無甚風裁，或且笑其古板不善圓活，或且笑其一味實做，不圖赫赫聲譽，如何能做臺省路上人？余聞之不覺自笑，室人輩亦皆私相傳笑，謂人言何其一一相肖若此也。又私相嗟怨曰：『居家時不務正經學業，專做人所不必做之事，忝居官矣，又不自理本等職業，專做人所不肯做之事，無怪作官後，依然還像未作官也。奈之何！奈之何！』余聞之益不覺自笑。詩不云乎：『政事一裨益我，室人交徧謫我。』其殆爲我而作歟？感于人言，深切內訟，因追憶往昔事實數欵，信筆直述于册。又取公移之僅存者，手錄以附，名之曰兩理略，用以自解。」言事欵者，廣平府卷一，揚州府卷二。言公移者，廣平府卷三，揚州府卷四。書中皆實事實錄，無粉飾一如其爲人。原書刻於崇禎丙子。法人伯希和（Paul Pelliot）遊關中，購得嘉慶間刷印本，今藏巴黎國立圖書館。去年陝西高陵縣通遠坊天主堂發現先生遺書殘板六種。內有兩理略一百一十四葉。計卷一，三十三葉。卷二，三十四葉。卷三，十八葉。卷四，二十九葉。

崇禎十年丁丑（一六三七）

六十七歲。是年西士方德望（Etienne Le Fèvre1598—1659）爲先生譯述義大利耶穌會士杜奧定（Augustin Tudeschini1598—1643）東來苦跡，先生筆記之，成杜奧定先生東來渡海苦跡一冊。凡八葉。巴黎國立圖書館有舊抄本。書手甚劣，魯魚滿目，向師覺明於二十七年冬手錄一本，並爲校改誤字。北平圖書館有攝影本。按方德望爲法國耶穌會士，崇禎三年（一六三〇）來華，在陝傳教頗久，足跡遍今漢南各地。鄉人呼之曰：「方土地」。清順治十六年（一六五九）卒。墓在南鄭。杜奧定後德望一年來華，先先生一年辭世。墓在福州海邊。

崇禎十一年戊寅（一六三八）

六十八歲。是年秋先生序刻崇一堂日記隨筆行世。

崇禎十二年己卯（一六三九）

六十九歲。張炳璿授滿城縣令。炳璿於先生爲至戚，亦爲好友，乃爲文賀之曰：「守與令皆親民官，而從來父母之稱，惟令君爲然。正謂其好民所好，惡民所惡，一點愷悌眞心，恰如親父母之與兒女：慮周而神自到，意美而法自良。斯不愧民之父母。吾弟熟悉當世之故，夙曉經濟之猷，一旦得百里而南面之，知必家事視邑，身事視民，不患不以才顯。惟是嚼然不緇，實守父母之繩墨，以愷悌熱腸撫彼困頓憔悴之蒼赤；則吾所致勗於吾弟者，亦吾素所蓄積，而今可見之行事者也」。炳璿以清介不合時，甫匝歲即罷去。

崇禎十六年癸未（一六四三）

七十三歲。十月初六日李自成攻陷潼關，十一日西安不守。自成遣使四出，故以僞命辱薦紳先生。先生知不免，乃手題墓門之石曰：「明進士奉政大夫山東按察司僉事奉敕監遼海軍務了一道人良甫王徵之墓」。旁更署一聯曰：「自成童時，總括孝弟忠恕于一仁，敢謂單傳聖賢之一貫。迄垂老日，不分畏天愛人之兩念，總期自盡心性于兩間。」書訖，付其子永春侄永年曰：「吾不忍七十餘年君親生成之身，辱于賊手。旦夕且求死，死以吾所題字鐫諸墓門。泉下人渠復爲名計，死不忘君，永吾志足矣！」

崇禎十七年甲申（一六四四）

七十四歲。自成遣使至。先生拔所佩高麗刀欲自殺，使前奪刀，刀傷使手。使者虓怒，將縶先生以行。其子永春哀求代縶，先生强相慰勞：「兒代我死，死孝。我矢自死，死忠。雖不能不痛惜，兒願以忠孝死，甘如飴也。」永春見自成，抗聲言曰：「吾父國之大臣，義不可屈。若欲殺之，則有永春之首在。」自成壯而釋之。及歸，先生已於三月初四日捐館矣。

先生屬纊之際，猶緊握張炳璿手，誦所謂：「憂國每含雙眼淚，思君獨抱滿腔愁」之句。絕無一語及他。卒後，鄉人私謚曰端節先生。

梁蒲啓禎野乘王徽傳論曰：「未申之際，蓋難言哉！有必當死而不死者，有可以無死而死者。如公固進不與其憂，而退可避其刃，卒之七日絕粒，談笑就義。眞可以無死而死，乃所謂板蕩忠臣也。其視文山叠山豈有讓哉？」張儀昭曰：「文山乎？叠山乎？光武侯而後法和，不猶繫九鼎于一絲歟？惜乎千秋立眠，六鰲斷擢。總之天實爲之，非人力所能爲也」。（王公像讚）

十二月九日夜寫竟。擱筆時雄鷄唱曉矣。

北平懷仁學會半畝園考略

芸子

舊京園林，盛於朱明，劉侗帝京景物略所載，如成國公適景園、英國公之張園，皆名著一時者。鼎革以後，滄桑屢易，保存無人，遺跡漸湮，適景園猶略存舊稱（今訛爲什錦花園），而張園並其地亦不可考矣。

入清以來，園林亦盛，或承遺跡，或創新構，其著稱南北，名重京師者則有完顏氏之半畝園。園在東城弓弦胡同內牛排子胡同，清初爲李笠翁所創，賈膠侯中丞居之。園中壘石爲山，引水作沼，平台曲室，奧如曠如。當時與笠翁之芥子園（在韓家潭），同爲都門著名別業。至道光初歸完顏氏麟見亭（慶）河帥。大爲修葺，其名益著。純以結構曲折，舖陳古雅見長，富麗而有書卷氣，故尤難得。麟慶鴻雪因緣圖記曾載其全景，可知其勝概。據其所載則園之正堂，名曰雲蔭。其旁軒曰拜石，廊曰曝畫，閣曰近光，齋曰退思，亭曰賞春，室曰凝香。此外有永保尊彝之室、嫏嬛妙境、海棠吟社、玲瓏池館、瀟湘小影、雲容石態、罨秀山房，諸額皆倩其師友書之。自撰雲蔭堂楹帖云：「源溯白山，幸相承七葉金貂，那敢問清風明月。居鄰紫禁，好位置廿年琴鶴，願常依舜日堯天。」又懸梁階平棕竹楹帖云：「文酒聚三楹，晤對間，今今古古。烟霞藏十笏，臥遊邊，水水山山。」頗與其園景相合。雲蔭堂南大池盈畝，池中水亭，雙橋通之，是名流波華館。又有近光樓、先月榭、知止軒、水清華之館、伽藍室諸名。

至於室內陳設，每處專陳一物，震鈞天咫偶聞記之最詳云：「如永保尊彝之室專弆鼎彝。嫏嬛妙境專藏圖書。退思齋專收古琴。拜石軒專陳怪石，供大理石屏有極精者。端硯印章纍纍，甚至楹聯亦磨石爲之，佛寮所供亦爲唐銅鼓石。雲蔭室有流雲槎，爲康對山物，乃木根天然臥榻，寬長皆及丈，儼然一朵紫雲垂地。左眉有趙寒山草篆流雲二字，思翁眉公皆有題字，此物本在康山，阮文達以贈見亭先生者，信鴻寶也」云云。完顏氏本爲勝清右族，簪笏相承，無如完顏氏之盛且遠者。其先出金世宗，清初未入關時，已有顯仕者。順治中阿什坦學士，以理學著，聖祖稱爲一代大儒，即見亭河帥祖也。易朔以還，淩式微矣。園中名物，多已散出，僅知流雲槎猶存，見亭河帥之孫衡亮生都護廳事中。至於園中亭池臺榭，亦已就荒，昔年郭嘯麓秘長曾一修葺，假以讌客，後漸頹廢，由其後裔分租數姓，無人董治，日形殘毀，一世名園，恐將爲適景張園之續矣！余前曾撰文，發表於「故都」第二期，主由負整理故都文物之責者，將此園購歸市有，加以修葺，保存園景舊觀，爲舊都留一園林名構，藉示吾國庭園藝術之精萃。比聞已爲天主教懷仁學會購去，恢復舊觀，或有望乎？

文獻目錄

徐文定公詩文目

徐宗澤遺稿

耶穌像讚
聖母像讚
正道題綱
規誡箴贊
十誡箴贊
克罪七德箴贊
眞福八端箴贊
哀矜十四端
兪子如先生像贊
鐵十字著
先祖事略
先祖妣事略
先考事略
先妣事略
吳孺人行略
與焦老師書
與海翁夫子書
答鄉人書
闢釋氏諸妄
舜之居深山中一章
子曰聽訟吾猶人也一章
毛詩韻譜說
跋二十五言
刻幾何原本序
幾何原本雜議
題幾何原本再校本
簡平儀說序
泰西水法序
刻同文算指序
題測量法義
句股義序
地圓三論
赤道南北兩總星圖叙
甘諸疏序
焦氏澹園續集序
陽明先生批武經序
大司馬海虹先生文集叙
重修天津衛學宮舊碑記
適志齋集原序
自笑札
初夏札
壎吹纏附帖
題歲寒柏圖
賦得玉壺水
題陶士行運甓圖歌

徐文定公詩文目

邊塞苦寒吟
雨霽望西山
賦得草色遙看近若無
曲水流觴
上苑聽新鶯
南郊陪祀有述二首
平諸子五則
治亂在上
能審禍敗
儉德即名清淨
愼獨在一念
免於得人
葩經嫡證序
諮諏偶編
屯田疏稿
墾田　第一
用水　第二
除蝗　第三
禁私鹽　第四
晒鹽　第五
處置宗祿查核邊餉議
勅諭練兵
城守條議
記崇禎二年十一月初四日事
記崇禎二年十一月二十八日事
再陳一得以裨廟勝疏
控陳迎銃事宜疏
續行事宜
破虜之策甚近甚易疏
醜虜暫東綢繆宜亟謹述數言以備戰守疏
聞風憤激直獻芻蕘疏
爲照西洋銃師買銃服效事
爲藥局失火事疏
恭報教演日期疏
西洋神器既見其益宜盡其用疏
鎮臣驟求製銃謹據職掌疏
欽奉明旨謹陳愚見疏
欽奉聖旨復奏疏
處不得不戰之勢宜求必戰必勝疏
欽奉明旨敷陳愚見疏
奉旨後開送兵部咨文
兵法選練百字訣
火攻要略
製藥
練藝條格
束伍條格
形名條格
復某中丞
虜情第一
大征第二
器勝第三
服戎第四
邊備第五
禁旅第六
用人第七
財計第八
營田第九
治曆疏稿
諭督令改修曆法勅
內閣題覆欽天監推算日食前後刻數不對疏

禮部爲日食刻數不對請勑部修改疏
禮部爲奉旨修改曆法開列事宜乞裁疏
禮部題爲奉旨修改曆法開列事宜乞裁疏
恭承恩命謹呈愚見以祈聖明採擇事疏
修改曆法請訪用湯若望疏
修改曆法疏
奉旨回奏疏
因病再申前請以完大典疏
奏呈曆書總目表
奉旨恭進曆書疏
奉旨續進曆書疏
日食分數非多略呈義據以待候驗疏
日食疏
月食疏
月食依法推步具圖呈覽疏
爲月食具圖呈覽乞測驗施行疏
奉旨恭進第三次曆書疏
奏爲月食事
月食乞照前登台實驗疏
奉旨測候月食無憑測驗疏
月食先後各法不同緣由及測驗二法疏
修曆缺員謹申前請以竣大典疏
曆法修正告成書器繕治有待請以李天經任曆局疏
治曆已有成模懇祈恩叙疏
進繳勑印開報錢糧疏
辯學章疏
奏爲方孝儒裔奉祠事
自陳不職乞賜罷斥疏
再瀝血誠辨明寃誣疏
敬陳講筵事宜以裨聖學政事疏
遵例引年懇乞休致疏
恭承明命入直辦事
爲皇第三子擬名疏
懇乞聖慈予假調理
銷假題
衰病實深懇賜罷斥疏
考課無能乞允辭疏
謹遵聖旨入直辦事
恭謝天恩疏
恭謝寫篆進封貴妃册印頒賜
恭謝册封貴妃禮成拜賜疏
恭謝拜賜疏

謹按徐文定公集，自李問漁司鐸於光緒二十二年編印問世，三十四年重爲增訂，至民國二十二年，復經徐潤農司鐸增補；抗戰初年，潤農司鐸謀爲第三次之增訂，且已付印，並寄校樣至昆明，囑余代爲一閱，乃迄至勝利來臨，書仍未出；茲以其目錄刊布於此；本館如經費有着，擬將近年新發現者，彙爲一冊，以饗讀者。博雅君子，如有所藏，幸賜錄寄。　方豪謹識。

呂天齋先生藏王端節公詩文目

李宣義

王端節公徵，明末奇士，余已屢爲文考其行誼，並訪求其遺著，年來所獲，亦頗不少。緣端節公所爲詩文，向無成帙。民國以來，其文集已極罕見，即遺集所增收者，亦不過尺牘十五篇、奏疏三篇、士約兵約及序跋、讚銘、祭文、記揭等共十八篇而已。惟年來宣義所得者，除涇獻詩文存與夫墨蹟四文而外，餘皆零星篇什，頗多殘闕。乃最近忽得睹呂天齋先生所藏王端節公詩文一本，書法端整，文多恩所未見，慶喜萬分。念天下人士，渴望王公遺文久矣，故敬將該集所獨有之篇目，表列于后，以饗同道。

（一）文

創修涇陽會館記

祝少泉張翁壽文

中秋後一日郎景記事

（二）詩

河渠嘆（此與余前次所獲者仝。）

和靖節先生歸去來辭（此與溫氏海印樓名賢詞翰中所收者頗有出入。）

壽詩

題溫與亭海印樓五言古一首

秋日溫與亭招同諸子飲海印樓

送馬貞一

送孫火東歸田

秋意

冬梅

頌唐邑侯政成榮擢

（三）曲

感懷南香子八闋

戲爲射覆語奉和鐵漢先生

從心令

（四）對聯

各聯原本無題，茲略按其文意而爲之目。

簡而文隱居詠聯一

聖母聯一

天主聯二

耶穌聖容聯一

格言聯一

聖教聯一

傳教士聯二

降生聯一

一九四七，十一，廿二，通遠

一四九

書刊評介

一九四七年出版的中文公教書

馮瓚璋

一九四七年是出版界步入困難時期的一個階段：由於外匯的限制，報紙入口的統制，以及生活指數的節節提高，加以各地交通的隔絕，在在都予出版界以致命的打擊，公教出版界自然也不能例外。但在這多方面的艱局下，一九四七年的公教出版事業，仍能超出上年的水準，這不能不歸功於各公教出版社主持者的奮鬥精神。尤其是自去年五月間上海召開了全國公教出版會議和同年八月北平召開了傳教研究週以後，公教出版事業，顯然有了統一的步驟和具體的計劃，因田樞機主教和黎公使的領導有方，相信未來公教出版事業，必能衝破難關，向前邁進：一九四七年的公教出版狀況便可做這大進展的兆端。

為了筆者的孤陋寡聞，下面的書目一定會漏掉許多，沒有被列進去。尤其香港眞理學會出版物，為了該會書目沒有指清那幾種是本年出版的，只好就筆者所知的略具一二。其他西文書籍，因不在本題範圍之內，故未列入。至各地再版書籍，雖有不少名著，只因限於篇幅，也只好割愛了。望各公教出版家不吝指教，俾能完成公教出版報道的任務。筆者幸甚，讀者幸甚！

北平上智編譯館

泡影　周信華著

朝聖行脚　葉秋原著

宇宙觀與人生觀　張永立等著

辭海辭源天主教名詞正誤　王任光著

新俗客問　項退結著

公教與文化　陳哲敏等著

英漢對照愛的科學　吳經熊著　宋超群譯

中國教會體制成立後教省教區分佈圖　劉洪愷繪

合校本大西西泰利先生行蹟　向達校

傳教之研究　于斌等講

一九四七年出版的中文公教書

邊疆公教社會事業　王守禮 著　傅明淵 譯
馬相伯先生文集正編 續編　方豪 編

北平方濟堂聖經學會

智慧書（六種合訂本）　聖經學會編
聖詠集作曲（卷一）　江文也 著

北平普愛堂出版社

文藝月旦（甲集）　善秉仁 著　景明 譯
中共在農村（香港版）　高樂康 著
輔祭規程及彌撒經　葛立模 編
世界大事年表　夏仰聖 著
少年良友　葛立模 編
唱大彌撒中文拼音 聖體降福　葛立模 編
邊疆公教社會事業（與上智編譯館合刊）
經文歌唱本　葛立模 編

天津崇德堂

耶穌在人心中的生活
瑪竇傳的福音　李山甫重譯
降生救世的福音歌劇　李山甫 著
我們的喜訊　侯樹信 著
埋沒的智者（劇本）　李山甫 著
在馬槽前（劇本）　李山甫 著
童年聖經讀本　李山甫 著
欺詐的社會　李山甫 著

香港公教真理學會

西班牙女王伊薩白爾傳　W. T. Walsh著　魏成 譯
進步與宗教　Chr. Dawson著　柳明 譯
色　Martindale 著　劉榮耀 譯
中共在農村　高樂康 著
篤愛之科學　吳經熊原著　陳香伯 譯
（前二種書係與中國公教真理學會合編）
我們的經濟生活　巴純士 著　徐虹磯 譯
民衆讀物小叢刊（十六）種　程野聲主編

成都中西文化研究所

人生問題　文嘉禮 著
（本書現由香港公教真理學會出版）

澳門慈幼印書館

中國歷代名詩一百首　青年文化叢書
十萬問題（一、二、三）　兒童叢書
小賣技者　兒叢
動物世界　兒叢
美畜　兒叢
小學生問答（一、二、三、四、五）　教義
公教感化了他　公教小讀物
異教恩仇　小讀
晨鐘集　小讀
太平洋的背後　小讀
我的懺悔　青年叢書
海豹故事　兒叢
自由樂國　兒叢

上智編譯館館刊 第三卷 第三、四期合刊 一五二

徵徵害了我 兒叢 猛士勇魂 小讀 談談大赦 袖珍叢書
高級古史略 公教史地叢書 玫瑰十字軍 小讀 鐸修正則 世光叢書
如此社會 教義 論小罪 小讀 草履模型裁法指南 教科書
母佑月 小讀 母佑會史略 靈修小叢書 王道與覇道 小說
血露 小讀 聖婦依撒伯爾國后小傳 靈修 眞福斐理尼小傳 靈修
閑話聖衣 小讀 聖達尼老各斯加小傳 靈修 聖婦羅依斯小傳 靈修
小牧童（上下） 小讀 聖買法東小傳 若翰蘇達著 范介萍譯 聖召問題 馮瓚璋編
交友的知識 青叢 宗徒事業之靈魂 永遠的祭司 世光
慈母之聲 兒叢 一九四八年新日曆 青年小說叢書 新編義文課本（一、二） 教科書
四義友 兒叢 鬼窟殲魔記 富貴煙雲（上下） 小說
女巫的約指 兒叢 黑手黨 小說
我的救星 經文 術冠艾月桂小傳 靈修
我的公教信仰（一、二、三）馮瓚璋譯 聖女所斐亞巴拉小傳 靈修

一九四七、二、卅一、於北平懷仁學會

北海偶遇（中篇小說）

武漢大學董太龢教授著（將出版）

這是中國公教小說界的一部傑作，曾在武漢日報上連續刊載。作者希望本館爲印單行本，可是新年以來，一頁的排印工已到了二十萬元，紙張已到了四百萬元一令，一本書的出版，就算公教作家一點稿費或版稅都不要，也要四五千萬元，我們每月的經費遠不到此數，我們爲此事躊躇又躊躇，我們每月一書的計劃，是否從此就得停頓？讓我們先把蘇雪林先生的序文刊布於此，用當介紹。

北海偶遇序

蘇雪林

公教文學在西洋各國雖已成爲一大宗派，在中國，則尚在萌芽時期。我們想讀到一本比較滿意的著作，很不容易。董太龢先生這本書，正如沙漠中一片綠洲，不由叫人眼睛爲之一亮，所以我以很欣幸的心情，向讀者介紹這本著作。

我與董先生的認識，始於民國三十四年，他開始來武大教書之時，當時只知他是學工程的，以爲他腦筋裏除了鉗子、鐵錘、鍋爐、鋼管和一些工程學上的理論之類，不會更有其他的東西。想不到他對於文學的造詣，竟有相當之深，寫的文章，通暢流利，而且落筆如飛，文不加點，一天可寫萬字左右。然而他的作品却並不草率，修辭很秀美，結構很謹嚴，本書情節，雖然單純，而波瀾起伏，枝節橫生，非常引人入勝。即以教外文學而論，這本書也還算得頗爲成功的文藝品。

本書宗旨，無非是借文藝以宣傳宗教，但連篇累牘說教之處雖多，而以襯托得宜，反而使人感覺趣味濃郁，非把全書讀完，不忍釋手，這就是作者力量的表現處。更難得的是，全書除宗教氣氛之外，工科的術語，詞彙，俯拾即是，使得本書又染上一層特殊的工程學色彩。從來學工程的不了解文學，從事文學的又不了解工程，而作者以工程師和工科教授的身份，來寫文學書，竟能叫這兩種距離遠如南北極的學科，捏合而爲一，不是很難得嗎？記得有位公教青年，在武漢日報副刊上看見本書的一部份，遂作文在上智館刊介紹，稱之爲「公教科工性」的小說，我想這個定義下得很不錯。

但本書還有最重要的一點，可說即是本書的中心思想，這便是作者針對著世界潮流與中國現局，提供了一個問題，也就是「愛的哲學」與「恨的哲學」得失的討論。他把書中主角徐瑞基先生作爲一個由「愛的道路」轉入「恨的哲學」的窠巢，體驗過兩者優劣之後而翻然返其故轍的人物。即係本問題具體的解釋。記得去年年底，于斌總主教由美國考察教育歸來，曾於報紙發表一篇談話，大意是現在世界的經濟、政治、哲學都立脚於恨的哲學論點，所以世界產生種種不幸的現象，須知人類之得救，究竟是由於互愛而不由於互恨。大哉言乎！我以爲世界及中國一般迷信恨的哲學的人們，聆此應該猛省了吧。人類自染原罪以來，性靈中便帶了許多罪惡，而自私則爲一切罪惡的根本。自私則必自利，自利則必損他。而恨的哲學遂因之而起。那些恨的哲學家也許有他們的理由，他們說在一切不平等的現象未消滅之前，我們是不配談愛的。宗教家所宣傳的愛的福音，正是一種痲醉品，被壓迫的人對於壓迫者若還存著愛之一念，那就要永遠受欺騙，受虐待，永遠不能翻身了。若恨果然可以消滅世間一切不平等的現象，則恨亦未嘗不可歡迎，但是恨的哲學宣傳多年，結果怎樣？世界的人類，互相猜忌，仇恨，以血眼相視，血口交噴，更以血手互相搏鬥，殺戮。强梁者稱王道霸，善良者藏匿無地。我們這地球已經成了一個洪水猛獸的世界，一個沙漠的天下。我們還要來宣揚恨的哲學嗎？我怕大地有一天要陸沉，人類有一天要胥淪以盡呢。

邪與正，惡與善，虛僞與眞實，黑暗與光明，雖永遠作著鬥爭，而勝利必歸於後者。本書幾個誤入岐途的男女，如徐瑞棊先生，如唐小姐，最後還是捨棄了『恨』的營陣，而奔赴於『愛』的旗幟之下，正預示了這一端鐵的證據。

三十七年一月八日蘇雪林拜序於武昌珞珈寓廬。

公教書刊隨筆

沈德彝

勝利後，公教出版界似乎還熱鬧；像有幾家係黨部或政府支持的書店，他們資本雄厚，歷史攸久，然而有些也只能做到一月一書的成績，而我們幾個出版機關，居然也有出到一月二三書的，好壞且不說，僅就數量言，已足夠我們欣慰了。

然而，一年來，以我茶餘飯後，閱讀公教書刊所得，亦不能沒有失望之處，久欲一吐爲快，投寄上智館刊，不知能借一角餘地，向全國讀者求教否？

一、王鐸何嘗是教友

上海益世報顧頡剛主編史苑第十期（三十五年十一月八日）有魯厂君「記天主教徒王鐸與吳歷」一文，因王鐸（字覺斯，孟津人，明天啓進士，累擢禮部尙書，福王時爲東閣大學士。後降清，官至禮部尙書。博學好古，工詩文，善書山水蘭竹梅石，兼善書。）有一首詩贈湯若望，就確定他是教徒，這樣的考證，眞令人笑掉大牙！「正教奉褒」爲清末黃斐默輯，誤爲湯若望著，撰文失察如此，亦太不經心矣！

二、蘇雪林一變爲修女

最近上海舉行全國天主教教育會議，武漢大學教授女作家蘇雪林被邀出席講演，充任武昌區代表，旅費由武昌教區供給；開會次日，上海益世報之長篇特寫中，竟稱蘇先生為修女，不知讀過「棘心」「綠天」兩小說的人和她的丈夫及朋友見到後作何感想？

三、伏比是南懷仁

香港公教報二二七號（三十六年十二月七日）有一條新聞，標題是「中國康熙十七年間，初次發明蒸汽自動車，」內容是說康熙年間，有一位西洋教士伏比司鐸發明自動車，獻於康熙帝。按伏比原名 Verbiest，他有漢姓名叫南懷仁，稍稍讀過一點中國史的高中學生也知道，而且這件事在三十二年四月十五日的東方雜誌第三十九卷第三號上已由方豪司鐸發表，題名「蒸汽機與火車輪船發明於中國」，同誌三十九卷十八號又刊登現任清華大學機械系教授劉仙洲先生所著之「中國在熱機歷史上之地位」。事隔數年，公教報又為宣傳，而不知 Verbiest 為南懷仁，誠恐教外學者失笑，不能不指出，促請注意。

四、上海主教何儀斯何人？

香港公教報二三六號（三十七年二月八日）有中國著名教徒徐瑪竇逝世消息一則，稱「殯殮之日，上海教區何儀斯主教躬為主持喪禮云云。」讀後大惑不解，因上海主教華姓名為惠濟良，公教書刊上時有其名，且任主教已有二十年，上海公教刊物均為其准印，至少我們亦應該知道他華姓惠，而不能把他的原名 Hauisée 譯為何儀斯，令人不知所指。徐瑪竇亦是周德蓭之誤譯。在中國以中文辦報，對中國教會的歷史和常識，應有最低限度的修養。

五、徐光啓與西洋新法曆書？

上海益世報史苑第六期（三十五年十月十一日）費厂著「讀上海徐光啓與西洋新法曆書」，「西洋新法曆書」是清朝後改的名字，在徐光啓主持修曆時名為「崇禎曆書」，所以這篇文章的題目就根本不通。至於文中謂：「那時徐光啓很相信西洋曆法，所以特別奏明了崇禎皇帝，開局修曆，所修的曆書就是『西洋新法曆書』」。把清朝書名，作為明朝人所著，對公教史與中西交通史沒有下過工夫，而喜輕談公教史實，不知藏拙，他只是令人可笑可憐而已。

還有更可笑的，「正教奉褒」是一本很平常的書，可是在這位先生的文中却說：「正教奉褒這部書，很少有人說見到過，我是在北平一個人家見到的，那時我在北平輔仁大學教書，輔大是天主教辦的，裏面的書神父，聽說我見到這部書，他也想見，那知道這家又把書賣掉了，始終未見到。」讀後眞令人生氣。輔仁的校長陳援庵先生便是一位教史專家，「正教奉褒」在輔大圖書館就有幾部，作者自命爲在輔大教過書，不知他教的是什麼書？如果是冒充的話，那才是文化界的敗類。

哲學概論（甘露叢書）　本館

馬里旦著　戴明我譯

商務印書館發行　定價八元，照加倍成數發售

這是商務印書館代出的甘露叢書的第三本書，亦是最有價值的一本書。前兩本是「西班牙女王伊薩白爾傳」和「進步與宗教」；前者有沈雅秀女士所作書評，在本刊第二卷第四五期發表；後者有吳婉先生的介紹文，載本刊第三卷第一期。我們也已一再介紹甘露叢書是戰時產物，是吳經熊、葉秋原二先生在香港時共同計劃的。

這部書的原作者，是現代著名哲學家馬里旦氏所著，他現任法國駐教廷大使，是新經院哲學現時的泰斗，已無庸我們多爲宣傳；譯者是一位新教友，原是文藝作家，筆名杜衡，所以譯筆的流利優美，也是前兩種

甘露叢書所不能企及的地方。全書正文共達三三四頁，我們還不能詳爲評論，現在先把要目介紹於次：

引言

第一部　哲學的性質

一　嚴格意義的哲學以前的哲學思想
二　蘇格拉底以前的哲學家
三　詭辯派與蘇格拉底
四　柏拉圖與阿里斯多德
五　哲學的定義
六　哲學與特殊科學
七　哲學與神學
八　哲學與常識

第二部　哲學的分類

一　哲學的主要分部
二　論理學
三　算學哲學與自然哲學
四　批判論（認識論）
五　本體論—本質
六　本體論—實體與偶然
七　本體論—實在與潛在
八　神證學（自然神學）
九　藝術哲學　倫理學

結論

文化消息

全國公教大學生指導工作展開

全國天主教大學生，在國立或基督教私立大學就讀的很多，他們都需要教會指導一切。抗戰前，北平的洪闌學會，就是為此而成立的；抗戰期中，在後方共有四個活動地點：一是重慶附近的沙磁區公教同學會，沙是沙坪壩，磁是磁器口，那裏有中央大學、重慶大學、南開大學、社會教育學院等；一是白沙區公教同學會，那裏主要的是國立女子師範學院和幾所中學，這兩處主要的負責人是康思誠司鐸，他是留法老前輩，一直不得志，現任南京區江陰本堂。一是貴州遵義公教青年聯誼會，以浙江大學為主幹，加上五所中學，一所師範學校的公教學生；一是北碚區天主教同學會，這是復旦大學、江蘇醫學院、國立體專、國立音樂院、相伯女中等十幾所中學的學生聯合起來的。這兩處的發起人和指導人都是方豪司鐸。勝利後，北平首先展開工作，王伯尼神父對於北平臨大教友學生的聯繫工作，聽說做得非常好，後來北平各大學天主教同學會也成立了，由樞機委方豪司鐸為指導司鐸；最近方司鐸因事務繁忙，無暇兼顧，已呈請辭職，並由劉復東司鐸繼任。黎公使來到北平，任命卜相賢司鐸担任全國秘書之職，本館最近接到卜司鐸的報告書，謹為披露於後。

逕啓者：兩月前當　黎公使蒞平時，曾致函各教區首長，希望在各教區內指派一位或數位幹練司鐸，担任聯絡和指導各該區教內外大學之公教同學，並囑相賢擔任秘書之職，將各教區工作情形製成報告書，分送各區，以資觀摩。茲僅將北平工作情形，及首次得到十數教區首長之覆函，扼要介紹如後：

南京教區：特委毛振翔司鐸。

上海教區：特委王仁生司鐸。

安慶教區：特委 P. Heras S. J. 司鐸。

杭州教區：特委王克謙司鐸為杭州公教學校指導，杭州有三座專科以上學校，即國立浙江大學、之江大學、國立藝專。並有十數位公教同學。總主教曾考慮喚起學生注意宗教問題的重要，並爲介紹公教教義，及對錯誤學理的辨正。

天津教區：特委瑞士白冷會 P.Georges Sturm 司鐸，現任南開大學德文講師。

太原教區：因總主教目下不在任所，（按現已到任）尚未指定司鐸，但工作已在試辦中，且有成績。

青島教區：特委 P. Gulielmus Bungert, S. V. D. 司鐸。

開封教區：特委 P. Amelio Crotti 司鐸。彼在此項工作上已收成效，在國立河南大學已有七位公教同學，兩位望教同學。公教同學已成立三個聖母軍團。

長沙教區：特委 P. Bernardinus Bonansea O.F.M.司鐸。

重慶教區：尙惟善總主教 Jantzen 準備將座落各大學中心基地一處與建築，（按在沙坪壩）作爲寄宿舍之用，可容六百至八百公教學生。

西安教區：因學生數目衆多，需要兩位司鐸負責，但負責司鐸尙待教區會議指定。

蘭州教區：特委 P. Hermann Möllers S. V. D. 司鐸。

北平大學生之公教活動：

輔仁：公教青年會指導司鐸伏開鵬，於聖誕前第三主日招集教內外大學生舉行和平祈禱會，參加男女同學四百人。

聖母聖心會與公教同學會：去年十二月二十五日聖誕瞻禮，聖母聖心會司鐸在牛排子胡同懷仁學會招集北平各大學公教同學會學生開會，田樞機主教訓話，教外朋友參加者亦不少。

同學會同學會三次到香山、黑山扈遠足，由萬廣禮神父領導。並出刊物一種，名同學會特刊，李君武副主教協助甚多。

英文補習班：萬廣禮神父、姚耀思神父、柯神父在北大（紅樓四院）、師範學院、朝陽學院任英文補習班講師，實爲與教外同學接觸之良機。

國際聲樂會：已見上期本刊文化消息。

退省：在暑假及寒假期間，若干教外大學公教同學舉行退省神工，男同學在耶穌會哲學院舉行，女同學在東單三條胡同聖方濟各會修女主辦聖心學校舉行。

慰問病人：慰問病人固然是我們公教人應盡的義務，也是一種最有效的傳教方法；依本人所知，僅北平城內教外大中學生常有患病者數百人；本人時去訪問，他們無不感激。此後亦常願和我們做朋友，因此也容易引導他們認識天主，領洗進教；最低限度，可以破除成見和隔膜，發生好感；因他們在醫院中，臥病在床，既不能工作，又無娛樂，親友既不在側，同學又忙於應付課業，沒有很多的餘暇去探望他們，但病者並不因此停止活動，尤其在思考方面，恐怕還是最活躍的時刻，因此可能發生許多無謂的煩惱，如果我們在這時期，肯犧牲些時間，本着愛德的精神去探望他們，一方面可以解除他們的煩惱，同時更可乘機談論些人生重要問題，讓他們在病中反省回味，必定有很好的成效。

以上乃北平市公教對大學生活動之一斑，並由十二教區首長覆函中初次得到之報告；此外尚有問題數則，請各方協助，賜以簡明答覆，是荷。特此順頌道安。

秘書　卜相賢謹啓

附上問題請賜答覆

一、貴教區共有多少非公教大學？答：

學校名稱：　答：

教授人數：　答：

同學人數：　答：

二、在每個非公教大學內有多少公教教授？答：

三、……有多少基督教同學？答：

四、……有多少公教同學？答：

五、自去年九月至今年一月有何種公教活動？答：

六、這些公教活動和多少教外同學有了接觸？答：

七、……和多少基督教同學有了接觸？答：

八、……和多少教授有了接觸？答：

請將調查結果，填寫在問題下面，寄至「北平(11)東四北大街船板胡同十八號光啓學院卜相賢院長收」。

天主教教育會議特寫

（上海通訊）此次在上海召開之全國天主教教育會議，最初宣傳是中等教育會議，又稱中小學會議，不管怎樣，會議是開了，形式相當隆重，向中央社及各報送登的消息，也發出不少，宣傳頗爲成功。會議似是教廷公使召集，負教廷重任，總掌河北全省教務，德高望重之田耕莘樞機主教，在華北兵荒馬亂之際，亦抱病出席；于斌總主教由教務協進委員會學校教育組主任高思謙提議担任主席，復由主席提議請高思謙任大會秘書長，一致鼓掌通過。大會開幕日，于總主教重復提出其十年一貫之論調：「眞善美聖」。上海市長派了代表，表示願盡地主之誼，招待一切；教育部長亦有代表，希望注重職業學校，這亦就是全國各地天主教中學所遭遇的新難關。某處天主教想創辦中學一所，當地政府拒絕備案，說是辦職業學校即可通過。倒是開會第一日，震旦女子文理學院教務主任唐樹德姆姆「中國公教學校在地理上之分佈」的演講，還掛上鮮明的地圖，引起不少人注意。大會有良好的表現，即是修女、女教友，甚至基督教徒，都能登壇演講；說是會議，不如說是演講過。然而確實也號召了不少人，像綏遠總主教、太原總主教都飛來出席，輔仁大學也飛來四人，却沒有一個中國人，歷任教育學院院長二十餘年的張懷博士，沒有被邀，上海教友頗爲驚奇，記者亦始終見不到他的影子，一定是沒有來。大會一共七天，二月十五開幕，二十一閉幕，也有向　蔣主席拍電致敬那一套禮節。大會議案，看到報上公布的，只有四條：一是增設大學一所，有些人早有此計劃，此次大會可說天從人願；但決定設在華中，似是要和震旦湊熱鬧，華南華西却被忽略了。一是增設師範學校一所，我們不知道政府能否特別爲了愛護天主教而修改規定，允許有私立師範學校（院？）的存在。如果可能的話，北平上義師範，上海徐匯師範，以已往成績言，以現有設備言，是應該首先恢復的。還有一條議案是向國外募款，這一點恐怕每一教區，每一修會，都早在分別實行。大會是圓滿閉幕了。據估計出席人員的旅費，及大會開支，當在二三十億，或且過之。（嵐）

三年來的貴陽程萬中學

（貴陽通訊）在三十三年冬，湘桂大撤退，敵騎入黔，貴陽告急，學校紛紛他遷，待敵去而元氣已傷，恢復不易，遑言興創；乃貴陽主教蕭士謙，獨毅然決定興辦中學一所，旋奉准於三十四年三月初招收學生。第一任董事長爲楊公達先生，董事有張永立教授、范介萍司鐸、鄧汲謙司鐸等。第一任校長爲英銳良先生。校名程萬中學，以紀念貴州殉教眞福張程萬（大鵬）。是年秋，又添設女中部。男中部本在虎門路，此時讓予女中，男中即遷往和平路天主堂。次年春，擴充正道小學女生部爲女中部，同年冬，又在和平路天主堂右側另建男中部。去年春，全部完成，建築費達四億餘元。乃又繼續女中部未完工程。至高中部建築計劃，則當俟初中第一期畢業後再推行也。現男中部自初一上至初三下共六班，女中部自初一上至初三上共五班，兩部學生合計四百人。一切設備，尙稱充實。而博物標本，因六冲關修道院將數十年積儲之動植礦物標本數百種，全部附與本校，故豐富異常，實爲全省各校之冠。三年來之課外活動，亦博得各方好評。（下略）（陳柏綠）

立委葉秋原先生逝世

中國公教眞理學會創辦人，立法委員，申報主筆，公教教友葉秋原先生，於本年三月二日因患心臟擴大及動脈擴大症，在滬逝世。公教著作家，又弱一個，各方聞訊，莫不哀悼。田樞機主教特定於五日獻祭一台。按氏爲杭州人，早歲研究人類學，留學美國。後由吳經熊先生之勸，在香港入教領洗。著有「震旦人與周口店文化」及「朝聖行脚」，後者由本館出版，乃氏在三十三年赴歐美考察教會文化事業之遊記。近年商務印書館出版之甘露叢書，亦氏所編輯。二月二十八日，田樞機曾偕張維篤主教前往探視；二十九日並有函致本館方豪司鐸，猶談及出書計劃也。

天津公教大學生同學會成立

二月十二日下午三時，天津教區文主教假西開主教府召開在津公教大學生聯歡會，計到五十餘人，文主教、趙副主教、津沽大學劉迺仁校長、南開大學司徒神父、輔仁大學孫志洪、羅啓易神父及天津教區神父修女等二十餘人。開會時首由文主教致詞，大意謂：本人初來天津傳教時，並無公教大學，自耶穌會創辦工商學院，始肇其端；其先人數寥寥，後始漸多，敵僞時遭受摧殘頗大，當茲國土重光，一切漸復其舊，正吾人努力之時。今天津一地之公教大學生已逾六十人，實出意料之外，深願吾等常相聚集，彼此多能聯絡，以期團結一致，共爲教會努力。趙副主教、劉校長、孫志洪神父均相繼致詞。最後爲各大學同學代表致答詞，及餘興多項。又由輔大孫志洪神父發表主教批准正式成立「天津教區大學公教同學會，」當時已於工商、北洋、南開、女師、北大、輔仁、清華、中法等八校中各選代表一人，並公選總會長一人，結果工商史繼先同學以四票當選爲總會長。最後由趙副主教領導，於主教聖堂中，公堂聖體降福，迄六時許盡歡而散。（李紹敏）

上海各大學天主教同學會即將成立

（上海通訊）上海專科以上學校天主教同學會，已於二月二十二日，在震旦大學舉行籌備會，到公教同學三十餘人。沈造新、王仁生二神父蒞會指導。現正草擬章程，籌備一切，並定於三月二十一日下午一時半在震旦大學開成立大會。田樞機主教屆時將頒發訓詞。籌備員爲交通大學董法治同學、同濟大學陳光華同學、上海醫學院李慶貴同學、中國新聞專科學校陳文光同學、震旦大學張斯宏同學、復旦大學王瑞明同學。（王瑞明）

三十七年四月份
上智編譯館出版圖書價目及寄費表

每種購買五冊以上九折，十冊以上八折；同時購買五種以上者，亦以九折優待

書名	著譯者	定價	重量	平掛郵費	航掛郵費
儒教之研究	于斌等譯	60,000元	105公分	4,500元	22,500元
梵諦岡一瞥	張大鈴著	60,000	140	4,500	25,500
宇宙觀與人生觀	張永方等著	30,000	80	4,000	16,000
公教與文化	陳哲敏等著	30,000	70	4,000	16,000
馬相伯先生文集	方豪編	220,000	470	6,000	28,000
馬相伯先生文集續編	方豪編	60,000	115	4,500	22,500
泡影	周信華著	40,000	95	4,000	19,000
合校本大西西泰利先生行蹟	向達校	30,000	60	4,000	13,000
朝聖行腳	裴秋陽著	30,000	60	4,000	13,000
辭海辭源天主教名詞糾謬	王任光著	30,000	55	4,000	13,000
全國教育發展圖	劉洪哲編繪	30,000	35	4,000	10,000
(英漢對照)愛的科學 THE SCIENCE OF LOVE	吳經熊著 宋超群譯	40,000	70	4,000	16,000
澳門公教社會事業	王守禮著 傅明淵譯	70,000	115	4,500	22,500
新經答問	項退結著	50,000	85	4,000	19,000
公教主義	朱晉齋著	40,000	75	4,000	16,500
教育文存	張懷著	50,000	105	4,500	25,500
館刊第一卷(一冊)		15,000	160	4,000	22,000
館刊第二卷第一期		15,000	125	4,500	25,500
館刊第二卷第二期		15,000	100	4,000	19,000
館刊第二卷第三期		15,000	105	4,500	25,500
館刊第二卷第四五合期		30,000	170	4,500	31,500
館刊第二卷第六期		15,000	115	4,500	22,500
館刊第三卷第一期		20,000	75	4,000	16,000
館刊第三卷第二期		20,000	70	4,000	16,000

郵費因常作調整，故無法預計。照最近規定，平寄每一百公分二千元，掛號每件另加二千元，航空每二十公分另加三千元。[illegible]

郵局匯款，務請付匯票上註明北平第七支局，或北平西四牌樓局。

[illegible]代辦，[illegible]以下者。館刊：北平(7)西安門[illegible]北段[illegible]

上智編譯館館刊

第三卷　第五期

中華民國三十七年五月

館址：北平（七）西安門黃城根北段

（本期零售每冊四萬元此為本年五月之定價）

合校本交友論

泰西利瑪竇著　嘉應葉德祿校

新出版　每冊四萬元（五月價）

五月特價三萬元

是書爲利瑪竇來華後，對我國士大夫影響最大之著作，故三百年來版本極多，葉氏校其異同，以成此本。書首有葉氏序及凡例，書末附馮應京及瞿汝夔序。

本館發行部啓事

一　凡購買本館書刊，付足掛號郵費者，未收到時，本館可代爲查詢，但不負補寄之責。

二　關於訂閱鐸聲月刊等項，請逕寄北平西什庫天主堂。

三　本館不收賬房劃款，郵局寄款請書明北平西四第七支局或西四儲匯局，銀行匯款請由北平西單中國、交通、農民、金城四銀行支付。

捐款誌謝

嘉布遺會　一百萬元
趙天爵司鐸　二萬元
王希造司鐸　五萬元
樊恒安主教　一百萬元
北平天主教信友合作社　七十萬元

惠書誌謝

天主教教務協進會贈　China Missionary, vol. I. N. I. 起　福建文化第一卷第一期起十冊
協和大學中國文化研究會贈　協大藝文八冊　文史叢刊五冊
馬駿聲司鐸贈　神修學「聖德的阻礙」一冊
申自天司鐸贈　耶穌基督究竟是誰一冊
胡若時司鐸贈　中西史通二集一冊
澳門慈幼會贈　淘氣的小金一冊　橄欖園一冊　人與狼一冊　巴黎之幼童一冊　最後的聖誕一冊　強蠻的獅子一冊　解放前夜一冊　西伯利亞途中一冊　聖主日禮節袖珍一冊　信友手冊一冊　耶穌聖名宗徒一冊　無玷聖母的愛女一冊
輔大皖籍同學會贈　平准通訊第一期
香港公教眞理學會贈　病態的世界一冊　哲學與宗教一冊

論著

公教前途展望

——巴黎總主教 Suhard 告教友書導言——

蕭賢義譯

大戰結束已經三年，但和平仍未獲得，社會秩序亦未恢復，而且好多地方，依然殺氣充盈，戰雲瀰漫，宮室化為瓦礫，都市變為焦土，戰禍之甚，遠過洪水猛獸，何怪人人談虎色變？然否極泰來，物盡必反，戰爭之兇殘當然可畏，然因破壞而去舊更新，亦足使世界前途大放光明。此種論調，絕非夢中幻想，而實基於至理，現今祇是過渡時代，來日的希望，實在無窮！

今日世界，由於科學發明，而促起動力與速度，於是工廠林立，機械普及，生產增多，遠非昔比，加以交通改善，舟車日新，汽車馳驅於大陸，不患山川阻隔，輪船航行於海面，不復望洋興嘆，飛機超越高空，往返尤為易易，是以五洲近若戶庭，兩極宛如毗鄰，往來頻繁，商業日盛；生產、消費、經濟、財政，逐漸成為國際問題；普通用品來自天涯地角，日常生活，個人繫於羣衆，而思想言論，亦由印刷而傳佈於各處，超越國際的電影，奔馳天下，透過一切的電波，將思想言論，新聞音樂，一視同仁地送達每人；廣播與電視，好似神經與腦髓，指導整個世界，度起一致的生活。

這新的潮流魄力至大，翻山倒海，勢不可遏；其勢力的雄厚令人不可思議；距今二千年前，羅馬黃金時代，形成「地中海世界」的燦爛文化，轟轟烈烈，盛極一時；今日出現的新潮流，不久將來，必於整個世界形成更大的新文化，超越國界，不爲言語、法律等等範圍所限制，這種普遍的文化我們名之曰「世界人文主義」或「新人文主義」。

這「新人文主義」由於己身組織的純一，及其內在原理的作用，縝密完善，絕非東西藝術的組合，或其他混雜的東西所可比倫。

「新人文主義」的技術性格，非常顯著，原因它出自科學，所以熱誠的傾向科學，它的生活在此，它的希望也在此！今後因「新人文主義」的發展，科學知識將取古典文化而代之。好奇心轉移方向；人類將放棄純粹觀念，而注意於有效工作。

「新人文主義」現今已經充分表現：二十年來的世界，異於有史以來的任何時期；這不僅是外面的演變，而實在是基於內在的變動。現今是打破記錄的「人類大團結時代」。

自來分裂的世界，今日形成了超越國界的人類大團結——「新人文主義」，這主義可謂突如其來；那麼將如何應付這「新人文主義」？誰將與以指導？誰將與以援助？誰將與以生命？

非公教徒以爲公教不能負此重任，簡單的理由便是：公教即將滅亡。他們以爲公教將亡，甚爲顯著，理由是人類擴大，公教縮小，已往的信徒數額，相當渺小，厥後叛徒的出現，更是她破產的標記，在過去她爲彌補教內的裂痕，疲於奔命，然而若干民族國家，終於爭先恐後地將她放棄。至於公教的聲勢，更爲衰落！昔日教化的母后，握有教導的全權，金口玉言，違者論罪，愚民之前，作威作福，聲勢之大，舉世無匹。自以爲金城湯池，可垂萬世；而今則焦頭爛額，信仰分裂，怨聲載道，昔日盛業，已不爲人所齒及，且過去依仗權貴，壓迫弱小，重視資產，剝奪貧民，今後則必當同歸於盡。

公教罪惡滿盈，乃人類之大敵，而尤爲新人文主義的大敵；她和新人文主義，不是「不合」，而是相反；此種大害，令人切齒，一息尚存，必當與以殲滅！

關於宇宙，科學講給吾人「時間與空間是一個」，一種起自物質的能力，繼續演進，而爲今日的人類社會，這種定命而向上的革命，由於技術的進步，使人類脫離神話與奴隸性格，更進而入於今日的新人文主義、主持樂觀倫理，並努力於生理、心理及社會等科學，以增進人類的幸福！

公教的宇宙觀主張「神制」與「平衡」，哲學則滯於「凝固」而荒唐的教義；倫理則多尚先天與消極；盡力以階級精神，使人迴避一切反對神制的科學。關於人格，公教又陶鑄些無勇氣，無能幹的敗類；公教使人墮落，引人出世，教人怠於世事，拋棄人間友誼，怯於作戰，怠於工作，更不敢冒險進取；公教人士，由於教育的不良，實非工作之人，何能以征服世界相期？

如此說來，公教如何不被人唾棄？今日人類正在發展，正在興高彩烈地對於更實際更美麗的未來世界，努力工作，此等工作之離棄公教，甚或反對公教，一點也不足為奇；為建設新的世界，人類對公教毫無所求，並且對那完成的時代不必用她來作證人。

至於公教徒方面，則認為公教永存，且為世界所必需。關於公教的進行，以及公教處世的態度，則可以分為兩種，現在約略地分列如下：

一種是保守派，他們的主張和態度是硬性的，不客氣的，不容異己的，百折不撓的；他們以為不是公教將死，而是「新世界」將亡；他們以為「太陽之下，沒有新事。」而所謂「新世界」祇是一種說法；世界由幾種問題脫離公教，並沒有什麼可奇；今日所有的難題，歷史上都已有過，祇是名目不同；關於進步並非公教過遲，祇是人類妄為；一些新的組織，亦如過去的一切，青春既去，終於衰老；對於今日的惡劣處境，我們要靜候天時的轉變，風波既平，眞理終必勝利。

今日公教的危機，在乎附和潮流，公教必須抵抗這永久的誘惑；原因不是公教當附和文化，而是文化當附和公教，故公教不必以不合潮流而自餒，公教必須效法救主，退却惡魔的謊言；現今的一切，都要求公教放棄那主要的使命，便是忠誠無欺地供給人類永生之言；如果公教為求可疑的發展，放棄這專有的權利，那便是自取敗亡。原來公教乃是天主的國家，並不隸屬於此世，所以不要期望消除二者之間的鴻溝；公教須恒久地置身於無休止的擾攘之外；公教對外的唯一態度，便是「不合作」。

在教義方面，假如回憶古來傳統的整個方式，便足證明衛護公教，保障正義的辦法，應當如此；公教雖因自重而陷於孤立，然正義堅決自持，絕不左袒。

關於行事，公教人士須要注意：冒昧進行，不能得到重視與利益，故對外須多加斟酌；信友的任務，祇在實行信條，善作天主的子民，公教必須堅決自持。

責難公教於時事無進取的一派，以為公教必須大事改革：原因是西方公教未曾和社會，一起推進，而凝滯於昔日的封建形式，這在當時，由於教會與公國的生活相同，固定於此種形式，未可厚非，然時至今日，迥非昔比，倘仍度那中古時代的生活，則將不齒於人類，蓋如是則公教祇盤旋於空中，而不入於人世；不以福音中所有的寶藏，來改造現今的社會，並建設將來的世界，而且籌劃失當，坐失良機，致使仇敵於文化及社會各方面，取得領導的地位！

談到各種科學、社會、法律……維新人物，概非公教所有；為基督征取世界，豈可如此作法？然而東隅已逝，桑榆非晚，祇要公教肯以救主的精神，從速入世，仍可得到相當地位，而且是領袖地位。

主張迎合現代潮流的人們，在參加一切文化工作，務須忠誠地尊重整個的信條，擁護聖職人員，以親身所得的閱歷，扶助各級教士，製定有效的傳教方法；他們希望具體的、適合時代的宗教訓導，取締古舊的、迂腐的宣講方式；他們要求實際化的神學，將教理的大端，置於今日神修的中心，並適合其可能造詣的地步；他們使人注意，公教禮儀，多為大衆所不解，因而一般教友認為純粹的宗教儀式，毫無影響於實際生活！公教對此種情形，必當多多努力，激發教友興趣。

這許多的希望與要求，明明表示，公教欲征服世界，便當適應世界的環境。

「拘泥以自保」，「入世以救世」，乃是相反的兩大主張，很多信友不知何適何從；他們既為新思潮所吸引，而又怕偶一不慎誤入歧途；因而瞻前顧後，不知如何是好；然既不能擺脫雙方的爭奪，因而內心焦慮，自知一方面屬於世界，須要盡公民的義務，一方面身為教友，又要負教友的責任，並希望這雙重的任務，都能順利地進行！——

但事與心相違，他們見到世界的厄運將不能遏止地及於公教，因而心內痛苦萬狀；對公教的未來勝利，雖不懷疑，然不能從困難中施以挽救，則心中自爲之感傷不已！

公教與新人文主義，是目前的重大問題，現在無論國內國外，報張雜誌，公共集會，私人談話，對這問題，都在津津有味地研究與討論。

關於所謂公教派別，吾人認爲此種分崩離析的態度是不對的，因爲同室操戈，勢必阻碍前進，這事有關公教的消長存亡，是我們不可不注意的！至於公教的進行方式，必須依照教義與傳統，深切研究，詳細規定。

總之：公教並未衰老，而且前途光明，大可樂觀，這是可以向大家告慰的！（原文未完）

（光啓哲學院）

生命的起源

Bertram C. A. Windle著
宋超羣譯

已故窩雷斯（Alfred Russel Wallace）在他的「論達爾文學說」（倫敦 Macmillan 版，第四七四頁）一書裏指出：當某一新的原因或力量，勢所必然地要出現而發揮出作用時，有機界的發展有三個階段。他說道：「第一個階段，就是當最早的植物細胞或活的原形質初次出現時，由無機物到有機物的轉變。人們常常把這一個階段看作只是化合物複雜性的增加。但隨着有不穩定性產生的複雜性的增加，即使我們承認也可能產生原形質而爲一種化合物，但决不能產生有生的——能生長，能繁殖，能不斷發展，而結果在整個植物界的組織裏變化萬千的原形質。這裏面總有一點什麼東西根本超越了化學變化。第一粒植物細胞在世界上就是一個新奇的東西，它具有許多新的力量——它能從大氣中的二氧化碳裏吸取碳氣；它能作不限定的繁殖。而更奇異的，是它能夠千變萬化，形成各種各色的複雜結構和體制。我們已經可以證明一個新的力在工作，我們就稱這個力是活力，因爲它給某些種類的物質以構成生命的一切特性和氣質。」

有機界發展的階段

生命怎樣發生

窩當斯所指的第二、第三兩個階段，我們在適當的時候當然還要談到，這裏暫且不提。現在我們要討論一下：究竟這個活力是從那裏來的呢？它在地球上又是怎麼發生呢？它不可能一向就早在地球上，這是我們知道的。因為地球曾經有過一段時期，它灼熱得根本就不容有生物獲得瞬息間的存留；那麼，這就很顯然：生命不是從外界輸入地球，當然便是在地球上發生的了。

有些人的確也提出過，認為生命的種子說不定就是由流星，從別的某一行星上攜帶而來。但我們仔細想一想，流星通過大氣迅速下墮時，因和大氣摩擦所發生的强烈熱力，那麼即使它可能攜帶什麼生物以俱來，在下墮的中途也會早被燒死，所以這個理論是不可靠的。不過從我們這本書的觀點看，這個理論是否眞確，並沒有多大關係，我們不必管它。我們要尋求的乃是生命的起源。如果只說生命是從另一個行星而來，這不但不是問題的答案，反倒叫我們還要往後追溯。這就正如我們到了博物館時詢問陳列中的某一古器物的來源，而嚮導告訴我們它是船隻運來，不能滿足我們的好奇心是一樣的。

生命的起源只有兩個解釋：假如它不是自然發生，那便是天主所創造。

自然發生

唯物論者為了這緣故，曾經力圖證明自然發生的眞理，而在不可能證明之中要肯定它的眞理。魏司曼（Weismann）在他的「論文集」（"Essays," Poulton 譯本第三十四頁）裏說道：「雖然一切努力都歸於無效，我們證明不出來，但自然發生在我還是一項邏輯的必然。」這個態度魏司曼已經表現得算是夠清楚的了。

聖多瑪斯與阿微瑟那

但我們在這裏開始討論這個問題的當兒，我們願意請大家記住：在這個自然發生的問題裏，是沒有宗教教條混合在一起的，雖然唯物論者總幻想其中有教條混和着。我們從唯物論的著作看起來，彷彿只要從實驗室的試管裏取出最微小的一片片原形質，便大可以連根帶葉拔除天主教乃至於整個啓示的宗教，而綽綽有餘。這種論斷實在是由於科學界對於教會的教義，以及對於經院哲學時代教會中最優秀作家的見解茫然無知所造成。這裏便有一件極其顯著的事實：德里希（Driesch）在一九一四年印行了一部「活力論的歷史」（History of Vitalism），他竟從亞里斯多德一跳而跳到了范赫爾夢特（Van Helmont），對於聚多瑪斯阿奎那斯或任何經院學者沒有隻字的提及。這自然不能說這是由於聚多瑪斯一派人士的著述沒有價值，因爲凡是熟悉於經院學派關於生命及生命的性質的著作家，是不會認爲經院學派卑不足道的。原因就是在於純粹的無知，而這種無知却只有一個解釋：就是它完全淵源於許多近代作家都薰染了的，對於所謂「黑暗時代」的學者的無理輕視。

在顯微鏡還沒有普遍爲人們熟悉的時候，人們的確全都相信生命是自己自然發生，而事實上他們也唯有這樣相信着，此外他們能想像出什麼呢？蛆就是發生於暴露在空氣中的獸類屍體上的東西，水池中滿擠着生命；據說酸醋裏也胚胎着許多其他種類的有生物。當時根本就沒有方法能夠考查這一切的起源，於是大家就都只有相信生命的自然發生了。聚多瑪斯和經院學派的人士也是這樣相信的，可是他們從來沒有認爲這和造物主存在的信仰有所牴觸。然而這裏也有人攻擊我們，他們說聚多瑪斯不是反對過擁護自然發生理論的阿剌伯唯物論者阿微瑟那（Avicenna）嗎？這個攻擊却是沒有明瞭聚多瑪斯和阿微瑟那二人爭執的眞正意義。事實上他們二位統統都相信自然發生的學說；但我們要知道，阿微瑟那相信的乃是近代唯物論者的說法，就是說：自然發生是自然本身的力量所致，聚多瑪斯却認爲自然發生誠然是自然發生，但這自然發生不是自然自身有此力量，乃是憑藉着造物主爲了這個目的而賦予了它以自然發生的力量。所以，假定自然發生將來有一天會獲得證明，我們的立場還是屹然不動，我們的看法一定會回轉到像聚多瑪斯阿奎那斯當年一樣。化學家們不得不往回走，放棄所謂元素不變（immutability of elements）的理論，假如我們也不得不被迫放棄生物嫡生（Biogenesis）的學說，我們一點也感覺不到損害。沙普神父（Rev. A. B. Sharpe）在他論「基督教義的原則」（“The Principles of Christianity,” London, Catholic Truth Society, P. 59）一書裏說道：「如果生命能夠獲得由物質自然發生的證明，這只是說覺魂或生魂—我們不妨也稱它叫活力素或加以任何其他足以表示有生物身上特殊體力的存在的名詞—爲某種化學組合的結果，而不是像我們假定的，爲造物者的直接工作……。」

生物嬗生或死物化生

生物嬗生或死物化生（Biogenesis or Abiogenesis）的問題—也就是非自然發生或自然發生（non-spontaneous or spontaneous generation）的問題—儘可從純科學觀點求取解答，但隨便怎麼樣的解答，我們認為都無損於我們的教會。

雷底和他的試驗

我們已經知道：在科學發達的早期裏，自然界許多事實彷彿都有過穩健的根據而證明了自然發生的真理。直到發見血液循環的哈維（Harvey）的時代，這個理論才遭遇到嚴重的打擊。但預兆它最後趨於毀滅的第一次真正打擊，乃是一位意大利詩人兼內科醫生雷底（Redi）所給予的。雷底採取了一個很簡單的辦法：他在肉食上面蓋上紗罩，證明肉類在這樣的保護下並不生蛆。因此，這個從前認為是自然發生的證明，這時就再也站立不住了。我們不妨粗略地說，雷底的方法，其實就和使細菌無從生卵的消毒方法相彷彿，假如使細菌不生卵的消毒，就是指着不斷防止有機腐物獲得它適宜的滋養而言 。我們知道後來在這方面的一切偉大進步，也都是採取了這個辦法的。

尼丹和斯帕蘭紮尼

這件事情到了十八世紀末葉，各方面爭執益烈，但令人感覺奇怪的乃是爭執的雙方就是二位天主教的神父。一方面是尼丹（Needham 1713—1781），他支持着自然發生的學說，另一方面是斯帕蘭紮尼（Spallanzani 1729—1709），這個名字是我們以前講到試驗火蛇的再生作用時說起過的，他卻反對自然發生的理論。此外斯帕蘭紮尼還給人們介紹過一項後此一切工作都用作根據的縝密的試驗法，因為他證明了動植物的分泌液如果在經過充分時間的煮沸以後，保存在密封的器皿裏，就不會發生腐敗的現象，並且也不致產生小生物，不然它是要敗壞，而滿生蠕動的小東西的。事情的爭執後來又一度停頓。直到一八五八年，這才出現了一位布歇（Pouchet）；他說他在一種經過消毒而暴露在他相信是清潔空氣中的培養液裏，看到過生物的發展。但布歇所掀起的討論並沒有若何結果，於是法蘭西學院（French Academy）在一八六〇年懸賞徵求解答。

巴斯德

如我們現在大家都知道，這件事情的答案——而且是一個最具結論性的答案，乃是根據雷底首創而經過斯帕蘭紮尼加以完成的路子進行工作的巴斯德氏（Pasteur）找出的。巴斯德給我們確切證明了腐敗及適當的滋養品裏有生組織物體出現的原因，並非自然發生，而是微小的有生物的敗壞，空氣裏是充滿了這樣的微生物的。雷底早就開始了這項發見，他證明過：假如像產卵的蒼蠅一類的東西我們能防止它獲得滋養，蛆虫便沒有產生的可能。斯帕蘭紮曾經比雷底作過更精湛的探討，但當日的科學儀器不足以幫助他完成研究。到了巴斯德的手裏就不同了，他有儀器，又有天才，於是他對於這個問題纔下了結論。可是，那光是就這一類問題到了可以予以如此結束的地步來說，因爲我們必須知道：巴斯德沒有證明自然發生不會發生，而且也沒有人能夠提出一般的否定證明來。巴斯德所證明過的，乃是在前此被認爲證明了自然發生的眞確性的證據裏，沒有一件可以算得實際的證據。所以巴斯德遺留給我們的研究結果是：自然發生或許會產生，甚至也說不定就正在我們的周圍進行，而我們不覺察。假如是這樣，那就是我們無從知道它，因爲我們對於這樣的發生，是連一絲一毫的科學證據都沒有的。今天也許還有極少數的人們堅信自然發生的理論，而認爲它已經有過明證。但是就科學家們對於任何問題能夠見一意致的情形來說，現在大家已是全都深信自然發生的說法整個被攻擊倒了。

近世的論戰

現在還有三種意見是我們不時會遇到的，這裏不妨也提出來說一說：

第一種意見可以說是這樣：「不錯的，自然發生的事，今天沒有，但我相信從前有過。」因此斯賓塞（Herbert Spencer）在一八八六年五月號「十九世紀」雜誌裏曾經發表道：「在遙遠的、過去的一個時期裏，當地面溫度比現在高得多，而自然界其他情況也和我們今天已知的不相同的時候，無機物經過連續的複雜化就產生了有機物質。」我們看一看斯賓塞含含糊糊輕快說一聲「經過連續的複雜化」，就知道他實際是怎樣立言無據了。還有赫胥黎在他的「評論與演講集」（Critiques and Addresses, 第二三九頁）裏一段有名的話：他說假如他被遣派去「觀察地質時期以前那段洪荒時代」，他可以「希望成爲無生物進化到有生原形質的一位證人。」並且，雖然他在一封致查理士・金斯萊（Charles Kingsley）的信中（見「赫胥黎行狀與書信」i., 244）承認嬉生論者（Biogenists）的勝利，他還是主張在某一時期必然有過自然發生的事情，因爲這是「從達爾文學說看起來的必然結果，………。」至於生命由流星從別的某一行星攜帶而來的假說，植物學者賴因克（Reinke）的話早已有那稣會窩斯曼神父（Fr. Wasmann, S. J.）在他的「近代生物學」等書中引述過。賴因克認爲如果不是自然發生說被人們目爲已屬「一蹶不振」而無可挽救，這個假說是永遠不會給想出來的。但斯賓塞和赫胥黎的「挽救」方法就是把它放到一個人類還沒有出現的時期去，這當然是毫無根據的。微耳和（Virchow）一八八七年在威斯巴登（Wiesbaden）一次演講中說道：「我們從來沒有找到過任何有生物，即使就是一個有生元素—譬如說，一顆有生細胞吧—而能夠說它就是同類中的最先的一個。我們也沒有發見過任何化石遺骸，可以說是大概屬於它同類之中第一個人或是自然發生的。」這一段話到今天還是有它的眞理。

當生命初次出現的時候，地球的溫度或許是要比現在高，但無論如何它總不能怎麽高得特別厲害，否則生命根本就不可能出現；即使出現了，也是不會繼續生存的。地球任何時期可能有過的任何溫度狀況、化學或物理的狀況，我們沒有一種不能完全在實驗室裏作小規模的製造；可是到目前爲止，關於有生原形質的產生問題，即使連相近的任何解答，也沒有人獲得過。

第二種意見說：「我們誠然還沒有製造出人工的有生原形質，但是我們快要製造出來啊。」如果預言就是一種最無謂的愚笨，這句話便以可作爲代表。這個希望曾經不時有人表示過，但根據最有資格發言的學者們的意見，我們對於這個希望的實現，比起許多年以前來，也並沒有接近多少。

亨利・洛斯科爵士（Sir Henry Roscoe）在一八八七年就任大英協會（British Association）主席的演講裏說道：「的確有一班人自認可以預測有那麽一天的到來，那時化學家可以藉一連串的努力製造，經由蛋白質進而集合無生物質爲一個有生結構。這從別的觀點看，不管它怎樣說，但化學家只能認爲這樣的問題現時不是他的範圍所可及。我們知道：表現生命最簡單的形式的原形質不是化合物，而是由化合物組成的一個結構。化學家可以用綜合方法連續製造其中組成的任何份子，知沒有根據可以期望這個結構的人工產生，正如他只能想像五倍子酸的綜合會形成人工的五倍子一樣。」

二十四年以後，即一九一一年，另一位大英協會的主席社斐教授（Prof. E. Schäfer）—現在是爵士—又一度預言有生原形質很快就可以製造出來給大家看着。我們知道：凡是向化學和物理學銀行開出誇大的支票的，總是一些生物學者而不是化學家和物理學家。所以在這裏又是一樣被化學家和物理學家一致予以「退票」的答覆，認爲問題還是和先前一樣並沒有更接近的解答。因此這裏我們至少可以說：沒有人敢於斷言有生物質已經有化學家製出過；將來會製造，則僅只是一句預言，而這個預言也許會實現，但也許不會實現。

最後，就是偶然有人也說：雖然有生物質從來還沒有製造過，但有些半活的東西却是人工產生過的。我們的回答是：一種東西必然不是活物，便是死物；我們根本就不可能想像出會有一種半活半死的東西。而這種想像的不可能，正也是最簡單的生命表現和無生物質之間存有一道分界鴻溝的最好的證明。再說，何況這些半生不熟的東西又是已經人們證明，只是可以純粹物理學原則解說的純物理的表現呢？

那麼，生命是怎麼起源的？「天主創造」就是天主教人士的答覆，而且也是全體基督教派人士的答覆。這個簡單的、充足的答覆可以說囊括了一切。賴因克在他的「Einleitung in die theoretische Biolgie」中說道：「如果我們同意有生物是在什麼時期從無機物質而來，在我看來，創造的假說就是惟一可以切合邏輯上和原因上的必然性的學說，而能予謹愼的自然的追求者以答案了。」

那麼我們還有什麼話呢？

葉秋原先生最後遺札（補白）

××吾兄司鐸有道：久不奉書，爲念。弟於舊曆年終「胃部」感覺疼痛，至舊曆元旦，胸前疼痛非凡，難以忍受，注射瑪琲針一次止痛，越三日又痛，又注射一次，二日後復痛，乃往公濟醫院，斷爲心臟作痛，入院調治，經愛克司光及其他診斷後，發見左心臟擴大，總動脈擴大。心頭之痛，自入院調治後漸平。住院十日始返家，雖疼痛已止，精神迄未康復，今日承樞座偕同維篤主教莅舍訪問，盛情至感。樞座來時，曾談起上智館事，弟當告以上智所收稿件，能以上智出爲最佳，但若干稿件，亦可交由其它出版商出版。……如何之處，盼示復。樞座二日飛京，（按爲飛平之誤）順以附問。專頌春祺。弟秋原拜上。二月廿九日。

【編者按】葉秋原先生逝世消息，已見上期本刊，此函作於其逝世前二日，殆爲最後遺札，念念不忘公教出版事業，讀之令人哀悼不已！

葉秋原先生之哀榮

【上海通訊】故立法委員兼申報主筆葉秋原氏，三月四日下午一時在膠州路萬國殯儀館大殮，一時半舉行公祭，到葉氏生前友好陳布雷、董顯光、潘公展、陳訓悆、鍾天心、盛振爲、羅運炎、于斌、程滄波、胡健中、史詠賡、趙敏恒、范爭波、許君遠、汪英賓、唐渭濱、全增嘏、魏景蒙、陳高傭、朱應鵬、章益、唐鳴時、王福厂、瞿鉞、朱志堯、顧守熙、陸英耕、張維明、張維篤、邵洵美、施蟄存，以及美國新聞處處長康納士，善救會救濟院代表及申報同人等中外友好二百餘人，由潘議長公展主祭，禮畢即獻花蓋棺。八日由張維篤主教舉行追思彌撤。上海各界追悼會原定四月十一日舉行，因適在國大開會期內，現改期五月二日舉行。

又葉氏生平致力文章報國，不事生產，故身後蕭條，友好間爲贍養遺族，已發起募款，收到賻金計有香港李祖永五千萬元，申報編輯部同人四千萬元，史詠賡一千萬元，田樞機主教五百萬元，其他致送者尚多。各方致送賻金可由上海申報館及本館轉。

合校本交友論

大西利瑪竇著
嘉應葉德祿校

交友論校例

一、以天學初函理編刻本爲主，校以寶顏堂秘笈本，山林經濟籍本，廣百川學海本，說郛續集本，圖書集成本等翻刻本。

二、小窗別紀本爲節本，鬱岡齋筆麈爲删潤本，四庫全書總目提要雜家存目二所引四則，徐氏筆精引二則亦皆採入。

三、寶顏堂秘笈簡作「秘笈」，山林經濟籍簡作「經濟籍」，廣百川學海簡作「學海」，說郛續集簡作「續說郛」，圖書集成簡作「集成」，小窗別紀簡作「別紀」，鬱岡齋筆麈簡作「筆麈」，四庫全書總目提要簡作「四庫提要」，徐氏筆精簡作「筆精」。

四、鬱岡齋筆麈係删潤本，故删改潤色較多之處，不能一一於詞句中加校語者，則將删潤全文錄於注中，錄全文而不删改者，亦加注明，以明删潤本之優劣。

五、圖書集成本，凡原注小字雙行者，皆改作大字另行，故祇於第一次原注下說明「下同」外，不再一一注明。

合校本交友論

竇也自最（秘笈最作大）西航海入中華，仰大明天子之文德，古先王之遺教，卜室嶺表，星霜亦屢易矣。今年春時，度嶺浮江，抵於金陵，觀上國之光，沾沾自喜，以爲庶幾不負此遊也。遠覽未周，返棹至豫章，停舟南浦，縱目西山，玩奇挹秀，計此地爲至人淵藪也，低回留之不能去。遂舍舟就舍，因而赴見建安王，荷不鄙，許之以長揖賓序，設醴驩甚。王乃移席，握手而言曰：「凡有德行之君子，辱臨吾地，未嘗不請而友且敬之。西（秘笈西上有太字）邦爲道義之邦，願聞其論友道何如？」竇退而從述曩少所聞，輯成友道一帙，敬陳於左。

此小引秘笈列在書名前，題曰：「友論引」；經濟籍、廣學海、續說郛、別紀刪。筆塵文前亦有小引，但非刪改原文而成，文曰：「利君遺余交友論一編，有味哉！其言之也！病懷爲之爽然，勝枚生七發遠矣！使其素熟於中士語言文字，當不止是，乃稍刪潤著於篇」。

吾友（秘笈、經濟籍、廣學海、續說郛、集成、吾友上有「利瑪竇曰」四字。）非他，即我之半（筆塵刪即我之半四字），乃（筆塵乃改作即）第二我也：故當視友如己焉。

友之於（秘笈、經濟籍、廣學海、續說郛、集成、別紀、於作與。）我，雖有二身，二身之內，其心一而已。（筆塵改作：「我與彼二身也，二身之內，其心一而已，夫是謂之友」。）

相須相佑，爲結友之由。

孝子繼父之所交友，如承（別紀無承字）受父之產業矣。（筆麈改作：「孝子繼父之友，如繼其產業焉」。）

時當平居無事，難指友之眞僞，臨難之頃，則友之情顯焉。蓋事急之際：友之眞者益近密；僞者益（別紀益作盡）疏散矣。

有爲之君子，無（筆麈無上增苟字）異仇，必有善（筆麈善改作良）友。（原注：「如無異仇以加儆，必有善友以相資」。筆麈、秘笈、經濟籍、廣學海、續說郛、集成、刪小注。）

交友之先宜察，交（別紀無交字）友之後宜信。（筆麈改作：「未交之先宜察，既交之後宜信」。）

雖智者亦謬計己友，多乎實矣。（原注：「愚人妄自侈口，友似有而還無，智者抑或謬計，友無多而實少」。集成凡原注雙行小字者，皆改作大字另行，以下同。）

友之饋友而望報，非饋也，與市易者等耳。（筆麈改作：「友之饋友而望報焉，非饋也，爲市焉耳矣」。）

友與仇，如樂與鬧，皆以和否辨之耳：故友以和爲本焉。以和，微業長大；以爭，大業消敗。（原注：「樂以導和，鬧則失和，友（秘笈、經濟籍、廣學海、續說郛、集成、友下有相字）和則如樂，仇不和則如鬧」。）

在患時，吾惟喜看友之面，然或患或幸，何時友無有益，憂時減憂；欣時增欣。

仇之惡以殘仇，深於友之愛以恩友（筆麈「仇之惡以殘仇，深於友之愛以恩友」改作：「銜恨每深於懷恩，記仇常切于思友」。）豈不驗世之弱于善，强于惡哉！？

人事情秘笈作人情，別紀作夫事情。頗秘笈、經濟籍、廣學海、續說郛、集成、別紀、無頗字。莫測筆麈改「人事情頗莫測」爲「人情叵測」友誼難憑，今日之友，後或變而成仇；今日之仇，亦或變而爲友，可不敬愼乎？別紀刪今日之仇以下二句。筆麈改：「可不敬愼乎」？爲：「可不懼乎？可不愼乎」？

徒試之于吾幸際，其友不可恃也。原注：「脉以叉（集成叉作左）手驗耳，左手不幸際也」。

既死之友，吾念之無憂秘笈憂作已，蓋在時我有之如何失秘笈、經濟籍、廣學海、續說郛、集成、何作可。，及既亡，念之如猶在焉。

各人不能全盡厥事，故上帝命之交友，以彼此胥助，若使除其道於世者，人類必散壞也。別紀刪若使以下二句。

可以與竭露發予心，始經濟籍、廣學海、續說郛、始作如。爲知己之友也。

德志相似，其友始固。原注：「叐（集成叐作友）也，雙又耳，彼又我，我又彼」。別紀刪小注。

正友不常順友，亦不常逆友。有理者順之；無理者逆之：故直言獨爲友之責矣。

交友如醫疾然，醫者筆麈刪者字誠愛病者，必惡其病也。彼以救集成救作捄病之故，傷其體，苦其口，醫者筆麈刪者字不忍病者之身，友者宜忍友之惡乎？諫之諫之，何恤其耳之逆，何畏其額之蹙？

友之讐及筆麗刪及字仇之訕，並筆麗並改作皆不可盡信焉。

友者於友，處處時時，一而已。誠無近遠內外面背，異言異情也。

友人無所善我，與仇人無所害我經濟籍、廣學海、續說郛、集成、無我字。等焉。筆麗改作：「友之無所以善我，與仇之無所以害我等耳」。

友者過讐之害，較仇者過訾之害尤經濟籍、廣學海、續說郛、尤作猶。集成作尢。大焉。「較仇者過訾之害尤大焉」。四庫提要作：「大於仇者過訾之害」。原注：「友人譽我，我或（筆麗或改作必）因而自矜，仇人訾我，我或因而加謹」。別紀刪小注。

視財勢友人者，其財勢亡即退而離焉。謂既經濟籍、廣學海、續說郛、集成、既作此。不見其初友之所以然，則友之情遂渙也。經濟籍、廣學海、續說郛、集成、也作矣。

友之定，於我之不定事試之，可見矣。筆麗錄此條，未刪改。

爾爲吾之眞友：則愛我以情，不愛我經濟籍、廣學海、續說郛、無我字。以物也。

交友使獨知利己，不復顧益其友，是商賈之人耳，不可謂友也。原注：「小人交友如放賬，（集成賬作帳）惟計利幾何」？別紀刪小注。

友之物，皆與共。

交友之貴賤，在所交之意耳。特據德相友者，今世得幾雙乎？

友之所宜相宥，有限（原注：「友或負（集成負作有）罪，惟小可容，友如犯義，必大乃棄」。）

友之樂多於義，不可久友也。

忍友之惡，便以他惡爲己惡焉。

我所能爲，不必望友代爲之。（筆鑿錄此條，未加刪改。）

友者古之尊名，今出之以售（筆鑿售作鬻），比之於貨（筆鑿貨作賄），惜哉！

友於昆倫邇，故友相呼謂兄，而善於兄弟爲友。

友之益世也，大乎財焉。無人（秘笈人作以）愛財爲財，而有愛友特爲友耳。（經濟籍、廣學海、續說郛、集成、此條不另提行分條，似係因明刊秘笈十八字一行，前條恰滿一行、行末無斷條記號，故覆刊者，誤並爲一條。）

今也友既沒言，而諂諛者爲佞，則惟存仇人，以我聞眞語矣。

設令我或被害於友，非但（集成但作俱）恨己害，乃滋恨其害自友發矣。多有（筆鑿刪有字）密友，便（筆鑿便改作則）無密友也。（四庫提要刪也字，筆鑿也作矣。）

友之道甚廣闊，雖至下品之人，以盜爲事，亦必以結友爲黨，方能行其事焉。（筆鑿改作：「友之道廣矣，雖至不肖如盜，非友不能行焉」。）

如我恒幸無禍，豈識友之眞否哉？筆麈改作：「吾幸而終身無禍患，則終身不識友之眞僞矣」。秘笈、經濟籍、廣學海、續說郛、集成、此條在「友之道」條前。

視友如己者筆麈刪者字，則遐者邇，弱者强，患者幸筆麈刪患者幸三字，病者愈。何必多言耶筆麈耶改作哉？死者猶生也。

我筆麈我改作吾有二友，相訟於前筆麈「相訟於前」改作：「訟於吾前」。，我不欲爲之聽集成無聽字判筆麈「我不欲爲之聽判」改作：「吾不欲聽而判之」。恐一以我爲仇也。我筆麈我改作吾有二仇，相訟於前筆麈「相訟以前」改作：「訟於吾前」。，我猶可秘笈、經濟籍、廣學海、續說郛、集成、猶可作可猶爲之聽秘笈、經濟籍、廣學海、續說郛、聽字空白。集成無聽字。判筆麈「我猶可爲之聽判」改作：「吾猶可聽而判之」。，必一以我爲友也。

信于仇者，猶不可失，況于友者哉？信于友，不足言矣集成于均作於。友之職，至於義而止焉。

筆麈錄此條，未加刪改。

如友寡也，予寡有喜，亦寡有憂焉。

故友爲美友，不可棄之也。無故以新易舊，不久即悔。

既友，每事可同議定，然先須議定友。以上兩條，集成不另行作一條。

友於親，惟此長焉。親能無相愛親友者否？蓋親無愛親，親倫猶在。除愛乎友，其友理焉存乎？

獨有友之業能起。

友友之友，仇友之仇，爲厚友也。筆廬「爲厚友也」改作：「是爲厚友」。原注：「吾友必仁，則知愛人知惡人，故我據之」。別紀刪小注。

不扶友之急，則臨急無助者。筆廬錄此條未加刪改。

俗友者，同而樂多於悅，別而留憂；義友者，聚而悅多於樂，散而無愧。

我能防備他人，友者安防之乎？聊疑友，即大犯友之道矣。

上帝給人雙目雙耳集成作雙耳雙目雙手雙足，欲兩友相助，方爲事有成矣。筆廬改作：「天予人以耳目手足，無不兩而成身者，苟非兩友相助，事何由成乎」？別紀刪：「方爲事有成矣」六字。原注：「友字古篆作𠬪，（經濟籍、廣學海、續說郛、集成、𠬪作㕛），即兩手也，可有而不可無，（筆廬刪「可有而不可無」六字）朋字古篆作羽（筆廬羽作㓦）即兩习也。（經濟籍、廣學海、續說郛、集成、习作羽也）。鳥備之方能飛（筆廬「鳥備之方能飛」改作：「人兩手始能握，鳥兩翼始能飛」）古賢者視（經濟籍、廣學海、續說郛、視作愰）朋友（筆廬刪友字）豈不如是耶？（筆廬刪耶字。）別紀刪小注。

天下無友，則無樂焉。經濟籍、廣學海、續說郛、集成、焉作也。

以詐待友，初若可以籠人，久而詐露；反爲友厭薄矣！以誠待友，初惟自盡其心；久而誠孚，益爲友敬服矣！

我先貧賤而後富貴，則舊交不可棄，而新者，或以勢利相依；我先秘笈明刊本我先二字小字平排富貴而後貧賤，則舊交不可恃，而新者，或以道義相合。友先貧賤而後富貴，我當察其情，恐我欲親友，而友或疏我也；友先富貴而後貧賤，我當加其敬，恐友防我疎，而我遂自處於疎也。

夫時何時乎？順語生友，直言生怨。

視其人之友如林，則知其德之盛；視其人之友落落如晨星（筆精刪「如晨星」三字），則知其德之薄。（筆疇錄此條，未加刪改。）

君子之交友難，小人之交友易。難合者難散，易合者易散也。

平時交友，一旦臨小利害，遂爲仇敵，由其交之未出於正也；交既正，則利可分，害可共矣。

我榮時，請而方來，患時，不請而自來，夫友哉！（筆疇改作：「吾榮時，招之始來；吾患時，不招自來，眞友哉」！）

世間之物，多各而無用，同而始有益也。人豈獨不如此（筆疇此改作是）耶？

良友相交之味，失之後，愈可知覺矣！

居染塵而押染人，近染色，難免無汚穢其身矣。交友惡人，恒聽視其醜事，必習之（集成習下無之字），而浼本心焉。（別紀：「交友惡人」以下另行分作二條。）

吾偶候遇賢友，雖僅一抵掌而別，未嘗少無裨補，以洽吾爲善之志也。

交友之旨無他，在彼善長於我，則我效習之；我善長經濟籍、廣學海、續說郛、集成、長作之。於彼，則我教化之：是學而即教，教而即學，兩者互資矣。如彼善不足以效習，彼不善不可以變動，何殊盡日相與遊謔，而徒費陰影乎哉？筆塵改作：「交友之旨無他，彼有善長於我，則我效之；我有善長於彼，則我教之：是學即教，教即學，互相資矣。向使得善不足以效，彼善不足以教，其與狎嬉以謔，而糜駒隙者，何以異哉」？原注：「無益之友，乃偷時之盜，偷時之損，甚於偷財，財可復積，時則否」。筆塵刪此注。

使或人未篤信斯道，且修德尚危，出好入醜，心戰未決，於以剖釋其疑，安培其德，而救其將墜，計莫過於交善友，蓋吾所數聞，所數覩，漸透於膺，豁然開悟，誠若活法歡秘笈、經濟籍、廣學海、續說郛、集成、法下無歡字。勸，責吾於善也。嚴哉君子！嚴哉君子！時雖言語未及，怒色加，亦有德威，以阻經濟籍、廣學海、續說郛、集成、阻作沮。不善之爲與。筆塵改作：「有人於此，信道未篤，執德未固，出好入醜，心戰而未決，如欲剖其疑，培其德，而援將墜，計莫過於交善友。蓋吾所數聞，所數見，漸透於膺，豁然開悟，如行霧露之中，能免沾濡乎？嚴哉君子！嚴哉君子！時雖言語未及，聲色未加，亦有德威以潛沮其邪心，而消其戾氣矣」。

爾不得用我爲友，而均爲嫵媚者。

友者相褒之禮，易施也。夫相忍，友乃難矣。然大都友之皆感稱己之譽，而忘忍己者之德。何歟？一顯我長；一顯我短故耳。

一人秘笈、經濟籍、廣學海、續說郛、集成、一人作人人。不相愛，則耦不爲友。經濟籍、廣學海、續說郛、友作及。

臨當用之時，俄識其非友也。愍矣！

務來新友，戒毋（集成毋作無）誼舊者。

友也（筆麈也下加一者字）爲貧之財，爲弱之力，爲病之藥焉。（筆麈此條，在「國家可無武庫」條後。別紀則列最後一條。）

國家可無財（筆麈財改作武）庫，而不可無友也。（筆麈刪也字，此條在「世無友」條後。）

仇之饋，不如友之棒也。

世無友，如天無日，如身（筆麈如身二字改作人字）無目矣。（筆麈此條，在「國家可無武庫」條前。）

友者，既久尋之，既少得之，既難存之；或離于眼，即念之于心焉。

知友之益，凡出門會人，必圖致交一新友，然後回家矣。（筆麈改作：「知友之益者，凡出門，必獲一新友而後歸，而後不爲徒出也」。）

（此條在「有二人同行者」條後。）

諂諛友，非友，乃偸者；偸其名而僭之耳。

吾福趾（趾秘笈作祉。經濟籍、廣學海、續說郛、集成、作祉。）所致友，必吾災禍避之。

友既結成，則戒一相斷友情；情一斷，可以姑相著，而難復全矣。玉器有所黏，惡于覩，易散也，而寡有用耶？

醫士之意，以苦藥瘳人病，諂友之向，以甘言干人財（秘笈、經濟籍、廣學海、續說郛、干人財作長人惡。）不能友己，何以友人？

智者欲離浮友，且漸而違之，非速而絕之。欲與（秘笈、經濟籍、廣學海、續說郛、集成、與作以。）衆人交友，則繁焉，余竟無寃仇，則足已。彼非友信爾，爾不得而欺之，欺之至惡之之效也。永德，永友之美餌矣。凡物無不以時久，爲人所厭，惟德彌久，彌感人情也。德在仇人，猶可愛，況在友者歟？

歷山王（原注：「大西域古總王」。經濟籍、廣學海、續說郛、集成、大西域作大西城。）値事急，躬入大陣，時有弼臣止之曰：「事險若斯，陛下安以免身乎」？王曰：「汝免我于詐友，且顯仇也，自乃能防之」。

歷山王，亦冀（集成冀作喜）交友賢士，名爲善諸，先使人奉之以數萬金，善諸怫（集成怫作怖）而曰：「王既吾以茲，意吾何人耶」？使者曰：「否也，王知夫子爲至廉，是奉之耳」。曰：「然則當容我爲廉已矣」。而麾之不受。史斷之曰：「王者欲買士之友，而士者毋賣之」。（彙麾改作「歷山王（注作太西古總域王）求友賢士善諸，而使人先之以幣爲金萬鎰，善諸艴然曰：「此何爲而至我，王以我爲何人哉」？使者曰：「不也，王知夫子廉，故以此爲夫子壽」。善諸曰：「然則當容我爲廉已矣」。而麾之不受。於是國人爲之語曰：「王以重貲購士爲友，而士弗售也」」。）

歷山王未得總位（秘笈、經濟籍、廣學海、續說郛、集成、位作値。）時，無國庫，凡獲財，厚頒給與人也。有敵國王（經濟籍、廣學海、續說郛、王字空白。集成無王字。富盛，惟事務充經濟籍、廣學海、續說郛、充作克。庫，譏之曰：「足下之庫，在於何處」？曰：「在於友心也」。

昔年有善待友而豐惠之，將盡本家產也。傍人或問之曰：「財物畢與友，何留於己乎」？對曰：「惠友之味也」。原注：『別傳，對曰：「留惠友之冀也。意俚（秘笈俚作假。經濟籍、廣學海、續說郛、集成、俚作俔。）異而均美焉（集成美下無焉字）」』。

古有二人同行，一極富，一極貧。或曰：「二人爲友至密矣」。竇法德原注：「古者名賢」。筆精作「古之名賢」。別紀刪小注。聞之曰：「既然，何以集成何下無以字一爲富者，一爲貧者哉？四庫提要省作：「二人爲友，不應一富一貧」。筆璽改作：『有二人同行者，一富而一貧，或曰：「此兩人者爲友至密矣」。竇法德曰：「辮爾，何爲一富而一貧哉」』？原注：「言友之物皆與共也」。別紀刪小注。筆璽刪「竇法德」及「者哉」下小注。

昔有人求其友以非義事，而不見與之，曰：「苟爾不與我所求，何復用爾友乎」？彼曰：「苟爾求我以非義別紀無義字事，何復用爾友乎」？筆璽改作：『有以非義事求諸友，而友弗從，其人曰：「爾弗從我所求，何復用爾友乎」？友曰：「爾以非義事求我，何復用爾友乎」』？

西士之一先王，曾交友一士，而腆養之於都中，以其爲至秘笈、經濟籍、廣學海、續說郛、集成、至作智。賢者，日曠弗見陳諫，即辭之曰：「朕乃人也，不能無過，汝莫見之，則非智士也；見而弗秘笈、經濟、籍、廣學海、續說郛、集成、弗作非。諫，則非賢友也」。先王弗（集成弗作勿）見諫過且如此，使值近時文飾過者，當何如？

是的亞（原注：「是（筆麈刪是字）北方國名」。）俗，獨多得友（筆麈「多得友」改作「得友多」）者，稱之謂（筆麈謂改作爲）富也。

客力所（原注：「西國王名（集成作西王國名）」）以匹夫得大國，有賢人（筆麈人改作者）間得國之所行大旨，（筆麈「得國之所行大旨」改作：「其何以得國」。）答（秘笈「旨答」二字作小字中列，經濟籍、廣學海、續說郛、「旨答」二字，作小字平排。）曰：「惠我友，報我仇」。賢（筆麈賢下增一者字）曰：「不如惠友而用恩，俾（筆麈俾改作致）仇爲友也。」

墨臥皮（原注：「古聞士（秘笈、經濟籍、廣學海、續說郛、集成士作上）者」。筆麈改作：「古之聞士」。）折開大（筆麈改開大二字作安）石榴，或人（筆麈刪人字）問之曰：「夫子，何物願獲，如其子之多耶」？曰：「忠友也」。（集成此條注云：「友論乃西域文法，辭多費解」。）

萬曆二十三年歲次乙未三月望日（秘笈望日下有：「大西域山人利瑪竇集」九字。經濟籍、廣學海、續說郛、刪此行。）

北平南堂兩碑之譯文

Willem A. Grootaers, CICM
賀　登　崧

一九四四年十二月號法文「北京公教月刊」 Bulletin Catholique de Pékin 曾發表北平南堂二碑之原文及拙譯法文。惟爾時交通阻塞，月刊流行艱困，茲特以拙作重付上智編譯館館刊，藉求讀者諟正。

御製天主堂碑記（有銘）（東碑）

【原文】 碑文見黃斐默著正教奉褒，（光緒三十年第三版，三〇—三四葉）本文附印之碑文，即據黃氏所加句讀。原碑在義和團亂後，頗有殘損，茲亦爲之刊補，加以括弧，藉示區別。

【譯文】 當一九四四年余着手以碑文譯爲法文之前，原碑尚無任何全譯文，余並擬以拙譯在國外刊物上重爲發表。最早之拉丁文節譯，見 Kircher 著 China Illustrata（一六六七年阿姆斯特丹出版，一〇五—一〇六頁），僅爲碑文之後半部，即自（第七行）「於時湯若望航海而來」起。Kircher 於譯文前置一小引，一若此即爲全文之起始者；實則此一小引乃取自湯若望之 H. Historica Relatio，與碑文截然無關。湯氏譯文見一九四二年裴化行 H. Bernard 刊印之 Historica Relatio，（天津出版，三一〇—三一七頁，Bornet 氏法譯）；譯文亦自原碑中段開始，與 Kircher 同。

故原碑前半段之略去不譯，似已相沿成習；所以不譯之原因，則一讀原文，即不難瞭解。

（一）順治在該段曾引易經「固正位凝命之先務也」（第三行）而盛稱占星術。（Historica Relatio 三一〇頁謂係天文學，非也。）

（二）順治說明修曆之必要曰：「凡曆之立法雖精，而後不能無修改，亦理勢之必然也。」若謂湯若望之修曆，與歷史上之迭次修改，無以異也。

其時教士所希望在歐洲宣揚者，爲順治帝已不復昧於迷信，且承認湯若望必能制定萬年曆。而上引兩段原文，適與此相反，故略而不譯也。

譯文除上述重要省略外，卽在部分翻譯中，亦略去若干細節：如第七行「（設局）授餐」，第八行「近復取錫賚所儲而更新之。」所以略而不譯者，乃爲避免歐洲方面惡意之解釋，以爲湯氏已在朝中致富矣。

兩譯文更有誤譯之處：如第十行「（朕）見神之儀貌，如其國人」，Historica Relatio 三一三頁譯爲 avec un certain caractère insolite et divin，「具異常而神聖之儀貌。」

又第十一行原碑作「至於玄笈貝文，所稱道德楞嚴諸書，雖嘗涉獵，而旨趣茫然，況西洋之書，天主之教，朕素未覽閱，焉能知其說哉？」譯文其意如下：「朕涉獵滿漢文書，所知頗多，而佛 Fo 道 Tao（道德楞嚴）所傳明訓，義雖晦澀，究不能忘。朕於天主之教，未盡曉其說，故朕之不克有所論斷，無可疑者，顧朕知其爲各教所不逮也。」以上兩段原文，亦不合當時教士在歐洲所作之宣傳，謂順治對教會極感興趣，且已接近入教云云。

譯文之竄改，或出 Historica Relatio 之出版人 P. Foresi 之手；此後如 Lettres édifiantes et curieuses 之出版家，亦屢改北京傳教士之函札，或加以僞造，使歐洲方面對中國及中國人民與宗教等產生錯誤之觀念，Foresi 殆即此輩出版家之前驅也。

又碑上「通玄教師」之「玄」字，亦應避康熙諱「玄曄」而改「微」；清史稿四十六卷（影印本二一〇葉二排）作「微」。惟碑上「玄笈」之「玄」，則未改爲「元」，漏也。

西碑

【原文】原碑漫漶已甚，然柵欄徐日昇 Thomas Pereira 墓碑之陰，亦鐫有此文，大致完好無損，余乃據兩碑而互補之：其南堂碑所闕者，以【】標之，徐日昇墓碑所無者，則以（）爲記。包士傑 Planchet 著 Le Cimetière et les oeuvres catholiques de Chala（一九二八年北平版，二二八頁）載有碑文。

柵欄碑與南堂碑，除行欵方面少有歧異外，碑文則完全相同；惟南堂碑第四行之「西教」，柵欄碑作「正

御製天主堂碑記 有銘

易序卦。革而受之以鼎。革之象曰。澤中有火。革。君子以治曆明時。鼎之象曰。木上有火。鼎。君子以正位凝命。是以帝王膺承曆數。協和萬邦。所事者。皆敬天勤民之事。而其要莫先於治曆。定四時
以成歲功。撫五辰而熙庶績。使雨暘時若。民物咸亨。道必由之。粵開創之初。昭式九圍。貽謀奕葉。則治曆明時。固正位凝命之先務也。粵稽在昔。伏羲制干支。神農分八節。黃帝綜六術。顓頊命二
正。自時厥後。堯欽曆象。舜察璣衡。三統迭興。代有損益。見於經傳。彰矣。而其法皆不傳。若夫漢之太初。唐之大衍。元之授時。俱號近天。元曆尤爲精密。然用之既久。亦多疎而不合。蓋積歲〔而爲曆〕。
積月而爲歲。積日而爲月。積分而爲日。凡物與數之成於積者。不能無差。故語有之曰。銖銖而稱之。至石必謬。寸寸而度之。至丈必差。況天體之運行。日月星辰之升降遲疾。未始有窮。而〔度以一〕
定之法。是以久則差。差則敝而不可用。凡曆之立法雖精。而後不能無修改。亦理勢之必然也。自漢以迄於元末。修改者七十餘次。創法者十有三家。至於明代。雖改元授時曆爲大〔統之名。而〕
積分之術。實仍其舊。洎乎晚季。分至漸乖。朝野之言。僉云宜改。而西洋學者。雅善推步。於時湯若望航海而來。理數兼暢。被薦召試。設局授餐。奈衆議紛紜。終莫能用。歲在甲申。朕仰承
天眷。誕受多方。適當正位凝命之時。首舉治曆明時之典。仲秋月朔。日有食之。特遣大臣。督率所司。登臺測驗。其時刻分秒起復方位。獨與若望豫奏者。悉相符合。及乙酉孟春之望。再驗月〔食。亦纖毫〕
無爽。豈非天生斯人。以待朕創制立法之用哉。朕特任以司天。造成新曆。勅名時憲。頒行遠邇。若望素習泰西之教。不婚不宦。祗承朕命。勉受卿秩。洊歷三品。仍賜以通微教師之名。任〔事有年。益〕
勤厥職。而都城宣武門內。向有祠宇。案祀其教中所奉之神。近復取錫賚所儲。而更新之。朕巡幸南苑。偶經斯地。見神之儀貌。如其國人。堂牖器飾。如其國制。問其几上之書。則曰。此天〔主教之說〕
也。夫朕所服膺者。堯舜周孔之道。所講求者。精一執中之理。至於玄笈貝文。所稱道德楞嚴諸書。雖嘗涉獵。而旨趣茫然。況西洋之書。天主之教。朕素未覽閱。焉能知其說哉。但若望入〔中國。已數〕
十年。而能守教奉神。肇新祠宇。敬慎蠲潔。始終不渝。孜孜之誠。良有可嘉。人臣懷此心以事君。未有不敬其事者也。朕嘉之。因賜額名曰。通微佳境。而爲之記。銘曰。
大圜在上。周迴不已。七精之紀。經緯有理。庶績百工。於焉終始。有器有法。爰觀爰紀。惟此遠臣。西國之良。測天治曆。克殫其長。敬業奉神。篤守弗忘。乃〔陳儀象〕。
乃構堂皇。事神盡虔。事君盡職。凡爾疇人。永斯矜式。
順治十有四年歲在丁酉二月朔日

禮科抄出欽天監治理曆法臣徐日昇安多謹題爲叙陳（始末）籲由仰祈
睿覽事本年九月內杭州府天主堂住居臣殷鐸澤差人來說。（該）巡撫交與地方官。欲將堂拆毀。書板損壞以爲邪敎。逐出境外等語。此時不將臣等數萬里（奔投）苦衷。於
君父前控訴。異日難免報（誣陷）害之禍。伏見我
皇上統馭萬國。（臨涖）天下。內外一體。不分遠邇。惟恐一人有不（得）其所者。雖古帝王亦所莫及即非西敎亦得容於覆載之中。凡
（皇上）南巡。凡遇西洋之人。俱蒙　溫旨。敎誨容留之處。衆咸聞知。今以爲邪敎。謹臣於心何忍。且先臣湯若望。蒙
（世祖章皇）帝隆恩（特知。盡心將）舊法不可用之處。以直治理。惟（上）（合）天時。方可仰報（知遇）之恩。而不知爲舊法枉稱不忠之獄。後來（楊光先等）。屈陷以不應得之罪。
（皇上洞）鑒。勅下（議政王。貝勒）大臣。九（卿）詹事（科道質明。而是）（非）（自白。先臣湯若望冤雖）經已故。乘　旨召南懷仁加恩。賜予官爵。命治理曆法。（承　恩愈）渥。故知無不言。言無不盡西
（洋所習各）項（書籍。曆法本源。算法。律呂之本。格（物）等書。在　內延纂修二十餘年。至）今尚未告竣。
皇上（特）頒。既已辟（明。無容煩瀆。著）以爲邪敎。不足（以取信。何（以）自順治初年。以至今日　命先臣製造軍器。）臣（閔明我）持兵部（印文。泛海差）往俄羅斯。臣徐日昇（張誠。）
賜（參）（領驗）銜。（差往）阿（羅斯二次）乎。由是觀之。得罪於（人者。（不）在爲　朝廷効力。而在懷私不忠。若忠而無私。無不心服者。若私而不忠。不惟）人心不服。而亦不（合於理。先臣湯若
（數萬里）者。非慕名利。非（慕富貴）而來。倘有遇合。（將）以闡明道敎。自來至中國。隨（蒙）
（聖眷）。於順治（十年特賜　勅命。治）理曆法。十（四年。又賜建堂（立）碑之地。康熙二十七年。臣南懷仁病故。以侍郎品級。　賜諡號。論祭之處。案內可查。以臣等語言。易習滿書。　特令）
學習滿書。（凡俄羅斯等處行文。俱在內（閣）翻譯。（臣等）何幸。蒙）
聖主任用（不疑。若以臣等非中國族類。）
皇上統一天下。用（人無方。何特使殷鐸澤無容身之地（乎。實不）能不向隅之泣。臣等孤子無可倚之人。亦不能與人爭論是非。惟（願））
皇上睿（鑒。將臣等無）狐可（矜之處。請明施行。爲此具本（謹題。臣）等無任戰慄待　命之至。康熙）三十年十二（月十六日具題。本月十八日奉）
（旨。該部議奏。康熙三十一年二月初二日。大學士伊　（等奉））
（上諭前部議。將各處天主堂。照舊存留。止令西洋人（供奉。已）經）准行。現（在）西洋人治理曆法。前用兵之際。（製造軍器。效力勤勞。近隨）征阿羅素。亦（有勞績。並無爲）惡亂行之處。將伊
（等之敎）。目（爲邪敎）禁止。殊屬無（辜。爾內閣（會同禮）部議）奏
（禮部等衙門。尚書降一級臣顧八代等題。爲欽）（奉）
（上諭事。該臣等會議得查得西洋人（仰）慕
（聖化。由萬里航海而來。現今治理）曆法。用兵之際。力（（造軍）器火砲。差）往阿羅素。（誠心）効力。克成其事。勞績甚（多。各省居住）西（洋人。並無爲惡亂行之處。又並非左道惑衆。異端生）事。
（喇嘛僧道等寺廟。尚容人燒香行走。）西（洋人）（並無違法之事。）反行禁止。似屬不宜。相應將各處天主堂。俱（照舊存留。）凡進香（供奉之人。仍許照常行走。不必禁）止。（俟）
（命下之）日。（通行直隸各省可也。康熙三十一年二月（初三）日會題本月初五日奉）
（旨依議。）

教」，必爲後人所改，蓋上諭實未用「正」字也。

【譯文】西碑自來無全譯者，僅李明 P. Le Comte 在 Nouveaux Mémoires sur l'état présent de la Chine,（一六九六年巴黎版，第二冊，四一一—四一九及四三五—四三八頁）摘譯。

李明譯文至不謹嚴，時亦過甚其詞，下文爲一最顯著之例：碑文曰：「先臣跋涉數萬里者，非慕名利，非慕富貴而來，倘有遇合，將以闡明道教。」李明譯爲：「陛下：遠臣等謹求陛下明察，遠臣長途跋涉，卒抵大邦，非如他人之但求富貴，乃熱望向陛下臣民闡明惟一眞教耳。」

李明並將上諭第十七行至二十行完全略去，因所引部臣議奏之文，於教士並不甚利也。但自吾人觀之，此種刪削，殊不可解，蓋朝廷中之有反對派，不能使歐洲不知，亦不應使歐洲不知也。

結論

可知宣傳上及感覺上之過慮，乃造成傳教文獻翻譯者與出版者之成見，而大損歷史之眞實也。

一九四八年四月一日草於北平半畝園太室

輔大皖籍同學平淮通訊出版

在北平輔仁大學求學的安徽同學不下五六十名，其中聯絡較比密切一點的，要算從蚌埠考區來的一羣，幾乎佔皖籍全體同學的半數。主要的原因有三：一、一部份都是蚌埠崇正中學的五六年的老同學，而且公教生佔多數；二、都是從蚌埠考區考來的，兩年以來，人數激增，為安徽爭光不少；三、有仲曾侯許楊等司鐸在這裏做他們的領袖，前三位在皖北服務多年，成績卓著，後二位原籍是安徽，有同鄉之誼；還有蚌埠崇正中學的老校長楊紹南司鐸，最近榮升國產主徒會會長，坐鎮北平，給他們許多指導。

今後他們願意作進一步的聯絡，遂有「平淮通訊」的發行，第一期已於三月廿八日復活節出版，四開，內容非常充實；可能於暑假前再出一期，將來計劃每學期出一期。（半柳）

復活節心願

願這快樂的晨星，
　復活節的黎明
　帶歡愉給你。
願這文靜的晚霞
　替復活節留下
　神聖的和平給你。
願復活節之後，
　在你心上寫：
　啊，基督，我活着為你。

——無名氏作，葭水譯

「告訴門徒」

他們帶他進入墳墓，心內憂傷
推上大石，然後轉臉另向
各自悲悼那未實現的美麗的夢
沒有生命授與那死了的希望。
回到墳墓，他們去，那時天正破曉。
封鎖墓門的大石被移開了！
他們驚慌，聽見快樂的話：
「因為他活了，去，不要怕，
「告訴門徒。」他們回來，出離墳墓，
重得希望；眼目明亮，他們宣佈
基督活了，並非死亡，在他們心中——
啊，看，處處都有他和他們的腳踪。

——無名氏作，葭水譯

明本名理探跋

范行準

名理探十卷，明西士傅汎際譯義，仁和李之藻達辭。此書今流行者，有三本：一爲民國十五年新會陳氏石印本，一爲民國二十年土山灣聚珍本，一爲萬有文庫第二集本。前二本俱無李天經李次虨原序，且僅有前五卷，而闕次論五卷。惟文庫本爲十卷，並有序，乃故徐司鐸潤農應書商之請，代爲編入者。其本係用舊從法京國立圖書館所藏十倫次論五卷攝景本，配以北堂舊藏抄本之序而成，司鐸並有長跋識於後，於是世始有十卷本名理探可讀。然國內原刊全本，迄未獲見。歲辛巳余撰明季西洋傳入之醫學，佃漁明季西士之書，因獲識徐司鐸，在徐匯藏書樓，恣意披覽，時有采獲。惟尙有多書未見原本或足本爲恨，因着意訪求，先後爲徐匯購得稀見之本多種，如原刊本楊光先「不得已」、（此書抄本舊爲丁松生善本藏書室所錄。嗣南京國學圖書館以其罕見，爲之景印，遂獲流傳。余所得者，爲原刊本，惜僅存上卷，幸耶穌受罪圖未失。）「拯世略說」等。其年秋，大雨方霽，訪書於來青閣，書友史家榮告余富晉書莊以一百金購得一天主教書，似甚罕見者，急往視之，云昨已爲書友楊君持去，更詢楊君，謂已被別一書友攫去，叩其書名，謂明刊「名理探」也。余大驚，詢其何人持去，亦堅不吐露，乃蹤跡數日，最後始知此書以三百金爲修文堂主人孫君所得，且將載之北返矣！時已薄暮，即稅駕而往，幸書尙在，不暇論直，遽攫之，孫君謂：「此書已函告北平輔仁大學陳校長矣。如陳校長不購，始可售君。」余曰：「余亦擬將此書告之陳校長，苟陳校長願購，自當讓之。」約定，持書歸寓。燈下展卷，心目爲之開朗。即奉箋陳援菴先生，並告知徐司鐸有此奇遇。既而書舖與余所奉之箋，皆不得援菴先生音息，始與諧價，往返數四，乃以千金成貿，書遂歸余，蓋惜書即不得惜金也。此事想陳先生猶能憶之。徐司鐸知余得見是書，遥蒞余寓曰：「此爲公教之書，應由徐匯保存，且余方擬編印『天學二函』，例以原本景印，藏之私室，曷若公之於世。」余感其言，遂以原直歸之徐匯。時拙著立草未竟，故書仍借留寒齋，此爲本書獲得顛末。

此本半葉九行，行十九字，版心無刻書人姓氏，僅有書名、卷數、葉數而已。惟次論五卷，版心書名下有「十倫」二小字。全書卷爲一冊，共十冊。序文首三四葉，有小錢大焦痕數處，字幸未損，知其曾經劫火也。每冊書面簽條用湖綠色紙印以「名理探」卷數冊數字樣，尚存原裝體式。書面捺有大小不一之「IHS」圓形白文印三顆。其首冊封面護葉有「趙加司巴」四字，疑亦西士之名。余嘗詢徐司鐸據此印記，此書由何處教堂散出？以此印係用拉丁文，且中間有十字，必係教堂所藏也。司鐸謂當不出松江鄰近教堂，然亦不能的指何處。據王守璇司鐸方云，此印爲耶穌會之徽幟，其作「IHS」者，即 Iesus hominum Salvator 三字之縮寫，義爲「耶穌人類之救主」云。

此書據陳徐二先生所跋印本知顯於世者爲馬公相伯，而初次複印者，爲援菴先生。當陳本未行前，國內僅知徐匯藏有抄本，學者如馬相伯、英斂之、陳援菴、章行嚴、胡適之先生等，皆爭錄副本，方之古人競錄奇書之事，誠爲不虛，其爲人所重視如此。顧當時除徐匯藏抄本外，北堂所藏十卷抄本尚未聞有齒及者，更無論刊本矣。乃馬氏序李之藻傳中自注云：「名理探以余所見刻本，祇有五公稱，惜十倫府未見。」此云有「刻本」，不云見于何所，考當時陳徐二跋，均未言有刻本，且徐跋云「徐匯書樓有抄本名理探，首倫五卷，馬公相伯曾經抄去。」當時馬氏果見刻本，何必據徐匯本重抄？而陳氏亦必不以一再傳錄之本付印。若云馬氏在國外所見，則就今日所知，僅有法京國立圖書館藏此書十卷，亦非祇五卷也。惟梵蒂岡圖書館有此刊本五卷。據土山灣本校刊者附識云：「羅瑪王室圖書館，則藏有首端五卷，係江南羅主教于一八四八年携贈者。」故馬公所見如非梵蒂岡藏本，則所云「刻本」，疑爲「抄本」之誤，蓋在國內此書之有原刻本，以吾等今日所知，當以此本爲第一，且亦不知尚有第二本也。又據徐跋，徐匯從法京攝歸之景本，無序；其文庫本序，實從北堂抄本中配合者。今此本前有李天經、李次彪二序，皆完好無闕，則此本不僅爲國內第一完本，亦人間僅有之完本也。（據徐司鐸編梵蒂岡所藏中國教士譯著簡目（見上智編譯館館刊二卷二期）有名理探一部，不言抄本或刊本，惟注云「不全」。疑即前述五卷刊本。）

此本與前述三本，皆有不同，蓋二本多從抄本而出，文庫本前五卷據土山灣本，後五卷據巴黎攝景本。）不然奪漏訛誤，誠如抱朴子所謂「書三寫，魚成魯，虛成虎」之失。如此本李次虨之虨，文庫本作虨，考字書無虨字，知作虨者誤。二此本首論目錄第一行有「名理探一學統有五端大論首論有五卷」十六字，三本並奪。又目錄卷一中「名理探自爲一學否，」「探」諸本並作「推」。惟本文實作「推」也。此目下原本有：「用規爲一藝否，」陳本奪，文庫本作「用名理探之規爲一藝否。」此下原本「兼有用二義」「向界」二目，諸本「兼」上「向」上並有「名理探」三字，目錄末此本有同會會德昭値會陽瑪諾四人訂允姓氏，文庫本削之。如斯之類，不勝枚舉。惟陳本土山灣本字畫，多與此本合，知徐匯抄本或從刻本出。而文庫本則多更易今字，如「緜」字文庫本已多作「由」字是也。其最有顯著之異者，如十倫卷五後論之一「論相對」中，文庫本有「主保聖人」一表（P. 545），而此本無之。初以爲此本脫葉所致，然審核文庫本此表在「疾否俱謬」下，而此何界於此本第五十一葉前第五行六行之間，其非闕漏可知。然余不諳天敎儀禮，終莫明文庫本何有此表，遂重至徐匯查閱巴黎景本，始知爲別一字條。間於此卷第五十葉後，據王守璇司鐸云：此字條卽「月主保單」，爲耶穌會士所習用者（並承王司鐸出示此類主保單，謂今日尙爲耶穌會士所用）。蓋當時無意將此「月主保單」夾入本書此葉，攝影者將其攝入，傳抄者又據以錄入，於是文庫本之名理探，乃有此「月主保單」之怪事，此應代爲更正也。

此書向有三疑：一刻行之年代也，二譯成之卷數也，三之藻子之名字也。然自此本出，因有李天經李次虨二序，皆獲解釋。其刻行年代據費賴之「入華耶穌會士列傳」傅汎際傳云：「名理探十卷，一六三一年，（崇禎四年）杭州刻本。」徐跋亦云：「首端五卷，已於一六三一年李子去世之翌年付梓。」而土山灣本竟題崇禎四年出版。案之藻卒於崇禎三年十一月，則徐跋此說，似據費書而來。惟李天經之序，其年月署結崇禎九年（一六三六），日躔壽星（三月），故之藻子次虨序云：「丁亥冬，先生主會入都，示余刻本五帙，益覺私衷欣擬交搆。」所謂丁亥，卽崇禎十年（一六三七），次虨此序，署結年月爲崇禎祝犂單閼之歲，日躔降婁，卽崇禎己卯十二年（一六三九）九月也，宜序中有丁亥傅氏示次虨刻本之事，則此書於一六三六年左右始付梓，越三年刻成，次虨始序而傳之，均無崇禎四年付梓或出版之說。至次論五卷，雖無序，然其字體版式，一如前書，可知亦刻於崇禎十二年以後之一二年中。（今驗此本版式悉同。然次倫五卷，墨色差濃，書品稍大，其拼合之迹，猶灼然可辨。蓋二書各自印成而後拼合者。）謂刻於四年，蓋未見原書也。

之藻、汎際所譯本書，有謂其譯成未刻者，尚有十五卷，或云二十卷，實僅此十卷而已。此亦可以次彪之序爲證。次彪序曰：「追癸亥廬居靈竺，迺延體齋傅先生譯寰有詮，兩載削藁，再閱歲，復繙是編。其爲書也，計三十卷。第厥意玄深，發抒匪易，或隻字未安，含毫幾腐，或片言少棘，證解移時。以故，歷數年所，竟帙十許，乃先大夫旋以修曆致身矣。」癸亥爲天啓三年，（一六二三）則譯此書當在天啓五年後，其所譯者，僅此十卷，並無譯而未刊之書。次彪既爲之藻子，之藻致身後，又即入署纘業，且此書藁草，亦時披閱，苟有先人未刻手澤，當無不知之理，否則何有「竟帙十許」之說乎？謂有餘藁未刻，推許不免過情矣。

次彪序中有稱之藻爲「先大夫」，知次彪即之藻介子也。又序後有「侯聲氏」陽文印，及「李次彪印」白文印，疑侯聲即次彪字，或號也。此之藻子名氏之可考者。巽按菴先生爲之藻傳，取材繁博，可謂殫見洽聞，宜爲馬公所賞歎，徒以未見本書次彪之序，不知次彪即之藻子，而曰：「之藻子某，亦以傳教著。」云云。當時苟能得見此序，必能擴以采入，或更能從次彪始末，考出之藻其他事略矣。

此書初歸徐匯時，曾許徐司鐸撰一小跋，以記得書顛末。惟不久拙著明季西來醫學，旣已問世，方悉力綢繆中華醫學史一書，益以生計日蹙，流徙匪常，斯業既廢，情意遂遷，息壤在彼，慚負而已。然猶冀稍獲喘息，以塞前諾，而詎意其去夏遽嬰小恙，遂爾長逝，追憶舊遊，何可再得！去臘，杭縣方杰人司鐸，知余有此跋之作，索之甚急，余以此書局藏徐匯，不識何人掌典是樓，無由取閱原書爲辭，乃承函介王守璣館長，余不詣徐匯，可二年所，前日得重登其樓，則門館依舊，其人已遐。借讀本書一過，草爲此篇，不得重與徐公細論，徒留懸劍空壠之恨而已！戊子正月二十五日燈下

書張遴白奉使日本紀畧後

范行準

張遴白「奉使日本紀略」一書，雖引見於董含「三岡識略」卷一普陀藏經條，爲余纂撰「明季西洋傳入之醫學」一書時，屢求未得者。當時疑張遴白爲張光啓之字，而不知非也。拙著砌版將竣，適過鄭君西諦于閱肆，詢其有無此書，渠云：「絕未聞有此書」。而不知此書已被其編入「明季史料叢書」，正在印造也。及拙著問世，而鄭書亦出版，此書赫然附于難遊錄後，然已不及改矣。以其縮印過小，遂由閱肆携歸，別錄一通，俾易檢閱，以其書不盈二千字，重錄一過，非難事也。（叢書所收遴白原書，憶似抄本。）

此書述明末僧湛微被逐于日本後，時至蕩湖伯阮進營盤桓，獻議以普陀藏經贈諸日本，以爲乞師之地，而實欲附舟潛回長崎也。阮以此事聞于魯監國，初以藏經爲祖宗法物，不許，然終以乞師故，不得已而許之。遂以張遴白爲正使，阮進弟美副之，（日本木宮泰彥「日支交通史」，據日本乞師記、小腆紀事、華夷變態諸書僅書阮美之名，蓋未見遴白原書也。）湛微偕往，以己丑（順治六年西元一六四九）十一月朔，出普陀，越四日戒途，備蒙風波之險，終至日本。時日本正因排斥切支丹（基督教徒），嚴禁教徒潛回，以舟中有湛微，故請師之事遂不諧，截經而返，時爲二十八日，往返幾一月矣。歸途中湛微自沈於海，獲救送歸，投于荒島。

「三岡紀略」引遴白書，持校原書，頗多節略、顛倒、竄易；或所據之本有異。如原書云：「先是有西洋人爲天主教者，至其國，國人信之，其教大抵男女羣居，各授以秘術，人各自持，雖父子夫婦，不相洩；一皈其教，死生患難終不變，故其主者，遂得肆奸術，糾衆爲亂，國因大擾，將軍大發兵撲滅之，悉驅其舡島口之外，焚焉。生埋土中無算。自是痛絕西人，設法嚴禁，於通衢置一銅板，鏤天主形於上，凡外國人往者，必令踐踏而過，或衣囊中偶携一西洋物，即一錢之微（五字，識略引作或帶西洋書一冊），搜得之，必滿舡人悉誅死。」紀略引遴白書止此。而原書此下又云：「故湛微一金獅子號，遂羣駭焉。大將軍急訪之長琦，長琦莫能應；益切，乃索之臘泉，得實。勒狀以聞，逐之渡海歸。蓋國法不殺大唐僧，犯止於逐，再往則不赦，或誤與同載，亦盡斬以狥，余以銜命之使，得免。」此下並述湛微不應欺騙致誤乞師大事。

此文與識略所引多不同，然原書謂湛微「輙自署曰金獅尊者」，而不云天主教徒，但識略則直云「湛微曾入天主教」，豈以閱石所見之本然歟。揆以恒情，當時日本所禁之教爲切支丹，而非佛教，其嚴峻視關白時代爲劇。但教徒潛回長崎者，先後有十一次之多，（見姉崎正治：「切支丹傳道之興廢」P. 503—559）德川幕府崇敬釋教，何致禁逐佛教徒？故言湛微爲基督教徒，爲轉得其實。謂湛微爲僧者，則當時固以僧人呼宗教徒，非止天主教徒已也。特余不知天主教中有無金獅尊者之稱耳。

遜曰謂湛微爲佛教徒，固誤；但其所記日本禁教情狀，則爲實錄。日本禁教凡二次，一爲關白秀吉，（秀吉後以功賜姓豐臣。）但不甚酷，殉于教難者無多。及德川時代排教轉劇，犯者處以各種殘酷之刑，死者凡千百人。中國書記錄日本禁教事，大多採自德川時代。

關於踏天主形而過一事，據「切支丹傳道之興廢」書中所載，謂事在寬永十一年（崇禎七年即西元一六三四年）。在大村獄中拷問二南蠻教徒時，迫其踐踏，以表誠意。此含有戲劇性之悲劇，據日人傳說，爲澤野忠庵所發明。忠庵因不耐酷刑而出教，事在寬永十年，宜翌年即有此事。然亦未敢謂非日人厚誣忠庵也。忠庵者，即葡萄牙人費肋拉，（Christavao Fereira 1579—1652）此爲歸化日本後所易之名，諳日文，精醫術，著有「南蠻外科秘傳」一書，歐洲醫學傳于日本，而用日文所著者，當以忠庵此書爲第一。忠庵尚有「顯僞錄」一書，亦爲出教後所作。自屬排教之書。此踐踏基督像而過一事，不僅中國修大清律例者用爲教徒出教之自贖。據「澳門紀略」、「果園詩集注」諸書所記，噶羅巴馬頭亦有此事，其傳播可謂廣矣。

至云：「或衣襪攜一西洋物，或帶西洋書一冊，搜得之必滿舡人悉誅死，」亦非過言。案當時日本不僅不准西洋書入境，即中國天主教徒用漢文所作之書，亦不許入，甚至非天主教徒所著書中涉有天主、耶穌、西洋、歐羅巴、利瑪竇、陽瑪諾、湯若望、景教、西學等字者，亦一律禁毀，故我國「福建通志」中有天主堂圖，及「尤西堂全集」、「明詩綜」等書中有關西洋詩，「蘇州府志」有關天主教碑文，「帝京景物略」有利瑪竇墓圖等，亦一概禁毀；當時被禁中國天主教徒書，自「天學初函」至「寰有詮」等，共三十八種（內惟福建通志非教徒書），此三十八種禁書，當時標於版上，懸於書肆，凡告發者有厚賞，足見鎖國禁教之德川政府，對於禁書，威脅而兼利誘，故遜白所記，絕非誕言。

遜白書中述及幾遭覆舟之禍者，爲龍王欲朝覲大藏經之故。此雖讕言，然書之不得渡海者，在遜白前已有人言之，謝肇淛「五雜俎」謂：「倭奴亦重儒書，凡中國經書皆以重價購之。獨無孟子，云：有攜其書往者，舟輒覆溺，此亦一奇也。」此事日人桂川中良之「桂林漫錄」中亦言之。又當時日本各地流行「沈鐘」故事，（此指基督徒之鐘）。據新村出所爲「沈鐘傳說」一文，謂有政治宗教背景。（新村此文作于明治四十五年一月，編收入「續南蠻廣記」中）故余以爲當時賫大藏經赴日途中遇險事，蓋寶愛藏經，戒後人無再以此經過海之託詞也。

在日本德川時代之排教案中，居然有中國基督教徒如湛微者預其難。此事吾國既未有人爲天教教難史，自無從提及，即日本研究切支丹教案者，以余所見十餘種書中，亦未注意之。夫遜白之書固近日始顯，而三國識略（亦名尊鄉贅筆，作三卷，有說鈴本）雖非日在細旃指爪之間，究非難遇者，竟未留意之，此非徒治宗教史者所忽略，即治中日交通史，與治晚明史及其簿錄者，皆疏略之。信乎求全之難也。余乃聖經中所說「少信」之人，但亦羨有宗教信仰者，以其有靈魂不滅，或有來世之信心，故犯難之事，甘之如薺，若德川時代之基督徒，冒萬死而不辭者，決非無宗教信心之人所能爲。今以得見遜白原書，參閱東邦切支丹教案一類之書，聊疏所見如此。戊子元宵後三日記。

鄙人前答某甲評拙著「明季西洋傳入之醫學」一文，係見大公報時當天在寓倉卒輒成。以柏葉露明目事出于荊楚歲時記爲誤者，實不誤，其書並已列入參考書之數。（參上智館刊第二卷第六期 p. 500 上欄）附此更正。行準又記。

「三槐」質疑

王任光

讀向覺明先生合校本大西西泰利先生行蹟序云：

至於行蹟中所述中朝諸士大夫亦有尚待疏釋者。如記利子在南都與僧三槐論日月一則，三槐，據沈德符野獲編卷二十七雪浪被逐條，應卽爲雪浪。雪浪名洪恩，初名（余按野獲編作號）三淮。又據錢謙益初學集卷六十九華山雪浪大師塔銘，則雪浪俗姓黃。艾子耳熟利子與雪浪在南都辯論之一段故實，而誤以三淮俗姓之黃爲王，因有黃王之誤，聯想及於王氏掌故，遂又書三淮爲三槐，而不知其非也。避兵西南，曾從袁守和先生處得意大利德利賢神父書，以有關於利子之若干中朝士大夫姓名出處相詢，三槐其一也。此就所知，一一條答。今德神父所輯注之利子全集，已由意大利研究院爲之印行，鄙說亦蒙採入。

覺明先生上述考證甚爲可能，其推想亦極近理，蓋「黃」「王」易混，「三淮」「三槐」亦復同音也。然猶有可疑者兩點，質之先生，尚祈有以教我。

艾儒略撰利先生行蹟，當在崇禎三年秋冬之間；據錢謙益初學集六九華山雪浪大師塔銘，雪浪示寂於萬曆戊申十一月十五日，前利瑪竇之卒一年半；則艾子撰行蹟去雪浪之逝猶未遠也。據野獲編，雪浪「敏慧能詩，博通梵夾，爲講師翹楚，貌亦頎偉，辯才無礙，多遊縉紳間」；且又爲一風流時僧，致有「摩登伽鳩摩羅什」之誚。其爲郭明龍（時爲南祭酒）逐出金陵大報恩寺後（寺墖壯麗爲海內第一；野獲編謂嘉靖四十二年寺燬，初學集塔銘則謂四十五年；雪浪重建之），汗漫江湖，曾至吳越間，士女如狂，受戒禮拜者，摩肩接踵，城郭爲之罷市。則此一代名僧，當無有不知之者；其俗姓俗名，雖一般仕女未必能知，而士大夫輩當有能知之者；且雪浪本金陵名家子，則金陵一帶亦未必不知。艾子利先生行蹟若誤「三淮」爲「三槐」，當時傳觀者，何以無一正之者乎？此其一。

破邪集七黃貞不忍不言，攻擊天主教文也，其言當時天主教興盛，佛教中竟無人起而拒之，不禁喟然嘆曰：

「故其著於書，則雲棲被毆而理屈，三槐受難而詞窮。夫雲棲三槐何人哉？彼豈不知二老皆僧中所謂博大眞人者？……嗟嗟，二老名播當世，凡緇流欲藉之揚聲者，莫不曰『吾雲棲師翁、雪浪大師』，至於重泉抱屈，大義未伸，而子兮孫兮，反襄如充耳者何哉？」不忍不言撰於崇禎八年，黃貞閩人，號天香，佛門弟子，當時奔走吳越間，號召攻擊天主教最力者，其於「三槐」一名亦無疑詞，又何以釋耶？此其二。

上述兩點，未知先生有何高見，幸教我！

三十七，一，十九，

王司鐸此文，承方杰人先生寄示，甚感。王司鐸文，心平氣和，殊爲敬佩。所舉黃天香不忍不言，證明三槐確爲雪浪，我所推測的並沒有錯，尤其高興。現在的問題是三槐之「槐」究應依野獲編作「淮」，還是艾儒略的利子行蹟作「槐」並沒有錯？個人的意思，黃天香所根據者仍然是艾儒略的行蹟，不是一個新證據。雪浪與憨山爲同門，雪浪死後，憨山爲作行狀，錢牧齋塔銘，即據憨山行狀。憨山之作，是原始史料，或者可以解決「槐」「淮」的問題。這裏找不到憨山全集，也找不到其他有關雪浪史料，王司鐸在北平如有新發見，可決此疑者，務請告我。雪浪爲南京人，三淮與淮水有關，作「槐」便費解了。這是個人讀後的感想，仍請王司鐸指教。三十七年二月六日向達謹記於南京半山閣。

澳門慈幼印書館回顧與前瞻

程野聲

在本刊三卷二期，我曾約略介紹香港公教眞理學會，茲特就澳門慈幼印書館的過去情形和現況，作一簡單敘述，以告關心公教出版事業的讀者。

〇……慈幼書館史略……〇

慈幼印書館爲慈幼會（亦稱「撒肋爵會」）在中國所主辦重要事業之一，創設於一九三四年。初以物質欠缺，規模甚小，第一年僅出版三種。成立逾年，即出版「青年叢書」二種，「新青年文化叢書」一種。迨一九四四年秋，與「自德美紀念出版社」合作，出版「靈修小叢書」。一九四五年元旦，復創刊「新青年小說叢書」，由是稍具朝氣。時因交通梗塞，銷售範圍，幾僅限於澳門一地，然得教內外人士歡迎，月銷數百冊。（彼時筆者執教於澳門聖若瑟中學，因學校與該印書館鄰近，且又以學校所出之特刊，多在此印刷，故常到其印刷工房，見其蓬勃氣象，深覺慈幼會對文化事業之努力。）抗戰勝利後，該館與各教區逐漸取得聯絡，銷路日增，且經有關方面策勵，於是陸續創刊「公教小讀物叢刊」、「兒童叢書」、「公教史地叢書」、「神修叢書」等；各地慈幼會學校，亦將前此自刊出版各書之版權，讓於該館，爲使在華慈幼會所有已刊出之書籍集中出版。迄一九四六年底，該館共計出版圖書一百零五種，其中約有二十餘種已經再版。至筆者草此稿時已增至一百四十種矣。

〇……該會出版旨趣……〇

該館循聖鮑斯高遺訓，一面刊行「硬性的」讀物，以闡揚眞道，攻斥異端，啓發信友神修要務；一面着重「軟性的」純正讀物，其內容不祇宜於信友，即教外人士讀之，亦感興味盎然，這樣才易收文化教育和文字傳教之效。此外該館自定「四大信條」，即：一、定價低廉；二、印刷精美；三、文字簡潔；四、饒於趣味。

該館目前概況

該館目前已出八種叢書，即：「新青年小說叢書」、「新青年文化叢書」、「青年叢書」、「兒童叢書」、「公教史地叢書」、「公教小讀物叢刊」、「靈修小叢書」、「袖珍叢書」。

（一）新青年小說叢書　該叢書爲該館定期主要刊物之一，每二月出版一種，（可能時，將每月出版一種），每期精選思想純正，常識豐富，饒於趣味之名家小說，出版以來，備受教內外青年所歡迎。現已出版十八種。

（二）新青年文化叢書　係在學或自修青年研究國學初階，所選各書，均用淺顯文字詮譯或註解。

（三）青年叢書　乃一種以名人或模範青年傳記、宗教生活、教育資料等紀述，指導青年進修之叢書。

（四）兒童叢書　適合一般小學高年級兒童閱讀，內容包括各國童話、小說、寓言、生理、歷史、地理、物理、世界名著撮述、名人傳記、勵志故事、笑話、讀書指導、遊藝等。

（五）公教史地叢書　適合中小等學校採作教史課本用。

（六）公教小讀物叢刊　該刊亦爲該館定期主要刊物之一，每月出版一種，分教理、教律、禮典、公進智識、公教史、聖經研究、殉道誌、傳教生活、小說等。

（七）靈修小叢書　該叢書以類似小說體裁，介紹諸聖行實、德性足爲範表之普通信友傳記、公教掌故、名堂、聖地，或聖物敬禮、各修會之性質，及其工作等宗教常識。

（八）袖珍叢書　係一種（8×12cm）袖珍本，其使命在個別解釋公教聖事、教義、禮儀等瑣碎問題。

（附）世光叢書　此叢書由貴陽世光雜誌社主編，將歷年在該雜誌刊出之長文，編印成單行本，在該館出版。

此外尙有多種不分類之單行本，及在籌備出版之「公教劇本叢書」、「宗座言論小叢書」、「教義小叢書」等。

該館未來計劃

該館成立迄今，因繫於人力物力，所出版各書，其對象僅限於一般青年及公教家庭，將來則首重編印普通學校職業學校課本，其次爲多量迻譯公教文學名著。

感想

戰後中國的出版品，對於書籍，大多數出版所或印書館，因受戰爭的摧殘，量的方面，較戰前減少得多；但香港公教眞理學會和澳門慈幼印書館却得其反，大量的出書。

對於質的方面，這兩處出版所，亦有所改進，雖然其中有些是濫製，但較之戰前所出版的，已覺得進步多了。慈幼印書館所出之書，版式和封面，已與教外全國最著名的書局所出的書，並駕齊驅了；眞理學會也竭力要趕上時代，戰前所出之書，戰後翻版的，都已改穿時裝了，甚至連書名也改了的，如「給男教友們」改爲「給男青年們」，爲使教外人拿起來容易入目。

這兩處出版所，也能遵照田樞機所指示「打出去」的方針做下去。封面方面，極力避去濃厚的宗教色彩；內容方面，注意要適合教外人的口味。此外，出版書籍，亦交與教外書局代售；目前穗、港、澳三地的書局，已開始代售教會的書籍了。

「人爲」的事許多時是有缺點的，這兩處出版所，也不能例外。因爲出版的速率高，而人手不足，注意力不到，往往在一本書上，弄到誤植的錯字不下數十，眞不成樣子。

校對也是一種人才，是校對專才的人，很少會弄到一本書錯字百出的；但一本書能校對到一字不錯，亦不一定是校對專才的人所做到，那就是因爲他們對出版事業有興趣，肯負責，校對時特別用心。

出版品欲有所改進，欲能趕上時代而不落伍，出版所須聘請具有校對經驗的人，或對出版事業感有興趣的人，這對出版所的本身，對整個教會的前途，都是有關係的。

一九四七年十一月二十七日子佼草於香港主教公署

書林偶拾

俄國收藏之寫本古今敬天鑒

伯希和 撰
馮承鈞 譯

【編者按】本文原名「俄國收藏之若干漢籍寫本」，見通報一九三二年一〇四至一〇九頁，共收十種，譯文見圖書季刊新第七卷第一二期，茲錄其一篇，並改題如右。

古今敬天鑒，莫斯科 Rumyancov 博物院 Skačkov 收藏本，編五六二（四二）號，一本兩卷：古今敬天鑒。上題：大清奉恩輔國公口爾臣編輯。經筵講官禮部尚書韓菼校閱。有一七〇七年自序（書面俄文記錄誤作一七〇九年），有跋，尾題「古今敬天鑒天學本義下卷終」。此書顯是白晉（Bouvet）神父所撰之漢文本，而赫蒼璧（Hervieu）馬若瑟（Prémare）二神父之拉丁文本現藏國民圖書館者，即此本之譯文也；可參看費賴之（L. Pfister）神父入華耶穌會士傳一版五六一頁；高爾節（H. Cordier）漢歐印刷六頁；又中國書錄二版九〇二同三五九三行。此書漢文本，除費賴之高爾節所著錄的徐家匯藏鈔本同此鈔本外，我所知者國民圖書館有藏本，古朗（Courant）目錄編七一六一同七一六二號（並參看七一六三號），教廷亦藏一本，Borgia 藏漢文本編三一六（一四）號。教廷藏本首題亦作「古今敬天鑒天學本義」九字，好像證明古今敬天鑒與天學本義根本爲一書，而高爾節漢歐印刷編三八同三九兩號，古朗書目編七一六〇號之編號有誤：可是古朗君有他的分別編號之理由，因爲此書曾經引起波瀾而編有數本。其沿革頗多抵牾不明之點，尚待考證。古朗編七一六一號鈔本同。Skačkov 藏鈔本皆有撰者自序（古朗七一六一號本猶署白晉名），作於一七〇七年，乃考赫蒼璧馬若瑟二神父之古今敬天鑒譯本成於一七〇六年（參看中國書錄二版九〇二行），而宗主教鐸羅（de Tournon）意以此書業經付印，曾在一七〇五年禁止刊行（參看中國書錄二版三五九三行）。此外在 Skačkov 藏本中似無白晉名，而著錄之編輯人是一皇族，而校閱人是禮部尚書韓菼（一六三七至一七〇四）。據費賴之神父說，徐家匯藏箸錄有白晉神父名之鈔本，前有「禮部尚書韓」序：此韓某顯是韓菼。菼歿於一七〇四年，當然不能為一部脫稿於一七〇七年，或一七〇六年的箸述撰作序文。可是我在教廷所藏 Borgia漢文編三一七（一五）號之天學本義鈔本卷首見有韓菼序，題一七〇三年。我以為這就是白晉神父初編之本，而適合古朗書目編七一六〇號之本（惟此本闕序），成於一七〇三年，宗主教鐸羅在一七〇五年禁止者即此本。韓菼頗與耶穌會士友善；可參考通報一九二四年刊三六五至三六六頁。至若 Skačkov 本似闕一字之皇族人名「爾臣」，我未作何種尋究，然我以為可能指出尋究的方向。康熙末年皇族有一支信奉天主教，這就是蘇努一支；此支在雍正初年得罪，而巴多明（Parrenin）神父記此慘案甚詳。貝勒蘇努諸子中有經巴多明名曰 Ourtchen（皇族若瑟）、Courtchen 與 Tchourtchen 者（參看傳教信札第十九輯六四頁及其他各頁）。據現在本家的傳說，蘇努第三子皇族若望而經巴多明名曰 Sourghien 者，撰有易經合解，與古今敬天鑒相類之撰作也；可是此類家庭傳說，今將皇族若瑟與皇族若望混而為一（參看 Thomas 北京傳教史第一冊三四六頁，三四八頁），我假定 Skačkov 本首題的人名是 Ourtchen，則可假擬其漢譯名是烏爾臣（或者是額爾臣，因為滿名有 Ercin 在他處曾譯作額爾臣）；則所留空白應為闕字。可是至此又有新的難題發生。皇族若望相傳是蘇努家最先信仰天主教之人；然僅在一七二一年領洗（傳教信札第十七輯三三頁）。據巴多明神父說（同十八頁）皇族若望與諸傳教師初次應接之時，蓋在一七一二年左右；他在此時早已見過漢文天主教的書籍，據 Thomas（上引書三四五頁）說，初見教中書時在一七〇七年。然則此皇族若望如何能在一七二一年，或一七一二年，甚至在一七〇七年，撰作一部而經歿於一七〇四年的韓菼校閱過的書？更不解者，何以白晉神父寧在一時不留姓名於撰作，而不顧時代之差違，竟題皇族若望與韓菼之名歟？如此看來，蘇努家傳不可解之謎已多，而 Skačkov 本又新增一謎矣。

註　蘇努家之世系，巴多明神父信札曾歷述之，並見傳教信札第十七輯至第二十三輯，在 Stöcklein 之 Weltbott 中亦曾言及（第二九一號附有蘇努一族之世系表）；一七三九年刊行的 Herrliche Tugend-Beyspihl 即是根據這些材料編輯的專書（中國書錄八三八行）；並參看 Thomas 北京傳教史第一冊三四四至三五二頁，又四一二頁（可是應謂三五〇至三五一頁轉錄之文出 Le Roux Deshauteraies 手，而不出馮秉正本人手）。這些來源名稱豐富，固足珍貴，然應將對照的漢名錄出。Weltbott 第二九一號所附之世系表錯誤甚多，誤以太祖天命天聰崇德爲不同之人，而不知太祖就是天命的廟號，天聰崇德是太宗的年號。蕭若瑟神父的天主教傳行中國考（一九二六年本卷七，七七頁以後）述蘇努族尙詳，而將巴多明之Ourtchen寫作吳爾陳，我很疑惑此文全採自西書，所應得的信任，應以對原本的信任爲準。例如諸傳教師以爲蘇努是太祖孫（Thomas 北京傳教史第一册三四五頁且謂是太宗孫，這是不可能的）；可是此說與蘇努本人之說不合（傳教信札第十八輯八五頁），他說他的祖父是貝勒 Ergatou，他的父親是貝勒 Toumen；這件事必須重再研究，而與關於雍正即位的那些爭鬥合併研究。

瑞典發現之耶穌會士漢文舊刊物

伯希和撰
馮承鈞譯

近偕 Arvid Hj. Uggla 君與 Palmgren 博士訪問 Upsal 大學圖書館，此館藏有漢文印刷品一束，引起我的注意，詢其來歷，館人僅知在某一時代由 Upsal 之王立學會交來。

全束計有不同的撰作五種，版樣不同，每種僅有一版，質言之，用一版刻其全文，惟各種有十五分至二十分不等，承圖書館主任 Grape 君之好意，各贈一分，使我可能考證如下方：

（一）天主聖教約言，下題耶穌會士蘇若望述，無刊刻年月處所；版寬六六公分，長一二公分半。蘇若望（註一）是Joao Soerio 神父，他的約言初次付印應在一六〇一年。嗣後重印多次，關於此點，可參考費賴之入華耶穌會士傳二版五七頁，同古朗書目六八三四至六八四四號（應將漢籍新藏編四九三二號中第七號本併入六八三九號）；然無一版樣與此相合。我假擬此本是十七世紀中的葉杭州刻本。費賴之入華耶穌會士傳以蘇若望神父別撰有一漢文十誡；今觀此小型刊物後有十誡譯文，微加解說；則蘇若望是否撰有十誡專書，恐有問題。末行涉及天主實義等編；所指者當然是利瑪竇之天主實義；假如天主聖教約言原有此語，而其初刻時確在一六〇一年，此文頗有關係，蓋天主實義出版時，最早應在是年也。

註一 費賴之入華耶穌會士傳第一版作蘇若漢，高爾節漢歐印刷四九頁從之；好像費賴之校對偶疏；因爲一切來源皆作蘇若望，而入華耶穌會士傳第二版校訂人已有證明。

（二）進呈書像，附題天主正道解略，下題耶穌會遠臣湯若望譯箸；版寬四十公分，長二二公分；末題辛丑孟夏武林昭事堂刻。湯若望是 Adam Schall；他進呈耶穌事蹟圖與諸王崇事天主蠟像於崇禎皇帝，事在一六四〇年。其像附有解略，此本僅有解略。關係像解均備之全本，可參看古朗書目六七五七號；我曾見一別本，現藏羅馬 Vittorio-Emmanuele 圖書館，然無解略。今所見本巴黎國民圖書館藏有一分（古朗書目七二七六號中第五號，惟二十二公分誤作二十一公分），古朗君對於辛丑不敢斷爲一六六一年，抑爲一七二一年；觀其刻版與後一刻版之相類，似應視爲一六六一年刻本。武林是杭州之別名，昭事堂總指杭州城內之一天主教堂。（註二）

註二 昭事成語早見古籍，詩經有昭事上帝，書經有昭事厥辟；此處昭事堂或者特指某教堂，然我不取此說，因爲艾儒略（Aleni）利類思（Buglio）曾以昭事爲彌撒之對稱（參看高爾節漢歐印刷第七三號，所載書名誤事作祀），而昭事堂曾被用爲一切天主教堂之稱也（參看費賴之入華耶穌會士傳二版七七〇頁南懷仁主教傳書目）。

（三）論釋氏之非；闕撰人名；寬六九公分，長二二公分七；尾題辛丑仲夏武林景教堂刻。此文他處未見，亦未能考訂撰者爲何人，疑爲一信奉天主教之華人。此小刊物刊刻較晚於前刊物一月，亦刻於杭州。至若景教堂，不論其專爲某堂之特稱，抑爲一切教堂之通稱，要可供給一種尙屬確實之年代，蓋景教之稱，採自西安景教流行中國碑，曾在十七世紀中間五十年援用；則辛丑可以說確指一六六一年，而非一七二一年，前一刊物刻年應同。此編之景教堂與前編所題之昭事堂疑同爲一堂。

（四）闢輪迴非理之正；下題清源味德子撰；後題虎林景教堂刊；版寬四八公分，長二二公分。此文別有一分現藏巴黎國民圖書館（古朗書目七二七六號第四件，惟誤二二公分爲二一公分）。清源是泉州之別稱；虎林即武林，亦杭州也；此殻教堂應爲刊印前二刊物之同一教堂。味德子爲別號，迄今尙未能考訂爲何人。

（五）無標題，亦無刊刻年月處所，版寬二三公分六，長十六公分。乃據基督教義言孝之文。應亦與前列諸刊物同在十七世紀中葉刻於杭州。

右刊物五種，每種用一版雕刻，蓋爲臨時刊物，故前此臚列杭州天主教正式刊物目錄中皆無箸錄，如古朗書目第七〇四六號或教廷 Borgia 藏漢文四七三號皆未列舉有之；竟有兩種並見巴黎國民圖書館收藏，可謂出人意外。甚願知悉此五種刊物如何能達瑞典，蓋此種刻於十七世紀中葉之刊物，似無久經流行之理。可是未經發現新的參考資料以前，恐終難索其解也。

（圖書季刊新第七卷第三四期）

滬大專公教同學集團參與彌撒

【上海通訊】四月四日上午八時大專天主教學生，在徐匯中學小堂內集團參加舉行主日上的公共祈禱禮拜，完畢後由陳神父招待早點，並舉行了一次座談會，計到有交大、法政、震旦、震旦女子文理學院、南通、同德、大同、上醫、新專等校學生廿餘人，由陳天祥、陳崇裳和蔡忠賢三位神父指導一切，首由陳崇裳神父主席，發言略謂：今天的集會，是討論把過去已經成立的教理研究會，與福利會合併成一個集會的組織，並擴大範圍，希望全上海的大專公教同學全部參加，又謂：「各位同學需要拿耶穌的精神，作爲出發點，神職界的地位是服務的指導的，是你們的僕役，各位提出本會組織，要從經驗中控制組織之原則，不要以空洞的意識來控制原則。」陳天祥神父答復記者謂：「今次是摸索性試探性的來一個組織，以後可根據經驗來改進而成功一個強大的大集團，向社會展開服務的活動」。蔡神父起立謂：「今後決定每星期日上午八時在本小堂內舉行彌撒，專爲大專公教學生，對教理組與福利組視各校之便利分爲三班，另外規定時刻集合，由三位神父共同負担一班。」在熱烈掌聲中通過，後決定由各校推派一代表組織籌備工作，十時半盡歡而散。

文苑

玫瑰集上卷

白色玫瑰憶聖母歡喜奧跡

嚴蘊梁

一 山居

香滿花村曲徑深。櫚椶搖曳幾重陰。半山錦繡白廬蘺。一室葱蘢綠影沈。巧手閒來紡素苧。虔心禱外撫孤琴。聖歌詠處情無限。早晚盈盈對玉簪。

二 禱

輕鎖山村幾縷煙。焚香添水綠窗前。古經細玩兩三卷。舊約深思千萬年。禱意綿綿心欲舉。淚痕滴滴語堪憐。何時重啓青雲路。穆穆神情寄杜鵑。

三 天神報訊（滿庭芳）

春到村青。舊寒新雨。曉色還是朦朧。冰心沉靜。存想聖歌中。禱意初營暗禱。仙裳白。輕逸隨風。玉簪潔。窗前敬獻。馥郁襲天宮。

綸音嘉彼邇。兩言清楚。瑪麗垂容。野花低自歛。懷谷虛沖。把鏡添香自幸。盈盈淚。感激無窮。雙靈合。悠悠凝結。宛轉意千重。

四 「亞物」

亞物玉簪女。悠閒娜若蘭。露垂映素月。風送比仙檀。芳蕊萬枝茂。「聖言」一朵安。雪衣褰瑞寳。幽谷獨盤桓。

五 「唯」

蘭村春水平。蕋入綠窗明。白鴿借雙翼。金光照兩楹。祥雲四野合。寵雨萬田盈。再造乾坤業。寄茲「唯」一聲。

六　訪表姊

喜訊春神報。匆匆離華門。迢遙越古嶺。遙邐入荒原。旅路風沙急。冰心友愛溫。春思懷裏主。早送杏林村。

七　途中

淑女匆匆往梨隴。梅西默契心印心。泠泠幽韵鳥聲碎。曲曲山溪翠色深。到眼風烟常落落。酣靈信愛獨愔愔。暗中自有天神護。月擁雲圍到杏林。

八　女中福哉

真福惟瑪麗。無玷一淑女。品瑩童貞靈。造物獨恩撫。玫瑰生茨中。珠蕊含救主。從此聖愛泉。涓涓流千古。
侍婢有何功。屈駕顧蓬戶。瑞雲籠一家。渥沾甘寵雨。入耳聞玉音。忽覺胎中舞。貞女懷聖子。隱居幽谷土。
萬世宜頌揚。琴瑟和樂鼓。

九　讚美歌（離亭燕）

一顆丹心輕躍。無限雍熙神樂。青睞山村貧賤女。萬世普稱天爵。從此望東方。曙色照臨幽壑。　回憶千年盟約。義民脫離魔縛。貶損佼郎驕滿意。撫慰謙沖柔弱。罔極愛情深。怎可須臾忘却。

十　留杏林

三月杏林留。怡然如一日。展經情獨深。撫瑟韻何密。擣杵汲村泉。織衣禱石室。人間仙境花。遠近馨香溢。

十一　白冷

登冊故鄉歸白冷。長亭短站雨風遲。空懸素月一鈎處。正是紅燈萬戶時。茅店下驢投宿歎。主人側目閉門辭。天寒躑躅郊原去。含淚無言更益悲。

十二　聖誕

牧岫淒涼夜向闌。千年舊約不容刋。三更籟靜羣彬寂。一片禱情貞女安。奧妙聖嬰槽裏誕。玲瓏玉蕊掌中看。初開素手謙心抱。屈膝終宵淚未乾。

十三　聖誕之夜

萬籟靜。寒風凛。明月耿。照白冷。夜闌更深人夢淸。漫山徧野滿雪英。荒郊寂寞野水橫。聖嬰誕牧棚。

淒涼岫。明如晝。聖嬰臥。牧棚陋。冰宵衣薄可憐柔。無眠忽到五更頭。明朝更向何處投。相看淚暗流。

聖嬰小。貞母抱。屈膝拜。低頭禱。驚奇天愛降靑霄。謙卑慈憐淚未消。兩心相契人間超。幽情無限寥。

十四　天神與牧童

天神　白冷牧童且莫驚。報爾和平天福音。千載翹候救贖主。今夜人間纔蒞臨。貧寒降誕冰雪郊。隱棲山洞臥馬槽。萬籟俱肅靜。原野何寂寥。　向前去。莫猶豫。西山前山洞。卽是聖嬰降誕處。

牧童　上天下地主獨尊。乃肯屈降白冷村。且聽飛仙鈞天奏。隨聲走向前山奔。　萬里澄空無纖雲。明月獨照吾羊羣。淸光籠罩處。晋謁和平君。　月已斜。路不遐。聖嬰臥待我。顏色嬌豔如春花。

天神　天上尊榮降山中。宇宙人神奧妙通。聖三俯臨凡塵世。羣神擁護樂融融。　和平甘泉從此流。流到純樸心靈頭。千秋永不斷。今古常悠悠。　白冷民。盍懽忻。賡歌申感謝。罔極降生救贖恩。

十五　牧棚

連夜雪花飛。郊外落霏霏。幛巒寒翠微。尋梅行人稀。　聖嬰獨離天鄉來。寂寥無依留山隈。月斜風峭有餘哀。

慈母淚潛潛。獻心以愛還。

嬌柔小聖嬰。玲瓏玉顴英。夜風吹不驚。微笑唇開櫻。　襤褸輕薄寒不寒。牧岫容膝何以安。此時誰知母心酸。

愛情滄海深。感泣淚沾襟。

滿面春風和。停睇凝秋波。候人來山坡。空守愁奈何。　天神歌頌響蒼穹。喚到蚩蚩諸牧童。欣奔瞻拜牧棚中。

今夜來皈依。忠誠永不違。

十六　取潔

斑鳩幾對聖堂下。鄉女抱嬰三五家。取潔遵守梅瑟法。哀求雅璋除疵瑕。瑪麗謙謙鄉女間。亭亭茨中童貞花。

取潔那想爾更潔。只添馨香開玉葩。造物賞心無限悅。天神歛羽暗咨嗟。

十七　獻堂

自冷雪花徑。四旬佇主過。奥開冰質蕊。獨獻玉巔柯。焚鼎香嫌濇。賡歌韵却和。再聽西夢識。暗淚自滂沱。

十八　自獻（卜算子）

菓穀與羔羊。錯雜盈樽俎。雖是丹心一片誠。塵味沾幾許。形借嬰孩來。來到人間處。畢世言行翕聖懷。誓願永無負。

十九　神歌（浣溪紗）

幽谷千年苦雨淒。漫漫長夜夢魂迷。幾時晴曉看朝霓。殿上祈神逢瑪麗。臺前含淚抱梅西。歸天從此可安棲。

二十　世光（減字木蘭花）

夢中黑夜。千載哀號猶未罷。一片漫漫。只是遼天霧與煙。霧煙滿殿。忽見暗中初曙現。莫道微芒。來日欣看照世光。

二十一　京殿講道

初登協露堂。講道態堂堂。誰謂髫年子。能談雲漢章。搜羅窮奥窔。辨析入毫芒。耆艾驚無語。神馳聽在旁。

二十二　覓子

掌上明珠失。斜陽西下時。魂銷三日夢。腸斷九秋思。徧問到京殿。共論偕國師。雙流悲喜淚。輕喚一聲兒。

二十三　訴情

吾兒獨留殿。三日尋不見。三日如九秋。寤寐常輾轉。腸斷淚欲枯。心似利箭穿。兒知父母心。應不離膝前。

兒雖聖殿留。心向慈母投。慈母三日淚。如到兒心流。只因聖父命。留殿使親憂。當知成天業。兒乃降下洲。

二十四　重逢（長相思）

近村無。遠村無。不見耶穌情鬱紆。斷腸三日枯。長欷歔。短欷歔。聖殿重逢愁慮除。欲呼聲已嗚。

二十五　蘭村隱居

蘭村依山屏。四時春滿庭。小窗風雨裏。燈火夜熒熒。容膝雖陋室。德行溢芳馨。聖童戲其間。婉孌早惺惺。莞爾如花笑。玉雪美瓏玲。偕親禱朝暮。詠歌誦古經。至詳動蒼昊。月落雲亦停。璦音振琅琅。神人爲垂聽。

牖外木作勞。衡門樂陶陶。夙興夜遲寐。簞食飲一瓢。重樣看若瑟。重斲又輕雕。學持吳月斧。試推郢匠鉋。器成送售主。歸途猶采樵。

慈母有所使。唯唯應聲起。後圃擷綠蔬。池塘釣錦鯉。汲水村井中。執爨東廚裏。母氏坐紡紗。兒運工倕指。斧斤響丁丁。繅車轉纚纚。閒來誦古經。爲母抒奧理。融融一室間。此味最甘旨。

蘭村寄浮萍。匆匆三十齡。落塵塵不染。玉藪孤閫扃。誰知萬物主。借此凡人形。鐸聲尚未振。無人眼垂青。雖爲斲輪匠。臣僕天上靈。明日遊猶太。始識救世星。隱遯如此久。萬古仰謙型。

玫瑰集上卷注

一 「山居」 瑪麗居娜若蘭（Nazareth）小村，村在青翠山谷中，宛然一朶春日白花，故有「花村」之名，簡稱「蘭村」。按猶太文（Neser）譯意「花」。「白廬」：娜若蘭村屋舍大抵塗白，幢幢潔然。

二 「禱」 瑪麗翹企梅西（Messias），朝晚溫誦古經，如聖詠、依賽亞書、大尼爾書，預言救主降臨，極爲顯明。

三 「天神報訊」 路加經壹・二十六－三十八。

四 「亞物」 亞物（Ave）拉丁文請安語。希臘文譯（Chaire）祝快樂。猶太原文（Shalom）譯意「平安」。「言」：拉丁文（Verbum）；希臘文（Logos）；猶太文（Dabar）三者均釋「言」，舊譯「物爾朋」，乃天主聖三第二位。

五 「唯」 唯，應也，與拉丁文（Fiat），猶太文（Yehi）譯音相諧。「祥雲」：聖詠壹百肆拾捌・八。

六 「訪表姊」 路加經壹・三十六、三十九。「杏林」：（Ain-Karin）小村，表姊依撒伯爾別墅所在。

七 「途中」 自娜若蘭至杏林當經茄利（Galilea）、撒馬里（Samaria）、猶太（Judea）三省，一路山地崎嶇。

「黑隴」：（Hebron）在協露撒稜（Jerusalem）西南，往杏林必經之地。

八　「女中福哉」　路加經壹·四十一—四十四。

九　「讚美歌」　路加經壹·四十六—五十四。

十　「留杏林」　路加經壹·五十六。「石室」：猶太屋舍大抵依山而築，故內室往往鑿在石間。

十一　「白冷」　路加經貳·一—四。

十二　「聖誕」　路加經貳·六—七。

十三　「聖誕之夜」　調寄德國聖誕歌（Stille nacht）。

十四　「天神與牧童」　路加經貳·八—二十。　調寄法國古代聖誕歌（Quand Dieu naquit à Noël）。

十五　「牧棚」　調寄法國十七世紀聖誕歌（Dans cette étable）。

十六　「取潔」　路加經貳·廿二—廿五。「梅瑟」：（Moyses）古教立法者。「雅瑋」：猶太文（Jehovah, Jahveh），希臘文（Theos），拉丁文（Deus），中文譯天主。

十七　「獻堂」　路加經貳·三十四—三十五。「西夢」（Simeon）。

十八　「自獻」　致猶太人書拾·四—九。

十九　「神歌」　路加經貳·二十八—三十。

二十　「世光」　路加經貳·三十一、二。聖詠壹百零陸·十三、四。

二十一　「京殿講道」　路加經貳·四十三、四十六、七。

二十二　「覓子」　路加經貳·四十三—四十六、四十八。

二十三　「重逢」　雅歌叁·一—三。

二十四　「訴情」　路加經貳·四十八、九。

二十五　「蘭村隱居」路加經貳·五十一、二。

上智編譯館館刊　第二卷　第五期

書刊評介

舒維誠

哲學與宗敎

文嘉禮著　李有行譯　香港公教眞理學會出版
全書一册，正文二六四頁，序及目錄十八頁
定價港幣三元

當我接到這本書的時候，我是多麼興奮！作者是四川南充西山本篤會的院長，已入中國籍，並在成都創立中西文化研究所，這部書便是那研究所成績之一，我如何能不衷心慶賀？

我打開本書後，第一件喜歡的，是作者找到了一位在中國學術界有相當地位的人來翻譯，李有行先生是四川省立藝術專科學校校長，李先生似乎不是專攻哲學的，就這一點來說，當然不能承認李先生是本書最合適的翻譯人；李先生也似乎不是敎友，因爲他在序中祇說：「適余傾慕宗敎哲理正殷，」不過如果他不是敎友，我們倒覺得更可貴；抗戰期中，濟南楊恩賚主敎和一位前任高等法院庭長李啓人先生完成了天主敎法典的試譯本，陳援菴先生曾很鄭重的對我說：「一位敎外朋友，能和一位主敎，在文化事業上合作到底，畢竟是難能可貴的！況且以一位高等法院庭長來助譯天主敎法典，總也算是夠合適的了；」所以陳先生常要我對此書多加表揚。

現在「哲學與宗敎」出版了，如果譯者也不是敎友，我們一樣覺得可貴。

可是當我着手作書評時，我正想細心從第一頁讀下去，發現第一頁的反面乃是第四頁，第五頁的反面却是第八頁，第九頁的反面是十二頁；第二、第三、第六、第七、第十和第十一等頁，無處可找，偏偏那一—四、五—八、九—十二等頁又都有重複，我的書評工作，便因此不能繼續下去。

我現在祇能把本書內容，根據目錄，向讀者介紹一下：

全書共分十五章，次序如下：神、人、啓示宗教、耶穌是一位實在的人、福音書中的耶穌和他的人格、耶穌是天主（預言、靈蹟、復活）、耶穌亦人亦天主、並爲羅馬公教會的創立者、全人類的宗師、全人類的救世者、儀式與彌撒、教會的生活任務及其方法、人類的道德、耶穌與福音書的倫理觀等；章分節，節分支，標以甲乙丙丁，每章有結論；全書又有總結論。最後有附錄一：紀念儀式——宗教生活；附錄二：童貞瑪利亞——救世主的母親。

天主教要旨，略備於是。

最後，我們可向讀者介紹的，是：本書的譯文是相當流利通順的，是目前最普通的一種語體，絕沒有過去一般教會書的弊病：它沒有限於某一區域的土話，它沒有教會內部人沿用而在教外不習見的語句，它也沒有洋化很深的詞句；它却是充滿哲學意味的，是一部以哲學限光來剖解宗教的書；它也帶着很濃厚的批評精神，它並沒有忽略史學的價值。所以從各方面看來，這是值得推薦的一部書，雖說它不是程度太淺的讀者所能完全領悟的。

耶穌傳

王鑑堂

迭更司著 薛誠之譯 東方書社印行
三十五年十月初版 全書六十五頁，序二頁
定價不詳

這是十九世紀英國名小說家迭更司 Charles Dickens（一八一二——一八七〇）的作品，爲薛誠之君所譯。原作者對中國人是並不陌生的，林琴南所譯的塊肉餘生述、滑稽外史等，都是他的作品。據譯者「前言」上說，是書約作於一八四八——一八四九年間，而出版却在八十餘年後的一九三四年，乃由於迭氏當時不樂意被拖入攻擊或維護宗教的陣線，因而拒絕出版，遺稿歸其小兒亨利。一九三三年亨利死時，在遺囑內說明，是書出版與否，由家中人議定；協商後，乃於一九三四年，出版於美國紐約。是書既經湮沒而至今又復出現，當然要惹人注目。並且因爲這部譯本是在教外書店出版的，加上迭更司的聲譽，一定有相當的影響，所以我們不能不加以批判。

本書共分十一章，約兩萬字。迭氏能在此短集中，以輕鬆的筆調，將耶穌基督的一生，簡略地敘述出來，以教導他的八個孩子，是很難能可貴的。

然而這是一本關乎歷史性的傳記體的書，那麽，對於已往的史實，如不欲詳加敘述，固然不妨從略，而且有時將長長的一段事，綜合到一起，簡短而輕快地敘出，倒也別具一格，如第十九頁九行，描寫希律王的女兒西羅狄亞斯要求殺約翰的情節說：

「……她使他（希律）如此高興，他竟發誓說他會允許他所要的任何東西，她說：『那嗎！父親，請你將施洗者約翰的頭放在大盤裏給我。』因爲她恨約翰，主使的是一位殘忍的婦人。」

但如果對於沒有證據的事實，而要以自己的幻想，詳加敘述，那却是很冒險，例如在第三十頁第十行他描寫耶穌寬赦淫婦的當時說：

「耶穌伏着身子，用手指在地上的沙裏面寫着：『你們當中沒有罪的人，讓他來向她丟第一塊石頭！……』」

這地上所寫的字，是古今學者所當不敢斷言的，作者竟憑着個人的幻想，輕輕地就決定了；不過，對於一個小說家如迭更司的，原無可多非，大家都會原諒的；但若對於已往的史蹟，加以相反的陳述，那確是愛護眞理的人們，所不容緘默的。例如第二頁第六行記述天使給牧童報告耶穌的誕生說：

「……他長大了會成爲很好的人，上帝會愛他，當作自己的兒子……他的名子將叫做耶穌基督……」

這是與史事不相吻合的，按天使告訴他們的，是他們久已盼望的救世主的誕生，並非關於救世主的爲人與名稱。又第三頁陳述東方來朝的賢士，在耶路撒冷詢問的情景說：

「……一天從……東方一個國裏來了幾位聰明人。他們向着國王說：『我們看着了一顆星在天上，它告訴我們在伯利恒有個孩子出世，……』希羅王（按即希律王，譯名不統一）……向這些聰明人說着：『這孩子究竟在哪裏？』……『我們不知道。但我們想這星會指給我們，因爲這星……此刻還正在天上停着。』」

此與史實不符，因按聖經東方賢士至京城而不見引路的星，不知新王生於何處，因而詢於希律王，王遍詢經師，方告知諸賢士當生於伯利恒，且只說來自東方，並未說是一國；古今史學家，認爲來自不同的若干國。又第十四頁敘述會堂堂長雅依祿求耶穌治好他垂死的女兒一段，他竟敘述是求耶穌復活他的女兒說：

「啊！主啊！我的女兒——我美麗的……小女死了。請你……把你多福的手放在她身上，我知道她會復活過來……主啊！我們多麽愛她……可是她却死了！」

其他不符史實者尚多，篇幅所限，不容枚舉；更有幾點似乎是蓄意遺漏，如第四十六頁第九行，陳述最後的晚餐說：

「他從桌上拿着餅，祝福，擘開來分給他們。」

將「你們拿去吃吧！這是我的體」一句漏去。卻繼續說：

「他舉起了一杯酒，祝福，喝了，對他們說：『你們這樣做爲了紀念我！』」

却將其間的「……你們大家喝吧！因爲這是我結約的血……」遺去。此外，譯筆固然說得上通順，不過卻有許多不合中國文法的歐化句子，我們姑不一一列舉。但誤譯或原文不太切當的地方，我們且略舉數點：

四頁五行，「希羅王（應作希律王）吩咐他們殺盡本國境內的一切未滿兩歲的小孩，」本國應改爲本城。（即伯利恒城）。

五頁四行，說一般人都稱他們（按指耶穌、約瑟、瑪利亞）爲聖族，族應改爲家。

六頁八行，說耶穌在拿撒勒活着直到他三十歲或三十五歲爲止，按耶穌三十歲卽出外傳敎，三十三歲被釘死；早期史家雖將耶穌降生年誤爲提前四年或五年，但我們却不能因此就說耶穌多活了四年或五年。

六頁九行，稱依撒伯爾是瑪利亞的堂姊妹，按中國習俗，應譯爲表姊。

十三頁末行和十四頁五行，縣官應改爲會堂的堂長。

十八頁八行，瘋子應改爲附魔者。

十九頁二行，「跌得粉碎」，按聖經原文應作「淹死」。

二十四頁六行說「每人吃五個麪包和兩尾魚還有多的」，每人應改爲全體。

四十三頁末行，小馬應改爲小驢。

四十六頁三行「去向他說」，應改爲「去向他主人說」。

五十五頁末行，「今天你就要同我在這樂園裏。」在應改爲到。

五十八頁一行：「……耶穌曾向他的門徒們說過，在他死後第三天會從墳裏升天。……」升天應改爲復活。

總之，人的作品，錯誤是免不掉的，人人都應該以理智來諒解；至於作者與譯者，都希望將完善而博愛的耶穌基督，作爲他的近人|全人類的模範，在這充滿仇恨鬥爭的世界，耶穌基督的博愛精神，誰說不十分需要？又誰能不同情於作者與譯者的希望？

上智編譯館館刊

第三卷　第六期
中華民國三十七年六月

論著

書林偶拾

文苑

書刊評介

文化消息

館址：北平（七）西安門黃城根北段
（本期每册零售五萬元此為本年六月之定價）
Cum approb. ecclesiastica

本館發行部為館刊停刊啟事

敬啟者：本館首任館長方豪司鐸，自南京教區應聘來平，至今已服務期滿，業蒙　田樞機准予辭職，本館館刊即從本期結束，因本年所收訂費，原定卽以半年為限，敬希各訂戶勿再繼續匯款訂閱。至本館已出及將出各書，仍由發行部繼續發售，各書價目，或將按期在鐸聲月刊公告。敬祈讀者惠鑒

發行部謹啓

捐款誌謝

吳宗文司鐸　十萬元

李錫滿司鐸　二十萬元

惠書誌謝

北平研究院贈　史學集刊　第五期

國立北平圖書館贈　Quarterly Bulletin of Chinese Bibliography, Vol. VII, Nos. 1—4

輔仁大學贈　Monumenta Serica, Vol. XII

王秀谷修士贈　The Dignity of the Parishioner　Public Opinion in a Democracy

北平市各大學天主教同學會贈　慶祝中國教會聖統制建立二週年紀念特刊

輔仁大學公教青年會贈　磐石新一卷一期

慈幼印書館贈　日常生活三十講、飛翔集、蝸牛小姐、驢子的歌聲、熊先生的大廈、家庭砥柱

常守義司鐸贈　論理學、哲學史、哲學概論

[illegible]陵聲司鐸贈　神修學（新編）

三十七年六月份本館出版新書

聖味增爵保祿氏神修格言

張潤波主教譯

（六月份定價及郵費請看底封面）

本書是聖味增爵一生嘉言的菁華，是他最崇高的神修思想的結晶，是天主教修養的最完備的表現，字字珠璣，語語金石，是每一個人必須躬行實踐的，也是每一個人所能做到的，他沒有强你做你所不能做的事。

前任宣化主教張潤波，在戰火中，作爲疾病所困，呻吟床褥時，譯成此書；又在辭職卸任後加以整理，因此本書的問世，是非常可貴的。全書文字淺易，明白通暢，逐月逐日排列，印成袖珍本，最便攜帶。

人之出生及進化

Ed. Boné, S. J. 著 沈世安譯

（六月份定價及郵費參閱本刊底封面）

是書原文發表於去年四月號新神學雜誌，是討論人類進化和人類出現的最新論著，完全根據最新的科學發掘和科學研究所得的結論；它給予讀者明晰的觀念，既不艱深，也不枯燥。我們想知道何爲猿人？何爲眞人？何爲北京人等等問題，這本小冊子可以完全滿足你的欲望。

三十七年五月份本館出版新書

方豪文錄

十六開巨型本 附插圖十六幅

（有道林紙及報紙二種，定價及郵費見底封面）

本書收方豪司鐸歷年所發表學術研究文字的一部分，三十五萬言。印得很少，只有四百多部，賣完了也不想再版；只希望讀者能不吝指教。

合校本 交友論

附：二十五言

大西利瑪竇著 嘉應葉德祿校

（六月份定價及郵費參見本刊底封面廣告）

明季公教先哲利瑪竇，德行高邁，學問淵博，交遊甚廣，爲朝野所欽，三百年來猶爲人樂道不置。交友論爲當時士大夫激賞之作，乃利氏應建安王之請而撰者。葉德祿君講學輔仁，取歷代不同之版本，爲之比勘，而以陳援菴先生最初所作之校稿爲藍本。末附天學初函本二十五言，亦出利氏手，流傳甚少。景仰利氏者，不可不人手一冊。

方豪啟事

豪猥以庸材，辱承　田樞機錯愛，委任上智編譯館館長，歲月不居，二載於茲；徒以學識疏陋，毫無貢獻；亟應讓賢，免增罪戾；幸蒙　田樞機准予辭職，俾得專心研究，稍彌少時失學之憾。此後　各方賜教，請寄輔仁大學轉。兩年來蒙教內外　博雅君子，不吝賜稿，使二十種出版品，幸得相繼問世，館刊亦博得　各方好評，此皆　諸君所賜，豪不敢貪功；其待刊各稿，已移交代理繼任人，仍祈　讀者諸君本已往合作之精神，繼續惠稿，庶田樞機首創之事業，得永維於不墜，則幸甚矣！

方豪拜啟　六月十五日

論著

刊物消毒

朱光潛

這些年來大家在提倡普及教育，掃除文盲，彷彿以爲只要一般國民都能讀書識字，一切問題就自會解決。現在普及教育已算有相當成效了，拿現在比三五十年前，文盲的數目確是減少了，而許多問題卻仍然沒有解決，社會也並沒有光明起來。這就足見只有讀書識字的能力還不夠，還有一個更基本底問題：讀什樣書，識什樣字！文字只是一種鑰匙，拿它來可以打開許多門類知識的門。可貴者並不在文字本身，而在文字所傳底知識學問。我們叫許多人識字，有什麼知識學問傳給他們呢？或是換一個方式來問，現在多數識字底民衆在讀些什麼書呢？

暫且按下這個問題不答，讓我們回顧我們中國過去二千多年的情形。從前中國讀書識字底人讀底是什麼書？不是經史，便是子集。就是一般不以讀書爲職業而略能識字底人們要拿讀書來消遣，所讀底也是「三國演義」「水滸傳」「封神榜」「西遊記」一類帶有文學意味或教訓意味底書籍。

讓我們再環顧現在歐美各國的情形。一般文明國家的民衆在讀些什麼書呢？每一個人清早起來頭一件事就是看報紙，白天裏各人去做各人的事，到工作完了，若是沒有旁底消遣，就讀一點書，讀底大半是各種知識方面底雜誌，也有些人鄭重其事地讀文學、科學、哲學、歷史各方面底名著。

現在我們再問目前中國的情形如何。到一個時髦底有錢底人家裏一看，你居然看到一間書房，裏面紅木玻璃櫃整整齊齊地擺着四部叢刊或是大英百科全書之類書籍，琳琅滿目，可是從來沒有人把它們打開翻一翻，它們只是裝飾。走到一個公立圖書館，你零零落落地看到三五個人，管出納底人守着櫃台打瞌睡，整個底氣氛冷清得像一座深山古刹。走到一家舊書店，店夥計大有「逃空谷者聞人足音」的喜悅，你縱不買書，他也巴不得你多留一會聊聊天，問起舊書價，他說論本不如論斤，當作廢紙賣，價錢還要高些。走到一家新書攤，除掉一些陳腐底教科書和黨八股式底宣傳品之外，你看到一些紅紅綠綠底封面印着電影名星底刊物，祇有它們是嶄新底，你可以想到它們無須什那裏久擺，可憐底書賈們就靠它們來撐持門面。你如果在國內作一次旅行，你可以看見輪船上、火車上、飛機上、旅館裏、碼頭上、車站上，處處都是這些印着電影明星乃至於妓女照片底紅紅綠綠底小型刊物。我說「紅紅綠綠底」，本是事實，不過據說它們的通行底台銜是「黃色刊物」，為什麼是「黃色」，恕我無知。反正這些就是現在中國一般識字底民衆所讀底書。原來幾十年來掃除文盲的努力，就是為着要使一般民衆有讀這種黃色刊物的能力！

這些刊物的內容是家喻戶曉底，無庸縷述。總之不外是影星妓女以至於學府校花名門閨秀的桃色新聞，貪官污吏的劣迹，社會裏層的奸盜邪淫的黑幕，以及把這一切烏烟瘴氣雜會在一起底章回小說。它們已在出版界樹立起一種強有力底風氣，凡是刊物如果不沾染它們的一點色彩，就行不通，賣不掉。我知道北平有一家報紙每天有大半篇幅都是報導强盜闖妓院，父親逼姦女兒和兒子謀殺父親之類的「社會新聞」。

我能想像到茶房店夥，少爺小姐以至於達官貴人們讀這一類刊物時底「過癮」。過底什麼癮？淫癮、盜癮、欺詐癮、殘酷癮、咀嚼糞和猪滾汚泥底癮。他們有閒暇，黃色刊物消遣了他們的閒暇；他們有饑渴，黃色刊物滿足了他們的饑渴。花錢不多，費時不多，買起來方便，帶起來方便，讀起來不用費腦筋而有陶醉之樂，讀完了扔到字紙簏裏，如吸完一袋烟之後吹去烟灰，本無足惜。誰說這不是近代文明帶給人們的福澤！

中國人老是說「開卷有益」，讀這種黃色刊物的益處何在？它喂養了人們的低等欲望。讓它們一天肥壯似一天；人們的心地本已惡濁，在它惡濁之上累積惡濁，叫他們永遠甘於惡濁，不復知人間有所謂羞恥事。它在生命的源頭下毒，把一切生靈毒得一乾二凈。讀品在近代榮膺「精神食糧」的雅號，這種黃色刊物也是一種精神食糧，它是精神食糧中底瑪啡鴉片烟。像瑪啡鴉片烟一樣，它刺激你，麻醉你，弄得你黃疲刮瘦，癱軟無能；弄得你骨髓精血裏都深藏它的毒素，遺傳給你的子子孫孫。

瑪啡鴉片的毒是有形底，人人知其禍害；黃色刊物的毒是無形底，許多人深中其毒而不自知。它的猖獗反映着民族精神的頹廢，一般人的生活趣味的低落；大家對它多見不怪，所以法律不加禁止，輿論不加制裁，敎育不加防範。依現在情形看，它還有一個很興旺底前途。但是這是中國民族精神的生死關頭所在，我們明知其不可爲而仍不能不向國人大聲報警：這種黃色刊物一日不撲滅，中國人就一日不能成爲一個純潔底康健底民族，而現在中國社會一切黑暗現象也就一日不能消除。

我們要用法律去制止它。它不能援言論自由作護身符。沒有人有毒害人心的自由。我們既然可以禁止瑪啡鴉片，也就可以禁止黃色刊物。在任何尊重自由底國家裏，法律都要照管到所謂「公共善良風化」(Public decency)，何況黃色刊物的流播簡直要危害國家的生存！我們不明白政府近來正在厲行紙張節約，把許多很好底刊物和報紙的篇幅弄得非常緊縮，何以還讓這些誨盜誨淫底刊物橫行無忌，像蒼蠅、蚊虫似地滿天飛！

我們要用輿論去制裁它。這種黃色刊物的作者和發行者藉逢迎人類低劣慾望來賺取幾個錢維持生活，在事實上等於精神上底賣淫，而它的讀者就是精神娼寮的顧主。我們必須使一般民衆透澈地明白這個道理，明白作這種東西和讀這種東西都是應該羞恥底醜事，一個人如果能藉此賺錢或藉此取樂，他的臉上就已打了一個烙印，證明他是屬於下賤底一種。

我們要用敎育去防範它。說到究竟，對於某種東西的愛或惡是趣味的問題。現在多數民衆的趣味低劣到非黃色刊物不讀，那只能證明兩點，一點是上文所說底民族精神的墮落，一點是文字敎育的腐敗。前一點的責任我們人人都要負，後一點就要特別歸咎於國文敎師和文學作家。國文敎師沒有能使學生養成好壞的鑑別力以及非好書不讀，見壞書就痛恨底那種嚴正底趣味。文學作家沒有能替一般民衆多寫一些好書。人不是生來就傾向下賤底，所以流到下賤，是因爲沒有一種高尚底力量提舉他，鼓勵他。如果有好書可讀，而修養又足夠見出好書的滋味，人們爲什麼一定要去讀黃色刊物呢？這是根本底解決，我們希望國文敎師和文學作家們在這方面多加努力。

上智編譯館館刊　第三卷　第六期　二二四

教外史籍中之耶穌基督

仲偉傑

論耶穌的生活、學說和品格，有他的信徒的紀載，和非信徒關於基督教徒的紀載可稽。為避免自我宣傳起見，我們只論非基督教徒的紀載。也並不是要從那裏面找出新關係來，這是事實所不許可的；但因為古代非基督徒的紀載很少，因此反對派便有了口實。不過是非自有公論，這些紀載在事實上有無意義，我們願略加討論。

（一）猶太教的紀載

有些人，很想獲得猶太最高會議，關於耶穌，和他的徒弟，他的道理，別人的報告，或供詞；這真是一種夢想。從小說方面，或者能夠滿足這種希望，但從科學方面，這種侈望，是沒法滿足的。在許多耶穌時代的小說中，常有關於談論耶穌的文字，如朋友通信，耶穌受難釘死時，耶路撒冷的經過等，但都出於偽造，因為大司祭和般雀比拉多的原判辭早已遺失！可是從猶太國第一世紀中，和耶穌時代相近，或和宗徒同時代，居於巴勒士坦和耶路撒冷史家的著述中，還可得到一些蛛絲馬跡。

史家若瑟 Josephus，他生於降生後三十七年，曾參加猶太反羅馬運動，降生後六十七年，為羅馬人所俘而投降，大得底都斯 Titus 的寵幸，他原名弗拉未 Flavius，歷史上皆以弗拉未若瑟稱之，他在降生後九十三年九十四年間，寫了一部猶太民族史，書中第十八卷，三章三節，猶太古蹟的標題下，有一段文字，略述耶穌進耶路撒冷那回事，他說：「……那時有名耶穌的，若能稱他是人的話，他便是一位極明智的人，做過奇妙的事蹟，是一般愛好研究真理人們的老師，交結了許多猶太人和希臘人。他就是基督。後來比拉多聽了猶太高級人物——法利塞經師和長老們的控告，把他處罰。並將他釘在十字架上，但他仍舊沒忘掉他以前所愛過的人，因為第三天，他又復活起來了，顯現給他們，全應驗了先知們關於他的復活和其他奇事的話，即到現在，基督黨——他們彼此相稱的名號，——

一仍未滅絕」。這段文章，前幾年幾公認是假造的，可是有些精嚴的考據家，都認爲可靠，不過直到現在，這件爭論，還沒辯清。但或眞或假，都沒有什麽大關係，因爲若是假的，——若是這位第一世紀的史家，對基督沒寫過什麽，也不能證明沒有耶穌其人，因爲其他的證據還多。成爲問題的，是須解釋這位猶太人爲什麽沒有提及耶穌事蹟？這是極易回答的。他若把耶穌的事蹟，全寫出來，無疑的，也該提到猶太人對救世主的那種希望，在羅馬人討伐猶太和仇恨猶太人的當時，這種寫法不但得不到什麽同情，且適足以激起羅馬人的猜疑心，他們想猶太人又要革命。再者，若瑟弗拉未對達尼爾預言極其熟悉，他曾給達尼爾書作過提要，然而書中紀載一塊小石頭，從高山上滾下來，打碎世界萬國的那回事，他却漏過不提，這就是爲避免激起羅馬人對猶太人的宿恨；若是對的話——若是這段文字出自他的手筆，他寫得一點也不馬虎，他都思量過了，他在文末加上了「這就是基督，（默西亞）」這麽一句，便是爲說明默西亞在猶太人的想像中的原意。

第二，猶太人的保守性，給與了耶穌一個極響亮的證據。當知自從保祿時代，——尤其是自耶路撒冷城陷落後，猶太人决沒忘了那個老資格的法利塞——保祿，因爲他脫離了他們的關係，投入可恨的納匝肋人的陣營中去了，甚之遠行佈道，宣傳猶太教的末落，將教外人引入基督的教會，從此以後，他們便一步緊一步的，和宗徒爲難，這在宗徒史上，也能看出來；他們在各國、各城的官廳上，控告他——保祿，和其他耶穌信徒，因此保祿押解到羅馬時，宗徒們最先着急的，是探聽耶路撒冷的猶太人是否已將他的消息，通知了羅馬的猶太人，猶太人且常供給教外官廳窘難耶穌信徒的材料，誣蔑他們，也沒輕饒了耶穌的母親，尼祿教難便因此而起，但那時猶太人祇是在後臺鼓動，並未出前臺扮演。

那裏來的仇恨呢？千眞萬確的答案，是人類都喜聽譏笑輕慢的言語。第二世紀上半期中，猶太人就拿耶穌信徒的言語來做笑柄。那時教友稱他們老師的道理爲福音，猶太人把這句希臘語譯爲希伯來語，改成了罪惡凶禍之音。這些無所不用其極，以譏笑耶穌信徒的人，便是當日在比拉多公署前，高喊「釘死他吧」一那些人們的子孫，他們對教友的仇恨，便是他們的先祖遺下的，足證他們不能不認識耶穌。

猶太人對耶穌和耶穌信徒所有的傳說，都載在搭爾木特一書——猶太法典。按搭爾木特有二：一，巴勒斯坦搭爾木特，出現於第四世紀；二，巴比倫搭爾木特，出現於第五第六世紀之交。第一部有一段：「若有人給你說，我是天主，他是說謊話；說我是人子，他末了要後悔；說我要升天，說這話的人，決不能實踐。」從這段話裏，我們極易聽出來，當時耶穌說過什麽話。在巴比倫搭爾木特裏，有一處說：「在巴斯掛瞻禮前日晚上，人就把耶穌釘死了，在四十天以前，已經有人高呼，該牽出他去，用石頭打死他，因爲他有魔術，他煽惑以色列人，使他們叛教。」

這些傳說可溯源到第二世紀的中葉，那時先烈聖儒斯定寫了一本書，內容是答辯猶太人，對耶穌和耶穌信徒所施的攻擊，書名爲「猶太人特律風的對話」。儒斯定生在巴勒斯坦的西森城，他在出外遊歷前，曾在許多學術機關內探求眞理，他爲考察猶太人對耶穌的批評，時機充裕，那麽他和他的仇人，關於耶穌在口頭上所提到的，一定比猶太人的傳說更有意義。在對話中，儒斯定記特律風一段話說：「加利來亞人耶穌是狂妄派的創始人，我們把他釘死了，他的徒弟把屍首偸去，慫弄別人說：他已復活，升天去了。」雖從這句「我們把他釘死了」的話裏，聽不出來那滿腔的仇恨，和猙獰的譏笑呢？他們這麽怒氣沖天的仇恨耶穌，怎能叫人相信，這位耶穌絕對沒活過呢？

（二） 教外人的紀載

第二世紀初，有三個羅馬作家即達齊圖 Tacitus，蘇愛紹 Suetonius 和不利紐 Plinius 紀載過耶穌的事跡。就這麽少嗎？並且若一留心觀察，不是時代太晚嗎？因爲耶穌的死，最遲該在降生後三十三年，宗徒伯多祿保祿的死，是在降生後六十年間，——第一世紀中葉。但這些只爲不肯承認事實的人們才是問題。若因他們是第二世紀的人，就斷定他們不知道第一世紀的事，這是大錯而特錯，這種反對的論調，是不攻自破的。因爲許多奧古斯都大帝時代的史家著述，沒有留傳到現在；那些著作久已散佚，只知其名（從其他典籍中）的歷史家，對於基督信徒，是否眞沒寫過什麽，我們不得而知，故控告對耶穌紀載太少的理由，是不能成立的。聖保祿宗徒已經說第一世紀的中葉，在羅馬及意大利全境，有不少的基督信徒。降生後六十七年到六十八年冬季，他在格林多城給羅馬教友寫過一封信，已經用「教會」的名辭，稱他們的信德已傳遍普世。那末這教會的建基，自當更該提前。大家公認的，羅馬教友的出現，始于尼祿教難，尼祿在降生後六十四年，下令逮捕基督信徒——羅馬大火的縱使者。從此我們可以設想，第一世紀的歷史家，爲描寫這次不幸的大火災，連帶着一定也寫過基督信徒和基督教的創始者基督的事情；——假使他們知道基督的履歷，覺得有關係，覺得值得把這種關係，介紹給讀者。我們不要忘了，天主教在當時的羅馬人眼光中，完全是猶太教的一派。羅馬人對猶太人的一切，莫不輕視侮蔑，我們不要想，「反猶主義」是新時代的產物，他在猶太人出巴勒士坦的時代業已開始。故此我們不該想，羅馬的史家，一聽到在羅馬國很遠的一角裏，——在巴勒士坦一個最下等民族中的一個平民，被地方官般雀比拉多定了死罪，立刻記錄出來。

還有一派人，想抹殺耶穌的存在，可惜他們的原則太荒謬了，他們說：同時代的史家所不紀載的人物，就是沒有的！要是拿這句話當原則，那末現在活在世界上的人，大半沒有歷史上的存在了。當代的著述家，紀載何等人的履歷呀？他們要紀載的，無論是好是壞，都是些引起人們注意的人物！因此有些窮凶極惡的大盜，被史家錄取了，千千萬萬的良善公民，一輩子沒做過惡的好人，倒被史家悄悄的略過不提，難道這千千萬萬的人，也沒有出世嗎？

有幾千萬現代的人，處身不貴顯，有多少現代的人，老死閭里之間，沒有人給他們登報，沒有人給他們做傳，難道因爲他們在歷史家的眼中，找不到存在，就沒有其人？當耶穌在世的時候，也沒有顯貴的地位，他是一個下等民族的公民，這整個的民族，完全立在羅馬史家的視綫以外，他們看他們視綫以外所有的事件，都是無足輕重的。他們絕不欲給他們瞧不起的人，寫什麽傳紀！假使在降生後一年，到第五十年間，要羅馬歷史家寫出加利來亞省納匝肋城中的一個木匠兒子——耶穌——連耶路撒冷人都看不起的一個人的傳紀，實是妄想！誰和這位木匠的兒子要好？

到基督徒開始傳入羅馬，羅馬公開宣傳基督徒在公元後六十四年，縱火燒燬羅馬城的時候，情形大爲改變了，基督徒頓時受到一般的注意。人們都願知道：誰是屬於基督徒的？他們究竟是什麽人？以前對基督徒毫無所知的人們，現在也探聽，這群被警察破獲的黨徒，是那一類的奸人？竟敢縱火焚燒羅馬！這期間到了編年歷史家該說話的時候了，他們應把所知道關於基督教黨的一切，報告大家。

達齊圖即是一位報告人。他是羅馬皇帝時代的史家，在公元後一一五年到一一七年間，他寫成一部「年鑑」，在該書第十四卷中，詳述羅馬如何大火，如何謠傳尼祿皇帝即爲縱火的主使者之後，達齊圖續說：「爲息滅這種謠言，他諉罪與另一些人，諉罪與那些爲人所恨，而被稱爲基督徒的人們。這個名稱—基督徒—溯源於基督，是一位在提伯略皇帝時代，被地方官般雀比拉多處死的人，他的已撲滅的邪說，現在又重新燃著了，不僅在猶太，而且在萬惡匯集的羅馬。……」這段文章中最清楚的一點是：那些豪富高貴的羅馬人極端鄙視基督徒，他們以羅馬人做了東方教派的教徒，並且在羅馬招收信徒，是使純正羅馬人，最不滿意的一點。

那麽達齊圖怎樣得知基督教信徒與基督教的教祖？他個人既未和基督教徒有過直接的往來，當然該有供給他材料的人，供給他材料的人有愛魯末 Eluvius，最重要的是他的朋友不利紐，他是德拉央 Trajanus 皇帝的朋友，是小亞細亞比提尼 Bithinien 省的省長，他曾很仔細的考察過基督信徒的來歷，他曾給德拉央皇帝上書，報告基督教徒的情形，並請示處置他們的辦法。達齊圖就是從他知道這個運動是自猶太國傳出，基督是怎樣死的，基督信徒怎樣拿基督當天主欽敬。

和這兩位同時的，還有一位蘇愛轁，他在德拉央朝，任過顯職，在哈特亞 Hadrianus 做皇帝的時候，充當過內閣秘書。在一一七到一三八年，他著了一部羅馬最初十二帝紀，他紀載着在克拉的武 Claudius 當政時，曾從羅馬和意國全境，驅逐過猶太人，因爲他們爭論某位基督的事情。在尼祿的傳紀中，他曾說，這位皇帝把信從新邪說的基督黨一概處以死刑。他所紀載的這次驅逐猶太人運動，宗徒傳教史傳上也曾提過，住居羅馬的猶太人之所以彼此爭辯，大約是改信基督的猶太人，在羅馬的猶太會堂中，宣傳基督的教義所引起的。——當時在羅馬的猶太人有許多團體，各有各的會堂和公墓。

總括起來說：根據這一切歷史的事實，即是一個對基督毫無所知的歷史研究家，也能夠確定：第一世紀的中葉，在羅馬帝國各地，甚至在羅馬城，有一大批被一般人稱爲「基督徒」的人們；這個名稱溯源於某位耶穌基督，他是巴勒斯坦的一位偉大的先知；曾在加利來亞、耶路撒冷等處，做過活動；猶太人在地方官比拉多處，控告他爲革命黨，被判處死刑。不過他所倡導的運動，並未因他的死亡而壽終正寢，相反，這個運動竟有驚人的發展！那些基督的門徒，雖遭受駭人聽聞的窘難，仍毅然的宣傳：基督沒有朽在坟墓裏，他復活了，而且升天去了。由他的名義而興起的這個運動，是那樣偉大，在現在說來，是普及全世，還支持了整個的文化界。一個人只要沒有成見在心，見到這一切，他會不期然的想到：在這位偉大的人格後，一定有個秘密。

這位納匝肋的耶穌究竟是誰呢？是什麼人呢？

關於這點，我們應當問，耶穌在世時，隨從耶穌，與耶穌同飲食，共居處的人們，他們一定比其他人詳知耶穌的情形，他們和耶穌的談話，便記載於新約中。

古希臘譯著之介紹

嚴敦傑

【編者按】嚴敦傑先生近草「明淸之際西洋算學輸入我國史實之新資料」一書，上卷爲（1）古希臘譯著之介紹，（2）十五六世紀歐洲算學家之成績，（3）Prosthaphaeresis 術，（4）丁先生 Christoph Clavius 著述目；下卷爲（5）湯若望「曆法西傳」淺註，（6）歌白泥 Nicolaus Copernicus 逝世四百年紀念，（7）明大統曆與明末算學之衰落，（8）整理此項新資料之希望。玆發表其第一篇。書首導言，亦附於此。

新資料云何？曰北平北堂圖書館出版所藏拉丁文書目是也。北堂圖書館藏西書之精，久已膾炙人口，孤本絕版，時有所聞，凡三百年來天主敎士所介紹西方科學典籍之底本，泰半均獲保全，允爲研究東西文化交流史之寶庫；該館藏書目錄，自民國二十八年開始編纂，中間屢生波折，其拉丁文目至今歲方出版，共收書二千四百二十六種，本文所論，均爲其中有關算數部份，特別注重十五六世紀之著作，意欲爲明清之際西算輸華史實重爲估價也。値玆亂世，有關書籍未能遍讀，寒齋藏書至儉，其未備處，容他日爲之補正，又目錄之能出版，實北堂圖書館館長惠澤霖司鐸之功，本文之寫成，亦即爲惠司鐸所賜，謹此誌謝。

文藝復興前，古希臘科學著作支配全歐洲，九世紀時，阿剌伯學者將希臘著作譯成阿剌伯文，十三世紀，歐洲學者又將阿剌伯文逐譯成拉丁文，明末天主教人士以拉丁文之希臘譯著及歐洲人撰述介紹來華，此實爲歷史之重演，蓋前此一百年，元代伊斯蘭教人士，亦曾以阿剌伯文之希臘譯著及阿剌伯人撰述介紹來華也。元王士點商企翁秘書監志卷七，至元十年（1273）論回回書籍計經書二百四十二部，內有「兀忽列的四擘算法段數十五部，阿些必牙諸般算法八部，艾竭馬答論說有無源流十二部，蛇艾立詩一部」等書，「兀忽列的」已考出爲歐幾里得 Euclid 之異譯，算法段數卽幾何原本，予別有專文論之，「艾竭馬答」當爲 Archimede 之異譯，兩人均爲希臘古代科學家，「阿些必牙」當爲花剌子模（Al-Khowarizmi, 813—833 時人）所著代數學 Aljabr 之譯音，而「蛇艾立」卽阿剌伯詩人 Al-Sehari（873—935），此類乾方先聖之書，惜僅回回曆世有傳本，（元末明初官方譯回回曆，與明末淸初官方譯西洋曆，如出一轍。）所謂「明譯天文書」（涵芬樓刊），內雜有多祿某學說及古希臘之星占學（Astrologia），天主教人士以書籍歸諸教堂，保管有方，得未散失，而伊斯蘭教人士以書籍獻諸政府，歷朝兵亂，遂蕩然無存矣。

予所以將伊斯蘭教人士輸入希臘著作史料，弁諸本篇之首者，使知宗教對於文化之影響，如何重大，惜阿剌伯文諸典籍未能譯出，引以爲憾。第一部古希臘算學著作譯爲中文者，厥爲利瑪竇(Ricci, Matteo, 1552—1610）與徐光啓（1562—1633）合譯之歐幾里得幾何原本，北堂目一五五九（北堂圖書館藏西文書目第一五五九號之簡稱，拉丁文起七一〇—三一三五凡二千四百二十六種。）有 Euclides, Elementorum libri XV, (Coloniae, 1612)，此書爲金尼閣攜來七千部圖書之一，但利瑪竇譯幾何原本引題萬曆丁未（1607），故知利氏非據此本，乃據 Christoph

Clavius, Euclidis Elementorum libri XV, 1591（北堂目一二九七）譯成，Clavius 即丁先生，利氏譯前六卷，其引云：「反復展轉，求合本書之意，以中夏之文，重復訂政，凡三易稿，先生（徐光啓）勤，余不敢承以怠，今（一六〇七）春首，其最要者前六卷獲卒業矣，但歐几里得本文已不遑旨，若丁先生之文，惟譯註首論耳，太史意方銳，欲竟之，余曰止，請先傳此，使同志者習之果以爲用也，而後計其餘。」知非全譯，丁先生書亦舉其首論而已。幾何原本後九卷，則明末曆算譯著中時有引及，梅文鼎（1633—1721）幾何通解曰：「言西學者以幾何爲第一義，而傳只六卷，其有所秘耶？抑爲義理淵深，翻譯不易，而姑有所待耶？」圜容較義、測量全義、大測及前六卷均引後九卷書，按前六卷及圜容較義所引，當仍爲丁氏原書，至測量全義及大測等書引幾何原本，或據金尼閣七千部中書，蓋崇禎曆書之編成，在天啓之後也。至李善蘭（1810—1882）與偉烈亞力（Wylie Alexander, 1815－1887）共譯幾何原本後九卷（1852），實非賡續丁氏原書。

測量法義第九題「以平鏡測高」論投射角等於反射角之理，其注文曰：「此論見歐几里得鏡書第一題。」按李之藻（？—1631）渾蓋通憲圖說卷後附錄以鏡量高，亦論此理，此鏡書即歐氏所著之 Catoptrica，北堂目一九七〇 Philippus van Lansbergen （1561—1632），Triangulorum Geometriae，（1591）一書有題 Euclides, Optica et catoptrica, Parisiis （1557）字樣，知鏡書亦爲當時所熟諗者，北堂目一五六一有歐氏所著 De superficierum divisionibus （1570），係 Mohammed Bagdadinus 由阿剌伯文譯出，是書專論平面圖形之平分法等。

測量全義（1631）卷五圜面求積條稱：「凡圜面積與其半徑線偕半周線，作矩內直角形積等，依此法則量圜形者，以半徑乘半周而已，古高士亞奇默德作圜書，內三題洞燭圜形之理，今表而出之爲原本焉。」李之藻圜容較義第十五題注引圜形書一卷一題，第十八題引圜書一卷廿二，廿七，又引一卷三十一題，又引一卷三十二題，又一卷二十九題，北堂目八六五有 Opera Archimedis （1543）又八六六有 Admiradi Archimedis Syracusani Monumenta Omnia mathematica （1685）兩書，後書內容卷一爲 De circuli dimensione ，當即爲圜書或圜形書之原本，雖然後書爲一六八五年刊，但譯書時耶穌會人士或已讀及一六八五年以前之版本，測量全義又引亞奇默德「有圓球圓柱書，論圓球之全理，一卷三十一題言球上大平圓之積爲本球圓面積四之一，三十六題言徑三之二乘大平圓之積生球容之數。」此圓球圓柱書卽譯自上書卷二之 De sphaera et cylindro ，聞名之亞奇默德一二三定律在焉，測量全義「又論量球一分之容與橢圓體及分角體之理，」橢圓體分角體，疑取自 De conoidibus et sphaeroidibus 一章，亞奇默德圜書論 $\pi=\frac{22}{7}$ ，此與後我國祖沖之所言之約率同，疇人傳卷四十三贊言沖之遺法，蓋爲不明西史所致，測量全義卷七引德阿多西阿圓球原本借論，此卽希臘 Teodosius 之 Sphaerica 一書。（多祿某嘗證明德氏說）

多祿某（Claudius Ptolemaeus）撰數學大輯十三卷，（Syntaxis Mathematica 阿剌伯人稱 Almagest）一五一五年刋本（北堂目二五一八），一五二八年刋本（北堂目二五一九），是書第一卷第九章有分弦表，其圓周分三百六十度，圓徑分爲一百二十等分，每等分六十分之，又六十分之，拉丁語所言 "partes minutae primae"，"partes minutae secundae" 實吾人今所言 minutes 及Seconds 之所自出，按崇禎曆書內有大測二卷，此多半取材多書，且曾引其說，如卷上因明篇總論圜內四邊形兩對角線之積等於兩對邊積之和一條言：「其用爲先得五線，以求第六線，此多祿某之法，」又卷下表法篇簡法二書此多祿某之法皆是，又云：「遠西法：自度以下遞析爲六十，」亦即原多氏法也，多氏五邊形十邊形作法，仍爲近代所宗，此術丁先生亦嘗張其說，大測內六宗之求72° 36°之正弦，亦卽本多氏之法。

測天約說首篇測量學第二題獨線三條言：「蛇蟠線者，於平面上作一線，自內至外，恒平行，恒爲圈線，而不遇不盡。」又「旋風線者，於平圓柱作一線，亦如蛇蟠，但蜿蜒騰凌而上如旋風也，」又「螺旋線者，於球上從腰至頂作一線，如蛇蟠而漸高，如旋風而漸小，」此三獨線實均本自 Pappus 之 Mathematicae Collectiones 一書，（北堂目爲稍遲之 1660 年刋本，目二三八一，初版 1588 年。） Pappus 書凡八冊，其第四冊論「求直曲線」quadratrix （此曲線可解決幾何三大難題中之以圓化方問題。）卽以螺線（spiral）爲主，其蛇蟠線即亞奇默德之 De lineis spiralibus ，螺旋線爲 Pappus 所創，卽 spherical spiral 是也。

其他若論 Pythagoras 定理，數見不鮮，古希臘算數著述，可謂十九介紹來華。

又古代羅馬著作疑亦有引述者，如 Vitruvius, De Architectura（1567）（北堂目三〇五六）內嘗論 $\pi\ \frac{25}{8}$，此書鄧玉函王徵據以譯奇器圖說，按明程大位算法統宗（1593）稱徑八周二十五，適與此闇合，算法統宗名之爲智率，或疑亦得自西人。

梅文鼎與耶穌會士之關係

郭慕天

梅文鼎爲清初曆算宗匠。清人入關，文鼎初隱居不出，聞西士曆算之學，欲往從之，未能實行，以爲從西士遊，必入其教也。久之，文鼎自悟其非。所撰勿菴曆算書目，天學會通訂注條云：「穆先生久居白門，吾友六合湯聖弘濩與之善，言其喜與人言曆，而不強人入教，君子人也。儀甫初從魏玉山文魁主張舊法，後復折節穆公，受新西法，盡傳其術，亦未嘗入耶穌會中。」穆先生者，耶穌會士穆尼閣也，字如德，西名 Iean Nicolas Smogolenski，波蘭人，崇禎十七年來華，先傳教福建，後轉南京，湯濩、薛鳳祚、方中通等，皆從之遊，受西洋新法。康熙十九年，文鼎寄懷青州薛儀甫先生詩亦云：「竊觀歐羅言，度數爲專功。思之廢寢食，奧義心神通。唯恨棲深山，奇書亦罕逢。我欲往從之，所學殊難同。詎忍棄儒先，翻然西說攻。或欲習學曆，論交患不忠。立身天地內，誰能異初衷？晚始得君書，昭昭如發蒙。曾不事耶穌，而能彼術窮。乃知問鄉者，不墜古人風。安得相追隨，面命開其朦。」文鼎欽佩西士之德學，可略見矣。

文鼎既慕西士曆算之學，天學初函、崇禎曆書、奇器圖說、儀象志等，皆嘗研讀。然非西士直傳，不免疑竇叢生也。勿菴曆算書目太陰表影辯條云：「初讀天問略，竊疑其非，尋見西書稍多，其說並同，故讓爲之辯。」嘗撰西國月日攷一卷，中有考泰西天主降生年月條，考定耶穌降生在冬至前二十餘日，即小雪後四五日。又嘗研究教中齋日，而終未明其奧也。勿菴曆算書目西國月日考條注云：「嘗於武林遇殷鐸德，言彼國月日，又與齋日互異，豈彼中原有各國之正朔不同，而曆書所舉是其一法歟？存之再考。」殷鐸德者，耶穌會士殷鐸澤也，鐸澤字覺斯，西名 Prosper Intorcetta，意大利之西西利人。鐸德者，拉丁文 Sacerdotes 譯音「撒責而鐸德」之簡稱，譯言司鐸也。

按費賴之入華耶穌會士列傳第一百二十鐸澤傳，鐸澤於順治十六年（一六五九）來華，先傳教建昌，康熙四年（一六六五）楊光先興曆獄，發生教難，鐸澤與諸教士悉被遣拘廣州。嗣光先撤職，教士皆恢復自由。十三年（一六七四）鐸澤掌杭州堂，三十五年（一六九六）卒。則文鼎遇鐸澤於杭州，當在康熙十三年至三十五年間。毛際可文鼎傳有云：「曩者歲在戊辰，余與梅定九先生晤於西湖，……今己卯冬先生自閩中北歸，停棹湖墅，復枉道訪余西湖邸舍。」戊辰爲康熙二十七年（一六八八），己卯爲三十八年（一六九九）。則文鼎訪鐸澤論曆，或即在二十七年戊辰。三十八年文鼎自閩北歸，則鐸澤於三年前謝世，瘞武林門外桃源嶺麓之方井，墓草已宿矣。

明季，北都傾覆，南都繼失，魯王監國，黃宗羲晉左副都御史，日與尙書吳鍾巒坐船中，正襟講學，暇則注授時泰西回回三曆。嘗言勾股之術，乃周公商高之遺，而後人失之，使西人得以竊其傳。（見鮚埼亭集卷十一梨洲先生神道碑文）。勿菴曆算書目渾蓋通憲圖說訂補條亦云：「渾蓋之器，以蓋天之法，代渾天之用，其製見於元史札馬魯丁所用儀器中，竊疑爲周髀遺術，流入西方者也。」爾時國人鄙視西人之心理，亦於此可見矣。

文鼎深讀西士之書，故於西士之說，分析有條，曆算書目古今曆法通考條云：「自利西泰瑪竇來賓，著天學初函，至崇禎朝，上海相徐文定公同西士湯道未若望等，譯崇禎曆書百餘卷，本朝時憲曆用之，則西術之一變，故曰西洋新法也；雖同曰西洋新法，而湯氏所譯多本地谷，與利氏之說亦多不同。又有西士穆尼閣，著天步眞原與曆書，規模又復大異。……而監正南敦伯懷仁儀象志、康熙永年曆，與曆書亦微有出入。……析而言之，利與湯，湯與南亦各不同。愚故曰西法原非一種，亦以踵事益精，非深讀其書，不能知其故矣。」文鼎既深研西士之說，於西士之書多所增補。因嫌幾何原本，取徑縈紆，行文古奧而峭險，又苦方中通幾何約太略，撰幾何摘要三卷。嗣又亟取測量全義，作幾何補編四卷。此外有天步眞原訂注一卷、天學會通訂注一卷、渾蓋通憲圖說訂補一卷、西鏡錄訂注一卷、奇器補注二卷、七政細草補注三卷等書，頗多新見。

康熙間，楊光先大興曆獄，作交食作圖法以攻西士，文鼎讀其書，作訂誤一卷辯之。邢雲路未深知西法，文鼎讀其所撰古今律曆考謂：「邢氏書但知有授時，而姑援經史，以張其說，古曆之源流得失未能明也，無論西術矣。」（見曆算書目古今曆法通考條。）而於徐光啓、李之藻、王徵等則極示欽佩之意。其寄懷薛儀甫第三首詩云：「乃若兵家謀，亦復資巧思。我讀守圉書，重下徐公淚。神威及曠遠，良哉攻守器。當時卒用公，封疆豈輕棄？執轡果何人，履險失騏驥。國論歸黨同，嘉謨阻深忌。」曆算書目奇器補注條云：「若關中王公徵奇器圖說，所述引重轉水諸製，並有裨益於民生日用。而又本諸西人重學，以明其意，可謂有用之學矣。」圖說四庫子部收入，提要云：「其製器之巧，實爲甲於古今，……且書中所載，皆裨益民生之具，其法至便，而其用至溥。」可謂與文鼎語相呼應也。

文鼎弟文鼐、文鼏，皆通西法，其孫瑴成，門人陳厚耀，悉與西士往還。乾隆間，瑴成爲順天府丞，耶穌會士戴進賢（Kögler）爲欽天監監正，徐懋德（André Pereira）爲監副，撰曆象考成後編十卷，瑴成亦與其事。據漢學師承記卷七厚耀傳，記康熙帝召問厚耀事，厚耀於西法頗有研究，康熙帝且於瑴成前稱其學過於文鼎也。帝云：「汝知陳厚耀否？他算法近日精進。向曾受敎於汝祖，今汝祖若在，尙將就正於彼矣。」厚耀於算法精進，或受西士之直傳耶？

湯濩、顧昭、劉淑因、揭暄、陳藎謨、劉廷獻、方中通等皆文鼎之知友，而受西學甚深者也。梁任公中國近三百年學術史有云：「清朝一代學人，對於曆算都有興味，而且最喜歡講經世致用之學，大概受利徐諸人影響不小。」吾人稍察清代學人與西士之關係，益知任公之言之非謬矣。

關於「三槐」之討論

陸嘉謨

杰人館長大司鐸賜鑒：承惠館刊，不勝感荷。讀三卷五期王任光神父三槐質疑一文，對雪浪初名三淮，不無疑詞。向覺明先生又以未見憨山全集中雪浪行狀爲憾。據云：「憨山之作是原始史料，或可解決槐淮二字之疑。」僕因此特擇暇赴徐匯藏書樓，冀有所獲，俾決此疑，結果雖不虛此行，然疑仍不能決。向先生所謂憨山全集，原名憨山老人夢游集，全書凡二十冊，五十五卷，檢閱其全部文目，對雪浪有關者，計有卷十三與雪浪恩兄（書問三首）；卷三十雪浪法師恩公中興法道傳；卷三十二題雪浪恩公所書千字文後。準此，雪浪行狀，即屬卷三十三雪浪法師恩公中興法道傳，全文長約四千字，僕摘要抄錄於後：

「……時有居士黃公某者，夫婦久持齋。一日，公攜幼子六郎往設供，六郎即雪浪法師恩公也。公生性超邁，朗爽不羣，唯好嬉戲作佛事；及入社學，先生訓句讀，略不經心，督之，第相視而嘻，固無當也。是日設供，値講八識規矩，公一聞即有當於心，傾聽之，留二三日，父歸喚公，公不應；父曰：『若愛出家耶？』公笑而點首，父强之竟不歸。父歸數日，母思之切，促父往携之；父至，强之再三，公暗袖剪刀，潛至三藏塔前，自剪頂髮，手提向父曰：『將此寄與母。』父痛哭，視之而已，由是竟不歸。父回告母，遂聽之；公時年十二也，從此爲沙彌。

「……公生於嘉靖己巳九月九日，入滅於萬曆丁未某月某日，世壽六十三歲。」

據上文讀之：雪浪俗姓黃，已無可疑，幼名六郎，是一新發現。如謂錢牧齋塔銘係據憨山之作，則雪浪卒年又告不同。對於三槐一名，絕無片字提及，尙屬疑問。肅此奉稟，叩頌編安。僕陸嘉謨頓首。三十七年五月廿四燈下

王徵遺書序

王重民

王徵譯著關於天主教的書約有十種，太半散亡，國內好像都沒有傳本了。可是歐洲的圖書館裏却保存了四種：一、畏天愛人極論，二、仁會約，三、崇一堂日記隨筆，四、杜奧定先生東來渡海苦跡。民國二十五年二十七年之間，向覺明先生在歐洲採訪遺書，把這四種都鈔了回來。近由宋伯胤先生的彙校，和方杰人先生的贊助，將由上智編譯館印行。

宋君是北京大學史學系的同學，研精明清歷史。對于明末王徵和孫元化兩人的事蹟，素所留意。他以爲「登萊之役」，和明清兩方面勢力的消長有關係，若是研究清楚了這一件事情，還可說明和當時有關係的許多事情。「王徵遺書」的校輯，不過是他研究中一件小小的局部工作。

我和覺明旅居歐洲的時候相同，這四種王徵的譯著，我也都翻檢過。所以覺明杰人和宋君都要我再覆校一過，並且寫一篇短序。我也很願意趁着這個機會，把這四部書的收藏地點和情形，寫在下面：

一、畏天愛人極論一卷：鈔本。鄭鄤序是大字，好像是預備付刻或者從刻本摹寫的樣子，可是還沒法證明這書有刻本。此鈔本鄭序凡六葉，本文四十八葉，紀言二葉，共五十六葉。半葉九行，行十八字。今藏巴黎國家圖書館。Courant 書目的著錄號碼是六八六八。

二、仁會約一卷：刻本。自引三葉，本文三十九葉，附錄四葉，共四十六葉。半葉九行，行十八字。Courant 著錄號碼是七三四八。可惜本文第二葉闕，現在找不到第二個本子來補他。別的葉內也間有剝落一二字，或二三字的地方，也同樣的沒有方法校補。如附錄所載的　西國用愛二端」，篇末有王徵的識語云：「口口口全圖說中，　詳叙西國風尚語也。特摘錄此二端，以爲仁會之一證云」。因爲「全圖」上剝落了三個字，便不知這「說」是誰的說了。利瑪竇的世界全圖，可能有這說，只是不在手邊，無法證實。我因去檢艾儒略的職方外紀，在卷二頁五至八，正有類似的記載。但是字句稍差了一點。雖說王徵極有可能是依據的外紀，我也不敢質言。在那個時代，王徵未必能依據別人的全圖。姑可作爲推敲：他若根據的是利圖，則剝落的三個字應該是「利瑪竇」；若根據的是艾紀，則剝落的三個字應該是「艾儒略」。

三、崇一堂日記隨筆一卷：歐洲保存着這部書的兩個本子：一是鈔本，凡二十六葉，今藏牛津大學 Bodeian 圖書館。就是覺明所鈔來的本子。一是刻本，凡四十一葉，半葉九行，行十八字，今藏華諦崗圖書館，編號爲 Borg. Cin. 336·3。我沒有把刻本照像，僅鈔了王徵的小引一篇。今拿刻本的小引和牛津的鈔本相校：「事小者每葉或一段」，刻本「小」作「少」，與下文「事多則每段或滿一葉」相對。「奈何兀坐窗」，刻本「窗」上有「書」字。「提扶保全之恩已多且重」，刻本「重」作「厚」。都是刻本比着鈔本好一點。獻縣耶穌會藏有一本，最近已移存北平光啓哲學院，杰人司鐸曾借出傳觀。

四、杜奧定先生東來渡海苦跡一卷：鈔本。凡九葉，半葉九行，行二十字。Courant 的著錄號碼是一〇二一。

民國三十七年二月四日王重民識。

王徵的「天學」與「儒學」

宋伯胤

陳受頤先生在民國二十四年，寫過一篇論文，叫做明末清初耶穌會士的儒教觀及其反應，刊在北京大學的國學季刊五卷二號上。在這篇文章裏，陳先生指出明末清初的耶穌會士，在利瑪竇的領導下，對中國文化經過相當的認識、觀察和較量，終於決定一個簡明而一致的態度。這態度的最初的見於文字，就要算利瑪竇的天主實義。這部書初稿在萬曆十三年（一五八五）刻於肇慶（即端州），後來大加修改，二十一年（一六〇三）再刻於北京。若果說范縝的神滅論是儒佛決戰的宣言，那末，利子的天主實義就是耶穌會士開始要接近儒家，排斥道佛的一條「新路」。由於這種態度的明朗，陳先生說他們對於中國文化凝成的概念有四種：一、天主等於儒經的上帝，而不是太極。

二、中國先儒信仰靈魂不滅。三、後儒的說話，不能代表原始的純粹的儒教。四、中國「先進」雖然大體不差，仍需天主教的補足。後來的教徒，大都繼續擴大和發揮這些概念。

來到中國的教士，對於儒教，既然有了一番新的解釋，並且「下了斷語，著成專書」：可是「抱殘守闕」的中國學人，對這新思潮的接受與否定，截然因其信仰的不同和傾向的差異而有分別，誰也沒有虛心而踏實的去研究中西文化的根本問題。反對耶穌會士這種說法的，不是佛門弟子，便是「傳統派」的儒者。可以拿黃宗羲、楊光先、袾宏和尚做代表。同情而且接近各種講法的，大半都是教徒。這方面陳先生列舉了八個人。王徵便是其中的一個。

陳先生在寫有關王徵這一段時，所引用的材料只有陳援菴先生的王徵傳、西儒耳目資序文，和北平圖書館館刊八卷六號刊出的王徵遺文抄。這是非常不夠的。陳援菴先生是國內近三十年來，最早留心王氏學行，而且是第一個綜合各種發現替王氏寫傳的史學家。但因近年來新材料的不斷出現，陳先生所寫的王徵傳，當然也就發現了許多值得商榷的地方。西儒耳目資序和王徵遺文抄，固然有它的價值所在，但都不是研究王氏宗教信仰的理想材料。一年來，我看到一些關於這方面的新的記載，條記鈔錄，已經不少，現在我把它整理出來，或者多少能替陳受頤先生那篇宏著中關於王徵的一節做個補充。「狗尾續貂」，固然太不成話，但能貢獻給陳先生和留心這類問題的師友，一點不常見的材料，倒是挺愉快的事。

(一)王徵在思想上的苦悶

究竟王氏是不是認為天主就是經書裏的上帝，陳先生在王徵遺文抄裏並沒有找到肯定的答案，還是從西儒耳目資的序文中看出他的態度。陳先生所根據的是這樣一段話：

「先生（指金尼閣）學本事天，與吾儒『知天』『畏天』，『在帝左右』之旨無二。」（西儒耳目資，北京大學及北平圖書館影印本。王序頁六至七。）

其實，這態度在王氏的畏天愛人極論一書裏表現得最清楚，發揮得也最透澈。這部書是王氏在崇禎元年（一六二八）寫成的。前面有鄭鄤的序（這序文不收在峚陽全集裏），巴黎國家圖書館裏藏有一個鈔本。向師覺明旅居歐洲的時候，曾抄錄了一個副本。最近我把它同王氏的其他三種遺文，輯在一處，略加考校，題曰王徵遺書，交給上智編譯館印行。至於這部書的收藏和情形，王師重民的王徵遺書序裏說：

「畏天愛人極論一卷。鈔本。鄭鄤序是大字。好像是預備付刻或者從刻本摹寫的樣子，可是還無法證明這書有刻本。此鈔本鄭序凡六葉。本文四十八葉。紀言二葉。共五十六葉。半葉九行，行十八字。……著錄號碼是六八六八。」

在這部書裏，王氏託爲主客的問答，對天儒的關係有極詳細的討論。首先他說明自己思想轉變的路線，和篤信天主教的理由：

「客曰：……聞子曾求之瞿曇氏矣。一切徵心見性之義，旛動鐘鳴之解，靡不證合。一時諸老宿咸謂善知識無兩也。亡何乃竟棄去不問，旋且轉而問之黃老。於是黃老之書，又靡不尋覽，且依古本，手訂周易，參同契，註百字牌等書已；且自爲辨道篇及元眞人傳與下學了心丹諸作。縉紳先生見之者，謂似類古之得道者然。乃子沉涵於是業廿餘年矣。顧今又棄去不問，獨篤信西儒所說天主之教。子何輕棄其所已學而信未學，棄舊學而信新學，棄近學而信遠學之若是哉？」（畏天愛人極論頁一至二）

余曰：……余惟求天之所以命我者而不得，故屢學之而屢更端。總期得其至當不易之實理云耳。乃釋典儘費參究，而迄不見其要歸。人雖謬云解悟，而反之此中，殊未了了。敢自欺乎？故不得已尋養生家言，以爲此或修眞之正路也。維時鑽研日久，頗獲的傳。亦復識其所料孔穴，殫力行持，似亦稍有徵驗。顧行身非不快適，而心神輒復走放，亦無茫無巴鼻，此中猶歉慊也。……適友人惠我七克一部，讀之見其種種會心，且語語刺骨，私喜躍曰：是所由不愧不怍之準繩乎哉!?」（同上頁三）

顯然地，王氏是要求得思想上的出路，要求得一個「不愧不怍」於「天人之際」的信仰的依歸。因此，他放下儒家的經典，去叩佛家的門，去念道家的經；但都不能使他找到解答。這種謀求思想出路而屢遭蹉跌的失望，偶然接觸到聞所未聞，十分新鮮的思潮，他怎能不再作一次試探呢？於是他就由儒而佛，由佛而道，由道而信奉了天主教。因研究的時間太短，所以他對於天主教教義的瞭解當然不會很深，同時，他的儒家氣息，在和天主教教義可融和的場合中，也依然保存着。

（二）天主就是儒經裏的上帝

要建立一種新的學說，必須要擊敗或者說服某種與自己利害衝突的原則、原理和學派。王氏是篤信天主教教義的，當然對於佛道兩家是視爲異己的，但王氏在駁難佛道時，卻完全以儒家的思想做理論的根據，並且對於佛道的責難還有程度上的差別。他說：

「彼佛氏之教，不尊天主，惟尊一己焉耳。已自昧於大原大本，所宜誇論，大非天主之制，具可謂猖狂自在，豈天主委任之乎？黃老神仙之廣，竊天地之機，盜造化之精，以自養其身形；雖未合乎大道爲公之旨，然猶每每尊天而弗敢自尊，故君子亦不概爲深罪。獨怪夫佛之猖狂自任，政不奉朝廷之正朔者也。有忠義之心者方將聲罪致討之不暇，寧肯借朝廷之名器爲之寬假乎哉！蓋擇主而事，良臣之哲；從違一判，忠佞立分；彼佞佛之功，而自以爲至善利者，不猶事篡逆者，彌竭其忠，彌顯其奸佞乎！」（同上頁十九）

用「篡逆」和「正朔」來指斥佛教，這不是儒家精神是什麼？對于黃老，雖然說他們違背了「大道爲公」，但多少還有一點偏袒的嫌疑，承認他們是「每每尊天而弗敢自尊」的。這裏的「天」，在王氏的了解下，就是「生天生地生人生物之眞正大主宰」，也即是儒經裏的「上帝」。上面的話並不是一個孤證，在他的書裏有的是：

「試觀孔子大聖人也，而未操賞罰之權。再四陳請，欲討一陣恒而不能，則其他可知。……惟其極愛之情，欲其生而不能，推其極惡之情，欲其死而不能；不但不能，而反爲惑矣。然則世之好人惡人者多，而能好人，能惡人者固不數數見也。其惟仁者乎？其惟上帝之至仁者乎？書云：惟上帝不常，作善降之百祥，作不善降之百殃，此眞正永遠大賞大罰之權與也。」（同上頁二十二至二十三）

「其實吾西國原無是稱。此中不嘗曰：帝者天之主宰乎？單言天非不可，但恐人錯認此蒼蒼者之天，而不尋認其所以主宰是天者，似涉於泛。故於天加一主字，以明示一尊更無兩大之意。且主者視父尊嚴，專操賞罰之大權，不獨偏施生全安養之恩而已也。（上面是龐迪我對王氏說的話）曰：此正與吾書所言：惟上帝不常，作善降之百祥，作不善降之百殃，其義適相脗合。可以窺賞罰之大指矣。然即易之以上帝之稱，似無不可。而胡必欲名之天主，以駭人之聽聞？曰：初意亦以上帝之號甚當也。比見此中廟貌甚多，稱上帝者甚夥；余以為上帝之廟貌也。竊喜此中人知敬天矣。乃徐察之，則率以人神而謬擬之。如玄天上帝之類，不可枚舉。私又懼其混也，以人儕天，故卒不敢襲吾陡斯之尊稱。要之，果真知其為生天生地生人生物之主宰而畏之，而愛之，而昭事之。則謂之天也可，天主也可，陡斯也可，上帝也亦可，而奚拘拘於名號之異同哉？」（同上頁七至八）

這話很明顯；天主就是上帝的異名，也即天的異名。他是創造者，他是大賞大罰的最後的權輿。那末，對於物質的「天」他不得不辯說清楚，免得再混在一起。於是他接着說：

「天果積氣乎？氣則積久，亦未有不散者。胡為乎萬古恒如斯？且日月星辰之照垂者，胡其布置位列毫髮不爽，從無一日一時之散亂錯動也邪？即使為氣機所動，自然而然，借問起初使之自然而動者為誰？……乃今天如此其高明也，地如此其博厚也，日月星辰山川草木如此其照耀而克郁也。疇為開此？疇為闢此？疇為生養而安全此？信非生天生地生人生物起初之陡斯，决無能辦此者。而反疑穹窿之上，祗蒼蒼之積氣，而無主宰之者，噫！亦甚愚矣！」（同上頁十一至十二）

（二）　天堂地獄

什麼是上帝的最後的大賞大罰的權輿呢？他說：

「……厥賞在於何所？則有前所稱明光之天堂在。　厥罰在於何所？　則有前所稱萬苦之地獄在。　（同上頁二十二）

可是，有人說這一套「天堂地獄」的說法，原是他們從佛家經典裏偷竊來的。王氏加以駁斥，但不夠透徹。他說：

「誰竊誰耶？佛氏西竊天堂地獄之大旨，而又妄附之以閉他臥剌（按係 Pythagoras 的譯音）謬語，增以輪迴六道妄言，以鼓動世人。其所以能鼓動世人之信從者，正此天堂地獄之說有以欣發其良心耳。然徒知其名似，而實未灼見其眞境，故其說仍復狂誕不根。令有識者轉滋疑怯。乃今至疑天主之教竊彼誕言乎，是齊丘子翻謂景升盜我化書也。不亦可笑乎？」（同上頁二十）

積極地，王氏並沒有提出任何有力的證據，可以證明佛家竊取了他們的「天堂地獄」的說法。我認爲，上面所引的這一段話是站立不住的。李之藻在重刻畸人十篇序裏說，「天堂地獄」這句話，雖然是不見於經傳，但道理上是一定存在的。「西泰子子身入中國」，就從瞿曇氏的書裏把它奪回來，「歸之吾儒，以佐殘闕。」李氏這話已經有些勉強了，而王氏却進一步的否定了「補儒」的說法，簡直認爲「天堂地獄」在古儒的經傳裏就有過，不同的是話有隱顯，言有微末，只要仔細思量，就會想得通。他說：

「地獄之說，吾聖賢書中雖未顯見；而天堂之意義，則固有明載焉者。第讀者急在文，綏在意，弗及細思之耳。詩云：『文王在上，於昭于天，文王陟降，在帝左右。』又云：『世有哲王，三后在天。』召誥云：『天既遐降，大邦殷之命，茲殷多哲王在天。』金縢云：『乃命於帝庭，敷佑四方。』『夫在上，在天，在帝左右，非天堂之謂其何歟?!而況明明言上帝之有庭，乃命於帝庭耶！夫既有天堂，則自然有地獄，二者不能相無，其理一也。如眞文王、殷王、周公在天堂上，則桀、紂、盜跖必在地獄下矣！」（同上頁二十五）

引經據典，王氏說了一大篇道理，但仍嫌浮泛，沒有提出什麼積極而有力的證據，來折服他人 。王氏是新敎友，祇跟着西士研究了一點敎理門徑，當然沒有深入堂奧，更沒有專攻神學，所以不能說得透澈。以後他又把「古義」的湮沒歸罪到秦火的毀滅：

「說者謂秦燄酷而其意弗存，故吾聖賢書中不見載。然豈不得因其不載而有疑。不然，彼輪迴六道之誕言，凡

出佛書無理之談，悉吾聖賢書中所不載，且皆有識之儒所力闢者，何世之人反信之而不疑耶?!」（同上頁三十六）

這樣，他不僅否定了「後儒」的話語，而且在努力向古儒接近。

(四)靈魂不滅：

至於靈魂不滅，原是天主教的基本信仰，於是王氏在詳論天堂地獄以後，持「勸善懲惡」的說法再發揮他的靈魂不滅論，他說：

「夫世界之魂有三品：下品名曰生魂，即草木之魂是也。此魂附草木以生長，草木枯萎，魂亦消滅。中品名曰覺魂，則禽獸之魂也。此魂附禽獸以生育，而又使之以耳目視聽，以口鼻啖嗅，以肢體覺物情，但不能推論道理，至死而魂亦滅焉。上品名曰靈魂，即人魂也。此兼生魂覺魂，能附人長養，及使人知覺物情，而又使之能推論事物，明辨理義。人身雖死，而魂非死，蓋永存不滅者焉。夫靈魂之本用，則不恃乎身焉。蓋恃身則為身所役，不能擇其是非。……有形之魂，不能為身之主。獨人之魂，能為身主，而隨志之所縱止。故志有專向，力即從焉。雖有私欲，豈能違公理所令乎！則靈魂信專一身之權屬於神者也。不與有形者埒也。」（同上頁四十）

「維有靈魂，常在不滅。所遺聲名善惡，實與我生無異。若謂靈魂隨死消滅，尚勞心以求體譽。譬或置妙畫，以己既盲時看焉。或備美樂以己既聾時聽焉。……夫靈魂者正前所云天生（向師抄本註曰：「應作主。原抄誤。」）造成亞當厄襪之身，而賜之以亞厄瑪者也。靈性一賦，常存不散。篤善者藏心以德，似美飾之。惡者藏心以罪，似醜污之，如兼金然，或以之造祭神之爵，或以之造藏污之盤，皆我自為之耳！然其藏穢盤獨非兼金乎？」（同上頁四十一至四十二）

在這裏，王氏把「靈魂」和「靈性」是看做一個東西的。靈魂雖不滅。但它卻是天主所創造的；而這個「靈性」的爲善爲惡，其主宰又屬於「我」，並且就字裏行間來看，王氏根本是從儒家哲學的「性善」一說出發的。由此看來，王氏的口吻雖是講天主教義，實際上還是忠實做儒家的衛道者，當然，這或許是他不自覺的。

據我考證：王氏的信奉天主教，最早不能在萬曆四十三年（一六一五）以前，最遲不能在天啓四年（一六二四）以後。按龐迪我（Didace de Pantoja 1571—1618）的七克刻於萬曆四十二年冬或四十三年春，而王氏的來京師，當在四十三年冬或四十四年春，所以他看見龐迪我應該在這一年或前年冬末。同時，我懷疑龐迪我是王氏交接的第一個傳教士。或者就在他看見龐子以後，開始信了天主教。到了天啓四年，他居憂在家，就請金尼閣 Nicolas Trigault 1577—1628）來陝開教。顯然的，這絕不是一個非教徒的行誼。若果這個推測不錯，到王氏蓋棺論定的那一天止（一六四四，三，四），他信天主教已經有三十年長的歷史了。

周鐵騎君讀本館書慕道逝世

【天津通訊】北洋工學院電機系一年級生周鐵騎君，原在輔仁肄業，自謂在北平時，因讀上智編譯館出版「宇宙觀與人生觀」，遂有志研究公教；後轉學天津北洋工學院，不幸於六月七日，失水而死，未得領受洗禮，但渠固已領受「願洗」也。北平慈幼會陳其慈司鐸，曾前往參加追悼會，並發表演說。周君家屬，亦願按公教禮出殯云。

中國公教英文資料索引成稿

【本刊訊】北平圖書館丁濬先生，在淪陷時期，輯成「中國公教英文資料索引」Subject Index To English Literature on Catholic Church in China (A Guide To Catholic Magazines)；凡一九〇〇年以後，一九四一年以前，在各種期刊中以英文發表，有關中國公教各項問題之大小論文，俱經搜羅，內容之宏富，可想而知；且發表之文字，亦多有涉及過去數百年史事者，洵爲研究中國公教者必備之參考書。丁君曾有意交本館印行，未知能如願以償否？

書林偶拾

孝囑

李二曲先生遺墨

孝囑者，劉仲婦臨終別其夫之遺囑也。仲婦爲予甥邑庠生武大成之仲女，性溫謹，予夫妻愛之，爲擇良配，得同里劉祥寰之仲子字焉。委禽結褵，事姑以孝，處妯娌以和，與仲子琴瑟靜好，相敬如賓，德容工貌，內外翕推無間言。居恒凜遵家範，蚤作夜息，績紡每至丙夜；質既清弱，兼復不憚勤勞，由是榮衛失調，積漸成疾，予甥迎歸珍調，歷仲冬至夏，既減復增，病日劇，知不能起，舁以省姑，捧姑手嗚咽，深以不復承顏事奉爲悵，訣別仲子，無他語，第曰：壽夭數也，妾無憾，所憾者從此永離姑側，不獲孝事，君宜竭力盡孝，無懈晨昏，以此爲囑，願勿忘！聞者莫不感傷。噫！生死大故，在讀書明義理之男子，當斯之際，不怖死，則戀私，其所以惓惓而諄悉者，未免鍾情於妻子；乃一閨閣不識字之少婦，獨逈出常情，無怖無戀，惟姑是念，生而克孝，死猶不忘，發言中倫中慮，關乎綱常民彝之大，空谷足音，可以傳矣！故傳其所囑，俾爲人子爲人婦者，知所勸。仲婦生於康熙己酉，年十八適仲子，未二載而疾，仲子百方治療，殫盡心力；比其逝也，日夜痛悼，食息弗忘，爲之立後，以奉其祀，篤於伉儷，末俗僅見。予特嘉而禮之，書此以貽仲子，必且仲襲以藏，時一展閱，其囑在，其妻亡，見囑如見妻，體而行之，致其身爲大孝之身，則妻亡猶不亡矣。仲子其勉之。中孚。

李二曲先生顒，字中孚，陝西盩厔新莊堡人。學能致用，風節尤高；立身嚴謹，著述鴻富；所著籲天約，似曾受公教教理之薰陶。右墨蹟現藏盩厔天主堂，爲先生文集所失收者，至足珍貴。

馬相伯先生遺文抄

童幼教育跋

古絳韓子鐸書，蓋借明祖訓言，發揮天國眞義；引用西儒處，發揮尤透闢，以余所見，大較韓子手訂也。陳君援花，春初已付重刊，刋成輒盡，至再至三，今且四版矣。及聞有童幼教育鈔本，以其引用最多，故又亟索另鈔，以便加入。夫幼童教育者，卽家庭教育也；家庭者，人身人類之生存地。事雖不外飮食男女，而世間之萬苦實在其中，雖因大欲所存，苦始不苦，不苦而世間之萬惡遂從此生；過在人知飮食以求生，不悟人生非爲飮食也；人類固由男女，男女之究竟非爲男女之大欲也；大欲不知節制，徒狗苟蠅營，醉生夢死，遂至國與國無人道，人與人無仁義，反自詡善奪人有以保存我身我類，不知我已變爲畜身畜類，然則普天萬惡之生，實由無家庭教育始，此古人所以言治國，必先言保赤，次言宜家，而后始言教國人歟？益信國人之教，自家庭始，家庭之教自一夫一婦始，不然，子異母，母異寵，操戈不遑，教育何有？溯自春秋以來，王家爲甚，富家亦然。是一家猶不能和，何望一國之共和？亟應取韓序所謂厄弟加者，由家而鄉，由鄉而縣，由縣之小團體合成數縣數百縣之大團體，而后共和庶有望乎？宜陳君之亟欲附刋也已。所惜徐匯書樓鈔本甚劣，有因形似音似而訛者，更有因妄改而訛者，費數日之心目力，校閱一過，粗粗可解，爰跋數語，郵寄陳君。歲己未，中秋後三日，丹楊馬良識，時年八十。

右文係先生手筆，附於童幼教育鈔本末；鈔本現藏勵耘書屋。三十七年輔仁大學返校節，勵耘書屋主人出示，亟爲發表於此，以爲拙編馬先生文集補遺。方豪識。

最新實用電學序

或問著書者沈君非上海人歟？詎不知上海自有租界以來，房屋道路，器用機械等等，六七十年中，祇見其日日新又日新，蓋無日不新；新機器之發明，上海雖非產地，上海却爲第一銷場地，竊慮沈君所指最新者，已成宿肉，已出三日，以是餉人，人將不食，其奈何？余應之曰：無傷也！是乃器欲求新之實秘也。君不見書中所述最新者，每根據其前之舊者言之乎？此無他，新與舊比較名詞耳，今以電論，苟能生電，比舊少費，不謂之新不得也。苟能用電，比舊少耗，不謂之新不得也。苟能少費少耗，無出其右，不謂之最新，亦不得也。由是以談，君果能取上海所有最新者，與書中所述而君不以爲最新者，兩兩比較，孰少費？孰少耗？而得其肯綮，則舉一反三，在君好自爲之，爲淩可富可也，爲愛第生可也；雖然，該二氏幸生歐美，工與工薈萃妙處，猶倚賴書籍以自修，故沈君本其愛國之心，編爲是册，以餉國人，國人若肯分其愛看小說之光陰，什之五六，以手是編，則於租界之外，日日新又日新，亦不難利用天地自然之力，以代人工何？民國壬戌，八十三叟，相伯馬良叙於上海土山灣。

致江南公教進行會支部書

津京教友，因訂憲法之權在國會，而孔教會電各都督等力爭，雖國會議員亦畏其口衆，故助我者亦願我教有數省電致國會，除信教自由外，不贅一詞，務乞江南分會徑電國會爲盼。又教育部率司員行禮，及男女學堂均拜孔，實非信教自由也。

右函載民國二年冬季出版江南公教進行會支部第一次報告，該書尚有抗拒孔教公電二則：一在民國二年十月三十一日，一在十一月十一日。卽爲響應馬公之函者，故此函當在二電文之前也。以上三文均爲拙編馬相伯先生文集正續編所未收者。方豪識。

聖味增爵會司鐸西滿張公諱紹臺墓誌

嗚呼！老成凋謝，徒增回首之悲；知己摧殘，彌下傷心之淚。况結契閱歲時之久，莫罄衷懷；而訂交在道義之間，尤欽楷範；知我紹臺張公者，籍由畿輔，系出清門；超性過人，早矢潛修之志；幼時邁衆，卽堅嚮學之心；孝友格以至誠，因離家而就道；詩書敦其夙好，遂負笈以從遊；迹託海隅，途經萬里，神怡秘籍，日誦千言；不惜辯烟蠻雨之衡，能辨蝌字蟲書之誤；德性臻於無間，學業底於有成；方余隨兩季父在澳讀書也，夙切斗山之仰，時依几席之旁。維時，公及余之兩季父，俱已成品，幸獲追陪，常聆緒論，而公忘輩行之折，如手足之親，相聚五年，盟同金石，遽分兩地，悵隔雲山；憶公由澳北旋，設帳京師六載；嗣以養痾，寄鐸江左；而余亦由京奉命回南，其間聚散之感，契慕之殷，幾歷數年，欣慰一旦。今夫相投者氣誼，而難忘者才能，已往者音容，而不朽者言行；公之待人接物也，如鑑空而衡平；公之砥行束身也，如渾金而璞玉；公之知止不殆也，闡正教以闢歧趨；公之修辭立誠也，先器識而後文藝；一編撰目，七克洗心，暇輒咏吟，消除世慮，積成卷帙，洞見本原，將繕寫以付手民，願流傳以勗同志，其於報本反始之道，變時濟世之忱，一篇之中，三致意焉。嗟乎！公之心力殫矣！公之精神亦悴矣！由是宿痾漸增，進食漸少，迨至閏七月望時，招余往晤，而公病體已不能支持；聞公囑託之言，不覺惄焉傷，觀公命終之狀，又不禁欣然慕。蓋公之修身俟命，自勉以勉人者，數十年如一日，存順沒安，夫何遺憾！獨惜余抱知音之戚，深歎逝之思，叩寂鐘鳴，響應琴絕。昔之羊城聚首，燕郢論交，轉瞬光陰，已成陳迹，而余兩季父又弱一個，悵望天涯，祇通音問，棖觸往事，能無憫然！公晚年寄居七寶駱氏，顏其室曰退思，亦可以知公之志矣。公生於乾隆五十四年己酉九月十一日，歿於道光二十三年癸卯閏七月二十三日，享年五十五歲，因濡毫和淚以誦公之情，識公之德於弗諼。道光二十三年，歲次癸卯，十月中浣，雲間沈韞輝謹述。

聖味增爵會司鐸保祿金公逸雲墓誌

鳴呼！此吾友金君逸雲之墓，與同會司鐸張君紹臺墓相毗連者。君諱世逵，號逸雲，直隸廣平府威縣人，幼而岐嶷，至性過人，早失怙恃，矢志修業；年十七，即離家赴都，就東堂讀書；越五年，至澳門，其於身心性命之學，致知窮理之功，研慮說心，靡間寒暑，時余亦從遊在澳，與君懷丹鉛，共晨夕者數載，嗣余與君先後出澳至都，僑居南堂，奉畢牧命，俱司鐸雲間，自是我兩人之蹤跡，不越百里之內。君邃於學，遇事能果敢，生平持己以嚴，待人以恕，處事能斷，析理能精，交友孚以氣誼，而於余尤稱莫逆，積旬不見，輒扁舟相訪，溯洄峯泖之間，晤言一堂，終日不倦，余有所疑，必就質焉，君為之剖析是非，洞中事理，洵所云實獲我心者。今者歐公之壓場空懸，子敬之人琴已杳，同會無幾，又悲宿草！嗚呼！此後更誰與傾肝膽？君襄理教務，幾三十年，經理並用，有合乎古，不違乎今，自乙巳春，吾教奉恩旨准行，而君喜形於色，謂吾儕當如何感激，爭自濯磨，庶修身俟命，正教日隆，不惟獨善，而可兼善矣！晚年養靜西鄉，寄居干山之前村。君素有喘症，至丁未秋冬之際，益以腹疾，遂不起，余至君處問視，見君安排善後事宜，鉅細畢用，高朗令終，　夫何遺憾？即葬於七寶駱氏居宅之西偏，與張墓並，遵遺命也。君生於乾隆五十五年八月十一日，卒於道光二十七年十月二十日，年五十有八。余與君為同會友，訂交最久，同人屬余銘，雖不文，其曷可辭？銘曰：太樸完兮，承天寵也；形神全兮，稱邁種也；緬鍾毓兮，自幽燕也；吾道南兮，鐸聲宣也；膺神品兮，德化隆也；凜七克兮，能慎終也；昔推門第兮，譽重金張；今瞻雙墓兮，並峙蒲塘；共梓桑兮偕出處，同享天庭為永侶。道光二十八年，歲次戊申，季秋之月，崇沙沈邦彥謹撰并書。

聖節述懷

趙紫宸

決志艱難入聖京；傷心無奈淚縱橫，當時若肯聽忠款，此日應能興太平，大角兵威觸殺氣，蚩尤旗影指雄爭，
可憐靈神廟終灰劫，羅馬鷹徽覆古城。（耶穌入都）
須無酵餅酌蒲桃，不料門徒佼帶刀，賣主有人同蘸手，逞凶無據亦吹毛，穢陳已識承天志，傳述終當倚附曹，
莫教凌晨雞喔喔，獨留棘冕與朱袍。（逾越設筵）
安能無待共清醒，缺月斜橫橄欖青，血淚涔涔三禱祝，天心歷歷一伶俜，可憐作弱情衷鈍，已覺蒼茫夜色冥，
沉痛還當親吻禮，葡萄密葉作飄零。（客西瑪尼）
架上誰為左右人，五傷血盡道成身，是非顛倒天能死，惡勢紛披地不春，欲救羣生難自救、勿陳穢獻更誰陳，
宗徒底事均逃逸，來日還期拱北辰。（十架舍生）
白衣人報石塋空，百合花開拂曉風，大道豈能終死滅，眞衷長在自神通，懷疑多馬承知解，瞻象保羅豁翳蒙，
歷世重光摧毒礙，請看諸聖盡豪雄。（聖子復活）

玫瑰集中卷

紅色玫瑰憶聖母痛苦奧跡

嚴蘊梁

一　離別之夜

依依離席門。一路暗銷魂。慘澹夜光冷。朦朧月色昏。聲聲囑友愛。步步淚雙痕。語盡情無限。遲來橄欖園。

二　山園夜禱

屈膝岩前禱。哀吟情可憐。苦杯膽汁混。翠石汗珠綿。顫慄一聲唯。憂愁萬斛泉。返身誰勉慰。心侶亦酣眠。

三　園中（江城子）

幽幽夜靜翠山園。月悽寒。水潺湲，獨禱巖前屈膝訴哀緣。遠處傳來聲混雜。人影亂。語紛繁。

假仁茹德附姦殫。兩三言。問師安。竟把耶穌負賣交羣奸。繫去牧童羊失恃。驚四散。出藩垣。

四　聞被捕耗

橄欖園中變如焚。禱罷雲暗月色昏。明火執杖四圍合。洶洶疑是夜征軍。向前搏擊如捕盜。主發一言都驚倒。叛徒吻安作暗記。惡黨下手聲喧譟。餘徒見難背寒盟。驚弓飛鳥暫偷生。讎人恨深殺心急。星夜三審定死刑。此時瑪麗禱未眠。默思古經殉難篇。正覺神情惄然擣。若望報急聲可憐。慈母心腸本柔軟。一霎驚魂如欲斷。今夜只是血史序。明日慘劇如何看？

五　夜審

星夜解官廨。孤身上署階。一庭仇切齒。衆口怨舒懷。妄出萬般讒。亂如千畝蛙。汪汪仁愛海。叢孽盡深埋。

六 蹂躪

對簿法庭上。一身生死輕。批頰聲色厲。汚臉涕涎盈。拂拂軍鞭急。涓涓聖血傾。何時攖彼怒。毋乃太無情。

七 血罪

結仇不共戴。險狠法利賽。一夜逮孤身。三年洩舊憾。誓潑義人血。不知何肝肺。義血流主臺。伸寃呼聲在。血罪遭天罰。世世失神愛。構此孽中孽。鑄恨亙千載。

八 鞭刑

羅瑪劇刑備。最嚴唯鐵鞭。裂膚逾棘楚。碎骨等霜鋋。頑盜雖應責。酷官猶自憐。奈何無罪主。受撻幾多千。

九 羔羊

甘心委身仇黨手。任憑萬般蹂躪久。嘵嘵妄證語何多。信口雌黃誰能剖。經老姦黠若成怒。叫囂跳踉更露醜。吾主鶴立罵聲中。羔羊安然聽獅吼。

十 無縫袍

瑪麗昔日纙紡勞。手織獨子無縫袍。可惜今落羣卒手。剝脫爭奪聲囂囂。羅瑪荒淫最無恥。未識吾主爲純羔。純羔貞潔衣被褫。奇辱莫過此一遭。天神掩面不忍覩。諸魔亂舞昏酕醄。

十一 棘冠

五千軍鞭施酷刑。血肉糜爛失人形。半死輾轉紅泥裏。灌注膽醯强催醒。醒來渾身都變赤。惡黨不動鐵石心。紫袍加體拜國主。萬般戲謔誰能禁。天開異想折荊棘。編就王冕形凝森。以冠聖首更唾撻。那顧鮮血流涔涔。吾主贖罪甘心受。默獻苦辱救人靈。

十二 請視斯人

義撒爾國民。何事共吁吁。請視斯血人。惻隱動心乎。斯人再三鞫。未見有何辜。當念豆箕情。相逼毋急如。恥辱旣備加。盡毀三年譽。鞭撻逾五千。遍體無完膚。請視斯血人。悽慘世間無。凡屬血氣倫。豈可再言誅。

十三　義撒國主

斯人伊誰兮義撒王。羣小構陷兮何猖狂。百計謀害兮禍心藏。萬般蹂躪兮肆意戕。鮮血淋漓兮渾身創。宛轉就戮兮一羔羊。行路見之兮爲嘆傷。爾心鐵石兮更激昂。高呼舉釘兮志乃償。

十四　聖血（聲聲慢）

點點滴滴。泄泄淋淋。悽悽慘慘灑灑。聖血涓流。無人拂巾輕拭。任憑滿階暗濺。未多時。石紅泥赤。瑪麗也。遙想此景。心何悲惻。　最恨狂徒殘刻。恣戲謔。蘆荻一枝橫擊。喝六呼盧。爭無縫衣一襲。無辜可憐救主。似羔羊默默寂寂。贖世罪。只一片仁愛血色。

十五　怨詞

義撒義撒兮吾愛民。出自埃及兮入福門。日夜我勞兮指關津。瑪納鵪鶉兮供饔飧。四秩寒暑兮亦苦辛。何爲辜恩兮行不仁。以怨報德兮天良泯。堯犬吠堯兮古罕聞。爾乃謀弒兮釘主身。義撒義撒兮其自詢。

十六　十字架

經老法吏煽衆民。呶呶鬥囂法庭下。辣多滌手圖脫罪。爾反高呼不可赦。處以酷刑誠何心。城外高懸十字架。馴良羔羊挺身迎。甘爲萬靈出血價。

十七　苦路（昭君怨）

獨荷千鈞罪架。前後聲聲詈罵。踯躅舊京衢。有誰扶。一路搖搖欲仆。鮮血淋漓傾注。倒處地爲丹。不堪看。

十八　苦路相見

噩耗節節傳聖母。柔腸寸寸如欲斷。衝哀茹痛守路旁。訣別愛子冀一面。沙塵揚處人湧至。閃閃刀戟光似電。亂民瘋狂露爪牙。面目猙獰豺虎悍。忽見架底仆血人。慈母一見心膽戰。搶呼便欲向前扶。無奈鞭繩嚴拒扞。聖子回頭望母顏。千萬語言融一盼。可憐斯慘絕人寰。旁觀淚落亦如霰，若問當時母子情。兩心洞穿共一箭。

十九　聖帕

谷風吹習習。飛塵滿城邑。聖子汗血臉。沾染更悽惻。賢婦動慈心。白帕為主拭。白帕印聖容。主報仁愛德。攜歸示聖母。相看共涕泣。

二十　羔犧

血臉血袍一血人。舊日容顏難辨識。血肉糢糊遍體傷。負吾罪孽痕歷歷。甘心受死作犧牲。猶如羔羊伏祭石。快刀宰割仍默然。流盡鮮血滌罪孽。

二十一　致命

依影扶魂步聖蹤。淚人哭對血人容。槌聲篤篤侵心骨。刑架巍巍立土峯。慘看羔羊傷萬處。難平暴漢恨千重。低頭殞命長矛刺，肋血滴流紫且濃。

二十二　變象

慘噭一聲低首殞。剎那千里暗烏雲。魑山魅木風沙溢。紫電青鞭霹靂紛。墓底幽魂多湧現。殿中聖幕自平分。無情萬物有餘恨。怪爾含靈獨不聞。

二十三　痛苦之母

慈母佇立。忡忡憂心。扶侍架傍。痛淚涔涔。仰瞻耶穌暗呻吟。

其靈其神。悽愴悠悠。萬分哀痛。無限悲愁。宛然利刃刺心頭。

柔情貞母。玉體亭亭。忍見愛子。受斯酷刑。斜陽掩涕影伶仃。

維淑維賢。無玷無辜。忍聽孽卒。喝么呼盧。飲泣吞聲獨扶孤。

吁嗟母子。相憐相視。此情此景。盡是血淚。鐵石肝腸亦涕泗。

羔羊祭獻。民免沉淪。甘受鞭笞。贖罪成仁。傷痕鱗鱗遍聖身。

瞻思耶穌。溫良謙沖。神人道棄。如可憐蟲。呻吟未休氣息終。

嗚呼慈母。仁愛潔泉。激我悼情。彈我哀絃。共汝流淚共漣漣。

我靈感情。請保其溫。基多遺愛。萬古常存。無時或忘再造恩。
祈將耶穌。燦爛五傷。銘刻我心。深深保藏。進慕苦架永不忘。
身寄塵間。神遊聖墳。主過遺跡。猶有餘芬。苦嘗辛味幸平分。
偕汝虔誠。擊筑悲歌。迴誦血史。憑弔基多。一生貫徹願吟哦。
旁扶苦架。倚母孤立。懷汝幽情。且禱且泣。靈泉流澤臨源汲。
懿哉慈母。窈窕貞淑。耶穌雖逝。豈曰煢獨。我依膝下共哀哭。
苦難留痕。印我心曲。奧妙一體。神命相屬。甘露饒沃乳香馥。
請將五傷。鏤我肌骨。寶血酣暢。靈醉活潑。荷架登山氣蓬勃。

亞孟

二十四　托母（菩薩蠻）

扶歸陋巷斜陽落。架前曾把慈親託。若望荷賢徒。蘭陵今日趨。禮師臨死意。色養衡門裏。餅酒常盈盤。朝朝行聖餐。

二十五　孤傷（玉樓春）

淒涼一室童貞女。深夜神遊腸斷處。映睫血跡尚斑斕。震耳槌聲猶可數。母心欲碎淚酸楚。似沒深淵無底苦。世間萬苦有言時。只有此悲難盡抒。

玫瑰集下卷

金色玫瑰憶聖母榮福奧跡

一　信望（南鄉子）

一夜落花風。吹散諸徒西復東。漫說三年隨學道。懵懵。死了吾師萬事空。瑪麗獨懷忠。虔誦遺經苦海中。回憶預言祈禱裏。情濃。深信天明見主容。

二　望兒

哭望野外墳。魂由聖山返。飲泣心縈迴。銜哀情繾綣。仙歌夜半清。神慰觸中婉。恍惚見兒歸。笑容半日宛。

三　仙唱（憶江南）

多少淚。沾袖又橫頤。但信耶穌須復活。明朝便是再逢時。莫再太悽悲。

無限淚。莫再暗中流。今夜半生鍾愛子。打開幽壙凱旋游。銷得萬般愁。

四　母子聚首

石墓晚歸閉陋室。含淚祈禱屈雙膝。鐵釘茨籬淨几供。白帕遺容血歷歷。夜夜夜半猶未寐。一半信望一半惻。

三更血跡忽轉明。漸覺悲痛暗消失。遙山忽聞天神歌。縹緲有似遠水波。未幾歌聲近窗戶。音清韵密春風和。

綽約傳報白衣人。耶穌復活在今晨。從此萬愁變萬樂。母氏此際欲忘身。一聲吾兒才脫口。復活耶穌立門首。

光輝如日不奪目。玉立亭亭開雙手。母欲跪地子扶起。扶起母來投懷裏。子欲謝母母先謝。心齊相對母與子。

兩心融融相契默。愛情爐中熔爲一。此番奏凱勝死亡。血肉無恙是奇蹟。

五　相見歡

五傷燦爛金光。照幽房。舊淚未乾。新淚又千行。　淚未斷。心情換。百花香。一片靈泉仙露灌柔腸。

六　餞別

四旬南北馳。感舊顯靈奇。草草開尊俎。淒淒聽子規。餞行慈母戀。惜別聖徒隨。再聚知何日。臨岐更覺悲。

七　別母（西江月）

一部殉難慘史。慈親血淚書成。兒應携母相偕行。永不違離形影。　但是十餘孤獨。不堪雨擊風驚。將來傳道四方征。還得母親提領。

八　橄欖山

光陰自古如水流。臨當離別流更遒。師徒母子情無限。相看容顏盡帶愁。送行纏綿話未已。不覺已到聖山頭。

切問祖國與何日。爲道天父有遠謀。歸去不使爾曹孤。留母奉養一處居。將遣聖神降下土。心傳奧理啓頑愚。來日四海往宣道。洗人廣播福音書。此去爲爾選天座。我靈偕爾仍如初。言能人人淚沾巾。衆中最痛惟慈親。及以天命相慰勉。母顏始覺微生春。今纔屈膝徼主福。因父因子因聖神。正在舉手祝福際。翩翩騰離世俗塵。

九　升天（蝶戀花）

山後山前山漫漫。橄欖山巔。送主離情戀。一陣清風來自遠。翩翩霞舉天容煥。　忽見羽仙雲裏旋。接去耶穌。令我肝腸斷。從此巴巴望彼岸。下山步步還回看。

十　勸歸（山花子）

茄莉鄉人不返鄉。凝凝昂首立高岡。歸去耶穌歸去了。莫空望。　暮色蒼蒼時已晚。共隨主母返山莊。欲問師顏何日見。渺茫茫。

十一　迎神

百餘兄弟禱。幽處一心潛。偕母古經誦。迎神聖詠占。先王讖語驗。信望愛情炎。反覆遺來句。靈光妙入簾。

十二　聖神降臨（疎影）

岡前送別。黯銷魂。唱罷驪歌一闋。共返山村。景物依然。師弟相思心結。虔偕瑪麗焚香禱。曉曉誦古經三節。憶舊約合意同心。佇候聖神情切。　郊外槐風送暖。黃鶯歌婉轉。音韻清澈。人鳥悠悠。正是辰時。一陣迅颷飄忽。晴空霹靂全城震。頌禱處心虔香爇。只望見火舌熒熒。充滿一庭神悅。

十三　火舌

天晴日朗旁午時。忽然四面狂風急。舉首烏雲已滿天。一霎紫電掣千尺。掩耳不及霹靂轟。乾坤擺踵若崩圻。人說應有神靈降。但見片片火舌赤。火落登聽禱衆頂。心中聖愛便充實。欲問愛火熱何如。烈烈如焚又如炙。

十四　宣道

穆穆聖神臨。眷顧宗徒心。寵愛若仙露。滴滴性靈滲。一氣通聖神。先後如二人。昔日懦復弱。今朝勇且仁。

捲起衡門箔。振鐸宣道眞。眞情溢乎辭。聞道知昨非。各聽本鄉語。相問更稱奇。一朝三千衆。爭求洗神漪。
從此播福音。敢忘師訓辭。聖教綿萬葉。今奠磐石基。

十五　聖神靈蹟

白鴿

石塘春水邊。白鴿下翩翩。棲息耶穌首。聖神來自天。

彩雲

荻色山顯容。煥發照羣峯。乍起彩雲幕。聖神借一重。

靈火

暴風傳迅雷。靈火入簾來。驚看聖神降。心花頃刻開。

十六　晚年

晚歲居哀戚。若望定省虔。母心思道岸。禱意寄詩篇。願借白鴿翼。飛回銀漢天。歸歟朝夕嘆。又待十餘年。

十七　暮景

晚年心閒靜。禱餘溯昔景。春日思閭村。猶憶大神影。冬夜聞雪聲。神往古白冷。三年播福音。蹤跡遍猶境。
最痛殉難史。言之尙悲哽。復活纔匝月。升天橄欖嶺。日夕輾轉思。忽忽近古稀。神見千餘徒。宣道散天涯。
一心建聖教。奠定磐石基。十字旗幟下。紛紛各皈依。登天期不遠。聖子來迎歸。從此共歡聚。永永無別離。

十八　佳音

冬藏兮雨雪霽。春到聖山。花香兮鳥初啼。瑞氣盈園。德馨兮如蘭桂。諸天交歡。天神兮來濟濟。鳧藻盤桓。
聖子兮候雲際。願見慈顏。相待兮久垂淚。歸莫姍姍。

十九　蒙召（滿江紅）

一夕飛仙御紫詔。召宣歸去。冬逝了。花香鳥囀。佳期莫誤。身寄荒村窮谷裏。神馳碧海青天處。寄慕情。

祈禱喚耶穌。吟詩句。　殘月白。天將曙。虔禱熾。心飛注。忽樂音嘹喨。羽衣翩翾。天使環飛春樹嶺。母靈直上青雲。路看亭亭純潔玉蘋花。凝珠露。

二十　守墓

童貞聖體兮邁等倫。孕懷容言兮無限珍。奄然逝世兮歸其眞。遺蛻暫寄兮幽澗濱。門人負土兮成孤窀。結廬墓側含哭慈親。天神擊朴兮夜守巡。謦欬彷彿兮猶可聞。故室寂寞兮封輕塵。再覩慈顏兮在何晨。晦明風雨兮愁煞人。

二十一　登遐

墓畔三朝哀曲終。悲風倏忽變沖融。仙歌凱旋遠。旭日曈曈臨照紅。哭泣笑徒讀禮畢。探看玉體見墳空。因知慈親登遐去。喜淚滂沱望碧穹。

二十二　登極

華神護玉鑾。雲際簇姍姍。貞德聖三愛。芳儀百代看。九重登寶座。萬福戴皇冠。巍巍乾坤后。天人共讚嘆。

二十三　天樂

純潔童貞。雲軿歸來。來自麗盆。松柏山崖，玫瑰花冠。呈獻鑾臺。

陟彼天岸。如出暘谷。光華爛爛。芸芸衆生。望空咨嗟。

夜長漫漫。萬世渴望。今日復旦。鼓瑟吹笙。其樂衎衎。

福哉童貞。隱在荊叢。潔如玉蘋。獨秉懿德。至聖至純。

白衣素巾。皎皎如雪。不染纖塵。笑如春風。藹然可親。

扃閉封泉。聖寵神露。蘊藏純全。奇花佳菓。盈盈鮮妍。

風雨寂然。寒冬已盡。又是春天。花香鳥語。氣象萬千。

神妙天音。響徹山谷。悅耳沁心。嘹如野鶴。清若夜鶯。

白鴿童貞。振翅高舉。且飛且鳴。主在彼岸。佇候恭迎。

玫瑰集中卷下卷

二十四　雅歌

縈繚死如乳香煙。馨比沒藥香若檀。窈窕淑女世不識。御風軒軒上青天。雙瞳顧盼似馴鴿。兩泓秋水澄輕圓。
髮如羚羊走成列。蜷臥茄臘山腰邊。貝齒燦露羔羊白。毿毛新剪浴春泉。櫻唇微啓作巧笑。雙頰石榴紅殷鮮。
頸比達味無敵塔。崇墉屹立不可干。千萬英雄熊龍盾。環懸四門金湯堅。風未寒涼日未下。我當乳香岡前還。
登山採藥取爾悅。氣甘味濃如桂蘭。良友之美美無比。連城白璧無瑕斑。良友良友來麗盆。哂納玫瑰仙花冠。

二十五　天上花

人間童貞花。玉潔無纖瑕。清香溢遠近。迎風舞婆娑。原係天上種。塵寰非本家。瑩品冰心抱。日夕望天涯。
天涯有聲來。閶闔呀然開。白衣人千萬。擁送至瑤臺。三拜乾坤后。環侍立天階。天階奏神曲。韵新聲和諧。
奧妙斯玉蘋。秋露永含春。窮谷茨中長。今爲天園珍。祈禱散馨香。最是悅至尊。微得寵露多。渥澤世間人。

玫瑰集註

中卷

一「離別之夜」若望經拾捌・一。

二「山園夜禱」瑪竇經貳拾陸三十六—三十九；路加經貳拾貳・四十三—四十五。

三「園中」瑪谷經拾肆・四十三—四十六、五十。茹德（Judas Iscariotes）叛徒。娑殫（Satanas）魔鬼。「繫去收童」若加里書拾叁・七。

四「聞被捕耗」若望經拾捌・二—八；瑪谷經拾肆・四十八—五十；若望經拾捌・十二。「寒盟」瑪谷經拾肆・三十一，五十一。「殉難篇」依撒亞書伍拾肆。

五「夜審」瑪谷經拾肆・五十三，五十五—六十一；瑪竇經貳拾陸・五十九。

六「蹂躪」路加經貳拾貳・六十三—六十五節；瑪谷經拾肆・六十五。

七「血罪」瑪竇經貳拾柒·二十四、五。法利賽（Pharisaeus），簡稱法叟。「伸寃」創世紀肆·十、十一。

八「鞭刑」若望經拾玖·一。

九「羔羊」耶利米書拾壹·十九；瑪竇貳拾柒·十一—十四，廿二、三。

十「無縫袍」瑪竇經貳拾柒·廿七、八；若望經拾玖·廿三、四。

十一「棘冠」……瑪谷經拾伍·十六—二十。「失人形」依賽亞書壹·六；聖詠貳拾壹·六、七。

十二「請視斯人」若望經拾玖·四、五。義撒爾（Israel）簡稱義撒，義民。

十三「義撒國王」若望經拾玖·十四—十六；十九。

十四「聖血」路加貳拾貳·四十四。「蘆葦一枝」瑪谷經拾伍·十九。

十五「怨詞」耶穌殉難節經文之一：（Improperia）。

十六「十字架」若望經拾玖·六、七、十二、十四—十六。

十七「苦路」若望經拾玖·十七。

十八「苦路相見」據協露撒稜傳說，瑪麗偕二三聖婦在衙門外聞耶穌被判死刑後，即取捷徑先往蒂蓉棚（Tyropoeon）山谷岔路口，佇候耶穌押送髑髏地（Golgotha）受釘。即在人羣叫囂中瑪麗與愛子耶穌相見一面。

十九「聖帕」相傳有一聖婦名韋樂尼加（Veronica）路遇耶穌汗血滿頰慘不忍覩，惻隱動心即出手帕，衝前爲之一拭；主報其德印聖容於其帕。聖婦歸以示聖母。

二十「羔犧」依賽亞書伍拾肆。

二十一「致命」若望經拾玖·十八，三十三、四。

二十二「變象」瑪竇經貳拾柒·四十五、六；五十—五十三。

二十三「痛苦之母」調寄聖歌（Stabat Mater）

二十四「托母」若望經拾玖·廿五—廿七。「餅酒」相傳若望宗徒每日爲聖母行「分餅禮」（Fractio Panis）記念耶穌殉難。

二十五「孤傷」耶利米書壹・二；貳・十三。

下卷

一「信望」「萬事空」路加經貳拾肆・廿一。「天明」出谷記拾陸・七。

三「仙唱」相傳教宗額我略一世在位時，羅馬城外於復活節期恭迎聖母，忽空中天神奏唱；歌曰：天上母皇盍其歡樂，因爾聖子今已復活，亞肋路亞。「明朝」聖詠壹佰叁拾捌・十八。

四「母子聚首」聖師盎博維削云：瑪麗見復活耶穌最先。（論童貞女卷三）聖依納爵靜修書云耶穌復活後首先顯於其母。

五「相見歡」依賽亞陸拾壹・三。

六「餞別」宗徒大事錄壹・三、四。

七「別母」若望經拾肆・十八。

八「橄欖山」宗徒大事錄壹・二—八；路加經貳拾肆・五十一—五十二。

九「升天」宗徒大事錄壹・九。

十「勸歸」宗徒大事錄壹・十、十二。

十一「迎神」宗徒大事錄壹・十二—十四。「遣來」聖詠壹佰零叁・三十。

十二「聖神降臨」宗徒大事錄貳・一、二。

十三「火舌」宗徒大事錄貳・三。

十四「宣道」宗徒大事錄貳・四—八；四十一。

十五「聖神靈蹟」白鴿：瑪竇經叁・十六。彩雲：瑪竇經拾柒・五。靈火：宗徒大事錄貳・三。

十六「晚年」哀敝（Ephes）小亞細亞城名。願借白鴿翼：聖詠伍拾肆・七。

十七「暮景」路加經貳・十一十九。

十八「佳音」雅歌貳・十一十四；默照經拾肆・十四。

十九「蒙召」聖師若望大瑪瑟文集載有傳說：瑪麗謝世前天神降傳詔旨，在聖歌神曲奏中，迎厥聖靈凱旋升天（論聖母安息）「喚耶穌」默照經貳拾貳・二十。

二十「守墓」聖師若望大瑪瑟又云：瑪麗遺體暫葬日色瑪尼園，空際天神擊筑哀歌三日（仝前）。

二十一「登遐」聖師若望大瑪瑟又載傳說云：三日晨仙樂輟奏。多默宗徒遲至要求啓窀一覩聖母遺容，及開棺，只聞馨香馥郁不見遺跡（論聖母升天）。

二十二「登極」聖師亞大那謂九品天神擁護其后凱旋升天；迨至九天極尊聖三臺前，同奏嘉彼天神「請安 Ave」歌曲。

二十三「天樂」此歌詞多採自雅歌。

二十四「雅歌」參閱雅歌叁・六；肆・一—八。

二十五「天上花」人間花：雅歌貳・一。天涯有聲來：默照經拾肆・二、三；祈禱馨香：默照經捌・四。

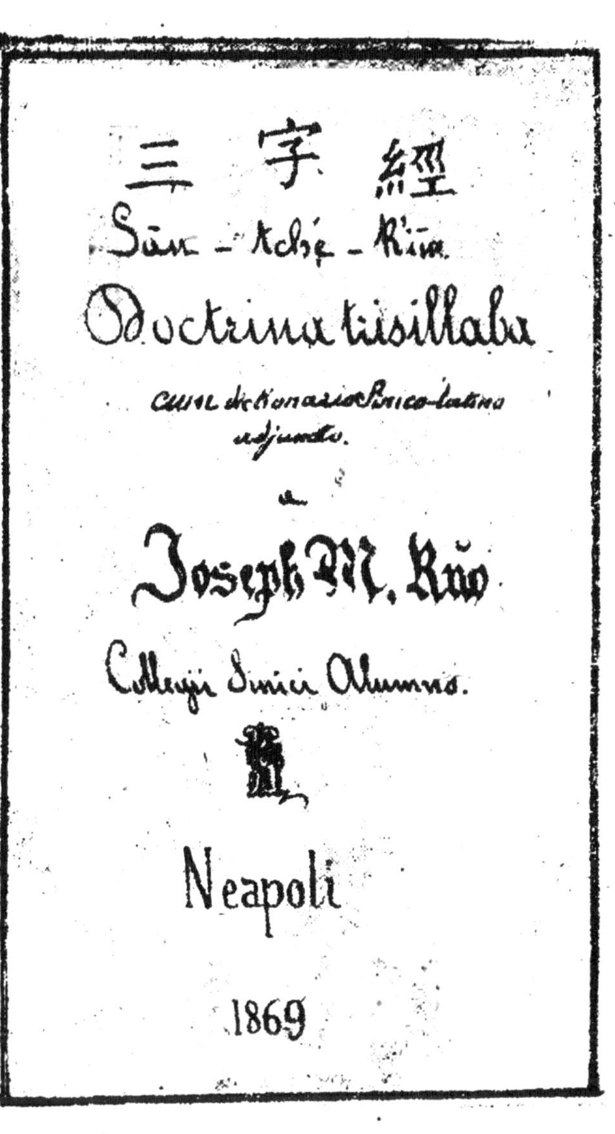

上圖爲同治八年（一八六九）那不勒斯聖家書院出版之三字經拉丁文譯本，附有漢拉字彙，漢文並有注音，似亦爲便於外國人誦讀者。譯者郭棟臣曾於咸豐十一年（一八六一）留學該院。詳見方豪文錄中之「拉丁文傳入中國考」及「同治前歐洲留學史略」二文。

書刊評介

哲學叢書

王熊斌

常守義著　明德學園出版。

第一編　哲學概論，三十七年三月初版　全一册，三百六十一頁。

第二編　哲學史，三十七年一月初版　全一册，二百六十四頁。

第三編　論理學，三十七年一月初版　全一册，一百九十五頁。

讀到常君所著哲學叢書的前三編後，使我們的心靈上，感覺到完成一分責任似的輕快。因爲人類不祗是有軀體，乃更具有靈性，因而祗偏於軀體方面的唯物論，與祗偏於精神方面的唯心論，都不健全；然而在精神與物質的對比上，我們可以很清晰地見到，軀體是靈性的工具，而靈性是軀體的主使者；但哲學却又是維持精神的食糧，左右行動的舵柄，可見哲學與人生的關係，是如何密切重要了。

哲學多少都帶有地域的特殊性；東亞哲學，以中國爲發祥地之一，而歐西哲學，以希臘爲搖籃；哲學的精髓眞理，每因交流而愈旺愈明。希臘哲學，流入西歐後，它的菁華，與博愛犧牲的基督教義相合，而形成了士林哲學，乃作了歐洲黑暗時代的燈塔，以及一切近世哲學的基石。可惜，在中國介紹西歐哲學的，却少有人注意它，使中國固有的哲學，不但不因西歐哲學的輸入而愈旺，反因了其他學說而日漸消沉。

關於介紹一方面，因我國術語名詞，尚未完全確立而統一，故而給與介紹的人，無形中添了許多麻煩；常守義司鐸，乃慨然沈着地將這種艱巨而繁重的工作，着手完成，將近世文明的基石，歐西哲學的淵源，介紹與國人，更將中國的哲學列入，這是本叢書的特點，也是我們認爲最值得一提的；謹就管見所及，略作介紹。

叢書現已出版三編：

第一編名「哲學概論」，包括論理學、批判學、本體學、宇宙學、心理學、神義學、倫理學、哲學史等八部。內容充實，兼採中西資料，在思考、審理、辨物、存心、處世上，都給人以一種基本切實的指導，對於一切學說，很客觀地加以批判，不僅指出某種學說的錯謬，並且指出其所以錯謬的根源與演變，及其所以得勢的原因；例如關於現今風行世界的共產主義，對其理論的根本錯誤點，清晰地指出其所依據的唯物論偏於一半，所依據的唯物史觀的辯證法，是矛盾的；所依據的價值問題，言價值的因素皆歸於勞動，是僅從一面着想的；所依據的絕對平等說，乃由於混淆人類本性之皆平等，與天賦智能高低之不絕對平等。又指出共產主義所以能在俄國實行的背景，描寫當時世襲的農奴制如何不合理，及以後的資本家如何被貪財慾驅使，只圖謀鯨吞小資本家，使勞工出最多的工作，給勞工以最少的工資，致種下階級暴動的導火線，共產主義因而得勢以逞，所以共產主義雖在基本哲理上謬誤甚多，且往往持片面理論，乃竟能有一部分人爲其所惑。

本編所引許多例證，多很恰適，但也有些不能說恰到好處，如三百四十頁，在指示中國女子守節之俗，不盡合情理之文內，讓人「試想一個富翁死去，留下半打妻妾」，而來旁證守節之俗的不當，未免有些不合適；因按本編三百零四頁上，已將一夫多妻制的違反自然律說明，如此處舉喪偶的青年女子，斷送自己青春，並造成犯罪危機，已足證明守節之俗，不盡合理了；又何必將違反自然律的一夫多妻制引來。

第二編名「哲學史」，分爲希臘哲學、教父哲學、中世哲學、近代哲學、現代哲學、東亞哲學等六部，本編本可以說是第一編第八部的擴大，不過因爲本編出版較早，（原名哲學史縮型，現在僅將封面改換，塗改數字。）所以事實上是把第二編的概要，採入於第一編內，而更將第二編的前五部，編爲第一編的第一章，名爲「西歐哲學」，又將第二編的第六部編爲第一編的第二章，仍名「東亞哲學」。比較第一編和第二編的編次，自然以第一編爲佳，不過第二編出版既早，如果也想更動一下，只好待於再版了。本編對歐西哲學，關於它的形成、轉變、現狀，給以簡要而清晰的說明，搜集的資料，誠爲治哲學者所不可不讀，然而對於東亞哲學，似嫌太少，我們希望作者於再版時，多增加一些。

第三編名「論理學」，分爲論觀念、論判斷、論推理、論學問等四章，本編可以說是第一編第一部的詳論。關於所用名詞方面，我們在作者本編自序裏，見到作者論及對「論理學」與「理則學」的取捨，以及對「觀念」與「概念」的研討，知道著者於名詞的選擇上，曾下過一番推敲的苦心，然而有些名詞，仍然令人望而費解；例如：本編第一百一十一頁，第五節題為「論缺性推理」，看到下文，知為不按三段論法的省略或帶證等變態推理，所謂「缺性」，究缺何性？疑不可解。關於舉例方面，著者已採用若干中國的例子，如第一百一十六頁，引論語：「名不正則言不順，言不順則事不成，……禮樂不興則刑罰不中，刑罰不中則民無所措手足。」又引大學：「物格而後致知，致知而後意誠……家齊而後國治，國治而後天下平。」以為連鎖推理式之例，但不多見。

總之，這種觀念正確，中西兼採的哲學叢書，在中國的數量還不多，常司鐸既對哲學甚有興趣，且經多年研究，今更講學於輔仁大學，對哲學概論的首尾二部，既已有詳論本，我們更望其他六部(?)的詳論本早日出版，以完成這部叢書，並希望在文字方面，更加潤色，對於哲理的闡明，必能收得更大的效果。

本館圖書室啓事

本館自創刊館刊以來，承全國最高學術機關惠予交換刊物，計有中央研究院、北平研究院、中央圖書館、北平圖書館、中法漢學研究所、燕京大學、輔仁大學、震旦大學、浙江大學、中法大學、廣西大學、武漢大學、台灣大學、台灣省立工學院、金陵大學、華西大學、福建協和大學、浙江省立圖書館、北平世界科學社、商務印書館等，及全國基督教各期刊與公教期刊，琳瑯滿目，獲益良多，此後館刊雖告停刊，但仍望源源惠寄，本館當以其他刊物為交換也。敬頌

文祺

上智編譯館圖書室謹啓

文化消息

女音樂家劉愛理之近作

（上海通訊）五月十七日管喻宜萱夫人在百代公司爲劉愛理女士所作的「晚禱」和「夜思」兩首樂歌灌製唱片。當天完成了「晚禱」的一首，成績非常圓滿。管夫人說：「這首歌我第一次試唱的時候，覺得很容易，曲中沒有什麽裝飾音，也不需要使用花腔。但是我唱過四五遍後，我才覺得表現一種單純的虔誠的情感，並不容易。」

劉愛理女士原籍是廣東，但是看外表，却像一個固執而熱情的湖南女孩子的典型。她是一個孤兒，在大學裏過着苦學生的生活，由於她讀的是中國文學系，偶然爲別人作的歌曲譜詞，漸而直接對作曲發生了興趣。如抗戰初期她在重慶三天三夜爲國民精神總動員會趕畫成十五大幅民族英雄像那種情形，她有足夠的勇氣與持續力。因此，到畢業後一年半爲止，她已經完成了卅幾首形式完整的樂歌。當時她因爲在音專選修理論作曲，還祇修完初級的和聲教程，不敢逕直把自己的作品拿出來給人看。但是這些樂歌後來經許多音樂教育家看過，都認技巧上沒有什麽大錯誤，而詞情優美，直抒胸臆，爲不可多覯的天才作品。雄壯如爲送暨大從軍同學遠征的「壯行」，熱情如主日草成於耶穌受難像前的「啊！耶穌我疼你的傷口」，輕快如仿喀秋莎節奏的「以利亞」，幽凄如病臥牀榻在半催眠狀態中寫出的「安眠」，均可舉爲她之作曲的代表。我曾看見她在有幾首歌的末尾題着短跋，也有極豐富的感情，可爲她創作的眞誠作一寫照，如題「How togo?」後云：「一九四七年七月十日下午五時，看備終錄，熱淚交流，泣不成聲，仰天呼喊，而成此曲，曲罷而晚飯已過，只得忍飢一夜，然以一飯而易一曲，我樂爲也。」又如題「聖母獻」後云：「一九四七年六月二日早飯後，去陸英耕先生家，看比國來華服務修女，會客室中，了無一人，唯神光四射，美絕塵寰之聖母像歡然迎我，斯時也萬感穿心，喜不自勝，乃坐聖母像下鋼琴前，信手彈奏竟成此曲初型。」

「晚禱」那首歌，是她較後的作曲。當她第一次鼓足了勇氣，靦覥地拿到張吳教授面前去請益時，張教授誦完了，竟感動至熱淚盈眶，不能自持。以後張吳教授帶了這首歌又到國立音樂院遍示陳田鶴、江定仙、伍正謙諸教授，大家就琴鍵上鼓商叩角，歌咏研析的結果，一致對她兼擅音樂詩歌，且均臻妙境，嘆為難得的可造全材。歌詞如下：

「心兒冷靜，夜兒凄清，魂兒不定，燈兒半明。欲哭無淚，欲訴無聲，茫茫人海，何處知音？啊！主啊！請臨我心中，請賜我恩寵，應允我，啊！主啊！請聽我呼喊！請聆我哀怨。垂憐我，啊！聖母瑪利亞！啊，滿被聖寵者！你知道我，知道我，唯你知我，知我最多；你指示我！指示我！示我天國！心兒安穩，夜兒徽溫，魂兒歸來，去向永生！」

曾夫人替劉女士灌的第二首「夜思」，歌詞如下：

「（一）夜寂寥，月在花梢，有人床前跪禱，禱聲直上雲霄，雲霄，雲霄，多少夢兒來纏擾，聖母啊，聖子啊，可聽這哀告。（二）夜無邊，月在山巔，有人窗前徽嘆，嘆聲直上青天，青天，青天，多少曲兒難奏彈，聖母啊，聖子啊，可知這心願。」曲的節奏是四分之四拍，慢板，它的特點，就是每一樂句的末尾兩個字，（Note）下一句開端把它重複應用，作為銜接。其所暗示的，恰如一個人在寂靜的氛圍中思潮起伏的那種情景。歌唱起初是平靜的，唱至「有人床前跪禱……」，乃漸低漸弱，至「禱聲直上雲霄……」，復漸高漸強，雲霄兩個字之間，綴上一個裝飾音，這一轉，使曲調起變化，使曲情轉亢奮，到「多少夢兒來纏擾」為止，以下「聖母啊，聖子啊，……」才又轉回哀惋懇切。這些，自然可以見出作曲者的苦心經營的痕迹。

上海各界追悼葉秋原先生

（上海來稿）故立法委員申報主筆葉秋原追悼會，五月二日下午二時，假寧波同鄉會舉行，雖竟日霪雨，而各方親友到會者，仍極踴躍。章益、朱經農、周一志、許君遠等，均先後蒞止，禮堂佈置，莊嚴肅穆，輓聯祭軸，琳瑯滿目，行禮如儀後，推姚少魯恭讀祭文，主祭章益致悼辭，略謂：秋原先生為最純粹之學者，不特於文學有精湛之修養，於科學造詣深邃，尤其對宗教有澈底之研討。葉氏為一天才學者，弱冠即任大學教授，二十年來，貢獻於法制、經濟、新聞學及社會各方面，皆有偉大之成就。次何西亞宣讀國府褒揚令，李孤帆報告行略，來賓致辭，首由朱經農就葉氏二十年來於學術文化上之闡揚，持躬處世之態度，深致讚佩。周一志陳述抗戰時葉氏在立法院時之從政生活，與平時治學精神，爲儕輩所稱道。陳訓悆繼述葉氏在申報主筆任內，撰著社評，一絲不苟，評述時事，公正無私，其處事精神，值得欽敬。末詹文滸對其爲人恭厚和平，虛懷若谷，備致崇仰。至此家族致謝辭，即奏樂閉會。

祭文

茲錄祭文如下：「維中華民國卅有七年五月二日，章益等謹以香花清茗之儀，致祭於餘杭葉秋原先生之靈曰：嗚呼，昊天不弔，剝我世英，盛年奄忽，永閟瑤瓊，唯君志度，淵懿恢閎，負笈海外，蜚英令名，他山攻錯，善自將迎，高騫遐舉，犖其有成，摛才起用，論壇飛聲，講學庠序，竝衷厥程，無小無大，疇弗心傾，裁量人物，指目爲矜，遭時不造，日侮澌陵，虺豺逞釁，莫遏亂萌，君以彥士，卓矢艱貞，流離波迸，屢蹈危城，宣揚寇暴，摭述獯腥，非關詆訕，覈諸烈盟，毫分縷析，[illegible]彼戎熒，嘉猷未甙，被命西征，大口宣哇，荊舒是懲，洸洸正氣，炤如日星，異邦蹀躞，卒貫中誠，戎首既僨，干戈救平，滬濱氣象，霞蔚雲蒸，君時濫止，衆口交縈，出入風議，慷慨縱橫，冥心獨往，舉重若輕，篤念天主，肆力教乘，闡發精義，鬱津崢嶸，君顧謙退，蔑歆其能，笑言啞啞，緜意紛爭，襟懷洞曠，鄙淡寄情，流連桮棬，才思益清，如何大雅，不偕其齡，剎那痛苦，遂畢平生，凶問乍布，遐邇震驚，斯人不作，孰則其承，辱在知好，愴極澌盈，蘋蘩致奠，庶妥神靈，伏惟尚饗。

編輯部啓事

頃據香港公教眞理學會 A. Feroldi 六月四日英文來函，略謂：「聞貴刊對敝處出版之哲學與宗教一書有坦率嚴正之批評，指出其裝訂上頁數之錯誤。貴刊據以撰寫書評者，或爲本會自印刷所最早取得三本之一，此三本乃寄呈山樞機、黎公使及于斌主教者。事隔數日，吾人始發現其錯誤。現已另覓改正本寄呈上述三公，並誌歉意。余並飭人寄奉貴館一本，敬祈將上述原委，在貴刊作一簡短說明」。謹將來函譯登如上。查本館所收到者並非山樞機、黎公使或于主教轉來者，乃蒙該會直接郵寄而來者，附此聲明。

三十七年六月份

上智編譯館出版圖書價目及寄費表

書名	著譯者	定價	重量	平掛郵費	航掛郵費
傳教之研究	于斌等著	200,000元	105公分	14,000元	74,000元
婚姻問[illegible]	成大綬 著	200,000	140	14,000	84,000
宇宙觀與人生觀	張永立 譯	110,000	80	13,000	53,000
公教與文化	陳哲敏等著	90,000	70	13,000	35,000
馬相伯先生文集	方豪 編	600,000	470	17,000	257,000
馬相伯先生文集續編	方豪 編	180,000	115	14,000	74,000
泡影	周信華 著	120,000	95	13,000	63,000
今校本大西西泰利先生行蹟	艾儒略 著 向達 校	80,000	60	13,000	43,000
朝聖行吟	葉秋原 著	80,000	60	13,000	43,000
新舊辭源天主教名詞正誤	王任光 著	80,000	55	13,000	43,000
中國教育教[illegible]	劉[illegible] 譯	80,000	20	13,000	23,000
（英漢對照）愛的科學 THE SCIENCE OF LOVE	吳經熊 著 宋紹信 譯	100,000	70	13,000	53,000
邊疆公教社會事業	王守禮 著 傅明淵 譯	220,000	115	14,000	74,000
新經答問	項退結 著	120,000	85	13,000	63,000
公教[illegible]	朱[illegible] 著	100,000	75	13,000	53,000
教育文存	張懷 著	180,000	105	14,000	74,000
今校本交友論（附二十五言）	利瑪竇 著 [illegible] 校	80,000	60	13,000	43,000
方豪文存	方豪 著	600,000	470	17,000	257,000
人之[illegible]及使命	沈[illegible] 譯	80,000	50	13,000	43,000
趣味增進保健[illegible]格言	張[illegible] 譯	80,000	50	13,000	43,000

[illegible]

館刊第一卷一冊六萬元；第二卷六期，每期六萬元，全卷三十六萬元；
第三卷一至六期每期五萬元（三四合期照一期計算）全卷二十五萬元。
平寄郵費在內，掛號及航空另加。

图书在版编目（CIP）数据

上智编译馆馆刊/上智编译馆主办．—北京：学苑出版社，2021.5
（文明互鉴：中国文化与世界丛书/张西平主编）
ISBN 978－7－5077－6177－1

Ⅰ．①上…　Ⅱ．①上…　Ⅲ．①社会科学－文集　Ⅳ．①C53

中国版本图书馆 CIP 数据核字（2021）第 094721 号

责任编辑：杨雷　张敏娜
出版发行：学苑出版社
社　　址：北京市丰台区南方庄 2 号院 1 号楼
邮政编码：100079
网　　址：www.book001.com
电子信箱：xueyuanpress@163.com
销售电话：010－67601101（营销部）、010－67603091（总编室）
印 刷 厂：英格拉姆印刷(固安)有限公司
开　　本：889×1194　　1/16
印　　张：63
字　　数：480 千字
版　　次：2021 年 7 月第 1 版
印　　次：2021 年 7 月第 1 次印刷
定　　价：1200.00 元（上下册）